《中国货币政策执行报告》增刊

中国区域金融运行报告
（2017）

中国人民银行货币政策分析小组

责任编辑：童祎薇
责任校对：潘　洁
责任印制：程　颖

图书在版编目(CIP)数据

中国区域金融运行报告（2017）(Zhongguo Quyu Jinrong Yunxing Baogao 2017) / 中国人民银行货币政策分析小组编.—北京：中国金融出版社，2017.12

ISBN 978-7-5049-9362-5

I.①2… II.①中… III.①区域金融—研究报告—中国—2016 IV.①F832.7

中国版本图书馆CIP数据核字(2017)第310089号

出版
发行　中国金融出版社

社址　北京市丰台区益泽路2号

市场开发部　(010)63266347，63805472，63439533 (传真)

网上书店　http://www.chinafph.com　(010)63286832，63365686 (传真)

读者服务部　(010)66070833，62568380

邮编　100071

经销　新华书店

印刷　北京侨友印刷有限公司

装订　平阳装订厂

尺寸　210毫米 × 285毫米

印张　39.25

字数　1045千

版次　2017年12月第1版

印次　2017年12月第1次印刷

定价　218.00元

ISBN 978-7-5049-9362-5

如出现印装错误本社负责调换　联系电话 (010)63263947

本书执笔人

负责人： 易　纲　张晓慧

总　纂： 李　波　李　斌

统　稿： 张　蓓

参与此项工作（以姓氏笔画为序）： 王　辉　张　翔　李晓闻　陈婷婷　郑志丹　苟于国　赵　婷　胡　婧　徐　伟　董忆伟　穆争社

主报告执笔： 中国人民银行货币政策分析小组
中国人民银行成都分行货币政策分析小组

分报告执笔： 中国人民银行上海总部，各分行、营业管理部、省会（首府）城市中心支行，深圳市中心支行货币政策分析小组

目　录

《中国区域金融运行报告（2017）》主报告

表

图

《中国区域金融运行报告（2017）》分报告

《中国区域金融运行报告（2017）》主报告

内容摘要

2016年，世界经济保持复苏态势，同时国际经济政治社会领域“黑天鹅”事件频现，民粹主义、逆全球化、贸易及投资保护主义抬头，地缘政治不确定性上升。中国经济总体呈现出企稳回升态势，尤其是第三季度以后经济回升势头有所加快，但经济结构性矛盾仍较突出，部分地区房价涨幅较大。面对复杂多变的国内外形势，各地区按照党中央、国务院统一部署，以推进供给侧结构性改革为主线，适度扩大总需求，坚定推进改革，妥善应对挑战。总体看，各地区经济运行缓中趋稳，发展质量和效益有所提高。全年东部、中部、西部和东北地区生产总值加权平均增长率分别为7.6%、8.0%、8.2%和2.7%，地区生产总值占全国的比重分别为52.3%、20.6%、20.3%和6.8%，较2015年分别上升0.8个百分点、0.3个百分点、0.2个百分点和下降1.3个百分点。中国人民银行根据党中央、国务院统一部署，主动适应经济发展新常态，实施稳健的货币政策，尤其注重根据形势变化把握好调控的节奏、力度和工具组合，加强预调微调，为供给侧结构性改革营造了适宜的货币金融环境。金融服务实体经济效能进一步提高。各地区社会融资规模和贷款增长总体平稳，信贷投向结构持续优化，行业集中度下降，产能过剩行业贷款增速放缓，高耗能产业贷款占比继续降低，对高新技术产业、现代服务业、薄弱环节和民生领域的支持力度不断加大。

东部地区经济运行呈现稳中向好态势，地区生产总值、投资和出口等指标占全国的份额有所提高。社会消费品零售总额稳步扩大，占全国比重持续保持在50%以上。固定资产投资缓中趋稳，民间投资增速高于其他地区，服务业、高新技术产业投资较快增长。财政收入增速有所放缓，但仍明显高于其他地区。工业经济效益有所好转，第三产业占比继续提高，逐渐成为区域经济发展主要动力。金融运行总体稳健。受传统金融加速互联网化和智能银行布局等影响，东部地区银行从业人员数量近年来首次出现下降。7月以后，人民币贷款增速企稳回升，全年贷款增长加快，贷款中长期化趋势较为明显。人民币贷款利率平稳运行，执行贷款基准利率下浮的比例高于其他地区。银行资产质量较为稳定，新增不良贷款大幅少增；地方法人银行机构资本充足水平提高，但流动性相对趋紧，盈利能力有所下降。证券业、保险业发展较快，服务实体经济能力提高。社会融资规模适度增长，直接融资占比有所下降。

中部地区经济结构调整和转型升级有所加快，消费、第三产业增加值等指标增速领先全国。社会消费品零售总额同比增长11.5%，增速居各地区之首。固定资产投资总体放缓，但随着经济逐步企稳，第二季度以后民间投资增速逐步回升，房地产开发投资增速高于其他地区。财政收支增速回落，收支差额有所扩大。工业增加值增速逐季回升，第三产业稳定较快发展，且增速领先于其他地区。金融业发展总体呈现加快趋势，银行业资产规模、存款、贷款等主要指标增速领先于其他地区。人民币贷款利率水平继续下行，小微企业贷款利率同比下降0.34个百分点。银行业机构运营总体稳健，不良贷款率有所下降。社会融资规模增长较快，多层次资本市场建设积极推进，直接融资比重上升。保费收入增速提高，保费支出增速在各地区中处于领先位置，保险业对地方经济发展保障作用进一步增强。

西部地区生产总值增速在各地区中仍保持最快，经济发展质量和效益有所提升。居民可支配收入增速领先其他地区，消费发展态势良好。固定资产投资加快，基础设施、先进制造业及高新技术领域投资增长较多,民间投资增速自第二季度开始有所企稳。第三产业占比首次超过第二产业，工业企业效益好转。银行业金融机构继续保持稳定扩张态势，各项存款平稳增长，新增活期存款占比较高。在投资加快和住房贷款带动下，中长期贷款增速有所提高，而短期贷款增速回落较大；涉农贷款增速高于其他地区，金融支持重点领域和薄弱环节力度不断加大。人民币贷款利率低位微升，小微企业、金融精准扶贫贷款利率降幅明显。不良贷款率小幅上升，各省多措并举加强不良资产处置，地方法人银行机构盈利能力基本稳定，但流动性压力有所上升。非金融企业股票融资在社会融资规模中占比上升，资本市场对实体经济融资支持作用进一步凸显。保险普及率上升，但各省差异较大。

东北地区依托新一轮振兴发展政策，深入推进供给侧结构性改革，经济新动能正在逐步形成和壮大，但尚不能完全弥补传统动能减弱的缺口，结构调整过程中的阵痛仍在持续。主要受产业结构较为单一、部分行业产能过剩以及占东北经济体量重头的辽宁省统计数据“去水分”等影响，东北地区主要经济指标继续运行在负值区间，消费增速稳中趋降，工业生产负增长，下半年固定资产投资、进出口出现好转迹象。财政收入止跌回升，财政支出增速加快。金融业发展总体有所放缓。各项存款增速回落，理财产品快速增长。有效信贷需求大幅放缓，中长期贷款增速较低，房地产贷款增速有所回落。银行不良贷款率略有上升，地方法人银行机构积极补充资本，风险抵御能力有所增强。

2016年，各地区紧抓供给侧结构性改革，推动“三去一降一补”取得初步成效，“互联网+”等新经济新动能快速发展。区域金融改革试点持续推进，四个自贸试验区[①]、五个国家级金融综合改革试验区[②]在跨境人民币业务、农村金融服务和对外经贸往来便利化等方面开展了有益探索，形成了一批可复制、可推广的经验。民营银行布局加快，全年新批设12家民营银行，实现各区域板块全覆盖。宏观审慎评估有效落地，金融机构自我约束、稳健发展理念进一步增强。地方法人银行机构快速发展，多元化扩张趋势明显，但资产业务趋于复杂，对批发性融资依赖度上升，负债稳定性有所降低。金融科技创新步伐加快，互联网金融新业态快速发展，业务发展不断规范。绿色金融发展取得长足进步，中国绿色债券发行量跃居全球第一。社会信用体系建设深入推进，支付结算环境持续优化，农村金融基础设施日趋完善。

2017年，供给侧结构性改革、简政放权和创新驱动战略的不断深入实施，“一带一路”、京津冀一体化、长江经济带、自由贸易区等国家战略的加速布局，以及鼓励东部率先发展、促进中部地区崛起、推进西部大开发、振兴东北老工业基地等区域发展总体战略的持续推进，将有效激发市场活力和发展潜力，激活中国经济发展新动能，为各地区经济社会发展带来新机遇。但也要看到，国际经济环境依然复杂多变，全球经济复苏的可持续性仍待观察，地缘政治冲突风险还在积累。国内经济社会发展还存在不少困难和问题，经济内生增长动力仍待强化，区域经济走势分化，经济结构调整任重道远。各地区将继续深化供给侧结构性改革，改造提升传统动能，大力培育发展新动能，振兴实体经济，实现转型升级。

①指中国（上海）自由贸易试验区、中国（广东）自由贸易试验区、中国（天津）自由贸易试验区、中国（福建）自由贸易试验区。
②指浙江省温州市金融综合改革试验区、珠三角金融改革创新综合试验区、福建省泉州市金融服务实体经济综合改革试验区、云南广西沿边金融综合改革试验区、青岛市财富管理金融综合改革试验区。

各地区将牢固树立创新、协调、绿色、开放、共享的发展理念，以区域发展总体战略为基础，塑造要素有序自由流动、主体功能突出、基本公共服务均等、资源环境可承载的区域协调发展新格局。

2017年，各地区金融业将认真贯彻全国金融工作会议精神，紧紧围绕服务实体经济、防控金融风险、深化金融改革三项任务，落实稳健中性的货币政策，保持货币信贷适度增长和流动性基本稳定，为区域经济发展和供给侧结构性改革营造中性适度的货币金融环境。进一步优化增量、盘活存量，把更多的金融资源配置到经济社会发展的重点领域和薄弱环节。积极支持和配合“三去一降一补”工作，不断改善对实体经济的金融服务。进一步深化金融改革，充分发挥市场在金融资源配置中的决定性作用，持续优化金融生态环境，提高金融运行效率和服务实体经济的能力。把主动防范和化解系统性金融风险放在更加重要的位置，加强风险监测预警、动态排查风险隐患，着力防范化解重点领域风险，坚决守住不发生系统性金融风险的底线。

第一部分　各区域板块经济金融运行情况

2016年，面对复杂多变的国内外经济形势，各地区[①]全面贯彻落实党中央、国务院决策部署，坚持稳中求进的工作总基调，主动适应经济发展新常态，着力推进供给侧结构性改革，实现了“十三五”良好开局。各地区经济在合理区间运行，发展质量和效益提高，总需求稳步扩张，供给结构逐步改善。各地区金融运行总体平稳，改革创新稳步推进，货币信贷和社会融资合理适度增长，信贷投向结构继续优化，金融生态环境和金融基础设施不断改善，地区间金融发展更趋均衡。

一、东部地区经济金融运行情况

2016年，东部地区积极推进供给侧结构性改革，经济运行呈现稳中向好态势，经济总量依然保持绝对优势，地区生产总值、投资、出口等主要经济指标占全国的份额有所提高。从需求端看：居民收入较快增长，社会消费品零售总额稳步扩大，新兴消费领域较快发展；固定资产投资缓中趋稳，投资结构继续优化；进口降幅有所收窄，企业深度融入全球市场；财政收入放缓，对重点领域支出增加。从生产端看：第三产业占比继续提高，逐渐成为区域经济发展主要动力；工业经济效益有所好转，结构稳步改善。物价温和上涨。

2016年，东部地区金融运行总体稳健。银行业占全国份额略有下降，但仍是全国银行体系的主体。存款增速有所回落，非金融企业存款大幅增长。贷款增长加快，信贷投向结构继续改善，人民币贷款利率低位运行。银行资产质量较为稳定，新增不良贷款大幅放缓；地方法人银行机构风险抵补能力增强，盈利能力有所下降。证券业、保险业较快发展，服务实体经济能力提高。社会融资规模适度增长，直接融资占比有所下降。

（一）东部地区经济运行情况

2016年，东部地区实现地区生产总值40.4万亿元，同比增长7.6%，增速较2015年回落0.4个百分点（见图1）；地区生产总值占全国的比重达52.3%，比2015年继续提高0.8个百分点，经济总量依然保持绝对优势。

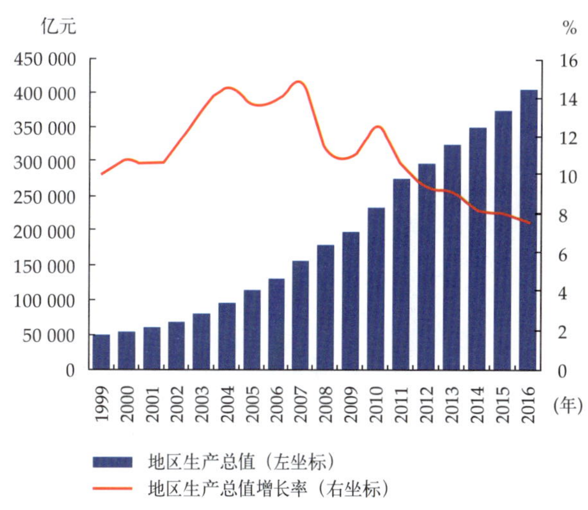

数据来源：国家统计局和《中国统计摘要》，中国人民银行工作人员计算。

图1　1999～2016年东部地区经济增长情况

①全国各地区包括东部地区、中部地区、西部地区和东北地区。东部地区10个省（直辖市），包括北京、天津、河北、上海、江苏、浙江、福建、山东、广东和海南；中部地区6个省，包括山西、安徽、江西、河南、湖北和湖南；西部地区12个省（自治区、直辖市），包括内蒙古、广西、重庆、四川、贵州、云南、西藏、陕西、甘肃、青海、宁夏和新疆；东北地区3个省，包括辽宁、吉林和黑龙江。

居民收入较快增长，社会消费稳步扩张。2016年，东部地区城镇和农村居民可支配收入分别达42 861.8元和18 777.8元，分别同比增长8.3%和8.7%（见图2）。城镇居民和农村居民消费倾向分别为68.5%和77.9%，较2015年前者下降0.8个百分点、后者上升0.3个百分点。全年实现社会消费品零售总额17.1万亿元，同比增长10.1%，比2015年加快0.2个百分点，对全国消费市场的贡献率达51.6%（见图3）。新兴消费领域和消费业态快速发展，如山东限额以上商贸流通企业网上零售额增速高于限额以上零售额增速37.9个百分点；广东互联网及相关服务业营业收入增长55.3%，移动支付业务增长超过1倍。随着城乡居民收入持续增长及消费结构升级，热点商品及旅游、文化、健康、绿色等服务消费、体验式消费快速增长，如北京服务性消费占市场总消费额的44.8%，成为带动消费增长的主要动力；天津建筑及装潢材料销售增长39.9%，限额以上体育娱乐用品零售额增长29.4%。

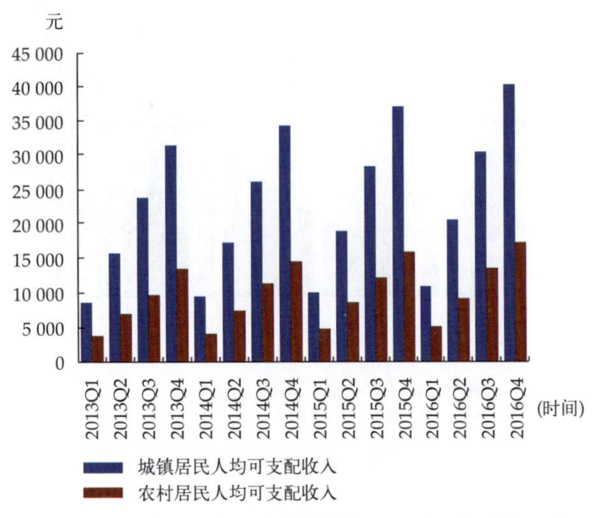

数据来源：国家统计局网站和《中国统计摘要》，中国人民银行工作人员计算。

图2　2013～2016年东部地区城镇及农村居民人均可支配收入情况

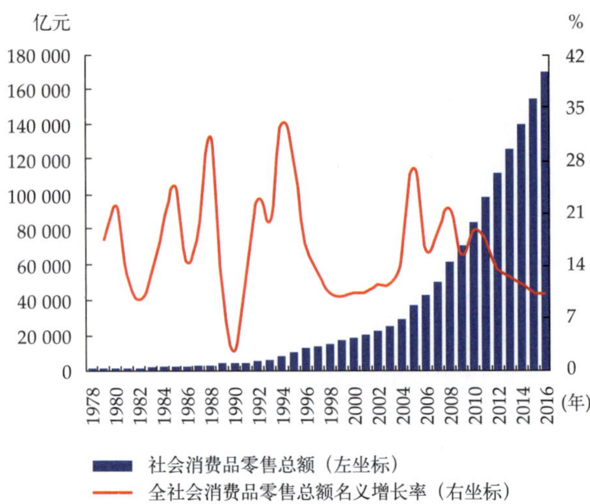

数据来源：国家统计局网站和《中国统计摘要》，中国人民银行工作人员计算。

图3　1978～2016年东部地区消费增长情况

固定资产投资缓中趋稳，服务业、高新技术产业投资较快增长。2016年，东部地区固定资产投资（不含农户）完成25.0万亿元，同比增长9.4%，增速比2015年回落3个百分点（见图4）；固定资产投资（不含农户）占全国的比重为42.2%，同比提高0.5个百分点。全年民间投资增长6.8%，四个季度累计增速分别为7.9%、8.2%、7.1%和6.8%，增速有所回落，但仍高于其他地区。房地产投资持续回升，2016年，东部地区房地产开发投资同比增长9.5%，增速同比提高5.2个百分点，延续波动上升趋势。服务业、高新技术产业等领域投资较快增长。如天津科技服务、

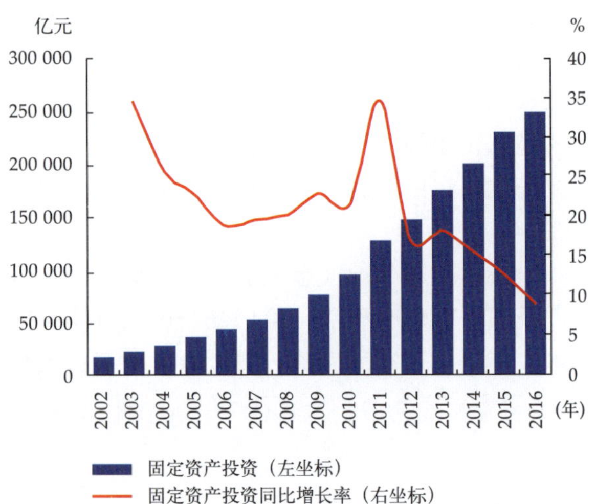

数据来源：国家统计局网站和《中国统计摘要》，中国人民银行工作人员计算。

图4　2002～2016年东部地区固定资产投资情况

批发零售、租赁和商务服务等行业投资分别增长1.1倍、61.3%和58.5%；浙江信息技术和物联网产业、新能源汽车等新兴产业投资分别增长32.0%和29.9%；福建高技术产业投资大幅增长60.6%。

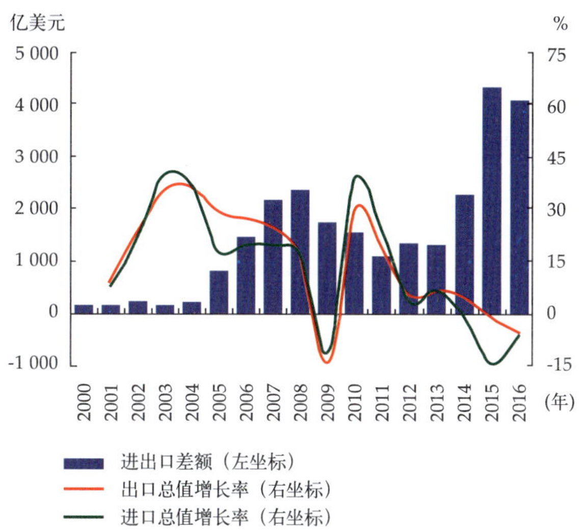

数据来源：国家统计局和《中国统计摘要》，中国人民银行工作人员计算。

图5　2000～2016年东部地区对外贸易情况

进口降幅有所收窄，企业深度融入全球市场。2016年，东部地区实现货物贸易进出口总额30 690.8亿美元，其中出口、进口分别为17 391.3亿美元、13 299.5亿美元，同比均下降6.1%，降幅分别较2015年扩大4.6个百分点、收窄7.2个百分点（见图5）。分季度看，出口降幅自年初以来有所收窄，第四季度又转为回落；进口保持降幅持续收窄态势。从贸易差额看，东部地区总体继续呈现顺差状态，其中广东、浙江、江苏顺差额居全国前3位，北京、上海、天津逆差额居全国前3位。实际利用外资额同比下降4.5%，占全国的比重较2015年降低5.2个百分点。与此同时，企业"走出去"步伐加快，深度融入全球市场。如上海对外投资形成以产业链、创新链、价值链为扩张动力的新格局，其中民营企业是投资主体，海外并购为主要投资方式，信息技术、生物医药等产业为主要投资方向，与"一带一路"沿线国家新签工程承包合同额占比达75%。广东对外开放水平不断提高，设立首期规模200亿元的广东丝路基金，支持企业赴"一带一路"沿线国家投资发展；粤港、粤澳合作框架协议中期目标基本实现。值得注意的是，部分企业海外投资存在不合理、不规范之处，对自身财务风险和海外政策风险评估不足，一些交易甚至还成为资本外流的通道。应进一步规范企业海外投资行为，有效防范相关风险。

财政收支增速放缓，支出结构更加优化。2016年，东部地区实现地方财政收入5.0万亿元，同比增长9.2%，增速较2015年下降1.8个百分点（见图6），由于经济基础雄厚、经济转型升级效果初显，东部地区财政收入增速明显高于其他地区。财政收入超5 000亿元的6个省份都集中在东部地区，其中广东收入超过1万亿元。全年实现地方财政支出6.8万亿元，同比增长6.7%，增速较2015年下降16个百分点。重点领域支出保障功能增强，如北京财政支出在疏解非首都功能、促进京津冀协同发展、推动公共事业发展等方面效果明显；福建城乡社区事务、环境保护、住房保障等民生领域支出增速分别达54%、35.9%和23.4%。地方政府引导基金快速发展。2016年年末，山东设立19个方向的省级政府引导基金，参股设立51只子基金，基金总规模超过1 400亿元。天津成立规模100亿元的京津冀产业结构调整引导基金，稳

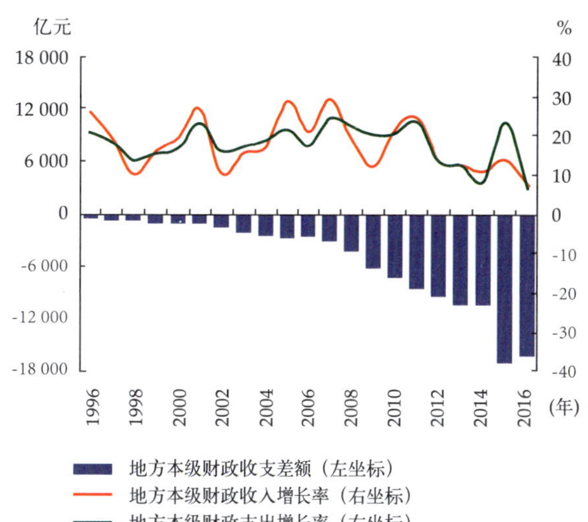

数据来源：国家统计局网站和《中国统计摘要》，中国人民银行工作人员计算。

图6　1996～2016年东部地区财政收支情况

步推进京津冀协同发展。河北完成海绵城市建设引导基金首笔放款3.75亿元。地方政府引导基金在推动经济结构转型升级方面发挥了积极作用，但也要看到，部分地方基金退出机制不明晰、通过明股实债方式变相融资的问题也不同程度存在。

产业结构持续调整优化，第三产业成为区域经济发展主要动力。2016年，东部地区三次产业结构分别为5.4:42.1:52.5，第三产业占比继2015年首次超过50%后，再次提高1.7个百分点，高于全国平均水平0.9个百分点，对经济增长的贡献度不断提高。其中，北京第三产业增加值占比超过80%；上海最终消费支出占地区生产总值的60%左右。从增速看，三次产业增速分别为2.8%、6.2%和9.2%，分别较2015年回落0.3个百分点、0.6个百分点和0.6个百分点，但第三产业增速仍远高于第一、第二产业（见图7）。

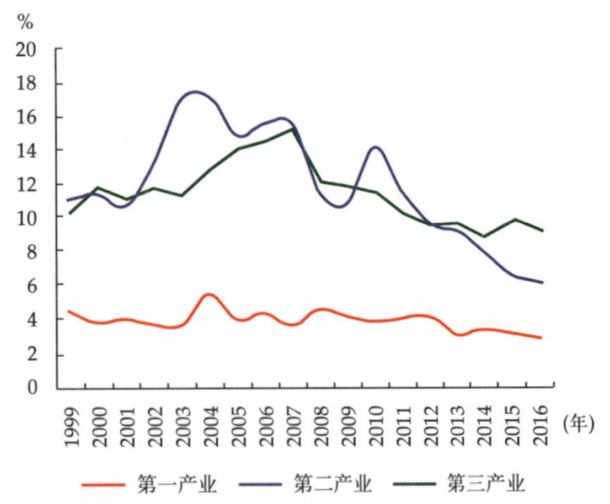

数据来源：国家统计局和《中国统计摘要》，中国人民银行工作人员计算。

图7　1999～2016年东部地区三次产业增长情况

工业企业效益有所好转，工业经济结构稳步改善。2016年，东部地区实现工业增加值同比增长6.4%,增速比2015年回落0.2个百分点（见图8）。受去产能、去库存以及工业品价格回升等影响，供需结构有所改善，工业企业效益有所好转。全年工业企业实现利润总额同比增长4.8%，销售利润率6.4%，高于全国平均水平0.4个百分点，同比提高0.2个百分点。工业结构继续改善，高端制造业成为拉动工业增长的主要动力。如北京汽车制造业增加值同比增长25.6%；广东先进制造业增加值占规模以上工业增加值比重达49.3%；河北钢铁工业增加值占规模以上工业的比重较2015年下降0.5个百分点，高新技术产业增加值增长13.0%，占规模以上工业的比重较2015年提高2.4个百分点。

居民消费价格温和上涨，工业生产者价格降幅收窄。居民消费价格（CPI）全年累计上涨2.1%（见图9），高于全国平均水平0.1个百分点，增

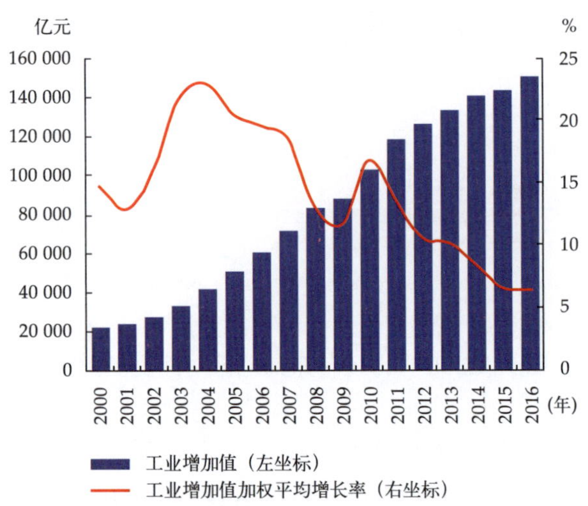

数据来源：各省（自治区、直辖市）《2016年国民经济和社会发展统计公报》，中国人民银行工作人员计算。

图8　2000～2016年东部地区工业增长情况

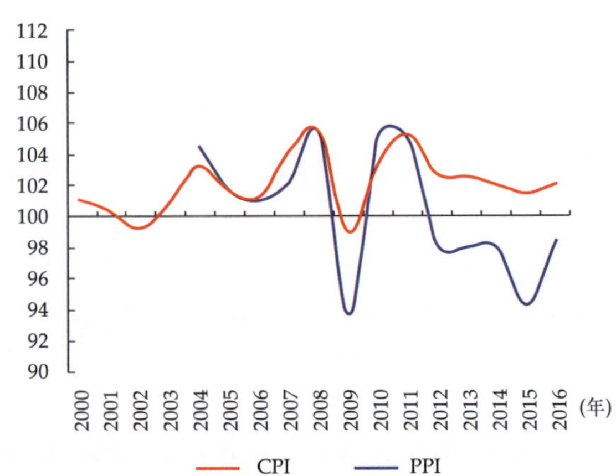

数据来源：国家统计局网站和《中国统计摘要》，中国人民银行工作人员计算。

图9　2000～2016年东部地区物价水平走势

速比2015年提高0.6个百分点。在国际大宗商品价格总体上涨，以及国内供给侧结构性改革、适度扩大总需求等政策叠加效应下，市场供需关系逐渐改善，工业品价格降幅明显收窄。全年工业生产者出厂价格和购进价格累计分别下降1.6%和2.3%，降幅呈现逐月收窄态势。

（二）东部地区金融运行情况

银行业金融机构平稳发展，占全国份额略有下降。2016年年末，东部地区银行业金融机构网点数量8.8万个、从业人数164.1万人、资产规模112.4万亿元，同比分别增长0.2%、下降2%、增长11.8%，占全国的比重较2015年分别下降0.2个百分点、1个百分点、0.3个百分点，但仍是全国银行体系的主体。其中，受传统金融加速互联网化和智能银行布局等影响，东部地区银行从业人员数量近年来首次出现下滑（见表1）。分省份看，北京、江苏、上海、浙江、广东五省（直辖市）银行业资产规模占全国的40.4%，海南银行业资产规模增速超过20%。

表1　2015～2016年东部地区银行业金融机构概况

年份	营业网点			法人机构个数（个）
	机构个数(个)	从业个数(人)	资产总额(亿元)	
2015	88 218	1 674 151	1 005 585.9	1 461
2016	88 408	1 640 816	1 123 925.3	1 486

注：各地区金融机构营业网点不包括国家开发银行和政策性银行、大型商业银行、股份制商业银行等金融机构总部数据（下同）。
数据来源：中国人民银行上海总部、各分行、营业管理部、省会（首府）城市中心支行。

各项存款增长放缓，非金融企业存款大幅增加。2016年年末，东部地区本外币各项存款余额87.5万亿元，同比增长10.5%，增速较2015年回落1.3个百分点，拉动全国存款增长6.1个百分点。存款增速自年初开始逐月下降，下半年逐步回升（见图10），增速变化主要与2015年同期基数有关。本外币存款余额占全国的比重为58.3%，较2015年下降0.4个百分点，但仍是全国银行体系存款的主要来源。分结构看，除住户存款占全国比重略低于50%外，其余各项存款占全国比重均超过50%，非金融企业存款和非银行业金融机构存款占比分别达64%和80.7%。分币种看，人民币存款余额同比增长10.1%，增速较2015年回落1.1个百分点（见图11）。其中，住户存款余额增长8.8%，增速同比提高2.8个百分点；非金融企业

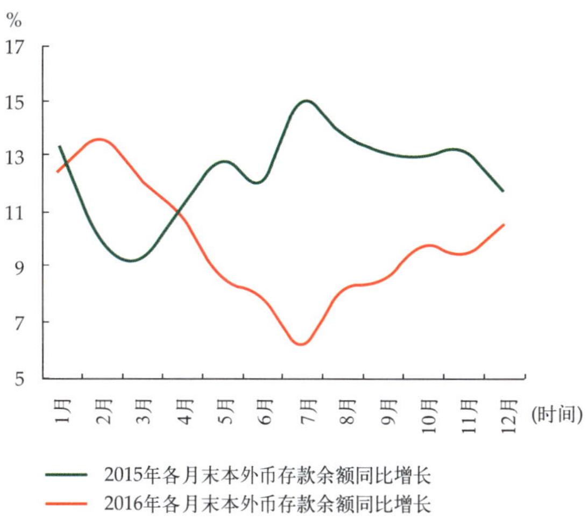

注：各地区存贷款不含全国性商业银行总行直存直贷数据（下同）。
数据来源：中国人民银行上海总部、各分行、营业管理部、省会（首府）城市中心支行。

图10　2015～2016年东部地区本外币存款增长情况

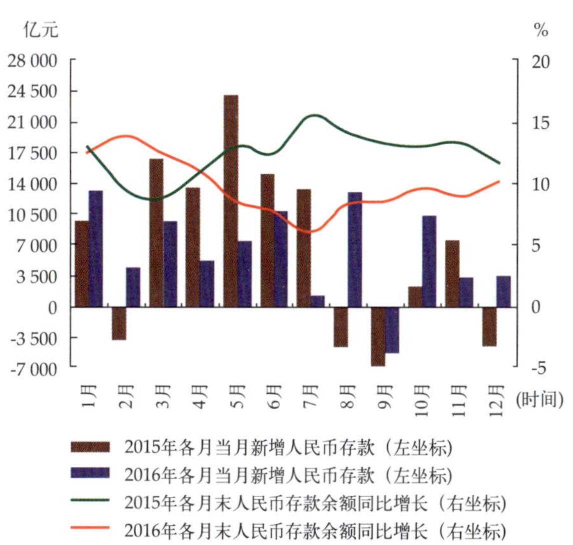

数据来源：中国人民银行上海总部、各分行、营业管理部、省会（首府）城市中心支行。

图11　2015～2016年东部地区人民币存款增长情况

存款增长18.2%，增速同比提高5.7个百分点，成为全国非金融企业存款快速增长的主要动力；受股票市场交易热度下降等影响，非银行业金融机构存款下降6.9%，降幅较为明显。在外向型经济带动下，同时受美联储加息、美元走强以及人民币汇率变动预期等影响，居民和企业持汇意愿上升，2016年年末，东部地区外币存款余额同比增长14%，增速较2015年提高6.1个百分点，余额占全国比重达80.7%，拉动全国外币存款增速较快回升。

各项贷款增长加快，消费贷款增势强劲。2016年年末，东部地区本外币各项贷款余额58.7万亿元，同比增长12.2%，比2015年加快1.2个百分点，拉动全国贷款增长6.8个百分点（见图12）。本外币贷款余额占全国的比重为55.9%，与2015年基本持平。分币种看，人民币贷款同比增长13.1%，增速比2015年提高0.9个百分点，进入7月以后，人民币贷款增速终止下滑趋势，逐步企稳回升（见图13）；受境内外利差收窄、美联储加息预期等因素影响，企业利用外币融资积极性有所下降，外币贷款总体呈现下降趋势，年末外币贷款余额同比下降6.2%。从投放节奏看，四个季度新增人民币贷款的比重分别为39.9%、20.1%、20.9%和19.1%，第一季度投放较快，随后趋于稳定，总体基本符合实体经济资金需求节律。分期限看，信贷资金中长期化趋势较为明显。2016年年末，东部地区人民币中长期贷款余额同比增长19.9%，增速较2015年加快6.3个百分点；中长期贷款余额占全部贷款的比重同比提高3个百分点。受个人购房贷款以及消费供需结构逐步改善等因素拉动，个人消费贷款余额同比大幅增长38.5%，增速较2015年提高5.9个百分点。

信贷投向结构持续优化。2016年，东部地区银行业坚持实施差异化信贷政策，严控高能耗、过剩产能行业贷款，积极支持重点领域和薄弱环节发展。年末，东部地区六大高能耗行业中长期贷款余额占全部中长期贷款的比重为5.2%，同比下降0.8个百分点，广东等地钢铁行业贷款余额较2015年年末净下降；前五大行业贷款余额占各项贷款余额的比重同比下降3.4个百分点，贷款集中度进一步下降。小微企业贷款余额同比增长11.7%，增速较2015年略有回落。民生领域（包括下岗失业人员小额担保贷款、劳动密集型小企业贴息贷款、助学贷款、保障性住房开发贷款和金融精准扶贫贷款，下同）贷款余额同比增长

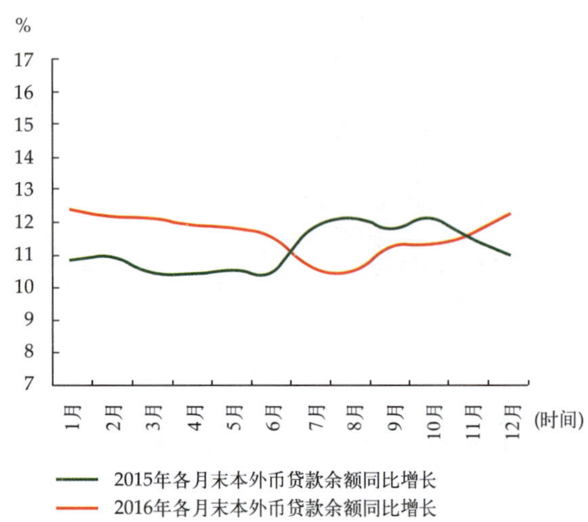

数据来源：中国人民银行上海总部、各分行、营业管理部、省会（首府）城市中心支行。

图12　2015～2016年东部地区本外币贷款增长情况

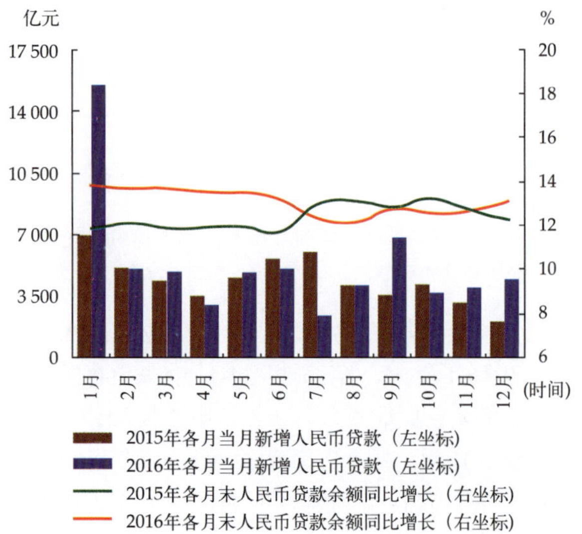

数据来源：中国人民银行上海总部、各分行、营业管理部、省会（首府）城市中心支行。

图13　2015～2016年东部地区人民币贷款增长情况

34.1%，快于各项贷款增速21.9个百分点。金融对高新技术产业、现代服务业等经济新动能领域的培育力度加大，北京中资银行文化创意产业人民币贷款余额同比增长36.9%，比2015年加快5个百分点；福建、河北服务业贷款余额在各行业贷款余额中占比近六成，服务业新增贷款占全部行业新增贷款的比重分别为97.5%和70.6%。

人民币贷款利率低位运行。2016年12月，东部地区人民币贷款加权平均利率5.2%，同比降低0.04个百分点（见图14）。其中，个人购房贷款和小微企业贷款加权平均利率分别为4.46%和5.61%，同比分别下降0.55个百分点和0.19个百分点，且均为各地区最低水平。由于竞争较为充分，东部地区银行业机构执行贷款基准利率下浮的比例为24.5%，高于其他地区，同比大幅提高8.7个百分点，其中北京、上海两地执行利率下浮的贷款占比分别达55.1%和47.3%。存贷款利率管制基本放开后，市场利率定价自律机制运行良好，有力地维护了金融市场公平的定价秩序，金融机构分层有序、差异化竞争的定价格局基本形成。

地方法人银行机构快速发展，民营银行发展加速。2016年年末，东部地区地方法人金融机构1 486家，资产规模34.9万亿元，同比增长18.3%，

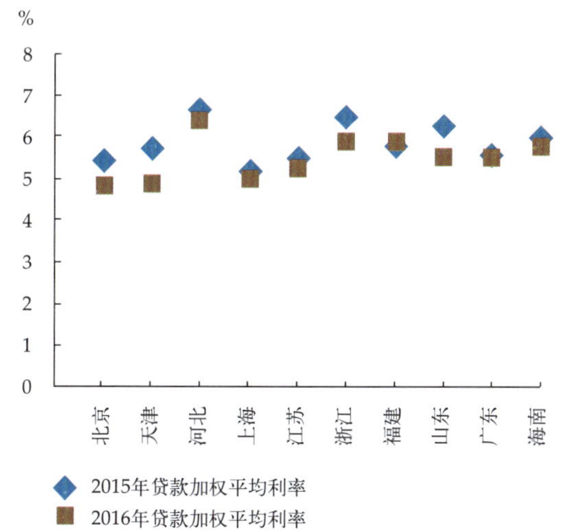

数据来源：中国人民银行上海总部、各分行、营业管理部、省会（首府）城市中心支行。

图14　2015～2016年东部地区人民币贷款利率情况

其中城市商业银行、农村金融机构资产规模分别同比增长25.3%、13.5%，分别低于全国同类机构平均增速0.9个百分点、1.2个百分点。江苏银行、杭州银行、上海银行等城商行实现A股上市。农村信用社产权改革加快推进，江苏、山东等多地农合机构已全部改制组建为农商行，江阴、无锡、常熟等多家农商行成功登陆国内资本市场。民营银行发展加快，全国获批的17家民营银行有9家落户东部，其中，微众银行、金城银行等首批开业的5家民营银行已实现盈利，全年新批设北京、江苏、福建、广东等地4家民营银行。

银行业运行总体稳健，不良贷款暴露趋缓。受宏观经济企稳向好、金融机构加大不良贷款核销和处置力度等影响，2016年年末，东部地区银行业贷款不良率为1.86%，同比下降0.01个百分点；全年新增不良贷款585亿元，同比大幅少增。其中，地方法人银行机构不良贷款率为1.77%，同比下降0.09个百分点。但潜在风险防控压力仍不容忽视，2016年年末，关注类贷款比率为5.64%，同比提高0.21个百分点，逾期90天以上贷款余额也有所增长，这些都可能在一定条件下转化为不良贷款。地方法人银行机构通过积极补充资本提高风险抵补能力，运行总体稳健，但流动性有所趋紧，且受信用成本上升、存贷利差收窄等影响，盈利能力有所下降。2016年年末，东部地区地方法人银行机构资本充足率同比提高0.3个百分点，流动性比率和资产利润率同比分别下降2.4个百分点、0.2个百分点。

证券期货市场平稳发展，股权融资保持较快增长。2016年年末，东部地区境内外上市公司2 472家，其中，国内创业板上市公司366家。当年实现国内股票市场融资1.2万亿元（见表2），同比增长78.5%。总部设在东部地区的证券公司、基金公司和期货公司数量占全国的比重分别达70%、98.2%和74.5%，占据全国证券期货市场的主体。广东省证券公司数量居全国首位，上海市基金公司和期货公司数量为全国第一。区域性股权市场发展势头强劲，广州股权交易中心注册挂牌企业达2 995家，同比增长182%；山东齐鲁股权交易中心新增挂牌企业1 200家，企业总数达1 811家，县域覆盖

表2　2016年东部地区证券业情况

项目	2016年
总部设在辖内的证券公司数（家）	84
总部设在辖内的基金公司数（家）	112
总部设在辖内的期货公司数（家）	105
年末境内上市公司数（家）	2 041
年末境外上市公司数（家）	431
当年国内股票（A股）筹资（亿元）	12 116.7
当年国内债券筹资（亿元）	28 833.0
当年股票和基金交易额（亿元）	2 308 739.9

注：股票筹资额包括A股市场首发和再融资；债券筹资额含短期融资券、中期票据及公司债、企业债等（下同）。

数据来源：各省（自治区、直辖市）证监局。

表3　2016年东部地区保险业情况

项目	2016年
总部设在辖内的保险公司数（家）	146
其中：财产险经营主体（家）	68
人身险经营主体（家）	78
辖内保险公司分支机构（家）	769
其中：财险公司分支机构（家）	343
人身险公司分支机构（家）	426
保费收入（亿元）	17 041.6
其中：财产险保费收入（亿元）	4 633.8
人身险保费收入（亿元）	12 407.9
赔付支出（亿元）	5 679.5

数据来源：中国保险监督管理委员会网站及各省（自治区、直辖市）保监局。

率提高到95%。

保险业快速发展，业务创新不断推进。2016年，东部地区保险公司总部及分支机构数量在全国仍保持绝对优势，全年实现保费收入（原保费，下同）1.7万亿元（见表3），同比增长31%，增速较2015年大幅提高12.2个百分点。北京、上海、广东、江苏、山东、浙江等地保费收入超过千亿元。其中，人身险保费收入增势强劲，全年增长42.3%，增速同比提高20个百分点；财产险保费收入增速放缓，全年增长8.0%，增速同比回落4.3个百分点。2016年，东部地区各类保险赔付支出5 679.5亿元，同比增长19.3%，增速同比下降5.2个百分点。保险密度①和保险深度②领先于其他地区，北京、上海两地保险密度和深度均居全国前两位。保险业务创新加快，海南农业保险保障范围向市场风险延伸，荔枝价格指数保险和槟榔价格指数保险产品开始承保；广东等多地探索开展巨灾指数保险；河北阜平“金融扶贫、保险先行”等一批典型实践，打开保险扶贫工作新局面。

社会融资规模适度增长，直接融资占比有所下降。2016年，东部地区社会融资规模增量为9.7万亿元，同比多增1.8万亿元，社会融资规模增量占全国的比重为58.2%，较2015年提高4.3个百分点。其中，企业债券、非金融企业境内股票融资合计增加2.8万亿元，占地区社会融资规模的比重为28.4%，同比下降1.9个百分点，但仍远高于其

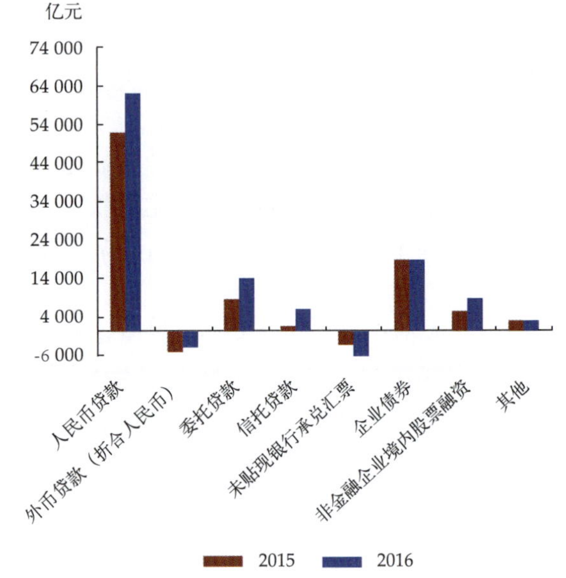

数据来源：中国人民银行上海总部、各分行、营业管理部、省会（首府）城市中心支行。

图15　2015～2016年东部地区社会融资情况

①保险密度是指一国（地区）的人均保费收入。

②保险深度是指一国（地区）全部保费收入与该国（地区）生产总值的比率。

他地区；委托贷款大幅增加，全年增加1.4万亿元，同比多增6 128亿元；主要受票据风险事件频发及票据市场整顿等影响，未贴现银行承兑汇票全年减少1.1万亿元，同比多减7 742亿元（见图15）。分省份看，北京、广东和江苏三省（直辖市）社会融资规模增量均超过1万亿元，位居全国前三位。各省市积极创新直接债务融资工具，拓展实体经济融资渠道，如山东率先在全国发行扶贫社会效应债券，助力脱贫攻坚；江苏南通新型城镇化建设集合债券成为全国首只以“一带一路”命名发行的企业债券。

二、中部地区经济金融运行情况

2016年，中部地区经济结构调整和转型升级有所加快。总需求稳定扩张，结构继续改善。第三产业快速发展，对经济增长贡献度进一步提高；工业经济企稳回升，产业升级步伐加快。财政收入继续呈现放缓态势，支出仍较好地保障了重点领域资金需求。居民消费价格小幅攀升，工业生产者价格降幅明显收窄。

2016年，中部地区金融业发展总体呈现加快趋势，银行业资产规模、存款、贷款等主要指标增速领先于其他地区，金融体量占全国比重有所提高。人民币贷款利率水平继续下行；银行业机构运营总体稳健，不良贷款率有所下降；多层次资本市场建设积极推进，保险业经济补偿和民生保障功能增强；社会融资规模增长较快，直接融资快速发展。

（一）中部地区经济运行情况

2016年，中部地区实现地区生产总值15.9万亿元，同比增长8%，增幅比2015年回落0.2个百分点（见图16）；生产总值占全国的比重为20.6%，较2015年提高0.3个百分点。

居民收入稳步提高，消费增长领跑全国。2016年，中部地区城镇居民人均可支配收入28 912元，同比增长7.7%；农村居民人均可支配收入11 771元，同比增长8.0%（见图17）。城乡居民平均消费倾向分别为65.7%和81.8%，较2015年分别提高0.6个百分点和1.6个百分点。全年实现社会消

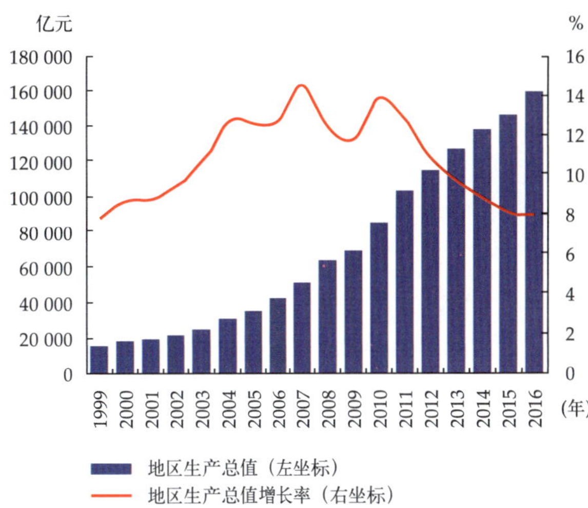

数据来源：国家统计局网站和《中国统计摘要》，中国人民银行工作人员计算。

图16　1999～2016年中部地区经济增长情况

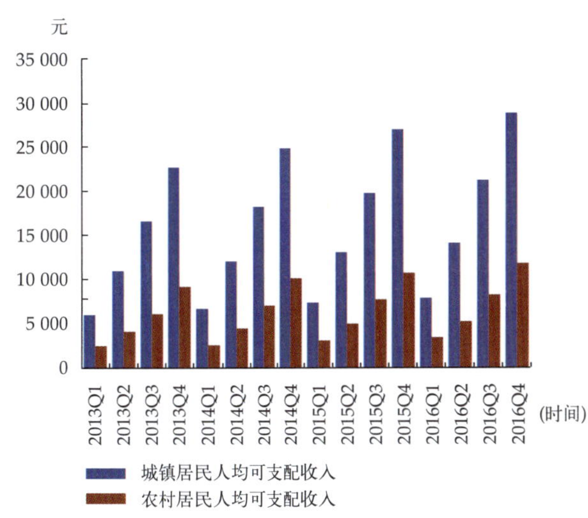

数据来源：国家统计局网站和《中国统计摘要》，中国人民银行工作人员计算。

图17　2013～2016年中部地区城镇及农村居民人均可支配收入情况

费品零售总额7.0万亿元，同比增长11.5%（见图18），增速与2015年持平，居各地区之首；区域消费占全国的份额为21.1%，较2015年继续提高0.3个百分点。居民消费升级类商品和互联网渠道销售大幅增长，如江西汽车类零售额同比增长17.4%，对零售额增长的贡献率达39.5%；河南限额以上单位商品零售额中计算机及其配套产品、体育娱乐用品类增长49.2%、37.3%；山西限额以上网上商品零售额同比增长70.7%。

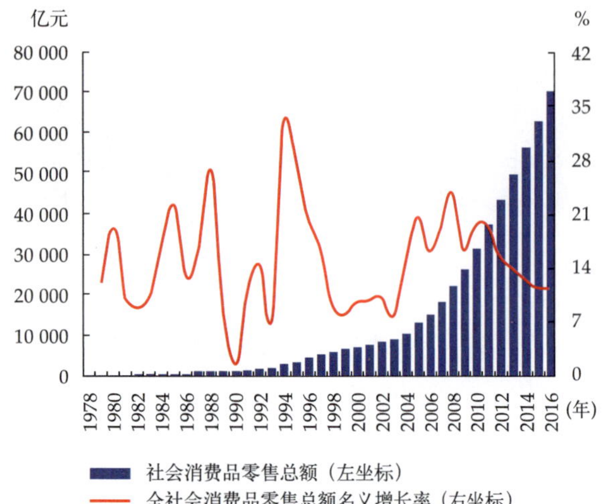

数据来源：国家统计局网站和《中国统计摘要》，中国人民银行工作人员计算。

图18　1978～2016年中部地区消费增长情况

固定资产投资放缓，民间投资有所回暖。2016年，中部地区完成固定资产投资（不含农户）15.7万亿元，同比增长12.2%，增幅较2015年回落3个百分点（见图19）；占全国固定资产投资的比重为26.5%，较2015年提高0.8个百分点。随着经济逐步企稳，民间资本投资意愿有所恢复，四个季度民间投资累计增速分别为6.2%、5.1%、5.8%和5.9%，第二季度以来逐步回升。

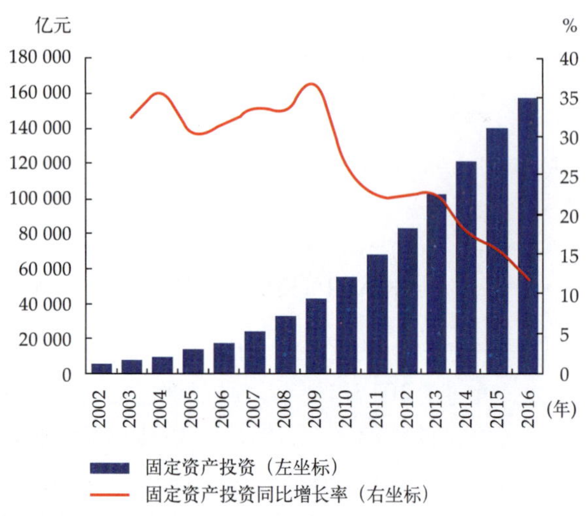

数据来源：国家统计局网站和《中国统计摘要》，中国人民银行工作人员计算。

图19　2002～2016年中部地区固定资产投资情况

全年房地产开发投资累计完成2.1万亿元，同比增长12.9%，比2015年提高8.5个百分点，增速大幅高于其他地区，对区域固定资产投资拉动作用较强。投资结构调整步伐加快，高新技术产业、服务业、民生领域投资保持较快增长，河南服务业投资增长17.1%，分别高于全省固定资产投资、工业投资增速3.4个百分点、8.2个百分点；湖北产业升级或新投建的高技术产业项目投资同比增长18.4%，高于全部投资5.3个百分点；湖南民生领域投资增长46.4%，增速比2015年提高20.2个百分点，高耗能行业投资同比下降0.3%。

对外贸易增速由正转负，实际利用外资保持较快增长。2016年，中部地区实现出口额1 546.8亿美元，同比下降5.8%，而2015年增长5.2%，出口占全国比重同比提高0.1个百分点；进口额831.6亿美元，同比下降4.9%，而2015年增长1.9%，进口占全国比重同比下降0.1个百分点（见图20）。前三个季度进出口贸易降幅收窄，第四季度稳中略降。全年实现贸易顺差715.2亿美元，较2015年略有缩小。实际利用外资675.1亿美元，同比增长8.3%，增速比2015年回落2.1个百分点，远高于其他地区。部分省份对外贸易及利用外资结构有所改善，湖北一般贸易比重上升至71.9%，湖南第三产业实际利用外资同比增长41.5%。

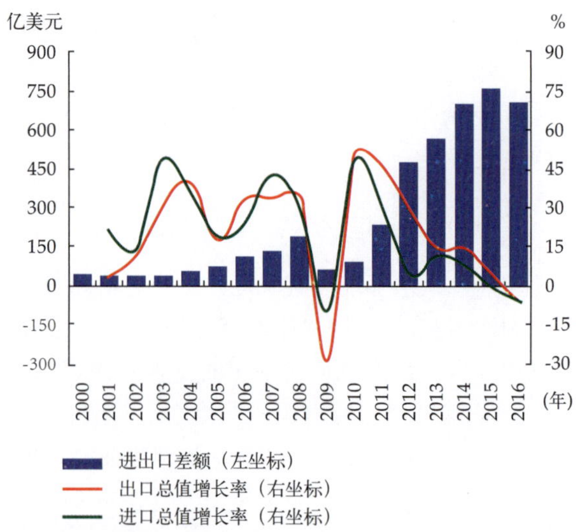

数据来源：国家统计局和《中国统计摘要》，中国人民银行工作人员计算。

图20　2000～2016年中部地区对外贸易情况

财政收支增速回落，收支差额有所扩大。2016年，中部地区实现地方财政收入15 334.6亿元，同比增长5.3%，增速较2015年回落4.9个百分点；地方财政支出33 837.8亿元，同比增长6.6个百分点，增速较2015年回落8.3个百分点；收支赤字18 503.2亿元，同比扩大9.3%（见图21）。受经济下行、“营改增”、减少涉企收费等影响，财政收入增长继续呈现放缓态势，但财政支出仍较好地保障了重点领域资金需求，中部地区大多数省份就业、医疗卫生、扶贫等民生领域支出占比超过70%。

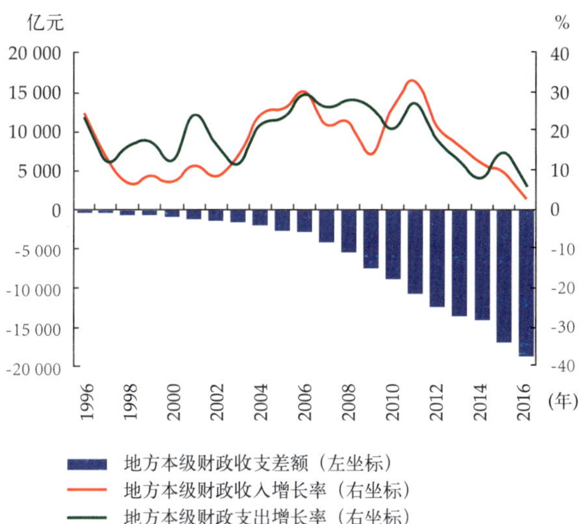

数据来源：国家统计局网站和《中国统计摘要》，中国人民银行工作人员计算。

图21　1996～2016年中部地区财政收支情况

产业结构继续调整优化，第三产业保持较快发展。2016年，中部地区三次产业分别实现增加值1.7万亿元、7.2万亿元和7.0万亿元，同比分别增长3.6%、7.2%和9.9%，较2015年分别下降0.4个百分点、0.3个百分点和0.7个百分点（见图22）；三次产业的比重分别为10.4%、45.4%和44.2%，分别较2015年下降0.4个百分点、下降2个百分点、提高2.4个百分点。第二产业缓中趋稳，第三产业保持较快发展，且增速领先于其他地区，对稳定区域经济增长起到“压仓石”作用。

工业经济企稳回升，产业升级稳步推进。2016年，中部地区实现工业增加值同比增长7.4%，增速比2015年回落0.3个百分点（见图23）；四个季度累计增速分别为6.1%、6.3%、6.7%和7.4%，呈现逐步回升态势。受工业品价格回升等影响，工业经济效益有所回升。2016年，中部地区工业企业销售利润率5.5%，同比提高0.2个百分点。其中，山西结束了2015年初以来的工业增加值下滑格局。面临传统工业产能过剩和下行压力，中部各省紧抓供给侧结构性改革机遇，做好去产能、去库存的同时，积极谋求工业转型

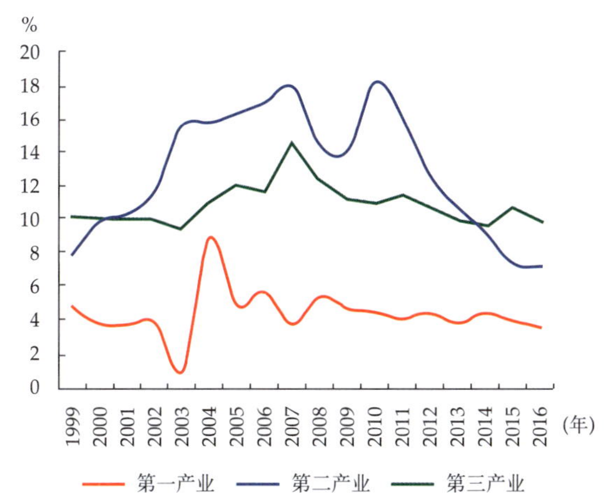

数据来源：国家统计局和《中国统计摘要》，中国人民银行工作人员计算。

图22　1999～2016年中部地区三次产业增长情况

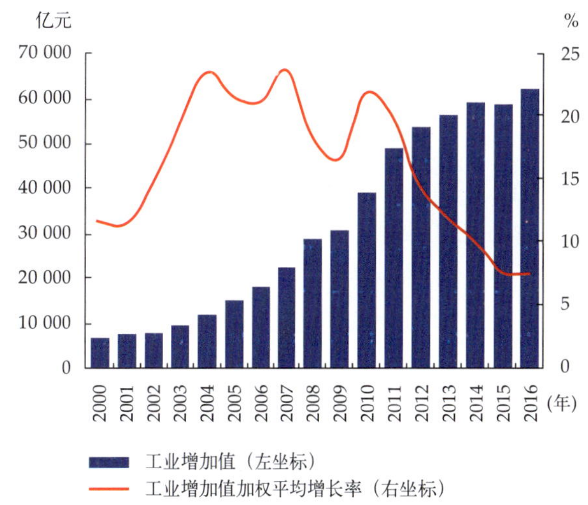

数据来源：各省（自治区、直辖市）《2016年国民经济和社会发展统计公报》，中国人民银行工作人员计算。

图23　2000～2016年中部地区工业增长情况

升级，工业经济结构继续优化。如安徽规模以上工业中装备制造业增加值占比由2015年的35.7%提高到37.2%，高新技术产业增加值占比由36.9%提高到39.8%，六大高耗能行业增加值占比由26.2%下降到25.9%。

消费价格小幅攀升，工业生产者价格降幅明显收窄。居民消费价格指数（CPI）累计同比上涨1.8%，涨幅较2015年提高0.5个百分点（见图24），其中食品价格相对稳定，服务业消费价格上涨相对较多。工业生产者购进价格指数（IPI）、出厂价格指数（PPI）同比分别下降1.7%、1.5%，降幅分别较2015年大幅收窄4.5个百分点、4.6个百分点。

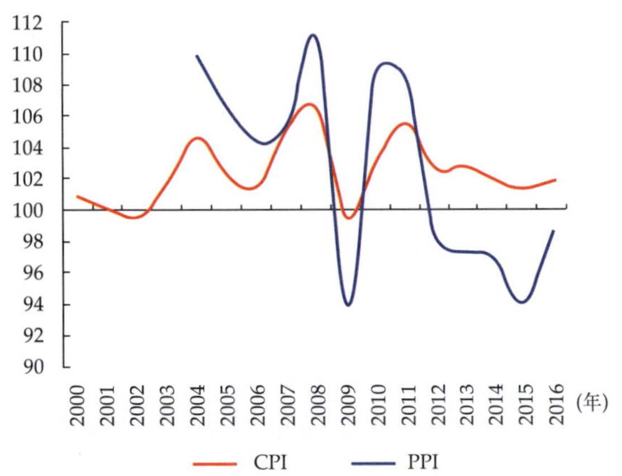

数据来源：国家统计局网站和《中国统计摘要》，中国人民银行工作人员计算。

图24　2000～2016年中部地区物价水平走势

（二）中部地区金融运行情况

2016年年末，中部地区银行业金融机构网点5.3万个，从业人员81.7万人，资产规模31.2万亿元，同比分别增长1.9%、2.0%和15.4%（见表4），占全国的比重同比分别提高0.2个百分点、0.4个百分点和0.3个百分点。其中，地方法人银行机构1 092个，资产总额10.6万亿元，城商行和农村金融机构资产规模分别为3.9万亿元和6.1万亿元，同比分别增长26.2%和16.0%，增速分别与全国同类机构持平和高1.3个百分点。

表4　2015～2016年中部地区银行业金融机构概况

年份	营业网点			法人机构个数（个）
	机构个数(个)	从业个数(人)	资产总额(亿元)	
2015	52 069	801 315	270 533.4	1 045
2016	53 044	81 7466	312 169.7	1 092

数据来源：中国人民银行上海总部、各分行、营业管理部、省会（首府）城市中心支行。

各项存款增长加快，存款活期化趋势明显。2016年年末，中部地区银行业本外币存款余额24.6万亿元，同比增长14.6%（见图25），增速比2015年加快1.5个百分点，快于其他地区增长水平，拉动全国存款增长2.4个百分点；本外币各项存款余额占全国的比重为16.4%，同比提高0.5个百分点。其中，人民币各项存款余额同比增长14.4%（见图26），高于各地区平均水平3.4个百分点；人民币住户存款、非金融企业存款分别同比增长11.9%、20%，增速较2015年分别加快0.6个百分点、4.5个百分点。下半年以来，受经济基本面企稳向好、地方政府债券发行及财政支出力度加大、房地产市场交易活跃等影响，企业资金面有一定改善，活期存款增加较多，全年非金融企业存款增量中，活期存款占比达74.4%。

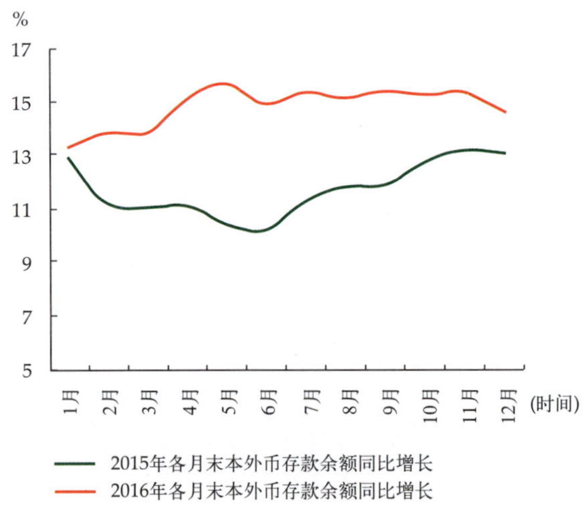

数据来源：中国人民银行上海总部、各分行、营业管理部、省会（首府）城市中心支行。

图25　2015～2016年中部地区本外币存款增长情况

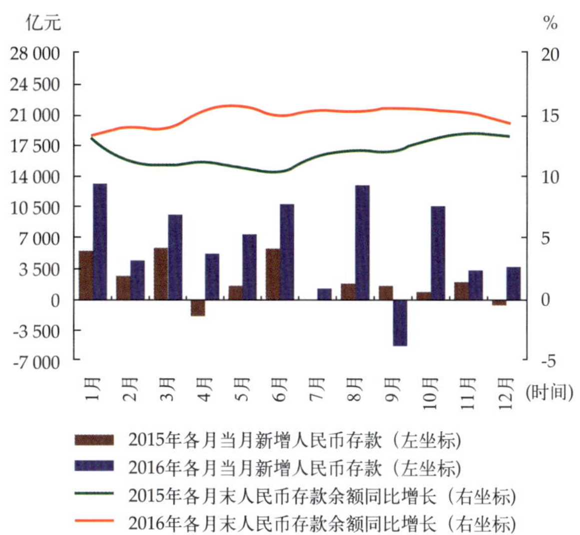

数据来源：中国人民银行上海总部、各分行、营业管理部、省会（首府）城市中心支行。

图26　2015～2016年中部地区人民币存款增长情况

各项贷款平稳增长，房地产贷款大幅增加。2016年年末，中部地区银行业本外币各项贷款余额17.2万亿元，同比增长15.8%，增速快于其他地区，较2015年加快0.1个百分点（见图27）。分省份看，安徽、江西、湖北贷款增速位居全国前五位；分币种看，人民币各项贷款余额同比增长16.0%，外币贷款同比增长14.6%。主要受基建投资、个人购房贷款等因素拉动，信贷投向呈现中长期化趋势，年末人民币中长期贷款余额同比增速达22.3%，远高于其他地区，也高于中部地区各项贷款增速6.3个百分点。2016年年末，中部地区房地产贷款余额同比增长33.1%，领先于其他地区，个人购房贷款抵押价值率（LTV）[①]上升较快，比2015年大幅提高5.3个百分点，达60.8%。

信贷结构持续调整优化，金融支持供给侧结构性改革力度不断加大。2016年年末，中部地区高能耗行业中长期贷款余额占全部中长期贷款的比重同比下降1.1个百分点。贷款行业集中度进一步下降，前五大行业贷款余额占全部贷款比重同

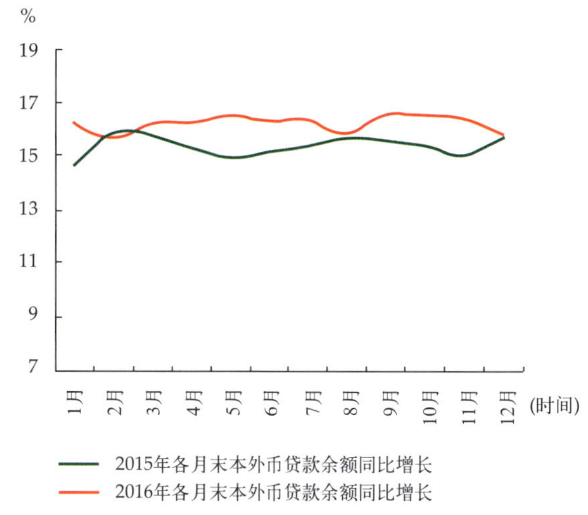

数据来源：中国人民银行上海总部、各分行、营业管理部、省会（首府）城市中心支行。

图27　2015～2016年中部地区本外币贷款增长情况

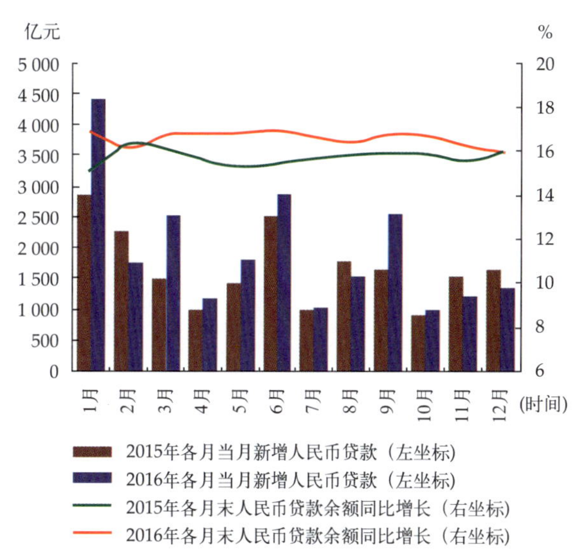

数据来源：中国人民银行上海总部、各分行、营业管理部、省会（首府）城市中心支行。

图28　2015～2016年中部地区人民币贷款增长情况

比下降2.6个百分点。小微企业、民生领域贷款余额同比分别增长29.3%、55.7%，大幅高于各项贷款平均增速。多地金融支持“三去一降一补”工

① LTV=贷款金额/房地产估值，根据中国人民银行个人住房贷款流量统计表计算，口径为：当期批准的抵押贷款金额/当期批准的抵押品价值。

作取得初步效果。2016年年末，山西煤炭行业银行表内外融资余额5 978.5亿元，同比增长1.0%，增幅远低于各项贷款。江西钢铁、煤炭行业贷款余额同比分别净下降16.8%和12.6%；房地产贷款余额同比增长32.6%，带动商品房去化周期同比缩减3个月。湖北小微企业、涉农贷款余额同比分别增长25.1%、17.2%，连续六年高于各项贷款平均增速。河南兰考普惠金融改革试验区获国务院批准，探索出“扶贫+普惠”新路子。

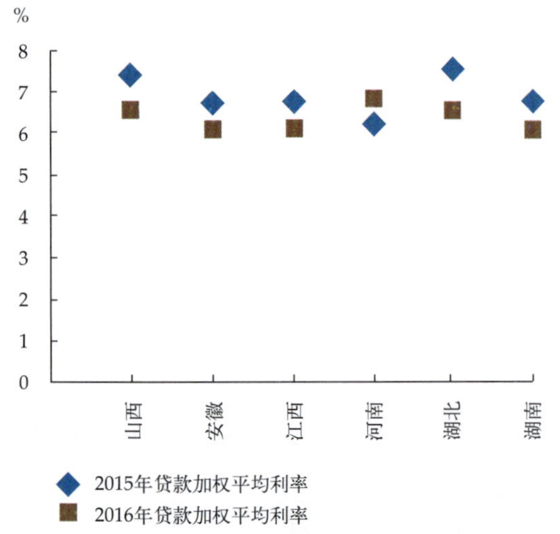

数据来源：中国人民银行上海总部、各分行、营业管理部、省会（首府）城市中心支行。

图29　2015~2016年中部地区贷款利率情况

人民币贷款利率水平继续下行。2016年12月，中部地区金融机构人民币贷款加权平均利率为6.06%，同比降低0.16个百分点。小微企业贷款、个人购房贷款加权平均利率分别为6.33%、4.73%，同比分别下降0.34个百分点、0.38个百分点。从利率浮动区间看，受个人购房贷款利率下浮的拉动，中部地区执行基准利率下浮的贷款比例为14.8%，同比提高5.9个百分点；执行基准利率上浮的贷款比例为67.9%，同比下降5.8个百分点；下浮比例和上浮比例分别处于各地区最低和最高水平。

银行业资产质量有所改善，潜在风险防控压力依然较大。2016年年末，中部地区银行业不良贷款率为2.71%，同比下降0.2个百分点，这与区域经济基本面改善和不良贷款资产核销、处置加快等有一定关系，据中国人民银行不完全统计，中部地区银行机构全年通过贷款转让、核销等方式处置的不良资产超过千亿元。潜在风险防控压力仍不容忽视。2016年年末，中部地区银行业关注类贷款比率为5.55%，同比提高0.14个百分点，逾期90天以上贷款余额也有所增加。中部地区各省积极采取应对措施，强化不良资产处置，成效较为明显。如山西通过成立债权人委员会、设立省级资产管理公司缓解煤炭企业债务压力；湖北设立武钢转型发展基金，支持企业去杠杆。地方法人银行机构部分稳健性指标有所下滑。2016年年末，中部地区地方法人银行机构资本充足率、流动性比率和资产利润率同比分别下降1个百分点、4.9个百分点和0.3个百分点，盈利能力在各地区中排名靠后。银行业金融机构改革稳步推进，安徽、湖北、湖南获批设立民营银行，金融租赁公司、消费金融公司等金融新业态逐步铺开。

多层次资本市场建设积极推进，保险业经济补偿和民生保障功能增强。2016年年末，总部设在辖内的证券公司、期货公司数量占全国的比重与2015年基本持平。资本市场融资较快发展，中部地区全年通过A股融资额达2 137.7亿元（见表5），占全国的比重同比提高2个百分点，达12.3%；新三板挂牌企业达1 360家，实现融资141.4亿元；区域性股权市场实现融资1 196.5亿元。保险业保费收入较快增长，风险分担和民生保障功能增强。2016年年末，中部地区保险业保

表5　2016年中部地区证券业情况

项目	2016年
总部设在辖内的证券公司数（家）	12
总部设在辖内的基金公司数（家）	0
总部设在辖内的期货公司数（家）	14
年末境内上市公司数（家）	421
年末境外上市公司数（家）	77
当年国内股票（A股）筹资（亿元）	2 137.7
当年国内债券筹资（亿元）	12 929.3
当年股票和基金交易额（亿元）	345 706.1

数据来源：各省（自治区、直辖市）证监局。

费收入5 678.7亿元（见表6），同比增长23.5%，增速较2015年提高0.8个百分点，其中，人身险和财产险保费收入同比分别增长28%和13.1%。分省份看，湖北、河南两地保费收入超过千亿元。中部地区全年保险赔付支出2 038.7亿元，同比增长23%，增速在各地区中处于领先水平，对地方经济发展的保障作用进一步增强。山西出口信用保险出口企业覆盖率和一般贸易出口渗透率分别达到89.6%、94.5%；湖南大病保险覆盖5 847.2万人，10.1万人（次）获得大病保险补偿，补偿金额占保费收入的45.8%；湖北在恩施芭蕉侗族乡试点“茶叶天气指数”保险和“茶叶温室指数”保险等产品创新。

表6　2016年中部地区保险业情况

项目	2016年
总部设在辖内的保险公司数（家）	7
其中：财产险经营主体（家）	5
人身险经营主体（家）	2
辖内保险公司分支机构（家）	359
其中：财险公司分支机构（家）	163
人身险公司分支机构（家）	196
保费收入（亿元）	5 678.7
其中：财产险保费收入（亿元）	1 579.9
人身险保费收入（亿元）	4 098.9
赔付支出（亿元）	2 038.7

数据来源：中国保险监督管理委员会网站及各省（自治区、直辖市）保监局。

社会融资规模较快增长，直接融资快速发展。2016年，中部地区社会融资规模增量为2.9万亿元，同比多增5 318.7亿元，占全国社会融资规模的比重同比提高1.2个百分点。分项看，人民币贷款增加2.3万亿元，同比多增3 201.9亿元，仍是社会融资规模的主体；委托贷款增加2 572.7亿元；信托贷款扭转上年减少格局，较年初增加248.3亿元；未贴现银行承兑汇票大幅减少2 886.6亿元，同比多减少466.2亿元；企业债券和非金融企业境内股票融资分别增加3 570.9亿元和1 737.6亿元，同比分别多增117.6亿元和914.6亿元，合计占地区社会融资规模的比重为18.8%，同比提高0.8个百分点（见图30）。多地创新推动直接融资发展取得积极成效，如湖北完成全国首单公募项目收益票据、首单应收账款循环购买结构资产支持票据、首单“债贷基组合”债务融资工具、首单“绿色债贷基组合”中期票据发行。江西注册了全国最大单笔永续定向工具，规模为120亿元，积极探索通过债券市场促进企业“去杠杆”。

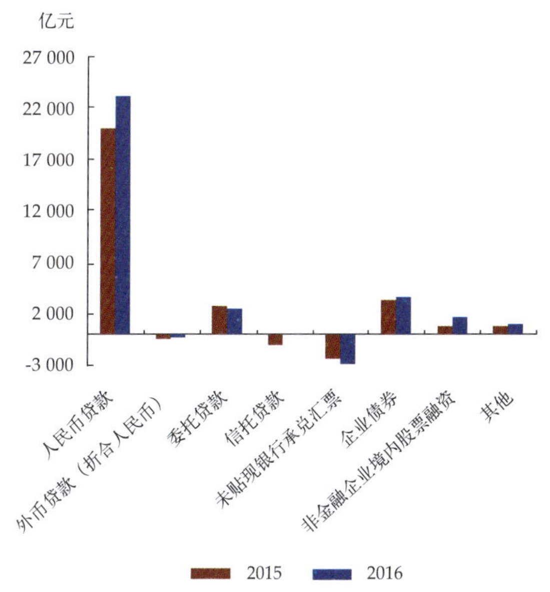

数据来源：中国人民银行上海总部、各分行、营业管理部、省会（首府）城市中心支行。

图30　2015～2016年中部地区社会融资情况

三、西部地区经济金融运行情况

2016年，西部地区以供给侧结构性改革为主要抓手，统筹稳增长、调结构、防风险，经济增速领先于其他地区，经济发展质量和效益有所提升。从需求端看：消费发展态势良好，固定资产投资增速加快，对外贸易差额有所扩大，财政支出结构继续优化。从生产端看：产业转型升级加快，第三产业占比首次超过第二产业，工业企业效益好转、结构优化，农业现代化建设稳步推进。

2016年，西部地区金融业平稳运行，银行业金融机构继续保持稳定扩张态势，资产规模稳步增长。各项存款平稳增长，新增活期存款占比较高；各项贷款增长趋缓，金融支持重点领域和薄弱环节力度不断加大。人民币贷款利率低位微升，但小微企业等实体经济融资成本进一步降低。信用风险暴露仍在持续，不良贷款率小幅上升，新增不良贷款放缓。证券业在全国的份额略有下降，资本市场对实体经济融资支持作用进一步凸显。保险行业经济补偿和民生保障功能增强。

（一）西部地区经济运行情况

2016年，西部地区实现地区生产总值15.7万亿元，同比增长8.2%（见图31），增幅较2015年回落0.4个百分点，增速在各地区中仍保持最快；区域经济总量占全国的比重为20.3%，同比提高0.2个百分点。

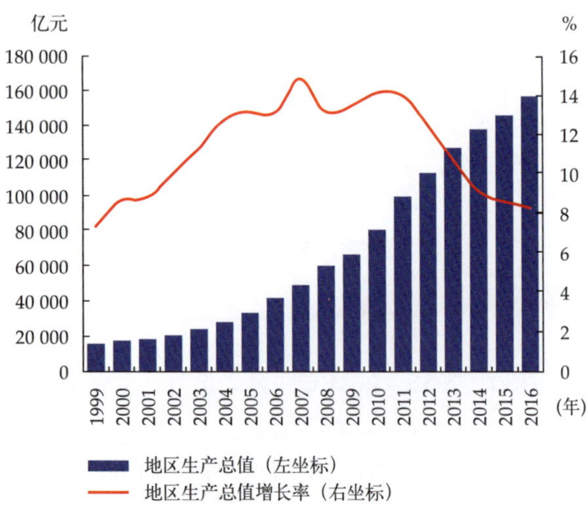

数据来源：国家统计局和《中国统计摘要》，中国人民银行工作人员计算。

图31　1999～2016年西部地区经济增长情况

居民可支配收入增速领先于其他地区，消费对经济增长贡献提高。2016年，西部地区城镇居民、农村居民人均可支配收入分别为28 351元、9 875元（见图32），同比分别增长8.3%、8.9%，增速均快于其他地区。分省份看，西藏、青海城镇居民人均可支配收入增长最快；西藏和重庆农村居民人均可支配收入增长最快。居民平均消费倾向处于较高水平，其中，城镇居民平均消费倾向为71.0%；农村居民平均消费倾向为89.1%，农村居民消费倾向居地区之首。2016年，西部地区实现社会消费品零售总额6.1万亿元，同比增长11.3%（见图33），比2015年加快0.7个百分点；社会消费品零售总额占全国的比重为18.5%，比2015年提高0.1个百分点。新兴消费快速增长，消费对经济增长贡献提高。如重庆电子商务交易额增速超过40%，四川最终消费对经济增长的贡献率达到51.5%。

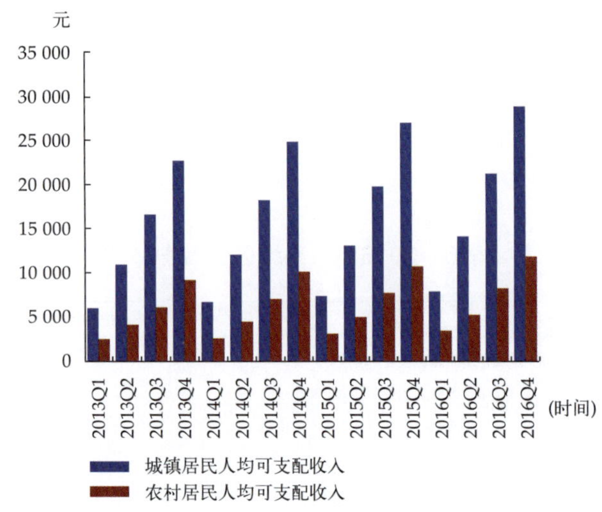

数据来源：国家统计局网站和《中国统计摘要》，中国人民银行工作人员计算。

图32　2013～2016年西部地区城镇及农村居民人均可支配收入情况

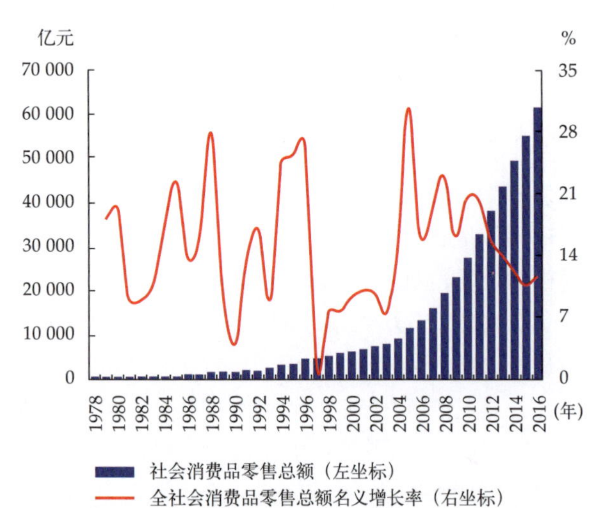

数据来源：国家统计局网站和《中国统计摘要》，中国人民银行工作人员计算。

图33　1978～2016年西部地区消费增长情况

固定资产投资加快，对稳定经济增长起到支撑作用。2016年，西部地区是唯一投资增速加快的区域，对经济稳增长发挥了重要作用，全年完成固定资产投资（不含农户）15.4万亿元，加权平均增长率为12.6%，增幅较2015年提高3.9个百分点，高于全国平均水平4.5个百分点（见图34）。其中，西藏、贵州投资增速超过20%，远高于其他省份。2016年，西部地区民间投资同比增长2.4%，增速自第二季度开始有所企稳。基础设施、先进制造业及高新技术领域投资增长较多，内蒙古基础设施投资同比增长43.6%；重庆电子信息、化学医疗等支柱产业投资增速超过30%，工业技术改造投资增速高于全国7.6个百分点。

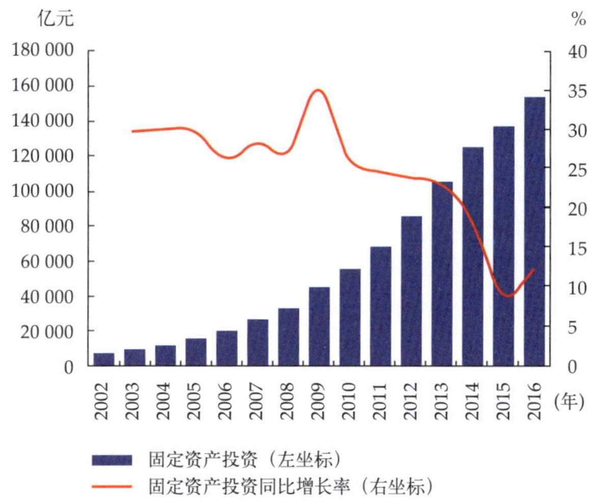

数据来源：国家统计局网站和《中国统计摘要》，中国人民银行工作人员计算。

图34　2002～2016年西部地区固定资产投资情况

进口增速由负转正，出口降幅继续扩大，贸易结构有所优化。2016年，西部地区进出口总额2 571.5亿美元。其中，主要受大宗商品价格回升及来料加工增长等影响，进口同比增长7.9%，增速由降转升，是全国唯一的进口增长区域；出口同比下降18.9%，降幅比2015年扩大10.2个百分点，出口额占全国的比重同比下降1.2个百分点（见图35）。对外贸易结构不断优化调整，四川、重庆、贵州等地机电产品、高新技术产品在对外贸易中占比超过六成。随着全球贸易格局深入调整、国内企业综合生产成本上升等扰动因素增多，部分地区出口传统竞争优势有所削弱，如广西等地多年来首次出现贸易逆差。2016年，西部地区实际利用外商投资同比增长0.2%，较2015年下降5.1个百分点。

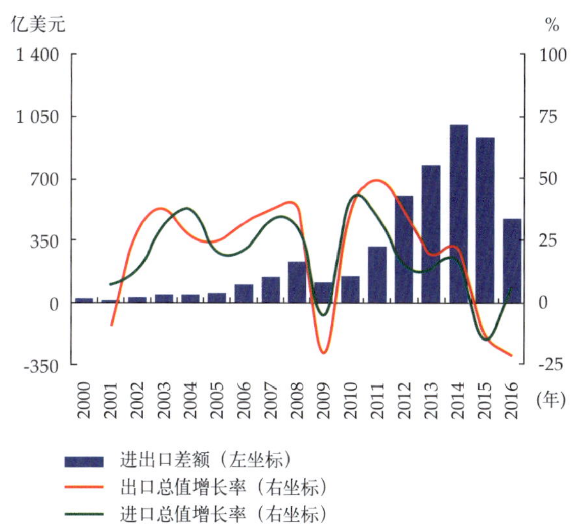

数据来源：国家统计局网站和《中国统计摘要》，中国人民银行工作人员计算。

图35　2000～2016年西部地区对外贸易情况

财政收入增速回落，民生保障支出加强。2016年，受经济增速换挡，部分工业领域去产能、去库存，以及结构性减税降费等政策措施影响，西部地区财政收入继续放缓，全年实现地方财政收入1.7万亿元，同比增长6.2%，增速较2015年回落2.2个百分点；地方财政支出4.6万亿元，同比增长7.8%，增速较2015年下降4.5个百分点（见图36）。在财政收支压力较大的情况下，支出结构不断优化，重点保障民生领域支出需要，多个省份民生支出占比超过70%，内蒙古财政扶贫专项资金同比增长22.8%，青海社会保障与就业支出增长63.1%。四川、陕西、云南等多地探索建立多种形式的风险分担基金，发挥财政资金杠杆撬动作用，引导金融资源流向“三农”、小微企业、脱贫攻坚等重点领域。

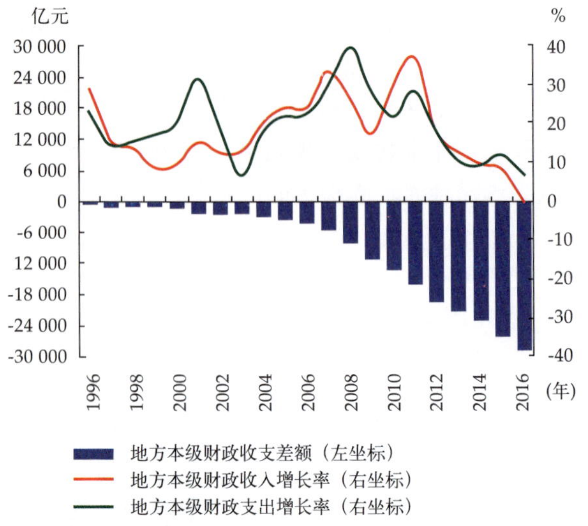

数据来源：国家统计局网站和《中国统计摘要》，中国人民银行工作人员计算。

图36　1996～2016年西部地区财政收支情况

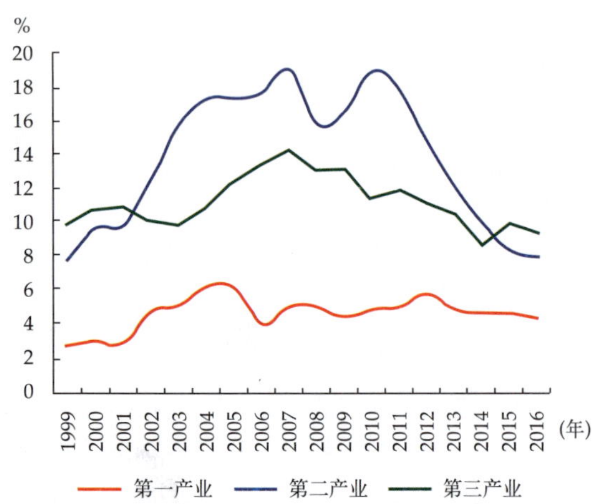

数据来源：国家统计局和《中国统计摘要》，中国人民银行工作人员计算。

图37　1999～2016年西部地区三次产业增长情况

农业基础制度不断完善，现代农业加快发展。2016年，西部地区农村承包土地经营权和农民住房财产权抵押贷款试点稳妥有序推进，土地经营权流转和抵押规模不断扩大。农业供给侧结构性改革稳步推进，新型农业经营主体不断壮大。如四川生态农业、观光农业发展取得积极进展，重庆乡村休闲旅游综合收入同比增长66%。

工业经济效益好转、结构优化。随着工业供需结构逐步改善、工业品价格回升，西部地区工业经济形势有所好转。2016年，工业增加值同比增长7.5%，增速比2015年回落0.5个百分点，仍领先于其他地区（见图38）。工业企业平均销售利润率为5.6%，同比回升0.2个百分点。由于工业产业链较长，高端产业与低端产业并存，企业经营分化较为明显，部分资源型行业和地区工业企业销售利润率处于较低水平。工业结构有所改善，如云南传统的烟草工业增加值占比32.3%，同比下降3.6个百分点；重庆汽车和电子信息产业对工业增长贡献率达55%。

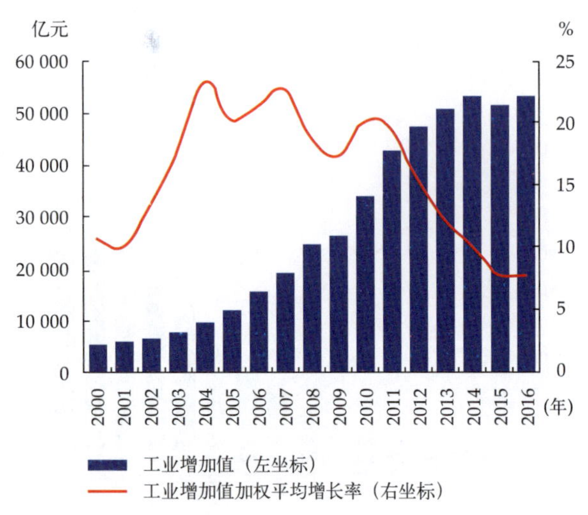

数据来源：各省（自治区、直辖市）《2016年国民经济和社会发展统计公报》，中国人民银行工作人员计算。

图38　2000～2016年西部地区工业增长情况

现代服务业加快发展。随着居民消费结构升级，旅游、文化、体育、健康、养老“五大幸福产业”快速发展，在推动民生改善和增进居民幸福感的同时，客观上推动了现代服务业蓬勃发展。如云南规模以上服务业增速居西部首位，以交通运输、信息传输、软件和信息技术等为主体的生产性服务业收入增长32.5%，成为当地服务业发展主力；四川“大旅游”发展格局加快形成，全年实现旅游总收入7 705.5亿元，同比增长24.1%。

消费价格温和上涨，工业生产者价格降幅收窄。2016年，西部地区居民消费价格同比上涨1.6%，涨幅比2015年提高0.1个百分点（见图39）；工业生产者出厂价格同比下降1.5%，工业生产者购进价格同比下降2.9%，降幅分别较2015年收窄5.5个百分点和2.9个百分点；农业生产资料价格小幅上涨0.6%。除西藏外，各省工业生产者购进价格和工业生产者出厂价格均有所下降，新疆和贵州工业生产者出厂价格降幅大于购进价格降幅。

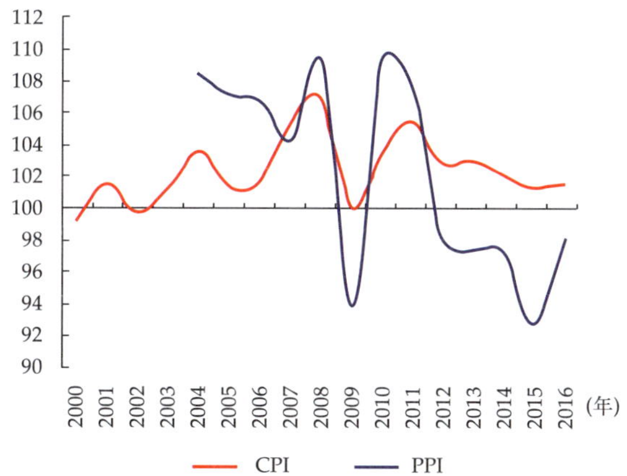

数据来源：国家统计局网站和《中国统计摘要》，中国人民银行工作人员计算。

图39　2000～2016年西部地区物价水平走势

（二）西部地区金融运行情况

银行业规模稳步扩大。2016年年末，西部地区银行业共有机构网点6.0万个、银行从业人员92.7万人、法人机构1 353家，分别同比增长2.1%、2.2%和3.5%（见表7），占全国的比重与2015年基本持平。银行业资产总额为37.9万亿元，同比增长12.2%。各省份银行业发展差异较大，四川、陕西、重庆、云南发展较快，四省（市）银行业机构资产规模占西部地区的55.4%。其中，四川银行业机构营业网点数和资产规模均处于西部地区前列，占地区的比重均超过20%。

地方法人银行机构快速发展。2016年，西部地区新成立地方法人银行机构46家。从机构类型来看，城市商业银行资产规模占比最大，达到39.9%，分别比农村商业银行、农村信用社及新型农村金融机构的占比高13.4个百分点、16.1个百分点和37.5个百分点。城市商业银行管理能力增强，

表7　2015～2016年西部地区银行业金融机构概况

年份	营业网点			法人机构个数（个）
	机构个数(个)	从业个数(人)	资产总额(亿元)	
2015	59 176	907 243	338 181.6	1 307
2016	60 418	927 464	379 404.4	1 353

数据来源：中国人民银行上海总部、各分行、营业管理部、省会（首府）城市中心支行。

发展加快，贵阳银行实现A股上市，部分城商行进入主板上市排队序列。新型金融组织建设取得突破，重庆首家民营银行——富民银行开业，中西部首家互联网银行、四川首家民营银行——新网银行正式营业，消费金融公司、金融资产管理公司、金融租赁公司等金融新业态加快布局。

存款增速小幅回落，非金融企业活期存款增加较多。2016年年末，西部地区银行业机构本外币各项存款余额28.5万亿元，同比增长12%，增速较2015年回落1.4个百分点，各项存款余额占全国的比重与2015年基本持平（见图40）。分币种看，人民币各项存款同比增长12%，增速较2015年回落1.3个百分点（见图41）。其中，住户存款、非金融企业存款余额同比分别增长11.1%、

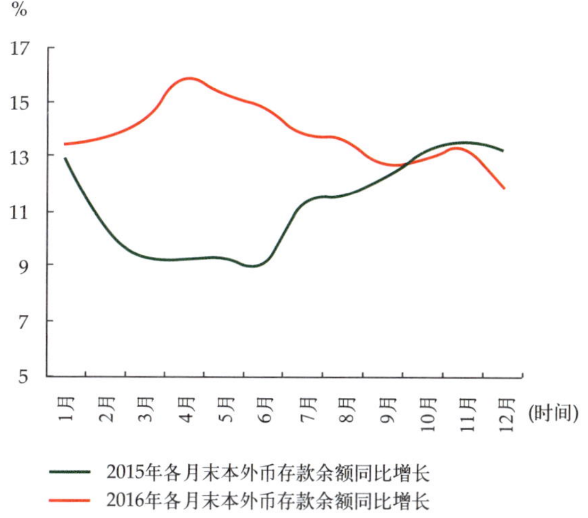

数据来源：中国人民银行上海总部、各分行、营业管理部、省会（首府）城市中心支行。

图40　2015～2016年西部地区本外币存款增长情况

16.2%，增速比2015年分别加快1.4个百分点、2.9个百分点；主要受股市交易活跃度下降等影响，非银行业金融机构存款余额同比增长10%，增速比2015年大幅下降85.4个百分点。分期限看，活期存款增加较多，西部地区新增非金融企业存款中活期存款占比达87.8%，高于其他地区。

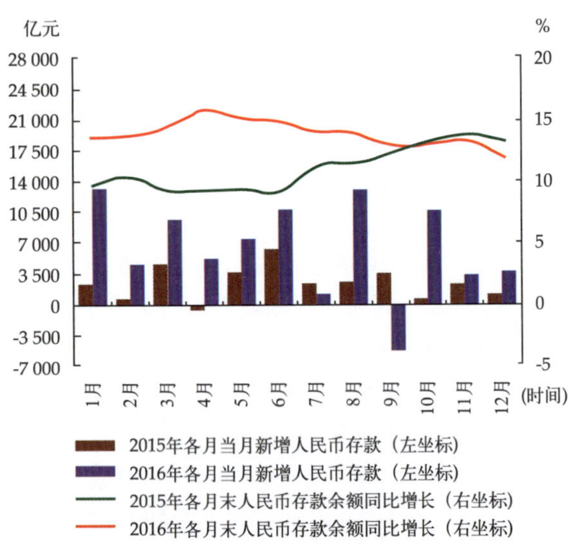

数据来源：中国人民银行上海总部、各分行、营业管理部、省会（首府）城市中心支行。

图41　2015～2016年西部地区人民币存款增长情况

各项贷款增长趋缓，信贷结构继续优化。2016年年末，西部地区本外币各项贷款余额22.0万亿元，同比增长13.0%，增速较2015年回落1.8个百分点（见图42）；贷款余额占全国的比重为20.7%，与2015年基本持平。其中，西藏贷款增速达43.5%，居全国首位。分币种看，人民币贷款余额同比增长13.2%，增速较2015年回落2个百分点（见图43）；外币贷款余额下降0.8%，降幅收窄7.6个百分点。从期限结构看，主要受投资稳增长和住房贷款带动，西部地区中长期贷款余额同比增长17.1%，增速较2015年加快1个百分点；短期贷款仅增长0.3%，增速大幅回落6.7个百分点，一定程度反映出企业经营活力仍然不足等问题。从信贷投放节奏看，2016年上半年和下半年新增贷款比重为6：4，第一季度增长较快，第四季度增长放缓，总体呈现前高后低趋势，基本符合实体经济需求节律。信贷投向结构继续优化，六大高能耗行业中长期贷款余额占全部中长期贷款的比重同比下降0.9个百分点；前五大行业贷款集中度下降0.8个百分点。

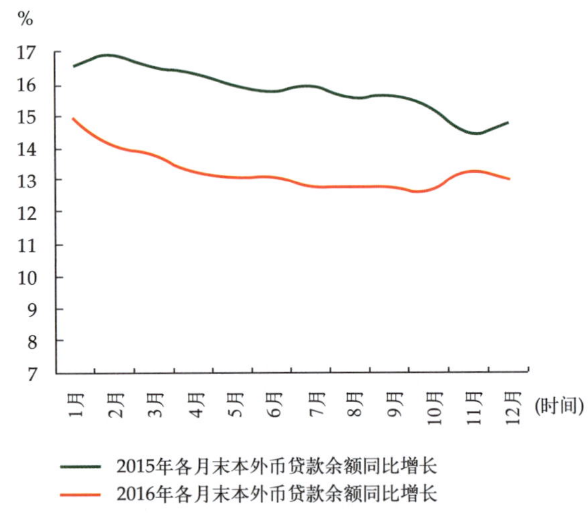

数据来源：中国人民银行上海总部、各分行、营业管理部、省会（首府）城市中心支行。

图42　2015～2016年西部地区本外币贷款增长情况

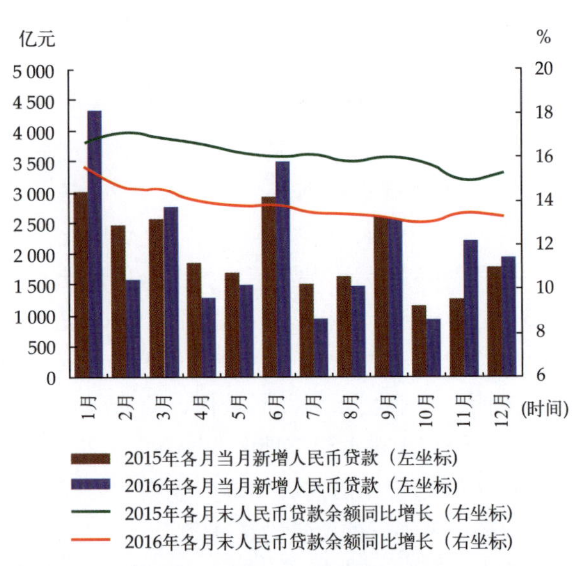

数据来源：中国人民银行上海总部、各分行、营业管理部、省会（首府）城市中心支行。

图43　2015～2016年西部地区人民币贷款增长情况

重点领域和薄弱环节支持力度不断加大。2016年年末，西部地区小微企业贷款余额同比增长22.4%，高于各地区平均水平5.5个百分点；涉农贷款余额同比增长12.7%，领先于各地区同类贷款平均增速；下岗失业人员、助学贷款、保障房开发、金融精准扶贫等民生领域贷款余额同比大幅增长67.5%。西部各省区银行业机构持续加强业务创新，积极满足实体经济融资需求。四川探索“扶贫再贷款+扶贫小额信贷”“扶贫再贷款+产业带动贷款”，推广金融精准扶贫到村、到户模式；深入推进“小微企业金融服务提升工程”，重点培育的1.5万户诚信小微企业融资获得率达78.7%。陕西宜君县以全国唯一农村普惠金融综合示范试点地区为契机，初步形成“定点+普惠”的帮扶模式。青海推广扶贫开发金融服务主办银行制度并实现县域全覆盖。贵州创新开展百名人民银行基层行行长对村帮扶行动。四川、重庆、陕西、新疆等多地创新推动“两权”抵押贷款试点，取得初步成效。

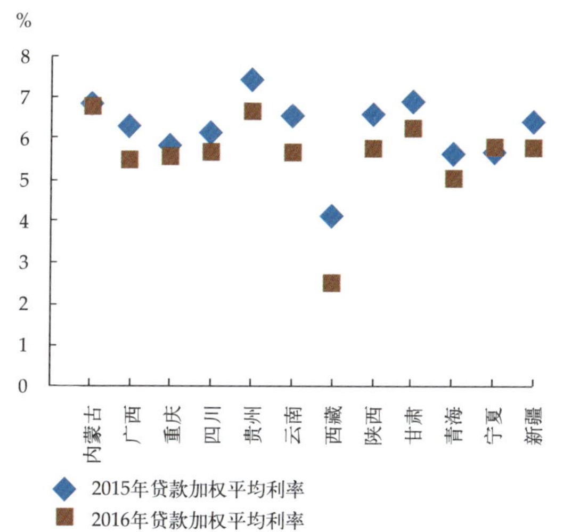

数据来源：中国人民银行上海总部、各分行、营业管理部、省会（首府）城市中心支行。

图44　2015～2016年西部地区贷款利率情况

贷款利率低位小幅回升，银行业机构市场化定价能力增强。2016年12月，西部地区银行业机构人民币贷款加权平均利率为5.75%，同比小幅上升0.13个百分点；小微企业和个人住房贷款利率同比分别下降0.22个百分点和0.32个百分点。2016年，西部地区银行业机构执行基准利率下浮的贷款占比为17.9%，同比提高7.3个百分点；执行基准利率上浮的贷款占比为59.7%，同比降低8.5个百分点。民生领域贷款利率降幅明显，如四川金融精准扶贫贷款加权平均利率低于各项贷款加权平均利率0.37个百分点；重庆12月个人住房贷款加权平均利率为4.33%，降至历史低位。人民币存款利率稳中有降，地方法人银行机构利率定价能力逐步提高，定价行为较为理性。四川地方法人银行机构存款挂牌利率上浮比例总体未超过基准利率的30%；贵州绝大多数地方法人银行机构存款利率不超过基准利率的1.4倍；新疆地方法人金融机构（农信社）全年定期存款加权平均利率为1.9%，较2015年下降0.2个百分点。

银行业机构资产质量总体较为稳定，地方法人银行机构经营压力有所增加。2016年年末，西部地区银行业机构不良贷款率为2.53%，较2015年小幅上升0.07个百分点，高于全国平均水平0.79个百分点。关注类贷款占比上升，信贷资产质量下迁压力仍然较大。2016年年末，西部地区关注类贷款比率为6.36%，同比上升0.12个百分点；逾期90天以上贷款也有不同程度增加。西部地区各省（直辖市、自治区）多措并举加强不良贷款处置，如四川全年累计核销不良贷款和向非银行金融机构转让贷款分别为2015年的2.7倍和1.6倍；重庆地方资产管理公司设立500亿元债转股专项基金。地方法人银行机构运行总体稳健，盈利能力基本稳定，但流动性压力有所上升。2016年年末，西部地区地方法人银行机构平均流动性比率同比下降8.4个百分点，低于各地区平均水平5个百分点；资本充足率同比提升0.1个百分点，达到13.4%；资产利润率为0.93%，与2015年基本持平，但12个省份中有9个省份的资产利润率同比有所下降。

证券业稳步发展，企业股权融资增加较多。截至2016年年末，总部设在西部地区的证券公司、基金公司、期货公司数量占全国的比重分别为15%、1.8%和10.6%，较2015年均有所提高，但仍明显低于东部地区。新股发行平稳增长，直接融资较快发展。2016年年末，西部地区境内外上市公司432家，同比增加29家；境内上市公司数量占全国的比重为14.2%，同比下降0.1个百分点。市场筹资额快速增长，业务创新步伐加快。2016年年末，西部地区企业通过A股筹资2 313亿元（见表8），同比增长22.4%。华西证券与国开证券承销的全国首个扶贫易地搬迁项目收益债首期5亿元顺利发行，募集资金用于国家级贫困县叙永、古蔺片区易地扶贫搬迁建设项目。西南证券获准上市公司股权激励行权融资业务试点，完成全国首单公路客运代理费资产支持专项计划（ABS）。

表8 2016年西部地区证券业情况

项目	2016年
总部设在辖内的证券公司数（家）	18
总部设在辖内的基金公司数（家）	2
总部设在辖内的期货公司数（家）	15
年末境内上市公司数（家）	432
年末境外上市公司数（家）	31
当年国内股票（A股）筹资（亿元）	2 313.0
当年国内债券筹资（亿元）	10 650.3
当年股票和基金交易额（亿元）	263 034.2

数据来源：各省（自治区、直辖市）证监局。

保险业保费收入快速增长，民生保障功能增强。2016年年末，西部地区保险公司法人和分支机构分别有12家和500家，较年初分别增加2家和90家。按经营险种分，法人机构中经营财产险的保险公司有10家，经营人身险的保险公司有2家。保险业经营收入增长较快，2016年年末，西部地区保险机构实现保费收入5 807.6亿元（见表9），同比增长25.5%，增速比2015年提高4.6个百分点。其中，实现人身险保费收入同比增长34.5%，增速较2015年提高8.8个百分点；实现财产险保费收入同比增长9.8%，增速较2015年回落3.6个百分点。保险普及率明显增强，但地区间差异较大，其中，四川保险密度2 075元/人、保险深度5.24%，为西部各省区最高水平。

2016年，西部地区保险业原保险赔款给付支出2 022亿元，同比增长19.1%，增速较2015年略降0.1个百分点。西部各省区大力推进巨灾保险、精准扶贫保险、涉农环境污染责任保险、重大技

表9 2016年西部地区保险业情况

项目	2016年
总部设在辖内的保险公司数（家）	12
其中：财产险经营主体（家）	10
人身险经营主体（家）	2
辖内保险公司分支机构（家）	500
其中：财险公司分支机构（家）	282
人身险公司分支机构（家）	218
保费收入（亿元）	5 807.6
其中：财产险保费收入（亿元）	1 863.5
人身险保费收入（亿元）	3 944.1
赔付支出（亿元）	2 022.0

数据来源：中国保险监督管理委员会网站及各省（自治区、直辖市）保监局。

术装备保险，提供绿色保险服务，助力地方经济结构调整转型。云南大理政策性农房地震保障作用显著，“5·18”云龙地震赔付金额占地震直接经济损失的14.3%。重庆农业保险覆盖所有贫困区县，在9个贫困区县开展贫困户农村住房保险试点，惠及22万户建档贫困户，农村小额保险实现贫困户全覆盖。陕西首台（套）重大技术装备综合保险累计为西电集团等8家重点装备制造企业提高风险保障17亿元；首次设立1 000万元农险创新基金，用于试点开办茶叶和花椒气象指数保险，创设花椒、水果和肉牛价格指数保险等地方特色农险产品。宁夏启动环境污染责任保险试点，对53家重点企业在保险期内发生的环境污染事故责任进行有限理赔。四川信用保险深度融入“一带一路”战略，积极服务企业“走出去”，相关保费收入同比增长31.6%。

社会融资规模有所回落。2016年，西部地区社会融资规模增量为3.1万亿元，同比少增2 857.9亿元；地区社会融资规模占全国的比重为18.6%，较2015年下降3.7个百分点。四川、重庆、陕西和贵州四省（市）社会融资规模增加较多，合计占西部地区社会融资规模的比重近60%。分结构看，人民币贷款、委托贷款、信托贷款、企业债券、非金融企业境内股票融资分别增加2.5万亿元、3 802.9亿元、1 188亿元、2 904.1亿元和1 437.4亿元，外币贷款减少281亿元，未贴现银行承兑汇票大幅减少

5 032.5亿元（见图45）。其中，人民币贷款占社会融资规模的比重达81%，在各地区中最高。全年企业债券和非金融企业境内股票融资等直接融资占地区社会融资规模的比重为14.1%，较2015年下降4.4个百分点。其中，受下半年以来部分债券违约事件和市场利率有所回升影响，企业债券发行放缓，占地区社会融资规模的比重较2015年回落5.6个百分点；非金融企业境内股票融资占比较2015年提高1.2个百分点。

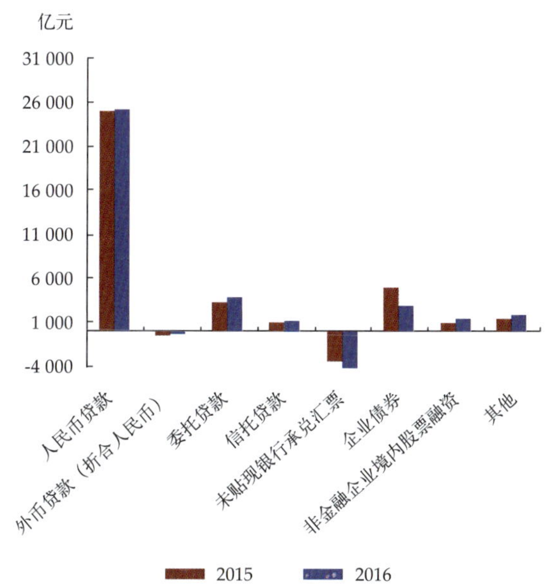

数据来源：中国人民银行上海总部、各分行、营业管理部、省会（首府）城市中心支行。

图45　2015～2016年西部地区社会融资情况

四、东北地区经济金融运行情况

2016年，东北地区依托新一轮振兴发展政策，积极推进供给侧结构性改革，经济新动能尚不能完全弥补传统动能减弱的缺口，结构调整过程中的阵痛仍在持续。主要受产业结构较为单一、部分行业产能过剩以及占东北经济体量重头的辽宁省统计数据“去水分”等影响，东北地区主要经济指标继续运行在负值区间，消费增速稳中趋降，投资和对外贸易同比下降，工业生产负增长。在此背景下，东北各省加快老工业基地产业转型升级，大力推进第三产业发展，取得了一定效果，下半年固定资产投资、进出口出现好转迹象。

2016年，东北地区金融业发展总体有所放缓。各项存款增速回落，余额占全国比重小幅下降；有效信贷需求大幅放缓，信贷投向结构更加优化；利率水平低位回升；银行不良贷款率略有上升，地方法人银行机构快速扩张，资本充足率上升较多；证券业平稳发展，市场筹资额大幅增长；保险业较快发展，对农业和扶贫领域保障加强；社会融资规模下降，委托贷款大幅增长。

（一）东北地区经济运行情况

2016年，东北地区实现地区生产总值5.2万亿元，同比增长2.7%，增幅比2015年回落1.9个百分点（见图46）；区域经济总量占全国的比重为6.8%，比2015年回落1.3个百分点。东北地区传统产业对经济增长的带动作用持续减弱，各省依托新一轮振兴发展政策，积极推进国有企业等重点领域改革，“三去一降一补”取得初步成效，经济新动能正在逐步形成和壮大。

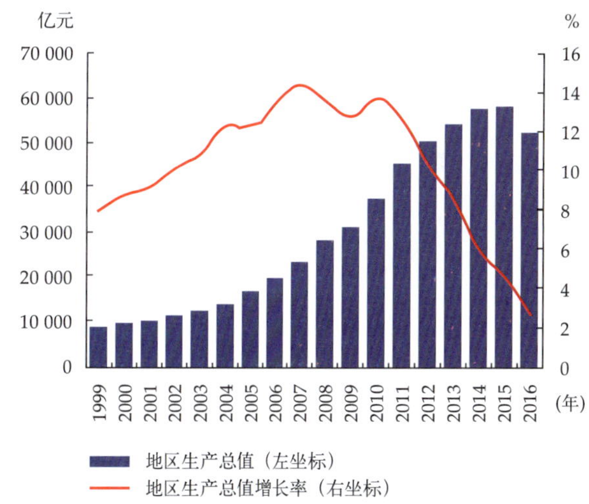

数据来源：国家统计局和《中国统计摘要》，中国人民银行工作人员计算。

图46　1999～2016年东北地区经济增长情况

城镇居民收入增长放缓，社会消费增长稳中趋降。2016年，东北地区城乡居民收入差距缩小，城镇居民人均可支配收入为28 740.5元，同比增长6.1%，涨幅较2015年回落1个百分点；农村居民人均可支配收入为12 294.4元，同比增长6.8%，涨幅较2015年扩大0.5个百分点。居民平均消费倾向有所提高。东北地区城镇居民和农村居民平均消费倾向分别为72.9%和78.5%，较2015年分别提高2.1个百分点和2.9个百分点。主要受去产能、去库存等部分领域企业经营困难、居民收入增长趋缓等影响，东北地区社会消费低位回落，全年实现社会消费品零售总额2.9万亿元，同比增长7.6%，增速较2015年回落0.8个百分点（见图48），分省份看，吉林、黑龙江消费增长相对平稳，辽宁消费大幅放缓对地区消费增长下拉作用明显；社会消费品零售总额占全国的比重为8.8%，同比略降0.3个百分点。网络消费快速增长，如吉林通过公共网络实现零售额204.1亿元，比2015年增长43.1%。

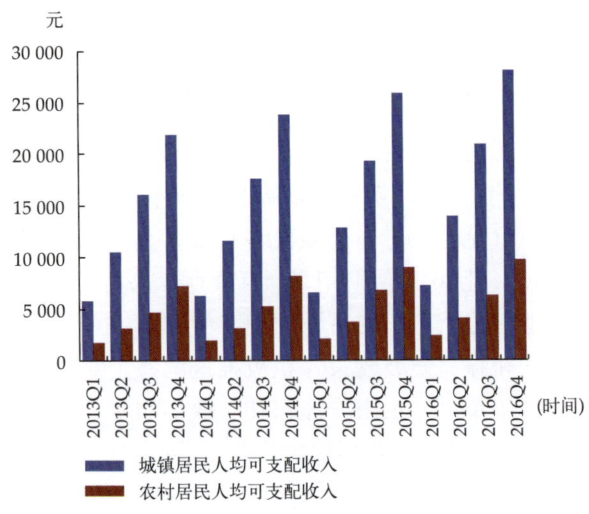

数据来源：国家统计局网站和《中国统计摘要》，中国人民银行工作人员计算。

图47　2013～2016年东北地区城镇及农村居民人均可支配收入情况

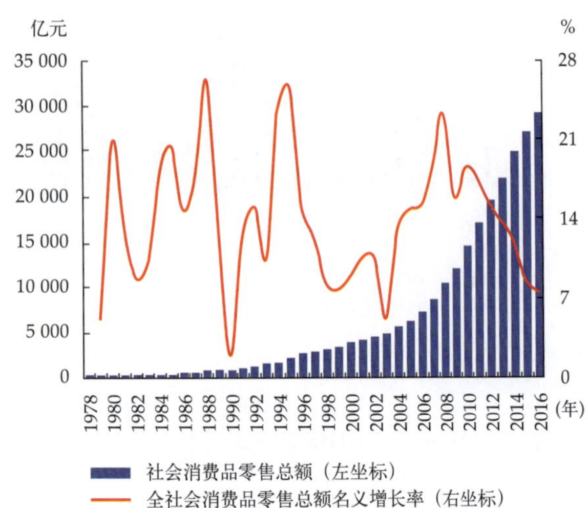

数据来源：国家统计局和《中国统计摘要》，中国人民银行工作人员计算。

图48　1978～2016年东北地区消费增长情况

固定资产投资有所下降。2016年，东北地区实现固定资产投资（不含农户）3.1万亿元，同比下降6.9%，自6月开始，投资降幅持续收窄，全年累计降幅比2015年收窄4.2个百分点（见图49），占全国的比重为5.2%，同比下降2.1个百分点。与此同时，民间固定资产投资大幅下降24.4%。其中，辽宁在工业产能过剩、重大项目开工不足等问题叠加下，固定资产投资同比大幅下降63.5%，对东北地区投资增长下拉效应明显。

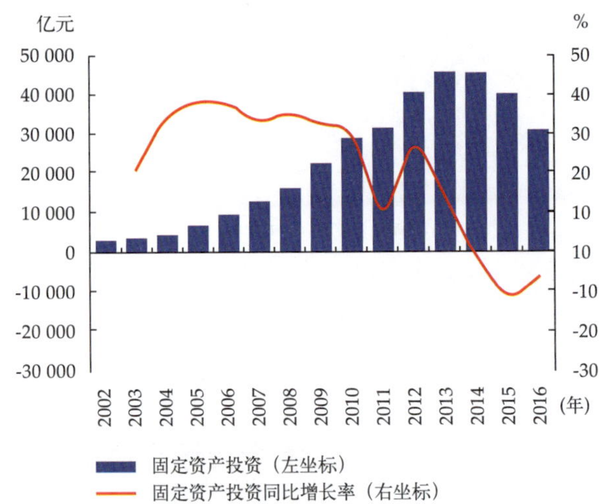

数据来源：国家统计局和《中国统计摘要》，中国人民银行工作人员计算。

图49　2002～2016年东北地区固定资产投资情况

进出口贸易降幅继续收窄。2016年，东北地区实现进出口总额1 215亿美元，同比减少10.2%。其中，出口总额与进口总额分别为523.1亿美元和691.9亿美元，同比分别减少16.7%和4.4%，降幅分别较2015年收窄2.3个百分点和20.1个百分点（见图50）。出口额占全国的比重同比降低0.3个百分点，进口额占比提升0.1个百分点。吉林保税仓进出境、边境小额贸易、加工贸易分别增长283.4%、35.3%和2.8%，一汽集团进出口增长由负转正。黑龙江对俄贸易结构出现新变化，旅游贸易、互市贸易分别增长26.6%、85.9%。

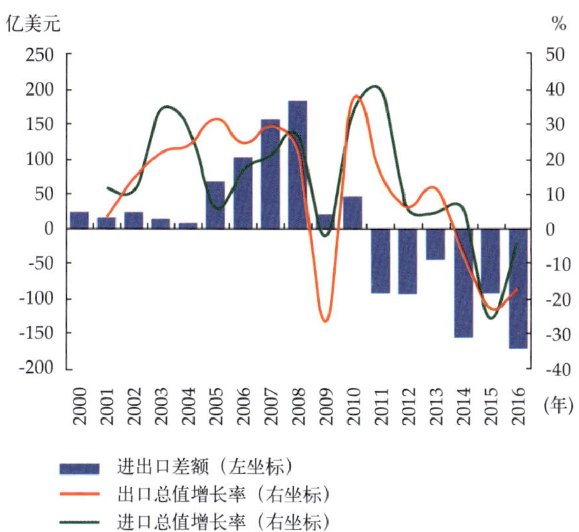

数据来源：国家统计局和《中国统计摘要》，中国人民银行工作人员计算。

图50　2000～2016年东北地区对外贸易情况

财政收入止降回升，财政支出增速加快。2016年，东北地区实现地方财政收入4 611.5亿元，完成地方财政支出1.2万亿元，财政收入增速由2015年的-17.8%提高至2.1%，财政支出增速提高0.6个百分点至5.9%，是全国唯一的财政收支加快的地区（见图51）。减税降费成效逐步显现，民生领域支出保障有力。辽宁通过全面落实"营改增"、各项结构性减税和普遍性降费政策，全年累计减免税费851.7亿元；黑龙江暂免征收部分小微企业增值税和营业税，全年减税降负107亿元；吉林连续10年将新增财力的70%以上用于民生。

第二产业增加值下降，第三产业占比上升。2016年，东北地区三次产业增加值分别为6 342.1亿元、20 093.4亿元和25 874.7亿元，第一、第二、第三产业分别增长1.6%、-0.6%和6%（见图52）。第二产业受宏观经济下行、工业产能过剩和结构调整影响出现负增长，增加值占地区生产总

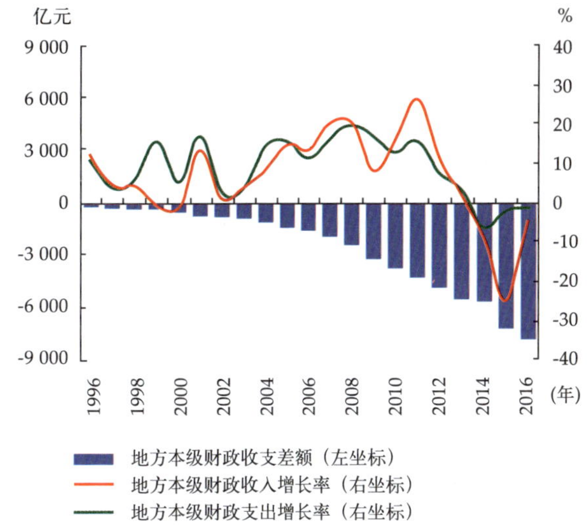

数据来源：国家统计局网站和《中国统计摘要》，中国人民银行工作人员计算。

图51　1996～2016年东北地区财政收支情况

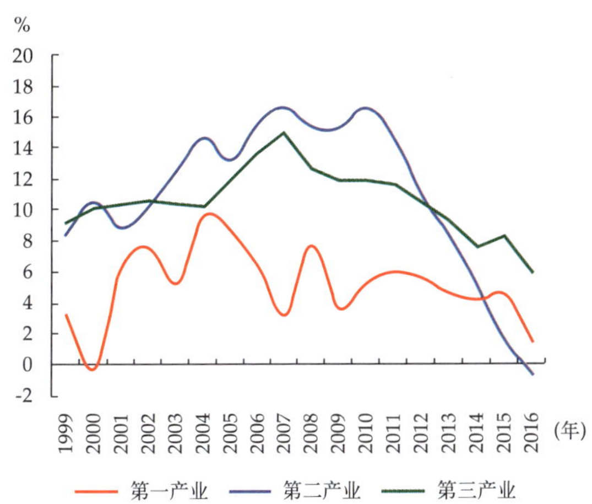

数据来源：国家统计局和《中国统计摘要》，中国人民银行工作人员计算。

图52　1999～2016年东北地区三次产业增长情况

值的比重为38.4%，较2015年下降5.5个百分点，低于全国平均水平1.4个百分点。其中，主要受辽宁工业经济下行影响，东北地区工业增加值同比下降4.1%，增速较2015年继续回落3.3个百分点（见图53）；工业企业平均销售利润率为3.7%，同比回落0.2个百分点。第三产业增加值占比较2015年提高4.8个百分点至49.5%，与各省积极推进服务业发展和第二产业下行导致占比被动提升等有关。

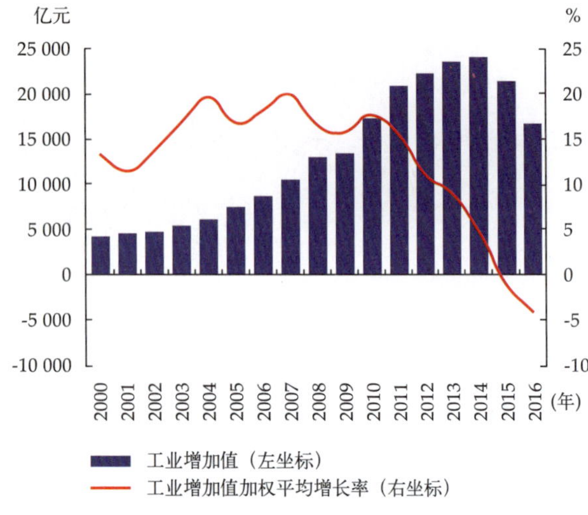

数据来源：各省（自治区、直辖市）《2016年国民经济和社会发展统计公报》，中国人民银行工作人员计算。

图53　2000～2016年东北地区工业增长情况

现代农业发展水平不断提高。黑龙江耕种收综合机械化水平达95%；实施玉米收储制度改革，设立省级玉米收购贷款信用保证基金，玉米种植调减1 922万亩，经济作物新增177.7万亩；建设“互联网+”高标准绿色有机种植示范基地1 170个；出台《黑龙江省林业产业发展规划》，设立总规模100亿元的黑龙江林业产业基金。吉林完善农业基础设施，建成209万亩集中连片高标准农田；启动粮食生产全程机械化整体推进示范省建设，农作物耕种收综合机械化水平同比提高2个百分点。

东北老工业基地转型升级加快推进。在国家推动新一轮东北振兴的政策环境下，东北地区以积极推进供给侧结构性改革为抓手，积极推进钢铁煤炭行业去产能；加快国有企业改革进程，做强做优高端装备制造业；积极加快现代服务业发展；着力营造良好的营商环境，有效激发市场活力，新的经济增长动能正在逐步形成和发展。吉林着力打造医药产业，重点扶持一批产业化医药项目转型升级，通过兼并重组近20户企业提高产业集中度和竞争力，部分企业兼并重组后，主要经营指标增长翻番；辽宁在工业经济下行压力较大的背景下，以互联网、物流等行业为重点带动服务业快速发展；黑龙江通过促进旅游、养老、健康、文化、体育等产业融合培育新的市场需求。

物价水平温和上涨。2016年，东北地区居民消费价格同比上涨1.6%，涨幅比2015年提高0.2个百分点（见图54）；农业生产资料价格由上涨转为下降，全年同比降低0.8%。工业价格降幅进一步收窄，工业生产者购进价格和工业生产者出厂价格累计同比分别下降2.8%和2.6%，降幅较2015年分别收窄4.4个百分点和2.3个百分点。

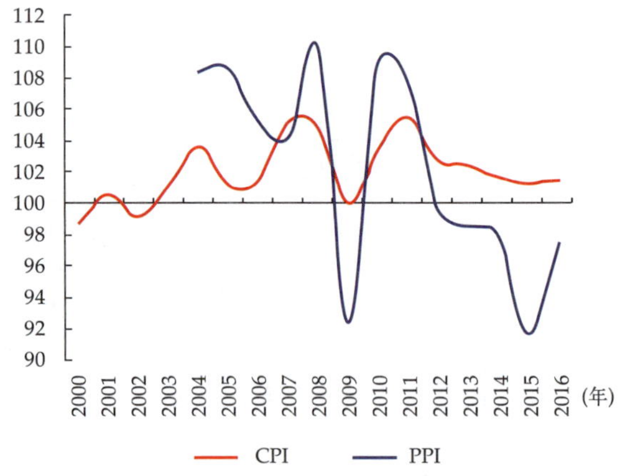

数据来源：国家统计局网站和《中国统计摘要》，中国人民银行工作人员计算。

图54　2000～2016年东北地区物价水平走势

（二）东北地区金融运行情况

银行业增长总体放缓，地方法人银行机构快速扩张。2016年年末，东北地区共有银行业金融机构网点2.1万个、从业人员41万人，银行业金融机构资产总额14.4万亿元，占全国的比重分别为9.4%、10.8%和7.4%，机构网点数量占比略降0.3个百分点，从业人数及资产规模占比与2015年基本持平（见表10）。地方法人银行机构快速发展。2016年，东北地区城市商业银行、农村金融机构资产规模同比分别增长34.9%和27.6%，分别高于全国同类机构平均增速8.7个百分点和12.9个百分点。其中，城商行为地方法人银行机构主体，资产规模占比达63.3%，较2015年提高4个百分点，远高于其他类型机构。辽宁振兴银行、吉林亿联银行等2家银行获批筹建，拉开了东北地区民营银行发展序幕。

各类存款增速有所回落。2016年年末，东北地区各项本外币存款余额9.5万亿元，同比增

表10　2015～2016年东北地区银行业金融机构概况

年份	营业网点			法人机构个数（个）
	机构个数(个)	从业个数(人)	资产总额(亿元)	
2015	21 442	407 717	127 789.1	384
2016	20 954	410 440	144 139.7	380

数据来源：中国人民银行上海总部、各分行、营业管理部、省会（首府）城市中心支行。

长8.5%，增速较2015年回落2.2个百分点（见图55）。辽宁、吉林和黑龙江各项存款增长率分别为8.2%、13.2%和4.5%，其中，吉林存款增速较2015年加快1.3个百分点。各项存款占全国的比重为6.3%，同比下降0.2个百分点。分结构看，住户存款仍是主要存款来源。2016年年末，东北地区本外币住户存款余额占各项存款的比重达52.6%，同比提高0.1个百分点，占比在各地区中最高。随着存款收益率下行，存款理财化趋势较为明显。如辽宁14家地方法人银行机构全年累计发行理财产品4 845亿元，同比增长120.1%。

有效信贷需求明显放缓。2016年，受经济增速下行、过剩行业去产能、农产品收储市场化改革等因素影响，东北地区信贷需求大幅放缓。年末，本外币各项贷款余额7.4万亿元，同比增长8.5%，增速比2015年回落6.4个百分点（见图57）；本外币各项贷款占全国的比重为7.0%，同比下降0.3个百分点。分币种看，人民币各项贷款同比增长9.1%，增速较2015年回落6.7个百分点（见图58）；外币贷款同比下降17.6%，降幅扩大5.4个百分点。分期限看，人民币短期贷款和中长

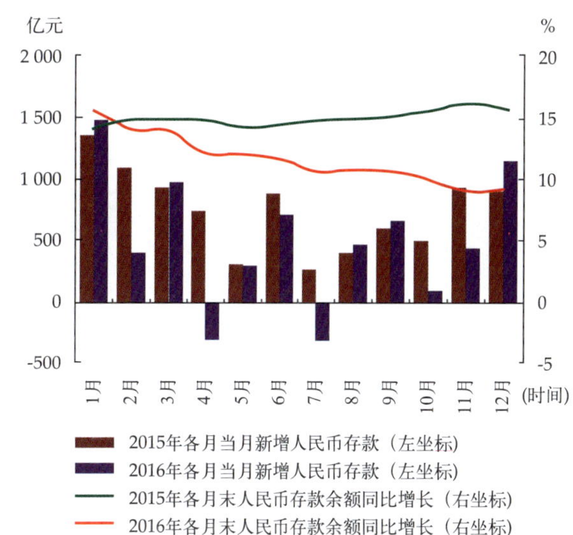

数据来源：中国人民银行上海总部、各分行、营业管理部、省会（首府）城市中心支行。

图56　2015～2016年东北地区人民币存款增长情况

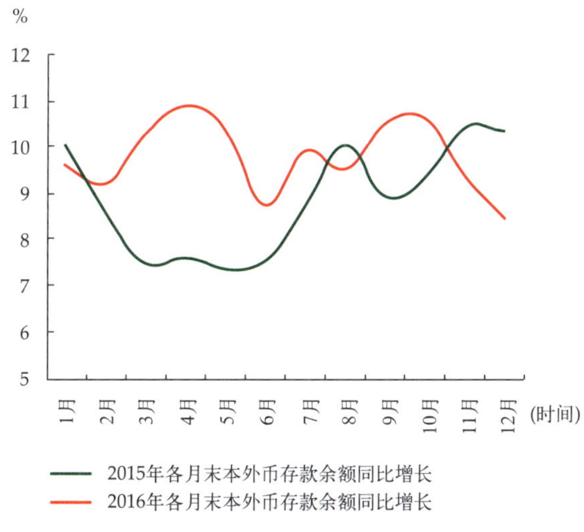

数据来源：中国人民银行上海总部、各分行、营业管理部、省会（首府）城市中心支行。

图55　2015～2016年东北地区本外币存款增长情况

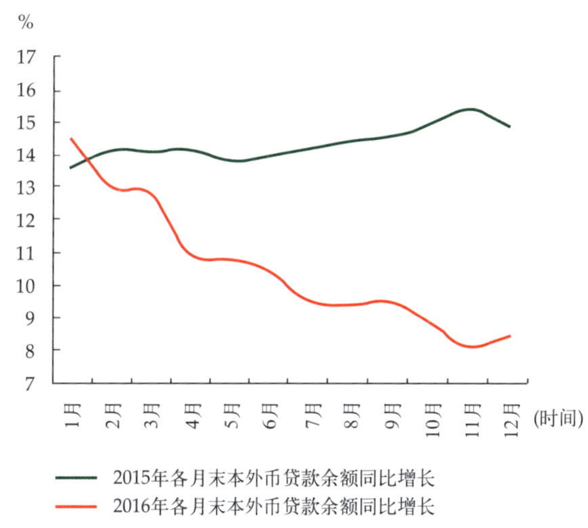

数据来源：中国人民银行上海总部、各分行、营业管理部、省会（首府）城市中心支行。

图57　2015～2016年东北地区本外币贷款增长情况

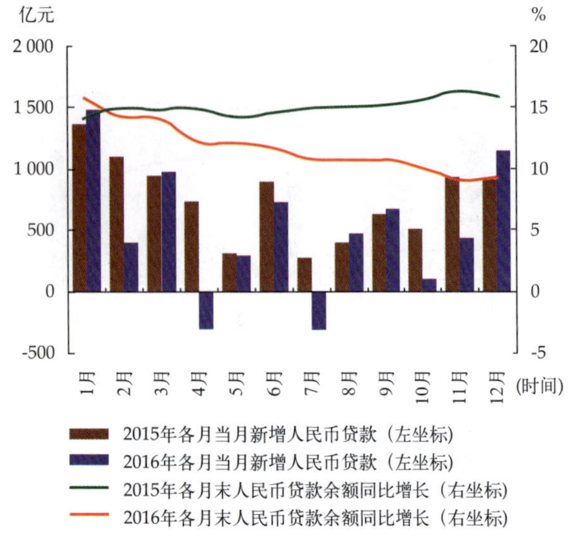

数据来源：中国人民银行上海总部、各分行、营业管理部、省会（首府）城市中心支行。

图58　2015～2016年东北地区人民币贷款增长情况

期贷款的增速分别为10.1%和8.3%，分别较2015年下降9.9个百分点和0.5个百分点。与其他地区不同，东北地区受项目开工不足影响，中长期贷款增速低于全部贷款增速，房地产贷款增速较2015年也有所回落。

信贷投向"有扶有控"，结构趋于优化。东北地区银行机构严控过剩产能行业贷款，积极支持重点领域和薄弱环节融资。辽宁煤炭行业贷款余额同比下降6.7%；小微企业贷款余额同比增长16.8%，高出全部贷款增速近一倍；民生领域贷款大幅增长46.8%。吉林高新技术和新兴产业贷款较快增长，信息传输、软件和信息技术服务业贷款同比增长27.4%，高于全部贷款平均增速15个百分点；涉农贷款和小微企业贷款同比分别增长14.6%和14.3%，分别高于各项贷款平均增速2.2个百分点和1.9个百分点；金融精准扶贫和保障房开发贷款均实现高速增长，同比增速分别达到76.4%和37.0%。黑龙江涉农贷款增长9.3%，"两权"抵押贷款余额居全国前列。

人民币贷款利率水平低位回升。2016年12月，东北地区人民币贷款加权平均利率为5.82%，同比上升0.36个百分点。其中小微企业贷款加权平均利率为6.37%，同比下降0.21个百分点。执行基准利率下浮的人民币贷款占比上升。2016年，东北地区执行利率下浮的贷款占比为18.4%，同比上升6.7个百分点；执行利率上浮的贷款占比为57.3%，在各地区中最低，同比下降7.0个百分点。分省份看，辽宁执行利率下浮的贷款占比为19.1%，同比上升11.3个百分点，为东北地区利率下浮占比最高的省份。金融机构自主定价能力进一步增强，分层有序的定价格局进一步形成。黑龙江存款利率呈下降走势，2016年全省金融机构一年期存款加权平均利率为1.92%，同比下降0.85个百分点。吉林共有16家银行业法人金融机构通过合格审慎评估，4家成为全国市场利率定价自律机制基础成员。

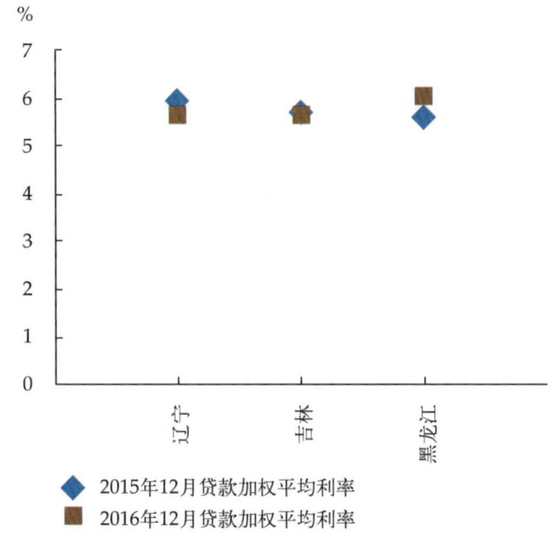

数据来源：中国人民银行上海总部、各分行、营业管理部、省会（首府）城市中心支行。

图59　2015～2016年东北地区人民币贷款利率情况

不良贷款率略有上升，地方法人银行机构风险抵御能力有所增强。2016年，东北地区银行业不良贷款率3.32%，同比略微上升0.08个百分点。关注类贷款比例4.47%，同比上升0.32个百分点，逾期贷款占比有所提高，资产质量下迁压力仍然较大。东北各省银行业积极加强贷款风险缓释和处置，如黑龙江组建285个债权人委员会妥善处置不良贷款。同时，地方法人银行机构积极补充资本，增强风险抵补能力。2016年年末，东北地区地方法人银行资本充足率为10.9%，同比上升0.7个百分点，升幅在各地区最高。

证券期货市场平稳发展，市场筹资额大幅增长。2016年年末，东北地区共有证券公司法人6家、期货公司法人7家。境内上市公司152家（其中境内创业板上市公司17家），境外上市公司30家，分别比年初增加8家和3家，上市公司数量占全国的比重有所下滑。2016年，东北地区企业通过A股筹资811.5亿元，同比增长近一倍，占全国股票筹资的比重同比提高0.3个百分点；通过各类债券筹资1 971.3亿元，同比减少198.2亿元（见表11）。

表11　2016年东北地区证券业情况

项目	2016年
总部设在辖内的证券公司数（家）	6
总部设在辖内的基金公司数（家）	0
总部设在辖内的期货公司数（家）	7
年末境内上市公司数（家）	152
年末境外上市公司数（家）	30
当年国内股票（A股）筹资（亿元）	811.5
当年国内债券筹资（亿元）	1 971.3
当年股票和基金交易额（亿元）	143 487.7

数据来源：各省（自治区、直辖市）证监局。

保险业较快发展，对农业和扶贫领域保障加强。2016年年末，东北地区共有法人保险机构8家，其中财产险保险机构6家、人身险保险机构2家。保费收入快速增长。2016年，东北地区保险业共实现保费收入2 358.3亿元（见表12），同比增长20.1%，增速较2015年回落3.1个百分点。其中，辽宁实现保费收入1 115.7亿元，占东北地区的47.3%。人身险保费收入增速快于财产险。2016年，东北地区财产险与人身险的保费收入增速分别为8.4%和24.4%，分别较2015年上升3.6个百分点和回落5.2个百分点。保险业原保险赔款给付支出786.9亿元，同比增长17.9%，增速回落1.8个百分点。农业保险与保险扶贫大力推进。吉林拓展农业保险的广度和深度，调整五大粮食作物保障系数和多个特色农牧产品险种，全年总计安排4.5亿元资金用于保费补贴。黑龙江政策性种植业保险承保面积突破1亿亩，同比增长5.2%，保障范围由“生长期”扩大至耕作全过程，覆盖所有贫困县，贫困地区承保面积占到总保险面积的1/4；在国内率先开展农业财政巨灾指数保险，探索利用保险机制平滑财政年度预算，为28个贫困县常规农业灾害提供风险保障金额合计23.2亿元。

表12　2016年东北地区保险业情况

项目	2016年
总部设在辖内的保险公司数（家）	8
其中：财产险经营主体（家）	6
人身险经营主体（家）	2
辖内保险公司分支机构（家）	195
其中：财险公司分支机构（家）	91
人身险公司分支机构（家）	104
保费收入（亿元）	2 358.3
其中：财产险保费收入（亿元）	576.9
人身险保费收入（亿元）	1 781.4
赔付支出（亿元）	786.9

数据来源：中国保险监督管理委员会网站及各省（自治区、直辖市）保监局。

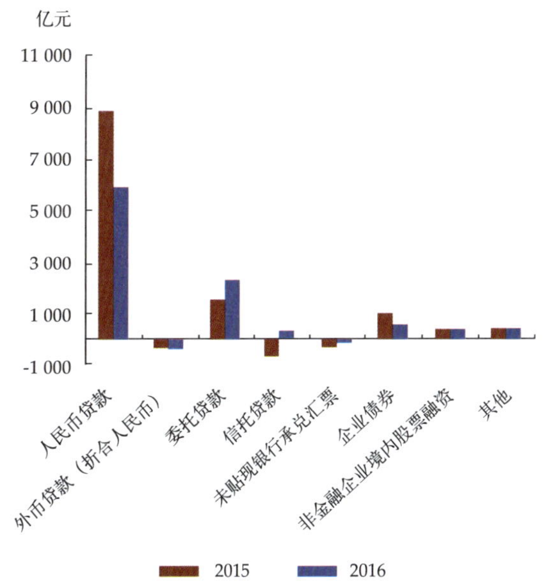

数据来源：中国人民银行上海总部、各分行、营业管理部、省会（首府）城市中心支行。

图60　2015～2016年东北地区社会融资情况

社会融资规模下降，委托贷款增加较多。2016年，东北地区社会融资规模增加9 423.9亿元，主要受人民币贷款增长放缓影响，全年社会融资规模同比少增1 444.6亿元（见图60）。社会融资规模增量占全国的比重为5.7%，同比下降1.8个百分点。从结构看，人民币贷款依然是当地社会融资规模的主要组成部分，占比为63.0%，同比下降18.2个百分点；委托贷款占社会融资规模的比重为24.8%，同比大幅提高10.5个百分点；直接融资占比有所下降，全年企业债券和非金融企业境内股票融资等直接融资占社会融资规模的比重为10.1%，较2015年下降3.5个百分点。主要受部分企业债券违约事件和市场利率有所回升影响，企业债券发行放缓。分省份看，辽宁企业债券发行额减少289.5亿元，在东北各省中减少最多，黑龙江企业债券发行额减少61.3%。

五、主要经济圈与城市群发展

（一）三大经济圈较快发展

2016年，长三角、珠三角、京津冀经济圈[①]着力加大改革力度，加快实施创新驱动战略，区域经济保持平稳增长，合作交流深入推进，辐射带动作用有效发挥，区域经济社会发展的活力和潜力不断提升。

表13　2016年三大经济圈产业结构

单位：%

	长三角	珠三角	京津冀	全国
		产业结构		
第一产业	4.1	1.8	5.2	8.6
第二产业	41.6	42.2	37.3	39.8
第三产业	54.3	56.1	57.5	51.6
		增长率		
第一产业	1.2	2.4	1.4	3.3
第二产业	5.9	6.7	4.5	6.1
第三产业	9.3	9.7	10.4	7.8

数据来源：国家统计局、各省（自治区、直辖市）统计局。

经济保持平稳增长。2016年，长三角、珠三角、京津冀三大经济圈实现地区生产总值29.3万亿元，加权平均增长率为7.6%，高出全国平均增速0.9个百分点。从产业结构看，服务业对经济的贡献作用突出，三大经济圈第三产业增加值比重和增速均高于全国平均水平。从需求结构看，投资有效发挥了稳定经济增长的作用，三大经济圈固定资产投资占全国比重基本稳定，增速领先于全国。

表14　2016年三大经济圈主要经济指标

单位：%

	长三角	珠三角	京津冀	全国
		占全国比重		
地区生产总值	20.2	9.1	9.7	100.0
固定资产投资	14.1	3.7	8.7	100.0
社会消费品零售额	18.5	7.5	9.4	100.0
地方财政收入	12.4	4.3	7.6	100.0
实际利用外资	48.1	16.6	24.8	100.0
进出口贸易	34.7	24.7	11.7	100.0
进口总额	32.1	35.5	19.2	100.0
出口总额	36.7	16.5	6.0	100.0
		增长率		
地区生产总值	7.5	8.1	7.7	6.7
固定资产投资	8.6	11.3	8.6	8.1
社会消费品零售额	10.4	10.1	8.7	10.4
地方财政收入	8.3	10.7	6.5	4.2
实际利用外资	1.6	-11.4	-19.6	-0.2
进出口贸易	1.5	-0.9	-5.7	-0.9

数据来源：国家统计局、《中国统计摘要》。

自主创新稳步加快，经济活力持续增强。长三角地区着力实施创新驱动战略，区域创新体系建设不断完善，科技成果转化转移和区域联动不断强化，科技公共资源共享和交流合作深入推进。题为“创新驱动·造福人类——携手共建网络空间命运共同体”的第三届世界互联网大会在浙江乌镇举行。广东印发《珠三角国家自主创新示范区建设实施方案（2016～2020年）》，提出推进以科技创新为核心的全面创新，将珠三角建

①长三角经济圈指上海市、江苏省和浙江省；珠三角经济圈指广东省的9个副省级城市和地级市，分别是广州市、深圳市、珠海市、佛山市、惠州市、肇庆市、江门市、中山市和东莞市；京津冀经济圈指北京市、天津市和河北省。

设成为国际一流的创新创业中心。京津冀通过充分发挥北京科技创新中心的辐射带动作用，以及中关村国家自主创新示范区、天津国家自主创新示范区、天津自贸区等发展基础和政策先行先试经验，进一步推动创新链、产业链、资金链和政策链深度融合，区域创新体系进一步完善。

区域合作深入推进，引领功能继续凸显。《长江三角洲城市群发展规划》发布，提出培育更高水平的经济增长极，到2030年全面建成具有全球影响力的世界级城市群。2016年长三角合作与发展联席会议在杭州召开，提出构建“各省市务实合作、东西双向开放、江海内外联动”的全面开放新格局，着力构建“以城市群为主形态，以都市圈为主架构，以基础设施网络为主纽带”的发展空间新布局。《关于深化泛珠三角区域合作的指导意见》出台，提出构建经济繁荣、社会和谐、生态良好的泛珠三角区域，推动区域合作向更高层次、更深领域、更广范围发展，进一步深化内地与港澳地区合作。广东出台《关于深化珠三角地区与粤东西北地区全面对口帮扶工作的意见》，对2017～2019年对口帮扶工作作出全面部署。京津冀协同发展规划有序实施，京津冀一体化进程进一步深化。京津冀产业协同发展投资基金发起设立，通过加强政府、产业园区和社会资本的对接合作，深入推进京津冀产业转型升级。中国人民银行营业管理部联合天津分行、石家庄中心支行探索建立人民银行三地协调机制，助推京津冀协同发展。

（二）区域城市群协同发展态势良好

2016年，海峡西岸、中原、长江中游和成渝城市群等深入贯彻区域发展战略部署，着力推进改革创新，新增长动能加快凝聚，一体化进程更趋深入，经济发展质量和效益稳步提高。

创新发展步伐加快。海峡西岸城市群促进先进技术与传统产业相互融合，纺织、石材、水暖等传统产业的工艺技术装备水平达到国际或国内先进水平。中原城市群着力打造新能源汽车生产基地，已形成包括充电设施、汽车零部件制造和整车制造在内的整体生产系统。长江中游城市群大力发展资源节约型和环境友好型产业，交通运输、旅游、汽车等产业协同发展，光纤接入、LED照明、太阳能等高新技术产业增加值占GDP比重超过15%。成渝城市群现代服务业发展向好，养老产业在全国率先建立智能化服务体系。

绿色发展深入推进。海峡西岸城市群探索发展循环经济，通过技术创新将工业余料、余渣“吃干榨净”。中原城市群推进建筑业产业化，积极发展节地节能的绿色建筑。长江中游城市群探索环境污染市场化治理机制，建立突发环境事件协调联系机制，打造“互联网+分类回收+环卫清运+城市废物处理”全流程产业链。成渝城市群推进“河长制”助力生态涵养，主干河流水质持续改善，集中式饮用水源地水质达标率提高。

区域联系更趋紧密。海峡西岸城市群多条高速铁路相继建成通车，沿海铁路客运枢纽正加速成型。中原城市群以郑州为中心的90分钟交通圈基本形成，相继开通郑州至周边城市5条城际公交班线。长江中游城市群内省会城市间实现住房公积金省际异地互认互贷、转移接续和异地就医联网即时结算，教育资源共建共享基本实现。成渝城市群内手机长途通话费和漫游费全部取消，城际之间全面融入1小时经济圈。

第二部分　各区域板块经济金融比较分析

一、各地区经济运行情况

2016年，各地区经济运行总体呈现缓中趋稳、稳中向好态势。全年实现国内生产总值74.4万亿元，同比增长6.9%。分地区看，东部、中部、西部、东北地区分别同比增长7.6%、8.0%、8.2%和2.7%，增速均有所下降（见表15）。除东北外，其他地区生产总值占全国的比重有所上升。最终消费、资本形成和净出口对国内生产总值的贡献率分别为64.6%、42.2%和-6.8%，分别较2015年上升3.7个百分点、上升0.5个百分点和下降4.2个百分点。消费对稳增长的地位和作用持续提高。

表15　2016年各地区生产总值比重和增长率

	占比		加权平均增长率	
	2016年（%）	比2015年增减（百分点）	2016年（%）	比2015年增减（百分点）
东部	52.3	0.8	7.6	-0.4
中部	20.6	0.3	8.0	-0.2
西部	20.3	0.2	8.2	-0.4
东北	6.8	-1.3	2.7	-1.9

数据来源：各省（自治区、直辖市）《国民经济和社会发展统计公报》。

（一）社会消费稳步扩张，新兴消费领域保持较快发展

居民收入稳定增长，城乡差距继续缩窄，西部地区城镇和农村居民收入增长较快。2016年，全国人均可支配收入23 821元，比2015年增长8.4%。其中，城镇居民人均可支配收入33 616元，同比增长7.8%；农村居民人均可支配收入12 363元，同比增长8.2%。分地区看，东部、中部、西部和东北地区城镇居民人均可支配收入分别为42 861.8元、28 912.0元、28 351.0元和28 740.5元，同比分别增长8.3%、7.7%、8.3%和6.1%（见表16）。2016年，东部、中部、西部和东北地区农村居民人均可支配收入分别为18 777.8元、11 771.1元、9 874.9元和12 294.4元，同比分别增长8.7%、8.0%、8.9%和6.8%。西部地区居民可支配收入增速领先，但绝对水平仍然较低（见表17）。各地区农村居民收入增速快于城镇居民，城乡居民收入差距继续缩小。

表16　2016年各地区城镇居民人均可支配收入

	城镇居民人均可支配收入（元）		各地区与东部之比（%）	
		加权平均增长率（%）		比2015年增减（百分点）
东部	42 861.8	8.3	100.0	—
中部	28 912.0	7.7	67.5	-0.4
西部	28 351.0	8.3	66.1	-0.1
东北	28 740.5	6.1	67.1	-1.5

数据来源：《中国统计摘要》，中国人民银行工作人员计算。

表17　2016年各地区农村居民人均可支配收入

	农村居民人均可支配收入（元）		各地区与东部之比（%）	
		加权平均增长率（%）		比2015年增减（百分点）
东部	18 777.8	8.7	100.0	—
中部	11 771.1	8.0	62.7	-0.5
西部	9 874.9	8.9	52.6	0.0
东北	12 294.4	6.8	65.5	-1.2

数据来源：《中国统计摘要》，中国人民银行工作人员计算。

西部地区农村居民和东北地区城镇居民平均消费倾向最高。2016年，全国城镇居民平均消费倾向为68.7%，较2015年回落0.8个百分点；农村居民消费倾向为81.9%，较2015年回落0.2个百分点。分地区看，西部地区农村居民消费倾向最高，为89.1%；东北地区城镇居民消费倾向最高，为72.9%（见图61）。与2015年相比，东部地区城镇居民消费倾向有所下降，各地区农村居民消费倾向均有所上升。

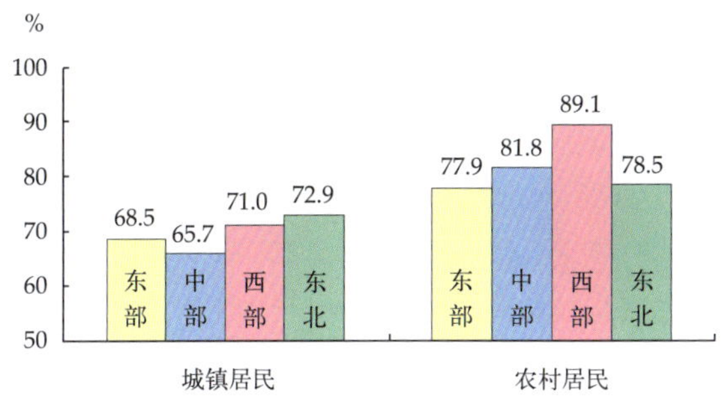

数据来源：《中国统计摘要》，中国人民银行工作人员计算。

图61 2016年各地区居民平均消费倾向

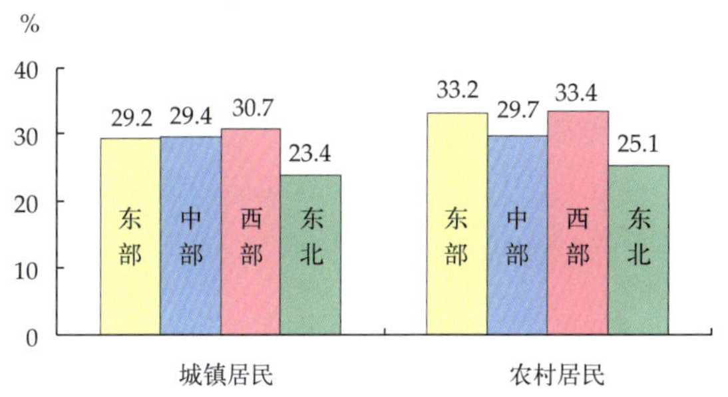

数据来源：《中国统计摘要》，中国人民银行工作人员计算。

图62 2016年各地区恩格尔系数

居民消费进一步改善，中西部地区消费较快增长。2016年，全国城镇居民人均消费支出23 079元，比2015年增长7.9%；农村居民人均消费支出10 130元，增长9.8%。其中，食品消费支出比重(恩格尔系数)继续下降。2016年，全国居民人均食品、烟酒消费支出占消费支出的比重为30.1%，比2015年回落0.5个百分点。消费品市场规模稳步扩大，消费对经济增长的贡献提高。2016年，社会消费品零售总额33.2万亿元，同比增长10.4%。其中，乡村消费品零售额同比增长10.9%，高于城镇0.5个百分点。分地区看，东部地区对全国消费增长的贡献突出，中西部地区消费发展呈现良好态势。2016年，东部地区社会消费品零售总额占全国比重继续保持在50%以上，达到51.6%；中部、西部地区社会消费品零售总额加权平均增长率分别为11.5%和11.3%，占全国比重较2015年提高0.3个百分点和0.1个百分点；东北地区社会消费品零售总额增长7.6%，占全国比重为8.8%，较2015年回落0.3个百分点（见表18）。

表18 2016年各地区社会消费品零售额比重和增长率

	占比（%）		加权平均增长率（%）	
		比2015年增减（百分点）		比2015年增减（百分点）
东部	51.6	-0.1	10.1	0.2
中部	21.1	0.3	11.5	0.0
西部	18.5	0.1	11.3	0.7
东北	8.8	-0.3	7.6	-0.8

数据来源：《中国统计摘要》，中国人民银行工作人员计算。

消费升级类商品销售较快增长。随着城乡居民收入水平稳步提高和消费供需结构升级，与品质消费、绿色消费、时尚消费等相关商品销售快速增长。2016年，限额以上单位通信器材类商品保持近12%的较快增速。汽车类商品中升级型SUV（运动型多用途乘用车）和环保型新能源汽车保持快速增长，2016年SUV及新能源汽车销量分别增长51.8%和40%。国内外旅游收入分别比2015年增长15.2%和5.6%（国外旅游收入以美元计）；电影票房收入457.1亿元，保持增长态势，电影荧屏数量跃居全球第一。此外，受房地产销售回暖拉动，居住类消费商品增长较快。全年限额以上单位家具类、建筑及装潢材料类商品销售量分别比2015年增长12.7%和14%。新兴业态保持快速发展，线上线下融合发展。2016年，网上商品零售额4.2万亿元，同比增长25.6%，占社会消费品零售总额的比重为12.6%，比2015年提升1.8个百分点。超市、百货店、专业店等传统零售业态销售额有所回升，全年零售额比2015年增长7.8%，增速比2015年加快2.3个百分点。

（二）固定资产投资缓中趋稳，民间投资企稳回升

西部地区固定资产投资增速加快，东北地区投资降幅收窄。2016年，全国完成固定资产投资（不含农户）59.7万亿元，同比增长8.1%，较2015年回落1.9个百分点。分地区看，东部、中部和西部地区固定资产投资（不含农户）增速分别为9.4%、12.2%和12.6%，东部、中部地区增速

有所回落，西部地区增速较2015年提高3.9个百分点，增速居各地区之首。东北地区受项目开工不足影响，投资出现负增长，固定资产投资（不含农户）较2015年下降6.9%，降幅同比收窄4.2个百分点（见表19）。

表19　2016年各地区固定资产投资（不含农户）比重和增长率

	占比（%）		加权平均增长率（%）	
		比2015年增减（百分点）		比2015年增减（百分点）
东部	42.2	0.5	9.4	-3.0
中部	26.5	0.8	12.2	-3.0
西部	26.1	0.9	12.6	3.9
东北	5.2	-2.1	-6.9	4.2

数据来源：《中国统计摘要》，中国人民银行工作人员计算。

投资结构有所优化，第三产业、高新技术产业投资加快，高耗能行业投资下降。2016年，全国第三产业固定资产投资（不含农户）同比增长10.9%，较2015年加快0.3个百分点，占全部固定资产投资（不含农户）的比重为58.0%，比第二产业占比高19.1个百分点。第三产业中，基础设施投资（不含电力、热力、燃气及水生产和供应业）比2015年增长17.4%。高技术产业投资增长15.8%，增速快于全部投资7.7个百分点。高耗能行业投资明显放缓。全国黑色金属矿采选业、有色金属矿采选业、煤炭开采业和洗选业、黑色金属冶炼及压延加工业、有色金属冶炼及压延加工业投资分别增长-28.4%、-10.0%、-24.2%、-2.2%和-5.8%。

民间投资有所企稳，东部、中部、西部地区实现增长。2016年，全国完成民间固定资产投资36.5万亿元，同比增长3.2%，较2015年回落6.9个百分点，但累计增速自下半年以来逐步回升。民间固定资产投资占全国固定资产投资（不含农户）的比重为61.2%，同比回落3个百分点。分产业看，第一产业民间投资较快增长。2016年，第一、第二、第三产业民间固定资产投资增速分别为18.1%、3.2%和2.0%。分地区看，除东北地区以外的各地区民间固定资产投资实现增长，全年东部、中部、西部、东北地区的民间固定资产投资增速分别为6.8%、5.9%、2.4%和-24.4%。

政府与社会资本合作项目（PPP）继续升温。2016年，各地区深入推进投融资体制改革，大力推广政府和社会资本合作（PPP）模式，激发社会投资动力和活力。截至2016年年末，全国进入财政部PPP项目库项目个数11 260个，项目总投资额13.5万亿元，其中，处于执行阶段项目数1 351个，总投资额2.23万亿元，PPP项目落地率为31.6%，较年初提高11.6个百分点，为固定资产投资提供了较强支撑①。

（三）对外贸易有所回暖，企业“走出去”向纵深发展

东部地区对外贸易优势领先，东北地区出口降幅收窄，西部地区进口增长较快。2016年，随着对外贸易结构调整和转型升级持续推进，以及受主要贸易对象经济形势有所好转、大宗商品价格回升等因素影响，对外贸易有所回暖。全年进出口总值24.3万亿元，同比下降0.9%，降幅较2015年收窄6.1个百分点。其中，出口13.8万亿元，同比下降2.0%，降幅较2015年收窄5个百分点；进口10.5万亿元，同比增长0.6%，较2015年大幅回升13.8个百分点。分地区看，各地区出口额（按美元计）均有不同程度下降，东部、中部、西部地区降幅扩大，东北地区降幅收窄（见表20）。进口方面（按美元计），除中部地区外，东部、西部和东北地区增速均较2015年回升，分别回升7.2个百分点、11.4个百分点和20.1个百分点；西部地区进口增长7.9%，增速领跑全国（见表21）。从绝对水平看，东部地区依然是我国进出口贸易的主要地区，2016年进口、出口贸易额分别占全国的83.8%和82.9%。

①数据来源于财政部政府和社会资本合作中心网站《全国PPP综合信息平台项目库第五期季报》。

表20　2016年各地区出口额比重和增长率

	占比（%）		加权平均增长率（%）	
		比2015年增减（百分点）		比2015年增减（百分点）
东部	82.9	1.4	-6.1	-4.6
中部	7.4	0.1	-5.8	-11.0
西部	7.2	-1.2	-18.9	-10.2
东北	2.5	-0.3	-16.7	2.3

注：按美元计算。
数据来源：《中国统计摘要》，中国人民银行工作人员计算。

表21　2016年各地区进口额比重和增长率

	占比（%）		加权平均增长率（%）	
		比2015年增减（百分点）		比2015年增减（百分点）
东部	83.8	-0.7	-6.1	7.2
中部	5.2	-0.1	-4.9	-6.8
西部	6.6	0.7	7.9	11.4
东北	4.4	0.1	-4.4	20.1

注：按美元计算。
数据来源：《中国统计摘要》，中国人民银行工作人员计算。

贸易顺差有所收窄，东北地区继续呈现逆差状态。2016年，全国贸易顺差为5 107.1亿美元，同比收窄14%。分地区看，东部、中部和西部地区分别实现贸易顺差，东北地区继续呈现逆差状态。分省份看，贸易顺差前三位的分别是广东、浙江、江苏（见图63），顺差额分别为2 422亿美元、1 992亿美元、1 290亿美元。贸易逆差规模前三位的分别是北京、上海和天津。

实际利用外资略有下降，对外直接投资快速增长。2016年，全国实际利用外商直接投资金额1 260亿美元，同比下降0.2%，处于历史次高水平。分地区看，中部地区实际利用外资增长8.3%，在各地区中增长最快（见表22）。对外直接投资创历史新高，且超过同期实际利用外资额。全年累计对外非金融类直接投资达1 701亿美元，同比增长44.1%，增速较2015年提高29.4个百分点，其中，对“一带一路”沿线国家投资145亿美元。

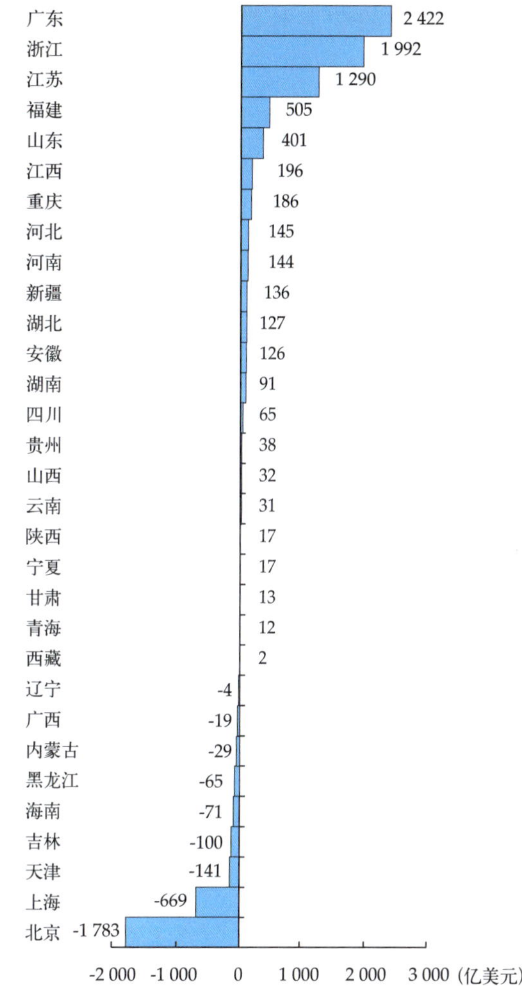

数据来源：《中国统计摘要》，中国人民银行工作人员计算。

图63　2016年各省份进出口差额

表22　2016年各地区实际利用外资比重和增长率

	占比（%）		加权平均增长率（%）	
		比2015年增减（百分点）		比2015年增减（百分点）
东部	54.0	-5.2	-4.5	-9.9
中部	25.8	1.6	8.3	-2.1
西部	13.2	1.6	0.2	-5.1
东北	7.0	2.0	0.9	2.0

数据来源：各省（自治区、直辖市）《国民经济和社会发展统计公报》，按美元计，中国人民银行工作人员计算。

（四）财政收入延续放缓趋势，财政支出绩效不断提高

东部地区财政收入较快增长，东北地区财政收入止跌回升。2016年，受经济增速换挡，“营改增”减税政策，扩大部分行政事业性收费免征范围，固定资产投资、规模以上工业增加值增幅回落等影响，全国财政收入延续增幅逐年回落走势，全年实现财政收入15.9万亿元，同比增长4.5%，增速较2015年回落3.9个百分点；地方财政收入8.7万亿元，同比增长4.2%，较2015年回落5.4个百分点。分地区看，东部、中部、西部地区财政收入增速均出现回落，东部地区财政收入增速快于其他地区，东北地区因2015年基数较低增速显著提高（见表23）。

表23　2016年各地区财政收入和财政支出情况

	地方本级财政收入				地方本级财政支出			
	占比（%）	比上年增减（百分点）	加权平均增长率（%）	比上年增减（百分点）	占比（%）	比上年增减（百分点）	加权平均增长率（%）	比上年增减（百分点）
东部	57.3	1.3	9.2	-1.8	42.3	0.1	6.7	-16.0
中部	17.6	-0.2	5.3	-4.9	21.1	0.0	6.6	-8.3
西部	19.8	-0.9	6.2	-2.2	28.9	0.0	7.8	-4.5
东北	5.3	-0.2	2.1	19.9	7.7	-0.1	5.9	0.6

注：地方本级财政收入不含中央税收返还和补助收入。地方本级财政支出不含上解中央支出。

数据来源：《中国统计摘要》，中国人民银行工作人员计算。

在收入增长放缓的情况下，财政支出对民生等重点领域的保障不断增强。2016年，全国一般公共预算支出18.8万亿元，比2015年增长6.4%。地方财政用地方本级收入、中央税收返还和转移支付资金等安排支出16.1万亿元，同比增长6.2%。从支出项目看，社会保障及城乡社区支出增长较快。教育、科学技术、社会保障及就业、医疗卫生与计划生育、城乡社区支出分别增长6.8%、12%、13.3%、10%和17.1%。分地区看，东部、中部、西部地区财政支出增速比2015年均有所回落，东北地区支出增速同比提高0.6个百分点（见表23）。

（五）产业结构继续调整优化，各地区第三产业比重继续提高

2016年，全国三次产业增加值分别为6.4万亿元、29.6万亿元和38.4万亿元，同比分别增长3.3%、6.1%和7.8%。各地区第三产业在地区生产总值中比重继续提高，东部、中部、西部和东北地区第三产业比重分别较2015年提高1.7个百分点、2.4个百分点、2.1个百分点和4.8个百分点，其中东部地区占比达52.5%（见表24）。中部和西部地区第二产业增加值增速较快，分别比各地区平均水平高1.1个百分点和2个百分点。东北地区第一产业占比较2015年提高0.7个百分点。

表24　2016年三次产业的地区分布和各地区三次产业的比重、增长率

单位：%

	东部	中部	西部	东北	地区合计
三次产业的地区分布					
第一产业	34.6	26.2	29.3	10.0	100.0
第二产业	51.4	21.9	20.6	6.1	100.0
第三产业	56.1	18.6	18.5	6.8	100.0
各地区三次产业的比重					
第一产业	5.4	10.4	11.9	12.1	8.6
第二产业	42.1	45.4	43.5	38.4	39.8
第三产业	52.5	44.2	44.7	49.5	51.6
地区生产总值	100.0	100.0	100.0	100.0	100.0
各地区三次产业的增长率					
第一产业	2.8	3.6	4.5	1.6	3.3
第二产业	6.2	7.2	8.1	-0.6	6.1
第三产业	9.2	9.9	9.4	6.0	7.8
地区生产总值	7.6	8.0	8.2	2.7	6.7

数据来源：《中国统计摘要》，中国人民银行工作人员计算。

服务业比重继续提升，12省份第三产业占比超过50%。2016年，全国服务业增加值38.4万亿元，同比增长7.8%，在三次产业中继续领跑，增速分别高出第一、第二产业4.5个百分点和1.7个百分点。服务业占GDP比重已上升为51.6%，比2015年提高1.4个百分点，比第二产业高出11.8个百分点。分地区看，东部、中部、西部和东北地区服务业增加值加权平均增长率分别为9.2%、9.9%、9.4%和6%。分省份看，12个省份第三产业比重超过50%，主要集中于东部地区（见图64）。

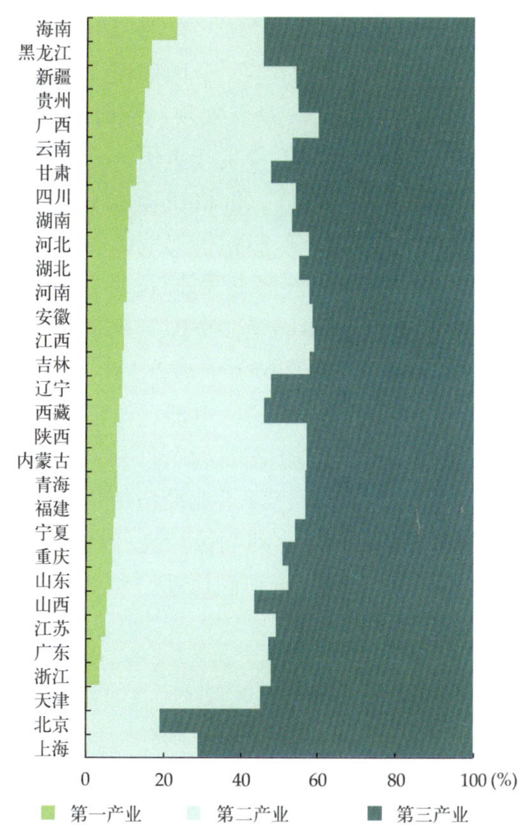

数据来源：《中国统计摘要》，中国人民银行工作人员计算。

图64　2016年各省份三次产业结构

服务业新动能快速成长。2016年，互联网相关行业继续保持高速增长势头，带动和影响一大批新经济产业和行业的蓬勃发展，推动新服务业快速发展。如电子商务带动邮政业务高速增长。2016年，全国邮政行业业务收入同比增长33.2%，增速比2015年加快7.1个百分点。随着居民消费结构升级，旅游、文体、康养产业呈现蓬勃发展势头。各地加强落实加快发展生产性服务业、生活性服务业两个指导意见，服务业领域放宽市场准入实施规划出台，新一轮服务业综合改革试点启动等政策措施有助于推动服务业加快发展。

（六）农业生产稳中调优，农业现代化建设取得新进展

农业产量继续保持在高位。2016年，各地区粮食播种面积基本稳定，全国粮食种植面积11 303万公顷，比2015年减少31万公顷。籽粒玉米种植面积调减2 039万亩，粮改饲、粮改豆试点范围扩大，畜产品和水产品综合生产能力继续增强。农产品产量保持稳定。全年粮食产量达到61 625万吨，比2015年减少519万吨，减产0.8%，但仍是历史第二高产年。稻谷、小麦、玉米等主要粮食作物自给率超过98%，依靠国内生产确保国家粮食安全的能力显著增强。肉类总产量8 538万吨，比2015年下降1.0%。水产品产量6 901万吨，比2015年增长3.0%。

农业可持续发展能力增强，农业现代化建设取得新进展。一是农业农村基础设施不断完善。新增高效节水灌溉面积2 000万亩以上，新改建农村公路29万公里，农村信息基础设施进一步完善。二是农业机械化水平不断提高。黑龙江耕种收综合机械化水平达95%，位居全国第一；青海提高蚕豆生产机械化水平，实现每亩生产成本降低200~300元。三是农业科技进步加快。江西发展智慧农业，启动了“互联网+测土配施肥”生态系统建设计划，开发了“江西12316”智慧农业APP，通过手机辅助春耕。四是农村一二三产业融合发展进展顺利。农村产业融合发展“百县千乡万村”试点示范工程启动，137个试点示范县在优化发展布局、推进产城融合发展、构建现代农业产业体系、创新投融资机制等方面进行了积极探索。

各地区农村改革稳步推进。《关于完善农村土地所有权承包权经营权分置办法的意见》出台实施，赋予新型经营主体更多的土地经营权能。2016年年末，土地承包经营权确权登记颁证面积超过8亿亩。国土资源部等部门出台《关于进一步加快推进宅基地和集体建设用地使用权确权登记发证工作的通知》，房地一体的农村宅基地、集体建设用地确权登记加快推进。《中共中央国务院关于稳步推进农村集体产权制度改革的意见》出台，农村集体资产股份改革试点和土地承包权有偿退出试点积极开展，全国已有5.8万个村、4.7万个村民小组实行了集体经营性资产股份合作制改革，累计向农民进行股金分红近2 600亿元。农村承包土地经营权和农民住房财产权抵押

试点稳妥有序推进。土地经营权流转和抵押规模不断扩大。四川12个试点县（市、区）承包土地经营权、集体建设用地所有权已完成农户确认面积9 222万亩，占应确权面积的91.2%；土地流转总面积达1 785.8万亩，流转率达30.6%。各类型新型农业经营主体不断发展壮大，数量超过270万家。农业产业结构调整积极推进，农业生产方式加快转变，生态农业、观光农业、有机农业等特色农业加快发展。山西立足全省农业特色资源和产业发展需求，打造集“政、产、学、研、用”于一体的“山西农谷”。

（七）工业经济稳中提质，企业效益明显好转

工业生产运行平稳，中西部地区增速领先，东北地区增加值下降。2016年，受市场需求不足和产业结构调整深入推进等因素影响，全年规模以上工业增加值增长6.0%，较2015年下降0.1个百分点。分季度看，第一季度同比增长5.8%，后三个季度均增长6.1%，企稳态势明显。产品产量增长面扩大，全年增长面为66.9%，传统产业中的表面活性剂、镀层板（带）、海绵钛等，新兴产业中的太阳能电池、光电子器件、工业机器人等细分行业产品产量均保持较快增长。各地区工业增加值增速回落，其中东北地区降幅较大，2016年东部、中部、西部以及东北地区工业增加值增速分别为6.4%、7.4%、7.5%和-4.1%，增速分别较2015年回落0.2个百分点、0.3个百分点、0.5个百分点和3.3个百分点（见表25）。分省份看，工业增加值增速高于全国平均水平的23个省份中，中西部地区占16个。

表25　2016年各地区工业增加值

	占比（%）		加权平均增长率（%）	
		比2015年增减（百分点）		比2015年增减（百分点）
东部	53.2	2.2	6.4	-0.2
中部	22.0	0.7	7.4	-0.3
西部	19.0	0.0	7.5	-0.5
东北	5.8	-2.1	-4.1	-3.3

数据来源：《中国统计摘要》，中国人民银行工作人员计算。

工业企业效益明显好转，东部和中部地区省份效益水平较高。2016年，全国规模以上工业企业利润增长由负转正，全年实现利润6.9万亿元，同比增长8.5%。全国工业生产者出厂价格终止了54个月连续下滑的走势，价格回暖是工业效益好转的首要推动因素。东部和中部地区省份实现利润总额较多，利润总额居全国前5位的省份均位于东部和中部地区。2016年，全国工业企业平均销售利润率为6.0%（见图65），较2015年回升0.2个百分点。分地区看，东部、中部、西部地区工业企业销售利润率同比均提高0.2个百分点，东北地区同比下降0.2个百分点。工业经济结构改善，部分转型升级较快的行业利润保持良好增势，高技术制造业、装备制造业利润增速分别为14.8%、8.4%，高于平均水平。

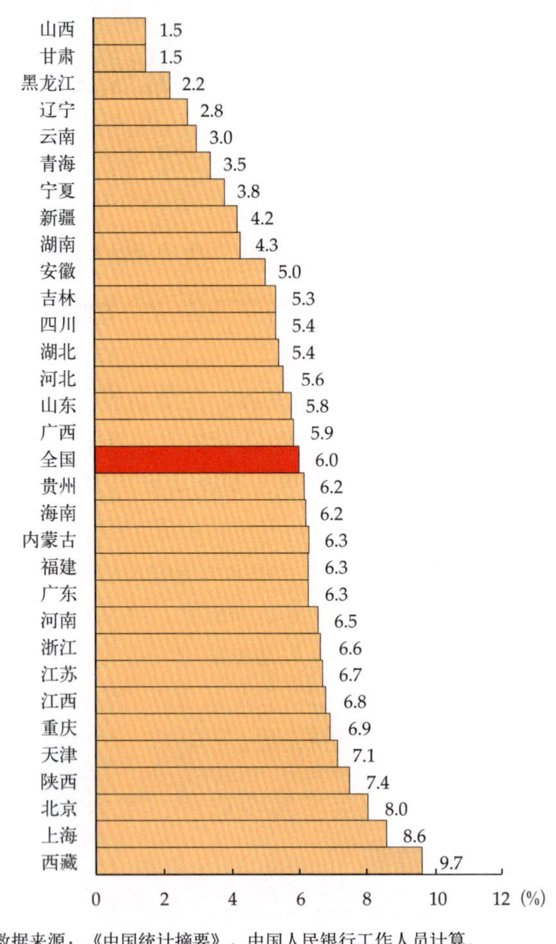

数据来源：《中国统计摘要》，中国人民银行工作人员计算。

图65　2016年各省份工业企业平均销售利润率

（八）居民消费价格温和上涨，工业生产者价格降幅收窄

各地区居民消费价格温和上涨，涨幅有所扩大。2016年居民消费价格同比上涨2%，涨幅比2015年扩大0.6个百分点。其中，食品价格上涨3.8%，服务业价格上涨2.8%。分地区看，东部、中部、西部和东北地区涨幅分别为2.1%、1.8%、1.6%和1.6%（见图66），与2015年相比，各地区涨幅均有所扩大。

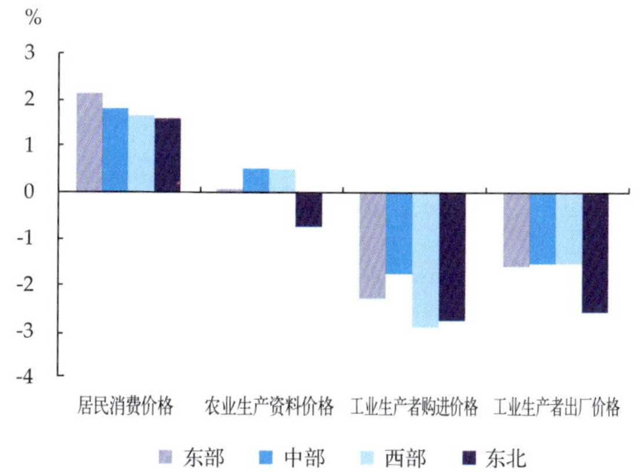

数据来源：《中国统计摘要》，中国人民银行工作人员计算。

图66　2016年各地区各类价格同比涨幅

各地区工业生产者价格降幅明显收窄。在国际大宗商品价格总体上涨，国内供给侧结构性改革、适度扩大总需求等政策作用下，市场供需关系逐渐改善，工业品价格降幅明显收窄。2016年，工业生产者出厂价格同比下降1.4%，9月结束连续54个月同比下降，转为上升，涨幅逐月扩大，12月为5.5%。东部、中部、西部和东北地区工业生产者出厂价格同比分别下降1.6%、1.5%、1.5%和2.6%，降幅明显收窄。全国工业生产者购进价格同比下降2%，降幅较2015年缩小4.1 个百分点。东部、中部、西部和东北地区工业生产者购进价格同比分别下降2.3%、1.7%、2.9%和2.8%（见图66）。

农产品生产价格、农业生产资料价格有所上涨。2016年，农产品生产价格同比上涨3.4%，涨幅比2015年扩大1.7个百分点；农业生产资料价格同比上涨0.6%，涨幅比2015年扩大0.2个百分点。分地区看，东部、中部、西部和东北地区农业生产资料价格分别上涨0.1%、0.5%、0.6%和下降0.8%。

资源性产品价格改革继续深化。2016年，云南在全国率先出台电力体制改革试点方案，组建昆明电力交易中心，全年市场化交易电量590亿千瓦时，累计减少企业电费支出90.3亿元。贵州首创电力交易指数，率先开展输配电价改革。北京全面实现居民用水、用电、用气阶梯价格制度。

农民工工资增速有所回落。2016年农民工月均收入3 275元，比2015年增加203元，增长6.6%，增速比2015年回落0.6个百分点。分行业看，除制造业农民工月均收入增速较2015年提高，居民服务、修理和其他服务业增速与2015年持平以外，建筑业、批发和零售业、交通运输仓储和邮政业、住宿和餐饮业增速分别比2015年回落1.5个百分点、1.9个百分点、1.5个百分点和0.7个百分点。

（九）供给侧结构性改革取得积极进展

2016年，各地区以供给侧结构性改革为抓手，推动经济转型发展，“三去一降一补”取得初步成效，新经济、新动能正在逐步发展和壮大。

1.“三去一降一补”初见成效

多措并举去产能。2016年，各地区以钢铁、煤炭行业为重点推动去产能工作，全年减少钢铁产能超过6 500万吨、减少煤炭产能超过2.9亿吨，超额完成年度目标任务。山西全年压缩煤炭产量1.4亿吨，占全国煤炭减量的40%，煤炭行业供需趋于平衡，煤炭价格结束59个月的下跌，销售收入开始回升，全年实现利润16.9亿元。部分产能过剩企业积极谋求转型升级，攀钢集团集中精力发展钒钛产业和精品钢铁，依托“互联网+”拓展新领域，成立“微积物联”电商平台，上线半年后成为西南地区最大的钢铁电商。

去库存取得积极成效。各地区房地产销售整体加快，部分热点城市销售快速增长，带动商品房交易活跃，2016年年末，全国商品房待售面积同比减少2 314万平方米，一、二线城市库存已回到12个月的合理消化周期。房地产库存分化较为明显，三、四线城市去库存滞后于一、二线城

市，部分地区商业用房库存较高。此外，工业去库存稳步推进。年末，规模以上工业企业产成品存货比2015年增长3.2%，增速比2015年回落0.1个百分点；产成品存货周转天数为13.8天，比2015年减少0.4天。

企业去杠杆稳步推进。2016年，全国规模以上工业企业资产负债率55.8%，同比下降0.4个百分点，去杠杆成效初步显现。山西推动金融机构通过贷款重组、“债转股”、资产证券化等方式，帮助企业降杠杆。四川企业通过补充资本、直接融资、剥离资产、市场化债转股等方式降低杠杆率，年末规模以上工业企业资产负债率同比回落1.5个百分点。湖北武汉地铁等企业通过发行永续票据满足长期资金需求，降低资产负债率。二重集团与工商银行等多家机构以“现金受偿+保留债务+以股抵债”的方式实施债务重组，同时通过降本增效、创新驱动措施，2016年实现近四年来首次盈利。

企业经营成本有所下降。2016年，“营改增”试点全面推开，将试点范围扩大到建筑业、房地产业、金融业、生活服务业，全年降低企业税负5 736亿元；扩大18项行政事业性收费免征范围，清理规范涉企行政事业性收费，减轻企业和个人负担460多亿元。全年规模以上工业企业每百元主营业务收入中的成本同比降低0.1元，利润同比提高0.19个百分点。各地区小微企业贷款加权平均利率同比下降0.25个百分点。深圳通过“营改增”、调整“五险一金”、取消15项涉企行政事业性收费等政策措施，全年为企业减负超过1 200亿元，比2015年多减负500亿元；天津分两批推出40项降成本措施，减轻企业负担近600亿元。

补短板力度持续加大。各地区在脱贫攻坚、社会事业、创新能力、新兴产业等关键领域和薄弱环节抓好补短板建设。安徽加大基础设施、公共服务等领域补短板力度，新开工亿元以上重点项目2 205个、建成1 529个。海南全面提升医疗服务水平，实现了村村有卫生室的目标，启动“一县两校一园”优质基础教育资源引进工程，义务教育阶段进城务工人员随迁子女公办学校就读比例提高到83%。四川脱贫攻坚首战告捷，完成25万贫困人口易地扶贫搬迁，107.8万贫困人口脱贫。广西统筹安排财政资金187.8亿元，支持脱贫攻坚战，180亿元支持基础设施建设、685亿元实施自治区“为民办实事工程”。

2. 经济结构调整加快，新经济、新业态快速发展

近年来，随着互联网技术以及新经济新业态快速崛起，高新技术和战略新兴产业加快发展，传统经济转型升级步伐加快，服务业对经济贡献度持续提升，经济增长新动能正在逐步形成。高技术产业和装备制造业保持较快增长，增加值分别比2015年增长10.8%和9.5%，高于规模以上工业增速4.8个百分点和3.5个百分点。战略新兴产业加快成长，增加值比2015年增长10.5%，高于规模以上工业增速4.5个百分点。六大高耗能行业增速回落，增加值比2015年增长5.2%，较规模以上工业增速低0.8个百分点。电子信息、汽车已成为拉动工业经济发展的主导行业，两个行业对工业增长的贡献率高达27.9%。万余家新建规模以上工业企业相继投产，对工业增长的贡献率高达20%。符合消费升级发展方向的智能手机、智能电视、集成电路、光电子器件、新能源汽车保持较高增速。基于互联网的分享经济等新兴商业模式快速发展。北京市2016年电信业务总量增长51.1%，比2015年加快25个百分点，互联网和相关服务业、租赁和商务服务业、软件和信息技术服务业营业收入同比分别增长73.4%、35.2%和10.7%；重庆高新技术产业快速发展，规模以上高技术产业实现产值5 096亿元，同比增长20.1%。与此同时，需求结构继续改善，消费在经济增长中发挥主要拉动作用，全年最终消费支出对国内生产总值增长的贡献率达64.6%。

3. 生态文明建设持续推进，环境质量不断提高

2016年，全国万元地区生产总值能耗下降6.9%，水电、风电、核电、天然气等清洁能源消费比重比2015年提高2.9个百分点，煤炭消费比重下降2个百分点。环境治理成效显著，空气质量达标水平不断提升。二氧化硫、氮氧化物排放量分别

下降5.6%和4%；从国家监测的338个城市空气质量看，地级及以上城市细颗粒物（PM2.5）平均浓度下降6%，优良天数比例同比提高2.1个百分点。全国地表水国控监测断面Ⅰ-Ⅲ类水体比例同比提高5.7个百分点，劣Ⅴ类断面比例下降2.3个百分点。

二、各地区金融运行情况

（一）银行业稳健运行，服务实体经济能力进一步提高

银行业金融机构平稳发展，中西部地区份额有所提升。2016年年末，各地区银行业金融机构网点共计22.3万个、从业人员379.6万人，资产总额196.1万亿元，同比分别增长0.8%、0.2%、12.6%。分地区看，中部和西部地区银行业金融机构发展较快，占全国的份额有所提高，东部地区占比下降，东北地区占比基本持平。

表26　2016年年末银行业金融机构地区分布

单位：%

	营业网点			法人机构个数占比
	机构个数占比	从业人数占比	资产总额占比	
东部	39.7	43.2	57.4	34.5
中部	23.8	21.5	15.9	25.3
西部	27.1	24.5	19.3	31.4
东北	9.4	10.8	7.4	8.8
合计	100.0	100.0	100.0	100.0

数据来源：中国人民银行上海总部、各分行、营业管理部、省会（首府）城市中心支行。

地方法人银行机构快速成长，东北地区城市商业银行和农村金融机构资产增速领先。2016年年末，全国城市商业银行资产总额为28.4万亿元，同比增长26.2%，高于银行业平均增速13.6个百分点；全国农村金融机构[①]资产总额为29.3万亿元，同比增长14.9%，高于银行业平均增速2.3个百分点。其中，东北地区城市商业银行、农村金融机构资产总额增速快于其他地区，分别高于全国城市商业银行、农村金融机构资产平均增速8.7个百分点、12.9个百分点。

表27　2016年年末地方法人银行业金融机构资产规模地区分布

单位：%

	东部	中部	西部	东北
城市商业银行	43.6	36.8	39.9	63.3
农村商业银行	30.6	41.3	26.5	19.4
农村合作银行	0.3	0.1	2.3	0.0
农村信用社	6.9	12.9	23.8	10.0
新型农村金融机构	1.3	3.2	2.4	3.0
非银行金融机构	17.3	5.7	5.1	4.3
合计	100.0	100.0	100.0	100.0

数据来源：中国人民银行上海总部、各分行、营业管理部、省会（首府）城市中心支行。

1. 各地区存款平稳增长，非金融企业存款、活期存款增加较多

存款增长总体有所放缓，中部地区存款增长加快。2016年年末，全国本外币各项存款余额155.5万亿元[②]，同比增长11.3%，增速较2015年下降1.1个百分点，全年新增各项存款15.7万亿元，同比多增4 348亿元。分地区看，中部地区本外币存款余额增速达14.6%，比2015年加快1.5个百分点；各项存款余额占全国的比重为16.4%（见表28），同比提高0.5个百分点。东部、西部、东北地区本外币存款余额同比分别增长10.5%、12.0%和8.5%，增速较2015年分别下降1.3个百分点、1.4个百分点和2.2个百分点，占全国的比重均略有下降。

各地区住户存款增速小幅上升，非金融企业存款大幅增加。2016年年末，全国人民币住户存款余额同比增长9.5%（见表29），增速较2015年提高0.8个百分点。其中，中部和西部增长加快，同比分别增长11.9%和11.1%，较2015年分别提高0.6个百分点和1.4个百分点。非金融企业存款余额同比增长16.7%，较2015年提高4个百分点。其中，东部和中部地区分别增长18.2%和20.0%，较

①农村金融机构包括农村商业银行、农村合作银行、农村信用社和新型农村金融机构（新型农村金融机构包括村镇银行、贷款公司和农村资金互助社）。

②全国金融机构本外币、人民币以及外币各项存贷款数据包含各商业银行总行直存直贷数据，与各省份加总数据不一致。

表28　2016年年末各地区金融机构本外币存贷款余额地区分布

单位：%

项目	东部	中部	西部	东北	全国
本外币各项存款余额	58.3	16.4	19.0	6.3	100.0
其中：住户存款	49.8	20.6	21.2	8.4	100.0
非金融企业存款	64.0	13.4	17.6	5.0	100.0
非金融企业活期存款	53.7	19.9	21.8	4.6	100.0
广义政府存款	57.1	16.4	20.9	5.6	100.0
财政性存款	53.6	19.3	20.6	6.5	100.0
机关团体存款	57.3	15.9	21.4	5.4	100.0
非银行业金融机构存款	80.7	5.7	9.0	4.6	100.0
其中：外币存款	80.7	7.0	9.1	3.2	100.0
本外币各项贷款余额	55.9	16.4	20.7	7.0	100.0
其中：短期贷款	58.7	16.1	16.3	8.9	100.0
中长期贷款	53.1	17.0	23.7	6.2	100.0
其中：外币贷款	78.1	7.8	9.6	4.5	100.0

数据来源：中国人民银行上海总部、各分行、营业管理部、省会（首府）城市中心支行。

表29　2016年年末各地区金融机构人民币存贷款余额增速

单位：%

	东部	中部	西部	东北	全国
人民币各项存款	10.1	14.4	12.0	8.5	11.0
其中：住户存款	8.8	11.9	11.1	8.4	9.5
非金融企业存款	18.2	20.0	16.2	12.5	16.7
非银行业金融机构存款	-6.9	6.9	10.0	12.9	-0.6
人民币各项贷款	13.1	16.0	13.2	9.1	13.5
其中：短期贷款	2.0	3.1	0.3	10.1	4.1
中长期贷款	19.9	22.3	17.1	8.3	18.7
票据融资	19.0	31.5	33.7	9.6	19.6
其中：消费贷款	38.5	36.2	17.7	19.3	32.2

数据来源：中国人民银行上海总部、各分行、营业管理部、省会（首府）城市中心支行。

2015年分别提高5.7个百分点和4.5个百分点，是推动全国非金融企业存款大幅增加的主要动力。非银行业金融机构存款下降0.6%，其中东部地区下降6.9%，降幅较大。

存款活期化态势明显，中西部地区尤为突出。2016年上半年住户存款和非金融企业本外币存款增量中活期占比为43.5%，到年末，这一比例上升至57.2%，比2015年同期提升2.8个百分点。其中，中部、西部地区非金融企业存款增量中活期存款占比达74.4%和87.8%。下半年以来，随着

表30　2016年年末各地区金融机构本外币存贷款余额结构

单位：%

	东部	中部	西部	东北	全国
	本外币存贷款余额结构				
人民币存款占比	96.1	98.8	98.6	98.6	97.2
外币存款占比	3.9	1.2	1.4	1.4	2.8
人民币贷款占比	94.6	98.1	98.2	97.5	96.1
外币贷款占比	5.4	1.9	1.8	2.5	3.9
	本外币存款余额结构				
住户存款占比	34.3	50.1	44.7	52.6	40.0
非金融企业存款占比	36.5	29.6	30.9	26.2	33.6
非银行业金融机构存款占比	10.7	2.7	3.6	5.7	7.7
其他存款占比	18.5	17.6	20.8	15.5	18.6
	本外币贷款余额结构				
短期贷款占比	33.7	31.6	25.0	40.7	30.9
中长期贷款占比	56.5	61.4	68.2	52.5	58.0
票据融资占比	4.9	5.1	4.8	5.5	5.0
其他贷款占比	4.9	1.9	2.0	1.3	6.2

数据来源：中国人民银行上海总部、各分行、营业管理部、省会（首府）城市中心支行。

宏观经济企稳，以及财政支出加快、房地产市场交易活跃等，企业资金面有一定改善，带动银行体系活期存款增加较多。

2. 各地区贷款增长总体平稳，信贷结构进一步优化

东部、中部地区本外币贷款增速加快，东北地区增速显著回落。2016年年末，全国金融机构本外币各项贷款余额112.1万亿元，同比增长12.8%，增速比2015年回落0.6个百分点；余额比年初增加12.7万亿元，同比多增9 810亿元。分地区看，东部和中部地区分别同比增长12.2%和15.8%，增速比2015年分别加快1.2个百分点和0.1个百分点；西部和东北地区分别同比增长13.0%和8.5%，增速比2015年分别下降1.8个百分点和6.4个百分点。从各地区贷款余额占全国的份额看，中部地区占比16.4%，较2015年提高0.5个百分点；西部、东北地区占比略有下降，东部地区与2015年持平。西藏、贵州、安徽、江西、湖北贷款增速分列全国前5位，其中西藏增速达43.5%。

人民币贷款增长平稳，外币贷款余额下降。2016年年末，人民币各项贷款余额为106.6万亿元，同比增长13.5%，增速比2015年低0.8个百分点，各

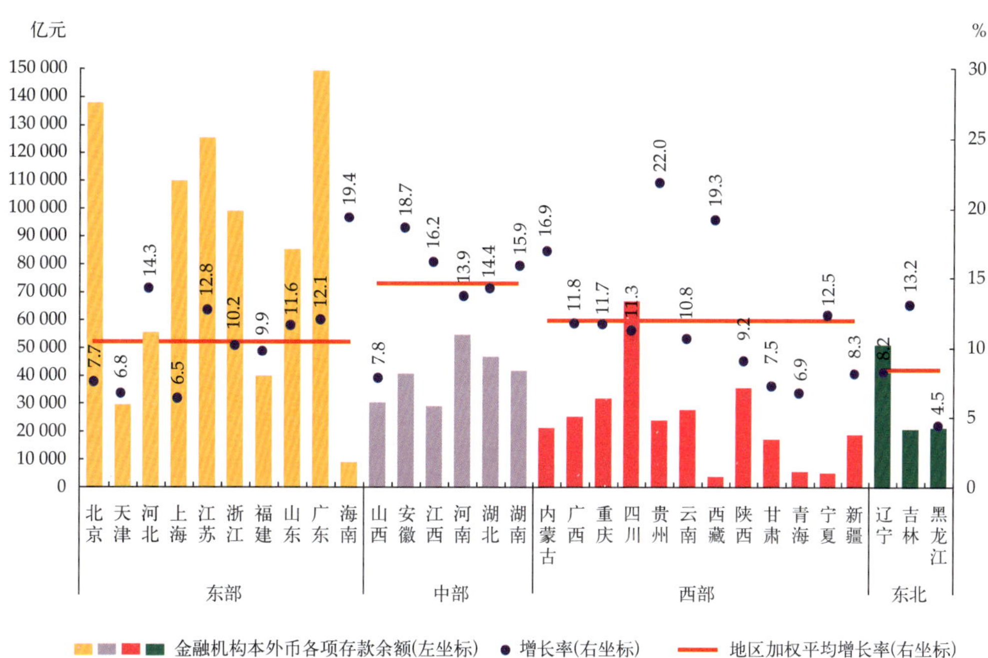

数据来源：中国人民银行上海总部、各分行、营业管理部、省会（首府）城市中心支行。

图67　2016年年末各地区金融机构本外币各项存款余额及增长率

项贷款比年初增加12.7万亿元，同比多增9 257亿元。受境内外利差收窄、美联储加息预期等因素影响，企业利用外币融资积极性有所下降，外币贷款总体呈现下降趋势。2016年年末，全国外币各项贷款余额为7 858亿美元，比年初减少445亿美元，同比少减57亿美元。

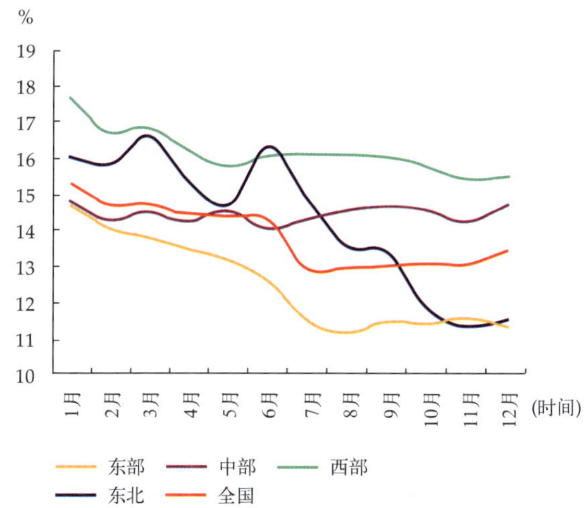

数据来源：中国人民银行上海总部、各分行、营业管理部、省会（首府）城市中心支行。

图68　2016年各地区金融机构人民币各项贷款增长趋势

信贷投放节奏处于合理区间，东部、中部、西部地区信贷资金运用长期化趋势明显。2016年各季度新增人民币贷款占全年新增人民币贷款的比重分别为36.4%、23.1%、20.8%和19.7%，呈现前高后低格局。分地区看，东部、中部、西部和东北地区上半年新增人民币贷款占本地区全年新增人民币贷款的比重分别为60.0%、62.4%、59.4%和58.7%，投放节奏总体处于合理区间。主要受基建投资、个人购房贷款等因素拉动，中长期贷款增量占比进一步提高。2016年年末，人民币中长期贷款比年初增加9.8万亿元，同比多增3.1万亿元，增量占比为77.8%，比2015年提高20.7个百分点。分地区看，东部、中部、西部地区人民币中长期贷款增速分别为19.9%、22.3%和17.1%，分别高于本地区人民币各项贷款增速6.8个百分点、6.4个百分点和3.8个百分点，东北地区受投资下滑影响，中长期贷款增速为8.3%，低于本地区各项贷款0.8个百分点。

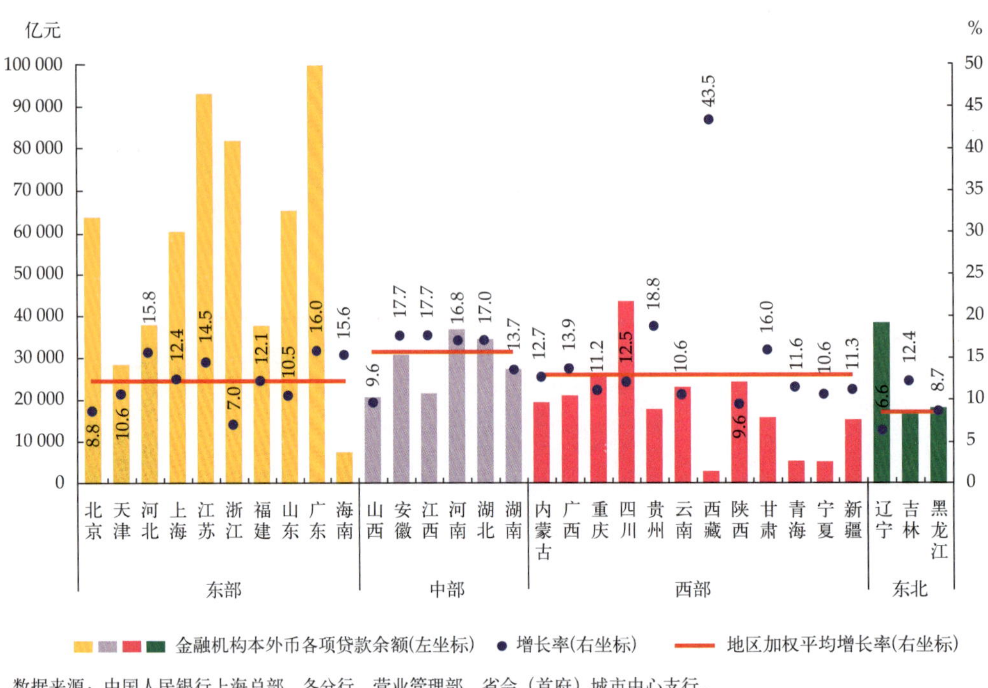

数据来源：中国人民银行上海总部、各分行、营业管理部、省会（首府）城市中心支行。

图69　2016年年末各地区金融机构本外币各项贷款余额及增长率

非金融企业贷款实际增加较多，金融支持供给侧结构性改革力度加大。2016年年末，非金融企业及机关团体人民币贷款比年初增加6.1万亿元，同比少增1.3万亿元。考虑到地方政府债务置换较多、不良资产核销处置力度较大等因素影响，金融机构实际对企业的资金支持比企业贷款数据显示的要更多。一是灵活运用货币政策工具，积极发挥信贷政策支持再贷款引导结构调整的作用。2016年，中国人民银行创设扶贫再贷款，加强定向降准后续监测考核，开展央行评级和信贷资产质押再贷款试点，扩大银行机构使用央行资金的抵押品范围等，引导金融机构支持经济结构调整和转型升级。2016年，全国累计发放支农再贷款2 572亿元、扶贫再贷款1 291亿元、支小再贷款528亿元、再贴现3 804亿元、抵押补充贷款（PSL）9 714亿元。二是各地区积极创新产品和服务，支持小微企业、“三农”等实体经济加快发展。山东、福建、浙江、四川、黑龙江等多个地区创新推动小微企业融资对接、“两权”抵押贷款试点，取得积极进展。2016年年末，全国小微企业人民币贷款余额同比增长16.9%，比2015年提高3个百分点，比各项贷款增速高3.4个百分点；分地区看，东部、中部、西部和东北地区分别同比增长11.7%、29.3%、22.4%和16.8%。三是各地区金融机构实施差异化信贷政策，认真做好去产能金融服务工作。辽宁、广东等多地钢铁煤炭行业贷款余额净下降。各地区六大高耗能行业中长期贷款余额占全部中长期贷款的比重较2015年下降1个百分点。前五大行业人民币贷款余额占比下降2.5个百分点，贷款的行业集中度持续下降。其中，东部、中部、西部地区前五大行业集中度同比分别下降3.4个百分点、2.6个百分点、0.8个百分点，东北地区与2015年年末基本持平。四是各地区实施“因城施策”的差异化住房信贷政策，积极支持房地产去库存。2016年，各地区个人住房贷款比年初增加4.8万亿元，同比多增2.3万亿元，有力支持了房地产去库存。各地坚持“因城施策、分类调控”原则，差异化住房信贷政策效果逐步显现，12月末个人住房贷款余额增速为38.1%，环比下降0.1个百分点，为近20个月以来首次放缓。五是各地区金融业强化社会责任意识，加快机制创新和产品创新，加大对就业、助学、精准扶贫、保障房开发等民生短板领域的金融资源投入。2016年年末，东部、中部、西部和东北地区民生领域贷款余额同比分别增长34.1%、55.7%、67.5%和46.8%。

3. 利率市场化改革深入推进，存贷款利率水平总体稳定

2016年，中国人民银行进一步完善价格型调控框架，两次下调中期借贷便利利率，发挥中期政策利率作用；探索发挥常备借贷便利利率作为利率走廊上限的作用，保持货币市场利率总体平稳。各地区市场利率定价自律机制运行良好，有力维护了金融市场公平的定价秩序，存贷款利率水平总体稳定。面对传统负债稳定性下降的挑战，各地区银行业金融机构积极适应利率市场化改革环境，强化主动负债管理，全年累计发行同业存单13万亿元，余额达6.3万亿元；个人认购大额存单的起点金额由30万元调整为20万元，全年累计发行大额存单5.3万亿元，余额达3.7万亿元。

各地区人民币贷款利率低位运行，东部、中部地区利率继续下行。2016年12月，全国非金融企业及其他部门人民币贷款加权平均利率为5.27%，同比持平。其中，一般贷款加权平均利率为5.44%，同比下降0.20个百分点；个人住房贷款加权平均利率为4.52%，同比下降0.18个百分点。分地区看，12月，东部、中部、西部和东北地区人民币贷款加权平均利率分别为5.2%、6.06%、5.75%和5.82%；与2015年同期相比，东部、中部地区贷款利率水平继续下降，西部、东北地区略有回升。各地区银行业综合施策，积极推动小微企业融资成本降低。12月，全国小微企业贷款加权平均利率为5.88%，同比下降0.25个百分点。分地区看，东部、中部、西部和东北地区小微企业贷款加权平均利率分别为5.61%、6.33%、6.32%和6.37%，同比分别下降0.19个百分点、0.34个百分点、0.22个百分点和0.21个百分点。

执行下浮利率的人民币贷款占比上升，东部地区占比最高。2016年，全国执行下浮利率的贷款占比为21.5%，同比上升7.8个百分点，执行基准利率的贷款占比为18.1%，同比上升0.5个百分点，执行上浮利率的贷款占比为60.4%，较2015年下降8.3个百分点（见表31）。分地区看，东部地区执行下浮利率的贷款占比最高，为24.5%，同比提升8.7个百分点；东北地区执行基准利率的贷款占比最高，为24.3%，同比增加0.2个百分点；中部地区执行利率上浮的贷款占比最高，为67.9%，同比下降5.8个百分点。

表31　2016年各地区人民币贷款发生额占比利率区间分布

单位：%

		东部	中部	西部	东北	全国
合计		100.0	100.0	100.0	100.0	100.0
下浮		24.5	14.8	17.9	18.4	21.5
基准		16.5	17.3	22.4	24.3	18.1
上浮	小计	59.0	67.9	59.7	57.3	60.4
	(1.0，1.1]	14.4	14.6	11.7	12.8	13.8
	(1.1，1.3]	18.7	14.7	13.2	15.2	16.9
	(1.3，1.5]	10.2	10.5	10.8	9.6	10.3
	(1.5，2.0]	10.0	14.3	15.0	12.8	11.7
	2.0以上	5.7	13.8	9.1	7.0	7.6

数据来源：中国人民银行上海总部、各分行、营业管理部、省会（首府）城市中心支行。

外币存贷款利率总体小幅上升。受国际金融市场利率波动、境内外币资金供求变化等因素影响，2016年12月，活期、3个月以内大额美元存款加权平均利率分别为0.14%和0.88%，同比分别下降0.02个百分点和上升0.32个百分点；3个月以内、3（含）~6个月美元贷款加权平均利率分别为1.89%和2.26%，同比分别上升0.24个百分点和0.46个百分点。

4. 银行业金融机构改革步伐加快

2016年，开发性、政策性金融机构改革方案深入实施，国家开发银行、中国进出口银行和中国农业发展银行三家机构章程获得国务院批准，完善治理结构、认定划分业务范围、制定审慎监管规定等工作稳妥推进。大型商业银行改革继续推进。交通银行落实改革方案，进一步激发经营活力；中国农业银行三农金融事业部改革继续深化，支农惠农效应进一步显现；中国邮政储蓄银行建立三农金融事业部，首次公开发行H股股票并

在香港联交所上市。长城、东方资产管理公司转型发展顺利推进，先后成立股份有限公司。中国出口信用保险公司治理结构稳步推进，国新国际有限责任公司发起设立中国国有资本风险投资基金。

农村金融机构改革稳步推进，东部、西部地区新型农村金融机构发展较快。2016年年末，全国共组建以县（市）为单位的统一法人农村信用社1 054家，农村商业银行1 114家，农村合作银行40家。各地区新型农村机构保持快速发展势头。2016年年末，全国村镇银行、农村资金互助社、贷款公司、小额贷款公司总数达到12 091家，较2015年年末增长1.7%。东部地区村镇银行和贷款公司占比最高，分别为39%和40%，西部地区农村资金互助社和小额贷款公司占比最高，分别为50.8%和35%（见表32）。包商惠农贷款公司改制为村镇银行，开创国内贷款公司改制为银行先例。

表32　2016年年末新型农村金融机构地区分布

单位：%

	东部	中部	西部	东北	全国
村镇银行	39.0	27.6	24.4	9.0	100.0
贷款公司	40.0	13.3	33.3	13.4	100.0
农村资金互助社	19.4	14.9	50.8	14.9	100.0
小额贷款公司	27.3	20.6	35.0	17.1	100.0

数据来源：中国人民银行上海总部、各分行、营业管理部、省会（首府）城市中心支行。

民营金融机构发展加速。截至2016年年末，全国已有17家民营银行获批，当年新批设12家，其中东部、中部、西部、东北地区分别新获批4家、3家、3家、2家。民营银行市场定位细化，差异化、特色化业务发展平稳，首批开业的5家已实现盈利。

存款保险制度稳步实施。2016年，完成对全国法人投保机构开展风险评级，初步实施基于风险的差别费率，强化对投保机构的正向激励；完善存款保险风险监测机制，开展存款保险现场核查，探索风险的早期识别和早期纠正，促进银行业金融机构的改革深化和稳健经营。

宏观审慎评估有效落地。2016年，中国人民银行将原差别准备金动态调整机制升级为宏观审慎评估（MPA），强化以资本为核心的逆周期调节，引导金融机构稳健经营，防范系统性风险。各地区银行业认真落实宏观审慎评估要求，自我约束和稳健经营理念进一步增强，广义信贷增长总体合理适度。

5. 信用风险暴露有所放缓，银行业金融机构运行总体稳健

部分地区银行资产质量有所改善，潜在风险防控压力仍不容忽视。2016年年末，全国商业银行不良贷款余额15 123亿元，较2015年增加2 379亿元，不良贷款率1.74%，比2015年上升0.07个百分点，其中，农村商业银行最高，为2.49%。分地区看，东部地区银行资产质量基本稳定，中部地区不良率同比下降0.2个百分点，西部、东北地区不良率同比分别提高0.07个百分点、0.08个百分点。分行业看，全国商业银行不良贷款余额主要集中在批发零售业、制造业和农林牧渔业。潜在风险压力仍不容忽视。东部、中部、西部和东部地区关注类贷款比率同比分别上升0.21个百分点、0.14个百分点、0.12个百分点和0.32个百分点，逾期90天以上贷款也有不同程度增加。受不良贷款核销、处置加快等影响，2016年年末，银行业拨备覆盖率、一级资本充足率、资本充足率均有所下降，分别较2015年下降4.78个百分点、0.06个百分点和0.17个百分点。为增强风险抵补能力，全国银行业新增一级资本1.47万亿元，其中88.8%是核心一级资本，新增贷款损失准备金3 587亿元。各地区地方法人银行机构运行总体稳健，资本充足率同比提升0.1个百分点，但流动性比率和盈利能

表33　2016年各地区地方法人银行机构部分运营指标

单位：%

	2016年比2015年平均增减				
	东部	中部	西部	东北	全国
资本充足率	0.3	-1.0	0.1	0.7	0.1
流动性比率	-2.4	-4.9	-8.4	-4.1	-4.5
资产利润率	-0.2	-0.3	0.0	-0.1	-0.1

数据来源：中国人民银行上海总部、各分行、营业管理部、省会（首府）城市中心支行。

力有所下降。其中，东北地区资本充足率上升较多，东部、西部地区略有增加，中部地区有所下降（见表33）。

（二）证券期货市场运行总体平稳，市场筹资额保持较快增长

再融资额创历史新高，东部地区融资能力显著较强。2016年年末，境内上市公司总数3 052家，较2015年年末增加225家。分地区看，东部、中部、西部和东北地区境内上市公司数量占全国比重分别为67.0%、13.8%、14.2%和5.0%（见表34）。新三板市场挂牌企业数量10 163家，新增5 034家，接近翻番，总股本和总市值同比分别增长97.7%和65.0%。2016年，各类企业和金融机构在境内外股票市场通过发行、增发、配股、权证行权等方式累计筹资2.1万亿元，同比增长86.4%。其中，再融资额1.8万亿元，同比增长154.3%，创历史新高，通过股票增发筹资1.7万亿元，占全部再融资额的比例达94.4%。新三板挂牌公司全年实现股票融资1 405亿元，同比增长15.5%。其中，东部地区通过资本市场筹资的能力明显高于其他地区，全年通过A股筹资额占全国比重为69.7%，同比提高3个百分点。2016年伊始，A股市场一度大幅下跌，随后总体运行平稳，市场热度有所恢复，但较2015年明显下降。全年沪深两市累计成交126.7万亿元，同比下降50.1%。

证券业机构平稳发展，经营业绩有所下滑。2016年年末，全国各地区共有证券公司129家，期货公司149家，具有公募牌照的基金管理机构121家，已登记的私募基金管理人17 433家。分地区看，总部设在东部地区的证券公司、基金公司、期货公司数量分别占全国的70%、98.2%和74.5%。资产管理规模较快增长。2016年年末，证券公司、期货公司、基金管理公司及其子公司、私募基金管理机构资产管理业务总规模约51.8万亿元，同比增长35.6%。受股市交易回落等因素影响，129家证券业机构全年实现营业收入3 279.9亿元，同比下降43.0%，实现净利润1 234.5亿元，同比下降49.6%。

表34　2016年年末各地区证券业分布

单位：%

	东部	中部	西部	东北	全国
总部设在辖内的证券公司数	70.0	10.0	15.0	5.0	100.0
总部设在辖内的基金公司数	98.2	0.0	1.8	0.0	100.0
总部设在辖内的期货公司数	74.5	9.9	10.6	5.0	100.0
年末境内上市公司数	67.0	13.8	14.2	5.0	100.0
年末境外上市公司数	75.7	13.5	5.4	5.3	100.0
当年国内股票（A股）筹资	69.7	12.3	13.3	4.7	100.0
当年国内债券筹资	53.0	23.8	19.6	3.6	100.0
当年股票和基金交易额	75.4	11.3	8.6	4.7	100.0

数据来源：各省（自治区、直辖市）证监局，中国人民银行工作人员计算。

金融期货交易额回落，期货行业创新加快。2016年，全国期货市场累计成交量约41.4亿手，累计成交额约195.6万亿元，同比分别增长15.7%和下降64.7%。在大宗商品价格回升的带动下，动力煤、硅铁、锰铁、热轧卷板等黑色系商品成交量大幅增长，黄金成交量增长37.3%，白银成交量下降40.3%。主要受股指期货规则调整等因素影响，金融期货交易金额同比大幅下降95.6%，其中，沪深300、上证50、中证500股指期货交易额同比分别下降98.5%、95.4%和84%。期货市场创新加快，白糖期权、豆粕期权获批，实现国内商品期货市场期权产品零的突破；“保险+期货”写入中央一号文件，大连商品交易所和郑州商品交易所围绕玉米、大豆、棉花、白糖四个品种相继启动“保险+期货”试点工作，22家期货公司的“保险+期货”试点项目和15家期货公司的场外期权服务产业链试点获批。

基础性制度日趋完善，监管力度不断加大。2016年，推行新股发行新规，投资者申购新股时无须预先缴款，减少新股申购资金冻结对二级市场的影响；实行小盘股直接定价发行，简化程序，提高发行效率，降低中小企业发行成本；深港通正式开通，上海、深圳与香港资本市场实现互联互通，推动A股市场不断成熟；对贫困地区企业实行“即报即审、审过即发”政策，加大资本市场对脱贫攻坚的支持力度。2016年，资本市场监管力度不断加大。加强基金子公司风险控制，严格通道业务管理；规范上市公司重组上市

行为；降低证券期货经营机构私募资产管理业务的杠杆倍数。充分运用监管函、自律监管措施等手段监管异常交易行为，全年处罚数量、罚没金额、市场禁入人数均创历史新高，对有重大违法违规行为的上市公司予以终止上市、强制退市处罚，促进证券市场长期健康发展。

（三）保险业快速发展，风险保障和经济补偿功能持续增强

2016年，保险业主动适应经济发展新常态，大力推进供给侧结构性改革，各项业务加快发展，行业规模持续扩大，风险保障功能进一步增强。

保险业机构较快扩张，东部地区优势突出。2016年年末，全国保险公司法人和分支机构分别有184家和1 825家，同比分别增加2家和102家。保险机构在各地区分布基本稳定，东部占比保持绝对优势（见表35）。保险业总资产增长较快。2016年年末，资产总额15.1万亿元，同比增长22.3%；净资产1.7万亿元，同比增长7.2%；资金运用余额13.4万亿元，同比增长19.8%；全年平均投资收益率5.7%，同比下降1.9个百分点。

表35　2016年年末各地区保险业分布

单位：%

项目	东部	中部	西部	东北	全国
总部设在辖内的保险公司数	85.3	3.8	6.5	4.3	100.0
其中：财产险经营主体	76.4	5.6	11.2	6.7	100.0
人身险经营主体	92.9	2.4	2.4	2.4	100.0
辖内保险公司分支机构数	42.2	19.7	27.4	10.7	100.0
其中：财产险公司分支机构	41.6	19.8	34.2	4.5	100.0
人身险公司分支机构	46.7	24.8	23.9	4.7	100.0
保费收入	55.2	18.4	18.8	7.6	100.0
其中：财产险保费收入	53.5	18.3	21.5	6.7	100.0
人身险保费收入	55.8	18.4	17.7	8.0	100.0
赔付支出	54.0	19.4	19.2	7.5	100.0

注：各地区未包含集团、总公司本级数据。

数据来源：中国保险监督管理委员会网站及各省（自治区、直辖市）保监局，中国人民银行工作人员计算。

保费收入增势明显，东部、西部地区增速加快，中部、东北地区放缓。2016年，全国保险业共实现保费收入3.1万亿元，同比增长27.5%，增速较2015年提高7.5个百分点。分地区看，东部、中部、西部地区保费收入同比分别增长31%、23.5%和25.5%，分别较2015年提高12.2个百分点、0.8个百分点和4.6个百分点；东北地区保费收入同比增长20.1%，较2015年下降3.1个百分点。分业务类型看，人身险业务强劲增长，财产险业务增长放缓。2016年，全国人身险保费收入2.2万亿元，同比增长36.5%，增速较2015年提高11.5个百分点；全国财产险保费收入8 724.5亿元，同比增长9.1%，增速较2015年下降2.6个百分点。农业保险服务范围持续扩大。全年实现农业保险保费收入417.7亿元，同比增长11.4%，农业保险承保农作物面积达到17.2亿亩，占当年播种面积的70%以上。

保险赔付支出较快增长，风险保障功能持续增强。2016年，各地区保险业赔款给付支出10 512.9亿元，同比增长21.2%，增速较2015年提高1个百分点。其中，财产险业务赔付4 726.2亿元，同比增长12.7%；寿险业务赔付4 603.0亿元，同比增长29.1%；健康险业务赔款和给付1 000.7亿元，同比增长31.2%；意外险业务赔款183.0亿元，同比增长20.5%。分地区看，东部、中部、西部和东北地区各类赔付同比分别增长19.3%、23.0%、19.1%和17.9%。

保险密度和深度持续上升，东部地区提升较快。2016年，全国保险密度为2 258元/人，同比增长27%。分地区看，东部、东北、中西部保险密度逐次递减，中部和西部地区保险密度总体相当，西部地区不同省份间差异较大。2016年，全国保险深度为4.16%，较2015年提高0.57个百分点。分地区看，2016年，保险深度超过5%的有北京、上海、山西、四川和辽宁五个省（直辖市），较2015年增加四个省（直辖市），全国大部分省份的保险深度在3%~5%之间。

保险业改革深入推进，业务创新步伐加快。第二代偿付能力监管体系正式运营，实现与欧盟偿付能力监管标准II接轨。保险公司退市制度试点破冰，以广西为试点地区开展区域性市场退出实践。商业车险改革在全国铺开，商业车险车均保费较改革前下降8%。万能险等高现金价值产品监管从严。互联网保险业务迅速发展，2016年全国

有117家保险机构开展互联网保险业务，新增互联网保险保单占全部新增保单件数的64.6%，实现签单保费2 348亿元。地震巨灾保险产品正式全面销售，2016年累计保险金额177.6亿元，广东等10个地市开展巨灾指数保险探索。

（四）市场流动性合理充裕，社会融资规模适度增长

1. 银行间市场交易量较快增长，北京地区资金净融出较多

各地区银行体系流动性总体合理适度。2016年，中国人民银行降低存款准备金率0.5个百分点，进一步完善存款准备金“双平均”考核制度，综合使用短期流动性调节工具（SLO）、常备借贷便利（SLF）、中期借贷便利工具（MLF）等多种流动性管理工具，合理提供各种期限的流动性，将公开市场操作频率由每周两次调整为每日操作，提高流动性管理的精细化程度，保持了银行体系流动性总体合理适度。

银行间市场交易量增速回落，中西部、东北地区增长较快。2016年，全国银行间市场累计成交824.3万亿元[①]，同比增长35.4%，增速同比下降65.9个百分点。分结构看，债券回购累计成交601.3万亿元，同比增长31.3%；同业拆借累计成交95.9万亿元，同比增长49.4%；债券现券交易127.1万亿元，同比增长46.6%。分地区看，中部、西部和东北地区银行间市场交易量增速较快，分别增长39.3%、42.7%和40.0%，东部增速相对较慢，增长32.5%。北京、上海、浙江、广东和四川五省（市）交易量合计超过全国的70%；青海、海南和福建三省交易量增速位居全国前三，分别为336%、156%和93%。

区域间资金流动总体继续呈现由北京向其他地区流动的态势。受大型商业银行总部集中于北京影响，北京全年净融出资金240.5万亿元，同比增长23.2%，仍是最大的资金融出地区。广东、

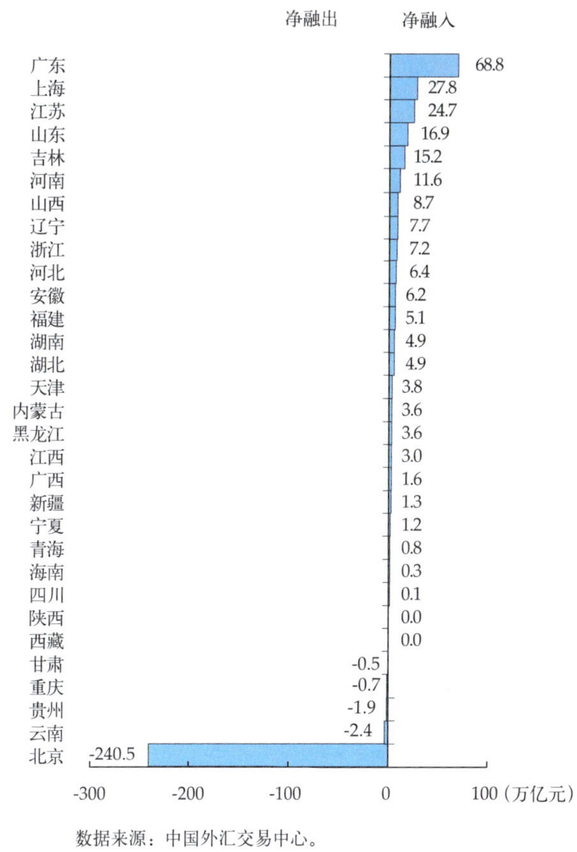

数据来源：中国外汇交易中心。

图70　2016年货币市场资金净融入（净融出）情况

上海、江苏、山东和吉林资金净融入额位居前五位，合计净融入资金153.4万亿元（见图70）。与2015年相比，浙江、西藏、陕西由净融出转为净融入，贵州、重庆由净融入转为净融出。

2. 社会融资规模适度增长，委托贷款和信托贷款增加较多

东部、中部地区社会融资规模占比继续攀升。2016年年末，社会融资规模存量为155.99万亿元，同比增长12.8%，增速比2015年提高0.3个百分点。全年社会融资规模增量为17.8万亿元，比2015年多2.4万亿元，若考虑到地方政府债券发行及债务置换等因素，全社会融资增速可能更快。分地区看，东部和中部地区社会融资规模增量在

①包括同业拆借、质押式回购、买断式回购、现券交易。

全国社会融资规模增量中的占比分别为58.2%和17.5%（见表36），分别较2015年提高4.3个百分点和1.2个百分点；西部和东北地区社会融资规模占比分别为18.6%和5.7%，分别比2015年下降3.7个百分点和1.8个百分点。分省份看，北京、广东和江苏三省（市）社会融资规模增量均超过1万亿元，位居全国前三。

表36　2016年各地区社会融资规模

单位：%

	东部	中部	西部	东北	合计
地区社会融资规模	58.2	17.5	18.6	5.7	100.0
其中：人民币贷款	53.5	19.9	21.5	5.1	100.0
外币贷款(折合人民币)	82.4	4.9	5.4	7.3	100.0
委托贷款	61.8	11.3	16.7	10.2	100.0
信托贷款	76.7	3.3	15.9	4.1	100.0
未贴现的银行承兑汇票	58.5	14.8	25.8	0.9	100.0
企业债券	72.5	13.8	11.4	2.3	100.0
非金融企业境内股票融资	71.5	14.0	11.6	3.0	100.0

注：各地区社会融资规模不含各金融机构总部（总行）提供的社会融资规模。

数据来源：中国人民银行上海总部、各分行、营业管理部、省会（首府）城市中心支行。

直接融资占比有所下降，东部地区直接融资发展较快。2016年，企业债券和非金融企业境内股票融资等直接融资占同期社会融资规模的比重为23%，较2015年下降1.4个百分点。其中，企业债券发行放缓，占社会融资规模比重较2015年低3.7个百分点；非金融企业境内股票融资占比较2015年高2.3个百分点。分地区看，东部地区直接融资发展较快，企业债券和非金融企业境内股票融资合计占其社会融资规模增量的28.4%，分别高出中部、西部和东北地区10.2个百分点、14.3个百分点和18.3个百分点（见表37）。

委托贷款和信托贷款增加较多。2016年，委托贷款和信托贷款占同期社会融资规模的比重分别为13.7%和4.5%，同比分别提高1.9个百分点和4.5个百分点。分地区看，东北地区委托贷款占社会融资规模规模的比重最高，达24.8%；东部地区信托贷款占社会融资规模的比重最高，为5.9%（见表37）。

各地区票据承兑业务继续下降，市场发展不断规范。2016年年初，金融机构票据承兑余额小幅增长，2月末达到10.9万亿元，之后逐月下降，年末比年初减少1.4万亿元。分地区看，各地区均有下降，东部和西部地区下降较多。2016年，金融机构累计贴现54.0万亿元，同比下降17.2%，年末贴现余额5.5万亿元，同比增长19.6%。2016年，中国人民银行根据国务院规范票据市场有关要求和工作部署，不断加强票据市场制度和基础设施建设，防范相关风险。12月6日，印发《票据交易管理办法》，进一步规范市场经营行为。12月8日，全国统一的票据交易平台上线，上海票据交易所正式开业运营，有效提升市场透明度和交易效率，降低了操作风险。

表37　2016年各地区社会融资规模结构分布

单位：%

	东部	中部	西部	东北	全国
人民币贷款	64.2	79.6	81.0	63.0	69.9
外币贷款（折合人民币）	-4.4	-0.9	-0.9	-4.1	-3.1
委托贷款	14.5	8.8	12.3	24.8	13.7
信托贷款	5.9	0.9	3.8	3.2	4.5
未贴现的银行承兑汇票	-11.8	-9.9	-16.3	-1.8	-11.7
企业债券	19.3	12.2	9.5	6.2	15.5
非金融企业境内股票融资	9.1	6.0	4.6	3.9	7.5
其他	3.2	3.3	6.0	4.8	3.7
合计	100.0	100.0	100.0	100.0	100.0

数据来源：中国人民银行上海总部、各分行、营业管理部、省会（首府）城市中心支行。

表38　2016年年末票据业务地区分布

单位：%

	东部	中部	西部	东北	全国
银行承兑汇票余额	62.3	15.7	14.3	7.7	100.0
银行承兑汇票累计发生额	63.2	15.1	14	7.7	100.0
票据贴现余额	54.9	18.1	19.6	7.4	100.0
票据贴现累计发生额	65.7	10.9	16.3	7.1	100.0

数据来源：中国人民银行上海总部、各分行、营业管理部、省会（首府）城市中心支行。

（五）跨境人民币业务量有所下降，业务创新稳步推进

2016年以来，随着跨境资金流动形势的变化，除天津、湖南、黑龙江外，各地区跨境人民

币业务收付量均有不同程度下降，全国跨境人民币收付金额合计9.8万亿元，比2015年下降18.6%。分地区看，东部地区各项收付额占全国比重均超过80%（见表39）。上海、广东（不含深圳）、北京收付金额占全国跨境人民币收付总额的比重分别为23.0%、16.7%和10.6%，深圳占比10.6%；8个边境省（自治区）的收付金额合计约5 145.9亿元，占比5.2%。

表39　2016年各地区跨境人民币业务分布

单位：%

	东部	中部	西部	东北	全国
跨境人民币结算额	87.4	3.9	6.5	2.2	100.0
其中：经常项目下结算额	86.9	3.6	7.5	2.0	100.0
资本项目下结算额	87.9	4.4	5.3	2.4	100.0
其中：直接投资额	89.3	3.6	4.3	2.8	100.0
其他	81.6	7.4	8.3	2.7	100.0

数据来源：中国人民银行上海总部、各分行、营业管理部、省会（首府）城市中心支行。

2016年年末，全国设立跨境双向人民币资金池1 030个，涉及企业超过1.1万家。其中，上海、天津、广东、福建四地自贸区跨境双向人民币资金池业务自试点以来，共有473家主办企业发生了跨境资金收付。深圳前海、新疆霍尔果斯、上海自贸区等14个地区开展了企业自境外借入人民币借款业务，累计签订借款合同金额1 278.3亿元，借款余额603.2亿元。境外机构积极投资银行间债券市场。截至2016年年末，共有407家境外机构获准进入银行间债券市场，入市总投资备案规模为1.97万亿元。各地区认真贯彻跨境融资宏观审慎管理政策，省级外汇市场自律机制陆续建立，工作机制不断完善。截至2016年年末，24家系统重要性中资银行全口径跨境融资风险加权余额占限额的比例为42.6%，风险总体可控。

（六）金融生态环境和基础设施不断完善

1. 征信及社会信用体系建设深入推进

征信服务实体经济能力不断增强。金融信用信息基础数据库覆盖面逐步扩大，2016年年末，共收录9.1亿自然人、2 210万户企业和其他组织，全年累计对外提供个人信用报告查询93 860万次、企业信用报告查询8 787万次（见图71）。个人征信系统机构接入数量稳步增长，全年共接入385家机构，其中小额贷款公司和融资担保公司159家；企业征信系统接入机构范围不断扩大，推动16家证券公司、12家融资租赁公司接入系统。应收账款融资服务平台业务量持续增长，全年新增注册用户3.8万家，促成应收账款融资3.9万笔，融资金额2.6万亿。其中，促成中小微企业融资3.1万笔,融资金额1.9万亿元，有效促进中小微企业融资。

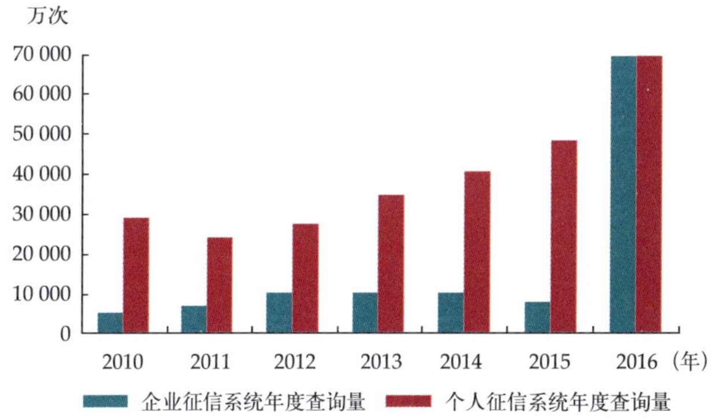

数据来源：中国人民银行。

图71　2010~2016年企业和个人信用信息基础数据库年度查询情况

社会信用体系建设全面深化推进。一是顶层设计不断完善。国务院和中办、国办相继出台《关于建立完善守信联合激励和失信联合惩戒制度加快推进社会诚信建设的指导意见》《关于加快推进失信被执行人信用监督、警示和惩戒机制建设的意见》等具有顶层设计意义的重大文件，稳步推进制度建设。二是守信联合激励和失信联合惩戒在各行各业持续发力。国家发展改革委与中国人民银行履行“双牵头”职责，联合相关部委累计签署20个联合惩戒、联合激励备忘录，逐步建立以信用为核心的新型监管机制，基本形成“一处失信、处处受限”的信用惩戒大格局。三是地方中小微企业和农村信用体系建设深入推进。各地推动中小微企业和农村信用体系建设可持续发展体制机制逐步健全，中小微企业和农户信用档案建档数不断增加，信用评价和信用培育工作稳步开展，“信用+信贷”模式效果显现，有效支持中小微企业融资和金融精准扶贫。

征信市场监管不断加强。一是健全机构管理制度。2016年9月，《企业征信机构备案管理办法》颁布实施。二是加强征信合规管理，严查严处征信违法违规行为，协调公安部门严厉打击泄露和倒卖征信信息的单位和个人，保护金融消费者征信合法权益。三是加大征信市场现场检查和非现场监管力度，开展企业征信机构和信用评级机构备案材料真实性核查，加大市场监测力度，全国累计备案134家企业征信机构和100家信用评级机构。

2. 支付结算环境持续改善

2016年，支付机构网络支付清算平台建设全面启动，人民币跨境支付系统（一期）参与者扩容稳步推进，中央银行会计核算数据集中系统功能不断丰富，支付与市场基础设施不断完善优化，支付体系日益健全。2016年，全国大额支付系统处理业务笔数及金额同比分别增长4.7%和22.5%，小额支付系统处理业务笔数及金额同比分别增长27.9%和23.9%。其中，东部地区业务处理笔数和金额占比均超六成（见表40），较2015年有所上升。

表40　2016年各地区支付体系建设情况

单位：%

	东部	中部	西部	东北	全国
大额支付系统处理业务数占比	63.7	16.5	15.0	4.8	100.0
大额支付系统业务金额占比	82.3	6.1	7.9	3.7	100.0
小额支付系统处理业务数占比	64.3	16.0	15.7	4.0	100.0
小额支付系统业务金额占比	69.5	13.3	14.0	3.2	100.0

数据来源：中国人民银行上海总部、各分行、营业管理部、省会（首府）城市中心支行。

非现金支付环境持续完善。支付行业顶层设计基本完成，“政府监管、行业自律、社会监督、公司治理”的一体化监管体系和工作机制基本建立，打击、治理电信网络诈骗成效显著，非现金支付环境持续改善。非现金支付工具不断丰富，电子支付业务发展迅速，移动支付工具创新不断，非现金支付逐渐渗透到社会生产生活中。2016年，全国共办理非现金支付业务1 251.1亿笔，金额3 687.2万亿元，同比分别增长32.6%和6.91%。银行业金融机构共发生电子支付业务1 395.6亿笔，金额2 494.4万亿元，其中，移动支付业务257.1亿笔，金额157.5万亿元，同比分别增长85.8%和45.6%。快捷支付、二维码支付、云闪付等多种新兴手机支付方式蓬勃发展。

农村金融基础设施进一步完善。各地区以助农取款服务点为基础，大力拓展服务点综合性功能，推动农村电商服务发展，进一步促进普惠金融发展。至2016年年末，全国已有98万个助农取款服务点，覆盖了全国九成以上的村级行政区。2016年，农村地区银行卡人均持有量已达3张，基本实现了人人有卡、家家有账户、补贴能到户。四川推动助农取款服务点升级为集信贷管理、电商服务、保险代售等功能为一体的金融服务平台。海南积极推广综合性惠农支付服务，着力构建“支付+电商+融资”服务链。山西推动2 757家金融综合服务站与电商体验店融合发展。青海推广“助农取款点+农村电商”模式，搭建外销土特产增收致富平台。安徽省惠农金融服务室在行政村覆盖率达100%。

银行卡安全支付水平进一步提升。中国人民银行从银行卡信息安全管理、银行卡互联网交易风险防控、磁条卡伪卡欺诈交易风险防控和金融IC卡应用推广等方面入手，加强银行卡风险管理，构建线上线下一体化的安全防范体系，遏制信息泄露和防范风险传导，并在全国范围内组织开展“加强信息保护和支付安全　防范电信网络欺诈”宣传，银行卡电信网络诈骗得到有效控制。

金融IC卡推广应用持续深化。2016年年末，金融IC卡累计发行30.2亿张，已成为银行卡主流产品。支持接触式受理的POS终端数量为1 370.1万台、ATM终端数量为75.9万台，其中，支持受理非接触式POS终端数量为1 063.2万台、ATM终端数量为44.4万台。金融IC卡在公共服务领域应用范围不断扩大。全国有约500个市（县、区）城市公交支持金融IC卡支付。四川正大力实施“畅行巴蜀・金融IC卡交通便民”工程；湖北高速公路全部开通金融IC卡支付通行费。

3. 消费者权益保护更加有力

2016年，中国人民银行各地分支机构认真贯彻落实《国务院办公厅关于加强金融消费者权益保护工作的指导意见》，金融消费权益保护各项工作取得明显成效。依法开展金融机构金融消费权益保护执法检查，全年中国人民银行各级分支机构共派出1 293支检查组，对2 542个金融机构网点（含38家支付机构）开展金融消费权益保护现场检查，促进金融机构行为进一步规范。严格落实12363咨询投诉电话管理制度，全年共受理金融消费者投诉18 689笔，办结率90%以上，及时妥善化解纠纷，切实维护金融消费者合法权益。上海、广东、陕西、黑龙江、四川、山东等地继续探索金融消费纠纷非诉第三方解决机制，开展金融消费纠纷调解组织建设试点，建立金融消费纠纷诉讼与调解对接机制，增强行业性金融消费纠纷非诉第三方组织调解的法律效力和社会公信力。加大消费者宣传教育力度，组织开展“金融消费者权益日”和“金融知识普及月”集中宣传活动，积极构建金融消费者宣传教育长效机制，不断提升消费者金融素养。中国人民银行广州分行、福州中支、太原中支等分支机构积极推动金融知识普及纳入国民教育体系，构筑常态化金融消费者教育阵地。积极探索改善金融消费环境的有效途径，中国人民银行广州分行、沈阳分行、南京分行、太原中支、长沙中支、南宁中支、宁波市中支等试点开展金融消费权益保护环境评估。

（七）区域金融改革创新与对外开放持续推进

四个自贸试验区金融改革稳步推进。上海、广东、天津、福建四大自贸试验区形成了以负面清单管理为核心的投融资管理体制、以贸易便利化为重点的贸易监管制度、以提升服务实体经济质量和水平为目标的金融开放创新举措、以社会信用体系为基础的事中事后监管制度等一批可复制、可推广的改革创新成果，逐步总结出一批国际贸易“单一窗口”、投资管理体制改革“四个一”、以信用风险分类为依托的市场监管制度等“最佳实践案例”。具体来看，上海自贸试验区进一步拓宽自由贸易账户服务功能，为“大众创业、万众创新”和“中国制造2025”等经济活动提供全方位一体化的跨境金融服务。广东自贸试验区在国内率先实现开立银行基本存款账户与企业设立登记一站式办理，发放国内第一批“电子证照银行卡”。福建自贸试验区建立独具特色的两岸人民币清算机制，两岸征信合作也取得新突破，两岸青年创业基地已开始运作。天津自贸试验区在“金改30条”中创新提出设立京津冀协同发展基金等5项金融支持政策，在推进金融业务同城化、京津冀信用体系建设、全国动产融资中心建设以及信贷投放和产品创新方面取得了新进展。在四个自贸实验区基础上，2016年8月，党中央国务院决定在辽宁、浙江、湖北、四川等地设立7个新试验区，开展差异化改革试点，形成各具特色的自贸试验区。

多地金融改革试验区相关工作取得积极进展。温州金融改革试验区引导民间投资阳光化规范化，成立民间借贷服务中心、民间资本管理公司，发布民间融资综合利率指数，探索债务“地方发、地方用、地方还”的“蓝海模式”。珠江三角洲金融改革综合试验区大力开展供应链金融模式创新，首创全民医保“湛江模式”，将商业保险引入社会保障体系。福建泉州金融服务实体经济综合改革试验区率先建成中小微企业信用信息交换平台，成功发行全国首个民营企业熊猫债。青岛财富管理金融综合改革试验区合格境内有限合伙人（QDLP）、合格境外有限合伙人（QFLP）、扩大跨国公司外汇资金集中运营试点、设立全牌照合资证券公司和外资控股基金管理公司等60余项政策获得突破并进入实施阶段。云南沿边金融改革试验区成功对外发布人民币兑缅币的“瑞丽指数”、人民币兑越南盾的“YD指数”。

吉林、四川成都两个农村综合金融改革试点地区改革任务取得良好进展。吉林农村金融综合改革顺利实施，农业信贷担保、物权融资、农村金融综合服务公司等机构相继成立，在全国率先开展集土地资源活化、农民公共服务均等化、农业产业现代化于一体的综合集成创新，建设农村信用信息平台，整合分散在人民银行、公安、民政等部门的农户信用信息。成都农村金融服务综合改革取得突出成效，全面开展建设农村金融综合服务站工作，设立农村产权交易所，成立全国首家农村产权收储公司，开展涉农不良债权收储业务，实施新型农业经营主体金融服务主办行制度，在农贷通平台建设、“两权”抵押融资、农产品仓单质押融资、金融支持“农业共营制”等方面进行了一系列典型实践。

绿色金融发展取得长足进步。2016年中国人民银行等七部委发布《关于构建绿色金融体系的指导意见》，成为我国绿色金融体系建设的重要里程碑。电力、环境、战略性新兴、再生产能源产业等多行业“十三五”规划紧扣绿色主线。金融市场方面，绿色金融产品逐渐丰富，绿色金融债、永续债、中期票据、绿色资产担保债券相继发行，2016年中国绿色债券发行2 300亿元，发行量位居全球第一。中英两国央行推动的绿色金融发展七项倡议写入G20领导人杭州峰会公报，大大推动了绿色金融发展的国际主流进程。兴业银行发行首单绿色金融信贷资产支持证券，浦发银行成功发行首单绿色金融债券，实现国内绿色金融债券从制度框架到产品发行的正式落地。中债－中国绿色金融债券精选指数于4月15日试发布，填补了我国绿色金融指数的空白。湖北碳排放权“碳保险”正式落地，进一步完善了绿色金融市场。

金融业对外开放取得新进展。2016年10月，人民币加入SDR货币篮子正式生效。世界银行和渣打银行先后在银行间债券市场成功发行总计6亿SDR债券，对于扩大SDR使用、促进人民币国际化和我国金融市场对外开放具有重要意义。天津租赁业对外开放程度提高，天津东疆港成为全国唯一获批开展经营性租赁收取外币租金试点的区域，累计办理试点业务13.2亿美元。上海自贸区同业存单发行和投资主体扩大至外资银行，推出面向国内外以人民币计价、交易和结算的黄金集中定价交易业务的“上海金”，深化黄金国际交易平台建设。深圳扩大跨境人民币贷款境外参与机构范围，便利企业跨境融资。广东率先启动粤港电子支票联合结算试点，推动金融IC卡在跨境交通领域的使用，在横琴片区开展跨境住房按揭试点。CEPA框架下内地首家由港资控股的合资基金管理公司——恒生前海基金管理公司于2016年9月顺利开业。广西成为全国首个开展经常项目跨境外汇资金轧差净额结算试点地区，初步建立起金融管理部门与老挝、柬埔寨、越南央行的常态化联系机制。

三、区域经济与金融展望

展望2017年，有利于中国经济平稳增长的因素较多，经济增长的潜力依然巨大。从国际上看，全球经济复苏步伐更加稳健，部分发达经济体增长可能加快，国际货币基金组织（IMF）等预测2017年全球经济增速将超过2016年，2018年还可能更高一些。从国内看，2017年是实施“十三五”规划的重要一年，是供给侧结构性改革的深化之年。中国新型城镇化、服务业、高端制造业以及消费升级有很大的发展空间，经济韧性好、潜力足、回旋空间大的特质没有改变。尤其是随着供给侧结构性改革、简政放权和创新驱动战略不断深化实施，中国经济运行的稳定性、协调性、包容性增强，供求更加平衡，新的动能正在强化，传统动能的改造升级也在加快。去产能、去库存取得进展，全社会杠杆率高位有所趋稳，新经济、新产业、新的商业模式快速发展，新登记企业快速增长，高端制造业和服务业发展加快，消费和服务业已经成为稳定经济增长的重要力量，一系列宏观调控措施在适度扩大总需求方面发挥重要作用，货币信贷和社会融资总量保持适度增长，都有助于经济实现中高速增长。

2017年，各地区应深入贯彻“东部率先、中部崛起、西部开发、东北振兴”的区域发展总体战略，明确区域发展定位，找准区域发展优势，坚持优势互补、互利共赢，实现区域协调发展。深入推进新型城镇化建设，实现城乡协调发展。调整优化经济结构，以创新驱动发展转型，推动传统产业升级和新兴产业发展，加强生态环境保护和治理，注重人口、经济和资源环境均衡发展，形成区域协调发展的良好格局。

东部地区区位优势明显，产业优势和科技优势突出，经济发展潜力较大。京津冀协同发展战略稳步实施，通过区域间优势互补，做好产业对接协作，加强区域生态环境保护，区域经济社会发展质量和可持续性将不断提升。上海自贸试验区建设取得重要进展，形成了一批可复制、可推广的制度创新成果，率先改革开放效应逐步显现，科创中心建设也将进一步激发全社会创新创业活力。珠三角自主创新示范区建设加快推进，新技术、新产业、新业态、新模式不断涌现，支持产业向中高端迈进。但是部分地区也面临着淘汰落后和过剩产能进程尚未结束、传统制造业等领域投资需求不足等问题。东部地区应坚持供给侧结构性改革方向，加快调整产业结构，加速新旧动能转换，实现经济结构优化升级和增长方式的有效转变。加快建设资源节约型、环境友好型社会，提高东部地区发展的协调性、整体性、可持续性。

中部地区工农业基础雄厚、资源丰富、交通便利、现代服务业发展迅速，是中国经济发展的第二梯队。作为全国重要先进制造业中心、新型城镇化重点区、现代农业发展核心区、生态文明建设示范区、全方位开放重要支撑区，中部地区在新兴产业培育、科技发展、扩大消费和城镇化建设等方面的发展将继续为经济增长助力。但是部分地区也面临传统行业占比较高、民间投资增速放缓、企业经营困难、产能过剩和需求结构升级矛盾突出等挑战。中部地区应充分发挥劳动力和资源优势，加快发展现代农业，积极做好农产品加工转化和资源深度开发。扎实做好化解产能过剩工作，推动传统制造业转型升级，推进现代服务业集聚区和示范园区功能建设。发挥区位和比较优势，积极推进跨区域产业转移与承接，构建区域协调发展的现代产业体系，推动中部地区全面崛起。

西部地区地域辽阔、资源丰富，发展潜力巨大。随着西部大开发和“一带一路”战略的深入推进，在基础设施和投资环境不断完善的基础上，西部地区经济和社会发展水平将持续提升。但是部分地区仍然存在农业产业化水平较低、工业结构同质化严重、服务业发展不平衡、生态环境保护压力较大等问题。2017年，要用好国家支持西部加强基础设施建设政策，积极推动项目落地。深化一、二、三产业供给侧结构性改革，加快培育农业农村发展新动能；推动工业发展，加快产业转型升级步伐。深入实施创新驱动战略，加快新旧动能接续转换。发挥天使投资、风险投资、科技成果转化引导基金作用，促进科技与金融紧密结合，推动大众创业、万众创新。推进生态环境保护和生态文明建设，大力发展特色旅游服务业，推动形成西部地区经济、社会和谐发展的新格局。

东北地区在国家实施“一带一路”、新一轮东北振兴战略和推动重点领域改革的背景下，经济发展将获得更大空间。但作为老工业基地，仍面临体制机制不灵活、企业经营负担较重、对外开放程度较低、民营经济活力不足等诸多困难和问题。2017年，东北地区应加快推动国有企业改革和产业结构调整，提升企业自主创新能力，提高重大装备国产化水平和国际竞争力。深入推进简政放权，着力营造良好的营商环境，有效激发市场活力和民间投资动力。推进农业供给侧结构性改革，推动工业产业项目建设，促进服务业多领域融合发展，加大重大基础设施建设，积极参与“中蒙俄经济走廊”建设，切实保护生态环境，确保民生持续改善，实现东北地区的全面振兴。

2017年，各地区金融业将认真贯彻全国金融工作会议精神，紧紧围绕服务实体经济、防控金融风险、深化金融改革三项任务，落实好稳健中性货币政策，增强调控的针对性和有效性，做好与供给侧结构性改革相适应的总需求管理，营造中性适度的货币金融环境。更加注重改革创新，寓改革于调控之中，把货币政策调控与深化改革紧密结合起来，更充分地发挥市场在资源配置中的决定性作用。进一步完善调控模式，强化价格型调节和传导，完善宏观审慎政策框架，畅通政策传导渠道和机制，提升金融服务实体经济的效率和水平，重视防控金融风险，牢牢守住不发生系统性金融风险的底线。

东部地区近年来金融业发展迅速，银行、证券、保险等机构稳步发展，金融要素市场不断壮大，新型金融机构协同发展，金融对外开放进一步扩大。但部分地区存在企业资金链、担保链风险仍然存在，金融生态环境有待修复等问题。2017年，东部地区应主动适应并引领经济发展新常态，加强预期引导，深化创新推动，认真贯彻落实稳健中性的货币政策，进一步优化融资结构和信贷结构，抑制资产泡沫，切实防范和化解区域性金融风险，着力提升金融服务和管理水平，支持经济发展方式转变和经济结构调整，促进东部地区经济金融提质增效和升级发展。

中部地区金融发展有所加快，也面临一些值得关注的问题，如金融资源较多地集中于基建、房地产等领域，去产能过程中潜在的金融风险不容忽视等。2017年，中部地区应深入贯彻稳健中性的货币政策，围绕五大发展理念和供给侧结构性改革要求，坚持促发展与防风险并重，大力发展科技金融、绿色金融、普惠金融，抓住中部崛起、“一带一路”、长江经济带、自贸试验区等一批国家战略汇聚的有利时机，做好金融对接和服务工作，着力加大对实体经济领域融资支持，助推中部地区经济社会健康可持续发展。

西部地区金融业近年来取得长足发展，但与东部发达地区仍有较大差距，如直接融资发展不足，多层次资本市场发展不够，区域内部发展差距较大，信贷投放对实体经济的拉动效率有所降低，金融创新的活力不够等。2017年应继续加大金融改革创新力度，落实自贸试验区各项创新试点政策；继续提升服务实体经济的有效性，大力发展科技金融、绿色金融和普惠金融，支持区域供给侧结构性改革取得更大进展；更加重视维护区域金融稳定，切实防范化解各类金融风险，营造良好的金融生态环境。

东北地区金融业与经济转型升级、增速换挡等背景相适应，增长总体有所放缓，也面临一些问题和挑战，如有效信贷需求不足、部分领域金融风险有所增多等。2017年，东北地区应以国企改革为重要突破口，着力优化信贷结构，加大对精准扶贫、“三农”、小微企业、制造强国建设等领域支持力度；坚持“区别对待、有扶有控”原则，支持过剩领域去产能取得实效；合理配置金融资源，防止资金“脱实向虚”；坚持底线思维，注重风险防范，为供给侧结构性改革和地区经济发展营造中性适度的货币金融环境。

专题1　地方法人银行机构资产负债多元化趋势明显

近年来，随着利率市场化改革深入推进、互联网金融蓬勃发展以及同业竞争加剧，地方法人银行机构实施多元化经营，积极加强主动负债，大力发展非信贷业务。中国人民银行对全国193家①地方法人银行机构的调查显示，金融机构资产负债多元化趋势明显，在满足市场主体差异化金融需求、推动金融创新和金融市场发展的同时，也存在业务结构趋于复杂、产品透明度较低、监管套利以及部分资金脱离实体经济等问题。

一、地方法人银行机构资产负债结构及其变化趋势

（一）批发融资占比持续走高，负债稳定性有所下降

1. 存款占比下降，负债来源更加多元，东部地区存款占比显著低于其他地区

各项存款占总负债的比重总体呈下降趋势，但依然是地方法人银行机构的主要资金来源。2016年年末，样本银行各项存款与总负债的占比为71.1%，较2012年年末下降2.6个百分点（见表41）。分地区看，东部地区各项存款占比为58.8%，分别比中部、西部和东北地区低13.5个百分点、12.3个百分点和4.1个百分点，显著低于其他地区（见表42）。同业负债、同业存单、金融债券等批发性融资成为新的重要资金来源，占总负债的比重呈现波动上升趋势，2016年年末达28.9%，比2012年年末提高5.9个百分点。其中，同业负债占比在2014年达到峰值，随着监管部门规范同业业务政策的落实，占比逐步回落。同业存单自2013年启动以来快速发展，2016年年末占总负债的比重提高到8.6%；金融债券余额与总负债的占比由2012年年末的0.8%上升到2016年年末的1.6%。不同类型金融机构主动负债能力差异较大，城市商业银行及规模较大的农村商业银行批发性融入资金较多，信用社及村镇银行主动负债占比较低。

2. 负债成本相对上升，期限结构有所优化

随着存款利率管制逐步放开以及同业竞争加剧，地方法人银行机构存款利率上浮水平有所提高，相对成本有所上升，整体利差缩小。2016年第四季度，银行业净息差为2.22%，总体上逐季降低，较2012年同期下降53个基

表41　2012～2016年样本银行负债结构

单位：%

	2012年	2013年	2014年	2015年	2016年
各项存款	73.2	75.6	69.5	71.4	71.1
同业负债	21.8	19.0	25.4	22.1	18.2
同业单据	0.0	0.0	0.0	4.2	8.6
金融债券	0.8	1.1	1.4	1.3	1.6
其他	3.7	4.3	3.8	1.0	0.5
合计	100.0	100.0	100.0	100.0	100.0

表42　2016年分地区样本银行负债结构

单位：%

	东部	中部	西部	东北
各项存款	58.5	72.3	71.1	62.9
同业负债	16.0	16.3	18.2	24.3
同业存单	8.1	8.3	8.6	8.2
金融债券	2.2	1.1	1.5	0.6
向中央银行借款	1.9	0.9	0.5	3.6
其他负债	12.9	1.0	0.0	0.4
合计	100.0	100.0	100.0	100.0

①193家样本银行中，东部57家、中部44家、西部72家、东北20家，本专题分析主要基于样本银行调查。

点。如江苏省调查显示，当地法人银行机构存贷利差从2012年的4.9%逐年下降至2016年的3.9%。与此同时，负债期限结构呈现低成本负债期限变长、高成本负债期限缩短的趋势。如2012~2016年，天津市地方法人银行机构定期存款和同业存单等低成本负债平均期限分别延长29天和21天，而金融债券和理财等高成本负债平均期限分别缩短1 660天和189天。

3. 负债规模持续增长，稳定性有所减弱

2012~2016年，样本银行总负债规模年平均增速为19.7%，其中各项存款、同业负债、金融债券年平均增速分别为18.6%、17.7%和42.3%。伴随着主动负债占比不断提高，大部分省（直辖市、自治区）地方法人银行机构的负债稳定性指标均有不同程度下降。如天津样本银行机构2016年年末同业负债占比、净稳定资金比例、核心负债比例三项指标分别较2012年年末上升7个百分点、下降23个百分点和下降1.9个百分点。

（二）资金运用多元化趋势明显，非信贷资产大幅扩张

1. 信贷资产占比下降，股权及其他投资增速明显高于传统贷款增速

近年来，地方法人银行机构在发展传统信贷业务的同时，积极拓展金融市场业务。其中，城商行同业投资、非标金融资产投资、表外理财等非信贷资产业务发展迅速，农商行、信用社等机构也纷纷成立金融市场部、投行部，试水各类投资业务。2016年年末，样本银行信贷资产、股权及其他投资占比分别较2012年下降5.5个百分点和上升13.7个百分点。分地区看，中部地区各项贷款占比最高；东北地区的股权及其他投资占比最高，为31.0%；东部地区债券投资占比最高，达15.7%。从各类资产增速看，股权及其他投资增速明显高于传统贷款增速。2012~2016年，样本银行总资产年平均增速为19.7%，其中各项贷款年平均增速为15.4%，股权及其他投资年平均增速达60.4%，是各项贷款增速的3.9倍（见表44）。从股权

表43　2012～2016年股权及其他投资占总资产比重

单位：%

	2012年	2013年	2014年	2015年	2016年
东部	3.6	7.1	9.5	14.1	17.7
中部	6.9	9.0	13.2	21.8	26.7
西部	7.5	7.3	12.3	19.7	21.1
东北	4.4	13.2	13.2	19.5	31.0
全国	7.4	7.3	12.3	19.7	21.1

表44　2012～2016年各地区样本银行资产增速

单位：%

	东部	中部	西部	东北	全国
资产合计	19.0	28.1	19.7	22.7	19.7
各项贷款	16.4	23.3	15.4	16.9	15.4
债券投资	20.9	24.8	22.0	24.7	21.9
股权及其他投资	79.5	82.2	60.3	116.3	60.4

及其他投资的资金投向看，主要投资于理财产品、信托以及资管计划等特殊目的载体，2016年年末该占比高达98.7%。

2. 低风险资产占比提高，金融市场业务盈利贡献不断提升

近年来，受地方政府债券发行和置换、低利率环境下债券价格上涨、经济下行条件下银行风险偏好降低等因素影响，金融债券、同业存单等相对低风险资产配置占比有所提高。2016年年末，样本银行机构低风险资产占总资产的比重为10.6%，同比上升0.9个百分点，其中广东样本银行这一占比为17.7%，同比提高2.8个百分点。此外，金融市场业务对地方法人银行机构的盈利贡献度不断提升。由于具有规模效应以及边际成本优势，债券投资、股权及其他投资等金融市场业务已普遍超越传统个人及公司贷款业务的盈利贡献度，成为部分地方法人银行机构的主要利润来源，如四川有9家银行机构2016年金融市场投资业务营收占比超过50%。

3. 资产剩余期限延长，收益率总体下行

受地方政府债务置换、中长期基础设施建设贷款、个人住房按揭贷款等快速增长拉动，

地方法人银行机构资产剩余期限呈不断延长的趋势。截至2016年年末，湖南样本银行各项贷款、债券投资平均剩余期限分别较2012年上升3.2年和2.2年。2012~2016年，福建省样本银行各项贷款和债券投资平均剩余期限分别延长1.5年和0.3年，存单投资期限从2013年的0.2年拉长到2016年的0.5年。受市场利率下行、同业竞争加剧以及金融脱媒等影响，地方法人银行机构资产收益率总体下行。2016年，样本银行总资产收益率和净资产收益率分别较2012年下降0.18个百分点和2.45个百分点。

（三）表外理财规模快速扩张

2012~2016年，样本银行表外资产规模年平均增速达60.2%，较表内资产增速高40.6个百分点。分地区来看，东部地区及西部地区表外理财资产增速较快，年均增速分别达到61.9%和60.2%，中部地区和东北地区年平均增速分别为54.6%和40.0%。表外理财资金来源方面，2016年年末，个人理财资金和机构理财资金占比分别为54.6%和45.4%，其中，东部地区样本银行个人理财发展迅速，占比高出机构理财资金16个百分点。表外理财资金运用方面，主要配置于债券投资，占比达52.3%，显著高于其他各类资产。收益方面，银行机构表外理财业务的综合收益率整体低于表内业务，但表外理财业务具有规模经济效应、边际成本较低、资本占用少等优势，仍受到多数银行青睐。如四川某法人银行机构表外理财业务的综合收益率为4.75%①，低于表内各项贷款综合收益率0.56个百分点，高于表内各项债券投资综合收益率1.52个百分点；辽宁样本银行表外理财资产投资收益率与兑付客户收益率的利差呈逐年扩大的趋势，2016年超过100个基点，表外理财盈利水平逐渐提高。

二、地方法人银行机构资产负债多元化发展的动因分析

一是客户需求日益多元化。随着金融创新和改革进程加快，社会融资渠道和非金融部门金融资产配置趋于多元化，客户的需求从单纯的信贷资金需求转向综合金融需求，直接融资、综合投融资、现金管理需求等明显上升，对银行传统资产和负债业务的依赖性逐步降低，如一些业绩优良的大中型企业通过股票或债券市场融资，积极寻求系统性金融解决方案。

二是市场竞争加剧。在利率市场化条件下，中小银行受制于网点、规模及服务水平等约束，面临的同业竞争压力有所上升。与此同时，各种创新金融产品与工具不断涌现，混业经营趋势愈加明显，非银行金融机构以及互联网金融也为客户提供更多的选择空间。如阿里小贷、微粒贷等网贷业务方兴未艾，余额宝、理财通等网络理财产品开启“碎片化理财”新模式，这些都对商业银行传统的资产负债业务提出了挑战。传统存贷业务利差收窄，利润率下降，仅依托传统信贷业务难以满足金融机构持续盈利和发展的需要，倒逼其寻求盈利增长点。

三是规避监管政策限制。在资本补充压力加大、监管趋严的背景下，商业银行发展同业业务、资管业务不仅降低了风险资本计提及资本损耗，同时也规避了金融监管对于表内贷款投放的限制。地方法人银行机构通过打通金融全产业链条，充分利用新型金融工具，强化杠杆运用和期限错配，实现投资产品、渠道和模式多元化、综合化，客观上也能够实现较高的资产收益水平，更为重要的是突破了经营区域限制，进行资产的跨区域配置，实现资产规模快速扩张。

四是宏观经济形势变化。在三期叠加背景下，经济下行压力较大，实体企业有效信贷需求不足。同时，随着经济转型升级持续推进，钢铁、煤炭、造船、光伏等部分制造行业产业供需矛盾突出，遭遇经营发展困境，商业银行不良贷款出现双升，信贷资产质量持续下行，

①仅计算表外理财资金运用的加权平均收益率，未扣除向客户支付的收益部分。

风险管理面临较大挑战，银行对信贷业务的风险偏好下降，而将部分金融资源配置到同业投资领域。

当然，除了上述客观因素外，地方法人银行机构也存在较强的资产负债多元化配置的主观动力。如通过增加债券资产配置，改善流动性管理；发行同业存单、大额存单和债券等，增强主动负债能力，弥补传统负债竞争力不足的问题，动态优化资产负债结构。

三、地方法人银行机构资产负债多元化存在的问题及建议

商业银行资产负债多元化在一定程度上丰富了资产负债扩张渠道，满足了市场主体差异化金融需求，客观上也推动了金融创新和金融市场发展。但在多元化发展过程中，同业业务特别是资管业务跨银、证、保不同类型机构相互嵌套、交易结构复杂，委外业务导致银行理财规模迅速扩张而风险管理较弱等问题，一定程度上聚集了风险，并导致部分资金脱离实体经济在体内循环。一是类信贷业务资本和拨备计提不足，机构间关联业务的风险敞口扩大。尽管《关于规范金融机构同业业务的通知》（银发〔2014〕127号）强调了“实质重于形式”的穿透原则，基础资产为贷款类的要按照100%的比例计算加权风险资产，并计提相应的资本与拨备，但实际操作中部分银行仍按照对其他商业银行的债权进行资本计提，实际的拨备率也低于贷款。二是业务发展与管理能力不匹配，流动性和期限错配风险不容忽视。受限于规模和组织架构，部分中小银行机构资管业务与传统业务缺乏组织和财务上的风险隔离，且产品结构化后形成的流动性风险、期限错配问题容易被低估。三是规避监管政策，削弱调控政策效果。部分银行机构通过同业合作渠道和资管计划进行包装，向不符合信贷政策和审慎监管要求的项目提供融资，削弱调控政策效果。四是加大金融统计、风险监测和防控难度。一些金融创新业务交易结构日趋复杂，资产透明度较低，部分业务难以准确统计，对于金融体系创新业务规模及其风险把握难度较大，加大了系统性金融风险防控压力。五是在现行分业监管体制下，金融机构通过业务创新实现跨部门的监管套利，弱化了政策效果，也使不同类型金融机构面临不公平市场竞争。此外，大规模的同业交易、产品嵌套推升了金融体系内部杠杆，也对金融体系的稳定性带来挑战。

从国际经验看，在本轮金融危机前，国际银行体系扩张总体较快，不少经济体银行资产与GDP之比快速上升。资产负债多元化发展，业务创新加快，交易结构趋于复杂，与之相应的风险管理和监管却没有跟上，最终以金融危机的形式进行深度调整。危机后，主要发达经济体银行体系大多进行了收缩或以经济活动适宜的速度增长，普遍大幅增持了流动性资产，提升稳定资金（存款）比例，减少对批发性融资等短期资金的依赖。美国和欧洲的大型银行组织结构还趋于简化，银行业开始降低业务复杂性，更加关注零售和财富管理业务。比较而言，我国银行体系发展程度相对较低，与日益多样化金融需求之间还存在一定差距。但同时也要看到，银行业尤其是中小银行快速扩张和日趋复杂的业务创新，对其自身管理能力和系统性风险防范也提出了考验。2017年以来，随着稳健中性货币政策的落实以及监管逐步加强，金融体系开始主动调整业务、降低内部杠杆。各地区地方法人银行机构去杠杆呈现出以下特点：从资产方看，地方法人银行的同业、表外业务以及股权及其他投资等科目的规模大幅收缩，资金需求转向表内科目，贷款保持较快增长；从负债方看，前期扩张较快的中小银行同业负债规模明显下降，负债期限拉长。

下一步，应充分借鉴国际经验和教训，前瞻性地引导金融机构适度创新、规范发展，实现发展、创新与稳定之间的动态平衡。金融机构既要积极加强业务创新，把服务实体经济作为金融创新的出发点和落脚点，努力满足市场主体多元化的金融需求，又要量力而行，做到与自身资本实力、管理能力、技术水平相适应。监管部门既要加强对创新业务的引导、规范，在坚决遏制违法违规经营、切实防范系统性风险的同时，也要为金融创新和发展营造稳定的政策预期。对资产管理业务快速发展过程中暴露出的突出风险和问题，要坚持有的放矢的问题导向，从统一同类产品的监管差异入手，建立有效的资产管理业务监管制度。要分类统一标准规制，逐步消除套利空间；引导资产管理业务回归本源，有序打破刚性兑付；加强流动性风险管控，控制杠杆水平；消除多层嵌套，抑制通道业务；加强“非标”业务管理，防范影子银行风险；建立综合统计制度，为穿透式监管提供基础条件。未来可研究对资管业务逐步建立起行为监管（投资者保护）、微观审慎监管、宏观审慎管理“三支柱”的监管体系，推动资管业务与银、证、保表内业务实现法人隔离（如设立专门的资管业务子公司）和风险隔离，从而真正实现资管业务出表，回归资管业务受人之托、代客理财、投资者风险自担的本质属性。研究进一步完善宏观审慎管理政策框架，适时将相关业务纳入宏观审慎管理体系，强化对金融机构资产负债扩张及其资本支撑等方面的评估与引导，有效防范系统性金融风险。

专题2　促进互联网金融在创新中规范发展

近年来，随着金融科技快速崛起，大数据、云计算、人工智能、区块链、虚拟现实等一系列技术创新广泛应用于支付清算、融资借贷、投资管理和保险等诸多金融领域，为互联网金融快速发展创造了良好的技术条件。互联网金融发展日益受到社会广泛关注。一方面，互联网金融在满足多样化、差异化的金融需求上发挥了重要作用；另一方面，一系列风险事件也影响了经济社会稳定发展。2016年4月以来，在党中央、国务院的统一部署下，全国各省市开展了互联网金融风险专项整治工作，互联网金融风险事件不断爆发的势头得到遏制，行业经营有所规范。下一步，应以专项整治工作为契机，加强政策引导，健全监管制度，营造鼓励创新、规范运作、有序竞争、服务实体的互联网金融发展新局面。

一、互联网金融的概念和意义

互联网金融，国际上一般也称为Fintech（金融科技）。2016年3月，金融稳定理事会（FSB）发布的《金融科技的描述与分析框架报告》第一次在国际层面对金融科技进行了定义，即指通过技术手段推动金融创新，形成对金融市场、机构及金融服务产生重大影响的业务模式、技术应用及流程和产品。国内所指的互联网金融，是传统金融机构与互联网企业利用互联网等通信技术，实现资金融通、支付、投资和信息中介服务的新型金融业务模式①。近几年随着数据挖掘、云计算、区块链等技术不断完善，出现了如Atom Bank（英国）、Kreditech（德国）、蚂蚁金融（中国）等一大批互联网金融公司。

互联网金融发展对实体经济发展有着积极的促进作用。从交易成本理论来看，互联网金融通过互联网终端替代物理网点和人工服务，运用互联网技术实现资源整合，缩短资金融通的中间链条，有助于降低交易成本。从信息理论来看，互联网金融利用互联网、大数据等技术，使信息的发布更及时、搜索更快、整合能力更强、数据处理效率更高，能更好地解决信息不对称问题。从互联网经济理论来看，互联网金融产品会随着客户的评价逐渐建立“品牌和信誉”，呈现出边际价值递增的态势。从长尾理论来看，互联网金融一定程度上可以弥补传统金融服务的不足，为小微企业等客户群体提供金融产品和服务。从新信用理论来看，互联网平台所产生的云数据能较为客观地描述交易主体的履约状况和信用水平，展现其商业行为轨迹，比传统金融的事前信用评级信息更为全面深入。应当看到，互联网金融用“开放、平等、协作、分享”的理念对金融服务方式进行变革，但它的金融特性并没有改变。首先，互联网金融服务的对象、采用的工具与传统的金融在本质上没有差别；其次，互联网金融的发展并没有改变金融行业的风险属性，并有可能使风险表现出更强的隐蔽性、传染性和外溢性。

二、互联网金融的主要业务模式

（一）传统金融互联网化

为满足多样化金融需求，提高服务效率，传统金融机构借助互联网技术，实现从实体到网络、从线下到线上的转变，增强传统金融服务的有效性和便利性。目前，我国大多数银行业机构已搭建了互联网平台，通过手机银行、网上银行、电话银行等多种途径，拓展服务空间和时间，为客户办理开户、支付、转账、理财、购买各类金融产品、咨询、简易贷款等业务。证券机构经纪业务开户与交易、基金申购

①2015年中国人民银行等十部委《关于促进互联网金融健康发展的指导意见》定义。

和赎回等基本实现了网络化，部分证券机构基于互联网建立了线上商业模式，业务范围不仅局限于传统的证券经纪业务，还开展包括自建金融理财商城、入驻大型电商网站、建立理财超市、与大型互联网门户合作等新型业务。保险机构基本都建立了网销平台，实现产品网上销售。信托公司、消费金融公司也开始在互联网领域尝试业务创新，开展产品销售、小额消费借贷等业务。

（二）互联网企业金融化

互联网企业利用自身技术优势，重新组合各种金融要素，提供差异化金融服务，取得了积极进展。主要业态包括第三方支付、P2P网络借贷、众筹融资平台，以及大数据征信等。

第三方支付。它指依法取得中国人民银行颁发的“支付业务许可证”的中介机构，为收付款人提供的货币资金转移服务。其业务类型主要有网络支付业务、预付卡的发行与受理、银行卡收单三类。随着云计算等网络技术的飞速发展，第三方网络支付交易量迅速上升。2016年，全国非银行支付机构网络支付业务1 639.02亿笔，金额99.27万亿元，同比分别增长99.53%和100.65%①。据艾瑞咨询估计，2016年第三方支付机构移动支付交易规模达58.8万亿元，其中支付宝和微信合计约占市场份额的92%②。

P2P网络借贷。它主要是指以网络借贷平台作为载体和媒介，为个人之间的借贷提供中介服务。2007年8月，国内首家P2P网贷平台“拍拍贷”上线。截至2016年年末，全国正常运营的P2P网贷平台共有2 795家；全年累计成交额2.41万亿元，同比增长1倍③。从发展速度来看，P2P网络借贷累计成交额突破1万亿元用了超过7年时间，而突破2万亿元仅用了7个月。

众筹融资平台。它主要是指融资者借助互联网平台，为特定项目向众多投资者融资，每位投资者通过少量的投资金额从融资者那里获得实物（如预计产出的产品）或股权回报。2011年7月，我国第一家众筹平台“点名时间”上线。目前众筹融资的回报方式已经从最初的产品众筹、股权众筹拓展到了慈善捐赠众筹等。截至2016年年末，全国共有正常运营的众筹平台212家，通过平台筹资额达207亿元，同比增长80.1%④。

跨界融合形成的纯互联网金融机构。互联网技术除了促进实现金融产品和服务从实体到网络、从线下到线上的转变，更重要的是促进了运营方式的转变，纯粹基于互联网、没有物理网点的互联网银行、互联网证券和互联网保险也应运而生。2013年2月，由蚂蚁金服、腾讯、中国平安等联合发起设立的国内首家互联网保险公司——众安在线获批成立。2014年12月，深圳前海微众银行正式获准开业，成为全国首家互联网银行，随后浙江网商银行、四川新网银行等互联网银行相继开业。2016年3月，东方财富网收购西藏同信证券，并将名称变更为“西藏东方财富证券股份有限公司”，成为国内首家拥有券商牌照的互联网企业。

大数据征信。互联网的大数据记录了大量以前不可记录的行为，获得了以前无法获取或成本很高的数据，能够更为全面、准确地反映个体的行为模式、决策动机、生活习惯，有助于更为全面地评价个人信用水平，基于互联网大数据的征信也正在成为金融服务的新业态。如蚂蚁金服、京东金融依托电商和社交平台积累了大量的用户数据，并据此形成各自的大数据征信，为蚂蚁花呗、借呗、京东白条等个人无抵押信贷产品提供强大的征信支持。

---

①数据来源：中国人民银行发布的《2016年支付体系运行总体情况》。

②数据来源：艾瑞咨询发布的《2017年中国第三方移动支付行业研究报告》。

③数据来源：根据网贷之家网站统计。

④数据来源：根据众筹之家网站统计。

（三）传统金融机构与互联网金融企业融合发展

传统金融机构在长期实践中形成了网点、客户、资金、风控等方面的优势，互联网金融企业通过大数据、人工智能、云计算等科技方面的优势形成了良好的用户体验和互联网运营能力。随着国家互联网金融发展政策不断完善，市场需求不断升级，传统金融机构和互联网金融公司越来越多地寻求合作共赢发展。2017年3月28日，阿里巴巴、蚂蚁金服与中国建设银行宣布战略合作。6月，中国工商银行与京东金融签署了金融业务合作框架协议；中国农业银行与百度签署战略合作协议，宣布将共建“金融科技联合实验室”；中国银行与腾讯宣布成立金融科技联合实验室。

此外，随着技术创新的发展，互联网金融的技术共享模式也应运而生。如百度金融对外开放金融云平台，向同业提供人工智能、大数据风控、支付技术等解决方案；微众银行在其“微众·理财”平台上开通了江苏昆山农村商业银行手机应用；兴业银行、蚂蚁金融、京东金融等也在打造开放创新的技术平台，加强同业合作，实现共享发展。

三、互联网金融发展的区域特色

从全国各省份发展来看，北京、上海、浙江、广东等地的互联网金融发展相对较快，互联网金融机构数量和业务规模均居全国前列，在推动互联网金融发展的过程中也积累了一些经验。

北京市充分发挥科研资源聚集优势，加大政策支持，完善配套措施，营造股权众筹生态圈，打造互联网金融产业集聚区。中关村国家自主创新示范区集聚了丰富的创新要素和金融资源，具备登记、托管、中介、法律等服务功能，股权众筹产业链较为完善，已经形成天使汇、创投圈、36氪等全国知名、影响力较强的互联网股权众筹平台，成为全国股权众筹领域的高地。

上海市借助国际金融中心优势，以网贷平台为先导，促进互联网金融产业集群发展。在全国率先构建了以网络金融征信系统为核心的征信平台，为网络借贷提供了信用信息支撑；率先成立了网络信贷服务业企业联盟，在集聚企业、加强自律、风险防范、宣传推广等方面强化引导功能。目前，上海的网络借贷行业走在全国前列，聚集了陆金所等一批较为知名的网贷平台。百度、京东等互联网企业纷纷在上海设立了网络小额贷款公司。

浙江省充分依托电子商务大省的有利条件，加强政府引导，以互联网支付为基础，支撑互联网金融创新发展。2015年2月，《浙江省促进互联网金融持续健康发展暂行办法》出台，成为全国首个互联网金融行业地方性法规。目前，以阿里巴巴为核心的互联网支付产业已经成为浙江的重要产业，通过互联网支付，为电子商务活动提供更加便捷的支付体验、更低成本的支付手段、更广应用的支付场景以及综合化支付服务。

广东省凭借自贸区和金融改革试验区带来的政策红利，积极引导互联网企业和金融机构融合发展，培育出了一批影响力较强的从业机构，成为国内互联网金融行业的重要构成力量。平安集团初步构建了“一个客户、一个账户、多个产品、一站式服务”的服务模式，通过互联网以及大数据挖掘技术，改变了多种金融服务需要不同金融机构才能完成的传统模式。财付通的业务规模居国内同类机构第二位，红岭创投的业务量居国内同类机构首位，腾讯、唯品会等知名互联网企业出资组建网络小额贷款公司，加速进军互联网金融领域。

四、互联网金融风险专项整治及规范发展

互联网金融的快速发展推动了金融服务创新发展，为满足日益多样化、差异化的金融需求发挥了重要作用，但也容易导致风险扩散和交叉传导。特别是部分不法分子打着“互联网金融”幌子开展非法集资、金融诈骗等违法犯罪活动，严重影响了经济社会稳定发展。互联网金融领域的风险点主要有以下几个方面：

一是证照不全，违规经营。部分互联网金融公司在未取得牌照或许可的情况下，擅自开展业务，引发经营和社会风险。包括P2P网络借贷和股权众筹领域缺少增值电信业务经营许可证（ICP证），第三方支付企业未获得牌照，部分互联网资产管理公司未获得经营证券牌照、销售基金产品未在中国基金业协会登记备案等。有些企业存在擅自扩大经营范围，违规经营相关业务的情况，如在P2P借贷领域，存在部分公司充当信用中介、自保自融等乱象。二是风险管控不足。在P2P网络借贷、股权众筹、私募基金等领域，由于部分互联网公司缺乏金融从业经验，对金融风险的认识不足，不具备相应的风险管控手段和缓释能力，在标的项目出现问题时，往往出现大面积违约，引爆的经营风险和信贷风险有可能成为区域性或系统性金融风险的隐患，对地区金融稳定造成冲击。三是从业门槛较低，缺乏自律约束，市场存在无序竞争。部分互联网企业偏离线上经营的定位，组建"地摊式"线下销售团队，销售人员素质参差不齐，利用客户信息不对称，进行夸大宣传、虚假宣传和误导式宣传，为企业经营留下风险隐患。四是部分互联网金融产品已具有系统重要性影响，需要防范顺周期波动和风险的跨市场传染。

为鼓励和保护真正有价值的互联网金融创新，整治违法违规行为，切实防范风险，建立监管长效机制，促进互联网金融规范有序发展，2015年7月，中国人民银行等十部委联合印发了《关于促进互联网金融健康发展的指导意见》。2016年4月，在党中央、国务院的统一部署下，全国各省市开展了互联网金融风险专项整治工作。整治工作按照"打击非法，保护合法；积极稳妥，有序化解；明确分工，强化协作；远近结合，边整边改"的原则，重点对P2P网络借贷和股权众筹业务、通过互联网开展资产管理及跨界从事金融业务、第三方支付业务、互联网金融领域广告等四个大的方面开展重点专项集中整治。整治工作中，按照线上线下全覆盖原则，对存在风险隐患的机构进行摸底排查，将P2P网络借贷、互联网股权众筹等重点领域企业全部纳入深入核查范围，构建类金融机构"一企一档"体系，将摸底排查、专项核查、投诉举报等信息记入风险管理系统并持续动态维护更新，密切监测相关企业的风险状况。经过排查整治，有关部门及时出手，打击处置了一批违法经营金额大、涉及面广、社会危害大的互联网金融案件，社会反映良好。

经过前一阶段整治工作的有效推进，目前互联网金融风险总体可控，行业规范发展逐步实现。在专项整治工作推动下，部分不规范平台主动退出经营或停业整改，部分不合法平台逐步被清理，尤其是《网络借贷信息中介机构业务活动管理暂行办法》、《中国人民银行办公厅关于实施支付机构客户备付金集中存管有关事项的通知》等政策逐步落地，监管工作有序开展，互联网金融平台运营的规范性、透明性有所提高，在历经一轮行业"洗牌"之后，一些创新规范平台将脱颖而出，逐步走上规范发展的道路。

下一步，应以专项整治为契机，建立健全法律法规体系，完善金融监管机制，加强自律约束和金融消费者权益保护机制建设，营造鼓励创新、规范运作、有序竞争、服务实体的互联网金融发展新局面，进一步发挥互联网金融在支持经济社会发展中的积极作用。一是加快完善互联网金融安全等方面的政策体系，建立互联网金融技术行业及国家标准，制定互联网金融领域的金融数据安全使用管理办法，构建维护互联网金融安全的技术体系。二是按照"分类控制，分照管理"原则，加强监管协调联动，建立健全互联网金融的准入、退出机制和运行规范，为互联网金融健康发展提供制度保障。三是充分发挥中国互联网金融协会与地方协会的作用，强化行业自律管理，搭建统一、公开的互联网金融信息披露平台。构建以商业银行作为第三方资金托管的机制，进一步完善互联网金融消费权益保护体系，切实加强互联网金融投资者权益保护。四是加快金融科技在金融服务中的应用，让金融服务惠及更多领域，提升金融服务效率，推进普惠金融发展。五是探索将规模较大、具有系统重要性特征的互联网金融业务纳入宏观审慎管理框架，对其进行宏观审慎评估，防范系统性风险。

专题3　房地产市场出现分化　“因城施策”调控政策效应逐步显现

2016年，全国房地产市场较2015年明显回暖，市场交易活跃，部分热点城市房价涨幅较大，部分三四线城市仍面临较大的去库存压力。中央坚持“分类调控、因城施策”原则，进一步强化地方政府主体责任。同时，明确“房子是用来住的，不是用来炒的”的基本要求，加强房地产调控长效机制建设。热点城市政府陆续出台限购、限贷、增加土地供应、治理整顿房地产秩序、培育租赁市场等各项措施。总体看，随着调控措施的不断落实，市场趋于理性。

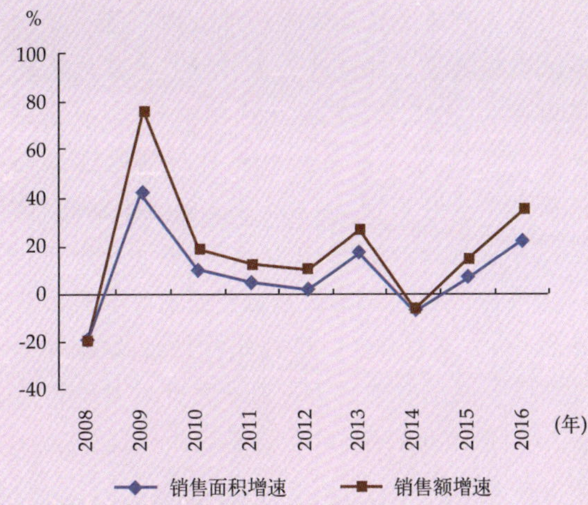

数据来源：国家统计局《中国经济景气月报》。

图72　2008～2016年全国房地产销售面积及销售额同比增速走势

一、房地产市场较为活跃，“因城施策”政策效应逐步显现

商品房销售创历史新高，年末增速有所回落。2016年，全国房地产市场成交持续升温，一线城市及热点二线城市量价齐升，第四季度后受调控政策影响，部分需求开始向三四线城市转移。2016年，全国商品房销售面积15.7亿平方米，同比增长22.5%，较2015年大幅提高16.0个百分点，但比1~9月降低4.4个百分点。商品房销售额11.8万亿元，同比增长34.8%（见图72），较2015年提高20.4个百分点，比1~9月降低6.5个百分点。商品房销售面积和销售额均创历史新高，增速均为2010年以来最高。分地区看，东部、中部地区商品房销售面积同比分别增长24.6%和29.8%，分别比1~9月降低7.1个百分点和4.7个百分点；西部和东北地区商品房销售面积同比分别增长15.6%和4.6%，分别比1~9月降低0.8个百分点和2.0个百分点。随着市场交易回升，商品房库存有所下降。2016年年末，全国商品房待售面积7.0亿平方米，同比下降3.2%，其中住宅待售面积下降11.0%，主要城市商品住宅去化周期明显缩短，三四线城市的库存压力也得到一定缓解。

部分一线周边城市和热点二线城市涨幅较大，调控收紧后有所趋稳。2016年，房地产成交逐步升温，加之部分城市住宅供应紧张、土地价格快速攀升等因素，共同推升房地产价格上涨。其中，一二线城市全线上涨，三四线城市涨多跌少，部分一线周边城市涨幅较大。2016年12月，全国70个大中城市中，新建商品住宅价格同比上涨的城市有65个，比1月增加40个，最高涨幅为46.5%，北京、上海、广州、深圳四地涨幅均超过20%，无锡等一线周边城市以及合肥、南京等二线城市涨幅靠前。10月以后，各地密集出台调控政策，有效抑制了投资投机性购房需求，年末房价涨幅环比有所分化，一二线城市房价总体趋于平稳，三线城市房价略有上涨。

土地市场不断升温，土地成交量跌价涨。房地产交易活跃使房企资金状况明显改善，部分城市土地供应不足，土地市场竞争激烈，高溢价频现。据国土资源部数据，2016年，全国土地出让面积20.8万公顷，同比下降5.9%；合同成交价款3.6万亿元，同比增长19.3%。在地方政府相继出台严格的土地出让约束和限制条件的影响下，年末土地市场有所降温，但竞争依然激烈。第四季度末，全国105个主要监测城市住宅用地价格环比增长2.2%，同比增长

7.9%，环比、同比涨幅持续扩大，一定程度强化了房价上涨预期。

房地产开发投资增速总体保持平稳。2016年，全国共完成房地产开发投资10.3万亿元，同比增长6.9%，增速较2015年回升5.9个百分点。分地区看，东部、中部、西部地区房地产开发投资分别增长9.5%、12.9%和6.9%，较2015年分别回升5.2个百分点、8.5个百分点和5.6个百分点；东北地区房地产开发投资同比下降21.9%（见表45），降幅较2015年收窄6.6个百分点。从历年变化看，房地产开发投资增速在2010年达到33.2%的峰值后逐年下降，2016年有所企稳回升。

表45　2016年各地区房地产开发投资比重和增长率

	占比（%）		加权平均增长率（%）	
		比2015年增减（百分点）		比2015年增减（百分点）
东部	52.8	1.0	9.5	5.2
中部	20.9	1.0	12.9	8.5
西部	22.5	-0.1	6.9	5.6
东北	3.9	-1.8	-21.9	6.6

数据来源：2016年《中国统计摘要》和中国人民银行工作人员计算。

二、房地产信贷调控初见成效，房地产贷款增长有所趋缓

2016年，中国人民银行强化住房金融宏观审慎管理，按照“因城施策”原则，在国家统一政策基础上，由各省级市场利率定价自律机制结合所在城市实际自主确定辖内商业性个人住房贷款的最低首付比例及利率浮动范围，第四季度后房地产贷款增长势头趋缓。

房地产开发资金较快增长。2016年，全国房地产开发企业到位资金14.4万亿元，同比增长15.2%，较2015年回升12.6个百分点。其中，国内贷款21 512亿元，同比增长6.4%，占房地产开发资金的14.9%，比2015年下降1.2个百分点；自筹资金49 133亿元，同比增长0.2%，占房地产开发资金的34.1%，比2015年下降5.1个百分点；其

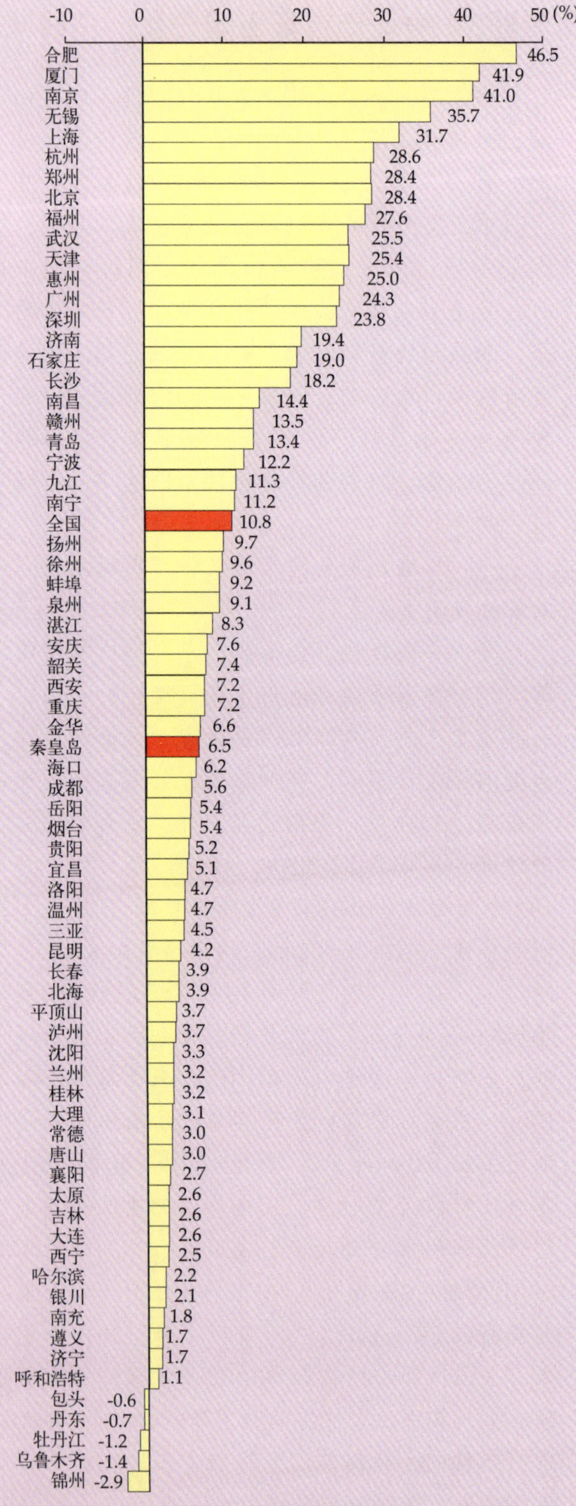

数据来源：国家统计局《中国经济景气月报》。

图73　2016年12月70个大中城市新建商品住宅销售价格同比涨幅

他资金占房地产开发资金的50.9%，比2015年提高6.4个百分点，其他资金中定金及预收款、个人按揭贷款分别为41 952亿元、24 403亿元，同比分别增长29.0%、46.5%。

房地产贷款增长较快，第四季度以来增量下降。2016年年末，全国主要金融机构（含外资）房地产贷款余额为26.7万亿元，同比增长27%，较2015年年末提高6.0个百分点。其中，个人住房贷款余额为18万亿元，同比增长38.1%，较2015年年末提高14.2个百分点，第四季度各月新增个人住房贷款额均低于2016年9月。全年新增房地产贷款5.7万亿元，同比多增2万亿元，占各项贷款新增额的44.8%。分地区看，东部、中部地区加快增长，西部和东北地区增速有所放慢。2016年年末，东部和中部地区房地产贷款余额分别增长29.7%和33.1%，较2015年分别提高11.9个百分点和6.2个百分点；西部和东北地区房地产贷款余额分别增长19.1%和11.8%，较2015年分别回落2.9个百分点和4.8个百分点。住房贷款抵押价值率（LTV）有所提高。2016年，全国住房抵押贷款价值比为60.4%，同比提高4.8个百分点（见表46）。

表46　2015～2016年各地区住房贷款抵押价值率

单位：%

年份	东部	中部	西部	东北	全国
2016	59.6	60.8	63.4	63.3	60.4
2015	54.7	55.5	58.7	58.4	55.6

数据来源：中国人民银行上海总部、各分行、营业管理部、省会（首府）城市中心支行。

保障性安居工程建设持续推进，保障房信贷支持力度仍较大。2016年，全国城镇棚户区住房改造开工606万套，棚户区改造和公租房基本建成658万套。年末，全国保障性住房开发贷款余额为2.5万亿元，同比增长38.3%，增速比住房开发贷款高25.0个百分点；全年新增6 972.2亿元，占同期房产开发贷款增量的113.5%①。利用住房公积金贷款支持保障性住房建设试点工作稳步推进，截至2016年年末，已有85个城市的373个保障房建设项目通过贷款审批，并按进度发放862.1亿元，收回贷款本金736亿元。

表47　2016年各地区房地产贷款比重和增长率

	占比（%）		加权平均增长率（%）	
		比2015年增减（百分点）		比2015年增减（百分点）
东部	59.1	1.1	29.7	11.9
中部	16.9	0.8	33.1	6.2
西部	18.5	-1.2	19.1	-2.9
东北	5.5	-0.7	11.8	-4.8

数据来源：中国人民银行上海总部、各分行、营业管理部、省会（首府）城市中心支行。

三、房地产市场展望及政策建议

2016年，全国房地产市场的结构分化特征较为明显。从市场发展格局看，三大都市圈和长江中游经济带等核心城市圈的集聚效应吸引人才、资金持续流入，支撑当地房地产市场持续发展，一二线热点城市市场份额持续上升。但在供给不足、房价较高、调控政策趋严等背景下，需求开始向部分环核心城市圈的三四线城市外溢，带动了当地房地产市场的较快发展。与此同时，部分东北、西部地区部分二线城市和大部分三四线城市受到人口吸附能力不足、居民收入水平不高等制约，房地产库存依然较高。

从调控政策措施看，2016年尤其是第四季度以后，“因城施策”调控力度加大，灵活度提升。一是调控力度差异化。以限购为例，对于非户籍购房者的社保缴纳年限不一，部分城市限购范围集中在主城区，体现了“因城施策”调控思路。二是调控范围不再局限于一二

①主要是商业性房产开发贷款（含商品住宅、商业用房等）净减少所致。

线城市，开始向三四线城市延伸。部分一二线周边城市受到核心城市圈需求外溢的影响，房地产市场快速升温，也开始加强调控。三是调控手段更加丰富。在限购、限贷、限价等传统调控手段的基础上，开始实施限售政策，即买房后需要经过一定年限才能再次入市交易。此外，加大整顿市场秩序的力度，通过严查违法违规房地产开发企业和中介企业、打击房地产虚假广告、加强土地拍卖资金监管、防范违规资金流入土地市场等方式，合理引导市场预期，促进房地产市场健康发展。

2017年，各地区将认真落实“房子是用来住的，不是用来炒的”的政策要求，继续强化“因城施策”调控政策，全国房地产市场可能呈现“成交回落、价格平稳略降”的发展态势。但是，房价上涨预期仍然存在：土地供应不足，部分城市甚至出现“面粉比面包贵”的情况；部分热点城市库存处于低位，短期内市场供应紧张；居民投资渠道有限且回报不高。因此，应做好以下几点：一是建立健全房地产市场健康发展长效机制。明确近、中、远期城镇建设用地和土地供给规划，将城镇户籍人口与公益及建设用地指标挂钩，稳定预期。可探索建立和完善土地当量制度，通过交易在全国范围实现综合占补平衡，提高土地在全国范围内的集约利用。二是积极完善中小城市发展基础，提高中小城市吸引力，并形成优势产业支撑、快速轨道交通连接、优质公共服务供给、包容性强、绿色低碳的城市网络，也有助于疏解特大城市非核心功能。三是加强住房金融宏观审慎管理，继续做好房地产金融调控，在支持居民合理自住购房同时，严格限制信贷资金流向投资投机性购房。四是积极发展长期公共租赁住房，稳定和规范住房租赁关系。

专题4　各地区去产能情况分析

2016年，各地区着力推进供给侧结构性改革，去产能取得了积极进展，但部分企业"去产量不去产能"、去产能过程中债权债务关系复杂、职工安置分流难度大等问题也值得关注。

一、过剩产能的界定及形成机制

从经济学视角看，产能过剩是指产能供给大于需求，供给能力存在一定闲置。Chamberlin（1933）在《垄断竞争理论》一书中从微观视角给出了产能过剩的定义，即在不增加大规模资本支出的前提下，企业现有产能完全利用时的产量与当前实际产量之差。关于产能过剩的测度，一般使用产能利用率（产出除以产能）来反映经济活动中的闲置资源数量，美国、日本等国采用产能利用率或设备利用率作为产能是否过剩的评价指标并定期发布，国内通常使用国家统计局的工业产能利用率、OECD中国制造业产能利用率、中国人民银行6 000户工业企业设备能力利用扩散指数。从国际上看，产能利用率一般很难达到100%，有一定闲置也并不意味着产能过剩。如美国（1967~2016年）工业产能利用率最高为89.4%、中值为80.3%，欧元区19国（1985~2016年）制造业产能利用率最高为85.5%、中值为81.5%，中国（1999~2016年）工业产能利用率产能利用率最高为84.2%、中值为79.8%①。

近年来，国内某些领域存在产能过剩的问题引发较多讨论，关注点不仅有钢铁、煤炭、水泥、电解铝、平板玻璃等传统行业及其低端产品，如粗钢产能利用率从2009年的81.1%逐年下降至2015年的67%，某些新兴产业领域产能过剩问题也引发关注。理论上讲，在完全市场条件下，产能供给与需求可以通过价格机制和产能的空间配置实现动态均衡。我国产能过剩具有宏观经济周期、微观需求波动、行业结构、体制性因素等多种原因。一是投资主导型经济的影响。国际金融危机爆发后，一系列刺激政策在消化即期产出、稳定经济增长的同时，大量新增产能也为产能过剩埋下隐患。二是政府和市场关系存在失衡。基于发展需要，地方政府具有较强的投资偏好和冲动；地方保护主义下存在市场分割，部分企业"僵而不死"。三是价格机制扭曲和市场信号失真。部分产能过剩企业在土地、水、电、油、气、矿等资源价格定价上享有优惠待遇、预算软约束和隐性政府信用支撑，产能调整对成本和市场价格变化的弹性不足。此外，过剩产能多处于重化工业领域，交易成本较高，产能的国际利用和配置难度较大。在经济有下行压力时，随着需求收缩，产能利用率顺周期特征更加明显。

市场经济条件下，适度的产能富余能激发竞争，推进企业技术进步、提升管理水平改善供给，但持续的严重产能过剩可能对经济造成较大的负面影响。首先，制造业产能过剩制约了经济增长能力。我国制造业投资在固定资产投资中占比较高，产能过剩致投资动力不足，对总需求形成下拉效应。其次，产能过剩可能带来经济通缩风险和企业债务压力。PPI同比增速自2012年年初开始至2016年9月持续四年多负增长，且产能过剩领域普遍具有重资产属性和高负债率，对工业经济形成债务—通缩螺旋压力。最后，产能过剩行业资金链断裂可能引发金融风险。

二、各地区去产能工作初见成效

考虑到中国过剩产能形成的特殊性，单纯依靠市场机制难以实现产能出清，在发挥好市场机制去产能的同时，通过政策积极引导去产能也十分必要。党中央、国务院高度重视产能过剩风险，2016年中央经济工作会议将"去产能"确定

①数据来源：Wind资讯。

为“三去一降一补”五大工作任务之一，各地区综合运用市场机制、经济手段、法治办法等方式化解过剩产能，取得了初步成效。

（一）重点行业去产能取得初步成效

钢铁煤炭行业去产能任务超额完成。2016年，各地区加强产业政策指导和市场管理，将钢铁煤炭行业作为去产能的重点。全年退出钢铁产能超过6 500万吨、退出煤炭产能超过2.9亿吨，超额完成年度目标任务。2016年，全国原煤产量为34.1亿吨，同比下降9%；粗钢产量为80 836.6万吨，同比增长0.6%[①]。分区域看，河北、浙江、江西、广东、福建在钢铁去产能方面较为突出，山西、山东、河南、重庆、陕西五省分别压缩煤炭过剩产能1 400万吨、1 960万吨、2 388万吨、2 084万吨和2 934万吨，超额完成了煤炭去产能的年度任务。各地区在加强政策引导的同时，通过严格执行环保、能耗、质量、安全等法律法规，健全公开透明的落后产能市场退出机制，强化市场竞争机制和倒逼机制，发挥市场配置资源的决定性作用，优化供给结构，促进优胜劣汰。如河北省公共资源交易中心采用网络竞价方式在全国范围内转让煤炭产能减量置换指标，2016年以来，关闭煤矿26处，退出低端产能达1 127万吨，所得资金主要用于职工安置。通过市场化方式将低效、落后矿井和产能逐步退出市场，促进整个行业集中度和生产水平提高。

水泥行业去产能工作取得积极进展。在管理环境、市场环境和竞争环境综合作用下，2016年全国水泥产能在市场回升的情况下，继2015年减少3 000万吨生产能力后，继续缩减产能2 000万吨。水泥行业兼并重组推进有力，市场格局加速重构。2016年，通过兼并重组，全国水泥产业集中度提高5个百分点，水泥熟料集中度提高7个百分点，水泥市场特别是区域市场格局重构，企业的市场应变能力增强。根据中国水泥协会数字水泥网、北京交通大学中国企业兼并重组研究中心ChinaMerger数据库、相关官方网站发布的公告和北京、上海、重庆、天津产权交易所数据进行统计整理，2016年中国水泥行业共发生了17宗兼并重组事件，交易金额约为150亿元。

船舶行业市场退出和重组步伐加快。2016年，受船舶订单下滑、开工不足影响，中小船企倒闭较多，部分大型骨干造船企业生产经营也受到较大影响，部分造船企业进入破产重组程序。工信部联合国家发展改革委、财政部、中国人民银行、中国银监会、国防科工局六部委印发了《船舶工业深化结构调整加快转型升级行动计划（2016~2020年）》，要求进一步提高产业集中度，大力扶植优强企业。2016年，船舶产业集中度进一步提高，全国前十家企业造船完工量占全国的56.9%，比2015年提高3.5个百分点；新接船舶订单向优势企业集中趋势明显，前十家企业新接订单量占全国的74.7%，比2015年提高4.1个百分点。

（二）去产能配套工作有序推进

去产能行业分流职工得到较好安置。2016年，各地区积极通过企业内部挖潜、转岗就业创业、允许内部退养、公益性岗位托底等渠道分流安置去产能涉及的职工。如安徽省在中央去产能专项奖补资金之外，根据地方去产能企业情况因地制宜，制定了系列扶持政策，以稳岗补贴、社会保险补贴、培训补贴等形式给予去产能企业与分流职工精准帮扶，全年实际分流安置职工达3.8万人，超额完成目标任务的109%。山西省制定了职工分流安置政策，明确了内部安置、外部分流、转移就业、创新创业、自主择业、培训转岗、内部退养、灵活就业等多种分流安置方式，安置职工3.2万人，安置率近100%。

去产能金融服务力度加大，去产能行业金

①数据来源：《中华人民共和国2016年国民经济和社会发展统计公报》。

融风险总体可控。2016年，为做好钢铁煤炭行业化解过剩产能工作，中国人民银行等四部门联合出台了《关于支持钢铁煤炭行业化解过剩产能实现脱困发展的意见》，坚持区别对待、有扶有控原则，督促银行业金融机构落实好金融支持钢铁、煤炭等行业化解过剩产能的各项政策，促进钢铁、煤炭行业加快转型发展。各地区金融机构在严格控制对违规新增产能信贷投入的同时，坚持"一企一策"，积极满足钢铁、煤炭企业合理资金需求，较好地发挥了金融引导作用。中国人民银行分支机构监测显示，2016年年末，全国钢铁行业金融机构表内外融资余额同比下降2.2%，煤炭行业表内外融资余额同比下降0.6%，在做好钢铁煤炭行业金融服务的同时，为防范行业信贷风险，金融机构积极加强对钢铁、煤炭企业经营情况的跟踪监测，切实发挥债权人委员会的积极作用，根据企业实际情况制定风险化解方案及措施，减轻企业偿债压力，提高资产处置效率。2016年年末，钢铁行业不良贷款余额占行业贷款余额的2.6%，煤炭行业不良贷款余额占行业贷款余额的3.6%，金融风险总体可控；2016年，全国金融机构处置钢铁、煤炭企业不良资产金额共计369.7亿元。如山东省加强政府、监管部门、行业协会、债权人委员会联动协调，构建信用风险管控长效机制，形成"各方平等协商、适度让利、共担成本"的去产能债务处置模式。

（三）去产能行业转型升级加快

随着去产能的力度加大，煤炭、钢铁行业增加值增速出现不同程度的下降。2016年，煤炭开采和洗选业增加值下降1.5%，同比多降3.4个百分点；钢铁行业增加值下降1.7%，同比多降7.1个百分点。去产能行业企业在压减过剩产能的同时，加快推进兼并重组，积极优化供给结构，改进提高生产技术水平，逐步向高端、智能、绿色方向转型转产。例如宝钢和武钢实施联合重组，打造钢铁领域世界级的技术创新、产业投资和资本运营平台，为推动钢铁行业兼并重组和转型升级起到开创性引领作用。中信泰富与青岛特钢重组，构建了全球最大的专业化特钢龙头企业集团，为跨区域、跨所有制企业主动兼并重组发挥了示范作用。晋煤集团通过市场化手段上市实现突破，拥有全国第一家煤层气全产业链上市公司，为产业管理升级、提质增效搭建起了更高的发展平台。钢铁行业集中度有所提高，截至2016年年末，钢铁行业集中度CR10（前十大公司产量占全部行业产量的比率）和CR4分别为35.9%和21.7%，同比提高1.7个百分点和3.1个百分点。煤炭企业通过兼并重组、参股控股、战略合作、资产联营等多种形式，加强与上下游产业、新技术新业态的融合发展，从传统的煤炭开采业向现代产业体系转变，初步形成了煤炭开采、电力、煤化工、新能源、现代物流等多元化产业协调发展格局。截至2016年年末，煤炭企业参股、控股电厂权益装机容量1.8亿千瓦，占全国火电装机容量的17%左右，煤制油、煤制烯烃、煤制气、煤制乙醇产能分别达到750万吨、700万吨、31亿立方米和300万吨，煤炭深加工转化和全产业链整体经营，推动了煤炭行业的转型升级。

（四）去产能相关行业效益明显改善

随着工业领域供给侧结构性改革的深入推进，工业企业经营效益水平有所改善。一方面，相关行业产能利用水平有所提高。中国人民银行2016年第四季度企业家问卷调查显示，工业企业设备能力利用水平指数为40.1%，同比提高3.2个百分点。部分产能过剩行业产能利用率显著提高，初步估算，2016年粗钢、电解铝、水泥熟料产能利用率为71.2%、83.3%和75.2%，分别较2015年提高4.2个百分点、4.9个百分点和1.4个百分点[①]（见图74）。另一方

①数据来源：Wind数据库，产能利用率指标通过产量与产能之比计算。

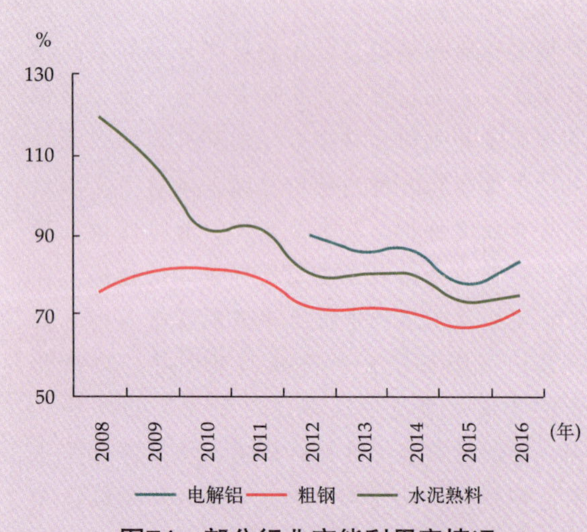

图74　部分行业产能利用率情况

面，受去产能有序推进和房地产、基建等投资需求带动影响，煤炭、钢铁价格呈现较快回升态势。全年黑色金属冶炼和压延加工业PPI同比上涨2.5%，涨幅同比提高19.2个百分点；煤炭开采和洗选业PPI同比下降1.7%，降幅同比收窄13个百分点。受上述因素综合影响，钢铁煤炭行业企业经营效益好转。2016年，黑色金属冶炼和压延加工业实现利润总额1 659.1亿元，同比增长232.3%；煤炭开采和洗选业实现利润总额1 090.9亿元，同比增长223.6%。从典型地区来看，河北省钢铁行业2016年实现利润506.8亿元，同比增加207.1亿元，行业回暖趋势明显；山西省煤炭行业自2016年9月实现扭亏为盈，结束连续26个月亏损的局面,全年实现利润16.9亿元。此外，钢铁煤炭行业企业亏损面下降，产成品库存经历下降后，随着需求回升又有补库存倾向（见图75）。

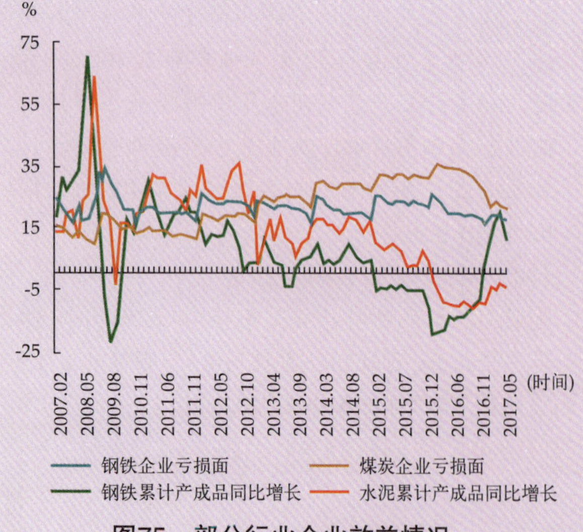

图75　部分行业企业效益情况

（五）去产能地区环境质量有所改善

随着去产能的不断推进及企业节能环保技术的应用，环境质量不断提高。2016年，从国家监测的338个城市空气质量看，地级及以上城市细颗粒物（PM2.5）平均浓度下降6%，优良天数比例同比提高2.1个百分点。如安徽省“三煤一钢”所在城市2016年可吸入颗粒物年平均浓度较2015年均有所降低，其中，马鞍山市下降13.8%，合肥市下降9.8%，淮北市下降3.3%。2016年山西省去产能指标排名前三位的地市朔州、大同、太原市空气达标比例分别为67.7%、87.7%和63.6%，比2015年提高7.5个百分点、7.3个百分点和0.6个百分点。

三、去产能过程中面临的主要问题

当前，去产能工作稳步推进，过剩产能行业转型升级步伐加快，高技术产业和新兴产业加快发展，部分行业供求关系发生积极变化，越来越多的企业通过技术改造和调整企业经营机制，重视提高产品质量和技术含量，增强了市场竞争力，经营业绩出现明显好转。但是，去产能过程中面临的一些问题和风险隐患也不容忽视。

（一）去产能任务仍然艰巨，去产能市场化、法治化手段有待加强

去产能的核心，就是去除低端、无效的供给能力，增加有效供给，着力提高产能利用率，平衡市场供求关系。初步估算，截至2016年年末，我国粗钢产能10.5亿吨左右，具有实际生产能力的煤炭产能45亿吨左右，两大行业产能过剩的压力并没有完全消除。伴随煤炭、钢铁价格的回升，尤其是市场回暖和行业盈利为部分中小型钢铁企业复产提供了较为宽松的外部环境。部分落后产能如“地条钢”产能仍然存在，对正规产能的钢材形成消费替代，影响了去产能的政策效果。同时，部分地方钢铁

煤炭行业去产能主要依靠行政手段，虽然行政化去产能的方法能够保证去产能政策的执行，但也存在企业“去产量不去产能”、对落后产能和先进产能“一刀切”等情况，不利于去产能效果巩固和产能供给优化。

（二）去产能涉及的债务处置情况复杂

中国人民银行分支机构调查显示，个别钢铁煤炭企业资产负债比例偏高，债务涉及面广、处置难度大等问题较为突出。如某省4家去产能钢铁企业整体资产负债率达197.4%，去产能煤炭企业资产负债率为100.8%，资不抵债情况严重。又如某银行15家煤炭企业客户平均资产负债率高达82.1%，其中两家超过100%，银行通过续贷等方式维持对企业的信贷支持，信贷资产面临较大风险。部分地区如东北老工业基地的一些大型国有企业负债结构更加复杂，除了有生产经营方面的“显性负债”，也存在着厂办大集体遗留问题、欠缴社保等“隐性负债”，这些因素相互交织让债务处置工作变得更加复杂化。受信息不对称等影响，银行“分类施策”实施过程中也存在不少困难，如银行难以掌握企业银行贷款以外的融资情况、难以有效掌握“僵尸企业”名单，制约了差别化信贷政策的有效执行，也增加了银行信贷风险的管控难度。在资产处置方面，部分银行抵押物存在被拆除、销毁等情况，但目前尚未出台银行抵押物灭失后保护银行债权的具体措施，导致银行只能自行承担损失。如某钢铁集团去产能过程中灭失大额抵押资产，导致银行贷款的抵押物悬空，而当地政府也并未采取措施维护银行利益。

（三）职工安置分流难度依然较大

一是去产能涉及人员数量较多。在经济下行与产业调整叠加的背景下，就业总量矛盾与结构性矛盾并存，大规模职工分流对地方就业承载能力提出严峻挑战，可供安置分流的岗位相对较少。特别是对部分老工业基地和资源型省份而言，长期以来形成的依赖重工业或资源工业发展的路径难以快速改变，经济结构难以迅速优化并在短期内创造大量的工作岗位，由此造成这些地区的失业风险将更加突出。二是职工安置涉及的人员结构较为复杂，转岗安置难度较大。钢铁、煤炭等去产能行业分流职工年龄偏大，文化水平不高且技能单一，再就业能力相对较差，对新岗位、新产业的适应力不足。三是职工安置分流政策有待完善。在职工安置过程中，部分地区单纯“克隆”了国家政策，主动性不强，缺少结合地方实际细化和可操作的具体措施。如部分产煤大省，2016年的煤炭去产能任务虽已基本完成，但职工的分流安置任务比较滞后，企业分流安置职工不到位等问题依然存在。中央财政预算安排了1 000亿元作为专项奖补资金，用于职工分流安置，但各地反映此项资金尚不能满足转岗职工安置的需要。部分地区职工安置后续措施不到位，如东部某省列入过剩产能行业主要涉及民营企业，职工身份复杂，多数企业根据职工意愿把缴纳社保的部分费用以工资或补助形式发放给职工，没有社保缴纳记录，不符合现行资金使用规定，导致奖补资金无法下达到企业。

四、相关政策建议

2017年是去产能的攻坚年，应继续扎实有效去产能，确保去产能取得实质性进展，同时加快培育新的发展动能，改造提升传统产业比较优势，助推经济结构优化升级。

（一）用改革的办法深入推进去产能

2017年政府工作报告指出，要用改革的办法深入推进“三去一降一补”。也就是说，去产能一定要与供给侧结构性改革这一目标高度契合。要按照供给侧结构性改革要求，严格执行环保、能耗、质量、安全等相关法律法规和标准，充分运用市场化、法治化手段做好产能过剩行业去产能工作，推动企业兼并重组、破产清算，有序处置“僵尸企业”。强化跨地区产能协作，引导产能向资源条件好、竞争能力强的地区和企业集中，实现产业布局优化。

（二）积极推动企业转型升级，增强发展的内生动力

化解产能过剩并非简单削减产能，要大力营造创新驱动环境，在化解过剩产能的同时提质增效。如钢铁行业可以在淘汰落后产能的同时积极发展高端钢材；煤炭行业可通过项目载体，推进煤电联营、煤化一体，大力发展高端煤基材料产业和相关非煤产业，延长产业价值链。鼓励企业开展技术创新，并从政策、资金上给予必要支持，完善相关法律和制度环境，引导其加大研发投入，通过智能化制造、大数据、互联网+等方式，实现产品结构和技术结构的根本性升级，提高生产效率，解决供给与需求的结构性问题。

（三）深化资源类价格改革，发挥市场在资源配置中的基础性作用

加快推进以市场供求为基础、正确反映资源稀缺性的价格形成机制，是市场经济实现资源优化配置的基础。深化土地制度改革，进一步完善工业用地供应模式。加快水、电、油、气、矿等资源价格改革，完善相关资源品生产和使用的税费制度，正确反映资本形成的成本。加强国有企业预算约束和融资行为管理，正确反映资金成本。增强企业对成本和价格信号的敏感性，发挥市场机制在产能供需调节中的基础性作用。

（四）妥善安置过剩产能行业分流职工

强化职工分流安置保障措施的政策落实，妥善处理劳动关系，加强社会保障衔接等，进一步细化和完善职工分流安置政策。支持企业多渠道分流安置职工，挖掘内部转岗分流潜力，落实好稳岗补贴政策。要及时拨付和用好中央财政专项奖补资金，地方和企业要落实相关资金和措施，确保过剩产能分流职工就业有出路、生活有保障。要加强风险防范，妥善处理职工安置中的突发情况，积极维护社会和谐稳定。

（五）有效化解过剩产能行业金融风险

构建区域性去产能行业监测体系，重点加强对价格、企业资金及资产负债率的监测；支持银行通过开展不良贷款转让等及时主动消化吸收风险，建立信贷风险化解协调机制，综合运用股权融资、债券融资等工具帮助企业拓宽融资渠道，缓释信贷风险。进一步落实有保有压的金融政策，对优势企业实施兼并重组、升级改造和转型发展项目给予积极支持，满足合理资金需求，停止对落后产能的金融支持。

专题5 推动京津冀协同发展 助力新型城镇化建设

城市圈发展既是城镇化发展的结果，也对城镇化良性发展产生积极推动作用，如加速城镇化进程、优化城镇化资源配置、促进经济结构转换等。从国际上看，伦敦、纽约、东京等国际化大都市历史上都逐渐从单一都市发展成城市经济圈，带动周边地区加快基础设施建设，促进产业与资源整合，对本国经济增长乃至世界经济发展产生举足轻重的作用。

一、京津冀协同发展战略提出的背景

推动京津冀协同发展，是党中央、国务院在新的历史条件下作出的重大决策部署，是适应我国经济发展进入新常态，应对资源环境压力加大、区域发展不平衡矛盾日益突出等挑战，加快转变经济发展方式、培育增长新动力和新的增长极、优化区域发展格局的现实需要。一是宏观经济增长亟须新的动能。伴随宏观经济步入新常态，外部市场不确定性加剧、国内人口红利下降、资源环境约束更加明显，推动经济增长的传统优势不断弱化。京津冀协同发展有利于优化生产力空间布局，增强环渤海和北方腹地的辐射带动能力，形成新的经济增长点。二是京津冀三地产业结构发展不均衡。北京市第三产业占比较高，天津市第二、第三产业发展较为均衡，河北省第二产业占比高、第三产业发展不足，且存在产业基础相对薄弱等问题。京津冀协同发展可以促进三地产业结构优化布局和资源合理配置，缩小地区间经济发展水平差距。三是北京的“大城市病”问题突出。北京作为超级城市的崛起带来一系列问题，如交通拥堵、环境恶化、人口急剧膨胀等，不但对北京可持续发展构成潜在制约，也在很大程度上降低了城市生活质量，不利于首都功能的发挥。《京津冀协同发展规划纲要》提出，要坚持改革引领、创新驱动，打破“一亩三分地”思维定式，消除隐形壁垒，以资源环境承载能力为基础、以京津冀城市群建设为载体、以优化区域分工和产业布局为重点、以资源要素空间统筹规划利用为主线、以构建长效体制机制为抓手，努力形成京津冀目标同向、措施一体、优势互补、互利共赢的协同发展新格局，打造中国经济发展新的支撑带。2017年4月1日，党中央提出建设雄安新区，对于集中疏解北京非首都功能、探索人口经济密集地区优化开发模式、调整优化京津冀城市布局和空间结构、培育创新驱动发展新引擎具有重大现实意义和深远历史意义。

二、金融支持京津冀协同发展的积极探索

推动京津冀协同发展的重要内容之一，就是推进金融市场一体化，加强金融对区域协同发展的支持引导作用。京津冀三地金融业积极行动，在提高跨区金融发展协同水平和服务效率方面作了积极探索。一是完善配套机制。2016年，中国人民银行总行指导京津冀三地分支机构建立了协调机制，通过机制构建加强监管协作、数据共享、联合调研，进一步提升监管能力；推进支付清算、异地存储、信用担保等业务同城化，加强金融基础设施互通；推动三地金融机构的交流与合作，促进金融服务对接。多家银行也制订了服务京津冀协同发展方案，成立了工作委员会、工作小组等统筹支持京津冀协同发展，部分银行建立了三地分行轮值及联动机制落实协同发展工作。二是加大对重点领域的中长期资金支持。截至2016年年末，京津冀区域重点领域累计174家企业通过债务融资工具融资超过5 000亿元，其中，交通一体化建设领域融资2 335亿元。商业银行主导或参与设立包括绿色产业基金在内的多种产业基金，为京津冀区域重点项目提供中长期资金支持。三是推进金融服务一体化建设。2016年，人民银行三地分支机构密切合作，开展跨区异议和投诉的处理工作；推进京津冀区域票据交换工作，河北省全年新增5个金融IC卡在公共交通领域的应用项目；京津冀农银通卡的推出，实现了三地个人客户资金的跨区域无成本流通。

三、实施京津冀协同发展战略取得的成效

一是经济发展质量稳步提升。2016年，京津冀三地地区生产总值占全国的9.7%，居民年人均可支配收入分别增长8.4%、8.9%和8.9%。同时，发展方式更加绿色，三地规模以上工业单位增加值能耗分别下降11%、13.9%和4.25%；京、冀森林覆盖率分别达到42.3%和32%，天津建成区绿地率31.7%。二是产业结构不断优化。2016年，京津冀三次产业结构中的第三产业比重较2015年提高1.4个百分点，产业发展突出功能定位。北京市文化创意与高技术产业分别增长12.3%和9.1%；天津装备制造业增加值占规模以上工业的36.1%，拉动全市工业增长3.7个百分点；河北超额完成钢铁、煤炭等行业去产能任务，不断推动产业结构升级，装备制造业占规模以上工业的比重达到26%，超过钢铁行业成为工业第一支柱。三是地区间产业合作与转移加快，河北借力京津科技和金融资源，积极促进北京、天津科技成果到河北孵化转化。河北和京津合作共建各类科技产业园区55个，产业技术联盟达到65家，建设各类众创空间300余家，京津550项科技项目、1 300多家高技术企业落户河北。四是非首都功能疏解取得一定成效。制定户籍改革制度实施意见，北京常住人口增量、增速继续保持双降，城六区常住人口实现从增到减；强化城市治理，拆除违章建筑超过3 000万平方米。五是地区间协同联系更加紧密。区域内交通网络一体化升级改造持续推进，进一步提升要素流动效率。京津冀区域通关一体化改革实施以来，天津经北京空运和北京经天津海运货物通关时间和运输成本均节省近三成以上。医疗保险转移接续和异地就医服务障碍加快突破。京津冀大气污染联防联控污染机制运行良好。

四、面临的挑战及下一步政策思路

近年来，京津冀协同发取得了长足进步，但仍有一些掣肘三地协同发展的因素亟待破解。经济发展差距较大，行政管辖区之间资源交流的共享性和互补性程度较低。统一的要素市场建设滞后，区域协调发展需要一个高效、顺畅的要素市场，但目前土地、金融、技术、信息等要素流动的市场壁垒仍然存在，协同发展还存在诸多体制机制障碍。此外，由于基础设施与公共服务一体化程度较低，北京、天津等大城市对周边“虹吸效应”明显，而周边地区对接大城市需求，利用其发展优势的主动性也不足。

下一步，应进一步发挥改革引领、创新驱动作用，助推京津冀协同发展和新型城镇化建设。一是以改革的办法消除隐形壁垒，破解制约协同发展的深层次矛盾和问题。构建协同发展的体制机制，包括建立行政管理协同机制，打破行政分割和条块划分。加快公共服务一体化改革。推进金融、土地、技术和信息等要素市场一体化。二是综合施策，增强周边中小城市吸引力。改善交通条件，建立连接周边城市与北京、天津等城市中心的快速公交或城际高铁，为产业发展和人口集聚提供便利。加强周边中小城市的市政基础设施和教育、医疗等公共资源配置，布局优质教育和医疗机构，如从北京引入大型医院或优质学校。大力推动服务业发展，优化城市发展环境，丰富城市文化生活。推动周边中小城市主动对接北京等大城市的相关服务业发展，增强承接大城市非核心功能的效力。三是进一步完善京津冀协同发展的金融服务。地方政府应进一步完善配套服务，建立融资需求信息共享机制，为资金供需双方打通信息通道。充分发挥协调机制平台作用，加强三地监管协作，以监管协同、数据共享、人员交流、联合调研等方式，不断提升金融监管能力。联合推进支付清算、异地存储、信用担保等业务同城化，完善金融基础设施功能。建立区域金融风险排查联动机制和协同处置机制，共同防范和化解区域金融风险。金融机构需破除地盘思维，建立内部联动机制，促进三地分支机构间的信息互通和资源共享，加强异地融资产品创新，提高金融服务效率和响应速度。

中国人民银行成都分行货币政策分析小组

负责人：周晓强　李　铀

统　稿：刘本定　黄小平　曾　好　喻晓岚　熊万良

执　笔：王鲁滨　苟于国　王　辉　饶　丽　樊敏霞　高　琦　王大波　朱　博　李敏敏　朱丹卉

提供材料的还有：王越子　龙阅新　胡荣兴　石　慧　李华伟　郑敏闽　卿山岭　姚　艳　蒋先明　赵　波

专题执笔人（排名不分先后）：

中国人民银行成都分行货币政策分析小组　苟于国　饶　丽

中国人民银行广州分行货币政策分析小组　汤克明　胡逸闻

中国人民银行上海总部货币政策分析小组　李冀申

中国人民银行济南分行货币政策分析小组　孙　健　程晋鲁

中国人民银行营业管理部货币政策分析小组　张向军　吕潇潇

中国人民银行南京分行货币政策分析小组　孙　俊

中国人民银行重庆营业管理部货币政策分析小组　吴恒宇

中国人民银行武汉分行货币政策分析小组　熊艳春　王春元

2016年各地区主要经济金融指标比较表

2016年各地区主要经济指标比较表(I)

地区	地区生产总值(亿元)				固定资产投资额(不含农户)(亿元)		社会消费品零售总额(亿元)	外贸进出口(亿美元)				实际利用外商直接投资金额(万美元)	地方财政收支(亿元)		
		第一产业	第二产业	第三产业		房地产开发投资		总额	进口	出口	差额(出口－进口)		差额(收入－支出)	财政收入	财政支出
北京	24 899.3	129.6	4 774.4	19 995.3	7 888.7	4 000.6	11 005.1	2 820.3	2 301.9	518.4	-1 783.4	130.3	-1 323.9	5 081.3	64 05.2
天津	17 885.4	220.2	8 003.9	9 661.3	12 756.4	2 300.0	5 635.8	1 026.5	583.7	442.9	-140.8	101.0	-977.1	2 723.5	37 00.6
河北	31 827.9	3 492.8	15 058.5	13 276.5	31 340.1	4 695.6	14 364.7	466.2	160.5	305.8	145.3	81.5	-3 187.2	2 850.8	60 38.0
山西	12 928.3	784.6	4 926.4	7 217.4	13 859.4	1 597.4	6 480.5	166.4	67.1	99.3	32.2	23.3	-1 884.7	1 557.0	34 41.7
内蒙古	18 632.6	1 628.7	9 078.9	7 925.1	14 894.0	1 133.5	6 700.8	116.2	72.4	43.7	-28.7	39.7	-2 509.8	2 016.5	45 26.3
辽宁	22 037.9	2 173.0	8 504.8	11 360.0	6 436.3	2 094.8	13 414.1	865.2	434.6	430.7	-3.9	30.0	-2 383.1	2 199.3	4 582.4
吉林	14 886.2	1 498.5	7 147.2	6 240.5	13 773.2	1 016.8	7 310.4	184.4	142.4	42.1	-100.3	94.3	-2 322.3	1 263.8	3 586.1
黑龙江	15 386.1	2 670.5	4 441.4	8 274.3	10 432.6	864.8	8 402.5	165.4	114.9	50.4	-64.5	59.0	-3 079.8	1 148.4	4 228.2
上海	27 466.2	109.5	7 994.3	19 362.3	6 751.7	3 709.0	10 946.6	4 338.4	2 503.7	1 834.7	-669.0	185.1	-512.8	6 406.1	6 918.9
江苏	76 086.2	4 078.5	33 855.7	38 152.0	49 370.9	8 956.4	28 707.1	5 095.3	1 902.6	3 192.7	1 290.0	245.4	-1 868.9	8 121.2	9 990.1
浙江	46 485.0	1 966.5	20 517.8	24 000.6	29 571.0	7 469.4	21 970.8	3 365.0	686.4	2 678.6	1 992.3	175.8	-1 674.5	5 301.8	6 976.3
安徽	24 117.9	2 567.7	11 666.6	9 883.6	26 577.4	4 603.6	10 000.2	443.3	158.9	284.4	125.5	147.7	-2 857.1	2 672.8	5 529.9
福建	28 519.2	2 364.1	13 912.7	12 242.3	22 928.0	4 588.8	11 674.5	1 568.5	531.7	1 036.8	505.1	82.0	-1 632.6	2 654.8	4 287.4
江西	18 364.4	1 904.5	9 032.1	7 427.8	19 378.7	1 770.9	6 634.6	400.8	102.6	298.1	195.5	104.4	-2 468.1	2 151.4	4 619.5
山东	67 008.2	4 929.1	30 410.0	31 669.0	52 364.5	6 323.4	30 645.8	2 342.1	970.5	1 371.6	401.0	168.3	-2 889.4	5 860.2	8 749.6
河南	40 160.0	4 286.3	19 055.4	16 818.3	39 753.9	6 179.1	17 618.4	711.9	284.0	427.9	144.0	169.9	-4 303.2	3 153.5	7 456.6
湖北	32 297.9	3 499.3	14 375.1	14 423.5	29 503.9	4 296.4	15 649.2	393.5	133.2	260.2	127.0	101.3	-3 351.1	3 102.0	6 453.1
湖南	31 244.7	3 578.4	13 181.0	14 485.3	27 688.4	2 957.0	13 436.5	262.5	85.8	176.7	90.9	128.5	-3 639.1	2 697.9	6 337.0
广东	79 512.1	3 693.6	34 372.5	41 446.0	32 947.3	10 307.8	34 739.1	9 555.1	3 566.5	5 988.6	2 422.1	233.5	-3 067.7	10 346.7	13 414.4
广西	18 245.1	2 798.6	8 219.9	7 226.6	17 653.0	2 398.0	7 027.3	478.3	248.7	229.6	-19.1	8.9	-2 916.2	1 556.2	4 472.5
海南	4 044.5	970.9	901.7	2 171.9	3 747.0	1 787.6	1 453.7	113.3	92.1	21.2	-70.8	22.2	-740.9	637.5	1 378.4
重庆	17 558.8	1 303.2	7 755.2	8 500.4	15 931.8	3 725.9	7 271.4	627.7	220.8	406.9	186.2	113.4	-1 774.0	2 227.9	4 001.9
四川	32 680.5	3 924.1	13 924.7	14 831.7	28 229.8	5 282.6	15 601.9	493.2	213.9	279.3	65.5	85.5	-4 622.5	3 389.4	8 011.9
贵州	11 734.4	1 846.5	4 636.7	5 251.2	12 929.2	2 149.0	3 709.0	56.9	9.6	47.4	37.8	32.2	-2 700.4	1 561.3	4 261.7
云南	14 870.0	2 195.0	5 799.3	6 875.6	15 662.5	2 688.3	5 722.9	198.9	84.1	114.8	30.7	8.7	-3 207.4	1 812.3	5 019.6
西藏	1 150.1	105.0	429.9	615.2	1 596.1	48.5	459.4	7.8	3.1	4.7	1.6	-	-1 429.9	155.6	1 585.5
陕西	19 165.4	1 693.8	9 390.9	8 080.7	20 474.9	2 736.8	7 367.6	299.2	140.9	158.3	17.3	50.1	-2 556.6	1 833.9	4 390.6
甘肃	7 152.0	973.5	2 491.5	3 687.0	9 534.1	850.0	3 184.4	68.8	27.9	40.9	13.0	1.2	-2 365.9	786.8	3 152.7
青海	2 572.5	221.2	1 250.0	1 101.3	3 455.5	396.9	767.3	15.2	1.6	13.7	12.1	0.2	-1 284.2	238.4	1 522.6
宁夏	3 150.1	240.0	1 475.5	1 434.6	3 709.0	728.2	850.1	32.7	7.8	25.0	17.2	2.5	-870.0	387.7	1 257.7
新疆	9 617.2	1 649.0	3 585.2	4 383.0	9 983.9	923.4	2 825.9	176.6	20.5	156.1	135.6	4.0	-2 841.8	1 299.0	4 140.7

数据来源：国家统计局《中国统计摘要》，各省、自治区、直辖市《国民经济和社会发展统计公报》及统计局。

2016年各地区主要经济指标比较表(II)

地区	地区生产总值同比增长(%)				规模以上工业增加值同比增长(%)	固定资产投资(不含农户)同比增长(%)		社会消费品零售总额同比增长(%)	外贸进出口同比增长(%，美元口径)			实际利用外商直接投资金额同比增长(%，美元口径)	地方财政收支同比增长(%)		各类价格指数同比增长(%)			
		第一产业	第二产业	第三产业			房地产开发投资		总额	进口	出口		收入	支出	居民消费价格指数	农业生产资料价格指数	工业生产者购进价格指数	工业生产者出厂价格指数
北京	6.7	-8.8	5.6	7.1	5.1	5.9	-4.3	6.5	-11.7	-13.1	-5.2	0.3	7.5	11.7	1.4	—	-1.5	-1.9
天津	9.0	3.0	8.0	10.0	8.4	8.0	22.9	7.2	-10.2	-7.6	-13.4	12.2	10.0	6.3	2.1	—	-1.7	-2.1
河北	6.8	3.5	4.9	9.9	4.8	8.4	9.6	10.6	-9.5	-13.6	-7.1	10.6	7.6	7.2	1.5	0.0	-1.7	-0.1
山西	4.5	2.9	1.5	7.0	1.1	0.8	6.9	7.4	13.4	7.2	17.9	-18.7	-5.2	0.0	1.1	-0.2	-1.9	-3.2
内蒙古	7.2	3.0	6.9	8.3	7.2	10.1	4.9	9.7	-8.7	2.3	-22.7	17.8	7.0	6.4	1.2	-3.6	-2.6	-1.1
辽宁	-2.5	-4.6	-7.9	2.4	-15.2	-63.5	-41.1	4.9	-9.8	-3.9	-15.1	-42.2	3.4	2.2	1.6	0.4	-2.1	-1.2
吉林	6.9	3.8	6.1	8.9	6.3	10.1	10.0	9.9	-2.3	-0.1	-8.7	10.0	2.8	11.5	1.6	-2.6	-2.2	-1.6
黑龙江	6.1	5.3	2.5	8.6	2.0	5.5	-12.8	10.0	-21.3	-11.5	-37.3	6.3	-1.1	5.2	1.5	0.0	-4.0	-4.9
上海	6.8	-6.6	1.2	9.5	0.8	6.3	6.9	8.0	-3.4	-1.2	-6.3	0.3	16.1	11.7	3.2	—	-2.3	-1.2
江苏	7.8	0.7	7.1	9.2	7.7	7.5	9.8	10.9	-6.6	-8.1	-5.7	1.1	5.0	3.1	2.3	-0.1	-2.0	-1.9
浙江	7.5	2.7	5.8	9.4	6.2	10.9	5.0	11.0	-3.0	-2.6	-3.1	3.6	9.8	4.8	1.9	-0.5	-2.2	-1.7
安徽	8.7	2.7	8.3	10.9	8.8	11.7	4.0	12.3	-7.3	2.1	-11.9	8.4	8.9	5.6	1.8	-0.6	-1.6	-1.5
福建	8.4	3.6	7.3	10.7	7.6	9.3	2.7	11.1	-7.1	-5.3	-8.0	6.7	7.0	7.1	1.7	0.2	-2.0	-0.9
江西	9.0	4.1	8.5	11.0	9.0	14.0	16.5	12.0	-5.5	10.6	-10.0	10.2	-0.7	4.7	2.0	1.3	-2.3	-1.4
山东	7.6	3.9	6.5	9.3	6.8	10.5	7.3	10.4	-2.7	0.4	-4.7	3.2	8.5	6.1	2.1	-1.1	-2.0	-1.5
河南	8.1	4.2	7.5	9.9	8.0	13.7	28.2	11.9	-3.5	-7.6	-0.6	5.6	8.0	9.4	1.9	0.8	-0.8	-1.0
湖北	8.1	3.9	7.8	9.5	8.0	13.1	1.1	11.8	-13.6	-18.5	-10.9	13.2	7.3	5.0	2.2	0.3	-1.7	-1.0
湖南	7.9	3.3	6.6	10.5	6.9	13.8	13.1	11.7	-10.4	-15.6	-7.7	11.1	7.3	10.6	1.9	1.7	-2.0	-1.1
广东	7.5	3.1	6.2	9.1	6.7	10.0	20.7	10.2	-6.6	-6.0	-6.9	-13.1	10.3	5.0	2.3	2.0	-2.0	-0.6
广西	7.3	3.4	7.4	8.6	7.5	12.8	25.6	10.7	-6.4	7.4	-17.8	-48.4	2.7	10.0	1.6	0.7	-1.7	-0.9
海南	7.5	4.1	5.1	10.1	2.6	11.7	4.9	9.7	-18.9	-9.9	-43.3	-10.1	8.8	10.7	2.8	0.1	-5.2	-4.0
重庆	10.7	4.6	11.3	11.0	10.3	12.1	-0.7	13.2	-15.7	14.5	-26.3	5.4	7.1	4.9	1.8	—	-1.6	-1.4
四川	7.7	3.8	7.5	9.1	7.9	13.1	9.8	11.7	-3.6	18.2	-15.6	-18.1	8.3	9.8	1.9	3.7	-1.2	-1.1
贵州	10.5	6.0	11.1	11.5	9.9	21.1	-2.5	13.0	-53.4	-57.7	-52.4	27.4	8.1	7.9	1.4	3.0	-1.5	-2.1
云南	8.7	5.6	8.9	9.5	6.5	19.8	0.7	12.1	-18.8	6.7	-30.9	-70.9	5.1	6.5	1.5	2.8	-4.1	-2.4
西藏	10.0	7.1	14.3	11.4	12.7	23.2	-3.0	12.5	-14.3	-6.1	-20.3	—	17.4	15.0	2.5	0.4	—	2.9
陕西	7.6	4.0	7.3	8.7	6.9	12.3	9.7	11.0	-1.9	-10.3	7.0	8.5	6.0	6.5	1.3	-0.3	-4.1	-2.4
甘肃	7.6	5.5	6.8	8.9	6.2	10.5	10.7	9.5	-13.5	30.4	-29.6	4.5	8.8	6.6	1.3	-0.1	-5.4	-5.1
青海	8.0	5.4	8.5	8.0	7.5	9.9	18.1	11.0	-21.2	-44.8	-16.5	-72.7	8.3	0.5	1.8	1.5	-3.8	-1.5
宁夏	8.1	4.5	7.8	9.1	7.5	8.2	14.9	7.7	-12.6	0.0	-15.5	36.1	8.0	10.2	1.5	-1.7	-3.1	-0.9
新疆	7.6	5.8	5.9	9.7	3.7	-5.1	-7.6	8.4	-10.2	-5.5	-10.8	-11.4	-2.4	8.8	1.4	-1.8	-4.5	-5.5

数据来源：国家统计局《中国统计摘要》，各省、自治区、直辖市《国民经济和社会发展统计公报》及统计局。

2016年全国35个大中城市新建商品住宅销售价格指数同比增长

单位：%

地区	1月	2月	3月	4月	5月	6月	7月	8月	9月	10月	11月	12月
北　京	10.3	12.9	16	18.3	19.5	20.3	20.7	23.5	27.8	27.5	26.4	25.9
天　津	3.9	4.7	6.8	9.5	11.9	13.8	16.2	19.9	24.1	25.3	25.3	24.1
石家庄	2.1	3	3.2	3.8	4.7	5.6	8.0	11.3	15.8	18.1	18.6	18.6
太　原	1.7	2.1	2.2	2.0	1.8	2.2	1.9	2.0	2.2	2.3	2.3	2.5
呼和浩特	-2.3	-1.3	-0.8	-0.1	0.2	0.4	0.5	0.7	0.4	1.3	1.1	1.1
沈　阳	-0.5	-0.4	0.1	1.0	1.8	1.5	1.4	1.2	1.6	2.4	2.6	3.3
大　连	-1.1	-1.1	-0.6	0.1	0.6	0.5	-0.3	0.0	0.4	1.7	2.4	2.6
长　春	-1.8	-1.2	-0.5	0.3	1.0	1.2	1.2	1.2	1.9	2.8	3.5	3.9
哈尔滨	0.1	0.5	1.4	1.1	1.5	1.7	1.3	1.8	1.6	1.6	1.6	2.1
上　海	17.5	20.6	25	28.0	27.7	27.7	27.3	31.2	32.7	31.1	29.0	26.5
南　京	10.2	13.3	16.8	21.3	25.6	29.7	33.0	36.7	40.6	42.0	40.5	38.8
杭　州	7	8.8	11.8	14.7	16.9	17.2	19.0	22.0	28.0	31.3	29.9	28.4
宁　波	4.6	5.5	7.2	8.2	8.8	8.8	8.9	9.5	11.2	12.4	12.4	12.0
合　肥	3.2	6	11.2	17.5	23.2	29.0	33.8	40.3	46.8	48.4	47.4	46.3
福　州	3.3	5.5	7.7	11.0	12.8	13.8	15.4	20.2	26.0	28.8	28.9	27.3
厦　门	8.6	10.1	15.7	21.5	28.0	33.6	39.2	43.8	46.5	45.5	43.4	41.5
南　昌	1.8	3.7	5.4	7.0	8.4	9.4	11.3	12.8	14.9	15.6	15.4	14.2
济　南	1.5	2.2	3.3	4.3	5.1	5.8	6.9	10.0	15.5	19.0	20.0	19.4
青　岛	-1.4	-0.5	1.1	2.6	3.6	4.0	4.4	6.5	11.6	13.2	13.6	13.1
郑　州	3.4	3.9	5.2	6.7	8.1	9.2	11.0	16.5	24.5	28.1	28.5	28.0
武　汉	5.3	6.2	7.3	9.1	11.3	13.1	15.0	17.7	21.3	24.4	25.5	24.2
长　沙	0.4	1.2	1.8	3.4	4.3	4.8	5.6	7.2	11.6	16.5	18.2	17.8
广　州	9.9	11.8	15.2	17.4	18.9	19.2	19.4	21.1	23.0	23.6	24.0	24.1
深　圳	51.9	56.9	61.6	62.4	53.2	46.7	40.9	36.8	34.1	31.7	27.9	23.5
南　宁	2.4	3.3	3.8	4.6	5.5	5.7	6.4	7.0	9.0	10.1	9.6	10.1
海　口	-0.4	0.4	0.6	1.4	2.3	2.6	3.4	3.4	4.1	4.9	5.8	6.2
重　庆	0.3	1.3	2.2	2.9	3.5	3.3	3.2	3.4	4.4	5.1	6.5	7.2
成　都	1.1	1.5	2.3	3.0	3.2	3.6	4.0	4.7	7.2	6.3	5.9	5.5
贵　阳	-0.4	0.3	0.5	1.5	2.2	2.0	2.3	2.4	3.0	3.9	4.5	5.1
昆　明	-2.3	-1.8	-1.8	-0.7	0.0	0.1	0.8	1.5	2.1	3.2	3.9	4.2
西　安	0.2	0.6	0.9	1.6	2.2	2.7	2.9	3.2	3.3	4.6	6.1	6.6
兰　州	-0.8	-0.3	0.2	1.1	1.8	2.4	2.9	3.8	3.8	3.7	3.6	3.1
西　宁	-2.9	-2.6	-2.3	-1.6	-1.0	-0.4	0.2	0.9	1.2	1.9	1.9	2.4
银　川	-3.6	-3.1	-2.3	-1.2	-0.1	0.0	0.7	1.0	1.1	1.3	1.5	2.1
乌鲁木齐	-2	-2.3	-1.9	-1.5	-0.9	-1.0	-1.0	-1.1	-1.3	-1.5	-1.7	-1.3

注：从2011年1月起，国家统计局开始实施《住宅销售价格统计调查方案》，对数据来源渠道、指标设置、计算方法等影响价格指数计算的主要因素都进行了调整。

2016年年末各省、自治区、直辖市主要存贷款指标

地区	本外币						人民币							
	金融机构各项存款		金融机构各项贷款				金融机构各项存款				金融机构各项贷款			
	余额(亿元)	比年初(亿元)	余额(亿元)	短期	中长期	比年初(亿元)	余额(亿元)	住户存款	非金融机构存款	比年初(亿元)	余额(亿元)	个人消费贷款	房地产贷款	比年初(亿元)
北　京	138 408.9	9 833.6	63 739.4	18 693.8	37 471.3	5 180.0	132 791.9	28 012.0	50 998.3	9 024.5	56 618.9	11 796.2	14 426.3	6 059.4
天　津	30 067.0	1 917.7	28 754.0	7 444.0	16 070.3	2 759.4	29 041.4	9 125.4	13 618.8	1 895.4	27 368.0	4 314.0	5 976.6	2 867.1
河　北	55 928.9	7 001.3	37 745.8	12 748.5	22 218.5	5 137.4	55 513.3	32 710.9	13 454.4	6 962.4	37 352.2	8 739.2	10 167.6	5 200.8
山　西	30 869.1	2 227.7	20 356.5	7 851.4	10 868.1	1 781.7	30 371.4	17 128.0	7 453.4	2 025.3	20 228.6	1 836.8	1 854.2	1 769.9
内蒙古	21 245.7	3 073.5	19 458.5	7 145.4	11 492.3	2 194.1	21 165.6	9 960.1	5 959.2	3 088.0	19 361.0	2 287.7	3 306.4	2 220.3
辽　宁	51 692.5	3 934.3	38 685.6	14 276.1	21 575.3	2 402.9	50 717.0	25 495.0	13 992.0	3 873.8	37 290.6	5 526.0	8 211.4	2 556.0
吉　林	21 154.7	2 470.9	17 210.5	7 099.7	9 342.2	1 901.6	21 003.9	10 553.4	6 019.2	2 504.3	17 141.1	2 693.3	3 315.8	1 937.9
黑龙江	22 394.8	965.0	18 086.2	8 692.6	7 944.3	1 441.3	22 179.0	13 448.4	4 298.8	960.1	17 725.0	2 745.2	3 033.3	1 483.1
上　海	110 511.0	6 750.3	59 982.3	14 618.5	34 311.0	6 595.0	103 163.9	23 639.8	41 462.0	4 897.4	53 985.1	15 038.1	17 635.9	5 894.4
江　苏	125 576.9	14 247.1	92 957.0	30 969.0	55 345.5	11 784.2	121 106.6	43 900.5	45 277.9	13 233.6	91 107.6	22 397.9	27 234.6	12 238.1
浙　江	99 530.3	9 228.7	81 804.5	38 652.0	37 586.8	5 338.2	96 438.2	38 077.1	32 338.6	9 044.9	79 926.0	17 759.6	17 579.8	5 855.8
安　徽	41 324.3	6 498.1	30 774.5	9 285.9	18 766.6	4 630.1	40 856.2	18 857.6	12 923.5	6 373.3	30 180.7	7 767.1	9 623.0	4 691.7
福　建	40 487.0	3 641.6	37 787.3	13 058.4	21 936.1	4 092.8	39 275.8	15 123.0	13 416.0	3 699.9	36 356.1	11 359.0	11 034.2	4 223.0
江　西	29 105.2	4 062.3	21 847.4	7 562.0	13 127.6	3 286.3	28 893.1	13 981.0	8 356.6	4 108.0	21 721.8	5 134.6	6 135.1	3 373.8
山　东	85 683.5	8 885.0	65 243.5	28 035.5	31 272.2	6 180.3	83 414.9	41 350.9	26 654.7	8 890.7	61 726.9	12 227.2	14 929.9	6 289.9
河　南	54 979.7	6 697.6	37 139.6	14 706.5	20 645.2	5 341.0	53 977.6	29 421.2	14 845.0	6 348.4	36 501.2	8 377.4	10 036.0	5 068.6
湖　北	47 284.9	5 939.1	34 530.7	8 505.6	22 620.5	5 016.2	46 779.6	21 876.6	14 926.7	5 883.1	33 130.1	7 181.4	10 315.2	4 791.2
湖　南	41 996.7	5 776.1	27 532.3	6 528.6	19 647.5	3 310.4	41 694.5	21 126.0	12 111.5	5 685.4	27 215.5	5 631.0	7 077.9	3 476.9
广　东	179 829.2	19 441.0	110 928.4	32 345.6	69 158.1	15 267.6	171 024.5	58 618.9	57 079.0	17 472.7	103 649.8	36 584.4	36 661.9	14 360.5
广　西	25 477.8	2 684.3	20 640.5	4 593.9	14 719.5	2 521.1	25 257.6	12 548.6	7 346.0	2 690.6	20 175.8	4 691.5	5 608.6	2 519.0
海　南	9 120.2	1 482.9	7 687.7	1 165.6	5 970.4	1 037.0	8 998.6	3 388.3	3 131.4	1 479.8	6 579.5	68.6	2 306.9	890.5
重　庆	32 160.1	3 374.4	25 524.2	5 981.5	17 787.7	2 568.4	31 216.5	13 399.4	11 214.6	3 122.1	24 785.2	6 721.6	8 500.2	2 390.7
四　川	66 892.4	6 774.7	43 543.0	10 469.2	31 080.3	4 839.0	65 638.4	31 950.4	17 429.2	6 453.6	42 828.1	9 246.9	11 628.0	4 816.3
贵　州	23 831.4	4 294.2	17 961.0	3 439.3	14 116.3	2 840.0	23 770.9	8 531.8	9 301.3	4 332.3	17 857.8	2 994.9	3 923.7	2 805.9
云　南	27 921.5	2 717.0	23 491.4	6 099.1	15 449.7	2 248.8	27 746.7	11 936.2	8 001.2	2 682.5	23 089.3	3 611.0	4 382.9	2 210.2
西　藏	4 379.7	708.4	3 048.6	322.8	2 462.1	924.2	4 371.6	785.9	971.9	707.7	3 045.8	174.7	136.9	925.5
陕　西	35 707.4	2 965.7	24 224.4	5 270.8	17 235.4	2 127.5	35 255.5	17 084.5	11 000.3	2 783.9	23 921.7	3 923.0	5 722.5	2 161.1
甘　肃	17 515.7	1 216.2	15 926.4	4 841.3	9 993.1	2 197.5	17 411.7	8 492.9	5 492.9	1 270.5	15 650.5	1 385.1	2 160.1	2 358.3
青　海	5 586.2	358.1	5 717.2	987.7	3 939.3	593.1	5 570.2	2 002.4	1 642.4	357.4	5 579.8	277.7	714.0	591.8
宁　夏	5 460.6	607.4	5 696.0	1 854.8	3 433.2	545.6	5 441.5	2 550.0	1 487.9	606.1	5 667.9	656.9	1 104.9	550.1
新　疆	19 300.1	1 477.9	15 196.0	4 169.4	8 619.5	1 545.1	18 747.6	7 498.3	5 742.3	1 623.7	14 552.7	1 819.2	2 161.9	1 511.7

数据来源：中国人民银行各分行、营业管理部、省会（首府）城市中心支行。

《中国区域金融运行报告（2017）》分报告

北京市金融运行报告（2017）

中国人民银行营业管理部货币政策分析小组

[内容摘要] 2016年，北京市深入贯彻党的十八大，十八届三中、四中、五中全会以及中央经济工作会议精神和习近平总书记系列讲话精神，牢牢把握首都城市战略定位，深入落实京津冀协同发展战略，牢固树立和落实创新、协调、绿色、开放、共享的发展理念，有序疏解非首都功能，城市治理改革取得新进展，创新发展势头强劲，疏解与提升实现统筹兼顾、齐头并进，形成引领经济发展的新常态。

中国人民银行营业管理部继续贯彻落实稳健的货币政策，北京市金融体系平稳运行，流动性处于较充裕水平，实体经济融资成本处于历史低位，金融对科技创新等重点产业支持力度不断加大，社会融资规模保持在较高水平，企业直接融资渠道有所收窄，房地产市场发展失衡问题凸显，宏观调控政策压力持续加大。

2017年，北京市将继续积极推进供给侧结构性改革，着力打造"高精尖"产业结构，深入落实京津冀协同发展战略，加快北京城市副中心、新机场、冬奥会等重大项目建设。中国人民银行营业管理部将认真贯彻稳健中性的货币政策，及时传达各项金融改革政策要求，运用宏观审慎管理框架和多种货币政策工具，有效引导辖内金融机构信贷投放，推进京津冀协同发展、非首都功能疏解等重大国家战略实施。

一、金融运行情况

2016年，北京市金融运行整体平稳，信贷增速保持较快水平，信贷结构持续优化，机构改革继续稳步推进，服务水平显著提高，金融生态环境建设取得新成效。

（一）银行业运行平稳，信贷保持较快增速

1. 银行业金融机构平稳发展，收益水平有所下降。2016年，北京市银行业金融机构资产总额同比增长9.8%，增速同比下降3.7个百分点；实现利润同比增长15.6%，增速同比上升6个百分点，但剔除部分机构利润基数大幅波动等干扰因素后，银行业金融机构利润实际增速有所下降；银行业金融机构数量增势放缓，2016年年末，机构网点总数同比增长1.9%；法人金融机构数量较上年增加1家；银行支付业务快速发展，2016年年末，银行卡发卡量累计达到2.1亿张，全年新增2 595万张。

表1　2016年北京市银行业金融机构情况

机构类别	营业网点			法人机构（个）
	机构个数（个）	从业人数（人）	资产总额（亿元）	
一、大型商业银行	1 827	53 326	78 829	0
二、国家开发银行和政策性银行	18	914	16 738	0
三、股份制商业银行	951	24 232	49 450	0
四、城市商业银行	378	11 440	23 326	1
五、城市信用社	—	—	—	—
六、小型农村金融机构	694	8 862	7 236	1
七、财务公司	72	4 662	25 972	71
八、信托公司	11	2 662	1 006	11
九、邮政储蓄银行	568	3 230	4 428	0
十、外资银行	122	4 406	3 757	9
十一、新型农村金融机构	38	761	249	11
十二、其他	12	4 088	4 961	12
合　计	4 691	118 583	215 952	116

注：营业网点机构数据不包括国家开发银行和政策性银行、大型商业银行、股份制商业银行金融机构总部；大型商业银行包括中国工商银行、中国农业银行、中国银行、中国建设银行和交通银行；小型农村金融机构指农村商业银行；新型农村金融机构包括村镇银行、贷款公司和农村资金互助社；"其他"包含金融租赁公司、汽车金融公司、货币经纪公司、消费金融公司等。

数据来源：中国人民银行营业管理部、北京银监局、北京市金融工作局。

2. 人民币存款增速先降后升，外币存款增速恢复增长。2016年年末，北京市金融机构人民币存款余额同比增长7.3%，比全国低3.7个百分点，较上年同期低6.4个百分点，其中，7月增速仅为0.7%（见图1），之后有所回升，全年新增额为近六年同期最低。2016年以来，证券机构救市资金逐步回流，非银行金融机构存款大幅下降对人民币存款产生较强拉低效应。外币存款受汇率波动影响前升后降。2016年年末，北京市金融机构外币存款余额同比增长8.9%，而2015年下降7.3%。

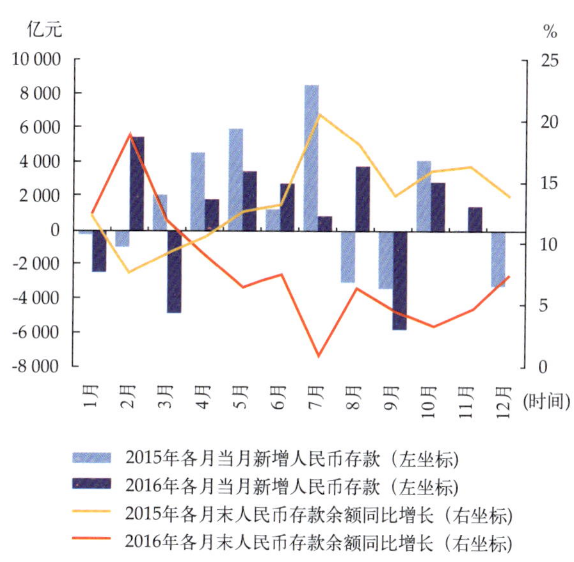

数据来源：中国人民银行营业管理部。

图1　2015～2016年北京市金融机构人民币存款增长变化

3. 本外币贷款增速有所回落，重点领域和薄弱环节金融支持持续加强。2016年年末，北京市金融机构本外币贷款余额同比增长8.8%，较上年下降0.3个百分点，增速自年初的11.7%波动回落。其中，人民币贷款余额同比增长12%，比全国低1.5个百分点（见图2、图3）。2016年年末，北京市金融机构外币贷款余额同比减少16.7%，较上年回落8.6个百分点。

重点领域贷款增长强劲。2016年年末，北京市金融机构对租赁和商务服务业、信息传输软件和信息技术服务业、科学研究和技术服务业的人民币贷款余额分别同比增长43.6%、34.3%和26.6%。中资银行文化创意产业人民币贷款余额

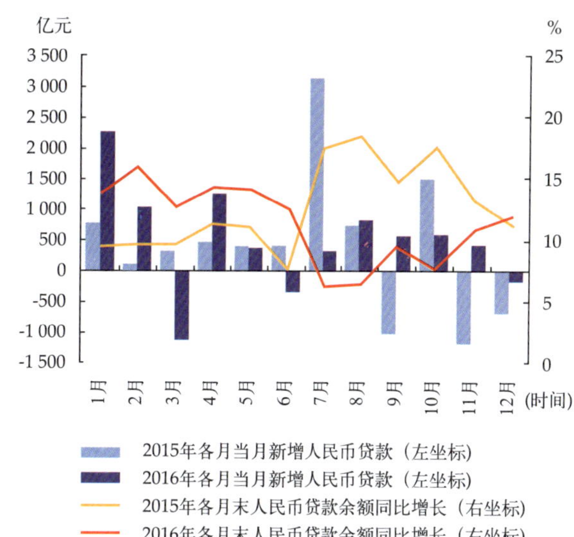

数据来源：中国人民银行营业管理部。

图2　2015～2016年北京市金融机构人民币贷款增长变化

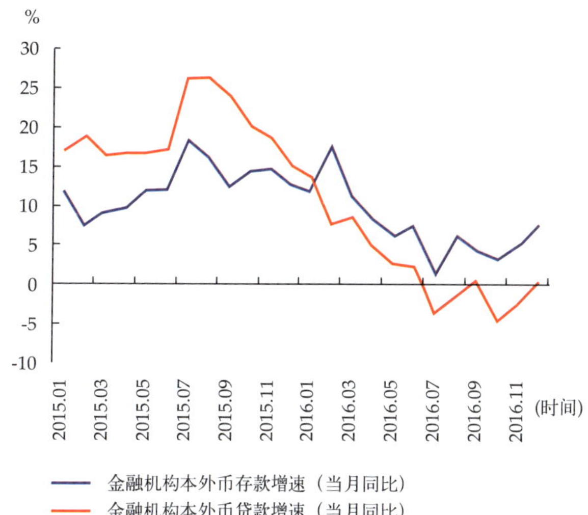

数据来源：中国人民银行营业管理部。

图3　2015～2016年北京市金融机构本外币存、贷款增速变化

（不含票据融资，下同）同比增长36.9%，小微企业本外币贷款余额同比增长21.5%，比大型企业和中型企业分别高19.9个百分点和16.2个百分点。

4. 表外业务增长较快，托管资产业务和金融机构的委托贷款业务增速突出。2016年年末，北京地区银行业金融机构表外业务余额同比增长21.9%，较表内资产增速高12个百分点。其中，托管资产业务余额占比提高25.4%；委托贷款余额同

表2　2016年北京市金融机构人民币贷款各利率区间占比

单位：%

月份		1月	2月	3月	4月	5月	6月
合计		100.0	100.0	100.0	100.0	100.0	100.0
下浮		54.9	57.6	51.2	58.9	55.2	52.5
基准		16.3	18.7	18.5	14.2	15.2	15.9
上浮	小计	28.8	23.7	30.3	26.9	29.7	31.6
	(1.0，1.1]	6.9	5.5	7.5	8.6	6.8	8.4
	(1.1，1.3]	7.7	6.3	8.6	6.9	8.1	10.1
	(1.3，1.5]	3.8	3.1	2.9	2.1	3.9	3.9
	(1.5，2.0]	6.3	6.1	8.4	6.8	8.2	6.9
	2.0以上	4.1	2.6	2.9	2.6	2.7	2.2
月份		7月	8月	9月	10月	11月	12月
合计		100.0	100.0	100.0	100.0	100.0	100.0
下浮		51.7	50.7	49.1	53.8	53.8	64.6
基准		17.1	15.0	19.7	14.6	16.3	13.7
上浮	小计	31.2	34.4	31.2	31.7	29.9	21.7
	(1.0，1.1]	5.6	7.4	7.4	7.0	6.9	5.6
	(1.1，1.3]	9.7	9.6	7.7	6.7	7.8	7.3
	(1.3，1.5]	4.2	4.9	4.8	6.1	5.0	2.9
	(1.5，2.0]	8.7	9.3	8.3	8.1	7.2	4.4
	2.0以上	2.9	3.1	2.9	3.9	3.0	1.6

数据来源：中国人民银行营业管理部。

比增长7.5%，增速有所放缓，但金融机构作为委托人发放的委托贷款余额同比增长83.4%。表外理财资金稳步增长，2016年年末，北京地区银行理财产品本外币资金余额同比增长54.8%，比全市本外币各项存款余额增速高47.1个百分点。2016年北京市银行理财产品累计募集资金占全国比重为11%，比上年增加1.2个百分点。

5. 人民币存贷款利率平稳运行，外币存贷款利率波动明显。2016年，人民币一般贷款加权平均利率水平在4.8%上下30个基点幅度内波动运行。全年金融机构执行下浮利率的人民币贷款占比较2015年明显上升，2016年年末升至2011年以来最高点，其中小微企业从之前的20%提升至47.5%。人民币存款利率总体较为平稳，活期存款利率稳定，定期存款利率小幅上升。外币存款利率整体同比上升，外币贷款利率于年末冲高（见图4）。北京地区市场利率定价自律机制有效运行，引导实体经济融资成本下降，2016年，北京辖内人民币贷款加权平均利率为4.83%，同比降低65个基点。

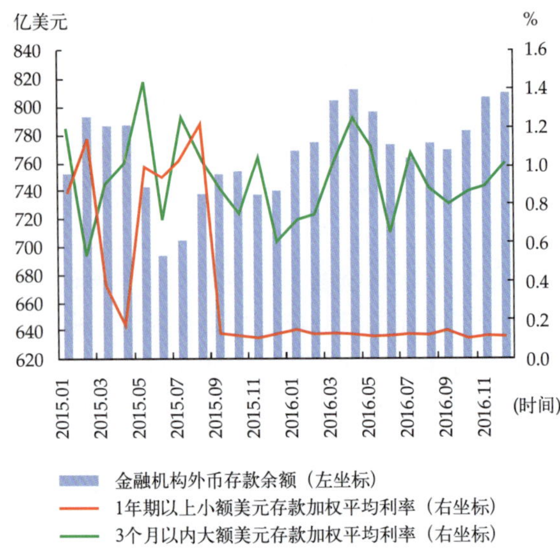

数据来源：中国人民银行营业管理部。

图4　2015～2016年北京市金融机构外币存款余额及外币存款利率

6. 信用风险抵补能力较强，各项指标保持稳定。受中钢债务重组影响，2016年年末，辖内银行业金融机构不良贷款率为0.6%，同比下降0.1个百分点；法人银行类金融机构拨备覆盖率为279.2%，远高于150%的监管要求，信用风险抵补能力较强。法人银行类金融机构资本充足率为13.9%，同比上升0.2个百分点；流动性比例为55.8%，同比上升11.3个百分点；累计外汇敞口头寸比例为3.1%，同比下降1.2个百分点。

7. 银行业机构改革稳步推进，金融服务能力不断提高。2016年，首家民营银行中关村银行筹建；服务于普惠金融的社区支行、小微支行发展较快；新设12家小额贷款公司。部分村镇银行增设监事会完善内部监督，同时压缩决策链条。国有企业改革促使财务公司重组整合，涉及北京辖内10家财务公司。

8. 使用人民币进行国际结算的能力不断增强。2016年，北京地区跨境人民币结算1万亿元，业务笔数11.5万笔。自2010年6月23日试点启动至2016年年末，北京地区跨境人民币收付涉及的国家和地区已达197个。2016年，北京地区经常项目人民币收付5 495.8亿元，资本与金融项目人民币收付4 831.9亿元。2016年年末，北京地区已有94家跨国企业集团开立人民币双向资金池专用账户，累计归集跨境收入869.9亿元，累计跨境支出885.3亿元；北京地区银行已经与境外74个国家和地区的648家银行建立了代理行关系，为境外机构开立人民币结算账户960个，北京地区银行与境外银行间的融资余额达到4.2万亿元。

专栏1　2016年北京辖内财务公司信贷资金运用情况

近年来，伴随着总部经济的兴起和产融结合的加快推进，财务公司数量快速增加，大型集团企业借助成立财务公司归集、使用资金的意愿和能力明显增强。北京作为总部企业、中央企业聚集地，财务公司数量占全国的三分之一，资产规模占近六成。为了深入了解财务公司资金运用和支持实体经济情况，中国人民银行营业管理部对辖内73家财务公司进行了全面调查。调查结果显示，财务公司大部分资金用于向大型企业成员单位发放低利率贷款，此外绝大部分资金以同业存款的形式存放银行，投向货币市场、债券市场、资本市场等领域的资金规模整体较小。

一、北京辖内财务公司整体情况

（一）公司数量快速增加

2016年年末，北京地区共有财务公司73家（其中2家已被合并但尚未注销），占辖内地方法人金融机构数量超过六成，其中57%为中央企业财务公司。近三年新成立财务公司近20家，2016年以来新成立3家财务公司。

（二）资产用途以贷款和存放同业为主

2016年年末，北京地区财务公司资产总额为2.6万亿元，增长了13.7%；负债总额为2.2万亿元，增长了13.1%。资产总额中，贷款余额和同业存放余额均为1.09万亿元，占比分别为42.2%、41.8%；债权投资、股权投资、买入返售资产和存放央行存款余额分别为406亿元、1 293.5亿元、376.9亿元和 1 799.9亿元，占比分别为1.56%、5.0%、1.5%和6.9%。

（三）区域信贷规模占比上升

2016年年末，北京地区财务公司（按接入统计系统机构口径）人民币贷款余额10 965.6亿元，全年新增人民币贷款1 975.3亿元，同比多增563.5亿元，占辖内法人金融机构新增贷款比重为69.8%，比上年提高8.8个百分点。

二、北京辖内财务公司信贷资金运用分析

（一）信贷资金占比提高

2016年以来，财务公司资金运用结构发生明显改变，信贷资产占比超过存放同业。各项贷款余额占全部资金运用比重从2013年的46%逐年降至2015年年末的40%，但2016年以来迅速回升至6月末的近50%。2016年年末，各项贷款余额占全部资金运用比重为42.8%，较上年略有提升。

财务公司对集团成员单位经营的信贷支持明显加大。2016年年末，北京地区财务公司境内人民币单位经营贷款比年初增加1 268.1亿元，同比多增580.3亿元，占各项贷款新增额的比重从2015年年末的48.8%上升至2016年年末的64.2%。

（二）贷款利率低于银行业整体水平

财务公司作为企业集团内部金融机构，一般会向成员单位提供比外部金融机构更为优惠的贷款利率。2016年1～12月，辖内财务公司人民币贷款加权平均利率为4.1184%，比全辖金融机构贷款利率平均值低71个基点。

（三）委托贷款有向自营贷款转化的趋势

近年来，随着市场环境变化以及监管要求调整，财务公司委托贷款出现向自营贷款转化的趋势。2016年年末，北京地区财务公司人民币委托贷款余额同比减少7.9%，明显低于同期自营贷款增速，委托贷款与各项贷款余额之比从2015年年末的1.4∶1降至2016年年末的1.1∶1。主要原因一是财务公司资金平台作用增强，存款集中度普遍提升，资金通过“存放财务公司→财务公司贷款”的方式进行配置，借助委托贷款进行资金配置的传统模式逐步被替代。二是金融监管部门通过窗口指导，要求部分委托贷款业务规模较大的财务公司减少委托贷款存量。

（二）证券业发展整体稳健，新三板及四板市场融资功能增强

1. 证券机构运行平稳，上市进程有序推进。2016年年末，辖内法人证券公司18家，与上年相同；法人期货公司19家（见表3），较上年减少1家；期货分支机构95家，较上年增加1家；法人基金公司19家，较上年增加2家。法人证券公司资产总额7 593.9亿元，同比下降9.5%；法人基金公司管理基金年末资产净值1.6万亿元，同比下降8%。2016年，中信建投证券股份有限公司在香港上市，中国银河证券股份有限公司在上海交易所的首发申请获证监会核准，国都证券有限责任公司在全国股份转让系统挂牌。

2. 证券公司收入结构相对集中，期货基金业保持稳步增长。2016年，法人证券公司营业收入同比下降38.4%。证券公司收入的主要来源仍集中在证券经纪业务、投资收益和投资银行业务，分别为160.1亿元、134.8亿元和132.7亿元。期货公司资产总额同比增长20.7%；期货代理交易额48.3万亿元，利润总额11.2亿元。辖区法人基金公司管理基金514只，同比增长33.9%。2016年，北京辖区法人基金管理公司新发基金171只，同比增长27.6%；新发基金首次募集金额同比增长4.6%。

表3　2016年北京市证券业基本情况

项目	数量
总部设在辖内的证券公司数（家）	18
总部设在辖内的基金公司数（家）	31
总部设在辖内的期货公司数（家）	19
年末国内上市公司数（家）	281
当年国内股票（A股）筹资（亿元）	1 504
当年发行H股筹资（亿元）	—
当年国内债券筹资（亿元）	—
其中：短期融资券筹资额（亿元）	—
中期票据筹资额（亿元）	—

注：当年国内股票（A股）筹资额是指非金融企业境内股票融资。
数据来源：中国人民银行营业管理部、北京证监局。

3. 新三板挂牌公司数量增长迅速，四板市场融资功能显著提高。2016年年末，全国中小企业股份转让系统挂牌公司总数达10 163家，较上年增加5 034家；总股本和总市值同比分别增长97.7%和65%；挂牌公司共实现股票融资同比增长14.4%。北京四板市场挂牌企业90家，较上年增加13家；四板市场实现股权融资同比增长112.3%；债权融资45.1亿元，同比增长55.7%。

（三）保险市场实现较快发展，社会服务功能进一步加强

1. 行业实力稳步增强，市场秩序继续好转。2016年年末，北京共有保险总公司45家（见表4），其中，财产险公司16家，人身险公司29家。保险分公司100家，外资代表处79家。保险专业中介法人机构404家，保险专业代理机构7 102家，保险销售从业人员13.2万人。全年原保险保费收入同比增长31%；累计赔付支出同比增长17.8%；保险深度7.4%，同比上升1.1个百分点。保险销售人员的队伍稳定性和素质专业程度进一步提高；人身险保单继续率指标由84%提升至86.9%，新单回访问题件率由9.2%下降至5.8%，新单销售品质投诉率由0.073%下降至0.005%，市场秩序继续好转。

2. 财产险业务平稳发展，人身险业务增速较快。2016年，北京地区财产险公司实现保费收入同比增长8.6%；累计赔款支出同比增长11.8%。其中，车险业务和非车险业务保费收入同比分别增长7.3%和11.4%。受利率下行、费改产品集中涌现和代理人队伍快速扩张的影响，2016年北京市人身险公司保费收入同比增长38.7%，非保险合同业务本年新增交费同比增长68.7%。

3. 保险业突出保障功能，社会服务功能进一步加强。2016年年末，安全生产责任险已覆盖31个行业，累计投保企业2.1万家，提供风险保障

895.5亿元。新农合“共保联办”已覆盖11个区，服务的参合人群达188.5万人。全市政策性农业保险保费收入同比增长4.4%。医疗责任保险投保医疗机构1 288家次，提供风险保障11.3亿元，累计处理纠纷798件，赔款支出0.7亿元，对快速化解医患纠纷起到重要作用。

表4　2016年北京市保险业基本情况

项目	数量
总部设在辖内的保险公司数（家）	45
其中：财产险经营主体（家）	16
人身险经营主体（家）	29
保险公司分支机构（家）	100
其中：财产险公司分支机构（家）	42
人身险公司分支机构（家）	58
保费收入（中外资，亿元）	1 839
其中：财产险保费收入（中外资，亿元）	392
人身险保费收入（中外资，亿元）	1 447
各类赔款给付（中外资，亿元）	596.6
保险密度（元/人）	8 467.8
保险深度（%）	7

数据来源：中国保监会官方网站、北京保监局。

（四）债券融资大幅增加，货币市场交易活跃，金融创新不断加快

1. 社会融资规模有所下降，人民币贷款占比显著提高。2016 年，北京地区非金融企业社会融资规模达13 446.1 亿元，比上年同期少1 922.8 亿元。其中，人民币贷款占社会融资规模的40.1%，比上年提高10.2 个百分点。委托贷款、信托贷款和未贴现银行承兑汇票合计占社会融资规模的28.9%，比上年高7.5个百分点。2016年，北京地区企业债券净融资占社会融资规模的28%，较上年低18.7 个百分点；非金融企业境内股票融资占社会融资规模的10.9%（见图5）。

2. 货币市场净融出处于历史高位，债券投资大幅增加，货币市场利率平稳上升。2016年，北京地区金融机构同业拆借和债券回购累计净融出资金239.3万亿元，同比增长22.3%；债券现券净买入1.2万亿元，同比增长15.4倍。2016年，中国人民银行加强价格型货币政策工具运用，稳定市场利率，货币市场利率整体小幅上升，信用拆借、质

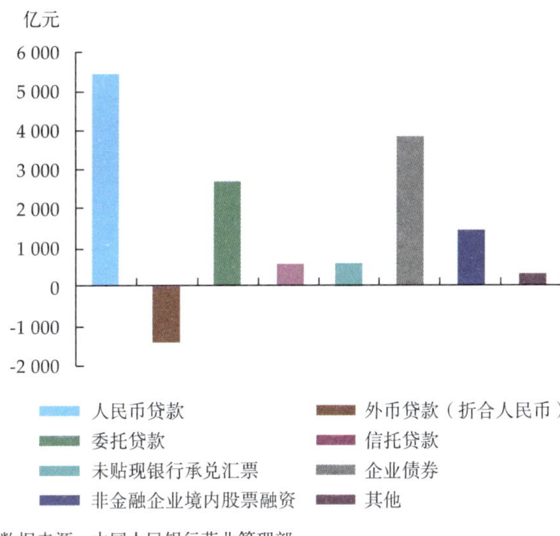

数据来源：中国人民银行营业管理部。

图5　2016年北京地区社会融资规模分布结构

押式回购和买断式回购平均利率比2015年分别上升16.3个基点、16.9个基点和21.2个基点。

3. 票据市场运行平稳，银行承兑汇票余额小幅增长，票据贴现余额有所下降。2016年，北京市金融机构累计签发银行承兑汇票同比下降3.2%，累计贴现票据金额同比增长57.3%，回购式转贴现累计转入票据金额同比下降85.5%。2016年年末，银行承兑汇票余额同比增长9.7%，票据贴现余额同比下降15.8%，回购式转贴现转入余额同比下降95.3%。北京地区票据贴现利率年底大幅上扬（见表6）。

表5　2016年北京市金融机构票据业务量统计

单位：亿元

季度	银行承兑汇票承兑		贴现			
			银行承兑汇票		商业承兑汇票	
	余额	累计发生额	余额	累计发生额	余额	累计发生额
1	2 879	1 373	2 495	33 992	141	235
2	2 856	1 577	2 272	27 995	138	199
3	3 720	1 782	2 213	19 990	141	175
4	3 413	1 708	1 998	10 348	129	213

数据来源：中国人民银行营业管理部。

4. 政府债务余额总体下降，地方债券发行规模同比减少。2016年年末，北京政府债务余额3 741.2亿元，同比下降34.7%。2016年，北京市政府增加地方债券发行额度，从原定全年计划发行债券金额

表6　2016年北京市金融机构票据贴现、转贴现利率

单位：%

季度	贴现		转贴现	
	银行承兑汇票	商业承兑汇票	票据买断	票据回购
1	3.3571	4.4238	2.9227	3.2216
2	3.2770	4.3915	2.7368	2.9084
3	2.8722	4.6380	2.6775	2.7740
4	3.3159	4.3702	2.7764	3.2823

数据来源：中国人民银行营业管理部。

964亿元增至1 166.4亿元，比2015年发行减少12亿元。其中，置换644.4亿元，新增522亿元；一般债券601.6亿元，专项债券564.8亿元。按区域分布，市级、区级置换债券额度分别为448.6亿元、717.8亿元。债券发行方式分为定向发行和公开招标发行，额度分别为354亿元和812.4亿元[①]。

5. 金融科技不断推进金融业务创新。2016年，传统金融机构不断深化技术层面的创新应用，将移动支付、智能投顾、大数据风控等新技术与传统金融业务相结合，实现金融服务效率的大幅提升。互联网金融企业在监管政策引导下，积极向信息中介服务及销售服务转型，同时加快在传统金融业务领域布局，金融服务领域不断拓展。

（五）区域金融改革稳步推进，各项试点工作有序推进

金融改革稳步推进。积极推动北京市服务业扩大开放综合试点，服务业对外吸引力不断增强，中关村外债宏观审慎管理改革试点稳步推进，试点业务笔数和金额均居全国首位，参与试点业务企业一年可节约财务成本约7.7亿元。继续推进跨境电子商务外汇支付试点，为电子商务和服务贸易发展提供更多便利，北京市成为全国试点机构最多、试点业务范围最广的城市。扎实推进大兴区农村金融试验区改革，加大对都市型现代农业发展的金融支持力度，2016年共为22家农业企业及合作社贷款利息补贴467万元。有序推进农村承包土地经营权抵押贷款试点工作，2016年累计发放农村承包土地经营权抵押贷款1 357万元。

（六）金融生态环境持续优化，各项工作取得积极成效

探索将个人信用报告查询服务网点信息载入百度地图，便利个人征信服务。深入开展中关村示范区小微企业信用体系试验区建设，首都社会信用体系建设水平全面提升。大小额支付系统和网上支付跨行清算系统业务金额保持全国首位，北京CCPC“双活模式”同城备份中心全面投入运行，在全国率先开展CCPC全科目跨站点演练，支付体系建设走在全国前列。研究制订《北京农村支付环境建设经费补贴方案》，鼓励金融机构加大农村支付服务力度，着力消除农村金融服务短板。加快辖内金融IC卡受理环境非接建设，积极推广金融IC卡应用，截至2016年年末，北京地区金融IC卡累计发卡8 430余万张，POS终端非接受理支持率达92.9%。有效处置辖内机构客户信息泄露事件，优化12363呼叫中心系统，2016年累计受理各类咨询投诉1.9万余件。坚持金融知识宣传与打击违法犯罪并举，开展防范电信网络欺诈、反假货币、征信、反洗钱等宣传活动，严厉打击电信网络新型违法犯罪活动及制贩假币、洗钱等各类违法违规行为，有力维护首都金融市场秩序，提高社会公众的金融意识。

二、经济运行情况

2016年，北京市牢固树立创新、协调、绿色、开放、共享的发展理念，坚持稳中求进工作总基调，坚持首都城市战略定位，着力推进供给侧结构性改革，加快疏功能、转方式、治环境、补短板、促协同，全市经济运行呈现稳中有进、稳中向好、稳中提质的良好态势。初步核算，2016年全市实现地区生产总值24 899.3亿元，按可比价格计算，同比增长6.7%（见图6）。

①采用《关于北京市政府债务管理情况及2016年预算调整方案的报告》中的数据。

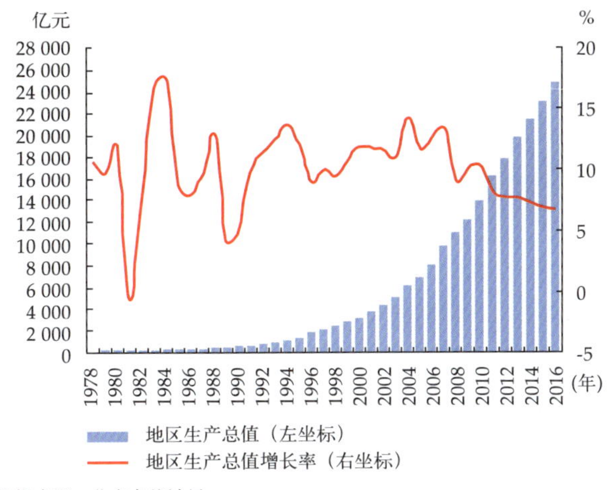

数据来源：北京市统计局。

图6　1978~2016年北京市地区生产总值及其增长率

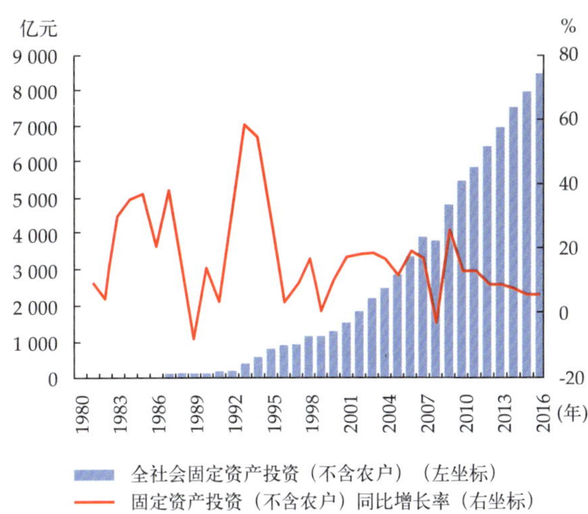

数据来源：北京市统计局。

图7　1980~2016年北京市固定资产投资（不含农户）及其增长率

（一）三大需求协调发展，经济在新常态下平稳运行

2016年，北京市经济社会保持平稳健康发展，实现了“十三五”良好开局。第一至第四季度的GDP累计同比增速分别为6.9%、6.7%、6.7%和6.7%，全年GDP增速比上年回落0.2个百分点。从三大需求看，北京市投资稳步增长，消费增速平稳，进出口规模略有收缩。

1. 投资稳步增长，基础设施投资带动作用明显。2016年,全年完成全社会固定资产投资8 461.7亿元，同比增长5.9%（见图7），增速比上年上升0.2个百分点。从结构看，民间投资下降5.6%；房地产开发投资下降4.3%；基础设施投资增长10.3%，对投资增长的贡献率接近一半，投资继续向公共交通和民生领域倾斜。重点行业投资增势良好，租赁和商务服务业、高技术制造业、文体娱乐业等重点行业投资增速较高。分产业看，三大产业完成投资增速分别为-10.1%、6.8%和6.1%，投资结构进一步优化。

2. 居民收入稳步增加，消费结构进一步升级。2016年，全市城乡居民收入增长总体稳定，居民人均可支配收入实际增长6.9%，快于经济增速0.2个百分点。按常住地分，城乡居民收入分别实际增长6.9%和7.0%。全年实现市场总消费19 926.2亿元，比上年增长8.1%。其中，服务性消费8 921.1亿元，增长10.1%；社会消费品零售总额11 005.1亿元，增长6.5%（见图8）。消费结构进一步升级。限额以上批发和零售企业中，汽车类、通信器材类、文化办公用品类、家用电器和音像器材类以及体育、娱乐用品类实现零售额分别增长6.9%、8.8%、4.7%、19.4%和21.1%。服务性消费引领首都消费转型升级。2016年，全市实现服务性消费增长10.1%，占市场总消费的44.8%，成为带动消费增长的主要力量。

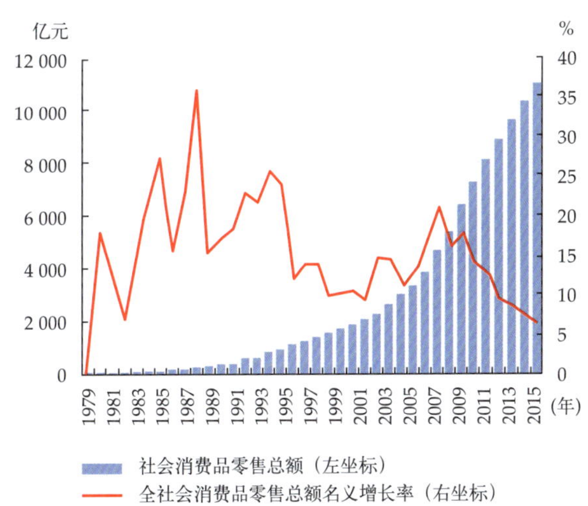

数据来源：北京市统计局。

图8　1979~2016年北京市社会消费品零售总额及其增长率

3. 进出口略有下降，利用外资稳健增长。受世界经济复苏乏力的影响，北京地区进出口规模有所收缩。2016年，北京地区进出口总值2 820.0亿美元，同比下降11.7%。其中，出口518.4亿美元，同比下降5.2%；进口2 301.6亿美元，同比下降13.1%（见图9）。2016年，北京市实际利用外资130.3亿美元，同比增长0.3%（见图10）。服务业扩大开放全面深化，新引进外资123.2亿美元，占全市实际利用外资的94.7%。

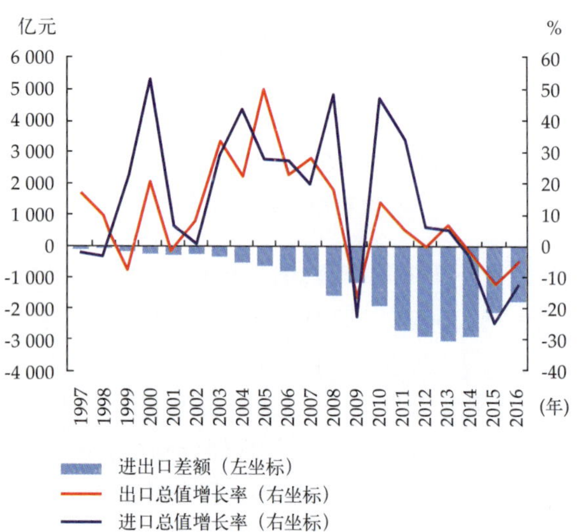

数据来源：北京市统计局。

图9　1997～2016年北京市外贸进出口变动情况

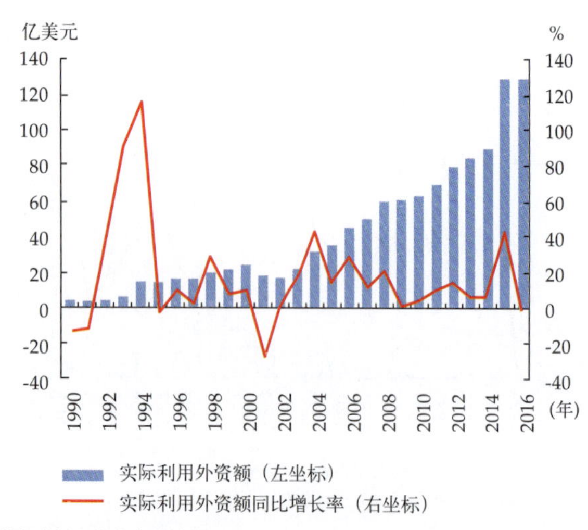

数据来源：北京市统计局。

图10　1990～2016年北京市实际利用外资额及其增长率

（二）产业结构调整深入推进，经济运行质量进一步提升

2016年，北京市持续促进产业结构优化升级，三次产业构成由2015年的0.6 : 19.7 : 79.7进一步调整为0.5 : 19.2 : 80.3。

1. 传统农业继续收缩，都市型农业稳步发展。2016年，全市继续推进农业转型升级，传统农业规模进一步收缩，观光休闲农业、设施农业等都市型现代农业实现了较快发展。农林牧渔业总产值338.1亿元，同比下降8.2%。休闲农业稳步增长，全年观光园实现收入同比增长6.3%，民俗游实现收入同比增长11.7%。会展农业蓬勃发展，2016年举办的第四届北京农业嘉年华活动和世界月季洲际大会，接待人次和经济收入实现较高增长。设施农业效益提升，2016年设施农业亩均收入同比增长10.6%。

2. 工业生产稳中有进，结构优化升级。2016年，北京市围绕供给侧结构性改革，坚持推进结构改革和转型升级，实现工业增加值3 884.9亿元，比上年增长5.0%，其中规模以上工业增加值增长5.1%（见图11）。制造业高端化加快发展，成为拉动工业增长的主要动力。高技术制造业、现代制造业、战略性新兴产业增加值分别增长3.4%、11.9%和3.8%。重点行业中，与消费领域紧密相连的行业稳步向好。汽车制造业增加值同

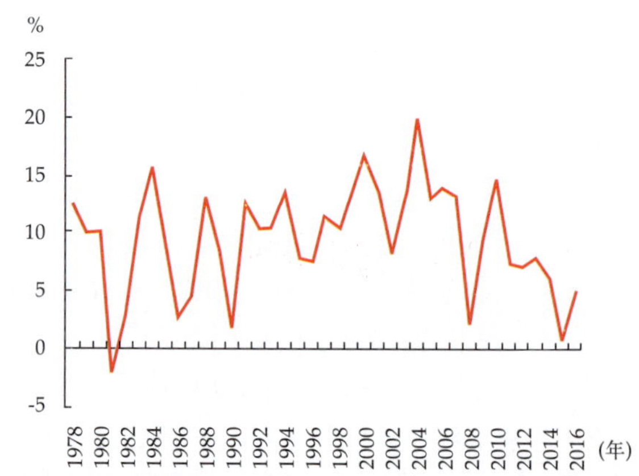

数据来源：北京市统计局。

图11　1978～2016年北京市规模以上工业增加值同比增长率

比增长25.6%，计算机、通信和其他电子设备制造业增加值同比增长1%，医药制造业增加值同比增长8.5%。2016年，全市规模以上工业企业经济效益综合指数为323.3，比上年提高11.5个点，实现利润1 549.3亿元，比上年下降0.7%。

3. 服务业增势平稳，产业结构优化。2016年，北京市服务业发展向好，增加值增长7.1%。金融、信息、科技服务业等优势行业继续发挥支撑作用。金融业增长9.3%，信息传输、软件和信息技术服务业增长11.3%，科学研究和技术服务业增长10.2%。此外，生活性服务业增长加快为服务业发展注入新的动力，其中居民服务业、文体娱乐业增加值分别增长9.1%和7.8%。公共服务业增势较好，其中卫生和社会工作，水利、环境和公共设施管理业以及教育增加值分别增长7.1%、8.7%和9.1%。

4. 加快推进供给侧结构性改革，非首都功能疏解有序推进。首先，经济发展新动能持续培育。北京市制订供给侧结构性改革实施方案，“三去一降一补”任务全面落实。提前完成国家下达化解煤炭产能180万吨的年度任务。“营改增”改革试点全面推开，新增减税175.7亿元。降低社会保险费率，减轻企业负担50亿元。2016年，全市新经济实现增加值8 132.4亿元，同比增长10.1%，占全市地区生产总值的比重为32.7%。高技术产业、战略性新兴产业等新产业，网上零售、互联网金融等新业态，新能源汽车、卫星导航定位接收机等新产品快速发展。其次，非首都功能疏解全面发力。2016年，全市规模以上法人单位减少250家，8成以上集中在制造业、批发零售业、住宿餐饮业和房地产业，控增量成效明显。疏存量进展顺利，关停退出一般制造业和污染企业335家，拆除和清退各类商品交易市场117家。另外，生态建设大力推进。2016年，规模以上工业综合能源消费量和单位增加值能耗同比分别下降6.5%和11%。能源品种结构继续优化，规模以上工业能耗中煤炭占比下降6个百分点，天然气占比提高7.9个百分点。北京市细颗粒物（PM2.5）和可吸入颗粒物（PM10）年均浓度值分别比上年下降9.9%和9.8%。北京市森林覆盖率达到42.3%，提高0.7个百分点。

（三）价格涨幅基本稳定，工业生产者价格持续下降

1. 居民消费价格稳定，消费结构转变。2016年，全市居民消费价格总水平同比上涨1.4%，涨幅比上年回落0.4个百分点。八大类商品和服务项目价格“五升三降”：食品烟酒类价格上涨3%，衣着类价格上涨0.2%，居住类价格上涨3.7%，医疗保健和个人用品类价格上涨2.6%，其他用品和服务类价格上涨4.3%；生活用品及服务类价格下降0.8%，娱乐教育文化用品及服务类价格下降1.7%，交通和通信类价格下降3.4%。

2. 工业生产价格进一步回落，降幅有所减小。2016年，北京市工业生产者出厂和购进价格延续了2015年的回落态势，工业生产者出厂价格指数同比下降1.9%，降幅比上年收窄1.2个百分点，降幅高于全国0.5个百分点。工业生产者购进价格指数同比下降1.5%，降幅比上年收窄4.8个百分点，降幅低于全国0.5个百分点。

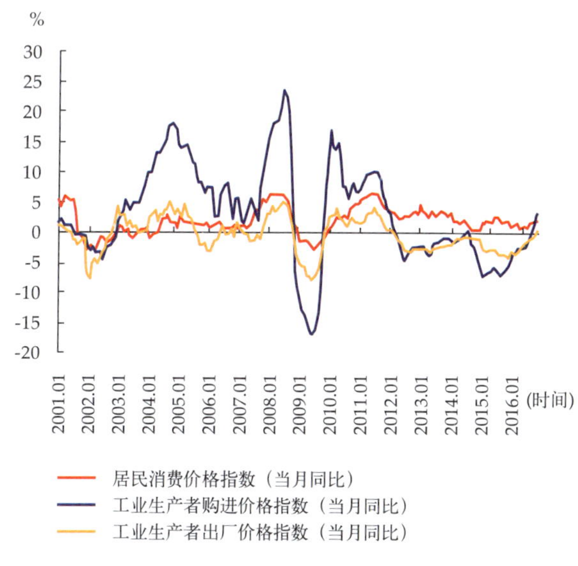

数据来源：北京市统计局。

图12　2001～2016年北京市居民消费价格和生产者价格变动趋势

3. 劳动力成本增长平稳，社会保障水平进一步提高。2016年，北京市居民人均工资性收入33 114元，同比增长9.5%。其中，城镇居民人均工资性收入35 701元，同比增长9.6%；农村居民人均工资性收入16 638元，同比增长7.4%。就业形势保

持稳定，城镇新增就业42.8万人，比上年增加0.2万人，城镇登记失业率为1.41%，比上年年末提高0.02个百分点。社会保障水平进一步提高，六项社会保险待遇标准联动调整：企业退休职工基本养老金平均水平从3 355元提高到3 573元，涨幅为6.5%；城乡居民基础养老金、福利养老金增幅分别为8.5%和10.4%；伤残津贴增幅达9.8%；失业保险金每档增加90元；企业最低工资标准增幅达9.9%。

4. 资源性产品价格改革继续深化，利用价格杠杆促进资源节约。2016年,北京市继续在水、天然气等方面推进资源性产品价格改革，提升能源运行综合调节水平。首先，进一步实施居民阶梯水价。2016年5月1日起，非居民用水价格从每立方米8.15元提高到城六区每立方米9.5元、其他地区每立方米9元。其次，实施阶梯气价。自2016年1月1日起正式实施居民生活用气阶梯价格制度，一年用气量不超过350立方米，气价维持原有2.28元/立方米的水平，350~500立方米每立方米2.5元，500立方米以上每立方米3.9元，这也意味着北京市全面实现居民用水用电用气阶梯价格制度。

（四）财政收支平稳增长，财政支出结构进一步优化

2016年，北京市财政收入保持平稳增长。地方公共财政预算收入5 081.3亿元，比上年增长7.5%，财政收入运行保持在合理区间。随着经济结构不断优化，科技创新等因素成为财政收入稳定增长的新动力。全市高新技术企业财政收入增幅超过20%，总部企业贡献财政收入近四成，形成较强支撑力，规模以上现代制造业财政收入增长31%。全年地方公共财政预算支出6 406.7亿元，增长11.7%。公共服务重点领域投入力度加大，其中，用于住房保障、节能环保、交通运输、城乡社区的支出分别增长2倍、19.8%、19.6%和12.5%。财政支出在疏解非首都功能、促进京津冀协同发展，推动创业创新、构建“高精尖”经济结构，加强生态环境建设、建设和谐宜居之都，加强城市精细化管理、破解城市发展难题，提升公共服务水平、推动公共事业发展等方面效果明显。

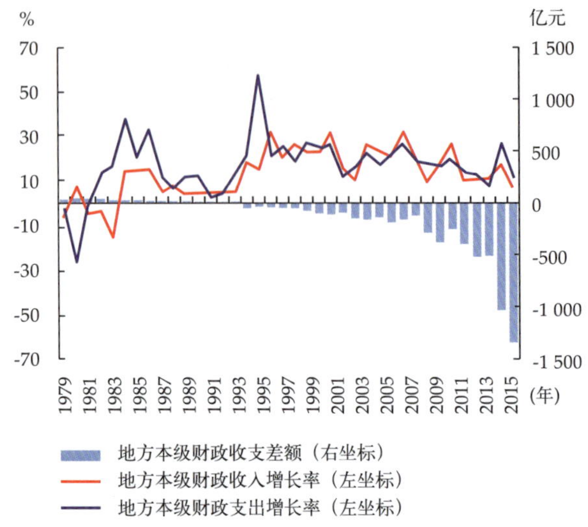

数据来源：北京市统计局。

图13　1979～2016年北京市财政收支状况

专栏2　北京辖内商业银行创新融资方式　积极推动金融支持京津冀协同发展

为了解北京地区金融机构支持京津冀协同发展情况，中国人民银行营业管理部对辖内工商银行北京市分行等5家商业银行进行调研。调查显示，北京地区商业银行不断创新融资模式，大力支持京津冀协同发展，但在实践中也面临融资期限错配、政府项目推进要求与银行风险管理要求存在差异等问题。

一、在京商业银行主动创新融资模式，积极服务京津冀协同发展

一是探索“全融资”模式，服务区域产业升级。为贯彻落实京津冀协同发展战略，推进供给侧结构性改革，加强区域水泥市场整合，集中优质产能，淘汰低效产能，北京金隅股份有限公司和唐山市国资委对冀东水泥股份有限

公司进行战略重组。工商银行北京市分行牵头各金融机构，对重组提供并购贷款债务重组和债转股等一揽子融资方案。其中，债转股采用有限合伙基金模式投入企业，置换企业存量融资，有效降低企业财务杠杆。

二是与产业基金联动撬动京津冀PPP市场。2016年4月成立的“京津冀城际铁路发展基金”主要投资于铁路工程建设及沿线综合开发，工商银行北京市分行、北京银行均计划投资该基金。北控水务集团发起的“北京通州水环境建设基金”主要投向京津冀地区水环境治理项目以及全国水厂建设项目，工商银行北京市分行拟以理财资金投资参与其中。

三是跨行跨地区业务合作机制初步建成。商业银行加强了行际合作和地区间合作，组织银团贷款，支持交通建设、疏解项目等重大项目和重点领域。农业银行北京市分行牵头组织了北京新机场项目银团贷款和北京环球主题公园银团贷款项目。

二、主要工作难点和问题

一是政府项目推进工作要求与银行风险管理要求存在矛盾。2016年8月，北京市政府为加快城市副中心公共服务类建设项目落地，印发《北京市公共服务类建设项目投资审批改革试点实施方案》，将相关建设项目的开工审批手续优化为“一会三函”(一会指市政府召开会议集体审议决策，三函包括前期工作函、设计方案审查意见、施工意见登记书三份文件)，其他各项法定审批手续在竣工验收前完成即可。而《商业银行房地产贷款风险管理指引》第十五条规定，商业银行对未取得国有土地使用证、建设用地规划许可证、建设工程规划许可证、建筑工程施工许可证的项目不得发放任何形式的贷款；第十六条规定，商业银行对申请贷款的房地产开发企业，应要求其开发项目资本金比例不低于35%。目前，商业银行是否可以对已取得“一会三函”手续，但尚未办理其他行政审批手续，或项目公司资本金还未达到监管要求比例的项目提供融资，尚需监管部门明确指导意见。

二是政府主导项目融资利率要求偏低与银行资金成本走高存在矛盾，且项目融资期限过长可能给银行带来流动性压力。从资金来源和用途看，京津冀协同发展项目期限相对于一般债权类投资较长，最长期限20~30年，银行资金存在较大错配压力。从收益兑现方式看，受期限及退出机制影响，产业投资类基金通常是在退出时统一清算收益，投资存续期内没有固定现金流支付，这给对接产业投资基金的短期理财资金带来流动性管理压力。

（五）主要行业分析

1. 房地产市场止升回稳。2016年，北京市坚决贯彻落实房地产调控部署，及时出台调控政策，政策效果明显，第四季度商品住房成交量价止升回稳，市场逐步回归理性。房地产贷款尤其是个人住房贷款仍保持较快增长，差别化住房信贷政策效果逐步显现。

（1）房地产开发投资同比负增长，开发企业资金来源量同比继续增长。2016年，北京市完成房地产开发投资同比减少4.3%，2015年为增长8.1%，主要是由于土地购置价款同比减少8.7%，而2015年为增长37.0%；占全社会固定资产投资的比重为47.8%，比2015年下降5.1个百分点。房地产开发企业项目到位资金同比增长10.7%，比2015年提高2.5个百分点，其中金融贷款、定金及预收款同比增长9.0%、42.5%，自筹资金、利用外资同比分别下降13.1%、80.8%。

（2）商品住房未来供给指标整体呈下降趋势，积极推进住房保障工作。2016年，商品房新开工面积同比增长0.8%，其中住宅新开工面积同比增长0.8%；商品房竣工面积同比减少9.4%，其中住宅竣工面积同比减少7.5%；累计出让居住用地规划建筑面积同比减少75.0%，土地购置面积同比减少31.6%。2016年，保障性住房新开工5.6万套、竣工6.4万套、完成投资658亿元，均超额完成任务。截至2016年年末，北京累计销售自住型商品住房项目59个、签约5.6万套，累计发放市场租房补贴3.7万余户、12.3亿元。

（3）新建商品房销售额、销售面积同比保持正增长，待售面积同比有所减少。2016年，商品房销售额同比增长29.7%，比2015年提高1.3个百分点，其中住宅销售额同比增长11.3%，比2015年下降8.2个百分点。商品房销售面积同比增长7.7%，比2015年提高1.1个百分点，其中住宅销售面积同比减少11.9%，降幅比2015年扩大10.7个百分点。2016年年末，商品房待售面积同比减少0.3%，其中住宅待售面积同比减少2.5%。2016年9月30日，京政办发〔2016〕46号文将首套房贷的最低首付比例从30%提高至普通住房35%、非普通住房40%；根据借款人申请住房贷款时拥有的房屋套数认定贷款套次，原来已经拥有一套住房并结清相应住房贷款的家庭，再次申请住房贷款的从原来执行首套房贷政策调整为执行二套房贷政策。

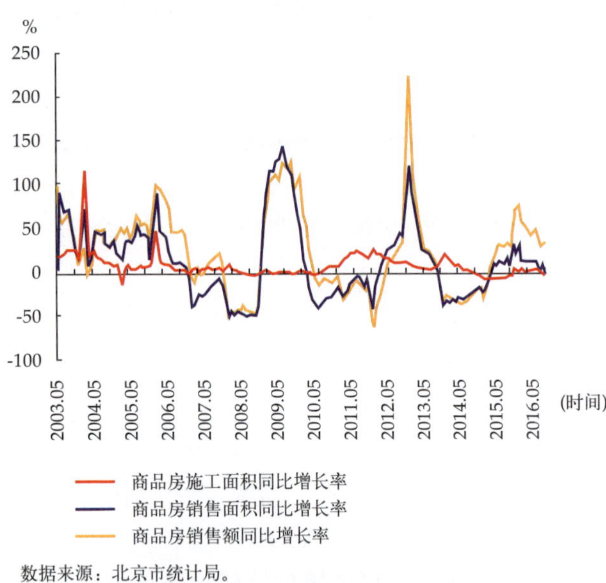

数据来源：北京市统计局。

图14　2003～2016年北京市商品房施工和销售变动趋势

（4）价格指数涨幅快速回落，租金水平涨幅扩大。北京市新建商品住房、二手住房价格指数分别由1月环比上涨1.1%、2.3%扩大至9月的4.9%、5.7%；10月大幅回落至0.6%、1.1%，11月

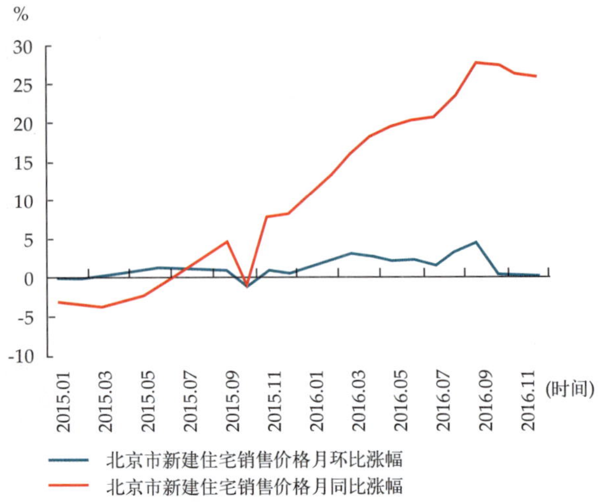

数据来源：北京市统计局。

图15　2015～2016年北京市新建住宅销售价格变动趋势

进一步收窄至0.0%、0.2%，12月为下降0.1%、上涨0.2%。住房平均租金同比上涨15.7%，比2015年提高11.2个百分点。

（5）购房贷款拉动房地产贷款快速增长，新建商品住房、二手房贷款月度新增额创历史新高。2016年年末，北京市金融机构本外币房地产贷款同比增长24.0%，比2015年提高6个百分点。房地产开发贷款同比减少0.2%，而2015年为增长8.9%。个人住房贷款余额同比增长41.3%，比2015年提高11个百分点；在二手房成交量大幅增长的带动下，银行二手房按揭贷款业务增速明显高于新建商品住房贷款，新建商品住房贷款、二手房贷款月度新增额分别在2016年6月（89.1亿元）、11月（194.5亿元）创2010年以来的最高纪录。

2. 北京市文化创意产业发展呈现稳中有进态势。2016年，北京市共完成文化创意产业固定资产投资同比增长5.4%，占全社会固定资产投资的比重为4.4%；文化创意产业全年共实现增加值同比增长12.3%，占地区生产总值的14.3%，比上年提高0.5个百分点，对地区生产总值的贡献率达到20.3%，对带动经济增长和促进提质增效发挥了重要作用。文化金融发展稳步推进，金融对文化创意产业发展的促进作用不断提升。2016年年末，北京市中资银行文化创意产业人民币贷款余额同比增长38.8%，1~12月累计发放贷款同比增长38.1%。其中，文化艺术、软件网络及计算机服务、广告会展、艺术品交易、旅游休闲娱乐等子行业贷款余额增速分别为18%、68.1%、13%、96%和83.7%。

3. 北京市科技创新中心建设取得显著进展。2016年年末，北京市技术合同成交额占全国总量的1/3，科技进步对经济增长的贡献率超过60%，全市公民科学素养达标率达17%，成为全国创新资源最集聚、创新成果最多、创新创业最活跃的地区。中关村作为首个国家自主创新示范区，在推进创新创业和京津冀协同发展方面发挥了积极作用。2016年，中关村示范区新创办科技型企业24 607家，同比增长1.5%；新增上市公司20家，首次公开募股融资额近140亿元。2016年年末，中关村企业已到天津和河北建立分支机构5 849家，其中，分公司2 709家，子公司3 140家。全市科技金融服务水平持续提升，科技金融服务体系不断完善。2016年年末，北京市中资银行高新技术产业人民币贷款余额同比增长7.5%。其中，国家重点支持的高新技术领域中的电子信息技术、新材料技术、新能源及节能技术、高新技术改造传统产业余额增速分别为44.1%、67.5%、31.2%和50.7%。

三、预测与展望

2017年是实施“十三五”规划、推进供给侧结构性改革的关键一年，也是落实《京津冀协同发展规划纲要》的重要一年。首都经济发展面临难得的历史机遇，也存在诸多挑战。总体看，2017年北京市经济运行将延续2016年下半年以来缓中趋稳、稳中向好的态势。

从国际环境看，全球经济总体虽然呈现复苏态势，但强劲增长的动力依然不足，贸易和投资保护主义势力有所抬头，主要经济体政策不确定性较大，国际政治博弈的日趋加剧会对中国对外贸易产生较大影响。从国内环境看，经济运行保持在合理区间，随着供给侧结构性改革、简政放权和创新驱动战略不断深化实施，微观主体活力和经济增长新动能不断增强；货币政策总体保持稳健中性，也有利于引导更多的资金和资本流向实体经济，为首都经济发展提供有力的支撑。

从自身发展看，北京市牢固确立“四个中心”的首都城市战略定位，切实履行“四个服务”职责。以疏解非首都功能为重点的京津冀协同发展战略稳步实施，通过区域间优势互补，做好产业对接协作，加强区域生态环境保护，有助于缓解首都人口资源环境的突出矛盾，提升经济社会发展质量和可持续性。全国科技创新中心、文化中心建设已成为首都发展的新引擎。深化服务业扩大开放综合试点，有利于促进服务业转型升级和服务贸易发展，打造更有国际竞争力的投资环境。

从需求动力看，2017年北京市固定资产投资需求仍然旺盛，深入推动京津冀协同发展、治理“大城市病”、构建“高精尖”经济结构等相关重点项目正在加快实施；城市副中心、冬奥会、世园会等重大建设任务全面展开，对全市投资增长提供有效支撑；城市规划建设管理体制改革、落实促进民间投资27条具体措施的深入推进，也为投资发展提供了内生动力。消费方面，消费品标准升级和质量提升规划的实施，有助于满足传统消费升级需求，也为健康养老、文化体育、休闲旅游等新兴服务消费与传统商业消费的融合发展创造了有利条件，消费稳定增长的基础更加坚实。对外贸易方面，“一带一路”战略推进、中蒙俄经济走廊沿线重点城市合作，以及服务业扩大开放综合试点的进一步实施，都为外资外贸稳中有进创造了积极条件，预计2017年北京市进出口将有所回升。

从金融运行情况看，2017年北京市金融业将进一步加大对首都特色产业和重点领域的支持力度，做好供给侧结构性改革金融服务工作，提高对实体经济的服务效率。亚投行、丝路基金和亚洲金融合作协会等国际金融组织选址北京，有助于优质金融资源加速集聚，巩固总部金融优势地位。京津冀协同发展和建设全国科技创新中心等国家重大战略的实施将为首都金融业发展提供更广阔空间。严格落实房地产金融调控政策，房地产市场的价格和预期将更加稳定，有助于引导社会资金流向实体经济。

2017年，中国人民银行营业管理部将全面贯彻中央经济工作会议、全国金融工作会议精神，认真落实中国人民银行工作会议的各项部署，坚持稳中求进工作总基调，适应把握引领经济发展新常态，加强预期引导，深化创新推动，认真贯彻落实稳健中性的货币政策，切实防范和化解区域性金融风险，着力提升金融服务和管理水平，支持经济发展方式转变和经济结构调整，促进首都经济金融提质增效、升级发展。

中国人民银行营业管理部货币政策分析小组
总　纂：周学东　贺同宝
统　稿：魏海滨　张　丹　王丝雨
执　笔：邓凯宏　韩睿玺　刘文权　张素敏　孙伊展　王　瑞　苏乃芳　谌春秋　赵　强　朱琳琳
张向军　吕潇潇　童怡华　单　方　卢　静　周　翔　朱　睿
提供材料的还有：李海辉　周　丹　黄美娟　赵晓英　唐　均　张　煜　张英男　卢　朋

附录

（一）2016年北京市经济金融大事记

3月1日，北京市金融工作局印发《北京市交易场所管理办法实施细则》。

5月21日，“反假货币宣传微视频创作比赛”在京正式启动。

5月30日，北京市人民政府办公厅印发《北京市互联网金融风险专项整治工作实施方案》。

8月1日，北京地区电信网络新型违法犯罪交易风险事件管理平台正式上线。

8月5日，北京市服务业扩大开放综合试点示范区在朝阳区正式揭牌。

9月6日，北京地区外汇市场自律机制成立大会暨外汇和跨境人民币业务展业公约签约仪式成功举办。

9月30日，北京市人民政府办公厅发布《关于促进本市房地产市场平稳健康发展的若干措施》。

9月20日，京津冀协同发展人民银行三地协调机制正式建立。

11月3日，以“互通要素、双向投资、同享机遇、共创繁荣”为主题的第二十届北京·香港经济合作研讨洽谈会——京港金融服务合作论坛在京召开。

11月30日，北京市个人公共信用信息社会查询服务正式启动。

（二）2016年北京市主要经济金融指标

表1　2016年北京市主要存贷款指标

		1月	2月	3月	4月	5月	6月	7月	8月	9月	10月	11月	12月
本外币	金融机构各项存款余额（亿元）	126 336	131 832	126 995	128 822	132 216	134 814	135 631	139 501	133 695	136 641	138 300	138 409
	其中：住户存款	27 627	27 749	28 255	28 198	28 370	28 713	28 532	28 612	28 967	28 828	29 073	29 506
	非金融企业存款	45 303	44 448	47 515	46 755	47 296	48 717	48 283	50 149	50 230	50 906	51 680	53 735
	各项存款余额比上月增加（亿元）	-2 240	5 496	-4 836	1 827	3 394	2 598	817	3 869	-5 805	2 946	1 659	109
	金融机构各项存款同比增长（%）	12.0	17.7	11.2	8.6	6.3	7.6	1.3	6.3	4.5	3.5	4.9	7.7
	金融机构各项贷款余额（亿元）	60 644	61 458	60 015	61 160	61 537	61 099	61 375	62 096	62 492	63 194	63 616	63 739
	其中：短期	18 088	18 819	17 937	17 878	18 174	18 508	18 264	18 260	18 254	18 618	18 615	18 694
	中长期	34 200	34 364	34 581	34 876	35 275	35 604	35 875	36 137	36 470	36 723	37 111	37 471
	票据融资	2 557	2 527	2 571	2 666	2 557	2 297	2 087	2 137	2 269	2 352	2 346	2 061
	各项贷款余额比上月增加（亿元）	2 084	815	-1 443	1 145	377	-438	275	721	397	702	421	124
	其中：短期	178	731	-882	-59	296	334	-244	-4	-6	364	-3	79
	中长期	532	165	216	295	399	329	271	262	333	253	387	361
	票据融资	178.2	-29.8	43.9	94.3	-108.3	-260.3	-210.2	50.2	131.6	82.9	-5.8	-284.4
	金融机构各项贷款同比增长（%）	11.7	13.1	9.9	11.0	10.8	9.4	4.0	3.3	6.6	5.3	8.0	8.8
	其中：短期	1.7	6.0	-0.3	-1.1	0.0	3.2	1.9	2.5	5.3	7.8	7.0	4.4
	中长期	9.4	9.6	9.9	10.3	10.5	10.1	11.1	9.7	9.8	10.8	11.5	11.3
	票据融资	37.0	33.3	44.6	51.6	42.7	15.5	-6.9	-15.5	-12.4	-11.5	-7.4	-13.4
	建筑业贷款余额（亿元）	1 816	1 795	1 747	1 754	1 791	1 782	1 824	1 827	1 788	1 820	1 841	1 707
	房地产业贷款余额（亿元）	11 943	12 058	12 259	12 471	12 792	13 046	13 233	13 471	13 819	14 052	14 291	14 426
	建筑业贷款同比增长（%）	3.6	2.1	4.0	-0.1	0.7	0.9	3.3	4.1	5.0	7.5	12.4	10.1
	房地产业贷款同比增长（%）	19.7	16.9	18.2	19.6	20.4	20.1	18.7	19.0	21.0	22.9	23.7	24.0
人民币	金融机构各项存款余额（亿元）	121 294	126 761	121 801	123 577	126 975	129 683	130 561	134 327	128 560	131 338	132 746	132 792
	其中：住户存款	26 570	26 671	27 167	27 100	27 253	27 567	27 362	27 436	27 759	27 529	27 686	28 012
	非金融企业存款	42 792	41 934	44 805	44 016	44 612	46 145	45 720	47 489	47 640	48 253	48 903	50 998
	各项存款余额比上月增加（亿元）	-2 476	5 467	-4 959	1 776	3 398	2 707	878	3 765	-5 767	2 778	1 409	45
	其中：住户存款	-171	101	496	-68	154	314	-206	74	323	-230	157	326
	非金融企业存款	-1 061	-858	2 871	-789	596	1 533	-426	1 770	151	612	650	2 096
	各项存款同比增长（%）	12.2	18.3	11.4	8.6	6.0	7.1	0.7	6.2	4.4	3.2	4.4	7.3
	其中：住户存款	6.1	5.3	6.5	6.8	8.7	8.3	6.7	7.0	6.3	6.3	6.9	4.8
	非金融企业存款	12.1	13.5	19.3	15.1	13.9	14.3	12.0	13.1	15.9	19.4	17.0	16.3
	金融机构各项贷款余额（亿元）	52 832	53 862	52 737	54 011	54 393	54 066	54 369	55 206	55 771	56 365	56 778	56 619
	其中：个人消费贷款	9 150	9 184	9 399	9 593	9 856	10 181	10 384	10 698	11 011	11 272	11 627	11 796
	票据融资	2 557	2 527	2 571	2 666	2 557	2 297	2 087	2 137	2 269	2 352	2 346	2 061
	各项贷款余额比上月增加（亿元）	2 272	1 031	-1 126	1 275	381	-327	303	838	565	594	413	-159
	其中：个人消费贷款	235	34	215	194	263	325	203	315	313	261	355	169
	票据融资	178	-30	44	94	-108	-260	-210	50	132	83	-6	-284
	金融机构各项贷款同比增长（%）	14.0	16.0	12.7	14.3	14.2	12.6	6.3	6.4	9.6	7.6	10.8	12.0
	其中：个人消费贷款	24.0	23.1	24.7	25.7	27.1	28.8	28.4	29.6	30.1	31.6	33.0	32.3
	票据融资	37.0	33.3	44.6	51.6	42.7	15.5	-6.9	-15.5	-12.4	-11.5	-7.4	-13.4
外币	金融机构外币存款余额（亿美元）	769.6	774.8	803.9	812.0	796.6	773.8	762.3	773.3	769.1	784.0	806.4	809.7
	金融机构外币存款同比增长（%）	2.2	-2.3	2.1	3.1	7.3	11.5	8.0	4.8	2.2	3.9	9.3	9.4
	金融机构外币贷款余额（亿美元）	1 192.3	1 160.5	1 126.5	1 106.8	1 086.0	1 060.7	1 053.4	1 029.7	1 006.5	1 009.6	992.9	1 026.5
	金融机构外币贷款同比增长（%）	-8.1	-9.8	-11.6	-14.1	-16.2	-17.4	-17.9	-19.7	-17.4	-15.9	-17.5	-16.7

数据来源：中国人民银行营业管理部。

表2　2001～2016年北京市各类价格指数

单位：%

年/月	居民消费价格指数		农业生产资料价格指数		工业生产者购进价格指数		工业生产者出厂价格指数	
	当月同比	累计同比	当月同比	累计同比	当月同比	累计同比	当月同比	累计同比
2001	—	3.1	—	2.0	—	0.5	—	-0.6
2002	—	-1.8	—	-7.6	—	-2.9	—	-3.4
2003	—	0.2	—	2.4	—	4.7	—	1.5
2004	—	1.0	—	6.2	—	14.2	—	3.0
2005	—	1.5	—	2.9	—	11.4	—	1.3
2006	—	0.9	—	-0.9	—	5.5	—	-0.9
2007	—	2.4	—	14.4	—	5.0	—	-0.3
2008	—	5.1	—	12.3	—	15.8	—	3.3
2009	—	-1.5	—	-1.7	—	-11.4	—	-5.6
2010	—	2.4	—	6.5	—	10.5	—	2.2
2011	—	5.6	—	10.7	—	8.4	—	2.3
2012	—	3.3	—	4.7	—	-1.3	—	-1.6
2013	—	3.3	—	4.7	—	-2.2	—	-2.6
2014	—	1.6	—	-0.3	—	-1.2	—	-0.9
2015	—	1.8	—	—	—	-6.3	—	-3.1
2016	—	1.4	—	—	—	-1.5	—	-1.9
2015　1	0.4	0.4	—	—	-5.7	-5.7	-1.7	-1.7
2	1.7	1.0	—	—	-7.3	-6.5	-2.8	-2.3
3	1.6	1.2	—	—	-6.7	-6.6	-3.1	-2.5
4	2.0	1.4	—	—	-6.4	-6.5	-3.0	-2.7
5	1.8	1.5	—	—	-6.3	-6.5	-2.5	-2.6
6	1.7	1.5	—	—	-5.9	-6.4	-2.8	-2.6
7	2.3	1.6	—	—	-5.9	-6.3	-3.0	-2.7
8	2.6	1.7	—	—	-6.4	-6.3	-3.4	-2.8
9	2.3	1.8	—	—	-6.9	-6.4	-3.6	-2.9
10	1.9	1.8	—	—	-6.4	-6.4	-3.7	-3.0
11	1.9	1.8	—	—	-5.9	-6.3	-3.8	-3.0
12	2.0	1.8	—	—	-5.6	-6.3	-4.2	-3.1
2016　1	1.2	1.2	—	—	-4.3	-4.3	-3.3	-3.3
2	1.3	1.3	—	—	—	—	—	—
3	1.6	1.4	—	—	-3.5	-3.7	-3.4	-3.4
4	1.4	1.4	—	—	-2.8	-3.5	-3.0	-3.3
5	0.9	1.3	—	—	-2.6	-3.3	-2.8	-3.2
6	0.7	1.2	—	—	-2.5	-3.2	-2.3	-3.0
7	1.1	1.2	—	—	-2.5	-3.1	-1.8	-2.9
8	1.0	1.1	—	—	-1.7	-2.9	-1.4	-2.7
9	1.6	1.2	—	—	-0.4	-2.6	-1.1	-2.5
10	1.9	1.3	—	—	0.3	-2.3	-0.9	-2.3
11	2.0	1.3	—	—	2.4	-1.9	-0.2	-2.2
12	2.1	1.4	-1.0	—	3.7	-1.5	0.7	-1.9

数据来源：北京市统计局。

表3　2016年北京市主要经济指标

	1月	2月	3月	4月	5月	6月	7月	8月	9月	10月	11月	12月
绝对值（自年初累计）												
地区生产总值（亿元）	—	—	5 451.9	—	—	11 413.8	—	—	17 367.8	—	—	24 899.3
第一产业	—	—	18.9	—	—	51.2	—	—	91.6	—	—	129.6
第二产业	—	—	996.8	—	—	2 010.5	—	—	3 064.5	—	—	4 774.4
第三产业	—	—	4 436.2	—	—	9 352.1	—	—	14 211.7	—	—	19 995.3
工业增加值（亿元）	—	—	—	—	—	—	—	—	—	—	—	—
固定资产投资（亿元）	—	574.8	1 217.2	1 774.6	2 437.3	3 361.6	4 071.4	4 801.3	5 805.6	6 678.2	7 531.4	8 461.7
房地产开发投资	—	313.8	667.8	947.6	1 199.7	1 670.6	2 002.1	2 294.4	2 839.2	3 231.0	3 626.3	4 045.4
社会消费品零售总额（亿元）	—	1 616.9	2 434.9	3 255.2	4 077.7	4 976.3	5 879.5	6 783.8	7 758.0	8 805.1	9 904.4	11 005.1
外贸进出口总额（亿元）	1 308.2	1 124.4	1 499.4	1 421.2	1 561.3	1 587.9	1 763.8	1 637.1	1 681.0	1 522.0	1 593.3	1 925.8
进口	1 045.1	913.8	1 243.5	1 178.9	1 293.3	1 295.0	1 453.2	1 349.4	1 391.0	1 230.6	1 270.4	1 542.9
出口	263.2	210.5	255.9	242.3	268.1	292.8	310.6	287.7	290.0	291.4	322.9	382.8
进出口差额(出口－进口)	-781.9	-703.3	-987.5	-936.6	-1 025.2	-1 002.2	-1 142.6	-1 061.7	-1 101.1	-939.3	-947.5	-1 160.1
实际利用外资（亿美元）	47.1	52.0	57.3	84.2	88.7	117.0	121.0	123.7	126.2	129.4	130.0	130.3
地方财政收支差额（亿元）	424.9	250.4	-24.5	201.9	158.0	-66.7	-139.7	-240.9	-509.5	-285.1	-626.9	-1 080.1
地方财政收入	791.0	1 109.9	1 428.5	2 024.6	2 559.7	2 869.1	3 407.1	3 681.3	3 999.8	4 589.2	4 880.4	5 081.3
地方财政支出	366.1	859.5	1 453.0	1 822.7	2 401.7	2 935.8	3 546.8	3 922.2	4 509.3	4 874.3	5 507.3	6 161.4
城镇登记失业率(%)(季度)	—	—		—	—		—	—		—	—	1.4
同比累计增长率（%）												
地区生产总值	—	—	6.9	—	—	6.7	—	—	6.7	—	—	6.7
第一产业	—	—	-6.3	—	—	-11.1	—	—	-8.5	—	—	-8.8
第二产业	—	—	2.2	—	—	3.2	—	—	4.6	—	—	5.6
第三产业	—	—	8.2	—	—	7.6	—	—	7.3	—	—	7.1
工业增加值	—	-2.5	1.1	1.2	1.6	1.7	2.2	2.9	3.9	3.9	4.7	5.1
固定资产投资	—	6.2	6.7	6.3	6.0	6.2	6.0	6.4	6.2	5.8	5.8	5.9
房地产开发投资	—	-1.7	-2.1	-3.1	-5.8	-7.6	-9.6	-10.4	-7.5	-8.0	-6.4	-4.3
社会消费品零售总额	—	1.0	2.2	3.0	3.1	3.8	3.9	4.3	4.8	5.2	6.1	6.5
外贸进出口总额	-28.2	-16.6	-7.2	-15.6	1.4	-9.1	1.0	9.1	-7.9	0.6	3.7	-1.3
进口	-31.3	-15.6	-10.7	-17.5	1.8	-12.2	-3.5	7.3	-9.3	0.9	5.4	0.3
出口	-12.4	-20.5	14.9	-4.7	-0.6	7.5	29.1	18.7	-0.4	-0.3	-2.6	-7.3
实际利用外资	2.5	5.1	5.3	0.8	1.4	1.8	2.0	2.1	2.0	2.0	2.0	0.3
地方财政收入	15.7	15.5	13.4	13.1	15.6	12.8	10.1	8.3	8.4	9.2	9.6	7.5
地方财政支出	20.0	75.6	39.6	22.9	30.6	24.0	29.7	27.6	27.5	25.7	17.5	16.7

数据来源：北京市统计局。

天津市金融运行报告（2017）

中国人民银行天津分行货币政策分析小组

[内容摘要] 2016年，面对错综复杂的国内外经济形势，天津市牢固树立和贯彻落实新发展理念，主动适应经济发展新常态，积极推进京津冀协同发展和供给侧结构性改革，动能转换加快推进，改革激发发展活力，经济保持平稳增长，“十三五”实现良好开局。

全市金融业认真贯彻落实稳健货币政策要求，加快金融改革创新步伐，大力支持天津自贸区建设，充分发挥金融对经济社会发展的支撑作用。全市金融运行平稳，金融机构稳健经营，金融市场健康发展，金融生态环境持续优化，为经济发展营造了良好的金融环境。

2017年，天津将全面贯彻党的十八大，十八届三中、四中、五中、六中全会精神和中央经济工作会议精神，深入贯彻习近平总书记视察天津提出的“三个着力”重要要求，以推进供给侧结构性改革为主线，加快改革创新和转型升级步伐，促进经济平稳健康发展。全市金融业将认真执行稳健中性的货币政策，继续优化信贷结构，加快金融改革创新步伐，扎实做好风险防控工作，更加有效地满足经济社会发展需求。

一、金融运行情况

2016年，天津市金融业认真贯彻落实稳健货币政策，加快金融改革创新步伐，进一步培育良好的金融发展环境，努力提高服务实体经济水平。

（一）银行业稳健运行

1. 资产规模增速加快，收入和利润负增长。2016年年末，天津市银行业金融机构资产总额4.8万亿元，同比增长5.8%，增速较上年提高4.1个百分点；负债总额4.5万亿元，同比增长5.5%，增速较上年提高3.6个百分点。2016年，天津市银行业金融机构累计实现营业收入1 167.0亿元，同比下降0.7%；累计实现净利润416.6亿元，同比下降8.6%。不良贷款延续“双升”走势，2016年年末，天津市银行业金融机构不良贷款比年初增加125.7亿元，不良贷款率较上年年末上升0.26个百分点。

2. 存款少增较多。2016年年末，本外币各项存款余额30 067.0亿元，同比增长6.8%（见图1），比年初增加1 917.7亿元，同比少增1 051.5亿元。从存款结构看，广义政府存款和住户存款同比多增，非银行业金融机构存款和非金融企业存款同比少增较多。其中，广义政府存款全年增加最多，占各项存款增量的34.8%。

表1　2016年天津市银行业金融机构情况

机构类别	营业网点			法人机构（个）
	机构个数（个）	从业人数（人）	资产总额（亿元）	
一、大型商业银行	1 253	28 867	12 295.8	0
二、国家开发银行和政策性银行	13	530	2 810.2	0
三、股份制商业银行	418	11 167	9 663.0	1
四、城市商业银行	336	7 837	9 251.9	1
五、小型农村金融机构	571	8 707	4 473.5	2
六、财务公司	7	216	439.2	6
七、信托公司	2	296	88.1	2
八、邮政储蓄银行	416	2 733	941.6	0
九、外资银行	52	1 155	847.6	1
十、新型农村金融机构	93	1 458	341.5	18
十一、其他	13	1 893	5 885.7	12
合　计	3 174	64 859	47 038.1	43

注：营业网点不包括国家开发银行和政策性银行、大型商业银行、股份制商业银行等金融机构总部数据；大型商业银行包括中国工商银行、中国农业银行、中国银行、中国建设银行和交通银行；小型农村金融机构包括农村商业银行；新型农村金融机构包括村镇银行、贷款公司；“其他”包含金融租赁公司、汽车金融公司、中德住房储蓄银行、金城银行。

数据来源：中国人民银行天津分行、天津银监局。

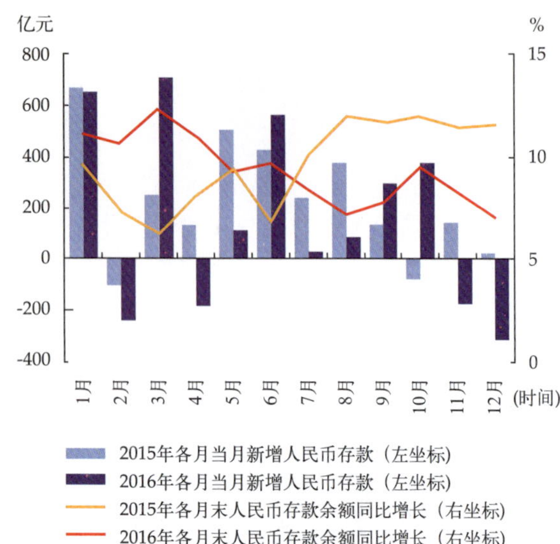

数据来源：中国人民银行天津分行。

图1　2015～2016年天津市金融机构人民币存款增长变化

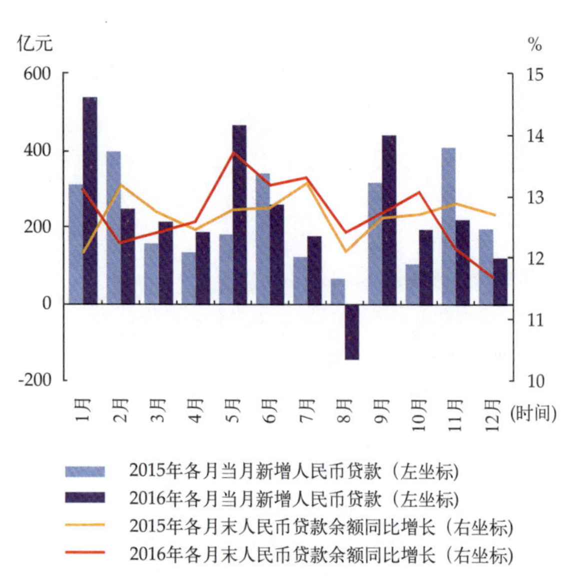

数据来源：中国人民银行天津分行。

图2　2015～2016年天津市金融机构人民币贷款增长变化

3. 贷款平稳增长。2016年年末，本外币各项贷款余额28 754.0亿元，同比增长10.6%（见图3），比年初增加2 759.4亿元，同比多增94.5亿元。住户贷款同比多增较多，非金融企业及机关团体贷款同比少增较多。其中，住户贷款项下的中长期消费贷款同比多增较多，非金融企业及机关团体贷款项下的短期贷款同比多增，中长期贷款同比少增较多，票据融资余额下降。

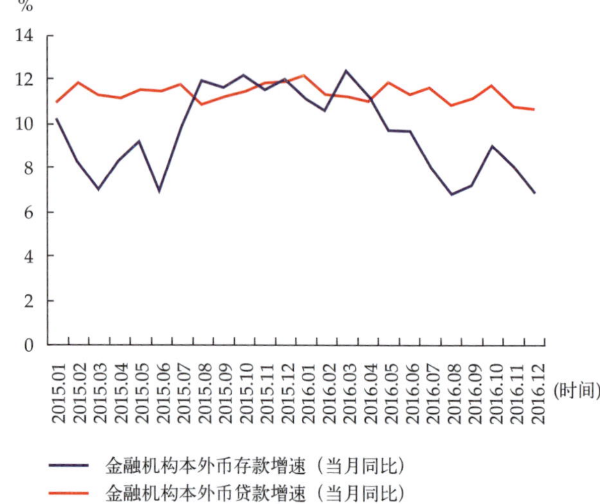

数据来源：中国人民银行天津分行。

图3　2015～2016年天津市金融机构本外币存、贷款增速变化

信贷投向重点突出。小微企业本外币贷款比年初增加838.8亿元，同比多增120.6亿元。租赁和商务服务业本外币贷款比年初增加654亿元，同比多增200.9亿元。制造业本外币贷款比年初增加449亿元，同比多增435.6亿元。

外币存、贷款余额双双下降。2016年年末，外币存款余额147.9亿美元（见图4），增速为-4.3%，比年初下降6.7亿美元，上年是增加20.3亿美元。其中，住户存款同比多增，非金融企业存款下降。外币贷款余额199.8亿美元，增速为-13.1%，比年初下降30.2亿美元。其中，短期贷款下降较多，中长期贷款有所下降，融资租赁增加。

4. 表外融资规模下降，银行承兑汇票下降尤为明显。受融资需求下降和表外业务监管加强影响，商业银行部分表外融资业务逐渐向表内转移,导致表外融资规模下降。2016年，天津市银行业金融机构表外融资净减少78亿元，同比少增886亿元。其中，委托贷款增加1 120亿元，同比多增335亿元；信托贷款增加99亿元，同比少增14亿元；未贴现银行承兑汇票减少1 297亿元，同比多减1 207亿元。

5. 存、贷利率保持较低水平。2016年，天津市金融机构人民币一般贷款加权平均利率为4.93%，比上年下降0.80个百分点，其中2月利率水平最高，12月利率水平最低；执行下浮利率和基准利率贷款占比增加，执行上浮利率贷款占比

表2　2016年天津市金融机构人民币贷款各利率区间占比

单位：%

月份		1月	2月	3月	4月	5月	6月
合计		100.0	100.0	100.0	100.0	100.0	100.0
下浮		18.4	11.7	19.4	22.4	29.8	31.8
基准		23.1	27.5	31.6	27.2	23.1	28.4
上浮	小计	58.5	60.8	48.9	50.4	47.1	39.8
	(1.0，1.1]	27.7	23.7	24.2	22.9	20.5	18.8
	(1.1，1.3]	19.7	19.3	13.3	15.7	15.6	11.3
	(1.3，1.5]	7.1	10.0	7.2	7.6	6.8	5.9
	(1.5，2.0]	3.4	7.5	3.0	3.4	3.2	2.8
	2.0以上	0.5	0.4	1.1	0.8	1.1	1.0
月份		7月	8月	9月	10月	11月	12月
合计		100.0	100.0	100.0	100.0	100.0	100.0
下浮		40.1	28.3	26.2	30.3	36.4	34.7
基准		17.0	25.0	30.7	34.2	21.6	33.3
上浮	小计	42.9	46.8	43.1	35.4	42.0	32.0
	(1.0，1.1]	18.5	18.6	19.4	14.0	16.2	13.7
	(1.1，1.3]	13.0	12.6	13.4	11.3	11.8	9.3
	(1.3，1.5]	7.9	8.2	5.7	6.4	7.6	4.5
	(1.5，2.0]	2.1	5.7	3.0	2.0	4.2	2.9
	2.0以上	1.3	1.6	1.5	1.7	2.2	1.6

数据来源：中国人民银行天津分行。

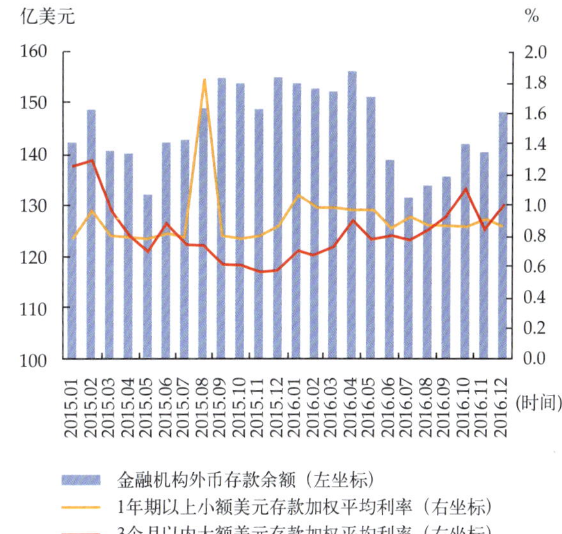

数据来源：中国人民银行天津分行。

图4　2015～2016年天津市金融机构外币存款余额及外币存款利率

减少（见表2）；贴现、转贴现利率继续下降。人民币存款加权平均利率比上年下降0.62个百分点。金融机构逐步完善利率定价机制，天津市利率市场秩序平稳。

专栏1　天津自贸区金融改革有序推进

2015年12月9日，《关于金融支持中国（天津）自由贸易试验区建设的指导意见》（以下简称"金改30条"）正式出台。天津将"金改30条"进一步细化为69项具体措施，截至2016年年末，已推动70%的核心政策落地实施，其中23项措施成效显著。区内主体累计新开立本外币结算账户超过3万个；办理跨境收支达到798.9亿美元，占全市跨境收支的24.6%；结售汇313.8亿美元；跨境人民币结算1 884.8亿元，占全市跨境收支的37.3%。自贸试验区金融改革创新已经成为天津金融业发展的新名片，发挥了为国家试制度、为地方谋发展的重要作用。

第一，大力支持实体经济发展，金融服务高效性凸显。一是拓宽跨境融资渠道。区内主体开展全口径跨境融资外债资金流入2.7亿美元，跨境人民币外债签约总额超过200亿元，发放境外人民币贷款135亿元。二是资金使用效率显著提升。区内主体开展跨境双向人民币资金池业务238.2亿元，区内跨国公司国际、国内外汇资金主账户归集外汇资金6 477.8万美元，区内银行为境外机构办理外汇衍生品交易8.2亿美元。三是促进租赁业快速发展。天津东疆港成为全国唯一获批开展经营性租赁收取外币租金试点的区域，累计办理试点业务13.2亿美元；72家符合条件的融资租赁类公司办理收取外币租金9.2亿美元，办理售后回租项下外币支付货款2.1亿美元，企业减少汇兑损失最高达2%。同时，在支持租赁公司实施外债意愿结汇、开展联合租赁和外汇资金集中运营等方面，实现了多个全国“首单”和“第一”。四是贸易投资更加便利。区内A类企业办理贸易收汇123亿美元，均未经过待核查账户；区内企业办理外商直接投资和境外投资项下各类外汇登记551笔，涉及金额441.5亿美元；区内企业办理外债资金结汇6.5亿美元、资本金结汇4.1亿美元。

第二，金融政策复制性初步实现，简政放权力度不断加大。一是创新政策可复制、可推广取得新进展。截至目前，“金改30条”中关于外债宏观审慎监管、A类企业货物贸易收入不入待核查账户、直接投资外汇登记下放银行办理、外汇资本金和外债资金实行意愿结汇、放宽跨国公司外汇资金集中运营管理准入条件等六项政策已在全国推广。二是行政服务能力和水平不断提升。天津自贸区实现了外汇业务一站式综合服务，审批效率提高75%；畅通区内企业开户“绿色通道”，最大限度缩短办理时间。三是金融基础设施及功能不断完善。从实践看，天津自贸区现行账户体系可以较好地承载金融改革政策。此外，进一步完善了区内金融集成电路卡应用环境，拓宽了应用领域。

第三，京津冀协同发展稳步推进，辐射带动作用日益显著。“金改30条”中创新提出设立京津冀协同发展基金等五项金融支持政策，在建立协调机制、推进金融业务同城化、京津冀信用体系建设、全国动产融资中心建设以及信贷投放和产品创新方面取得了新进展，实现了协同发展与改革创新的有机结合。注资规模100亿元的京津冀产业结构调整引导基金已在天津自贸区正式设立。

第四，切实防范风险，优化金融发展环境。在推动天津“金改30条”实施中，始终坚持促改革与防风险并重。一是建立多维指标体系。结合天津自贸区的特点，从宏观到微观、机构到个人、区内到区外等不同角度，建立监测指标。二是丰富核查手段。将传统监测手段与现代核查技术有机结合，探索搭建针对不同市场主体、行业特点和业务种类的风险预警、应急预案，运用负面清单、约见会谈等监管手段，指导市场主体切实把握好创新政策的内涵、边界和尺度。三是凝聚监管合力。通过搭建内部监管、强化业务指导、建立跨部门协作等手段和机制，增强市场主体风险防范意识和能力，为稳妥有序推进金融改革创新创造有利条件。

6. 跨境人民币业务保持平稳增长。2016年，全市累计办理跨境人民币结算3 356.6亿元，同比增长7.9%。已与137个国家和地区发生跨境人民币结算业务往来。共有5 080余家企业办理跨境人民币业务，同比增长26.5%。业务主要集中在金属矿产销售、电子制造、石油勘探及销售、汽车销售、钢铁化工、批发等行业。

（二）证券期货市场平稳运行

2016年，法人证券公司发展平稳，基金公司规模进一步扩大，期货公司资产规模稳步增长。

1. 证券公司业务发展平稳，风险控制能力保持稳定。法人证券公司资产总额比年初增长14.0%，负债总额比年初增长3.3%。风险覆盖率338.8%，净稳定资金率203.7%。

2. 基金管理公司规模进一步扩大，管理的基金数量有所增加。法人基金资产总额和净资产比年初分别增长36.6%和22.1%。管理基金总数同比增加6只。

表3　2016年天津市证券业基本情况

项目	数量
总部设在辖内的证券公司数（家）	1
总部设在辖内的基金公司数（家）	1
总部设在辖内的期货公司数（家）	6
年末国内上市公司数（家）	45
当年国内股票（A股）筹资（亿元）	71.7
当年发行H股筹资（亿港元）	64.2
当年国内债券筹资（亿元）	1 826.1
其中：短期融资券筹资额（亿元）	474.5
中期票据筹资额（亿元）	651.4

数据来源：天津证监局、中国人民银行天津分行。

3. 期货公司资产规模稳步增长，业务发展稳定。2016年年末，天津市法人期货公司资产总额67.2亿元，比年初增长10.2%；净资产21.4亿元，比年初增长4.4%。全年代理交易量9 079.7万手，同比增长27.0%；实现利润总额同比增长221.9%。

（三）保险业发展态势良好

保险行业发展稳中有进，经济补偿功能得到彰显。

1. 财产险公司业务险种发展平稳，企财险赔付显著提高。全年财产险公司共实现保费收入127.6亿元（见表4），同比增长6.1%。受“7·21”暴雨、“8·12”事故等理赔服务的影响，全年赔款和给付支出94.4亿元，同比增长42.1%，增速较上年上升31.0个百分点，其中，企财险赔款支出同比增长329.4%，增速较上年上升192.0个百分点。

2. 人身险公司产品结构调整效果显著，公司直销渠道保费收入增速明显提高。全年人身险公司共实现保费收入401.9亿元（见表4），同比增长44.6%。从产品结构看，传统人身险业务继续有效发挥保险保障功效，普通人身险实现保费收入227.8亿元，占人身险公司保费收入的56.7%，同比上升10.8个百分点；分红保险实现保费收入119.0亿元，占人身险公司保费收入的29.6%，同比下降9.6个百分点。从渠道结构看，银邮代理渠道实现保费收入201.6亿元，同比增长65.1%，增速与上年基本持平；个人代理162.1亿元，同比增长29.5%，增速较上年上升10.7个百分点；公司直销28.9亿元，同比增长20.0%，增速较上年大幅上升19.8个百分点。

表4　2016年天津市保险业基本情况

项目	数量
总部设在辖内的保险公司数（家）	6
其中：财产险经营主体（家）	2
人身险经营主体（家）	4
保险公司分支机构（家）	55
其中：财产险公司分支机构（家）	23
人身险公司分支机构（家）	32
保费收入（中外资，亿元）	529.5
其中：财产险保费收入（中外资，亿元）	127.6
人身险保费收入（中外资，亿元）	401.9
各类赔款给付（中外资，亿元）	177.7
保险密度（元/人）	3 389.5
保险深度（%）	3.0

数据来源：天津保监局、中国人民银行天津分行。

（四）金融市场健康发展

2016年，天津市金融市场总体运行平稳，票据融资下降。

1. 社会融资规模减少。2016年，天津市社会融资规模为3 594.4亿元，受表外融资萎缩影响，比上年少879.4亿元。从融资结构看，人民币贷款、委托贷款和债务融资占主导地位（见图5）。全年非金融企业债券融资工具发行金额为1 125.9亿元，较上年减少14.8%。在全国银行间市场发行9单永续票据，成功发行全国首单债权融资计划。

2. 货币市场交易平稳增长。2016年，天津市银行间同业拆借市场累计完成信用拆借1 914笔，同比下降0.6%；累计金额11 058.6亿元，同比增长29.3%；净融入资金9 365.1亿元，同比增长30.0%。

3. 票据融资大幅下降。2016年，天津市银行承兑汇票承兑累计发生额较上年同期下降37.5%，票据贴现累计发生额较上年同期下降31.1%。

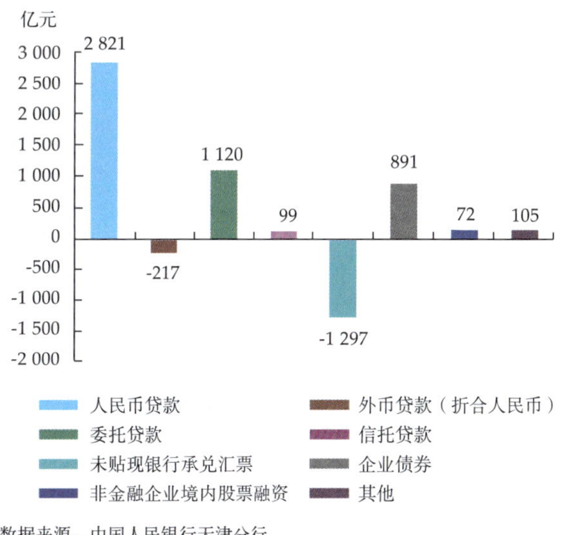

数据来源：中国人民银行天津分行。

图5　2016年天津市社会融资规模分布结构

表5　2016年天津市金融机构票据业务量统计

单位：亿元

季度	银行承兑汇票承兑		贴现			
			银行承兑汇票		商业承兑汇票	
	余额	累计发生额	余额	累计发生额	余额	累计发生额
1	5 189.6	2 137.0	1 550.1	992.7	48.5	83.9
2	4 459.9	3 807.4	680.4	1 602.2	36.8	148.5
3	4 143.9	5 445.5	670.0	2 344.0	21.4	196.7
4	3 143.0	6 375.6	968.8	3 494.9	18.7	68.2

数据来源：中国人民银行天津分行。

表6　2016年天津市金融机构票据贴现、转贴现利率

单位：%

季度	贴现		转贴现	
	银行承兑汇票	商业承兑汇票	票据买断	票据回购
1	3.51	4.11	3.93	2.97
2	3.46	4.11	3.47	2.92
3	2.99	4.60	3.01	2.71
4	3.32	5.00	3.32	2.98

数据来源：中国人民银行天津分行。

专栏2　金融机构积极支持京津冀协同发展

《京津冀协同发展规划纲要》出台以来，金融机构开始打破传统的“属地经营”理念，加快打造内部协调发展机制，支持区域发展。

一、制定出台相关政策制度，对金融协同进行规划和指引

在国家和地方政府政策引导下，金融机构以信贷业务为主线，制定出台相关制度措施，强化金融服务，提高服务效率。有的银行制定了授信指引，明确京津冀协同发展授信投向定位，以及适用于交通一体化、产业转移、环境保护等重点领域的授信支持策略。有的银行制定了服务京津冀协同发展措施，京津冀三地分行分别制订专项工作方案。有的银行制定了以京津冀一体化和自贸区为支撑全力拓展公司信贷业务的具体举措和建议、京津冀协同发展金融资产业务营销方案等制度文件，形成体系完备的金融服务京津冀协同发展工作机制。

二、降低跨地区交易成本，提升金融服务效率

一是1家法人银行在京津地区社区网点首推智能银行业务，利用VTM智能设备、数字媒体和人机交互技术，用户可在2~3分钟完成包括自助发卡、电子银行渠道自助签约、银行卡激活等业务。二是部分银行的借记卡在京津冀地区本行异地柜台享受存款、取款免费。有的银行在京津冀及青岛地区实行金融IC卡“十全十免”优惠，除开卡、换卡、年费等免费外，还免除北京、天津、河北、青岛地区同城跨行ATM取现、转账手续费，以及北京、天津、河北、青岛地区异地跨行ATM取现、转账手续费。有的银行遵循风险收益匹配原则，对于符合标准的京津冀区域内企业采用与本地企业相同的收费标准，降低企业融资和交易成本。

三、推进账户服务同城化发展，提升客户服务便利化水平

商业银行分别研发“单位结算账户异地见证开户”模式，制定异地鉴证单位客户身份证明文件业务运营操作规程，解决跨地域经营的集团客户、上下游供应链客户异地开户难题。有的法人银行支持北京、河北农信个人结算账户在其金融服务站取款，实现京津冀跨省市及时取款和查询。有的法人银行打造B2B电商合作平台，并实现与对钩网的银商对接，在交易场景中为供需双方提供虚拟账户开立、账户充值、资金监管、支付结算、交易对账等功能，为京津冀等周边客户通过互联网进行工业产品交易提供支持和保障。

（五）高水平建设金融创新运营示范区

天津金融业深入贯彻落实各项政策措施，全面建设金融创新运营示范区。

1. 做大做强传统金融机构，加快发展新型金融业态。实现天津金融企业上市零的突破。成立保监会首家批复的金融服务公司。开创了央企在天津发起设立厂商型金融租赁公司的先河。设立京津冀产业结构调整引导基金，首期规模10亿元。

2. 引进全国性金融行业协会。由中国金融四十人论坛（CF40）发起的新型智库——“北方新金融研究院”在天津成立，为天津金融创新发展搭建一流的研究与交流平台。成立融资租赁三十人论坛（天津）研究院，推出了中国融资租赁行业年度报告、中国融资租赁行业景气指数、融资租赁高管决策参考等融资租赁专业产品。

3. 稳步推进自贸试验区金融创新。推动金融支持天津自贸试验区的相关政策快速落地实施，支持自由贸易试验区扩大人民币跨境使用。中新生态城跨境人民币创新业务试点政策扩展到全市范围，扩大了天津市与新加坡金融合作领域。支持京冀地区跨国企业集团利用天津创新政策，开展跨境双向人民币资金池业务，服务区域发展。

（六）金融生态环境建设稳步推进

社会信用体系持续建立健全。建立了社会信用体系建设工作组织领导与推进机制、京津冀区域信用合作协调机制；开展互联网金融创新企业信用体系建设、民营中小企业信息征集及评定工作；在全国率先开展劳动关系和谐企业信用体系建设工作，建立劳动关系和谐企业信息共享机制；依托涉农金融机构，为农户建立电子信用档案，开展农户信用评价；持续开展融资担保机构和小额贷款公司信用评级。

支付体系稳健发展。一是支付系统处理业务量平稳增长。大、小额支付系统处理支付业务同比分别增长10%和5.7%。二是新兴支付业务发展迅速。移动支付业务量、电子商业汇票业务量、支票圈存业务量均同比高速增长。三是支付市场有序发展。积极推动个人银行账户分类管理制度实施，促进各类账户协调发展；各银行机构协助公安机关拦截电信诈骗，打击治理电信网络新型违法犯罪专项行动成效明显；妥善处置无证机构，有效维护了天津市支付市场秩序。四是金融IC卡覆盖公共交通、医疗卫生、社会保障、生活服务等多个领域，累计发行3 485万张。

金融消费权益保护基础设施进一步完善。一是构建了天津市金融消费权益保护工作协调合作机制，确定了天津市金融监管部门开展消费权益保护合作的基本框架和主要内容。二是金融知识宣传教育常态化，金融知识关注重点人群专项教育活动深入开展。三是金融消费权益保护系统运行顺畅，金融消费者投诉分类标准应用试点工作取得初步成效，投诉处置效率大幅提升。

二、经济运行情况

2016年，天津市实现生产总值17 885.4亿元，同比增长9.0%（见图6），三次产业结构为1.2：44.8：54.0，第三产业地位进一步巩固，占比较上年年末提高2个百分点。

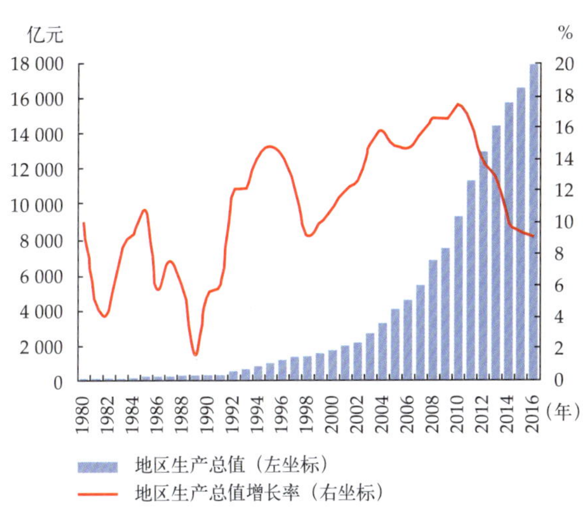

数据来源：天津市统计局。

图6　1980～2016年天津市地区生产总值及其增长率

（一）经济增长动力结构优化升级

1. 投资保持较快增长，结构进一步优化。2016年，天津市全社会固定资产投资14 629.2亿元，较上年增加1 563.4亿元，同比增长12.0%，比上年下滑0.1个百分点（见图7）。一是服务业投资贡献突出。第三产业投资10 376.6亿元，增长14.0%，占全社会投资的71.0%，比上年提高1.3个百分点，对全市投资增长的贡献率达81.6%。二是实体投资主体地位进一步巩固。完成实体投资9 590.1亿元，增长17.2%，占全社会投资的65.7%，比上年提高3个百分点。三是新兴产业、新型业态和新的商业模式投资增势迅猛。高技术制造业投资444.8亿元，增长34.8%；高技术服务业投资530.4亿元，增长39.8%。

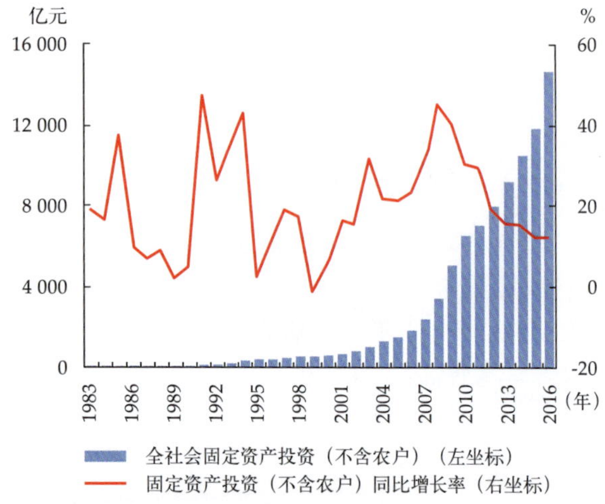

注：图中2011年以前为全社会固定资产投资数据，2011年（含）以后为固定资产投资（不含农户）数据。
数据来源：天津市统计局、《中国经济景气月报》。

图7　1983～2016年天津市固定资产投资（不含农户）及其增长率

2. 消费总体运行平稳，转型升级趋势明显。2016年，天津市社会消费品零售总额5 635.8亿元，增长7.2%，比上年下滑3.5个百分点（见图8）。一是体育、娱乐、休闲等商品销售较好。限额以上体育娱乐用品零售额增长29.4%，化妆品、电子音像制品零售额分别增长6.4%和8.6%。二是房地产市场活跃带动相关消费持续火热。建筑及装潢材料、家电和音像器材零售额分别增长39.9%和13.0%。三是旅游消费市场活跃。邮轮母港接待邮轮总数创历史新高，机场旅客吞吐量达到1 687.2万人次，增长17.9%。四是大众餐饮消费持续活跃。限额以下住宿餐饮业营业额679.2亿元，增长

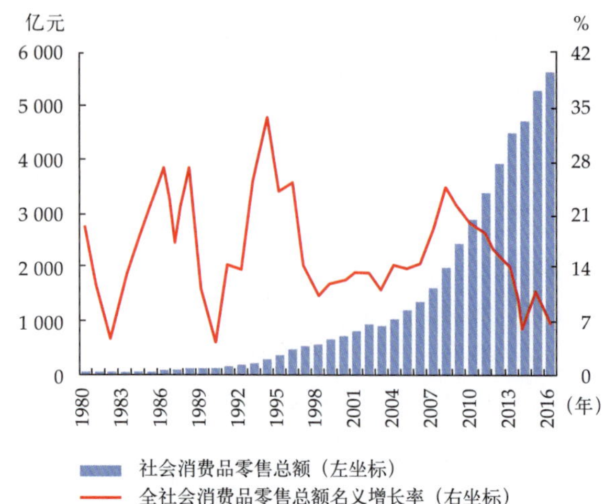

数据来源：天津市统计局。

图8　1980～2016年天津市社会消费品零售总额及其增长率

13.1%，高于全市平均增幅2.3个百分点，占全市营业额的81.9%。五是高端餐饮转型成效明显。限额以上住宿餐饮业实现小幅增长，营业额150.5亿元，增长1.4%。

3. 进出口回稳向好，开发开放水平持续提升。2016年，全市外贸进出口总额1 026.5亿美元，同比下降10.2%，降幅较上年收窄4.4个百分点。其中，外贸进口583.7亿美元，同比下降7.6%；出口442.9亿美元，同比下降13.4%（见图9）。从出口

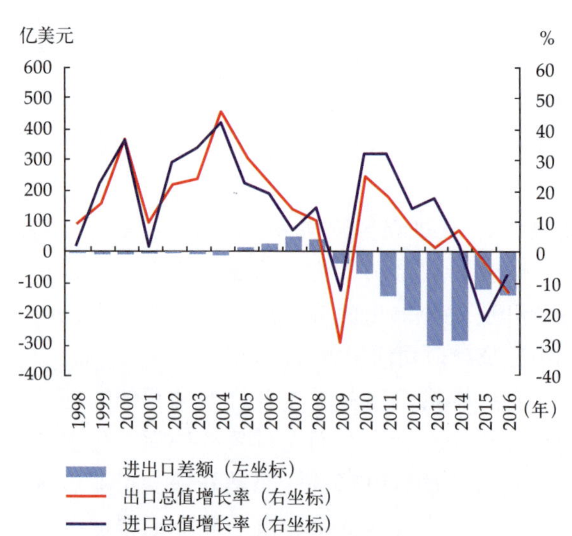

数据来源：天津市统计局。

图9　1998～2016年天津市外贸进出口变动情况

数据来源：天津市统计局。

图10　1996～2016年天津市外商直接投资额及其增长率

方式看，一般贸易出口210.4亿美元，占全市出口的47.5%，同比提高4.4个百分点；加工贸易出口202.3亿美元，占全市出口的45.7%。从出口市场看，对部分“一带一路”沿线国家出口增长，对俄罗斯、泰国和印度尼西亚出口分别增长1.5倍、11.3%和15.0%。

（二）产业结构调整持续深化

1. 农业稳步发展，现代都市型农业结构进一步优化。2016年，全市农业总产值494.4亿元，增长3.3%。积极发展设施农业、节水农业、绿色农业，新建农业物联网试验基地10个。宝坻、武清和蓟州区被列为国家农村产业融合发展试点示范区。重点打造蓟州乡村旅游、武清运河休闲旅游带、宝坻潮白河休闲观光廊道等，全市休闲农业直接从业人员超过6.7万人。

2. 工业稳定增长，转型升级稳步推进。2016年，天津市规模以上工业增加值增长8.4%（见图11）。工业发展的主动力，已经由原油与冶金等传统产业向以装备制造与消费品制造为主的制造业转变。全年装备制造业增加值占规模以上工业的36.1%，拉动全市工业增长3.7个百分点，比上年提高1.6个百分点；消费品制造业增加值占规模以上工业的20.8%，比上年提高1.6个百分点。企

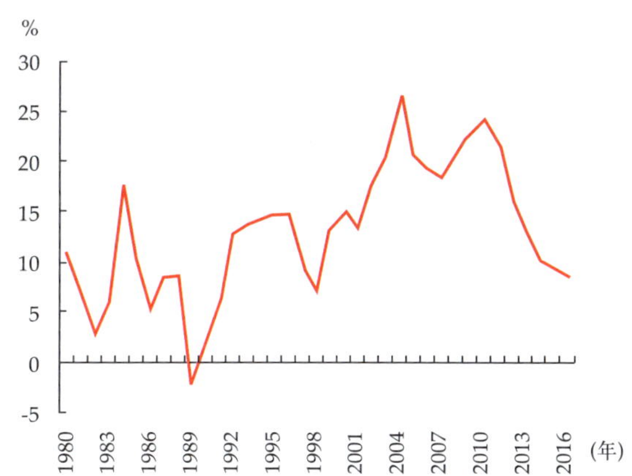

数据来源：天津市统计局。

图11　1980～2016年天津市规模以上工业增加值同比增长率

业效益总体平稳。全年规模以上工业企业利润总额1 984.9亿元，同比下降0.8%。六大高耗能行业利润同比下降1.2%。

3. 服务业支撑作用进一步增强，新兴服务业增势良好。2016年，服务业增加值占全市生产总值的比重达54.0%，比上年提高1.9个百分点。新兴服务业增势良好。一是现代物流稳步发展。交通运输、仓储和邮政业增加值769.9亿元，增长5.1%；港口货物和集装箱吞吐量保持双增势头，分别达到5.5亿吨、1 451.9万标准箱；机场货邮吞吐量23.7万吨，增长9.1%；快递业务量达到4.1亿件，增长60.0%。二是信息消费快速增长。智能手机普及和“互联网+”迅猛发展带动信息消费提速，电信业务总量增长52.4%，比上年加快26.3个百分点。2016年，互联网和相关服务业、租赁和商务服务业、软件和信息技术服务业营业收入同比分别增长73.4%、35.2%和10.7%。

4. 供给侧结构性改革成效呈现，动能转换加快推进。“三去一降一补”取得积极进展。钢铁行业去产能完成370万吨粗钢产能年度压减任务，生铁、粗钢、平板玻璃等产量分别下降15.0%、11.5%和1.5%。去杠杆稳步推进，2016年年末规模以上工业企业资产负债率为61.9%，比年初降低1.0个百分点。商务楼宇去库存效果显著，累计盘活空置楼宇440万平方米。降成本工作扎实开展，

推出两批40项降成本措施。投资领域补短板力度加大，科研技术服务、租赁和商务服务、农林牧渔、文化体育娱乐等方面投资分别增长1.1倍、58.5%、22.4%和25.1%。

创新驱动引领发展。全年新增科技型中小企业1.5万家，其中新增规模过亿元企业456家，累计分别达到8.8万家和3 902家，国家级高新技术企业超过3 200家。研发出大功率火箭贮箱制造等一批国际领先的技术和产品，12家国家重点实验室转化科技成果485项。新经济加速发展。2016年，高技术制造业增加值占全市工业比重为12.6%。代表新技术发展方向的产品发展良好，生产节能与新能源汽车4.8万辆，增长8.1倍；城市轨道车辆从无到有，生产311辆；工业机器人33套，增长26.9%。新业态迅速壮大，新商业模式加速发展，集购物、餐饮、文化、娱乐等多业态于一体的城市商业综合体零售额增长较快。

5. 生态建设力度加大。“四清一绿”行动深入实施，以燃煤、扬尘、机动车、工业排放为重点，全力推进大气污染防治防控。启动实施“水十条”，综合治理河道13条。年末全市共有环境监测站19个，国家生态示范区1个，自然保护区8个，自然保护区面积9.1万公顷。建成区绿地率31.7%，人均公园绿地面积9.3平方米。

（三）价格水平回升

1. 居民消费价格基本稳定。2016年，天津市居民消费价格指数同比增长2.1%，高于全国平均水平0.1个百分点，涨幅较2015年上升0.4个百分点。构成居民消费价格的八大类商品呈“六升二降”格局。其中，食品烟酒价格上涨2.1%，衣着价格上涨0.1%，居住类价格上涨3.6%，教育文化和娱乐价格上涨0.6%，医疗保健价格上涨8.8%，其他用品和服务价格上涨3.8%，生活用品及服务价格下降0.6%，交通和通信类价格下降1.7%。食品价格依然是推动消费价格指数上涨的主要因素。

2. 工业生产者出厂价格和购进价格降幅收窄。2016年，天津市工业生产者购进价格同比下降1.7%，降幅比上年同期下降5.9个百分点。工业生产者出厂价格同比下降2.1%，降幅比上年下降7.6个百分点。从月度数据看，工业生产者出厂价格指数和购进价格指数从2016年9月开始由负转正，且快速增长，12月末两者增速分别为8.7%和8.9%（见图12）。

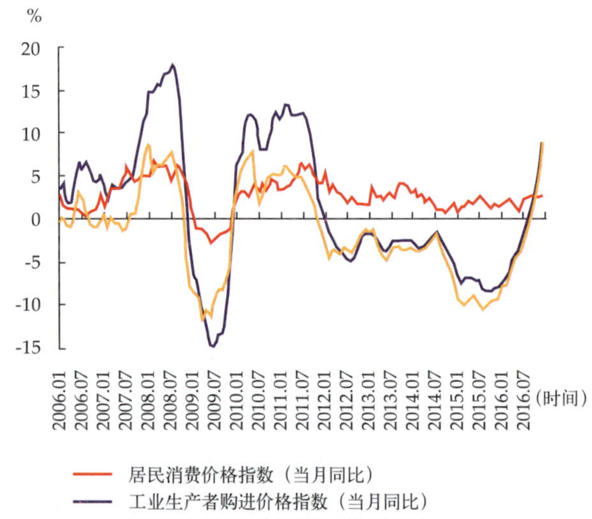

数据来源：天津市统计局。

图12　2006～2016年天津市居民消费价格和生产者价格变动趋势

3. 劳动力成本持续上升。2016年，天津市从业人员平均工资为71 151元，同比增长4.9%。天津市最低工资标准从2016年7月1日起，由过去每月1 850元、每小时10.6元，调整为每月1 950元、每小时11.2元。此外，非全日制用工劳动者最低小时工资标准由每人每小时18.5元调整为每人每小时19.5元。

（四）财政收支增势平稳

2016年，天津市一般公共预算收入2 723.5亿元，增长10.0%；一般公共预算支出3 700.7亿元，增长6.3%（见图13）。地方政府债务收入962.4亿元，增长269.5%。地方国库现金管理全年累计投放资金100亿元。

从收入结构看，2016年实现税收收入1 624.2亿元，增长12.1%，占一般公共预算收入的59.6%。从行业税收看，受产业结构调整、市场需求不足等因素影响，钢铁冶金、石油加工等传统行业效益下滑，税收呈下降趋势，加之“营改

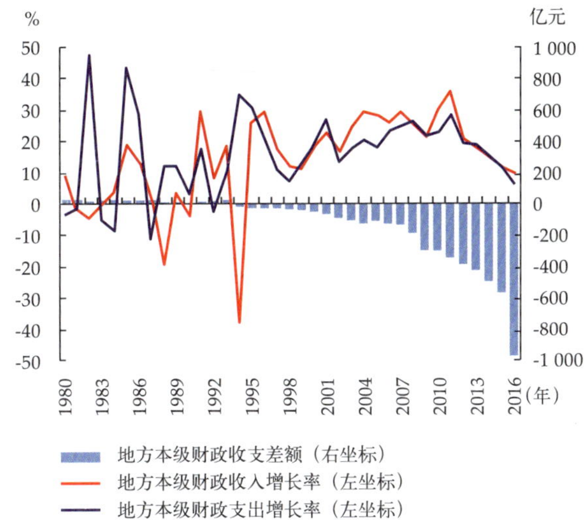

数据来源：天津市统计局。

图13　1980～2016年天津市财政收支状况

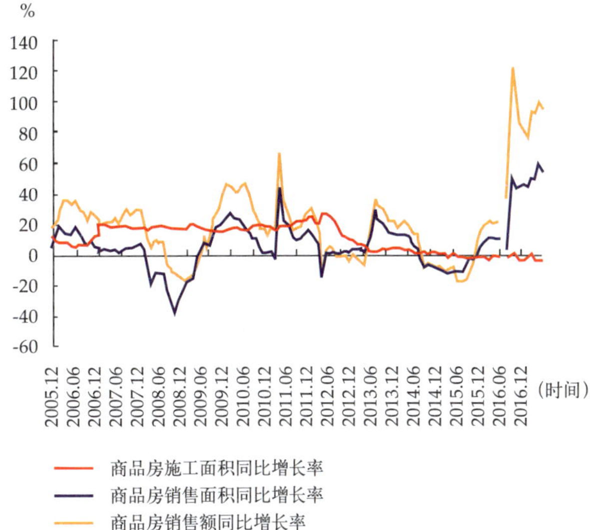

数据来源：天津市统计局。

图14　2006～2016年天津市商品房施工和销售变动趋势

增”带来的减税效应，一般公共预算收入增速比上年回落1.6个百分点。

从支出结构看，民生领域投入力度不断加大。2016年，社会保障和就业支出378.3亿元，增长20.2%；医疗卫生支出206.1亿元，增长10.8%；住房保障支出66.8亿元，增长31.9%。

（五）房地产市场平稳发展

2016年，天津市房地产市场整体呈现交易活跃、投资加大、价格上涨、贷款增长的发展格局。

1. 房地产开发投资规模提高，土地供应总量增加。2016年，天津市房地产开发累计实现投资2 300.0亿元，同比增长22. 9%，较上年增幅高12.8个百分点。2016年，全市土地供应总量为1 210.6万平方米，同比增长7.7%。同时，房屋累计施工、竣工和新开工面积分别为8 789万、2 914万和2 511万平方米，较上年同期分别下降了4.3%、10.9%和增长了0.3%。

2. 房地产市场交易活跃，销售面积及金额大幅增长。2016年，天津市房屋销售面积为4 541.0万平方米，同比增长48.4%。其中，现房及期房累计销售面积合计为2 711.1万平方米，同比增长53.1%，累计销售金额合计为3 478.2亿元，同比增长94.3%；二手房累计销售面积为1 829.9万平方米，同比增长41.9%，交易金额为2 210.1亿元，同比增长71.3%。

3. 房屋销售价格整体水平提高，但进入第四季度涨幅明显收窄。2016年，天津市住宅销售价格受市场交易活跃影响，整体水平明显提高。但受下

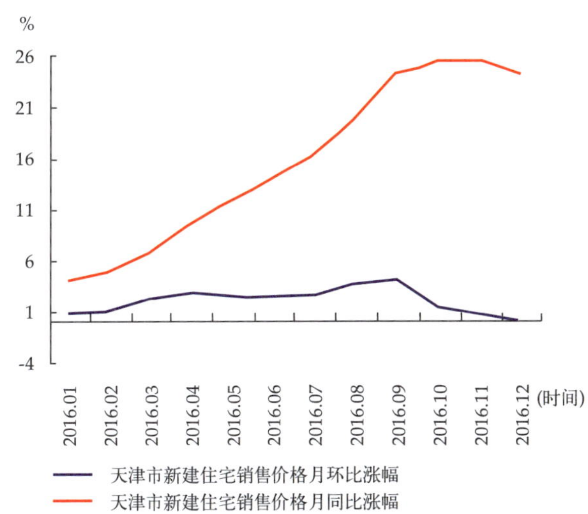

数据来源：天津市统计局。

图15　2016年天津市新建住宅销售价格变动趋势

半年调控政策变化影响，环比增速呈现“前升后降”的发展态势，涨幅自10月以来逐步收窄。

4. 房地产贷款余额保持增长，住房贷款规模显著提高。2016年年末，天津市房地产贷款余额为5 979.6亿元，同比增长24. 9%，较上年同期增幅高5.2个百分点。其中，个人住房贷款余额为3 909.4亿元，同比增长59.9%；新建房抵押贷款余额为2 223.6亿元，同比增长54.5%。

三、预测与展望

2017年是实施“十三五”规划的重要一年，是供给侧结构性改革的深化之年，天津发展正处在重要的历史性窗口期，京津冀协同发展、天津自贸区和“一带一路”建设将深入推进，多重机遇叠加，市场空间广阔，发展潜力巨大。

从金融运行看，2017年天津市将加快金融创新步伐，积极推进金融创新运营示范区建设，全市金融业仍会保持稳健运行态势，社会融资总量适度增长，金融支持供给侧结构性改革、京津冀协同发展、天津自贸区建设的力度将进一步加大。

中国人民银行天津分行货币政策分析小组
总　纂：周振海　苏东海　杨红员
统　稿：张永春　贾　科
执　笔：魏昆利　郝慧刚　张成祥
提供材料的还有：王贵鹏　侯玉玲　钟　辉　周中明　王雅琪　李稳立　苗润雨　李晓迟　杨彩丽
李西江　寇霭婷　安瑞萍　徐智伟　李　师　马玉珊　梁景宗　刘酉鸣　刘丹丹
张慧军　于海欢　赵建斌　李　萌

附录

（一）2016年天津市经济金融大事记

2月25日，2016年天津市货币信贷工作会议召开，会议要求全市各金融机构进一步优化信贷结构，全力支持天津经济发展提质增效。

4月21日，天津自由贸易试验区挂牌一周年，175项制度创新清单已经超过70%完成落地，市场主体加快聚集，企业资金使用效率显著提升，融资租赁集聚逐渐形成，金融开放创新成效进一步显现。

4月28日，经中国人民银行批复，天津生态城跨境人民币创新业务试点扩展至天津全市范围。

5月18日，天津滨海柜台交易市场（即天津OTC）挂牌，股份企业数量突破100家。

5月30日至31日，第十届中国企业国际融资洽谈会—科技国际融资洽谈会在天津举办。

8月17日，天津市政府与深圳证券交易所签署了战略合作框架协议，进一步加大深交所对天津市企业利用资本市场加快发展的支持力度，拓宽企业融资渠道，实现互利共赢、共同发展。

8月19日，天津市银行业协会举办《天津市银行业社会责任报告》发布会，向社会展现了过去一年来天津市银行业践行社会责任方面的新成就、新亮点。

8月27日，由中国四十人论坛(CF40)和北方新金融研究院(NFI)共同举办的首届“天津绿色金融论坛”在津举行，论坛主题为“如何构建全方位的绿色金融体系”。

9月末，天津市金融机构本外币各项存款余额突破3万亿元大关，达到30 056.15亿元，同比增长7.15%。这标志着天津市的金融实力和发展水平又迈上一个新台阶。

12月29日，天津市互联网金融协会第一次会员大会暨成立大会在中国人民银行天津分行召开。

（二）2016年天津市主要经济金融指标

表1　2016年天津市主要存贷款指标

		1月	2月	3月	4月	5月	6月	7月	8月	9月	10月	11月	12月
本外币	金融机构各项存款余额（亿元）	28 796.6	28 549.3	29 240.3	29 087.9	29 175.1	29 665.8	29 647.4	29 753.2	30 056.1	30 489.8	30 315.5	30 067.0
	其中：住户存款	8 893.6	9 039.2	9 128.9	8 939.5	8 976.0	9 160.9	9 115.8	9 153.0	9 382.9	9 335.8	9 309.7	9 341.9
	非金融企业存款	13 998.7	13 598.3	14 115.3	14 089.7	13 905.0	14 173.3	14 023.7	14 190.2	14 087.4	14 304.4	14 450.0	14 294.2
	各项存款余额比上月增加（亿元）	647.2	-247.3	691.0	-152.4	87.2	490.7	-18.5	105.8	302.9	433.6	-174.3	-248.4
	金融机构各项存款同比增长（%）	11.2	10.5	12.4	11.3	9.7	9.5	8.1	6.7	7.2	9.0	8.0	6.8
	金融机构各项贷款余额（亿元）	26 517.6	26 735.7	26 872.3	26 973.1	27 393.3	27 648.7	27 836.7	27 720.0	28 110.7	28 374.6	28 587.8	28 754.0
	其中：短期	6 810.1	6 845.5	6 819.8	6 837.6	6 959.1	7 164.3	7 206.5	7 232.6	7 314.7	7 323.3	7 325.7	7 444.0
	中长期	14 821.3	14 906.1	15 004.4	15 082.6	15 261.3	15 389.7	15 524.1	15 396.8	15 654.5	15 836.3	16 056.8	16 070.3
	票据融资	1 327.6	1 366.6	1 390.1	1 366.6	1 350.6	1 281.1	1 214.1	1 138.3	1 182.2	1 133.6	1 095.5	1 119.2
	各项贷款余额比上月增加（亿元）	523.0	218.1	136.6	100.8	420.3	255.3	188.1	-116.8	390.8	263.9	213.2	166.3
	其中：短期	38.1	35.4	-25.7	17.8	121.6	205.2	42.2	26.1	82.1	8.6	2.5	118.3
	中长期	378.8	84.8	98.3	78.2	178.6	128.5	134.3	-127.3	257.7	181.8	220.5	13.5
	票据融资	0.7	38.9	23.5	-23.5	-16.0	-69.5	-67.0	-75.7	43.8	-48.6	-38.2	23.7
	金融机构各项贷款同比增长（%）	12.2	11.3	11.2	11.0	11.8	11.3	11.6	10.7	11.1	11.7	10.8	10.6
	其中：短期	2.1	0.2	-0.4	0.2	1.3	3.6	5.2	6.5	7.9	7.9	7.7	10.1
	中长期	13.1	12.0	11.5	11.5	12.2	11.7	12.4	12.3	12.1	13.2	13.0	11.2
	票据融资	31.5	40.8	48.8	37.5	33.7	17.0	-2.6	-21.5	-12.7	-16.6	-23.7	-15.7
	建筑业贷款余额（亿元）	1 056.6	1 065.9	1 109.1	1 098.6	1 129.2	1 173.2	1 150.8	1 159.1	1 178.9	1 159.6	1 104.1	1 053.2
	房地产业贷款余额（亿元）	1 949.7	1 976.4	2 011.7	2 006.1	2 004.3	1 913.1	1 830.4	1 778.5	1 740.2	1 712.5	1 710.0	1 669.0
	建筑业贷款同比增长（%）	6.6	1.9	3.6	1.6	-0.3	2.4	2.7	5.2	6.8	6.4	1.8	0.2
	房地产业贷款同比增长（%）	11.5	10.9	11.0	11.4	9.1	-0.6	-3.6	-4.7	-6.4	-8.0	-9.6	-13.7
人民币	金融机构各项存款余额（亿元）	27 789.8	27 549.5	28 256.6	28 077.2	28 183.5	28 745.7	28 775.5	28 861.2	29 152.8	29 529.3	29 350.8	29 041.4
	其中：住户存款	8 746.8	8 888.9	8 975.7	8 785.6	8 819.9	9 001.3	8 952.1	8 989.7	9 213.7	9 149.5	9 108.8	9 125.4
	非金融企业存款	13 205.4	12 815.7	13 362.6	13 307.7	13 139.9	13 504.8	13 412.4	13 562.0	13 504.0	13 682.9	13 819.5	13 618.8
	各项存款余额比上月增加（亿元）	643.8	-240.3	707.1	-179.4	106.3	562.2	29.8	85.7	291.6	376.5	-178.5	-309.5
	其中：住户存款	3.1	142.0	86.8	-190.1	34.3	181.4	-49.2	37.6	224.0	-64.2	-40.7	16.6
	非金融企业存款	316.9	-389.7	546.9	-54.8	-167.9	365.0	-92.4	149.7	-58.0	178.9	136.6	-200.8
	各项存款同比增长（%）	11.1	10.6	12.3	11.0	9.3	9.7	8.3	7.2	7.7	9.4	8.2	7.0
	其中：住户存款	4.5	2.3	3.0	2.6	4.0	3.8	4.3	4.2	6.1	6.2	5.6	4.4
	非金融企业存款	10.2	8.2	12.6	10.2	5.1	6.3	6.9	6.4	6.5	7.0	6.6	5.7
	金融机构各项贷款余额（亿元）	25 034.6	25 275.4	25 484.7	25 667.9	26 129.7	26 384.8	26 558.4	26 410.8	26 845.5	27 034.5	27 250.4	27 368.0
	其中：个人消费贷款	2 854.1	2 877.1	2 939.8	3 015.0	3 170.2	3 351.1	3 505.6	3 648.6	3 832.6	3 964.0	4 146.0	4 314.0
	票据融资	1 327.6	1 366.6	1 390.1	1 366.6	1 350.6	1 281.1	1 214.1	1 138.3	1 182.1	1 133.6	1 095.4	1 119.1
	各项贷款余额比上月增加（亿元）	533.7	240.8	209.3	183.2	461.8	255.1	173.6	-147.6	434.7	189.0	215.9	117.6
	其中：个人消费贷款	52.4	23.0	62.6	75.2	155.3	180.9	154.4	143.0	184.0	131.4	182.0	168.0
	票据融资	0.7	38.9	23.5	-23.5	-16.0	-69.5	-67.0	-75.7	43.8	-48.6	-38.2	23.7
	金融机构各项贷款同比增长（%）	13.1	12.2	12.4	12.6	13.7	13.2	13.3	12.4	12.8	13.1	12.1	11.7
	其中：个人消费贷款	22.7	22.8	24.3	26.4	31.2	34.8	38.5	41.7	44.7	48.6	52.4	53.9
	票据融资	31.5	40.8	48.8	37.5	33.7	17.0	-2.6	-21.5	-12.7	-16.6	-23.7	-15.7
外币	金融机构外币存款余额（亿美元）	153.7	152.8	152.2	156.5	150.7	138.8	131.1	133.3	135.3	142.0	140.1	147.9
	金融机构外币存款同比增长（%）	8.1	2.6	8.0	12.0	14.1	-2.8	-8.2	-10.3	-12.6	-7.6	-5.6	-4.3
	金融机构外币贷款余额（亿美元）	226.4	223.1	214.8	202.1	192.1	190.6	192.2	195.7	189.5	198.1	194.2	199.8
	金融机构外币贷款同比增长（%）	-7.8	-9.0	-12.1	-17.4	-22.5	-23.3	-21.4	-18.6	-19.4	-15.5	-17.1	-13.1

数据来源：《天津市金融统计月报》。

表2　2001～2016年天津市各类价格指数

单位：%

年/月	居民消费价格指数		农业生产资料价格指数		工业生产者购进价格指数		工业生产者出厂价格指数	
	当月同比	累计同比	当月同比	累计同比	当月同比	累计同比	当月同比	累计同比
2001	—	1.2	—	—	—	-1.2	—	-4.1
2002	—	-0.4	—	—	—	-4.1	—	-4.2
2003	—	1	—	—	—	8.7	—	2.5
2004	—	2.3	—	—	—	15.4	—	4.1
2005	—	1.5	—	—	—	4.9	—	0.1
2006	—	1.5	—	—	—	4.7	—	0.6
2007	—	4.2	—	—	—	5.7	—	1.5
2008	—	5.4	—	—	—	12.9	—	4.1
2009	—	-1.0	—	—	—	-9.8	—	-7.5
2010	—	3.5	—	—	—	10.0	—	5.1
2011	—	4.9	—	—	—	9.8	—	3.8
2012	—	2.7	—	—	—	-3.0	—	-3.0
2013	—	3.1	—	—	—	-2.6	—	-3.0
2014	—	1.9	—	—	—	-2.9	—	-3.7
2015	—	1.7	—	—	—	-7.6	—	-9.7
2016	—	2.1	—	—	—	-1.7	—	-2.1
2015　1	0.7	0.7	—	—	-6.6	-6.6	-9.3	-9.3
2	1.3	1.0	—	—	-7.4	-7.0	-9.7	-9.5
3	1.4	1.2	—	—	-7.0	-7.0	-9.9	-9.6
4	2.0	1.4	—	—	-7.0	-7.0	-9.5	-9.6
5	1.8	1.4	—	—	-6.9	-7.0	-9.2	-9.5
6	1.9	1.5	—	—	-7.1	-7.0	-9.4	-9.5
7	2.4	1.6	—	—	-7.2	-7.1	-10.2	-9.6
8	2.5	1.8	—	—	-8.2	-7.2	-10.7	-9.7
9	1.6	1.7	—	—	-8.4	-7.4	-10.0	-9.8
10	1.3	1.7	—	—	-8.5	-7.5	-9.7	-9.8
11	1.7	1.7	—	—	-8.2	-7.6	-9.4	-9.7
12	1.4	1.7	—	—	-8.3	-7.6	-9.3	-9.7
2016　1	1.8	1.8	—	—	-8.0	-8.0	-8.0	-8.0
2	2.1	1.9	—	—	-6.8	-7.4	-7.8	-7.9
3	2.2	2.0	—	—	-6.4	-7.1	-6.6	-7.5
4	1.8	2.0	—	—	-4.7	-6.5	-5.0	-6.9
5	1.3	1.8	—	—	-4.1	-6.0	-4.2	-6.3
6	1.1	1.7	—	—	-3.6	-5.6	-4.1	-6.0
7	2.2	1.8	—	—	-2.1	-5.1	-2.8	-5.5
8	2.2	1.8	—	—	-0.6	-4.6	-1.4	-5.0
9	2.6	1.9	—	—	0.9	-4.0	0.5	-4.4
10	2.6	2.0	—	—	2.3	-3.3	2.3	-3.7
11	2.5	2.0	—	—	5.2	-2.6	-4.7	-3.0
12	2.8	2.1	—	—	8.9	-1.7	8.7	-2.1

数据来源：《天津统计月报》。

表3　2016年天津市主要经济指标

	1月	2月	3月	4月	5月	6月	7月	8月	9月	10月	11月	12月
绝对值（自年初累计）												
地区生产总值（亿元）	—	—	4 039.4	—	—	8 500.9	—	—	13 339.4	—	—	17 885.4
第一产业	—	—	25.8	—	—	95.0	—	—	144.4	—	—	220.2
第二产业	—	—	1 817.0	—	—	3 811.7	—	—	6 018.0	—	—	8 003.9
第三产业	—	—	2 196.6	—	—	4 594.3	—	—	7 177.1	—	—	9 661.3
固定资产投资（亿元）	—	1 023.3	2 423.8	3 759.4	5 440.7	7 701.1	8 791.1	10 115.1	11 658.4	12 825.1	13 668.5	14 629.2
房地产开发投资	—	137.1	397.8	616.2	860.4	1 202.3	1 413.9	1 614.0	1 821.9	2 007.5	2 183.9	2 300.0
社会消费品零售总额（亿元）	—	894.4	1 350.0	1 781.1	2 248.0	2 701.7	3 146.2	3 634.5	4 119.8	4 645.4	5 126.3	5 635.8
外贸进出口总额（亿元）	83.6	150.0	232.0	324.5	403.4	494.9	580.2	674.3	765.6	842.4	933.9	1 026.5
进口	45.1	81.7	128.4	179.3	220.3	271.2	319.8	374.3	427.9	470.9	525.3	583.7
出口	38.4	68.3	103.6	145.2	183.1	223.7	260.4	299.9	337.7	371.5	408.7	442.9
进出口差额(出口－进口)	-6.7	-13.3	-24.8	-34.1	-37.2	-47.5	-59.4	-74.4	-90.2	-99.4	-116.6	-140.8
实际利用外资（亿美元）	8.5	17.1	26.1	34.0	42.5	52.2	59.6	67.3	76.1	84.2	92.4	101.0
地方财政收支差额（亿元）	88.2	46.0	-49.4	-81.5	-83.2	-285.9	-242.5	-431.4	-547.0	-542.7	-628.0	-977.2
地方财政收入	284.7	471.1	690.1	961.9	1 203.7	1 487.8	1 723.0	1 900.8	2 143.5	2 383.5	2 555.8	2 723.5
地方财政支出	196.5	425.1	739.5	1 043.4	1 286.9	1 773.7	1 965.4	2 332.2	2 690.6	2 926.3	3 183.8	3 700.7
城镇登记失业率(%)(季度)	—	—	3.5	—	—	3.5	—	—	3.5	—	—	3.5
同比累计增长率（%）												
地区生产总值	—	—	9.1	—	—	9.2	—	—	9.1	—	—	9.0
第一产业	—	—	2.6	—	—	2.7	—	—	2.7	—	—	3.0
第二产业	—	—	9.0	—	—	8.6	—	—	8.4	—	—	8.0
第三产业	—	—	9.3	—	—	9.9	—	—	9.8	—	—	10.0
工业增加值	—	9.2	9.2	9.0	8.9	8.9	8.7	8.8	8.8	8.3	8.3	8.4
固定资产投资	—	13.5	13.8	7.3	10.2	12.1	10.1	10.4	11.2	11.3	11.7	12.0
房地产开发投资	—	14.9	15.5	14.1	14.2	15.6	19.1	20.8	20.8	23.6	26.2	22.9
社会消费品零售总额	—	9.5	10.3	9.0	8.6	8.6	7.6	7.3	8.6	7.3	7.2	7.2
外贸进出口总额	-22.3	-22.5	-18.5	-16.2	-15.4	-13.8	-13.8	-11.0	-11.1	-11.4	-10.6	-10.2
进口	-18.9	-19.8	-16.4	-14.9	-14.8	-13.5	-13.7	-10.6	-10.0	-10.0	-8.9	-7.6
出口	-26.0	-25.6	-20.9	-17.8	-16.2	-14.2	-13.8	-11.6	-12.6	-13.1	-12.6	-13.4
实际利用外资	12.4	12.5	12.6	12.4	12.2	12.6	12.2	12.2	12.3	12.1	12.1	12.2
地方财政收入	10.1	10.2	10.2	10.5	11.1	11.2	11.2	11.0	11.0	10.5	10.2	10.0
地方财政支出	0.5	14.8	24.5	30.4	20.3	23.7	17.1	23.9	24.7	13.9	14.3	6.3

数据来源：《天津统计月报》。

河北省金融运行报告（2017）

中国人民银行石家庄中心支行货币政策分析小组

[内容摘要] 2016年，河北省经济运行总体平稳、稳中向好、动能增强。地区生产总值增速与上年持平，装备制造业成为第一大支柱产业，服务业对经济增长的贡献率高于第二产业，居民消费价格温和上涨，工业生产者价格企稳，京津冀协同发展实现新突破。全省金融运行总体平稳，存款增速加快，贷款增长适度，结构继续优化，市场利率小幅下行，金融市场平稳发展，金融生态环境持续改善，为稳增长和供给侧结构性改革提供了有力支撑。

2017年，河北省将按照稳中求进工作总基调和宏观要稳、微观要活的政策总体思路，深化供给侧结构性改革，深入推进京津冀协同发展，力促经济发展稳中有进。河北省人民银行各分支机构将认真贯彻落实稳健中性的货币政策，着力加强预期引导，进一步疏通政策传导，保持货币信贷和社会融资合理增长，优化融资结构和信贷结构，加强宏观审慎管理，做好风险防范，为全省经济社会发展营造更加适宜的货币金融环境。

一、金融运行情况

2016年，河北省金融业认真落实稳健的货币政策，加强宏观审慎管理，存贷款增速平稳适度，信贷结构不断优化，市场利率继续下行，金融改革深入推进，金融生态环境不断优化，为稳增长和供给侧结构性改革提供了有力支撑。

（一）银行业总体稳健，支持实体经济能力提升

1. 银行业稳步发展，机构体系更趋完善。2016年年末，河北省银行业金融机构资产总额达到6.8万亿元，同比增长16.4%；从业人员达到17.3万人，增加1 500余人；法人机构245个，营业网点11 538个（见表1）。其中，城市商业银行资产总额接近1.5万亿元，占全省银行业资产总额的比重达到21.8%；新型农村金融机构资产总额达到359.1亿元。2016年年末，全省已开业农村商业银行33家，新型农村金融机构73家，类别多元、功能互补、覆盖城乡的银行业组织体系更趋完善。

表1　2016年河北省银行业金融机构情况

机构类别	营业网点			法人机构（个）
	机构个数（个）	从业人数（人）	资产总额（亿元）	
一、大型商业银行	3 276	76 997	26 634.1	0
二、国家开发银行和政策性银行	165	3 623	4 456.4	0
三、股份制商业银行	499	10 166	4 812.2	0
四、城市商业银行	1 036	21 038	14 925.3	11
五、小型农村金融机构	4 881	47 601	13 218.4	152
六、财务公司	6	198	490.8	6
七、信托公司	1	240	85.6	1
八、邮政储蓄银行	1 461	9 583	2 893.4	0
九、外资银行	2	67	65.6	0
十、新型农村金融机构	209	3 076	359.1	73
十一、其他	2	151	405.1	2
合　计	11 538	172 740	68 345.7	245

注：营业网点不包括国家开发银行和政策性银行、大型商业银行、股份制商业银行等金融机构总部数据；大型商业银行包括中国工商银行、中国农业银行、中国银行、中国建设银行和交通银行；小型农村金融机构包括农村商业银行、农村合作银行和农村信用社；新型农村金融机构包括村镇银行、贷款公司、农村资金互助社；“其他”包含金融租赁公司、汽车金融公司、货币经纪公司、消费金融公司等。

数据来源：河北省银监局。

2. 存款增速加快，波动性继续减弱。2016年年末，全省金融机构本外币各项存款余额达到55 928.9亿元，同比增长14.3%，新增量达到7 001.3亿元；人民币存款余额达到55 513.3亿元，新增6 962.4亿元，同比增长14.3%，增速同比加快3个百分点。存款增量较多、增速较快，银行可运用资金较为充裕。分季度看，存款增速小幅波动，第一至第

四季度末人民币存款增速分别为12.4%、12.4%、12.3%和14.3%（见图1）。非金融企业存款同比增长16.4%，自2015年9月以来持续保持14%以上的较高水平。存款活期化特征突出，活期存款增量和增速均超过定期存款。全年新增人民币活期存款3 031.7亿元，占比43.5%，主要原因是，中长期利率降低，持有活期存款的机会成本下降；房地产市场活跃，房企资金回笼增多以及股市资金回流等。2016年年末，河北省外汇存款余额为59.9亿美元，比年初增加1.9亿美元，同比增长3.3%。

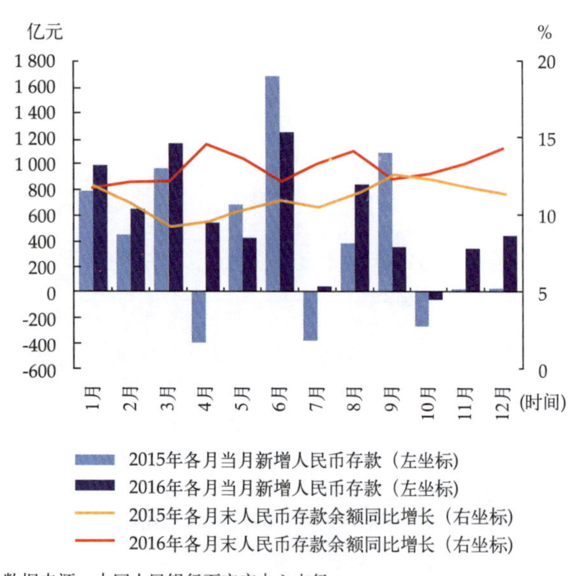

数据来源：中国人民银行石家庄中心支行。

图1　2015～2016年河北省金融机构人民币存款增长变化

3. 贷款增长平稳，投放重点突出。2016年年末，河北省金融机构本外币贷款余额为37 745.8亿元，同比增长15.8%，增速同比回落0.5个百分点；人民币各项贷款余额37 352.2亿元，同比增长16.2%，增速比上年年末回落0.3个百分点，比年初增加5 200.8亿元，同比多增643.2亿元（见图2、图3）。其中，第一至第四季度分别增加1 392.0亿元、1 184.3亿元、1 172.8亿元和1 451.7亿元，投放总体较均衡（见图2）。受美联储加息影响，外币贷款继续减少，比年初减少13.6亿美元。

从人民币贷款期限结构看，中长期贷款较快增长。截至2016年年末，中长期贷款余额达到2.2万亿元，同比增长24.6%，高于全部贷款增速8.4个百分点，比年初增加4 353.7亿元，占全部新增贷款的比重为83.7%。分行业来看，第三产业贷款占比继续上升。第三产业人民币贷款余额达到13 403.5亿元，占全部行业贷款比重为58.0%，上升1.8个百分点，新增1 333.4亿元，占全部行业新增贷款的比重为70.6%，较上年同期提高5.2个百分点。环京津热点地区贷款增长加快，廊坊、张家口、保定贷款增速位列全省前三。

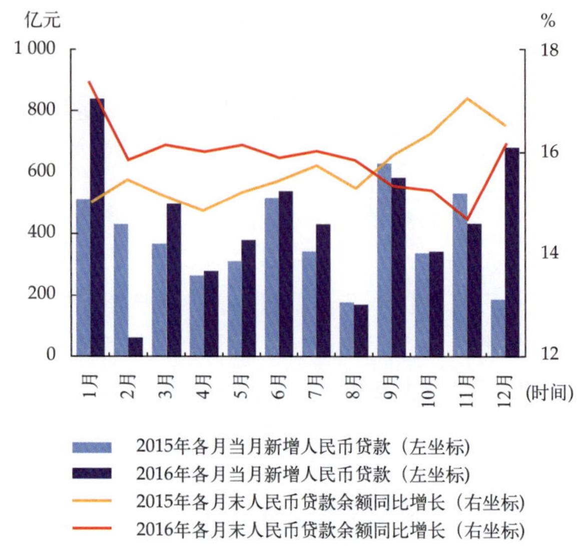

数据来源：中国人民银行石家庄中心支行。

图2　2015～2016年河北省金融机构人民币贷款增长变化

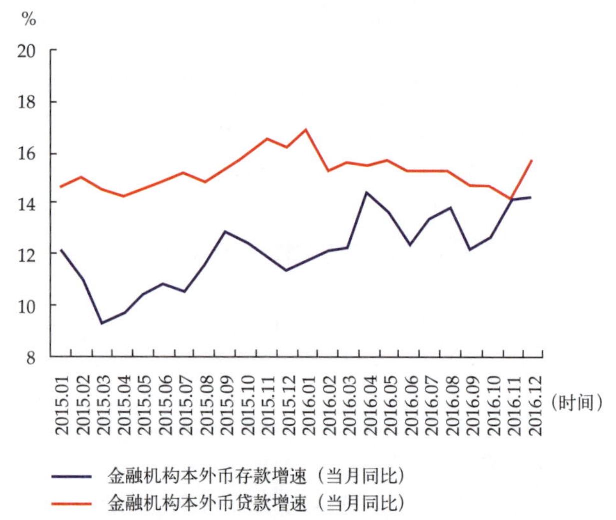

数据来源：中国人民银行石家庄中心支行。

图3　2015～2016年河北省金融机构本外币存、贷款增速变化

对薄弱环节的信贷支持力度继续加大。小微企业贷款快速增长。2016年年末，全省小微企业本外币贷款较年初增加1 592.8亿元，同比多增272.3亿元，增量占同期企业贷款增量的78.1%。贫困地区贷款快速增长。2016年年末，全省62个贫困县本外币贷款余额为3 832.6亿元，同比增长19.2%，高于全省贷款增速3.4个百分点。

再贷款和再贴现的定向支持作用有效发挥。全年累计发放支农再贷款45.3亿元，其中扶贫再贷款25.4亿元；累计发放支小再贷款19.9亿元，其中，向邢台银行发放支小再贷款10亿元，专项用于邢台地区特别是受灾严重地区小微企业及个体工商户的灾后经营发展；累计办理再贴现230.1亿元，以涉农、小微企业票据为主。积极运用再贷款工具引导涉农和小微企业贷款利率下行，第四季度全省金融机构借用支农再贷款资金发放的贷款加权平均利率较其自有资金发放的涉农贷款利率低3.93个百分点。

小额票据贴现工作深入推进，进一步便利小微企业融资。截至2016年年末，全省已建立24家小额票据贴现分中心，在上年度实现全省设区市全覆盖的基础上，又新增设5家市（县）分中心，布局更加合理。2016年，共办理小额票据贴现217.8亿元，有力地支持了小微企业融资。

4. 市场利率继续下行，利率市场化改革继续推进。不断提升金融机构市场化定价能力，着重疏通利率政策传导。2016年12月，全省一般贷款加权平均利率为6.22%，较1月下降0.21个百分点，小微企业贷款利率为6.78%，较1月下降0.32个百分点，降低了实体经济融资成本。2016年12月，河北省金融机构发放的人民币贷款中，实行下浮利率的贷款占比较1月上升7.2个百分点（见表2）。美元大额存款加权平均利率较1月上升0.48个百分点（见图4）。利率市场化改革继续推进，河北省市场利率定价自律机制运行架构、制度建设进一步完善，同业存单、大额存单发行主体进一步增加，存单发行有序推进，2016年年末，全省同业存单发行余额1 231.1亿元，大额存单发行余额1 297.8亿元，增强了金融支持实体经济的能力。

表2　2016年河北省金融机构人民币贷款各利率区间占比

单位：%

月份		1月	2月	3月	4月	5月	6月
合计		100.0	100.0	100.0	100.0	100.0	100.0
下浮		8.1	9.8	13.0	12.6	12.2	11.1
基准		16.2	13.8	16.6	11.7	14.6	18.8
上浮	小计	75.7	76.4	70.4	75.7	73.2	70.1
	(1.0，1.1]	18.1	17.7	15.1	18.1	13.3	13.6
	(1.1，1.3]	15.8	13.4	14.4	14.1	14.3	14.7
	(1.3，1.5]	13.4	13.9	11.0	11.6	11.7	10.4
	(1.5，2.0]	14.3	16.1	14.8	15.9	16.9	16.3
	2.0以上	14.1	15.4	15.1	16.1	17.0	15.1
月份		7月	8月	9月	10月	11月	12月
合计		100.0	100.0	100.0	100.0	100.0	100.0
下浮		9.3	10.4	12.3	12.2	16.0	15.3
基准		19.8	16.4	15.1	15.2	12.2	17.8
上浮	小计	71.0	73.3	72.5	72.5	71.8	66.9
	(1.0，1.1]	12.7	12.0	12.9	14.5	14.2	14.0
	(1.1，1.3]	13.4	12.9	15.7	13.7	15.2	14.2
	(1.3，1.5]	10.5	13.4	11.3	11.8	10.8	9.6
	(1.5，2.0]	17.1	18.2	17.3	15.7	16.3	14.9
	2.0以上	17.2	16.8	15.3	16.9	15.2	14.2

数据来源：中国人民银行石家庄中心支行。

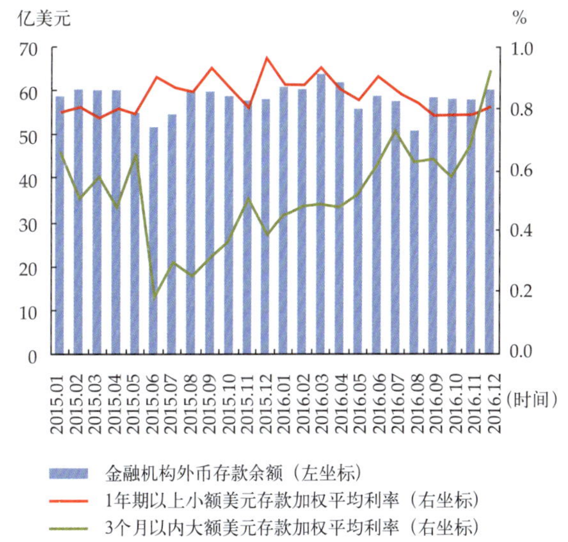

数据来源：中国人民银行石家庄中心支行。

图4　2015～2016年河北省金融机构外币存款余额及外币存款利率

5. 银行业金融机构改革深入推进。政策性金融服务体系进一步健全，中国进出口银行河北省分行正式成立，致力于为打造河北省开放型经济升级版提供优质金融服务。中国农业银行河北省分行三农金融事业部管理体制更加清晰，省行设河北省三农事业部，各市分行成立三农金融分部，县域支行成立三农事业部，纳入三农金融分部管理。河北银行和张家口银行实现省内各市全覆盖，张家口银行等6家城市商业银行实现增资扩股和利润转增，总股本增加64.6亿元。河北省农村合作金融机构各项改革深入推进，2016年组建完成8家区域审计中心，至此，河北省各市区域审计中心组建工作全面完成，审计监督和服务职能进一步强化；县级农信社股份制改革加快推进，已累计完成或启动组建农村商业银行69家，已开业股份制联社52家。

6. 银行盈利能力继续下滑，风险暴露有所上升。2016年，全省银行业金融机构资产利润率为0.88%，同比下降0.32个百分点，净息差同比下降0.10个百分点，均连续两年下降。中间业务收入平稳增长，占银行业净利润的比重超过40%，成为重要的利润来源。盈利能力继续下滑的同时，风险暴露有所上升。2016年年末，全省金融机构不良贷款余额比年初增加153.9亿元，不良贷款率为2.2%，较年初上升0.12个百分点，连续两年上升，但增量下降、增速趋缓。关注类贷款延续升势，关注类贷款率较年初上升0.74个百分点，需密切关注资产质量的变化趋势，做好风险防范。

7. 跨境人民币业务有序推进。中国人民银行石家庄中心支行整合全省商业银行人才资源，成立了河北省跨境人民币业务专家智囊团；多渠道做好日常政策宣传，政策传导效率进一步提升；推动银行机构优化业务流程，加大对外贸企业融资支持力度；引导企业在对外贸易、投资中使用人民币。2016年，全省跨境人民币收付735亿元，自业务开办以来累计收付3 490亿元，办理结算的企业达到4 601家，较上年增加638家，促进了产业结构调整和转型升级。年内人民币境外直接投资支出91亿元，支持企业“走出去”延伸产业链。人民币资金池业务不断发力，8家跨国企业境内外调拨资金137亿元，提升了资金使用效率和国际化经营水平。

专栏1　去产能背景下的河北省钢铁行业发展情况调查

河北省是全国钢铁第一大省，为治理大气污染，河北省从2013年开始实施压减钢铁、水泥、煤炭、玻璃产能的“6643”工程，即到2017年削减6 000万吨钢铁、6 100万吨水泥、4 000万吨标煤、3 600万重量箱玻璃产能。四年来，压减产能工作按计划推进，其中，2016年，河北省共压减炼钢产能1 624万吨、炼铁产能1 761万吨，超额完成国家下达的压减炼钢产能820万吨、炼铁产能1 039万吨的任务。河北省2016年全年钢铁产量小幅增长。其中，生铁、粗钢和钢材产量分别为1.84亿吨、1.93亿吨、2.62亿吨，同比分别增长1.6%、2.3%和3.5%，分别占全国生铁、粗钢、钢材总产量的26.3%、23.8%和23.0%。

在去产能、促转型以及市场好转、钢价反弹等一系列积极因素的共同作用下，2016年，河北省规模以上钢铁工业实现增加值2 977.9亿元，同比略降0.2%，其中黑色金属冶炼和压延加工业增加值完成2 034.3亿元，同比下降2.5%；河北省钢铁工业固定资产投资额为1 129.2亿元，同比增长9.7%。2016年，河北省钢铁工业效益大幅好转，全年钢铁工业主营业务收入达到12 239.5亿元，增长6.4%，其中，黑色金属冶炼和压延加工业主营业务收入10 618.4亿元，增长7.2%；全省钢铁工业利润总额506.8亿元，同比增长69.1%，其中，黑色金属冶炼和压延加工业利润总额299.9亿元，同比增长223.3%。

2017年是河北省去产能“6643”工程的收官之年，全年计划压减炼钢产能1 562万吨、炼铁产能1 624万吨，完成4家“僵尸企业”出清。加快廊坊、保定、张家口钢铁产能全部退出和承德、秦皇岛钢铁产能部分退出，支持武安、丰南、迁安等地企业整合重组，推进首钢京唐二期和石钢搬迁等重大项目，加快构建以河钢、首钢两大集团为主导，以迁安、丰南、武安3个地方钢铁集团为支撑，10家特色钢铁企业为补充的“2310”钢铁产业格局。

（二）证券市场平稳运行，上市公司直接融资突破千亿元

1. 证券机构经营效益下滑。截至2016年年末，河北省共有法人证券公司1家（见表3），证券分公司20家，新增3家，证券营业部224家，新增5家。2016年，投资者账户数量增幅趋缓。证券账户数907万户，同比增长24.9%。证券市场活跃度下降，实现证券交易额4.3万亿元，同比下降43.2%。2016年，河北省证券经营机构营业收入33.5亿元，同比下降55.8%；净利润10.1亿元，同比下降73.2%。

表3　2016年河北省证券业基本情况

项目	数量
总部设在辖内的证券公司数（家）	1
总部设在辖内的基金公司数（家）	0
总部设在辖内的期货公司数（家）	1
年末国内上市公司数（家）	52
当年国内股票（A股）筹资（亿元）	341.9
当年发行H股筹资（亿元）	6.0
当年国内债券筹资（亿元）	564.4
其中：短期融资券筹资额（亿元）	77.0
中期票据筹资额（亿元）	-39.4

注：当年国内股票（A股）筹资额是指非金融企业境内股票融资。
数据来源：河北证监局、中国人民银行石家庄中心支行。

2. 期货机构经营亏损扩大。截至2016年年末，河北省共有法人期货公司1家，两证齐全的期货营业部34家。2016年，河北省34家期货营业部中，亏损家数近八成，较上年有所增加。期货营业部全年营业收入和手续费收入分别为6 676万元和5 996万元，同比分别下降30.4%和25.2%。

3. 上市公司直接融资突破千亿元。截至2016年年末，河北省上市公司共计52家，较上年减少1家。其中主板上市公司32家、中小板10家、创业板10家，总市值 7 840.3亿元。2016年，河北省上市公司境内直接融资总额突破千亿元，较上年度增长超过一倍。截至2016年年末，河北省新三板挂牌家数达到195家，较上年增加97家。2016年河北省新增1家企业在境外上市，融资6亿元，截至2016年年末，全省共有47家企业在境外上市，累计实现融资469.9亿元。

（三）保险业延续快速发展态势，服务民生能力继续提升

1. 分支机构数量大幅增加，保费收入较快增长。2016年年末，河北省共有法人保险公司1家，省级分公司65家（见表4），新增4家，分支机构4 794家，较上年增加293家。2016年，河北省保险业累计实现原保险保费收入1 495.3亿元，同比增长28.6%，增速较上年同期上升3.8个百分点。其中，财产保险和人身保险业务原保险保费收入分别增长10.7%和37.9%。

2. 保险保障能力提高，保险深度继续高于全国水平。2016年，河北省保险业累计赔付支出548.2亿元，同比增长18.7%。2016年，河北省保险密度为1 995.7元/人，较全国低236.8元/人；保险深度达到4.7%，超出全国0.54个百分点。2016

表4　2016年河北省保险业基本情况

项目	数量
总部设在辖内的保险公司数（家）	1
其中：财产险经营主体（家）	1
人身险经营主体（家）	0
保险公司分支机构（家）	65
其中：财产险公司分支机构（家）	28
人身险公司分支机构（家）	37
保费收入（中外资，亿元）	1 495.3
其中：财产险保费收入（中外资，亿元）	442.1
人身险保费收入（中外资，亿元）	1 053.1
各类赔款给付（中外资，亿元）	548.2
保险密度（元/人）	1 995.7
保险深度（%）	4.7

数据来源：河北保监局。

年，全省农业保险参保农户1 226.2万户（次），提供风险保障金额708.7亿元，支付赔款12.4亿元，受益农户178万户（次）。

3. 保险业助推扶贫攻坚工作积极推进。中国保险投资基金在阜平率先开展扶贫投资基金试点，首期5 000万元扶贫资金已到位。人保集团“政融保”项目率先在阜平落地，授信额度1亿元。大病保险服务精准扶贫战略顺利实施，对农村贫困人口的大病保险起付线降低50%，最高保障限额提高到30万元，全省310万贫困人口受益。

（四）社会融资规模结构趋于多元化，金融市场平稳发展

1. 人民币贷款占社会融资规模的比重下降。2016年，河北省全年社会融资规模为6 327.5亿元，同比增加1 563.9亿元。其中，人民币贷款占同期社会融资规模的82.2%，同比下降13.6个百分点；委托贷款占比为7.9%，同比上升7.3个百分点；信托贷款占比为9.1%，同比上升11.2个百分点；企业债券占比为8.9%，同比下降1.9个百分点；非金融企业境内股票融资占比为5.4%，同比上升1.1个百分点（见图5）。2016年，河北省非金融企业债务融资工具累计发行867亿元，同比增长17.1%，继续保持较快增长势头。

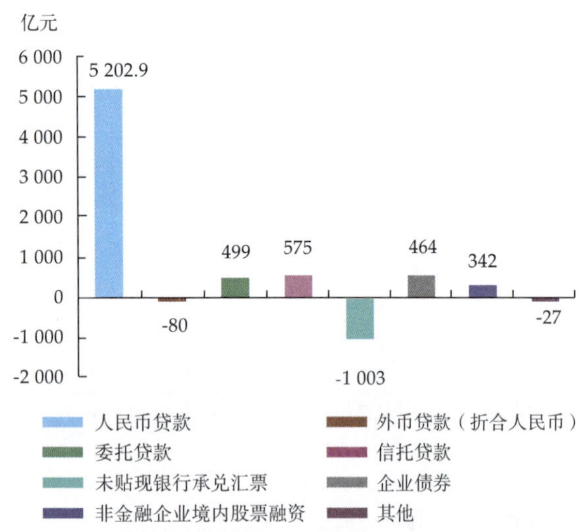

数据来源：中国人民银行石家庄中心支行。

图5　2016年河北省社会融资规模分布结构

2. 货币市场交易活跃，拆借规模大幅增长。2016年，河北省同业拆借市场交易活跃，交易笔数和交易金额均大幅增长，累计发生拆借交易1 877笔，较上年增加1 021笔；拆借发生额达到4 174.5亿元，较上年增加2 626.4亿元，增长1.7倍，净拆入1 884.9亿元。从期限看，拆出、拆入业务多集中于7天以内，其中，1天期拆出853.3亿元，占比74.5%；7天期拆出104.4亿元，占比9.1%；1天期拆入2 082.7亿元，占比68.7%，7天期拆入533.1亿元，占比17.6%。从利率看，拆出利率同比上升37个基点，拆入利率同比下降8个基点。

3. 商业汇票签发量降幅较大。受企业需求减弱、银行业金融机构风控趋严等多重因素影响，商业汇票签发量自2008年以来出现首次下降，且整体降幅较大。2016年，河北省累计签发商业汇票7 021亿元，同比减少1 974.7亿元。其中，累计签发银行承兑汇票7 013.1亿元（见表5），同比减少1 959亿元；累计签发商业承兑汇票7.9亿元，同比减少5.6亿元。票据贴现和转贴现利率呈先降后

表5　2016年河北省金融机构票据业务量统计

单位：亿元

季度	银行承兑汇票承兑		贴现			
			银行承兑汇票		商业承兑汇票	
	余额	累计发生额	余额	累计发生额	余额	累计发生额
1	4 396.0	2 577.9	1 109.2	4 643.1	27.4	48.4
2	4 067.0	3 903.0	1 294.6	12 675.2	29.4	262.3
3	3 967.6	5 446.9	1 567.3	20 406.2	73.4	464.9
4	3 885.8	7 013.1	2 266.0	20 703.5	142.7	1 070.4

数据来源：中国人民银行石家庄中心支行。

表6　2016年河北省金融机构票据贴现、转贴现利率

单位：%

季度	贴现		转贴现	
	银行承兑汇票	商业承兑汇票	票据买断	票据回购
1	3.97	4.42	3.34	3.12
2	3.47	4.51	3.25	3.03
3	3.09	5.22	2.87	2.82
4	3.32	5.22	3.29	3.04

数据来源：中国人民银行石家庄中心支行。

升态势（见表6），第三季度为全年低点，第四季度利率环比上升。2016年第四季度，全省银行承兑汇票贴现加权平均利率为3.32%，较第三季度上升0.23个百分点，商业承兑汇票贴现加权平均利率为5.22%，与第三季度持平；2016年第四季度，票据买断式和回购式转贴现加权平均利率分别为3.29%和3.04%，较第三季度分别上升0.42个百分点和0.22个百分点。

（五）金融生态环境不断优化，金融基础设施更趋完善

社会信用体系建设持续推进。金融信用信息基础数据库日益完善。截至2016年年末，已为河北省41.5万户企业和3 157.1万个自然人建立信用档案，全年提供1 176.2万次信用报告查询服务，平均每2.7秒查询1次。稳步开展信息采集与更新。截至2016年年末，全省采集更新小微企业信用信息5.8万户，上万户小微企业获得银行贷款，贷款余额2 172亿元。全省共评定信用农户471万户，信用村7 046个，信用乡镇479个，共向273.8万户信用农户累计发放贷款2 197亿元，余额683亿元。“河北省农户信用信息管理系统”于2016年7月正式在全省推广上线，为18.3万户农户建立信用档案，发放贷款12.9万笔，余额224.6亿元。信用体系试验区建设成效显著。张家口市试验区、廊坊市试验区分别带动中小微企业贷款投放413亿元和498亿元。沧州市肃宁试验区累计投放农户贷款21亿元，邢台市威县试验区累计为信用农户发放贷款超过1万笔，余额19.3亿元。河北省社会信用体系建设官方门户网站“信用河北”上线运行，与京津信用体系建设合作迈出新步伐。

支付系统安全、稳定、高效运行。大额实时支付系统业务量呈稳步增长态势，2016年共处理往来业务6 195.4万笔，金额112.8万亿元，同比分别增长5.6%和11.7%。小额批量支付系统业务量及金额涨幅较大，全年共处理往来业务21 122.8万笔，同比增长39.6%，金额24 574.1亿元，同比增长42.9%。全国支票影像交换系统业务量及金额持续下降，全年共处理往来业务56.5万笔，金额513.1亿元，同比分别下降12.7%和9.5%。网上支付跨行清算系统业务量持续快速增长，全年共处理往来业务2 394.8万笔，金额1 970.4亿元，同比分别增长86.2%和64.8%。支付系统的平稳运行对畅通货币政策传导、维护金融稳定、改善金融服务、加速社会资金周转、推动全省经济社会健康发展起到有力的促进作用。

金融消费者权益保护进一步加强。中国人民银行石家庄中心支行认真贯彻落实《国务院办公厅关于加强金融消费者权益保护工作的指导意见》，参与制定河北省相关实施意见；加强金融消费权益保护监督检查和评估评价，2016年，共对61家法人机构、63家银行业金融机构分支机构，以及2家支付公司进行现场检查，对1 402家银行业金融机构开展金融消费权益保护评估评价；强化投诉平台管理，妥善处理消费者投诉，2016年，共受理处理消费者投诉324件；深入推进金融知识宣传教育，开展金融知识进老区、进学校、进农村、进社区、进企业等集中宣传活动，充分利用新闻、网络媒体宣传普及金融知识，提升消费者金融素养；组织开展消费者金融素养问卷调查，进一步增强金融知识宣传教育针对性。2016年，全省金融系统累计开展宣传活动13 900余次，发放宣传资料630余万份，受众消费者数量1 000余万人次，媒体报道870余次，取得了良好的宣传效果。

二、经济运行情况

2016年，河北省经济运行总体平稳，经济总量迈上新台阶，转型升级取得新进展，动能转换实现新突破，居民收入增幅快于经济增速，物价稳中有升。2016年，全省地区生产总值达到31 827.9亿元，同比增长6.8%（见图6），与上年持平。其中，第一产业增加值3 492.8亿元，增长3.5%；第二产业增加值15 058.5亿元，增长4.9%；第三产业增加值13 276.6亿元，增长9.9%，第三产业占地区生产总值的比重为41.7%，较上年提高1.5个百分点。

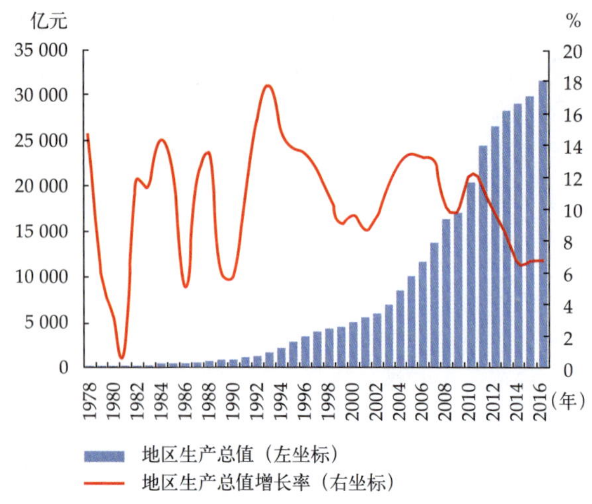

数据来源：河北省统计局。

图6　1978～2016年河北省地区生产总值及其增长率

（一）投资和消费增速趋缓，境外投资较快增长

1. 固定资产投资平稳增长。2016年，河北省全社会固定资产投资完成31 750亿元，同比增长7.8%。其中，固定资产投资（不含农户）31 340.1亿元，增长8.4%，增速较上年回落2.2个百分点（见图7）。其中，第一、第二、第三产业投资分别增长9.3%、7.6%和9.3%，第三产业投资增速较上年加快2.8个百分点。城市基础设施建设投资较快增长，完成投资7 143.1亿元，增长15.7%，加快0.6个百分点，占固定资产投资（不含农户）的比重为22.8%。民间投资完成24 034.7亿元，增长5.6%，回落2.9个百分点。高新技术产业投资4 136.8亿元，增长10.7%。

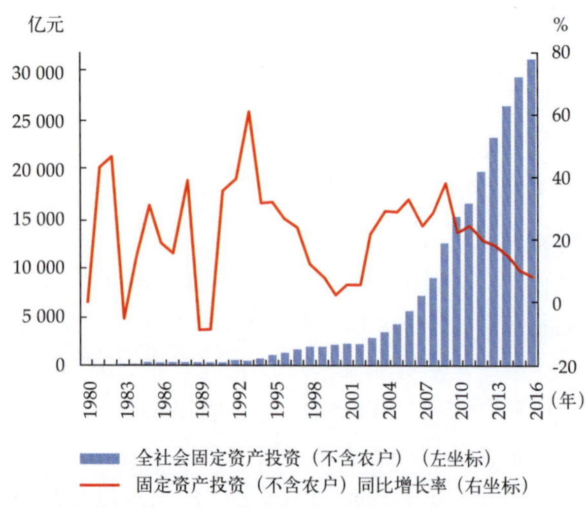

数据来源：河北省统计局。

图7　1980～2016年河北省固定资产投资（不含农户）及其增长率

2. 消费品市场平稳增长。2016年，河北省社会消费品零售总额为14 364.7亿元，比上年增长10.6%（见图8），增速比上年度加快1.2个百分点。乡村市场增速继续快于城镇，城镇消费品零售额11 195.7亿元，增长10.3%，加快1个百分点；乡村消费品零售额3 169.0亿元，增长11.4%，加快1.6个百分点。

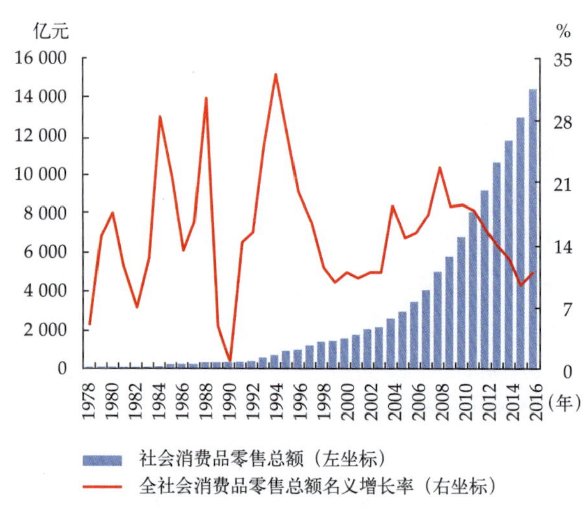

数据来源：河北省统计局。

图8　1978～2016年河北省社会消费品零售总额及其增长率

3. 外贸进出口双降，出口降幅小于进口。2016年，河北省外贸进出口总值466.3亿美元，同比下降9.5%。以人民币口径计算，2016年，全省进出口总值3 074.7亿元，同比下降3.7%。其中，出口2 014.5亿元，下降1.3%；进口1 060.2亿元，下降8.0%（见图9）。贸易顺差954.3亿元，扩大7.0%。钢材出口在全省出口中的占比为25.3%，钢材出口量价齐跌，数量下降8.1%、均价下跌4.8%、金额下降12.5%，是导致河北省出口额下降的重要原因。铁矿石进口在全省进口中的占比为47.4%，铁矿石进口量降幅较大、价微跌，数量下

降16.0%、均价下跌1.9%、金额下降17.9%，是导致河北省进口额下降的主要原因。

实际利用外资呈现较快增长。2016年，河北省实际利用外资81.5亿美元，同比增长10.6%（见图10），增速较上年提高5.5个百分点。其中，外商直接投资73.5亿美元，增长19.0%；对外借款3.8亿美元，增长4.1倍。

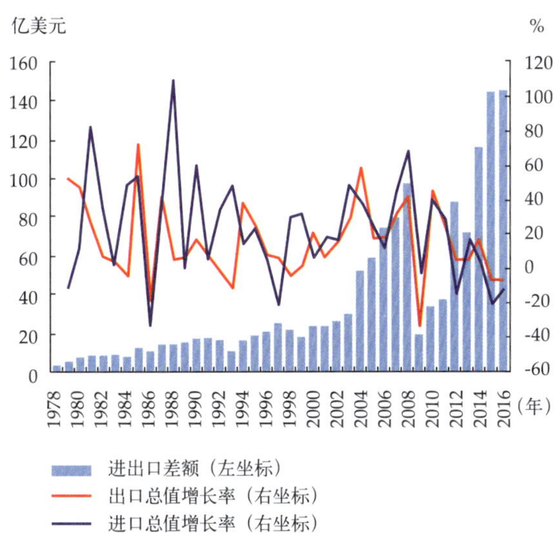

数据来源：河北省统计局。

图9　1978～2016年河北省外贸进出口变动情况

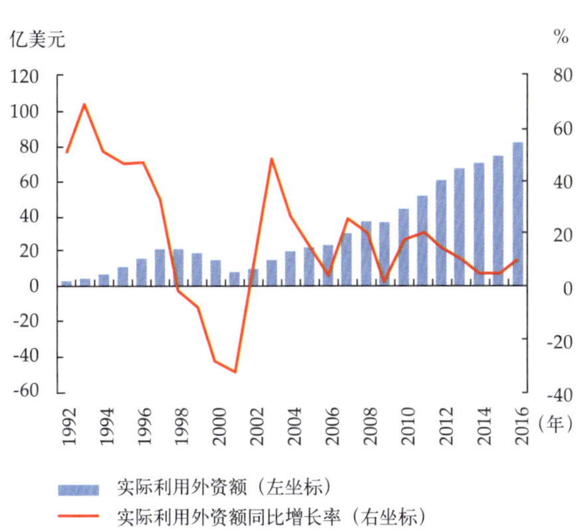

数据来源：河北省统计局。

图10　1992～2016年河北省实际利用外资额及其增长率

（二）三次产业平稳发展，产业结构继续优化

1. 农业经济总体平稳。2016年，河北省农林牧渔业增加值为3 644.8亿元，比上年增长3.7%。粮食作物播种面积632.7万公顷，同比下降1.0%；粮食总产量3 460.2万吨，比上年增长2.9%；新增有效灌溉面积0.9万公顷，新增节水灌溉面积28.4万公顷。农业机械总动力比上年增长1.1%，机耕面积占比达到62.8%。

2. 工业生产平稳增长。2016年，河北省规模以上工业增加值为11 663.8亿元，同比增长4.8%（见图11），加快0.4个百分点。规模以上工业中，装备制造业增加值比上年增长10.2%，占规模以上工业的比重为26.0%，比上年提高1.4个百分点，比钢铁工业高0.5个百分点；钢铁工业增加值下降0.2%，占规模以上工业的比重为25.5%，比上年下降0.5个百分点。六大高耗能行业增加值比上年增长1.4%，增速比上年回落1.8个百分点。高新技术产业增加值增长13.0%，占规模以上工业的比重为18.4%，比上年提高2.4个百分点。规模以上工业企业实现利润2 610亿元，增长18.9%。全年规模以上工业企业资产负债率为55.3%，同比下降0.5个百分点，每百元主营业务收入中的成本为87.6元，同比减少0.4元。

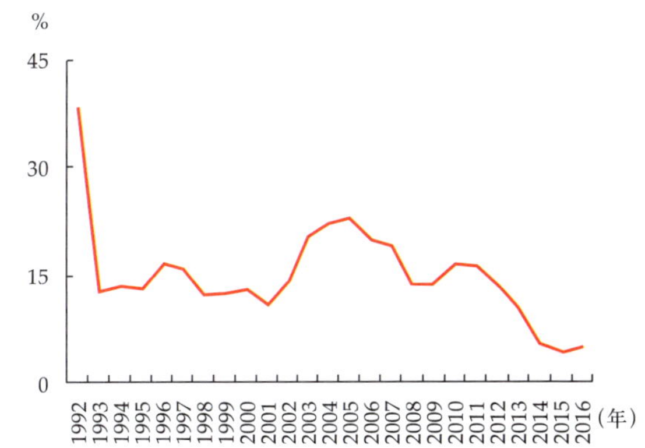

数据来源：河北省统计局。

图11　1992～2016年河北省规模以上工业增加值同比增长率

3. 服务业保持较快增长。全年服务业完成增加值13 276.6亿元，比上年增长9.9%，速度快于全省地区生产总值3.1个百分点。其中，金融业增加值1 692.2亿元，增长13.7%。第三产业占地区生产总值的比重达到41.7%，比上年提升1.5个百分点。

（三）居民消费价格温和上涨，工业生产者价格企稳

全年居民消费价格同比上涨1.5%，涨幅同比扩大0.6个百分点。其中，城市上涨1.5%，农村上涨1.5%。分类别看，八大类商品及服务价格“七升一降”。其中，食品烟酒上涨2.6%，衣着上涨1.8%，居住上涨0.7%，生活用品及服务上涨0.5%，教育文化和娱乐上涨1.3%，医疗保健上涨4.4%，其他用品和服务上涨3.3%，交通和通信下降1.7%。全年工业生产者出厂价格微降0.1%，降幅收窄10.8个百分点；工业生产者购进价格下降1.7%，降幅收窄8个百分点（见图12）。

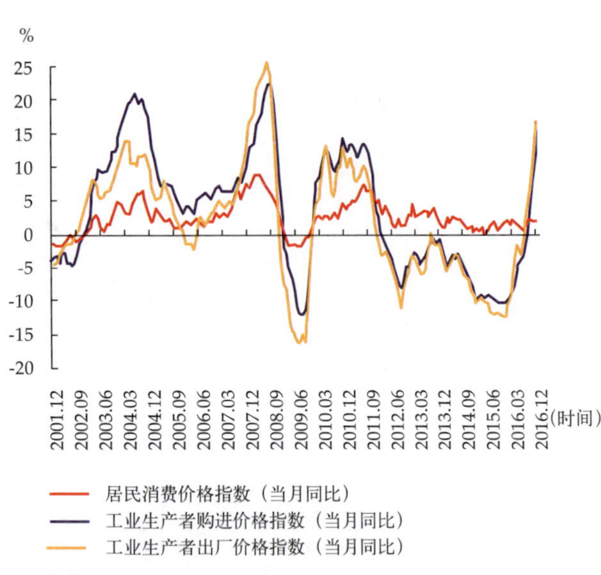

数据来源：河北省统计局。

图12　2001～2016年河北省居民消费价格和生产者价格变动趋势

（四）财政收入平稳增长，公共预算支出主要用于民生

2016年，河北省全部财政收入完成4 373.4亿元，同比增长8.0%，增速同比上升0.5个百分点（见图13）。其中，地方公共预算收入2 850.8亿元，增长7.6%。2016年5月1日“营改增”试点全面推开以来，全省四大行业均表现为净减税，共减税15.6亿元，26个细分行业全部实现了总体税负只减不增的预定目标。受“营改增”政策影响，全省税收收入增速逐月下降，全年税收增速较最高点回落21.4个百分点。2016年，全省一般公共预算支出迈上6 000亿元新台阶，达到6 038亿元，同比增长7.2%。财政支出结构不断优化，全省民生支出完成4 843.8亿元，占一般公共预算支出的比重为80.2%，保持在较高水平。

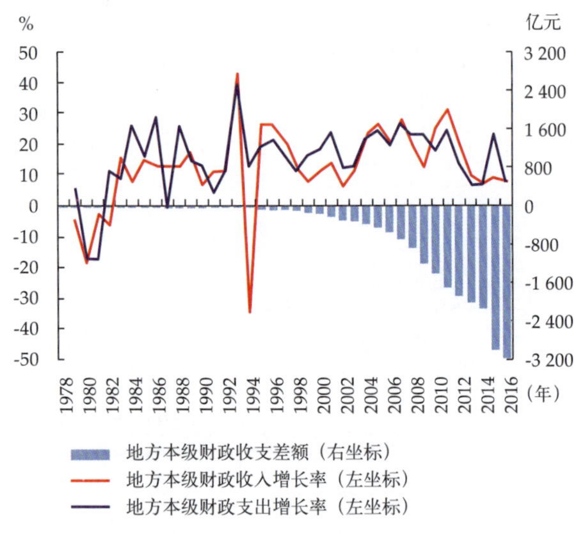

数据来源：河北省统计局。

图13　1978～2016年河北省财政收支状况

国库现金管理工作顺利推进。2016年，河北省成为地方国库现金管理第二批试点省份，中国人民银行石家庄中心支行和河北省财政厅通力协作，完成了办法制定、协议签署、招投标等系列工作，河北省省级国库现金管理工作进展顺利。全年共实施4期地方国库现金管理商业银行定期存款操作，累计操作金额880亿元，收回3期，累计收回金额800亿元，实现利息收益2.98亿元，年末余额80亿元。

地方政府债券有序发行。2016年，河北省发行地方政府债券2 320.8亿元，其中置换债券737.3亿元，公开发行一般债券和专项债券1 583.5亿元，保证了重点项目建设和重点领域发展，为全省经济建设提供强有力的资金支撑。

（五）化解过剩产能持续推进，绿色金融体系建设取得新进展

2016年，河北省共压减炼钢产能1 624万吨、炼铁1 761万吨、水泥286万吨、平板玻璃2 189万重量箱，退出煤矿54处、压减煤炭产能1 400万吨，均超额完成国家下达的任务。2016年，全省规模以上工业能耗2.05亿吨标准煤，同比增长0.35%，在连续两年下降后，同比小幅增长。单位工业增加值能耗1.745吨标准煤/万元，同比下降4.25%。2016年，河北省金融租赁有限公司获批在全国银行间债券市场发行绿色金融债券，成为全国第一单非银行金融机构获准发行的绿色金融债券。该债券的获准发行将对河北省推动绿色金融发展，支持绿色经济，实现绿色发展、循环发展、低碳发展起到积极的示范促进作用。

专栏2　京津冀协同发展深入推进　雄安新区开启发展新纪元

京津冀协同发展战略自2014年年初正式提出以来，已经与“一带一路”、长江经济带等成为我国当前重点实施的三大区域发展战略。2016年，河北省积极主动对接京津，积极承接非首都功能疏解，重点打造北京新机场临空经济区、曹妃甸协同发展示范区、芦台·汉沽津冀协同发展示范区等承接平台。交通、生态环保、产业等三个领域率先突破取得新进展。京津冀城际铁路网规划获国家批复，首都地区环线高速河北段全线贯通。京津冀大气污染防治、水资源保护等实现联防联治和信息共享。北京现代汽车沧州工厂等一批产业项目建成投产，全年引进京津资金3 825亿元。协同创新共同体建设取得重大进展，石保廊全面创新改革试验区、京南科技成果转移转化示范区、京津冀大数据综合试验区等纳入国家总体布局。冬奥会筹办扎实推进。京津对口帮扶工作全面启动。京津冀协同发展的红利正在加速释放。

中国人民银行石家庄中心支行紧密结合京津冀协同发展战略，在机制建设、信息共享、金融支持、政策研究等方面取得了一系列成效。2016年，中国人民银行石家庄中心支行与北京营管部、天津分行共同研究起草了《金融支持京津冀协同发展人民银行三地协调机制》，确定了重点改革领域的推进计划与支持措施；组织建立了京津冀区域金融资源合作领导小组，积极推动河北银行、北京银行石家庄分行、天津银行石家庄分行三家机构在银团贷款、账户互认、融资担保等领域开展合作探索；以交通一体化、生态环境保护、产业升级转移等为突破领域，加大对京津冀协同发展相关产业的信贷支持力度。截至2016年年末，全省银行业支持北京新机场、京昆高速等项目建设贷款余额3 816亿元，较年初增加351亿元；支持京津产业转移、省内产业转型升级贷款余额896亿元，较年初增加132亿元；支持冬奥会相关项目贷款余额134亿元，较年初增加71亿元。

2017年4月1日，中央提出设立河北雄安新区，成为深入推进京津冀协同发展的一项重大决策部署。截至2016年年末，雄县、安新县、容城县各项存款余额合计409.5亿元，占全省比重为0.7%，贷款余额合计173.4亿元，占全省比重为0.5%。2016年三个县生产总值合计218.3亿元，占全省比重为0.7%。着眼未来，雄安新区经济总量、结构、发展模式等将实现质的跃升，并成为贯彻落实新发展理念的创新发展示范区。中国人民银行石家庄中心支行将紧密结合新区的规划建设，研究做好相关金融改革创新，引导金融机构全力做好相关金融服务工作。

（六）房地产市场升温明显，区域分化依旧显著

1. 房地产开发投资增速上升。2016年，河北省房地产开发完成投资4 695.6亿元，同比增长9.6%，回升4个百分点。全省房地产开发施工面积同比增长0.1%（见图14），新开工面积同比增长13%，均由降转升。分地区看，区域分化依旧明显，11个设区市中有9个市的房地产开发投资实现增长，排在前三位的分别为：张家口同比增长54.0%，保定同比增长39.2%，衡水同比增长19.6%；两个设区市房地产开发投资有所下降。

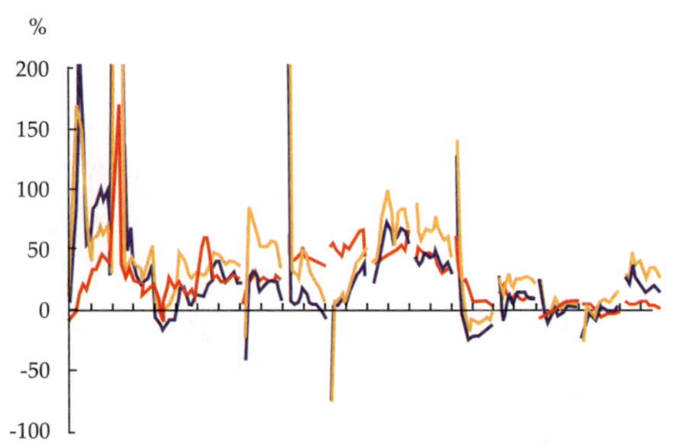

数据来源：河北省统计局。

图14　2002～2016年河北省商品房施工和销售变动趋势

2. 待售面积显著下降。截至2016年年末，河北省商品房待售面积为1 582.4万平方米，同比下降27.4%，其中，住宅待售面积同比下降32.6%。2016年，河北省房地产市场整体去库存较快，但不同地区显著分化，廊坊、保定、张家口等环京津区域及省会石家庄去库存较为迅速；部分地区及县域库存上升，去库存任务依然较重。

3. 销售市场明显回暖，环京津热点地区房地产市场活跃。2016年，河北省商品房销售面积为6 682.3万平方米，同比增长14.1%，增速加快11.5个百分点（见图14）。其中，商品住宅销售面积为5 899.7万平方米，同比增长14.3%。全省商品房销售额4 301.8亿元，增长27.6%，同比加快12.5个百分点。廊坊、保定、张家口、石家庄等市房地产市场活跃，呈现量价齐升态势，尤其是崇礼、三河、香河、大厂、固安等成为热点地区。

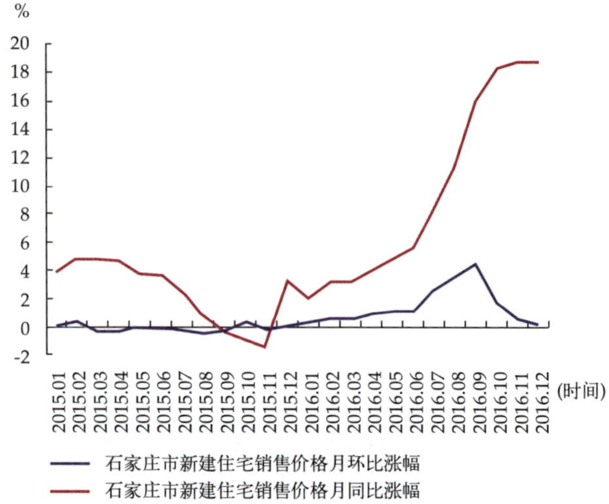

数据来源：河北省统计局。

图15　2015～2016年石家庄市新建住宅销售价格变动趋势

4. 房地产贷款余额较快增长。2016年年末，河北省房地产贷款余额为10 167.6亿元，同比增长42.9%，其中，廊坊、石家庄、保定占全省房地产贷款余额的一半以上。截至2016年年末，全省房地产开发贷款余额为1 931.6亿元，同比增长18.6%。国家开发银行河北省分行使用中国人民银行抵押补充贷款资金累计发放棚户区改造贷款736.3亿元，余额725.9亿元。

三、预测与展望

当前，河北省正处于跨越提升的关键期，既面临着京津冀协同发展等重大历史机遇，也面临着去产能任务繁重、新旧动能转换不快、环境污染问题突出、城镇化水平低、城乡居民收入不高等问题。2017年，通过深化供给侧结构性改革、深入推进京津冀协同发展、全力做好雄安新区规划建设等，不断释放改革创新红利，不断增强发展新动能，河北省经济社会发展的质量将进一步提升。预计2017年全省经济增速在7%左右，结构将更趋合理，居民消费价格涨幅在2%左右。

2017年，河北省人民银行各分支机构将坚持稳中求进工作总基调，认真落实稳健中性的货币政策，加强预期引导，综合运用好价格、数量和宏观审慎政策工具，着力畅通政策传导渠道和机制，进一步优化融资结构和信贷结构，更好地支持实体经济发展；着力加大对供给侧结构性改革、京津冀协同发展的支持力度；着力提高金融运行效率和服务实体经济的能力，促进经济发展新旧动能转换，切实防范化解各类金融风险，为全省经济社会发展营造更加适宜的货币金融环境。

中国人民银行石家庄中心支行货币政策分析小组

总　纂：陈建华　李双锁

统　稿：曹增和　杜文忠　高宏业　温振华　黄艳霞　鲍文改　张　华

执　笔：高东胜

提供材料的还有：薛秀丽　魏　莹　李福贵　李婕琼　尹　洁　范宪忠　岳永丽　任珍珍　岳岐峰
高晨红　张皓阳　应　明　邓东雅　封建飞　靳凤菊　杜彦尊　霍建兵　王　超
郄江辉　谢瑞芬　赵天奕　李建令　孙刚强　辛　森　魏　伟

附录

（一）2016年河北省经济金融大事记

2月，河北省首只银政合作产业基金“沧州渤海新区港口产业基金”成功发行。

4月11日，财政部、中国人民银行联合下发文件，确定河北省为2016年地方国库现金管理试点地区。

5月，中国农业银行唐山分行完成全国首只海绵城市建设引导基金首笔放款3.75亿元，标志着全国首只海绵城市建设引导基金成功落地。

6月22日至23日，中国人民银行石家庄中心支行联合河北省银监局圆满完成“中国更新FSAP评估”河北访谈工作。

7月，中国农业发展银行张家口分行发放全国首笔国家储备林贷款。

8月，2016年中国人民银行分支行行长座谈会在石家庄市召开。

10月9日，中国进出口银行河北省分行开业。

10月19日，由中国人民银行石家庄中心支行会同廊坊市中心支行共同研发的“中国人民银行存款保险统计系统”在全国人民银行系统正式上线试运行。

11月，河北省金融租赁有限公司获准20亿元绿色金融债券发行许可，成为非银行金融机构获准发行绿色金融债券的全国第一单。

（二）2016年河北省主要经济金融指标

表1　2016年河北省主要存贷款指标

		1月	2月	3月	4月	5月	6月	7月	8月	9月	10月	11月	12月
本外币	金融机构各项存款余额（亿元）	49 941.2	50 603.3	51 776.4	52 313.9	52 700.3	53 951.6	53 993.5	54 793.1	55 179.4	55 123.7	55 463.1	55 928.9
	其中：住户存款	29 754.3	30 748.2	31 214.1	30 851.0	30 984.6	31 436.8	31 465.2	31 741.3	32 379.0	32 207.8	32 482.5	32 871.0
	非金融企业存款	11 646.1	11 502.6	11 993.3	12 272.9	12 290.9	12 693.8	12 651.2	12 807.6	12 970.0	12 928.9	13 124.7	13 660.8
	各项存款余额比上月增加（亿元）	1 013.6	662.1	1 173.2	537.5	386.3	1 251.4	41.8	799.6	386.4	-55.8	339.4	465.8
	金融机构各项存款同比增长（%）	11.8	12.2	12.4	14.5	13.8	12.4	13.4	14.0	12.2	12.8	14.3	14.3
	金融机构各项贷款余额（亿元）	33 434.7	33 472.4	33 950.3	34 215.0	34 595.8	35 122.4	35 553.0	35 721.1	36 272.0	36 604.2	37 050.7	37 745.8
	其中：短期	12 456.4	12 538.3	12 709.4	12 671.2	12 689.3	12 775.1	12 780.4	12 802.5	12 885.0	12 793.3	12 696.1	12 748.5
	中长期	18 591.0	18 513.6	18 883.0	19 164.3	19 508.2	19 936.3	20 258.0	20 385.0	20 836.3	21 170.5	21 570.1	22 218.5
	票据融资	2 111.6	2 135.1	2 069.6	2 083.1	2 095.5	2 117.2	2 200.6	2 219.7	2 252.9	2 288.9	2 415.2	2 408.8
	各项贷款余额比上月增加（亿元）	826.2	37.7	477.9	264.7	380.9	526.5	430.6	168.2	550.8	332.2	446.5	695.1
	其中：短期	102.6	81.9	171.1	-38.2	18.0	85.9	5.2	22.1	82.5	-91.7	-97.2	52.4
	中长期	513.6	-77.4	369.4	281.3	343.9	428.1	321.7	127.0	451.3	334.2	399.6	648.5
	票据融资	192.3	23.5	-65.5	13.5	12.4	21.7	83.4	19.1	33.2	36.0	126.2	-6.4
	金融机构各项贷款同比增长（%）	17.0	15.4	15.7	15.6	15.8	15.5	15.4	15.4	14.8	14.7	14.3	15.8
	其中：短期	4.8	4.4	4.8	4.5	4.6	3.3	3.3	3.9	3.3	2.4	0.9	1.8
	中长期	20.4	17.9	19.0	19.5	20.3	20.9	21.0	20.8	21.1	21.8	22.4	24.1
	票据融资	99.7	96.2	82.2	75.1	60.4	59.9	53.5	47.4	37.3	29.0	24.4	25.5
	建筑业贷款余额（亿元）	815.7	839.0	845.3	844.5	837.3	840.2	853.2	849.1	867.7	888.9	889.9	906.9
	房地产业贷款余额（亿元）	1 621.3	1 602.3	1 664.7	1 693.2	1 702.6	1 716.3	1 716.8	1 709.3	1 737.8	1 756.6	1 752.9	1 840.6
	建筑业贷款同比增长（%）	2.9	4.0	3.4	2.4	1.0	-0.2	0.6	-0.9	-0.6	1.4	2.2	4.9
	房地产业贷款同比增长（%）	26.2	22.4	27.4	26.2	23.6	19.8	17.4	15.6	15.0	15.7	16.3	22.2
人民币	金融机构各项存款余额（亿元）	49 545.0	50 207.5	51 365.1	51 914.2	52 332.2	53 560.9	53 611.4	54 454.9	54 788.1	54 732.5	55 065.5	55 513.3
	其中：住户存款	29 640.6	30 632.4	31 096.5	30 734.1	30 865.0	31 315.2	31 340.2	31 616.2	32 253.1	32 071.0	32 333.7	32 710.9
	非金融企业存款	11 388.0	11 239.8	11 717.4	12 007.7	12 059.9	12 460.5	12 429.4	12 630.6	12 751.6	12 721.9	12 924.2	13 454.4
	各项存款余额比上月增加（亿元）	994.1	662.5	1157.6	549.1	418.0	1228.7	50.5	843.5	333.2	-55.6	333.1	447.8
	其中：住户存款	524.0	991.8	464.2	-362.4	130.9	450.2	25.0	275.9	636.9	-182.0	262.7	377.1
	非金融企业存款	142.6	-148.1	477.6	290.3	52.2	400.6	-31.0	201.2	120.9	-29.6	202.2	530.3
	各项存款同比增长（%）	11.9	12.2	12.4	14.6	13.8	12.4	13.4	14.2	12.3	12.8	13.5	14.3
	其中：住户存款	11.7	10.4	10.8	10.9	11.4	11.0	11.3	11.5	12.1	12.0	12.3	12.3
	非金融企业存款	15.9	20.0	19.4	22.7	18.2	15.0	15.1	16.2	13.6	13.5	14.7	16.4
	金融机构各项贷款余额（亿元）	32 988.9	33 047.0	33 543.5	33 814.7	34 196.9	34 727.7	35 157.0	35 325.6	35 900.5	36 242.6	36 673.4	37 352.2
	其中：个人消费贷款	6 256.2	6 292.8	6 515.1	6 706.5	6 911.8	7 174.7	7 376.5	7 635.4	7 973.0	8 221.6	8 504.6	8 739.2
	票据融资	2 111.6	2 135.1	2 069.6	2 083.1	2 095.5	2 117.2	2 200.6	2 219.6	2 252.9	2 288.9	2 415.1	2 408.8
	各项贷款余额比上月增加（亿元）	837.5	58.1	496.5	271.3	382.2	530.8	429.2	168.6	575.0	342.1	430.8	678.8
	其中：个人消费贷款	204.1	36.6	222.2	191.4	205.3	262.9	201.8	258.9	337.6	248.6	283.0	234.6
	票据融资	192.3	2.6	-65.5	13.5	12.3	21.7	83.4	19.1	33.2	36.0	126.2	-6.4
	金融机构各项贷款同比增长（%）	17.4	15.8	16.1	16.0	16.1	15.9	16.0	15.9	15.4	15.3	14.7	16.2
	其中：个人消费贷款	26.9	25.9	28.6	30.2	31.9	33.4	34.6	36.5	38.8	41.0	42.5	44.0
	票据融资	99.8	96.2	82.3	75.1	60.4	59.9	53.5	47.4	37.3	29.0	24.4	25.5
外币	金融机构外币存款余额（亿美元）	60.5	60.5	63.7	61.9	55.9	58.9	57.5	50.5	58.6	57.8	57.7	59.9
	金融机构外币存款同比增长（%）	2.7	0.4	6.4	3.0	2.0	14.1	5.4	-15.2	-1.9	-2.2	0.9	3.3
	金融机构外币贷款余额（亿美元）	68.0	65.0	63.0	62.0	60.6	59.5	59.5	59.1	55.6	53.4	54.8	56.7
	金融机构外币贷款同比增长（%）	-10.4	-14.8	-15.7	-14.5	-15.0	-20.0	-25.4	-21.1	-25.5	-25.8	-23.2	-19.4

数据来源：中国人民银行石家庄中心支行。

表2　2001～2016年河北省各类价格指数

单位：%

年/月		居民消费价格指数		农业生产资料价格指数		工业生产者购进价格指数		工业生产者出厂价格指数	
		当月同比	累计同比	当月同比	累计同比	当月同比	累计同比	当月同比	累计同比
2001		—	0.5	—	0.2	—	1.0	—	-0.2
2002		—	-1.0	—	0.4	—	-2.8	—	-0.6
2003		—	2.2	—	-0.2	—	9.4	—	7.1
2004		—	4.3	—	6.7	—	18.4	—	11.6
2005		—	1.8	—	6.8	—	7.0	—	4.4
2006		—	1.7	—	1.6	—	5.0	—	0.8
2007		—	4.7	—	6.9	—	7.8	—	6.9
2008		—	6.2	—	18.6	—	15.9	—	16.7
2009		—	-0.7	—	0.6	—	-6.5	—	-10.9
2010		—	3.1	—	4.4	—	10.9	—	9.0
2011		—	5.7	—	12.6	—	10.9	—	7.7
2012		—	2.6	—	8.2	—	-3.8	—	-5.3
2013		—	3.0	—	1.1	—	-2.4	—	-3.4
2014		—	1.7	—	-0.9	—	-4.4	—	-4.8
2015		—	0.9	—	-0.2	—	-9.7	—	-10.9
2016		—	1.5	—	0.0	—	-1.7	—	-0.1
2015	1	0.2	0.2	-0.4	-0.4	-9.4	-9.4	-9.4	-9.4
	2	0.8	0.5	-0.8	-0.8	-9.8	-9.6	-10.1	-9.8
	3	0.5	0.5	-0.4	-0.7	-9.4	-9.5	-9.6	-9.7
	4	0.8	0.6	-0.4	-0.6	-9.3	-9.5	-9.9	-9.8
	5	0.3	0.5	-0.3	-0.5	-9.5	-9.5	-10.2	-9.9
	6	0.5	0.5	-0.1	-0.5	-9.2	-9.4	-10.6	-10.0
	7	1.1	0.6	-0.1	-0.4	-9.6	-9.5	-11.6	-10.2
	8	1.7	0.7	0.1	-0.4	-10.0	-9.5	-12.0	-10.4
	9	1.1	0.8	-0.1	-0.3	-10.0	-9.6	-11.7	-10.6
	10	0.6	0.8	0.0	-0.3	-10.2	-9.6	-11.7	-10.7
	11	1.3	0.8	0.0	-0.3	-10.3	-9.7	-12.1	-10.8
	12	1.6	0.9	0.1	-0.2	-10.2	-9.7	-12.2	-10.9
2016	1	1.8	1.8	-1.2	-1.2	-9.8	-9.8	-10.7	-10.7
	2	1.5	1.7	-1.1	-1.2	-9.4	-9.6	-9.4	-10.1
	3	1.8	1.7	-1.4	-1.2	-8.3	-9.2	-7.2	-9.1
	4	1.6	1.7	-0.7	-1.1	-6.5	-8.5	-2.9	-7.6
	5	1.3	1.6	-0.1	-0.9	-4.8	-7.8	-1.9	-6.5
	6	1.0	1.5	0.8	-0.6	-4.1	-7.2	-2.9	-5.9
	7	0.9	1.4	0.7	-0.4	-2.9	-6.6	-0.6	-5.1
	8	0.7	1.3	0.3	-0.3	-1.6	-6.0	1.6	-4.3
	9	1.7	1.4	0.5	-0.3	0.7	-5.2	4.0	-3.4
	10	2.1	1.4	0.3	-0.2	4.3	-4.3	5.7	-2.6
	11	1.8	1.5	0.8	-0.1	9.7	-3.1	10.3	-1.5
	12	1.9	1.5	1.3	0.0	13.9	-1.7	16.3	-0.1

数据来源：河北省统计局、《中国经济景气月报》。

表3 2016年河北省主要经济指标

	1月	2月	3月	4月	5月	6月	7月	8月	9月	10月	11月	12月
绝对值（自年初累计）												
地区生产总值（亿元）	—	—	6 487.4	—	—	14 467.7	—	—	22 496.1	—	—	31 827.9
第一产业	—	—	639.4	—	—	1 499.2	—	—	2 369.8	—	—	3 492.8
第二产业	—	—	3 101.1	—	—	6 947.4	—	—	10 755.5	—	—	15 058.5
第三产业	—	—	2 747.0	—	—	6 021.1	—	—	9 370.8	—	—	13 276.6
工业增加值（亿元）	—	1 454.6	2 404.0	3 279.3	4 209.9	5 323.1	6 318.6	7 324.6	8 435.2	9 528.7	10 603.0	11 663.8
固定资产投资（亿元）	—	912.3	3 864.2	6 525.6	9 745.3	13 784.5	16 820.4	20 110.2	23 593.1	26 778.1	29 425.0	31 340.1
房地产开发投资	—	206.5	685.1	1 072.0	1 529.4	2 109.1	2 551.7	3 040.5	3 579.6	4 066.3	4 439.8	4 695.6
社会消费品零售总额（亿元）	—	—	3 196.7	—	—	6 388.0	—	—	9 869.2	—	—	14 364.7
外贸进出口总额（亿元）	239.7	430.3	663.4	916.3	1 168.7	1 447.6	1 713.7	1 981.5	2 236.2	2 495.4	2 791.2	3 074.7
进口	72.9	135.0	221.6	309.4	396.7	479.4	567.1	655.2	742.1	835.7	946.1	1 060.2
出口	166.8	295.3	441.8	606.8	772.0	968.3	1 146.6	1 326.2	1 494.1	1 659.7	1 845.1	2 014.5
进出口差额(出口－进口)	93.9	160.3	220.2	297.4	375.3	488.9	579.5	671.0	752.0	824.0	899.0	954.3
实际利用外资（亿美元）	3.1	6.6	14.4	15.4	15.8	40.6	44.8	45.6	57.8	58.7	73.6	81.5
地方财政收支差额（亿元）	91.8	-117.5	-520.8	-653.4	-877.2	-1 307.6	-1 455.5	-1 757.4	-2 088.4	-2 324.9	-2 589.0	-3 187.2
地方财政收入	299.6	481.6	793.8	1 061.6	1 317.6	1 603.8	1 783.7	1 964.8	2 235.9	2 445.8	2 620.3	2 850.8
地方财政支出	207.8	599.1	1 314.6	1 715.0	2 194.8	2 911.4	3 239.2	3 722.2	4 324.3	4 770.7	5 209.3	6 038.0
城镇登记失业率 (%)(季度)	—	—	3.6	—	—	3.6	—	—	3.6	—	—	3.7
同比累计增长率（%）												
地区生产总值	—	—	6.5	—	—	6.6	—	—	6.8	—	—	6.8
第一产业	—	—	3.2	—	—	3.3	—	—	3.5	—	—	3.5
第二产业	—	—	5.0	—	—	5.2	—	—	5.7	—	—	4.9
第三产业	—	—	9.3	—	—	9.2	—	—	9.0	—	—	9.9
工业增加值	—	4.2	4.9	5.0	5.0	5.1	5.1	5.4	5.6	5.5	5.2	4.8
固定资产投资	—	10.1	10.9	11.0	11.0	11.1	9.5	9.3	9.7	9.7	9.0	8.4
房地产开发投资	—	10.2	10.5	11.8	11.1	11.5	12.7	13.6	13.6	13.9	11.3	9.6
社会消费品零售总额	—	—	9.5	—	—	9.8	—	—	10.1	—	—	10.6
外贸进出口总额	-21.0	-21.3	-15.3	-11.8	-9.8	-7.6	-7.7	-6.1	-7.1	-6.3	-4.1	-3.7
进口	-23.7	-27.1	-23.5	-19.7	-16.1	-16.0	-16.1	-14.3	-14.3	-12.3	-9.6	-8.0
出口	-19.7	-18.3	-10.5	-7.2	-6.3	-2.8	-2.9	-1.4	-3.1	-3.0	-1.1	-1.3
实际利用外资	51.9	51.0	16.9	1.6	-4.6	25.2	30.0	28.0	54.5	37.1	29.8	10.6
地方财政收入	9.8	11.2	13.0	18.3	20.7	15.5	13.1	12.6	11.0	10.9	10.0	7.6
地方财政支出	39.2	14.9	26.5	20.0	19.4	19.8	16.1	18.1	11.3	6.1	4.2	7.2

数据来源：河北省统计局。

山西省金融运行报告（2017）

中国人民银行太原中心支行货币政策分析小组

[内容摘要] 2016年，受经济内生增长动力不足、煤炭等资源型产品价格宽幅波动等因素影响，山西省经济发展既充满挑战，又孕育着希望。面对错综复杂的经济形势，山西省认真贯彻落实省第十一次党代会议精神，按照“一个指引、两手硬”重大思路和要求，坚定不移地推动供给侧结构性改革，坚定不移地实施创新驱动、转型升级战略，统筹稳增长、促改革、调结构、惠民生、防风险等各项工作，地区生产总值增速虽然低于预期，但实现了下半年好于上半年的目标。同时，经济转型升级步伐加快，发展效益质量稳步提高，物价水平和就业保持稳定，生态环境修复取得新进展。金融运行总体平稳，货币总量合理适度增长，信贷结构继续优化，证券保险业健康发展，金融生态环境建设持续推进，金融服务实体经济的能力得到进一步提升。

2017年，山西省将以坚持新发展理念、坚持稳中求进为工作总基调，坚持深化供给侧结构性改革与深化转型综改试验区建设有机结合，坚持以提高发展质量和效益为中心，全面实施创新驱动、转型升级战略，全力促进经济稳步向好、民生不断改善和社会和谐稳定。金融业将贯彻落实稳健中性的货币政策，增强信贷政策的导向作用，加强宏观审慎管理及金融风险的防范和化解，持续提升金融服务水平，为经济结构调整和转型升级营造中性适宜的金融环境。预计2017年山西省地区生产总值将增长6.7%左右，居民消费价格涨幅控制在2%，城镇登记失业率控制在4.2%左右。预计2017年山西省本外币贷款余额同比增长11%左右，本外币存款余额同比增长8%左右。

一、金融运行情况

2016年，山西省金融业稳健运行，货币信贷合理适度增长，市场融资功能有所弱化，改革与创新稳步推进，风险得到有效化解，生态环境建设不断优化，金融支持经济转型发展能力增强。

（一）银行业稳健运行，货币信贷合理适度增长

2016年，山西省银行业金融机构认真贯彻落实稳健的货币政策，存贷款合理适度增长，信贷政策导向作用增强，融资成本降低，利率市场化改革取得新进展，金融机构业态布局优化，风险防范和处置取得新进展。

1. 银行业金融机构资产规模稳步增长，盈利能力继续下降。2016年，山西省银行业金融机构资产总额39 288.1亿元（见表1），负债总额38 072.4亿元，所有者权益1 215.7亿元，同比分别增长8.53%、8.44%和11.01%。受经济低位运行、利

表1　2016年山西省银行业金融机构情况

机构类别	营业网点			法人机构（个）
	机构个数（个）	从业人数（人）	资产总额（亿元）	
一、大型商业银行	1 762	49 625	14 563.3	0
二、国家开发银行和政策性银行	80	1 898	2 940.6	0
三、股份制商业银行	396	7 462	4 683.9	0
四、城市商业银行	394	9 821	3 954.0	6
五、小型农村金融机构	3 164	37 703	9 544.3	114
六、财务公司	6	281	863.6	6
七、信托公司	1	189	22.5	1
八、邮政储蓄银行	1 132	13 594	2 313.5	0
九、外资银行	2	40	13.9	0
十、新型农村金融机构	129	3 541	349.0	68
十一、其他	2	240	39.5	2
合　计	7 068	124 394	39 288.1	197

注：营业网点不包括国家开发银行和政策性银行、大型商业银行、股份制商业银行等金融机构总部数据；大型商业银行包括中国工商银行、中国农业银行、中国银行、中国建设银行和交通银行；小型农村金融机构包括农村商业银行、农村合作银行和农村信用社；新型农村金融机构包括村镇银行、贷款公司、农村资金互助社和小额贷款公司；“其他”包含金融租赁公司、汽车金融公司、货币经纪公司、消费金融公司等。

数据来源：山西银监局、中国人民银行太原中心支行。

差收窄等因素影响，山西省银行业金融机构盈利能力减弱。2016年实现利润264.8亿元，同比下降12.1%，降幅较上年加快4个百分点。五家银行出现经营亏损，其中一家银行连续第二年亏损。

2. 各项存款增速稳步回升，年末分流现象明显。2016年，山西省金融机构本外币各项存款余额30 869.1亿元，同比增长7.78%，增速同比提高2.1个百分点，全年新增存款2 227.7亿元，同比多增683.0亿元。受互联网金融违约风险暴露、企业投资意愿不强以及A股市场低位运行影响，山西省金融机构存款继续回流，全年个人存款、单位存款同比分别多增229.2亿元和246.5亿元。受年末财政资金集中拨付、企业集中用款等因素影响，12月山西省本外币存款当月减少632.8亿元（见图1），其中单位存款、财政性存款当月分别减少169.0亿元和491.9亿元。

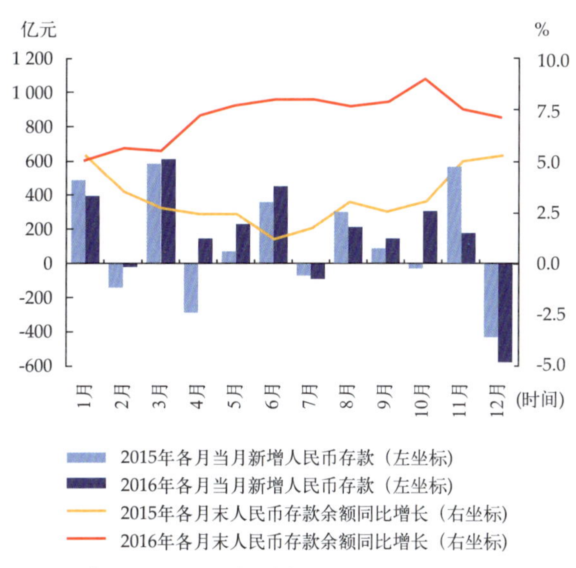

数据来源：中国人民银行太原中心支行。

图1 2015～2016年山西省金融机构人民币存款增长变化

3. 各项贷款增速回落，支持实体经济转型升级力度加大。2016年，山西省金融机构本外币各项贷款余额20 356.5亿元，同比增长9.59%，增速同比降低2.6个百分点，全年新增贷款1 781.7亿元，同比少增233.3亿元。从结构看，中长期贷款保持高速增长，年末中长期贷款余额达到10 868.1亿元，同比增长14.56%，增速较上年提高6.3个百分点。分机构看，法人金融机构全年贷款同比少增190.2亿元，其中农村商业银行同比少增352.2亿元（见图2、图3）。

贷款投向“有扶有控、重点突出”，着力支持经济转型升级。2016年年初实施降低存款准备金率政策，向法人金融机构释放流动性45亿元；全年累计发放信贷政策支持再贷款、再贴现资金

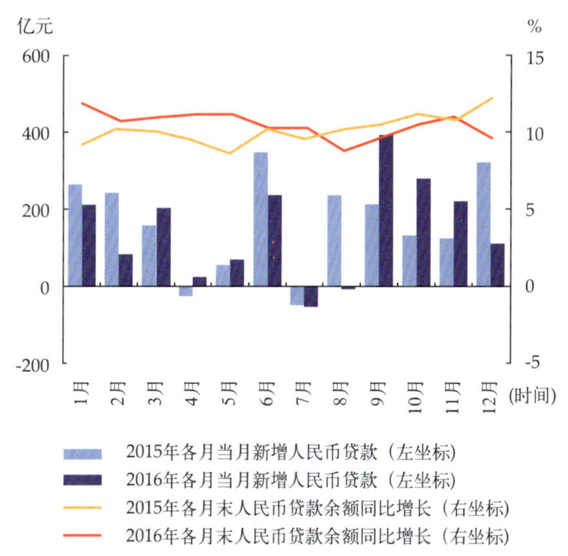

数据来源：中国人民银行太原中心支行。

图2 2015～2016年山西省金融机构人民币贷款增长变化

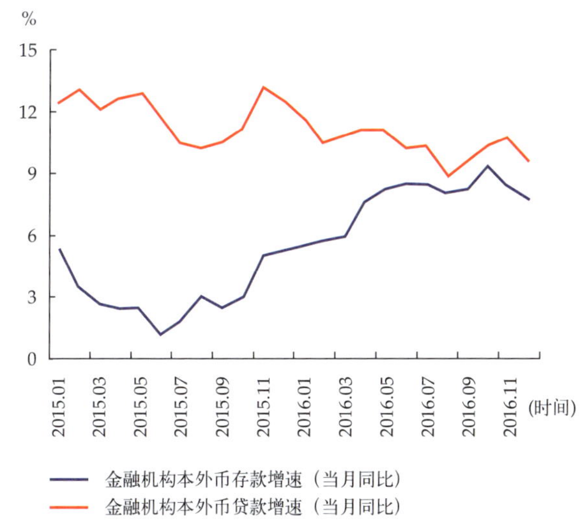

数据来源：中国人民银行太原中心支行。

图3 2015～2016年山西省金融机构本外币存、贷款增速变化

221.4亿元，其中发放扶贫再贷款30.7亿元，定向满足民生领域和薄弱环节资金需求。2016年，山西省“转型综改”领域新增贷款927.4亿元，采矿业贷款同比少增411.7亿元，小微企业贷款、个人住房贷款同比分别多增245.0亿元和132.9亿元，交通运输、商业服务、就业创业、土地流转和精准扶贫等领域贷款也保持较快增长。

积极推动金融支持煤炭钢铁行业去产能工作。赴京开展山西煤炭产业发展专题推介会，增强投资人对山西省优质煤炭企业的信心。为缓解煤炭企业融资困难，推动签署债转股框架协议300亿元，同时将3 444亿元的流动性贷款转型升级为中长期贷款。组织召开债权人专题会议，稳妥处置了同煤集团66亿元的债务到期缺口，确保辖区内未发生一起煤炭、钢铁大型企业债务违约事件。截至2016年年末，山西省煤炭、钢铁行业银行贷款余额分别为4 560.2亿元和451.5亿元，不良贷款率分别为4.78%和2.62%。

4. 表外业务平稳发展。2016年，山西省理财业务发展稳健，全年产品发行期数同比稍有回落，募集规模稳中有升，发行种类主要为非资产池类封闭式理财产品，主要投资方向为债券及货币市场工具。

5. 融资成本下降，利率市场化改革取得新进展。2016年，山西省金融机构人民币贷款加权平均利率为6.54%，同比下降0.84个百分点。12月中、小、微企业人民币一般贷款加权平均利率分别为5.25%、7.16%和7.17%，较1月分别下降0.55个百分点、0.95个百分点和2.67个百分点，融资成本明显降低。上浮利率贷款占比为61.71%，同比下降4.52个百分点，呈下降趋势。

利率市场化改革继续深入。山西省市场利率定价自律机制出台了《山西省市场利率定价自律机制公约》，在指导金融机构完善利率定价机制、维护市场竞争秩序和金融稳定中发挥了积极作用。2016年，山西省共有28家法人金融机构累计备案同业存单发行计划916.0亿元，成功发行同业存单413期，募集资金982.5亿元。6家法人金融机构累计备案大额存单发行计划180.5亿元，成功发行大额存单153期，募集资金43.1亿元。

民间借贷利率继续降低。2016年，山西省各民间借贷监测点借贷加权平均利率22.14%，同比下降0.17个百分点（见表2、图4）。

表2　2016年山西省金融机构人民币贷款各利率区间占比

单位：%

	月份	1月	2月	3月	4月	5月	6月
	合计	100.0	100.0	100.0	100.0	100.0	100.0
	下浮	8.6	6.8	7.9	17.4	7.3	10.0
	基准	16.1	14.5	21.7	14.8	23.5	22.0
上浮	小计	75.3	78.8	70.4	67.8	69.2	68.0
	(1.0, 1.1]	24.2	27.1	23.0	19.9	18.0	17.5
	(1.1, 1.3]	16.5	13.7	10.2	10.0	12.5	11.8
	(1.3, 1.5]	4.0	4.3	5.0	5.6	6.0	5.3
	(1.5, 2.0]	8.7	13.3	8.3	9.6	10.7	11.2
	2.0以上	21.9	20.4	23.8	22.8	22.0	22.1
	月份	7月	8月	9月	10月	11月	12月
	合计	100.0	100.0	100.0	100.0	100.0	100.0
	下浮	14.1	15.6	16.0	13.5	19.5	11.5
	基准	13.4	16.6	18.7	24.6	16.3	22.2
上浮	小计	72.5	67.8	65.3	62.0	64.2	66.4
	(1.0, 1.1]	13.5	17.3	15.0	16.0	12.5	19.7
	(1.1, 1.3]	14.6	13.1	13.2	12.7	16.2	10.0
	(1.3, 1.5]	5.0	5.6	5.2	5.0	4.3	7.7
	(1.5, 2.0]	12.8	12.1	11.7	10.7	11.0	10.6
	2.0以上	26.7	19.8	20.2	17.5	20.1	18.3

数据来源：中国人民银行太原中心支行。

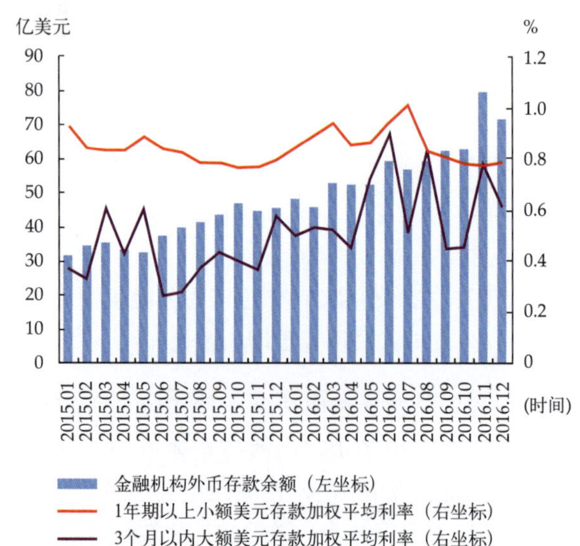

数据来源：中国人民银行太原中心支行。

图4　2015～2016年山西省金融机构外币存款余额及外币存款利率

6. 银行业不良贷款余额增加，金融风险防范和处置力度加大。2016年，受经济低位运行、企业经营压力加大的影响，山西省银行业金融机构新增不良贷款34.8亿元，不良贷款余额916.5亿元，不良贷款率4.5%，其中年内7~11月连续五个月突破5%的监管标准。参与存款保险制度的金融机构，逾期90天以上贷款与不良贷款的比例达到101.38%。

面对复杂严峻的金融风险形势，山西省政府牵头相关部门深化监测制度、加大摸底排查，及时提示预警潜在违约风险。同时，通过创新中长期贷款、引导成立债委会、推动煤炭钢铁行业债转股协议落地等方式，积极纾缓煤炭企业债务压力。加快推动设立第二家省级资产管理公司，以市场化方式处置农村信用联社102.8亿元不良贷款，维护辖区金融行业稳定运行。

7. 金融机构改革稳步推进。2016年，山西省2家农村信用社改制为农村商业银行，新设立4家村镇银行。晋商银行开展增资扩股工作，A股上市工作稳步推进。金融机构业态继续优化，晋商消费金融公司、晋商信用增进公司相继成立，中国进出口银行山西省分行开始筹建。

8. 跨境人民币业务有序开展。2016年，山西省银行业金融机构累计办理跨境人民币结算206.7亿元，同比下降51.7%，占同期本外币全部跨境收支余额的12.5%，同比下降15.8个百分点。全年新增大型企业集团跨境双向人民币资金池1个，资金池净流入额上限增加至220.0亿元，极大地便利了企业对外贸易和投融资业务。建立健全了与外汇管理部门的沟通机制，实现了本外币协同管理，促进辖区本外币跨境资金流动的双向平衡。

专栏1　山西省各方积极作为化解煤炭企业债务风险

2016年国务院推进供给侧结构性改革，加大煤炭行业去产能工作力度，但在去产能过程中部分地区金融风险问题较为突出。2016年4月至7月，受中煤集团华昱能源债券违约事件影响，山西煤炭企业融资链条异常紧张，在地方政府和监管部门的共同努力下，煤炭行业去产能金融风险得到妥善化解。

一、山西省政府“走出去、请进来”，多措并举，提升煤炭企业发展信心

一是“走出去”。在煤炭企业发行债券受阻的形势下，2016年7月13日，王一新副省长亲自率队赴京进行煤炭企业和政策路演，与近500位来自150家银行、证券、基金公司的投资人推心置腹、面对面交流，深入剖析了煤炭行业的发展前景，充分展示了山西省政府和煤炭企业的良好形象，也极大地鼓舞了投资人对山西省优质煤炭企业的信心。二是“请进来”。2016年8月18日，省金融办联合省国资委、煤炭厅，将各大金融机构负责审批、授信的300多位负责人“请进来”，分四组深入山西煤炭企业一线，通过实地考察感受煤炭企业的开放与真诚，感受优质煤炭企业的蓬勃朝气、创新锐气、转型勇气。通过活动，投资人对煤炭行业投资意愿进一步增强。三是信用增进。2016年9月28日，晋商信用增进投资股份有限公司在太原挂牌运营，注册资本金40亿元，标志着全国第一家由省级政府推动成立的专业化债券信用增进机构应运而生。四是债转股。债转股有助于优化企业财务结构、增强资本实力，推动股权结构多元化、提升企业改革发展活力。2016年12月8日，中国建设银行、山西省国资委与山西焦煤集团在太原共同签署《焦煤集团市场化债转股合作框架协议》，决定成立总额250亿元的“山西焦煤集团降杠杆基金”和“山西焦煤集团促转型基金”；2016年12月26日，太钢、同煤、阳煤三家省属国企与中国工商银行在京签署债转股合作框架协议，合作资金规模达300亿元。

二、中国人民银行太原中心支行综合施策，化解优质煤炭企业债务风险

中国人民银行太原中心支行利用多种金融手段，综合施策、积极作为，支持煤炭企业化解过剩产能，防范和化解区域金融风险。一是摸清底数，建立监测跟踪机制。建立多方联系机制，全面掌握去产能工作动态；建立债券融资监测机制，及时排查债市风险隐患；建立重点企业跟踪机制，深入了解企业经营情况。二是多措并举、精准对接，化解同煤债务危机。5月末，同煤集团出现债务兑付困难后，中国人民银行太原中心支行紧急召开债务问题专题协调会，多措并举帮助企业顺利度过债务违约“危险期”，以时间换空间，及时阻断债务风险传染路径，维护了地区金融稳定。2016年同煤集团成功实现扭亏为盈。三是建平台、搭渠道，推进区域金融市场建设。支持同煤集团财务公司获得同业拆借和债券交易资质，提高了大型煤炭企业自救能力；支持省内法人金融机构晋商银行取得债券发行承销商资质，增加了本省企业债券的发行主动权；扩大省内债券市场交易主体，新支持8家金融机构获得债券交易商资格，增加了本省金融机构购买本省企业债券的能力；积极推动地方法人金融机构发行大额存单和同业存单，扩大融资渠道、降低融资成本，增强省内金融机构资金融通能力。

三、山西银监局创新中长期贷款，引导成立债委会，纾缓煤炭企业债务压力

为改善煤炭企业融资环境，山西银监局提出，将七大煤炭企业山西省辖内存量银行贷款中的流动性贷款重组为转型升级中长期专项贷款，期限3~5年。由主办银行牵头组成银团，对省属煤炭企业转型升级中长期专项贷款予以重组，2016年共办理转型升级中长期贷款3 444亿元。银行业对七大煤炭企业贷款推广“短期”转“中长期”，缓解了煤炭企业的资金压力。同时，指导银行业成立煤炭企业债委会109个，按照“一企一策”原则，研究制订可操作的稳贷、增贷、减贷、重组方案，化解煤炭企业贷款风险。

（二）证券业发展总体平稳，融资功能有所弱化

1. 证券经营机构稳步增加，交易规模和利润水平下滑。2016年，山西省证券经营机构新增5家分公司、14家营业部，证券交易总额同比下降42.04%。2家法人证券公司净利润同比下降71.58%。期货业实现减亏，期货交易额同比降低26.89%，3家法人期货公司实现净利润-831.9万元，亏损额较上年有所下降。法人证券、期货公司各项风控指标总体良好。

2. 上市公司再融资和并购重组有序推进。2016年，山西省上市公司总股本达到743.2亿股，总市值5 629.7亿元。全年在A股市场实现融资187.0亿元（见表3）、并购重组103.4亿元，同比分别下降21.02%和33.91%。

表3 2016年山西省证券业基本情况

项目	数量
总部设在辖内的证券公司数（家）	2
总部设在辖内的基金公司数（家）	0
总部设在辖内的期货公司数（家）	3
年末国内上市公司数（家）	38
当年国内股票（A股）筹资（亿元）	187.0
当年发行H股筹资（亿元）	0.0
当年国内债券筹资（亿元）	1 928.9
其中：短期融资券筹资额（亿元）	1 186.0
中期票据筹资额（亿元）	234.7

注：当年国内股票（A股）筹资额是指非金融企业境内股票融资。
数据来源：山西证监局、山西省发展改革委、中国人民银行太原中心支行。

（三）保险业健康发展，保障功能不断增强

1. 保险市场健康发展。2016年，山西省新增1家市级保险监管分局和1家省级分公司，法人人身险公司设立工作实质性启动；商业健康保险税优惠试点和车险改革稳步推进。保险业原保险保费收入、赔款与给付支出同比分别增长19.40%和19.38%，保险密度和保险深度分别较上年提高18.83%和0.84%，保险业的经济助推器和社会稳定器作用进一步凸显。

2. 保险业服务社会能力增强。2016年，山西省保险业为社会提供风险保障21.2万亿元，同比增长36.53%，增速较同期提高23.63个百分点。农业保险实现"提标、增品、扩面"；出口信用保险出口企业覆盖率和一般贸易出口渗透率分别达到89.61%、94.50%，继续位居全国前列；重大技术装备保险补偿机制试点工作稳步开展，承保了12笔首台（套）重大技术装备保险，提供风险保障0.8亿元；保证保险保费收入同比增长47.04%，保险增信功能得以发挥。保险资金在山西新增投资231.0亿元，同比增长33.76%，有力地支持了实体经济发展。

表4　2016年山西省保险业基本情况

项目	数量
总部设在辖内的保险公司数（家）	1
其中：财产险经营主体（家）	1
人身险经营主体（家）	0
保险公司分支机构（家）	48
其中：财产险公司分支机构（家）	25
人身险公司分支机构（家）	23
保费收入（中外资，亿元）	700.6
其中：财产险保费收入（中外资，亿元）	183.9
人身险保费收入（中外资，亿元）	516.6
各类赔款给付（中外资，亿元）	239.0
保险密度（元/人）	1 902.8
保险深度（%）	5.4

数据来源：山西保监局。

（四）金融市场平稳运行，市场融资能力有所弱化

2016年，山西省金融机构合理优化信贷结构，辖内金融市场平稳运行。金融机构参与市场意识增强，货币市场交易活跃。

1. 企业直接融资超过传统融资。2016年山西省企业间接融资1 781.7亿元，占融资总额的45.71%；直接融资2 115.9亿元，占融资总额的54.28%，其中：债券融资增幅高，短期融资券、中期票据、非公开债务融资工具、超短期融资券比例增长，股票融资较往年减少（见图5）。

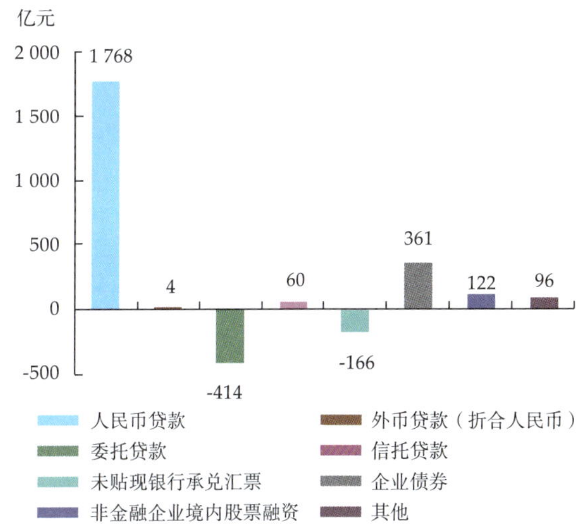

数据来源：中国人民银行太原中心支行。

图5　2016年山西省社会融资规模分布结构

2. 市场参与主体增多，交易量增加。2016年，山西省加入全国银行间同业拆借市场的金融机构为56家，加入全国银行间债券市场的金融机构为82家。山西省金融机构在全国银行间市场全年累计成交174 312.0亿元，同比上升59.49%，其中：在全国银行间同业拆借市场累计拆借资金2 336.3亿元；在全国银行间债券市场质押式回购12 3167.3

表5　2016年山西省金融机构票据业务量统计

单位：亿元

季度	银行承兑汇票承兑		贴现			
			银行承兑汇票		商业承兑汇票	
	余额	累计发生额	余额	累计发生额	余额	累计发生额
1	2 302.3	1 037.7	1 011.1	2 344.7	19.7	36.4
2	2 259.6	1 957.8	1 039.9	3 793.3	44.2	62.9
3	2 190.1	3 049.6	1 041.0	5 204.0	55.7	108.2
4	2 219.1	3 933.1	1 146.0	6 190.4	72.6	172.9

数据来源：中国人民银行太原中心支行。

亿元，现券交易40 813.1亿元，买断式回购7 995.4亿元。

3. 票据市场交易量下降，利率有所降低。2016年，山西省各金融机构累计签发银行承兑汇票3 932.9亿元，同比减少111.2元，下降2.75%。累计办理贴现6 190.4亿元，同比减少3 737.9亿元，下降37.65%（见表5、表6）。

表6 2016年山西省金融机构票据贴现、转贴现利率

单位：%

季度	贴现		转贴现	
	银行承兑汇票	商业承兑汇票	票据买断	票据回购
1	3.911	4.716	3.251	3.144
2	3.440	3.767	3.163	3.135
3	3.147	3.983	2.837	2.864
4	3.439	4.373	3.243	3.300

数据来源：中国人民银行太原中心支行。

（五）地方金融改革与创新力度不减

1. 法人金融机构实力不断增强，体系不断完善。大同证券获得深港通下港股通业务交易权限，成为全国首批24家券商之一；和合期货取得期货投资咨询业务资格与公开募集证券投资基金销售业务资格，提升了地方金融和实体经济的融合度，农村金融机构改革持续深化。2016年年末，山西省农信社系统县级法人机构共有110家，其中农村信用社71家、农村合作银行1家、农村商业银行38家，农村金融机构治理结构不断优化。村镇银行设立实现常态化，业务发展迅速。2016年年末，山西省共有61家村镇银行，新增4家，农村金融供给质量不断提升，覆盖面不断扩大。

2. 跨境发债实现突破，融资渠道不断拓宽。2016年，山西路桥集团顺利完成了山西企业境外发债的破冰之旅，发行了3.65亿美元的高级无抵押固定利率债券，票面利率4.85%、期限3年，此举有利于优化企业资产结构、拓宽融资方式，为省内其他企业发行海外债券提供了重要参考，为山西省打开了通往国际债券市场的窗口，提高了山西省投融资平台的海外知名度。

3. 各类交易场所规范发展，资源配置能力提升。2016年年末，山西省依法设立各类交易场所24家，较2012年清理整顿工作完成后增加3家。其中，产权类14家，占机构总数的58%；能源类3家；权益类5家；其他类2家。国有控股的16家，占比为67%。各类交易场所稳步发展，服务实体经济能力增强。以山西省股权交易中心为例，2016年年末，挂牌企业1 456家，累计债权融资10.2亿元，托管企业137家，托管股权59.6亿股。

（六）金融生态环境建设不断优化

1. 社会信用体系建设工作加速推动。截至2016年年末，征信系统累计为23.7万户企业、1 788.5万个自然人和410万户农户建立了信用档案。全年提供企业信用系统查询30.9万次、个人信用系统查询529.2万次。2016年，山西省中小企业通过应收账款融资服务平台完成融资349笔，融资金额590.8亿元，同比增长93.83%。

2. 农村地区支付服务环境建设工作深入推进。截至2016年年末，山西省农村地区共设立农村金融综合服务站28 256个，覆盖行政村17 533个；共组织完成11 112个服务站的奖补资金申报、审核工作，发放资金2 000万元，覆盖行政村10 146个。扎实推进综合服务站与农村电商融合发展，推动山西省2 757家金融综合服务站与电商体验店融合发展，布放3 000余台终端为“电商下乡”提供支撑。

3. 山西省金融IC卡推广工作取得显著成效。截至2016年年末，山西省累计发行金融IC卡5 323.2万张，全年新增2 016.4万张。全年基于金融IC卡的线下消费交易额占比达到58.8%，首次反超纯磁条银行卡。金融IC卡非接触式受理环境建设加快推进，两个试点城市（太原、晋中市）POS终端非接触式受理和流程优化改造任务圆满完成。金融IC卡“一卡多应用”取得新突破，实现了在公共交通、医疗卫生、生活缴费等公共服务领域的广泛应用。

4. 金融消费权益保护水平不断提升。2016年，山西省人民银行各分支机构共受理投诉317件，解答各类咨询5 238件，金融消费者满意率达99.94%。推动金融知识宣传教育常态化建设，“金融知识普及示范点”达到187家，覆盖山西省119个县（区）。临汾推进金融知识进小学课程的“春蕾工程”，全面惠及市、县、乡共1 056所小学约5万名小学生。据不完全统计，2016年，山西省开展各类金融知识宣传5 860余次，发放各类宣传资料492万份，受众消费者约347万人次。

二、经济运行情况

2016年，山西省经济企稳回升，地区生产总值达到12 928.3亿元，同比增长4.5%，增速较上年加快1.5个百分点，低于全国平均水平2.2个百分点，排名全国第30位。地区生产总值第一季度、上半年、前三季度、全年分别增长3%、3.4%、4%和4.5%，呈现逐季加快、逐步向好态势。第一产业完成增加值784.6亿元，同比增长2.9%；第二产业完成增加值4 926.4亿元，同比增长1.5%；第三产业完成增加值7 217.4亿元，同比增长7.0%（见图6）。

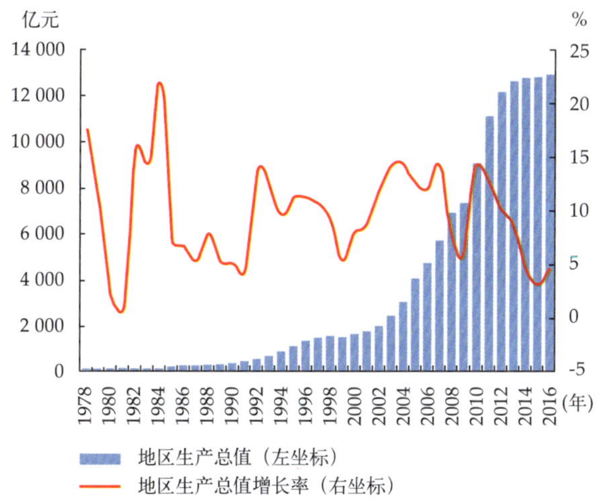

数据来源：山西省统计局。

图6　1978~2016年山西省地区生产总值及其增长率

（一）投资增速明显回落，经济内生增长动力较弱

2016年，山西省经济需求低位运行，内生增长动力较弱。从结构看，消费对地区生产总值增长率贡献最大，投资增速明显回落，进出口贡献度增加，其中进出口增速同比由负转正。

1. 投资增速明显回落，产业投资增速出现分化。2016年，山西省固定资产投资完成13 859.4亿元，同比增长0.8%，同比降低14个百分点（见图7），低于全国水平7.3个百分点。全年新开工项目19 716个，同比增长14.02%。投资资金到位率83.70%，以自筹资金为主，占全部到位资金的79.36%。

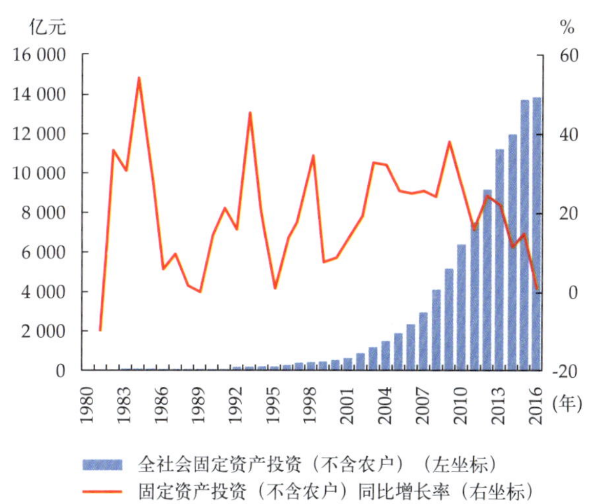

数据来源：山西省统计局。

图7　1980~2016年山西省固定资产投资（不含农户）及其增长率

受经济低位运行和结构调整影响，产业投资增速出现明显分化。第一、第三产业投资加快，同比分别增长19.8%和1.6%。第二产业增速回落，同比下降5.7%。基础设施、房地产、服务业投资成为拉动投资增长的主要因素，同比分别增长11.0%、6.9%和1.6%。

2. 消费稳步回升，基本生活类需求保持较快增长。2016年，山西省社会消费品零售总额6 480.5亿元，比上年增长7.4%（见图8），低于全国平均水平3个百分点，其中限额以上零售额2 325.7亿元，增长1.1%。分地域看，城镇零售总额5 284.5亿元，增长7.5%；乡村零售总额1 196.0亿元，增长7.1%。分消费形态看，餐饮收入576.0亿元，增长6.9%；商品零售5 904.5亿元，增长7.5%。

消费结构持续升级，网购消费继续保持快速增长。2016年，山西省限额以上消费品零售额中，服装鞋帽纺织品类、中西药品类、化妆品类商品零售额同比分别增长6.9%、16.2%和10.9%；

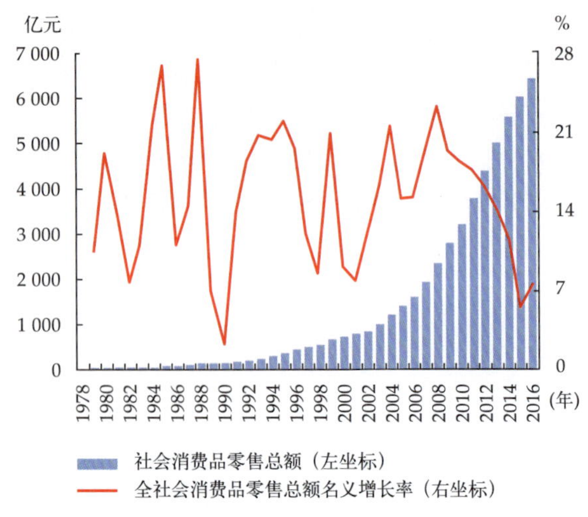

数据来源：山西省统计局。

图8　1978～2016年山西省社会消费品零售总额及其增长率

限额以上网上商品零售额实现28.7亿元，增长70.7%。

3. 外贸进出口增速加快，外商直接投资回落。2016年，山西省进出口总额1 099.0亿元，同比上涨20.5%，进口总额、出口总额增速双上涨，同比分别增长25.2%和14.2%，贸易顺差额211.7亿元（见图9）。贸易结构方面，加工贸易恢复增长，机电产品与高技术产品占进出口主导地位。

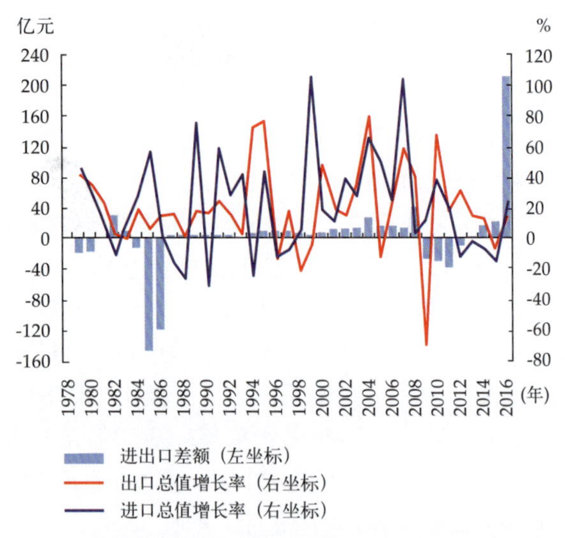

数据来源：山西省统计局。

图9　1978～2016年山西省外贸进出口变动情况

深化对外贸易合作关系，对欧盟、东盟、日本等主要经济体出口总额同比实现增长。

外商直接投资回落。2016年，山西省实际利用外商直接投资22.3亿美元，同比下降18.7%（见图10）。山西省本外币资金“本币净流入、外汇净流出”格局分明，人民币净流入16.0亿美元，同比下降48.7%，外汇资金净流出6.4亿美元，同比下降48.4%。

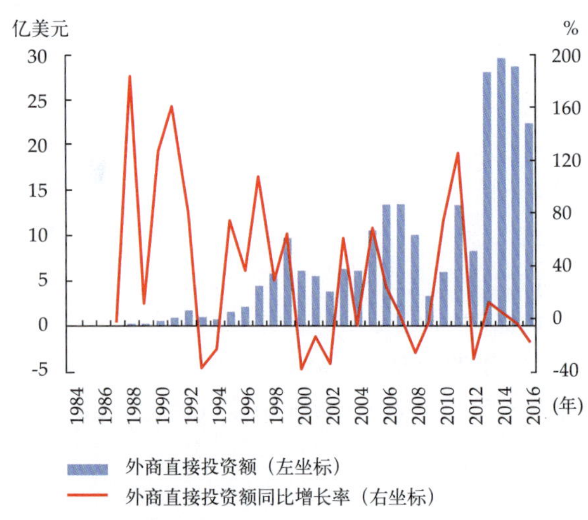

数据来源：山西省统计局。

图10　1984～2016年山西省外商直接投资额及其增长率

（二）工业增速企稳回升，第三产业带动能力增强

1. 农业现代化建设稳步推进。2016年，山西省粮食总产量131.9亿公斤，较上年增加5.9亿公斤，增产4.7%，是历史第二高产年。粮食亩产271.2公斤，较上年增加15.7公斤，增产6.2%，创历史最好水平。现代农业发展步伐加快，全年出台多项惠农政策，开展低产田改造和高标准农田建设，完成新型职业农民培训20多万人，积极培育专业大户、家庭农场等新型农业主体，农业社会化服务体系不断完善。农村土地承包经营权、农民住房财产使用权抵押贷款试点工作继续深入推进。

2. 工业经济企稳回升，产业升级改造步伐加快。受煤炭市场价格回升的利好提振，2016年山西省工业经济企稳回升。工业经济增加值同比增长1.1%，结束了自2015年2月以来的下降态势，工业增加值连续八个月回升。面对传统工业产能严重过剩的局面，山西省积极抢抓新经济布局，加快布局数字经济、高端装备制造、新材料、新能源汽车等战略性新兴产业，实施云计算、轨道交通装备等一批转型新项目。加快科技创新城建设，实施T800高端碳纤维、10兆瓦级锂电池储能技术等重大科技专项，打造转型升级新引擎。

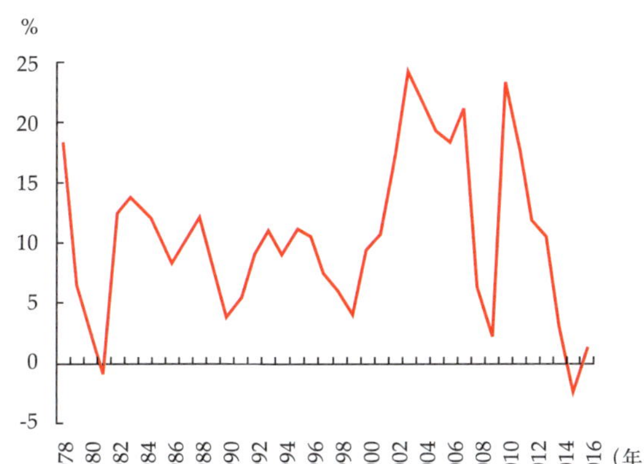

数据来源：山西省统计局。

图11　1978～2016年山西省规模以上工业增加值同比增长率

3. 服务业稳步增长。2016年，山西省服务业增加值增长7.0%，高于地区生产总值增速2.5个百分点，占比由“十二五”末期的53.0%提高至55.8%。旅游业实现收入4 247.1亿元，同比增长23.2%，接待入境过夜人数63.0万人次，增长6.1%，接待国内旅游者人数4.4亿人次，增长23.1%。

4. 煤炭钢铁行业供给侧结构性改革成效明显。2016年，山西省认真落实“三去一降一补”重点任务，退出煤炭产能2 325万吨，淘汰钢铁产能82万吨，在全国率先实施煤炭减量化生产，全年压缩煤炭产量1.4亿吨,占全国煤炭减量的40%左右，为促进工业止跌回升、企业扭亏为盈发挥了关键作用。开展煤企京城路演，推动金融机构通过贷款重组、“债转股”、资产证券化等方式，帮助企业降杠杆。通过实施工业提质增效“20条”、降低实体经济企业成本“44条”、开展同煤集团和焦煤集团等国企改革试点、推广政府与社会资本合作（PPP）模式、设立煤炭供给侧改革基金等多种方式，进一步激发企业活力，增强市场竞争力。

（三）各类价格指数和居民就业总体稳定，资源价格改革深入推进

1. 居民消费价格增速小幅回升，食品价格上涨。2016年，山西省居民消费价格指数同比上涨1.1%，涨幅同比回升0.5个百分点，低于全国平均水平0.9个百分点。其中，除交通和通信价格下降外，其余消费品及服务项目价格都保持上涨或者和上年持平。食品价格上涨仍是带动消费价格上涨的主要因素，此外，医疗保健、教育文化和娱乐价格涨幅也较大。

2. 生产者资料价格继续回落，降幅明显缩小。2016年，山西省工业生产者出厂价格和购进价格指数分别下降3.2%和1.9%，降幅同比分别收窄9.1个百分点和5个百分点。受到煤炭市场回暖的提振，从9月起，山西省工业生产者出厂价格指数结束了连续54个月的下降趋势，扭转了与购进价格长达66个月的倒挂状态（见图12），主导行业产能过剩程度有所缓解。农业生产资料价格基本保持平稳，同比下降0.2个百分点。

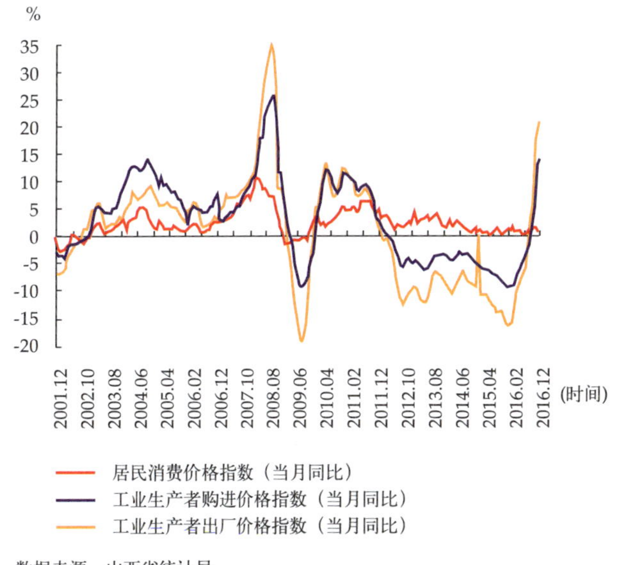

数据来源：山西省统计局。

图12　2001～2016年山西省居民消费价格和生产者价格变动趋势

3. 就业形势总体稳定，居民收入稳步增加。2016年，山西省就业形势总体稳定，城镇新增就业46.5万人，城镇登记失业率3.52%，控制在预期的4.2%以内。积极做好高校毕业生、农村转移劳动力、城镇困难人员、退役军人等群体的就业工作，安置煤炭钢铁去产能转岗职工3.2万人。居民收入快速增加，城镇居民和农村居民人均可支配收入分别达到27 352元和10 082元，同比分别增长5.9%和6.6%。

4. 各类资源价格改革深入推进。2016年，山西省积极推进电力体制改革综合试点，成功争取国土资源部委托山西省实施煤层气矿业权审批登记。推进农村集体经营性建设用地入市、集体土地征收制度改革试点，开展集体资产股份权改革试点，基本完成农村土地承包经营权确权。通过开展电力直接交易，落实铁路公路运费优惠政策，缓缴资源价款，对于减轻资源性企业负担，增强价格调节功能，优化资源配置起到积极作用。

（四）财政收入下降，财政支出保持平稳

2016年，山西省公共财政预算收入1 557.0亿元，同比下降5.2%。受到煤炭、钢铁等主导行业产能过剩影响，营业税、企业所得税、资源税同比下滑，分别为-46.1%、-18.5%和-2.0%，非税收入下降11.2%。山西省财政预算支出3 441.7亿元，与上年持平（见图13）。教育、医疗卫生、社会保障与就业、公共交通运输、节能环保等民生领域支出2 708.9亿元，同比增长8.7%，占山西省公共财政预算支出的78.71%。

山西省还以财政资金为杠杆，通过PPP、BOT等多种形式，引导社会资金积极参与交通设施、传统产业升级改造、改善城乡面貌、培育新兴产业等方面的投入。

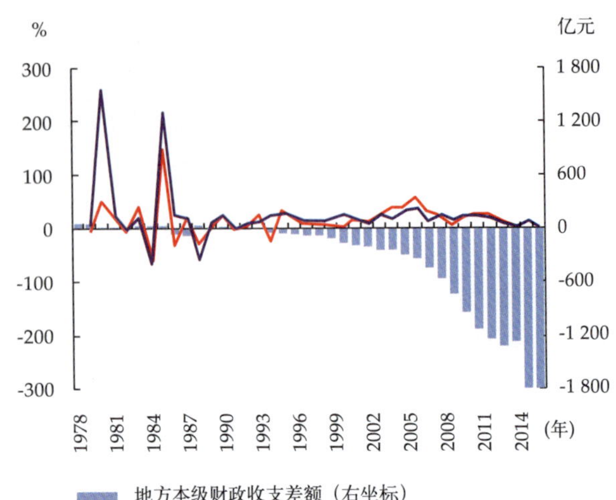

数据来源：山西省统计局。

图13 1978～2016年山西省财政收支状况

（五）主导行业过剩产能化解步伐加快，生态建设稳步推进

2016年，山西省积极化解煤炭、钢铁等行业产能过剩，淘汰落后产能超过2 400万吨。在全国率先对永久性公益林进行立法保护，扎实推进汾河流域综合治理，完成营造林400万亩。加强大气、水、土壤污染治理，淘汰黄标车及老旧车17.2万辆。太原公共自行车在全国“骑”出了免费率、周转率、租用率、建设速度四个第一，并成为全国首个全部使用电动出租车的城市。2016年，山西省11市环境空气平均达标天数为249天，达标天数比例为67.9%；主要污染物中，一氧化碳平均浓度较上年下降2.9%。在山西省监测的100个水质断面中，水质优良（I~III类）的48个，与上年同期相比，I~III类水质断面比例上升4个百分点。

专栏2 山西省钢铁行业产能过剩主要表现及金融支持中面临的问题

一、山西省钢铁行业产能过剩的主要表现

产能过剩问题困扰山西省钢铁产业由来已久，2011年起山西省钢铁产能利用率没有达到过70%以上，近年来，山西省钢铁企业整体利润下滑，吨钢利润水平落后于江苏、河北等省，行业运行困难。产能过剩特征主要表现在：

1. 呈现结构性过剩。经过十余年的发展，

山西钢材产品结构变化最大的就是线材（主要是盘条），增长很快，占比由2004年的19%增至2014年的43.4%。2016年山西省生产钢材4 278.97万吨，其中，线材、钢筋、棒材等同质化竞争严重和市场饱和的产品占比接近70%，高技术含量和高附加值产品所占比例较低。

2. 产业集中度偏低。山西省钢铁企业数量多而散。山西省共有钢铁企业27户，山西省11个地市10个市均有钢铁企业。山西省最大的企业太钢，2016年粗钢产量1 028.18万吨，占山西省比重为26.12%，小于河北钢铁等钢铁大省的龙头企业。

3. 技术装备总体水平偏低。山西省钢铁企业主力装备以1 000立方米以下的高炉和100吨以下的转炉为主。山西省83座炼铁高炉中，容积1 000立方米以下的有63座，占山西省总产能的76%；山西省74座炼钢转炉中，容量100吨以下的有60座，占比81%。

4. 能效水平较差。山西省冶炼装备炉容普遍偏小，由此带来能源消耗高、物料消耗高、环保排放污染重等问题，影响企业盈利能力和竞争力。2014年，山西省12家重点钢铁企业的吨钢可比综合能耗平均为602.4千克标准煤/吨，比全国70家重点钢铁企业的吨钢可比综合能耗高出约5.9%，比全国能效水平先进钢铁企业的吨钢可比综合能耗高出约19%。

二、金融对钢铁行业支持面临的挑战

1. 信贷资金向钢铁大集团、大企业聚集所带来的风险。一是银行对大集团、大企业信贷资金用途和流向很难进行有效监控。二是企业兼并或重组中小企业后，规模迅速扩张，对其管理能力、资金运营能力提出了更高的要求，面临经营风险。三是企业的兼并、重组对信贷资金需求非常大，如果并购或重组贷款在银行资产中占比过高，银行将面临单一客户集中度和行业集中度过高的风险。

2.风险过多集中于银行体系。目前钢铁企业仍以银行信贷为主，资本市场融资滞后。山西省仅有37家主板上市企业，不及南方省份的一个地级市，而且多为国有企业，在资本市场融资用于发展、并购的动力不足。在新三板市场，也只有38家中小企业挂牌上市，与先进省市相比，差距仍然比较明显。目前，在企业资金链紧张、产业并购需求加大的形势下，单靠银行融资已不足以支持企业资金需求，而且风险较为集中。

3. 小钢铁企业信贷风险上升。新环保法和新的钢铁行业系列标准全面实施后，不仅增加了考核指标，更大幅收紧了排放量。企业无论大小一律执行此标准，违则严惩，企业压力骤增。目前，长治辖区常平集团下属四个钢铁企业——壶关县常平炼钢有限公司、壶关县常平钢铁轧钢有限公司、壶关县钢铁常荣有限公司、壶关县常浩炼铁有限公司已相继停产。

4. 支持化解产能过剩的配套政策不完善，影响银行对转型升级项目信贷投入的积极性。过剩行业转型项目往往具有建设风险大、资金需求量大、经济效益低等特点，客观上与银行经营目标不尽一致，致使银行机构支持转型项目的主动性和积极性不够。目前，财政、环保、税务等部门多采用费用返还、减免所得税、免征增值税等方式对过剩行业企业转型项目给予资金支持，但对金融机构支持转型项目缺乏相应的财政贴息、风险补偿基金等配套激励政策，一定程度上影响银行的积极性。

三、政策建议

一是金融机构应本着“积极发展、进退有序”的原则，坚持减量化的基本原则不动摇，在充分考虑钢铁工业发展现状的基础上，将符合政策、资信良好、技术先进、规模效益明显的大中型钢铁企业作为金融支持的目标市场。重点支持机械制造业对外依存度高的钢材原材料，包括核心零部件以及汽车、家电等行业必需的特钢和轧钢新产品的技术研发，突破高尖端产品国产化瓶颈。同时，对于不符合产业政策的小钢铁企业要采取坚决退出的措施，做到有进有退，建立起能够支撑钢铁业持续发展、给银行提供稳定收益来源、可持续盈利的优质客户群体。

二是加快相关管理系统建设，提高关联企业信贷资金使用、周转、流动等方面的信息共享水平，改进对钢铁集团企业内部资金运转的监测质量，提高资产盘活效率。

三是积极发挥资本市场的资源配置作用，通过给予贴息、资金奖励、财政担保等优惠政策，鼓励引导企业通过发行企业债券、短期融资券、中期票据、中小企业集合票据、公开上市等渠道融资，扩大直接融资比重，分散银行信贷风险。

四是加强宏观政策调整和行业发展风险分析，建立针对钢铁行业的信贷风险预警机制。通过定性与定量相结合的行业分析，实现对钢铁行业总体情况及发展趋势的把握，摸清风险底数，掌握风险动态。及时了解掌握政府对“僵尸企业”的认定标准、名录及清理计划等信息，做好客户预警、制订“僵尸企业”处置方案等应对工作，减少损失。加强贷后管理和资金监控，严防企业将生产资金挪作他用或转移到其他关联企业，加强催收、活化、保全等管理措施，妥善化解存量信贷风险。

（六）房地产业平稳发展，煤炭供给侧结构性改革成效明显

1. 房地产去库存成效明显，房地产贷款保持较快增长。

(1) 房屋施工规模继续扩大，商品房成交量快速增长。2016年，山西省房地产开发项目房屋施工面积17 069.3万平方米，同比增长8.5%，增幅比上年加快6.8个百分点。商品房销售面积2 061.1万平方米，同比增长29.4%，增幅比上年加快28.4个百分点。商品房销售额1 027.1亿元，同比增长32.4%，增幅比上年加快28.5个百分点（见图14）。

(2) 商品房待售面积消化周期缩短。2016年年末，山西省商品房待售面积1 761.0万平方米，比上年年末减少55.0万平方米。其中，住宅待售面积1 234.3万平方米，比上年年末减少51.4万平方米。以2016年商品房月均销售面积为基数，商品房待售面积消化周期10.3个月，比上年年末减少3.4个月，其中住宅待售面积消化周期7.9个月，比上年年末减少2.5个月。

(3) 房地产开发投资稳定增长。2016年，山西省房地产开发投资完成1 597.4亿元，同比增长6.9%，增幅比上年加快0.3个百分点，比上半年加快0.6个百分点，占固定资产投资的比重由上年的10.9%提高到11.5%。其中，住宅投资完成1 141.4亿元，同比增长3.9%，增幅比上年回落4.8个百分点，占房地产开发投资的比重由上年的73.5%下降到71.4%。

(4) 开发企业资金紧张的局面有所缓解。2016年，房地产开发企业到位资金1 588.0亿元，同比增长10.1%，增幅比上年加快6.5个百分点，比同期开发投资增速快3.2个百分点。其中，国内贷款

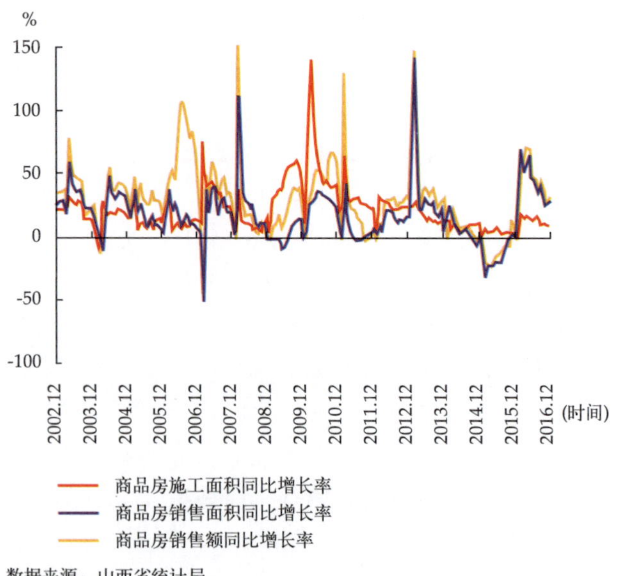

数据来源：山西省统计局。

图14　2002～2016年山西省商品房施工和销售变动趋势

98.3亿元，同比下降9.6%，降幅比上年扩大2.3个百分点；自筹资金811.1亿元，同比增长0.2%，增幅比上年回落8.7个百分点。

(5) 商品房价格小幅上涨。2016年12月末，太原市商品住房平均销售价格为7 526元/平方米，同比上涨1.3%，其中，新建住宅销售价格环比上涨0.3%，同比上涨2.5%（见图15），价格水平较为稳定。山西省其他10个设区城市涨跌互现，但幅度变动维持在较低水平。

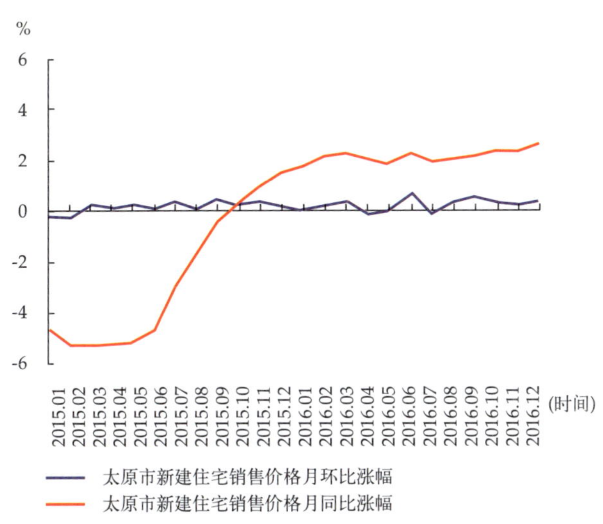

数据来源：山西省统计局。

图15　2015～2016年太原市新建住宅销售价格变动趋势

(6) 房地产贷款增长较快。2016年，山西省房地产贷款余额1 854.2 亿元，比年初增加484.2亿元，同比增长35.3%。房地产开发贷款余额441.0亿元，比年初增加89.8亿元，增长25.6%。保障性住房开发贷款余额291.5亿元，比年初增加94.4亿元，同比增长50.9%。个人购房贷款余额1 396.0亿元，比年初增加380.4亿元，增长37.5%。

2. 煤炭供给侧结构性改革成效明显，金融支持去产能发挥积极作用。

(1) 煤炭行业运行稳中向好，企业经营状况逐步改善。随着去产能和减量化生产的推进，全国煤炭市场逐步趋于平稳，山西煤炭行业的经济效益指标出现好转势头。2016年4月，山西省煤炭价格结束了连续59个月下跌的态势，10月煤炭销售收入同比增速结束了2014年年初以来的持续负增长态势。企业经营状况逐步改善，2016年9月，煤炭行业结束了连续26个月亏损的局面，全年实现利润16.9亿元。

(2) 金融支持去产能发挥积极作用，金融债务处置面临一定压力。2016年年末，山西省煤炭行业银行贷款和表外融资合计融资余额5 978.48亿元，同比增长1.0%，保持了去产能过程中的信贷总量稳定。山西省煤炭企业银行间市场债券融资到期兑付金额1 112亿元，发行金额1 161.7亿元，融资余额较年初净增49.7亿元，保证了存量债券正常接续。去产能矿井涉及债务191.4亿元，利息约7亿元，金融机构面临较大的清收和处置压力。

三、预测与展望

2017年，我国仍将面临较为复杂的国内外形势。从国际环境看，世界经济仍将延续缓慢复苏态势，贸易保护主义、逆全球化、民粹主义抬头，经济运行中的不稳定、不确定性因素明显增加；从国内看，经济增长内生动力仍待加强，经济运行中存在的深层次矛盾和问题依然较多，部分领域的瓶颈仍待打破，金融风险不断积聚。但是也要看到，结构性改革提速、需求企稳等积极因素也在增多，经济将会是一个缓慢增长的周期性复苏。

从山西实际情况看，2017年山西省将坚持稳中求进工作总基调，继续深入推进供给侧结构性改革，做好“三去一降一补”工作，深化转型综改试验区建设，以提高发展质量和效益为中心，全面实施创新驱动、转型升级策略，重塑比较优势和竞争优势，经济将会在上年低位企稳的基础上延续稳步向好态势。

预计2017年山西省地区生产总值增长6.7%左右，居民消费价格涨幅控制在2%以内，社会消费品零售总额增长7%左右，一般预算收入增速由负转正，城乡居民人均可支配收入分别增长6%左右和6%以上，城镇登记失业率控制在4.2%以内。预计2017年山西省本外币贷款余额同比增长11%左右，本外币存款余额同比增长8%左右。

中国人民银行太原中心支行货币政策分析小组
总　纂：李文森　杜　斌
统　稿：高旭升　薄文英
执　笔：武　洋　任　磊
提供材料的还有：张晓红　孙树恩　张小红　王　栋　郭立平　马　丽　张雅婷　马儒静　梁丽坤
孙　晶　段淑红　袁永宏　杨　堃　张旭梅　戴万龙

附录

（一）2016年山西省经济金融大事记

2月28日，山西省脱贫攻坚工作会议在太原召开。会议强调，要认真贯彻落实中央扶贫开发工作会议精神，坚定决心信心，聚焦精准方略，以改革创新精神破解突出问题，确保脱贫攻坚再战再胜。

3月1日，山西省获批开展电力体制改革综合试点。

7月13日，山西省副省长王一新带领山西七大国有煤炭企业和两家民营煤炭企业在北京金融街进行路演推介，包括各大银行、基金公司等在内超过200家机构投资人参加路演活动。

８月７日，山西省银行业对焦煤、同煤、阳煤、潞安、晋煤、晋能、山煤等七大省属煤企全面推广转型升级中长期专项贷款。

8月18日，山西省邀请各大金融机构负责审批、授信的300多位负责人，分四组深入山西煤炭企业一线，通过实地考察来感受煤炭企业经营状况。

9月12日，山西省万名干部入企服务工作动员暨培训会议在太原召开。经过培训的万名干部将深入3 454家企业进行为期两个月的服务，尽可能帮助企业解决制约其发展的突出问题。

9月28日，晋商信用增进投资股份有限公司在太原挂牌运营，注册资本金40亿元，标志着全国第一家由省级政府推动成立的专业化债券信用增进机构应运而生。

12月8日，中国建设银行、山西省国资委与山西焦煤集团在太原共同签署《焦煤集团市场化债转股合作框架协议》，决定成立总额250亿元的“山西焦煤集团降杠杆基金”和“山西焦煤集团促转型基金”。

12月26日，太钢、同煤、阳煤三家省属国企与中国工商银行在京签署债转股合作框架协议，合作资金规模达300亿元。

12月31日，2016年山西省认真落实“三去一降一补”重点任务，退出煤炭产能2 325万吨，淘汰钢铁产能82万吨，率先实施煤炭减量化生产，全年压减煤炭产量1.43亿吨，占全国煤炭减量的40%左右。

（二）2016年山西省主要经济金融指标

表1　2016年山西省主要存贷款指标

		1月	2月	3月	4月	5月	6月	7月	8月	9月	10月	11月	12月
本外币	金融机构各项存款余额（亿元）	29 055.2	29 026.4	29 690.6	29 835.4	30 074.4	30 569.7	30 476.6	30 714.4	30 884.5	31 199.4	31 501.9	30 869.1
	其中：住户存款	15 973.6	16 358.0	16 606.4	16 372.8	16 409.2	16 608.5	16 600.9	16 589.7	16 879.5	16 894.6	17 035.6	17 231.1
	非金融企业存款	7 240.2	6 907.9	7 160.1	7 167.4	7 313.8	7 538.5	7 320.5	7 486.3	7 620.5	7 763.2	8 012.2	7 843.2
	各项存款余额比上月增加（亿元）	413.8	-28.8	664.2	144.9	238.9	495.4	-93.1	237.8	170.2	314.9	302.4	-632.8
	金融机构各项存款同比增长（%）	5.4	5.8	6.0	7.7	8.3	8.6	8.5	8.1	8.3	9.4	8.4	7.8
	金融机构各项贷款余额（亿元）	18 783.8	18 849.6	19 071.0	19 080.2	19 139.9	19 403.9	19 357.1	19 358.0	19 735.6	20 014.1	20 240.4	20 356.5
	其中：短期	7 616.0	7 629.2	7 678.8	7 635.8	7 666.6	7 797.4	7 803.3	7 791.6	7 814.7	7 863.2	7 905.6	7 851.4
	中长期	9 620.2	9 723.5	9 841.4	9 899.4	9 936.0	10 018.2	10 105.3	10 079.2	10 330.6	10 504.6	10 651.2	10 868.1
	票据融资	1 428.7	1 372.4	1 439.8	1 419.8	1 397.1	1 463.6	1 326.4	1 362.3	1 477.1	1 528.3	1 558.5	1 544.0
	各项贷款余额比上月增加（亿元）	208.9	65.8	221.4	9.2	59.7	264.0	-46.8	0.8	377.7	278.5	226.3	116.1
	其中：短期	71.4	13.2	49.6	-43.0	30.8	130.9	5.9	-11.7	23.1	48.5	42.4	-54.1
	中长期	133.6	103.3	117.9	58.0	36.7	82.2	87.1	-26.1	251.5	173.9	146.6	216.9
	票据融资	-3.2	-56.4	67.5	-20.1	-22.6	66.5	-137.2	35.9	114.8	51.2	30.3	-14.5
	金融机构各项贷款同比增长（%）	11.8	10.5	10.9	11.2	11.1	10.4	10.3	8.9	9.7	10.4	10.8	9.6
	其中：短期	15.2	13.4	12.4	11.3	11.0	11.0	10.4	9.0	7.1	6.6	5.4	4.2
	中长期	9.0	8.9	10.0	10.9	10.8	10.6	10.9	10.3	11.9	13.1	14.6	14.4
	票据融资	13.5	8.1	12.6	14.6	15.1	5.4	7.7	0.1	9.2	13.4	17.2	7.8
	建筑业贷款余额（亿元）	348.0	351.0	357.5	361.9	361.4	360.4	392.4	387.5	416.7	411.1	428.8	428.7
	房地产业贷款余额（亿元）	1 407.9	1 420.1	1 465.5	1 483.2	1 507.2	1 564.0	1 588.8	1 618.2	1 657.4	1 710.7	1 788.0	1 854.2
	建筑业贷款同比增长（%）	3.1	2.2	4.3	2.8	-0.5	-1.8	7.4	6.4	11.7	9.0	11.9	16.4
	房地产业贷款同比增长（%）	32.9	31.7	35.2	36.3	37.0	38.3	38.1	38.6	37.1	37.7	38.7	35.3
人民币	金融机构各项存款余额（亿元）	28 744.0	28 729.5	29 347.1	29 498.7	29 729.3	30 181.2	30 099.7	30 319.8	30 466.8	30 771.9	30 954.4	30 371.4
	其中：住户存款	15 894.4	16 277.2	16 524.8	16 291.5	16 326.1	16 524.3	16 514.3	16 504.0	16 794.0	16 804.1	16 938.2	17 128.0
	非金融企业存款	7 021.9	6 705.3	6 912.1	6 926.3	7 066.2	7 249.0	7 037.2	7 185.3	7 295.4	7 433.3	7 569.3	7 453.4
	各项存款余额比上月增加（亿元）	397.9	-14.5	617.7	151.6	230.6	451.9	-81.5	220.0	147.0	305.1	182.5	-583.0
	其中：住户存款	218.5	382.8	247.6	-233.3	34.6	198.2	-10.0	-10.3	290.0	10.0	134.2	189.8
	非金融企业存款	60.3	-316.7	206.8	14.3	139.9	182.9	-211.8	148.1	110.2	137.9	136.0	-115.9
	各项存款同比增长（%）	5.1	5.5	5.5	7.2	7.8	8.1	8.1	7.7	7.9	9.1	7.5	7.1
	其中：住户存款	9.2	8.5	8.1	8.5	9.3	8.9	8.7	8.3	8.8	9.2	9.5	9.3
	非金融企业存款	3.1	3.8	4.2	6.8	6.7	9.1	7.0	7.6	6.6	8.7	6.6	7.1
	金融机构各项贷款余额（亿元）	18 666.5	18 749.4	18 954.6	18 980.8	19 048.5	19 284.7	19 227.7	19 221.3	19 615.8	19 895.1	20 115.7	20 228.6
	其中：个人消费贷款	1 397.8	1 398.5	1 465.6	1 475.4	1 505.7	1 565.6	1 590.6	1 651.0	1 715.2	1 749.2	1 804.9	1 836.8
	票据融资	1 428.7	1 372.4	1 439.8	1 419.8	1 397.1	1 463.6	1 326.4	1 362.3	1 477.1	1 528.3	1 558.5	1 544.0
	各项贷款余额比上月增加（亿元）	207.9	82.9	205.1	26.2	67.7	236.2	-57.0	-6.3	394.5	279.3	220.6	112.9
	其中：个人消费贷款	27.2	0.8	67.1	9.8	30.2	59.9	25.0	60.5	64.2	33.9	55.7	31.9
	票据融资	-3.2	-56.4	67.5	-20.1	-22.6	66.5	-137.2	35.9	114.8	51.2	30.3	-14.5
	金融机构各项贷款同比增长（%）	11.8	10.7	10.9	11.2	11.2	10.3	10.3	8.8	9.7	10.5	10.9	9.6
	其中：个人消费贷款	31.0	29.8	34.0	32.4	32.9	32.6	32.4	34.6	35.5	36.2	34.3	34.0
	票据融资	13.5	8.1	12.6	14.6	15.1	5.4	7.7	0.1	9.2	13.4	17.2	7.8
外币	金融机构外币存款余额（亿美元）	47.5	45.4	53.1	52.1	52.4	58.6	56.7	59.0	62.6	63.2	79.5	71.7
	金融机构外币存款同比增长（%）	50.7	33.9	51.5	59.4	61.6	54.5	44.0	43.8	44.2	33.6	76.5	57.8
	金融机构外币贷款余额（亿美元）	17.9	15.3	18.0	15.4	13.9	18.0	19.5	20.4	17.9	17.9	18.2	18.4
	金融机构外币贷款同比增长（%）	-2.8	-17.9	9.1	1.0	-13.2	3.9	2.7	12.9	-6.3	-9.8	-9.5	3.1

数据来源：中国人民银行太原中心支行。

表2 2001～2016年山西省各类价格指数

单位：%

年/月	居民消费价格指数		农业生产资料价格指数		工业生产者购进价格指数		工业生产者出厂价格指数	
	当月同比	累计同比	当月同比	累计同比	当月同比	累计同比	当月同比	累计同比
2001	—	-0.5	—	1.9	—	1.8	—	0.3
2002	—	-2.2	—	0.9	—	3.0	—	3.6
2003	—	1.6	—	-1.6	—	7.8	—	2.2
2004	—	4.1	—	7.3	—	14.5	—	16.1
2005	—	2.3	—	13.3	—	8.2	—	10.2
2006	—	2.0	—	3.6	—	2.6	—	1.0
2007	—	4.6	—	6.2	—	5.3	—	7.4
2008	—	7.2	—	18.7	—	18.3	—	22.4
2009	—	-0.4	—	1.6	—	-3.4	—	-8.0
2010	—	3.0	—	2.0	—	9.0	—	9.5
2011	—	5.2	—	9.4	—	8.1	—	7.5
2012	—	2.5	—	5.4	—	-1.9	—	-5.5
2013	—	3.1	—	2.5	—	-4.5	—	-9.3
2014	—	1.7	—	-0.8	—	-3.8	—	-8.6
2015	—	0.6	—	-0.4	—	-6.9	—	-12.7
2016	—	1.1	—	-0.2	—	-1.9	—	-3.2
2015 1	—	—	—	—	—	—	—	—
2	0.8	0.4	-2.1	-2.2	-5.9	-5.7	-10.7	-10.2
3	0.5	0.4	-0.3	-1.6	-5.8	-5.7	-10.6	-10.3
4	0.6	0.5	0.0	-1.2	-6.0	-5.8	-10.5	-10.4
5	0.3	0.5	-0.1	-1.0	-6.1	-5.9	-11.5	-10.6
6	0.4	0.4	-0.1	-0.8	-6.4	-6.0	-12.1	-10.8
7	0.5	0.5	0.4	-0.7	-7.0	-6.1	-12.5	-11.1
8	1.2	0.6	0.8	-0.5	-7.1	-6.2	-13.5	-11.4
9	0.8	0.6	0.4	-0.4	-7.4	-6.4	-13.6	-11.6
10	0.4	0.6	-0.2	-0.4	-7.9	-6.5	-13.8	-11.8
11	0.7	0.6	-0.8	-0.4	-8.3	-6.7	-14.6	-12.1
12	0.9	0.6	-0.8	-0.4	-9.1	-6.9	-15.5	-12.7
2016 1	1.0	1.0	-0.2	-0.2	-8.7	-8.7	-16.1	-16.1
2	1.5	1.2	0.2	0.0	-9.0	-8.9	-15.6	-15.8
3	1.1	1.2	-0.6	-0.2	-8.2	-8.6	-13.8	-15.2
4	1.1	1.2	-0.7	-0.3	-6.8	-8.2	-10.4	-14.0
5	1.0	1.1	-0.2	-0.3	-5.5	-7.7	-7.8	-12.8
6	0.9	1.1	0.0	-0.2	-4.6	-7.2	-7.1	-11.9
7	0.7	1.0	-0.3	-0.3	-3.8	-6.7	-5.6	-11.0
8	0.3	0.9	-0.8	-0.3	-2.4	-6.1	-2.7	-10.1
9	1.2	1.0	-0.9	-0.4	0.3	-5.5	1.8	-8.8
10	1.4	1.0	-0.4	-0.4	4.3	-4.4	7.7	-7.3
11	1.5	1.1	0.5	-0.3	10.3	-3.3	17.4	-5.2
12	1.2	1.1	1.1	-0.2	14.2	-1.9	20.9	-3.2

数据来源：山西省统计局。

表3　2016年山西省主要经济指标

	1月	2月	3月	4月	5月	6月	7月	8月	9月	10月	11月	12月
						绝对值（自年初累计）						
地区生产总值（亿元）	—	—	2 466.0	—	—	5 714.0	—	—	8 945.6	—	—	12 928.3
第一产业	—	—	121.1	—	—	331.9	—	—	601.2	—	—	784.6
第二产业	—	—	943.5	—	—	2 167.0	—	—	3 379.6	—	—	4 926.4
第三产业	—	—	1 401.3	—	—	3 215.2	—	—	4 964.8	—	—	7 217.4
工业增加值（亿元）	—	—	—	—	—	—	—	—	—	—	—	—
固定资产投资（亿元）	—	237.3	972.7	1 750.3	2 955.8	4 658.1	6 339.7	8 067.0	9 800.0	11 335.8	12 476.1	13 859.4
房地产开发投资	—	37.5	131.8	228.2	366.5	556.9	750.7	950.2	1 142.4	1 292.2	1 449.8	1 597.4
社会消费品零售总额（亿元）	—	—	1 485.9	—	—	3 026.6	—	—	4 661.1	—	—	6 480.5
外贸进出口总额（亿元）	79.5	145.6	231.6	301.9	347.5	475.9	580.4	691.4	799.6	908.5	1 005.9	1 099.0
进口	32.3	57.7	89.0	119.8	149.8	183.8	226.0	271.2	320.8	366.5	403.4	443.6
出口	47.2	87.9	142.6	182.2	229.6	292.0	354.4	420.1	478.8	542.0	602.5	655.3
进出口差额(出口－进口)	14.9	30.2	53.7	62.4	79.8	108.2	128.4	148.9	158.1	175.5	199.1	211.7
实际利用外资（亿美元）	0.2	0.7	2.3	3.2	4.0	5.9	6.2	6.5	7.3	10.1	12.5	23.3
地方财政收支差额（亿元）	9.0	-78.5	-192.5	-239.9	-350.4	-663.9	-720.1	-860.8	-1 122.0	-1 191.5	-1 417.8	-1 884.7
地方财政收入	205.0	276.7	436.1	589.7	707.1	856.9	971.4	1 059.6	1 185.5	1 309.6	1 425.8	1 557.0
地方财政支出	196.0	355.2	628.5	829.5	1 057.5	1 520.8	1 691.5	1 920.4	2 307.5	2 501.1	2 843.6	3 441.7
城镇登记失业率(%)(季度)	—	—	—	—	—	3.5	—	—	—	—	—	3.5
						同比累计增长率（%）						
地区生产总值	—	—	3.0	—	—	3.4	—	—	4.0	—	—	4.5
第一产业	—	—	1.4	—	—	1.4	—	—	2.5	—	—	2.9
第二产业	—	—	-2.0	—	—	-1.5	—	—	0.6	—	—	1.5
第三产业	—	—	7.6	—	—	7.6	—	—	7.0	—	—	7.0
工业增加值	—	-4.9	-2.5	-2.9	-2.7	-2.0	-1.5	-0.6	-0.1	0.4	0.7	1.1
固定资产投资	—	17.1	13.0	13.3	11.1	10.6	10.7	10.0	9.1	8.3	6.8	0.8
房地产开发投资	—	10.6	14.5	16.0	8.1	6.3	9.9	11.0	10.5	8.8	6.8	6.9
社会消费品零售总额	—	—	5.3	—	—	6.4	—	—	6.9	—	—	7.4
外贸进出口总额	-18.2	-14.1	-3.0	-7.7	-4.1	4.7	10.7	18.2	19.4	22.1	20.9	20.5
进口	-19.4	-17.7	-13.7	-17.5	-14.3	-6.8	-3.8	3.9	9.3	14.3	12.5	14.2
出口	-17.4	-11.6	5.1	0.2	4.0	13.4	22.6	29.7	27.2	28.1	27.3	25.2
实际利用外资	-82.2	-57.8	-61.1	-54.7	-46.3	-53.1	-51.7	-80.6	-56.3	-48.4	-42.3	-18.7
地方财政收入	-0.7	-11.8	-12.8	-5.4	-4.0	-7.4	-7.8	-7.2	-7.6	-6.2	-5.1	-5.2
地方财政支出	41.3	5.0	12.0	5.5	10.0	18.5	9.9	10.5	8.4	0.7	-1.0	0.0

数据来源：山西省统计局。

内蒙古自治区金融运行报告（2017）

中国人民银行呼和浩特中心支行货币政策分析小组

[内容摘要] 2016年，内蒙古认真贯彻落实中央的各项决策部署，坚持稳中求进工作总基调，主动适应把握引领经济发展新常态，全面落实新发展理念，扎实推进供给侧结构性改革，稳妥应对风险挑战，全区经济运行呈现总体平稳、稳中有进、稳中提质的良好态势，实现了“十三五”良好开局。

全区金融业运行总体稳健，金融机构认真贯彻落实稳健的货币政策，货币信贷和社会融资规模平稳适度增长，重点领域信贷投放持续加强，贷款利率水平总体下行，金融市场交易活跃。证券业和保险业健康发展，整体质量进一步提高。金融生态不断改善，金融业改革稳步推进，为稳增长和供给侧结构性改革营造了中性适宜的货币金融环境。

2017年，内蒙古将以推进供给侧结构性改革为主线，坚决守住发展、生态、民生三条底线，努力实现“四个高于”目标，加快推动转型升级，大力促进“五化协同”，着力建设“六大基地”，加快构建“七大网络体系”，大力培育新能源、大数据云计算等七个战略性新兴产业①，促进经济健康发展和社会和谐稳定，以优异成绩庆祝内蒙古自治区成立70周年。金融业将认真落实稳健中性的货币政策，努力畅通货币政策传导渠道和机制，进一步优化信贷结构和融资结构，深化金融对供给侧结构性改革的支持，加快推进各项改革创新试点，切实防范化解金融风险，提升金融管理与服务水平，为把祖国北疆这道风景线打造得更加亮丽提供坚实的金融支撑。

一、金融运行情况

2016年，内蒙古金融业运行总体稳健，货币信贷和社会融资规模平稳适度增长。银行业规模稳步增长，机构体系更加健全。证券业平稳发展，盈利能力有所下降。保险业不断创新，服务领域不断拓宽。金融生态环境建设扎实推进，金融支持实体经济力度不断加大。

（一）银行业稳健运行，总量不断扩大

2016年，内蒙古银行业认真贯彻落实稳健货币政策，贷款增长平稳适度，投向结构持续优化，贷款利率保持下行，存款定价水平提升，改革创新继续深化。

1. 银行业资产规模不断扩大，盈利能力显著回升。2016年年末，全区共有银行业金融机构198家，资产总额3.2万亿元，同比增长17.3%，增速

表1 2016年内蒙古自治区银行业金融机构情况

机构类别	营业网点			法人机构（个）
	机构个数（个）	从业人数（人）	资产总额（亿元）	
一、大型商业银行	1 603	41 893	9 463	0
二、国家开发银行和政策性银行	87	2 112	5 382	0
三、股份制商业银行	200	4 654	2 790	0
四、城市商业银行	540	12 446	6 488	4
五、小型农村金融机构	2 434	27 041	5 570	93
六、财务公司	6	151	437	5
七、信托公司	2	360	115	2
八、邮政储蓄银行	810	9 215	831	0
九、外资银行	1	7	4	0
十、新型农村金融机构	190	3 900	538	75
十一、其他	1	39	3	1
合　计	5 874	101 818	31 622	180

注：营业网点不包括国家开发银行和政策性银行、大型商业银行、股份制商业银行等金融机构总部数据；大型商业银行包括中国工商银行、中国农业银行、中国银行、中国建设银行和交通银行；小型农村金融机构包括农村商业银行、农村合作银行和农村信用社；新型农村金融机构包括村镇银行、贷款公司和农村资金互助社。
数据来源：内蒙古银监局。

①“四个高于”目标指实现地区生产总值、固定资产投资、一般公共预算收入和城乡居民收入增幅高于全国平均水平；“五化”指新型工业化、信息化、城镇化、农牧业现代化和绿色化；“六大基地”指建设国家重要能源基地、新型化工基地、有色金属生产加工基地、绿色农畜产品生产加工基地、战略性新兴产业基地和国内外知名旅游目的地；“七网”指加快构建铁路网、公路网、航空网、市政网、水利网、能源网、信息通信网七大网络体系。

较上年提高3.8个百分点；实现净利润202.4亿元，同比增加113.3亿元。全年新增1家农村商业银行和6家村镇银行，中国进出口银行内蒙古分行挂牌成立，由包商银行发起设立的内蒙古首家消费金融公司正式成立。

2. 存款保持快速增长，活期化趋势明显。2016年年末，金融机构各项本外币存款余额21 245.7亿元，同比增长16.9%，增速较上年提高5.9个百分点。其中，人民币各项存款余额21 165.6亿元，增长17.1%，比年初增加3 088亿元，同比多增1146.7亿元，年度增速、增量均创历史新高。受地方政府发行债券、利率市场化等因素影响，存款的活期化趋势明显，全区金融机构新增住户和非金融企业存款活期占比为80.1%，较上年提高16.4个百分点。非银行业金融机构存款继续保持大幅增长，存款余额同比增长48.9%。

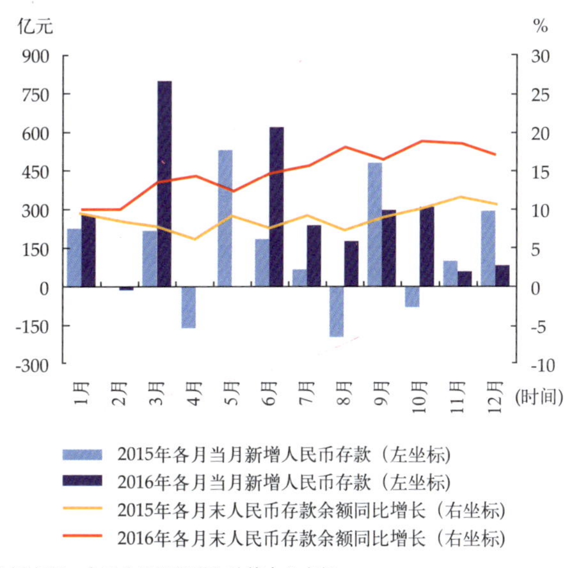

数据来源：中国人民银行呼和浩特中心支行。

图1 2015～2016年内蒙古自治区金融机构人民币存款增长变化

3. 各项贷款稳定增长，信贷支持重点突出。2016年年末，金融机构本外币贷款余额19 458.5亿元，同比增长12.7%。其中，人民币贷款余额19 361亿元，增长13%（见图3），增速较上年下降1.8个百分点，较年初增加2 220.3亿元，同比多增33.7亿元。分期限和投向看，信贷集中投向基础设施类和保障性住房开发领域，拉动中长期贷款快速增长。两领域新增贷款占全部贷款增量的79%。全年中长期贷款新增1 668.7亿元，同比多增876.5亿元。分机构看，各机构贷款增长不均衡。国开行和农发行全年新增贷款占全部贷款增量的34.8%；农村合作金融机构贷款增长乏力，其全年贷款余额增速低于同期全区金融机构各项贷款增速3.9个百分点。

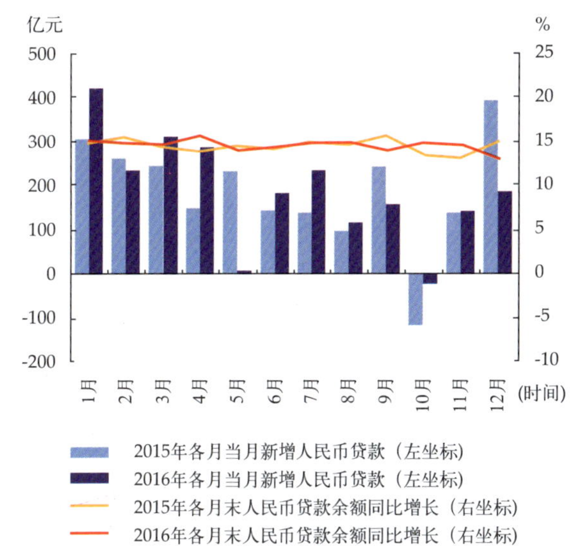

数据来源：中国人民银行呼和浩特中心支行。

图2 2015～2016年内蒙古自治区金融机构人民币贷款增长变化

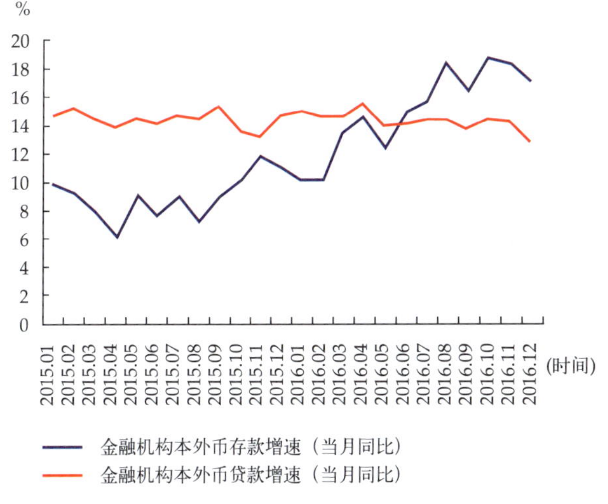

数据来源：中国人民银行呼和浩特中心支行。

图3 2015～2016年内蒙古自治区金融机构本外币存、贷款增速变化

综合运用多种货币政策工具，着力引导信贷结构优化，金融支持“三去一降一补”取得初步成效。产能过剩行业贷款增速放缓，煤炭、钢铁两大行业融资余额占比较上年年末分别上升0.1个百分点和下降1.2个百分点；全年个人住房贷款较快增长，新增150.3亿元，同比多增82.3亿元；贷款利率水平总体下行，全年金融机构新增贷款加权平均利率为6.51%，较上年下降0.95个百分点；有效发挥货币政策工具结构调整功能，小微、涉农等薄弱环节的金融支持力度加大，全年累计发放信贷政策支持再贷款152.7亿元，办理再贴现83.9亿元，小微企业、涉农贷款增速分别高于各项贷款增速19.2个百分点和1.3个百分点。

4. 表外融资小幅增加，委托贷款占比较大。2016年，内蒙古金融机构各项表外业务新增融资29.1亿元，同比多增994.1亿元。其中：委托贷款同比多增299亿元，为三类表外业务中唯一正增长的子项目；信托贷款同比少降254.6亿元，业务总体仍呈收缩态势；未贴现的银行承兑汇票同比少降440.5亿元。

表2　2016年内蒙古自治区金融机构人民币贷款各利率区间占比

单位：%

月份		1月	2月	3月	4月	5月	6月
合计		100.0	100.0	100.0	100.0	100.0	100.0
下浮		16.2	12.3	14.3	20.0	27.9	24.0
基准		25.3	30.2	29.1	23.3	25.0	16.0
上浮	小计	58.5	57.6	56.6	56.6	47.1	60.0
	(1.0，1.1]	11.8	10.9	11.2	8.9	7.0	12.4
	(1.1，1.3]	6.5	7.5	9.7	6.9	7.1	9.8
	(1.3，1.5]	3.8	4.0	5.0	6.5	7.4	10.9
	(1.5，2.0]	13.1	15.7	6.9	12.1	8.4	10.4
	2.0以上	23.3	19.5	23.8	22.2	17.2	16.5
月份		7月	8月	9月	10月	11月	12月
合计		100.0	100.0	100.0	100.0	100.0	100.0
下浮		12.9	10.8	25.6	9.8	19.6	11.0
基准		13.0	17.8	14.6	30.4	14.9	21.7
上浮	小计	74.0	71.3	59.8	59.8	65.5	67.2
	(1.0，1.1]	16.5	8.8	11.2	12.0	10.0	12.1
	(1.1，1.3]	20.3	27.2	17.7	9.8	8.7	9.1
	(1.3，1.5]	8.4	6.1	8.0	9.4	6.5	7.9
	(1.5，2.0]	11.5	10.2	8.9	11.0	12.4	14.4
	2.0以上	17.3	19.0	14.0	17.6	27.9	23.7

数据来源：中国人民银行呼和浩特中心支行。

5. 贷款利率持续下行，市场差异化趋势明显。2016年，全区金融机构人民币贷款加权平均利率呈稳步下降趋势。存款利率基本能够反映不同机构的经营成本和风险，存款定价呈现差异化趋势。内蒙古市场利率定价自律机制及时传导中央银行利率政策，充分发挥同业之间监督和约束作用，有效维护了金融市场竞争秩序。全年新增26家金融机构成为全国自律机制的基础成员和观察成员，累计发行同业存单1 434.2亿元、大额存单237.2亿元，分别是上年发行量的3.9倍和21.8倍，金融机构主动负债能力进一步加强。2016年，美元存款利率总体波幅趋缓（见图4）。

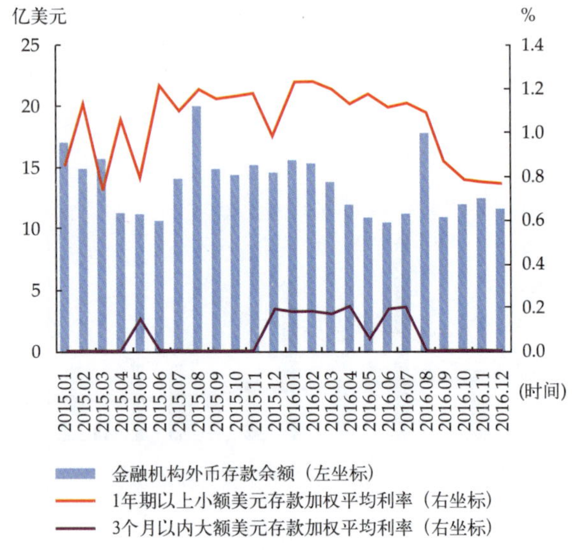

数据来源：中国人民银行呼和浩特中心支行。

图4　2015～2016年内蒙古自治区金融机构外币存款余额及外币存款利率

6. 信贷资产质量有所改善，风险防控形势依然严峻。2016年，全区地方法人银行业金融机构杠杆率为6%、流动性比例为58.7%，经营总体稳健。年末全区银行业金融机构不良贷款余额较年初下降7.4亿元，不良贷款率较年初下降0.5个百分点。不良贷款呈现“双降”态势，但不良贷款偏离度呈上升态势，银行业金融机构逾期90天以上贷款与不良贷款比例达到115.6%，同比上升18.7个百分点。全年银行业金融机构通过现金清收、贷款核销、不良资产证券化等方式累计清收与处置不良贷款490.5亿元，同比增加116亿元。

7. 金融机构改革持续推进，金融组织体系不断完善。农信社深化改革工作深入推进。全年共有1家农村信用社改制为农村商业银行，16家农信社进入改制农商行程序。新型农村金融机构和准金融机构快速发展，全年新增6家村镇银行、1家消费金融公司，包商惠农贷款公司正在改制为村镇银行。农业银行内蒙古分行三农金融事业部改革继续深化，三农服务水平明显提升。2016年年末，农行内蒙古分行三农金融事业部人民币各项贷款余额621.3亿元，占分行全部贷款的42.8%。

8. 跨境人民币业务稳步推进，人民币双向资金池业务持续扩容。2016年，全区人民币跨境收支380.1亿元，占地区国际收支总额的36.5%。全区对蒙跨境人民币结算占全国对蒙结算总量的75.8%。跨境双向人民币资金池业务有序推进，全区共有6家跨国企业集团开办跨境人民币资金集中运营业务，涉及境内成员企业63家，境外成员企业14家，资金池净流入上限为236.3亿元。全区各类商业银行与蒙古国、俄罗斯商业银行建立了59个代理行结算关系，开立金融同业往来账户162个。中蒙央行双边本币互换资金动用取得突破，2016年8月，首单中蒙央行双边本币互换协议下1亿蒙图资金动用顺利落地。

专栏1　好风凭借力——西部首单绿色金融债券落地乌海

2016年12月1日，中国人民银行批准乌海银行发行期限3年、信用级别AA-、规模5亿元的绿色金融债券，标志着西部首单绿色金融债券落户内蒙古自治区乌海市。乌海银行绿色金融债券成功获批为推动欠发达地区利用债券市场直接融资提供了有益借鉴。

一、主要做法

（一）加强协调沟通，促进绿色金融债券成功发行。2016年年初，借鉴国内已成功发行绿色金融债券的青岛银行经验，人民银行乌海市中心支行牵头，主动向乌海市委、市政府汇报，对发债主体的乌海银行进行政策辅导，积极开展了绿色金融债券发行准备工作。市金融办、银监局、发展改革委、经信委积极配合，形成了统筹协调、上下联动、各负其责的发债工作机制，督促乌海银行抓住机遇、主动作为，顺利完成了外部评级、认证评估、主承销商尽职调查、绿色产业项目库遴选、监管审批等各项准备工作。

（二）审核相关资料，加快绿色金融债券发行速度。按照绿色金融债券发行要求，人民银行乌海市中心支行对乌海银行2016年绿色金融债券发行所要求的包括绿色金融债券募集说明书、绿色金融债券发行可行性研究报告、募集资金全部用于绿色项目的承诺书、绿色金融债券评价报告及跟踪评级安排说明等在内的资料进行了细致完备的审核，及时向人民银行总行上报初审报告，加快了绿色金融债券发行速度。

（三）积极争取财政奖补资金，助推绿色金融债券顺利发行。人民银行乌海市中心支行积极争取地方财政对成功发行绿色金融债券所涉及的发债银行、投资人、承销人给予地方财政贴息奖补的优惠政策，以期能够运用各种政策手段降低企业融资成本，发挥政府财政资金的引导鼓励作用，提升资金运用效率，以支持绿色金融债券尽快落地。乌海市政府即将出台对成功发行绿色金融债券财政贴息奖补的优惠政策，据悉，为全国首个出台此类政策的地市级政府。

二、取得成效

（一）降低社会融资成本、优化融资结构作用明显。发行绿色金融债券对于优化资产负债配置、拓宽企业融资渠道、增加金融资源供给都具有重要作用。此次绿色债券的发行不仅能够进一步加大对乌海市绿色项目的信贷支持力度，提升乌海市绿色经济发展能力，同时有助于扩大直接融资比重，增强服务实体经济的能力。

（二）有效促进绿色信贷业务的发展。本次乌海银行发行绿色金融债券募集到的资金，将全部用于中国金融学会绿色金融专业委员会发布的《绿色债券支持项目目录》规定的绿色项目，投向乌海市绿色产业项目库中涉及的包括华油天然气焦炉尾气综合利用、内蒙古恒业成再生资源回收加工及循环利用、乌海市水务一体化工程等33个资源节约与循环利用、污染防治、清洁交通、清洁能源、节能等五大类项目，将优化乌海地区产业结构，增强金融支持绿色项目发展的能力。

（三）提升地方商业银行影响力。绿色金融债券的公开发行，通过信息披露、跟踪评级等方式形成市场监督机制，客观上有利于乌海银行不断提高风险管理水平，适应监管要求，确保募集资金全部用于绿色项目；同时市场约束力也将激励其更好地运用募集资金，改善绿色环保产业的融资环境，优化行内信贷结构，提升资产质量，提高盈利能力，促进其长期可持续发展。

（二）证券业规模扩大，新三板融资功能增强

2016年，内蒙古证券经营机构资产规模不断扩大，但效益不及上年，期货经纪公司业务发展缓慢，收入下降，新三板挂牌企业数量和融资规模提升。

1. 证券机构经营布局加快，盈利能力有所下降。2016年，内蒙古两家地方法人证券公司加快机构和业务拓展进程。恒泰证券全年新设营业机构24家、国融证券新设分支机构8家，除新疆和西藏外，在全国其他省份均设立分支机构。年内国融证券完成一次配股和一次定向增发，净资本规模超40亿元。年末两家法人证券公司总资产467.2亿元，同比增长9.8%，全年累计实现营业收入21.6亿元，同比下降57.6%。辖内11家期货公司营业部全年主营业务收入0.1亿元，同比下降42.2%。

表3　2016年内蒙古自治区证券业基本情况

项目	数量
总部设在辖内的证券公司数（家）	2
总部设在辖内的基金公司数（家）	0
总部设在辖内的期货公司数（家）	0
年末国内上市公司数（家）	26
当年国内股票（A股）筹资（亿元）	171.2
当年发行H股筹资（亿元）	0.0
当年国内债券筹资（亿元）	497.4
其中：短期融资券筹资额（亿元）	236.0
中期票据筹资额（亿元）	70.0

数据来源：内蒙古证监局。

2. 上市公司总市值和融资量有所下降，新三板融资功能强化。2016年年末，全区共有境内上市公司26家，同比持平，沪深两市上市公司总市值5 094.2亿元，同比下降4.9%。三个板块市场全年累计募集资金171.2亿元，同比下降59.6%。2016年新三板市场表现活跃，企业规模和融资规模大幅提升，全区新三板上市企业60家，当年新增34家。总股本51.1亿股，同比增长72%，新增募集资金6.2亿元，同比增长5.1倍。

（三）保险业平稳发展，转型成效明显

2016年，全区保险业规模稳步扩大，保障能力持续提高，业务结构有所改善，以服务民生为重点，服务经济社会发展的作用不断增强。

1. 市场主体保持稳定，保费收入快速增长。2016年年末，全区共有省级分公司39家，其中人身险公司17家，财产险公司22家。保险业资产总计968.5亿元，同比增长24.8%。全年实现保费收入486.9亿元（见表4），增长23.1%。农业保险保费收入32.1亿元，稳居全国第2位，同比增长2.3%。行业实力不断提高，保险密度同比提高357元/人；保险深度同比上升0.4个百分点。全年提供各类风险保障资金13.9万亿元，保险保障功能不断凸显。

2. 人身险业务均衡发展，转型成效明显。从产品结构上看，普通产品保费增速80.1%，高于全

国平均水平25个百分点，保障型产品发展远快于分红型产品，业务结构持续改善。从销售渠道上看，个人代理保费增速37.5%，同比提高12个百分点，保险经纪业务、其他兼业代理也呈现快速发展势头，渠道结构更加多元。从缴费结构上看，续期保费增速、新单期交保费增速及占比均大幅高于上年同期，内含价值不断提升。

表4　2016年内蒙古自治区保险业基本情况

项目	数量
总部设在辖内的保险公司数（家）	0
其中：财产险经营主体（家）	0
人身险经营主体（家）	0
保险公司分支机构（家）	39
其中：财产险公司分支机构（家）	22
人身险公司分支机构（家）	17
保费收入（中外资，亿元）	486.87
其中：财产险保费收入（中外资，亿元）	162.73
人身险保费收入（中外资，亿元）	324.14
各类赔款给付（中外资，亿元）	137.78
保险密度（元/人）	1 931.96
保险深度（%）	2.6

数据来源：内蒙古保监局。

（四）融资规模稳步扩大，金融市场健康发展

2016年，全区社会融资总量总体呈先扬后抑走势，社会融资来源主要依靠信贷市场，直接融资规模明显下降。金融市场整体运行较为平稳。

1. 融资规模稳步增长，直接融资规模下降。2016年，全区社会融资规模增量为2 138.1亿元，同比多增269.4亿元。受产业结构转型升级较慢、直接融资发展相对滞后等因素影响，非金融企业直接融资规模下降。全年全区非金融企业直接融资为负的207.3亿元，同比减少785.8亿元。全年全区共有12家企业在中国银行间市场交易商协会成功发行非金融企业债务融资工具324亿元，同比少245亿元。地方法人金融机构通过发行金融债进一步拓宽融资渠道。

2. 货币市场交易活跃，市场利率低位运行。2016年，全区金融机构通过全国银行间市场累计进行信用拆借交易8 135.7亿元，同比增长28.3%；

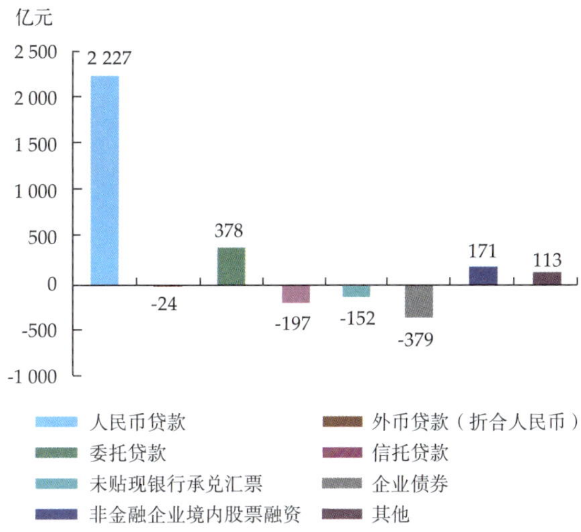

数据来源：中国人民银行呼和浩特中心支行。

图5　2016年内蒙古自治区社会融资规模分布结构

债券回购交易13万亿元，同比增长31.2%；现券交易1.7万亿元，同比增长97.1%。从利率走势看，同业拆借市场利率稳中有降，全年加权平均利率为2.5%，较上年下降23个基点；全年债券回购市场加权平均利率为2.4%，较上年下降13个基点。

3. 票据市场平稳发展，业务结构更加多元。2016年，全区金融机构承兑汇票余额1 247.4亿元，同比减少2.3亿元。贴现方面，全区金融机构保持了近年来持续快速增长的趋势，贴现余额790.4亿元（见表5），同比增加117.5亿元，增幅达17.5%。成功开办电票再贴现业务，全年电票再贴现占比21.5%。票据贴息利率小幅上升。12月，全区票据贴现和转贴现利率分别较上年同期上升0.8个百分点和0.4个百分点（见表6）。

表5　2016年内蒙古自治区金融机构票据业务量统计

单位：亿元

季度	银行承兑汇票承兑		贴现			
			银行承兑汇票		商业承兑汇票	
	余额	累计发生额	余额	累计发生额	余额	累计发生额
1	1 220.1	502.6	727.1	3 115.9	8.2	15.5
2	1 126.9	434.0	702.2	3 044.0	5.1	5.0
3	1 111.4	459.6	774.5	6 610.6	7.3	4.1
4	1 197.1	620.2	776.2	19 849.2	14.1	147.1

数据来源：中国人民银行呼和浩特中心支行。

表6　2016年内蒙古自治区金融机构票据贴现、转贴现利率

单位：%

季度	贴现		转贴现	
	银行承兑汇票	商业承兑汇票	票据买断	票据回购
1	3.67	4.39	3.31	2.93
2	3.57	4.58	3.11	2.76
3	3.27	4.88	2.80	2.66
4	3.75	4.89	3.05	2.94

数据来源：中国人民银行呼和浩特中心支行。

（五）社会信用体系建设取得进展，金融生态环境持续优化

1. 信用体系建设扎实推进。2016年，中国人民银行呼和浩特中心支行积极履行全区信用体系建设双牵头职责，初步建成全区统一的法人和自然人信用信息数据库，累计归集约5 000万条信用信息。继续开展信用村、信用乡（镇）建设，全年全区共评定信用村5 000多个，信用乡（镇）1 200多个。大力推动应收账款融资服务平台运用,通过平台达成融资交易615笔，融资金额780.7亿元。全区金融信用信息基础数据库为18.5万户企业和1 432.3万个自然人建立了信用档案。

2. 支付服务环境日趋完善。积极延伸支付清算网络在农牧区辐射范围。全区现代化支付系统覆盖率、农信银支付清算系统县城乡镇合计接入比率、村镇银行接入支付系统比率均达100%。设立助农取款服务点28 406个，覆盖村级行政区10 287个，村级行政区覆盖率超98%。加强非现金支付工具推广应用，全年全区累计发放银行卡10 973.9万张，人均4.4张。

3. 金融消费权益保护工作机制逐步健全。2016年，全区共受理金融消费者投诉156件，咨询386件，办结率100%。针对投诉热点、难点集中领域，共向全区人民银行分支机构和金融机构通报典型案例4例。组织开展金融知识进军营、进企业、进学校、进社区、进农村、进牧区等形式多样的宣传活动，取得良好的宣传效果。

二、经济运行情况

2016年，内蒙古经济运行呈现出“总体平稳、稳中有进、稳中提质”的良好态势。全年实现地区生产总值18 632.6亿元，同比增长7.2%（见图6），高于全国平均增速0.5个百分点。三次产业结构为8.7：48.8：42.5，第三产业比重比上年提高2.1个百分点，对生产总值增长的贡献率达到了47.2%，拉动生产总值增长3.4个百分点。人均生产总值达到74 069元，较上一年增加2 076.4元。

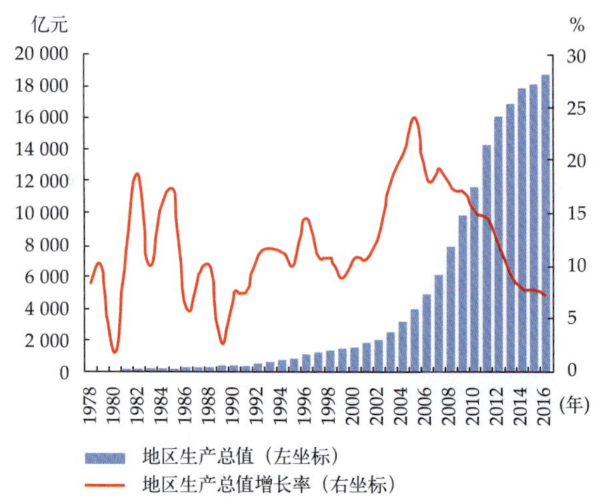

数据来源：内蒙古统计局。

图6　1978～2016年内蒙古自治区地区生产总值及其增长率

（一）需求总体保持稳定，发展动力有序转换

2016年，内蒙古投资、消费、进出口协调发展。固定资产投资稳定增长，新兴产业投资加快，消费结构升级，居民收入稳定增长，进出口降幅收窄，利用外资能力持续增强。

1. 投资加快调优补短。2016年，全区固定资产投资额完成14 894亿元，同比增长10.1%（见图7）。国企投资增长26%，民间投资下降6.5%。投资结构趋于优化。全区基础设施投资完成4 331亿元，同比增长43.6%，高于全国平均增速26.2个百分点；新兴产业投资增速加快，信息传输和软件技术服务业投资同比增长49.6%，高于全部投资增速37.6个百分点，租赁和商务服务业投资增长41.5%，高于全部投资增速29.5个百分点。

2. 消费结构升级，城乡居民收入稳定增长。

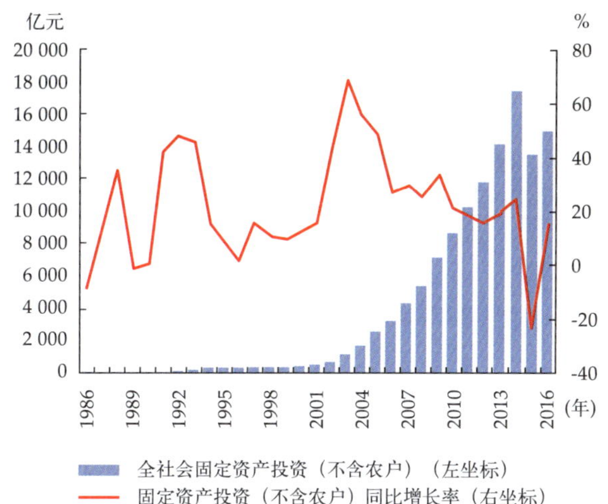

数据来源：内蒙古统计局《中国经济景气月报》。

图7　1986～2016年内蒙古自治区固定资产投资（不含农户）及其增长率

2016年，消费对全区经济增长起到了稳定支撑的作用。全年实现社会消费品零售总额6 700.8亿元，比上年增长9.7%（见图8），增速比上年提高1.7个百分点。按经营单位所在地分，乡村消费市场增速继续领跑城镇消费市场。全年乡村市场消费同比增长12%，高于城镇市场2.5个百分点。在新模式消费带动下，快递业务量增长56.6%，业务收入增长50.4%。城乡居民收入增长稳定，且较为均衡。全年全区城镇居民和农村牧区居民人均可支配收入增速分别为7.8%和7.7%。

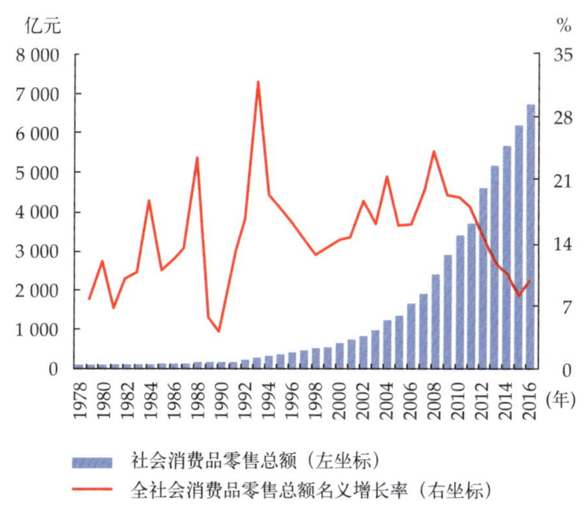

数据来源：内蒙古统计局。

图8　1978～2016年内蒙古自治区社会消费品零售总额及其增长率

3. 对外贸易降幅收窄，利用外资能力持续增强。2016年，内蒙古外贸形势逐步向好，全年进出口总值772.8亿元，下降2.1%，较上年收窄9.5个百分点。其中，出口额295.3亿元，下降15.7%；进口额477.5亿元，增长8.7%（见图9）。从贸易方式看，进料加工贸易进出口值增长较快，增速为138.6%。

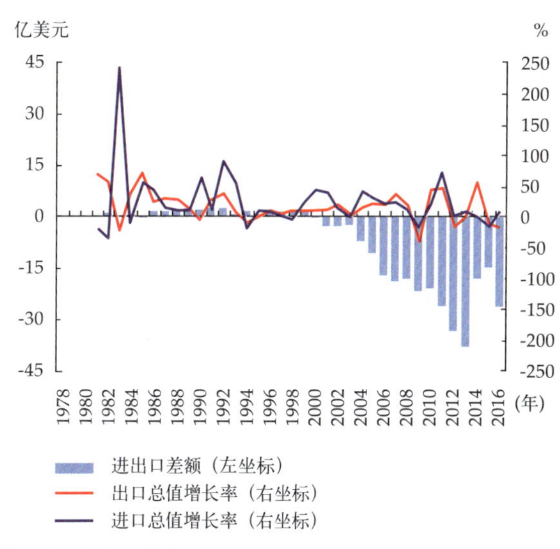

数据来源：内蒙古统计局。

图9　1978～2016年内蒙古自治区外贸进出口变动情况

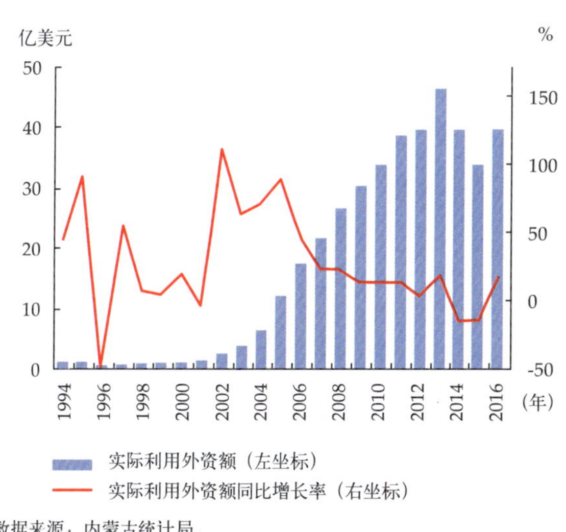

数据来源：内蒙古统计局。

图10　1994～2016年内蒙古自治区实际利用外资额及其增长率

利用外资能力持续增强。2016年，内蒙古实际利用外资39.7亿美元，同比增长17.8 %（见图10），利用外资70%以上来自我国香港地区。

（二）三次产业稳步发展，产业结构持续优化

2016年，内蒙古三次产业发展势头较好，第三产业对整体经济的带动作用非常明显。

1. 农牧业基础地位加强。2016年，全区粮食生产克服严重旱灾影响，总产量连续四年保持在550亿斤以上，全年产量达556亿斤，是历史第二个高产年，牧业年度牲畜存栏达到1.4亿头（只），同比增加536.5万头（只）。现代农牧业得到大力发展，全区主要农作物、牲畜良种率达到96%以上，有机食品产量占全国的1/3以上，超额完成了玉米种植结构调整任务。

2. 工业经济质提效增。2016年，全区规模以上工业增加值同比增长7.2%（见图11），高于全国平均增速1.2个百分点。新兴工业增势良好，计算机、通信和其他电子设备制造业增长62.1%。煤炭、煤制油、煤制天然气产能产量和发电装机容量、外送电量均居全国第一。工业企业效益回暖，全年全区规模以上工业企业实现利润总额1 242.1亿元，同比增长31%，高于上年同期54.8个百分点。

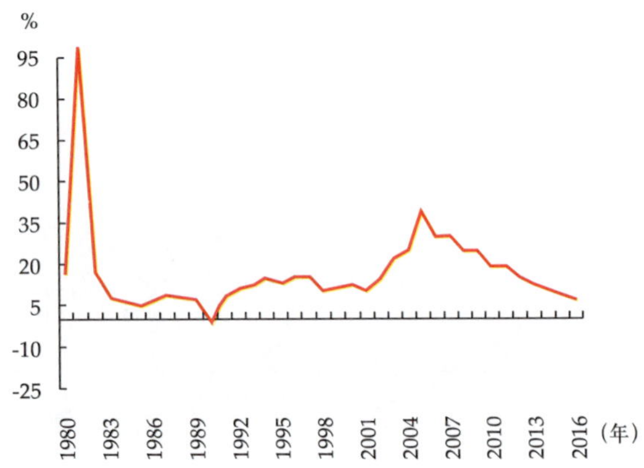

数据来源：内蒙古统计局。

图11　1980～2016年内蒙古自治区规模以上工业增加值同比增长率

3. 服务业增速稳步回升。2016年，全区服务业对经济转型升级和提质增效起到了积极的促进作用，同比增长8.3%，高于第二产业1.4个百分点。旅游、交通、金融、快递等行业快速发展。旅游业迈上新台阶，全年接待国内外游客达到9 805.3万人次，增长15.2%；铁路货运量从9月扭转了连续20个月负增长，全年增长4.8%。

4. 供给侧结构性改革成效明显，“五大任务”顺利推进。去产能方面，退出330万吨煤炭、291万吨钢铁产能，提前完成了煤炭、钢铁等去产能年度任务。去库存方面，规模以上工业企业产成品资金占用额2016年以来连续保持同比下降，到11月下降10.2%。全年商品房待售面积同比下降6.6%。去杠杆方面，通过不断优化信贷结构，支持企业直接融资，发行政府置换债券，全年全区金融机构不良贷款率、政府债务成本均有所下降。降成本方面，全区各级政府在简政放权、减税降费、电价市场化改革等方面累计降低企业生产成本280亿元。全年全区规模以上工业企业每百元主营业务收入中的成本为84.1元，低于全国平均水平1.7元。补短板方面，实施9大类45项重点工程，薄弱领域得到加强。脱贫攻坚各项重点任务进展顺利，超额完成全年减少21万以上贫困人口的任务。生态环境保护的投入得到切实加强。单位生产总值能耗下降4%，主要污染物减排达到国家要求。

（三）物价运行平稳，工业品价格筑底企稳

1. 消费价格温和上涨。全区居民消费价格指数月度间窄幅波动（见图12），全年同比上涨1.2%，低于全国平均水平0.8个百分点。其中，城市与农村牧区分别上涨1.2%和1.1%。分类别看，医疗保健类涨幅居首，上涨4.4%；食品上涨2.2%，在食品价格中,猪肉上涨15.4%，鲜菜上涨10.7%。

2. 生产价格持续低位运行。2016年，全区工业生产者出厂价格和购进价格呈“双下降”态势，但降幅逐渐收窄。工业生产者出厂价格同比

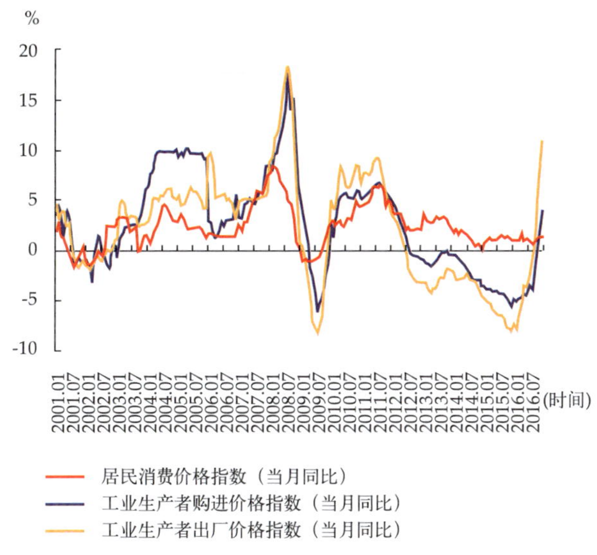

数据来源：内蒙古统计局。

图12　2001～2016年内蒙古自治区居民消费价格和生产者价格变动趋势

下降1.1%，比上年收窄4.9个百分点；工业生产者购进价格同比下降2.6%,比上年收窄1.5个百分点。出厂价格跌幅低于购进价格跌幅，并且跌幅收窄，表明工业品价格有筑底回稳趋势。

3. 就业形势保持基本稳定。2016年，实施了更加积极的就业政策，启动“创业内蒙古”行动，全年城镇新增就业26.84万人，农牧民转移就业257万人。城镇登记失业率控制在3.6%的较低水平。

4. 资源性产品价格触底回升，重回合理区间。从2016年5月初开始全区煤炭价格持续、快速回升，至12月全区煤炭平均坑口价格涨至200.9元/吨，比年初上涨57.5%。其中，鄂尔多斯市动力煤12月坑口价格为286.7元/吨，比年初上涨195.9%。

（四）财政收支实现新突破，民生重点支出得到保障

2016年，全区一般公共预算收入完成2 016.5亿元，突破2 000亿元大关，增长2.6%，增速较上年回落4个百分点；剔除“营改增”等减税降费政策性因素影响，同口径增长6.9%。从支出看，2016年，全区一般公共预算支出达到4 526.3亿元，增长6.4%（见图13）。发行地方债券2 502亿元，较上年增加1 025.8亿元。全面支持重点项目建设，大力推广政府和社会资本合作项目，全区66个政府和社会资本合作项目落地，吸引社会投资802亿元。全区财政用于民生方面支出达到2 979.4亿元，占一般公共预算支出的65.8%；财政扶贫专项资金增长22.8%。

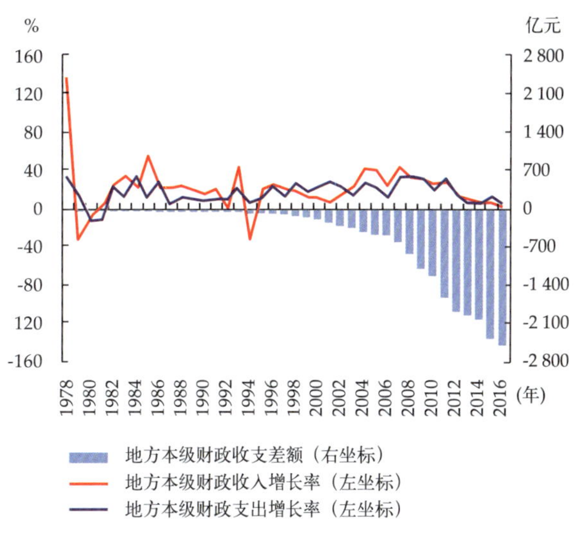

数据来源：内蒙古统计局。

图13　1978～2016年内蒙古自治区财政收支状况

（五）房地产市场保持平稳，大数据产业引领产业升级

1. 房地产开发投资继续回暖，商品房销售面积及销售额增速持续回升，房地产金融运行平稳。

(1) 房地产开发投资增速小幅增长。2016年年末，全区房地产开发投资额1 133.5亿元，同比增长4.9%。其中，住宅开发投资完成额793.7亿元，同比增长4.6%，住宅开发投资占房地产开发投资的70%。

(2) 商品房销售面积及销售额增速持续回升。2016年年末，全区商品房销售面积同比增长6.7%；商品房销售额同比增长9.2%（见图14）。从房价走势看，全区主城区新建商品住房均价为3 808.7元，同比增长0.6%。其中，呼和浩特和包头主城区新建商品住房均价分别为5 218元和4 848元，同比分别上升1.6%和下降0.7%（见图15）。

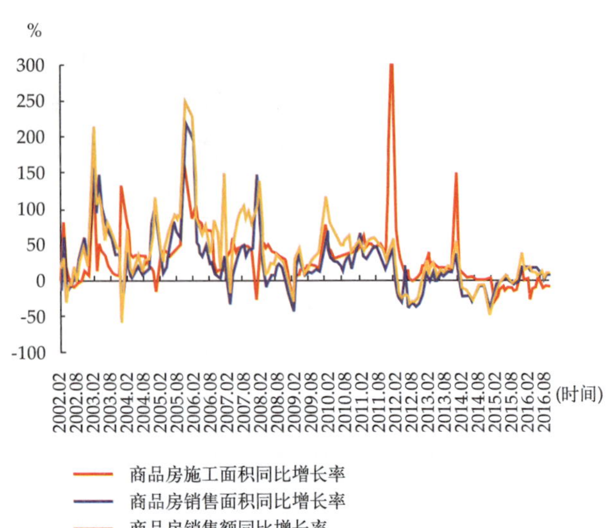

数据来源：内蒙古统计局。

图14　2002～2016年内蒙古自治区商品房施工和销售变动趋势

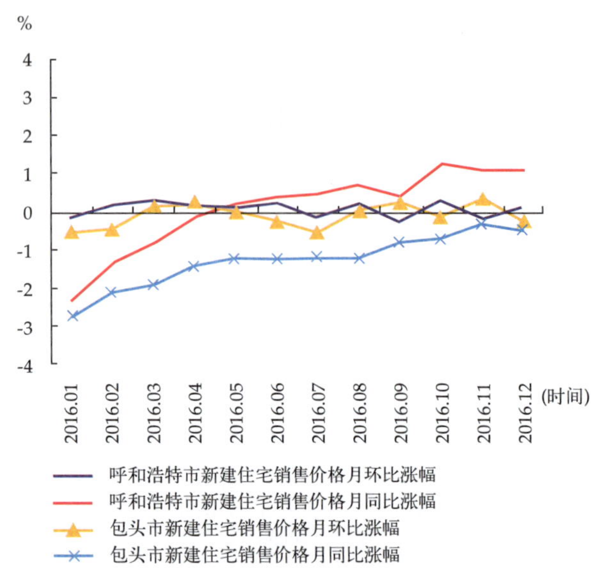

数据来源：内蒙古统计局。

图15　2016年内蒙古自治区主要城市新建住宅销售价格变动趋势

(3) 房地产金融运行平稳。2016年年末，全区房地产贷款余额3 306.4亿元，同比增长26.7%，高于同期各项人民币贷款增速13.8个百分点。其中，保障性住房开发贷款增速大幅增长，年末余额1 265.1亿元，同比增长96.9%，高于全区各项人民币贷款增速83.9个百分点；货币化安置比例达75.2%。金融机构认真贯彻落实差别化住房信贷政策，年末个人住房贷款余额1 464.9亿元，同比增长11.4%，增速同比提升5.9个百分点。首套住房贷款平均首付款比例为30.3%，低于上年同期1.1个百分点。

专栏2　创新抵押方式　完善各项机制　助推承包土地经营权抵押贷款初显成效

包头市土右旗2015年被确定为农村承包土地经营权抵押贷款试点旗县以来，立足当地实际，不断探索承包土地经营权抵押贷款的实践经验，切实解决制约农村承包土地经营权抵押贷款难的瓶颈问题，取得了积极进展。

一、主要做法

（一）加强领导，统筹推进试点工作。牵头成立抵押贷款试点工作领导小组，组织召开承包土地经营权抵押贷款工作征求意见会和推进会，深入调研，充分了解农民土地种植成本、规模、贷款需求以及农村多种经营的发展方向，征求农民对贷款利率、贷款程序的意见建议。

（二）完善机制，切实保证制度先行。根据土右旗经济发展特点先后制定出台了《土右旗农村承包土地经营权抵押贷款管理办法》《土右旗农村承包土地经营权价值评估办法》《土右旗农村产权交易管理暂行办法》等制度，进一步完善承包土地经营权抵押贷款各项配套机制。

（三）创新方式，破解颁证不到位难题。内蒙古自治区农村承包土地的经营权证书尚未印制颁发，为解决确权后没有承包土地经营权证而无法开展“两权”抵押贷款的瓶颈，采取了“替代证”和“承诺书”的办法，即“一证换一证”，当地政府参照国家承包土地经营权证的格式和要素，先行印制“土右旗农村承包土地的经营权证”，作为“替代证”发放给有贷款需求的农户。当地金融机构还与土地确权完毕的农户在自愿前提下签订“承诺书”，农户承诺正式颁证后将权证作为抵押，向金融机构申请贷款，这两项创新措施进一步保障了“两权”抵押贷款试点工作的顺利开展。

（四）搭建平台，发挥政府主导和服务作用。一是建立经费补贴机制。土右旗政府将试点工作经费列入年度财政预算支出，全年列支经费10万元，全额负担金融机构发放“两权”抵押贷款前期对农户进行现场调查和土地价值评估产生的费用。二是搭建农村产权交易平台。成立内蒙古敕勒川农村土地产权交易中心，负责农村土地、林地、宅基地等的流转交易、变更登记、信息发布等工作。三是加强风险缓释和补偿机制建设。协调旗政府出资400万元设立风险补偿基金，开展贷款担保，由政府与银行按照3：7的比例来进行风险分担，消除金融机构的后顾之忧。

二、取得主要成效

（一）基本满足开展“两权”抵押贷款的需要。作为包头市唯一开展农村土地承包经营权确权颁证试点旗县，自2014年9月土地确权工作全面启动以来，全旗土地确权的288个村7.6万户农户确权工作已完成，确权率100%。土右旗政府颁发土地经营权“替代证”基本满足开办“两权”抵押贷款的需要。

（二）“两权”抵押贷款发放效果初显。2016年年末，土右旗共发放“两权”抵押贷款3 988笔，金额13 807万元。其中，农村承包土地的经营权抵押贷款3 986笔，金额13 697万元，农房抵押贷款2笔，金额110万元。贷款均未产生不良。

（三）缓解了“三农”融资难、融资贵。运用支农再贷款支持试点工作，增加地方法人金融机构资金来源，有效降低社会融资成本。成立土地承包经营权价值评估专家组，辖内全部行政村参照上三年平均土地流转费提前制定出各村的评估参考价格，由放贷金融机构与农户参照“土地经营权评估参考价格”来协商确定土地经营权价值，未能达成一致的，委托经营权价值评估专家组实地进行评估，有效提高了放贷效率。采取“土地经营权抵押+”的模式，进一步提高农民贷款授信额度，通过“承诺书”，平均每户增加授信2.4万元，全旗共增加授信5 000万元。

2. 大数据产业引领产业升级。近年来，内蒙古将大数据、云计算产业发展作为推进结构调整、实现转型升级的重要抓手。2016年11月7日，内蒙古国家大数据综合试验区正式启动。大数据产业发展取得明显成效。基础设施方面，国家三大电信运营商、阿里巴巴、华为、腾讯、百度、浪潮、京东等一批国内外知名互联网、云计算企业先后入驻，已形成以呼和浩特为中心的大数据产业发展聚集区，全区大型数据中心服务器装机能力达70万台，规模领跑全国；政策引导方面，建立了总规模为100亿元的大数据产业发展引导基金；行业应用方面，国家卫生计生委基层医疗卫生服务体系等全国大数据试点顺利实施，全区各地在智慧城市、电子商务、信息惠民、乳业草业等领域开展了大数据深度应用。

三、预测与展望

2017年是内蒙古自治区成立70周年和推进供给侧结构性改革的深化之年。内蒙古经济发展正处于结构调整、转型升级的关键阶段，改革发展的形势依然严峻。内蒙古将以推进供给侧结构性改革为主线，坚决守住发展、生态、民生三条底线，努力实现“四个高于”目标，加快推动转型升级，大力促进“五化协同”，着力建设“六大基地”，加快构建“七大网络体系”，大力培育新能源、大数据云计算等七个战略性新兴产业，努力实现经济社会平稳健康发展。预计2017年内蒙古地区生产总值增长7.5%左右，城乡居民人均可支配收入增长8%，单位地区生产总值能耗下降3%左右。

2017年，内蒙古金融业将认真落实好稳健中性的货币政策，保持货币信贷和社会融资规模平稳适度增长，努力畅通货币政策传导渠道和机制，进一步优化信贷结构和融资结构，深化金融对供给侧结构性改革的支持，切实防范金融风险，促进经济金融持续健康发展。

中国人民银行呼和浩特中心支行货币政策分析小组

总　纂：肖龙沧　肖长江

统　稿：师立强　李　雄　汪俊艳　刘春雷

执　笔：高国鹏　陈　璐　张立奎　韩光涛　赵　婧　乔海滨　赵　平　伊丽琪　张海波　苏　雅

提供材料的还有：张宇薇　刘天梅　王　璐　郭　研　闵德明　库晓星　陈新行　张佳伟　张　丽　郑　楠　周雪峰　赵　琳　乔　莉

附录

（一）2016年内蒙古自治区经济金融大事记

1月26日，内蒙古银行成功办理内蒙古自治区首笔常备借贷便利业务。

4月5日，中国银行二连浩特市分行从蒙古郭勒莫特银行调入1亿图格里克，成功实现全国首笔蒙图现钞跨境调运。

8月8日，渤海银行呼和浩特分行成功办理内蒙古自治区第一笔电子商业汇票再贴现业务。

10月8日，国家正式批复内蒙古自治区为国家大数据综合试验区，这是目前全国唯一获批建设的大数据基础设施统筹发展类试验区。

11月7日，2016内蒙古大数据产业推介大会在北京国家会议中心举行，内蒙古国家大数据综合试验区当日正式启动，内蒙古自治区共与有关部委及企业签署6项协议、93个项目，总投资508亿元。

11月24日，国家开发银行内蒙古分行向兴安盟扎赉特旗等4个旗县发放易地扶贫搬迁贷款8 813万元，标志着金融支持内蒙古易地扶贫搬迁第一单贷款落地。

12月1日，西部地区第一单绿色金融债券获准发行，乌海银行成为西部地区首家获批发行绿色金融债券的金融机构。

12月22日，内蒙古自治区党委、政府正式决定建设内蒙古和林格尔新区（国家级），国务院已将有关请示批转到国家发展改革委，国家发展改革委等有关方面正在研究具体方案。

12月27日，中国政企基金与呼和浩特市新机场等4个PPP项目合作签约仪式在呼和浩特市举行，本次合作项目金额为30.4亿元。

（二）2016年内蒙古自治区主要经济金融指标

表1　2016年内蒙古自治区主要存贷款指标

		1月	2月	3月	4月	5月	6月	7月	8月	9月	10月	11月	12月
本外币	金融机构各项存款余额（亿元）	18 457.9	18 445.1	19 237.7	19 225.7	19 461.2	20 079.2	20 321.9	20 545.6	20 795.3	21 112.6	21 171.1	21 245.7
	其中：住户存款	9 104.0	9 373.9	9 445.8	9 291.2	9 260.7	9 400.4	9 409.3	9 505.9	9 696.0	9 611.1	9 711.0	10 012.4
	非金融企业存款	5 132.6	4 995.8	5 248.9	5 387.4	5 510.6	5 614.7	5 663.4	6 032.5	6 116.6	5 996.8	6 017.7	5 982.8
	各项存款余额比上月增加（亿元）	285.7	-12.8	792.7	-12.0	235.5	618.0	242.8	223.7	249.7	317.3	58.5	74.6
	金融机构各项存款同比增长（%）	10.1	10.2	13.4	14.6	12.4	14.8	15.7	18.3	16.4	18.8	18.4	16.9
	金融机构各项贷款余额（亿元）	17 680.8	17 910.8	18 211.9	18 494.4	18 497.3	18 671.8	18 900.6	19 011.8	19 162.3	19 137.2	19 279.6	19 458.5
	其中：短期	6 960.1	7 046.5	7 175.4	7 251.3	7 292.2	7 244.8	7 308.6	7 304.9	7 232.1	7 178.8	7 170.5	7 145.4
	中长期	9 799.3	9 891.0	10 087.5	10 270.4	10 293.7	10 542.1	10 753.4	10 865.2	11 094.3	11 162.1	11 266.6	11 492.3
	票据融资	798.8	839.0	790.4	829.3	772.4	747.9	702.2	704.2	704.1	666.1	711.5	714.1
	各项贷款余额比上月增加（亿元）	416.5	230.0	301.1	282.6	2.8	174.5	228.8	111.2	150.5	-25.1	142.4	178.9
	其中：短期	161.4	86.4	128.9	76.0	40.9	-47.4	63.8	-3.7	-72.8	-53.3	-8.3	-25.0
	中长期	171.2	91.7	196.5	183.0	23.3	248.4	211.3	111.8	229.2	67.7	104.6	225.6
	票据融资	80.0	40.2	-48.5	38.8	-56.8	-24.5	-45.7	2.0	-0.1	-38.0	45.5	2.6
	金融机构各项贷款同比增长（%）	15.0	14.5	14.6	15.4	13.8	13.9	14.4	14.4	13.7	14.3	14.2	12.7
	其中：短期	250.7	12.7	12.1	12.8	12.5	11.3	12.4	12.4	10.1	9.7	8.7	5.1
	中长期	346.2	11.8	12.9	14.0	13.1	14.6	15.8	16.1	16.0	17.8	18.1	19.4
	票据融资	91.5	93.4	78.2	77.4	46.6	39.8	16.9	11.7	17.3	13.5	18.4	-0.6
	建筑业贷款余额（亿元）	479.4	483.6	510.9	561.8	566.1	580.1	583.2	575.6	569.7	567.4	565.5	600.4
	房地产业贷款余额（亿元）	532.3	534.6	533.9	538.7	528.8	523.9	524.7	501.8	505.3	512.9	533.8	542.6
	建筑业贷款同比增长（%）	10.0	9.9	13.7	24.4	24.6	28.7	25.5	23.0	17.1	18.7	18.1	27.7
	房地产业贷款同比增长（%）	30.3	24.9	23.2	21.3	19.3	20.4	14.1	5.3	3.4	12.4	16.7	9.8
人民币	金融机构各项存款余额（亿元）	18 355.7	18 345.5	19 148.2	19 148.8	19 389.9	20 009.7	20 247.7	20 427.1	20 722.9	21 031.7	21 085.0	21 165.6
	其中：住户存款	9 064.7	9 333.8	9 405.2	9 250.9	9 219.5	9 358.4	9 366.4	9 463.3	9 653.6	9 565.9	9 662.0	9 960.1
	非金融企业存款	5 097.5	4 964.8	5 221.0	5 361.9	5 485.5	5 591.4	5 635.7	5 960.5	6 091.4	5 967.6	5 987.8	5 959.2
	各项存款余额比上月增加（亿元）	278.1	-10.2	802.7	0.6	241.1	619.7	238.1	179.4	295.7	308.9	53.2	80.6
	其中：住户存款	65.2	269.1	71.4	-154.3	-31.3	138.8	8.0	96.9	190.3	-87.6	96.0	298.2
	非金融企业存款	137.9	-132.7	256.3	140.8	123.7	105.9	44.3	324.9	130.9	-123.8	20.2	-28.6
	各项存款同比增长（%）	10.2	10.2	13.5	14.6	12.5	14.9	15.8	18.1	16.6	18.9	18.6	17.1
	其中：住户存款	8.6	6.8	7.3	7.8	8.9	9.5	9.7	10.6	11.4	11.6	12.0	10.7
	非金融企业存款	13.4	16.2	20.3	24.0	17.4	18.4	22.4	30.6	30.7	27.4	27.5	20.2
	金融机构各项贷款余额（亿元）	17 557.4	17 787.8	18 096.3	18 381.1	18 387.7	18 568.1	18 799.0	18 911.2	19 064.5	19 041.1	19 181.6	19 361.0
	其中：个人消费贷款	2 054.8	2 029.3	2 060.0	2 087.5	2 114.1	2 152.9	2 185.4	2 217.5	2 241.2	2 239.7	2 273.9	2 287.7
	票据融资	798.8	839.0	790.4	829.3	772.4	747.9	702.2	704.2	704.1	666.1	711.5	714.1
	各项贷款余额比上月增加（亿元）	416.7	230.4	308.5	284.8	6.6	180.4	230.8	112.2	153.3	-23.4	140.5	179.4
	其中：个人消费贷款	20.1	-25.5	30.7	27.5	26.7	38.7	32.5	32.1	23.8	-1.5	34.2	13.8
	票据融资	80.0	40.2	-48.5	38.8	-56.8	-24.5	-45.7	2.0	-0.1	-38.0	45.5	2.6
	金融机构各项贷款同比增长（%）	15.1	14.7	14.8	15.6	14.0	14.1	14.6	14.6	13.9	14.6	14.5	13.0
	其中：个人消费贷款	9.4	7.8	9.0	9.1	10.2	10.9	11.8	12.1	11.8	11.3	12.0	12.4
	票据融资	91.5	93.4	78.2	77.4	46.6	39.8	16.9	11.7	17.3	13.5	18.4	-0.6
外币	金融机构外币存款余额（亿美元）	15.6	15.2	13.9	11.9	10.8	10.5	11.2	17.7	10.9	12.0	12.5	11.5
	金融机构外币存款同比增长（%）	-8.4	2.2	-11.6	6.6	-2.3	-0.6	-20.4	41.9	-26.7	-16.3	-17.6	-20.8
	金融机构外币贷款余额（亿美元）	18.8	18.8	17.9	17.6	16.7	15.6	15.3	15.0	14.6	14.2	14.2	14.1
	金融机构外币贷款同比增长（%）	-5.0	-8.1	-15.8	-9.6	-15.0	-21.2	-25.0	-24.5	-24.4	-28.7	-27.9	-26.2

数据来源：中国人民银行呼和浩特中心支行。

表2　2001～2016年内蒙古自治区各类价格指数

单位：%

年/月	居民消费价格指数		农业生产资料价格指数		工业生产者购进价格指数		工业生产者出厂价格指数	
	当月同比	累计同比	当月同比	累计同比	当月同比	累计同比	当月同比	累计同比
2001	—	1.3	—	1.4	—	-0.1	—	-0.7
2002	—	0.2	—	2.6	—	-0.1	—	-0.7
2003	—	2.1	—	1.2	—	2.9	—	3.2
2004	—	2.9	—	9.5	—	9.2	—	5.1
2005	—	2.4	—	8.3	—	9.8	—	5.1
2006	—	1.5	—	1.1	—	5.9	—	3.0
2007	—	4.6	—	3.0	—	4.8	—	5.7
2008	—	5.7	—	14.9	—	11.7	—	12.5
2009	—	-0.3	—	-0.3	—	-0.9	—	-3.8
2010	—	3.2	—	2.0	—	5.0	—	6.7
2011	—	5.6	—	6.3	—	6.1	—	7.8
2012	—	3.1	—	4.9	—	2.0	—	0.2
2013	—	3.2	—	3.5	—	-0.7	—	-3.0
2014	—	1.6	—	-0.1	—	-1.6	—	-2.7
2015	—	1.1	—	-1.3	—	-4.1	—	-6.0
2016	—	1.2	—	-3.6	—	-2.6	—	-1.1
2015　1	0.0	0.0	-1.2	-1.2	-3.5	-3.5	-4.3	-4.3
2	0.6	0.3	-1.4	-1.3	-3.5	-3.5	-4.7	-4.5
3	1.0	0.5	-1.0	-1.2	-3.8	-3.6	-5.0	-4.7
4	1.3	0.7	-1.1	-1.2	-3.8	-3.7	-5.2	-4.8
5	1.0	0.8	-1.2	-1.2	-3.9	-3.7	-5.6	-5.0
6	1.0	0.8	-1.2	-1.2	-4.0	-3.8	-5.9	-5.1
7	1.3	0.9	-1.5	-1.2	-3.9	-3.8	-6.2	-5.3
8	1.5	1.0	-1.5	-1.3	-4.2	-3.8	-6.5	-5.4
9	1.6	1.0	-1.6	-1.3	-4.2	-3.9	-6.5	-5.5
10	1.4	1.1	-1.5	-1.3	-4.3	-3.9	-6.9	-5.7
11	1.5	1.1	-1.4	-1.3	-4.6	-4.0	-7.6	-5.8
12	1.3	1.1	-1.3	-1.3	-5.2	-4.1	-7.8	-6.0
2016　1	0.0	0.0	-1.1	-1.1	-4.8	-4.8	-7.4	-7.4
2	1.3	1.2	-1.1	-1.1	-4.9	-4.8	-7.5	-7.4
3	1.2	1.2	-3.2	-1.8	-4.7	-4.8	-5.9	-6.9
4	1.6	1.3	-4.1	-2.4	-4.4	-4.7	-5.0	-6.5
5	1.3	1.3	-3.7	-2.7	-4.5	-4.6	-3.5	-5.9
6	1.1	1.3	-3.6	-2.8	-4.1	-4.5	-3.6	-5.5
7	0.9	1.2	-3.8	-3.0	-3.6	-4.4	-2.5	-5.1
8	0.7	1.1	-4.4	-3.1	-3.3	-4.3	-0.6	-4.5
9	1.1	1.1	-4.1	-3.3	-1.7	-4.0	1.5	-3.9
10	1.1	1.1	-5.0	-3.4	-0.1	-3.6	4.1	-3.1
11	1.5	1.2	-4.7	-3.5	1.9	-3.1	8.2	-2.1
12	1.5	1.2	-4.2	-3.6	3.8	-2.6	10.8	-1.1

数据来源：国家统计局内蒙古调查总队、《中国经济景气月报》。

表3　2016年内蒙古自治区主要经济指标

	1月	2月	3月	4月	5月	6月	7月	8月	9月	10月	11月	12月
绝对值（自年初累计）												
地区生产总值(亿元)	—	—	3 495.5	—	—	7 580.0	—	—	12 690.1	—	—	18 632.6
第一产业	—	—	141.5	—	—	329.6	—	—	648.8	—	—	1 628.7
第二产业	—	—	1 682.6	—	—	3 718.6	—	—	6 356.2	—	—	9 078.9
第三产业	—	—	1 671.4	—	—	3 531.8	—	—	5 685.2	—	—	7 925.1
工业增加值(亿元)	—	—	—	—	—	—	—	—	—	—	—	—
固定资产投资(亿元)	—	88.7	564.9	1 672.6	3 428.4	6 123.3	8 117.6	10 082.3	12 363.6	13 910.9	14 702.2	14 894.0
房地产开发投资	—	7.3	36.8	97.2	200.3	406.8	554.7	709.3	889.7	1 026.3	1 121.4	1 133.5
社会消费品零售总额(亿元)	—	1.43.4	1 519.5	1 989.2	2 500.1	3 031.3	3 567.6	4 139.9	4 726.0	5 377.6	6 027.7	6 700.8
外贸进出口总额(亿元)	—	116.8	179.1	236.8	296.9	350.7	418.6	488.0	558.7	621.8	702.7	772.8
进口	—	63.1	104.1	140.3	180.8	219.5	260.5	303.9	344.1	383.1	431.9	477.5
出口	—	53.6	75.0	96.5	116.1	131.2	158.1	184.0	214.7	238.7	270.8	295.3
进出口差额(出口−进口)	—	-9.5	-29.1	-43.8	-64.8	-88.3	-102.4	-119.9	-129.4	-144.4	-161.1	-182.2
外商实际直接投资(亿美元)	0.2983	0.2985	0.8	5.3	9.2	11.3	12.5	13.9	15.0	16.2	23.9	39.7
地方财政收支差额(亿元)	—	-225.0	-436.1	-565.8	-663.3	-1 056.1	-1 193.2	-1 493.9	-1 844.4	-1 968.5	-2 280.7	-2 509.8
地方财政收入	—	300.8	482.9	641.2	798.9	1 077.4	1 227.4	1 333.3	1 512.3	1 636.5	1 784.4	2 016.5
地方财政支出	—	525.8	919.0	1 207.0	1 462.2	2 133.5	2 420.6	2 827.2	3 356.7	3 605.4	4 065.1	4 526.3
城镇登记失业率(%)(季度)	—	—	—	—	—	—	—	—	—	—	—	3.65
同比累计增长率（%）												
地区生产总值	—	—	7.2	—	—	7.1	—	—	7.1	—	—	7.2
第一产业	—	—	3.0	—	—	2.4	—	—	2.5	—	—	3.0
第二产业	—	—	7.4	—	—	7.5	—	—	7.1	—	—	6.9
第三产业	—	—	7.2	—	—	7.0	—	—	7.6	—	—	8.3
工业增加值	—	7.8	13.4	8.0	8.0	8.1	7.9	7.7	7.5	7.2	7.2	7.2
固定资产投资	—	13.0	12.8	11.7	11.6	13.8	10.8	10.3	10.6	10.3	10.3	10.1
房地产开发投资	—	-24.3	-3.9	10.4	2.4	1.3	-0.2	2.7	2.8	3.0	5.2	4.8
社会消费品零售总额	—	9.1	9.7	9.6	9.5	9.5	9.5	9.6	9.6	9.6	9.7	9.7
外贸进出口总额	11.2	-11.4	-4.7	-5.6	-5.0	-8.0	-10.6	-8.8	-7.3	-6.3	-2.8	-2.1
进口	20.7	-20.6	-10.4	-7.8	-5.1	-4.9	-2.6	2.0	3.2	5.4	8.5	8.7
出口	-1.8	2.7	4.5	-2.2	-4.8	-12.8	-21.2	-22.3	-20.3	-20.4	-16.7	-15.7
外商实际直接投资	—	—	50.6	3.0	3.2	5.1	3.8	2.9	3.0	3.7	4.1	17.8
地方财政收入	—	5.6	6.9	9.8	10.9	7.1	6.2	5.2	5.0	3.2	4.4	2.6
地方财政支出	—	14.0	15.5	19.7	16.7	19.9	16.4	13.0	11.2	5.9	7.4	6.4

数据来源：内蒙古统计局、《中国经济景气月报》。

辽宁省金融运行报告（2017）

中国人民银行沈阳分行货币政策分析小组

[内容摘要] 2016年，受“三期叠加”及统计数据“去水分”影响，辽宁地区生产总值出现负增长。其中，投资需求、出口需求大幅下滑，消费需求相对稳定。分行业看，农业生产有所下降，工业仍处于艰难的结构调整期，第三产业小幅增长，房地产市场出现明显分化，服务业加速发展。“三去一降一补”取得初步成效。财政收入稳步增长。物价水平总体稳定。银行机构经营压力加大，证券市场进一步规范，保险业快速发展。存贷款和社会融资规模增长放缓，货币市场交易活跃。金融改革稳步推进，金融环境持续改善。

2017年，辽宁经济发展的积极因素日益凝聚合力，同时不确定因素仍然较多。要继续贯彻执行稳健中性的货币政策，保持货币信贷和社会融资规模适度增长，注重风险防范，着力优化信贷结构，防止资金“脱实向虚”，积极支持辽宁抓住自贸区建设等新机遇。

一、金融运行情况

2016年，辽宁省存贷款和社会融资规模增长放缓，货币市场交易活跃。金融改革稳步推进，金融环境持续改善。银行机构经营压力加大；证券业务总体萎缩，证券市场规范整治工作进一步推进；保险业实现快速发展，业务领域不断扩大。

（一）银行机构经营压力加大，存贷款增速放缓

2016年，辽宁省银行业资产规模平稳扩张，盈利水平总体下降，资产质量下行压力较大，相关机构改革继续稳步推进。存贷款增速放缓，贷款利率波动下行，存款利率上升压力较大。

1. 银行业资产规模平稳增长，盈利水平总体下降。2016年年末，辽宁省银行业金融机构资产总额76 181亿元（见表1），同比增长14.0%。其中，城商行保持了较强的扩张冲动，资产规模增速保持在30%以上，规模扩张仍然是城商行快速做大、做强的重要手段。全年辽宁省银行业金融机构净利润520.1亿元，同比下降11.9%，下半年银行利润呈加速回落态势。

2. 存款增速略有回落。截至2016年年末，辽宁省金融机构本外币各项存款余额51 692亿元，同比增长8.2%，较上年同期回落2.3个百分点（见图1）。存款增速放缓，主要与理财产品快速发展、银行负债渠道多元化、居民收入增长放缓等有关。

3. 贷款增速有所放缓。2016年年末，辽宁省金融机构本外币各项贷款余额38 686亿元，同比增长6.6%，增速比上年同期回落3.2个百分点（见

表1　2016年辽宁省银行业金融机构情况

机构类别	营业网点			法人机构（个）
	机构个数（个）	从业人数（人）	资产总额（亿元）	
一、大型商业银行	3 086	79 340	21 309	0
二、国家开发银行和政策性银行	68	2 373	7 227	0
三、股份制商业银行	777	17 181	9 925	0
四、城市商业银行	1 225	30 824	27 104	14
五、小型农村金融机构	2 186	32 696	6 103	60
六、财务公司	2	243	771	3
七、信托公司	1	181	138	0
八、邮政储蓄银行	1 712	21 137	2 546	0
九、外资银行	40	1 379	535	0
十、新型农村金融机构	120	1 784	523	65
十一、其他	0	0	0	0
合　计	9 217	187 138	76 181	142

注：大型商业银行包括中国工商银行、中国农业银行、中国银行、中国建设银行和交通银行；小型农村金融机构包括农村商业银行、农村合作银行和农村信用社；新型农村金融机构包括村镇银行、贷款公司；“其他”包含金融租赁公司。

数据来源：辽宁银监局、大连银监局。

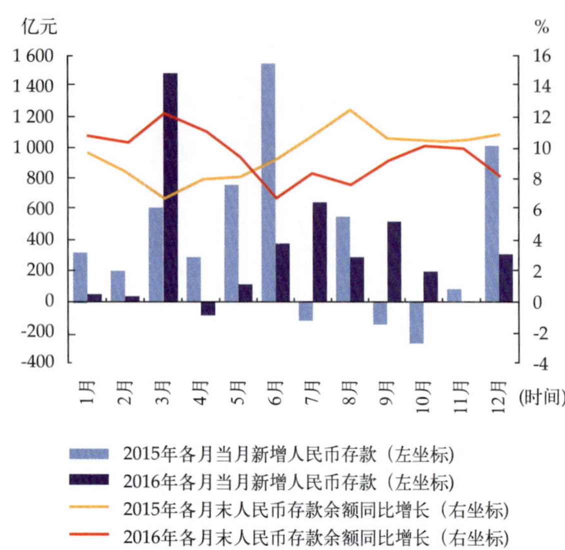

数据来源：中国人民银行沈阳分行。

图1　2015～2016年辽宁省金融机构人民币存款增长变化

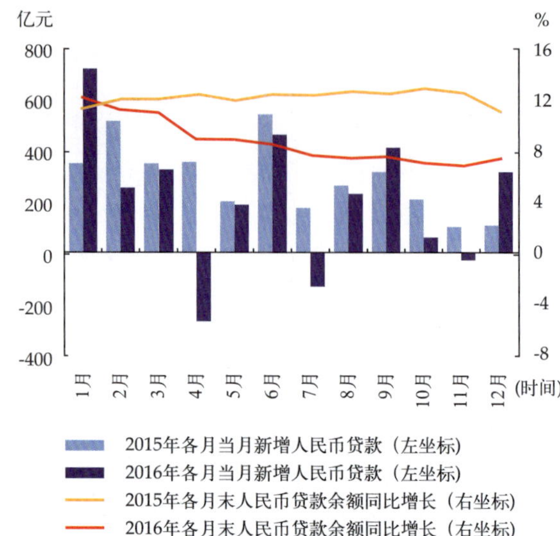

数据来源：中国人民银行沈阳分行。

图2　2015～2016年辽宁省金融机构人民币贷款增长变化

图3）。除了经济低迷影响贷款投放外，地方政府债务置换也是导致贷款少增的重要因素。贷款投向出现积极变化，较好地反映了当前辽宁经济转型升级和结构调整的需要。第三产业贷款同比增长7.4%，高于全部贷款增速0.8个百分点。金融机构通过上收信贷权限、控制授信额度、强化信用保证措施等方式，总体收紧对钢铁、煤炭行业的授信。从贷款数据看，金融机构对煤炭行业的授信明显收缩。2016年年末，辽宁省煤炭行业贷款余额173.0亿元，同比减少6.7%。钢铁行业贷款被动增加。2016年年末，全省钢铁行业贷款余额1 380.4亿元，增长20.8%。钢铁行业贷款同比增加，主要受东北特钢违约事件影响，一些原来的表外业务转成了表内贷款（如银行承兑汇票发生了垫款）。

4. 银行表外融资同比少增，银行理财产品增长较快。以未贴现的银行承兑汇票、信托贷款和委托贷款的口径计算，2016年辽宁省表外融资增加1 700.3亿元，同比少增184.5亿元。其中，未贴现的银行承兑汇票降幅明显，全年减少260.0亿元，同比多降752.5亿元。随着低利率环境下“资产荒”持续和同业理财对接“委外”模式的兴起，辽宁省自主发行银行理财产品规模大幅增长，2016年共有14家地方法人金融机构累计发行银行理财产品4 845.0亿元，同比增长120.1%。

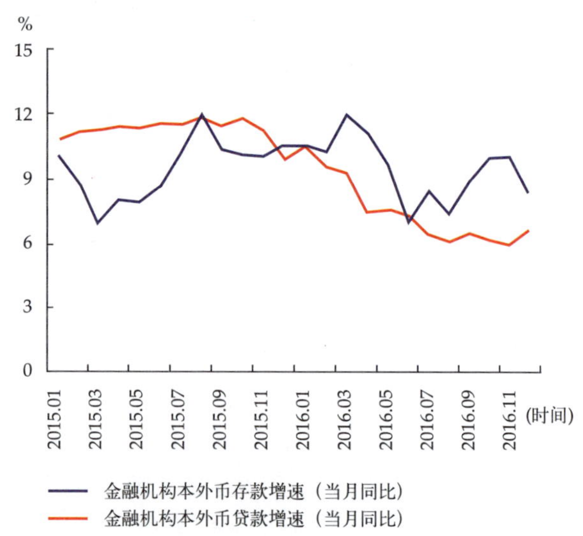

数据来源：中国人民银行沈阳分行。

图3　2015～2016年辽宁省金融机构本外币存、贷款增速变化

5. 存贷款利差收窄。由于经济低迷、有效贷款需求不足，人民币贷款利率波动下行，2016年12月人民币一般贷款加权平均利率为5.68%，较同期下降31个基点。2016年一般贷款中执行上浮利率的贷款占比58.6%，较上年同期下降13.3个百分点；执行下浮利率的贷款占比19.1%，较上年同期上升11.3个百分点。随着存款增速总体放缓、理财产品大量涌现，银行间存款竞争日趋激烈，存款利率上浮压力加大。12月人民币定期存款加权平均利率为2.19%，较年初上升8个基点。2016年，辽宁省有16家地方法人金融机构成为自律机制基础成员。其中，12家法人机构备案发行同业存单3 468亿元，实际累计发行2 985亿元；备案发行大额存单600亿元，实际累计发行574亿元。

6. 辽宁省农信机构改制为农商行的进程加快。辽阳、灯塔、锦州、新民农商行挂牌开业，全省农商行数量达到22家。鞍山市岫岩农商行获准批筹，本溪市南芬区、朝阳市建平县、盘锦市双台子区农联社正式上报筹建农商行申请。政府为农信机构提供帮扶资金16.2亿元，落实分红补贴、风险准备金、涉农贷款增量奖励等扶持政策资金3 337万元，办理各类资产确权1 570宗，通过改革化解高风险机构8家。

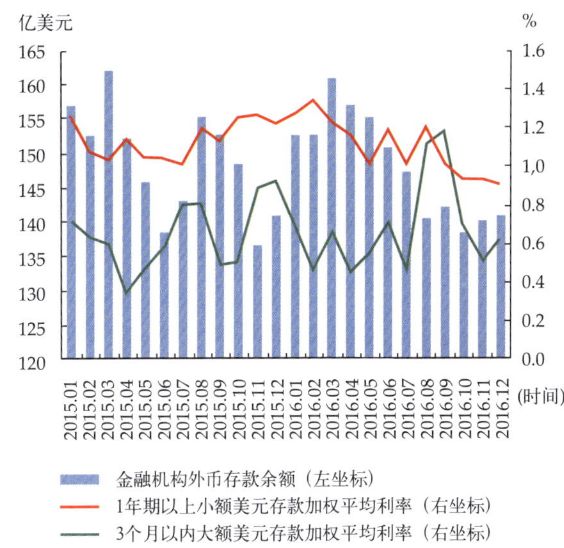

数据来源：中国人民银行沈阳分行。

图4　2015～2016年辽宁省金融机构外币存款余额及外币存款利率

表2　2016年辽宁省金融机构人民币贷款各利率区间占比

单位：%

月份		1月	2月	3月	4月	5月	6月
	合计	100.0	100.0	100.0	100.0	100.0	100.0
	下浮	14.6	11.1	14.9	11.3	22.8	16.3
	基准	18.7	20.6	24.7	26.9	19.9	27.7
上浮	小计	66.7	68.2	60.4	61.9	57.3	56.1
	(1.0，1.1]	20.4	17.6	14.2	14.5	11.6	11.7
	(1.1，1.3]	19.8	19.2	15.8	14.1	19.3	15.9
	(1.3，1.5]	9.2	9.6	10.7	9.8	10.0	10.7
	(1.5，2.0]	11.6	16.2	14.5	17.8	11.9	13.7
	2.0以上	5.7	5.7	5.1	5.7	4.5	4.2
月份		7月	8月	9月	10月	11月	12月
	合计	100.0	100.0	100.0	100.0	100.0	100.0
	下浮	23.9	18.1	19.5	22.1	26.6	24.1
	基准	20.9	18.2	24.2	24.4	22.4	19.0
上浮	小计	55.2	63.8	56.4	53.5	50.9	56.9
	(1.0，1.1]	10.8	14.0	12.6	13.6	8.6	15.3
	(1.1，1.3]	15.6	16.7	18.4	15.8	13.8	17.3
	(1.3，1.5]	10.1	10.4	9.5	7.2	8.7	8.1
	(1.5，2.0]	13.8	17.9	12.0	11.8	15.5	13.3
	2.0以上	4.8	4.7	3.9	5.0	4.3	3.0

数据来源：中国人民银行沈阳分行。

7. 受实体经济持续低迷影响，银行信贷资产质量下行压力较大。2016年年末，辽宁省金融机构总体不良贷款率2.96%，较年初增加0.15个百分点。不良贷款余额1 144.6亿元，比年初增加128.1亿元，同比多增96.2亿元。关注类贷款增加较快。2016年年末，辽宁省金融机构关注类贷款余额1 758.1亿元，比年初增加325.5亿元，同比多增252.3亿元。

8.人民币跨境使用保持良好发展态势。2016年，辽宁省跨境人民币结算1 500亿元，虽同比下降10%，但降幅明显低于全国平均水平。人民币直接投资同比大幅增长48.5%，成为直接投资项下第一大结算货币。跨境人民币业务已基本涵盖全部经常和资本项目。截至2016年年末，辽宁省有69家银行的644个分支机构开办了跨境人民币业务，涉及企业5 565家、境外国家和地区137个。

专栏1　扎实推进“两权”试点，加大“三农”金融支持

2016年，人民银行沈阳分行认真贯彻落实《国务院关于开展农村承包土地的经营权和农民住房财产权抵押贷款试点的指导意见》（国发〔2015〕45号），积极推进“两权”抵押贷款试点。目前，试点工作稳妥有序推进，取得初步成效。

一、加强组织领导

辽宁省政府及时成立了以分管副省长为组长的试点工作小组。省内各试点县（包括县级市、区）都成立了相应的试点工作小组。全省建立起工作的组织领导和协调推进机制，层层落实工作责任，有序推进工作开展。

二、完善工作制度

2016年3月，省政府印发了《辽宁省农村承包土地的经营权和农民住房财产权抵押贷款试点实施方案》（辽政明电〔2016〕3号），对全省“两权”抵押贷款试点工作进行全面部署。制定了《辽宁省“两权”抵押贷款试点工作小组工作规则》。各试点县都制订了试点实施方案，明确了试点任务、责任单位和完成时限等。

三、积极推动落实

2016年3月，辽宁省政府召开会议部署确权工作。省农委、省国土资源厅和省住房城乡建设厅积极指导和督促试点地区推进土地承包经营权、宅基地使用权和农房财产权确权颁证工作。5月17日，省政府召开“两权”抵押贷款试点工作会议，分管副省长出席会议并讲话，对试点工作进行全面动员部署。2016年11月，省政府召开“两权”抵押贷款试点工作小组会议，研究解决试点中存在的主要问题，分管副省长就加快推进确权颁证、建立和完善交易平台等工作作了具体部署。人民银行沈阳分行积极发挥试点工作小组办公室职责，加强协调、推动、监测和总结。辽宁银监局印发多个文件，指导金融机构积极开办“两权”抵押贷款业务。辽宁保监局、财政厅等单位积极引导保险机构参与“两权”试点，为借款户增信，提高银行业金融机构发放贷款的积极性。试点工作小组其他成员单位也都按照试点实施方案部署，根据各自职责分工积极推动试点工作。

四、加强政策宣传和经验总结

《金融时报》等对辽宁省“两权”试点工作进行多次报道。2016年8月，辽宁电视台以《“两权”抵押激活我省农民“沉睡”资产》为题进行了专题报道。注重试点工作经验总结和成果推广，开原市抵押物价值评估方面的创新成果、昌图县金融机构较为成熟的试点业务模式、海城市农村产权交易中心作用的发挥等，以试点工作简报等方式编发。

当前，辽宁省“两权”试点工作已取得初步成效。一是试点的配套措施不断健全。沈阳市于洪区设立了农村土地承包经营权流转服务中心，海城市设立了农村综合产权交易中心，昌图县建立了由县级土地流转中心、乡镇经营管理站和村级流转服务站组成的三级农村土地流转服务平台体系。抵押物价值评估体系逐步完善。承包土地的经营权价值评估初步形成了“政府相关部门制定参考价+金融机构自评估+借贷双方协商”模式，农民住房财产权的价值评估初步形成了“委托外部评估机构制定参考价+金融机构自评估+借贷双方协商”模式。二是“两权”抵押贷款投放力度明显加大。省内试点地区的农村信用社和农村商业银行都开办了“两权”抵押贷款业务，部分试点地区的农业银行、邮政储蓄银行和村镇银行等也开办了“两权”抵押贷款业务。2016年，辽宁省7个试点县承包土地的经营权抵押贷款余额为5.9亿元，同比增长157.5%；2个试点县农民住房财产权抵押贷款余额为4.0亿元，同比增长78.2%。

（二）证券业务总体萎缩，证券市场规范整治工作进一步推进

2016年，辽宁省证券期货行业运行低迷，上市公司市值、融资与再融资及法人证券公司资产规模萎缩，盈利水平下滑较快。

1. 并购重组活跃，多层次资本市场发展不均衡。截至2016年年末，辽宁省共有境内上市公司76家，与上年同期持平。其中，主板上市公司51家，同比减少1家；中小板13家，与上年数量保持一致；创业板12家，较上年增加1家。辽宁省上市公司在A股的总股本1 083.6亿股，较上年增长22.7%，总市值8 869.3亿元，同比减少1.3%。2016年，辽宁省5家公司完成了并购重组，涉及交易金额97.4亿元，募集配套资金40.6亿元；3家上市公司并购重组有不同程度进展，涉及交易金额32.5亿元；26家挂牌公司定向增发募集资金7.1亿元。15家债券发行人发行公司债券24只，募集资金259.1亿元。新三板挂牌公司118家，比上年增加64家，成交额31.2亿元，同比增加1.9%。

个别上市公司被交易所警示或实施退市。2016年，辽宁省2家公司因连续两年业绩亏损或净资产为负被实施退市风险警示，1家公司因年度报告被出具无法表示意见被实施退市风险警示，丹东欣泰电气股份有限公司因欺诈发行受到中国证监会行政处罚，公司股票被深圳证交所暂停上市。

2. 证券市场交易规模大幅下降，期货市场稳步增长。截至2016年年末，辽宁省共有法人证券公司3家，证券咨询公司2家，证券分公司20家，证券营业部342家，比上年增加32家。2016年证券公司整体运行基本平稳，证券开户数增加，但证券、股票、基金交易规模大幅减少。截至2016年年末，辽宁省（不含大连）在沪深开户数634万户，同比增长15.9%；证券全年累计成交金额6.0万亿元，同比减少36.4%；股票累计成交金额3.8万亿元，同比减少48.7%；基金累计成交金额1 029亿元，同比减少78%。

2016年，期货开户数、交易量保持稳定增长态势。截至2016年年末，辽宁省共有期货公司3家（见表3），期货行业开户数（不含大连）3.4万户，同比增长9.8%，全年累计成交量4 223万手，同比增长28.1%，手续费收入0.74亿元，同比增长12.2%。

3. 大连商品交易所交易活跃，但不同交易品种间差异较大。2016年，大连商品交易所累计成交金额61.4万亿元，同比增长14.5%。分品种看，聚氯乙烯、焦炭、焦煤交易活跃且价格涨幅较大；玉米、玉米淀粉交易活跃但价格明显下降；纤维板、胶合板成交量巨幅萎缩，豆二成交量也大幅减少（见表4）。

表3 2016年辽宁省证券业基本情况

项目	数量
总部设在辖内的证券公司数（家）	3
总部设在辖内的基金公司数（家）	0
总部设在辖内的期货公司数（家）	3
年末国内上市公司数（家）	76
当年国内股票（A股）筹资（亿元）	62
当年发行H股筹资（亿元）	103
当年国内债券筹资（亿元）	1 655
其中：短期融资券筹资额（亿元）	126
中期票据筹资额（亿元）	492

数据来源：辽宁证监局、大连证监局。

表4 2016年大连商品交易所交易统计

交易品种	累计成交金额（亿元）	同比增长（%）	累计成交量（万手）	同比增长（%）
豆一	12 241.2	58.5	3 257.0	73.2
豆二	0.7	-56.3	0.2	-62.8
胶合板	4.4	-95.7	0.8	-95.5
玉米	19 101.3	130.8	12 236.3	190.7
玉米淀粉	13 057.6	123.8	6 744.5	149.3
纤维板	0.2	-99.0	0.1	-99.0
铁矿石	144 780.3	46.3	34 226.5	31.9
焦炭	56 346.9	328.1	5 046.1	222.2
鸡蛋	8 072.9	36.0	2 247.5	52.7
焦煤	22 047.9	271.6	4 107.7	161.5
聚乙烯	44 404.9	-15.8	10 093.1	-15.8
豆粕	111 768.1	45.2	38 895.0	34.4
棕榈油	75 669.2	44.1	13 915.8	24.8
聚丙烯	43 534.1	11.7	12 376.8	15.1
聚氯乙烯	3 658.6	797.0	1 124.3	617.7
豆油	59 364.7	14.5	9 476.2	2.4
合计	614 053.0	14.5	153 748.0	37.7

数据来源：大连商品交易所。

4. 法人证券业务范围拓展，但盈利水平有所下降。2016年，辽宁省法人证券公司通过增资扩股，增强了资本实力，并取得了各类业务牌照，为丰富产品结构、实现业务转型奠定了基础。截至2016年年末，辽宁省3家法人证券公司资产总额213.06亿元，同比下降14.95%，负债总额114.22亿元，同比下降32.97%；实现营业收入12.16亿元，同比下降52.0%，净利润2.13亿元，同比下降79.9%。

（三）保险业实现快速发展，业务领域不断扩大

2016年，辽宁保险业在区域经济增速逐渐放缓的总体环境中实现了较快发展，各项改革稳步推进，保障功能有效发挥。

1. 行业发展较快。截至2016年年末，辽宁省共有保险公司法人机构4家，分支机构115家，共有保险从业人员38.6万人。2016年，共实现原保费收入1 115.7亿元，同比增长18.5%；赔付支出388.0亿元，同比增长4.3%；保险业总资产2 764.3亿元，同比增长18.3%，其中财产险公司258.1亿元，同比增长15.6%，人身险公司2 506.2亿元，同比增长18.6%。2016年，辽宁省保险深度5.1%，保险密度2 546元/人（见表5）。

2. 人身险收入高速增长，业务结构日趋优化。2016年，辽宁省人身险实现保费收入819.4亿元，同比增长23.8%；赔款和给付支出219.9亿元，同比增长8.5%。2016年，监管部门规范中短期存续业务的政策出台，各险企相继调整业务结构。辽宁省人身险公司寿险业务实现新单保费收入375.6亿元，其中新单期交保费98.1亿元，期趸比例有所上升。

表5 2016年辽宁省保险业基本情况

项目	数量
总部设在辖内的保险公司数（家）	4
其中：财产险经营主体（家）	2
人身险经营主体（家）	2
保险公司分支机构（家）	115
其中：财产险公司分支机构（家）	—
人身险公司分支机构（家）	—
保费收入（中外资，亿元）	1 116
其中：财产险保费收入（中外资，亿元）	296
人身险保费收入（中外资，亿元）	819
各类赔款给付（中外资，亿元）	388
保险密度（元/人）	2 546
保险深度（%）	5.1

数据来源：辽宁保监局、大连保监局。

3. 财产险保费平稳增长，效益水平有所好转。2016年，辽宁省财产险实现原保费收入296.3亿元，同比增长6.1%。财产险共实现承保利润7.6亿元，同比增长1 572%。原因如下：一是车险承保利润率有所回升。6月，辽宁省加入商车费改试点。随着监管力度的加大以及财险公司内部管控的加强，赔付成本有所降低。二是非车险业务盈利好转。辽宁省（不含大连）责任险、健康险尽管仍然亏损，但效益略好于上年，农业保险实现盈利。大连非车险承保利润率达到7.7%（不含出口信保）。

（四）社会融资规模增速放缓

主要受贷款增速放缓影响，辽宁省社会融资规模增长放缓。2016年，辽宁省社会融资新增4 693亿元，同比少增1 501亿元，其中贷款增速放缓是主要原因。从融资结构看，人民币贷款占比有所下降，全年新增额占社会融资规模比重为54.3%，比上年同期低1.8个百分点。股票、债券等直接融资

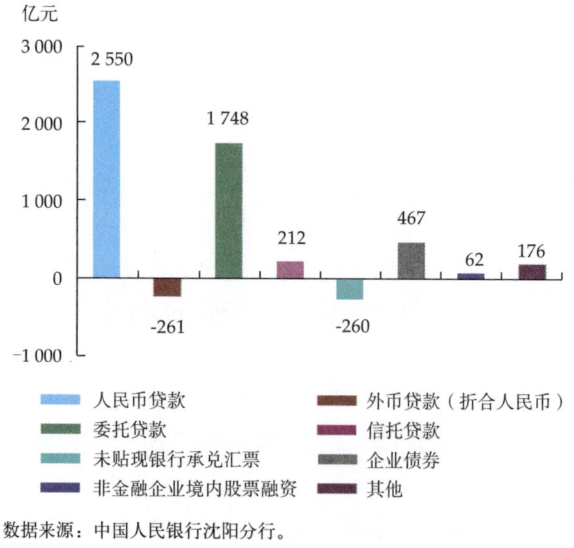

数据来源：中国人民银行沈阳分行。

图5 2016年辽宁省社会融资规模分布结构

比例明显下降，全年新增529亿元，占社会融资规模比重为11.3%，较上年同期下降4.8个百分点。表外融资占比则明显上升，全年新增1 748亿元，占社会融资规模比重为36.2%，比上年同期高5.8个百分点。

（五）货币市场交易活跃

1. 同业拆借市场交易量巨幅增加。2016年，辽宁省内市场成员在全国银行间市场累计拆借资金1 870笔，累计拆借金额15 094亿元，同比增加12 354亿元，同比增长451%。

2. 债券市场交易量大幅上升。2016年，辽宁省内市场成员在全国银行间债券市场交易量较上年大幅增长，交易总量282 026亿元，同比增加20.0%。

3. 票据签发量平稳增长。截至2016年年末，辽宁省内票据签发余额3 620亿元，同比增加395亿元，增长12%；票据融资贷款余额2 310亿元，同比增长22%，当年新增76亿元，同比多增60亿元。贴现利率有所回升，2016年12月，全省直贴平均利率为4.07%，比上年同期上升0.97个百分点；转贴现平均利率为3.47%，比上年同期上升0.23个百分点。

表6　2016年辽宁省金融机构票据业务量统计

单位：亿元

季度	银行承兑汇票承兑		贴现			
			银行承兑汇票		商业承兑汇票	
	余额	累计发生额	余额	累计发生额	余额	累计发生额
1	5 682	2 368	1 787	9 255	42	656
2	5 212	4 678	2 069	18 509	58	861
3	5 546	7 025	2 101	25 574	44	945
4	5 493	10 210	2 090	31 217	41	998

数据来源：中国人民银行沈阳分行。

表7　2016年辽宁省金融机构票据贴现、转贴现利率

单位：%

季度	贴现		转贴现	
	银行承兑汇票	商业承兑汇票	票据买断	票据回购
1	3.5351	4.8970	3.3059	3.1348
2	3.2989	4.9318	3.3765	3.1116
3	3.0890	5.2656	3.0077	2.9385
4	3.4286	4.8849	3.1912	3.2121

数据来源：中国人民银行沈阳分行。

4. 外汇交易量同比增加。2016年，辽宁省市场成员在银行间外汇市场即期交易成交金额折合296.2亿美元，同比增长34.5%；外币对交易成交金额148.2亿美元，同比增长90.1%；开展了远期交易，共成交285笔，币种包括美元、港元、欧元，成交金额80.5亿美元；掉期交易732笔，币种包括美元、港元，成交金额369.7亿美元。

5. 受美国大选、美联储加息预期以及英国脱欧等多因素影响，银行业机构黄金交易活跃。2016年，辽宁省各商业银行代理上海黄金交易所业务累计成交91 354千克，成交金额241亿元，分别较上年同期增长33.6%和36.6%。人民币账户金成交52 940千克，成交金额141亿元，分别较上年同期增长66%和67%。美元账户金成交132 952千克，成交金额16 648万元，分别较上年同期增长67%和68.9%。全省品牌金（含自营及代理）累计成交7 052千克，较上年同期增长76%，成交金额13.9亿元，较上年同期增长51%。

（六）金融基础设施建设稳步推进，金融环境继续改善

1. 信用体系建设协调推进。辽宁省累计建立小微企业信用档案83 718户。金融信用信息基础数据库稳定运行。截至2016年年末，企业征信系统共征集辽宁省40万户企业及其他组织的信用信息，开通查询用户4 504个，月均查询量 9.2万次；个人征信系统共收录辽宁省3 236万个自然人、6 169万个信贷账户信息，开通查询用户2.4万个，月均查询量达63万次。46家村镇银行和20家小贷公司接入征信系统。中征应收账款融资服务平台新开通用户200户，累计通过平台实现成交325亿元。征信服务水平进一步提升。省内人民银行系统全年累计提供查询服务143万次，比上年增长11%。辽宁省内个人信用报告互联网查询试点工作稳步推进，全年有285万人通过查询验证。全年受理有效投诉139件，受理咨询2 962件，满意度达100%。审理民间借贷、金融借款、涉互联网金融犯罪等案件63 116件。人民银行协助公安机关调查涉嫌洗钱的可疑交易线索26个。

2. 支付系统业务量稳步增长。2016年，辽宁省共处理大额支付系统业务4 043万笔，金额135.9万亿元，同比分别增长4.3%和16.3%。小额支付系统共处理业务11 424万笔，金额11 867亿元，同比增长37.3%和31.0%。网上支付跨行清算系统共处理业务1 721万笔，金额1 516亿元，同比分别增长73.8%和62.4%。银行卡受理环境进一步改善。全省POS机具数量为62.2万台，同比增长20.2%。ATM数量为3.2万台，同比增长4.9%。人均持卡数量为5.0张，同比增长19.0%。银行卡渗透率达到48.6%，与上年同期持平。农村支付服务环境建设持续推进。全省共设立2.4万个银行卡助农取款服务点，同比增长7.1%。2016年，全省助农取款业务交易1 349万笔，交易金额15.2亿元，同比分别增长9.3%和8.6%。同城备份城市处理中心建设工作稳步推进。

表8 2015～2016年辽宁省支付体系建设情况

年	支付系统直接参与方（个）	支付系统间接参与方（个）	支付清算系统覆盖率（%）	当年大额支付系统处理业务数（万笔）	同比增长（%）
2015	18	6 161	64.7	3 878.2	7.7
2016	18	5 746	62.3	4 043.2	4.3

年	当年大额支付系统业务金额（亿元）	同比增长（%）	当年小额支付系统处理业务数（万笔）	同比增长（%）	当年小额支付系统业务金额（亿元）	同比增长（%）
2015	1 169 022	7.6	8 123.6	25.6	9 058.6	14.3
2016	1 359 100	16.3	11 423.9	37.3	11 866.8	31.0

数据来源：中国人民银行沈阳分行。

二、经济运行情况

2016年，辽宁省实现地区生产总值22 038亿元，同比下降2.5%，增速较上年回落5.5个百分点（见图6）。由于存在统计数据"去水分"因素，经济实际运行情况或好于数据表现。一些真实性更高的统计指标支持这一判断，包括：全年工业用电同比增长1.4%，货运量同比增长2.7%。

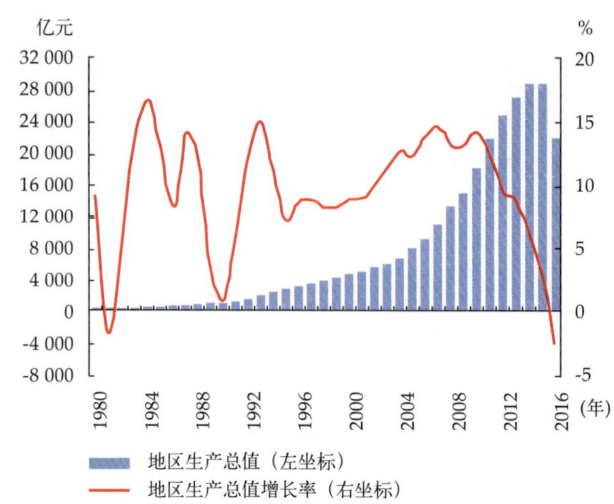

数据来源：辽宁省《国民经济和社会发展统计公报》。

图6 1980～2016年辽宁省地区生产总值及其增长率

（一）需求明显下滑

2016年，辽宁省投资需求明显萎缩，消费需求有所回落，对外贸易由顺差转为逆差。

1. 固定资产投资跌幅扩大。2016年，辽宁省完成固定资产投资6 436亿元，同比下降63.5%，跌幅较上年扩大35.7个百分点（见图7）。从项目情况看，中央项目固定资产投资额同比下

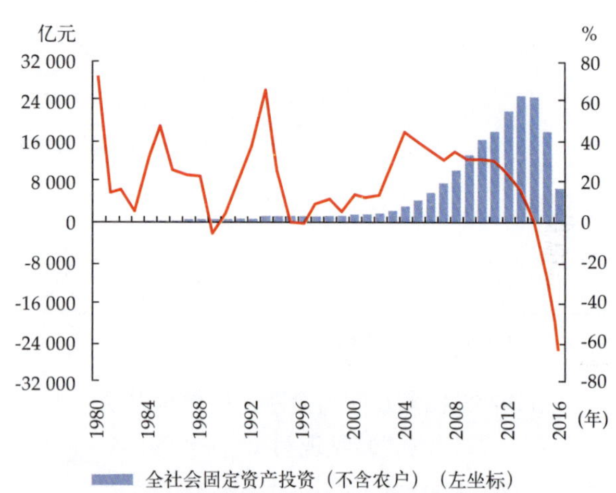

注：2010年及以前年度采用"全社会固定资产投资"数据。
数据来源：《中国经济景气月报》。

图7 1980～2016年辽宁省固定资产投资（不含农户）及其增长率

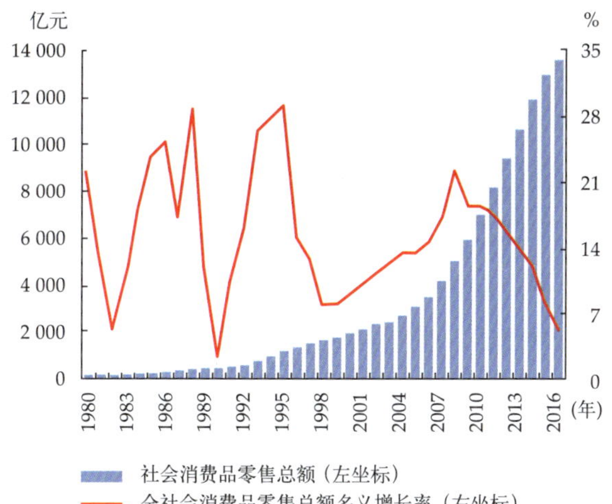

数据来源：《中国统计摘要》。

图8　1980～2016年辽宁省社会消费品零售总额及其增长率

降31.2%，地方项目固定资产投资额同比下降64.5%；亿元以上建设项目1 845个，同比下降35.9%；完成投资2 911亿元，同比下降55.8%。投资大幅下降，是整体经济低迷、工业产能过剩、企业经营困难、重大项目开工不足等问题叠加所致。

2. 消费增速有所回落。2016年，辽宁省社会消费品零售总额实现13 414亿元，同比增长4.9%，增幅较上年回落2.8个百分点（见图8）。限额以上单位消费品零售额4 165亿元，同比下降6.5%，降幅较上年扩大6.1个百分点。从结构上

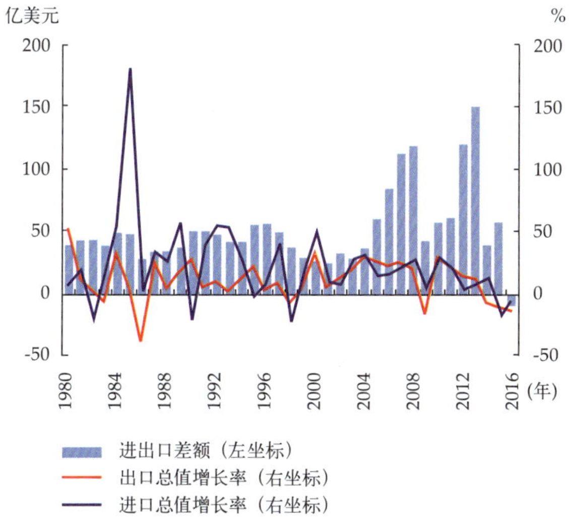

数据来源：《中国经济景气月报》。

图9　1980～2016年辽宁省外贸进出口变动情况

看，农村消费增长快于城镇消费，餐饮消费增长快于商品消费。消费增速回落，主要是由于收入增速放缓。2016年，辽宁省居民人居可支配收入同比增长6.0%，扣除价格因素实际增长4.3%，增速低于上年。

3. 外贸持续走低，30年来首次出现逆差；外商直接投资大幅下降。辽宁省进出口总额866亿美元，同比下降9.9%，降幅比上年缩窄5.8个百分点。其中，出口431亿美元，同比下降15.1%，比上年同期扩大2个百分点；进口435亿美元，同比下降3.8%，同比少降14.2个百分点（见图9）。主要受大宗商品进口回升影响，进出口差额由上年顺差56亿美元转为逆差4亿美元。受地区经济形势影响，2016年外商直接投资30.0亿美元，比上年下降42.2%（见图10）。

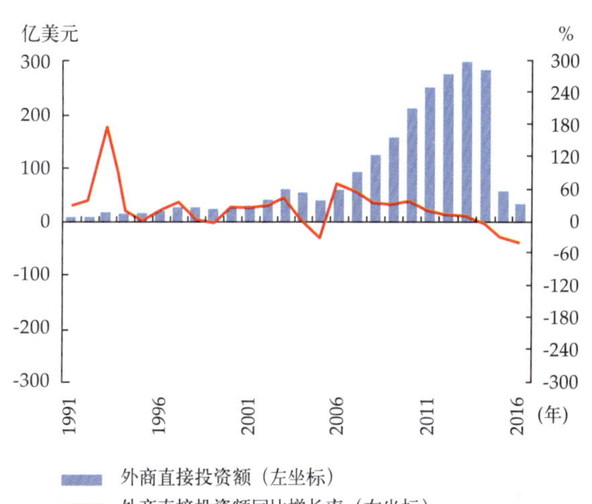

注：2015年开始，外商直接投资计算口径有变化。
数据来源：《中国统计摘要》。

图10　1991～2016年辽宁省外商直接投资额及其增长率

（二）工业仍处于结构调整期，第三产业实现小幅增长

2016年，辽宁省产业结构变化总体符合政策预期。第一、第二产业增加值均同比下降，第三产业逆势增长2.4%。

1. 农业生产增速下降。2016年，辽宁省第一产业增加值为2 173亿元，同比下降4.6%。全年粮食作物播种面积3 231.4千公顷，经济作物播种

面积832.7千公顷；粮食产量2 100.6万吨；机耕面积3 809.4千公顷，测土配方施肥面积4 041.9千公顷。

2. 工业生产跌幅扩大，企业效益下滑，去产能进度较快。2016年，规模以上工业增加值累计同比下降15.2%，跌幅较上年扩大10.4个百分点（见图11）。规模以上工业企业平均资产负债率为63.2%，较上年上升4.3个百分点。从四大支柱产业看，装备制造业投资类产品比重大、产业升级相对滞后，投资需求紧缩造成市场订单普遍不足，其增加值同比下降11.7%；冶金行业以工业原料级产品为主，产能过剩矛盾相对突出，其增加值同比下降21.6%；石化工业结构性产能过剩持续，其增加值同比下降9.7%；受农业内部结构不尽合理、农业产业化水平有待提高等问题影响，农产品加工业增加值同比下降19.9%。从工业企业效益指标看，全年规模以上工业企业实现主营业务收入23 802亿元，同比下降27%；利润总额658亿元，同比下降31.8%；产成品期末库存1 333亿元，同比增长4.9%。全省钢铁行业化解过剩产能602万吨，煤炭行业化解过剩产能1 361万吨，提前并超额完成去产能任务。

3. 互联网、物流等行业兴起带动服务业快速发展。2016年，辽宁省第三产业增加值增速高于全省地区生产总值增速4.9个百分点。服务业快速增长的主要原因包括：电子商务在过去几年

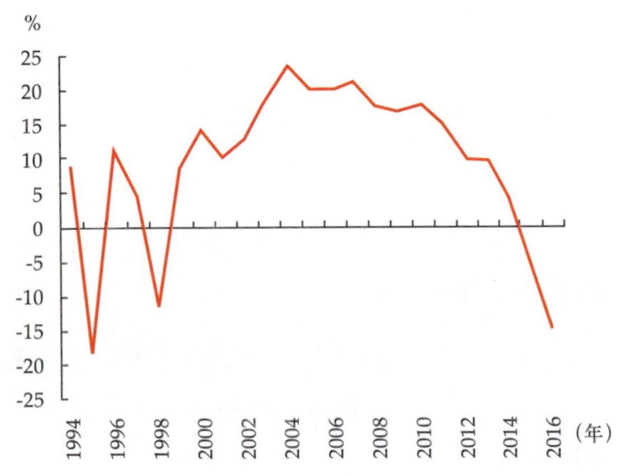

数据来源：《中国经济景气月报》。

图11　1994～2016年辽宁省规模以上工业增加值同比增长率

中高速发展，提振了物流、手机终端、手机支付等相关行业，为服务业发展创造良好条件；产能过剩行业需求萎缩，其释放的生产资源向服务业转移。

（三）居民消费价格涨幅扩大，工业生产者出厂价格降幅收窄

2016年，辽宁省消费价格涨幅小幅扩大，生产价格则持续低迷。

2016年，辽宁省居民消费价格（CPI）同比上涨1.6%，涨幅较上年扩大0.2个百分点。从月度看，9月起，CPI同比数据持续微幅上涨（见图12），环比数据也连续多月正增长。CPI涨幅扩大，主要受食品价格上涨影响和由PPI传导所致。

数据来源：《中国经济景气月报》。

图12　2008～2016年辽宁省居民消费价格和生产者价格变动趋势

2016年，辽宁省工业生产者出厂价格同比下降1.2%，跌幅较上年收窄4.7个百分点。PPI当月同比数据从9月起由负转正，同比增长0.9%（见图12）。重工业上涨幅度大于轻工业，原油、铁矿石、钢材、焦炭等大宗商品价格持续回升。全省23种重点原料类产品中有22种产品价格有所上涨，其中铁矿石、钢材类产品涨幅在55%以上，石化类、建材类产品涨幅在10%以上。这反映去产能成效初步显现。

（四）财政收入稳步增长，财政支出重点用于民生领域

得益于所得税收入上升且上年基数较低，2016年，辽宁省公共预算收入2 199亿元，同比增长3.4%（见图13）。发行地方政府新增债券109.3亿元、置换债券2 707.8亿元。随着“营改增”试点全面推开、各项结构性减税和普遍性降费政策的落实，全年累计减免税费851.7亿元。

2016年，辽宁省公共预算支出4 582亿元，同比增长2.2%（见图13）。财政支出优先保障了民生改善等领域，民生方面支出占公共预算支出比重达75%。

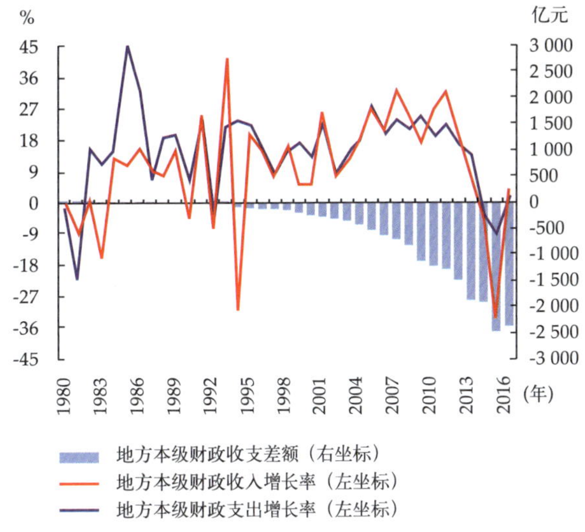

数据来源：《中国统计摘要》。

图13　1980~2016年辽宁省财政收支状况

专栏2　沈阳市以金融为先导，打造国际化营商环境取得成效

2016年，沈阳市先后出台多项旨在营造良好国际化营商环境的战略规划和政策措施。其中，发展产业金融、加快东北区域金融中心建设工作被摆在了突出位置，力求培育良好金融环境，以此推进新一轮发展。

一是打造有利于金融发展的良好环境。沈阳市建立金融领域行政审批快速通道，在副省级城市中率先成立市级行政审批局，在全省率先完成八轮简政放权工作，共取消和下放行政职权1 053项，平均审批时限缩减到3.1个工作日。

二是加强金融机构体系建设。2016年，沈阳市民间借贷登记中心正式运行；中国银行辽宁省分行搬迁落户沈阳；新民农信社成功转型农商行；辽宁振兴银行获得中国银监会批复筹建，有望于2017年中开业运营。同时，沈阳市还积极引进和设立股权、金融资产、票据交易等金融要素市场；搭建信息服务平台，促进“智慧金融”建设。

三是推动金融创新工作。积极鼓励在沈阳开展各类金融改革创新试点，2016年跨境人民币创新业务试点工作取得重大突破，成功将跨境人民币创新业务试点申报区域从中德产业园扩大到整个铁西区，同时扩大了金融机构和个人经常项目跨境人民币业务范围，降低了跨境双向人民币资金池准入门槛。

四是支持产业金融发展。2016年，沈阳市及各区县（市）政府对各类社会资本参与的股权投资机构予以积极支持，引进和支持能够有效提升沈阳市东北区域金融中心能级的重大产业金融项目建设。支持开展科技企业贷款风险补偿和股权投资风险补偿试点，鼓励融资租赁企业创新经营模式，与互联网融合发展。积极支持符合条件的沈阳装备制造企业、科技型中小企业上市融资。截至目前，全市上市公司已达51家，45户企业在新三板挂牌，592家企业在辽宁股权交易中心挂牌。

五是支持金融人才发展创业。强化对金融高管人员的服务，为金融机构高管人员在沈落户、家属随迁、子女就学等提供便利条件；加强在沈阳金融人才工作、生活必要设施环境建设，为金融人才提供洽谈、联谊场所和创业创新的平台。

“十三五”期间，沈阳市各级政府和金

融业主管部门将加快落实党中央、国务院关于新一轮东北振兴的决策部署，深入贯彻沈阳市推进供给侧结构性改革和打造国际化营商环境的实施意见，使金融业成为沈阳经济发展新亮点，推动金融与“互联网+”、工业4.0等先进战略相融合，为消化过剩产能和经济结构转型升级提供强有力的金融支持。

（五）房地产市场分化，服务业发展加速

1. 房地产市场出现明显分化。2016年，辽宁省房地产市场在经历第二季度短暂复苏后，出现分化态势。

房地产市场总体低迷，但重点城市房地产交易明显回暖。2016年，辽宁省商品房销售面积3 712万平方米，同比下降5.2%（见图14）。沈阳、大连新建商品房销售面积分别为1 184万平方米和707万平方米，同比增速分别为11.2%和11%，增速分别提高40.1个百分点、25.6个百分点。主要城市商品住宅价格持续小幅攀升。根据全国70个大中城市房价指数，沈阳、大连，丹东、锦州四城市房价总体呈上涨趋势，6月以后上涨势头有所减弱（见图15）。横向对比看，辽宁四城市房价上涨幅度小于国内同类城市水平。

房地产施工与新开工面积降幅收窄，但城市间新开工情况差异较大。2016年，辽宁省房地产施工面积2 636万平方米，同比下降10%，降幅同比收窄14.2个百分点。新开工面积3 734万平方米，同比下降20.6%，降幅同比收窄22.1个百分点。分城市看，沈阳、大连新开工面积同比分别下降15.1%、2.2%，部分三四线城市如丹东、抚顺、葫芦岛、营口则分别增长18.7%、9.5%、7.2%和5.9%。

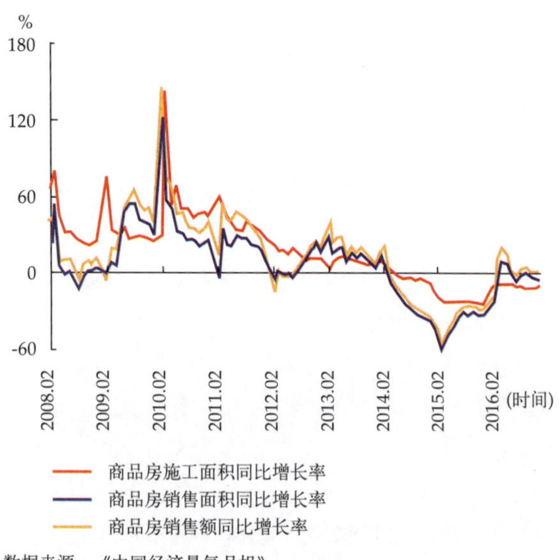

数据来源：《中国经济景气月报》。

图14　2008～2016年辽宁省商品房施工和销售变动趋势

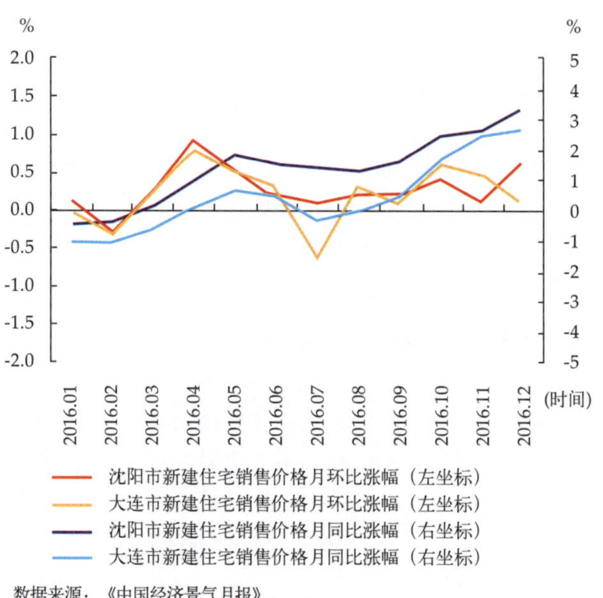

数据来源：《中国经济景气月报》。

图15　2016年辽宁省主要城市新建住宅销售价格变动趋势

房地产开发投资大幅下降，房产开发贷款萎缩，但个人住房贷款快速增长，有助于去库存。2016年，辽宁省房地产开发投资2 095亿元，同比下降41.1%，降幅自年初以来逐渐扩大。因房地产企业开工动能不足，加之金融部门继续对房地产行业融资持审慎态度，2016年4月以来辽宁省房产开发贷款（不含保障房开发贷款，以下同）持续萎缩。2016年年末，房产开发贷款余额1 491亿元，比年初减少132亿元。相反，个人住房贷款增

长较快。2016年年末，辽宁省个人住房贷款余额4 732亿元，比年初增加754亿元，同比多增327亿元，增速达19.0%，同比提高6.9个百分点。贷款向个人住房贷款集中主要有以下原因：一是2015年以来，人民银行联合有关部门三次对差别化住房信贷政策进行调整，支持居民家庭首次、首套及改善型住房需求。二是受辽宁经济持续低迷影响，企业经营压力较大，商业银行转而青睐个人业务特别是个人住房贷款业务。三是人民银行补充抵押贷款（PSL）助推地方政府保障性安居工程建设。2016年，辽宁省金融机构利用PSL发放棚户区改造贷款433.3亿元，占全省保障房贷款发放额的99%。

2. 服务业加快发展。辽宁省服务业持续保持良好发展势头。一是总量不断提高。服务业增加值增速连续五年高于GDP增速，增加值占地区生产总值比重从2010年的37.1%提高到2016年的51.6%，创历史新高。二是重点领域亮点频出。产业金融服务体系建设进展明显，新增金融机构110户，推出信贷创新产品86个，新增综合融资8 180亿元。建成24个大宗商品现货电子商务运营平台。邮政服务实现“一村一站”。旅游业、文化产业总收入分别增长12%和20%。三是服务业发展规划进一步明确。2016年9月3日，辽宁省印发了《辽宁省人民政府关于推进服务业供给侧结构性改革的实施意见》，着力补齐服务业发展短板，提高服务业供给体系质量和效率，推动形成多层次、高质量的服务业供给体系。

金融发展有力地支持了服务业的发展。一是金融总量持续扩大，对服务业增长的贡献突出。截至2016年年末，金融业增加值占服务业增加值比重达14.5%，高于上年0.4个百分点。二是金融对服务业的支持力度不断加大。截至2016年年末，辽宁省金融机构服务业贷款余额16 738亿元，占全部贷款余额的45.9%。

辽宁省服务业仍需补短板。一是服务业发展质量有待提升。多数服务行业品种单调、手段落后，信息技术产品等高科技手段在服务业领域的应用仍然较少、水平较低。农村服务业基础比较薄弱。二是服务业企业“小、散、弱”现象有待改善。目前服务业缺少支撑行业发展的创新型、领军型企业和知名品牌。三是个别领域行政审批、准入限制、资格认证仍较多。

三、预测与展望

2017年，辽宁经济增速预计有所反弹。一方面，积极因素日益凝聚合力：简政放权等鼓励创业、创新的体制机制改革措施将不断推进；打造国际化营商环境效果会逐步显现；消费需求有望保持相对稳定增长；出口有所恢复；“扩流入”措施有利于稳定外商直接投资。另一方面，不确定因素仍然较多：传统主导产业产能过剩问题依然存在，产业竞争力仍待提高，企业总体杠杆率较高，经营负担较重；受国际形势及出口产品结构性因素影响，出口仍有一定压力。

2017年，金融管理部门将执行稳健中性的货币政策，实现货币信贷和社会融资规模适度增长，注重风险防范，守住不发生系统性金融风险底线。同时，将积极支持辽宁抓住自贸区建设等新机遇，献计献策并引导和创新金融支持；着力优化信贷结构，加大对精准扶贫、“三农”、小微企业、制造强国建设等领域的支持力度；引导金融机构“区别对待、有扶有控”，从产能过剩领域有序退出；指导、激励和约束金融机构合理使用资金，防止“脱实向虚”。

中国人民银行沈阳分行货币政策分析小组
总　纂：朱苏荣　朱志强
统　稿：高　兵　尹　久　陈宁波
执　笔：吴新宇　王骁羿　王　可　高　霞　马　笛　王姚瑶　董　研　张继仁
提供材料的还有：于松涛　赵　越　高新宇　刘承洋　边　赛　年海石　张冬梅　张　博　阿　荣
郑冬蔚　韩　睿　李士涛　安英俭　孙　勇　邓吉宁　张晓玲　李　姣　刘晓东

附录

（一）2016年辽宁省经济金融大事记

3月31日，为全面贯彻落实好供给侧结构性改革的重大方针，充分发挥金融对辽宁供给侧结构性改革的支持作用，人民银行沈阳分行印发《金融助力辽宁供给侧结构性改革实施意见》。

4月26日，《中共中央国务院关于全面振兴东北地区等老工业基地的若干意见》对外发布。《意见》提出，到2020年东北地区在重要领域和关键环节改革上取得重大成果，在此基础上再用10年左右时间实现全面振兴。

5月17日，为做好"两权"抵押贷款试点工作，推动农村金融产品创新，辽宁省人民政府组织召开全省"两权"抵押贷款试点工作会议，对相关工作作出重要部署。

6月15日，人民银行沈阳分行与铁岭市人民政府签署推进铁岭市农村信用体系建设战略合作协议，探索支持农村信用体系建设的新模式。

8月30日，由中国银行辽宁省分行发起、全省（不含大连）42家银行共同参与的辽宁省银行展业自律机制成立，至9月底，该自律机制实现省市级（不含大连）全覆盖、本外币全覆盖、银行与非银行金融机构全覆盖。9月12日，大连市银行外汇及跨境人民币业务自律机制也顺利成立。

8月31日，党中央、国务院决定在辽宁等7省市新设立自由贸易试验区，辽宁开放进入全新阶段。

9月23日，人民银行沈阳分行与辽宁省企业服务局签订《推进辽宁省中小微企业信用体系建设合作协议》，建立辽宁省中小微企业信用培育池，指导金融机构向入池企业提供综合性金融服务，提升中小微企业融资可得性。

11月7日，人民银行沈阳分行、辽宁银监局、辽宁证监局、辽宁保监局共同签署金融消费者（投资者）权益保护工作联席会议制度合作备忘录。

12月19日，《东北振兴"十三五"规划》正式印发。《规划》提出，到2020年，东北地区体制机制改革创新和经济发展方式转变要取得重大进展，发展的平衡性、协调性、可持续性明显提高，并与全国同步实现全面建成小康社会的宏伟目标。

12月23日，由沈阳荣盛中天等公司发起设立的辽宁振兴银行获得中国银监会批复筹建，辽宁振兴银行是目前东北地区第一家获批筹建的民营银行。

（二）2016年辽宁省主要经济金融指标

表1　2016年辽宁省主要存贷款指标

		1月	2月	3月	4月	5月	6月	7月	8月	9月	10月	11月	12月
本外币	金融机构各项存款余额（亿元）	47 893	47 926	49 440	49 322	49 440	49 798	50 421	50 667	51 181	51 358	51 384	51 692
	其中：个人存款	24 126	24 588	24 956	24 575	24 606	25 037	24 918	25 065	25 444	25 426	25 594	25 882
	单位存款	13 195	12 889	13 468	13 452	13 410	13 712	13 679	13 809	14 146	13 823	13 887	14 528
	各项存款余额比上月增加（亿元）	135.1	32	1 514	-118	118	358	623	246	514	177	26	308
	金融机构各项存款同比增长（%）	10.59	10.24	11.99	11.15	9.67	6.91	8.42	7.42	8.89	9.99	10.03	8.24
	金融机构各项贷款余额（亿元）	36 926	37 097	37 443	37 162	37 403	37 871	37 731	37 939	38 364	38 420	38 377	38 686
	其中：短期	13 895	13 969	14 077	14 175	14 139	14 292	14 149	14 201	14 346	14 265	14 161	14 276
	中长期	20 481	20 666	20 906	20 467	20 620	20 748	20 813	20 890	21 169	21 199	21 198	21 575
	票据融资	2 134	2 044	2 042	2 101	2 191	2 327	2 271	2 306	2 337	2 375	2 484	2 309
	各项贷款余额比上月增加（亿元）	644	170	346	-281	241	468	-140	208	425	56	-43	309
	其中：短期	208	75	108	98	-36	153	-143	52	145	-81	-104	115
	中长期	178	185	240	-439	153	128	65	77	279	30	-1	377
	票据融资	245	-90	-2	59	90	136	-56	35	31	38	109	-175
	金融机构各项贷款同比增长（%）	10.5	9.5	9.3	7.4	7.5	7.3	6.4	6.0	6.4	6.1	5.9	6.6
	其中：短期	7.9	7.0	5.9	5.7	4.7	5.0	4.6	4.7	4.8	4.0	3.8	4.4
	中长期	8.5	8.4	8.8	5.9	6.2	4.8	4.7	4.2	4.9	5.0	5.1	6.2
	票据融资	65.4	48.0	48.7	44.0	51.9	56.8	38.6	33.2	34.5	28.1	26.6	22.2
	建筑业贷款余额（亿元）	1 163	1 175	1 177	1 118	1 111	1 091	1 093	1 091	1 084	1 091	1 082	1 088
	房地产业贷款余额（亿元）	2 631	2 677	2 671	2 603	2 593	2 499	2 500	2 501	2 505	2 454	2 362	2 321
	建筑业贷款同比增长（%）	-4.1	-5.1	-1.6	-7.1	-8.9	-11.2	-10.30	-11.71	-12.48	-9.8	-9.7	-6.5
	房地产业贷款同比增长（%）	-0.5	0.5	-0.2	-3.0	-3.7	-8.3	-7.5	-9.6	-7.7	-9.1	-10.41	-10.1
人民币	金融机构各项存款余额（亿元）	46 894	46 927	48 398	48 309	48 418	48 800	49 441	49 727	50 233	50 425	50 419	50 717
	其中：个人存款	23 808	24 263	24 629	24 245	24 275	24 699	24 577	24 725	25 102	25 072	25 224	25 495
	单位存款	12 576	12 275	12 810	12 823	12 777	13 110	13 100	13 270	13 594	13 299	13 345	13 992
	各项存款余额比上月增加（亿元）	50	33	1471	-89	109	382	641	286	506	192	-6	298
	其中：个人存款	107	456	366	-384	30	424	-122	148	377	-30	152	271
	单位存款	-163	-301	535	13	-46	333	-10	170	324	-295	46	647
	各项存款同比增长（%）	10.7	10.3	12.2	11.2	9.6	6.7	8.4	7.7	9.1	10.2	10.0	8.3
	其中：个人存款	7.8	6.7	6.6	6.1	6.3	6.4	6.5	6.9	7.4	8.0	8.6	7.6
	单位存款	16.0	16.6	20.1	18.4	14.3	15.2	14.9	14.6	17.0	15.6	12.0	9.8
	金融机构各项贷款余额（亿元）	35 452	35 708	36 032	35 770	35 961	36 418	36 293	36 525	36 937	37 004	36 977	37 291
	其中：个人消费贷款	4 805	4 809	4 873	4 906	4 983	5 070	5 128	5 212	5 295	5 364	5 462	5 526
	票据融资	2 134	2 044	2 042	2 101	2 191	2 327	2 271	2 306	2 336	2 375	2 484	2 309
	各项贷款余额比上月增加（亿元）	717	256	324	-262	191	457	-125	232	412	67	-27	314
	其中：个人消费贷款	59	4	64	33	77	87	58	84	83	69	98	64
	票据融资	245	-90	-2	59	90	136	-56	35	30	39	109	-175
	金融机构各项贷款同比增长（%）	12.1	11.1	10.9	8.9	8.9	8.5	7.6	7.4	7.6	7.2	6.8	7.4
	其中：个人消费贷款	10.6	10.2	11.3	11.0	11.9	12.4	12.7	13.4	13.8	14.7	15.4	15.9
	票据融资	65.4	48.0	48.7	44.0	51.9	56.8	38.6	33.2	34.5	28.1	26.6	22.2
外币	金融机构外币存款余额（亿美元）	153	153	161	157	155	151	147	140	142	138	140	141
	金融机构外币存款同比增长（%）	-2.5	0.7	-0.6	3.3	6.2	9.4	2.8	-9.7	-7.2	-6.8	2.9	0
	金融机构外币贷款余额（亿美元）	225	212	218	216	219	219	216	211	214	209	203	201
	金融机构外币贷款同比增长（%）	-23.5	-25.1	-24.6	-24.7	-24.0	-22.9	-23.1	-24.1	-21.3	-21.4	-19.8	-15.5

数据来源：中国人民银行沈阳分行。

表2　2001～2016年辽宁省各类价格指数

单位：%

年/月	居民消费价格指数		农业生产资料价格指数		工业生产者购进价格指数		工业生产者出厂价格指数	
	当月同比	累计同比	当月同比	累计同比	当月同比	累计同比	当月同比	累计同比
2001	—	0	—	0.5	—	0	—	-1.4
2002	—	-1.1	—	1.7	—	-1.7	—	-2.2
2003	—	1.7	—	-1.6	—	5.1	—	3.6
2004	—	3.5	—	13.3	—	21.1	—	7.1
2005	—	1.4	—	10	—	8.1	—	5.1
2006	—	1.2	—	0.5	—	4.2	—	4.1
2007	—	5.1	—	14.2	—	4.8	—	4.4
2008	—	4.6	—	28.1	—	11.5	—	10.9
2009	—	0.0	—	-3.3	—	-6.7	—	-6.0
2010	—	3.0	—	3.7	—	8.6	—	7.4
2011	—	5.2	—	12.8	—	8.3	—	6.5
2012	—	2.8	—	6.9	—	-1.0	—	-0.1
2013	—	2.4	—	-0.1	—	-1.5	—	-1.0
2014	—	1.7	—	-1.1	—	-2.0	—	-1.8
2015	—	1.4	—	-0.5	—	-6.5	—	-6.1
2016	—	1.6	—	0.3	—	-2.1	—	-1.2
2015　1	0.6	0.6	-0.3	-0.3	-5.0	—	-4.7	—
2	1.7	1.1	-2.6	-2.6	-5.8	—	-5.4	—
3	1.3	1.2	-1.6	-2.2	-5.9	—	-5.3	—
4	1.3	1.2	-0.8	-1.9	-5.8	—	-5.6	—
5	0.7	1.1	-0.3	-1.6	-6.1	—	-5.2	—
6	1.0	1.1	-0.1	-1.3	-6.2	—	-5.5	—
7	1.6	1.2	0.2	-1.1	-6.7	—	-6.1	—
8	1.9	1.3	0.3	-0.9	-7.2	—	-7.1	—
9	1.8	1.3	0.4	-0.8	-7.4	—	-7.2	—
10	1.2	1.3	0.4	-0.7	-7.5	—	-0.5	—
11	1.8	1.4	0.5	-0.6	-7.2	—	-0.7	—
12	1.6	1.4	0.7	-0.5	-6.8	-6.5	-6.7	-6.1
2016　1	1.5	1.5	-0.3	-0.3	-6.6	-6.6	-5.9	-5.9
2	1.8	1.6	0.0	-0.2	-6.9	-6.8	-5.7	-5.8
3	1.9	1.7	-0.7	-0.3	-6.9	-6.8	-5.7	-5.8
4	1.9	1.7	0.2	-0.2	-4.9	-6.1	-3.4	-5.0
5	1.7	1.7	0.5	-0.1	-3.9	-5.6	-2.6	-4.5
6	1.4	1.7	1.0	0.1	-3.2	-5.2	-2.2	-4.1
7	1.2	1.6	0.8	0.2	-2.0	-4.8	-1.6	-3.8
8	0.9	1.5	0.3	0.2	-1.3	-4.3	-0.2	-3.3
9	1.8	1.5	0.2	0.2	-0.3	-3.9	0.9	-2.9
10	1.7	1.6	0.6	0.3	1.1	-3.4	1.8	-2.4
11	1.5	1.6	0.8	0.3	3.3	-2.8	3.4	-1.9
12	1.7	1.6	1.7	0.4	5.7	-2.1	6.2	-1.2

数据来源：《中国经济景气月报》、辽宁省统计局。

表3　2016年辽宁省主要经济指标

	1月	2月	3月	4月	5月	6月	7月	8月	9月	10月	11月	12月
绝对值（自年初累计）												
地区生产总值（亿元）	—	—	5 647.1	—	—	12 813	—	—	19 953	—	—	22 038
第一产业	—	—	305.2	—	—	838.8	—	—	1 418.5	—	—	2 173
第二产业	—	—	2 389.4	—	—	5 473.8	—	—	8 437.43	—	—	8 505
第三产业	—	—	2 952.5	—	—	6 500	—	—	10 097	—	—	11 360
工业增加值（亿元）	—	—	—	—	—	—	—	—	—	—	—	—
固定资产投资（亿元）	—	451.1	1 413.2	2 408	3 425.6	4 600.7	5 204.8	5 712	6 076.8	6 260.7	6 372.3	6 436
房地产开发投资	—	145.9	439.3	722.2	1 062.9	1 439.5	1 654.8	1 827.5	1 966.5	2 045.5	2 077.5	2 095
社会消费品零售总额（亿元）	—	—	3 290.2	—	—	6 590.4	—	—	10 006	—	—	13 414
外贸进出口总额（亿美元）	383.16	741.9	1 204.1	1 669.1	2 148.4	2 656.3	3 128.7	3 626.4	4 170.7	4 593.1	5 132.7	5 362
进口	177.94	339.7	572.1	810.55	1 065.5	1 327.4	1 572.8	1 834.6	2 085.3	2 285.2	2 536.6	2 692
出口	205.22	402.2	631.94	858.54	1 082.9	1 328.9	1 555.9	1 791.8	2 085.4	2 307.9	2 596.1	2 670
进出口差额(出口－进口)	27.28	62.5	59.84	47.99	17.44	1.46	-16.88	-42.83	0.08	22.69	59.46	-21.7
实际利用外资（亿美元）	—	4.8	—	—	17.5	20.2	20.9	—	—	—	—	30
地方财政收支差额（亿元）	52.3	-92.2	-268	-403	-512.4	-827	-952.9	-1 138	-1 445	-1 497	-1 660	-2 383
地方财政收入	264.1	403.4	573.89	809.5	1 013.6	1 188.2	1 384.2	1 538.3	1 696	1 899.4	2 052.2	2 199
地方财政支出	211.8	495.6	841.87	1 212.5	1 526	2 015.2	2 337.1	2 676.6	3 140.5	3 396	3 712.4	4 582
城镇登记失业率 (%)(季度)	—	—	—	—	—	—	—	—	—	—	—	—
同比累计增长率（%）												
地区生产总值	—	—	-1.3	—	—	-1	—	—	-2.2	—	—	-2.5
第一产业	—	—	2.1	—	—	1.9	—	—	1.8	—	—	-4.6
第二产业	—	—	-6.9	—	—	-5.8	—	—	-8	—	—	-7.9
第三产业	—	—	4	—	—	3.2	—	—	2.9	—	—	2.4
工业增加值	—	-9.8	-8.4	-8.8	-7.7	-7.7	-8	-8.6	-11.1	-15.5	-15.7	-15.2
固定资产投资	—	-21.7	-27.4	-37	-48.7	-58.1	-60.7	-62.2	-63.5	-63.7	-63.6	-63.5
房地产开发投资	—	-9.4	-7.7	-14.1	-22.9	-31.5	-35.8	-38.6	-40.1	-41.1	-41.2	-41.1
社会消费品零售总额	—	—	8.5	—	—	8.1	—	—	7.2	—	—	4.9
外贸进出口总额	-27.3	-22.1	-16.3	-13.6	-10.5	-10.1	-10.9	-8.1	-6.8	-6	-4.7	-9.8
进口	-33.3	-25	-17.3	-12.9	-6.6	-1.8	-5.5	-2.9	-0.9	-0.8	0.2	-3.9
出口	-21.1	-19.5	-15.4	-14.2	-14	-17.1	-15.7	-12.9	-12	-10.7	-9.1	-15.1
实际利用外资	—	-41.6	—	—	-34	-35.5	-41.6	—	—	—	—	-42.2
地方财政收入	—	-11.1	-12.1	-6.4	-8.6	-18.6	-16.1	-13.4	-7	1.6	3.4	3.4
地方财政支出	—	-7.6	-8.8	1.9	-4.9	-10.4	-12.1	-10	-5.1	-3.7	-3.4	2.2

数据来源：《中国经济景气月报》、辽宁省统计局。

吉林省金融运行报告（2017）

中国人民银行长春中心支行货币政策分析小组

[内容摘要] 2016年，吉林省认真贯彻落实中央出台的新一轮东北振兴发展各项政策措施，坚持稳中求进工作总基调，扎实推进供给侧结构性改革，“三去一降一补”任务初战告捷；国有企业改革深入推进，民营经济正在成长，转型升级取得阶段性成效；对外开放步伐加快，经济发展活力有所增强；民生事业持续进步，社会保障网越织越密、越织越实；经济运行在底部企稳并逐步向好，实现了“十三五”良好开局。

货币信贷平稳运行，信贷结构持续优化，金融改革向纵深推进，农村金融综合改革初见成效，证券市场稳步发展，保险市场发展较快，金融市场交易活跃，区域金融生态环境持续改善，金融运行总体态势良好，金融对实体经济支撑力度增强。

2017年，吉林省将全面贯彻党的十八大和十八届三中、四中、五中、六中全会以及中央经济工作会议精神，牢固树立和贯彻落实新发展理念，着力完善体制机制，着力推进结构调整，着力鼓励创新创业，着力保障改善民生，全面做好稳增长、促改革、调结构、惠民生、防风险各项工作，努力促进经济平稳健康发展和社会和谐稳定。金融业将深入贯彻落实稳健中性的货币政策，保持货币信贷和社会融资规模合理适度增长，着力调整优化信贷结构和融资结构，更加注重防范化解金融风险，牢牢守住不发生区域性、系统性金融风险的底线，为吉林省老工业基地振兴发展和转型升级提供强有力的金融支撑。

一、金融运行情况

2016年，吉林省金融业稳健运行，整体实力有所增强，存贷款平稳较快增长，金融市场融资功能不断增强，保险业保障功能凸显，金融资源向涉农、小微、扶贫、基础设施建设等民生领域和关键环节倾斜力度加大，金融业改革创新深入推进，农村金融综合改革取得阶段性成效，金融对吉林实体经济发展和新一轮吉林振兴发展的支撑作用突出。

（一）银行业稳健运行，金融服务水平稳步提升

1. 银行业组织体系进一步完善。2016年，吉林省法人机构数量和营业网点个数同比分别增加6个和82个。银行机构资产规模持续扩大，从业人数继续增加，分别增加4 977.3亿元和1 348人（见表1）。

2. 各项存款较快增长。2016年年末，吉林

表1　2016年吉林省银行业金融机构情况

机构类别	营业网点			法人机构（个）
	机构个数（个）	从业人数（人）	资产总额（亿元）	
一、大型商业银行	1 609	43 526	9 208	0
二、国家开发银行和政策性银行	61	1 851	5 333	0
三、股份制商业银行	164	3 997	2 663	0
四、城市商业银行	386	9 030	4 139	1
五、小型农村金融机构	1 613	24 989	7 525	53
六、财务公司	1	190	741	2
七、信托公司	0	190	66	1
八、邮政储蓄银行	1 080	10 485	1 437	0
九、外资银行	2	43	10	0
十、新型农村金融机构	164	11 254	874	835
十一、其他	0	403	356	1
合　计	5 080	105 958	32 352	893

注：营业网点不包括国家开发银行和政策性银行、大型商业银行、股份制商业银行等金融机构总部数据；大型商业银行包括中国工商银行、中国农业银行、中国银行、中国建设银行和交通银行；小型农村金融机构包括农村商业银行、农村合作银行和农村信用社；新型农村机构包括村镇银行、贷款公司、农村资金互助社和小额贷款公司；“其他”包含金融租赁公司、汽车金融公司、货币经纪公司、消费金融公司等。

数据来源：吉林银监局。

省本外币各项存款余额21 154.7亿元，同比增长13.2%（见图1），增速高于上年同期1.3个百分点，全年新增存款2 470.9亿元，同比多增424.6亿元。从存款结构看，非金融企业存款和住户存款增长分化明显，因企业投资意愿不足，企业资金在银行沉淀较多，致使非金融企业存款快速增长22.3%；住户存款同比增长10.7%，增速同比提高1.3个百分点。分币种看，人民币和外币存款同比分别增长13.5%和-23.4%。

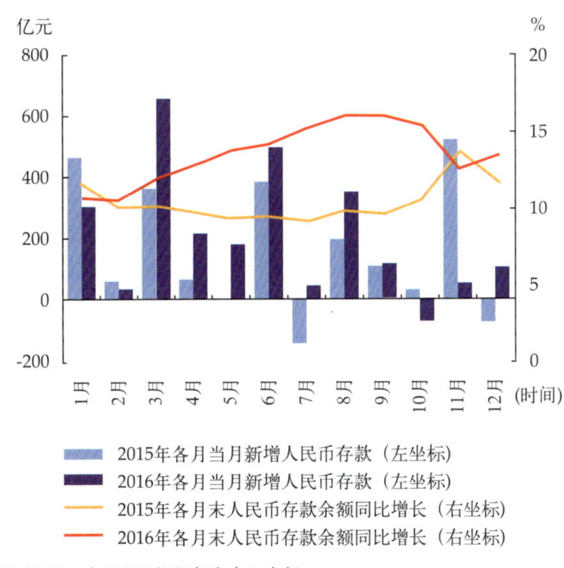

数据来源：中国人民银行长春中心支行。

图1　2015～2016年吉林省金融机构人民币存款增长变化

3. 本外币各项贷款增速显著放缓。2016年，受玉米收储市场化改革和地方政府债务置换双重因素影响，吉林省本外币各项贷款余额17 210.5亿元，同比增长12.4%（见图2），贷款增速同比下降8.2个百分点，同比少增707.8亿元。第二季度贷款增速较第一季度下降2个百分点，与4月地方政府债务置换相吻合；第四季度贷款增速较第三季度又下降2个百分点，与同玉米收储贷款同比大幅少增相对应。

信贷结构不断调整优化，贷款向战略性新兴产业和“三农”、小微企业、扶贫、棚户区改造等薄弱环节和民生领域倾斜态势明显。2016年，吉林省高新技术和新兴产业贷款呈现较快增长，信息传输、软件和信息技术服务业贷款同比增长

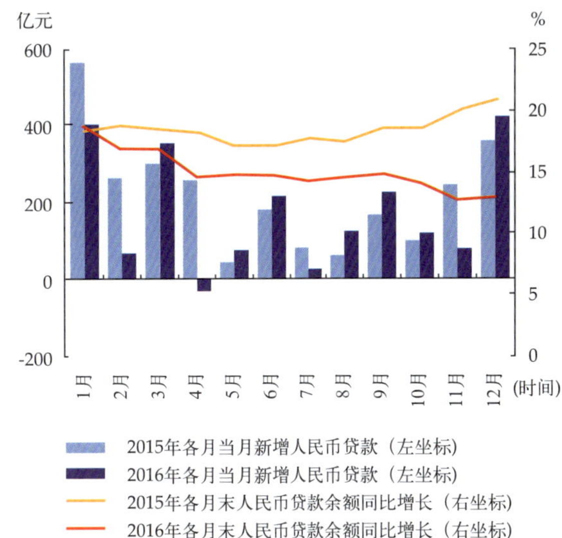

数据来源：中国人民银行长春中心支行。

图2　2015～2016年吉林省金融机构人民币贷款增长变化

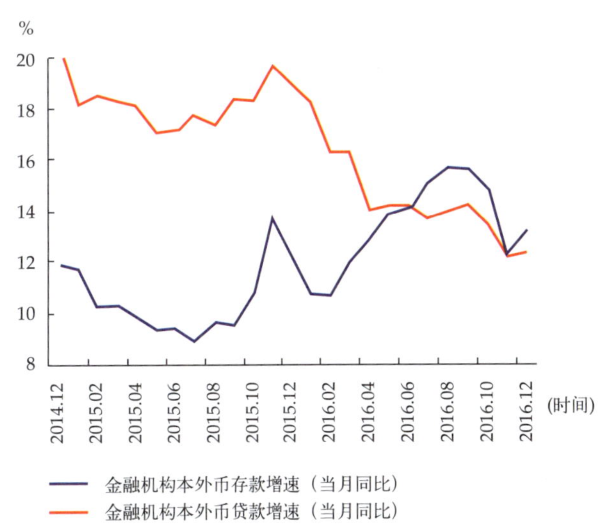

数据来源：中国人民银行长春中心支行。

图3　2015～2016年吉林省金融机构本外币存、贷款增速变化

27.4%，高于全部贷款平均增速15个百分点，金融对经济结构调整的支撑作用有所增强。涉农贷款和小微企业贷款同比分别增长14.6%和14.3%，分别高于各项贷款平均增速2.2个百分点和1.9个百分点。金融精准扶贫和保障房开发贷款均实现高速增长，同比增速分别达到76.4%和37.0%，信贷对经济社会薄弱领域的支持力度进一步加大。

4. 存贷款利率总体呈下行态势。2016年，吉林省银行机构积极落实“降成本”各项决策部署，千方百计挖掘内部降低成本的潜力，让利实体经济，12月非金融企业及其他部门贷款加权平均利率一般贷款加权平均利率5.6757%，比年初下降0.1125个百分点，据估算直接降低实体经济融资成本20亿元。同时，法人金融机构积极推进利率定价能力建设，基本能够综合考虑经营成本、资金宽裕程度、市场竞争强度等因素科学定价，自主定价能力进一步增强。分层有序的定价格局进一步形成，各类银行机构间利率定价差异化日益明显，2016年，吉林省共有16家银行业法人金融机构通过合格审慎评估，4家金融机构成为全国市场利率定价自律机制基础成员。

5. 资产质量和盈利水平均有所下滑。在经济增速放缓、过剩行业去产能、国有企业深化改革的背景下，吉林省银行机构经营压力加大。2016年，不良贷款率较年初上升0.18个百分点，当年盈利同比下降23.2%。从发展态势看，关注类贷款余额连续三年增加，余额占比同比上升0.83个百分点，潜在不良贷款防控压力加大。

6. 银行业改革创新积极推进。吉林省农村金融综合改革顺利实施，邮政储蓄银行吉林省分行成功组建“三农金融事业部”，7家农村信用联社改制成为农村商业银行，6家村镇银行获批开业，吉林省农村金融服务体系日趋完善，组建吉林省农业信贷担保有限公司、吉林省物权融资农业发展有限公司、吉林省农村金融综合服务股份有限公司。首家民营银行亿联银行获批筹建，银行业改革切实增强了金融服务实体经济的能力。

7. 跨境人民币业务稳步发展。2016年，吉林省跨境人民币结算业务量达到330.0亿元。其中，经常项目跨境人民币结算交易平稳发展，资本项目跨境人民币交易活跃，跨境收付额分别占全省本外币经常项目跨境收付额和资本项目跨境收付额的27.7%和26.8%。银行主体和企业群体对跨境人民币的优势认识不断深化，参与跨境人民币业务的积极性明显提高，参与跨境人民币业务的企业主体占全部有实际进出口业务企业总数的51.3%，跨境人民币结算境外交易涉及国家（地区）达45个，与德国贸易往来累计人民币结算额占比高达75.7%。

表2　2016年吉林省金融机构人民币贷款各利率区间占比

单位：%

月份		1月	2月	3月	4月	5月	6月
	合计	100.0	100.0	100.0	100.0	100.0	100.0
	下浮	4.8	8.4	7.6	8.4	11.2	11.5
	基准	41.4	36.1	44.0	43.0	21.9	20.5
上浮	小计	53.8	55.5	48.4	48.7	66.9	68.1
	(1.0，1.1]	19.6	13.6	12.0	11.7	18.0	19.9
	(1.1，1.3]	15.7	19.6	15.3	16.5	25.0	17.7
	(1.3，1.5]	10.6	11.7	11.7	11.8	12.8	15.1
	(1.5，2.0]	5.7	8.0	8.1	7.3	8.4	13.8
	2.0以上	2.1	2.6	1.4	1.5	2.7	1.7
月份		7月	8月	9月	10月	11月	12月
	合计	100.0	100.0	100.0	100.0	100.0	100.0
	下浮	7.4	8.9	8.7	11.3	9.8	20.9
	基准	22.1	20.3	23.5	23.1	21.4	25.4
上浮	小计	70.5	70.8	67.8	65.6	68.8	53.7
	(1.0，1.1]	18.6	16.9	16.1	16.3	15.7	13.1
	(1.1，1.3]	24.3	20.5	24.2	15.3	18.9	17.2
	(1.3，1.5]	16.0	15.8	13.6	13.9	16.8	11.9
	(1.5，2.0]	8.8	15.8	12.6	16.9	14.3	9.2
	2.0以上	2.9	1.8	1.3	3.1	3.1	2.3

数据来源：中国人民银行长春中心支行。

专栏1　龙井市创新物权融资公司新模式　大力支持农村承包土地经营权抵押贷款发展

作为全国农村承包土地经营权抵押贷款试点市，2013年以来，吉林省龙井市结合农村土地因农民出国务工而大量流转的实际，创新设立“龙井市物权融资农业发展有限责任公司”（以下简称物权融资公司），为推动进龙井市农地抵押贷款的发放提供了强有力的支撑。2013~2016年，龙井市累计发放农村承包土地经营权抵押贷款3.1亿元，均由物权融资公司担保，实现“零不良”。

一、组织架构及相关职能

物权融资公司于2013年4月由龙井市政府出资50万元设立，集合融资担保、土地确权、土地产权登记、流转交易、农机具租赁、农村转移支付、农村经费管理等职能于一身，为龙井市家庭农场、种养大户等新型农业经营主体提供一站式、全方位的贷款融资增信服务。

二、业务主要流程

一是贷款主体向物权融资公司提出贷款申请后，村委会及乡镇农经站对农场、农户承包地、流转地等权属进行核实。二是乡镇农经站在核实无误后向物权融资公司出具承包经营权证明，借款申请人将土地经营权流转至物权融资公司，并签订流转合同。三是物权融资公司进行审核评估并出具担保文书，借款人向银行提出贷款申请。四是贷款经办银行审核通过后，物权融资公司按贷款额度的0.5%向银行收取手续费，借款人在指定保险公司办理农业保险即可放款，贷款额度的5%作为风险补偿基金存入基金池，借款偿还后再返还给借款人。

当出现贷款违约时，风险处置流程主要为：一是物权融资公司将土地经营权进行挂牌转让，转让收益用来偿还贷款。二是在土地不能及时流转出去时，物权融资公司以政府出资和借款人缴纳累积的风险补偿基金先行代偿。三是发生冰雹、严重旱涝等自然灾害导致贷款逾期的，保险公司的赔付款优先用于偿还贷款。

三、主要特点

一是支持重点突出。物权融资公司的担保主体主要是家庭农场、种养大户等新型农业经营主体，当普通农户作为担保主体时，其耕地面积水田需达10公顷、旱田需达15公顷以上方可准入。

二是手续方便快捷。物权融资公司通过实行一站式服务，将融资担保手续办理时间缩短至5天，比其他物权融资公司节省一半时间。

三是风控手段扎实。物权融资公司发挥了村委会了解借款人信用情况和贷款真实用途的优势，提高了贷前调查的质量。借助与政府农经管理部门合署办公的优势，对借款人的违约行为形成了天然而强有力的约束。通过发挥抵押物的担保权能、建立风险基金池、引入农业自然灾害保险等手段，多渠道防范了可能出现的贷款违约风险，目前风险基金池已达1 500万元。

四、取得的成效

一是有力促进了农业规模化发展。龙井市通过物权融资公司的担保，为辖内新型农业经营主体发放的贷款平均每笔31万元，最高达180万元，在满足“三农”领域大额贷款需求的同时，推动了当地农业规模化和农地“三权分置”的发展。近4年内，在物权融资公司的带动下，龙井市土地流转率由13%提高至80%，家庭农场数量由0家发展至220家，家庭农场平均年收入达25万元，最高达130多万元，平均年收入较4年前提升208%。

二是极大降低了农民融资成本。物权融资公司对农民受理融资担保业务的全部环节实行零手续费，且配套相对较低的贷款利率。当地农信社等金融机构的农户贷款利率一般执行基准利率上浮60%~70%，而通过物权融资公司申请贷款的利率执行基准利率上浮30%。此外，还享受省政府专业农场贷款60%贴息的政策和试点地区农场贷款1个百分点的利息补贴。以当前一年期贷款基准利率4.35%上浮30%计算，专业农场及家庭农场实际负担的贷款利率仅为1.26%。

三是有效防范了银行信贷风险。物权融资公司通过扎紧多道风险防控篱笆，有效保障了银行的信贷资产安全。物权融资公司成立以来，累计办理的2 183笔贷款中只有2笔在出现逾期，且物权融资公司及时采取抵押物流转程序，促使借款人及时主动进行偿还。截至目前，通过龙井市物权融资公司担保办理的贷款保持着“零不良”。另外，通过物权融资公司的激励约束机制，有效促进了当地农民信用意识的提升和信用环境的改善。

（二）证券业平稳健康发展，融资能力明显增强

1. 证券业机构数量稳步增长。2016年，吉林省新增证券公司分公司2家、营业部9家，证券营业部基本覆盖全省9个地区，网点布局更趋合理。证券市场交易有所回落，全年吉林省证券交易总额达到39 509.6亿元，同比减少23.5%。

2. 资本市场融资功能得到有效发挥。2016年，吉林省41家上市公司累计募集资金206.6亿元（见表3），同比增长66.7%。企业利用资本市场融资意识增强，在新三板挂牌积极性高涨，市场快速发展，当年有37家公司在新三板挂牌，吉林省挂牌公司总数达到78家。

表3　2016年吉林省证券业基本情况

项目	数量
总部设在辖内的证券公司数（家）	2
总部设在辖内的基金公司数（家）	64
总部设在辖内的期货公司数（家）	2
年末国内上市公司数（家）	41
当年国内股票（A股）筹资（亿元）	207
当年发行H股筹资（亿元）	1
当年国内债券筹资（亿元）	272
其中：短期融资券筹资额（亿元）	21
中期票据筹资额（亿元）	166

注：当年国内股票（A股）筹资额是指非金融企业境内股票融资。
数据来源：吉林证监局。

（三）保险业快速发展，保险保障功能进一步增强

1. 保险机构数量持续增加。2016年，吉林省共有法人保险公司3家、省级保险分公司34家，分别较上年增加1家和2家。

2. 保险业务加快发展。2016年，吉林省保险业资产实力稳步增强，全行业分公司以上资产总额同比增长25.9%。保险密度和保险深度分别为3.74%和2 038元/人，同比分别提高0.62个百分点和上升27.7%。保费收入同比增长29.2%，保险赔款给付支出同比增长27.6%，增速同比提升14.8个百分点，人身险公司赔付支出同比增速高于财产险公司，保险的保障功能得到进一步发挥。保险对公共服务和民生领域的支持保障功能逐步增强，截至2016年年末，保险公司共为吉林省内城市建设、交通设施和民生领域多项重大项目提供风险保障336亿元。

表4　2016年吉林省保险业基本情况

项目	数量
总部设在辖内的保险公司数（家）	3
其中：财产险经营主体（家）	3
人身险经营主体（家）	0
保险公司分支机构（家）	34
其中：财产险公司分支机构（家）	17
人身险公司分支机构（家）	17
保费收入（中外资，亿元）	557
其中：财产险保费收入（中外资，亿元）	138
人身险保费收入（中外资，亿元）	419
各类赔款给付（中外资，亿元）	161
保险密度（元/人）	2 038
保险深度（%）	4

数据来源：吉林保监局。

（四）融资规模持续增长，金融市场稳步发展

1.社会融资规模稳步增长。2016年年末，吉林省社会融资规模存量同比增长14.5%，高于同期地区生产总值增速7.6个百分点。其中，表内融资同比增长12.4%，增速回落8.2个百分点；表外融资同比快速增长34.7%。直接融资占比同比下降2.7个百分点，区域间接融资为主、直接融资为辅的结构没有明显改变，直接融资亟待发展。

2. 货币市场交易活跃。2016年，吉林省金融机构运用货币市场优化资产负债结构的意愿较

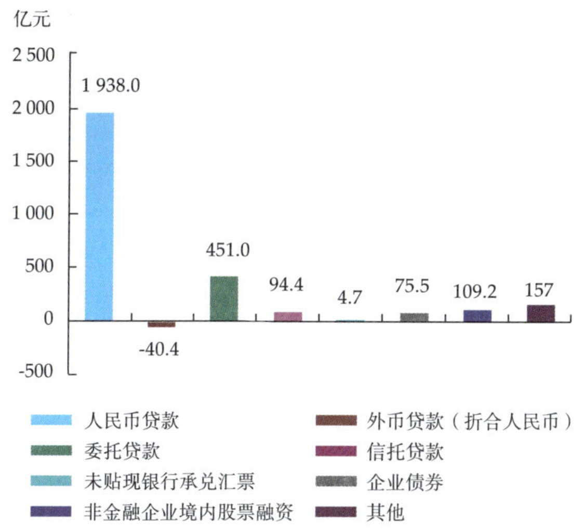

数据来源：中国人民银行长春中心支行。

图4　2016年吉林省社会融资规模分布结构

强，市场交易额创历史新高。吉林省银行机构在全国银行间市场拆借交易额同比增长25.9%，现券交易同比增长32.3%，回购交易同比增长27.2%。融资成本较低致使利率水平在低位波动，拆入利率和拆出利率分别上升11个基点和下降87个基点。

表5　2016年吉林省金融机构票据业务量统计

单位：亿元

季度	银行承兑汇票承兑		贴现			
			银行承兑汇票		商业承兑汇票	
	余额	累计发生额	余额	累计发生额	余额	累计发生额
1	932.5	451.7	679.1	4 673.4	0.1	20.9
2	804.1	387.8	762.9	3 398.2	0.3	2.3
3	932.2	558.5	810.3	3 391.6	0.4	0.2
4	1 004.0	553.4	735.4	1 212.0	1.2	59.8

数据来源：中国人民银行长春中心支行。

表6　2016年吉林省金融机构票据贴现、转贴现利率

单位：%

季度	贴现		转贴现	
	银行承兑汇票	商业承兑汇票	票据买断	票据回购
1	3.33	8.41	3.15	3.01
2	3.20	5.56	3.23	3.08
3	3.16	4.97	3.15	2.85
4	3.03	6.57	3.14	3.30

数据来源：中国人民银行长春中心支行。

3. 吉林省票据业务发展平稳。2016年，吉林省票据承兑累计发生额同比上升1.4%。票据融资总量大幅减少，贴现累计发生额同比下降73.1%。票据市场利率在低位运行，银行承兑汇票贴现、转贴现加权平均利率在3.0%~3.3%之间（见表6）。

4. 外汇市场和黄金市场运行平稳。2016年，吉林省企业积极运用外汇交易工具应对汇率波动，银行结售汇规模达189.9亿美元。地方性金融机构开始参与银行间即期外汇市场业务，但交易规模仍然较小。黄金市场呈现良好发展势头，15家商业银行全年人民币和美元黄金业务累计成交额分别同比增长33.3%和7.7%。

（五）金融生态环境持续改善，普惠金融基础设施建设进一步强化

1. 信用体系建设取得积极进展。截至2016年年末，金融信用信息基础数据库累计收录吉林省16.9万户企业、1 877万个自然人信用信息。征信系统服务功能充分发挥，全年向省内金融机构提供查询服务390余万次，为金融机构支持地方经济发展、防范金融风险提供了有力支撑。中小微企业与农村信用体系建设全面推进，累计为全省4.8万户中小微企业与346万户农户建立信用档案，信用企业、信用农户、农村青年信用示范户、信用农场等评定工作广泛开展，信用信息应用与评价取得积极成效。此外，中国人民银行长春中心支行积极发挥沟通协调作用，推动开发建设了吉林省信用信息共享服务平台，信息共享与信用奖惩机制不断完善。

2. 支付体系高效平稳运行。2016年，吉林省支付系统全年办理业务金额53.4万亿元，与上年基本持平。助农取款服务点达到1.3万个，银行卡助农取款、“联银快付”等项目助推农村地区支付环境持续优化。银行卡受理环境不断改善，全省联网商户、POS终端、ATM布放量同比分别增长18.4%、15.8%和8.7%。银行卡信贷规模持续提升，截至2016年年末，吉林省银行卡授信总额同比增长42.9%，授信使用率43.7%，同比提高4.6个

百分点。银行卡信贷规模的提升推促动了银行卡消费稳步增长，银行卡消费总额和人均卡消费同比分别增长27.2%和28%。

3. 金融消费软环境进一步改善。中国人民银行长春中心支行对100家金融机构金融消费权益保护工作开展综合量化考评，对37家金融机构开展金融消费权益保护检查，督促辖内金融机构提升金融服务水平。进一步完善金融消费纠纷处理机制，全年共处理消费者咨询及投诉132件，投诉办结率和消费者满意度均为100%。积极组织开展消费者权益宣传活动，受众群众300万余人，金融消费者维权意识有效提升。

二、经济运行情况

2016年，在新一轮东北振兴重大举措、稳增长各项政策和关键领域改革等的综合推促动下，吉林省经济运行在底部企稳并逐步向好。全年实现地区生产总值为14 866.2亿元，同比增长6.9%（见图5），增速较上年提升0.4个百分点。四个季度的末累计地区生产总值增速分别为6.2%、6.7%、6.9%和6.9%，呈现稳步回升态势。人均地区生产总值达到54 266元，同比增长7.3%。

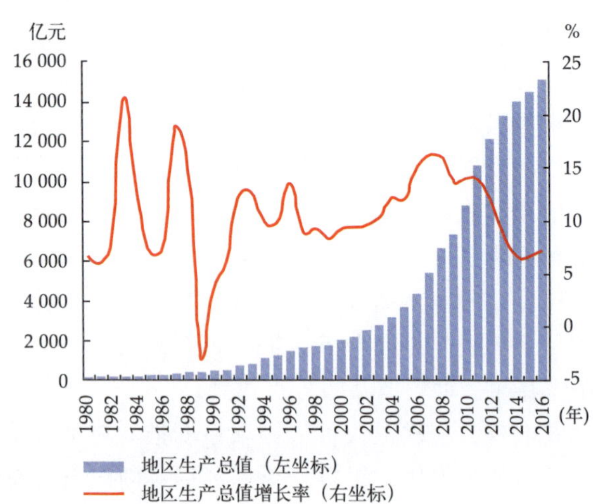

数据来源：吉林省统计局。

图5 1980～2016年吉林省地区生产总值及其增长率

（一）需求结构有所优化，投资仍是稳增长的关键动力

2016年，吉林省投资增速同比略降，消费需求略有提升，进出口降幅持续收窄，需求结构不断优化。

1. 固定资产投资缓中趋稳。2016年，吉林省完成固定资产投资13 773.2亿元，同比增长10.1%，增速较上年降低2.5个百分点（见图6）。分产业看，第一、第二、第三产业分别完成投资708.5亿元、7 186.5亿元、5 878.2亿元，同比分别增长31.0%、2.4%和18.8%。分投资主体看，政府主导的基础设施投资持续快速增长，全年完成基础设施投资2 087.1亿元，同比增长28.9%，增速比上年加快14.8个百分点，占固定资产投资的比重为15.2%，比上年提升2.5个百分点；民间投资额突破万亿元，达到10 200.1亿元，同比增长12.0%，占固定资产投资的比重为74.1%，比上年提升1.3个百分点。投资结构更趋合理，高耗能行业投资占固定资产投资的比重较上年下降1.1个百分点。

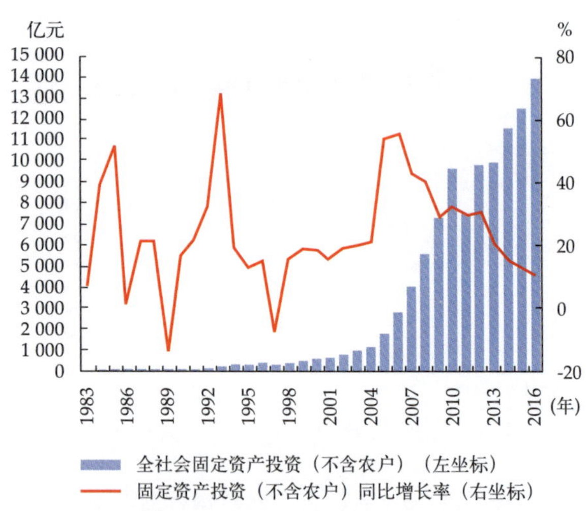

数据来源：吉林省统计局。

图6 1983～2016年吉林省固定资产投资（不含农户）及其增长率

2. 消费需求稳中趋升。2016年，吉林省实现社会消费品零售总额7 310.4亿元，同比增长9.9%（见图7），增速比上年提高0.6个百分点。其中，乡村消费增长13.2%，增速快于城镇3.7个百

分点。从主要消费分类看，受房地产销售态势较好拉动，建筑装潢材料、家具产品的销售分别增长13.3%和13.2%；居民日常生活消费市场红火，餐饮、日用品、粮油等增长较快，同比分别增长14.9%、12.2%和11.1%；受国际石油价格持续震荡影响，石油类商品销售额下降0.2%；各大汽车厂商相继推出新车型和优惠政策，汽车类商品销售恢复增长至5.9%。

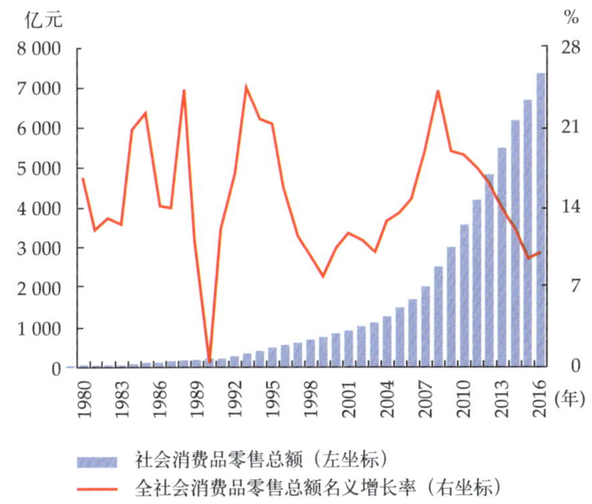

数据来源：吉林省统计局。

图7　1980～2016年吉林省社会消费品零售总额及其增长率

3. 外贸形势逐步好转。2016年，吉林省进出口累计完成184.4亿美元，同比下降2.3%（见图8），增速较上年提高25.9个百分点。外贸向好的态势越来越明显，累计进出口额降幅连续11个月收窄，由年初的下降30.4%收窄为年末仅下降2.3%。从贸易方式看，保税仓进出境、边境小额贸易、加工贸易分别增长283.4%、35.3%和2.8%，新型贸易方式快速增长，外贸结构调整取得积极进展。从重点企业看，进出口额超千万美元的100家重点企业中有58家实现正增长。其中，一汽集团进出口下降态势得到逆转，同比增长1.3%，是吉林省外贸回暖的最重要力量。从商品看，重点出口商品中，农产品、石化产品分别增长6.3%、10.4%；重点进口商品中，汽车及零部件、轻纺产品分别增长1.2%、7.9%。

对外经济合作顺利开展。2016年，吉林省积极推进对内、对外开放，实际利用外资94.3亿美元，同比增长10.0%，其中，外商直接投资22.7亿美元，同比增长6.9%（见图9）；全年实际利用外省资金7 649.4亿元，同比增长12.0%。开放发展战略扎实推进，长春新区获批，通化国际内陆港务区通关运营，延龙图新区正式成立。

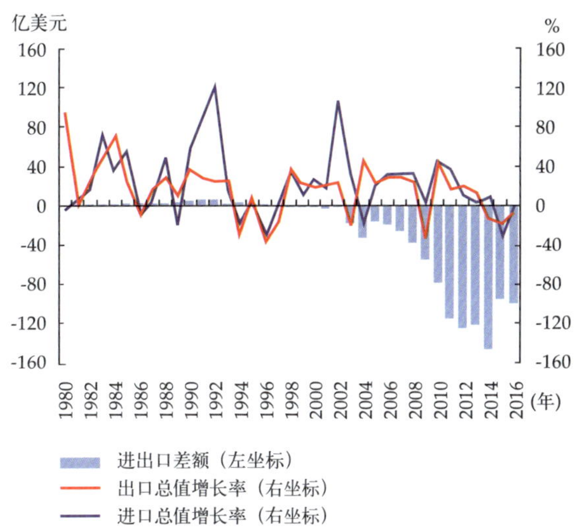

数据来源：吉林省统计局。

图8　1980～2016年吉林省外贸进出口变动情况

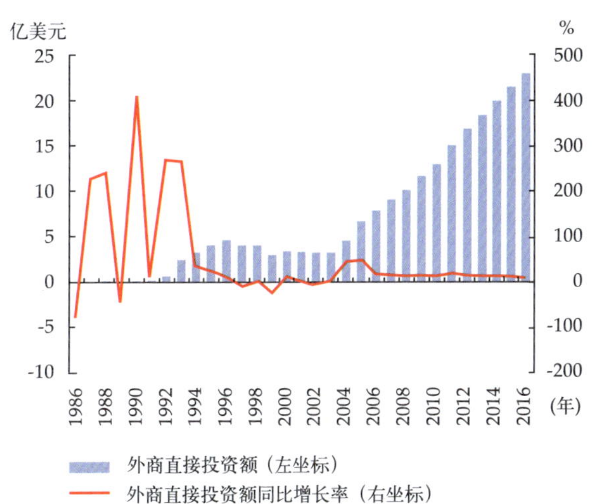

数据来源：吉林省统计局。

图9　1986～2016年吉林省外商直接投资额及其增长率

（二）产业升级步伐加快，供给侧改革成效明显

2016年，吉林省三次产业结构由上年的

11.2：51.4：37.4调整为10.1：48：41.9，对经济增长的贡献率分别为6.3%、43.8%和49.9%，服务业比重提高了4.5个百分点，实现了产业结构优化向好。

1. 农业生产保持稳定。2016年，吉林省实现农林牧渔增加值1 549.3亿元，同比增长3.8%。吉林省着力强化农业大省的优势，完善农业基础设施，建成209万亩集中连片高标准农田，为粮食大丰收奠定坚实的基础。启动全国粮食生产全程机械化整体推进示范省建设，农作物耕种收综合机械化水平同比提高2个百分点。粮食生产再获丰收，全年粮食总产量743.4亿斤，同比增长1.9%，粮食单位面积产量7 402.4公斤/公顷，同比增长3.1%。玉米收储市场化改革顺利推进，“粮食银行”试点实现产粮市县全覆盖。

2. 工业生产稳中有进。2016年，吉林省规模以上工业实现增加值6 134亿元，同比增长6.3%（见图10），增速比上年加快1个百分点。其中，轻工业增长9.2%、重工业增长4.9%。分行业看，传统支柱产业动力强劲，汽车产业实现快速增长，全年实现增加值1 644.5亿元，同比增长10.0%，对规模以上工业增长的贡献率达到40.6%；食品工业相对平稳，实现增加值1 021.5亿元，同比增长7.7%。新兴行业迅猛成长，装备制造业实现增加值656.0亿元，同比增长7.9%，占规模以上工业的比重达到10.7%，比上年提升0.3个百分点。从经营效益看，全年规模以上工业企业累计实现主营业务收入23 268.3亿元，同比增长5.7%；实现利润1 241.8亿元，同比增长5.2%。此外，坚持把民营经济作为创新发展的重要力量，开展中小企业入规升级专项行动，实施营商环境改善专项活动，为民营经济发展创造良好的环境。全年民营工业企业实现增加值3 408.4亿元，同比增长7.5%。

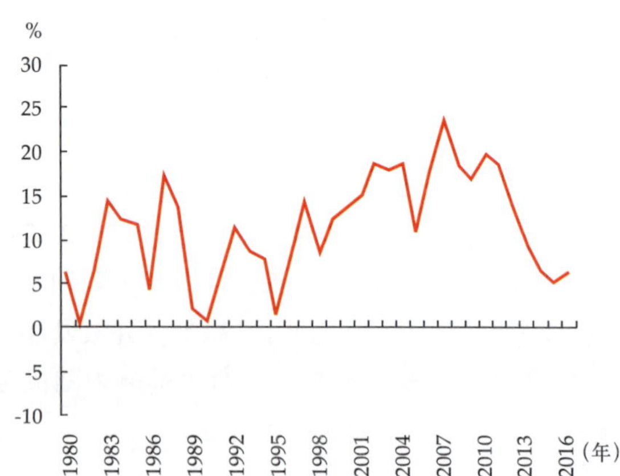

数据来源：吉林省统计局。

图10　1980～2016年吉林省规模以上工业增加值同比增长率

3. 服务业保持较快增长。2016年，吉林省将服务业发展作为经济结构调整的重要抓手，积极采取有效措施实施服务业发展提升战略，大力发展金融业、旅游业和养老等新兴服务业，成功举办首届中国·吉林国际冰雪旅游产业博览会、消费服务博览会、养老产业博览会等，服务业实现增加值6 240.5亿元，同比增长8.9%，增速比上年提升0.6个百分点，高于地区生产总值增速2个百分点。

4. 供给侧结构性改革成效明显。2016年，吉林省将国有企业改革同供给侧结构性改革有机结合，以国有企业改革带动供给侧结构性改革取得了很好的成效。组建吉林省吉盛资产管理公司等国有资本运营平台，围绕“三去一降一补”精准发力，支持吉煤集团、森工集团、昊融集团等企业实现脱困发展。去产能方面，规模以上工业原煤、钢材、水泥、铁合金产量同比分别下降37.3%、16.2%、4.4%和29.4%；去库存方面，工业企业库存持续减少，商品住房去库存完成三年任务的68%；去杠杆方面，年末规模以上工业企业资产负债率为52.5%，同比下降2.3个百分点；降成本方面，规模以上工业企业每百元主营业务收入的成本83.9元，比同比下降0.5元；补短板方面，全年农田水利和农林牧渔业投资分别比上年同比增长31.9%和31.0%，分别快于全部投资增幅21.8个百分点和20.9个百分点。新经济快速成长，全年战略性新兴产业产值同比增长7.7%，增速比规模以上工业产值增速高2.1个百分点。

5. 生态文明建设效果突出。2016年，吉林省能源消费总量8 014.1万吨标准煤，比上年下降1.6%。万元地区生产总值能耗下降7.9%。万元规模以上工业增加值能耗下降9.4%。全年空气质量总体保持稳定，城市环境空气质量优良天数比例为82.0%。生态环境保护进一步加强，实施清洁空气、水体、土壤行动计划，地级以上城市集中式饮用水源地水质稳定达标。东中西部区域发展战略有效落实，西部生态经济区建设加快，河湖连通等重点工程深入推进，海峡两岸（吉林）生态农业合作先行试验区获批；中部创新转型核心区规划实施方案出台；东部绿色转型发展区建设取得新进展，滚动实施100个投资10亿元以上项目。

（三）消费品价格相对稳定，工业品价格降幅明显收窄

1. 居民消费价格温和上涨。2016年，吉林省居民消费价格指数累计上涨1.6%（见图11），较上年降低0.1个百分点，其中，城市累计上涨1.5%，农村累计上涨1.9%。从影响价格上涨的因素看，食品类价格累计上涨3.6%，拉升居民消费价格总水平上涨约0.8个百分点，依然是拉升居民消费价格总水平上涨的重要因素。其中，猪肉价格涨幅最大，累计上涨18.7%，拉动居民消费价格总指数上涨约0.4个百分点。

2. 生产价格降幅不断收窄。在去产能的背景下，受原油、钢铁、煤炭等价格回升以及工业经济运行有所好转的影响，吉林省工业生产者出厂价格由年初的下降4.9%逆转为年末的上涨3.6%。2016年，工业生产者出厂价格指数累计为98.4，同比下降1.6%，与上年同期相比降幅收窄3.1个百分点；工业生产者购进价格指数走势与出厂价格走势一致，全年累计为97.8，同比下降2.2%。

3. 劳动力成本继续呈现快速提高态势。2016年，吉林省城市低保月保障标准和月人均补助水平分别达到445元和379元，同比增长10.4%和11.8%；农村低保年保障标准和年人均补助水平分别达到3 412元和1 716元，同比分别增长25.5%和10.6%。企业退休人员养老金平均水平提高7%。

（四）财政收入微幅增长，财政支出依旧较快增长

2016年，吉林省财政收入形势有所好转，全年实现地方级收入1 263.8亿元，同比增长2.8%（见图12），增幅同比提高0.6个百分点。其中，税收收入873亿元，同比增长0.7%。从税源结构看，重点产业税收贡献率提升，汽车制造业取代房地产业成为第一大税源行业，拉动税收收入增长4.4个百分点；医药制造业、轨道交通装备制造业等新兴重点产业税收收入增长较快，拉动全部税收增长1.4个百分点；房地产业受去库存及“营改增”等政策影响税收减少较多，拉低税收增幅

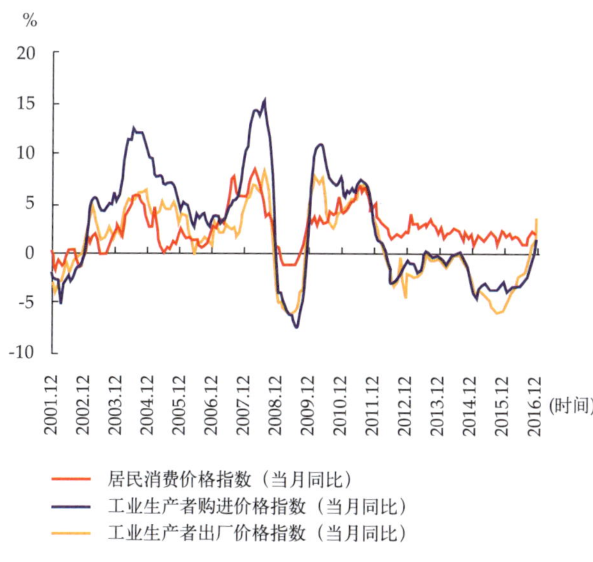

数据来源：吉林省统计局。

图11　2001～2016年吉林省居民消费价格和生产者价格变动趋势

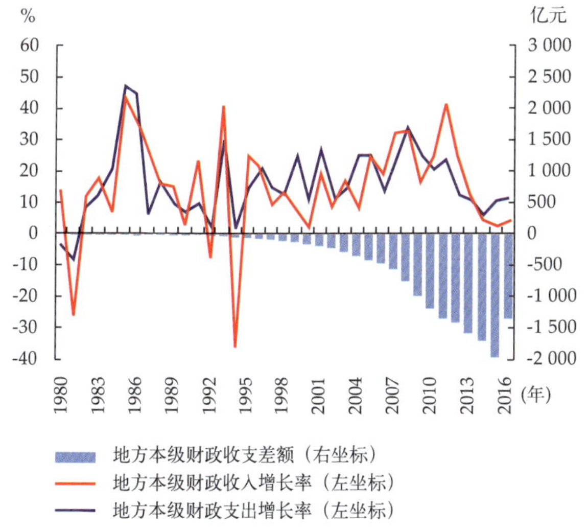

数据来源：吉林省统计局。

图12　1980～2016年吉林省财政收支状况

5.3个百分点。从财政支出看，全年一般公共预算财政支出3 586.1亿元，同比增长11.5%。其中，社会保障和就业、医疗卫生与计划生育、节能环保、教育、住房保障、农林水事务等民生领域的刚性支出分别增长7.6%、11.3%、3.8%、4.6%、0.4%和34.7%。用于民生方面的财政支出占全部财政支出的81%，比上年提高0.7个百分点，连续10年将新增财力的70%以上用于民生，支持16个方面48件民生实事所需资金全部兑现。财政收入与支出不同步的潜在隐忧值得关注。

专栏2　吉林省农村金融综合改革取得良好成效

2015年12月2日，国务院常务会议决定在吉林省进行农村金融综合改革试验。2016年5月12日，吉林省委全面深化改革领导小组会议审议通过了《吉林省农村金融综合改革试验实施方案》。中国人民银行长春中心支行与有关部门密切配合，积极推动农村金融综合改革试验取得扎实成效。目前，各项改革工作取得积极进展，吉林省涉农信贷和支农体系呈现“量增价降、质量优化、创新加速”的喜人景象。截至2016年年末，吉林省涉农贷款余额同比增长14.6%，高于全部贷款平均增速2.2个百分点。

一、多元农村金融组织体系日臻完善

农业银行“三农金融事业部”成效显著，中国邮政储蓄邮储银行吉林省分行首批启动“三农金融事业部”改革试点。2016年，吉林省7家农信社改制成为农商行，农商行数量占农合机构总数的比例达到占比达67%。新设6家村镇银行，村镇银行数量达到61家，实现县域全覆盖；九银金融租赁公司、亿联银行取得监管部门批复；有66家小额贷款公司转型成为专业支农小额贷款公司。

二、物权融资服务体系建设初见成效

一是构建农村金融基础服务支柱平台。组建了1亿元资本规模的农村金融基础服务总公司，围绕主要试验地区开展县乡村三级物理网点布局，并同步启动农户信用信息采集、金融知识普及、保险等金融产品代理等基础业务。二是构建农村物权增信服务支柱平台。组建了5亿元资本规模的省级物权融资服务总公司，逐步实现与市县物权公司股权连接和业务整合，形成跨区域、同标准的物权增信服务平台。三是规划建设农村信用信息支柱平台。依托吉林省信用信息中心，在现有信用信息系统下搭建农村信用信息数据子平台，分散在人民银行、公安、民政等部门的农户信用信息完成初步整合。

三、土地资源资本化改革不断深入

一是加快推进“两权”抵押贷款试点。截至2016年年末，吉林省15个试点县（市）农村承包土地的经营权抵押贷款余额达到8.9亿元。二是实施土地金融综合改革试点。选择公主岭市范家屯镇作为先期试点，在全国率先开展了集土地资源活化、农民公共服务均等化、农业产业现代化于一体的综合集成创新。试点地区共流转土地1 400公顷，占试点面积的28%，实现4个村整村流转；农民入股存地80户，土地面积96公顷；宅基地复垦面积125公顷，安置农民1 600户，共4 900人。

四、吉林特色农村金融产品服务模式初步形成

一是培育了多元经营主体金融产品。创新研发以“直补资金贷款”“农户联保贷款”为主的个体农户信贷产品体系。培育了“农用机械按揭贷款”“家庭农场专项贷款”等适度规模经营主体贷款品种体系。二是农业产业链融资类金融产品模式不断增加。针对种植业大户，创新形成了“公司+龙头企业+农户”等模式；针对畜牧业养殖户，创新形成了“银行+畜牧业担保公司+养殖户”等模式；针对人参产业，创新 “人参加工企业+参农”订单农业贷款；针对中草药、苗木花卉产业探索“银行+合作社+农户”等模式。

五、农村金融风险分担补偿机制日益完善

一是拓展了农业保险广度和深度。2016年，吉林省省级财政新增1.5亿元，总计安排了4.5亿元资金用于保费补贴。调整五大粮食作物保障系数和多个特色农牧产品险种。二是强化财政资金信贷风险分担作用。组建了吉林省农业信贷担保公司，完成16家县域分公司组建。通过财政引导、地方政府和企业自筹方式设立了总规模8亿元的玉米收购贷款信用保证基金，保障玉米市场化收购资金供应。

六、农村金融生态环境进一步优化

一是加强农村信用环境建设。截至2016年年末，吉林省累计评定信用农户160余万户，信用村2 000余个，信用乡（镇）近300个。开发“农村信用信息数据库”，包含农户基本信息、生产经营信息等200余项指标，已采集100余万户农户信用信息。二是不断提高农村支付结算服务质量。截至2016年年末，吉林省“联银快付”项目完成交易194万笔，金额1 416亿元。助农取款服务点数量达13 188个，办理各种业务313.3万笔，金额180.4亿元。

（五）房地产市场回暖态势明显，医药产业快速健康发展

1. 房地产市场有所回暖。2016年，针对房地产去库存的信贷、税收等优惠政策效果逐步显现，极大地降低了购房门槛和购房成本，居民购房意愿增强。库存去化的加快也刺激供给端的房地产开发投资、房屋新开工面积等指标逐步向好，房地产开发景气指数提高，房地产开发投资增速时隔两年首次回升，且增幅较大。此外，棚户区改造继续大力推进，保障性住房开发力度不减，货币化安置的比例不断提升。

房地产开发投资增速显著提升。2016年，吉林省房地产开发投资额为1 016.8亿元，同比增长10%，增幅较上年提高20.3个百分点，房地产开发投资实际到位资金1 255.0亿元，同比增长3.6%。房地产开发投资额和房地产开发投资实际到位资金近三年来均首次呈现正增长。自筹资金仍为房地产开发企业主要资金来源，占比与上年持平，为46%；其他资金和国内贷款占比分别为42%和11.3%。

房地产供给有所上升。房屋施工面积、房屋新开工面积、房屋竣工面积等指标均同比提高。2016年，吉林省房屋施工面积11 797万平方米，同比增长2%；房屋新开工面积2 116万平方米，同比增长2.5%，增幅较上年同期提高39.2个百分点；房屋竣工面积1351.7万平方米，同比增长5%，增幅较上年同期提高23个百分点（见图13）。值得关注的是，房地产开发企业购置土地面积为699.6万平方米，同比下降11.8%，降幅较上年下降2.8个百分点，表明房地产开发企业对未来并不乐观，回暖基础并不牢固。

房屋销售状况明显好转。2015年出台的个人住房贷款最低首付比例下调、房屋交易税费下降、取消住房限购等相关政策效应逐步显现，房屋销售状况明显好转，房屋销售面积同比增速由降转升，且增幅较大。2016年，吉林省商品房销

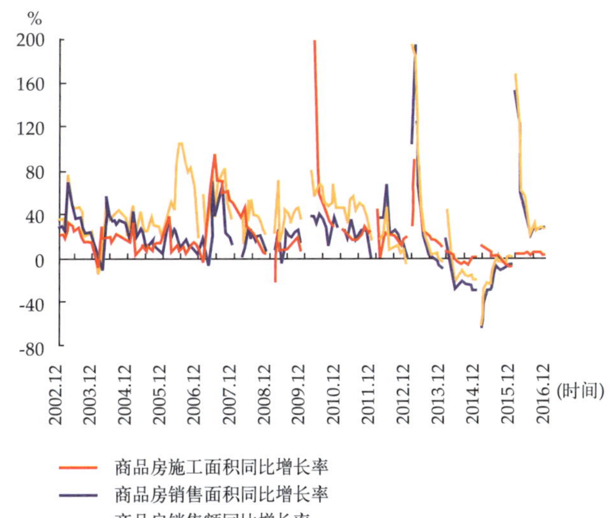

数据来源：吉林省统计局。

图13　2002～2016年吉林省商品房施工和销售变动趋势

售面积为1 919.3万平方米，同比增长28.7%，增幅较上年提高34.4个百分点。商品房销售额为1 029.6亿元，同比增长26%，增幅较上年同期提高25个百分点。

商品房住宅平均销售价格小幅上升。从国家统计局公布的70个大中城市住宅价格指数来看，长春市和吉林市住宅销售价格指数均有所上升。其中，2016年12月长春市和吉林市新建住宅销售价格指数分别为103.9和102.6，较上年同期均有所上升（见图14）。二手房交易量的活跃带动二手住宅销售价格指数有所上升，2016年12月长春市和吉林市二手住宅销售价格指数分别为100.2和101.4，长春市与上年同期持平，吉林市较上年有所上升。

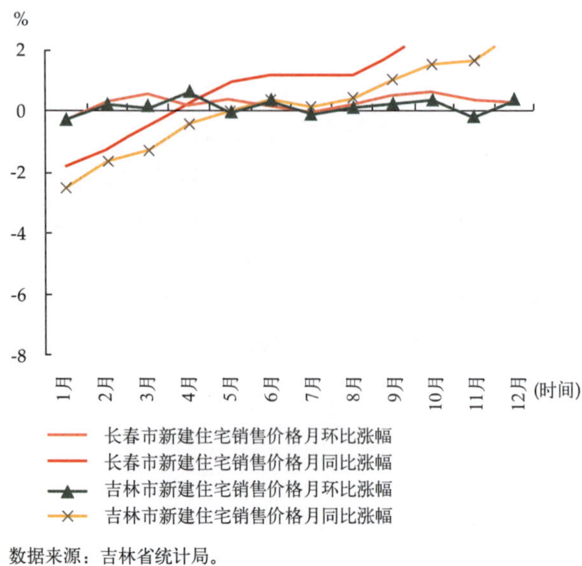

数据来源：吉林省统计局。

图14　2016年吉林省主要城市新建住宅销售价格变动趋势

房地产贷款增速略有回落。2016年，吉林省房地产贷款余额3 315.8亿元，同比增长14.6%，增速同比回落0.6个百分点。其中，保障性住房开发贷款仍保持快速增长，贷款余额689.6亿元，同比增长36.9%；个人住房贷款余额1 969.2亿元，同比增长21.8%，增速较上年提高1.4个百分点。

2. 医药产业呈现快速健康发展态势。2016年，吉林省医药产业实现产值2 128.8亿元，同比增长9.9%。随着国务院《全面推动医药产业创新升级》和《中医药发展战略规划纲要（2016~2030年）》的深入贯彻，吉林省医药产业供给侧结构性改革积极推进，产业转型升级不断加快，内生发展动力不断增强。一是产品竞争力日益提高。加快实施“重大医药产业化项目推进工程”，重点扶持一批投资3 000万元以上的重大医药产业化项目，促进医药产业优化升级。医药健康领域驰名商标达到30件，省著名商标达到150件。二是创新能力大幅提升。细胞、生物制药技术已经实现产业化。建立了一批企业技术中心、工程技术研究中心、重点实验室等高水平的新产品和新技术研发平台。医药领域获得省级以上科技进步奖励193项。三是兼并重组步伐加快。优势企业开展跨地区、跨行业、跨所有制兼并重组，促进资源向优势企业集中，提高产业集中度。实施兼并重组企业近20家，吉林四环、吉林丰生、万通梅河、玉圣药业等企业兼并重组后，主要经营指标增长翻番。

吉林省医药产业发展中的深层次矛盾值得关注。一是产业内部结构有待进一步优化。中药产值占医药总量的80%，中药一家独大现象突出，而生物药、化药、医疗器械等领域发展相对滞后，产业间发展不平衡。产业链条有待完善，上下游关联配套产业发展滞缓。二是公共技术平台较少。缺少如“GLP”国家食品药品监督管理局认证的药物安全性评价中心，出口的中成药只能以食品出口，大大降低了附加值。三是成本上涨导致企业盈利下降。受上游原材料、能源及动力、人工成本价格不断上涨，部分企业产品同质化竞争日益加剧，医药企业多数为中小企业，企业抗风险能力不强等不利因素影响，企业盈利空间缩小。

金融对具有比较优势的医药产业支持力度加大。金融机构积极通过开辟绿色信贷通道、简化审批流程、提供优惠贷款利率，拓展医药行业授信，支持医药产业优化升级。针对具体企业则实行差异化策略，重点满足龙头医药企业为获得独家产品、核心技术、原料基地等竞争优势的融资需求；适度支持优质制药企业的技术改造投资项目，择优支持首仿药、拥有批号的新药品种的产业化项目；积极探索生物制药领域投贷联动业务或方案，支持投贷联动专门产品的研发和使用，创新与国家新兴产业创业投资引导基金等合作。2016年年末，医药产业贷款余额为263.6亿元，同比增长38.4%。

三、预测与展望

2017年是实施“十三五”规划的重要一年，也是供给侧结构性改革的深化之年。吉林省经济社会发展虽仍面临体制机制不活、对外开放程度低、国有经济比重大等诸多困难和问题，但国家新一轮东北振兴政策措施的深入实施、供给侧结构性改革的持续推进以及吉林省国有企业改革的进一步深化，必将为吉林结构转型和振兴发展提供新的动力。2017年，吉林省将坚持稳中求进的工作总基调，着力完善体制机制，着力推进结构调整，着力鼓励创新创业，着力保障改善民生，全面做好稳增长、促改革、调结构、惠民生、防风险各项工作，预计地区生产总值增长7%左右，物价涨幅不超过3%。

2017年，吉林省金融业将深入贯彻实施稳健中性的货币政策，保持货币信贷及社会融资规模合理适度增长；着力调整优化信贷结构，大力支持吉林省深化供给侧结构性改革；把防控风险放到更加突出的位置，牢牢守住不发生区域性、系统性金融风险的底线，为新一轮吉林振兴发展营造良好的货币信贷金融环境。

中国人民银行长春中心支行货币政策分析小组

总　纂：张文汇　孙维仁

统　稿：丁树成　曹鲁峰　杨　珩　连　飞　赵新欣

执　笔：刘　健　邵　洋　杨　爽　马　琳　安立环　赵　锋　曹　楠　陈　亮　孟繁博　王春萍　白云峰　董凯军　刘鸿鹄　柴文梁

提供材料的还有：刘中超　郑凯元　赵雨丝　佟训舟　林佳乙

附录

（一）2016年吉林省经济金融大事记

2月，长春新区获批，成为全国第17个国家级新区。

3月，吉林省成立农村承包土地的经营权抵押贷款试点工作小组和农民住房财产权抵押贷款试点工作小组。

6月，吉林省组建农业投资集团公司、吉盛资产管理公司、国有资本运营公司和旅游控股集团公司，吉林省国有企业改革进入实质性阶段。

7月，第十三届中国（长春）国际汽车博览会在长春举行，137家参展企业现场销售车辆2.9万余台，成交额达到58.9亿元。

7月，2016年首届全球吉商大会在长春召开，来自五大洲36个国家和地区的1 200余名吉商代表参加会议，成为吉林省委、省政府支持全球吉商返乡创业的重要战略平台。

12月，首届中国·吉林国际冰雪旅游产业博览会在吉林长春开幕，吉林省冰雪产业实现突破性发展。

12月，吉林省首家民营银行亿联银行获批筹建，注册资本20亿元。

12月，吉林省企业信贷周转基金成立，东北地区第一只省级企业信贷周转基金正式投入运营。

2016年，国资国企改革“1+N”政策体系初步形成，省直部门和事业单位所属国有企业基本完成脱钩。

2016年，粮食产量再创新高，在调减籽粒玉米种植面积332.6万亩的情况下，粮食总产量达到743.4亿斤，稳居全国第四位。

（二）2016年吉林省主要经济金融指标

表1　2016年吉林省主要存贷款指标

		1月	2月	3月	4月	5月	6月	7月	8月	9月	10月	11月	12月
本外币	金融机构各项存款余额（亿元）	18 969.5	19 024.1	19 680.5	19 898.4	20 062.7	20 542.5	20 575.6	20 915.7	21 036.6	20 972.4	21 032.8	21 154.7
	其中：住户存款	9 797.0	10 023.5	10 182.1	10 098.6	10 062.3	10 225.3	10 175.4	10 237.8	10 391.4	10 326.6	10 416.3	10 666.1
	非金融企业存款	4 922.8	4 729.0	5 020.5	5 136.0	5 163.7	5 114.4	5 194.9	5 343.0	5 517.7	5 461.5	5 658.2	6 053.5
	各项存款余额比上月增加（亿元）	137.3	54.5	656.5	217.9	164.3	479.7	33.1	340.1	120.8	-64.1	60.3	122.0
	金融机构各项存款同比增长（%）	10.8	10.7	12.0	12.9	13.9	14.1	15.1	15.7	15.6	14.9	12.3	13.2
	金融机构各项贷款余额（亿元）	15 690.7	15 755.5	16 105.5	16 077.2	16 146.4	16 351.0	16 374.8	16 498.0	16 722.6	16 706.8	16 785.9	17 210.5
	其中：短期	925.0	920.8	939.8	927.8	936.3	949.3	945.1	946.6	951.9	943.3	944.1	931.3
	中长期	2 720.5	2 730.5	2 764.1	2 804.2	2 869.8	2 928.5	2 975.9	3 019.7	3 084.4	3 123.3	3 174.6	3 179.0
	票据融资	746.0	723.8	679.2	756.1	757.5	763.1	765.2	786.7	810.7	767.4	788.7	736.5
	各项贷款余额比上月增加（亿元）	381.9	64.7	350.0	-28.3	69.2	204.6	23.8	123.2	224.5	-15.7	79.1	424.6
	其中：短期	10.9	-4.2	19.0	-12.0	8.5	13.0	-4.1	1.5	5.3	-8.6	0.8	-12.8
	中长期	40.3	10.0	33.7	40.0	65.6	58.7	47.4	43.8	64.7	38.9	51.3	4.4
	票据融资	3.0	-22.2	-44.6	77.0	1.3	5.7	2.0	21.6	23.9	-43.3	21.3	-52.2
	金融机构各项贷款同比增长（%）	18.2	16.3	16.3	14.0	14.2	14.2	13.7	14.0	14.3	13.5	12.2	12.4
	其中：短期	4.6	2.6	3.5	0.8	1.6	0.5	0.3	-0.2	-0.9	-1.1	0.7	1.9
	中长期	14.6	13.8	14.7	15.1	16.7	17.5	17.7	17.7	18.3	18.5	18.5	18.6
	票据融资	121.6	81.7	54.7	47.0	44.2	45.2	33.7	32.3	29.6	16.7	13.3	-0.9
	建筑业贷款余额（亿元）	403.8	405.4	423.8	419.2	427.0	453.1	454.1	451.2	458.7	442.1	431.2	445.3
	房地产业贷款余额（亿元）	784.8	800.2	827.1	711.9	709.7	702.2	713.0	728.5	749.4	743.6	746.5	769.5
	建筑业贷款同比增长（%）	-6.3	-7.6	-4.3	-5.1	-3.4	3.2	3.4	1.3	3.4	-0.9	8.8	14.1
	房地产业贷款同比增长（%）	6.3	6.2	8.8	-7.8	-9.6	-12.7	-10.8	-9.4	-2.9	-3.0	-2.0	-0.9
人民币	金融机构各项存款余额（亿元）	18 802.1	18 832.5	19 492.4	19 705.6	19 886.4	20 385.4	20 432.1	20 786.0	20 903.8	20 838.2	20 892.8	21 003.9
	其中：住户存款	9 700.0	9 923.7	10 081.7	9 998.9	9 960.8	10 122.6	10 073.6	10 137.2	10 291.5	10 223.0	10 308.3	10 553.4
	非金融企业存款	4 855.5	4 640.3	4 936.1	5 046.4	5 092.3	5 063.4	5 156.6	5 317.3	5 488.2	5 434.3	5 629.8	6 019.2
	各项存款余额比上月增加（亿元）	302.5	30.3	659.9	213.2	180.8	499.0	46.7	353.9	117.7	-65.6	54.6	111.1
	其中：住户存款	156.2	223.7	158.0	-82.8	-38.1	161.8	-49.0	63.6	154.3	-68.5	85.3	245.0
	非金融企业存款	-4.4	-215.2	295.8	110.3	45.9	-28.8	93.1	160.7	170.9	-53.9	195.5	389.4
	各项存款同比增长（%）	10.7	10.5	12.0	12.8	13.8	14.1	15.3	16.0	16.0	15.4	12.5	13.5
	其中：住户存款	8.0	6.3	6.4	6.7	7.2	8.4	8.6	9.0	9.5	10.0	10.5	10.6
	非金融企业存款	13.6	13.6	20.8	20.6	20.4	19.8	22.1	25.8	24.6	21.8	20.9	23.9
	金融机构各项贷款余额（亿元）	15 605.6	15 670.0	16 022.0	15 994.8	16 068.4	16 278.0	16 305.7	16 431.3	16 656.9	16 639.1	16 720.7	17 141.1
	其中：个人消费贷款	2 256.4	2 259.6	2 294.0	2 329.6	2 375.7	2 420.5	2 464.1	2 514.1	2 567.1	2 600.7	2 655.6	2 693.3
	票据融资	746.0	723.8	679.2	756.1	757.5	763.1	765.2	786.7	810.7	767.4	788.7	736.5
	各项贷款余额比上月增加（亿元）	402.5	64.4	352.0	-27.2	73.6	209.6	27.8	125.6	225.6	-17.8	81.5	420.4
	其中：个人消费贷款	39.5	3.2	34.5	35.6	46.1	44.8	43.6	50.0	53.0	33.5	55.0	37.7
	票据融资	3.0	-22.2	-44.6	77.0	1.3	5.7	2.0	21.6	23.9	-43.3	21.3	-52.2
	金融机构各项贷款同比增长（%）	18.6	16.8	16.8	14.5	14.7	14.7	14.3	14.6	14.8	14.0	12.7	12.7
	其中：个人消费贷款	21.5	20.5	21.4	21.4	22.1	22.1	22.3	21.4	21.0	21.0	21.1	21.5
	票据融资	121.6	81.7	54.7	47.0	44.2	45.2	33.7	32.3	29.6	16.7	13.3	-0.9
外币	金融机构外币存款余额（亿美元）	25.6	29.3	29.1	29.8	26.8	23.7	21.6	19.4	19.9	19.8	20.3	21.7
	金融机构外币存款同比增长（%）	12.5	24.8	6.0	16.6	10.5	1.5	-16.3	-26.9	-28.7	-35.9	-18.6	-23.4
	金融机构外币贷款余额（亿美元）	13.0	13.1	12.9	12.8	11.9	11.0	10.4	10.0	9.8	10.0	9.5	10.0
	金融机构外币贷款同比增长（%）	-34.8	-34.6	-36.9	-38.0	-43.3	-47.6	-49.6	-51.3	-51.2	-48.4	-46.4	-38.6

数据来源：中国人民银行长春中心支行。

表2　2001～2016年吉林省各类价格指数

单位：%

年/月	居民消费价格指数		农业生产资料价格指数		工业生产者购进价格指数		工业生产者出厂价格指数	
	当月同比	累计同比	当月同比	累计同比	当月同比	累计同比	当月同比	累计同比
2001	—	101.3	—	99.0	—	101.8	—	100.3
2002	—	99.5	—	100.4	—	97.8	—	98.6
2003	—	101.2	—	101.0	—	104.8	—	102.5
2004	—	104.1	—	106.3	—	110.5	—	105.0
2005	—	101.5	—	109.2	—	107.0	—	104.5
2006	—	101.4	—	97.2	—	103.8	—	101.7
2007	—	104.8	—	106.0	—	105.2	—	102.7
2008	—	105.1	—	127.3	—	111.3	—	104.9
2009	—	100.1	—	96.4	—	95.3	—	96.1
2010	—	103.7	—	99.1	—	108.6	—	105.2
2011	—	105.2	—	111.4	—	106.1	—	105.4
2012	—	102.5	—	106.8	—	99.3	—	99.1
2013	—	102.9	—	100.8	—	99.4	—	98.7
2014	—	102.0	—	95.1	—	99.2	—	99.1
2015	—	101.7	—	100.6	—	96.6	—	95.3
2016	—	101.6	—	93.1	—	97.8	—	98.4
2015　1	100.7	100.7	92.9	92.9	96.5	96.5	96.5	96.5
2	101.7	101.2	94.2	93.6	95.7	96.1	95.9	96.2
3	101.8	101.4	99.0	95.3	96.4	96.2	96.2	96.2
4	101.8	101.5	100.9	96.7	96.8	96.3	96.3	96.2
5	101.3	101.5	102.0	97.7	97.0	96.5	95.8	96.1
6	101.4	101.4	102.1	98.4	97.0	96.5	95.6	96.1
7	102.1	101.5	102.3	99.0	96.6	96.6	95.4	96.0
8	102.2	101.6	102.0	99.3	96.2	96.5	94.8	95.8
9	101.8	101.6	102.0	99.6	96.5	96.5	94.4	95.7
10	101.0	101.6	102.1	99.9	96.2	96.5	94.1	95.5
11	102.0	101.6	102.2	100.1	96.9	96.5	94.3	95.4
12	102.1	101.7	102.2	100.2	97.2	96.6	94.3	95.3
2016　1	101.7	101.7	100.9	100.9	96.2	96.2	95.1	95.1
2	101.9	101.8	101.2	101.1	96.7	96.5	95.9	95.5
3	101.6	101.7	98.3	100.1	96.5	96.5	96.2	95.7
4	101.8	101.8	97.0	99.4	96.8	96.6	96.7	96.0
5	101.6	101.7	96.6	98.8	96.9	96.6	97.7	96.3
6	101.3	101.7	96.9	98.5	96.9	96.7	97.9	96.6
7	100.9	101.6	96.6	98.2	97.3	96.8	98.0	96.8
8	100.9	101.5	96.6	98.0	97.6	96.9	98.7	97.0
9	101.7	101.5	96.7	97.9	98.3	97.0	99.5	97.3
10	102.3	101.6	95.7	97.7	99.2	97.2	100.7	97.6
11	101.9	101.6	95.8	97.5	100.3	97.5	101.3	97.9
12	102.0	101.6	96.2	97.4	101.5	97.8	103.6	98.4

数据来源：吉林省统计局。

表3　2016年吉林省主要经济指标

	1月	2月	3月	4月	5月	6月	7月	8月	9月	10月	11月	12月
绝对值（自年初累计）												
地区生产总值（亿元）	—	—	2 484.7	—	—	5 604.9	—	—	9 298.1	—	—	14 866.2
第一产业	—	—	136.1	—	—	297.7	—	—	754.4	—	—	1 498.5
第二产业	—	—	1 382.4	—	—	3 111.0	—	—	4 930.4	—	—	7 147.2
第三产业	—	—	966.2	—	—	2 196.2	—	—	3 613.3	—	—	6 240.5
工业增加值（亿元）	—	929.2	1 510.9	1 999.5	2 430.3	3 013.2	3 519.8	4 032.6	4 596.8	5 125.2	5 665.6	6 134.0
固定资产投资（亿元）	—	50.2	430.0	1 037.2	2 454.9	5 137.5	7 446.9	9 845.5	10 637.3	13 484.4	13 703.6	13 773.2
房地产开发投资	—	9.4	29.7	85.6	184.6	297.5	424.0	572.0	752.1	887.8	969.2	1 016.8
社会消费品零售总额（亿元）	—	356.5	560.3	778.5	986.1	1 243.1	1 481.6	1 727.3	1 987.8	2 226.1	2 477.4	2 769.4
外贸进出口总额（亿元）	94.1	177.2	281.3	384.0	498.3	603.2	709.3	811.0	901.9	997.1	1 108.8	1 216.9
进口	72.0	138.5	218.8	298.9	388.9	470.4	553.9	631.1	696.0	768.5	857.0	939.5
出口	22.1	38.6	62.5	85.1	109.3	132.8	155.4	179.9	205.9	228.5	251.8	277.4
进出口差额(出口－进口)	-49.9	-99.9	-156.3	-213.9	-279.6	-337.6	-398.5	-451.2	-490.1	-540.0	-605.1	-662.1
实际利用外资（亿美元）	3.5	7.7	17.3	21.7	31.2	48.1	55.4	60.6	67.3	76.1	85.9	94.3
地方财政收支差额（亿元）	-96.2	-251.4	-459.1	-591.3	-724.1	-886.9	-1 095.3	-1 269.3	-1 558.1	-1 643.0	-1 879.1	-2 322.3
地方财政收入	138.6	203.1	308.9	413.6	514.3	681.4	776.1	859.4	974.1	1 081.5	1 166.8	1 263.8
地方财政支出	234.8	454.5	768.0	1 004.8	1 238.4	1 568.4	1 871.4	2 128.8	2 532.2	2 724.4	3 045.9	3 586.1
城镇登记失业率(%)(季度)	—	—	3.5	—	—	3.5	—	—	3.6	—	—	3.5
同比累计增长率（%）												
地区生产总值	—	—	6.2	—	—	6.7	—	—	6.9	—	—	6.9
第一产业	—	—	3.2	—	—	4.0	—	—	4.2	—	—	3.8
第二产业	—	—	5.1	—	—	6.0	—	—	6.3	—	—	6.1
第三产业	—	—	8.5	—	—	8.3	—	—	8.5	—	—	8.9
工业增加值	—	2.5	5.0	5.8	6.3	6.1	6.3	6.3	6.4	6.4	6.4	6.3
固定资产投资	—	6.8	8.5	9.8	9.8	10.3	10.2	10.1	10.3	10.3	10.2	10.1
房地产开发投资	—	-3.9	17.1	27.0	29.0	22.2	3.6	4.8	14.9	16.7	10.7	10.0
社会消费品零售总额	—	4.5	5.7	5.5	5.7	6.3	5.9	6.2	6.5	6.7	7.0	7.2
外贸进出口总额	-27.6	-18.8	-16.7	-15.4	-9.2	-6.8	-3.5	-0.8	0.1	1.1	3.3	3.8
进口	-30.4	-18.2	-17.6	-16.5	-8.7	-6.3	-2.3	0.3	2.0	3.2	5.6	6.0
出口	-16.6	-20.8	-13.3	-11.6	-10.9	-8.7	-7.5	-4.5	-5.9	-5.3	-3.7	-3.0
实际利用外资	10.2	10.0	10.0	10.0	10.0	10.0	10.1	10.0	10.0	10.0	10.0	10.0
地方财政收入	1.5	1.6	3.3	4.9	6.7	6.7	3.8	4.0	3.5	3.7	3.5	2.8
地方财政支出	-7.0	0.5	0.5	9.8	11.4	12.6	17.9	18.9	16.7	15.1	15.1	11.5

数据来源：吉林省统计局。

黑龙江省金融运行报告（2017）

中国人民银行哈尔滨中心支行货币政策分析小组

[内容摘要] 2016年，黑龙江省扎实推进供给侧结构性改革，第一产业、第三产业发展势头良好，产业结构不断优化，新动能、新增长领域培育见成效，实现“十三五”平稳开局；同时也要看到，经济增速仍处于全国后列，第二产业运行持续低迷，对外贸易形势严峻，经济动能转换具有长期性和艰巨性。金融运行总体平稳，货币政策定向引导作用明显，银行、证券、保险协调发展，为全省实体经济重点领域和薄弱环节发展创造了稳定向好的金融服务环境。

2017年，黑龙江省将深入把握经济发展新常态的战略判断，以供给侧结构性改革、振兴实体经济为主线，注重激发内生动力，注重发展动能转换，注重新增长领域培育，按照“五个要发展”①“三篇大文章”②“五头五尾”③的路径，推进农业和服务业供给侧结构性改革，加强产业项目和重大基础设施建设，持续改善民生。金融业将积极贯彻稳健中性的货币政策，遵守宏观审慎政策框架，确保货币信贷和社会融资规模适度增长，为经济结构调整提供有效融资和服务，重点推进涉农金融创新、金融精准扶贫脱贫、新动能和新产业融资、对俄金融合作等方面，为结构性改革营造中性适度的货币金融环境。

一、金融运行情况

2016年，黑龙江省金融业平稳健康运行，信贷总量和社会融资规模合理适度增长，存贷款利率定价保持在合理范围，银行业、证券业、保险业积极服务涉农、小微、民生等重点领域。

（一）银行业稳健运行，存贷款总量适度增长

1. 机构规模稳步增长，质量效益指标基本平稳。2016年年末，黑龙江省银行业金融机构营业网点个数、从业人数分别比上年增长24家、510人。华夏银行哈尔滨分行完成筹建开业工作。哈尔滨哈银消费金融有限责任公司获准筹建。全省银行业金融机构资产总额、负债总额、实现净利润分别同比增长 7.2%、7.1%和10.5%，其中，由于贷款核销和债务置换使得部分拨备回归，利润水平逆转了上年负增长态势，比上年回升21.2个百分点。

表1 2016年黑龙江省银行业金融机构情况

机构类别	营业网点			法人机构（个）
	机构个数（个）	从业人数（人）	资产总额（亿元）	
一、大型商业银行	2 061	52 896	10 523.2	0
二、国家开发银行和政策性银行	90	2 652	7 533.5	0
三、股份制商业银行	190	4 803	2 546.8	0
四、城市商业银行	568	12 947	7 871.6	2
五、城市信用社	0	0	0	0
六、小型农村金融机构	1 971	29 689	4 383.5	80
七、财务公司	3	87	257.6	2
八、信托公司	1	1 939	185.6	1
九、邮政储蓄银行	1 689	18 246	2 172.0	0
十、外资银行	7	127	35.5	0
十一、新型农村金融机构	76	1 011	147.1	28
十二、其他	1	67	172.3	1
合　计	6 657	124 464	35 828.6	114

注：营业网点不包括国家开发银行和政策性银行、大型商业银行、股份制商业银行等金融机构总部数据；大型商业银行包括中国工商银行、中国农业银行、中国银行、中国建设银行和交通银行；小型农村金融机构包括农村商业银行、农村合作银行和农村信用社；新型农村金融机构包括村镇银行、贷款公司、农村资金互助社；“其他”包含金融租赁公司、汽车金融公司、货币经纪公司、消费金融公司等。

数据来源：黑龙江省银监局、中国人民银行哈尔滨中心支行。

① “五个要发展”即向资源开发和精深加工要发展、向优势产业和产品延伸升级要发展、向高新技术成果产业化要发展、向引进外来战略投资者要发展、向选好用好各方面人才要发展。

② “三篇大文章”即深度开发“原字号”、改造升级“老字号”、培育壮大“新字号”。

③ “五头五尾”即“油头化尾”“煤头电尾”“煤头化尾”“粮头食尾”“农头工尾”。

2. 存款增长受财政存款影响波动较大，部门存款变化趋势分化。2016年，黑龙江省银行业金融机构本外币存款余额22 394.8亿元，同比增长4.5%，低于上年4个百分点；新增存款965.0亿元，同比少增731.2亿元。其中，人民币存款余额22 179.0亿元，同比增长4.5%（见图1）。从节奏看，地方债发行后财政性存款短期较快增长，而年末常规性下降，推动4~10月各月新增存款较多。从部门看，住户存款增速比上年下降2.5个百分点，原因是住户购房资金增加、其他高收益理财渠道分流；由于企业流动资金充裕度改善，且企业对未来短期投资趋于观望，企业活期存款、定期存款均占据一定比例，非金融企业存款逆转上年负增长局面，增长4.6%；广义政府存款年末下降较快；非银行业金融机构存款大幅下降。

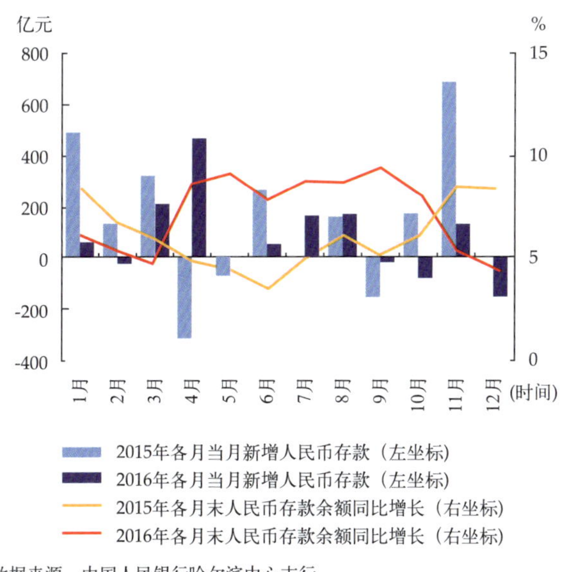

数据来源：中国人民银行哈尔滨中心支行。

图1　2015~2016年黑龙江省金融机构人民币存款增长变化

3. 贷款增长受诸多因素影响有所放缓，重点领域定向支持力度不减。2016年，黑龙江省银行业金融机构本外币贷款余额18 086.2亿元，同比增长8.7%，低于上年11.9个百分点（见图3）；新增贷款1 441.3亿元，同比少增1 399.7亿元。其中，人民币贷款余额17 725.0亿元，同比增长9.3%（见图2）。

分部门看，住户贷款增速提高5.4个百分点，主要受个人住房消费拉动；企业贷款下降较多，受地方债置换、票据融资规模骤降、传统行业贷款需求不旺、粮食收购贷款减少等因素制约；非金融企业贷款增速同比回落18.2个百分点。

分期限看，中长期贷款同比多增主要受基础设施建设投资和个人中长期消费贷款拉动，短期贷款增长放缓。

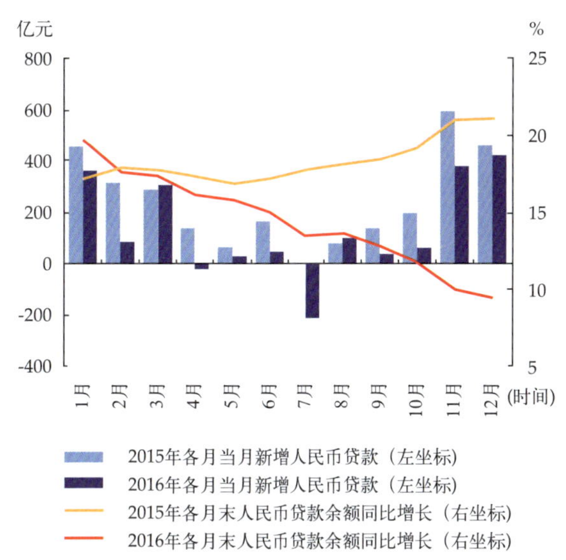

数据来源：中国人民银行哈尔滨中心支行。

图2　2015~2016年黑龙江省金融机构人民币贷款增长变化

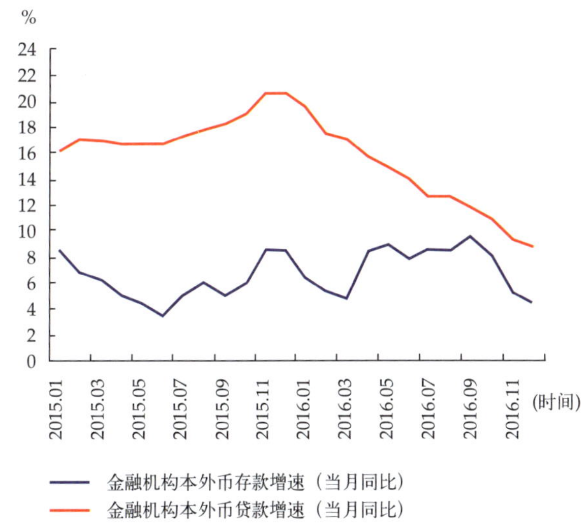

数据来源：中国人民银行哈尔滨中心支行。

图3　2015~2016年黑龙江省金融机构本外币存、贷款增速变化

分领域看，在“双平均”考核存款准备金、定向执行优惠准备金政策、累放各类再贷款108.6亿元、办理再贴现124.8亿元、开展常备借贷便利等货币政策工具有效引导下，金融机构加大对“三农”、小微、扶贫、调结构等重点领域和薄弱环节的信贷投放。涉农贷款增长9.3%，全省试点地区“两权”抵押贷款总量和农村承包土地的经营权抵押贷款余额均居全国首位；工业贷款逆转下行局面，同比增长2.5%；扶贫信贷精准投放，全省28个贫困县（市）金融机构各项贷款余额达到1 526亿元，增长11.1%；小微企业贷款增长11.5%，其中，微型企业贷款增长37.1%；养老服务、现代物流、文化产业贷款分别增长64.1%、55.8%和28.4%，支持地方经济动能转换。

4. 存贷款加权平均利率同比小幅下降，利率定价能力有所提升。省级利率自律定价机制继续开展自律管理，全省金融机构存贷款利率保持在合理范围。2016年全省金融机构一般贷款加权平均利率①6.18%，同比下降0.5个百分点。全年逐月小幅波动，从1月的5.66%上升到9月的6.43%，又下降到12月的6.03%。小微企业贷款利率下降明显，2016年全省小微企业贷款加权平均利率5.53%，同比下降0.79个百分点，执行基准和下浮利率的贷款占比为42.4%，同比增加13.1个百分点。2016年全省农户贷款加权平均利率9.4%，同比上升1.7个百分点。全省金融机构存款利率呈下降走势，2016年全省金融机构一年期存款加权平均利率1.92%，同比下降0.85个百分点。法人金融机构不断完善存款利率定价体系，存款定价能力进一步提升。

5. 不良贷款指标一升一降，信贷风险防控多措并举。2016年年末，全省银行业不良贷款余额647.0亿元，比年初增加27.0亿元，同比增长4.4%；不良贷款率3.44%，比年初下降0.13个百分点。全省银行业积极加强贷款风险缓释和处置，一是针对省内困难企业资金链紧张的现状，在全国率先组建285个债委会，对企业稳贷增贷；二是积极参与地方政府债务置换和债券认购，有序推进融资平台退出；三是通过清收、核销等方式累计处置不良贷款172.1亿元，同比多处置23.9亿元，拨备覆盖率较年初提高7.5个百分点。

6. 银行业改革创新稳步推进，存款保险制度继续顺利实施。18家农村信用社改制为农村商业银行。国家开发银行黑龙江省分行、中国农业发展银行黑龙江省分行通过专项建设基金支持省内重点项目，并成立扶贫金融事业部。兴业银行哈尔滨分行等机构积极参与省工业投资基金组建。哈尔滨银行探索投贷联动业务，成立投贷联动金融中心，在全省法人机构中发行首单信贷资产支持证券，并与俄罗斯金融机构合作成立科技产业投资基金。《存款保险条例》继续顺利实施，风险差别费率制初步建立。

表2　2016年黑龙江省金融机构人民币贷款各利率区间占比

单位：%

月份		1月	2月	3月	4月	5月	6月
	合计	100.0	100.0	100.0	100.0	100.0	100.0
	下浮	20.0	16.4	22.4	17.0	30.4	35.1
	基准	40.6	35.5	23.5	29.5	10.0	9.1
上浮	小计	39.4	48.1	54.0	53.6	59.6	55.8
	(1.0，1.1]	4.3	8.6	8.4	6.5	13.2	10.2
	(1.1，1.3]	5.9	8.3	6.6	7.9	8.4	11.0
	(1.3，1.5]	6.7	5.2	7.0	5.2	5.2	5.5
	(1.5，2.0]	9.2	9.5	12.8	11.8	11.7	11.9
	2.0以上	13.4	16.6	19.3	22.2	21.2	17.2
月份		7月	8月	9月	10月	11月	12月
	合计	100.0	100.0	100.0	100.0	100.0	100.0
	下浮	30.5	27.2	27.4	27.3	18.7	14.9
	基准	11.3	22.9	12.9	18.0	42.3	34.5
上浮	小计	58.2	50.0	59.7	54.7	39.0	50.6
	(1.0，1.1]	7.8	5.3	8.8	7.8	5.0	4.3
	(1.1，1.3]	8.8	8.9	10.6	7.9	4.9	6.5
	(1.3，1.5]	6.6	4.6	6.1	4.8	3.0	4.6
	(1.5，2.0]	14.6	12.6	14.1	14.0	9.6	13.9
	2.0以上	20.5	18.6	20.2	20.2	16.6	21.3

数据来源：中国人民银行哈尔滨中心支行。

① 此处贷款加权平均利率统计口径不包含票据贴现利率。

7. 跨境人民币业务逆势增长，卢布现钞使用试点稳定运行。2016年，在全国跨境人民币业务结算量萎缩的情况下，全省共办理跨境人民币业务实际收付金额311.8亿元，同比增长1.2%，占同期国际收支的22%，其中，经常项下业务占比45.5%，资本项下业务占比54.5%。年末，全省办理跨境人民币业务结算的银行达到25家，人民币结算网络延伸至80个国家和地区。对俄金融合作逐步深化，2016年全省对俄跨境人民币结算金额为77.6亿元，同比增长43.4%。绥芬河市卢布现钞使用试点稳定运行，2016年卢布现钞使用试点共办理卢布兑换业务1.6亿元。人民币现钞调运渠道日益畅通，2016年累计对俄跨境调运人民币现钞4 500万元。

专栏1 黑龙江省农村“两权”抵押贷款余额位列全国首位

农村“两权”抵押贷款试点开始以来，在中国人民银行及黑龙江省委、省政府的正确领导下，中国人民银行哈尔滨中心支行牵头协调各成员单位及试点地区人民政府，积极建立健全试点工作配套政策措施，推动试点工作快速向前发展。截至2016年年末，15个农地试点地区金融机构累计发放农地抵押贷款14.69万笔、89.54亿元，贷款余额52.07亿元，排名全国第一位；3个农房试点地区金融机构累计发放农民住房财产权抵押贷款2 066笔、2.79亿元，贷款余额5.16亿元。

试点工作组织领导体系不断强化。成立省、县两级试点工作推进小组，建立由12个部门组成的联席会议制度，先后4次召开省级推进小组会议及全省试点工作推进会议进行工作部署和督导。省政府办公厅印发了《黑龙江省“两权”抵押贷款试点实施方案》，省农委、住建厅、财政厅等单位分别提出了土地和农房确权登记颁证、财政风险分担、信贷资金配置等扶持意见，各试点地区建立健全试点工作机制，因地制宜制订了试点工作方案，为试点工作提供了坚实保障。

农地农房确权颁证工作不断向前推进。在省级试点工作推进小组的指导下，各成员单位积极配合，协调推进试点地区“两权”确权登记颁证和流转交易平台建设工作进度。截至2016年年末，全省有10个农地试点县确权率超过80%，克山、方正、讷河、桦川、绥滨5个县全部完成确权登记工作。3个农房抵押贷款试点县基本完成了确权登记颁证工作，为有融资需求的借款人申请贷款创造了基础条件。

农村产权流转交易平台不断健全。在全省积极宣传推广方正、克山等县建立健全县、乡、村三级土地流转服务体系，打造全方位农村产权交易平台的经验模式，推动全省各试点县建立健全农村产权流转交易平台，增强农村产权流转处置的规范性和便利性，有效促进了试点地区农村土地流转交易的活跃及农业适度规模经营发展。截至2016年年末，全省15个农地抵押贷款试点县全部建成农村产权流转平台，产权交易总量达到5.75万笔，金额超过22亿元。促进土地规模流转面积达1 951.8万亩，流转率达到49.6%，较试点前提高7.1个百分点。新型农业经营主体农地抵押贷款余额占比达到15.9%，较试点前提高了7.3个百分点。

抵押贷款风险补偿及缓释机制不断建立。一方面，大力推动试点县政府充分整合各项财政涉农资金，建立政府支持的担保公司或财政风险补偿基金。目前，克东县通过政府性担保公司以担保金放大5倍为农地抵押贷款提供担保，在保余额达385万元。兰西县政府建立规模1 000万元的风险补偿基金，按30%的比例为农地抵押贷款承担风险补偿。另一方面，积极推动金融机构与融资担保公司、龙头企业合作，构建多元化风险分担机制。

抵押物处置风险控制体系不断完善。积极推动试点地区对抵押物处置工作作出政策安排。目前，全省有10个试点地区建立了抵押物处置机制。同时，引导金融机构积极与农村物权服务公司、金融租赁公司、土地流转平台、农业产业龙头企业等各类主体合作，建立利益共同体，借助第三方主体的抵押物处置优势化解处置难题。另外，指导金融机构对存量不良贷款分类处理。对于不可抗力因素导致的借款人短期还款困难，通过贷款展期、重组等方式帮助其渡过难关。对于恶意拖欠类客户，银行采取法律诉讼、仲裁并抵押的土地经营权进行挂牌拍卖等方式解决。

全省金融机构参与试点积极性不断提高。截至2016年年末，全省农村“两权”抵押贷款试点县全部137家金融机构中，有59家出台了“两权”抵押贷款管理办法及实施细则，59家获得上级行授权，40家进一步优化了贷款流程，贷款审批时限较试点前平均缩短3天以上，36家在信贷规模配置、绩效考核等方面对“两权”抵押贷款业务有倾斜政策。在此基础上，全省金融机构对借款主体支持力度大幅提升、融资成本大幅降低。对新型农业经营主体的贷款额度由试点前的最高1 000万元提高到2 000万元，对普通农户的贷款额度由试点前的最高10万元提高到50万元，“两权”抵押贷款利率平均降幅达11%以上，并且“一次授信、三年循环使用”，使农民享受到了试点带来的红利。

（二）证券市场平稳发展，盈利水平同比下滑

1. 证券机构主体较为稳定，证券交易量和利润水平下降明显。截至2016年年末，辖区共1家法人证券公司（见表3），177家证券分支机构，较年初增加15家，证券从业人员3 500人。证券分支机构中，证券营业部160家，证券公司分公司17家。股票账户数565.1万户，比上年增加88.9万户。2016年，辖区累计证券交易额36 395.5亿元，比上年减少26 968.8亿元，其中股票交易额24 235.9亿元，营业收入18.7亿元，下降61.9%，净利润5.7亿元，下降78.3%。

表3　2016年黑龙江省证券业基本情况

项目	数量
总部设在辖内的证券公司数（家）	1
总部设在辖内的基金公司数（家）	0
总部设在辖内的期货公司数（家）	2
年末国内上市公司数（家）	35
当年国内股票（A股）筹资（亿元）	195
当年发行H股筹资（亿元）	272
当年国内债券筹资（亿元）	45
其中：短期融资券筹资额（亿元）	-30
中期票据筹资额（亿元）	-5

注：当年国内股票（A股）筹资额是指非金融企业境内股票融资。
数据来源：黑龙江证监局、中国人民银行哈尔滨中心支行。

2. 企业上市稳步推进，新三板取得良好进展。截至2016年年末，全省有35家A股上市公司，总市值4 481.36亿元。其中，沪市主板25家、深市主板5家、中小板3家、创业板2家。2家上市公司进行非公开发行股票融资98亿元；5家上市公司完成资产重组的同时实现配套融资97亿元。截至2016年年末，全省新三板挂牌公司达90家，2016年新增39家。其中，20家进行了21次融资，金额合计6.14亿元。

3. 期货市场资产规模壮大，利润收益有所减亏。截至2016年年末，全省有2家法人期货公司，期货从业人员144人。总资产2.7亿元，比上年增加0.5亿元；营业收入1 255.7万元，比上年增加318.2万元；净利润亏损33.7万元，比上年减亏335.2万元。

（三）保险市场发展势头良好，服务农业和扶贫取得新成效

1. 市场体系不断完善，行业实力有所增强。2016年，全省保险市场主体47家，当年新增3家，其中财产险公司21家（含1家法人机构）、人身险公司26家（见表4）。全省执业登记保险销售从业人员26.6万人，比上年增加 8.1万人。2016年年末，保险公司总资产1 764.3亿元，比年初增长

20.2%。保户储金与投资款675.7亿元，同比增长79.3%。全年保险业为全社会提供风险保障10.4万亿元，同比增长37.3%。保险业赔款与给付237.8亿元，同比增长40.5%。

表4　2016年黑龙江省保险业基本情况

项目	数量
总部设在辖内的保险公司数（家）	1
其中：财产险经营主体（家）	1
人身险经营主体（家）	0
保险公司分支机构（家）	46
其中：财产险公司分支机构（家）	20
人身险公司分支机构（家）	26
保费收入（中外资，亿元）	686
其中：财产险保费收入（中外资，亿元）	153
人身险保费收入（中外资，亿元）	532
各类赔款给付（中外资，亿元）	238
保险密度（元/人）	1 798
保险深度（%）	4

数据来源：黑龙江保监局。

2. 农业保险大力创新，风险保障功能有效发挥。2016 年，全省农业保险为163.7万户农户提供风险保障742亿元，同比增长8.4%。政策性种植业保险承保面积再次突破1亿亩，同比增长5.2%。种植业保险保障范围由"生长期"扩大至"出苗期"与"收获期"，实现耕作全程受保障。目标价格保险试点深化，提标后的水稻保险亩均保额近千元。杂粮杂豆价格保险为促进种植结构调整提供保障8 098万元。大豆和玉米"保险+期货/期权"试点启动实施。涉农贷款保证保险试点区县由1个增加到4个，支持200多户农户获得信贷资金6 000余万元。

3. 保险扶贫积极开展，助力实施扶贫攻坚。政策性种植业保险覆盖到全省28个贫困县，贫困地区的承保面积占总保险面积的1/4，为23.76万户农户提供保障57亿元，预计赔款7.8亿元，占总赔款的1/5。在国内率先开展农业财政巨灾指数保险，探索利用保险机制平滑财政年度预算，为28个贫困县的常见农业灾害提供风险保障金额合计23.2亿元。大病保险为104.4万贫困人口落实倾斜政策，强化社会兜底保障作用。

（四）社会融资规模增长适度，金融市场平稳发展

1. 信贷融资仍是主要融资来源，股票融资增长突出。2016年，全省社会融资规模增量为1 940.9亿元，同比少增23.8亿元。从结构看，对实体经济发放的人民币贷款占全省社会融资规模增量的74.8%；全年新增表外融资（含委托贷款、信托贷款、未贴现银行承兑汇票）213.1亿元，改变上年负增长情况，占比11.0%；全年企业直接融资（含企业债券融资和股票融资）增量合计241.7亿元，其中，股票融资增量是上年的2.5倍，占全省社会融资规模增量的10.2%，高于全国平均水平3.2个百分点（见图4）。

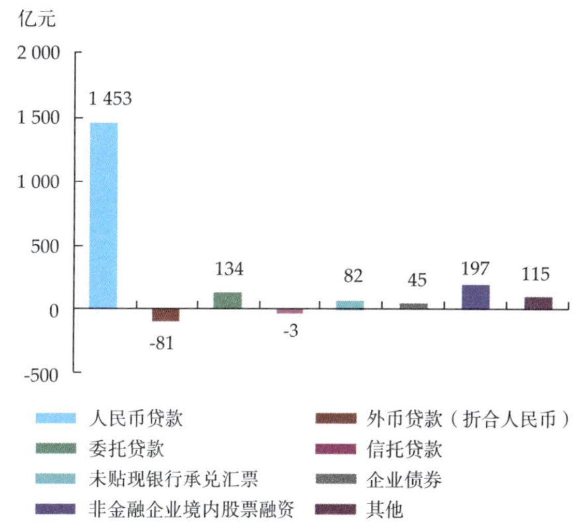

数据来源：中国人民银行哈尔滨中心支行。

图4　2016年黑龙江省社会融资规模分布结构

2. 同业拆借市场交易较为活跃，利率水平稳中有降。2016年，全省26家金融机构参与全国银行间市场同业拆借市场，累计进行信用拆借交易成交额1 784.4亿元，增长80.9%；净融入资金524.6亿元。全年省内金融机构在银行间债券市场累计成交额12.9万亿元，增长53.2%，其中，质押式回购、现券交易成交额分别增长58.4%、119.3%，买断式回购成交额下降50.7%。受流动性总体充裕影响，银行间同业拆借市场资金利率基本维持在2.5%~3%；质押式、买断式回购的加权平均利率分别下降7个基点和4个基点；现券成交收益率下降95个基点。

3. 票据市场交易量萎缩，票据利率微幅下降。2016年，由于全国票据业务监管加强，黑龙江省银行累计签发承兑汇票、办理贴现发生额同比分别下降16.6%、46.2%。受票据市场趋冷影响，票据贴现和转贴现利率保持下行趋势，其中，2016年银行承兑汇票直贴平均利率为4.04%，比上年下降0.24个百分点。

表5 2016年黑龙江省金融机构票据业务量统计

单位：亿元

季度	银行承兑汇票承兑		贴现			
			银行承兑汇票		商业承兑汇票	
	余额	累计发生额	余额	累计发生额	余额	累计发生额
1	523.8	204.6	862.7	3 943.7	11.3	6.5
2	515.9	517.4	678.4	7 019.3	8	9.8
3	550.6	810.1	653.6	9 162.7	1.6	10.2
4	512.9	1 032.7	663.1	10 403.8	2.3	14.1

数据来源：中国人民银行哈尔滨中心支行。

表6 2016年黑龙江省金融机构票据贴现、转贴现利率

单位：%

季度	贴现		转贴现	
	银行承兑汇票	商业承兑汇票	票据买断	票据回购
1	3.46	5.57	3.17	3.21
2	3.63	5.19	2.99	2.94
3	3.66	3.82	2.93	2.72
4	3.62	3.39	3.27	3.02

数据来源：中国人民银行哈尔滨中心支行。

（五）金融基础设施逐步完善，金融生态建设扎实推进

1. 社会信用体系建设全面开展，农村和中小微企业仍为主攻环节。2016年年末，企业征信系统已收录全省企业及其他组织18.06万户，同比增长1.6%；个人征信系统共收录2 484.91万个自然人信息，同比增长3.3%。农村县域信用信息中心建设良好，已有31个县（市）建立了县域信用信息中心，共采集入库129.5万户农户、8 897个农民专业合作社信用信息。大庆市“一库二网一平台”①评选“金融守信红名单企业”；齐齐哈尔市创新推出了“以纳税信用等级获得银行贷款授信”的“银税合作”模式。

2. 支付系统服务持续改善，农村支付环境深度拓展。第二代支付系统、ACS综合前置子系统运行良好。2016年，全省共发生电子支付业务15.4亿笔，同比增长25.5%。金融IC卡行业应用于社会保障、医疗卫生、公共交通、移动支付等四大类十余个领域。全省行政村镇实现基础金融服务全覆盖，支付工具乡镇及行政村覆盖率达100%，全省9 079个行政村共设立助农取款服务点16 595个。《黑龙江省农村支付服务建设精准扶贫工作方案》出台。全省1 778个贫困村共布放ATM 91台，发生交易2 342.9万笔、17.5亿元；POS机2 119台，发生交易73.2万笔、23.1亿元，成功消除“三无”②贫困村。

3. 金融消费权益保护工作得到加强，有效防范金融消费纠纷。努力提高金融消费者投诉分类标准的实际运用率，有效开展消费者金融素养问卷调查，联合开展东北区域金融消费权益保护环境评估工作。进一步建立健全第三方非诉调解机制，黑龙江金融争议调解仲裁中心调解消费者投诉38起。2016年，共受理金融消费者投诉77起，解答咨询738人次，没有发生群体性投诉事件，有效防范了金融消费纠纷所产生的不稳定因素。

二、经济运行情况

2016年，黑龙江省面对传统产业负向拉动的压力，加强在优势领域、新增长领域发力，注重动能转换，经济在预期中运行，全年地区生产总值实现15 386.1亿元，增长6.1%，高于上年0.4个百分点（见图5）。

（一）内需对稳定经济增长的作用凸显，进出口贸易降幅收窄

1. 投资增速持续回升，重大基础设施建设势头强劲。2016年完成固定资产投资10 432.6亿元，增

① “一库二网一平台”指企业信用数据中心数据库、中小微企业信用信息公示网和中小微企业信用信息管理网、融资服务平台。

② “三无”指无布放ATM、无布放POS机、无布放助农取款服务点。

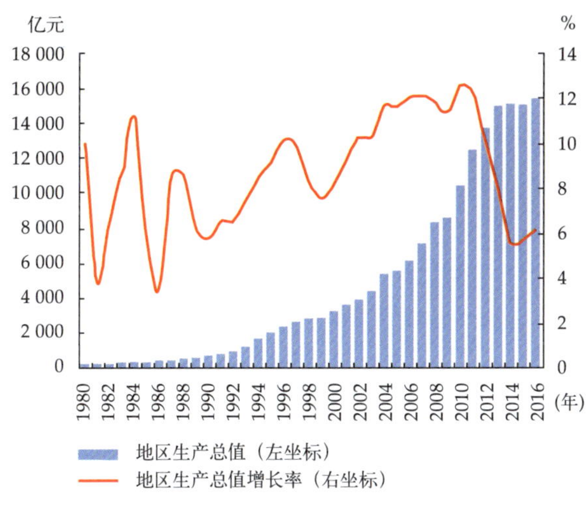

数据来源：黑龙江省统计局。

图5　1980～2016年黑龙江省地区生产总值及其增长率

长5.5%，增幅高于上年2.4个百分点（见图6）。现代综合交通运输网络加快推进，铁路、公路、地铁分别完成投资308.3亿元、185.4亿元、48.1亿元。全省水利项目完成投资201.5亿元，下达年度中央水利投资150.9亿元，连续两年居全国第一。全省开复工“三供三治”[①]项目296项，完成投资114.8亿元。投资70.2亿元加快农网改造升级和电网建设。

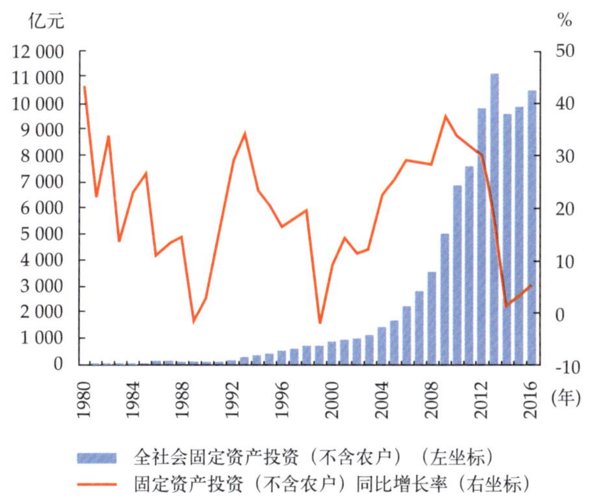

数据来源：黑龙江省统计局。

图6　1980～2016年黑龙江省固定资产投资（不含农户）及其增长率

2. 居民支出增幅扩大，消费增长稳中有升。受居民人均可支配收入稳定增长、居民消费理念多元化因素推动，全省城镇和农村居民人均生活消费支出分别增长5.8%、12.3%，分别高于上年1.6个百分点、5.1个百分点。全省实现社会消费品零售总额8 402.5亿元，增长10.0%，高于上年1.1个百分点（见图7）。

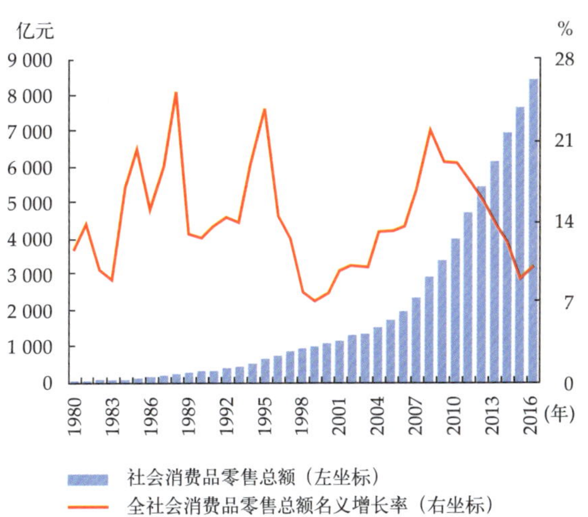

数据来源：黑龙江省统计局。

图7　1980～2016年黑龙江省社会消费品零售总额及其增长率

3. 外贸进出口降幅收窄，第三产业利用外资增长迅速。受国内外贸易环境影响，全省实现外贸进出口总值165.4亿美元，同比下降21.3%，降幅较上年收窄24.8个百分点，高于全国降幅14.4个百分点。其中，出口下降37.2%，进口下降11.4%。贸易收支逆差规模继续扩大（见图8）。对俄贸易进出口降幅顺势收窄，对俄进出口总值91.9亿美元，下降15.3%，收窄38.1个百分点。其中，对俄出口、自俄进口分别下降27.7%、11.8%。对俄贸易结构出现新变化，旅游贸易、互市贸易分别增长26.6%、85.9%。

全省实际利用外资58.9亿美元，增长6.3%。其中，第三产业实际利用外资27.1亿美元，增长55.5%，占全省实际利用外资总额的46.6%，占比提高14.6个百分点。房地产业，文化、体育和娱

① “三供三治”：指供水、供热、供气，污水治理、垃圾治理、冰雪治理。

乐业，信息传输、计算机服务和软件业引资快速增长。全省外商直接投资58.2亿美元，增长6.8%（见图9）。

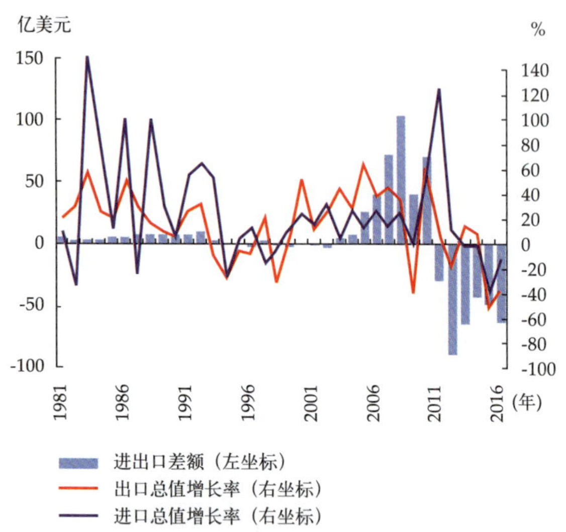

数据来源：黑龙江省统计局。

图8　1981～2016年黑龙江省外贸进出口变动情况

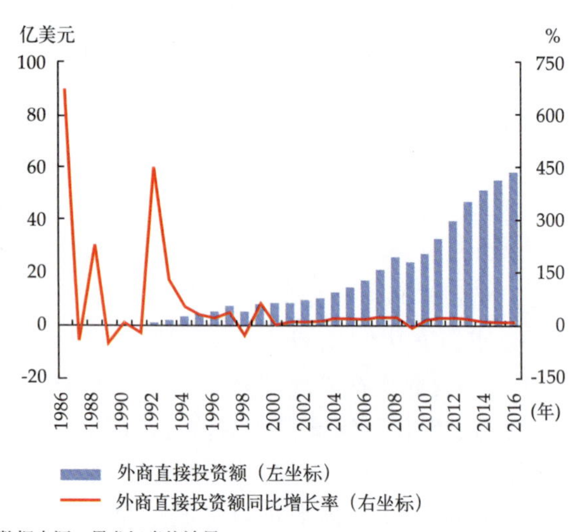

数据来源：黑龙江省统计局。

图9　1986～2016年黑龙江省外商直接投资额及其增长率

（二）第一、第三产业发展势头较好，产业结构发生积极变化

2016年，全省产业结构为17.3：28.9：53.8，其中，第三产业占比较上年提高3.1个百分点，高于第二产业24.9个百分点。第一、第三产业分别增长5.3%、8.6%，分别高于全国2个百分点、0.8个百分点；第二产业增长2.5%，低于全国3.6个百分点。

1. 第一产业优势明显，现代农业加快发展。一是现代农业综合配套改革深入推进。农村土地承包经营权确权登记全面铺开，完成实测土地面积1.39亿亩；全省各类新型农业经营主体突破19万个，综合经营型合作社新增129个；积极落实大豆目标价格和玉米收储制度改革，设立省级玉米收购贷款信用保证基金，玉米种植调减1 922万亩，经济作物新增177.7万亩。二是优质高效农业积极发展。生态高产标准农田新增665.4万亩；实施“三减”①行动；综合机械化程度已达到95.1%，位居全国第一；绿色有机食品认证面积达7 400万亩，认证面积等指标全国领先；新建水稻标准化育苗大棚6.2万栋。建设“互联网+”高标准绿色有机种植示范基地1 170个；各类农村电商主体达到2.7万个，实现交易额135亿元，分别增长92.8%、123%；水稻、大豆、杂粮众筹营销突破30亿元。三是畜牧业发展较好。“两牛一猪”②标准化规模养殖基地建设项目启动实施，在已建成182个单体存栏1 200头奶牛场基础上，又投入43亿元，拉动社会投资201亿元，建设300头以上规模奶牛场146个、300头以上规模肉牛场210个、3 000头以上规模生猪场197个。四是林业产业良性发展。出台《黑龙江省林业产业发展规划》；设立总规模100亿元的黑龙江省林业产业基金。

2. 工业形势仍然严峻，产业项目建设持续推动。全省规模以上工业增加值增速为2.0%，高于上年1.6个百分点，但仍低于全国平均水平4个

① “三减”即减化肥、减农药、减除草剂。
② “两牛一猪”即奶牛、肉牛和生猪。

百分点。工业主营业务收入从2014年以来持续下滑，2016年同比下降2.2%。在工业内部产业结构中，比重最大、负向拉动最突出的能源工业占比38.7%，比上年下降了6.3个百分点，虽然能源工业增加值继续萎缩，同比下降0.8%，但降幅比上年收窄2.9个百分点。为推动工业经济增效升级，全省开复工500万元以上产业项目7 399个，增长23.9%，其中亿元以上1 031个，10亿元以上110个。富锦象屿350万吨玉米仓储和60万吨玉米深加工、大庆沃尔沃SPA平台、哈尔滨长安福特汽车生产线等项目建成。举办央企合作交流会，签约项目60个，签约额1 342亿元。

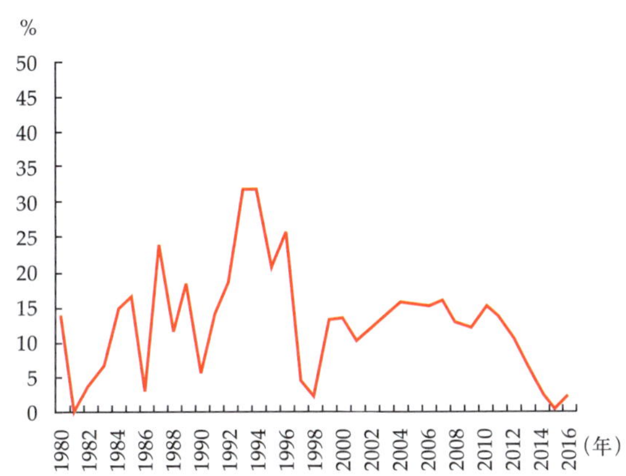

数据来源：黑龙江省统计局。

图10　1980～2016年黑龙江省规模以上工业增加值同比增长率

3. 多角度促进服务业发展，大力培育既有国内总需求增长空间又有黑龙江供给优势的新增长领域。一是通过强化营销引入外部需求，促进旅游、养老、健康、文化、体育等产业融合发展。在省内外举办40多场大型营销推介活动，多轮次专业化推介黑龙江潜力和优势；举办黑龙江国际马拉松系列赛等赛事；通过哈尔滨大剧院、哈尔滨音乐厅等举办上百场文艺演出和各类文化艺术展览；全省机场旅客吞吐量达1 894.9万人次，增长12.7%，哈尔滨机场旅客吞吐量跃居东北之首；夏季来黑龙江省休闲度假的外地老年人达124万人，增长90%；省外手机漫游入省用户达8 211.3万户，增长14.2%；省外银行卡在黑龙江省刷卡交易额达2 302亿元，增长39.4%。二是新业态、新商业模式出现良好势头。全省电子商务交易额达1 945.8亿元，增长13.7%；全省快递业务量（售出部分）达2.2亿件，增长72.3%；4G网络覆盖全部县乡。

4. 推动供给侧结构性改革，环境治理力度加大。省委、省政府出台《推进供给侧结构性改革的意见》。全省煤炭去产能1 010万吨，封存炼钢产能610万吨。商品住宅库存比上年年末减少1 123万平方米。企业用电成本减少2.1亿元。“营改增”为企业减税51.8亿元。

环境污染治理积极推进。秋季秸秆火点数减少46%，空气质量达标天数比例达到91.5%，提高5.6个百分点。完成工业污染治理项目148个。实施大气污染防治三年行动计划，严格控制低质燃煤使用，淘汰燃煤小锅炉2 210台。淘汰黄标车6.3万辆、老旧车7.9万辆。

（三）居民消费价格温和上涨，工业生产价格持续下行

1. 居民消费价格涨幅高于上年，低于全国平均水平。2016年，全省居民消费价格指数同比上涨1.5%，同比涨幅高于上年0.4个百分点，低于全

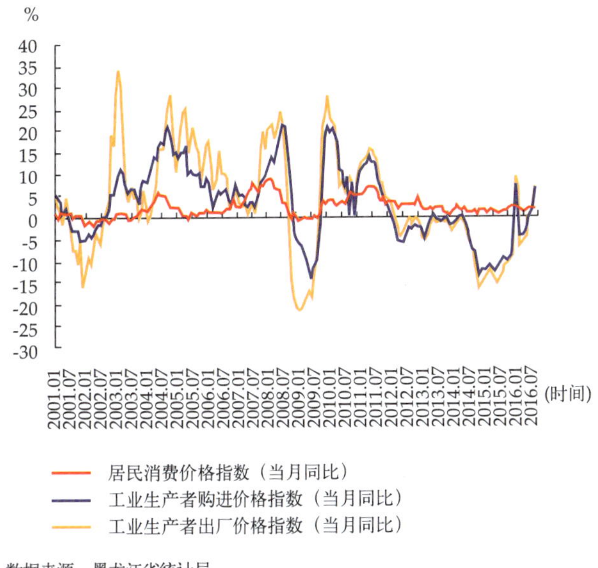

数据来源：黑龙江省统计局。

图11　2001～2016年黑龙江省居民消费价格和生产者价格变动趋势

国0.5个百分点，已连续36个月处于2%以下可控水平（见图11）。其中，医疗保健、食品烟酒全年同比上涨居高，分别为3.7%、2.6%。

2. 工业生产价格降幅收窄，农业生产资料价格与上年持平。2016年，全省工业生产者出厂价格指数和购进价格指数分别同比下降4.9%、4.0%，降幅比上年分别收窄9.1个百分点、7.8个百分点。其中，重工业出厂价格、燃料动力类购进价格降幅较高。2016年，全省农业生产资料价格保持稳定态势。

3. 劳动力成本持续上涨，农村地区涨幅高于城镇。2016年，全省城镇和农村常住居民人均工资性收入分别为25 736元、11 832元，分别增长6.3%、6.6%，涨幅分别比上年下降0.7个百分点、提高0.5个百分点。

（四）财政方面持续减收，结构性减税政策效果显现

1. 财政收入降幅收窄，财政支出增幅回落。2016年，全省公共财政收入1 148.4亿元，同比下降1.1%，降幅较上年收窄9.3个百分点。全省公共财政支出4 228.2亿元，同比增长5.2%，增幅较上年下降11.9个百分点（见图12）。其中，农林水事务、社会保障和就业、教育领域财政支出占比较高。

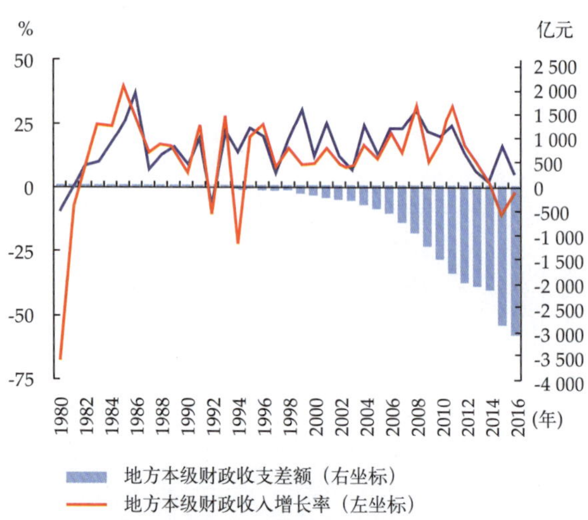

数据来源：黑龙江省财政厅、中国人民银行哈尔滨中心支行。

图12 1980～2016年黑龙江省财政收支状况

2.“营改增”试点工作全面落实，减轻企业和社会负担效果较好。2016年，共有“营改增”试点纳税人31万户，占全部增值税纳税人总数的30%。“营改增”实施以来共为全省企业减税52亿元，与原营业税计算相比，试点纳税企业整体减税21亿元。暂免征收部分小微企业增值税和营业税，全年减税降负107亿元。采取停征、扩大免征范围方式，调整降低行政事业性收费和政府性基金21项，进一步减轻社会负担1.2亿元。

3. 地方政府债稳健发行，积极支持民生项目建设。全省年内两批次开展债券发行工作，发行政府债券1 104.8亿元。其中，新增债券247.5亿元，置换债券857.3亿元。发行债券主要投入水利设施、公路、铁路及保障房建设等重点基建项目。

（五）房地产业去库存基调明显，旅游产业发展势头强劲

1. 房地产市场供给继续下行、需求有所回暖，住房金融服务继续改善。2016年，黑龙江省出台《全省房地产去库存的指导意见》，加强房地产供给调控，引导住房需求，房地产市场与其他热点城市大幅波动趋势不同，总体运行平稳，房地产供给降幅收窄，商品房销售量价微涨，保障性住房建设持续推进，房地产信贷稳健增长。

（1）房地产投资持续下行，但下滑趋势放缓。受房地产去库存政策引导，2016年全省房地产开发投资额完成864.8亿元，同比下降12.8%，降幅较上年收窄12.3个百分点。

（2）商品房开工面积继续缩减，棚户区改造力度加大。全省房屋新开工面积2 006.3万平方米，同比下降8.0%，降幅比上年收窄25.5个百分点。全省棚户区改造开工20.8万套，开工率102%；建成19.9万套，实施货币化安置9万余套。“四煤城”[①]

① 黑龙江省“四煤城”指黑龙江省四个煤炭资源型城市，即鸡西市、鹤岗市、双鸭山市、七台河市。

采煤沉陷区棚户区改造开工7.6万套，建成4.1万套。完成农村泥草（危）房改造12.4万户，超额完成4 000户。

（3）居民房产投资意愿提升，商品房销售量扩大。全年商品房销售面积2 117.3万平方米，同比增长6.0%；商品房销售额1 121.0亿元，同比增长9.1%（见图13），逆转了上年缩量下行趋势。

（4）房地产价格维持温和上涨态势，哈尔滨市房价趋势相同。全省商品房平均销售价格5 295元/平方米，同比上升2.9%，涨幅比上年下降2.5个百分点。哈尔滨市出台《全市房地产去库存工作的实施意见》，哈尔滨市新建住宅销售价格月同比涨幅小幅波动（见图14）。

（5）房地产信贷增速适度加快，主要投向个人住房信贷和保障房建设。受全省房地产去库存形势和住房消费需求拉动等因素影响，2016年年末，全省房地产贷款余额3 033.3亿元，同比增长16.0%，高于上年同期4个百分点。其中，金融机构执行差别化住房信贷政策，支持个人购房资金需求，个人购房贷款余额2 051.8亿元，同比增长17.9%，占房地产贷款余额的67.6%。金融支持保障房建设成效突出，保障性住房开发贷款余额692.7亿元，同比增长27.0%。

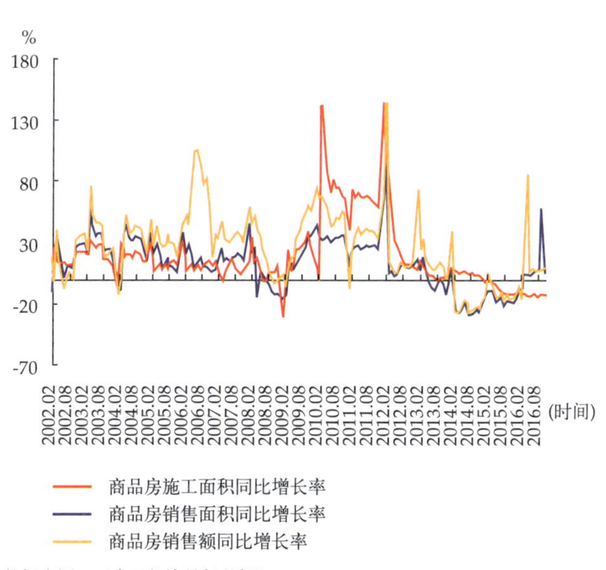

数据来源：《中国经济景气月报》。

图13 2002~2016年黑龙江省商品房施工和销售变动趋势

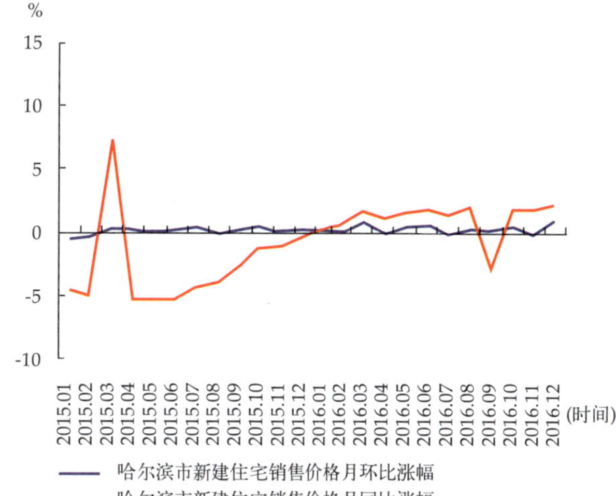

数据来源：《中国经济景气月报》。

图14 2005~2016年哈尔滨市新建住宅销售价格变动趋势

2. 旅游业成为经济增长新引擎，发展速度和服务质量齐头并进。

（1）旅游业战略地位提升。黑龙江省自然资源丰富、生态环境优良，为早日变绿水青山、冰天雪地为“金山银山”，政府部门先后编制《黑龙江省旅游业“十三五”发展规划》《黑龙江省冰雪旅游专项规划》《黑龙江省生态旅游专项规划》；出台《关于加快冰雪旅游发展的指导意见》；设立“黑龙江省全民冰雪活动日”；实施“旅游+”战略，包括“旅游+文化”“旅游+体育”“旅游+康养”等，旅游业正在全面、深刻地融入全省总体战略布局。

（2）旅游业发展速度加快。2016年，全省共接待游客1.45亿人次，同比增长11.27%；实现旅游业总收入1 603.27亿元，同比增长17.76%。旅游业总收入相当于全省地区生产总值的比重为10.42%，比上年提高1.39个百分点，旅游业总收入占全省地区生产总值的份额首次进入两位数。旅游的综合拉动效应不断显现。全省机场旅客吞吐量达1 894.9万人次，同比增长12.7%，哈尔滨机场吞吐量跃居东北之首；省外手机漫游入省用户8 211.3万户，同比增长14.2%；省外银行卡在黑龙江省刷卡交易额2 302亿元，同比增长39.4%。

（3）旅游产品供给和推介出新。全省亿元以上旅游大项目完成投资69.2亿元；建成旅游厕所368个；新评8个国家4A级旅游景区、6个省级旅游度假区；省财政引导性奖励补助5 340万元；开展20多项专题营销活动，在上海、北京、南宁等地举办推介会；在“畅爽龙江”总体品牌下，相继推出冬季“冰雪之冠·畅爽龙江”、夏季“避暑胜地·畅爽龙江”、秋季“五花山色·畅爽龙江”等季节子品牌。

（4）旅游市场监管环境改善。建立省市县三级旅游市场综合监管机制；印发《全省专项整治旅游市场秩序行动方案》；旅游投诉由各地12345市长热线统一受理；恢复省内旅行社设立分社及服务网点备案登记；公安、工商、物价、交通、森工等多部门联合专项整治督查；公布383家承诺诚信经营旅游企业名单，每季度对失信和违规旅游企业曝光。

专栏2　黑龙江省科技创新快速发展　金融支持及时跟进

黑龙江省采取多项措施加快发展科技创新。一是大力发展科创平台。2016年，黑龙江省政府陆续召开了全省科技人员创新创业大会、创新创业和众创空间孵化器建设等工作会议。乐业众创空间、腾讯众创空间、中航爱创客等专业孵化器相继建成运行。全省新增科技企业孵化器、众创空间50家，孵化器和众创空间总数达到161家，新增入孵企业1 377家。二是自主创新能力进一步提高。新增加企业自建或与高校、科研院所合作建设工程技术研究中心7家、企业院士工作站4家、科学家工作室8家，全省工程技术研究中心总数达到285家，重点实验室98家，企业院士工作站50家。三是科技成果产业化加快。加快实施“千户科技型企业三年行动”（2015~2017年）计划，连续两年举办高新技术产业创业投资大会等对接活动165次，330个项目签约56.8亿元。新注册科技型企业3 120家，两年累计达5 236家，形成主营业务收入500万元以上的科技型企业1 076家。在省政府引导下，哈工大新成立了利剑集团、卫星技术有限公司、大数据产业集团、环境集团等科技企业，哈工程新成立了哈船特装、北米科技、航士科技、哈船新材料、哈船智控、哈船减摇自动化设备公司等科技企业，两校两年共成立158家。

全省金融机构加大力度支持科创企业融资。一是创新业务品种，改进服务方式。银行机构结合科技企业无形资产多、有形抵押物少的特点，创新开办了应收账款质押、知识产权质押、应收租金保理等无形资产质押融资业务；推出了“科技补贴贷”“科技成果转化贷”等专属信贷产品；结合科技企业股权融资，研发了“三板贷”“投贷通”“投联贷”“股权质押融资业务”“创业贷”等产品；针对农业科技发展，创新开办了农业科技贷款。二是完善机制体制，构筑科技金融专属体系。为加强与科技企业的密切合作，一些金融机构在高新技术产业开发区设立分支机构，依托科技园综合科技企业孵化器，为入驻企业提供开户、结算、融资、理财、咨询等一站式、系统化金融服务。中国人民银行哈尔滨中心支行确定了地方城商行为科技金融创新试点示范行，该行成立了两家科技特色支行，紧邻哈尔滨国家级高科技园区和科技创新城。三是推动金融与科技融合，搭建银企对接平台。2016年，全省金融机构共为科技企业授信1 297.97亿元，已投放贷款150.7亿元，截至年末，科技产业贷款余额481.8亿元，有力地支持了黑龙江省科技型企业发展。召开两次金融支持科技产业创新发展融资对接会，10家金融机构分别与光宇国际集团科技有限公司、哈尔滨国裕数据技术服务有限公司等10家科技创新型企业进行了现场签约，签约总额54亿元。四是探索投贷联动业务，支持科技创新发展。哈尔滨银行积极探索开展联动业务，已成立投贷联动金融中心，注册设立黑龙江哈银大恒科创产业投资基金，专司投贷联动业务研发和营销推广；研发了“股权直投+贷款”“认股选择权贷款”等6项创新产品，优化流动资金贷款等10余项信贷产品；已完成哈工大机器人、焊接集团等3家影响力较大的科创企业投贷联动业务，其中股权投资规模1 700余万元，授信超过10亿元。

三、预测与展望

2017年是实施“十三五”规划的第二年。从不利因素看，外部环境依然复杂严峻，东北地区偏重化工型、偏资源型、偏传统型的产业结构调整具有长期性、艰巨性，供给侧结构性改革压力仍然较为突出，全省正处于传统产业集中负向拉动与培育新动能、新增长领域相互交织、相互赛跑的关键时期，面临工业经济效益和对外贸易仍处低位、大庆油田持续减产、龙煤集团改革生存攻坚任务艰巨、农民增收压力巨大、新增长领域尚未做大做强等挑战和差距。从有利因素看，国家供给侧结构性改革、“一带一路”建设、东北振兴“十三五”规划等均给予黑龙江省振兴实体经济行动指南。下一步，全省将深化创新驱动，培育壮大新动能，激发内生动力，主要在以下方面发力：推进农业供给侧结构性改革；深化重点领域和关键环节改革；以做好“五个要发展”“三篇大文章”“五头五尾”为引领持续推动工业产业项目建设；促进服务业多领域融合发展；加大重大基础设施建设；积极参与“中蒙俄经济走廊”建设；切实保护生态环境；确保民生持续改善。预计全省经济增长6%~6.5%。

2017年，全省金融业将有效贯彻落实稳健中性的货币政策，中国人民银行哈尔滨中心支行将灵活运用支农支小再贷款、扶贫再贷款、再贴现、常备借贷便利、抵押补充贷款等货币政策工具，加强宏观审慎管理和评估，维护流动性基本稳定，保持货币信贷和社会融资规模适度增长。银行业将根据实体经济发展需求和政策导向，优化信贷结构；金融市场体系建设将不断完善，直接融资作用将继续提升。全省金融业将在规模增长、内控管理、业务升级、产品创新等方面取得积极进展，主要为全省现代农业、工业增效升级、精准扶贫、民营经济、科创孵化、大众创业、文化、旅游、民生保障、龙江丝路带建设等方面做好融资支持，进而为本地区经济发展和供给侧结构性改革营造中性适度的货币金融环境。

中国人民银行哈尔滨中心支行货币政策分析小组

总　纂：王　迅　张会元

统　稿：管公明　高　磊

执　笔：刘　畅　赵振宁　何延伟　马　辉　张　杰　海　平　王　迟　张普雷　常云峰　程逸飞　肖九思　许　硕　刘　爽　包艳龙　孙晓丹　李　丹　范继慈　徐　扬　刘　帆　鲁　荣　罗　希

提供材料的还有：孙　杨　杜艳艳　王文博　林金龙

附录

（一）2016年黑龙江省经济金融大事记

2月19日至21日，2016年亚布力中国企业家论坛第十六届年会在黑龙江亚布力召开。

5月20日，黑龙江省委、省政府出台关于推进供给侧结构性改革的意见。

6月17日，黑龙江省政府主办的中国龙商第一届代表大会在哈尔滨举行。

7月11日至14日，中国商务部、黑龙江省政府、俄罗斯联邦经济发展部、俄罗斯联邦工业贸易部共同主办的第三届中俄博览会（即第二十七届哈洽会）在俄罗斯叶卡捷琳堡举行。

9月14日，黑龙江省银行业外汇和跨境人民币业务展业自律机制成立，中国银行黑龙江省分行作为牵头行。

11月15日，华夏银行哈尔滨分行揭牌开业。

12月19日，黑龙江省首家具有金融不良资产批量收购处置业务资质的省级地方金融资产管理公司（嘉实龙昇）挂牌运营。

2016年，黑龙江省13个市(地)、132个县(市、区)实现不动产登记全覆盖。

2016年，黑龙江省水利项目完成投资201.5亿元，下达年度中央水利投资150.9亿元，连续两年居全国第一。

（二）2016年黑龙江省主要经济金融指标

表1　2016年黑龙江省主要存贷款指标

		1月	2月	3月	4月	5月	6月	7月	8月	9月	10月	11月	12月
本外币	金融机构各项存款余额（亿元）	21 502.4	21 480.8	21 678.3	22 133.2	22 119.6	22 166.2	22 328.2	22 493.8	22 494.8	22 429.5	22 560.2	22 394.8
	其中：住户存款	12 706.4	12 939.4	12 997.9	12 791.8	12 721.5	12 925.7	12 820.8	12 821.5	12 978.1	12 943.6	13 294.5	13 592.0
	非金融企业存款	3 979.3	3 798.1	3 898.1	3 821.2	3 915.6	4 144.7	4 047.2	4 103.1	4 268.3	4 224.7	4 347.9	4 364.1
	各项存款余额比上月增加（亿元）	72.6	-21.6	197.5	454.8	-13.6	46.6	162.0	165.5	1.0	-65.2	130.7	-165.4
	金融机构各项存款同比增长（%）	6.3	5.5	4.8	8.6	8.9	7.9	8.6	8.5	9.4	8.2	5.3	4.5
	金融机构各项贷款余额（亿元）	16 996.1	17 066.1	17 355.9	17 296.5	17 286.0	17 311.6	17 087.7	17 197.7	17 241.8	17 289.7	17 671.0	18 086.2
	其中：短期	8 151.3	8 231.0	8 395.2	8 383.5	8 307.4	8 343.3	8 191.6	8 170.4	8 128.5	8 142.1	8 491.0	8 692.6
	中长期	7 245.9	7 281.6	7 372.0	7 433.2	7 546.0	7 562.8	7 579.6	7 662.3	7 755.4	7 734.1	7 790.5	7 944.3
	票据融资	1 205.1	1 158.8	1 173.3	1 059.2	1 010.3	971.4	866.0	909.2	900.7	952.3	957.8	1 023.9
	各项贷款余额比上月增加（亿元）	351.2	70.1	289.8	-59.4	-10.5	25.7	-223.9	109.9	44.1	47.9	381.2	415.2
	其中：短期	156.4	79.7	164.1	-11.7	-76.1	35.9	-151.8	-21.2	-41.9	13.6	348.9	201.6
	中长期	68.8	35.7	90.4	61.2	112.7	16.8	16.8	82.7	93.1	-21.3	56.4	153.8
	票据融资	50.1	-46.3	14.5	-114.0	-49.0	-38.8	-105.5	43.3	-8.5	51.6	5.5	66.1
	金融机构各项贷款同比增长（%）	19.5	17.4	17.1	15.6	15.0	14.0	12.6	12.5	11.9	10.9	9.2	8.7
	其中：短期	26.3	23.6	21.8	19.8	17.9	18.2	16.4	16.3	16.1	14.2	10.9	8.9
	中长期	5.0	4.7	5.5	6.0	7.6	8.3	8.5	8.9	8.8	7.6	8.7	10.5
	票据融资	79.3	59.7	57.0	41.8	31.1	8.5	-4.7	-3.6	-8.8	-1.4	-5.0	-11.4
	建筑业贷款余额（亿元）	123.0	129.1	134.9	125.9	125.2	134.5	127.9	121.4	124.8	127.6	126.8	127.8
	房地产业贷款余额（亿元）	465.0	475.9	475.6	442.1	466.5	463.6	472.2	490.7	513.8	505.7	497.4	525.0
	建筑业贷款同比增长（%）	-18.5	-13.7	-10.1	-16.0	-16.5	-12.5	-16.0	-22.8	-16.6	-11.5	-4.2	0.1
	房地产业贷款同比增长（%）	-5.5	-3.7	-3.7	-8.7	-3.9	-1.7	0.0	4.6	9.1	7.8	5.9	13.3
人民币	金融机构各项存款余额（亿元）	21 279.5	21 257.2	21 464.8	21 926.7	21 923.7	21 974.5	22 133.6	22 298.5	22 284.9	22 208.1	22 332.5	22 179.0
	其中：住户存款	12 590.9	12 820.6	12 877.8	12 670.9	12 599.5	12 799.7	12 692.7	12 694.2	12 850.1	12 810.8	13 156.5	13 448.4
	非金融企业存款	3 889.2	3 714.2	3 820.3	3 751.3	3 857.8	4 088.6	3 990.3	4 041.5	4 192.8	4 142.9	4 264.9	4 298.8
	各项存款余额比上月增加（亿元）	60.5	-22.3	207.6	461.9	-3.0	50.8	159.2	164.9	-13.6	-76.8	124.4	-153.6
	其中：住户存款	151.1	229.7	57.2	-206.9	-71.4	200.3	-107.0	1.5	155.9	-39.3	345.8	291.8
	非金融企业存款	-195.7	-175.0	106.2	-69.0	106.5	230.8	-98.4	51.2	151.3	-49.9	122.0	33.9
	各项存款同比增长（%）	6.2	5.3	4.7	8.6	9.0	7.9	8.6	8.6	9.3	8.1	5.2	4.5
	其中：住户存款	8.9	7.6	7.6	7.2	7.7	8.7	8.5	8.6	8.8	8.9	8.9	8.1
	非金融企业存款	-9.8	-10.9	-11.4	-12.8	-9.3	-3.6	-1.9	-1.2	2.3	-1.5	-1.2	5.2
	金融机构各项贷款余额（亿元）	16 571.3	16 646.1	16 944.4	16 913.0	16 932.5	16 978.9	16 759.3	16 854.6	16 887.0	16 935.0	17 311.7	17 725.0
	其中：个人消费贷款	2 244.4	2 253.8	2 291.2	2 337.9	2 389.1	2 441.1	2 478.4	2 519.6	2 600.1	2 643.8	2 705.9	2 745.2
	票据融资	1 205.1	1 158.8	1 173.3	1 059.2	1 010.3	971.4	866.0	909.2	900.7	952.3	957.8	1 023.9
	各项贷款余额比上月增加（亿元）	356.3	74.8	298.3	-31.5	19.5	46.4	-219.6	95.3	32.4	48.0	376.7	413.3
	其中：个人消费贷款	27.9	9.4	37.4	46.7	51.2	52.0	37.3	41.2	80.6	43.7	62.1	39.3
	票据融资	50.1	-46.3	14.5	-114.0	-49.0	-38.8	-105.5	43.3	-8.5	51.6	5.5	66.1
	金融机构各项贷款同比增长（%）	19.7	17.6	17.4	16.2	15.8	14.9	13.4	13.5	12.7	11.6	9.9	9.3
	其中：个人消费贷款	19.0	19.0	20.0	20.3	21.4	21.8	21.5	21.6	23.0	23.3	24.1	23.9
	票据融资	79.3	59.7	57.0	41.8	31.1	8.5	-4.7	-3.6	-8.8	-1.4	-5.0	-11.4
外币	金融机构外币存款余额（亿美元）	34.0	34.2	33.1	32.0	29.8	28.9	29.3	29.2	31.4	32.7	33.1	31.1
	金融机构外币存款同比增长（%）	16.9	15.6	6.1	0.3	-6.7	-2.6	-5.0	-9.0	5.2	10.9	7.3	-4.2
	金融机构外币贷款余额（亿美元）	64.8	64.2	63.7	59.4	53.7	50.2	49.4	51.3	53.1	52.4	52.2	52.1
	金融机构外币贷款同比增长（%）	4.5	2.0	-1.3	-9.1	-21.1	-24.4	-24.9	-25.7	-20.7	-19.7	-21.1	-21.4

数据来源：中国人民银行哈尔滨中心支行。

表2 2001～2016年黑龙江省各类价格指数

单位：%

年/月	居民消费价格指数		农业生产资料价格指数		工业生产者购进价格指数		工业生产者出厂价格指数	
	当月同比	累计同比	当月同比	累计同比	当月同比	累计同比	当月同比	累计同比
2001	—	0.8	—	-1.1	—	-0.5	—	-4.0
2002	—	-0.7	—	-0.3	—	-0.7	—	-2.2
2003	—	0.9	—	1.8	—	7.6	—	11.9
2004	—	3.8	—	12.0	—	15.2	—	13.1
2005	—	1.2	—	8.6	—	11.8	—	16.7
2006	—	1.9	—	1.9	—	5.6	—	9.9
2007	—	5.4	—	9.4	—	5.0	—	5.3
2008	—	5.6	—	22.7	—	14.1	—	14.0
2009	—	0.2	—	-5.8	—	-6.6	—	-12.6
2010	—	3.9	—	5.6	—	14.5	—	15.0
2011	—	5.8	—	10.2	—	11.1	—	12.0
2012	—	3.2	—	7.8	—	-1.2	—	0.0
2013	—	2.2	—	4.1	—	-1.3	—	-2.0
2014	—	1.5	—	0.3	—	-2.4	—	-2.9
2015	—	1.1	—	1.3	—	-11.8	—	-14.0
2016	—	1.5	—	0.0	—	-4.0	—	-4.9
2015 1	0.5	0.5	-1.3	-1.3	-11.3	-11.3	-14.0	-14.0
2	1.3	0.9	-1.2	-1.3	-13.6	-12.5	-16.4	-15.2
3	1.5	1.1	0.2	-0.8	-12.5	-12.5	-14.7	-15.0
4	1.6	1.2	2.4	0.0	-12.3	-12.4	-14.1	-14.8
5	1.0	1.2	2.5	0.5	-12.4	-12.4	-13.4	-14.5
6	1.1	1.2	2.1	0.8	-11.4	-12.3	-12.3	-14.2
7	1.4	1.2	1.7	0.9	-12.0	-12.2	-13.3	-14.0
8	1.2	1.2	1.6	1.0	-12.5	-12.3	-14.5	-14.1
9	1.2	1.2	1.4	1.0	-11.9	-12.2	-15.4	-14.2
10	0.6	1.1	2.1	1.1	-11.7	-12.2	-14.7	-14.3
11	1.0	1.1	2.2	1.2	-10.2	-12.0	-12.9	-14.2
12	1.1	1.1	2.4	1.3	-9.4	-11.8	-11.6	-14.0
2016 1	1.5	1.5	1.7	1.7	-10.3	-10.3	-11.6	-11.6
2	1.9	1.7	2.1	1.9	-9.4	-9.9	-9.4	-10.5
3	1.9	1.8	0.5	1.4	-9.0	-9.6	-10.0	-10.3
4	1.9	1.8	-0.5	0.9	-7.6	-9.1	-8.8	-10.0
5	1.4	1.7	-0.8	0.6	-5.5	-8.4	-7.7	-9.5
6	1.5	1.7	-0.4	0.4	-5.1	-7.8	-7.3	-9.1
7	1.0	1.6	-0.4	0.3	-4.3	-7.3	-6.1	-8.7
8	0.7	1.5	-0.7	0.2	-4.2	-6.9	-5.6	-8.3
9	1.4	1.5	-0.5	0.1	-1.4	-6.3	-1.0	-7.5
10	1.5	1.5	-0.7	0.0	0.6	-5.7	1.2	-6.7
11	1.5	1.5	-0.4	0.0	2.4	-5.0	2.4	5.9
12	1.5	1.5	-0.1	0.0	6.5	-4.0	6.4	-4.9

数据来源：黑龙江省统计局、《中国经济景气月报》。

表3 2016年黑龙江省主要经济指标

	1月	2月	3月	4月	5月	6月	7月	8月	9月	10月	11月	12月
绝对值（自年初累计）												
地区生产总值（亿元）	—	—	2 601.7	—	—	5 630.3	—	—	9 231.6	—	—	15 386.1
第一产业	—	—	158.1	—	—	498.4	—	—	765.3	—	—	2 670.5
第二产业	—	—	790.8	—	—	1 689.4	—	—	3 008.7	—	—	4 441.4
第三产业	—	—	1 652.8	—	—	3 442.5	—	—	5 457.6	—	—	8 274.2
工业增加值（亿元）	—	330.7	551.7	757.8	971.9	1 278.9	1 516.1	1 761.0	2 050.9	2 337.5	2 645.5	2 994.2
固定资产投资（亿元）	—	27.7	192.2	498.0	1 070.4	2 456.0	3 515.8	4 581.3	6 085.3	7 521.0	8 721.4	10 432.6
房地产开发投资	—	3.7	16.9	57.4	141.0	281.4	378.3	466.9	585.5	699.4	800.2	864.8
社会消费品零售总额（亿元）	—	—	1 869.0	—	—	3 776.0	—	—	5 831.3	—	—	8 402.5
外贸进出口总额（亿元）	11.3	20.9	33.5	45.6	57.4	70.8	84.1	98.8	115.2	130.0	147.8	165.4
进口	7.1	13.7	21.4	29.8	37.7	46.5	55.9	65.8	77.5	87.5	101.2	114.9
出口	4.2	7.2	12.1	15.8	19.7	24.3	28.1	33.1	37.7	42.5	46.6	50.4
进出口差额(出口－进口)	-2.9	-6.5	-9.3	-14.0	-18.0	-22.2	-27.8	-32.7	-39.8	-45.0	-54.6	-64.5
实际利用外资（亿美元）	2.3	4.1	10.3	12.3	16.6	24.9	27.5	30.0	34.1	41.1	54.2	59.0
地方财政收支差额（亿元）	-143.8	-328.6	-632.6	-672.4	-802.9	-1 189.9	-1 382.2	-1 619.4	-2 072.4	-2 242.1	-2 693.3	-3 079.8
地方财政收入	136.2	203.9	309.5	428.2	508.8	602.4	684.4	752.3	836.9	934.2	1 019.0	1 148.4
地方财政支出	280.0	532.5	942.1	1 100.6	1 311.7	1 792.3	2 066.6	2 371.7	2 909.3	3 176.3	3 712.3	4 228.2
城镇登记失业率(%)(季度)	—	—	4.42	—	—	4.42	—	—	4.35	—	—	4.22
同比累计增长率（%）												
地区生产总值	—	—	5.1	—	—	5.7	—	—	6.0	—	—	6.1
第一产业	—	—	2.9	—	—	4.3	—	—	4.8	—	—	5.3
第二产业	—	—	1.1	—	—	2.2	—	—	2.3	—	—	2.5
第三产业	—	—	7.8	—	—	8.1	—	—	8.5	—	—	8.6
工业增加值	—	-0.6	0.3	0.8	1.1	1.9	1.8	1.8	1.9	1.8	1.7	2.0
固定资产投资	—	5.6	6.3	6.0	5.7	6.0	5.8	5.6	5.6	5.4	5.4	5.5
房地产开发投资	—	-31.7	0.1	-2.0	-10.5	-15.5	-13.7	-14.7	-13.7	-12.6	-12.7	-12.8
社会消费品零售总额	—	—	10.1	—	—	10.0	—	—	9.9	—	—	10.0
外贸进出口总额	-47.0	-44.3	-36.6	-34.0	-36.3	-36.1	-35.8	-32.9	-28.7	-26.9	-22.9	-21.3
进口	-40.3	-31.9	-28.7	-26.3	28.8	-30.3	-28.6	-25.4	19.8	-18.2	-13.5	-11.4
出口	-55.3	-58.7	-47.0	-44.9	46.9	-44.7	-46.5	-32.9	-42.0	-40.0	-37.7	-37.2
实际利用外资	6.5	-1.1	-12.1	-13.0	-4.1	0.7	1.3	1.7	-5.5	-5.0	2.6	6.3
地方财政收入	9.1	4.2	5.9	10.9	8.1	3.9	1.4	-0.3	0.6	0.4	-1.2	-1.1
地方财政支出	4.0	-4.3	13.1	0.2	0.0	12.3	11.1	8.8	12.1	9.8	14.6	5.2

数据来源：黑龙江省统计局、《中国经济景气月报》。

上海市金融运行报告（2017）

中国人民银行上海总部货币政策分析小组

[内容摘要] 2016年，上海主动适应经济发展新常态，着力推进供给侧结构性改革，推动落实“三去一降一补”重点任务，创新转型积极效应进一步显现，经济运行总体平稳、稳中有进。产业结构加快调整升级，服务业支撑作用进一步增强，投资和消费平稳增长，对外经济合作优化发展，企业效益有所好转，就业、居民收入和物价总体平稳。中国人民银行上海总部大力推动自贸试验区金融改革，支持上海科创中心建设，继续完善宏观审慎管理手段，加强定向调控与信贷政策的配合，切实优化信贷结构，坚决守住不发生系统性和区域性金融风险底线。各项存款同比少增，信贷增速有所提高。证券期货业发展平稳，保险业继续发挥保障民生功能。金融市场交易活跃度有所分化，国际金融中心建设和自贸区金融改革取得新进展。

2017年，中国人民银行上海总部和全市金融机构要更加主动地适应经济金融运行新常态。一是落实好稳健中性的货币政策，切实做好各项调控工作。二是继续做好房地产金融调控，落实好差别化住房信贷政策。三是落实好利率市场化改革各项措施。四是加强对上海科创中心和供给侧结构性改革的金融支持。五是加强金融风险研判和预警，切实防范化解金融风险。

一、金融运行情况

2016年，中国人民银行上海总部按照总行工作会议精神，认真抓好各项重点难点金融改革任务，继续完善宏观审慎管理手段，引导货币信贷平稳适度增长。全年各项存款同比少增，信贷增速有所提高，证券期货业平稳发展，保险业继续发挥保障民生功能，金融市场交易活跃度有所分化，上海国际金融中心建设和自贸区金融改革取得新进展。

（一）存贷款增长分化，金融支持经济结构调整优化

1. 银行业金融机构平稳发展。2016年年末，上海市共有中资银行法人4家，外资银行法人20家，村镇银行法人13家，从业人员11.6万人（见表1）。2016年年末，上海市中外资金融机构本外币资产总额14.4万亿元，同比增长11.3%；各项存、贷款余额分别为11.1万亿元和6.0万亿元，同比分别增长6.5%和12.4%，增速比上年末分别下降7.9个百分点和提高2.3个百分点。2016年，全市金融机构实现净利润1 506.2亿元，同比增长9.0%。

表1　2016年上海市银行业金融机构情况

机构类别	营业网点			法人机构（个）
	机构个数（个）	从业人数（人）	资产总额（亿元）	
一、大型商业银行	1 702	48 688	50 522	1
二、国家开发银行和政策性银行	14	555	4 192	0
三、股份制商业银行	731	23 088	34 742	1
四、城市商业银行	383	13 639	20 484	1
五、小型农村金融机构	388	6 216	6 791	1
六、财务公司	20	1 410	4 126	18
七、信托公司	7	1 751	622	7
八、邮政储蓄银行	484	3 124	1 893	0
九、外资银行	213	12 805	13 824	20
十、新型农村金融机构	27	607	253	13
十一、其他	25	4 112	6 447	25
合　计	3 994	115 995	143 896	87

注：营业网点不包括国家开发银行和政策性银行、大型商业银行、股份制商业银行等金融机构总部数据；大型商业银行包括中国工商银行、中国农业银行、中国银行、中国建设银行和交通银行；小型农村金融机构包括农村商业银行、农村合作银行和农村信用社；新型农村金融机构包括村镇银行、贷款公司和农村资金互助社；“其他”包含金融租赁公司、汽车金融公司、货币经纪公司、消费金融公司等。

数据来源：中国人民银行上海总部。

2. 各项存款同比少增，主要是非银行金融机构存款大幅减少。2016年，全市各项存款累计增加6 750.3亿元，同比少增6 578.4亿元。其中，非银行金融机构存款累计减少3 628.1亿元，同比多减12 796亿元。剔除该项存款后其他各项存款实际累计增加10 378.4亿元，同比多增6 217.6亿元。同时，2015年上半年非银行金融机构存款大幅增加，导致基数较高，2016年第二季度以来各项存款同比增速明显下滑。随着基数效应减弱，第四季度存款增速缓慢回升（见图1）。

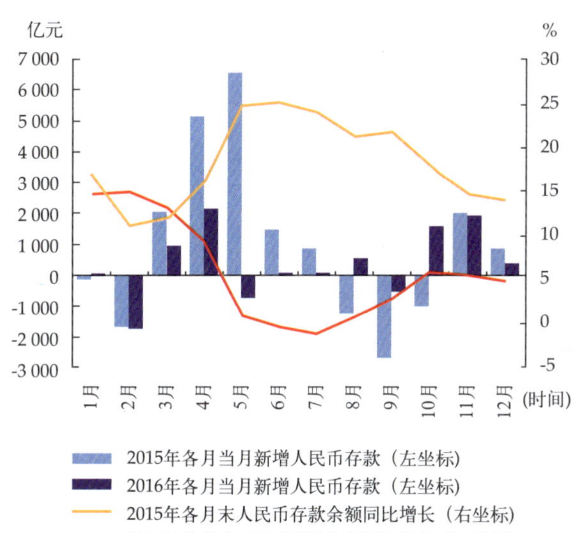

数据来源：中国人民银行上海总部。

图1　2015～2016年上海市金融机构人民币存款增长变化

各项存款中，境内存款累计增加6 376.3亿元，同比少增8 764.7亿元；境外存款累计增加374.1亿元，同比多增2 186.2亿元。受年末境内外人民币利差增大的影响，境外存款大幅下降。12月末，境外人民币存款同比下跌24.9%。同时，由于金融机构积极开展离岸客户贸易融资业务，通过结构化产品吸收外币存款，12月末境外外币存款同比增长133.4%。

从境内存款看，住户存款、非金融企业存款和广义政府存款均同比多增。2016年，全市本外币住户存款累计增加1 728.2亿元，同比多增1 082.5亿元。其中，活期存款增加1 232.2亿元，同比少增14.6亿元；定期及其他存款增加496亿元，同比多增1 097.1亿元。2016年，全市非金融企业本外币存款累计增加7 062.4亿元，同比多增2 734.4亿元。其中，活期存款增加2 230.1亿元，同比少增788.5亿元；定期及其他存款增加4 832.2亿元，同比多增 3 522.8亿元。2016年，全市广义政府存款累计增加1 213.7亿元，同比多增214.4亿元。2016年以来，上海市政府加快民生领域的财政支出拨付，加之随着地方债置换的推进，政府加大了平台贷款偿还力度，财政性存款出现2014年以来首次负增长。2016年，财政性存款累计减少293.6亿元，同比多减782.5亿元；机关团体存款累计增加1 507.3亿元，同比多增997亿元。

外汇存款同比多增。2016年，全市外汇存款累计增加213亿美元，同比多增114.7亿美元。受人民币贬值预期的影响，个人对外汇存款的需求上升。全年个人外汇存款增加72.1亿美元，同比增长51.4%。但由于贷款派生减少和对外支付增加等因素，企业外汇存款增长乏力，仅增加0.5亿美元，同比少增50.7亿美元。值得注意的是，境外外汇存款同比增长133.4%，同比多增125.8亿美元，成为拉动外汇存款增加的主要因素。

3. 各项贷款同比多增，企业贷款增长乏力。2016年，全市本外币贷款累计增加6 595亿元，同比多增1 714.5亿元。从投放节奏看，受银行年初集中放贷的影响，第一季度各项贷款新增2 484.2亿元，同比多增849.2亿元。随后三个季度企业贷款明显萎缩，住户贷款增长稳定。第四季度因境外贷款大幅增长，全市各项贷款同比多增1 915.5亿元。在各项贷款中，境内贷款累计增加4 539.2亿元，同比多增361亿元；境外贷款累计增加2 055.8亿元（其中人民币贷款增加784.8亿元，外币贷款增加168.1亿美元），同比多增1 353.5亿元。境外贷款的快速增长与人民币贬值预期增强及贷款利率优惠有很大关系。

从境内贷款看，住户贷款同比多增，非金融企业贷款增长乏力。2016年，全市住户贷款累计增加4 483.6亿元，同比多增2 472亿元；中长期消费贷款增加4 114.3亿元，同比多增2 292.6亿元，主要得益于住宅销售的增长。其中，个人住房贷款新增3 352.4亿元，同比多增1 812.8亿元，占全

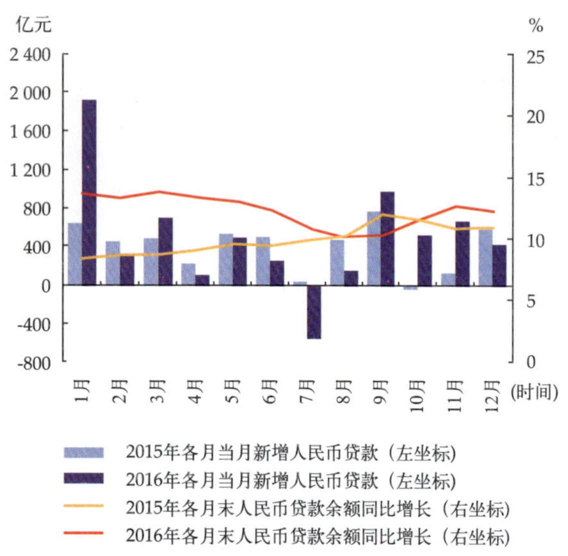

数据来源：中国人民银行上海总部。

图2　2015～2016年上海市金融机构人民币贷款增长变化

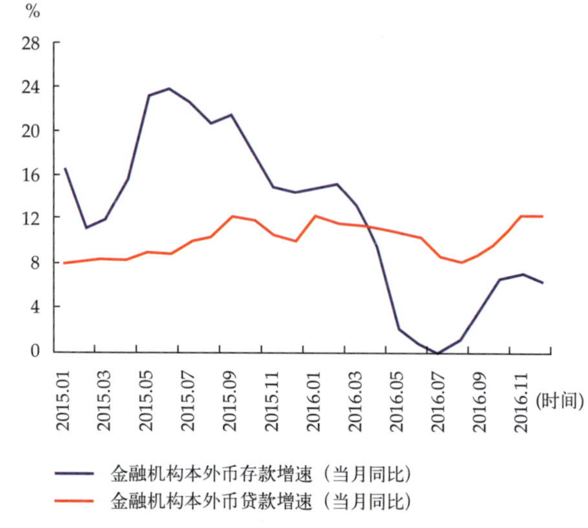

数据来源：中国人民银行上海总部。

图3　2015～2016年上海市金融机构本外币存、贷款增速变化

市贷款新增额的50.8%，但该比例自7月以来持续下降。2016年，全市非金融企业及机关团体贷款累计增加26.7亿元，同比少增1 944.4亿元。其中，短期贷款累计增加324.8亿元，同比少增286.5亿元；中长期贷款累计减少478.1亿元，同比多减591.2亿元；票据融资累计减少264亿元，同比多减1 172亿元；融资租赁累计增加452.1亿元，同比多增101亿元。全市企业部门的有效信贷需求仍不容乐观，尤其是中长期贷款增长乏力，第二季度开始中长期贷款快速下滑，第二、第三季度累计减少1 339.7亿元，同比多减1 542.5亿元。

从贷款投向看，信贷结构继续向第三产业倾斜，小微企业信贷投放好于平均水平。2016年，全市新增的本外币企业贷款（不含票据融资）中，投向第三产业的贷款累计增加1 494.6亿元，占全部境内企业贷款（不含票据融资）增量的154.5%；投向第二产业的贷款累计减少535.1亿元，同比多减94亿元。其中，制造业贷款累计减少203.4亿元，同比少减260.7亿元；建筑业贷款累计减少203.4亿元，同比多减180.7亿元。2016年年末，小微企业贷款余额同比增长10.3%，高于企业贷款平均增速7.1个百分点；占全部企业贷款的29.2%，同比上升1.9个百分点。

从币种结构看，外汇贷款同比多增。2016年，全市各项外汇贷款累计增加48.9亿美元，同比多增77.7亿美元。其中，境内贷款累计减少119.2亿美元，同比多减41亿美元；境外贷款增加168.1亿美元，同比多增118.8亿美元。在境内贷款中，企业因人民币持续贬值有较强的动力用本币负债替代外币贷款，或提前偿还外币贷款。非金融企业及机关团体贷款累计减少122.7亿美元，同比多减44.6亿美元。境外贷款增加主要归因于中资金融机构加大对企业跨国并购及自贸区企业贸易融资的支持力度。

专栏1　中国人民银行上海总部整合创新金融工具支持上海实体经济

面对2016年错综复杂的国内外形势，中国人民银行上海总部会同市政府各部门、各金融监管部门，采取了一系列综合举措，有力地支持了上海经济的转型发展。

一是进一步发挥再贷款的精准支持效应。2016年，中国人民银行上海总部累计发放支小再贷款9亿元，撬动商业银行发放小微企业贷款764.3亿元；累计发放支农再贷款1.2亿元，撬动发放涉农贷款达26.2亿元。华瑞银行顺利成为全国首批获得再贷款承贷行资格的民营银行，并率先实际利用再贷款资金发放商业贷款。

二是创新运用存款准备金工具。3月1日，对上海金融机构实施普遍降准，下调人民币存款准备金率0.5个百分点。6月9日，又结合调结构需要，定向下调不同类型金融机构人民币存款准备金率0.5~1个百分点，共惠及17家“三农”和小微贷款领域的法人机构。通过先后两次降准，保持了金融体系流动性合理充裕，为深化改革营造了适宜的货币金融环境。

三是改进和完善再贴现业务管理，支持票据市场发展。2016年，中国人民银行上海总部累计对26家金融机构发放再贴现304亿元，间接惠及小微企业2 000余家。12月8日，由29家机构发起筹建的上海票据交易所正式开业，成为全国统一的票据交易平台，有利于提高交易透明度，更好地防范票据风险，增强金融服务实体经济能力。

四是引导融资成本稳健下行。2016年12月，上海市中外资金融机构人民币贷款加权平均利率为5.05%，比上年同期下降0.17个百分点。2016年的人民币贷款基础利率（LPR）维持在4.3%的水平，比2015年的均值显著下降0.6个百分点。监测显示，各行业融资利息与融资费用均有所下降，融资成本呈现普降态势。

五是切实加强信贷投向调控。中国人民银行上海总部始终注意引导不同类型金融机构结合自身特点，把控信贷投向，用好有限的信贷增量，优化存量结构，切实保证对战略性新兴产业、智能制造、文化创意、现代服务、“四新”经济等供给侧结构性改革重点领域和“三农”、小微、创业促就业、保障房建设等民生领域薄弱环节的信贷支持，支持科创中心建设和经济转型发展。2016年年末，上海微型企业贷款余额同比增长15.2%，同比提高7.4个百分点，也高出同期境内企业贷款增幅12个百分点。

六是推动优化金融生态环境。推动小额贷款公司、担保公司以及证券、保险等公司加入征信系统，开展担保机构、小额贷款公司信用评级，规范银贷、银担合作。稳步开展征信机构备案和认可，认真清理核查已备案企业征信机构，完成34家企业征信机构备案，向中国人民银行总行提交11家个人征信机构材料。同时，高效处理金融投诉，稳步推进上海市金融消费纠纷调解中心建设，组织开展“金融知识普及月”活动和“金融消费者权益日”活动。此外，还持续推动核心企业加入应收账款融资服务平台，促进平台融资规模快速增长。

4. 同业资产企稳回升，债券投资大幅增长。2016年年末，全市金融机构人民币存放同业、拆放同业和买入返售三项资产余额分别为4 756.7亿元、2 956.3亿元和746.5亿元，较年初分别增加592.4亿元、678.4亿元和减少633.7亿元。年末，上述三项同业资产余额较年初增加637亿元，结束了2015年以来的下降趋势。具体来看，受监管部门对同业业务规范趋于严格和细致，加上商业银行总体资金面趋于宽松的影响，全市金融机构买入返售业务呈快速收缩的态势。同时，前两年迅猛增长的股权投资也呈放缓态势，全年金融机构股权投资增加1 888.3亿元，同比少增928.7亿元。但是，债券投资大幅增长，全年金融机构债券投资增加1 564.6亿元，同比多增1 050.6亿元。

同业负债大幅下滑。2016年年末，上海市银行业人民币同业负债余额为32 753.5亿元，同比下降7.4%；比年初减少2 622.6亿元，同比多减9 730.3亿元。一方面，股市低迷导致大量资金流出，证券公司、基金公司及登记结算公司在上海各银行的同业存款均显著下降。其中，证券公司存放客户交易结算资金累计减少1 116.2亿元，同比多减2 556.1亿元。另一方面，受MPA考核的约束，银行主动降低同业负债占比。根据上海银监局数据，12月末，全市银行业同业负债在全部负债中占25.3%，占比较年初下降3.8个百分点。

5. 贷款利率有所下降，存贷利差小幅收窄。2016年12月，上海市金融机构贷款加权平均利率为5.05%，较上年年末下降18个基点。其中，新增贷款中执行基准利率下浮的占比为54.6%，比年初提高12个百分点（见表2）。各项定期存款加权平均利率为1.96%，较上年年末上升6个基点。以贷款加权平均利率与定期存款利率之差计算，12月上海市金融机构利差为3.09个百分点，较上年同期下降0.24个百分点。

6. 银行理财产品平稳较快增长。2016年，全国银行业金融机构在沪发行理财产品5.5万只，累计募集资金19.2万亿元，较上年多募集2.8万亿元；兑付资金18.6万亿元，较上年多兑付3.2万亿元。2016年年末，上海市存续理财产品共计2万只，本外币理财资金余额2.9万亿元，同比增长32.9%，占全国理财资金余额的10%。2016年，全国68家信托公司在沪发行资金信托产品1 928只，累计募集资金2.2万亿元，较上年少募集7 307亿元；兑付资金2万亿元，较上年少兑付3 544亿元。2016年年末，上海市存续资金信托计划共计3 996只，本外币资金信托余额2.2万亿元，同比增长8%，占全国资金信托余额的12.9%。

表2　2016年上海市金融机构人民币贷款各利率区间占比

单位：%

月份		1月	2月	3月	4月	5月	6月
	合计	100.0	100.0	100.0	100.0	100.0	100.0
	下浮	42.6	45.9	45.7	41.3	41.5	50.8
	基准	16.3	17.9	15.1	16.9	18.5	16.2
上浮	小计	41.1	36.2	39.1	41.7	40.0	33.0
	(1.0，1.1]	13.6	10.0	12.9	10.0	12.3	10.6
	(1.1，1.3]	13.0	10.8	11.3	13.5	12.2	10.8
	(1.3，1.5]	5.6	6.0	6.5	8.2	5.5	4.3
	(1.5，2.0]	8.6	9.0	7.9	9.5	9.7	7.1
	2.0以上	0.4	0.4	0.6	0.5	0.4	0.2
月份		7月	8月	9月	10月	11月	12月
	合计	100.0	100.0	100.0	100.0	100.0	100.0
	下浮	46.0	45.1	47.0	49.4	51.9	54.6
	基准	16.9	15.4	15.4	11.8	13.4	11.7
上浮	小计	37.2	39.5	37.6	38.8	34.7	33.7
	(1.0，1.1]	10.7	9.9	10.0	8.7	8.3	9.1
	(1.1，1.3]	11.8	11.1	12.0	13.0	11.3	10.9
	(1.3，1.5]	5.7	6.9	5.7	5.5	4.8	4.5
	(1.5，2.0]	8.7	11.4	9.6	11.4	10.0	9.0
	2.0以上	0.3	0.2	0.2	0.3	0.3	0.3

数据来源：中国人民银行上海总部。

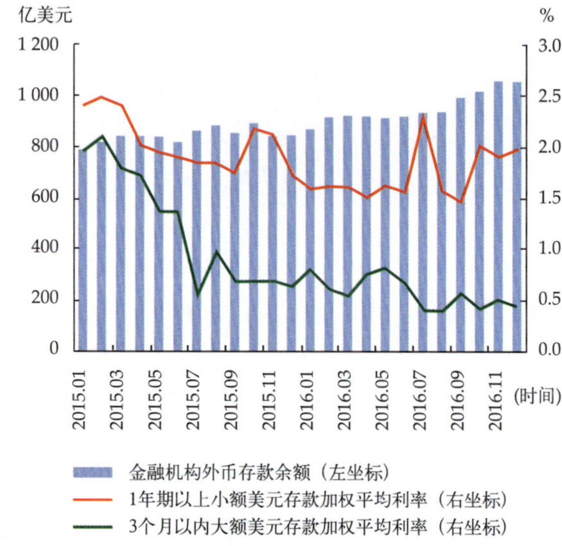

数据来源：中国人民银行上海总部。

图4　2015～2016年上海市金融机构外币存款余额及外币存款利率

7. 金融机构不良贷款率有见顶迹象，盈利压力有所显现。随着风险的逐步暴露与处置，上海市不良贷款率和不良贷款额已开始出现双降。2016年年末，上海市金融机构不良贷款余额404.1亿元，比上年年末下降76亿元；不良贷款率为0.68%，比上年年末下降0.23个百分点，远低于同期全国1.81%的水平。同时，年末逾期90天以上贷款与不良贷款的比例为95.8%，较年初下降5.1个百分点，较6月末下降11.4个百分点，表明贷款质量向下迁徙的情况有所改善。2016年，全市金融机构实现净利润1 506.2亿元，同比增长9%，增速同比下滑8.5个百分点。存贷利差收窄对贷款业务收入产生直接冲击。对此，商业银行通过产品创新吸引客户，全面拓宽非息收入来源。2016年，全市金融机构中间业务收入同比增长26.8%，增速同比提高9.1个百分点。

8. 涉外收支活跃度下降，市场购汇压力有所减弱。2016年，上海涉外收支总额11 454.9亿美元，同比减少17.2%，增速较上年同期下降47.1个百分点。其中，收入4 018.7亿美元，同比减少25.4%；支出7 436.2亿美元，同比减少11.9%。收支逆差3 417.5亿美元，同比增长11.9%。其中，上海跨境人民币收支总额3 566.7亿美元，同比减少27.8%，在涉外收支总额中占比31.1%，同比下降4.6个百分点。2016年，在沪银行结售汇总额6 156.2亿美元，同比减少15.4%，增速较上年同期下降44.2个百分点。其中，结汇1 630亿美元，同比减少20.6%；售汇4 526.2亿美元，同比减少13.4%；结售汇逆差2 896.2亿美元，同比减少8.7%。结汇意愿保持低位，购汇压力有所减弱。全年上海地区外汇收入结汇率59.3%，同比下降4.3个百分点；外汇支出购汇率88.1%，同比下降5.8个百分点。

（二）证券期货业平稳发展，机构数量保持增长

1. 证券公司平稳运行，机构数量保持增长。2016年年末，上海辖区证券公司合计总资产13 118.9亿元，净资产3 858.7亿元，净资本3 607.4亿元。全年累计实现营业收入717.2亿元、净利润301.6亿元。从机构数量看，2016年年末，上海资本市场各类市场主体共计2 391家。其中，上市公司240家，占全国的8%；新三板挂牌公司890家，占全国的9%；证券期货法人经营机构239家，约占全国的32%；证券期货各类分支机构1 010家；从事证券业务的会计、资产评估事务所等其他证券类持牌机构12家。

表3　2016年上海市证券业基本情况

项目	数量
总部设在辖内的证券公司数（家）	20
总部设在辖内的基金公司数（家）	44
总部设在辖内的期货公司数（家）	28
年末国内上市公司数（家）	240
当年国内股票（A股）筹资（亿元）	861
当年发行H股筹资（亿元）	13
当年国内债券筹资（亿元）	1 920
其中：短期融资券筹资额（亿元）	133
中期票据筹资额（亿元）	55

数据来源：上海证监局。

2. 基金公司资产管理规模平稳增长。2016年年末，上海辖区基金公司管理资产总规模合计45 409.4亿元，较上年同期增长13.0%，其中有四家基金公司规模突破2 000亿元。46家基金公司管理公募基金产品1 405只，较上年同期增长34.7%；总净值27 929.1元，较上年同期增长7.0%。45家基金公司开展专户业务，4家开展社保基金管理业务，3家开展企业年金管理业务。辖区基金公司共设立专业子公司37家，海外子公司8家。

3. 期货公司盈利水平上升。2016年年末，上海辖区期货公司客户权益达1 329.3亿元，占全国的30.6%；全年实现代理交易额145.9万亿元，占全国的37.4%，市场份额较上年有所增长。2016年，累计实现营业收入102.5亿元，较上年同期增长57.0%；实现净利润18.3亿元，较上年同期增加26.2%。

4. 证券市场融资较快增长。2016年，上海辖区公司累计直接融资2 781亿元（不含H股融资，下同），同比增长41.4%。其中，企业债券融资1 920亿元，同比增长30.1%；非金融企业境内股票融资861亿元，同比增长75.4%。

（三）保险业增长良好，继续发挥保障民生功能

1. 保险市场主体稳中有升。截至2016年年末，上海市共有55家法人保险机构（见表4），其中，保险集团公司1家、财产险公司19家、人身险公司25家、再保险公司3家、保险资产管理公司7家。全市共有99家省级保险分支机构，较上年年末新增1家，为东海航运保险股份有限公司上海分公司。其中，财产险公司49家、人身险公司48家、再保险公司2家。全市共有216家保险专业中介机构法人，其中，保险代理机构106家、保险经纪机构69家、保险公估机构41家。全市保险专业中介分支机构共151家、其中保险代理机构65家、保险经纪机构65家、保险公估机构21家。

表4　2016年上海市保险业基本情况

项目	数量
总部设在辖内的保险公司数（家）	55
其中：财产险经营主体（家）	19
人身险经营主体（家）	25
保险公司分支机构（家）	99
其中：财产险公司分支机构（家）	49
人身险公司分支机构（家）	48
保费收入（中外资，亿元）	1 529
其中：财产险保费收入（中外资，亿元）	371
人身险保费收入（中外资，亿元）	1 158
各类赔款给付（中外资，亿元）	529
保险密度（元/人）	6 320
保险深度（%）	6

数据来源：上海保监局。

2. 保险业务稳步增长，其中人身险公司保费收入继续显著增长。2016年，上海市原保险保费收入累计达1 529.3亿元，同比增长35.9%。其中，财产险公司原保险保费收入410.8亿元，同比增长6.5%；人身险公司原保险保费收入1 118.5亿元，同比增长51.3%。财产险、人身险原保险保费收入比例为27：73，中、外资保险公司原保险保费收入比例为86：14。

3. 保险赔付支出增长总体平稳，充分发挥保障民生的能力。2016年，上海市保险业赔付支出累计达528.8亿元，同比增长11.7%。其中，财产险赔款支出222.6亿元，同比增长16.3%；人身险给付245.9亿元，同比增长7.2%；健康险赔款给付50亿元，同比增长12.8%；意外险赔款支出10.4亿元，同比增长19.8%。

4. 保险业改革顺利推进。第一，结合自贸区和“金改40条”地方特色，明确建设上海国际保险中心服务保险强国的战略规划。第二，制度创新对接供给侧改革。推广复制保险机构高管备案改革举措，编制发布全球首个专业航运保险指数，在商车险改革中创新引入交通违规系数。第三，深度服务民生保障体系建设。推出工程质量潜在缺陷保险、医保账户购买商业健康保险试点和车险“快处易赔”线上快处APP，探索老年长期护理保险试点和城市型巨灾保险制度。第四，积极助推实体经济发展。推动保险资金与上海“双创”母基金合作，升级保险“科技贷”和“微贷通”，创立专利保险联盟。

（四）金融市场交易活跃度出现分化，融资结构日趋多元化

1. 融资结构日趋多元化。2016年，上海市社会融资规模占全国比重继续上升，新增人民币贷款季度波动较大，外汇贷款逐季减少，委托贷款增速平稳，信托贷款下半年增速明显回升，未贴现银行承兑汇票小幅增加，企业债券融资和股票融资增长显著。初步统计，2016年上海市社会融资规模为11 466亿元，同比多增2 959亿元。其中，人民币贷款增加5 104亿元，同比多增852亿元。外币贷款（折合人民币）减少815亿元，同比多减304亿元。委托贷款增加2 233亿元，同比多增694亿元。信托贷款增加1 882亿元，同比多增1 156亿元。未贴现银行承兑汇票增加17亿元，同比少增255亿元。非金融企业债券净融资1 920亿元，同比多增444亿元。非金融企业境内股票融资861亿元，同比多增369亿元（见图5）。

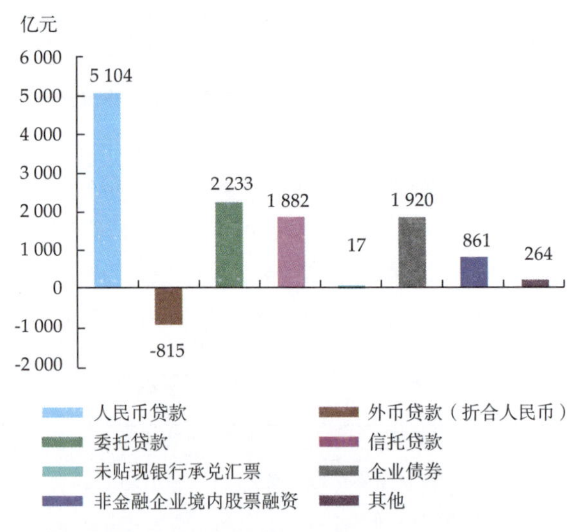

数据来源：中国人民银行上海总部。

图5　2016年上海市社会融资规模分布结构

2. 银行间市场交易活跃。2016年，上海银行间市场同业拆借、债券回购、现券交易均较上年显著增长。银行间同业拆借市场累计成交95.9万亿元，同比增长49.4%。其中，上海市金融机构拆入拆出合计33.2万亿元，同比增长20.9%。银行间债

券市场质押式回购累计成交568.3万亿元，同比增长31.4%；买断式回购累计成交33万亿元，同比增长30.3%。其中，上海市金融机构质押式和买断式正逆回购合计分别成交104.8万亿元和4.7万亿元，同比分别增长30.2%和19.8%。银行间债券市场现券交易累计成交127.1万亿元，同比增长46.5%。其中，上海金融机构现券买卖合计41万亿元，同比增长37.3%。

3. 票据业务出现下降。2016年，上海市金融机构票据承兑量连续增长多年后首现下降，票据交易结构出现分化（见表5）。全年累计承兑银票8 086.6亿元，同比减少12.3%。累计办理企业直接贴现11 759.1亿元，同比增加37.3%；累计办理买断式转贴现转入74 747.2亿元，同比减少6.8%。累计买入返售票据3 045.6亿元，同比减少86.1%；累计卖出回购票据2 808.1亿元，同比增长244.6%。2016年年末，上海市金融机构银行承兑汇票余额3 856.8亿元，较上年年末减少13.2%；票据贴现余额3 949.9亿元，较上年年末减少10.5%。12月8日，上海票据交易所正式开业，作为全国统一票据交易平台，交易所的成立有助于大幅提高票据市场透明度和交易效率，更好地防范票据业务风险。

4. 货币市场资金总体宽松，融资成本有所下降。因央行多次通过公开市场操作温和注入流动性，并通过降低逆回购中标利率引导市场利率下探，商业银行资金面总体宽松，市场利率整体处于低位。但因宏观审慎评估考核，银行减少对非银行金融机构的同业资金融出；加上11月、12月央行减少净投放，市场利率水平较2015年下半年

表5　2016年上海市金融机构票据业务量统计

单位：亿元

季度	银行承兑汇票承兑		贴现			
			银行承兑汇票		商业承兑汇票	
	余额	累计发生额	余额	累计发生额	余额	累计发生额
1	3 946.2	1 828.9	2 000.5	3 081.1	155.9	125.9
2	4 043.2	1 776.8	1 569.8	2 682.2	140.6	117.7
3	4 038.6	2 220.7	1 594.5	3 360.6	159.3	109.8
4	3 856.8	2 260.2	1 543.3	2 155.5	152.4	126.3

数据来源：中国人民银行上海总部。

表6　2016年上海市金融机构票据贴现、转贴现利率

单位：%

季度	贴现		转贴现	
	银行承兑汇票	商业承兑汇票	票据买断	票据回购
1	3.45	4.62	3.36	3.14
2	3.35	4.57	3.47	2.96
3	2.90	4.49	2.97	2.75
4	3.30	4.49	3.34	3.30

数据来源：中国人民银行上海总部。

有小幅提升。2016年12月，银行间市场同业拆借月加权平均利率为2.44%，比上年年末提高0.47个百分点；质押式债券回购月加权平均利率为2.56%，比上年年末提高0.62个百分点。

5. 股票发行和成交规模均下降。2016年，上海证券交易所股票累计融资8 030.1亿元，同比减少7.8%。其中，IPO首发融资1 017.2亿元，同比减少26.7%；再融资7 039.8亿元，同比减少7.7%。股票交易累计成交50.2万亿元，同比下降62.3%，上证综指年初开盘3 536.59点，当日达到年内最高点3 538.69点，1月27日创下年内最低点2 638.3点，此后呈现振荡趋升走势，年末收于3 103.4点，较年初下跌12.2%。

6. 期货交易保持增长，金融期货交易萎缩。2016年，上海期货交易所累计成交量33.6亿手，同比增长60%，占全国总成交量的40.6%；累计成交金额170万亿元，同比增长33.7%，占全国总成交额的43.4%。中国金融期货交易所股指期货和国债期货累计成交1 834万手，同比下降94.6%，占全国总成交量的0.4%；累计成交金额18.2万亿元，同比下降95.6%，占全国总成交金额的9.3%（见表7）。

表7　2016年中国金融期货交易所交易统计

交易品种	累计成交金额（亿元）	同比增长（%）	累计成交量（万手）	同比增长（%）
股指期货	93 177.4	-97.7	940.2	-97.2
国债期货	89 013.7	48.1	893.4	46.8
合计	182 191.1	-95.6	1 833.6	-94.6

数据来源：中国金融期货交易所。

表8　2016年上海期货交易所交易统计

交易品种	累计成交金额（亿元）	同比增长（%）	累计成交量（万手）	同比增长（%）
铜	277 744.0	57.9	14 479.0	63.9
铝	55 095.0	332.4	8 878.4	287.7
锌	125 970.0	291.5	14 613.2	223.0
黄金	186 851.0	211.8	6 951.9	174.6
天然橡胶	247 263.0	141.4	19 474.3	134.4
燃料油	10.3	79.7	0.6	50.8
螺纹钢	435 743.0	279.1	186 829.7	245.3
线材	0.0	-65.5	0.0	-62.7
铅	7 962.2	841.8	912.2	596.3
白银	102 942.0	35.2	17 300.3	19.5
石油沥青	73 392.0	897.3	37 362.9	1 053.3
合计	1 699 549.0	167.4	336 142.4	220.0

数据来源：上海期货交易所。

7. 黄金交易规模保持较快增长。2016年，上海黄金交易所各黄金品种累计成交4.9万吨，同比增长42.9%；成交金额13万亿元，同比增长62.6%。主力合约Au99.99年初以222.86元/克开盘，年末收于263.90元/克，较年初上涨18.4%。

（五）围绕服务实体经济推动自贸区金融改革，持续推进上海国际金融中心建设

1. 推动上海“金改40条”等改革细则落地实施。进一步完善上海自贸区金融改革的政策框架，制定《关于促进面向国际的金融市场平台建设的意见》《中国（上海）自由贸易试验区电子商业汇票业务管理办法（试行）》《自贸区跨境债券业务登记托管和清算结算》等实施细则。推动成立上海市金融学会跨境金融服务专业委员会。在自贸区成功发行首单上海市政债30亿元。组织商业银行发行自贸区跨境同业存单，发行和投资主体扩大至外资银行。面向国内外推出以人民币计价、交易和结算的黄金集中定价交易业务的“上海金”，深化黄金国际交易平台建设。进一步拓展自由贸易账户功能。发布《关于进一步拓展自贸区跨境金融服务功能支持科技创新和实体经济的通知》，紧密围绕上海科创中心建设和实体经济发展，拓宽自由贸易账户服务功能，为“大众创业、万众创新”和“中国制造2025”等经济活动提供全方位一体化的跨境金融服务。

2. 继续有序推进外汇管理重点领域改革。推进落实《进一步推进中国（上海）自由贸易试验区外汇管理改革试点实施细则》，自贸区外汇创新业务继续深化发展，7项自贸区外汇改革创新成果实现复制推广。积极推动跨境电商服务平台、航运企业国际运费结算平台、国际贸易“单一窗口”“两平台、一窗口”建设。全面实施外债意愿结汇管理，对资本项目收入的使用实施统一的负面清单管理。继续深化跨国公司总部外汇资金集中运营管理，开展外债比例自律管理试点。

3. 建立完善金融综合监测分析平台，进一步完善监管体制。加强扩区后自贸区信息的共享，研究构建“三位一体”的风险监测管理系统，探索实施金融综合监管。日常管理中，建立了“反洗钱、反恐怖融资、反逃税”的监测系统；针对跨境金融活动，建立了跨境金融综合监测室；针对境内复杂金融活动，研究建立跨行业、跨市场和新兴业态的金融综合监管监测分析系统。三年来，上海自贸区的风险管理能力经受住了考验，没有发生一单重大风险事件。

4. 支付结算平稳增长。2016年，上海市支付系统直接参与方48家。2016年，上海市大额支付系统处理业务9 856万笔，同比增长2.2%；小额支付系统处理业务31 600万笔，同比增长9.7%（见表9）。

表9　2015～2016年上海市支付体系建设情况

年份	支付系统直接参与方（个）	支付系统间接参与方（个）	当年大额支付系统处理业务数（万笔）	同比增长（%）	当年小额支付系统处理业务数（万笔）	同比增长（%）
2015	52.0	3 812	9 648	18.1	28 800	-32.1
2016	48.0	3 200	9 856	2.2	31 600	9.5

数据来源：中国人民银行上海总部。

二、经济运行情况

2016年，上海继续推进供给侧结构性改革，推动落实“三去一降一补”重点任务，创新转型积极效应进一步显现，经济运行总体平稳、稳中有进。2016年，全市实现地区生产总值2.7万亿元，同比增长6.8%（见图6），增速比上年同期回落0.1个百分点，处于年度预期目标区间，比全国生产总值增速高0.1个百分点，2008年以来首次超过全国增速。

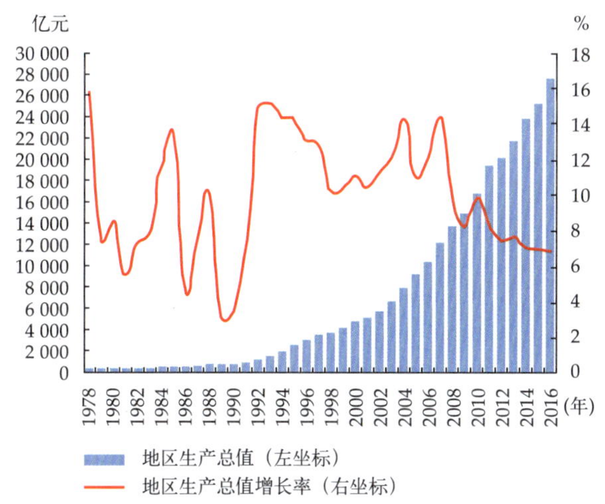

数据来源：上海市统计局、《上海统计年鉴》。

图6　1978～2016年上海市地区生产总值及其增长率

（一）投资和消费平稳增长，外贸结构继续改善

1. 固定资产投资平稳增长。2016年，上海市完成固定资产投资总额6 756亿元，同比增长6.3%，增速比上年同期提高0.7个百分点（见图7）；投资增速比全国低1.8个百分点，分别比东部、中部、西部地区低2.8个百分点、5.7个百分点和5.9个百分点。从三大投资领域看，在交通运输和电力建设加快推进下，城市基础设施投资增长8.9%，支撑投资总规模平稳增长。在产业转型升级和技术创新相关政策的推动下，光源、芯片等领域一批重大产业项目开工建设，工业投资实现正增长，扭转了此前连续三年负增长的局面。房地产开发投资增速逐步放慢，全年增长6.9%，比上年回落1.3个百分点。

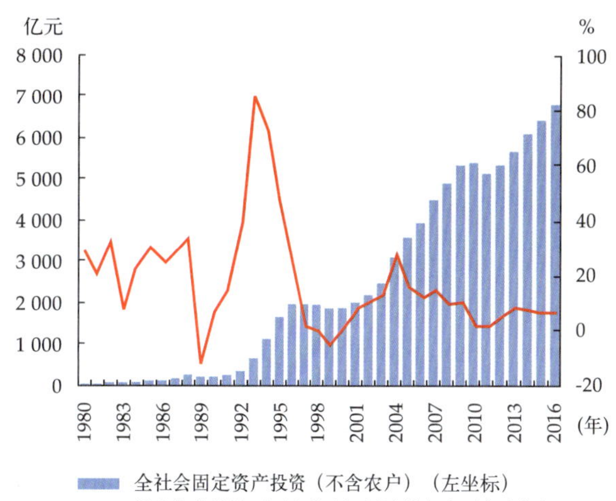

数据来源：上海市统计局、《上海统计年鉴》。

图7　1980～2016年上海市固定资产投资（不含农户）及其增长率

2. 消费保持稳定增长。2016年，上海市商品销售总额超10万亿元，同比增长7.9%，增速同比提高1.5个百分点；社会消费品零售总额超1万亿元，同比增长8%，增速同比回落0.1个百分点（见图8）。消费有力推动了经济结构调整和动力转换，最终消费支出占上海地区生产总值的60%左右，发挥了稳定经济增长的作用。旅游、文化、健康、绿色等服务消费、体验式消费成为消费转型新动力；在房地产成交活跃的带动下，建筑及装潢材料类商品和家具类商品零售额较快增长；

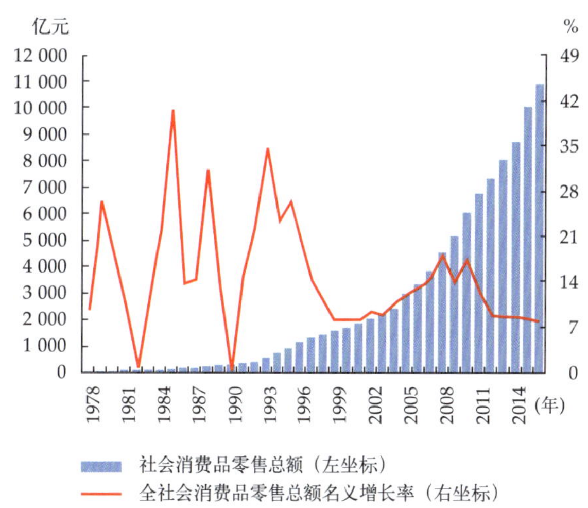

数据来源：上海市统计局、《上海统计年鉴》。

图8　1978～2016年上海市社会消费品零售总额及其增长率

网络消费成为消费扩张的重要动力，全年网上商店零售额同比增长15.8%，占社会消费品零售总额的比重为11.4%，同比提高0.5个百分点。

3. 外贸结构继续改善。2016年，上海市货物进出口总额28 664亿元人民币，同比增长2.7%，扭转了上年下降局面，增速快于全国3.6个百分点，占全国份额由上年的11.5%提升至11.8%。其中，出口总额下降0.5%，进口总额增长5.2%，贸易逆差4 453亿元（见图9）。商品结构调整优化，集成电路、汽车零部件等附加值较高的产品出口较快增长，服装、鞋类等劳动密集型产品出口均出现下降，而医药、乳品、化妆品、酒类等消费品进口较快增长。从贸易方式看，一般贸易发展明显快于加工贸易，一般贸易进出口增长6.2%，高于加工贸易12.4个百分点。从经济类型看，私营企业对外贸易更具活力，全年私营企业进出口增长8.3%，分别比国有企业和外资企业高6.3个百分点和7.1个百分点。

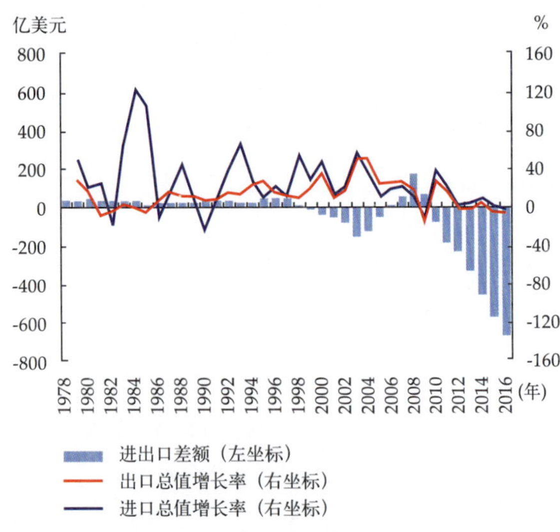

数据来源：上海市统计局、《上海统计年鉴》。

图9　1978～2016年上海市外贸进出口变动情况

对外经济合作优化发展。近年来，上海对外投资呈井喷式增长态势，形成了以产业链、创新链、价值链为扩张动力的合作新格局。2016年，上海对外直接投资为251.3亿美元，居各省份对外投资第一位，增长40%左右。其中，民营企业成为主要投资主体，海外并购成为主要投资方式，信息技术和生物医药等产业成为主要投资领域，“一带一路”成为投资热点，与沿线国家新签工程承包合同额占全市比重超过75%。利用外资结构持续优化。2016年，全市外商直接投资实际到位金额185亿美元，同比增长0.3%（见图10）。其中，服务业实到外资占全市比重达88.2%。全年新增跨国公司地区总部45家，其中亚太区总部15家，新增外资研发中心15家，总部功能从采购销售加快向投资决策、资金结算、科技研发等拓展升级。

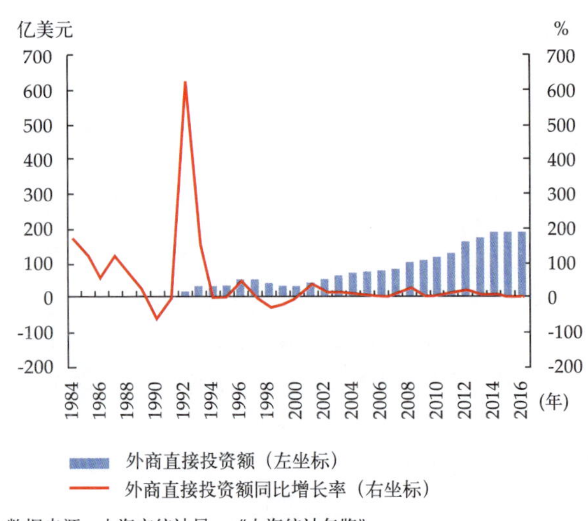

数据来源：上海市统计局、《上海统计年鉴》。

图10　1984～2016年上海市外商直接投资额及其增长率

（二）供给侧结构性改革初显成效，服务业支撑作用进一步增强

1. 工业生产企稳回升。上海出台促进工业稳增长调结构促转型相关政策，“三去一降一补”重点任务取得突破，PPI由负转正，工业生产企稳回升，企业利润增长，部分行业供求关系出现积极变化。2016年，全市规模以上工业总产值同比增长0.8%，扭转了上年下降的态势；汽车、生物医药制造业较快增长，产值分别增长12.6%和5.9%；规模以上工业企业利润增长8.1%，增速比上年提高9个百分点。战略性新兴产业动能增强，产业竞争力和创新能力不断提升。2016年，全市战略性新兴产业制造业总产值同比增长1.5%，高

于全市工业0.7个百分点，占规模以上工业总产值的比重为26.7%，同比提高0.7个百分点。其中，新能源汽车、新能源领域实现快速增长。

2. 服务业支撑作用进一步增强。上海不断完善以现代服务业为主、战略性新兴产业引领、先进制造业支撑的新型产业体系，2016年第三产业增加值同比增长9.5%，占全市生产总值比重达到70.5%，比上年提高2.7个百分点。服务业内部结构进一步优化，金融、信息等现代服务业保持较快增长，金融业、信息传输软件和信息技术服务业增加值分别增长12.8%和15.1%，两者合计约占服务业增加值的三分之一。以“互联网+”为主要特征的新经济快速发展，电子商务交易额及软件和信息服务业营业收入均保持较快增长。

自贸区金融机构不断聚集。2016年年末，上海自贸区金融机构815家，比上年年末增加57家，

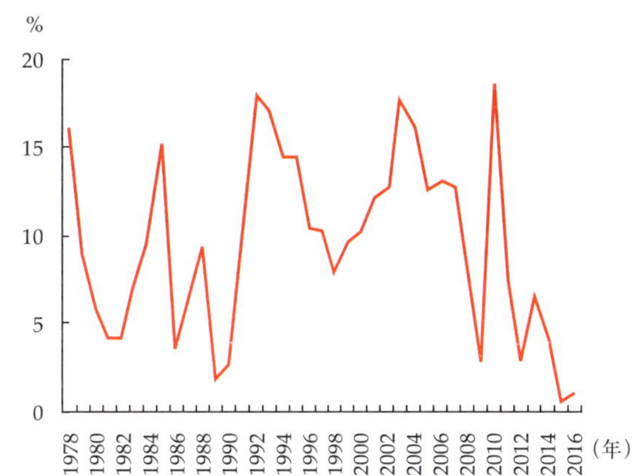

数据来源：上海市统计局、《上海统计年鉴》。

图11　1978～2016年上海市规模以上工业增加值同比增长率

占浦东新区金融机构的85.3%，其中银行、保险、证券类机构分别为231家、208家和376家。

专栏2　上海自贸区示范引领作用在金融支持下持续显现

中国（上海）自贸试验区成立三年、扩区一年以来，紧紧围绕服务全国、面向世界的战略要求和上海国际金融中心建设的战略任务，积极当好金融改革创新的“破冰船”，金融支持自贸区建设取得了突破性成绩。2016年，上海自贸区经济运行活力增强，产业结构继续优化，进出口形势总体优于全国和全市水平，境外投资持续活跃。

一是区域经济运行积极向好。2016年，自贸区工业总产值646.4亿元，同比增长16.7%，增速比上半年加快11.1个百分点，超过全市平均水平16.0个百分点，其中电子信息产业和高技术产业产值分别增长23.0%和23.6%。区内经营总收入1.7万亿元，同比增长4.7%，自上年第三季度探底以来持续回升；商品销售额1.5万亿元，同比增长4.5%，占全市商品销售总额的14.9%。经济效益进一步改善。2016年，自贸区税收收入665.2亿元，同比增长12.6%，其中增值税收入同比增长24.5%；工业企业利润总额同比增长23.3%，增速明显高于全市平均水平。企业经营结构优化。2016年，自贸区重点企业中盈利企业比重为80.5%，高技术产业产值所占比重为58.6%，总部企业经营收入所占比重为47.4%。

二是产业结构继续优化。2016年以来，国家先后批准了张江综合性国家科学中心建设方案、上海系统推进全面创新改革试验方案，科创中心建设取得了一批突破性成果，产业结构进一步优化，服务业稳步发展。2016年，自贸区租赁服务收入120亿元，同比增长80%；技术服务收入 173亿元，同比增长10%。

三是进出口形势好于全国和全市水平。上海海关积极推进自贸区贸易便利化改革，对接国际海关先进监管理念和先进监管模式的海关监管制度已基本形成，监管能力和水平逐步提高，通关无纸化率大幅提高，通关时间明显缩短。2016年，自贸区外贸进出口7 836.8亿元，同比增长5.9%，增速快于全国和全市平均水平，占全市进出口总额的27.3%。其中，出口额同比增长14.5%，进口额同比增长2.7%。

在区内经济运行向好的同时，企业“走出去”、参与全球资源配置的意愿也不断增强，境外投资持续活跃，跨境并购成为境外投资的主要方式。2016年，自贸区境外投资项目数492个，其中中方投资额195.9亿美元，占全市境外投资中方投资额的53.5%。上海自贸区作为企业“走出去”参与跨境并购的桥头堡作用进一步凸显。

跨境并购的快速发展，离不开良好的金融环境支持。一是上海自贸试验区取消境外融资的前置审批，在自由贸易账户分账核算管理框架下，企业和各类金融机构可以自主从境外融入低成本资金，融资规模从资本的一倍扩大到二倍，融资币种从本币扩展到外币。这大大降低了“走出去”企业的融资成本。二是上海地区银行可以直接发放外币贷款至境外，省去了内保外贷、内存外贷业务的复杂手续，以及开立保函所涉及的手续费，企业融资成本降低，使得境内企业以更低成本开展境外投资业务。三是新修订的《商业银行并购贷款风险管理指引》将并购贷款期限从5年延长至7年，将并购贷款占并购交易价款的比例从50%提高到60%，并取消并购贷款担保的强制性要求，同时不再要求并购贷款的担保条件必须高于其他种类贷款，允许银行根据并购项目风险状况、并购方企业的信用状况，合理确定担保条件。

区内金融机构也为企业跨境并购提供了融资便利。目前来看，贷款仍是跨境并购的主要融资渠道之一，上海自贸区作为跨境并购的集聚地，其境外贷款需求旺盛。同时，分账核算单元为非居民融资需求提供便利，资金可得性大为提高，也推动了上海自贸区境外贷款的高速增长。2016年年末，上海自贸区分账核算单元境外贷款余额同比增长5.7倍，比年初新增1 754亿元，占全市新增额的85.3%。其中，境外外汇贷款余额同比增长7.5倍，比年初新增138.1亿美元，占全市新增额的82.2%。

3. 供给侧结构性改革积极推进。全市积极推进新旧动能转换，坚持以新兴产业替代落后产能。2016年，全市加快淘汰“三高一低”落后产能，实施产业结构调整项目1 176项，腾出土地3万亩，节约标准煤50万吨。推动钢铁行业减能增效，宝钢不锈钢2 500立方米高炉和碳钢相关产线停产，全年减少钢产量250万吨。

“降成本”帮助企业效益持续改善。2016年，全市规模以上工业企业实现利润总额比上年增长8.1%，扭转了上年下降态势。随着全市下调工商业用电价格和非居民用户天然气价格，降低进出口环节收费，企业税费负担切实减轻。全年规模以上工业企业每百元营业收入中的成本下降1.2%，促使企业能够不断拓展内生性利润增长空间。

（三）消费价格涨幅稳中略升，生产类价格由降转升

1. 居民消费价格涨幅稳中略升。2016年，上海市居民消费价格上涨3.2%，涨幅同比提高0.8个百分点（见图12），高于全国水平1.2个百分点。其中，商务成本、劳动力成本上涨推动服务价格上升较快，全年服务价格上涨4.5%，涨幅同比提高1.3个百分点；消费品价格上涨2.2%，涨幅同比提高0.2个百分点。分类别看，医疗保健、居住类价格涨幅较大，分别上涨9%和5.1%；食品烟酒、教育文化和娱乐、生活用品及服务、衣着价格总体稳定，分别上涨3.7%、2.7%、1.2%和0.8%；交通和通信类价格下降3%。

2. 生产类价格由降转升。在国内供给侧收缩以及国际大宗商品价格明显回升的带动下，钢

材、煤炭等商品价格由跌转涨。2016年，上海市工业生产者出厂价格下降1.2%，降幅同比收窄2.7个百分点，自10月起结束近5年的月同比下降后，同比涨幅不断扩大，12月同比上涨2.8%；工业生产者购进价格下降2.3%，降幅同比收窄7.1个百分点，12月同比上涨8.2%（见图12）。

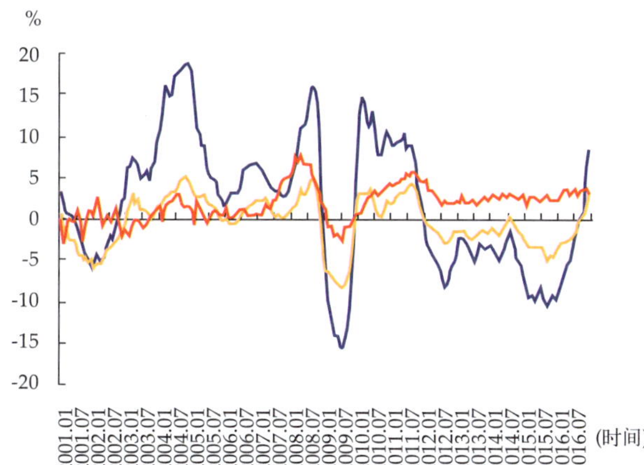

数据来源：上海市统计局、《上海统计年鉴》。

图12　2001～2016年上海市居民消费价格和生产者价格变动趋势

（四）地方财政收入和企业效益加快增长，居民收入稳步提高

1. 地方财政收入较快增长。2016年，全市财政收入在上半年呈现阶段性高增长，随着基数抬高，以及部分支撑收入增长的有利因素减弱或消失，下半年财政收入增速明显回落，全年一般公共预算收入增长16.1%，同比提高2.8个百分点（见图13），但比上半年回落14.5个百分点。税源结构加快转变，现代服务业增收动力较强，房地产业、金融业、租赁和商务服务业等行业发展态势良好，合计贡献全市收入增量逾七成。从趋势看，全市财政增收压力将增大，这不仅与“营改增”后中央与地方增值税收入分享比例调整因素有关，也与传统税源趋弱、房地产业对财政收入贡献度下降有关。

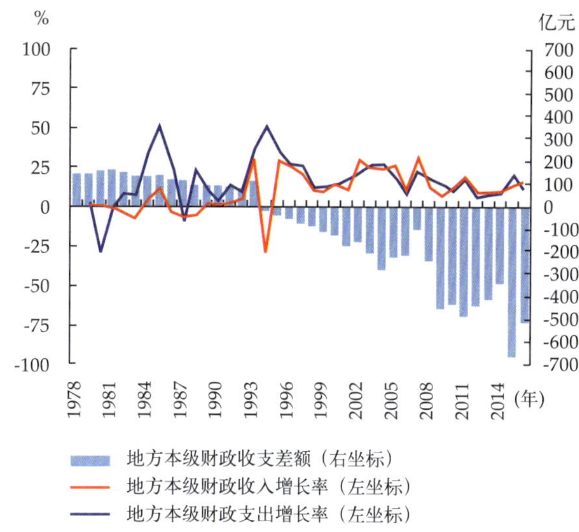

数据来源：上海市统计局、《上海统计年鉴》。

图13　1978～2016年上海市财政收支状况

2. 企业效益有所好转。2016年，全市规模以上工业企业实现利润同比增长8.1%，增速同比提高9个百分点；主营业务收入同比增长0.4%，增速同比提高4.5个百分点。分行业看，主要重点行业利润多数有所增长，其中钢材制造业、石化行业、电子信息、生物医药和汽车制造业利润分别增长5倍、50.3%、11.1%、16%和0.5%，成套设备制造业利润下降8%。

3. 居民收入稳步提高。2016年，全市居民人均可支配收入同比增长8.9%，增速同比提高0.4个百分点，其中城镇常住居民和农村常住居民人均可支配收入分别增长8.9%和10%，分别比全国平均水平高1.1个百分点和1.8个百分点。但居民收入增长的内生动力有所减弱，占居民收入六成以上的工资性收入增幅低于可支配收入增幅。就业形势总体稳定。2016年，全市新增就业岗位59.9万个，比上年增加0.3万个。截至12月底，全市城镇登记失业人数24.3万人，比上年年末减少0.6万人。

（五）绿色发展持续推进，生态环境继续改善

2016年，上海市用于环境保护的资金投入超过800亿元，相当于全市生产总值的比例为3.0%，

比上年提高0.2个百分点。全年环境空气质量优良率为75.4%，比上年提高4.7个百分点。全年生活垃圾无害化处理率继续保持100%，生活垃圾分类居住区覆盖家庭累计达500余万户，比上年增加100余万户。

2016年，全市新建绿地1 221公顷，人工造林2 400公顷。至年末，人均公园绿地面积达到7.82平方米，建成区绿化覆盖率达到38.8%，比上年提高0.3个百分点。

（六）房地产市场波动较大，楼市调控政策效应初显

2016年，上海市房地产市场波动较大。第一季度，在全国房地产去库存的背景下，全市房地产市场量价齐升。上海贯彻“因城施策”的调控政策，率先在3月出台“沪九条”调控政策，市场有所降温。但随着市场再度偏热，10月和11月相继出台了“沪六条”政策和差别化住房信贷政策。第四季度，政策效应开始显现，预期趋于平稳，成交量有所回落。

房地产开发投资保持平稳，住宅新开工面积和竣工面积有所下降。2016年，上海市房地产开发投资3 709亿元，比上年增长6.9%，增速较上年回落1.3个百分点。全年住宅新开工面积有所下降，商办新开工面积较快增长。受前几年新开工面积下降影响，商品房竣工面积同比下降。2016年，全市商品房竣工面积比上年下降3.6%，其中住宅竣工面积比上年下降3.5%。

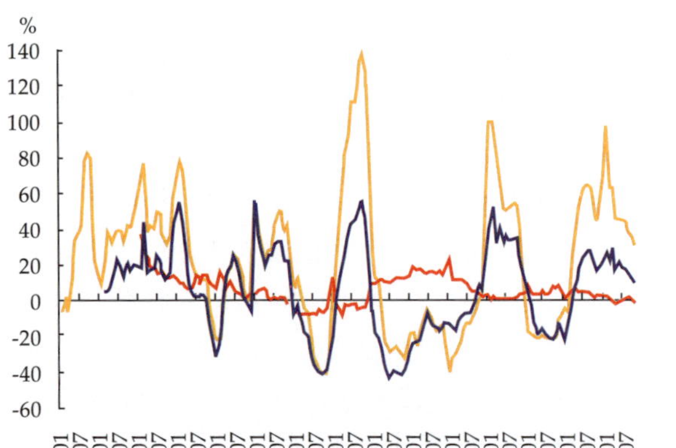

数据来源：上海市统计局、《上海统计年鉴》。

图14　2002～2016年上海市商品房施工和销售变动趋势

住房价格环比指数波动较大，整体呈现M形。第一季度，新建商品住宅价格和二手住宅价格环比涨幅逐月扩大。第二季度，“沪九条”后环比涨幅逐月回落。第三季度，随着住房成交量放大，环比涨幅再度攀升，其中8月新建商品住宅环比价格上涨5.2%，创历年新高。随着“沪六条”出台，房价涨幅明显回落，10月新建商品住宅价格和二手住宅价格环比涨幅分别回落至0.5%和0.3%，11月、12月环比涨幅由涨转跌，房价过快上涨势头得到遏制（见图15）。

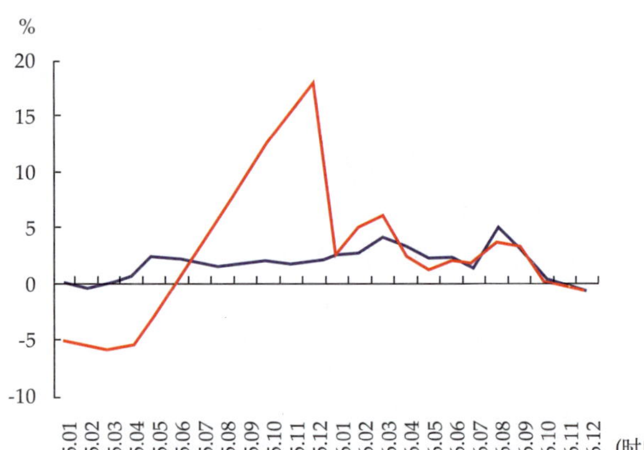

数据来源：上海市统计局、《上海统计年鉴》。

图15　2015～2016年上海市新建住宅销售价格变动趋势

个人住房贷款较快增长。2016年年末，上海市中外资商业银行房地产贷款余额超过1.7万亿元，同比增长19.4%，低于同期全国增速7.6个百分点。其中，个人住房贷款余额为11 487亿元，同比增长41%，增速比上年同期提高18个百分点。

三、预测与展望

2016年，受世界经济复苏弱于预期，以及全

国经济回升基础仍不稳固等因素的影响，上海市经济运行总体平稳但仍面临诸多困难。从国际看，世界经济仍处于缓慢复苏进程中。发达国家结构性改革进展总体迟缓，美国经济复苏有所加快，欧元区复苏基础尚待巩固，日本经济低迷，部分新兴经济体实体经济面临更多挑战。国际金融市场风险隐患增多，全球贸易摩擦有可能会大幅增加。从国内看，目前我国经济正处在结构调整的关键阶段，传统产业去库存、去产能任务依然艰巨，经济增长的新动力还不足以完全对冲传统动力下降的影响，区域和行业走势持续分化，实体经济困难较多，企业盈利能力较弱，部分老企业和地区困难不断加深。同时，我们也要看到，我国经济运行缓中趋稳，不少指标出现了积极变化，如产业和需求结构继续优化、新动能快速成长、“三去一降一补”成效初显、民生状况持续改善等。

从上海看，一方面，全市经济基础仍有待夯实，经济结构转型升级任重道远，实体经济发展仍然存在较多困难。工业回升基础不牢、增长动力不足，新兴产业仍处于培育壮大期，先进制造业发展势头仍不稳固，产业发展能力和核心竞争力有待提升。受国际市场需求疲弱、贸易摩擦加剧等因素影响，外贸出口下行压力依然较大。同时，房市股市波动对经济稳定运行的影响较大。另一方面，上海经济发展中的有利因素也在逐渐增多，目前全市财政、就业和消费形势较好，工业企业利润、固定资产投资和工业品价格都有不同程度的改善，改革开放和结构调整积极效应持续显现。自贸试验区建设取得重要进展，形成了一批可复制、可推广的制度创新成果，率先改革开放效应显现。科创中心建设也将进一步激发全社会创新创业活力。

总体来看，2017年上海市信贷增长仍将面临诸多约束。第一，过去几年，中国的稳健货币政策在操作中偏于宽松，金融杠杆率持续上升，中央已经决定实施稳健中性的货币政策，将更加强调货币信贷的松紧适度，更加强调信贷投放的稳定性。第二，2016年信贷的快速增长主要源于个人住房贷款的大幅投放，考虑到目前市场需求已相对透支，加上政府坚持房地产调控政策方向不变，预计楼市将趋于平稳，个人住房贷款增量也将有所下降。第三，受产能过剩、需求不足等因素影响，目前企业的投资和融资意愿普遍不强，倾向于减少提款或转向价格更低的直接融资。第四，地方债置换将继续进行，政府融资平台项目将提前还款或减少提款，释放的信贷规模难以全部转化成贷款发放。同时，我们也应看到促进贷款增长的有利因素。在中国人民银行货币政策引导下，贷款投放的结构不断优化，随着市场利率的上升，部分企业有从其他高利率融资方式转回贷款融资的迹象，有从海外融资转回国内融资的迹象。上海市的一些旧区改造项目、市政基础设施建设项目等融资需求有望加速释放；推进科创中心建设也令新产业新业态相关贷款快速增长。综合考虑各方因素，2017年全市信贷投放可能与2016年基本持平。

根据当前的政策环境和经济金融运行情况，2017年上海市各金融机构要认真做好以下各项工作：一是落实好稳健中性的货币政策，切实做好各项调控工作。二是继续做好房地产金融调控，落实好差别化住房信贷政策。三是落实好利率市场化改革各项措施。四是加强对上海科创中心和供给侧结构性改革的金融支持。五是加强金融风险研判和预警，切实防范化解金融风险。

中国人民银行上海总部货币政策分析小组

总　纂：王振营

统　稿：刘　斌

执　笔：刘　斌　李冀申　张挽虹

提供材料的还有：邹丽华　王　晟　邵　珺　张若雪　张国文　郭　芳　钱国根

附录

（一）2016年上海市经济金融大事记

1月29日，上海清算所推出中国信用债指数。

2月26日至27日，二十国集团（G20）财长和央行行长会议在上海举行。国务院总理李克强向会议发表视频讲话，中国人民银行行长周小川和财政部部长楼继伟共同主持会议。

3月25日，经国务院批准，中国互联网金融协会在上海正式成立。上海市市长杨雄、中国人民银行副行长潘功胜出席协会成立大会并为协会揭牌。

3月25日，根据上海市加强房地产市场调控、促进上海房地产市场平稳健康发展的总体要求，中国人民银行上海分行、上海银监局召开工作会议，联合发布《关于进一步做好个人住房贷款政策相关工作的通知》。

4月15日，国务院印发《上海系统推进全面创新改革试验加快建设具有全球影响力的科技创新中心方案》。

4月19日，"上海金"集中定价合约正式挂牌交易，这是全球首个以人民币计价的黄金基准价格。

6月12日，上海保险交易所在上海正式揭牌。

8月29日，上海国企交易型开放式指数基金在上海证券交易所成功上市交易，成为国内首只以上海国企改革为投资主题的ETF，并成为规模最大的主题指数型股票ETF。

11月28日，上海市住建委、中国人民银行上海分行、上海银监局联合印发《关于促进本市房地产市场平稳健康有序发展进一步完善差别化住房信贷政策的通知》。

12月8日，上海票据交易所开业仪式在上海举行。票据交易系统顺利上线，并开始无纸化票据交易、托收和清算。

（二）2016年上海市主要经济金融指标

表1 2016年上海市主要存贷款指标

		1月	2月	3月	4月	5月	6月	7月	8月	9月	10月	11月	12月
本外币	金融机构各项存款余额（亿元）	104 053.1	102 643.7	103 567.9	105 730.2	105 056.5	105 209.7	105 377.1	105 982.5	105 822.7	107 687.9	110 067.2	110 511.0
	其中：住户存款	23 858.0	24 123.9	24 272.0	24 187.5	24 313.2	24 667.9	24 574.9	24 706.0	24 998.7	24 875.3	24 926.7	25 113.0
	非金融企业存款	39 129.9	37 927.1	39 391.2	39 379.6	40 015.2	40 447.5	40 075.1	40 777.9	41 839.3	42 597.9	44 176.8	45 105.1
	各项存款余额比上月增加（亿元）	292.4	-1 409.4	924.2	2 162.4	-673.8	153.2	167.4	605.4	-159.8	1 865.1	2 379.3	443.8
	金融机构各项存款同比增长（%）	14.9	15.2	13.4	9.6	2.0	0.8	-0.2	1.3	4.0	6.6	7.1	6.5
	金融机构各项贷款余额（亿元）	55 056.0	55 234.9	55 871.4	55 976.7	56 422.2	56 894.1	56 353.2	56 894.7	57 790.4	58 480.1	59 517.9	59 982.3
	其中：短期	14 749.6	14 830.5	14 883.3	14 730.9	14 640.9	14 748.5	14 410.0	14 205.7	14 393.6	14 479.1	14 677.7	14 618.5
	中长期	31 117.2	31 533.9	32 058.5	32 247.1	32 767.0	32 301.8	32 211.9	32 469.3	32 916.5	33 366.3	33 863.7	34 311.0
	票据融资	3 686.8	3 494.9	3 456.0	3 407.8	3 371.1	3 619.6	3 528.4	3 516.5	3 514.2	3 437.8	3 355.9	3 203.2
	各项贷款余额比上月增加（亿元）	1 668.8	178.9	636.5	105.2	445.5	471.9	-540.9	541.5	895.7	689.7	1 037.9	464.3
	其中：短期	550.5	80.9	52.8	-152.4	-90.0	107.6	-338.5	-204.4	188.0	85.5	198.5	-59.2
	中长期	717.2	416.7	524.5	188.7	519.9	-465.2	-89.9	257.4	447.2	449.8	497.4	447.3
	票据融资	219.7	-192.0	-38.9	-48.2	-36.7	248.5	-91.2	-11.9	-2.3	-76.4	-81.8	-152.8
	金融机构各项贷款同比增长（%）	12.4	11.7	11.4	11.3	10.9	10.4	8.7	8.3	8.8	10.4	12.4	12.4
	其中：短期	7.3	6.5	5.2	4.3	3.9	3.6	2.2	-1.5	-0.2	1.7	2.9	3.1
	中长期	7.7	8.2	9.5	9.6	11.1	8.8	7.9	8.3	8.5	9.6	12.0	12.8
	票据融资	48.7	40.8	39.0	35.4	20.8	12.3	5.1	1.7	-0.1	3.2	4.3	-7.6
	建筑业贷款余额（亿元）	1 288.8	1 285.9	1 275.2	1 252.2	1 237.4	1 148.6	1 117.8	1 106.6	1 101.7	1 112.9	1 099.2	1 018.0
	房地产业贷款余额（亿元）	6 984.6	6 946.4	7 022.3	6 936.7	6 892.5	6 550.8	6 334.6	6 317.0	6 365.2	6 303.3	6 269.2	6 238.8
	建筑业贷款同比增长（%）	-2.2	-4.5	-7.0	-8.9	-9.2	-14.9	-16.7	-16.1	-16.3	-15.0	-16.1	-16.2
	房地产业贷款同比增长（%）	2.0	1.6	2.6	0.9	-0.2	-6.5	-8.6	-8.9	-8.5	-9.7	-9.6	-8.9
人民币	金融机构各项存款余额（亿元）	98 332.9	96 631.2	97 601.3	99 746.6	99 041.5	99 083.0	99 158.8	99 703.4	99 195.1	100 816.8	102 757.5	103 163.9
	其中：住户存款	22 852.4	23 094.6	23 227.7	23 128.1	23 238.6	23 561.7	23 440.3	23 566.5	23 819.4	23 599.7	23 562.4	23 639.8
	非金融企业存款	35 664.7	34 216.5	35 754.4	35 801.7	36 469.2	36 832.1	36 509.4	37 347.2	38 429.9	39 079.1	40 521.9	41 462.0
	各项存款余额比上月增加（亿元）	66.4	-1 701.7	970.0	2 145.3	-705.1	41.5	75.8	544.6	-508.3	1 621.7	1 940.8	406.4
	其中：住户存款	378.5	242.2	133.1	-99.6	110.5	323.1	-121.4	126.2	252.9	-219.7	-37.3	77.4
	非金融企业存款	1 029.2	-1 448.2	1 537.8	47.3	667.5	362.9	-322.7	837.8	1082.7	649.2	1 442.8	940.1
	各项存款同比增长（%）	14.8	15.0	13.3	9.2	1.2	-0.3	-1.1	0.7	3.0	5.7	5.5	5.0
	其中：住户存款	4.5	3.3	2.7	4.1	6.9	4.7	5.0	5.6	5.0	6.1	6.2	5.2
	非金融企业存款	16.1	17.6	19.0	17.6	16.0	14.1	16.0	18.1	19.8	21.7	21.8	19.7
	金融机构各项贷款余额（亿元）	50 005.3	50 326.9	51 030.2	51 118.5	51 591.9	51 831.7	51 271.0	51 423.9	52 386.2	52 905.1	53 568.6	53 985.1
	其中：个人消费贷款	11 212.8	11 372.0	11 778.0	12 099.3	12 516.4	12 937.6	13 235.0	13 566.7	13 914.6	14 253.2	14 661.8	15 038.1
	票据融资	3 686.7	3 494.7	3 455.8	3 407.5	3 370.8	3 619.2	3 526.9	3 514.2	3 513.0	3 436.5	3 353.4	3 200.3
	各项贷款余额比上月增加（亿元）	1 914.5	321.7	703.3	88.4	473.4	239.8	-560.7	152.9	962.3	518.9	663.4	416.5
	其中：个人消费贷款	461.6	159.3	406.0	321.3	417.1	421.2	297.4	331.7	347.9	338.6	408.6	376.2
	票据融资	219.6	-192.0	-38.9	-48.2	-36.8	248.4	-92.3	-12.8	-1.2	-76.5	-83.1	-153.1
	金融机构各项贷款同比增长（%）	13.8	13.3	13.7	13.3	13.0	12.3	11.0	10.1	10.4	11.6	12.7	12.3
	其中：个人消费贷款	25.7	26.4	29.8	32.1	35.3	37.5	38.6	39.4	39.1	39.9	40.3	39.9
	票据融资	48.7	40.8	39.1	35.5	20.9	12.3	5.1	1.7	-0.1	3.2	4.3	-7.7
外币	金融机构外币存款余额（亿美元）	873.1	918.6	923.5	926.4	914.3	923.9	934.9	938.5	992.5	1 015.8	1 061.4	1 059.1
	金融机构外币存款同比增长（%）	10.4	12.1	9.3	9.8	8.8	12.1	8.4	5.8	15.6	13.5	25.3	25.2
	金融机构外币贷款余额（亿美元）	770.9	749.9	749.3	752.2	734.2	763.4	764.1	817.7	809.3	824.2	863.9	864.5
	金融机构外币贷款同比增长（%）	-5.7	-9.0	-12.3	-11.7	-14.4	-13.1	-17.5	-10.4	-8.7	-5.8	1.6	6.0

数据来源：中国人民银行上海总部。

表2　2001～2016年上海市各类价格指数

单位：%

年/月	居民消费价格指数		农业生产资料价格指数		工业生产者购进价格指数		工业生产者出厂价格指数	
	当月同比	累计同比	当月同比	累计同比	当月同比	累计同比	当月同比	累计同比
2001	—	0.0	—	—	—	-1.3	—	-3.3
2002	—	0.5	—	—	—	-2.3	—	-3.6
2003	—	0.1	—	—	—	6.4	—	1.4
2004	—	2.2	—	—	—	16.4	—	3.6
2005	—	1.0	—	—	—	6.8	—	1.7
2006	—	1.2	—	—	—	4.8	—	0.6
2007	—	3.2	—	—	—	4.1	—	1.2
2008	—	5.8	—	—	—	10.3	—	2.2
2009	—	-0.4	—	—	—	-10.2	—	-6.2
2010	—	3.1	—	—	—	11.2	—	2.3
2011	—	5.2	—	—	—	7.5	—	2.9
2012	—	2.8	—	—	—	-5.3	—	-1.6
2013	—	2.3	—	—	—	-3.5	—	-1.8
2014	—	2.7	—	—	—	-4.1	—	-1.1
2015	—	2.4	—	—	—	-9.4	—	-3.9
2016	—	3.2	—	—	—	-2.3	—	-1.2
2015　1	1.8	1.8	—	—	-8.6	-8.6	-3.3	-3.3
2	2.6	2.2	—	—	-9.6	-9.1	-3.6	-3.3
3	2.5	2.3	—	—	-9.2	-9.1	-3.5	-3.3
4	2.6	2.4	—	—	-9.9	-9.3	-3.5	-3.5
5	2.3	2.4	—	—	-8.7	-9.2	-3.4	-3.4
6	2.4	2.4	—	—	-8.5	-9.1	-3.4	-3.4
7	2.6	2.4	—	—	-9.7	-9.2	-4.1	-3.5
8	2.8	2.5	—	—	-10.4	-9.3	-4.9	-3.7
9	2.2	2.4	—	—	-9.8	-9.4	-4.7	-3.8
10	2.4	2.4	—	—	-9.3	-9.4	-4.6	-3.9
11	2.4	2.4	—	—	-9.7	-9.4	-4.2	-3.9
12	2.3	2.4	—	—	-9.8	-9.4	-3.9	-3.9
2016　1	2.5	2.5	—	—	-8.6	-8.6	-3.3	-3.3
2	2.9	2.7	—	—	-8.2	-8.4	-3.0	-3.1
3	3.5	3.0	—	—	-7.3	-8.0	-2.9	-3.1
4	3.4	3.1	—	—	-5.4	-7.4	-2.7	-3.0
5	3.0	3.1	—	—	-5.1	-6.9	-2.5	-2.9
6	3.2	3.1	—	—	-4.0	-6.4	-2.1	-2.7
7	3.4	3.1	—	—	-1.6	-5.8	-1.6	-2.6
8	3.0	3.1	—	—	-0.5	-5.1	-0.7	-2.4
9	3.6	3.2	—	—	0.0	-4.6	-0.2	-2.1
10	3.5	3.2	—	—	1.0	-4.0	0.7	-1.8
11	3.7	3.2	—	—	5.5	-3.2	1.8	-1.5
12	3.3	3.2	—	—	8.2	-2.3	2.8	-1.2

数据来源：上海市统计局、《上海统计年鉴》。

表3　2016年上海市主要经济指标

	1月	2月	3月	4月	5月	6月	7月	8月	9月	10月	11月	12月
绝对值（自年初累计）												
地区生产总值（亿元）	—	—	6225.4	—	—	12957.0	—	—	19529.7	—	—	27466.2
第一产业	—	—	17.2	—	—	37.4	—	—	61.1	—	—	109.5
第二产业	—	—	1810.6	—	—	3743.9	—	—	5630.3	—	—	7994.3
第三产业	—	—	4397.6	—	—	9175.7	—	—	13838.3	—	—	19362.3
工业增加值（亿元）	—	—	1616.2	—	—	3367.6	—	—	5077.1	—	—	7145.0
固定资产投资（亿元）	—	720.0	1190.8	1650.3	2177.1	2810.5	3374.9	3840.5	4418.4	5080.8	5770.4	6755.9
房地产开发投资	—	499.8	800.5	1060.2	1348.7	1685.3	1962.4	2262.4	2581.5	2944.8	3313.7	3709.0
社会消费品零售总额（亿元）	—	1702.3	2551.3	3405.0	4327.9	5247.1	6173.4	7110.5	8024.6	9001.9	9965.0	10947.0
外贸进出口总额（亿元）	2194.1	3907.6	6249.0	8399.9	10751.5	13096.0	15458.9	17964.2	20420.8	22757.9	25594.0	28664.4
进口	1167.9	2138.2	3546.3	4770.8	6122.2	7471.0	8836.7	10268.2	11668.8	12999.4	14668.0	16558.9
出口	1026.3	1769.4	2702.7	3629.1	4629.2	5625.0	6622.3	7696.0	8752.1	9758.5	10926.0	12105.5
进出口差额(出口－进口)	-141.6	-368.9	-843.6	-1141.7	-1493.0	-1846.0	-2214.4	-2572.3	-2916.7	-3240.9	-3741.9	-4453.5
实际利用外资（亿美元）	12.1	25.2	41.9	55.2	69.8	86.7	102.9	122.4	138.5	151.3	169.3	185.1
地方财政收支差额（亿元）	736.7	897.0	486.6	1013.2	784.9	605.3	950.0	744.0	253.2	420.1	-239.7	-512.8
地方财政收入	976.1	1547.0	2120.0	2960.4	3692.1	4196.0	4806.5	5140.0	5453.1	5869.8	6166.5	6406.1
地方财政支出	239.4	650.0	1633.4	1947.2	2907.2	3590.7	3856.5	4396.0	5199.9	5449.7	6406.2	6918.9
城镇登记失业率(%)(季度)	—	—		—	—		—	—		—	—	4.1
同比累计增长率（%）												
地区生产总值	—	—	6.7	—	—	6.7	—	—	6.7	—	—	6.8
第一产业	—	—	-17.1	—	—	-15.3	—	—	-12.1	—	—	-6.6
第二产业	—	—	-2.8	—	—	-3.3	—	—	-0.7	—	—	1.2
第三产业	—	—	11.5	—	—	11.6	—	—	10.3	—	—	9.5
工业增加值	—	—	-4.1	—	—	-4.4	—	—	-1.4	—	—	1.0
固定资产投资	—	6.6	8.4	8.3	8.0	7.9	6.7	6.2	6.4	6.6	5.5	6.3
房地产开发投资	—	10.3	12.3	11.6	10.5	8.7	6.9	8.5	8.7	8.2	6.0	6.9
社会消费品零售总额	—	7.0	7.1	7.3	7.1	7.6	7.8	7.9	7.9	7.8	7.8	8.0
外贸进出口总额	-6.8	-8.5	-4.1	-3.7	-1.5	-0.4	-0.7	0.6	-0.2	-0.7	1.0	2.7
进口	-7.3	-5.8	-2.9	-3.2	0.1	0.9	0.6	2.0	1.5	1.2	3.2	5.2
出口	-6.2	-11.5	-5.6	-4.2	-3.6	-2.0	-2.4	-1.2	-2.4	-3.2	-1.8	-0.5
实际利用外资	3.8	2.0	1.6	1.2	1.9	1.4	-1.1	-1.6	-4.8	-5.3	-2.6	0.3
地方财政收入	12.3	20.3	28.4	30.3	31.3	30.6	25.6	23.0	21.6	20.6	18.9	16.1
地方财政支出	10.1	16.1	66.3	40.8	47.8	41.6	37.4	40.3	39.1	30.7	28.3	11.7

数据来源：上海市统计局、《上海统计年鉴》。

江苏省金融运行报告（2017）

中国人民银行南京分行货币政策分析小组

[内容摘要] 2016年，面对复杂多变的国内外形势和紧迫艰巨的改革发展任务，江苏省坚持稳中求进工作总基调，自觉践行新发展理念，以供给侧结构性改革为主线，主动适应经济发展新常态，实现“十三五”发展的良好开局。全年经济运行平稳，结构调整深入推进，转型升级步伐不断加快。金融业运行态势良好，信贷投放增长较快，贷款利率持续下行，直接债务融资实现“五连冠”。金融改革创新稳步推进，金融基础设施不断完善，金融生态环境持续优化。证券保险业稳步发展，服务实体经济能力进一步提升。

2017年，江苏省将继续坚持稳中求进工作总基调，牢固树立和贯彻落实新发展理念，坚持以提高发展质量和效益为中心，推动经济转型升级和平稳健康发展。全省金融系统将认真贯彻落实稳健中性的货币政策，深入推进金融改革创新，不断加大对重点领域和薄弱环节的支持力度，全力推动江苏经济持续平稳健康发展。

一、金融运行情况

2016年，江苏省金融业保持平稳运行，社会融资规模增长适度，金融市场交易活跃。金融基础设施建设不断完善，金融生态环境持续优化。证券业稳步发展，多层次资本市场建设持续推进。保险业保持较快发展，保险服务能力再上新台阶。

（一）银行业平稳运行，贷款增长有所加快

1. 机构规模稳步增长，组织体系更趋完备。2016年年末，江苏省银行业金融机构资产总额15.6万亿元，同比增长15.7%。机构数量稳步增加，年末地方法人金融机构169家（见表1），比年初新增5家。盈利水平有所上升，全年银行业金融机构实现净利润1 561.4亿元，同比增加110.3亿元。金融对实体经济支撑作用进一步增强，全年实现金融业增加值6 060亿元，同比增长13.8%。

表1　2016年江苏省银行业金融机构情况

机构类别	营业网点			法人机构（个）
	机构个数（个）	从业人数（人）	资产总额（亿元）	
一、大型商业银行	5 139	111 555	54 798	0
二、国家开发银行和政策性银行	93	2 393	7 633	0
三、股份制商业银行	960	32 742	29 754	0
四、城市商业银行	897	28 399	31 204	4
五、城市信用社	—	—	—	—
六、小型农村金融机构	3 288	49 316	22 787	63
七、财务公司	14	381	790	12
八、信托公司	4	461	242	4
九、邮政储蓄银行	2 528	9 518	6 130	0
十、外资银行	77	2 254	1 300	6
十一、新型农村金融机构	222	4 361	724	74
十二、其他	6	682	826	6
合　计	13 228	242 062	156 188	169

注：营业网点不包括国家开发银行和政策性银行、大型商业银行、股份制商业银行等金融机构总部数据；大型商业银行包括中国工商银行、中国农业银行、中国银行、中国建设银行和交通银行；小型农村金融机构包括农村商业银行、农村合作银行和农村信用社；新型农村金融机构包括村镇银行、贷款公司、农村资金互助社；“其他”包含金融租赁公司、汽车金融公司、货币经纪公司、消费金融公司等。

数据来源：中国人民银行南京分行、江苏银监局、江苏省金融办。

2. 各项存款增长平稳，活期存款占比上升。2016年年末，全省金融机构本外币存款余额为12.6万亿元，同比增长12.8%，增速比上年年末提高1.2个百分点，比年初增加1.4万亿元，同比多增2 234.6亿元。分币种看，全年新增人民币存款13 233.6亿元，同比多增1 466.8亿元；受人民币对美元有所贬值影响，企业和居民持有美元意愿增强，全年新增外汇存款112.1亿美元，同比多增104.5亿美元。

从部门分布看，非金融企业存款成为增长主力，非银行业金融机构存款显著减少。2016年，新增非金融企业存款7 058.9亿元，占各项存款增量的49.6%，同比多增2 934.6亿元。受股市活跃度降低的影响，非银行业金融机构存款减少716亿元，同比少增3 110.7亿元。广义政府存款和住户存款分别同比多增1 760.1亿元和610.8亿元。

从期限结构看，新增存款活期化特征明显。2016年，住户存款和非金融企业存款增量中活期存款占比分别为61%和68.1%，分别比上年提升16.7个百分点和19.2个百分点。

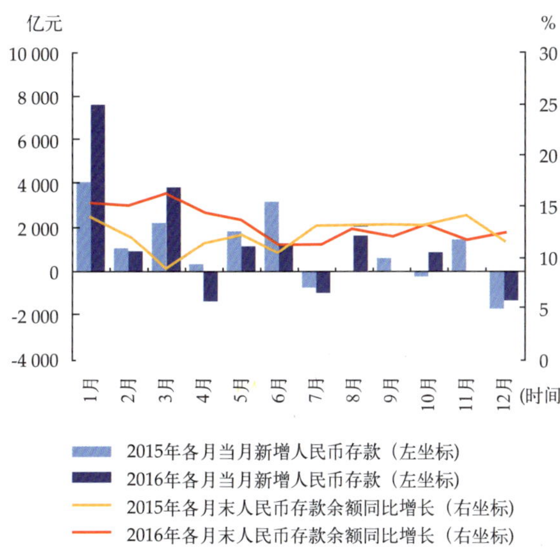

数据来源：中国人民银行南京分行。

图1　2015～2016年江苏省金融机构人民币存款增长变化

3. 贷款增长有所加快，新增贷款再创新高。2016年年末，江苏省本外币贷款余额为9.3万亿元，同比增长14.5%，增速比上年年末提高2.6个百分点。全年新增本外币贷款1.18万亿元，同比多增3 115亿元。全年新增贷款较多主要受以下因素影响：一是时值“十三五”开局之年，大批基础设施类、城镇化类政府项目集中上马，引发2016年上半年尤其是第一季度基础设施类贷款增加较多。二是在房地产“去库存”政策推动下，个人住房贷款需求旺盛，个人住房贷款增加较多。三是自2016年起，中国人民银行将现有的差别准备金动态调整机制升级为宏观审慎评估体系（MPA），从以往关注狭义贷款转向关注广义信贷，促使金融机构表外资产转入表内信贷，人民币贷款有所增加。四是市场流动性充裕，加之信贷资产证券化稳步推进以及地方政府债务置换等因素影响，商业银行信贷供给能力增强。

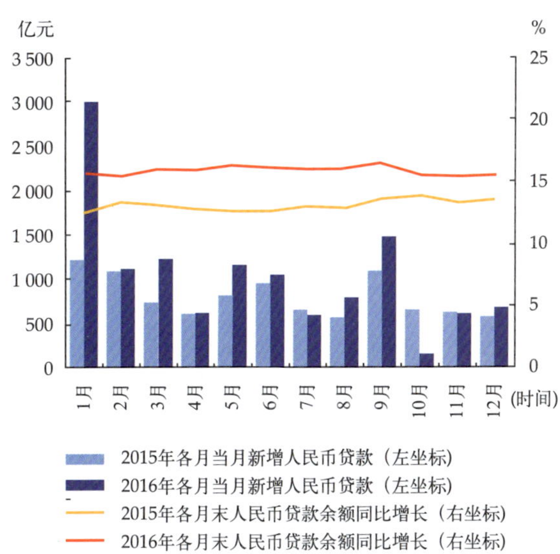

数据来源：中国人民银行南京分行。

图2　2015～2016年江苏省金融机构人民币贷款增长变化

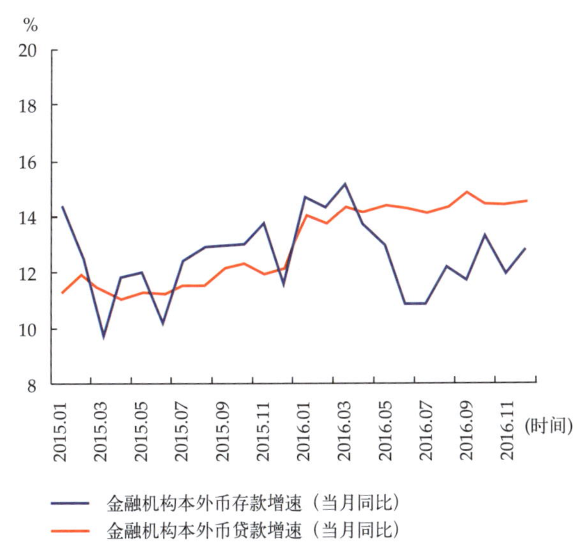

数据来源：中国人民银行南京分行。

图3　2015～2016年江苏省金融机构本外币存、贷款增速变化

从币种结构看，人民币贷款增长较快。全年新增人民币贷款1.22万亿元，同比多增2 953亿元，新增额创历史新高。受美联储加息以及人民币汇率预期变化等因素影响，经济主体倾向于减少外币负债，外汇贷款全年减少较多。2016年年末，全省金融机构外汇贷款余额为266.6亿美元，同比下降24.8%。

从期限结构看，短期贷款与票据融资此消彼长，中长期贷款增长加快。2016年，全省本外币短期贷款减少1 368.3亿元，同比少增2 257.7亿元。票据融资比年初增加719.5亿元，同比少增826亿元。中长期贷款增长较多，年末全省本外币中长期贷款余额增速为27.9%，比年初增加1.2万亿元，同比多增6 171.9亿元。

从贷款投向看，基础设施建设行业贷款和房地产贷款增长加快，制造业贷款增长乏力。2016年，全省金融机构本外币基础设施行业贷款余额1.4万亿元，同比增长20.6%，增速比上年年末提高7个百分点，全年新增2 477.3亿元，同比多增1 056.4亿元。受房地产销售量价齐升影响，房地产贷款高速增长。2016年年末，全省金融机构本外币房地产贷款余额为2.7万亿元，同比增长32.4%，增速比上年年末提高13个百分点。全年新增本外币房地产贷款6 664.9亿元，同比多增3 342.5亿元。其中，个人购房贷款新增6 567.8亿元，同比多增3 847.9亿元；房地产开发贷款减少55.6亿元。受产能过剩、有效信贷需求不足等因素制约，制造业贷款增长乏力。2016年年末，全省制造业本外币贷款余额为1.5万亿元，较年初下降572.5亿元，同比多减138亿元。

从政策导向看，信贷结构更加侧重于调结构、惠民生。在调结构方面，金融机构对现代服务业、科技、文化等新兴领域的支持力度不断加大，2016年年末，全省服务业贷款余额2.77万亿元，同比增长19.2%，超出各项贷款增速4.7个百分点，高新技术企业贷款余额3 233.7亿元，文化产业贷款余额1 252亿元。在扶持薄弱环节方面，2016年年末，全省金融机构本外币小微企业贷款（不含票据融资）余额为2.14万亿元，同比增长14%，增速比上年年末上升2.6个百分点；本外币涉农贷款（不含票据融资）余额为2.8万亿元，同比增长8.2%，增速比上年年末上升0.2个百分点。

4. 存款利率有所上升，贷款利率继续下行。2016年12月，全省定期存款加权平均利率为1.9812%，比上年同期上升10.1个基点。贷款利率维持低位，第一至第四季度，全省新发放人民币贷款加权平均利率分别为5.5598%、5.5638%、5.5218%和5.3886%，其中，12月加权平均利率为5.2836%，比上年同期下降27.9个基点，处于2008年以来的最低水平。

利率市场化改革深入推进。省、市、县三级利率定价自律机制相继建立并有序运转，在规范利率定价秩序、落实差别化住房信贷政策等方面发挥了重要作用。市场化产品发行量不断扩大，全省77家地方法人机构通过合格审慎评估，累计备案同业存单4 475.5亿元，实际发行6 646.7亿元；备案大额存单1 226亿元，实际发行783亿元。

表2 2016年江苏省金融机构人民币贷款各利率区间占比

单位：%

月份		1月	2月	3月	4月	5月	6月
	合计	100.0	100.0	100.0	100.0	100.0	100.0
	下浮	8.6	15.3	10.0	9.6	11.6	9.9
	基准	17.1	18.5	19.9	19.0	19.1	22.6
上浮	小计	74.3	66.2	70.2	71.4	69.3	67.5
	(1.0, 1.1]	20.4	18.4	18.7	17.7	15.4	19.4
	(1.1, 1.3]	28.4	25.6	23.2	24.6	24.6	22.3
	(1.3, 1.5]	11.0	9.9	12.0	12.4	12.8	11.7
	(1.5, 2.0]	10.5	8.8	11.8	11.6	11.8	10.0
	2.0以上	3.9	3.6	4.4	5.1	4.7	4.0
月份		7月	8月	9月	10月	11月	12月
	合计	100.0	100.0	100.0	100.0	100.0	100.0
	下浮	9.9	11.1	10.8	12.4	14.2	15.2
	基准	18.9	19.5	22.8	19.6	20.9	24.9
上浮	小计	71.2	69.4	66.4	68.1	64.9	59.9
	(1.0, 1.1]	19.0	19.3	21.4	19.9	19.4	20.9
	(1.1, 1.3]	24.1	23.2	21.0	21.5	20.6	19.2
	(1.3, 1.5]	12.4	11.4	10.7	11.5	11.2	8.9
	(1.5, 2.0]	10.9	10.4	9.3	10.1	9.4	7.9
	2.0以上	4.7	5.2	4.0	5.1	4.3	3.1

数据来源：中国人民银行南京分行。

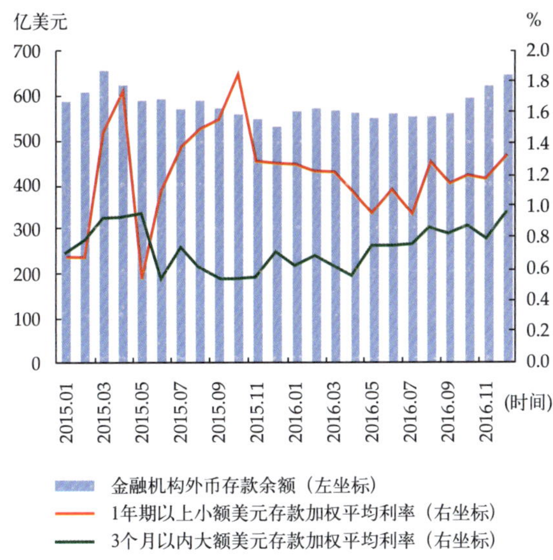

数据来源：中国人民银行南京分行。

图4 2015～2016年江苏省金融机构外币存款余额及外币存款利率

5. 银行业机构改革稳步推进。农业银行江苏省分行先后出台《2016年服务三农工作意见》《2016年“三农”信贷政策指引》和《三农金融分部2016年综合绩效考核方案》，进一步完善工作机制，优化信贷管理，加强考核激励，有序推进全省“三农金融事业部”改革。江苏银行成功上市，成为A股市场近年来首家上市城商行。民营资本有序进入金融领域，全省首家民营银行苏宁银行顺利获批。徐州铜山农信社改制工作顺利完成，标志着全省62家农合机构全部改制组建为农村商业银行，其中江阴、无锡、常熟、吴江、张家港5家农商行成功上市。

6. 银行业资产质量劣变态势有所放缓，不良资产处置力度加大。2016年年末，全省银行业金融机构不良贷款余额1 262.1亿元，比年初增加49.9亿元，同比少增253亿元。不良贷款率1.36%，比年初下降0.14个百分点。不良贷款账面数字有所改善，一方面，表明资产劣变态势有所放缓，另一方面，也是清收处置力度加大的结果。2016年，全省银行业金融机构累计处置不良贷款1 098.6亿元，同比增长12.6%。

专栏1 江苏省非金融企业债务融资实现跨越式发展

近年来，江苏省着力推动非金融企业债务融资工具跨越式发展，取得了积极成效。江苏企业历年来通过债务融资工具累计融资约1.66万亿元，按剔除央企口径，2012年以来发行量持续保持全国第一，债务融资工具已成为江苏企业债券融资最主要的方式。

一是率先在省级层面推动债务融资工具发行。2011年以来，中国人民银行南京分行先后联合江苏省经信委、中小企业局等相关部门举办宣传培训活动50余场，并积极构建政策支持体系。先后实施了债务融资工具“余额倍增计划”“增长速度双倍于贷款增速计划”和“年度发行规模双千亿计划”等系列工程，推动江苏债务融资工具发行规模连续突破1 000亿元、3 000亿元和4 000亿元大关。

二是率先联合建立奖励引导机制。中国人民银行南京分行牵头与江苏省财政厅、省金融办联合出台全国首个《直接债务融资引导办法》，建立对主承销商和地方增信机构进行奖励的财政引导激励机制。常州、扬州等6个地级市也设立配套引导资金。

三是率先与交易商协会建立合作机制。中国人民银行南京分行、江苏省金融办与交易商协会共同签署了全国第一份省级层面合作备忘录。全国首个《区域集优债务融资合作框架协议》在常州落地，在省、市层面构建了三方合作机制。在三方合作机制下，中国人民银行南京分行和金融办负责产品宣传、市场培育和风险防范，交易商协会提供政策咨询和业务培训支持。

四是率先建立健全业务规范和风险防范机制。对主承销商建立监测评估制度，以业务发展和风险控制并重为导向，按年度从业务规范性、服务质量、后续监督水平和应急管理水平等方面进行评估。加强省市联动，对发行企业实行动态监测，督促相关各方充分履行存续期职责，及时发现风险苗头。注重风险化解，及时参与风险事件的协调解决，推动顺利化解兑付危机。

在多方支持和共同努力下，江苏非金融企业债务融资工作取得积极成效。一是支持实体经济发展，降低企业融资成本。江苏企业历年来累计从银行间债券市场筹集约1.66万亿元资金，支持了电力、交通、制造业、文化、商业等行业的优质企业。企业融资渠道拓宽，融资成本也大幅下降，与贷款相比，历年来债务融资工具为江苏企业节约利息约250亿元。二是发行量连续保持“五连冠”。2012年以来，江苏非金融企业债务融资工具发行额连续五年位列全国第一（剔除央企），债务融资工具已成为江苏企业债券融资最主要的方式。三是多个创新产品率先落地。近年的7个升级创新产品中5个品种已在江苏落地。江苏项目收益票据发行只数占全国的65%，资产支持票据发行额占全国的40%。其中，南京城建集团发行了全国第一只“10+5”超长期限中期票据和基础期限最长的“7+N”永续票据，沙钢集团成为全国首个注册DFI的民营企业。四是市场参与面不断扩大。截至2016年年末，全省发行债务融资工具的企业已达465家，全国35家具有A类主承销商资格的机构已有33家在江苏开展业务，其中23家银行类主承销商均有项目落地江苏。2012年已实现13个省辖市全覆盖，其中苏北地区的发展步伐加快。

（二）证券业稳步发展，多层次资本市场建设持续推进

1. 证券行业平稳发展，收入和利润水平有所回落。2016年年末，江苏省共有法人证券公司6家，总资产4 131.4亿元，证券分公司78家，证券营业部805家，同比增长17.86%。受股市行情影响，证券行业全年共实现营业收入194.36亿元，净利润77.71亿元，均较上年有所下滑。私募基金蓬勃发展，全省共有781家私募基金管理人登记备案，管理基金规模突破4 000亿元，为中小微企业早期健康发展、治理结构加速完善提供重要支持。

2. 资本市场规模继续位居全国前列。截至2016年年末，江苏省境内上市公司总数为317家，较上年新增41家，上市公司总数位居全国第三。拟上市公司197家，后备上市企业资源充足。IPO融资在全国位居前列，2016年全省上市公司首发融资250.4亿元，同比增长132.6%，配股、增发融资1 452.69亿元，同比增长35.61%（见表3）。

3. 多层次资本市场建设持续推进。截至2016年年末，江苏省新三板挂牌公司1 245家，总量位列全国第三，总股本636.69亿股，总市值2 363.1亿元。目前，全省13个地级市均有公司在新三板挂牌。全年实现定向增发302次，融资额达89.39亿元。截至2016年年末，江苏区域股权交易中心已有1 139家挂牌企业，累计通过各种方式为企业融资222.9亿元。

表3　2016年江苏省证券业基本情况

项目	数量
总部设在辖内的证券公司数（家）	6
总部设在辖内的基金公司数（家）	0
总部设在辖内的期货公司数（家）	10
年末国内上市公司数（家）	317
当年国内股票（A股）筹资（亿元）	1 703
当年发行H股筹资（亿元）	420
当年国内债券筹资（亿元）	8 157
其中：短期融资券筹资额（亿元）	621
中期票据筹资额（亿元）	926

注：当年国内股票（A股）筹资额是指非金融企业境内股票融资。
数据来源：江苏证监局、江苏省金融办、中国人民银行南京分行。

4. 期货业稳步发展。截至2016年年末，全省共有法人期货公司10家，期货营业部140家，资产总额183.4亿元，同比增长3.7%。期货行业全年实现营业收入13.1亿元，同比增长6.8%；保证金余额130.69亿元，同比增长3.1%。

（三）保险业发展较快，服务能力再上新台阶

1. 市场体系不断完善，各项业务较快增长。截至2016年年末，江苏省共有法人保险机构5家，全年实现保费收入2 690.2亿元，同比增长35.2%，各类赔款给付916.4亿元，同比增长25.1%。分险种看，财产险保费收入733.4亿元，同比增长9.1%，人身险保费收入1 956.8亿元，同比增长48.5%（见表4）。

2. 保险资金投资力度进一步加大，资金投向更加丰富多元。2016年，全省保险资金投资保持30%以上的增速，投资总额突破2 100亿元，并以多种形式参与先进制造业基地、战略性新兴产业、新型城镇化和城乡发展一体化、"一带一路"和长江经济带建设。

表4　2016年江苏省保险业基本情况

项目	数量
总部设在辖内的保险公司数（家）	5
其中：财产险经营主体（家）	2
人身险经营主体（家）	3
保险公司分支机构（家）	99
其中：财产险公司分支机构（家）	41
人身险公司分支机构（家）	58
保费收入（中外资，亿元）	2 690.2
其中：财产险保费收入（中外资，亿元）	733.4
人身险保费收入（中外资，亿元）	1 956.8
各类赔款给付（中外资，亿元）	916.4
保险密度（元/人）	3 363.4
保险深度（%）	3.5

数据来源：江苏保监局。

3. 服务"三农"取得新成效。2016年，全省农险保费及农险基金总计为32.9亿元，支付各类农险赔款23.5亿元。全省统颁的政策性农业保险险种达55种，保险产品不断丰富。涉农贷款保证保险覆盖全省13个市，保费收入突破1亿元，为破解农业企业融资难融资贵问题提供了新动力。

（四）社会融资规模增长适度，金融市场交易活跃

1. 社会融资规模增长适度，融资结构继续优化。2016年，全省社会融资规模增量16 758.2亿元，同比多增5 363.8亿元。从融资结构看，一是对实体经济发放的贷款增加较多，但占比有所下降，全年新增各项贷款11 713亿元，同比多增3 242.7亿元，占社会融资规模增量的69.9%，占比较上年下降4.4个百分点。二是表外融资继续减少，全年新增表外融资（包括委托贷款、信托贷款和银行承兑汇票净额）-205.5亿元，其中，银行承兑汇票净额减少2 424.3亿元，同比多减381.8亿元，信托贷款新增8.7亿元，同比少增370.2亿元。三是直接融资占比继续上升，全年企业直接融资（包括企业债券融资和非金融企业境内股票融资）净额为4 857亿元，同比多增1 731.9亿元，占社会融资规模增量的29%，占比较上年提高1.6个百分点。

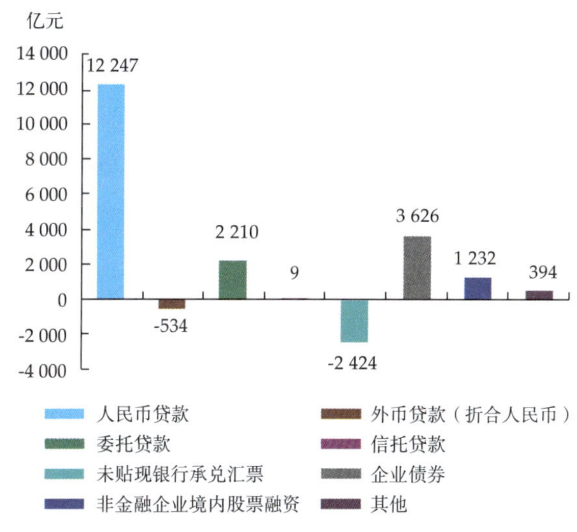

数据来源：中国人民银行南京分行。

图5　2016年江苏省社会融资规模分布结构

直接债务融资工具发行实现"五连冠"。2016年，江苏省共发行各类债务融资工具4 266.8亿元，剔除央企后发行额为4 152.8亿元，连续五年保持全国第一。

2. 金融市场创新取得新突破。2016年，江苏发行了全国首只农商行绿色金融债，发行全国第二单省属企业公募绿色债券，实现首家民营企业注册DFI。法人机构主动负债能力不断增强。全年共有14家地方法人金融机构发行金融债385亿元，

其中二级资本债160亿元、普通金融债220亿元、绿色金融债5亿元；7家法人机构共发行信贷资产证券化产品64.9亿元。

3. 银行间市场流动性总体宽裕，市场成员交易活跃，各项业务平稳发展。2016年，江苏省共有71家市场成员参与同业拆借交易，同比增加10家，累计拆借资金4.5万亿元，同比增长40.6%，净拆入资金1.8万亿元，同比增长83.5%。市场利率小幅抬升，2016年江苏省同业拆借加权平均利率为2.2496%，比上年提高7.3个基点。全年有147家市场成员参与质押式回购交易，累计成交40.7万亿元，同比增长21.9%。共有149家市场成员参加现券交易，累计交易9.9万亿元，同比增长47.8%。

4. 票据业务有所收缩，市场利率低位回升。2016年，在票据业务监管趋严、商业银行加强票据风险管控的背景下，全省承兑汇票累计发生额达2.3万亿元，比上年减少5 903.2亿元，票据贴现累计发生额7.8万亿元，比上年减少2.6万亿元。2016年第一至第四季度，全省票据贴现加权平均利率分别为3.6151%、3.4670%、3.1138%和3.3394%，票据转贴现加权平均利率分别为3.4760%、3.2888%、2.8702%和3.1036%，受市场资金成本抬升和年底季节性因素影响，第四季度票据利率低位回升（见表6）。其中，12月全省票据贴现、转贴现加权平均利率分别为3.7961%、3.6236%，比上年同期分别上升45.5个基点、14.8个基点。

表5　2016年江苏省金融机构票据业务量统计

单位：亿元

季度	银行承兑汇票承兑		贴现			
			银行承兑汇票		商业承兑汇票	
	余额	累计发生额	余额	累计发生额	余额	累计发生额
1	16 620.8	8 047.9	4 595.5	26 163.4	186.6	1 580.8
2	14 410.0	5 057.1	5 093.8	20 269.3	163.0	852.6
3	12 638.9	5 458.5	5 529.8	17 516.7	151.6	498.5
4	12 241.7	4 769.6	5 390.8	10 309.5	167.8	401.9

数据来源：中国人民银行南京分行。

表6　2016年江苏省金融机构票据贴现、转贴现利率

单位：%

季度	贴现		转贴现	
	银行承兑汇票	商业承兑汇票	票据买断	票据回购
1	3.52	4.60	3.51	3.20
2	3.38	4.62	3.30	3.01
3	3.02	4.43	2.87	2.82
4	3.25	4.14	3.11	3.09

数据来源：中国人民银行南京分行。

（五）金融基础设施不断完善，金融生态环境持续优化

金融基础设施不断完善。开展省级数据中心基础环境“云”化试点，深化金融IC卡受理环境建设，在全省11个设区市实现金融IC卡公共交通应用，PBOC标准的无锡地铁应用项目首次成功上线。征信服务不断改善。中小企业信用体系和农村信用体系建设持续推进，为江苏223万户中小微企业、296万户农户、4 400多户农村经济主体建立了信用档案。在无银行网点行政村全覆盖的基础上，农村金融综合服务站稳步提质增效，准入退出机制进一步完善，服务站功能不断拓展，“互联网+”等特色服务站不断涌现。

金融消费权益保护工作不断完善。江苏辖区金融消费者投诉咨询热线受理投诉1 002件，办结率达93.9%，全省共计开展执法检查22次，现场工作时间累计423天，督促金融机构切实维护消费者合法权益。

金融生态环境建设深入推进。出台《2016—2020年江苏省县域金融生态环境建设规划》，修订完善《江苏省金融生态县创建考核办法》，组织开展金融生态县省级非现场审核和县域金融生态环境综合评估。消除了5家从未申报过金融生态县的地区“空白”，江苏省金融生态县创建工作实现“大满贯”，金融生态县的品牌影响力进一步扩大。

二、经济运行情况

2016年，江苏省认真贯彻落实中央决策部署，坚持稳中求进工作总基调，自觉践行新发展理念，主动适应经济发展新常态，经济运行总体

平稳，主要指标保持在合理区间，新旧动能加速转换，发展质量稳步提升。全年实现地区生产总值76 086.2亿元，同比增长7.8%（见图6）。

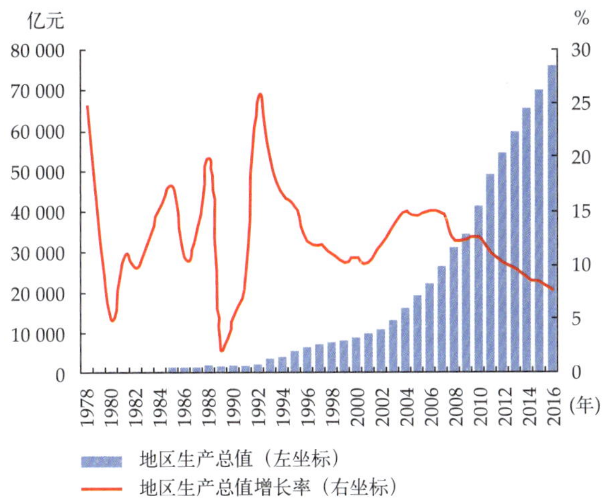

数据来源：江苏省统计局。

图6　1978～2016年江苏省地区生产总值及其增长率

（一）内需增长较为稳定，外需总体依旧疲软

1. 投资增速总体放缓，基础设施投资增速明显回落。2016年，江苏省完成固定资产投资49 370.9亿元，同比增长7.5%，增速比上年回落3个百分点（见图7）。分季度看，各季度累计同比增速分别为9.3%、9.7%、8.5%和7.5%，总体呈放缓态势。

分项看，一是基础设施投资增速明显回落。全年基础设施投资同比增长14.2%，增速比上年回落10.2个百分点。二是在国内外市场需求尚无明显改善的背景下，工业投资增速波动下行。2016年，江苏省工业投资同比增长7.9%，增速比上年回落4.5个百分点。三是受房地产销售大幅增长推动，房地产投资有所加快。2016年，江苏省房地产投资同比增长9.8%，增速比上年提升10.9个百分点，但不足以弥补基础设施投资和工业投资增速下滑的缺口。

投资结构有所优化。2016年，江苏省技术改造投资14 570亿元，同比增长14.8%，占全部投资的29.5%，其中工业技改投资13 603.9亿元，同比增长10.2%，占工业投资比重达55.4%。民生保障和公共服务领域投资保持快速增长，公共管理、社会保障和社会组织领域投资增长31%，文化、体育和娱乐业投资增长14.7%。

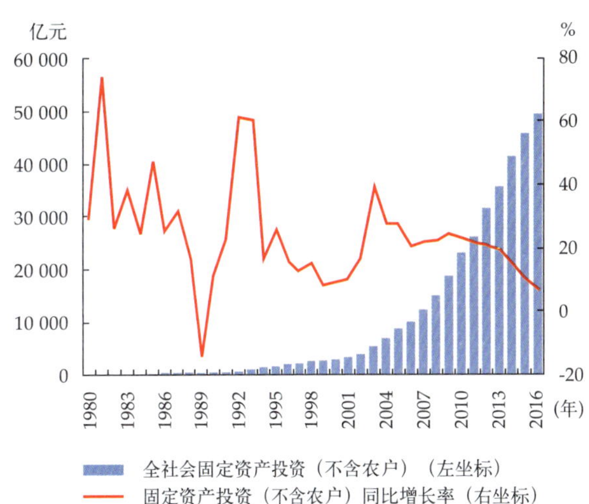

数据来源：江苏省统计局。

图7　1980～2016年江苏省固定资产投资（不含农户）及其增长率

2. 消费需求平稳增长。2016年，江苏省社会消费品零售总额同比增长10.9%（见图8），比上年提高0.6个百分点。分季度看，消费增速从1~3月的10.5%波动回升至1~12月的10.9%。消费平稳发展主要依赖家居类商品和汽车消费快速增长：受前期商品房销售大幅增长影响，家居类商品消费持续快速增长。2016年，江苏省五金电料、家具、建筑及装潢材料消费分别增长20.1%、14.8%和15.4%，分别高出全省限额以上社会消费品零售总额增速10个百分点、4.7个百分点和5.3个百分点。在小排量汽车购置税优惠政策即将到期的刺激下，加之车企加大对三四线城市的市场拓展，全省汽车消费增长明显加快。2016年，全省汽车消费同比增长10.5%，增速比上年同期上升5.8个百分点。

3. 外需总体依旧低迷。在全球经济复苏乏力、国际贸易摩擦不断加剧的背景下，2016年，江苏省进出口持续低迷，全年实现进出口

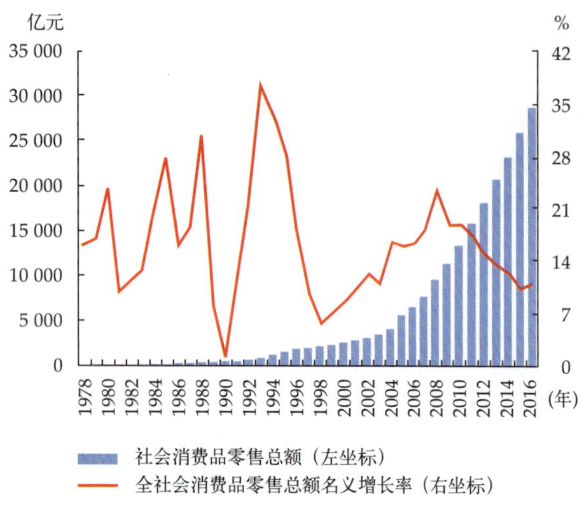

数据来源：江苏省统计局。

图8　1978～2016年江苏省社会消费品零售总额及其增长率

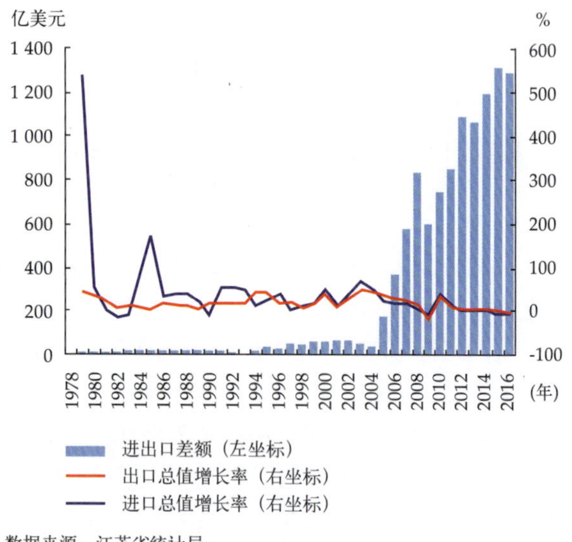

数据来源：江苏省统计局。

图9　1978～2016年江苏省外贸进出口变动情况

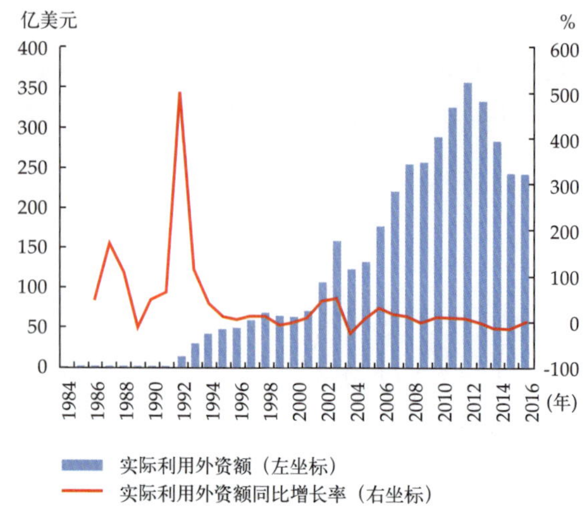

数据来源：江苏省统计局。

图10　1984～2016 年江苏省实际利用外资额及其增长率

总额5 096.1亿美元，同比下降6.6%，降幅较上年扩大3.4个百分点。其中，出口3 193.4亿美元，同比下降5.7%；进口19 02.7亿美元，同比下降8.1%（见图9）。

利用外资规模有所回升，“走出去”步伐不断加快。2016年，全省实际使用外资245.4亿美元，同比增长1.1%，扭转了连续两年负增长的不利局面（见图10）。全年新批外商投资企业2 859家，新批协议注册外资431.4亿美元，新批及净增资9 000万美元以上的外商投资大项目290个。对外投资保持较快增长，全年新批境外投资项目1 067个，比上年增长21.3%，境外投资中方协议投资额142.2亿美元，同比增长38%。

专栏2　推动金融支持江苏制造业提质增效

近年来，随着经济下行压力加大，制造业风险逐渐上升，加之投资需求长期低迷，江苏制造业贷款增速不断回落，在各项贷款中占比逐年下降。江苏是制造业大省，制造业规模位居全国前列，制造业是江苏稳增长、调结构、转方式的重要领域，也是实施创新驱动发展战略的主要载体。推动金融支持制造业提质增效，是坚持金融服务实体经济，实现金融和实体经济共生共赢的本质要求，也是深入推进供给侧结构性改革，落实去产能、去库存、去杠杆、降成本、补短板五大任务的现实需要。2016年，中国人民银行南京分行紧紧抓实抓好四项具体工作，着力引导全省金融业支持江苏制造业转型升级和健康发展。

一是启动专项行动计划。结合中国人民银行总行关于金融支持工业稳增长调结构增效益的决策部署，2016年5月中国人民银行南京分行印发了《江苏“金融支持制造业提质增效行动计划（2016～2020）”实施方案》，明确全省银行业机构支持制造业转型发展的重点领域、总体目标和工作要求，提出大力发展应收账款融资、探索投贷联动、扩大直接融资、加快不良处置等十项具体举措，为银行业机构做好制造业金融服务指明方向。

二是强化激励约束机制。将金融支持制造业发展作为重点信贷工作之一，纳入宏观审慎评估（MPA）考核，按照“增量、扩面、创新”三个标准，对法人机构政策执行情况进行考评，并给予相应的激励约束。此外，按季度统计监测先进制造业信贷投入情况，配合省金融办建立月度通报制度，督促金融机构加大信贷资源倾斜力度。

三是推动省级政策引领。按季度召开全省金融支持制造业专题会议，加强情况通报、组织经验交流、推动银企对接、部署工作任务，有序推进金融支持制造业各项工作。在此基础上，推动江苏省政府于2016年9月出台《关于金融支持制造业发展的若干意见》，通过整合银行、证券、保险、创投、担保、小贷等资源，强化针对制造业转型升级的金融服务。

四是引导产品服务创新。大力发展应收账款、知识产权、收益权、股权等新型抵（质）押方式，截至2016年年末，全省采用新型抵（质）押方式发放的制造业贷款余额达582.7亿元，同比增长19%。其中，专利权质押、股权质押、应收账款质押贷款分别增长265.5%、57.3%和18.8%。推动有条件的金融机构开展投贷联动业务，为制造业企业创新活动提供股权、债权相结合的融资服务，截至2016年年末，全省以投贷联动方式发放的制造业贷款余额58.1亿元，同比增长109.6%。

当前制造业发展面临的困难挑战，也是倒逼供给侧结构性改革的强劲动力。2016年12月，世界智能制造大会在江苏南京举行。2017年3月22日，江苏召开全省制造业大会，也是首次以江苏省委、省政府的名义专题围绕制造业发展召开的大会，会上发布了《关于加快发展先进制造业振兴实体经济若干政策措施的意见》和《关于推进中国制造2025苏南城市群试点示范建设的实施意见》。下一阶段，中国人民银行南京分行将认真落实总行金融支持工业稳增长、调结构、增效益的决策部署，以推动供给侧结构性改革为导向，以“金融支持制造业提质增效行动计划”为抓手，引导更多资金回流实体经济，助推江苏制造业实现新跨越。

（二）三产比重继续优化，结构调整深入推进

2016年，江苏省三次产业增加值比例调整为5.4：44.5：50.1，第三产业占比较上年提高1.5个百分点，产业结构继续向“三二一”的现代产业构架稳步优化。

1. 农业生产形势基本稳定。2016年，江苏省实现农林牧渔业增加值4 323.5亿元，同比增长1.1%。受灾害天气影响，夏粮降产减收，粮食总产量13年来首次减产，总产量3 466万吨，比上年减产95万吨，下降2.7%。

2. 工业经济运行总体平稳。2016年，江苏省实现规模以上工业增加值3.5万亿元，同比增长7.7%（见图11），增速比上年回落0.6个百分点。各季度累计同比增速分别为7.7%、7.8%、7.8%和7.7%，年内各季度增速较为平稳。

工业结构调整加快推进。一是战略性新兴产业逐步成为新的增长动力。2016年，全省战略性新兴产业实现产值4.9万亿元，同比增长8.9%，占规模以上工业产值的比重为30.2%，比上年提高0.8个百分点。二是先进制造业加快发展。全年规模以上工业中，汽车制造业实现产值7 967.7亿

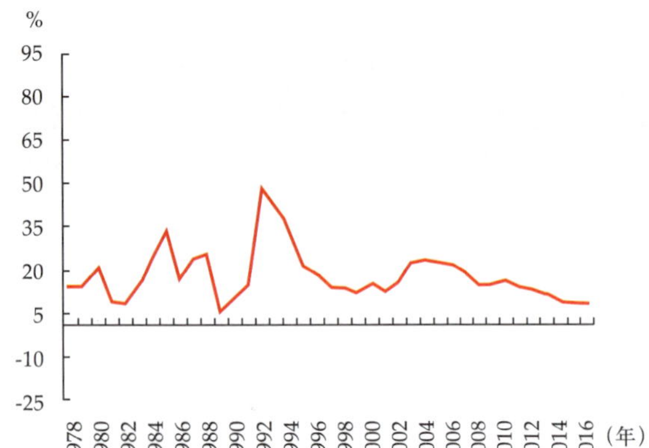

数据来源：江苏省统计局。

图11　1978～2016年江苏省规模以上工业增加值同比增长率

元，比上年增长13.1%；医药制造业产值3 992.4亿元，增长12.3%；电气机械及器材制造业产值17 986.5亿元，增长9.4%。三是代表智能制造、新型材料、新型交通运输设备和高端电子信息产品的新产品产量实现较快增长。全年工业机器人产量增长90.6%，服务器增长50.2%，碳纤维增强复合材料增长36.6%，智能手机、智能电视分别增长30.2%和 21.0%，太阳能电池增长22.6%。四是过剩产能有效化解。2016 年，全省原煤、平板玻璃和船舶行业产量同比分别下降28.7%、12.5%和22.2%，粗钢、水泥产量分别仅增长3.4%、0.3%。

工业经济运行的质量和效益明显提升。2016年，江苏省规模以上工业企业实现主营业务收入15.8万亿元，利润总额1.1万亿元，分别比上年增长7.5%、10%。

3. 服务业发展态势良好。2016年，江苏省服务业增加值同比增长9.2%，比GDP增速高1.4个百分点；占GDP比重为50.1%，比上年提高1.5个百分点。服务业产业结构不断优化。2016年，全省批发和零售业、交通运输仓储和邮政业、住宿和餐饮业等传统服务业增加值增速分别为6.2%、4.3%和6.3%，均低于同期全省GDP增速；而其他服务业则增长10.3%，其中营利性服务业增速高达14.8%，超出同期全省GDP增速7个百分点，拉动GDP增长1.4个百分点，贡献度高达17.8%。

（三）消费价格温和上涨，生产价格有所回升

1. 居民消费价格温和上涨。2016年，江苏省居民消费价格同比上涨2.3%，高于上年0.6个百分点，连续五年保持在3%以下的较低水平（见图12）。分类别看，食品烟酒同比上涨3.8%，居住价格上涨1.2%，生活用品及服务上涨1.6%，交通和通信价格下跌1.2%。

2. 工业生产者价格有所回升。2016年，全省工业生产者出厂价格同比下降1.9%，降幅较上年收窄2.8个百分点，其中生产资料下降2.2%，生活资料下降0.7%。全年工业生产者购进价格下降2.0%，降幅较上年收窄5.9个百分点。从10月开始，工业生产者出厂、购进价格在连续57个月下跌后首次实现“由负转正”，12月分别上涨3.9%、8.2%，主要受原油、铁矿石等国际大宗商品价格持续震荡上行，以及去产能推进导致部分企业减产、限产等因素综合影响。

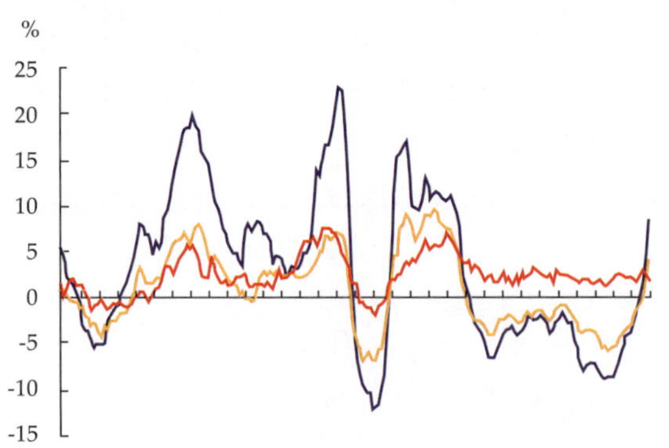

数据来源：江苏省统计局。

图12　2001～2016年江苏省居民消费价格和生产者价格变动趋势

（四）财政收入增势放缓，财政支出增速回落

1. 财政收入增势放缓。2016年，全省实现一般公共预算收入8 121.2亿元，同比增长1.2%，增

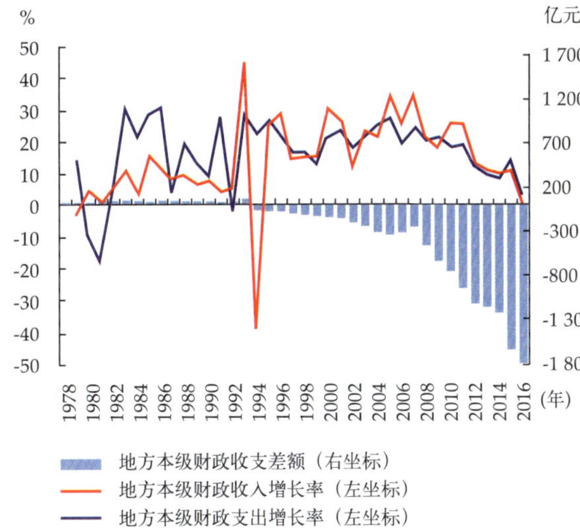

数据来源：江苏省统计局。

图13　1978～2016年江苏省财政收支状况

速比上年回落9.8个百分点（见图13）。其中，税收收入同比下降1.2%，税收占比80.4%，比上年回落1.9个百分点。

2. 财政支出增速回落。2016年，全省财政一般公共预算支出9 990.1亿元，同比增长3.1%，增速比上年回落11.2个百分点（见图13）。其中，民生领域投入持续加大，一般公共预算支出中，公共安全支出、医疗卫生支出同比分别增长21.6%、10.2%，社会保障和就业支出增长8.2%，住房保障支出增长7.6%。

（五）节能减排扎实推进，生态文明建设成效明显

积极推进生产方式绿色化转型，加强重点领域节能减排，万元地区生产总值能耗降低率及化学需氧量、二氧化硫、氨氮、氮氧化物排放削减均完成年度目标任务。生态建设成效明显，截至2016年年末，全省共有自然保护区31个，其中国家级自然保护区3个，面积达53.6万公顷。实施大气治理重点工程，PM2.5平均浓度同比下降12.1%，城市空气质量优良天数比例提高3.4个百分点。切实加强水污染防治，104个国家考核断面水质优Ⅲ比例提高9.9个百分点，太湖流域连续九年实现“两个确保”。城乡环境综合整治成效显著，林木覆盖率提高到22.8%，国家生态市（县、区）达到45个。

（六）房地产销售增速前高后低，库存规模加速缩减

1. 销售增速前高后低。2016年，江苏省商品住宅累计登记销售面积14 487.3万平方米，同比增长33.9%，增速比上年上升5.1个百分点。分季度看，全省商品住宅登记销售面积累计同比增速分别为63.9%、45.3%、42.8%和33.9%，呈高位回落之势，尤其是第四季度调控政策出台后，市场环境收紧，成交量高位下调（见图14）。

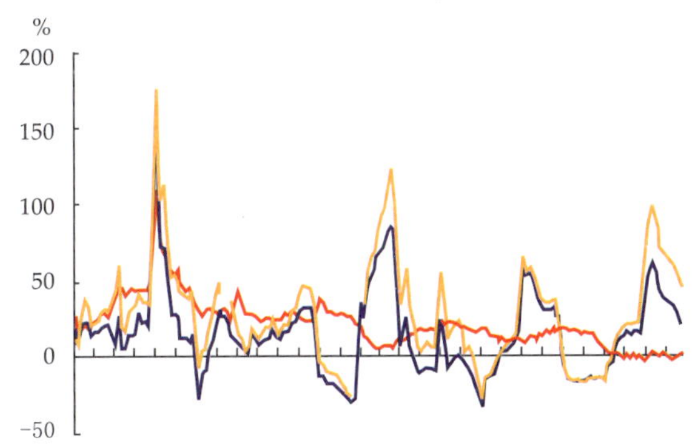

数据来源：江苏省统计局。

图14　2002～2016年江苏省商品房施工和销售变动趋势

2. 房价涨势高位趋缓。2016年，江苏省商品住宅累计成交均价为8 842元/平方米，同比增长13.8%，增速较上年回升2.3个百分点。分季度看，全省商品住宅登记成交均价累计同比增速分别为27.9%、24.7%、22.2和13.8%，房价涨幅逐季度收窄。

3. 库存规模加速缩减。截至2016年年末，江苏省商品住宅累计可售面积达9 032万平方米，比上年年末下降34.1%。库存规模连续16个月下降，且降幅总体不断扩大。全省商品住宅去化周期7.5个月，较上年年末下降7.7个月。

4. 保障性安居工程贷款快速增长。截至2016年年末，江苏省保障性安居工程贷款余额1 789.0亿元，同比增长48.2%，全年累计发放保障性安

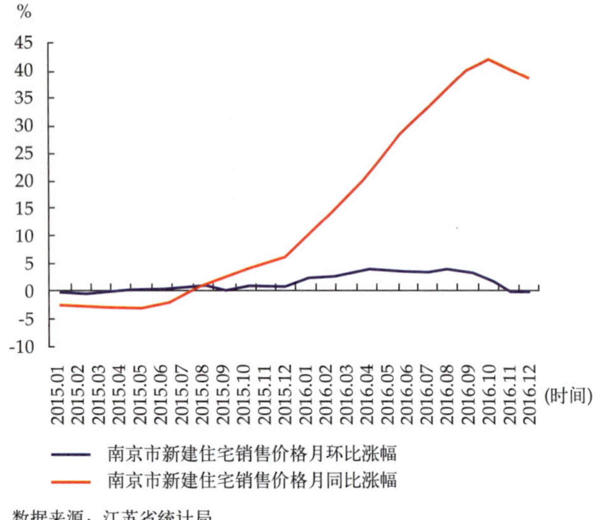

数据来源：江苏省统计局。

图15　2015～2016年南京市新建住宅销售价格变动趋势

居工程贷款1 072.1亿元，同比增长71.1%。从投向看，保障性安居工程贷款主要投向棚户区改造项目。截至2016年年末，各类棚户区改造贷款余额1 283.8亿元，占全部保障性安居工程贷款余额的71.8%；全年累计发放各类棚户区改造贷款748.6亿元，占全部保障性安居工程贷款累放额的69.8%。

三、预测与展望

当前，世界经济仍处于国际金融危机后的深度调整期，复苏动力不足，地缘政治不确定性上升，逆全球化和国际贸易、投资保护主义抬头。国内经济发展长期积累的深层次矛盾尚未实质性缓解，经济下行压力仍然较大。面对错综复杂的国内外环境，江苏经济运行仍面临较多不确定因素。但在供给侧结构性改革纵深推进，“一带一路”、长江经济带、长三角区域发展一体化等国家战略深入实施，“中国制造2025”江苏行动纲要全面落实等因素推动下，预计2017年江苏经济将保持平稳增长，产业结构继续优化调整，经济新动能不断发展壮大。

2017年，全省金融系统将认真贯彻稳健中性的货币政策，深入推进金融改革创新，围绕金融支持实体经济的本质要求，着力支持供给侧结构性改革，不断加大对经济重点领域和薄弱环节的支持力度，进一步提高金融资源配置效率，不断提升风险防范和处置能力，全面做好稳增长、促改革、调结构、惠民生、优生态、防风险各项工作，全力推动江苏经济持续平稳健康发展。

中国人民银行南京分行货币政策分析小组
总　纂：郭新明　高爱武
统　稿：戴　俊　陈　实　孙　俊
执　笔：孙　俊　张　明　李晓斌　谢　姗　张　辉　王维全　王宗林
提供材料的还有：李　艳　孙良涛　王琦玮　戴晓东　唐成伟　万　秋

附录

（一）2016年江苏省经济金融大事记

5月4日，南通新型城镇化建设集合债券获国家发展改革委核准，发行规模26亿元，成为全国首只以“一带一路”命名发行的企业债券。

6月2日，国家发展改革委公布全国33个长江经济带转型升级示范开发区，江苏共有3个开发区入围，分别是苏州工业园区、张家港保税区、南通经济技术开发区。

6月20日，江苏民营投资控股有限公司正式揭牌，首期注册资本86亿元，是省内最大规模的民营投资公司。

8月2日，江苏银行首次公开发行A股在上海证券交易所成功上市。

10月10日，泰州农业开发区农业投资基金成立，总规模10亿元，是省政府投资基金出资设立的首只农业板块基金。

11月10日，全国“两权”抵押贷款试点现场推进会在江苏泗洪召开。

12月5日，中国人民银行联合有关部门印发《江苏省泰州市建设金融支持产业转型升级改革创新试验区总体方案》。

12月9日，江苏省委、省政府启动“两减六治三提升”环保专项行动。

12月16日，江苏省首家民营银行——江苏苏宁银行股份有限公司获批筹建。

（二）2016年江苏省主要经济金融指标

表1 2016年江苏省主要存贷款指标

		1月	2月	3月	4月	5月	6月	7月	8月	9月	10月	11月	12月
本外币	金融机构各项存款余额（亿元）	119 086.9	120 056.8	123 756.5	122 325.7	123 483.7	124 629.4	123 593.3	125 267.7	125 301.5	126 461.5	126 671.9	125 576.9
	其中：住户存款	41 953.1	44 394.4	44 574.8	43 380.9	43 351.8	44 136.4	43 811.1	44 088.5	44 582.4	44 100.2	44 321.7	44 544.1
	非金融企业存款	47 036.1	45 801.2	48 311.9	48 459.1	48 709.5	49 393.1	47 990.5	48 957.0	48 822.9	48 419.9	48 886.2	48 870.5
	各项存款余额比上月增加（亿元）	7 757.1	969.9	3 699.8	-1 430.8	1 158.0	1 145.7	-1 036.1	1 674.4	33.8	1 160.1	210.3	-1 094.9
	金融机构各项存款同比增长（%）	14.8	14.4	15.2	13.7	13.0	10.9	10.9	12.2	11.8	13.3	12.0	12.8
	金融机构各项贷款余额（亿元）	84 084.1	85 061.2	86 227.1	86 728.3	87 823.4	88 874.9	89 387.3	90 131.1	91 570.9	91 717.9	92 319.3	92 957.0
	其中：短期	32 669.6	32 702.2	32 838.9	32 381.8	32 241.3	32 368.6	31 870.4	31 681.4	31 565.3	31 011.6	30 941.8	30 969.0
	中长期	45 448.1	46 467.0	47 640.2	48 156.4	49 174.5	50 230.7	50 989.3	51 767.9	53 214.7	53 815.4	54 476.7	55 345.5
	票据融资	5 092.2	4 979.3	4 814.0	5 226.1	5 415.9	5 308.9	5 537.6	5 644.4	5 718.6	5 744.5	5 721.1	5 495.4
	各项贷款余额比上月增加（亿元）	2 911.3	977.1	1 165.9	501.2	1 095.1	1 051.5	512.4	743.7	1 439.8	147.0	601.5	637.7
	其中：短期	332.2	32.7	136.7	-457.2	-140.4	127.2	-498.1	-189.1	-116.1	-553.7	-69.9	27.3
	中长期	2 231.8	1 018.9	1 173.3	516.1	1 018.2	1 056.2	758.6	778.6	1 446.8	600.7	661.3	868.8
	票据融资	316.4	-112.9	-165.3	412.1	189.8	-107.0	228.7	106.8	74.2	25.9	-23.4	-225.8
	金融机构各项贷款同比增长（%）	14.1	13.8	14.4	14.2	14.4	14.4	14.2	14.4	15.0	14.5	14.4	14.5
	其中：短期	3.1	2.2	2.0	0.8	-0.2	-1.4	-2.3	-2.7	-3.4	-4.2	-4.1	-4.1
	中长期	18.5	19.0	20.8	21.0	22.6	24.8	25.3	25.8	27.8	27.9	27.8	27.9
	票据融资	65.3	64.4	54.3	54.5	46.4	33.1	28.8	29.0	24.2	17.1	16.5	15.1
	建筑业贷款余额（亿元）	3 509.1	3 531.3	3 546.3	3 481.6	3 475.4	3 487.9	3 428.9	3 402.3	3 403.8	3 357.8	3 345.4	3 335.1
	房地产业贷款余额（亿元）	6 386.5	6 513.2	6 582.8	6 521.6	6 553.3	6 493.7	6 383.0	6 386.7	6 392.9	6 303.2	6 117.6	6 083.1
	建筑业贷款同比增长（%）	9.7	7.7	7.2	5.5	4.0	3.2	1.9	-0.3	-2.1	-2.8	-3.0	-2.4
	房地产业贷款同比增长（%）	12.1	11.3	12.4	11.6	11.4	9.2	7.2	6.5	5.9	4.2	1.4	0.0
人民币	金融机构各项存款余额（亿元）	115 410.8	116 315.8	120 113.9	118 711.2	119 884.6	120 922.1	119 919.4	121 585.2	121 556.4	122 443.3	122 388.4	121 106.6
	其中：住户存款	41 519.1	43 944.6	44 114.6	42 918.6	42 882.0	43 652.9	43 313.7	43 595.0	44 075.6	43 545.4	43 723.5	43 900.5
	非金融企业存款	44 000.6	42 730.7	45 352.2	45 502.0	45 782.7	46 405.3	45 047.1	46 012.4	45 802.8	45 183.5	45 427.2	45 277.9
	各项存款余额比上月增加（亿元）	7 537.7	905.1	3 798.1	-1 402.7	1 173.4	1 037.5	-1 002.7	1 665.8	-28.8	886.9	-54.9	-1 281.8
	其中：住户存款	956.1	2 425.5	170.0	-1 196.0	-36.6	770.9	-339.2	281.3	480.6	-530.2	178.1	176.9
	非金融企业存款	5 067.3	-1 269.9	2 621.5	149.8	280.7	622.6	-1 358.2	965.4	-209.6	-619.3	243.7	-149.3
	各项存款同比增长（%）	15.2	14.9	16.1	14.4	13.5	11.2	11.1	12.7	12.1	13.3	11.7	12.3
	其中：住户存款	8.5	5.9	5.2	5.9	7.0	7.1	7.1	8.0	7.7	8.4	8.9	8.2
	非金融企业存款	19.0	20.3	23.4	24.4	22.5	18.8	19.0	20.5	20.1	19.2	16.6	16.3
	金融机构各项贷款余额（亿元）	81 878.5	82 964.2	84 186.1	84 769.0	85 895.5	86 928.7	87 478.2	88 258.1	89 739.2	89 860.1	90 450.1	91 107.6
	其中：个人消费贷款	16 120.1	16 352.5	17 026.5	17 661.0	18 343.8	19 010.5	19 615.6	20 239.4	20 899.5	21 414.9	22 017.4	22 397.9
	票据融资	5 092.1	4 979.2	4 814.0	5 226.0	5 415.8	5 308.8	5 537.6	5 644.3	5 718.5	5 744.4	5 721.0	5 495.2
	各项贷款余额比上月增加（亿元）	3 009.1	1 085.7	1 221.9	582.9	1 126.5	1 033.3	549.5	779.9	1 481.1	120.9	590.1	657.5
	其中：个人消费贷款	648.2	232.5	673.9	634.6	682.8	666.7	605.1	623.8	660.1	515.4	602.5	380.5
	票据融资	316.5	-112.9	-165.2	412.1	189.7	-106.9	228.7	106.8	74.2	25.9	-23.4	-225.8
	金融机构各项贷款同比增长（%）	15.7	15.4	16.0	15.9	16.2	16.1	15.9	16.1	16.4	15.6	15.5	15.5
	其中：个人消费贷款	29.4	30.0	33.6	36.7	39.5	41.0	43.2	44.6	45.5	46.2	45.7	44.8
	票据融资	65.3	64.4	54.3	54.5	46.4	33.1	28.8	29.0	24.2	17.1	16.5	15.1
外币	金融机构外币存款余额（亿美元）	561.1	571.6	563.8	559.6	547.1	559.1	552.4	550.4	560.8	594.1	622.0	644.4
	金融机构外币存款同比增长（%）	-4.6	-6.4	-14.0	-10.1	-7.8	-5.2	-3.0	-5.9	-1.7	6.5	13.3	21.1
	金融机构外币贷款余额（亿美元）	336.7	320.4	315.9	303.3	293.0	293.5	287.0	279.9	274.3	274.7	271.4	266.6
	金融机构外币贷款同比增长（%）	-28.8	-31.3	-31.6	-33.7	-36.3	-36.8	-37.3	-36.1	-32.3	-28.1	-26.4	-24.8

数据来源：中国人民银行南京分行。

表2 2001～2016年江苏省各类价格指数

单位：%

年/月	居民消费价格指数		农业生产资料价格指数		工业生产者购进价格指数		工业生产者出厂价格指数	
	当月同比	累计同比	当月同比	累计同比	当月同比	累计同比	当月同比	累计同比
2001	—	0.8	—	-3.2	—	-0.5	—	-0.9
2002	—	-0.8	—	-0.7	—	-1.4	—	-2.4
2003	—	1	—	1.9	—	6.5	—	2.3
2004	—	4.1	—	12.3	—	16.3	—	6.5
2005	—	2.1	—	6.9	—	7.6	—	2.6
2006	—	1.6	—	1.7	—	6.4	—	1.5
2007	—	4.3	—	6.9	—	5.0	—	2.6
2008	—	5.4	—	17.3	—	15.0	—	4.6
2009	—	-0.4	—	-2.4	—	-8.1	—	-4.8
2010	—	3.8	—	4.2	—	12.8	—	7.3
2011	—	5.3	—	12.6	—	8.9	—	6.2
2012	—	2.6	—	4.6	—	-4.2	—	-2.9
2013	—	2.3	—	2.4	—	-2.9	—	-2.0
2014	—	2.2	—	0.2	—	-3.0	—	-1.7
2015	—	1.7	—	-0.4	—	-7.9	—	-4.7
2015 1	1.5	1.5			-6.9	-6.9	-3.7	-3.7
2	1.8	1.6	-0.9	-0.7	-7.9	-7.4	-4.2	-4.0
3	1.7	1.7	-0.9	-0.8	-7.4	-7.4	-3.9	-3.9
4	1.8	1.7	-0.2	-0.6	-7.2	-7.4	-3.7	-3.9
5	1.4	1.7	0.0	-0.5	-7.1	-7.3	-3.8	-3.8
6	1.6	1.6	0.3	-0.4	-7.4	-7.3	-4.1	-3.9
7	1.9	1.7	0.6	-0.2	-7.9	-7.4	-4.7	-4.0
8	1.8	1.7	0.8	-0.1	-8.5	-7.5	-5.5	-4.2
9	1.3	1.6	0.4	-0.1	-8.9	-7.7	-5.6	-4.3
10	1.2	1.6	-0.7	-0.1	-8.6	-7.8	-5.7	-4.5
11	1.7	1.6	-1.6	-0.3	-8.6	-7.9	-5.6	-4.6
12	2.2	1.7	-1.7	-0.4	-8.5	-7.9	-5.6	-4.7
2016 1	2.3	2.3	-1.5	-1.5	-7.6	-7.6	-5.0	-5.0
2	2.5	2.4	-1.1	-1.3	-6.9	-7.3	-4.6	-4.8
3	2.5	2.4	-0.8	-1.1	-5.8	-6.8	-4.2	-4.6
4	2.3	2.4	-0.6	-1.0	-4.4	-6.2	-3.5	-4.3
5	2.2	2.4	-0.6	-0.9	-4.0	-5.8	-3.1	-4.1
6	2.2	2.3	0.3	-0.7	-3.9	-5.5	-3.0	-3.9
7	2.2	2.3	0.0	-0.6	-2.7	-5.1	-2.3	-3.7
8	1.9	2.3	-0.4	-0.6	-1.4	-4.6	-1.4	-3.4
9	2.3	2.3	-0.4	-0.6	-0.1	-4.1	-0.7	-3.1
10	2.6	2.3	0.2	-0.5	1.3	-3.6	0.0	-2.8
11	2.3	2.3	1.5	-0.3	4.5	-2.9	1.6	-3.4
12	2.0	2.3	2.5	-0.1	8.2	-2.0	3.9	-1.9

数据来源：《中国经济景气月报》。

表3　2016年江苏省主要经济指标

	1月	2月	3月	4月	5月	6月	7月	8月	9月	10月	11月	12月
绝对值（自年初累计）												
地区生产总值（亿元）	—	—	16509.0	—	—	36531.7	—	—	55281.5	—	—	76086.2
第一产业	—	—	533.1	—	—	1356.3	—	—	2151.1	—	—	4078.5
第二产业	—	—	7472.0	—	—	16715.8	—	—	25308.0	—	—	33855.7
第三产业	—	—	8503.9	—	—	18459.6	—	—	27822.3	—	—	38152.0
工业增加值（亿元）	—	4932.3	8008.6	10925.9	13853.3	17068.4	19983.8	22928.3	25962.5	28970.1	32129.2	35433.2
固定资产投资（亿元）	—	5940.6	10515.2	14776.4	19099.6	22452.3	26961.0	30760.5	34898.0	39904.6	44540.3	49370.9
房地产开发投资	—	1161.5	1981.5	2687.6	3527.6	4498.9	5201.3	5875.3	6686.5	7482.2	8263.7	8956.4
社会消费品零售总额（亿元）	—	—	7079.5	—	—	13883.0	—	—	20880.4	—	—	28707.1
外贸进出口总额（亿元）	2630.9	4750.7	7619.6	10431.9	13071.2	15569.7	18391.6	21482.1	24394.0	27231.3	30332.3	33629.7
进口	951.6	1733.2	2842.8	3912.8	4946.9	5838.1	6862.7	7958.4	9079.4	10120.4	11288.8	12571.4
出口	1679.3	3017.5	4776.8	6519.2	8124.3	9731.6	11528.9	13523.7	15314.6	17110.9	19043.5	21058.3
进出口差额(出口－进口)	727.7	1284.3	1934.1	2606.4	3177.5	3893.5	4666.3	5565.3	6235.2	6990.4	7754.7	8486.9
实际利用外资（亿美元）	—	51.2	77.8	92.9	108.5	144.5	154.8	164.5	181.9	195.1	214.7	245.4
地方财政收支差额（亿元）	—	131.4	-31.4	166.7	109.2	-420.6	-457.7	-784.9	-1459.6	-1293.3	-1869.6	-1868.9
地方财政收入	—	1506.4	2220.6	3133.3	3856.5	4516.0	5212.7	5632.6	6047.4	6760.4	7256.4	8121.2
地方财政支出	—	1375.0	2251.9	2966.6	3747.3	4936.6	5670.4	6417.5	7507.0	8053.7	9126.0	9990.1
城镇登记失业率(%)(季度)	—	—	—	—	—	—	—	—	—	—	—	—
同比累计增长率（%）												
地区生产总值	—	—	8.3	—	—	8.2	—	—	8.1	—	—	7.8
第一产业	—	—	2.0	—	—	0.3	—	—	0.4	—	—	0.7
第二产业	—	—	7.6	—	—	7.6	—	—	7.4	—	—	7.1
第三产业	—	—	9.4	—	—	9.4	—	—	9.5	—	—	9.2
工业增加值	—	7.5	7.7	7.6	7.7	7.8	7.9	7.9	7.8	7.8	7.8	7.7
固定资产投资	—	9.0	9.3	9.5	9.6	9.7	9.5	9.0	8.5	8.0	7.8	7.5
房地产开发投资	—	4.1	7.3	7.6	8.9	8.1	7.4	7.0	7.0	8.4	9.5	9.8
社会消费品零售总额	—	—	10.5	—	—	10.6	—	—	10.8	—	—	10.9
外贸进出口总额	-5.7	-5.9	0.5	0.8	-1.2	-3.2	-3.5	-2.2	-2.7	-2.4	-1.4	-0.7
进口	-9.5	-7.1	-4.4	-3.2	-3.3	-6.5	-7.2	-6.0	-5.5	-4.7	-3.5	-2.1
出口	-3.4	-5.2	3.6	3.5	0.1	-1.2	-1.1	0.2	-0.9	-1.0	-0.1	0.2
实际利用外资	—	-4.9	-4.9	-4.3	-4.5	0.0	-1.2	-0.7	2.1	0.8	1.8	1.1
地方财政收入	—	10.5	12.1	15.7	16.6	9.4	7.5	6.0	3.4	2.0	0.7	1.2
地方财政支出	—	26.3	19.4	16.7	17.2	16.4	14.3	13.6	13.4	8.6	8.0	3.1

数据来源：江苏省统计局、海关总署。

浙江省金融运行报告（2017）

中国人民银行杭州中心支行货币政策分析小组

[内容摘要] 2016年，面对复杂严峻的宏观形势，浙江省主动适应经济发展新常态，积极应对各种风险和挑战，经济运行呈现稳中向好态势，供给侧结构性改革稳步推进，新旧动能转换取得积极进展，全年地区生产总值比上年增长7.5%，其中服务业对地区生产总值增长的贡献率达到62.9%，居民消费者价格同比上涨1.9%。

2016年，浙江省金融运行平稳，信贷总量合理适度增长。地方政府债务置换和不良贷款处置对贷款增长影响较大，全省新增贷款5 338.2亿元，同比多增308.7亿元。融资结构继续优化，直接融资增加2 567亿元，占社会融资规模的比重为34.3%，同比上升2.1个百分点。融资成本趋于下降，一般贷款加权平均利率为5.9%，同比下降0.63个百分点。证券和保险服务实体经济能力进一步提升。信用体系、支付体系不断完善。

2017年是实施“十三五”规划的关键之年，也是供给侧结构性改革的深化之年。中国人民银行杭州中心支行将继续坚持稳中求进的工作总基调，认真贯彻稳健中性的货币政策，践行新发展理念，全面做好稳增长、促改革、调结构、惠民生、防风险各项工作，切实履行好基层央行各项职责，持续推动浙江经济金融平稳健康发展。

一、金融运行情况

2016年，浙江金融业全力服务供给侧结构性改革和经济转型升级，货币信贷和社会融资规模平稳增长，融资结构有所优化，市场利率逐步下行，证券和保险业稳健发展，金融生态环境建设扎实推进，金融改革持续深化。

（一）银行业稳健运行，货币信贷平稳增长

2016年，浙江银行业金融机构认真贯彻稳健的货币政策，努力满足实体经济合理的资金需求，金融改革持续推进。

1. 银行业资产和负债平稳增长。2016年，浙江省银行业金融机构资产和负债总额同比分别增长11.71%和11.68%，增幅同比分别回落1.1个百分点和1.3个百分点。

2. 存款同比多增，非银行业金融机构存款下降。2016年年末，浙江省金融机构本外币各项存款余额99 530.3亿元，同比增长10.2%，增速与上年持平（见图1）。全年新增存款9 228.7亿元，

表1　2016年浙江省银行业金融机构情况

机构类别	营业网点			法人机构（个）
	机构个数（个）	从业人数（人）	资产总额（亿元）	
一、大型商业银行	3 897	95 514	44 763.39	0
二、国家开发银行和政策性银行	61	1 953	7 230.89	0
三、股份制商业银行	1 131	34 377	24 683.44	0
四、城市商业银行	1 511	43 723	27 127.34	13
五、城市信用社				
六、小型农村金融机构	4 236	51 338	21 175.61	82
七、财务公司	1	277	955.83	7
八、信托公司	0	965	223.44	5
九、邮政储蓄银行	1 741	9 215	3 446.46	0
十、外资银行	28	761	484.34	0
十一、新型农村金融机构	228	5 699	867.57	81
十二、其他	6	758	1 445.15	5
合　计	12 840	244 580	132 403.46	193

注：营业网点不包括国家开发银行和政策性银行、大型商业银行、股份制商业银行等金融机构总部数据；大型商业银行包括中国工商银行、中国农业银行、中国银行、中国建设银行和交通银行；小型农村金融机构包括农村商业银行、农村合作银行和农村信用社；新型农村金融机构包括村镇银行、贷款公司、农村资金互助社和小额贷款公司；“其他”包含金融租赁公司、汽车金融公司、货币经纪公司、消费金融公司等。

数据来源：中国人民银行杭州中心支行、浙江银监局。

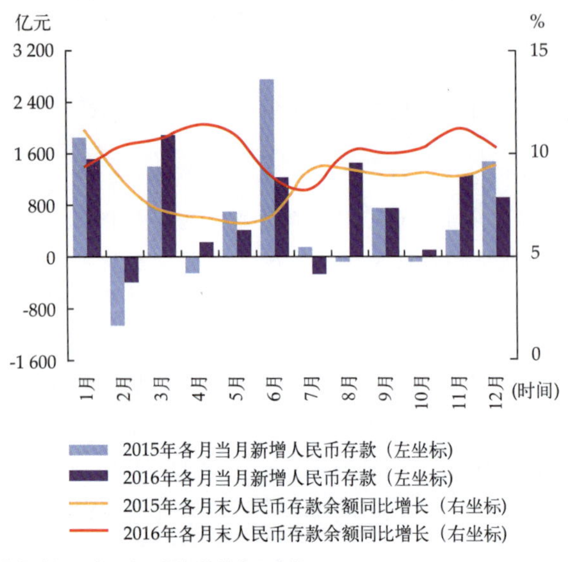

数据来源：中国人民银行杭州中心支行。

图1　2015～2016年浙江省金融机构人民币存款增长变化

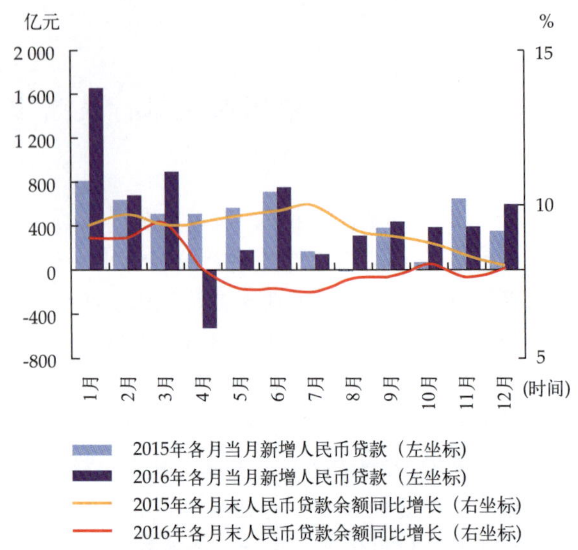

数据来源：中国人民银行杭州中心支行。

图2　2015～2016年浙江省金融机构人民币贷款增长变化

同比多增524亿元，其中，住户、企业和政府存款均保持增长，非银行业金融机构存款下降。住户存款较年初新增3 967.7亿元，同比多增1 510.3亿元；企业存款新增3 239.2亿元，同比多增1 212.9亿元；政府存款新增2 173.2亿元，同比多增968.8亿元；非银行业金融机构存款较年初减少206.4亿元，而上年为增加2 995.7亿元。

3. 贷款增势平稳，投向相对集中。2016年年末，浙江省本外币贷款余额81 804.5亿元，同比增长7%（见图2）；新增贷款53 38.2亿元，同比多增380.7亿元。信贷投向主要集中于房地产和基础设施领域，其中：个人住房贷款新增3 632.2亿元；基础设施相关行业贷款[①]新增809.2亿元；制造业贷款受不良贷款处置影响较大，比年初下降1 519.1亿元。

2016年，中国人民银行杭州中心支行组织开展“金融服务供给侧结构性改革年”活动，综合运用多种政策工具引导信贷结构优化，全省共发放再贷款、再贴现147.7亿元，支持了89家金融机构，惠及农户及小微企业6.7万余家。2016年年末，全省小微企业贷款余额20 362.9亿元，占全部

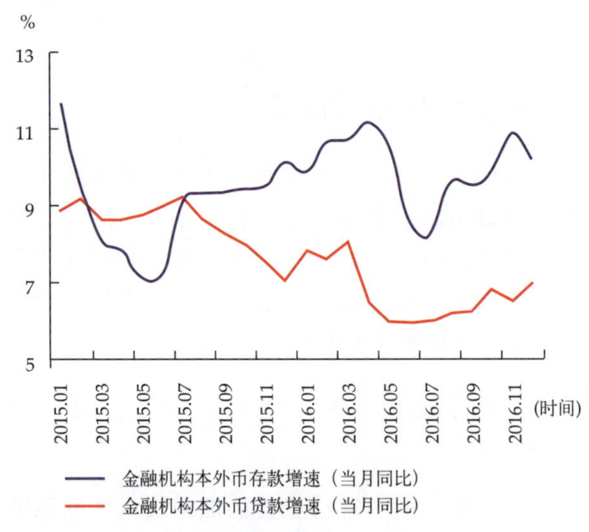

数据来源：中国人民银行杭州中心支行。

图3　2015～2016年浙江省金融机构本外币存、贷款增速变化

企业贷款余额的42.1%，同比提高1.5个百分点。农村“两权”[②]抵押贷款试点地区的农房抵押贷款余额达92.2亿元，同比增长22.5%，占到全国

① 基础设施主要涉及三个行业：电力、热力、燃气及水生产和供应业，交通运输、仓储和邮政业，水利、环境和公共设施管理业。
② “两权”指农村承包土地经营权和农民住房财产权。

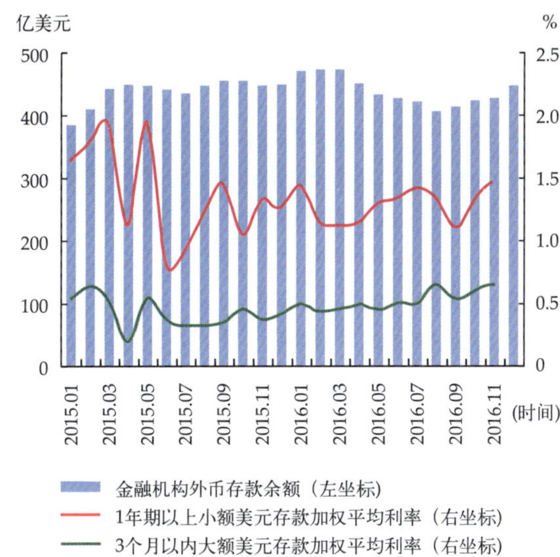

数据来源：中国人民银行杭州中心支行。

图4 2015～2016年浙江省金融机构外币存款余额及外币存款利率

的40%左右；农地经营权抵押贷款余额8亿元，是上年同期的2.4倍。专利权质押贷款余额达12.1亿元，同比增长40.5%。

4. 贷款利率趋降，利率市场化改革成效显现。中国人民银行杭州中心支行认真贯彻降成本工作部署，充分发挥利率定价自律机制作用，指导金融机构合理利率定价。2016年，全省一般贷款加权平均利率为5.9%，同比下降0.63个百分点；全省民间借贷监测利率为17.9%，同比下降1.6个百分点。

2016年，全省地方法人金融机构大额存单和同业存单发行量分别为11 505亿元和896亿元。存单产品发行有效提升了地方中小法人金融机构的主动负债、流动性管理及市场化定价能力，一些地方法人金融机构将存单产品与小微金融产品紧密对接，有效提升了金融支持实体经济的能力。

5. 银行业改革持续深化，金融服务体系进一步完善。农业银行“三农金融事业部”改革试点稳步推进，邮储银行改革持续深化。浙江网商银行和温州民商银行努力探索民营银行发展新模式，经营总体稳健。全省已有45家农信社改制为农村商业银行，村镇银行基本实现县域全覆盖。光大金瓯资产管理有限公司取得参与浙江省范围内不良资产批量转让资质，浙商资产管理有限公司业务规模快速增长。

表2 2016年浙江省金融机构人民币贷款各利率区间占比

单位：%

月份		1月	2月	3月	4月	5月	6月
合计		100.0	100.0	100.0	100.0	100.0	100.0
下浮		6.1	8.0	6.8	7.9	8.0	7.9
基准		12.6	11.6	11.6	11.5	11.2	12.6
上浮	小计	81.2	80.4	81.6	80.6	80.8	79.4
	(1.0，1.1]	16.9	20.2	16.5	13.4	13.0	14.7
	(1.1，1.3]	28.2	26.3	27.6	30.5	31.2	30.6
	(1.3，1.5]	13.3	11.9	13.4	13.6	13.6	12.2
	(1.5，2.0]	14.1	12.6	14.3	13.6	13.0	13.0
	2.0以上	8.8	9.4	9.7	9.5	10.0	8.9
月份		7月	8月	9月	10月	11月	12月
合计		100.0	100.0	100.0	100.0	100.0	100.0
下浮		7.4	8.7	9.2	9.9	11.9	14.6
基准		10.9	9.9	12.1	11.1	11.2	15.5
上浮	小计	81.7	81.4	78.6	79.0	76.9	69.9
	(1.0，1.1]	15.2	14.7	15.6	14.3	15.7	16.5
	(1.1，1.3]	29.2	30.6	28.2	28.2	27.4	24.9
	(1.3，1.5]	14.1	13.8	13.3	13.1	12.8	10.5
	(1.5，2.0]	13.2	12.9	12.3	12.9	11.7	10.3
	2.0以上	10.0	9.4	9.3	10.5	9.3	7.6

数据来源：中国人民银行杭州中心支行。

6. 银行业资产质量企稳，不良资产处置力度加大。2016年，浙江省银行业不良贷款五年来首次实现“双降”，年末不良贷款余额1 776.9亿元，比年初减少31.6亿元；不良贷款率为2.2%，比年初下降0.2个百分点；关注类贷款比例为4.3%，比年初下降0.11个百分点。全年共处置不良贷款2 283.4亿元，同比增加16%。

7. 跨境人民币业务稳步发展。2016年，浙江省跨境人民币业务量6 561.5亿元，继续保持全国第四位，全年开展跨境人民币结算企业累计达2.9万余家，比上年增加3 000家，业务参与面不断扩大。推动6家银行与7家第三方支付公司开展业务合作，全年办理电子商务跨境人民币结算业务151亿元，是上年的3.6倍；为77家跨国企业办理跨境人民币双向资金备案，可跨境融入资金规模达2 500亿元。

专栏1　浙江省积极探索农村“两权”抵押贷款特色模式

2016年，中国人民银行杭州中心支行积极加强与省级相关部门的沟通合作，着力推动浙江农村“两权”抵押贷款试点工作。目前，省内各地因地制宜、主动探索，形成了农村“两权”抵押贷款试点的一系列特色做法。

特色一：海盐县创新细化试点工作规范

为推动和便利更多金融机构开展农地经营权抵押贷款业务，按照可推广、可复制的要求，海盐县一是制定《农村承包土地的经营权抵押贷款管理规范》地方标准，明确了从贷款申请到贷款归还的全流程操作。二是制定《农村土地承包经营权流转管理规范》地方标准，对土地流转条件、方式、程序等进行明确和细化，并对土地流转纠纷提出民间协商、乡村调解、县级仲裁、司法诉讼等多种解决途径。三是制定《农村土地承包经营权流转风险保障金管理规范》，对风险保障金资金来源、使用范围、使用标准和程序，以及资金管理监督作出明确规定。

特色二：青田县农房确权颁证“五同步模式”

青田县创新推出“五同步”发证模式，全面提升确权颁证效率。一是聘请第三方机构全面开展数字地籍调查和农房面积测绘，并建立了电子数据库。当农民申请贷款办证时，可同步从数据库中调出相应数据为农民颁证。二是制定了《青田县实施浙江省违法建筑处置规定细则（暂行）》，明确违法建筑的认定标准和处置规定，由国土、建设部门同步进行处置。三是违法建筑被执法机关处罚后，国土和建设部门同步按相关规定给予办理审批手续。四是明确各乡镇把宅基地、房屋发证过程中出现的历史遗留、政策等问题同步进行梳理,并提出具体解决方案。五是农村宅基地使用权和房屋所有权登记发证同步办理。

特色三：乐清市高效推进农房抵押物处置

乐清市在保障农户基本住房权利的前提下，不断完善农房抵押物处置机制。一是扩大受让对象范围。出台《乐清市抵押农房司法处置暂行规定》，明确对进入执行程序的农房在不改变房屋的农村集体建设用地、宅基地性质的前提下，由本市农业户口人员受让。二是创新处置方式和程序。当发生不良贷款后，金融机构积极采取平移、转贷、展期、债务重组、减额续贷等内部化解手段。当内部手段无法化解后，采取司法诉讼方式进行催收，对到期无法偿还的农房抵押物通过淘宝网等网络平台进行司法拍卖。三是保障农民居住权益。当贷款出现风险时，严格按照“先安置、后处置”的原则进行处置，切实保障农户基本住房权益。

（二）证券业平稳发展，企业上市稳步推进

2016年，浙江省多层次资本市场稳步发展，公司并购重组活跃，企业上市稳步推进，证券经营机构业务规模下降。

1. 多层次资本市场建设持续推进。2016年年末，浙江股权交易中心挂牌企业3 859家，比上年增加697家；新三板挂牌企业903家，比上年增加492家。公司并购重组活跃，2010年至2016年，并购数量从139次增加到375次，并购金额从100.5亿元增加到1 615.9亿元，年均分别增长22%和74.3%。

2. 企业上市稳步推进。2016年年末，浙江省共有境内上市公司329家，比上年新增30家，其中，中小板上市公司、创业板上市公司分别为131家、60家，分别占全国同类上市公司家数的15.9%、10.5%。2016年，浙江省境内上市公司在资本市场合计融资2 302.6亿元（见表3），同比增长1.2倍。

3. 证券经营机构业务规模有所下降。2016年年末，浙江省共有法人证券公司5家，证券公司分公司61家，证券营业部842家；期货公司12家，期货营业部181家（见表3）。2016年，全省法人证券公司营业收入57.2亿元，同比下降44.0%。证券经营机构代理交易额38.1万亿元，同比下降39.4%。期货经营机构代理交易额42.1万亿元，同比下降67.9%。

表3　2016年浙江省证券业基本情况

项目	数量
总部设在辖内的证券公司数（家）	5
总部设在辖内的基金公司数（家）	2
总部设在辖内的期货公司数（家）	12
年末国内上市公司数（家）	329
当年国内股票（A股）筹资（亿元）	2 303
当年发行H股筹资（亿元）	
当年国内债券筹资（亿元）	4 049
其中：短期融资券筹资额（亿元）	409
中期票据筹资额（亿元）	319

注：当年国内股票（A股）筹资额是指非金融企业境内股票融资；债券筹资额为扣除到期兑付额的余额增量。

数据来源：中国人民银行杭州中心支行、浙江证监局。

（三）保险业稳步增长，服务民生功能增强

2016年，浙江保险业持续发展，承保业务增长较快，险种结构稳步改善，保险服务民生功能不断增强。

1. 市场体系不断完善。2016年，浙江省各类保险机构3 805家，专业中介机构228家，兼业代理机构4 226家，保险销售从业人员30万人。全年新增各类保险机构102家。保险公司资产总额4 548.6亿元，较年初增加1 477.6亿元。

2. 各项保险业务平稳增长。2016年，浙江省保险业共实现原保险保费收入1 784.9亿元，同比增长24.4%，其中，财产险保费收入和人身险保费收入同比分别增长7.7%和38%。保险业赔付支出633.2亿元（见表4），同比增长13.3%，其中，财产险和人身险赔付支出分别同比增长9.1%和22.3%。

3. 保险服务领域稳步拓宽。2016年，浙江省保险业积极支持实体经济发展，全年责任险保费收入20.9亿元，同比增长58.2%，提供了6.6万亿元保障。在“增品、降费、提标、扩面”各个环节均加大了农业保险惠农力度。大力发展大病保险，目前全省商业保险机构承办的大病保险项目已覆盖近八成县（市、区）2 700余万名群众。探索“三权”抵押贷款、建筑履约保证保险等新模式，小额贷款保证保险已累计帮助辖区近3.5万家小微企业获得贷款155.9亿元。

表4　2016年浙江省保险业基本情况

项目	数量
总部设在辖内的保险公司数（家）	7
其中：财产险经营主体（家）	5
人身险经营主体（家）	2
保险公司分支机构（家）	3 798
其中：财产险公司分支机构（家）	2 210
人身险公司分支机构（家）	1 588
保费收入（中外资，亿元）	1 784.9
其中：财产险保费收入（中外资，亿元）	696.6
人身险保费收入（中外资，亿元）	1 088.3
各类赔款给付（中外资，亿元）	633.2
保险密度（元/人）	3 207.6
保险深度（%）	3.8

数据来源：浙江保监局。

（四）社会融资规模结构优化，金融市场运行平稳

1. 社会融资规模适度增长，直接融资占比持续上升。2016年，浙江省社会融资规模新增7 485.4亿元，同比多增1 193.9亿元，扭转了连续五年少增态势。从结构看，各项贷款增量占比下降8个百分点至68.1%；委托和信托贷款等表外间接融资新增量占比上升13.8个百分点至17.3%；未贴现的银行承兑汇票减少1 843.3亿元；直接融资（含债券和股票）增加2 567亿元，占比上升2.1个百分点至34.3%，其中发行企业债务融资工具2 076.8亿元（见图5）。

2. 银行间市场交易量快速增长。省内金融机构在银行间市场现券交易量和债券回购交易额分别较上年增长52%和1.5倍。全省银行间市场成员拆借交易量同比增长76%。从市场利率看，现券交易加权平均到期收益率3.22%，同比降低0.6个百分点；债券回购加权平均利率2.13%，同比降低

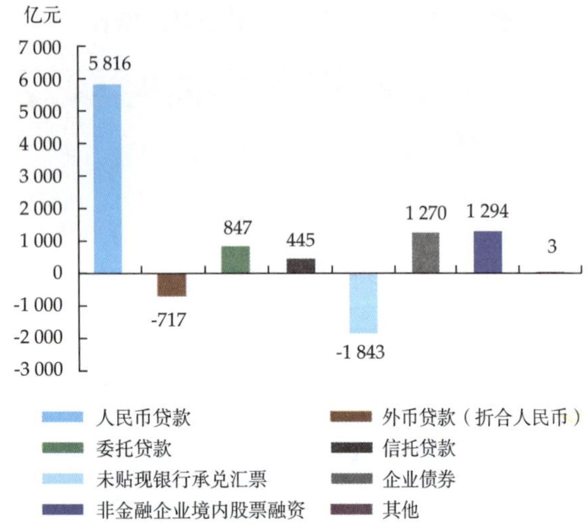

数据来源：中国人民银行杭州中心支行。

图5　2016年浙江省社会融资规模分布结构

0.13个百分点；同业拆借市场利率在8月后逐步上升，至12月达2.43%。

3. 银行承兑汇票签发量同比减少，票据贴现大幅增长。受票据业务监管加强和实体经济需求放缓等因素影响，2016年年末，全省银行承兑汇票余额8 202亿元，同比下降10.6%。票据贴现业务大幅增长，2016年年末，全省金融机构票据贴现余额3 731亿元（见表5），同比增长25.8%。由于市场流动性总体充裕，货币市场利率基本稳定，票据利率总体处于低位。

4. 外汇交易平稳增长，黄金交投活跃。2016年，国际外汇市场波动加剧，人民币双向波动成为常态，全年浙江省市场成员外汇即期交易3 663.1亿美元；外汇衍生产品交易5 392亿美元，同比减少11.2%。黄金交易持续活跃，2016年浙江省共有4家上海黄金交易所成员企业，宁波银行为上海黄金交易所黄金询价做市商，全省金融机构在上海黄金交易所自营和代理黄金交易分别同比增长478%和增长122%。

（五）信用体系建设成效明显，金融基础设施不断完善

1. 征信体系建设成效明显。截至2016年年末，全省共有3 704万个自然人和142万户企业及其他经济组织纳入了全国统一的征信系统。开通征信查询用户约4万个，金融机构月均查询量近400万笔。多元化的征信市场格局逐渐形成，全省有6家企业征信机构，创新推出个性化的征信产品和服务，1家个人征信机构正有序开展个人征信业务准备。

2. 农村和小微企业信用体系建设工程全面深化。截至2016年年末，全省累计为966万户农户建立了信用档案，获得信贷支持的农户覆盖面达43%；以试验区为抓手全面推进小微企业信用体系建设，通过应收账款融资服务平台为企业提供融资超2 500亿元。积极参与地方信用体系建设，中国人民银行杭州中心支行与11个政府相关部门开展合作，推进信用信息共享和联合惩戒。

3. 支付清算基础设施不断完善。2016年，全省各类支付清算系统共处理业务7.6亿笔、金额349.1万亿元，同比分别增长26.7%和7.9%。城乡支付服务环境不断优化，G20杭州峰会支付服务保障有力，农村支付环境建设持续优化，农村地区电子支付实现普及应用，嘉兴、衢州市试点“智慧支付”工程，银行卡、电子支付在民生领域的应用进一步推进。

表5　2016年浙江省金融机构票据业务量统计

单位：亿元

季度	银行承兑汇票承兑		贴现			
			银行承兑汇票		商业承兑汇票	
	余额	累计发生额	余额	累计发生额	余额	累计发生额
1	8 997	3 947.87	3 466	44 388.11	268.9	3 627.74
2	8 355	3 971.33	3 835	26 420.59	227.6	2 032.34
3	8 196	3 622.22	3 937	17 489.25	231.8	1 732.41
4	8 202	3 825.38	3 731	13 500.77	231.1	1 514.88

注：累计发生额为当季累计。

数据来源：中国人民银行杭州中心支行。

表6　2016年浙江省金融机构票据贴现、转贴现利率

单位：%

季度	贴现		转贴现	
	银行承兑汇票	商业承兑汇票	票据买断	票据回购
1	3.45	4.60	3.46	3.13
2	3.30	4.47	3.02	2.95
3	2.97	4.28	2.84	2.84
4	3.20	4.58	3.08	3.14

数据来源：中国人民银行杭州中心支行。

二、经济运行情况

2016年，浙江经济运行稳中向好，产业结构继续优化，第三产业比重提高，新旧动能转换取得积极进展。全年实现地区生产总值46 484.9亿元，比上年增长7.5%（见图6）；人均地区生产总值83 538元，比上年增长6.7%。

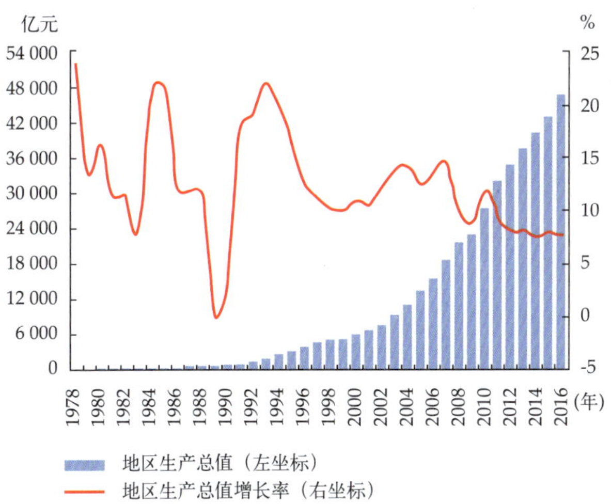

数据来源：浙江省统计局。

图6　1978～2016年浙江省地区生产总值及其增长率

（一）三大需求总体平稳

2016年，浙江投资增长平稳，消费升级持续推进，出口小幅下降。

1. 投资平稳增长，结构有所优化。2016年，浙江省聚焦重大产业项目、重大基础设施、高新技术产业、环境保护治理等重点领域，积极鼓励民间资本进入基础设施和公共服务领域，投资总体保持较快增长，全年固定资产投资29 571亿元，比上年增长10.9%（见图7）。

信息技术和物联网产业、新能源汽车等战略性新兴产业投资增长较快，分别增长32%和29.9%；高污染、高耗能行业投资明显下降，化纤、造纸、有色金属等行业投资分别下降21.6%、11.2%和8%。全年基础设施民间投资占全部民间投资比重为10%，同比提高0.3个百分点。

2. 消费稳步增长，消费升级持续推进。2016年，浙江省社会消费品零售总额为21 970亿元，比

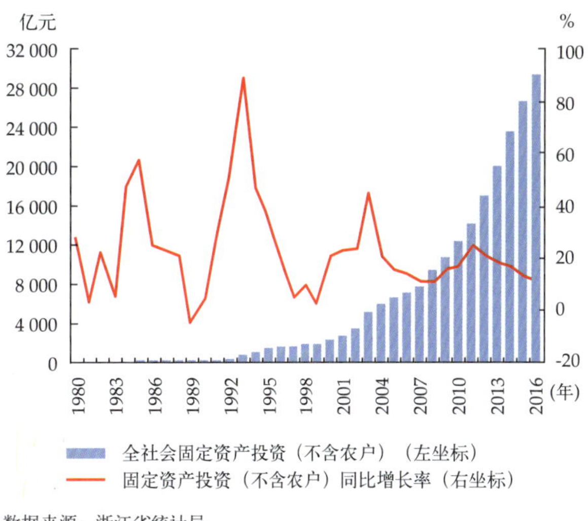

数据来源：浙江省统计局。

图7　1980～2016年浙江省固定资产投资（不含农户）及其增长率

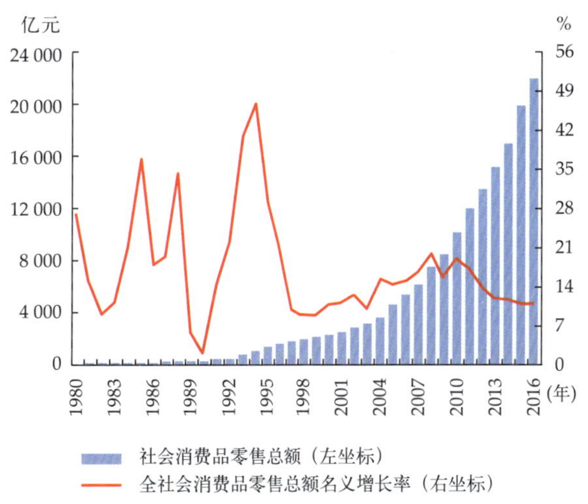

数据来源：浙江省统计局。

图8　1980～2016年浙江省社会消费品零售总额及其增长率

上年增长11%（见图8）。乡村旅游和农村电子商务蓬勃发展，带动乡村消费品零售额增长13%，占比逐年提升。消费升级和改善类商品零售增长较快，文化办公用品、纺织类和日用品类零售额分别增长32.6%、16.7%和13.7%。

3. 出口小幅下降，对外直接投资超过外商直接投资。2016年，浙江省出口2 678.6亿美元，下降3.1%，进口686.4亿美元，下降2.6%（见图9）。进出口顺差1 992.3亿美元，居全国第2位。

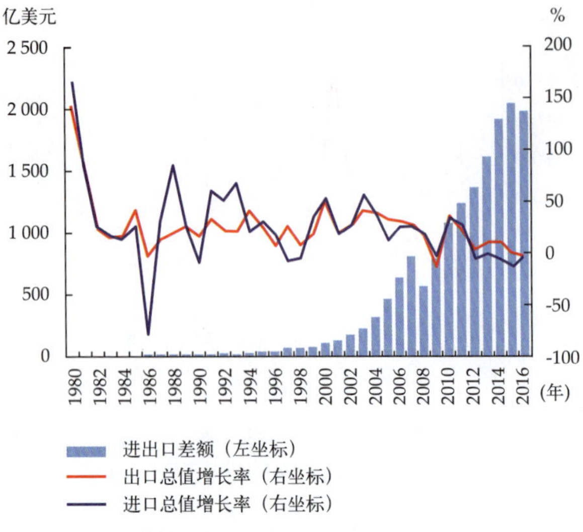

数据来源：浙江省统计局。

图9　1980～2016年浙江省外贸进出口变动情况

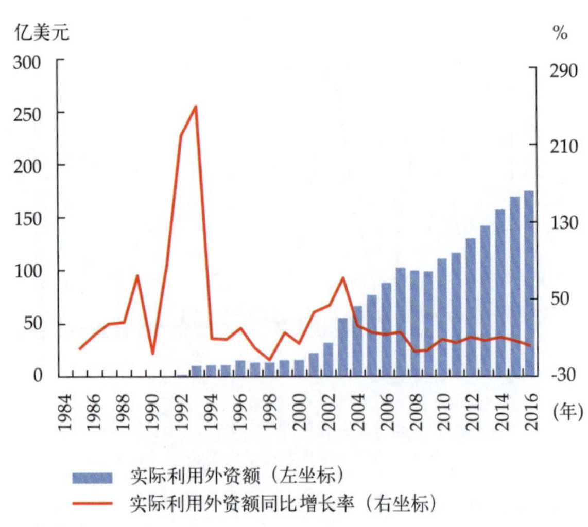

数据来源：浙江省统计局。

图10　1984～2016年浙江省实际利用外资额及其增长率

2016年，浙江省对外直接投资125亿美元，同比增长76.7%，对外直接投资超过外商直接投资30亿美元。

（二）产业结构持续优化

2016年，浙江省三次产业结构由上年的4.2：46：49.8调整为4.2：44.2：51.6，三产比重首次超过50%，产业结构继续优化。

1. 农林牧渔业平稳发展，效益农业发展势头良好。2016年，浙江省围绕生态农业强省、特色精品农业大省的建设目标，构建高产、优质、高效、生态、安全的现代农业发展体系，农林牧渔业增加值增速提升，比上年增长2.8%，粮食播种面积1 256公顷，产量总体稳定。中药材、花卉苗木、蔬菜等效益农业保持较好发展态势，播种面积分别同比增长13.4%、9.9%和3%。

2. 工业经济平稳向好，新产业、新动能加快形成。2016年，浙江省实现工业增加值14 008.8亿元，比上年增长6.2%（见图11）。装备制造业、高新技术产业、战略性新兴产业增加值比重分别比上年提高2个百分点、2个百分点、1.5个百分点。八大高耗能产业增加值比重比上年下降0.9个百分点①。全年有400余家新建规模以上工业企业相继投产，对工业增长的贡献率达10.2%。

3. 服务业保持快速增长。2016年，浙江省服务业增加值24 001亿元，比上年增长9.4%，占地区生产总值比重为51.6%，对地区生产总值增长贡献率达到62.9%。重点服务行业发展趋势良好，信息传输、软件和信息技术服务业营业收入比上年

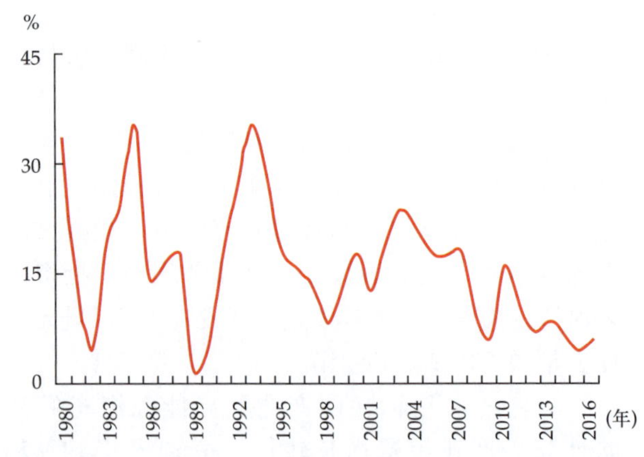

数据来源：浙江省统计局。

图11　1980～2016年浙江省规模以上工业增加值同比增长率

①八大高耗能行业为纺织业，造纸及纸质品业，石油化工、炼焦及核燃料加工业，化学原料及化学制品制造业，化学纤维制造业，非金属矿物制品，黑色金属冶炼及压延加工业，电力、热力的生产和供应业。

增长34.4%，对规模以上服务业营业收入的增长贡献率达到59.6%。

4. 供给侧结构性改革初见成效。2016年，浙江省淘汰落后和严重过剩产能企业2 000余家，处置“僵尸企业”555家，整治“脏乱差、低小散”企业3万多家；2016年年末，新建商品房库存去化周期为11.7个月，比年初减少10.5个月；规模以上工业企业资产负债率56%，同比下降1.8个百分点；全年共降低企业各类负担和成本1 200亿元；低收入农户人均可支配收入增长19%左右，规模以上工业单位工业增加值能耗下降3.7%，环境治理和治水力度全面强化。

（三）价格水平保持稳定

2016年，浙江省居民消费价格总体稳定，工业生产者价格有所回升，劳动者报酬持续提高。

1. 居民消费价格温和上涨。2016年，浙江省居民消费价格上涨1.9%（见图12），涨幅同比回升0.5个百分点。八大类消费价格同比七涨一跌，食品、烟酒、教育文化和娱乐类价格涨幅较大，交通和通信类价格持续下降。

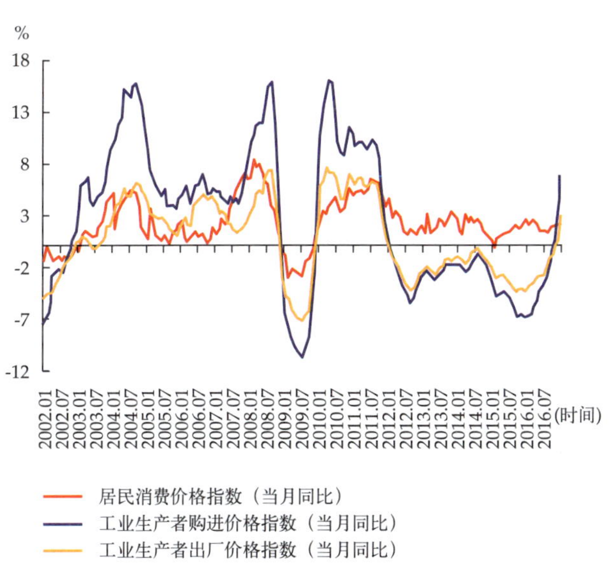

数据来源：浙江省统计局。

图12　2002～2016年浙江省居民消费价格和生产者价格变动趋势

2. 生产者价格降幅收窄。2016年，浙江省工业品出厂价格和原材料购进价格同比分别下降1.7%和2.2%，降幅比上年分别收窄1.9个百分点和3.3个百分点（见图12）。

3. 劳动者报酬稳步提高。2016年，全省居民人均可支配收入为38 529元，同比增长8.4%，扣除价格因素增长6.4%。

（四）财政收入持续增长

2016年，浙江省公共预算收入5 301.8亿元，同比增长9.8%。税收收入占公共预算收入比重为85.6%，继续保持较高水平。其中，服务业快速发展和商品房销售火热，带动增值税[①]同比增长14.4%；企业所得税和个人所得税分别同比增长6.4%和19.3%。据测算，2016年浙江省“营改增”累计减税362.7亿元。

2016年，浙江省公共预算支出6 976.3亿元，同比增长4.8%（见图13）。公共服务供给能力有效提升，其中：教育、城乡社区和农林水重点保障支出占比分别为18.6%、11.3%和10.4%；公共安全、社会保障和就业、住房保障等项目推进明显，分别增长22.4%、16.5%和8.5%。

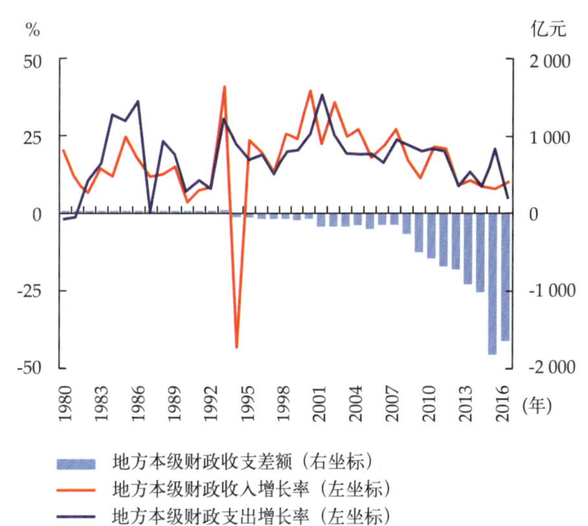

数据来源：浙江省统计局。

图13　1980～2016年浙江省财政收支状况

①2016年5月1日，营业税改征增值税进一步扩围，建筑业、房地产业、金融业和生活服务业纳入试点范围。

（五）房地产市场总体平稳

2016年，浙江省房地产市场成交活跃，成交价格稳中有升，随着调控力度的加大，部分热点城市房地产市场回归理性。

1. 房地产开发投资有所回升，保障房建设稳步推进。全年完成房地产开发投资7 469亿元，同比增长5%。其中，住宅完成投资、房地产开发购置土地、新开工面积和房屋竣工面积分别增长8%、28.7%、11.5%和34.5%。新开工保障性安居工程住房23.6万套，同比上升9.7%。完成保障房开发投资1 017亿元，同比上升13.3%。

2. 新建商品住房成交量明显上升。2016年，浙江省新建商品住房销售面积8 636.8万平方米，同比上升44.3%，销售金额9 605亿元，同比增长52.5%（见图14）。省内11个房价重点监测城市中，有10个城市新建商品住宅销售面积的同比增速为正，且增幅较大。杭州、宁波、温州全市新建商品住房分别成交170 307套、91 145套、53 051套，同比分别增长39.2%、43.3%和53.1%。

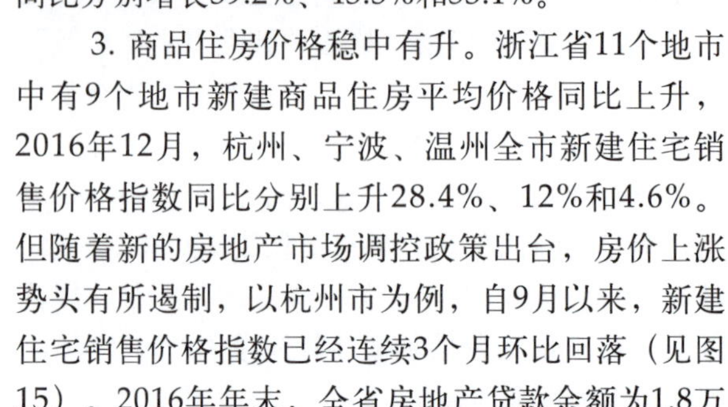

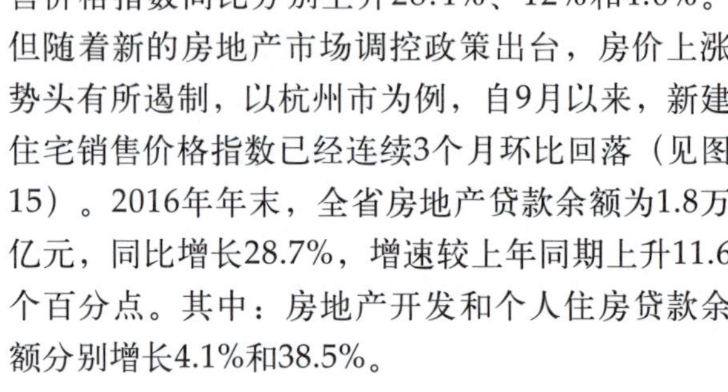

3. 商品住房价格稳中有升。浙江省11个地市中有9个地市新建商品住房平均价格同比上升，2016年12月，杭州、宁波、温州全市新建住宅销售价格指数同比分别上升28.4%、12%和4.6%。但随着新的房地产市场调控政策出台，房价上涨势头有所遏制，以杭州市为例，自9月以来，新建住宅销售价格指数已经连续3个月环比回落（见图15）。2016年年末，全省房地产贷款余额为1.8万亿元，同比增长28.7%，增速较上年同期上升11.6个百分点。其中：房地产开发和个人住房贷款余额分别增长4.1%和38.5%。

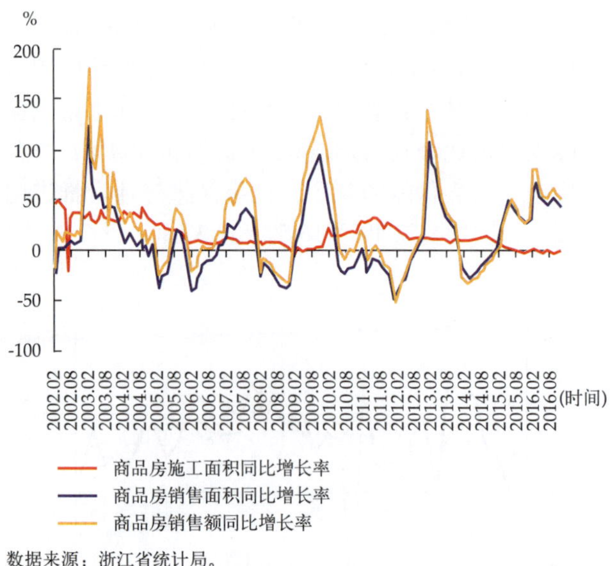

数据来源：浙江省统计局。

图14 2002～2016年浙江省商品房施工和销售变动趋势

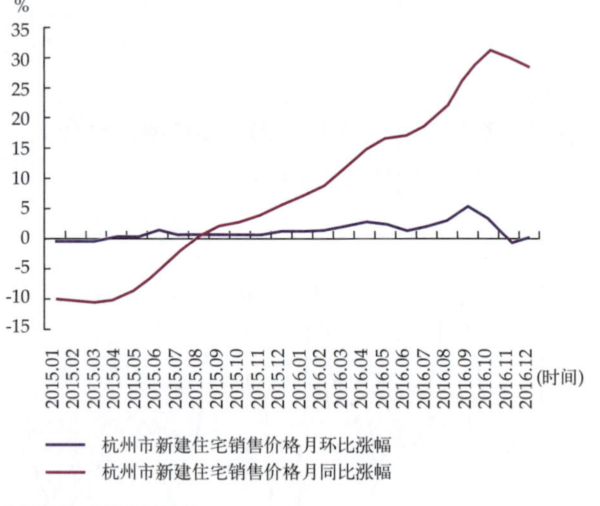

数据来源：浙江省统计局。

图15 2015～2016年杭州市新建住宅销售价格变动趋势

专栏2 贯彻实施宏观审慎管理，引导金融更好地服务实体经济

按照中国人民银行统一部署，从2016年第一季度开始，中国人民银行杭州中心支行按季对辖内地方法人金融机构组织开展宏观审慎评估，出台了《浙江省宏观审慎评估操作指引》，引导金融机构提升稳健经营意识，优化资金投向结构，提升服务实体经济的能力和效率，取得了积极成效。

从总体情况看，金融机构认真领会宏观审慎政策精神，积极调整资产配置，努力改善评估结果。2016年第四季度，全省167家参评的地方法人金融机构中，有150家、近90%的地方法人金融机构评估结果在B及以上。评估结果为A的金融机构较第一季度增加14家，评估结果为C的金融机构较第一季度减少10家。

宏观审慎评估的导向效果逐步显现：金融机构经营稳健性提高，金融支持实体经济的力度增强。2016年，全省地方法人金融机构广义信贷增速从第一季度的24.5%下降至第四季度的20%。其中，债券投资（主要投向国债和金融机构债券）增速从43%下降至28.4%，股权投资（主要投向银行理财产品、资金信托、资管计划）增速从118%下降至47.5%。与此同时，2016年，全省地方法人金融机构人民币贷款增速从第一季度的12.3%上升至第四季度的13.1%。

三、预测与展望

2017年，国内外经济金融环境依然复杂多变，不确定因素较多。从国际环境看，世界经济缓慢复苏，美联储加息和贸易保护主义的外溢效应不容低估；从国内看，经济下行压力依然较大，结构性产能过剩仍较严重，实体经济经营环境仍然偏紧。

浙江省正处于新旧动能转换和转型升级的关键期，经济运行中的消极因素和积极因素相互交织。一方面，经济下行压力依然存在，淘汰落后和过剩产能进程尚未结束，传统制造业等领域投资需求不足仍较明显，部分地区企业资金链、担保链风险尚未根本缓解，金融生态环境有待修复。但另一方面，浙江省新旧动能转换稳步推进，新经济、新业态发展势头良好，创业创新氛围日益浓厚，部分风险先发地区如温州、台州等，需求出现回升迹象。总体判断，浙江经济最困难的阶段已经过去，实体经济有望出现趋势性拐点，预计2017年浙江经济增速保持在7%以上。

2017年，中国人民银行杭州中心支行将全面贯彻党的十八大和十八届三中、四中、五中、六中全会及中央经济工作会议精神，认真落实中国人民银行工作会议部署，切实执行好稳健中性的货币政策，坚持总量稳定、结构优化的政策取向，综合运用宏观审慎评估、再贴现和再贷款、信贷政策导向效果评估等政策工具，引导金融机构合理把握信贷总量与节奏，用好增量，盘活存量，优化信贷结构，着力加强对经济薄弱环节和重点领域的金融支持，促进金融与科技创新的融合，推动金融业在体制机制、服务方式、金融产品等各个层次的创新，有效防范金融风险，为浙江经济健康发展创造稳定的货币金融环境。

中国人民银行杭州中心支行货币政策分析小组

总　纂：殷兴山　方志敏

统　稿：楼　航　徐　宏　施　韬　周永涛

执　笔：周永涛　王　瑜　周　能　吕芙蓉　胡虎肇　翁　磊　王　甲　周　昂　朱培金　郭舒萍　陈　梁　杜国庆　张晓霞　周宇晨　陈　敏　陈楠希

提供材料的还有：汪正红　吕扬建　吴　翔

附录

（一）2016年浙江省经济金融大事记

1月12日，浙江省政府正式发布《中国制造2025浙江行动纲要》，为浙江制造业下一个10年的发展指明了道路。

4月19日，中国人民银行杭州中心支行印发《关于金融支持浙江省供给侧结构性改革的实施意见》（杭银发〔2016〕77号），在全省金融系统开展"金融服务供给侧结构性改革年"主题活动。

4月24日，由中国金融论坛和杭州市政府联合主办，浙江省金融学会承办的"中国金融论坛·2016钱塘峰会"在杭州举办，会议主题为"谋划国家十三五金融改革、探索现代金融体系建设新路径"。

8月5日，中国人民银行杭州中心支行与浙江省高级人民法院正式签订《关于共同推动供给侧结构性改革 防范金融风险的合作框架》，共同推动企业破产制度在浙江的顺利实施。

8月26日，中国人民银行杭州中心支行印发《关于全力做好当前小微企业金融服务工作的通知》（杭银发〔2016〕176号），从加大信贷投入、降低融资成本、缓解抵押担保难、改进信贷机制等七个方面，提出"19条措施"。

8月31日，中国（浙江）舟山自由贸易试验区正式获批，全国自贸试验区已达11个。

9月4日至5日，二十国集团领导人第十一次峰会在杭州举行，峰会主题为"构建创新、活力、联动、包容的世界经济"。

11月16日至18日，第三届世界互联网大会在桐乡乌镇举行，主题为"创新驱动·造福人类——携手共建网络空间命运共同体"，中国人民银行杭州中心支行协助举办普惠金融分论坛。

12月26日，浙江省政府举行钱塘江金融港湾建设推进大会，会上发布了钱塘江金融港湾发展规划及配套政策。

（二）2016年浙江省主要经济金融指标

表1　2016年浙江省主要存贷款指标

		1月	2月	3月	4月	5月	6月	7月	8月	9月	10月	11月	12月
本外币	金融机构各项存款余额（亿元）	91 997.6	91 599.3	93 431.0	93 524.0	93 849.8	95 066.0	94 761.8	96 119.6	96 899.6	97 112.9	98 461.7	99 530.3
	其中：住户存款	36 033.2	36 954.8	37 034.7	36 605.1	36 598.6	37 170.3	37 006.2	37 402.5	38 199.5	37 768.7	38 241.9	38 755.1
	非金融企业存款	31 772.3	30 587.2	32 287.6	32 291.1	32 174.6	32 799.1	32 072.2	32 991.9	33 019.5	33 029.5	34 097.6	34 561.8
	各项存款余额比上月增加（亿元）	1 696.0	-398.3	1 831.7	93.1	325.8	1 216.2	-304.2	1 357.9	779.9	213.3	1 348.8	1 068.6
	金融机构各项存款同比增长（%）	9.9	10.7	10.7	11.2	10.7	8.7	8.2	9.6	9.5	9.9	10.9	10.2
	金融机构各项贷款余额（亿元）	78 091.9	78 695.7	79 586.8	78 942.8	79 154.5	79 880.4	79 944.0	80 221.8	80 557.5	80 890.6	81 215.1	81 804.5
	其中：短期	40 781.9	40 729.3	40 713.9	40 373.7	40 082.0	39 989.3	39 547.2	39 277.2	38 970.6	38 579.3	38 526.0	38 652.0
	中长期	32 504.9	32 931.6	33 665.7	32 877.9	33 406.7	34 270.6	34 762.2	35 278.9	35 842.0	36 336.3	36 891.3	37 586.8
	票据融资	3 406.1	3 627.6	3 734.6	4 113.2	4 127.7	4 062.2	4 052.0	4 099.7	4 168.7	4 354.6	4 228.1	3 962.0
	各项贷款余额比上月增加（亿元）	1 625.6	603.8	891.1	-644.0	211.7	725.9	63.6	277.7	335.7	333.2	324.5	589.4
	其中：短期	400.8	-52.5	-15.5	-340.2	-291.7	-92.7	-442.1	-270.0	-306.6	-391.3	-53.4	126.1
	中长期	989.4	426.7	734.2	-787.8	528.8	863.9	491.5	516.7	563.1	494.3	555.0	695.5
	票据融资	180.5	221.6	107.0	378.5	14.6	-65.5	-10.2	47.8	69.0	185.9	-126.5	-266.0
	金融机构各项贷款同比增长（%）	7.9	7.7	8.1	6.5	6.0	6.0	6.0	6.2	6.3	6.8	6.6	7.0
	其中：短期	0.0	-0.6	-1.2	-2.4	-3.3	-3.8	-3.8	-4.1	-4.3	-4.7	-4.7	-4.0
	中长期	13.0	12.9	14.3	10.6	11.2	12.4	13.1	15.4	15.8	17.3	17.8	18.8
	票据融资	104.1	112.9	117.6	136.7	126.7	104.1	81.1	57.7	54.1	54.3	39.6	22.8
	建筑业贷款余额（亿元）	2 754.3	2 757.0	2 798.6	2 813.5	2 798.8	2 811.1	2 793.4	2 786.3	2 779.8	2 769.7	2 778.1	2 777.3
	房地产业贷款余额（亿元）	3 292.9	3 325.0	3 354.0	3 222.0	3 196.5	3 269.2	3 236.5	3 169.0	3 173.4	3 198.1	3 169.9	3 180.0
	建筑业贷款同比增长（%）	6.0	5.0	5.9	6.0	3.8	2.2	1.8	1.3	1.9	2.6	2.5	3.1
	房地产业贷款同比增长（%）	5.8	5.2	5.0	-0.1	-2.1	-0.6	-1.2	-2.6	-2.6	-1.2	-1.8	-0.9
人民币	金融机构各项存款余额（亿元）	88 920.9	88 502.3	90 375.0	90 610.5	91 017.6	92 230.7	91 959.3	93 396.2	94 139.9	94 253.7	95 527.5	96 438.2
	其中：住户存款	35 457.2	36 398.3	36 477.6	36 058.3	36 052.9	36 612.5	36 434.1	36 841.8	37 635.0	37 168.3	37 610.5	38 077.1
	非金融企业存款	29 484.8	28 235.2	29 990.1	30 121.0	30 078.6	30 717.5	30 042.4	31 035.1	31 026.7	30 967.2	31 990.8	32 338.6
	各项存款余额比上月增加（亿元）	1 527.6	-418.6	1 872.7	235.5	407.1	1 213.0	-271.4	1 436.9	743.7	113.8	1 273.8	910.6
	其中：住户存款	1 238.6	941.1	79.3	-419.3	-5.4	559.6	-178.4	407.8	793.2	-466.7	442.2	466.6
	非金融企业存款	282.3	-1249.6	1754.8	130.9	-42.4	639.0	-675.1	992.7	-8.5	-59.5	1023.6	347.8
	各项存款同比增长（%）	9.3	10.3	10.7	11.4	10.9	8.8	8.3	10.1	10.0	10.2	11.2	10.4
	其中：住户存款	8.9	6.0	6.3	9.2	10.8	9.4	9.9	10.9	10.8	11.3	12.3	11.3
	非金融企业存款	4.4	7.9	10.9	12.1	10.4	10.9	9.6	11.7	10.8	11.0	11.2	10.1
	金融机构各项贷款余额（亿元）	75 724.7	76 398.0	77 296.5	76 768.7	76 950.6	77 696.2	77 823.0	78 131.7	78 564.2	78 947.8	79 333.2	79 926.0
	其中：个人消费贷款	14 128.0	14 128.7	14 475.5	14 757.8	15 121.1	15 533.4	15 823.0	16 246.1	16 588.7	16 913.1	17 374.4	17 759.6
	票据融资	3 405.9	3 627.4	3 734.5	4 113.1	4 127.6	4 062.1	4 051.8	4 099.7	4 168.7	4 354.6	4 228.1	3 962.0
	各项贷款余额比上月增加（亿元）	1 654.5	673.2	898.5	-527.8	182.0	745.6	126.7	308.7	432.5	383.6	385.5	592.8
	其中：个人消费贷款	368.1	0.7	346.8	282.3	363.3	412.2	289.6	423.2	342.5	324.5	461.2	385.2
	票据融资	180.4	221.6	107.1	378.6	14.5	-65.5	-10.3	47.9	69.0	185.9	-126.5	-266.0
	金融机构各项贷款同比增长（%）	8.9	8.9	9.4	7.9	7.3	7.2	7.2	7.6	7.6	8.0	7.6	7.9
	其中：个人消费贷款	23.1	22.2	24.0	24.4	24.9	24.8	25.6	26.8	26.9	28.0	28.6	29.1
	票据融资	104.1	112.9	117.6	136.7	126.7	104.1	81.1	57.8	54.1	54.4	39.6	22.8
外币	金融机构外币存款余额（亿美元）	469.6	473.2	473.0	451.1	430.5	427.6	421.4	407.0	413.3	422.7	426.1	445.7
	金融机构外币存款同比增长（%）	21.6	21.6	6.7	0.5	-3.1	-2.7	-2.8	-8.6	-9.0	-6.6	-4.2	-0.5
	金融机构外币贷款余额（亿美元）	361.3	351.1	354.5	336.6	335.0	329.4	318.9	312.4	298.5	287.2	273.3	270.8
	金融机构外币贷款同比增长（%）	-23.0	-23.0	-26.3	-29.8	-29.6	-31.6	-31.1	-31.8	-32.9	-30.8	-29.9	-26.6

数据来源：中国人民银行杭州中心支行。

表2　2001～2016年浙江省各类价格指数

单位：%

年/月	居民消费价格指数		农业生产资料价格指数		工业生产者购进价格指数		工业生产者出厂价格指数	
	当月同比	累计同比	当月同比	累计同比	当月同比	累计同比	当月同比	累计同比
2001	—	-0.2	—	-0.3	—	-0.4	—	-1.7
2002	—	-0.9	—	-0.5	—	-2.5	—	-3.1
2003	—	1.9	—	2.9	—	5.8	—	0.6
2004	—	3.9	—	3.2	—	13.4	—	5.0
2005	—	1.3	—	5.8	—	5.4	—	2.3
2006	—	1.1	—	-0.4	—	5.6	—	3.8
2007	—	4.2	—	7.3	—	5.3	—	2.4
2008	—	5.0	—	18.9	—	10.6	—	4.3
2009	—	-1.5	—	-4.1	—	-7.4	—	-5.1
2010	—	3.8	—	2.9	—	12.0	—	6.2
2011	—	5.4	—	10.8	—	8.3	—	5.0
2012	—	2.2	—	4.2	—	-3.3	—	-2.7
2013	—	2.3	—	2.8	—	-2.3	—	-1.8
2014	—	2.1	—	-0.9	—	-1.8	—	-1.2
2015	—	1.4	—	0.9	—	-5.5	—	-3.6
2016	—	1.9	—	-0.5	—	-2.2	—	-1.7
2015　1	0.0	0.0	-1.4	-1.4	-4.2	-4.2	-2.8	-2.8
2	0.8	0.4	-0.9	-1.1	-4.8	-4.5	-3.0	-2.9
3	0.9	0.6	-0.2	-0.8	-4.6	-4.5	-2.8	-2.9
4	1.2	0.7	0.8	-0.4	-4.5	-4.5	-2.9	-2.9
5	1.1	0.8	1.1	-0.1	-4.4	-4.5	-3.0	-2.9
6	1.4	0.9	1.1	0.1	-4.8	-4.5	-3.4	-3.0
7	1.6	1.0	1.1	0.2	-5.5	-4.7	-3.9	-3.1
8	1.9	1.1	1.6	0.4	-6.3	-4.9	-4.4	-3.3
9	1.7	1.2	2.2	0.6	-6.8	-5.1	-4.3	-3.4
10	1.7	1.2	2.4	0.8	-6.7	-5.3	-4.2	-3.5
11	2.0	1.3	2.0	0.9	-6.8	-5.4	-4.2	-3.6
12	2.5	1.4	1.4	0.9	-6.9	-5.5	-4.4	-3.6
2016　1	2.0	2.0	-0.7	-0.7	-6.7	-6.7	-3.9	-3.9
2	2.5	2.3	-0.2	-0.5	-6.6	-6.7	-3.7	-3.8
3	2.3	2.3	-0.1	-0.4	-5.9	-6.4	-3.4	-3.7
4	2.0	2.2	-0.4	-0.4	-4.8	-6.0	-2.9	-3.5
5	1.5	2.1	-0.9	-0.5	-4.2	-5.7	-2.9	-3.4
6	1.5	2.0	-0.6	-0.5	-3.7	-5.3	-2.8	-3.3
7	1.4	1.9	-0.5	-0.5	-2.6	-4.5	-2.0	-3.6
8	1.4	1.8	-1.0	-0.6	-1.6	-4.5	-1.2	-2.9
9	2.0	1.8	-1.1	-0.6	-0.5	-4.1	-1.0	-2.6
10	2.0	1.9	-1.2	-0.7	0.8	-3.6	-0.3	-2.4
11	2.4	1.9	-0.1	-0.6	3.4	-3.0	0.9	-2.1
12	2.1	1.9	1.0	-0.5	6.9	-2.2	3.1	-1.7

数据来源：《中国经济景气月报》、浙江省统计局。

表3　2016年浙江省主要经济指标

	1月	2月	3月	4月	5月	6月	7月	8月	9月	10月	11月	12月
绝对值（自年初累计）												
地区生产总值（亿元）	—	—	9 356.2	—	—	20 762.3	—	—	32 234.3	—	—	46 485.0
第一产业	—	—	301.8	—	—	832.5	—	—	1 251.1	—	—	1 966.5
第二产业	—	—	3 979.0	—	—	9 113.8	—	—	14 329.7	—	—	20 517.8
第三产业	—	—	5 075.4	—	—	10 816.1	—	—	16 653.5	—	—	24 000.6
工业增加值（亿元）	—	1 732.3	2 887.8	4 008.9	5 205.2	6 518.7	7 683.0	8 853.7	10 040.6	11 213.1	12 524.3	14 008.8
固定资产投资（亿元）	—	2 661.9	5 424.0	7 553.5	10 106.1	13 659.0	15 955.6	18 259.0	21 176.9	23 652.6	26 522.8	29 571.0
房地产开发投资	—	789.5	1 457.4	2 017.2	2 654.6	3 504.0	4 085.6	4 726.5	5 442.6	6 139.7	6 810.0	7 469.4
社会消费品零售总额（亿元）	—	3 390.5	5 026.1	6 603.0	8 358.4	10 179.7	11 955.4	13 781.6	15 614.0	17 709.0	19 829.0	21 971.0
外贸进出口总额（亿元）	1 809.8	3 068.9	4 563.2	6 383.7	8 338.4	10 261.0	12 291.2	14 464.5	16 210.1	17 950.6	19 959.2	22 202.1
进口	330.3	592.3	977.6	1 337.6	1 717.5	2 097.0	2 476.8	2 854.8	3 238.4	3 606.4	4 045.8	4 535.6
出口	1 479.6	2 476.6	3 585.6	5 046.1	6 620.9	8 164.0	9 814.4	11 609.7	12 971.7	14 344.2	15 913.4	17 666.5
进出口差额(出口－进口)	1 149.3	1 884.4	2 608.0	3 708.5	4 903.4	6 067.0	7 337.6	8 754.9	9 733.3	10 737.8	11 867.7	13 130.9
实际利用外资（亿美元）	12.5	23.3	42.8	49.1	59.6	92.8	102.4	111.0	122.7	131.3	146.0	175.8
地方财政收支差额（亿元）	290.4	237.7	174.0	300.0	308.0	-83.1	-68.0	-243.1	-496.7	-396.9	-1 011.7	-1 674.5
地方财政收入	688.8	1 092.7	1 526.0	2 068.3	2 558.4	3 043.5	3 521.7	3 868.3	4 290.8	4 742.6	5 034.8	5 301.8
地方财政支出	398.5	855.0	1 352.0	1 768.3	2 250.4	3 126.6	3 589.8	4 111.3	4 787.5	5 139.5	6 046.5	6 976.3
城镇登记失业率(%)(季度)	—	—	2.97	—	—	2.95	—	—	2.95	—	—	2.87
同比累计增长率（%）												
地区生产总值	—	—	7.2	—	—	7.7	—	—	7.5	—	—	7.5
第一产业	—	—	1.2	—	—	1.7	—	—	2.5	—	—	2.7
第二产业	—	—	5.0	—	—	6.1	—	—	6.2	—	—	5.8
第三产业	—	—	9.5	—	—	9.7	—	—	9.2	—	—	9.4
工业增加值	—	4.1	6.1	6.4	6.5	6.7	6.9	6.9	6.6	6.4	6.1	6.2
固定资产投资	—	12.3	12.5	12.6	12.6	12.6	11.8	11.4	11.1	10.2	10.7	10.9
房地产开发投资	—	-6.7	-1.7	-0.4	-0.9	-0.8	-1.2	0.5	0.8	2.9	4.2	5.0
社会消费品零售总额	—	10.2	10.4	10.3	10.5	10.9	10.9	10.9	10.9	8.4	10.9	11.0
外贸进出口总额	-5.7	-14.6	-4.3	-0.9	1.5	1.7	2.5	3.8	2.0	1.6	3.0	3.1
进口	-11.4	-7.4	-5.1	-5.2	-2.5	-2.7	-2.9	-1.2	-0.9	-0.1	1.8	3.7
出口	-4.3	-16.1	-4.1	0.3	2.6	2.8	4.0	5.1	2.7	2.0	3.3	3.0
实际利用外资	18.4	17.4	10.3	4.4	-1.1	3.1	4.4	6.2	8.3	5.1	6.4	3.6
地方财政收入	9.8	10.7	10.4	11.3	13.0	11.9	10.2	10.7	11.6	11.0	11.1	9.8
地方财政支出	34.2	1.4	3.1	6.8	9.8	15.5	15.7	13.9	8.3	5.9	10.2	4.8

数据来源：浙江省统计局。

安徽省金融运行报告（2017）

中国人民银行合肥中心支行货币政策分析小组

[内容摘要] 2016年，安徽省坚持稳中求进工作总基调，牢固树立和践行新发展理念，紧扣“三去一降一补”任务，深入实施创新驱动发展战略，妥善应对风险挑战，经济稳中向好，地区生产总值增长8.7%；启动建设合芜蚌国家自主创新示范区，去产能取得初步成效，调结构转方式促升级步伐加快；消费与投资需求持续扩大，产业结构进一步优化，财政收支稳步增长，实现了“十三五”良好开局。

金融业运行总体良好，金融资源配置效率进一步提高，社会融资规模和信贷总量平稳较快增长、结构继续优化，证券期货业稳步发展，保险服务保障功能逐步增强。金融生态环境建设持续推进，服务实体经济能力逐步提升。

2017年，安徽省将深入推进供给侧结构性改革，持续加强创新驱动产业升级，加快发展现代农业和服务业，促进经济平稳健康较快发展。全省金融业将认真贯彻落实稳健中性货币政策，保持信贷和社会融资规模平稳增长，着力优化信贷结构，积极防范和化解金融风险，为经济发展提供良好的金融环境。

一、金融运行情况

2016年，安徽省金融业保持良好运行态势，存、贷款较快增长，改革创新纵深推进，证券市场稳步发展，保险服务保障功能日益增强，金融支持实体经济能力进一步提升。

（一）银行业总体稳健，货币信贷平稳运行

1. 资产负债规模快速增长，政策性银行和股份制银行增速较快。2016年年末，安徽省银行业资产和负债规模分别为54 252.7亿元、52 326.3亿元，较年初分别增长19.9%和20.0%，增速均位列全国第四、中部第一。分机构类型看，政策性银行、股份制商业银行资产增速较快，较年初增速分别达25.3%和41.3%。

2. 存款较快增长，非金融企业和机关团体存款多增较多。2016年年末，全省本外币各项存款余额41 324.3亿元，同比增长18.7%，增速较上年年末提高4.4个百分点；比年初新增6 498.1亿元，同比多增2 036.4亿元。其中，人民币各项存款余额40 856.2亿元，同比增长18.5%（见图1）；外币各项存款余额67.5亿美元，同比增长27.6%。分部门看，非金融企业和机关团体存款多增明显，两者合计多增2 102.1亿元。

表1　2016年安徽省银行业金融机构情况

机构类别	营业网点			法人机构（个）
	机构个数（个）	从业人数（人）	资产总额（亿元）	
一、大型商业银行	2 384	49 836	17 863	0
二、国家开发银行和政策性银行	90	2 297	7 041	0
三、股份制商业银行	365	6 957	5 677	0
四、城市商业银行	435	9 492	7 371	1
五、小型农村金融机构	3 110	32 867	10 552	83
六、财务公司	6	203	355	6
七、信托公司	1	154	62	1
八、邮政储蓄银行	1 781	14 946	3 711	0
九、外资银行	5	168	122	0
十、新型农村金融机构	248	3 557	552	67
十一、其他	9	1 249	945	5
合　计	8 434	121 726	54 253	163

注：营业网点不包括国家开发银行和政策性银行、大型商业银行、股份制商业银行等金融机构总部数据；大型商业银行包括中国工商银行、中国农业银行、中国银行、中国建设银行和交通银行；小型农村金融机构包括农村商业银行、农村合作银行和农村信用社；新型农村金融机构包括村镇银行、贷款公司、农村资金互助社和小额贷款公司；“其他”包含金融租赁公司、汽车金融公司、货币经纪公司、消费金融公司等。
数据来源：安徽银监局。

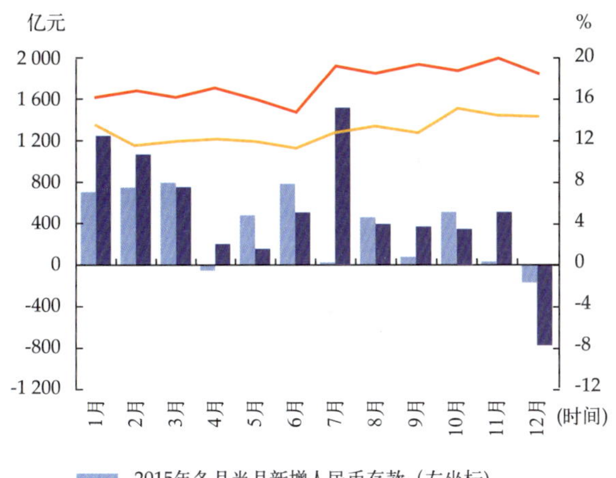

数据来源：中国人民银行合肥中心支行。

图1　2015～2016年安徽省金融机构人民币存款增长变化

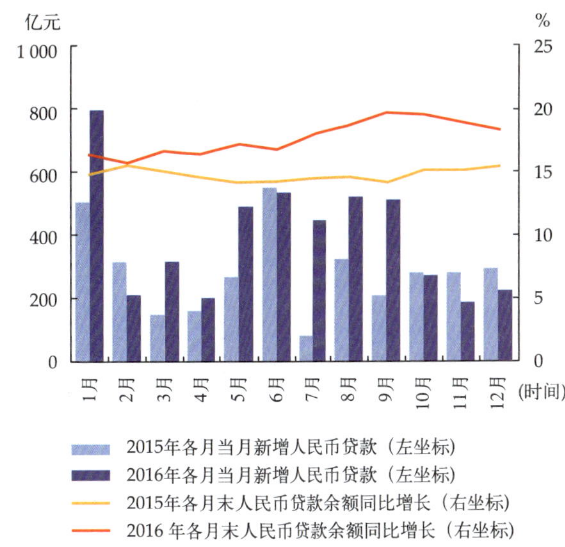

数据来源：中国人民银行合肥中心支行。

图2　2015～2016年安徽省金融机构人民币贷款增长变化

3. 贷款增长较快，投放结构进一步优化。2016年年末，全省金融机构本外币各项贷款余额30 774.5亿元，同比增长17.7%，增速较上年年末提高2.8个百分点；比年初增加4 630.1亿元，同比多增1 240.4亿元。其中，人民币贷款余额同比增长18.4%，全年增加4 691.7亿元（见图2）。为规避汇率波动风险，不少涉外企业选择提前还款，导致外币贷款较上年年末下降15.3亿美元。全年贷款投放主要特点：一是中长期贷款增速逐季提高。在住户中长期消费贷款快速增长带动下，全省中长期贷款增速由2016年第一季度末的14.8%提升至年末的21.3%。二是第三产业贷款占比提高。2016年年末，全省第三产业贷款余额占比63.8%，较上年年末提高3个百分点；新增贷款中，第三产业贷款占比达89.8%，较上年提高6.6个百分点。三是对经济发展重点领域和薄弱环节支持力度加大。2016年年末，全省交通、水利等基础设施行业贷款增速高于各项贷款2.8个百分点，全年贷款同比多增287.3亿元；支农支小力度增强，全年涉农贷款同比多增196.8亿元，小微企业贷款同比多增735.8亿元。

货币政策工具信贷投向引导成效明显。2016年以来，安徽省人民银行各分支机构先后为96家法人金融机构、31家农业银行县级“三农”金融事业部下调0.5～2个百分点存款准备金率；累计

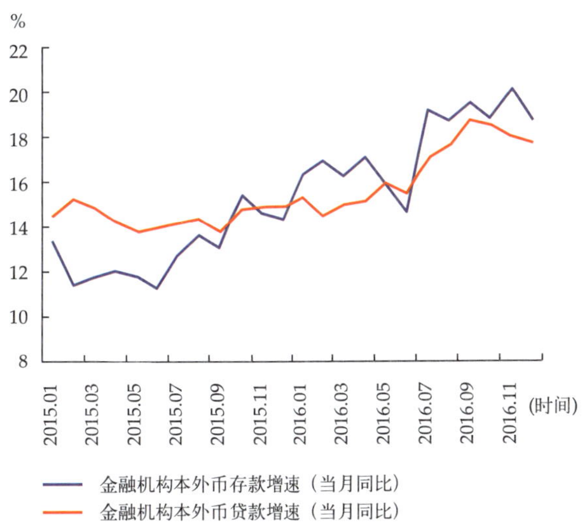

数据来源：中国人民银行合肥中心支行。

图3　2015～2016年安徽省金融机构本外币存、贷款增速变化

办理支农、扶贫再贷款8.8亿元、27.8亿元，累计办理再贴现278.5亿元，再贴现余额中的涉农、小微企业票据占比分别达31.4%、74.6%；运用人民银行补充抵押贷款资金，分别支持国家开发银行和两家政策性银行安徽省分行投放各类贷款合计471.8亿元。

4. 表外业务品种增势分化，委托贷款发展较快。2016年，全省金融机构表外融资增加733.5亿

元，同比多增1 101.0亿元。其中，委托贷款增长较多，在基础设施建设、房地产行业信贷需求推动下，全年新增1 073.1亿元，较上年多增436.8亿元。信托贷款有所增加，全年增加32.5亿元。未贴现银行承兑汇票呈持续下降态势，在上年大幅减少基础上，继续下降372.1亿元。

5. 贷款利率水平总体下行。2016年，安徽省市场利率定价自律机制不断完善，辖内利率定价平稳运行，74家法人金融机构成为全国市场利率定价自律机制基础成员。贷款利率较上年明显下降，2016年全省金融机构一般贷款加权平均利率为6.08%，较上年下降67个基点,其中执行基准及下浮利率贷款占比略降0.74个百分点（见表2）。

发挥再贷款、再贴现、抵押补充贷款等各类央行资金成本优势，切实引导社会融资成本下降。2016年，安徽省法人金融机构运用支农再贷款发放的涉农贷款加权平均利率低于同期同档次涉农贷款利率2.91个百分点；涉农、小微企业再贴现票据加权平均贴现利率分别较其全部涉农、

表2　2016年安徽省金融机构人民币贷款各利率区间占比

单位：%

月份		1月	2月	3月	4月	5月	6月
合计		100.0	100.0	100.0	100.0	100.0	100.0
下浮		14.9	8.9	16.3	19.5	19.3	17.2
基准		14.4	14.8	13.9	11.1	13.2	17.5
上浮	小计	70.7	76.3	69.7	69.4	67.6	65.3
	(1.0，1.1]	16.4	12.4	15.1	13.2	10.1	11.0
	(1.1，1.3]	13.4	18.5	13.8	12.3	13.8	15.3
	(1.3，1.5]	11.4	13.8	11.6	13.4	12.4	12.7
	(1.5，2.0]	20.7	21.6	21.4	21.9	23.8	20.0
	2.0以上	8.8	10.0	7.9	8.6	7.5	6.4
月份		7月	8月	9月	10月	11月	12月
合计		100.0	100.0	100.0	100.0	100.0	100.0
下浮		11.5	14.1	12.2	15.2	14.3	15.9
基准		27.2	15.9	15.9	14.4	16.9	17.7
上浮	小计	61.3	70.0	71.9	70.3	68.8	66.4
	(1.0，1.1]	8.9	11.9	11.1	9.4	12.1	8.9
	(1.1，1.3]	13.0	14.9	17.2	12.3	13.9	14.3
	(1.3，1.5]	12.1	15.7	17.0	17.2	16.2	15.6
	(1.5，2.0]	20.0	20.7	19.4	21.7	19.0	19.6
	2.0以上	7.3	6.8	7.2	9.7	7.6	8.0

数据来源：中国人民银行合肥中心支行。

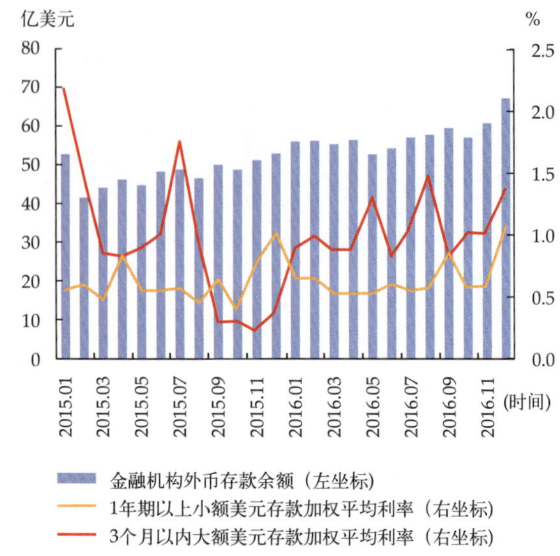

数据来源：中国人民银行合肥中心支行。

图4　2015～2016年安徽省金融机构外币存款余额及外币存款利率

小微企业票据直贴利率低0.13个百分点、0.09个百分点；运用抵押补充贷款发放的棚户区改造、农村路网改造等项目贷款也按照保本微利原则，执行利率不高于中国人民银行总行指导利率。

6. 信贷资产质量有所改善，地方法人金融机构运营总体平稳。2016年年末，安徽省银行业不良贷款实现“双降”，余额较年初下降1.8亿元，不良贷款率较年初下降0.3个百分点。但关注类、逾期贷款增加较多，潜在不良反弹压力依然存在。为维护辖区金融稳定，中国人民银行合肥中心支行不断完善预警监测制度，创新开发金融风险动态分布图系统，及时、重点关注辖内风险较高区域，有效防范和化解系统性金融风险。

地方法人金融机构资本较为充足。2016年年末，城商行、农商行和村镇银行的资本充足率分别为12.96%、13%和19.76%。流动性较为稳健。2016年年末，城商行、农商行、村镇银行流动性比例分别为39.54%、56.95%和64.31%。

7. 跨境人民币业务稳步推进，业务覆盖面持续扩大。2016年，全省跨境人民币实际收付金额665.3亿元，占本外币全部收支的16%，其中经常项下占比10.1%，资本项下占比52.5%。全省26家银行为近2 000个贸易主体办理了跨境人民币结算业务，业务覆盖面较上年进一步拓宽。

专栏1 安徽省“五结合五推进” 金融精准扶贫取得积极成效

安徽辖内贫困县31个，其中国家扶贫开发工作重点县20个，省级扶贫开发工作重点县11个，脱贫攻坚时间紧、任务重。安徽省建立脱贫攻坚政策体系，坚持因地制宜、因村因户施策，加大产业扶贫力度，结合农村信用体系和惠农金融服务室建设情况，着力推动扶贫再贷款及扶贫小额信贷发放、金融产品与模式创新，脱贫攻坚取得较好成效。

一、结合农村信用体系建设，推进扶贫小额信贷精准覆盖

为克服扶贫小额信贷管理中易产生的信息不对称和道德风险，安徽省充分运用农村信用体系建设成果，辖内多地成立县、镇、村三级评级授信工作组，不断健全农村基层党组织、“驻村第一书记”、致富带头人、金融机构等多方参与的低收入农户信用等级评定制度，在此基础上推出“银行+信用贷款+贫困户”“创建信用村+整村推进”“信用库+风险补偿+贷款贴息”等模式，较为稳定地实现金融扶贫资源有效配置。

二、结合贫困人口情况，推进货币政策工具高效使用

加强对贫困人口特点的分析研判，通过分类帮扶实现央行资金精准定位，将政策优惠精准传导至贫困群体。如针对“有劳动能力和创业能力”“有劳动能力但没有创业技能和意愿，且不愿意向银行贷款”的贫困人口，分别推出“扶贫再贷款+银行+贫困户+保险+政府”的自贷自用模式和“扶贫再贷款+银行+企业+担保+政府+贫困户”的企贷帮扶模式，由地方政府按基准利率对贷款资金进行全额贴息。

三、结合当地优势产业，推进金融产品和服务创新

安徽省建立金融扶贫主办行制度，实现金融机构与贫困村“一对一”、全省3 000个贫困村全覆盖，并依托“安徽省十三五产业精准扶贫规划”，着力引导金融资源重点向优势产业和项目配置，涌现出一批适合当地特色、效率较高的扶贫模式。一是创新支持贫困地区优势产业链。中国农业银行砀山县支行创新推出电商专项贷款产品——“电商E农贷”，支持当地特色水果种植业电商产业链，直接向带动贫困户效果好的电商发放贷款，并量身定做保证保险贷款信贷产品。二是创新支持贫困地区新型农业经营主体。全国首家省级农业信贷担保公司——安徽省农业信贷担保公司创新推出“劝耕贷”产品，采用政府、金融机构和担保公司风险共管、风险共担的模式，由贷款行和担保公司按2：8的比例分担风险，当地财政每年安排专项资金用于“劝耕贷”风险补偿和贷款贴息。

四、结合惠农金融服务室建设，推进金融扶贫宣传

在对原有助农取款点进行升级改造的基础上，安徽省大力推进惠农金融服务室建设，积极向农村基层群体宣传金融扶贫政策和产品。截至2016年年末，全省建成集支付、征信、现金服务、金融维权、国库等五项功能于一体的惠农金融服务室超过1.2万个，行政村覆盖率100%，实现村民足不出村即可享受安全便捷的基础金融服务。

五、结合金融扶贫监测体系，推进金融扶贫工作科学调度

中国人民银行合肥中心支行以全国统一部署的“金融精准扶贫信息系统”为基础，实现全省金融扶贫数据的录入、汇总及更新，全面掌握各地金融扶贫工作进展情况；以“金融精准扶贫手册+简报”为依托，打造全省金融扶贫有效模式的交流共享平台；以“金融精准脱贫动态监测气象图”为抓手，对金融扶贫工作进度较慢的区域和金融机构进行提示和预警。通过“信息系统+手册+气象图”三翼一体，实现对全省金融扶贫工作的统一科学调度。

（二）证券业总体平稳，创新业务不断发展

1. 证券经营机构和投资开户数量增加，资产规模和盈利水平有所下降。2016年年末，安徽省共有2家法人证券公司（见表3）、24家证券分公司、284家证券营业部，当年新增4家证券分公司、53家营业部；证券从业人数3 552人，同比增长2.5%；投资者账户数449.1万户，同比增长15.2%。至2016年年末，全省证券经营机构总资产4 252.0亿元，较年初下降12.4%；全年实现营业收入和利润总额分别为29.8亿元和14.6亿元，同比分别下降56.3%和64.0%。

表3　2016年安徽省证券业基本情况

项目	数量
总部设在辖内的证券公司数（家）	2
总部设在辖内的基金公司数（家）	0
总部设在辖内的期货公司数（家）	3
年末国内上市公司数（家）	93
当年国内股票（A股）筹资（亿元）	372
当年发行H股筹资（亿元）	0
当年国内债券筹资（亿元）	5 417
其中：短期融资券筹资额（亿元）	424
中期票据筹资额（亿元）	976

注：当年国内股票（A股）筹资额是指非金融企业境内股票融资。
数据来源：安徽证监局。

2. 证券市场交易额由升转降，创新业务收入占比持续上升。2016年，安徽省证券累计交易量同比下降38.8%，上年同期为增长211%。分业务类型来看，法人证券机构创新业务收入占比持续上升，2016年年末，辖内两家法人证券公司共管理集合资产管理计划57只，期末净值196.8亿元；定向资产管理计划100只，期末金额1 401.0亿元；融资融券余额合计179.2亿元，业务收入14.3亿元。创新业务已成为仅次于经纪、自营、投行的重要业务，对传统业务的依赖度下降。

3. 期货市场成交量有所上升，累计代理交易额同比下降。2016年年末，全省共有35家期货公司营业部，与上年持平；从业人员数689人，同比下降8.0%；客户保证金余额46.2亿元，同比增长40.8%，增速较上年同期提高45.9个百分点。全年全省期货经营机构累计代理成交量为4.1亿手，同比增长39.0%，在全国期货市场占比4.9%，同比提高0.8个百分点；累计交易额16.1万亿元，同比下降38.0%，而上年同期增幅为72%。

（三）保险业平稳运行，风险保障功能进一步发挥

1. 保险市场体系日益完善，服务实体经济能力不断提高。2016年年末，安徽省共有保险法人机构1家、省级保险机构62家（见表4），其中，信用险、农险、健康险、养老险、责任险等专业保险机构10家，外资公司7家；保险专业中介法人机构56家，兼业代理机构6 781家；保险从业人员近28万人。全省保险深度和保险密度分别为3.6%和1 426元/人，同比分别提高0.5个百分点和280.3元/人，保险业服务实体经济能力进一步增强。

表4　2016年安徽省保险业基本情况

项目	数量
总部设在辖内的保险公司数（家）	1
其中：财产险经营主体（家）	1
人身险经营主体（家）	0
保险公司分支机构（家）	63
其中：财产险公司分支机构（家）	27
人身险公司分支机构（家）	36
保费收入（中外资，亿元）	876
其中：财产险保费收入（中外资，亿元）	313
人身险保费收入（中外资，亿元）	563
各类赔款给付（中外资，亿元）	357
保险密度（元/人）	1 426
保险深度（%）	3.6

数据来源：安徽保监局。

2. 业务规模快速增长，风险保障能力持续增强。2016年，全省实现原保费收入876.1亿元，同比增长25.4%，增速较上年同期提高3.2个百分点，保费增速是全省同期地区生产总值增速的近3倍，为近八年最高水平。其中，财产险业务保费收入同比增长14.4%，较上年同期提高1.2个百分点，高于全国平均4.4个百分点；人身险业务保费收入同比增长32.4%，增速较上年同期提高3.7个百分点。全年累计赔款与给付357.5亿元，同比增长29.1%，增速较上年同期提高11.0个百分点，累

计提供风险保障超过30.8万亿元，对地方经济发展保障作用进一步加强。

（四）融资规模大幅增长，货币市场交易活跃

1. 社会融资规模扩大，直接融资保持增长。2016年，安徽省社会融资规模达6 283.6亿元（见图5），同比增长75.8%。直接融资规模725.0亿元，在社会融资规模中占比11.5%，与上年基本持平，其中企业债券融资、非金融企业境内股票融资占比分别为5.6%、5.9%。

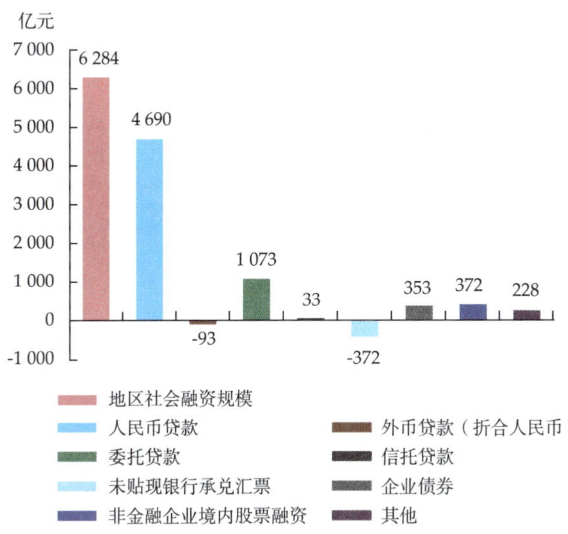

数据来源：中国人民银行合肥中心支行。

图5 2016年安徽省社会融资规模分布结构

2. 货币市场平稳运行，成交金额增加较多。同业拆借市场全年累计成交金额4 125.2亿元，同比增长20.7%；参与交易主体增至46家，较上年同期增加14家；期限品种分布不均衡，7天期以内的短期交易量占比达91.3%；拆入、拆出资金加权平均利率涨跌不一，分别为下降78个基点、上升17个基点。债券回购市场全年累计成交15.6万亿元，同比增长27.5%；质押式回购交易占比94.8%，在整个回购市场中占主导地位；市场交易短期化趋势明显，隔夜品种成交最为活跃，在质押式回购中占比89.9%；质押式回购融入融出资金加权平均利率整体上扬，分别比上年同期上升19.4个基点和40.1个基点，买断式回购融入融出资金加权平均利率分别下降104个基点和18个基点。

表5 2016年安徽省金融机构票据业务量统计

单位：亿元

季度	银行承兑汇票承兑		贴现			
			银行承兑汇票		商业承兑汇票	
	余额	累计发生额	余额	累计发生额	余额	累计发生额
1	1 995.5	947.8	1 625.6	5 738.7	55.3	32.3
2	1 934.6	839.0	1 735.0	4 553.2	57.1	40.5
3	1 875.6	825.3	1 932.2	3 549.6	57.8	46.0
4	1 921.7	821.5	1 831.7	2 495.8	64.9	70.5

数据来源：中国人民银行合肥中心支行货币信贷处。

表6 2016年安徽省金融机构票据贴现、转贴现利率

单位：%

季度	贴现		转贴现	
	银行承兑汇票	商业承兑汇票	票据买断	票据回购
1	3.43	4.37	2.98	3.10
2	3.31	4.18	2.88	3.02
3	3.02	3.91	2.67	2.82
4	3.29	4.18	2.98	3.26

数据来源：中国人民银行合肥中心支行货币信贷处。

（五）金融生态环境建设持续推进，金融基础设施不断完善

1. 信用体系建设深入推进。截至2016年年末，企业征信系统收录安徽省借款企业21.9万户，同比增长4.2%；个人征信系统收录安徽省自然人数3 590万人,同比增加170.8万人；全年累计查询次数988.3万次，同比增加222.5万次。中小企业和农村信用体系示范工程建设向纵深发展，全省已有淮北、亳州等7个市的中国人民银行分支行牵头建设了市级中小企业信用信息平台，已有31个县、区由中国人民银行分支行或当地政府牵头开展农村信用信息采集等工作。

2. 支付结算系统服务效率不断提高。2016年，安徽省以票据和银行卡为代表的非现金支付工具业务量持续提高，支付系统处理业务量平稳增长。全省共办理非现金支付业务34.3亿笔，同比增长41.5%。全省支付系统共处理支付业务14.0亿笔、金额71.5万亿元，其中大额实时支付系统处理金额40.0万亿元。

3. 金融IC卡运用进一步推广。2016年，安徽省进一步加快信息化基础设施建设，大力推进重

要业务系统建设，继续加强信息安全协调管理。金融IC卡和移动金融在农村地区进一步推广应用，包括公共服务领域的应用、完善受理环境、创新金融服务等。截至年末，全省已开通37个县金融IC卡公交应用，交易笔数2.9亿笔，交易金额4.3亿元。

4. 金融消费者保护切实得到加强。2016年，安徽省依法合规处理“12363”及各类渠道受理的金融消费投诉，有力维护了金融消费者合法权益。组织开展“3·15”、“金融知识普及月”等金融知识宣传活动，其中“保障金融消费者八项权利，维护金融消费者合法权益”动漫宣传活动受众累计超过432万人次。

二、经济运行情况

2016年，安徽省经济保持了平稳健康较快发展，全年实现地区生产总值24 117.9亿元，同比增长8.7%（见图6），人均GDP 39 092元（折合5 885美元），比上年增加3 095元。

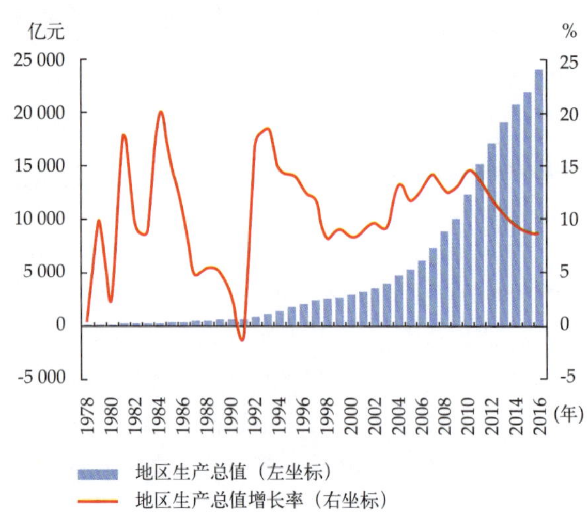

数据来源：安徽省统计局。

图6　1978～2016年安徽省地区生产总值及其增长率

（一）内需保持平稳增长，对外贸易总体下降

1. 投资稳中有进，结构持续优化。2016年，全省固定资产投资26 577.4亿元，同比增长11.7%（见图7），增幅比全国高3.6个百分点。分产业看，全年第三产业投资占比53.1%，较上年提高0.9个百分点。分行业看，基础设施建设力度加大，高能耗行业投资有所下降。全年基础设施建设投资占比19.8%，比上年提高2.3个百分点；高能耗行业投资占比9.8%，较上年下降0.3个百分点。

2. 消费稳步增长，城乡增速差距缩小。2016年，全省社会消费品零售总额首次突破万亿元，达10 000.2亿元，比上年增长12.3%（见图8），增

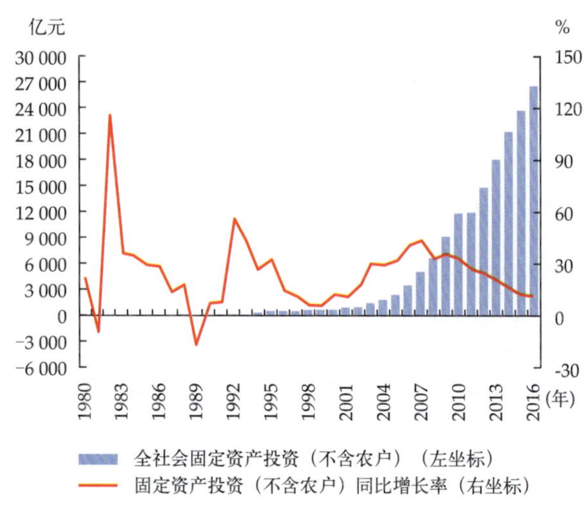

数据来源：安徽省统计局。

图7　1980～2016年安徽省固定资产投资（不含农户）及其增长率

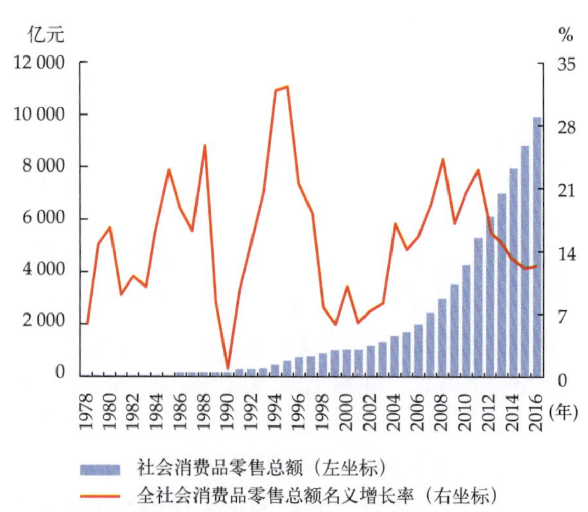

数据来源：安徽省统计局。

图8　1978～2016年安徽省社会消费品零售总额及其增长率

速居全国第4位、中部第1位。全年城镇社会消费品零售总额8 064.7亿元，增长12.2%；乡村社会消费品零售总额1 935.5亿元，增长12.6%，城乡增速差距由上年的0.6个百分点收窄至0.4个百分点。全年限额以上网上商品零售额同比增长68.4%，上拉社会消费品零售总额增长1个百分点。

3. 对外贸易总体下降，利用外资增势趋缓。受外部需求不足、国内经济下行等因素影响，全省对外贸易规模下降，全年实现进出口总额443.3亿美元，比上年下降7.3%。其中，出口284.4亿美元，下降11.9%；进口158.9亿美元，增长2.1%（见图9）。出口商品结构有所改善，全省机电产品、高新技术产品出口占比分别比上年提高1.3个百分点、0.3个百分点。

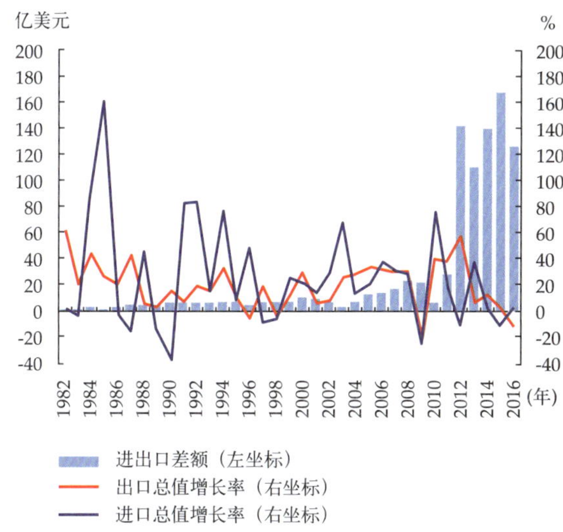

数据来源：安徽省统计局。

图9　1982～2016年安徽省外贸进出口变动情况

实际利用外商直接投资147.7亿美元，增长8.4%，比上年回落2个百分点（见图10）。新增外资向制造业集中，全年制造业实际利用外商直接投资占比58.1%，比上年提高6.8个百分点。

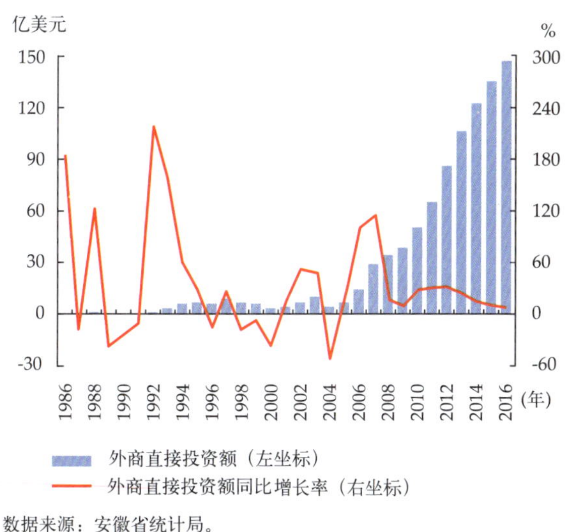

数据来源：安徽省统计局。

图10　1986～2016年安徽省外商直接投资额及其增长率

（二）三次产业稳步发展，产业结构继续优化

2016年，安徽省三次产业比例为10.6：48.4：41，第三产业比重提高1.9个百分点，第一、第二产业比重分别下降0.6个百分点、1.3个百分点，产业结构继续调整优化。全员劳动生产率进一步提高，由上年50 862元/人增至55 420元/人。

1. 农业经济平稳增长，粮食产量略有下降。2016年，全省农林牧渔业总产值4 655.5亿元，同比增长3.4%。粮食产量受病虫、洪涝、干旱等多种灾害影响，同比减少3.4%，但仍为历史第二高产年。全年农产品电子商务交易额超过200亿元，休闲农业营业收入超过600亿元。农村承包地确权登记颁证试点工作基本完成。

2. 工业生产稳中趋快，经济效益稳步改善。2016年，安徽省规模以上工业实现增加值10 081.2

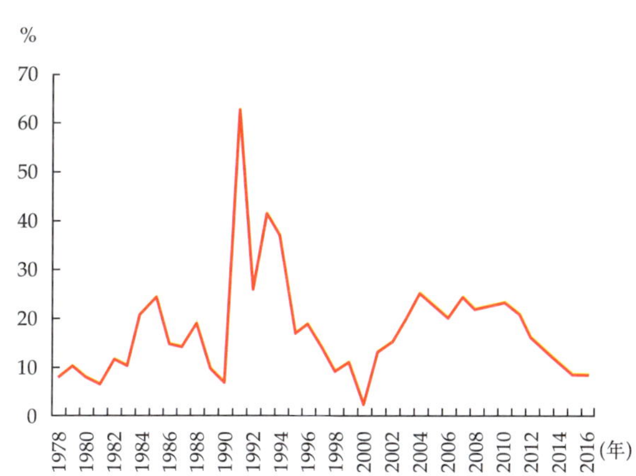

数据来源：安徽省统计局。

图11　1978～2016 年安徽省规模以上工业增加值同比增长率

亿元，同比增长8.8%，增速比上年提高0.2个百分点（见图11）。工业结构持续优化，规模以上工业中装备制造业增加值占比由上年的35.7%提高到37.2%，高新技术产业增加值占比由36.9%提高到39.8%，六大高耗能行业增加值占比由26.2%下降到25.9%。企业利润增长较快，全年规模以上工业企业实现利润2 078.9亿元，同比增长12.3%，增速比上年快8.1个百分点，居中部第1位。

3. 服务业较快增长，对GDP增长贡献提高。2016年，实现服务业增加值9 883.6亿元，同比增长10.9%。服务业对GDP增长的贡献率达49.2%，比上年提高8.1个百分点，拉动GDP增长4.3个百分点。分行业看，批发和零售业，交通运输、仓储和邮政业，住宿和餐饮业增加值合计占服务业的比重较上年下降2.9个百分点，金融业、房地产业、其他服务业合计占比较上年提高2.8个百分点。

4. 供给侧结构性改革稳步推进。安徽省委、省政府印发《安徽省扎实推进供给侧结构性改革实施方案》，围绕调结构、稳市场、防风险、提效益、增后劲，推进去产能、去库存、去杠杆、降成本、补短板。全年完成煤炭967万吨、生铁和粗钢505万吨过剩产能化解任务；商品房待售面积比上年年末减少108万平方米，去化周期由上年的19个月降为16个月，其中住房由12个月降至8个月；年末全省规模以上工业企业资产负债率为56.8%，比上年低0.4个百分点；全年累计减免各项税费702.4亿元，规模以上工业企业每百元主营业务收入成本87.6元，比第一季度、上半年和前三季度分别减少0.2元、0.6元和0.7元；加大基础设施、公共服务等领域补短板力度，深入实施项目建设“四督四保”，新开工亿元以上重点项目2 205个，建成1 529个。

生态文明建设持续推进。全省空气质量总体改善，可吸入颗粒物平均浓度比2015年下降3.9个百分点；地表水水质稳中趋好，水质达标率保持较高水平；千万亩森林增长工程圆满完成。

（三）居民消费价格涨幅平稳，工业生产者价格降幅收窄

1. 居民消费价格温和上升，八大类商品“七涨一跌”。2016年，安徽居民消费价格比上年上涨1.8%（见图12），其中食品烟酒和医疗保健涨幅居前，分别上涨3.7%、3.6%，交通和通信价格下降2.4%。食品烟酒价格上涨影响CPI上涨1.1个百分点。

2. 工业生产者价格降幅收窄，农产品生产价格持平略涨。2016年，安徽工业生产者出厂价格、购进价格同比分别下降1.5%、1.6%，降幅分别比上年收窄4.6个百分点、4.9个百分点。农产品生产价格同比上涨0.95%，价格指数前高后低，年末回升。

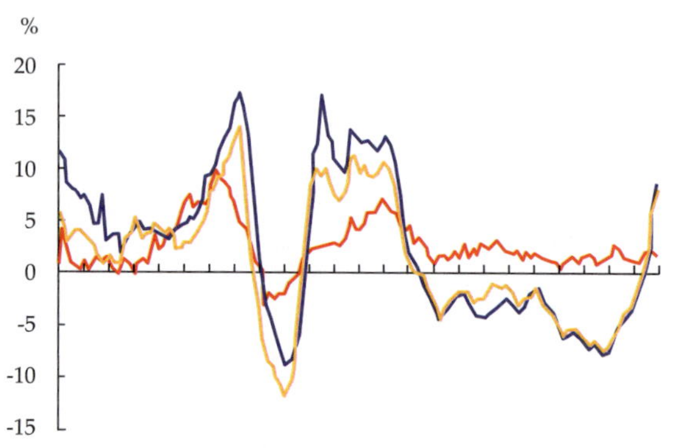

数据来源：安徽省统计局。

图12　2005～2016年安徽省居民消费价格和生产者价格变动趋势

3. 就业形势基本稳定，劳动力价格继续增长。2016年城镇新增就业66.8万人，超额完成年度目标任务；城镇登记失业率3.2%，低于年控制目标1.3个百分点。全年城镇常住居民工资性收入增长8.0%，农村常住居民工资性收入增长7.7%。

（四）财政收入平稳增长，支出以保障民生为主

2016年，安徽财政收入4 373亿元，同比增长9%，其中地方财政收入2 673亿元，同比增长8.9%。全部财政收入中，税收收入3 498亿元，同比增长5.6%，其中增值税和营业税合计增长6.6%，企业所得税下降1.1%。

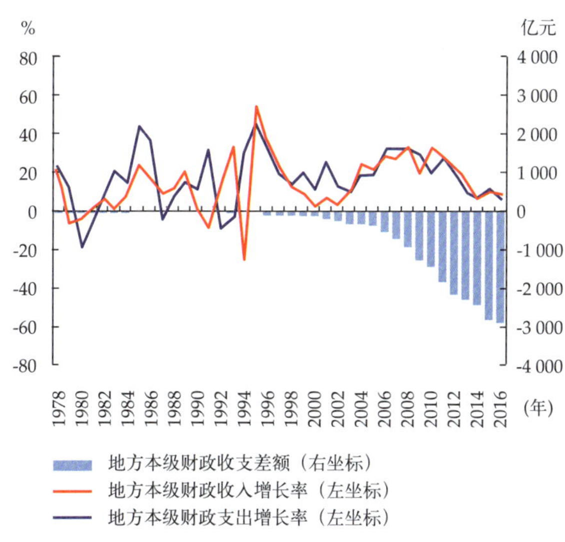

数据来源：安徽省统计局。

图13　1978～2016年安徽省财政收支状况

财政支出5 530亿元，同比增长5.6%，其中，民生支出4 626亿元，占财政支出的83.7%。从重点支出项目看，社会保障与就业支出增长9.1%，城乡社区事务支出增长11%，科学技术支出增长73%，教育支出增长6%。全年33项民生工程累计投入825.5亿元，惠及6 000多万城乡居民。

（五）房地产市场量价齐升，钢铁行业实现脱困升级

1. 房地产业平稳发展，商品房库存总体减少。2016年，安徽各市因城施策加强房地产市场调控，完善支持居民住房合理消费相关政策，适应住房刚性需求和改善性需求，化解房地产库存，控制市场潜在风险，全省房地产市场总体保持了平稳发展态势。省会合肥住房市场成交量价均保持快速增长，但自10月调控政策实施后，商品住房月均销售量大幅下滑，成交价格保持基本稳定。

（1）房地产开发投资总量较大，多数城市保持增长。全年全省完成房地产开发投资4 603.6亿元，同比增长4.0%。全省16个地市中，有10个城市保持增长。

（2）商品住房去库存较快，去化周期缩短。2016年年末，全省商品房总库存比上年年末减少1 507.9万平方米，去化周期同比减少3个月，其中商品住房库存比上年年末减少1 816.7万平方米，去化周期同比减少4个月。

（3）商品房销售增长加快，销售额大幅提高。2016年，全省商品房销售面积8 499.7万平方米，增长37.7%，增速比上年提高38.2个百分点；全省商品房销售额5 035.5亿元，增长49.4%，增速比上年同期提高48.7个百分点（见图14）。

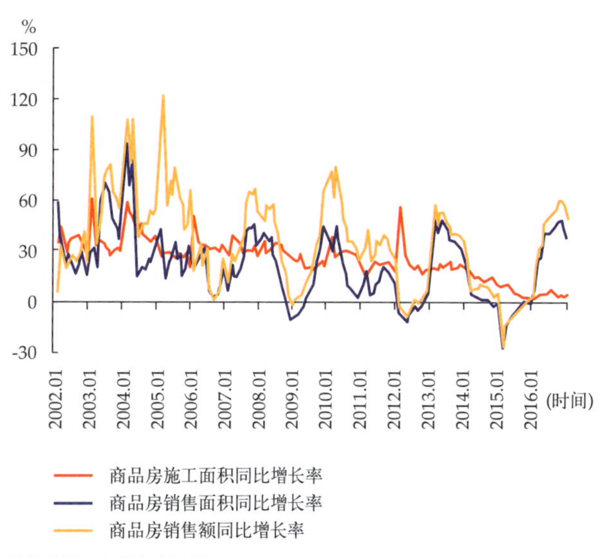

数据来源：安徽省统计局。

图14　2002～2016年安徽省商品房施工和销售变动趋势

（4）商品房成交均价上涨，少数城市拉高全省均价。全省合同网签备案商品房成交均价6 023.3元/平方米，同比上涨4.6%。其中商品住房成交均价5 691元/平方米，同比上涨6.6%。商品住房价格快速上涨主要是因为合肥、芜湖等市房价上涨较快，合肥、芜湖房价分别同比上涨20%、11.7%。

（5）房地产金融运行平稳，个人住房贷款较快增长。2016年年末，全省房地产贷款余额同比增长32.6%。其中，个人住房贷款余额同比增长

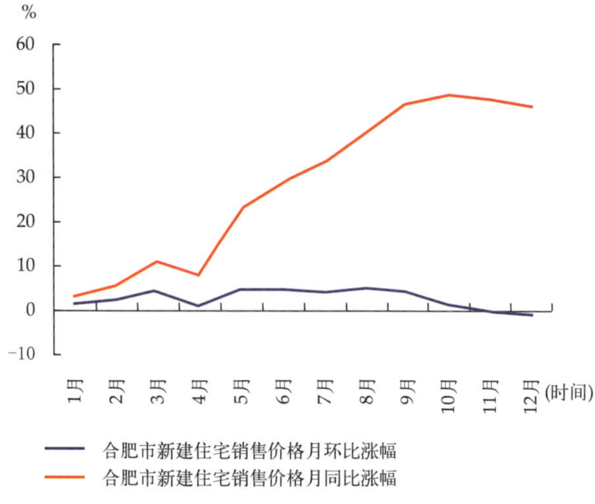

数据来源：安徽省统计局。

图15　2016年合肥市新建住宅销售价格变动趋势

37.0%，增速较上年年末提高15.5个百分点。全省金融机构对保障房建设的支持力度不断加大，全年共发放贷款686.9亿元。

2. 积极稳妥去产能，助推钢铁行业提质增效。2016年，安徽钢铁行业去产能取得初步成效，全省生铁、钢材年产量分别下降1.3%、3.8%。在钢铁产量下降的同时，钢铁行业利润却逐步上升，全年全省黑色金属冶炼和压延加工业规模以上企业利润总额由2015年的13.2亿元大幅增加至65.8亿元。全省主营业务收入前三位的钢铁企业效益明显好转，其中马钢集团同比减亏增利64.7亿元。

全省钢铁企业坚持依托供给侧结构性改革，实现转型升级发展。以省属最大钢铁企业马钢集团为例，2016年该公司在产品升级、改革发展以及债转股等领域取得了积极进展。公司生产的动车车轮完成了40万公里试运行，并于2016年8月成功实现了首次载客运行。此外，2016年马钢正式确认发展混合所有制，并积极推进债转股工作。按照规划，债转股方案全部执行将大幅降低企业资产负债率，更可进一步推进马钢转型发展和混合所有制改革，持续增强企业盈利能力。

专栏2　主动作为、创新推进，推动传统行业脱困升级

安徽作为钢铁、煤炭产量大省，产能过剩矛盾较为突出，淘汰落后产能、加快经济结构调整、推动产业转型升级迫在眉睫。2016年，安徽省政府分别出台了钢铁、煤炭行业化解过剩产能的实施意见，明确提出到“十三五”期末，全省钢铁和煤炭产量将较2015年分别减少19%和23%。面对严峻的去产能任务，安徽省主动作为、多措并举，积极化解过剩产能，钢铁、煤炭行业发展质量和效益明显提高。

一、落实五大措施，坚定不移化解过剩产能

为化解钢铁、煤炭行业过剩产能，实现企业脱困发展，安徽省认真落实国家发展改革委提出的五大措施，坚定不移地化解钢铁煤炭行业产能严重过剩矛盾。

一是认真贯彻落实《国务院关于化解产能严重过剩矛盾的指导意见》，加强宏观调控和市场监管，按照“消化一批、转移一批、整合一批、淘汰一批”的途径，加快化解产能过剩。安徽省分别下发钢铁和煤炭行业化解过剩产能的实施意见，明确了“十三五”期间去产能的目标和路线图。

二是注重运用市场机制、经济手段、法治办法来化解产能过剩，强化环保、能耗、质量、安全的硬约束。安徽要求各地、各部门不得以任何名义、任何方式备案新增钢铁、煤炭产能项目，同时采取依法依规退出、引导主动退出和拆除相应设备三项举措来化解过剩产能。

三是加大政策力度引导产能主动退出。安徽在去产能实施意见中已明确提出要给予去产能企业以财税政策支持和金融协调支持。全省金融机构按照区别对待、有扶有控的原则，满足钢铁、煤炭企业合理资金需求，加快信贷产品创新，降低企业融资成本，促进钢铁、煤炭行业转型升级发展。

四是营造良好的市场氛围。安徽在去产能中坚持市场引导、企业主体、政府支持、依法

处置的总体思路，发挥市场竞争机制，通过产权市场转让、转型调整等方式将产能过剩行业中的“僵尸企业”淘汰出去。

五是对钢铁、煤炭企业化解产能过剩进行奖补，奖补资金主要用于人员的安置。安徽在化解过剩产能职工分流安置费用上由中央和省共同承担50%，市(县)政府和企业共同承担50%，企业承担费用兜底责任。

二、去产能取得阶段性成果，企业经营效益好转

一是圆满完成去产能任务。2016年，安徽省顺利完成钢铁、煤炭化解过剩产能年度目标任务，共压减生铁产能205万吨、粗钢产能300万吨；关闭煤矿10对，退出产能967万吨/年，全年原煤、生铁、钢材产量分别下降8.7%、1.3%和3.8%。

二是去产能企业经营效益好转。安徽省属“三煤一钢”企业（“三煤”为淮南矿业集团、淮北矿业集团、皖北煤电集团，“一钢”为马钢集团）通过去产能、减员增效、内部改革等综合施策，经营效益已大为改观，2016年均实现扭亏为盈。其中，马钢集团同比减亏增利64.7亿元，吨钢成本同比降低277 元，全年实现降本8.2亿元；淮南矿业集团、淮北矿业集团、皖北煤电集团合计减亏增利70.3亿元，淮南矿业集团吨煤成本同比下降56元，降幅达13%，减少成本支出39亿元。

三是职工安置就业稳妥有序。在中央去产能专项奖补资金之外，根据地方去产能企业情况因地制宜，制定了系列扶持政策，以稳岗补贴、社会保险补贴、培训补贴等形式给予去产能企业与分流职工更加精准的帮扶，全年分流安置职工规模35 282人，实际安置38 466人，完成计划的109%。

四是生态环境明显改观。2016年，“三煤一钢”所在城市可吸入颗粒物年平均浓度同比多有降低，其中，马鞍山下降13.8%、合肥下降9.8%、淮北下降3.3%。

三、预测与展望

2017年，安徽经济发展机遇与挑战并存。“一带一路”和长江经济带战略深入实施，创新驱动和制造强国战略强力推进，有利于安徽更好地发挥区位优势、人力资源优势、科教优势和创新优势。但传统行业占比较高、民间投资增速放缓、产能过剩和需求结构升级矛盾突出等依然对安徽经济快速发展形成制约。

2017年是实施“十三五”规划的重要一年，也是供给侧结构性改革的深化之年。安徽将紧抓历史机遇，以提高发展质量和效益为中心，以推进供给侧结构性改革为主线，以实施“五大发展行动计划”[①]为总抓手，供需两端同时发力，促进经济持续健康发展。供给方面，全面实施《中国制造2025安徽篇》，推动传统制造业转型升级；加快推进“三重一创”[②]建设，推进实现制造强省；推进现代服务业集聚区和示范园区功能建设，加快发展现代服务业；强力推动农业产业化大提升，加快发展现代农业。需求方面，发挥新消费引领作用，深入开展“十大扩消费行动”[③]；持续增加有效投入，扩大制造业投资；实行更加积极的外贸促进政策，促进对外贸易回稳向好。预计随着系列政策逐步发力，安徽经济将保持平稳增长。

---

① “五大发展行动”即创新发展行动、协调发展行动、绿色发展行动、开放发展行动、共享发展行动。

② “三重一创”即在全省建设一批重大新兴产业基地、推进一批重大新兴产业工程、组织一批重大新兴产业专项，构建创新型现代产业体系，转变经济发展方式，振兴实体经济，加快制造强省建设。

③ “十大扩消费行动”主要包括城镇商品销售畅通行动、农村消费升级行动、居民住房改善行动、汽车消费促进行动、旅游休闲升级行动、康养家政服务扩容提质行动、教育文化信息消费创新行动、体育健身消费扩容行动、绿色消费壮大行动、消费环境改善和品质提升行动。

2017年，安徽省金融业将认真贯彻落实稳健中性的货币政策，保持货币信贷和社会融资规模平稳增长，提高金融服务实体经济水平。发挥金融力量，着力精准扶贫；稳步推进“两权”抵押贷款试点工作；大力发展普惠金融，提高金融服务覆盖率；积极发展绿色金融，全面做好金融支持“三去一降一补”工作；把防控金融风险放在更加重要的位置，扎实做好金融风险防控预警工作，提高和改进监管协调能力，切实维护区域金融稳定。

中国人民银行合肥中心支行货币政策分析小组
总　纂：刘兴亚　丁伯平
统　稿：赵永红　骆盛强　毛瑞丰
执　笔：毛瑞丰　张武强　姚　丰　贺　静　李　新　张　媛
提供材料的还有：方锡华　居　姗　李　雯　吴玮玮　卢　璐　李元亮　张　振　程　识　岳晨曦　谭晓峰

附录

（一）2016年安徽省经济金融大事记

2月，中国(合肥)智能语音产业基地获批国家新型工业化产业示范基地，“中国声谷”成为首个国家级智能语音产业集聚区。

4月24日至27日，习近平总书记视察安徽并发表重要讲话，鲜明提出“一大目标、五大任务”的要求，指引安徽加强改革创新、努力闯出新路。

4月6日，中国人民银行合肥中心支行组织召开安徽省“两权”抵押贷款试点工作推进会，安排部署“两权”抵押贷款试点工作深入推进。

5月11日，国务院通过《长江三角洲城市群发展规划》，皖江8市正式纳入长三角城市群。

6月8日，合芜蚌国家自主创新示范区获批建设。

11月9日，安徽省互联网金融协会正式挂牌成立。

11月21日，安徽省首家民营银行——安徽新安银行获得中国银监会批准筹建。

12月26日，合肥地铁1号线正式开通，安徽迈入“地铁时代”。

12月22日，财政部向全国推广安徽首创的“劝耕贷”支农新模式，这标志着安徽在农村供给侧改革领域走出新路径。

2016年，全年规模以上工业实现了历史性突破，工业增加值总量首次跨越万亿元大关，主要工业经济指标均位居全国第一方阵前列。

（二）2016年安徽省主要经济金融指标

表1　2016年安徽省主要存贷款指标

		1月	2月	3月	4月	5月	6月	7月	8月	9月	10月	11月	12月
本外币	金融机构各项存款余额（亿元）	36 109.7	37 170.0	37 926.0	38 141.1	38 299.6	38 823.1	40 346.8	40 747.3	41 145.9	41 506.0	42 039.4	41 324.3
	其中：住户存款	17 393.9	18 915.4	19 074.3	18 502.5	18 436.0	18 689.3	18 674.5	18 776.6	18 988.7	18 798.2	18 819.3	18 957.1
	非金融企业存款	10 941.7	10 357.9	11 189.8	11 359.1	11 467.9	11 892.6	12 430.7	12 757.7	12 977.4	13 019.8	13 229.7	13 264.1
	各项存款余额比上月增加（亿元）	1 283.4	1 060.4	755.9	215.1	158.5	523.5	1 523.7	400.5	398.6	360.1	533.4	-715.1
	金融机构各项存款同比增长（%）	16.3	16.9	16.3	17.1	15.9	14.7	19.2	18.7	19.5	18.8	20.2	18.7
	金融机构各项贷款余额（亿元）	26 843.2	27 035.6	27 332.8	27 529.4	28 027.8	28 585.3	29 028.8	29 560.9	30 068.7	30 327.9	30 505.2	30 774.5
	其中：短期	8 653.7	8 645.8	8 719.7	8 647.6	8 744.5	8 932.9	9 016.5	9 114.1	9 157.8	9 166.1	9 207.4	9 285.9
	中长期	15 906.5	16 102.3	16 300.1	16 550.2	16 819.6	17 175.0	17 516.1	17 814.5	18 168.8	18 369.2	18 546.5	18 766.6
	票据融资	1 691.3	1 672.1	1 685.3	1 686.4	1 796.6	1 802.8	1 804.5	1 924.0	2 013.4	2 050.4	2 010.5	1 956.3
	各项贷款余额比上月增加（亿元）	698.8	192.4	297.2	196.5	498.4	557.6	443.5	532.0	507.8	259.2	177.3	269.4
	其中：短期	131.4	-8.0	74.0	-72.2	96.9	188.4	83.6	97.7	43.7	8.3	41.4	78.5
	中长期	436.3	195.8	197.8	250.2	269.3	355.5	341.0	298.5	354.2	200.4	177.3	220.1
	票据融资	108.7	-19.2	13.2	1.2	110.2	6.1	1.7	119.5	89.4	37.0	-39.9	-54.2
	金融机构各项贷款同比增长（%）	15.3	14.5	15.0	15.1	15.9	15.5	17.0	17.5	18.7	18.5	18.0	17.7
	其中：短期	8.6	6.8	7.5	6.3	7.7	9.1	10.5	10.9	10.6	10.5	10.1	9.0
	中长期	14.8	14.4	14.8	15.4	16.6	16.7	18.5	19.3	20.6	20.9	21.2	21.3
	票据融资	59.1	62.8	59.5	62.1	49.2	27.1	29.3	28.9	37.2	31.3	24.1	23.6
	建筑业贷款余额（亿元）	857.0	870.4	868.6	892.4	920.3	929.9	931.9	933.5	936.6	942.0	940.9	943.4
	房地产业贷款余额（亿元）	1 532.4	1 576.3	1 584.9	1 607.9	1 643.0	1 703.9	1 686.7	1 693.7	1 712.5	1 715.3	1 685.8	1 651.9
	建筑业贷款同比增长（%）	6.5	3.6	5.9	9.6	12.3	11.2	11.2	8.8	8.5	8.6	7.3	8.0
	房地产业贷款同比增长（%）	25.5	26.2	24.9	23.8	25.5	20.3	18.5	18.0	18.0	18.8	15.1	13.0
人民币	金融机构各项存款余额（亿元）	35 742.3	36 802.1	37 568.5	37 774.6	37 950.5	38 461.4	39 966.4	40 360.5	40 748.9	41 116.8	41 619.8	40 856.2
	其中：住户存款	17 330.2	18 849.1	19 006.3	18 434.3	18 366.2	18 617.1	18 599.9	18 702.8	18 914.2	18 714.7	18 727.9	18 857.6
	非金融企业存款	10 676.1	10 091.7	10 935.3	11 096.1	11 223.9	11 636.0	12 157.2	12 478.0	12 684.4	12 744.2	12 930.3	12 923.5
	各项存款余额比上月增加（亿元）	1 259.4	1 059.8	766.4	206.0	176.0	510.9	1 505.0	394.0	388.4	367.9	503.0	-763.6
	其中：住户存款	315.1	1 518.9	157.1	-571.9	-68.1	250.9	-17.2	102.9	211.3	-199.4	13.2	129.7
	非金融企业存款	407.7	-584.4	843.7	160.8	127.8	412.1	521.2	320.8	206.4	59.9	186.1	-6.9
	各项存款同比增长（%）	16.1	16.7	16.2	17.0	15.8	14.7	19.1	18.6	19.4	18.8	20.1	18.5
	其中：住户存款	13.1	11.4	9.9	9.7	10.5	10.5	10.6	11.3	11.2	11.3	11.4	10.8
	非金融企业存款	17.9	18.2	25.1	23.5	21.1	22.1	28.0	29.1	32.9	30.7	29.1	25.9
	金融机构各项贷款余额（亿元）	26 279.3	26 488.7	26 799.4	26 998.9	27 483.1	28 013.2	28 461.6	28 984.8	29 496.1	29 766.5	29 955.7	30 180.7
	其中：个人消费贷款	5 796.0	5 826.1	6 006.7	6 139.7	6 308.9	6 539.0	6 737.8	6 996.7	7 237.4	7 420.6	7 628.7	7 767.1
	票据融资	1 691.3	1 672.1	1 685.3	1 686.4	1 796.6	1 802.7	1 804.4	1 924.0	2 013.4	2 050.4	2 010.5	1 956.3
	各项贷款余额比上月增加（亿元）	790.2	209.4	310.8	199.5	484.1	530.2	448.4	523.2	511.3	270.4	189.2	225.1
	其中：个人消费贷款	147.4	30.0	180.6	133.0	169.2	230.1	198.8	258.9	240.7	183.2	208.2	138.4
	票据融资	108.7	-19.2	13.2	1.2	110.1	6.1	1.7	119.6	89.4	37.0	-39.9	-54.2
	金融机构各项贷款同比增长（%）	16.3	15.7	16.3	16.3	17.1	16.6	18.1	18.6	19.7	19.5	18.9	18.4
	其中：个人消费贷款	21.1	20.4	22.3	23.1	24.8	27.2	29.3	32.2	34.6	36.3	37.1	37.5
	票据融资	59.1	62.8	59.5	62.1	49.2	27.1	29.3	28.9	37.2	31.3	24.1	23.6
外币	金融机构外币存款余额（亿美元）	56.1	56.2	55.3	56.8	53.1	54.5	57.2	57.8	59.5	57.5	60.9	67.5
	金融机构外币存款同比增长（%）	34.0	34.0	24.4	21.5	18.5	12.9	17.4	23.8	18.1	17.3	18.5	27.6
	金融机构外币贷款余额（亿美元）	86.1	83.6	82.6	82.1	82.8	86.3	85.3	86.1	85.7	83.0	79.8	85.6
	金融机构外币贷款同比增长（%）	-22.3	-27.2	-30.1	-29.3	-28.0	-27.0	-25.3	-23.3	-21.2	-21.5	-23.5	-15.2

数据来源：中国人民银行合肥中心支行。

表2　2001～2016年安徽省各类价格指数

单位：%

年/月	居民消费价格指数		农业生产资料价格指数		工业生产者购进价格指数		工业生产者出厂价格指数	
	当月同比	累计同比	当月同比	累计同比	当月同比	累计同比	当月同比	累计同比
2001	—	2.4	—	0.9	—	-3.1	—	-1.8
2002	—	1.6	—	-0.4	—	-2.8	—	-2.6
2003	—	1.3	—	1.6	—	-6.5	—	-6.1
2004	2.1	2.1	-0.5	-0.5	-2.6	-2.6	-1.4	-1.4
2005	1.8	1.9	-1	-0.7	-3	-2.8	-2	-1.7
2006	2.1	2.0	-1.3	-0.9	-3.7	-3.1	-2.9	-2.1
2007	1.4	1.8	-1.4	-1.0	-3.4	-3.2	-2.7	-2.2
2008	2.2	1.9	-1.4	-1.1	-2.5	-3.0	-2.3	-2.3
2009	1.5	1.8	-0.9	-1.1	-2.1	-2.9	-2.3	-2.3
2010	1.8	1.8	-0.7	-1.0	-1.7	-2.7	-1.5	-2.2
2011	1.6	1.8	1.2	-0.8	-1.5	-2.6	-2.1	-2.2
2012	1.3	1.7	1	-0.6	-2.3	-2.5	-2.9	-2.2
2013	1.4	1.7	0.8	-0.4	-3.2	-2.6	-3.3	-2.3
2014	1.2	1.7	0.2	-0.4	-3.5	-2.7	-3.6	-2.5
2015	1.2	1.6	-0.4	-0.4	-4.5	-2.8	-4.4	-2.6
2016	1.8	1.8	—	—	8.6	-1.6	7.8	-1.5
2015　1	0.4	0.4	-0.4	-0.4	-5.5	-5.5	-5.4	-5.4
2	1.2	0.8	0.4	0.0	-6.2	-5.9	-5.7	-5.5
3	1.4	1.0	0.6	0.2	-6.0	-5.9	-5.1	-5.4
4	1.7	1.2	0.9	0.4	-5.7	-5.8	-5.2	-5.4
5	1.2	1.2	1.6	0.6	-5.7	-5.8	-5.4	-5.4
6	1.3	1.2	1.8	0.8	-6.3	-5.9	-5.7	-5.4
7	1.7	1.3	3.1	1.1	-6.6	-6	-6.2	-5.5
8	1.9	1.4	2.6	1.3	-7.1	-6.1	-6.6	-5.7
9	1.3	1.4	3.1	1.5	-7	-6.2	-6.4	-5.8
10	0.8	1.3	2.1	1.6	-7.2	-6.3	-6.7	-5.9
11	1	1.3	1.9	1.6	-7.8	-6.4	-7.1	-6
12	0.2	1.3	1.9	1.6	-7.6	-6.5	-7.2	-6.1
2016　1	1.7	1.7	-1.2	-1.2	-7.1	-7.1	-6.8	-6.8
2	2.6	2.1	-1.7	-1.4	-6.1	-6.6	-6.1	-6.4
3	2.5	2.2	-0.4	-1.1	-5.1	-6.1	-5.2	-6.0
4	1.6	2.1	0.1	-0.8	-4.5	-5.7	-4.0	-5.5
5	1.3	1.9	0.3	-0.6	-4.1	-5.4	-3.4	-5.1
6	1.4	1.8	0.58	-0.38	-3.5	-5.1	-3.1	-4.8
7	1.3	1.8	-0.6	-0.4	-2.3	-4.7	-2.3	-4.4
8	1.1	1.7	-1.7	-0.6	-1.2	-4.3	-0.9	-4
9	1.8	1.7	-1.8	-0.7	0.1	-3.8	0.1	-3.6
10	2	1.7	-1.4	-0.8	1.7	-3.2	2	-3
11	2.3	1.8	-0.3	-0.7	5.4	-2.5	5	-2.3
12	1.8	1.8	-0.4	-0.6	8.6	-1.6	7.8	-1.5

数据来源：《中国经济景气月报》、安徽省统计局、国家统计局安徽调查总队。

表3　2016年安徽省主要经济指标

	1月	2月	3月	4月	5月	6月	7月	8月	9月	10月	11月	12月
绝对值（自年初累计）												
地区生产总值（亿元）	—	—	4647.3	—	—	11028.5	—	—	17132	—	—	24117.9
第一产业	—	—	379.4	—	—	968.9	—	—	1502.4	—	—	2567.7
第二产业	—	—	2353.6	—	—	5436.9	—	—	8337.5	—	—	11666.6
第三产业	—	—	1914.3	—	—	4622.7	—	—	7292.1	—	—	9883.6
工业增加值（亿元）	—	1471.3	2371	3231	3830.5	4709.8	5501.2	6313.3	7192.7	8094.6	9050	10081.2
固定资产投资（亿元）	—	2414.3	4904.7	7229.7	9823.2	12296.7	14564.5	17046.6	19706.5	21924.3	24066	26577.4
房地产开发投资	—	499.8	915.6	1287.6	1710	2191.5	2580.5	2968.3	3379.3	3779.5	4150	4603.6
社会消费品零售总额（亿元）	—	—	2427	—	—	4792.2	—	—	7257.1	—	—	10000.2
外贸进出口总额（亿美元）	33.5	60.3	92.4	126.4	167	201.7	239.9	276	312.1	343.1	383.1	443.3
进口	11.5	21.3	32.9	44.7	58.7	71.9	85.4	98.6	110.9	123.7	139	158.9
出口	22	39	59.5	81.7	108.3	129.8	154.5	177.5	201.2	219.4	244.1	284.4
进出口差额(出口－进口)	10.5	17.7	26.6	37	49.6	57.9	69.1	79	90.3	95.7	105.1	125.5
实际利用外资（亿美元）	—	23.5	36.3	48.6	61.7	81.7	93.4	106.4	117.2	127.8	137.9	147.7
地方财政收支差额（亿元）	-69.2	-214.8	-686.9	-805.2	-995.6	-1420.7	-1665.1	-1901	-2271.2	-2312.5	-2629.6	-2857
地方财政收入	331.9	518.7	744.5	1004	1242.4	1461.6	1698.9	1890.4	2105.1	2311	2481.4	2673
地方财政支出	401.1	733.5	1431.4	1809.2	2238	2882.3	3364	3791.4	4376.3	4623.5	5111	5530
城镇登记失业率(%)(季度)	—	—	3.2	—	—	3.2	—	—	3.3	—	—	3.2
同比累计增长率（%）												
地区生产总值	—	—	8.6	—	—	8.6	—	—	8.7	—	—	8.7
第一产业	—	—	3.2	—	—	2.7	—	—	2.8	—	—	2.7
第二产业	—	—	8.4	—	—	8.3	—	—	8.1	—	—	8.3
第三产业	—	—	10	—	—	10.3	—	—	10.8	—	—	10.9
工业增加值	—	7.8	8.5	8.4	8.3	8.5	8.5	8.5	8.6	8.7	8.7	8.8
固定资产投资	—	8.8	11.4	11.6	11.5	11.5	11.6	11.4	11.5	11.6	11.6	11.7
房地产开发投资	—	4.6	8.7	10.4	9.6	8.7	7	5.2	3.3	3.6	3.6	4
社会消费品零售总额	—	—	12	—	—	12.1	—	—	12.2	—	—	12.3
外贸进出口总额	-9.3	-9.8	-9.8	-9.5	-4.7	-4.8	-4	-4.8	-6.6	-6.9	-7.5	-7.3
进口	-16.2	-5.6	-18.1	-19.3	-12.8	-8.9	-4.4	-3.9	-3.5	平	0.3	2.1
出口	-5.2	-12	-4.4	-3	0.4	-2.4	-3.7	-5.3	-8.2	-10.5	-11.4	-11.9
实际利用外资	—	8.1	8.5	8.8	8.7	8.5	8.1	8.3	8.4	8.3	8.5	8.4
地方财政收入	14.5	8.5	10.9	11.3	12.2	9.4	8.6	8.7	9	7.8	7.3	8.9
地方财政支出	33.7	13.7	23	16.7	18.4	14.8	10.6	9.5	10.7	8.1	8.9	5.6

数据来源：安徽省统计局。

福建省金融运行报告（2017）

中国人民银行福州中心支行货币政策分析小组

[内容摘要] 2016年，福建省金融运行平稳，各金融机构着力满足实体经济发展的资金需求，为供给侧结构性改革营造适宜的货币金融环境。社会融资规模增长较快，货币信贷平稳适度增长，社会融资成本继续降低，证券市场呈现多层次特征，保险助推经济与保障民生作用提高，信用体系、支付体系等不断完善。面对错综复杂的国内外形势和经济下行压力，福建省积极推进供给侧结构性改革，经济运行保持总体平稳、稳中向好的发展态势。产业结构持续优化，服务业和高新技术制造业较快增长。

2017年，在国家高度重视和支持福建发展、福建省深化改革扩大开放，以及省内经济内生增长新动能逐渐形成等有利因素支撑下，全省经济有望保持平稳增长势头。受益于经济平稳较快增长、经济结构调整优化等，福建省金融将继续平稳运行。

一、金融运行情况

2016年，福建省金融业认真落实稳健的货币政策，社会融资规模增长较快，货币信贷平稳适度增长，为供给侧结构性改革营造适宜的货币金融环境。存、贷款结构变化明显，贷款利率继续下行，债券发行大幅增加，民生保障持续加强，金融改革不断推进，支持实体经济成效显著。

（一）银行业运行整体稳健，支持实体经济质量提升

1. 银行业规模稳步增长。2016年年末，福建省银行业金融机构资产总额93 278亿元（见表1），同比增长16.1%；全年从业人员增加997人，同比增长0.8%。机构网点总数6 622个，同比增长3.0%。中小商业银行经营发展稳中向好，村镇银行不断发展壮大，开业家数稳步增加。全年省内6家地方法人金融机构成功发行二级资本债107.5亿元。

表1　2016年福建省银行业金融机构情况

机构类别	营业网点			法人机构（个）
	机构个数（个）	从业人数（人）	资产总额（亿元）	
一、大型商业银行	2 299	56 772	18 500	0
二、国家开发银行和政策性银行	44	1 436	6 278	0
三、股份制商业银行	839	24 078	49 598	1
四、城市商业银行	220	8 659	8 188	4
五、小型农村金融机构	1 923	20 487	7 326	68
六、财务公司	6	123	316	5
七、信托公司	2	720	189	2
八、邮政储蓄银行	1 055	6 026	1 807	0
九、外资银行	40	989	442	1
十、新型农村金融机构	192	3 210	566	169
十一、其他	2	327	69	2
合　计	6 622	122 827	93 278	252

注：营业网点不包括总部；大型商业银行包括中国工商银行、中国农业银行、中国银行、中国建设银行和交通银行；小型农村金融机构包括农村商业银行和农村信用社；新型农村金融机构包括村镇银行、小额贷款公司；其他包括消费金融公司、金融租赁公司。

数据来源：中国人民银行福州中心支行、福建银监局。

2. 存款增速处于低位，结构分化明显。2016年年末，全省本外币存款余额40 487.0亿元，同比增长9.9%，增速较上年年末回落0.8个百分点。全年存款新增3 641.6亿元，比上年少增8.5亿元。理财等高收益产品对存款的分流影响加大。

存款结构分化明显。全年住户存款增加1 279.6亿元，比上年少增16.9亿元。企业存款增加1 209亿元，比上年少增588.4亿元。主要原因是，银行理财产品对企业存款的替代效应明显，银行承兑汇票负增长致使保证金存款萎缩。财政性存款增加60.7亿元，比上年多增340.5亿元，与福建省开

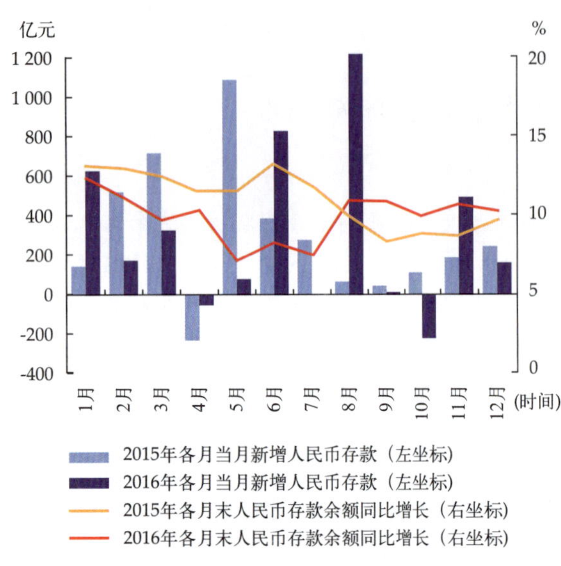

数据来源：中国人民银行福州中心支行。

图1　2015～2016年福建省金融机构人民币存款增长变化

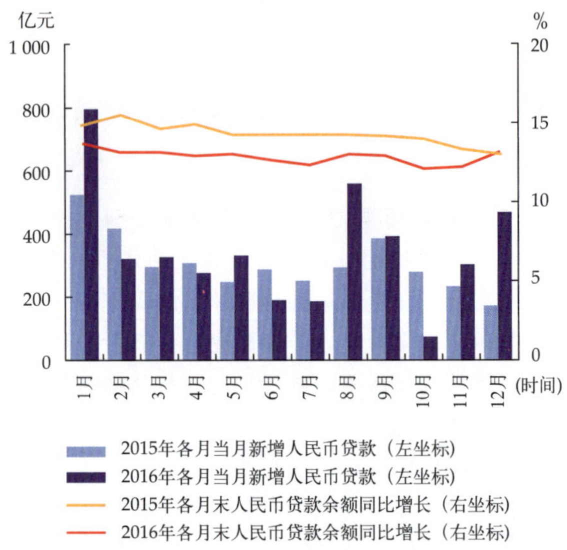

数据来源：中国人民银行福州中心支行。

图2　2015～2016年福建省金融机构人民币贷款增长变化

展国库现金管理关系密切。2016年，福建省成为第二批地方国库现金管理的试点地区。年末，福建省国库现金管理余额200亿元。非银行业金融机构存款增加203.5亿元，比上年少增264.4亿元，主要是证券机构客户交易结算资金明显下降。

3. 贷款平稳增长，中长期贷款比上年明显多增。2016年年末，全省本外币贷款余额37 787.3亿元，同比增长12.15%（见图3）。如果考虑到地方政府债券置换到期银行贷款、不良贷款处置两个因素，年末实际贷款增速更高。全年贷款新增4 092.8亿元，比上年多增454.7亿元。

中长期贷款大量增加，短期贷款疲软。全省中长期贷款增加3 118.1亿元，比上年多增575.1亿元，其中，个人中长期住房贷款增加1 903.2亿元，比上年多增860.8亿元，这主要与房地产市场销售大幅增长关系密切。短期贷款增加142.1亿元，比上年少增34.7亿元，这既与省内部分企业生产经营仍较困难、产品销售不畅，短期贷款需求乏力有关，也与个别金融机构在不良贷款风险压力增大下慎贷有一定关系。

2016年，中国人民银行福州中心支行积极引导金融机构盘活存量，用好增量，信贷资金向小微、涉农等国民经济薄弱环节配置。一是小微企业金融服务成效显著。全省小微企业贷款新增900.8亿元，比上年多增479.3亿元，年末增长13.8%，高于全部贷款增速1.6个百分点。二是金融精准扶贫贷款快速增长。组织开展45.2万贫困人口融资信息的精准识别与录入，并联合省扶贫办下发《福建省扶贫小额信贷资金管理办法》，截至年末实现对贫困

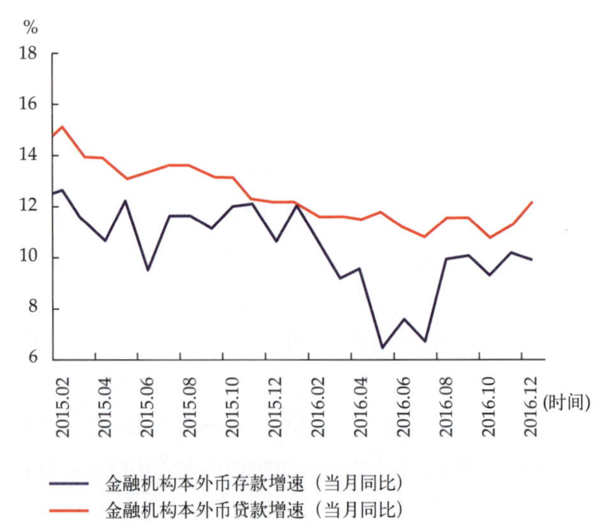

数据来源：中国人民银行福州中心支行。

图3　2015～2016年福建省金融机构本外币存、贷款增速变化

户信用建档全覆盖、扶贫小额贷款担保基金对全省60个有千户以上贫困户人口的县（市）全覆盖。年末全省金融精准扶贫贷款余额97.37亿元，同比增长233.61%，高于全部贷款增速221.46个百分点，带动或服务贫困人口15.26万人，金融精准扶贫取得明显成效。三是扎实推进农村“两权”抵押贷款试点。制定《关于进一步推进农村“两权”抵押贷款试点的指导意见》，指导加快健全确权、登记、评估、流转、风险补偿等配套条件。截至年末，“两权”抵押贷款试点业务实现试点县全覆盖，地方法人金融机构和国有大型商业银行、主要涉农金融机构全覆盖。年末，试点县（市）“两权”抵押贷款余额17.37亿元，同比增长40.65%，受益农户和企业超过2 300户。

专栏1　坚持问题导向　扎实推进农村“两权”抵押贷款试点取得积极成效

福建省有10个县（市）被列为全国农村承包土地的经营权抵押贷款试点县（市），4个县（市）为全国农民住房财产权抵押贷款试点县（市）。自2015年下半年试点启动以来，福建省在政府主导下，由中国人民银行牵头，各部门协作，坚持问题导向，因地制宜破解试点难点，指导试点有效推进。

一是有效破解确权难题。将农村土地承包经营权确权颁证纳入政府效能考核和督查重点，对10个试点县（市）进一步加压，2016年年末试点县（市）土地承包经营权合同签约率平均达到60%，大幅领先非试点县（市）。针对农房确权历史遗留问题多、政策不明确特点，率先在宁德古田县划定试点区域，探索建房手续不齐全、超面积建房等宅基地和房屋确权登记历史遗留问题处理办法，并配套建立容错纠错机制，消除干部疑虑，加快确权工作，奠定试点良好基础。有关做法被国土资源部《关于进一步加快宅基地和集体建设用地确权登记发证有关问题的通知》采纳，达到试点目的。

二是有效破解评估难题。针对农村地区评估机构缺乏，同时评估机构开展农村产权评估意愿不强的情况，发挥政府作用，在泉州永春、漳州漳浦等试点县率先探索建立农村土地经营权、农业设施、农作物产量评估指导价，在泉州晋江建立宅基地基准地价体系，指导金融机构以评估指导价为基础核定抵押授信额度，免除农民评估费用，降低融资成本。

三是有效破解试点业务落地难题。针对试点初期金融机构顾虑多、跟进慢的情况，一方面加大窗口指导力度。主要涉农金融机构在中国人民银行引导下，建立内部考核和激励政策，增强试点县（市）分支机构参与试点动力。中国人民银行指导金融机构在试点中创新“金土地”“农房乐”“农易贷”等“两权”抵押专属产品，泉州晋江农村商业银行还与政府开展银村共建，开展农房抵押批量授信，取得明显成效。另一方面着力争取政府对试点风险分担的政策支持，13个试点县（市）合计安排9 225万元作为试点风险补偿资金，同时还有试点县（市）对参与试点的金融机构配套财政性存款奖励，通过收益覆盖风险，有效调动金融机构参与积极性。

四是有效破解抵押物流转处置难题。结合农村产权流转实际，一方面大力推动农村产权公开流转市场建设，沙县、永春、建瓯、仙游、邵武、晋江等多个试点县（市）建立“两权”流转和收储机构，助力提升流转效率。另一方面积极发挥抵押物民间处置渠道的作用，鼓励发展“合作社担保+两权反担保”“农业龙头企业担保+两权反担保”“农民联保+两权反担保”等模式，通过抵押物在乡村内部的高效流转处置，保障抵押权实现。

五是有效破解农民对试点不知情难题。不间断开展农村“两权”抵押贷款试点政策、产品、贷款程序的宣传，2016年6月在全省组织开展试点宣传月活动，累计参与农户和新型农业经营主体2.89万人次，微信公众号宣传信息浏览量达6.91万人次，发送手机短信3.3万条，营造试点良好氛围。

表2　2016年福建省金融机构人民币贷款各利率区间占比

单位：%

月份		1月	2月	3月	4月	5月	6月
合计		100.0	100.0	100.0	100.0	100.0	100.0
下浮		12.1	14.3	13.5	10.9	11.9	19.1
基准		15.5	14.5	12.3	16.2	15.4	13.2
上浮	小计	72.4	71.2	74.2	73.0	72.7	67.7
	(1.0，1.1]	16.2	14.5	16.8	12.7	14.3	14.8
	(1.1，1.3]	19.0	20.2	19.6	21.5	21.2	15.9
	(1.3，1.5]	14.7	15.8	17.3	17.4	16.9	16.7
	(1.5，2.0]	12.6	10.7	10.7	12.0	11.9	11.9
	2.0以上	10.0	10.0	9.8	9.3	8.3	8.4
月份		7月	8月	9月	10月	11月	12月
合计		100.0	100.0	100.0	100.0	100.0	100.0
下浮		12.5	15.3	16.8	14.9	16.9	23.7
基准		13.5	13.7	14.6	14.0	13.4	16.5
上浮	小计	73.9	71.0	68.6	71.1	69.7	59.7
	(1.0，1.1]	11.9	12.9	14.5	12.9	13.2	13.0
	(1.1，1.3]	18.9	19.5	18.3	20.2	18.5	16.5
	(1.3，1.5]	20.6	18.4	18.5	18.5	18.6	15.4
	(1.5，2.0]	13.7	12.2	10.4	11.1	11.8	8.6
	2.0以上	8.8	8.1	6.9	8.4	7.7	6.2

数据来源：中国人民银行福州中心支行。

4. 2016年，福建省一般人民币贷款加权平均利率为5.90%，比上年下降80个基点。其中，2016年12月利率创2008年以来的新低。分企业类型看，12月大型、中型、小型、微型企业贷款加权平均利率分别为4.39%、4.93%、5.26%和5.39%，分别比上年同期回落0.21个百分点、0.32个百分点、0.14个百分点、0.61个百分点。12月个人商业性房贷利率为4.53%，比上年同期回落0.31个百分点。贷款利率降低，实体经济融资贵问题有所缓解。

美元存款利率下降、贷款利率上升。2016年，全省美元活期、定期存款加权平均利率分别为0.0616%、0.9041%（见图4），均比上年下降约5个基点。2016年，福建省美元贷款加权平均利率为2.6059%，比上年上升约18个基点。

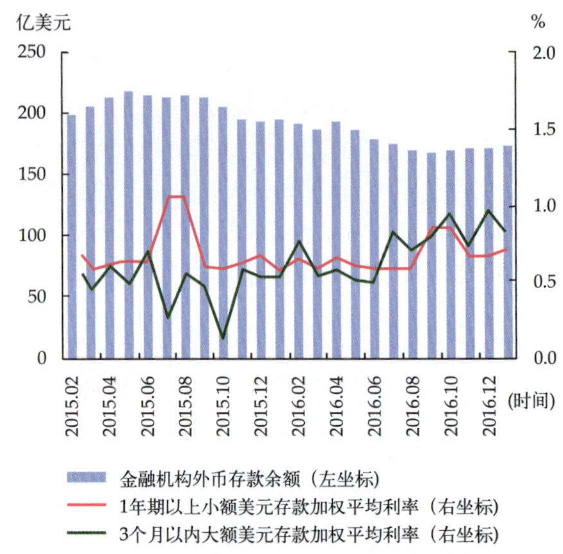

数据来源：中国人民银行福州中心支行。

图4　2015～2016年福建省金融机构外币存款余额及外币存款利率

5. 资产质量下迁压力依然较大。2016年年末，全省不良贷款率2.53%，比年初提高0.06个百分点。如果考虑银行通过转让、核销等方式处置不良贷款的因素，全年省内实际新增不良贷款更多。与此同时，关注类贷款继续增加，折射出贷款整体质量向下迁徙态势未改。

6. 金融改革创新取得新突破。一是福建自由贸易试验区、泉州金融服务实体经济综合改革试验区等改革稳步扎实推进。金融机构入驻自由贸易试验区踊跃，截至年末，区内入驻金融机构226家，比自由贸易试验区设立前增加107家，同比增长89.9%。二是持续吸引台资银行入驻福建省。2016年6月，台湾银行福州分行开业，这是第5家落户福建省的台资银行。

专栏2　积跬致远　福建省金融业助力"海丝"核心区建设见成效

一是优化跨境融资服务，支持优质企业走出去。截至2016年年末，福建省银行业"一带一路"项目融资余额3 094亿元，比上年年末增长19%。推动设立战略合作基金和产业基金。目前相关金融机构已与福建省政府合作设立1 000亿元的“21世纪海上丝路”产业基金，与福州市政府合作设立100亿元战略合作基金。截至2016年年末，中国建设银行已审批通过“海丝”系列基金11只，基金总规模435亿元；已投放4只“海丝”基金，投资规模合计73.3亿元。

二是推动人民币跨境结算服务，满足企业避险需求。2016年，福建省与“海丝”沿线国家的跨境人民币业务量达431.38亿元，占同期全省跨境人民币业务总量的9.26%,有效降低了省内企业与“海丝”沿线国家投资贸易的汇兑成本，规避了汇率风险。鼓励跨国企业集团开展跨境人民币资金集中运营业务，支持更多“走出去”企业享受贸易和投资便利化。

三是深化外汇管理改革，促进企业贸易投资便利化。经常项目方面，简化企业货物贸易外汇收支管理。资本项目方面，取消了大部分直接投资项下的行政审批，全面推广资本金意愿结汇改革，以跨国公司外汇资金集中运营管理探索投融资汇兑便利化，全面推进全口径跨境融资宏观审慎管理政策，积极促成银行和企业在宏观审慎的框架下实现跨境融资，支持实体经济发展。

四是创新特色金融服务，有效对接“海丝”核心区建设。推动省内有资质的支付机构开展跨境外汇支付业务试点，目前，福建省已有十余家第三方支付机构可办理跨境结算。作为首批中国—东盟海上合作基金支持的18个项目之一，东盟海产品交易所是国内首家中国与东盟大宗海产品现货交易所。目前，海交所已吸纳中国与东盟国家海洋产业链上多家优质企业会员，并储备了大量境外有意向会员单位。

五是发挥开发性金融先导作用，为企业提供保险保障。福建保险业充分发挥出口信用保险的政策性导向作用，引导企业深度参与“海丝”沿线国家建设。积极运用政策性海外投资保险，跟踪福建重点海外投资项目，支持企业参与产能转移和境外资源开发。2016年，中国出口信保在闽机构共支持福建企业出口224亿美元，其中对“海丝”沿线国家出口贸易26.8亿美元，海外投资保险业务支持“海丝”沿线国家投资4.5亿美元。

（二）证券市场呈现多层次特征，直接融资保持良好态势

1. 证券期货经营机构发展壮大。2016年年末，全省共有3家法人证券公司，5家法人期货公司，3家基金管理公司。3家法人证券公司总资产和净资产分别为1 523.3亿元、414.6亿元，同比分别增长11.34%和69.76%。全省法人期货经营机构客户保证金规模186.02亿元，同比增长 16.0%。

2. 多维度直接融资增加。2016年，8家公司首发上市融资26.6亿元，超过120家次上市公司通过定向增发、配股、私募债、公司债、短期融资券、中期票据等合计实现股权性和债权性融资2 418.45亿元。

2016年，中国人民银行福州中心支行大力推动省内企业在银行间市场发债，取得明显成效。一是总量呈持续加快增长态势。全年全省企业银行间市场发债264期，金额1 875.1亿元，比上年分别增加58期和425.1亿元。二是债券创新继续突破。福建省投资开发集团、福建省高速公路有限责任公司、厦门建发集团通过注册DFI（统一注册债务融资工具），恒安国际集团发行“熊猫债”20亿元，福建能源集团、福建电子信息集团分别发行永续中期票据5亿元和3亿元。三是发债利率普遍较低。超短期融资券发行年利率介于2.42%～5.6%之间，短期融资券介于2.75%～7.5%之间，中期票据介于2.97%～7%之间。

3. 上市公司整体质量提升。2016年年末，全省共有境内上市公司107家，较上年年末增加8家，其中主板55家、中小板37家、创业板15家，总市值14 594.52亿元，同比下降5.86%。

4. 场外市场建设深入推进。2016年，全省（不含厦门）新增三板挂牌企业达105家。海峡股权交易中心挂牌企业超过1 802家，托管总股本

表3　2016年福建省证券业基本情况

项目	数量
总部设在辖内的证券公司数（家）	3
总部设在辖内的基金公司数（家）	5
总部设在辖内的期货公司数（家）	3
年末国内上市公司数（家）	107
当年国内股票（A股）筹资（亿元）	440.5
当年发行H股筹资（亿元）	21.2
当年国内债券筹资（亿元）	3 118.8
其中：短期融资券筹资额（亿元）	1 451.7
中期票据筹资额（亿元）	423.4

注：国内股票（A股）债券筹资额不含金融机构融资额。
数据来源：中国人民银行福州中心支行、福建证监局。

57.94亿股。私募投资基金快速发展。年末，全省（不含厦门）已登记备案私募基金管理人162家，已备案私募基金（含投资顾问管理型）456只，管理规模达1 213.77亿元。

（三）保险市场发展势头良好，助推经济与保障民生作用增强

1. 保险业较快发展。2016年，全省保险业累计实现保费收入917.6亿元（见表4），同比增长18%。其中，财产险保费同比增长5.3%，人身险同比增长24.4%。保险业资产规模逐步壮大。全省保险业总资产2 175.7亿元，同比增长20.6%。社会经济生活的保险渗透率继续提高。2016年福建保险密度①比上年增长近17%，保险深度②比上年上升0.23个百分点。

2. 服务实体经济的能力不断增强。一是支持重点业务领域发展。保险机构承保建设工程保证保险4.3万笔，释放建筑工程保证金约83亿元，为福建省在建重点项目提供1 890亿元的工程险风险保障。二是促进对外贸易增长。出口信用保险为全省224亿美元的出口贸易提供收汇保障，同比增长6.9%，通过保单融资业务协助出口企业获得银行贷款15.6亿美元。三是服务“三农”发展。政策性农险实现保费收入5.7亿元，累计赔款支出8.2亿元。

3. 民生保障水平提高。一是整体保障功能日趋增强。全省保险业累计承担风险总额37.7万亿元，同比增长45.3%。累计赔付支出317.6亿元，同比增长29.6%，其中，财产险赔款支出168.1亿元，同比增长21.1%。二是支持社会保障体系建设。全省人身险责任准备金累计达1 868亿元，持有人身险保单的达到1 650万人次。全省保险公司共承保66个县（市、区）的城乡大病保险业务，参保人数达1 877万人。商业健康保险全省累计赔付支出33.4亿元，同比增长25.1%。三是提升社会管理能力。全省共提供责任保险风险保障3.6万亿元。

表4　2016年福建省保险业基本情况

项目	数量
总部设在辖内的保险公司数（家）	3
其中：财产险经营主体（家）	2
人身险经营主体（家）	1
保险公司分支机构（家）	55
其中：财产险公司分支机构（家）	25
人身险公司分支机构（家）	30
保费收入（中外资，亿元）	917.6
其中：财产险保费收入（中外资，亿元）	274.3
人身险保费收入（中外资，亿元）	643.3
各类赔款给付（中外资，亿元）	317.6
保险密度（元/人）	2 368.6
保险深度（%）	3.2

数据来源：福建保监局。

（四）金融交易活跃，社会融资规模较快增长

1. 社会融资规模增加较多。受委托贷款、信托贷款明显增加影响，2016年全省社会融资规模增量6 558.1亿元，同比增长52.58%。其中，企业债券和非金融企业境内股票融资合计增加1 674.6亿元，同比增长40.75%；人民币贷款新增4 238.9亿元，创历史新高，占社会融资规模增量的64.64%。

2. 货币市场交易活跃。2016年全省同业拆借、债券回购、现券交易三项成交总额48.06万亿元，同比增长93.8%，增速较上年提高23.8个百分点。

① 保险密度是指某一地区常住人口平均保险费的数额。保险密度=某一地区保费收入/该地区常住人口。
② 保险深度是指某一地区的全部保费收入与该地区GDP的比率。保险深度=某一地区保费收入/该地区GDP。

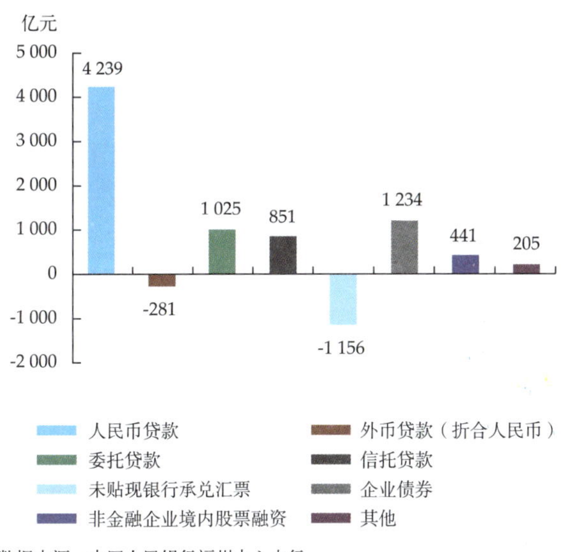

数据来源：中国人民银行福州中心支行。

图5　2016年福建省社会融资规模增量分布

3. 票据融资总量再创新高。2016年年末，全省票据融资余额（含承兑、贴现、转贴现）5 169.78亿元，比年初增加609.46亿元，同比增长13.36%。

2016年中国人民银行灵活运用多种货币政策工具组合，维护市场流动性合理充裕，货币市场利率走低，带动票据市场利率下行（见表6）。全年全省票据贴现加权平均利率为3.3058%，比上年下降约76个基点；转贴现加权平均利率为3.2109%，下降约74个基点。

4. 黄金交易下降。2016年，省内开办黄金业务的银行业金融机构（不含兴业银行）代理上海黄金交易所黄金交易1 008.23亿元，下降25.82%，而2015年为增长75.55%。

表5　2016年福建省金融机构票据业务量统计

单位：亿元

季度	银行承兑汇票承兑		贴现			
			银行承兑汇票		商业承兑汇票	
	余额	累计发生额	余额	累计发生额	余额	累计发生额
1	3 545.0	1 282.0	1 227.2	8 458.2	69.7	497.8
2	3 129.6	1 204.7	1 305.5	3 651.5	65.0	616.3
3	3 181.3	1 294.4	1 536.2	3 034.0	98.9	402.8
4	3 307.7	1 369.4	1 763.4	2 385.4	98.8	357.1

数据来源：中国人民银行福州中心支行。

表6　2016年福建省金融机构票据贴现、转贴现利率

单位：%

季度	贴现		转贴现	
	银行承兑汇票	商业承兑汇票	票据买断	票据回购
1	5.4551	5.4551	3.2545	3.3039
2	4.7813	4.7813	3.3710	3.1694
3	5.0282	5.0282	2.8255	3.0176
4	4.3085	4.3085	3.1556	3.3241

数据来源：中国人民银行福州中心支行。

5. 跨境收支、结售汇差额保持顺差。2016年，福建省外汇收支形势有所好转，跨境外汇净收入187.12亿美元，同比增长63.6%；银行结售汇顺差80.14亿美元，上年为逆差70.75亿美元。

6. 跨境人民币业务稳步推进。全年共办理跨境人民币结算业务4 658.95亿元，居全国第6位，同比下降25.58%。自福建自贸试验区挂牌至2016年年末，共办理人民币跨境结算1 212.39亿元。支持更多“走出去”企业集团享受贸易和投资便利化，全省境外直接投资（含融资）人民币结算605亿元，同比增长167.6%。鼓励跨国企业集团开展跨境人民币资金集中运营业务，全省跨境人民币双向资金池业务流入资金206亿元，流出资金198亿元。

（五）金融基础服务水平继续提升，金融生态环境进一步完善

1. 支付业务稳步发展。一是商业汇票电子化率大幅提高。全省银行业金融机构2016年共办理电子商业汇票承兑金额3 550.67亿元，电子化率达69.0%，比上年提高28个百分点。二是非银行支付机构业务量快速增长。全年处理线下支付业务笔数和金额同比分别增长40.11%和28.68%。三是支付清算系统安全运行。2016年，全省支付清算系统可用率达到100%，大额支付系统、小额支付系统业务量分别居全国第8位和第6位，网上支付跨行清算系统业务量居全国第4位。

2. 信用体系不断完善。一是金融信用信息基础数据库应用进一步拓展。截至2016年年末，金融信用信息基础数据库收录全省各类企业及其他组织42.63万户，同比增长2.48%，企业系统查询量

表7　2015～2016年福建省支付体系建设情况

年份	支付系统直接参与方（个）	支付系统间接参与方（个）	支付清算系统覆盖率（%）	当年大额支付系统业务金额（亿元）	同比增长（%）	当年小额支付系统业务金额（亿元）	同比增长（%）
2015	8	5 505	100	1 541 554	0.2	26 705	24.2
2016	8	5 148	100	2 165 625	40.5	33 559	25.7

数据来源：中国人民银行福州中心支行。

约占全国查询量的14%；收录全省自然人2 534.55万人，同比增长2.89%。福建自贸试验区福州和平潭片区开通区内台企台胞征信查询业务。二是公共信用信息交换共享取得重大进展。全省设区市（含平潭综合实验区）的公共信用信息平台已全部建成，并基本与福建省公共信用信息平台实现数据共享。三是中小微企业和农村信用体系建设有序推进。截至年末，全省累计建立中小微企业信用档案11.3万户，同比增长5.8%；建立农户信用档案543.8万户，同比增长1.9%。

3. 金融消费者合法权益得到有效维护。2016年，福建省12363金融消费权益保护咨询投诉热线电话共受理投诉的办结率97.8%，满意率98.4%。金融知识宣传进一步强化。2016年，福建省人民银行系统共6家地市中心支行和48家县支行开展了金融教育试点工作。小学、中学、职业中专、高等院校以及老年大学等各类院校学生受教育累计约 5.5万人次。打击电信网络新型违法犯罪成效显著。公安、通信、工商、银行等多部门联动，形成对电信网络新型违法犯罪的高压态势。124家在闽银行业金融机构法人全部接入“电信网络新型违法犯罪交易风险事件管理平台”，公安机关通过该平台冻结账户合计金额1.52亿元，止付账户金额3.19亿元。

4. 金融司法环境持续改善。完善金融案件专业化审判机制，部分法院设立金融案件审判庭和专门合议庭，审结金融借款、民间借贷案件15.03万件，标的总额1 342.96亿元，审结走私、非法集资等经济犯罪案件3 744件，审结公司诉讼、股权转让、建设工程、房地产等案件3.71万件。

专栏3　货币政策工具在服务地方实体经济中发挥积极作用

2016年，中国人民银行福州中心支行贯彻落实稳健的货币政策，综合运用各类结构性货币政策工具，引导金融机构更好地服务实体经济和经济结构的转型升级，为福建省供给侧结构性改革营造良好的货币金融环境。

一是用好用足信贷政策支持再贷款，促进信贷结构调整。加强政策传导，有效引导地方法人金融机构扩大涉农、小微企业信贷投放，降低社会融资成本。2016年，全省累计分别发放支农、支小再贷款33.86亿元、5亿元。全省金融机构运用支农、支小再贷款资金发放的涉农、小微企业贷款利率比运用其他资金发放的同类贷款利率分别低3.86个百分点、2.20个百分点，融资成本降低明显。

二是精准管好扶贫再贷款，助力脱贫攻坚。积极贯彻落实扶贫再贷款政策，加强扶贫再贷款管理，推进政策效果评估工作，创设推动扶贫再贷款典型示范点，引导金融机构加大金融助推脱贫攻坚信贷投放力度。2016年，累计发放扶贫再贷款12.60亿元，撬动金融机构发放贫困地区贷款250.28亿元。金融机构运用扶贫再贷款资金所发放贷款利率低于其运用其他资金所发放贷款利率5.50个百分点，促进贫困地区融资成本降低。

三是科学管理再贴现，优化票据融资结构。通过“完善制度体系、提高操作效率”“优化支持对象、扩大政策覆盖面”“强化票据选择、明确支持重点”等一系列管理措施，切实发挥再贴现结构调整导向功能。2016年，全省累计办理再贴现173.35亿元，再贴现投向中，中小微企业、涉农票据占比分别为67.46%、47.68%。

四是加强抵押补充贷款监测考核，提升金融支持经济重点领域和薄弱环节能力。国家开发银行、中国农业发展银行省内分支机构积极运用人民银行抵押补充贷款资金，发放特定贷款余额469.58亿元，增长73%，用于支持棚户区改造、水利建设、农村公路等项目。上述两家金融机构运用抵押补充贷款资金发放的贷款利率分别低于全省企业贷款利率0.76个百分点、0.77个百分点。

五是实施定向降准考核，强化对小微、涉农支持力度大的法人金融机构的激励。经考核，福建省共有12家金融机构满足2016年度定向降准动态考核标准，存款准备金率下调幅度在0.5～1.5个百分点，共释放流动性约80亿元。

二、经济运行情况

2016年，面对错综复杂的国内外形势和经济下行压力，福建省积极推进供给侧结构性改革，经济运行保持总体平稳、稳中有好的发展态势。从需求看，投资增速放缓，消费平稳增长，进出口降幅收窄。从供给看，第一产业平稳发展，第二产业增速放缓，第三产业较快增长。物价温和上涨，部分中心城市房价较快上涨。财政收入增长乏力，工业利润较快增长，城乡居民收入持续增加。2016年，福建省实现地区生产总值2.85万亿元，同比增长8.4%，增速比上年回落0.6个百分点（见图6）。

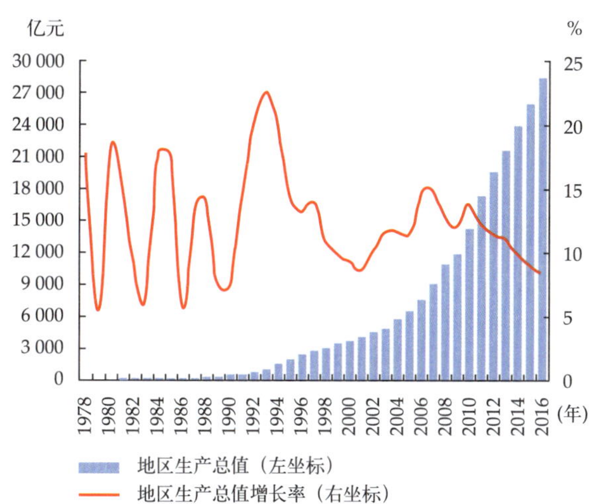

数据来源：福建省统计局。

图6　1978～2016年福建省地区生产总值及其增长率

（一）投资增速放缓，进出口降幅收窄

1. 投资增速放缓。2016年，全省固定资产投资2.31万亿元，同比增长8.5%，增速比上年回落8.9个百分点（见图7），主要受民间投资放缓等影响。其中，民间投资同比增长5.3%，比上年回落12.5个百分点，占全省投资的比重较上年降低1.7个百分点，对全省投资增长的贡献率较上年降低23.2个百分点。

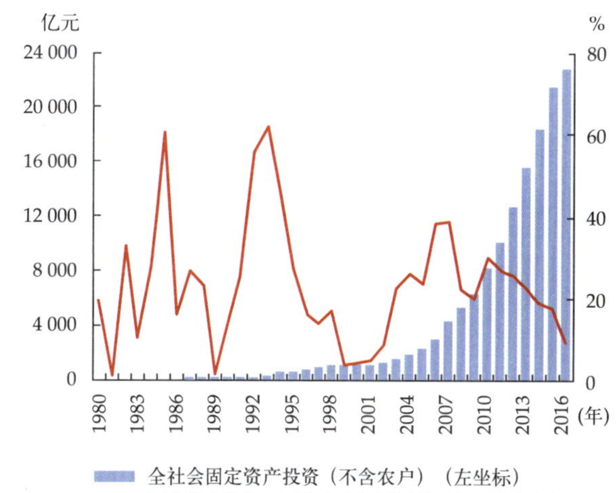

数据来源：福建省统计局。

图7　1980～2016年福建省固定资产投资（不含农户）及其增长率

分领域看，制造业投资同比增长5.8%，增幅较上年回落13.7个百分点；房地产开发投资同比小幅增长2.7%；基础设施投资成为拉动全省投资增长的主要支撑，全年基础设施投资增长22.3%，对全省投资增长的贡献率高达77.1%。

2. 消费平稳增长。2016年，全省社会消费品零售总额1.17万亿元，同比增长11.1%，增幅比上年回落1.3个百分点（见图8）。网络消费持续快速增长。全省限额以上批发和零售企业通过互联网实现的商品零售额增长46.7%，拉动社会消费品零售总额增长1.6个百分点。

3. 进出口降幅收窄。2016年，全省进出口总额1.04万亿元，同比下降1.2%，降幅比上年收窄

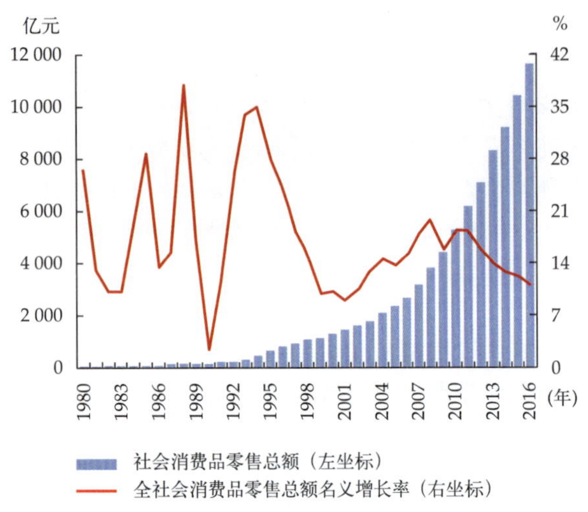

数据来源：福建省统计局。

图8　1980～2016年福建省社会消费品零售总额及其增长率

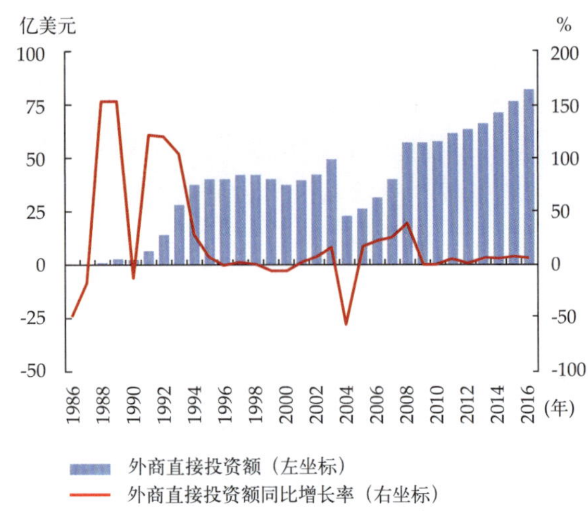

数据来源：福建省统计局。

图10　1986～2016年福建省外商直接投资额及其增长率

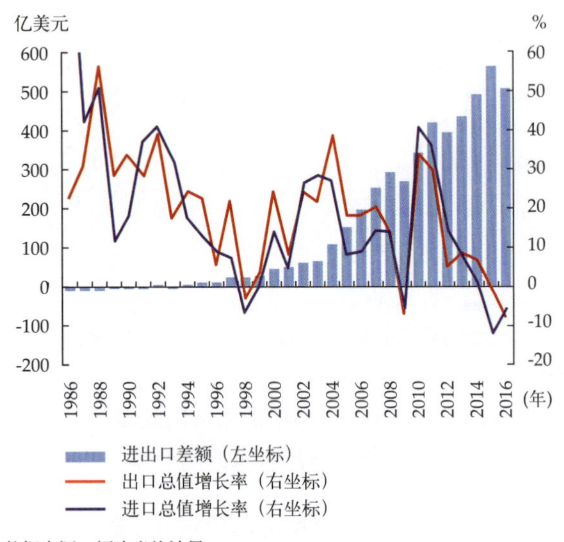

数据来源：福建省统计局。

图9　1986～2016年福建省外贸进出口变动情况

2.6个百分点。其中，出口6 838.87亿元，同比下降2.2%（按美元口径下降7.9%）；进口3 512.69亿元，同比增长0.7%（按美元口径下降5.3%）。进出口相抵，顺差3 326.18亿元。

2016年，全省实际利用外商直接投资81.95亿美元（见图10），同比增长6.7%，增速较上年回落1.3个百分点。

对外投资快速增长。2016年，全省对外直接投资额（ODI）54.66亿美元，同比增长164.7%，增速比上年加快101.1个百分点。全年对外承包工程完成营业额9.50亿美元，同比增长2.5%；对外劳务合作劳务人员实际收入总额7.05亿美元，同比增长13.0%。

（二）第一产业平稳增长，第二产业增速减缓，第三产业增长加快

1. 第一产业保持稳步增长。2016年，全省农业增加值同比增长3.7%，增速比上年回落0.1个百分点。粮食总产量650.87万吨，水产品总产量767.98万吨。农业产业化持续推进，774家省级以上重点龙头企业销售收入3 074.50亿元，同比增长5.4%，带动农户458.54 万户。

2. 第二产业增速回落。2016年，全省工业增加值同比增长7.4%，增速比上年回落1.1个百分点，其中，规模以上工业增速回落1.1个百分点（见图11）。三大主导产业增长较快，全年电子信息、机械装备和石油化工三大主导产业增加值同比增长10.0%。多数工业品产量保持同比增长。

工业利润保持较快增长。全年规模以上工业企业实现利润2 643.25亿元，同比增长19.5%，增速比上年大幅提高14.8个百分点。

3. 第三产业增速加快。2016年，全省第三产业增加值同比增长10.7%，增速较上年加快0.4个百分点，营利性服务业拉动明显。其中，房地产

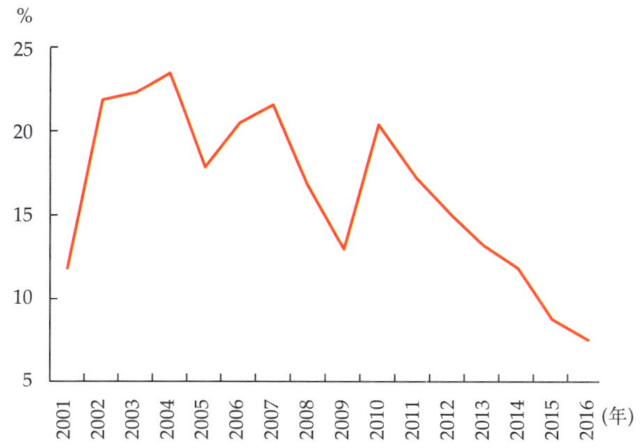

数据来源：福建省统计局。

图11　2001～2016年福建省规模以上工业增加值同比增长率

业增加值在房屋销售活跃的带动下增长8.2%，较上年加快3.2个百分点。营利性服务业同比增长22%，主要是互联网大数据、云计算的服务业新业态带动。

（三）消费价格温和上涨，生产价格降幅收窄

1. 居民消费价格温和上涨。2016年，全省居民消费价格比上年上涨1.7%（见图12），增速与上年持平。其中，猪肉和鲜菜价格上涨明显，涨幅分别为17.0%、16.4%。

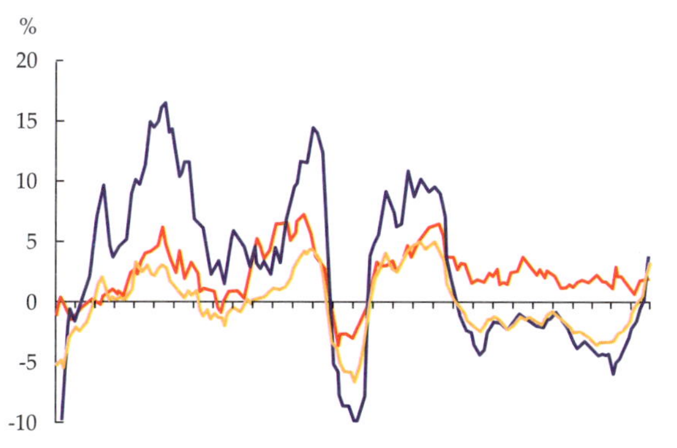

数据来源：福建省统计局。

图12　2002～2016年福建省居民消费价格和生产者价格变动趋势

2. 生产资料价格降幅收窄。2016年，全省工业生产者出厂价格同比下降0.9%，降幅比上年收窄2.1个百分点；工业生产者购进价格同比下降2.0%，降幅比上年收窄1.9个百分点。

3. 居民收入保持增长。2016年，全省居民人均可支配收入27 608元，同比增长8.7%。其中，农村居民增长8.7%，城镇居民增长8.2%。年末，城镇登记失业率为3.86%，比上年年末上升0.20个百分点。就业持续增加。全年城镇新增就业60.73万人，14.56万城镇下岗失业人员实现再就业。

（四）财政收入增长放缓，支出增速回落明显

2016年，全省地方公共预算收入（同口径）同比增长7.0%，比上年回落0.7个百分点（见图13）。税收收入增速有所加快，地方级税收收入（同口径）同比增长5.5%，比上年加快3.1个百分点。财政支出放缓明显。全年全省一般公共预算支出同比增长7.1%，较上年大幅减缓13.7个百分点。其中，城乡社区事务（54%）、环境保护（35.9%）、住房保障（23.4%）等民生领域仍保持快速增长。

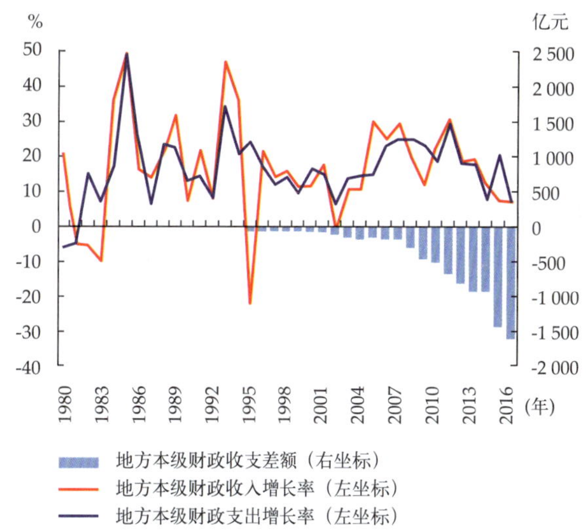

数据来源：福建省统计局。

图13　1980～2016年福建省财政收支状况

（五）生态环境保持良好，单位能耗持续下降

2016年，福建省主要污染物排放得到有效控制，万元地区生产总值能耗同比下降6.42%，降幅

较上年收窄1.28个百分点。森林覆盖率65.95%，保持全国首位。全年植树造林总面积130.05万亩，全省城市（县城）新增建成区绿地面积2 600公顷，新增公园绿地面积850公顷。全省12条主要河流整体水质为优，I类~Ⅲ类水质比例为96.5%，119个县级以上集中式生活饮用水源地水质达标率为96.6%。

（六）供给侧结构性改革成效显现，经济新动能加速成长

“三去一降一补”初见成效。2016年，全省钢产量下降4.4%。在商品房销售面积大幅增长带动下，住宅库存有所减少，年末住宅待售面积下降14.7%。规模以上工业企业的资产负债率有所下降，年末为52.3%，比上年下降0.9个百分点。全年规模以上工业企业每百元主营业务收入中的成本下降0.06元。两批补短板工程包先后实施，高技术制造业、服务业等发展较快。

经济新动能加速成长。全年高技术制造业增加值增长11.7%，高于规模以上工业4.1个百分点。其中，航空航天器及设备制造业、电子及通信设备制造业、医疗仪器设备及仪器仪表制造业等行业增速分别比规模以上工业高9.5个百分点、6.7个百分点、2.6个百分点。太阳能电池、城市轨道车辆、智能手机等产品产量均保持高速增长。

（七）房地产有效去库存但存在分化，部分中心城市房价上涨较快

1. 商品房销售较快增长。受益于政府购房补贴等去库存措施，2016年，新建商品房销售比上年增长21.7%，其中商品住房销售增长24.7%。二手房住房交易活跃，成交面积增长40.74%。

2. 库存有效减少但存在分化。2016年，商品住宅待售面积854.43万平方米，同比下降14.7%，去库存取得积极成效但县域存在分化，同时办公和商业用房待售面积继续增加，同比增长19.38%。

3. 房地产开发投资持续低速增长。土地购置面积和房屋新开工面积持续三年减少。全年房地产开发投资增长2.7%，其中住宅开发投资增长4.7%，较2015年略有回升，但依然保持较低水平，制约新增供给。

4. 中心城市房价上涨较快。福州和厦门商品住房价格持续攀升，2016年10月以来地方政府严格房地产调控措施，新建商品住宅价格环比涨幅回落，但12月福州、厦门新建商品住宅价格同比分别上涨41.9%和27.6%，在全国70个大中城市中涨幅靠前。限购、限贷等调控举措使中心城市房价上涨效应外溢至周边其他区域。

5. 房地产贷款增加明显。商品房销售增加购房贷款需求，以商品住房按揭贷款为主的房地产

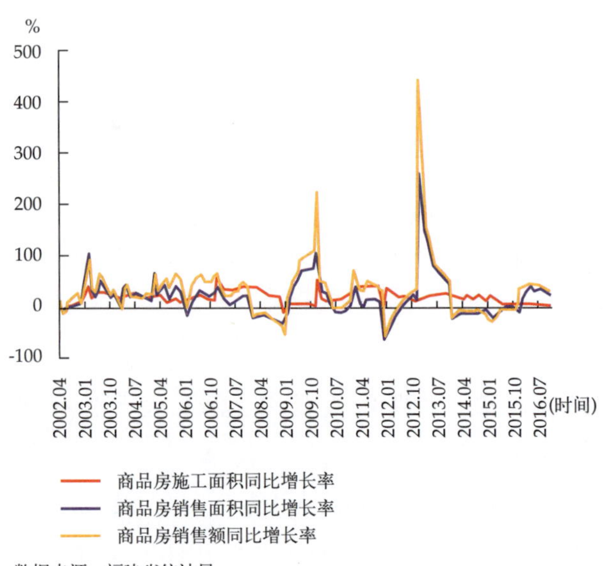

数据来源：福建省统计局。

图14　2002～2015年福建省商品房施工和销售变动趋势

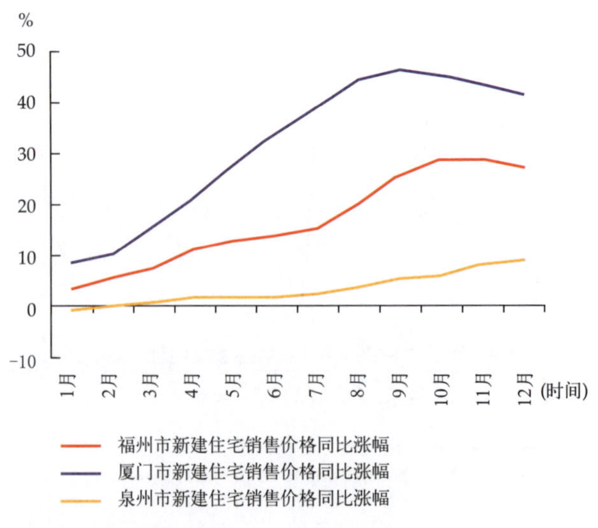

数据来源：福建省统计局。

图15　2016年福建省主要城市新建住宅销售价格变动趋势

开发贷款快速增长。年末全省房地产贷款余额增长22.2%，其中个人住房贷款余额增长31.2%。2016年10月以来严格房地产信贷调控的一系列措施落地实施，福州、厦门个人住房贷款增速高位趋缓，中心城市房地产信贷调控取得初步成效。

三、预测与展望

2017 年是实施“十三五”规划的重要一年，是供给侧结构性改革的深化之年。福建经济运行既面临一系列机遇，也将遭遇一些困难。从机遇看，一是福建省正在大力推进的21世纪海上丝绸之路核心区建设、自由贸易试验区建设、平潭综合实验区建设、以滨海新城建设为主攻方向的福州新区建设、国家生态文明试验区、福厦泉国家自主创新示范区建设等重大改革试验，将为经济增长注入更多活力。二是经济内生增长新动能逐渐形成。首先，战略性新兴产业、高新技术制造业持续较快发展。2016年，全省战略性新兴产业增加值占地区生产总值的比重达11%。其次，服务业比重不断提升。自2015年第三季度以来，福建省服务业增速开始高于第二产业，并一直保持领先态势。再次，重大项目持续推进。目前一批重大项目正持续推进，这些项目建成后，其效应不仅是突破产业关键技术、核心技术，而且能带动产业链缺失环节的填平补齐，延伸拓展产业链的上下游配套，打造出福建省极具有竞争优势的产业链、产业群。最后，龙头企业竞争力增强。省内一批重点企业积极研发新产品、升级设备、转变经营策略、创新营销模式等，正取得积极成效。与此同时，省内经济也面临部分企业经营仍较困难、投资增长压力较大、消费市场供需结构失衡、外需增长空间受限等挑战。综合两方面因素，虽然经济增长面临诸多困难，但经济结构调整和转型升级的积极成效将进一步显现，新产业、新业态、新技术、新平台等支撑经济增长的新动能将加快成长，这些都会促进全省经济在2017年保持平稳较快增长势头。受益于经济平稳较快增长、经济结构调整优化等因素，全年福建省金融也有望保持平稳运行。

2017年，福建省金融业将认真贯彻落实稳健中性的货币政策，实现货币信贷和社会融资规模适度增长。坚持金融服务实体经济这个根本，更加注重提升金融服务实体经济质量，更加注重推动金融改革创新，更加注重防控金融风险，促进福建省经济金融更好发展。

中国人民银行福州中心支行货币政策分析小组

总　纂：单　强　杨长岩

统　稿：徐剑波　李春玉

执　笔：银小柯　宋科进　朱　敢　杨冰洁

提供材料的还有：杨　民　王丽红　赖永文　陈宝泉　姚祖明　薛严清　杨少芬　沈良辉　林　勃　黄素英　陈仲光　陈　锋　黄月琴　李志林　陈　雄等

附录

（一）2016年福建省经济金融大事记

1月，中共福建省委、福建省人民政府出台《关于落实发展新理念建设特色现代农业实现全面小康目标的实施意见》。

2月，福建省人民政府发布《积极推进“互联网+”行动实施方案》。

4月，福建海西金融租赁有限责任公司正式获得批准筹建，这是福建省首家法人金融租赁公司。9月，该公司在注册地泉州正式开业运营。

4月，中共福建省委、福建省人民政府出台《关于推进价格机制改革的实施意见》。

6月，“2016福建自贸试验区股权项目挂牌仪式”在福州海峡国际会展中心举行，将构筑“项目落地—股权挂牌—孵化—规范—融资—交易—上市”的服务链闭环的孵化新模式。

7月，福建省人民政府出台《关于进一步做好政府和社会资本合作（PPP）试点工作的若干意见》。

8月，中共中央办公厅、国务院办公厅印发《关于设立统一规范的国家生态文明试验区的意见》及《国家生态文明试验区（福建）实施方案》，标志着福建成为全国首个生态文明试验区。

8月，中共福建省委、福建省人民政府印发《福建省推进供给侧结构性改革总体方案（2016~2018年）》。

8月，福建省人民政府出台《关于建立健全政策性融资担保体系的若干意见》。

8月，福建省人民政府发布《积极发挥新消费引领作用促进转型升级行动方案》。

11月，福建华通银行股份有限公司作为福建省首家民营银行获得批准筹建。

12月，福建省碳排放权交易在福建海峡股权交易中心正式启动，首日交易量超过1 800万元，其中，在全国首创推出的福建林业碳汇挂牌成交26万吨，成交金额约488万元。

（二）2016年福建省主要经济金融指标

表1　2016年福建省主要存贷款指标

		1月	2月	3月	4月	5月	6月	7月	8月	9月	10月	11月	12月
本外币	金融机构各项存款余额（亿元）	37 457	37 594	37 942	37 852	37 906	38 719	38 685	39 974	39 987	39 785	40 297	40 487
	其中：住户存款	14 451	14 931	15 015	14 824	14 811	15 057	14 976	15 200	15 372	15 242	15 350	15 412
	非金融企业存款	12 793	12 641	12 943	12 957	12 916	12 915	12 736	13 558	13 601	13 620	13 803	14 089
	各项存款余额比上月增加（亿元）	611.6	137.2	347.5	-90.0	53.9	813.0	-34.3	1 289.4	13.5	-202.5	512.5	189.6
	金融机构各项存款同比增长（%）	12.08	10.62	9.20	9.61	6.48	7.62	6.70	9.92	9.99	9.32	10.21	9.88
	金融机构各项贷款余额（亿元）	34 373	34 669	34 954	35 208	35 572	35 748	35 918	36 466	36 825	36 924	37 234	37 787
	其中：短期	13 051	13 080	13 091	13 107	13 116	13 074	12 953	13 030	12 924	12 818	12 910	13 058
	中长期	19 263	19 492	19 759	19 938	20 231	20 458	20 723	21 065	21 402	21 455	21 513	21 936
	票据融资	1 234	1 269	1 297	1 344	1 399	1 370	1 394	1 502	1 635	1 762	1 901	1862
	各项贷款余额比上月增加（亿元）	678.3	296.1	285.0	254.4	363.5	176.4	170.5	547.3	359.6	98.2	310.9	552.8
	其中：短期	134.2	29.1	11.0	16.3	9.0	-42.4	-120.7	77.4	-106.4	-105.6	91.4	148.6
	中长期	445.0	228.9	267.2	179.0	293.3	226.9	264.5	342.0	337.3	52.8	58.2	423.0
	票据融资	106.5	35.3	27.5	47.4	54.3	-28.1	23.8	107.3	133.5	126.9	138.7	-38.5
	金融机构各项贷款同比增长（%）	12.15	11.58	11.58	11.46	11.77	11.16	10.75	11.47	11.45	10.77	11.17	12.15
	其中：短期	1.71	1.51	1.35	1.61	1.93	1.32	0.77	1.23	0.93	-0.28	0.29	1.53
	中长期	15.19	14.44	14.55	14.21	14.63	14.18	14.18	15.22	15.73	15.28	14.76	16.23
	票据融资	107.81	101.54	106.02	100.28	94.84	78.53	67.38	62.78	62.46	70.74	77.69	65.16
	建筑业贷款余额（亿元）	609	608	619	624	627	635	633	634	636	633	630	627
	房地产业贷款余额（亿元）	2 398	2 462	2 524	2 506	2 492	2 426	2 408	2 428	2 455	2 331	2 301	2 318
	建筑业贷款同比增长（%）	13.97	8.20	9.16	10.12	10.86	14.28	13.52	12.32	9.77	8.03	6.38	6.34
	房地产业贷款同比增长（%）	14.34	15.06	16.00	13.65	12.06	6.28	6.41	8.20	8.22	2.54	1.80	0.78
人民币	金融机构各项存款余额（亿元）	36 205	36 372	36 697	36 644	36 721	37 550	37 551	38 848	38 855	38 622	39 118	39 276
	其中：住户存款	14 233	14 710	14 791	14 602	14 588	14 832	14 743	14 967	15 133	14 987	15 075	15 123
	非金融企业存款	11 904	11 785	12 067	12 117	12 109	12 169	12 037	12 865	12 927	12 926	13 149	13 416
	各项存款余额比上月增加（亿元）	628.8	166.8	325.6	-53.1	77.2	828.5	0.9	1297.3	6.8	-233.0	495.8	158.2
	其中：住户存款	302.0	476.6	81.6	-189.2	-14.7	244.0	-88.7	223.7	166.1	-145.8	88.4	47.4
	非金融企业存款	-50.5	-118.8	281.7	50.0	-7.7	59.6	-132.3	828.1	61.7	-0.2	222.9	266.7
	各项存款同比增长（%）	12.43	11.14	9.74	10.37	7.09	8.30	7.46	10.97	10.86	9.87	10.72	10.40
	其中：住户存款	10.60	7.10	8.56	9.16	10.46	9.99	9.66	9.76	8.94	9.08	9.86	8.55
	非金融企业存款	18.17	21.22	20.27	17.24	8.45	8.12	8.20	14.17	14.24	15.39	13.42	11.97
	金融机构各项贷款余额（亿元）	32 934	33 256	33 581	33 853	34 186	34 379	34 566	35 126	35 519	35 589	35 893	36 356
	其中：个人消费贷款	9 036	9 035	9 201	9 358	9 600	9 905	10 166	10 474	10 719	10 884	11 126	11 359
	票据融资	1 234	1 269	1 297	1 344	1 399	1 370	1 394	1 502	1 635	1 762	1 901	1 862
	各项贷款余额比上月增加（亿元）	801.2	322.1	324.7	272.4	333.1	192.7	187.3	559.4	393.4	70.3	303.3	463.5
	其中：个人消费贷款	205.2	-1.0	166.1	156.7	242.6	304.6	260.9	308.3	244.6	165.3	241.6	233.6
	票据融资	106.6	35.3	27.5	47.4	54.3	-28.2	23.8	107.3	133.5	126.9	138.7	-38.5
	金融机构各项贷款同比增长（%）	13.76	13.23	13.20	12.94	13.11	12.68	12.35	13.10	12.97	12.19	12.32	13.14
	其中：个人消费贷款	18.58	17.52	18.85	19.26	20.92	22.33	24.02	25.85	26.89	27.56	28.18	28.64
	票据融资	107.81	101.54	106.02	100.28	94.84	78.53	67.37	62.78	62.46	70.74	77.69	65.16
外币	金融机构外币存款余额（亿美元）	191.1	186.8	192.6	187.0	180.0	176.3	170.5	169.3	169.6	172.0	171.3	174.6
	金融机构外币存款同比增长（%）	-3.68	-8.71	-9.24	-14.26	-15.86	-17.50	-20.51	-20.77	-17.46	-11.95	-11.12	-10.68
	金融机构外币贷款余额（亿美元）	219.6	215.8	212.5	209.8	210.6	206.5	203.3	200.3	195.6	197.3	194.9	206.3
	金融机构外币贷款同比增长（%）	-20.73	-21.91	-21.42	-20.59	-19.64	-23.39	-25.34	-22.74	-22.36	-22.30	-18.89	-14.20

数据来源：中国人民银行福州中心支行。

表2　2001～2016年福建省各类价格指数

单位：%

年/月	居民消费价格指数		农业生产资料价格指数		工业生产者购进价格指数		工业生产者出厂价格指数	
	当月同比	累计同比	当月同比	累计同比	当月同比	累计同比	当月同比	累计同比
2001	—	-1.3	—	-1.3	—	-3.3	—	-1.9
2002	—	-0.5	—	-0.1	—	-2.4	—	-2.4
2003	—	0.8	—	1.8	—	6.3	—	0.7
2004	—	4	—	12.5	—	13.3	—	2.6
2005	—	2.2	—	8.1	—	8.1	—	0.2
2006	—	0.8	—	0.9	—	3.9	—	-0.8
2007	—	5.2	—	10.3	—	4.3	—	0.8
2008	—	4.6	—	23.6	—	10.2	—	2.7
2009	—	-1.8	—	-6.7	—	-6.8	—	-4.5
2010	—	3.2	—	2.4	—	7.7	—	3.2
2011	—	5.3	—	11.8	—	8.0	—	3.9
2012	—	2.4	—	3.3	—	-2.3	—	-1.3
2013	—	2.5	—	-0.5	—	-1.6	—	-1.6
2014	—	2.0	—	-0.5	—	-1.7	—	-1.4
2015	—	1.7	—	1.4	—	-3.9	—	-3.0
2016	—	1.7	—	0.2	—	-2.0	—	-0.9
2015　1	1.2	1.2	-0.3	-0.3	-3.3	-3.3	-2.4	-2.4
2	1.7	1.5	0.4	0.0	-3.7	-3.5	-2.5	-2.5
3	1.6	1.5	0.7	0.3	-3.8	-3.6	-2.5	-2.5
4	1.9	1.6	1.8	0.6	-3.2	-3.5	-2.7	-2.5
5	1.7	1.6	2.2	0.9	-3.3	-3.5	-2.8	-2.6
6	1.7	1.6	1.9	1.1	-3.6	-3.5	-2.9	-2.6
7	1.9	1.7	1.7	1.2	-4.0	-3.6	-3.4	-2.7
8	2.3	1.7	2.1	1.3	-4.4	-3.7	-3.6	-2.9
9	2.2	1.8	1.7	1.3	-4.4	-3.7	-3.2	-2.9
10	1.8	1.8	1.8	1.4	-4.3	-3.8	-3.3	-2.9
11	1.6	1.8	1.6	1.4	-4.4	-3.9	-3.3	-3.0
12	1.3	1.7	1.4	1.4	-4.3	-3.9	-3.2	-3.0
2016　1	1.2	1.2	-0.3	-0.3	-5.9	-5.9	-3.3	-3.3
2	2.9	2.0	0.3	0.4	-4.9	-5.4	-2.8	-3.1
3	2.2	2.1	0.6	0.5	-4.9	-5.2	-2.7	-2.9
4	2.2	2.1	0.2	0.4	-4.2	-5.0	-2.3	-2.8
5	1.5	2.0	0.8	0.5	-3.2	-4.6	-2.0	-2.6
6	1.2	1.9	0.5	0.5	-2.9	-4.3	-1.7	-2.5
7	1.1	1.7	0.5	0.5	-2.2	-4.0	-0.9	-2.3
8	0.7	1.6	0.0	0.4	-1.6	-3.7	-0.2	-2.0
9	1.7	1.6	0.0	0.4	-0.6	-3.4	0.1	-1.8
10	1.8	1.6	-0.5	0.3	0.3	-3.0	0.6	-1.5
11	2.0	1.7	-0.6	0.2	2.1	-2.6	1.7	-1.2
12	1.9	1.7	-0.4	0.2	3.9	-2.0	3.3	-0.9

数据来源：国家统计局福建调查总队。

表3 2016年福建省主要经济指标

	1月	2月	3月	4月	5月	6月	7月	8月	9月	10月	11月	12月
绝对值（自年初累计）												
地区生产总值（亿元）	—	—	5 784.8	—	—	11 815.5	—	—	18 287.0	—	—	28 519.2
第一产业	—	—	343.2	—	—	816.9	—	—	1 385.4	—	—	2 364.1
第二产业	—	—	3 042.3	—	—	6 070.6	—	—	9 170.3	—	—	13 912.7
第三产业	—	—	2 399.3	—	—	4 928.0	—	—	7 731.3	—	—	12 242.3
规模以上工业增加值（亿元）	914.0	1 558.2	2 606.2	3 580.1	4 357.7	5 356.6	6 270.8	7 182.8	8 115.9	9 055.3	10 030.9	11 017.4
固定资产投资(不含农户)（亿元）	1 171.9	2 021.9	4 299.2	6 233.3	8 211.0	10 990.5	12 564.2	14 554.6	16 808.1	18 843.0	20 994.4	23 107.5
房地产开发投资	342.4	596.2	1 095.5	1 418.8	1 813.6	2 316.0	2 656.5	3 045.0	3 455.8	3 803.3	4 208.4	4 588.8
社会消费品零售总额（亿元）	957.7	1 918.3	2 833.2	3 693.4	4 591.8	5 521.4	6 433.1	7 373.5	8 340.3	9 399.5	10 528.4	11 674.5
外贸进出口总额（亿美元）	915.5	1 509.0	2 362.3	3 243.9	4 206.4	5 082.9	5 987.7	6 934.9	7 766.3	8 581.0	9 470.8	10 351.6
进口	266.7	459.8	767.0	1 063.9	1 386.3	1 665.0	1 950.3	2 274.2	2 582.7	2 850.6	3 179.2	3 512.7
出口	648.8	1 049.2	1 595.3	2 180.0	2 820.1	3 417.9	4 037.4	4 660.7	5 183.5	5 730.4	6 291.6	6 838.9
进出口差额(出口－进口)	382.1	589.4	828.3	1 116.1	1 433.8	1 752.9	2 087.1	2 386.5	2 600.8	2 879.8	3 112.4	3 326.2
实际利用外资（亿美元）	7.5	14.0	24.6	29.6	38.2	49.2	52.3	58.3	64.1	69.0	75.8	82.0
地方财政收支差额（亿元）	90.5	-4.4	-142.9	-137.0	-210.8	-433.6	-526.5	-777.5	-1 011.9	-1 072.7	-1 354.2	-1 632.6
地方财政收入	311.4	468.5	689.2	991.1	1 241.0	1 459.2	1 669.9	1 831.6	2 008.0	2 229.8	2 394.6	2 654.8
地方财政支出	220.9	472.8	832.1	1 128.1	1 451.8	1 892.8	2 196.3	2 609.2	3 020.0	3 302.5	3 748.8	4 287.4
城镇登记失业率(%)(季度)	—	—	3.7	—	—	3.8	—	—	3.8	—	—	3.9
同比累计增长率（%）												
地区生产总值	—	—	8.3	—	—	8.3	—	—	8.4	—	—	8.4
第一产业	—	—	3.5	—	—	3.6	—	—	3.7	—	—	3.6
第二产业	—	—	7.7	—	—	7.6	—	—	7.6	—	—	7.3
第三产业	—	—	9.8	—	—	9.9	—	—	10.2	—	—	10.7
规模以上工业增加值	7.6	7.3	7.7	7.7	7.8	7.8	7.8	7.9	7.8	7.8	7.7	7.6
固定资产投资(不含农户)	-2.0	1.2	11.5	13.2	12.4	10.9	9.7	10.5	9.6	9.2	8.6	8.5
房地产开发投资	-6.1	-0.1	4.9	4.2	2.9	-0.7	0.1	1.6	0.1	0.8	1.2	2.7
社会消费品零售总额	11.5	10.9	11.2	11.3	11.5	11.4	11.3	11.3	11.3	11.0	11.0	11.1
外贸进出口总额	-0.8	-11.3	-1.2	0.6	2.2	1.4	1.8	1.2	-1.0	-1.6	-0.8	-1.2
进口	-6.5	-11.6	-7.7	-6.8	-3.5	-3.4	-3.1	-1.5	-1.4	-2.3	-0.4	0.7
出口	1.7	-11.2	2.3	4.7	5.3	3.9	4.4	2.6	-0.7	-1.3	-1.1	-2.2
实际利用外资	6.0	8.5	8.4	2.0	6.7	7.6	5.3	7.7	7.3	6.2	6.8	6.7
地方财政收入	9.2	10.1	12.8	16.4	18.0	11.8	8.4	8.4	7.5	6.1	5.2	7.0
地方财政支出	10.8	11.8	13.2	18.0	19.8	20.3	14.0	17.6	16.7	14.4	12.1	7.1

数据来源：福建省统计局。

江西省金融运行报告（2017）

中国人民银行南昌中心支行货币政策分析小组

[内容摘要] 2016年，江西省认真贯彻落实党中央、国务院决策部署，积极推进供给侧结构性改革，加快培育经济增长新动能，全省经济运行呈现总体平稳、稳中有进、稳中向好的发展态势，主要经济指标增幅保持全国第一方阵，实现“十三五”良好开局。但经济下行压力依然较大，民间投资增长动力不足，财政收入增速放缓，房地产运行区域分化问题依旧突出。

2016年，江西省金融业坚持稳中求进工作总基调，金融市场运行总体平稳，银行信贷保持较快增长，信贷投放有保有压，股权融资步伐加快，保险市场规模持续扩大，社会融资有所回暖，金融市场交易活跃，金融体系及金融生态进一步优化，为推动江西供给侧结构性改革、实现经济平稳健康发展创造了有利金融环境。但金融风险积聚明显，潜在风险不容忽视。

2017年，预计全省经济下行压力未明显改善，但主要经济指标仍将继续保持快于全国平均水平；全省金融市场运行总体保持平稳，稳健中性货币政策将得到有效落实，贷款增速或稳中趋降，资本市场、债券市场、区域股权市场建设将加快完善，社会融资结构将更趋多元，为江西经济结构调整与转型升级提供重要支撑。

一、金融运行情况

2016年，江西省金融运行总体平稳，全省金融业实现增加值1 056.3亿元，同比增长16.5%。银行信贷保持较快增长，信贷政策有保有压，贷款利率稳中有降，股权融资力度加大，保险的社会保障功能有效发挥，社会融资有所回暖，金融基础设施建设继续优化。

（一）银行资产增速同比提高，存、贷款余额较快增长

1. 银行资产规模加速扩张。2016年年末，全省银行业资产总额37 346.0亿元（见表1），同比增长16.1%，比2015年提高0.6个百分点。其中，省内地方法人金融机构资产总额同比增长25.4%，高出全省平均水平9.3个百分点。

2. 存款增长总体加速。2016年年末，全省金融机构本外币各项存款余额29 105.2亿元，比年初增加4 062.3亿元，同比多增1 008.4亿元，余额同比增长16.2%（见图3），比2015年提高1.1个百分点。其中，人民币存款余额28 893.1亿元，同比增长16.6%（见图1）；外汇存款余额30.6亿美元，同比下降22.9%。

表1　2016年江西省银行业金融机构情况

机构类别	营业网点			法人机构（个）
	机构个数（个）	从业人数（人）	资产总额（亿元）	
一、大型商业银行	1 879	40 516	11 766	0
二、国家开发银行和政策性银行	98	2 281	4 135	0
三、股份制商业银行	279	5 013	3 228	0
四、城市商业银行	706	12 173	7 364	4
五、城市信用社	0	0	0	0
六、小型农村金融机构	2 497	28 821	7 531	87
七、财务公司	2	220	221	2
八、信托公司	2	585	199	2
九、邮政储蓄银行	1 490	13 552	2 331	0
十、外资银行	5	97	41	0
十一、新型农村金融机构	177	3 229	441	68
十二、其他	5	219	90	5
合　计	7 140	106 706	37 346	168

数据来源：江西银监局。

全年全省人民币住户存款、非金融企业存款及广义政府存款同比分别多增248.2亿元、734.0亿元和471.1亿元，非银行业金融机构存款同比少增360.6亿元。住户存款和非金融企业存款中，定期及其他存款同比分别少增24.1亿元和多增74.3

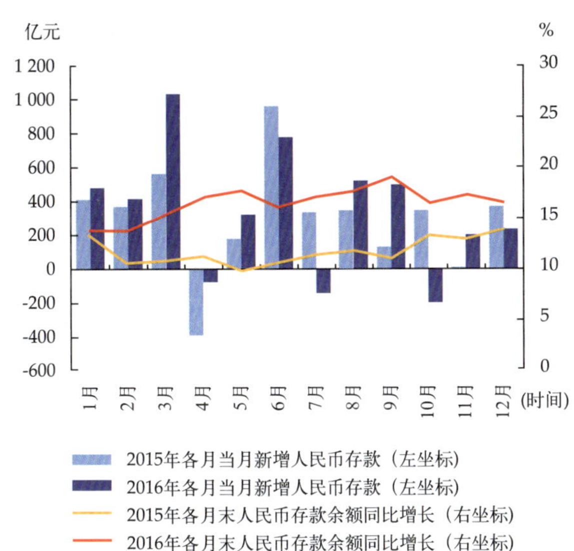

数据来源：中国人民银行南昌中心支行。

图1　2015～2016年江西省金融机构人民币存款增长变化

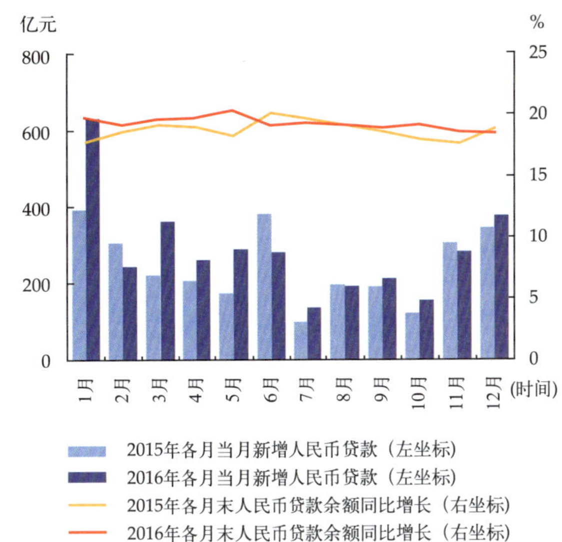

数据来源：中国人民银行南昌中心支行。

图2　2015～2016年江西省金融机构人民币贷款增长变化

亿元，活期存款同比分别多增272.3亿元和659.7亿元。

3. 贷款增速保持较快。2016年年末，全省金融机构本外币各项贷款余额21 847.4亿元，比年初增加3 286.3亿元，同比多增423.0亿元,余额同比增长17.7%（见图3），比2015年下降0.5个百分点，贷款余额增速全国排名第5，中部六省排名第2。其中，人民币贷款余额21 721.8亿元，同比增长18.4%（见图2）；外汇贷款余额18.1亿美元，同比下降44.8%。宏观审慎评估（MPA）顺利实施，省内地方法人金融机构贷款实现稳步合理增长，年末增速为22.6%，比2015年下降0.6个百分点。

信贷投放有保有压，社会效应有效发挥。2016年，全省钢铁、煤炭行业贷款余额同比分别净下降16.8%和12.6%；第三产业人民币贷款同比增长20.9%，高于同期人民币贷款增速2.5个百分点；房地产贷款同比增长28.6%，其中，个人购房贷款同比增长29.7%，非保障性住房地产开发贷款同比净下降0.7%；新增涉农、小微贷款占同期新增各项贷款的比重分别为41.8%和35.1%，同比分别提高3.3个百分点和9.9个百分点；累计发放创业担保贷款122.9亿元，直接扶持个人创业8.9万人次，带动就业近44.7万人次；省内开发性、政

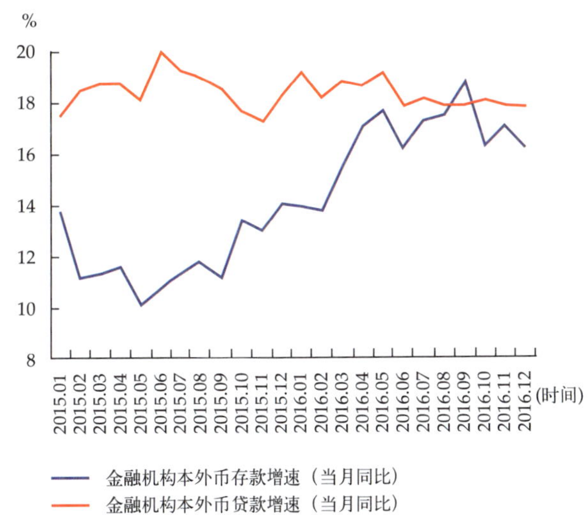

数据来源：中国人民银行南昌中心支行。

图3　2015～2016年江西省金融机构本外币存、贷款增速变化

策性金融机构运用抵押补充贷款（PSL）资金累计发放棚户区改造贷款263亿元，为全省实现2016年棚改开工17.1万套，基本建成20万套的任务目标提供了有力的资金支持。但制造业贷款增长乏力，年末全省制造业人民币贷款余额2 034.8亿元，同比增长3.5%，低于同期全省人民币贷款增速14.9个百分点。

专栏1 着眼五大任务，推动供给侧结构性改革

2016年，中国人民银行南昌中心支行着眼“三去一降一补”五大任务，积极推动全省货币信贷业务结构调整，为江西经济供给侧结构性改革创造了适宜的货币金融环境。

一是稳妥推进金融支持“去产能”，促进经济结构转型升级。督促银行业金融机构按照“消化一批、转移一批、整合一批、淘汰一批”过剩产能的要求，对违规新增的钢铁煤炭行业企业，一律不给予任何形式的支持，对已经发放的贷款要求采取妥善措施保障合法债权的安全。适时开展信贷投向核查，积极开展宏观审慎评估（MPA）、信贷政策导向效果评估等工作，将优化信贷结构、支持产业结构调整作为重要内容融入评估体系，对信贷投向不符合国家产业政策和调控要求的地方法人银行业金融机构，相应调整其宏观审慎评估参数，提高货币信贷政策的有效性。至2016年年末，全省钢铁、煤炭行业贷款余额分别为97亿元和53.2亿元，同比分别净下降16.8%和12.6%。

二是落实差别化住房信贷政策，促进房地产“去库存”。督促省内各金融机构严格执行住房差别化信贷政策，大力支持居民家庭首次普通住房信贷需求。同时，积极配合地方政府做好热点城市房地产市场调控工作，指导当地市场利率定价自律机制合理确定购房贷款首付比例，加大对违规信贷资金流入房地产市场的打击力度。2016年年末，全省个人购房贷款新增1 092.3亿元，占同期新增各项贷款比重为33.2%；保障性住房开发贷款新增294.8亿元，占同期新增各项贷款比重为9%；非保障性住房开发贷款净减少24.9亿元，商业用房开发贷款净减少16.9亿元，差别化住房信贷政策对促进江西房地产“去库存”发挥了重要作用。

三是积极探索通过债券市场实现股权化融资的新途径。积极推动省内江西高速集团、南昌城投公司及上饶投资集团成功尝试永续票据发行，累计发行量为117亿元，其中，江西高速集团注册了全国最大单笔永续定向工具，规模为120亿元。

四是多措并举，有效降低企业融资成本。及时印发了《关于贯彻落实降低企业成本优化发展环境的若干意见的通知》。切实发挥省级利率定价自律机制的指导作用，引导金融机构合理定价，全年省内银行机构对企业人民币贷款加权利率为5.6%，同比下降0.6个百分点。企业债务融资工具发行加权利率为4.06%，比同期全省企业人民币贷款利率低1.54个百分点。全年共促成应收账款融资交易920亿元，有效缓解了企业融资难融资贵问题。上述三项合计节约省内企业融资成本超40亿元。

五是发挥货币政策工具的定向调控作用，重点支持涉农、小微、民生领域补短板。2016年，中国人民银行南昌中心支行累计发放信贷政策支持类再贷款208.4亿元，同比多增51.6亿元；累计办理再贴现91.7亿元，其中小微企业票据贴现约占75%。全省涉农贷款余额8 432亿元，同比增长17.3%，当年新增1 372.1亿元，同比多增270.3亿元；全省小微贷款余额5 306.1亿元，同比增长25.4%，当年新增1 154.8亿元，同比多增430.9亿元。全年累放扶贫再贷款104.8亿元，余额102.5亿元，占全省支农再贷款余额比重超过80%。全年累放精准扶贫贷款462.8亿元，共支持、带动、服务建档立卡贫困人口38.5万人。

4. 表外业务规模较大，金融资产服务类业务占比超过七成。据银监部门统计，2016年年末，全省金融机构表外业务余额为1.6万亿元，与全省贷款余额之比达到0.75：1。其中，金融资产服务类余额占比为70.8%，担保类、承诺类及金融衍生品类业务余额占比分别为13.3%、13.4%和2.5%。

表2　2016年江西省金融机构人民币贷款各利率区间占比

单位：%

月份		1月	2月	3月	4月	5月	6月
合计		100.0	100.0	100.0	100.0	100.0	100.0
下浮		12.3	6.4	8.5	5.6	10.3	11.0
基准		16.4	10.2	11.9	11.7	12.7	20.9
上浮	小计	71.3	83.4	79.6	82.7	77.0	68.1
	(1.0，1.1]	12.0	12.0	10.1	12.7	9.0	10.1
	(1.1，1.3]	18.5	16.4	12.9	12.7	12.0	17.0
	(1.3，1.5]	15.3	17.5	16.5	17.5	17.8	13.8
	(1.5，2.0]	18.4	16.7	16.1	16.5	15.6	18.8
	2.0以上	7.1	20.8	24.0	23.3	22.6	8.4
月份		7月	8月	9月	10月	11月	12月
合计		100.0	100.0	100.0	100.0	100.0	100.0
下浮		11.1	9.9	11.2	8.0	8.7	9.7
基准		17.5	15.9	19.1	12.1	12.6	16.1
上浮	小计	71.4	74.2	69.7	79.9	78.7	74.2
	(1.0，1.1]	8.3	10.6	10.2	11.2	10.7	8.8
	(1.1，1.3]	16.4	15.3	16.6	14.0	17.9	21.2
	(1.3，1.5]	14.8	17.0	15.9	17.9	17.0	12.2
	(1.5，2.0]	23.0	22.8	18.5	16.9	14.2	24.6
	2.0以上	8.9	8.5	8.5	19.9	18.9	7.4

数据来源：中国人民银行南昌中心支行。

5. 贷款利率稳中有降。2016年，全省金融机构一般贷款加权平均利率为6.1%，同比下降0.7个百分点。其中，2月最高，为6.4%， 11月最低，为6.0%，同比分别下降1.1个百分点和0.04个百分点。在信贷市场利率走低的影响下，民间借贷利率有所下降，样本监测显示，省内民间借贷加权平均利率为15.9%，同比下降0.4个百分点。

利率市场化改革有序推进。2016年，省内76家地方法人金融机构参与金融机构合格审慎评估工作。经评估，江西省全国自律机制成员单位由2015年的13家增加为62家，省内成员单位当年发行同业存单1 436.2亿元，同比增长200%。省内银行人民币存款定价未出现恶意竞争情况，呈现地方法人金融机构上浮最高、股份制银行上浮次之、国有商业银行上浮最低的阶梯化特征。

6. 银行业绩有所改善，但潜在风险不容忽视。2016年，全省金融机构税后净利润同比增长3.4%，2015年为下降4.5%；年末不良贷款率为2.2%，比年初下降0.2个百分点。但关注类贷款占比为3.2%，仍处于历史相对高位。其中，小微企业不良贷款风险暴露较多，新增不良贷款占全部企业新增不良贷款的66.8%，比2015年提高39.2个百分点。省内地方法人金融机构中，城商行、农村合作金融机构及村镇银行年末流动性比例同比分别下降4.8个百分点、10.6个百分点和8.7个百分点，地方法人金融机构流动性压力不容忽视。

7. 区域金融体系建设步伐加快。2016年，东亚银行、广发银行南昌分行先后开业，平安银行南昌分行获批筹建，股份制银行、城商行在市县迅速发展。全省农信社全部完成改制，成为全国第五个完成农信社改制的省份。

8. 跨境人民币业务稳步发展。2016年，全省跨境人民币结算量为568.8亿元，占同期全省跨境收支的比重为22.3%，跨境人民币实际收支比为1.06：1，人民币跨境资金净流入18.8亿元。

（二）证券期货交易分化，股权融资力度加大

1. 证券市场交易萎缩，机构盈利明显下滑。2016年，全省共有法人证券公司2家，证券分公司24家，增加9家；证券营业部293家，增加33家。累计证券成交额5.2万亿元，同比下降41.0%；证券机构实现营业收入26.0亿元，同比下降58.9%；净利润10.7亿元，同比下降71.7%。

2. 期货市场有所回暖，机构经营效益向好。2016年，全省共有法人期货公司1家，期货营业部33家，与2015年持平。年末全省期货投资者账户数3.9万户，同比增长13.6%；期货经营机构累计代理成交4 151.2万手，同比下降7.4%。受下半年大宗商品期货行情上涨等因素影响，全省期货经营机构累计实现营业收入1.1亿元，同比基本持平；净利润1 450.1万元，同比增长75.1%。

3. 业务范围不断拓宽，股权融资力度加大。2016年，国盛证券取得交易所第一批深港通业务资格，中航证券分类评级上升为BBB级，省内地方法人证券机构加快营业网点建设和布局，大力拓展券商资管、股权投资、基金子公司等业务领域。至年末，境内A股上市公司数为36家，当年新增1家；新三板挂牌上市公司数为135家，当年新

增73家。全年省内企业在境内A股市场筹资201亿元，同比增加158亿元，在新三板市场筹资9.7亿元。区域性股权交易市场快速发展，至年末，江西联合股权交易中心挂牌展示企业达到1 043家，新增864家，挂牌企业总股本262.8亿元，累计为企业融资57亿元。

表3 2016年江西省证券业基本情况

项目	数量
总部设在辖内的证券公司数（家）	2
总部设在辖内的基金公司数（家）	0
总部设在辖内的期货公司数（家）	1
年末国内上市公司数（家）	36
当年国内股票（A股）筹资（亿元）	201
当年发行H股筹资（亿元）	0
当年国内债券筹资（亿元）	931
其中：短期融资券筹资额（亿元）	102
中期票据筹资额（亿元）	423

注：当年国内股票（A股）筹资额是指非金融企业境内股票融资。

数据来源：江西证监局。

（三）保险市场规模持续扩大，社会保障功能有效发挥

1. 保险市场规模持续扩大，行业效益有所好转。2016年年末，全省保险业资产总额1 113.2亿元，同比增长22.7%；实现保费收入608.7亿元，同比增长19.7%。全年引进“险资入赣”金额151.6亿元，到位69.1亿元，同比增加近20亿元。全省保险行业预计税前亏损56.1亿元，同比少亏16.7亿元。

2. 社会保障功能有效发挥，人身险退保风险仍存压力。2016年，全省保险业累计赔付支出207.0亿元，同比增长16.2%；累计提供25.5万亿元风险保障，同比增长117.8%。全省人身险公司退保率为6.7%，同比下降0.5个百分点，仍超出5%的警戒线。

（四）社会融资有所回暖，金融市场交易活跃

1. 社会融资有所回暖，委托贷款增长较快。

表4 2016年江西省保险业基本情况

项目	数量
总部设在辖内的保险公司数（家）	1
其中：财产险经营主体（家）	1
人身险经营主体（家）	0
保险公司分支机构（家）	42
其中：财产险公司分支机构（家）	20
人身险公司分支机构（家）	22
保费收入（中外资，亿元）	609
其中：财产险保费收入（中外资，亿元）	184
人身险保费收入（中外资，亿元）	425
各类赔款给付（中外资，亿元）	207
保险密度（元/人）	1 326
保险深度（%）	3

数据来源：江西保监局。

2016年，全省社会融资规模增量为3 875.8亿元，同比多增857.1亿元，而2015年为少增957.5亿元。社会融资规模增量占全国比重为2.2%，同比提高0.2个百分点。受专项建设基金带动，委托贷款增加741.1亿元（见图4），同比多增547.2亿元。新增人民币贷款及企业债券融资占全省融资规模增量的比重分别为87.0%和10.9%，同比分别下降8.7个百分点和9.2个百分点[①]。全省当年发行债务融资工具524.5亿元，年末余额为1 282.3亿元，同比增长39.4%。

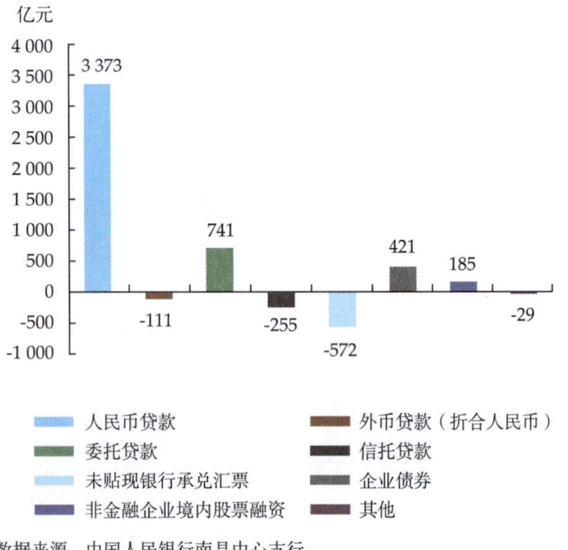

数据来源：中国人民银行南昌中心支行。

图4 2016年江西省社会融资规模分布结构

① 由于表外融资为负增长，2015年江西省人民币贷款与债券融资占全省社会融资规模的比重之和大于1。

2. 货币市场交易快速增长，市场利率总体稳定。2016年，省内市场成员累计债券交易量为15.8万亿元，同比增长26.6%。其中，质押式回购、买断式回购、现券交易量同比分别增长 29.0%、20.6%和19.9%；交易加权利率分别为2.2%、2.6%和3.9%，同比分别上升0.2个百分点、下降0.1个百分点和下降0.9个百分点。

表5　2016年江西省金融机构票据业务量统计

单位：亿元

季度	银行承兑汇票承兑		贴现			
			银行承兑汇票		商业承兑汇票	
	余额	累计发生额	余额	累计发生额	余额	累计发生额
1	1 871.0	744.1	770.6	4 866.5	8.5	15.7
2	1 693.0	724.3	693.1	2 798.7	10.2	19.0
3	1 619.4	673.0	720.7	2 016.1	5.2	10.3
4	1 452.8	583.1	845.6	1 754.7	4.5	23.0

数据来源：中国人民银行南昌中心支行。

表6　2016年江西省金融机构票据贴现、转贴现利率

单位：%

季度	贴现		转贴现	
	银行承兑汇票	商业承兑汇票	票据买断	票据回购
1	3.49	4.40	3.04	3.09
2	3.36	3.91	2.83	3.15
3	3.09	3.85	2.69	2.77
4	3.12	4.26	2.90	3.34

数据来源：中国人民银行南昌中心支行。

3. 票据业务同比减少，贴现利率总体下降。2016年，省内金融机构累计签发银行承兑汇票2 724.5亿元，同比减少848.3亿元，累计贴现11 481.0亿元，同比下降46.0%。承兑汇票贴现加权利率为3.2%，同比下降0.8个百分点。

（五）社会信用体系建设持续推进，金融生态环境不断优化

信用体系建设持续推进，应收账款融资服务平台推广成效显著。2016年年末，金融信用信息基础数据库累计收录省内企业和其他组织25.7万户、自然人2 831.9万人，接入各类金融机构54家，小额贷款公司93家，融资性担保公司41家。累计为省内5.4万户中小企业、465.8万户农户建立了信用档案。共评定信用村1 323个，信用乡（镇）218个，为334.7万户农户进行了资信等级评定。全年累计查询信用报告778.6万笔；促成应收账款融资交易828笔，融资金额920亿元，为企业节约融资成本23亿元以上。

银行卡受理环境持续改善，农村支付服务环境建设稳步推进。2016年年末，全省累计布放POS机具54.3万台、ATM2.6万台，发行银行卡1.4亿张，累计设立银行卡助农取款点2.9万个。全年全省共办理银行卡业务22.3亿笔，同比增长36.1%；助农取款服务点共办理各类业务1 256.2万笔，同比增长71.4%。

金融消费者投诉受理处理机制进一步完善。2016年年末，全省人民银行分支机构共受理有效投诉226笔，投诉办结率98%，满意率96%以上。

早期风险识别试点工作有序开展。2016年年末，省内宜春、九江和萍乡三个试点地区共计431家企业纳入早期风险识别监测范围。

二、经济运行情况

2016年，江西省实现生产总值18 364.4亿元，居全国第17位；同比增长9.0%，高于全国平均2.3个百分点，居全国第4位、中部地区第1位（见图5）。人均地区生产总值突破40 000元，达

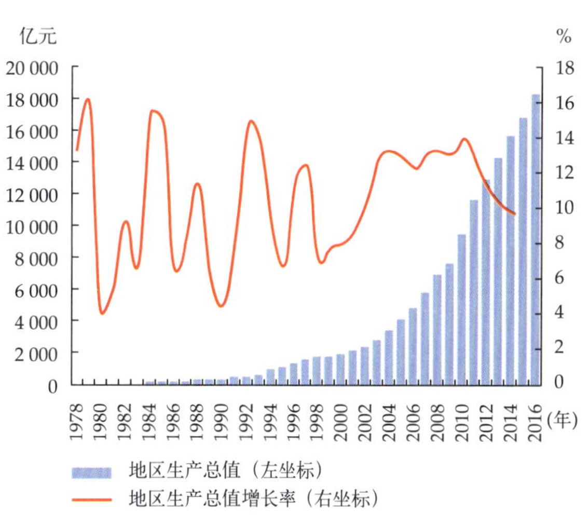

数据来源：江西省统计局。

图5　1978～2016年江西省地区生产总值及其增长率

40 106元。三次产业继续保持协调发展，产业增加值同比分别增长4.1%、8.5%和11.0%，产业结构由2015年的10.6：50.3：39.1调整为2016年的10.4：49.2：40.4。

（一）内需基础更加夯实，外需支撑稍有减弱

1. 投资增速有所回落，重大项目加快推进。2016年，全省固定资产投资19 378.7亿元，同比增长14.0%，比2015年回落2.0个百分点，高于全国平均5.9个百分点，居全国第4位，比2015年前移6位。其中，服务业固定资产投资同比增长14.5%，分别高于第一、第二产业投资增速12.8个百分点和0.3个百分点，领跑三次产业；工业投资同比增长15.3%；基础设施投资增长22.9%；民间投资增长9.8%，对投资增长的贡献率为51.6%。重大项目加快推进，亿元以上新开工项目2 504个，同比增加908个，增长56.9%；完成投资4 883.6亿元，同比增长35.6%。

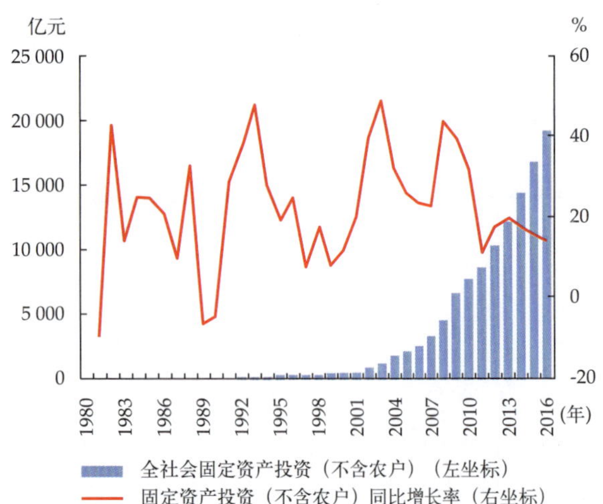

数据来源：江西省统计局。

图6　1980～2016年江西省固定资产投资（不含农户）及其增长率

2. 消费增速微幅回升，消费升级趋势明显。2016年，全省社会消费品零售总额6 634.6亿元，同比增长12.0%，比2015年提高0.01个百分点（见图7）。其中，限额以上单位消费品零售额同比增长13.2%。城镇市场限额以上消费品零售额同比增长12.9%，乡村市场零售额同比增长29.6%。汽车

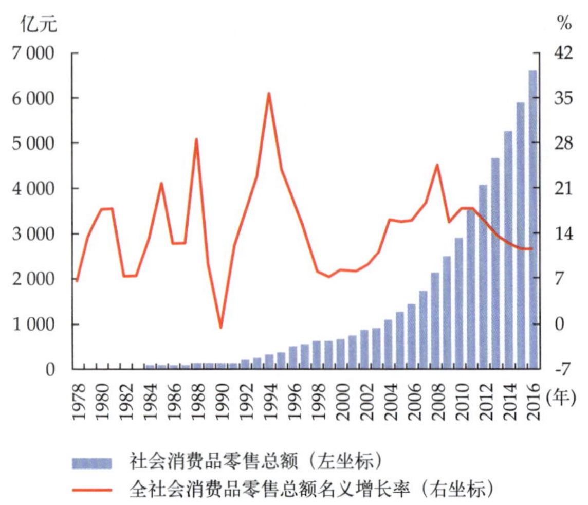

数据来源：江西省统计局。

图7　1978～2016年江西省社会消费品零售总额及其增长率

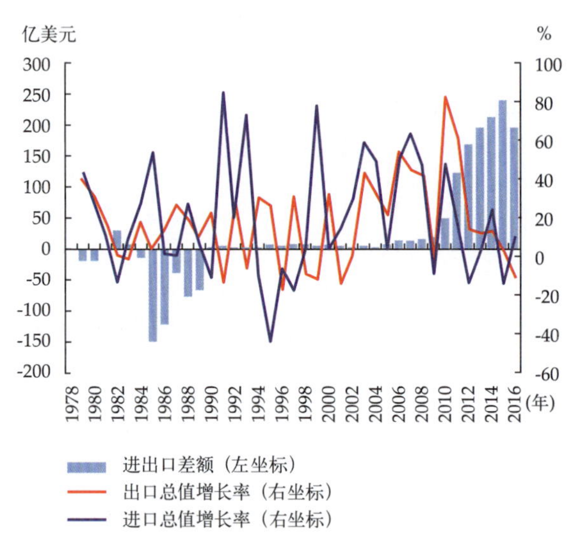

数据来源：江西省统计局。

图8　1978～2016年江西省外贸进出口变动情况

类零售额同比增长17.4%，对零售额增长的贡献率为39.5%；体育及娱乐用品类、中西药品类、家用电器及音像器材类零售额分别同比增长24.6%、23.5%和21.0%。

3. 对外贸易有所下降，涉外投资持续增长。2016年，全省进出口总值400.8亿美元，同比下降5.4%，低于全国平均降幅1.4个百分点（见图8）。其中，出口值298.1亿美元，同比下降10%，

而2015年为增长3.4%；进口值102.6亿美元，同比增长10.6%，而2015年为下降13.4%；贸易顺差195.5亿美元，同比下降18%。全省新批外商投资企业568家，合同利用外资金额74.9亿美元，实际利用外资突破100亿美元，为104.3亿美元，同比增长10.2%（见图9）。全省对外直接投资额12.0亿美元，同比增长13.8%；对外承包工程累计完成营业额38.6亿美元，同比增长10%，高于全国平均8.0个百分点。其中，省内企业对“一带一路”沿线23个国家和地区直接投资2.1亿美元，同比增长117.5%。

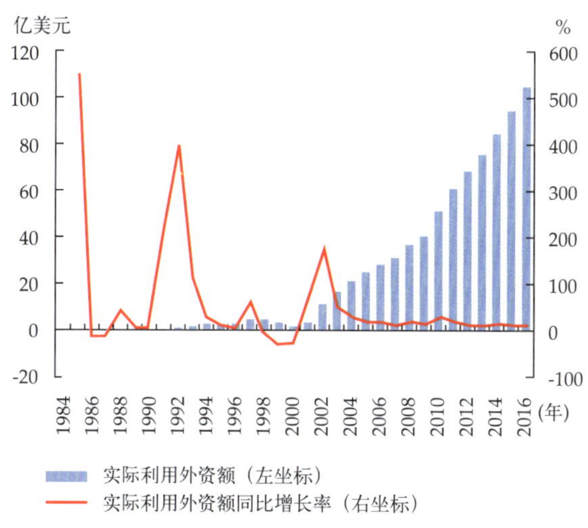

数据来源：江西省统计局。

图9 1984～2016年江西省实际利用外资额及其增长率

（二）三大产业协同发力，供给侧结构性改革进展顺利

1. 农业生产保持稳定，提质增效亮点突出。2016年，全省粮食总产量427.6亿斤，单产386.7公斤/亩，同比增加0.1公斤/亩。“菜篮子”产品供应充足，牛肉、羊肉及禽蛋产量同比分别增长5.9%、8.6%和4.9%。农产品质量稳步提高，全省绿色有机农产品1 614个，增加572个；中国驰名商标和省著名商标农业品牌分别新增7个和23个。全省规模以上龙头企业收入4 720.0亿元，同比增长9.3%；规模休闲农业企业4 190家，新增540家，旅游综合收入700.0亿元。

2. 工业经济企稳向好，结构优化持续推进。2016年，全省规模以上工业增加值7 803.6亿元，增长9.0%（见图10），同比下降0.2个百分点，高于全国水平3.0个百分点。全省规模以上工业38个行业大类中，34个同比实现增长；全省重点监测的357种主要工业品中，223种实现增长。产业结构优化进程加快，高新技术产业实现增加值同比增长10.8%，高于全省平均水平0.4个百分点，占规模以上工业的30.1%，同比提高4.4个百分点；六大高耗能行业增加值同比增长6.1%，低于全省平均2.9个百分点，占规模以上工业比重为36.0%，比2015年下降1.8个百分点。

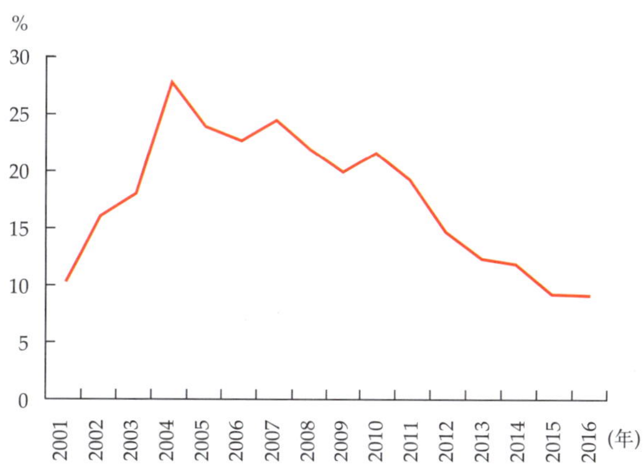

注：从2011年起，工业统计范围调整为年主营业务收入2 000万元及以上的工业企业。

数据来源：江西省统计局。

图10 2001～2016年江西省规模以上工业增加值同比增长率

3. 服务业发展步伐加快，对经济的支撑作用持续增强。2016年，全省服务业增加值7 427.8亿元，同比增长11.0%，比2015年提高0.9个百分点；占全省生产总值比重为40.4%，与工业占比基本持平，同比提高1.3个百分点，服务业对经济增长贡献率为47.8%，拉动全省生产总值增长4.3个百分点，贡献率首次超过第二产业。

4. 供给侧结构性改革进展顺利，企业经营环境得到优化。2016年，全省退出粗钢产能433万吨、生铁产能50万吨，提前完成“十三五”钢铁去产能任务；退出煤炭产能153万吨，超额完成全年煤炭去产能目标任务。年末，全省商品房库存面积下降23.7%，去化时间约为11.1个月，同比减少8.2个月。其中，商品住宅去化时间为6.6个月，同比减少7.6个月。规模以上工业企业资产负债率为49.7%，低于全国平均6.4个百分点。全省70万人、500个贫困村实现脱贫，井冈山市和吉安县率先脱贫摘帽。省委、省政府开展降成本优环境专项行动，为企业减负500亿元以上，全省规模以上工业企业每百元主营业务收入综合成本下降0.3元。

专栏2　盘活农村“两权”资产，推动农村产权改革

——江西省农村“两权”抵押贷款试点工作取得阶段性成果

农村“两权”抵押贷款试点是党的十八届三中全会确定的重点改革试点项目之一，是农村产权制度改革的重要组成部分。自试点工作启动以来，在省委、省政府的正确领导和大力支持下，江西省13个试点县（市）、金融机构、相关部门通力合作，试点工作稳步推进。

一、强化组织引领，试点工作基础条件得到夯实

一是强化协调联动。省级层面、各试点县（市）均成立了“两权”抵押贷款试点工作小组，全面组织推进试点工作。二是实施规划引领。省政府出台《关于推进农村承包土地的经营权和农民住房财产权抵押贷款试点工作的实施方案》。各试点县(市)立足本地实际出台了试点工作方案和实施办法。三是推进确权颁证。开通绿色通道，重点加大对试点县（市）农地和农房的确权颁证工作的推进力度。

二、创新制度办法，试点工作操作流程逐步规范

一是省内金溪县、会昌县分别出台了《农村承包土地的经营权抵押贷款价值评估管理办法》和《关于规范农民住房财产权抵押贷款抵押物估价管理的指导意见》，规范和明确了“两权”价值评估原则和具体操作流程。二是省银监部门牵头制定《江西省“两权”抵押贷款不良资产处置管理暂行办法》，指导金融机构处置“两权”抵押不良资产。三是积极开展金融服务和产品创新，推出了“土地托管+封闭管理”“循环授信+风险补偿”“土地合作社+信用担保”等“两权”抵押贷款业务模式。

三、加强保障措施，试点工作长效机制加快完善

一是强化财政保障。省财政厅出台《江西省农村承包土地的经营权和农民住房财产权抵押贷款和担保业务奖补资金管理暂行办法》，对金融机构投放和担保机构担保的“两权”抵押贷款给予适当奖励。各试点县（市）政府运用财政资金建立5 200万元的“两权”抵押贷款风险补偿金。二是强化再贷款资金运用。中国人民银行南昌中心支行灵活运用再贷款、再贴现等货币政策工具，进一步增强金融机构投放“两权”抵押贷款的意愿和能力。三是强化监测考核。按月监测“两权”抵押贷款投放进展情况。四是强化宣传总结。深入乡镇开展“两权”抵押贷款试点宣传80余次。

至2016年年末，省内试点地区农地确权率为97%，颁证率为97.9%；房地一体宅基地确权面积6 286万平方米，调查完成率约62%。13个试点县(市）中，有8个县(市）建立了农村产权交易流转平台，10个农地试点县流转土地面积151万亩。全省农地抵押贷款余额为2.4亿元，同比增长260%；农房抵押贷款余额为1.4亿元，同比增长41.3%，相关业务实现试点地区全覆盖，江西省农村“两权”抵押贷款试点工作取得阶段性成果。

（三）消费价格涨幅基本稳定，工业生产者价格仍处低位

1. 居民消费价格涨势温和，食品价格涨幅相对较大。2016年，全省居民消费价格上涨2.0%，同比提高0.5个百分点。城镇、乡村居民消费价格分别上涨2.0%和1.9%；食品、非食品、消费品以及服务项目价格分别上涨5.6%、0.9%、1.7%和2.5%。其中，食品类价格拉动居民消费价格指数上涨1.15个百分点，为居民消费价格上涨的主要动力。

2. 工业生产者出厂价格仍处低位，月度同比涨幅由负转正。2016年，全省工业生产者出厂价格下跌1.4%，降幅同比收窄4.9个百分点。其中，石油、电力、冶金工业生产者出厂价格分别下跌5.3%、3.5%和2.5%。但月度工业生产者出厂价格同比涨幅自9月开始由负转正，结束了连续55个月的负增长，12月全省工业生产者出厂价格同比上涨7.0%（见图11）。

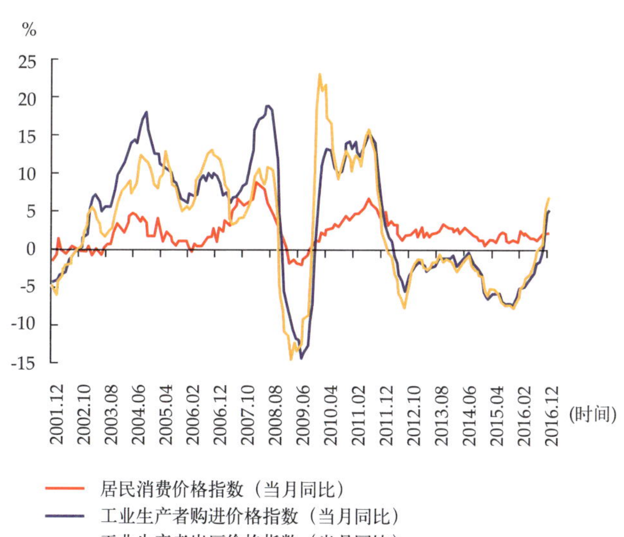

数据来源：江西省统计局。

图11　2001～2016年江西省居民消费价格和生产者价格变动趋势

3. 就业形势基本稳定，工资调整更加公平。2016年，全省城镇新增就业55.2万人，完成计划目标的122.6%；失业人员再就业22.5万人，完成计划目标的118.3%；城镇登记失业率为3.4%，低于4.5%的控制目标。首次同步调整企业和机关事业单位退休人员养老金，定额调整退休人员每人每月增加70元，企业与机关事业单位执行同样标准，全省283.4万名企业和机关事业单位退休人员受益。

（四）财政收支保持增长，收支增速持续下降

1. 财政收入保持增长，增速有所放缓。2016年，全省财政总收入3 143亿元，同比增长4.0%，比2015年回落8.7个百分点，但考虑“营改增”减税因素后，同口径增长9.6%，比2015年回落3.1个百分点。

2. 财政支出增速回落，民生支出占比提高。2016年，全省一般公共预算支出4 619.5亿元，同比增长4.7%，比2015年回落8.9个百分点（见图12）。其中，教育、社保、医疗等民生类支出3 595亿元，同比增长5.1%，占财政支出总量的77.8%，同比提高0.3个百分点。

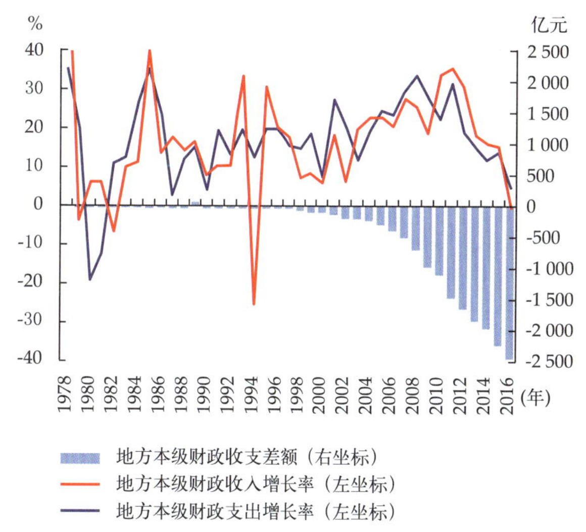

数据来源：江西省统计局。

图12　1978～2016年江西省财政收支状况

（五）房地产市场运行继续分化，房地产信贷增长相对较快

1. 房地产开发投资总体平稳，住宅开发投资增幅回落。2016年，全省房地产开发投资1 770.9亿元，同比增长16.5%，比2015年提高1.6个百分点。其中，住宅投资1 247.6亿元，同比增长12.1%，比2015年回落2.4个百分点。

2．商品房销售增幅显著，成交均价小幅上涨。2016年，全省商品房销售面积4 691.8万平方米，同比增长34.9%，比2015年提高21.5个百分点（见图13）；商品房均价5 709元/平方米，同比上涨6.6%。

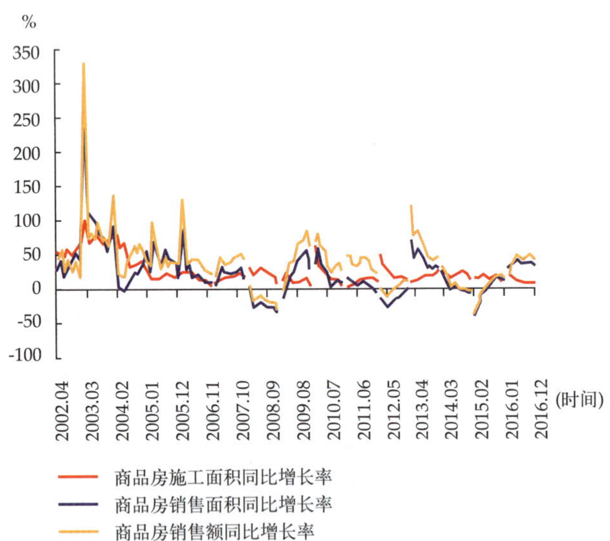

数据来源：江西省统计局。

图13　2002～2016年江西省商品房施工和销售变动趋势

3．房地产库存降幅明显，市场运行持续分化。2016年年末，全省商品房库存面积下降23.7%，省内南昌、赣州等城市住宅去化时间小于6个月，但部分县市去库存任务仍然较重，住宅去化时间超过14个月。同时，全省非住宅商品房库存仍然较高，去化时间为36.9个月，比住宅高30.3个月。

4．房地产贷款增长较快，购房贷款占比显著提高。2016年年末，全省房地产贷款余额6 135.1亿元，同比增长28.6%，比2015年提高4.7个百分点。2016年新增房地产贷款1 363.7亿元，同比多增444.6亿元，增量占全省人民币各项贷款增量的40.4%，同比提高8.5个百分点。其中，购房贷款增量占房地产贷款增量的80.1%，同比提高13.2个百分点。

三、预测与展望

2017年是实施“十三五”规划的重要一年，

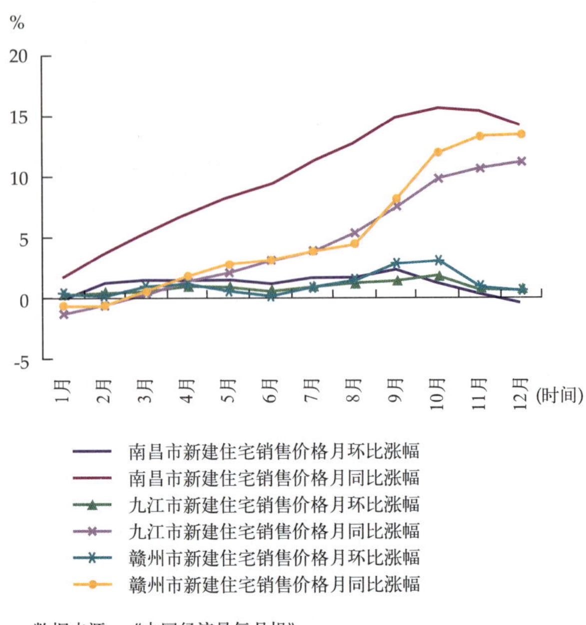

数据来源：《中国经济景气月报》。

图14　2016年江西省主要城市新建住宅销售价格变动趋势

是供给侧结构性改革的深化之年。一方面，国际国内经济金融形势依然复杂严峻，不确定因素增多，存在不少突出矛盾和风险。经济结构和创新能力不优不强，投资增速放缓、企业经营困难持续，房地产市场分化、财政收支矛盾突出等问题短期内无法明显改善，全省经济下行压力依然较大。另一方面，随着供给侧结构性改革深入推进，经济发展新动能将加速孕育。而国家级赣江新区建设的全面启动、省级产业发展升级专项基金逐步到位、精准脱贫加速推进、投资服务环境不断改善以及社会保障体系等民生福祉的增进，将有力拉动需求侧增长。预计2017年全省主要经济指标仍将保持快于全国平均水平，固定资产投资和社会消费品零售总额增长分别在12.5%和12.5%左右，城镇登记失业率控制在4.5%以内，GDP增速在9%左右。

2017年，江西金融业发展困难与机遇并存。一方面，受实体经济去产能、全省建设项目储备下降、社会有效信贷需求不足、信贷风险持续暴露、房地产调控力度加大等因素影响，银行资产规模快速扩张的可能性较小。另一方面，随着工业生产和投资形势好转、民间投资的触底回升、国家级赣江新区建设全面启动、互联网金融加速推进，在稳健中性货币政策背景下，银行业将加快回归支持实体经济，又将推动全省信贷规模稳步增长。预计2017年全省信贷增速较2016年将出现小幅下降。同时，融资结构将进一步调整，资金进一步向重点工程项目、战略性新兴产业、科技创新企业、精准扶贫、小微企业、“三农”等领域倾斜；资本市场、债券市场、民间融资等多渠道融资途径也将进一步扩大。

中国人民银行南昌中心支行货币政策分析小组
总　纂：张智富　吴豪声
统　稿：罗志东　周积云　林　海
执　笔：贾　健　许一涌　乐林平　杨李娟　曾　坤
提供材料的还有：林　海　许一涌　汪　颖　章　璇　李慧瑶　陶　静　黄春华　黄　昕　彭　磊　李　伟　徐展峰

附录

（一）2016年江西省经济金融大事记

2月19日，江西省发布“十三五”规划纲要。

2月25日，江西省公共信用信息平台正式上线，“信用江西”网站同时开通运行，标志着江西省社会信用体系建设迎来一个重要里程碑。

3月17日，江西省金融资产管理公司获省政府批复设立。

5月30日，江西银行80亿元绿色金融债券获批，为江西首单获批发行的绿色金融债券，也是全国“非试点发行”第一单绿色金融债券。

6月21日，江西省人民政府印发《关于促进金融业全面开放合作的实施意见》。

7月4日，江西赣江新区总体方案获国务院批复。

7月8日，中国人民银行南昌中心支行印发《关于信贷支持江西扶贫攻坚的指导意见》，全面深化农村贫困地区金融改革创新。

9月18日，江西省人民政府印发《关于促进民间融资机构规范发展的意见》，引导民间融资规范发展。

9月27日，中国人民银行南昌中心支行在江西横峰举办“江西省红色金融教育基地揭（授）牌仪式”，授予闽浙赣省苏维埃银行旧址、湘鄂赣省工农银行旧址为“江西省红色金融教育基地”。

11月30日，江西省人民政府印发《关于推进普惠金融发展的实施意见》，推进构建覆盖广、可持续的普惠金融服务体系。

（二）2016年江西省主要经济金融指标

表1　2016年江西省主要存贷款指标

		1月	2月	3月	4月	5月	6月	7月	8月	9月	10月	11月	12月
本外币	金融机构各项存款余额（亿元）	25 529.8	25 944.0	26 995.6	26 913.8	27 242.6	28 039.0	27 865.4	28 365.3	28 842.0	28 637.0	28 849.9	29 105.2
	其中：住户存款	12 705.8	13 606.9	13 797.3	13 402.5	13 387.5	13 605.6	13 513.7	13 619.6	13 864.2	13 712.5	13 836.3	14 065.7
	非金融企业存款	7 215.1	6 874.4	7 257.2	7 516.9	7 663.4	7 854.2	7 824.4	8 091.4	7 870.0	7 917.1	8 116.1	8 466.2
	各项存款余额比上月增加（亿元）	486.8	414.2	1 051.6	-81.7	328.8	796.4	-173.6	499.9	476.7	-204.9	212.8	255.4
	金融机构各项存款同比增长（%）	13.9	13.7	15.4	17.0	17.6	16.2	17.2	17.5	18.8	16.2	17.0	16.2
	金融机构各项贷款余额（亿元）	19 149.8	19 378.2	19 721.6	19 963.2	20 246.7	20 503.7	20 628.3	20 823.8	21 029.6	21 178.6	21 453.3	21 847.4
	其中：短期	7 458.8	7 478.4	7 613.0	7 592.8	7 610.9	7 656.0	7 614.4	7 594.1	7 599.9	7 551.8	7 572.3	7 562.0
	中长期	10 675.7	10 858.5	11 118.4	11 343.0	11 554.0	11 780.9	11 983.9	12 160.5	12 338.3	12 479.5	12 729.6	13 127.6
	票据融资	919.9	940.0	883.8	915.0	956.9	940.2	901.2	933.0	960.2	1 013.4	1 012.4	1 009.3
	各项贷款余额比上月增加（亿元）	588.8	228.4	343.3	241.7	283.4	257.0	124.6	195.5	205.8	148.9	274.7	394.1
	其中：短期	100.3	19.7	134.6	-20.2	18.1	45.1	-41.6	-20.3	5.8	-48.0	20.4	-10.2
	中长期	360.9	182.7	259.9	224.6	211.0	226.9	203.0	176.7	177.7	141.2	250.1	398.0
	票据融资	114.4	20.1	-56.2	31.2	41.9	-16.6	-39.0	31.8	27.2	53.2	1 012.4	-3.0
	金融机构各项贷款同比增长（%）	19.1	18.2	18.8	18.6	19.1	17.9	18.1	17.9	17.8	18.0	17.8	17.7
	其中：短期	11.3	9.6	11.0	10.8	10.7	8.8	9.0	7.5	6.9	6.5	5.2	2.9
	中长期	20.6	20.5	21.8	22.7	23.5	22.6	24.5	24.7	25.0	25.2	26.1	27.1
	票据融资	92.8	86.1	57.5	35.4	35.8	36.5	14.4	19.2	19.9	22.7	18.7	25.3
	建筑业贷款余额（亿元）	670.6	691.4	705.7	733.7	764.0	762.2	772.8	779.3	779.0	768.6	764.6	813.6
	房地产业贷款余额（亿元）	1 022.9	1 079.2	1 118.0	1 116.8	1 110.5	1 135.2	1 117.5	1 119.2	1 114.1	1 121.8	1 096.5	1 069.3
	建筑业贷款同比增长（%）	20.0	22.0	24.5	27.2	31.5	27.3	30.6	32.5	32.8	30.4	25.1	29.9
	房地产业贷款同比增长（%）	21.9	24.8	28.7	29.4	17.6	21.8	20.5	19.6	17.1	17.1	13.6	7.5
人民币	金融机构各项存款余额（亿元）	25 271.5	25 692.9	26 733.3	26 664.5	26 989.8	27 775.2	27 633.6	28 153.9	28 660.0	28 458.7	28 658.6	28 893.1
	其中：住户存款	12 649.1	13 547.7	13 736.2	13 341.7	13 325.4	13 542.1	13 448.2	13 554.0	13 797.9	13 640.8	13 758.8	13 981.0
	非金融企业存款	7 020.9	6 690.5	7 062.7	7 334.9	7 479.7	7 660.4	7 664.4	7 952.9	7 758.0	7 814.4	8 014.6	8 356.6
	各项存款余额比上月增加（亿元）	486.3	421.5	1 040.4	-68.8	325.4	785.4	-141.6	520.4	506.0	-201.3	199.8	234.5
	其中：住户存款	259.4	898.5	188.6	-394.5	-16.3	216.6	-93.9	105.8	243.9	-157.1	118.0	222.2
	非金融企业存款	327.5	-330.4	372.2	272.2	144.8	180.7	4.0	288.5	-194.9	56.4	200.2	342.1
	各项存款同比增长（%）	13.9	13.8	15.5	17.2	17.7	16.2	17.3	17.7	19.2	16.6	17.4	16.6
	其中：住户存款	13.1	11.0	10.8	11.6	13.1	12.2	12.7	13.0	12.3	12.9	13.9	12.8
	非金融企业存款	17.2	19.0	21.4	27.0	26.8	24.6	29.1	28.9	23.2	23.1	21.9	24.8
	金融机构各项贷款余额（亿元）	18 969.4	19 211.4	19 568.2	19 826.7	20 109.6	20 388.3	20 519.3	20 706.3	20 915.8	21 067.7	21 347.1	21 721.8
	其中：个人消费贷款	4 031.6	4 038.2	4 161.5	4 236.0	4 340.3	4 460.4	4 565.2	4 680.7	4 798.8	4 896.9	5 035.6	5 134.6
	票据融资	919.9	940.0	883.8	915.0	956.9	940.2	901.2	933.0	960.2	1 013.4	1 012.4	1 009.3
	各项贷款余额比上月增加（亿元）	621.4	242.0	356.8	258.6	282.8	278.7	131.0	187.0	209.5	152.0	279.4	374.6
	其中：个人消费贷款	84.6	6.6	123.3	74.5	104.4	120.0	104.8	115.5	118.1	98.1	138.7	99.0
	票据融资	114.4	20.1	-56.2	31.2	41.9	-16.6	-39.0	31.8	27.2	53.2	-1.0	-3.0
	金融机构各项贷款同比增长（%）	19.6	18.9	19.5	19.6	20.1	19.1	19.2	18.9	18.9	19.0	18.5	18.4
	其中：个人消费贷款	20.5	19.6	21.6	21.9	23.3	23.9	25.3	26.6	27.6	28.7	29.5	30.1
	票据融资	92.8	86.1	57.5	35.4	35.8	36.5	14.4	19.2	19.9	22.7	18.7	25.3
外币	金融机构外币存款余额（亿美元）	39.4	38.4	40.6	38.6	38.4	39.8	34.9	31.6	27.3	26.4	27.8	30.6
	金融机构外币存款同比增长（%）	5.8	0.7	-0.9	-4.1	2.9	5.8	-3.2	-12.8	-27.2	-29.3	-26.5	-23.0
	金融机构外币贷款余额（亿美元）	27.5	25.5	23.7	21.1	20.8	17.4	16.4	17.6	17.1	16.4	15.4	18.1
	金融机构外币贷款同比增长（%）	-25.0	-34.1	-37.6	-49.1	-50.2	-60.9	-59.5	-56.5	-57.1	-55.3	-51.5	-44.8

数据来源：中国人民银行南昌中心支行。

表2　2001～2016年江西省各类价格指数

单位：%

年/月	居民消费价格指数		农业生产资料价格指数		工业生产者购进价格指数		工业生产者出厂价格指数	
	当月同比	累计同比	当月同比	累计同比	当月同比	累计同比	当月同比	累计同比
2001	—	-0.5	—	-0.4	—	-0.7	—	-1.9
2002	—	0.1	—	-0.2	—	-1.4	—	-1.5
2003	—	0.8	—	2.5	—	6.5	—	4
2004	—	3.5	—	10.7	—	14.5	—	9.7
2005	—	1.7	—	7.9	—	10	—	8.8
2006	—	1.2	—	1.1	—	8.6	—	9.7
2007	—	4.8	—	6.6	—	7.9	—	6.2
2008	—	6.0	—	19.9	—	14.2	—	6.4
2009	—	-0.7	—	-2.4	—	-9.3	—	-7.0
2010	—	3.0	—	1.9	—	11.8	—	15.3
2011	—	5.2	—	11.2	—	12.4	—	11.3
2012	—	2.7	—	6.6	—	-1.7	—	-3.5
2013	—	2.5	—	2.4	—	-1.6	—	-1.5
2014	—	2.3	—	-0.4	—	-1.6	—	-2.2
2015	1.5	1.5	2.8	1.4	-6.9	-6.4	-7.6	-6.3
2016	2.3	2.0	-0.3	1.3	5.1	-2.3	7.0	-1.4
2015　1	0.7	0.7	-1.8	-1.8	-5.4	-5.4	-4.9	-4.9
2	1.2	0.9	-2.9	-2.4	-6.3	-5.9	-6.0	-5.4
3	1.4	1.1	-0.9	-1.9	-5.9	-5.9	-5.1	-5.3
4	1.5	1.2	1.2	-1.1	-5.7	-5.9	-5.1	-5.2
5	1.3	1.2	1.9	-0.5	-5.7	-5.8	-5.2	-5.2
6	2.0	1.3	2.1	-0.1	-5.8	-5.8	-5.9	-5.3
7	2.3	1.5	2.5	0.3	-6.5	-5.9	-6.8	-5.5
8	2.3	1.6	2.2	0.5	-7.1	-6.1	-7.1	-5.7
9	1.5	1.6	3.0	0.8	-7.1	-6.2	-7.3	-5.9
10	1.2	1.5	3.4	1.1	-7.1	-6.3	-7.0	-6.0
11	1.3	1.5	3.4	1.3	-7.0	-6.3	-7.4	-6.1
12	1.5	1.5	2.8	1.4	-6.9	-6.4	-7.6	-6.3
2016　1	1.2	1.2	2.0	2.0	-5.7	-5.7	-6.4	-6.4
2	2.5	1.8	3.2	2.6	-5.1	-5.4	-5.3	-5.9
3	2.1	1.9	3.1	2.8	-4.9	-5.2	-4.6	-5.4
4	2.3	2.0	2.0	2.6	-4.6	-5.1	-3.7	-5.0
5	1.9	2.0	1.8	2.4	-4.0	-4.9	-3.3	-4.7
6	1.6	1.9	1.8	2.3	-3.8	-4.7	-2.9	-4.4
7	1.6	1.9	1.9	2.3	-2.8	-4.4	-1.4	-3.9
8	1.5	1.8	0.8	2.1	-1.5	-4.1	-0.2	-3.5
9	1.9	1.8	0.3	1.9	-1.5	-3.8	0.2	-3.1
10	2.2	1.9	-0.5	1.6	-0.3	-3.4	0.8	-2.7
11	2.5	1.9	-0.8	1.4	2.4	-2.9	4.2	-2.1
12	2.3	2	-0.3	1.3	5.1	-2.3	7	-1.4

数据来源：江西省统计局。

表3　2016年江西省主要经济指标

	1月	2月	3月	4月	5月	6月	7月	8月	9月	10月	11月	12月
绝对值（自年初累计）												
地区生产总值（亿元）	—	—	3 766.9	—	—	7 827.4	—	—	12 587.3	—	—	18 364.4
第一产业	—	—	286.0	—	—	552.0	—	—	1 100.8	—	—	1 904.5
第二产业	—	—	1 927.7	—	—	4 037.0	—	—	6 275.3	—	—	9 032.1
第三产业	—	—	1 533.2	—	—	3 238.3	—	—	5 211.1	—	—	7 427.8
工业增加值（亿元）	—	1 050.0	1 625.9	2 160.3	2 622.3	3 281.6	3 897.7	4 573.3	5 282.3	6 018.6	6 881.6	7 803.6
固定资产投资（亿元）	—	1 229.1	2 805.5	4 644.1	6 652.2	8 787.3	10 630.8	12 413.7	14 453.9	16 233.3	17 819.5	19 378.7
房地产开发投资	—	189.7	312.4	440.5	596.7	768.3	919.4	1 091.4	1 282.7	1 437.5	1 605.2	1 770.9
社会消费品零售总额（亿元）	—	1 028.0	1 510.9	1 954.3	2 477.9	2 997.4	3 491.4	4 028.2	4 576.9	5 251.2	5 936.6	6 634.6
外贸进出口总额（亿元）	215.8	368.8	587.8	850.3	1 162.1	1 383.2	1 654.1	1 842.9	2 061.8	2 263.2	2 421.0	2 643.9
进口	40.8	82.2	135.1	183.8	239.2	310.6	362.9	407.9	476.1	530.4	597.3	677.0
出口	175.0	286.6	452.7	666.4	922.9	1 072.7	1 291.1	1 435.1	1 585.7	1 732.8	1 823.7	1 966.9
进出口差额(出口－进口)	—	204.4	317.5	482.6	683.7	762.1	928.2	1 027.2	1 109.5	1 202.5	1 226.4	1 289.9
实际利用外资（亿美元）	7.5	14.1	24.5	31.0	40.7	57.2	60.2	66.9	76.0	82.6	90.8	104.4
地方财政收支差额（亿元）	-189.7	-258.4	-413.2	-538.1	-633.6	-969.7	-1 115.3	-1 302.5	-1 639.9	-1 723.1	-2 040.4	-2 468.0
地方财政收入	249.1	402.3	631.0	848.9	1 070.5	1 265.8	1 411.8	1 546.9	1 715.9	1 910.9	2 079.6	2 151.4
地方财政支出	438.8	660.7	1 044.2	1 387.0	1 704.1	2 235.5	2 527.1	2 849.4	3 355.8	3 633.9	4 120.1	4 619.5
城镇登记失业率(%)(季度)	—	—	3.4	—	—	3.3	—	—	3.3	—	—	—
同比累计增长率（%）												
地区生产总值	—	—	9.1	—	—	9.1	—	—	9.1	—	—	9
第一产业	—	—	3.9	—	—	4.2	—	—	4.3	—	—	4.1
第二产业	—	—	9	—	—	8.7	—	—	8.8	—	—	8.5
第三产业	—	—	10.2	—	—	10.5	—	—	10.5	—	—	11
工业增加值	—	8.9	9.1	9	8.9	9	9.1	9.2	9.1	9.1	9.1	9
固定资产投资	—	14.6	14.7	14.9	13.9	14.1	14	14.1	14.2	14.3	14.1	14
房地产开发投资	—	13.9	14.4	16.7	22.7	19.8	19.6	18.5	17.7	17	16.3	16.5
社会消费品零售总额	—	11.8	11.9	11.8	11.8	11.9	11.7	11.8	11.9	11.9	12	12
外贸进出口总额	-24.9	-28.8	-12.7	-4	1.7	-0.03	4.5	4.1	5	5.5	0.3	0.6
进口	-3.71	9.5	16.8	16	14.8	17.4	17.4	16.6	15.8	14.5	15.3	17.3
出口	-28.6	-35.3	-18.8	-8.4	-1.2	-4.2	1.4	1	2.1	3.1	-3.8	-4.1
实际利用外资	6	8	10.7	10.3	10.2	11.5	10.6	10.7	11.4	10.2	9.2	10.2
地方财政收入	-0.7	2.3	6.6	10.5	14.2	8.5	6.4	5.4	5.9	6	5.1	-0.7
地方财政支出	17.5	17.5	19.5	16.8	16.5	16.4	10.5	9.5	9	6.8	8.9	4.7

数据来源：江西省统计局。

山东省金融运行报告（2017）

中国人民银行济南分行货币政策分析小组

[内容摘要] 2016年，山东省积极应对复杂的国内外发展环境和经济下行压力，着力推进供给侧结构性改革，适度扩大总需求，加快发展动能转换，努力保障改善民生，有效防控各类风险，全省经济运行缓中趋稳、稳中向好，主要经济指标保持在合理区间，实现了“十三五”良好开局。全省金融业稳健运行，货币信贷适度增长，结构进一步优化；证券业健康发展，保险业保障能力进一步提升，金融市场交易活跃，金融改革试点不断深化，创新业务稳步推进，为供给侧结构性改革营造了适宜的货币金融环境。

2017年，山东省金融机构将认真贯彻全国金融工作会议精神，紧紧围绕服务实体经济、防控金融风险、深化金融改革三项任务，落实稳健中性的货币政策，进一步加强实体经济金融服务，切实维护金融稳定，深化金融改革创新，促进全省经济平稳健康发展。

一、金融运行情况

2016年，山东省金融业稳健发展，货币信贷适度增长，融资结构持续改善，资本市场健康发展，保险保障功能提升，金融市场平稳运行，为供给侧结构性改革营造了适宜的货币金融环境，有力支持了山东省经济结构调整和转型升级。

（一）银行业运行平稳，存贷款总量合理增长

2016年，山东省银行业金融机构存贷款增长平稳适度，信贷投放重点突出，改革创新持续深化，风险得到有效控制，金融运行效率和服务实体经济的能力进一步增强。

1. 银行业规模稳步增长，组织体系建设有序推进。2016年年末，山东省银行业金融机构资产总额11万亿元，同比增长13.3%；受不良贷款上升影响，银行业金融机构全年实现净利润同比下降5.9%。新型农村金融机构数量继续扩大，年末中小法人金融机构数量达278家，同比增加29家。

表1　2016年山东省银行业金融机构情况

机构类别	营业网点			法人机构(个)
	机构个数(个)	从业人数(人)	资产总额(亿元)	
一、大型商业银行	4 472	103 920	37 218	0
二、国家开发银行和政策性银行	128	3 739	10 366	0
三、股份制商业银行	1 123	24 861	16 581	1
四、城市商业银行	1 198	27 500	15 940	14
五、小型农村金融机构	5 127	67 000	20 375	112
六、财务公司	2	770	2 416	18
七、信托公司	0	485	127	2
八、邮政储蓄银行	2 962	12 538	5 330	0
九、外资银行	44	1 086	593	0
十、新型农村金融机构	268	6 331	832	127
十一、其他	4	552	145	4
合　计	15 328	248 782	109 924	278

注：营业网点不包括国家开发银行和政策性银行、大型商业银行、股份制商业银行等金融机构总部数据；大型商业银行包括中国工商银行、中国农业银行、中国银行、中国建设银行和交通银行；小型农村金融机构包括农村商业银行、农村合作银行和农村信用社；新型农村金融机构包括村镇银行、贷款公司、农村资金互助社和小额贷款公司；“其他”包含金融租赁公司、汽车金融公司、货币经纪公司、消费金融公司等。

数据来源：山东银监局。

2. 存款增速稳中有升，活期存款占比提高。2016年年末，山东省本外币各项存款余额85 683.5亿元，同比增长11.6%，增速比上年年末高2.1个百分点。受股票市场分流作用减弱影响，全年累计新增本外币存款8 885亿元，同比多增1 949.5亿元。受存款利差收窄影响，存款“活期化”特征明显，人民币活期存款增速快于定期存款14.2个百分点。外币存款下降22.7亿美元，比上年多降39.3亿美元，受企业结汇意愿下降影响，8月以来外币存款降幅逐步收窄。

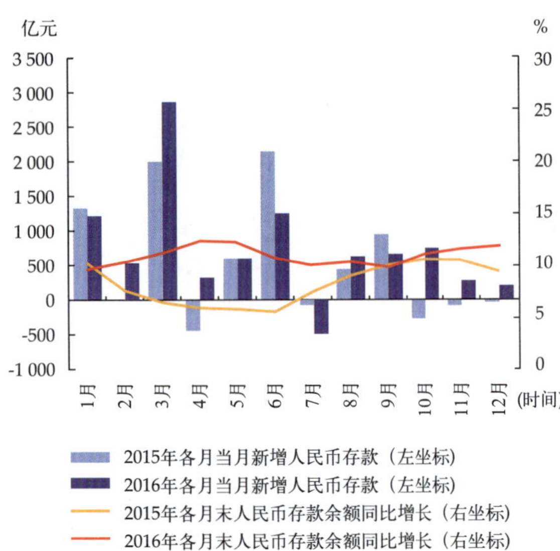

数据来源：中国人民银行济南分行。

图1　2015～2016年山东省金融机构人民币存款增长变化

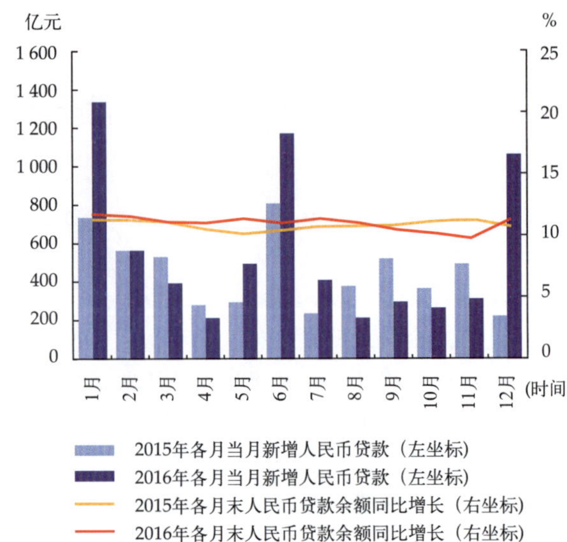

数据来源：中国人民银行济南分行。

图2　2015～2016年山东省金融机构人民币贷款增长变化

3. 贷款平稳较快增长，支持供给侧结构性改革力度增强。2016年年末，山东省人民币贷款余额61 726.9亿元，比年初增加6 289.9亿元，同比多增930.1亿元。受基础设施建设、房地产带动，中长期贷款占全部新增贷款的比重达83.3%，较上年提高20.6个百分点；企业生产经营活力不足，流动性资金需求萎缩，短期贷款减少203.6亿元；房地产市场去库存持续推进，个人住房贷款同比多增1 224.7亿元。受人民币贬值预期加强等因素影响，外币贷款减少51.5亿美元。

中国人民银行济南分行充分发挥信贷政策支持供给侧结构性改革的重要作用，紧紧围绕“三去一降一补”五大任务，引导优化信贷结构。深入推进金融精准扶贫，制订出台《山东省金融扶贫实施方案》，安排65亿元扶贫再贷款额度对重点县金融扶贫再贷款需求全部予以满足，创新推出信保扶贫贷等30多种扶贫信贷产品，累计发放扶贫贷款504.4亿元，惠及30万贫困人口。稳妥推进“两权”抵押贷款试点，山东省“两权”抵押贷款同比增长90.9%。支持金融机构扩大对薄弱环节信贷投放，累放支农支小再贷款、再贴现442.2亿元；加快推进信贷资产质押试点工作，全省180家符合评级授信条件的法人机构全部通过内

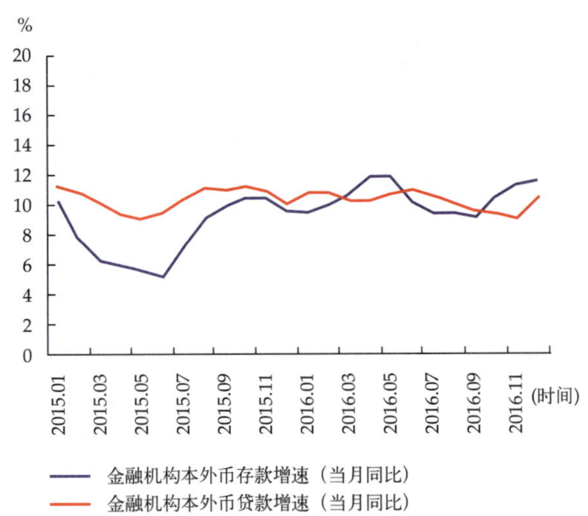

数据来源：中国人民银行济南分行。

图3　2015～2016年山东省金融机构本外币存、贷款增速变化

部评级系统进行了评级授信，已上传评级信息的企业达到2.4万家，以信贷资产质押方式发放再贷款余额占全部再贷款的比重达到30%。支持棚户区改造等项目建设，累计运用抵押补充贷款1 395亿元。对贫困县新增存款用于当地贷款考核达标的51家机构，下调存款准备金率1个百分点，增加

可用资金33亿元。稳妥推动低质低效企业市场出清，九大产能过剩行业[①]贷款减少26.9亿元，落后产能项目贷款和“僵尸企业”贷款分别较年初下降5.9%和27.1%。

4. 资产负债多元化趋势明显，“类信贷”业务发展较快。全省城商行和农合机构信贷资产占总资产的比重为46.7%，同比回落4.7个百分点；“类信贷”业务性质的投资类资产占总资产的40.2%，同比提高6.1个百分点。存款余额占总负债的79.1%，同比回落5.3个百分点；同业负债占总负债的15.3%，同比提高4.8个百分点，尤其是同业存单迅速发展，同比增长了3.6倍。

5. 表外业务增势分化，资管业务增长较快。受票据市场需求萎缩和规范监管影响，未贴现银行承兑汇票减少1 506.9亿元，同比多降1 803.2亿元。委托贷款和信托贷款较快增长，同比分别多增817.5亿元和1 029.5亿元。保函和信用证增长平稳。非保本理财产品发行加速，同比增长72.2%，较全部资产增速高58.9个百分点；资产托管业务规模超过2.3万亿元，同比增长47.4%。

数据来源：中国人民银行济南分行。

图4　2015～2016年山东省金融机构外币存款余额及外币存款利率

表2　2016年山东省金融机构人民币贷款各利率区间占比

单位：%

月份		1月	2月	3月	4月	5月	6月
	合计	100.0	100.0	100.0	100.0	100.0	100.0
	下浮	12.4	12.7	13.7	14.1	14.3	13.0
	基准	17.8	18.2	18.8	18.6	17.1	20.8
上浮	小计	69.8	69.1	67.5	67.3	68.6	66.1
	(1.0，1.1]	19.6	19.5	18.8	17.2	17.6	16.2
	(1.1，1.3]	21.2	20.0	19.5	20.6	19.8	20.5
	(1.3，1.5]	11.5	11.4	10.6	11.3	11.1	10.6
	(1.5，2.0]	11.1	11.4	11.3	11.3	12.6	11.9
	2.0以上	6.4	6.9	7.4	7.0	7.4	6.9
月份		7月	8月	9月	10月	11月	12月
	合计	100.0	100.0	100.0	100.0	100.0	100.0
	下浮	12.6	9.9	14.7	13.8	15.8	21.1
	基准	18.8	18.9	21.3	18.3	20.7	24.0
上浮	小计	68.7	71.3	64.0	67.9	63.5	54.9
	(1.0，1.1]	16.6	17.1	15.1	16.9	14.6	19.0
	(1.1，1.3]	20.4	22.1	19.9	19.9	19.9	15.2
	(1.3，1.5]	12.5	12.3	11.5	11.3	11.3	8.3
	(1.5，2.0]	11.7	12.3	10.8	12.2	10.6	7.9
	2.0以上	7.5	7.5	6.7	7.5	7.0	4.6

数据来源：中国人民银行济南分行。

6. 贷款利率平稳下行，自律机制运转良好。受市场流动性总体宽松、利率中枢下行影响，山东省利率水平总体保持低位运行。2016年12月，一般性贷款加权平均利率为5.27%，同比下降0.2个百分点；小型和微型企业贷款加权平均利率分别为5.78%和5.83%，同比分别下降0.4个百分点和0.6个百分点；民间借贷监测利率不断回落，同比下降0.23个百分点。山东省市场利率定价自律机制运行高效有序，山东省金融机构存款利率由高于全国平均水平转为低于全国平均水平，全国市场利率定价自律机制基础成员增加到72家。同业存单、大额存单快速增加，年内全省分别发行5 378.2亿元和4 284.5亿元。

7. 杠杆率保持合理水平，信贷风险化解力度加大。2016年年末，山东省银行业法人机构杠杆率同比回落0.5个百分点；流动性有所趋紧，超额备付率和流动性比例分别比年初下降1个百分点和6.1个百分点。山东省金融机构不良贷款率2.1%，

① 九大产能过剩行业包括钢铁、水泥、电解铝、平板玻璃、船舶、炼油、轮胎、煤炭、化工行业。

同比上升0.1个百分点，关注类贷款余额增速高于各项贷款增速5.1个百分点，逾期90天以上贷款与不良贷款比值较年初上升17.4个百分点，后续资产质量劣变压力仍然较大。政府、监管、行业协会、债权人委员会联动协调，构建信用风险管控长效机制，在企业债务重组中促进形成“各方平等协商、适度让利、共担成本”的“肥矿模式”。累计组建债委会1 138家，涉及授信额度3.12万亿元；累计处置不良贷款1 357亿元，达到2015年的1.5倍。

8. 农信社改革全面完成，民营银行正式筹建。110家农商行挂牌开业，成为全国第4个完成农信社银行化改革的省份。对接资本市场步伐加快，9家省内农商行在齐鲁股权交易中心实现股权托管。中国农业银行山东省分行持续完善“三农金融事业部”管理体制和运行机制，建成精品型、标准型服务点2 600余个。蓝海银行作为省内首家民营银行获批筹建。村镇银行新增2家，总数达到126家。427家小额贷款公司发放贷款743.5亿元。

9. 跨境业务覆盖面持续扩大，中韩金融合作进一步深化。2016年，山东省跨境人民币实际收付额4 328.7亿元，银行办理跨境人民币结算的分支机构增至1 178家，涉及企业超过1.3万家，覆盖境外192个国家和地区。人民币资金池结算规模快速发展，90家企业集团通过资金池业务备案，实现跨境人民币收付296.2亿元。启动跨境人民币借款业务试点，中韩五项金融合作中的首项成果正式落地山东，32家企业从7家韩国银行分支机构办理44笔跨境人民币贷款业务，实际汇入金额50.9亿元。

专栏1　探索多元化银企合作模式　精准对接企业融资需求

为进一步提升金融服务实体经济质效，缓解银企信息不对称问题，中国人民银行济南分行立足薄弱领域、着力重点项目，通过实地走访、信息发布、重点推介、现场对接等方式，探索实践了多元化的银企合作模式，有效解决了中小民营企业融资中面临的现实问题，加快了山东省供给侧结构性改革深入推进。

一、进走访，实地摸排对接企业融资需求

中国人民银行济南分行以中小企业、民营企业、外贸企业为重点，在山东省开展“金融服务企业百日行”活动。一是组织金融机构从行业政策、信贷政策和担保政策等方面，对企业资金需求开展综合评估，按照“一企一策”原则，制订专项金融服务方案；二是由行长带队，深入企业与主要负责人沟通对接，通过“行长走厂长”模式，现场走访解决问题；三是成立“金融顾问团”“融资+融智”金融服务小组等，积极探索金融服务企业长效机制。活动累计走访对接企业6 074家，摸排有融资需求的企业3 440家、融资需求2 799亿元，签订融资协议1 462.6亿元。

二、搭平台，率先实现银企信息实时对接

中国人民银行济南分行开发了“山东省融资服务网络平台”并完成推广运行，在全国率先建立了省、市、县三级立体化、全方位、广覆盖的实时融资服务对接体系。该平台依托中国人民银行与各金融机构连接的金融城域网运行，通过融资需求信息实时推送，大大降低了金融机构的信息收集成本和时间成本，保证了融资对接详情真实可靠,实现了省域各级银企信息实时对接。该平台上线以来，共发布企业融资需求信息5 883条、融资需求总额3 589亿元，成功对接2 083条、金额619.3亿元，综合授信551.1亿元。

三、推企业，合力推进经济结构转型升级

中国人民银行济南分行强化部门协同，积极推介符合国家产业政策和供给侧结构性改革要求的企业。联合发展改革委、经信委、金融办、节能办等部门，深入开展企业重点技术改造导向计划项目推进、全省流动资金贷款需求重点企业银企对接、全省首次节能环保产业重点项目暨绿色金融政策宣讲、PPP项目融资推介会、日照银企合作暨金融产品推介会等活动，累计推介企业和项目3 585个、融资需求4 236.5亿元。

（二）证券业健康发展，资本市场改革稳步推进

2016年，山东省证券业继续稳步发展，证券期货经营机构风险控制得当，融资规模不断扩大，证券期货市场资源配置功能增强。

1. 证券期货机构经营平稳，市场交易量有所回落。2016年年末，山东省证券业资产达1 282.2亿元，证券分公司和营业部、期货营业部同比分别增加73家和5家。受股市震荡影响，证券市场活跃度降低，2家法人证券公司总交易额同比下降39.6%，融资融券业务同比回落82.5亿元。3家法人期货公司资产总额98.2亿元，客户保证金余额71.8亿元，较年初增加9.2亿元。

2. 证券市场筹资额较快增长，并购重组规模进一步扩大。2016年，山东省资本市场融资5 794.7亿元，同比增长26.2%。新增上市公司17家，总数达268家，实现境内上市公司17市全覆盖；在全国中小企业股份转让系统（新三板）挂牌公司新增234家，总量达570家。上市公司并购重组活跃，全年实施并购重组29次，交易金额1 968.4亿元。

表3　2016年山东省证券业基本情况

项目	数量
总部设在辖内的证券公司数（家）	2
总部设在辖内的基金公司数（家）	0
总部设在辖内的期货公司数（家）	3
年末国内上市公司数（家）	173
当年国内股票（A股）筹资（亿元）	652
当年发行H股筹资（亿元）	—
当年国内债券筹资（亿元）	5 049
其中：短期融资券筹资额（亿元）	396
中期票据筹资额（亿元）	384

注：当年国内股票（A股）筹资额是指非金融企业境内股票融资。
数据来源：中国人民银行济南分行、山东证监局。

3. 期货市场稳步发展，交易品种日益完善。2016年，山东省期货公司交易量11 900万手，同比增长14.1%；交易额5.5万亿元，同比下降66%。期货市场服务实体经济功能逐步提升，三大商品期货交易所累计在省内设立23个期货品种的80家交割库，其中玉米淀粉期货交割库数量占全国的一半以上。

4. 区域产权交易市场快速发展，资本市场改革不断深化。齐鲁股权交易中心新增挂牌企业1 200家，企业总数达1 811家，县域覆盖率提高到95%。协调对接山东省省级政府引导基金直投基金，246家挂牌企业获得7.4亿元资金支持；继续推进与新三板市场的批量转板机制，39家企业成功转板。蓝海股权交易中心稳健发展，挂牌企业达到570家，展示企业1 768家，累计融资37.4亿元。山东省私募股权投资基金业协会成立，私募基金管理机构达277家，管理基金573只。稳妥推进权益类和大宗商品类市场交易建设，实现交易额同比增长60%；围绕海产品、橡胶轮胎、畜牧产品、牡丹等交易开辟了新领域，山东交易市场清算所顺利开业。

（三）保险业平稳较快发展，保障能力进一步提升

2016年，山东省保险业规模进一步扩大，经济补偿和风险保障功能充分发挥，服务经济社会能力不断提升，重点领域和关键环节市场化改革稳步推进。

1. 保险业实力持续增强，市场主体继续扩大。2016年年末，山东省保险公司总数达92家，居全国首位；资产规模较上年增长24.7%，增速同比提高7.5个百分点。全年实现保费收入突破2 000亿元，同比增长28.8%，赔付支出同比增长26.5%，提供风险保障67.2万亿元。和泰人寿保险获批筹建，成为山东省第5家保险法人机构。

2. 服务领域不断拓展，保险保障作用进一步增强。2016年，山东省农业保险实现“扩面、提标、增品”，财政补贴农业保险品种增加到17个，保费补贴比例提升至80%，为1 688.8万户次农户提供了565亿元的风险保障。推进蔬菜、生猪、蒜薹、鸡蛋等目标价格保险及天气指数保险等新型险种试点，提供风险保障32.9亿元。大病保险成效显著，覆盖居民6 160.1万人，报销比例提高14个百分点。出口信用保险平稳发展，提供风险保障2 139.3亿元，同比增长11.8%。小额贷款保证保险运行机制进一步优化，为小微企业提供信贷支持211亿元，财政补贴“政银保”预算达1亿元。

3. 保险业创新不断丰富，市场化改革稳步推

进。山东省在全国率先建立保险资金对接信息平台，创新保险资金支持实体经济途径，保险资金运用规模同比增加278亿元。开展山东保险业“创新星火计划”，推动30家公司创新80余项产品和服务，助力保险业供给侧结构性改革。商业机动车保险费率管理机制改革稳妥推进，七成以上车险消费者保费有所下降。基本完成人身保险费率市场化改革，普通人身险对保费增长的贡献率近60%。巨灾保险纳入《山东省防震减灾事业发展规划（2015～2020年）》。农村保险互助社试点稳步推进。

表4　2016年山东省保险业基本情况

项目	数量
总部设在辖内的保险公司数（家）	4
其中：财产险经营主体（家）	3
人身险经营主体（家）	1
保险公司分支机构（家）	91
其中：财产险公司分支机构（家）	40
人身险公司分支机构（家）	51
保费收入（中外资，亿元）	2 302
其中：财产险保费收入（中外资，亿元）	663
人身险保费收入（中外资，亿元）	1 639
各类赔款给付（中外资，亿元）	787
保险密度（元/人）	2 315
保险深度（%）	3

数据来源：山东保监局。

（四）金融市场平稳运行，融资能力不断增强

2016年，山东省社会融资规模合理适度增长，融资产品日渐丰富，融资渠道不断拓宽。金融机构参与市场意识不断增强，货币市场、票据市场交易活跃。

1. 社会融资规模平稳增长，债务融资工具不断创新。2016年，山东省社会融资规模达8 311.9亿元，同比多增712.3亿元。受债券市场违约、发债成本提高等因素影响，非金融企业直接融资占社会融资规模的比重下降2.3个百分点。银行间市场直接债务融资产品更加丰富，发行项目收益票据和资产支持票据9亿元；成功发行全国首单社会效应债券——沂南县扶贫社会效应债券5亿元。委托贷款、信托贷款、未贴现银行承兑汇票等表外融资占社会融资规模的2.5%，比上年提高0.3个百分点。

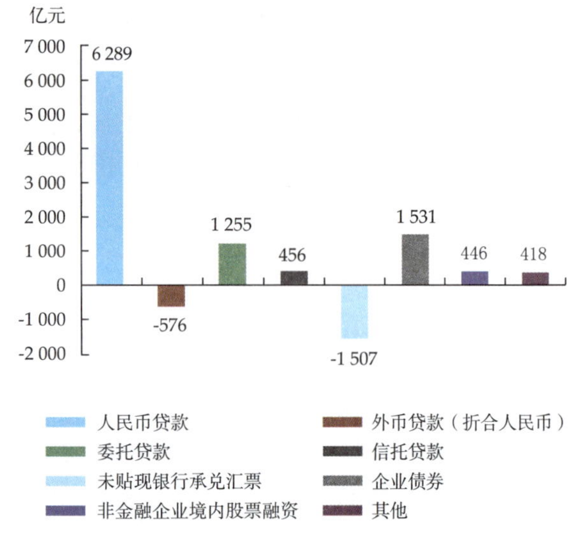

数据来源：中国人民银行济南分行。

图5　2016年山东省社会融资规模分布结构

2. 货币市场主体活跃，交易量大幅增长。2016年，受交易主体扩容和交易活跃影响，银行间市场成交量较上年增长34.7%，债券回购和现券买卖分别大幅增长43.2%和13.3%。货币市场和债券市场日均净融入资金同比增长17.5%。同业拆借、债券回购加权平均利率同比上升0.37个百分点和0.16个百分点，现券买卖加权平均利率同比下降0.6个百分点。

表5　2016年山东省金融机构票据业务量统计

单位：亿元

季度	银行承兑汇票承兑		贴现			
			银行承兑汇票		商业承兑汇票	
	余额	累计发生额	余额	累计发生额	余额	累计发生额
1	13 269	6 589	2 579	6 223	291	420
2	12 788	5 053	2 806	6 317	251	327
3	11 943	4 882	3 224	6 061	284	344
4	11 614	4 396	3 268	4 345	309	312

数据来源：中国人民银行济南分行。

3. 票据融资规模快速增长，票据利率小幅提升。2016年，山东省银行承兑汇票累计签发量同比下降11.9%，票据融资余额同比增长30.1%。电子商业汇票业务成倍增长，累计办理24.2万笔、9 044.7亿元，分别达到上年的2.9倍和2.4倍。票据贴现加权平均利率较上年同期上升0.55个百分点。

4. 银行间外汇市场业务大幅增长，黄金市场交易总体活跃。2016年，山东省新入市会员8家，

表6　2016年山东省金融机构票据贴现、转贴现利率

单位：%

季度	贴现		转贴现	
	银行承兑汇票	商业承兑汇票	票据买断	票据回购
1	3.59	5.16	3.18	3.20
2	3.70	5.25	2.85	2.92
3	3.00	4.89	2.82	2.80
4	3.28	5.00	3.05	3.29

数据来源：中国人民银行济南分行。

年末银行间外汇市场会员达到62家，占全国的11%。山东省银行间外汇市场交易额1 580.2亿美元，增长46.5%。黄金市场交易量快速增长，13家黄金交易所会员累计成交4 456吨，接近上年交易量的两倍。黄金买入量和代理交易量占交易总量的比重不断提高，分别达到48.7%和79.2%，黄金交易所会员企业加工成品金的能力稳步提高。

（五）金融改革试点不断深化，创新业务稳步推进

青岛市财富管理金融综合改革试验区发展迅速，成立产融结合消费金融公司、债务管理公司、财务管理公司、外商独资互联网保险公司等特色组织，建立健全特色化财富管理供给体系。构建资产交易所、场外交易市场清算中心、国际海洋产权交易中心、艺术品交易中心等多层次市场交易平台，形成财富管理“青岛价格”。济南区域性产业金融中心加速推进。新型农村合作金融改革试点范围持续扩大，覆盖合作社284家、社员过万人，累计互助金额同比增长271.5%。山东省金融资产管理公司增资扩股到100亿元，第2家金融资产管理公司筹建工作顺利推进。民间融资机构达到512家，累计投资315.4亿元；民间融资登记服务中心54家，成功对接20.2亿元。

（六）金融基础设施建设不断完善，金融发展环境进一步优化

2016年，金融IC卡发放量达1.7亿张，7亿个人账户实施分类管理，116家法人银行接入电信网络新型违法犯罪交易风险事件管理平台。青岛银行在全国率先开展实名单电子现金业务。启动山东省金融业统一征信体系建设，司法、公安、税务、电力等信用信息全部纳入省域征信服务平台。大力发展应收账款融资服务平台，累计促成融资交易2 029亿元。开发投诉典型案例库系统，组织开展24次消费者权益保护工作检查评估，建立金融消费纠纷诉调对接机制，农村金融消费维权联络点覆盖至乡镇一级。普惠金融工作取得创新性突破，济宁邹城、临沂平邑、聊城阳谷普惠金融示范区建设试点正式启动。地方金融发展法制保障逐步健全，《山东省地方金融条例》正式实施。

表7　2015～2016年山东省支付体系建设情况

年份	支付系统直接参与方（个）	支付系统间接参与方（个）	支付清算系统覆盖率（%）	当年大额支付系统处理业务数（万笔）	同比增长（%）	当年大额支付系统业务金额（亿元）	同比增长（%）	当年小额支付系统处理业务数（万笔）	同比增长（%）	当年小额支付系统业务金额（亿元）	同比增长（%）
2015	17	9 436	66.8	11 354.4	5.2	190.2	19.5	26 424.1	31.1	2.8	25.8
2016	17	9 868	74.9	11 749.8	3.6	217.6	14.4	33 050.1	25.1	3.8	34.0

数据来源：中国人民银行济南分行。

二、经济运行情况

2016年，山东省经济总体稳中有进、进中向好，供给侧结构性改革取得实效，固定资产投资重点突出，三次产业不断优化，新旧动能转换步伐加快，物价温和上涨。经济总量和人均地区生产总值分别达到6.7万亿元和6.8万元，经济文化强省建设成效显著，实现“十三五”良好开局。

（一）内外需求协调增长，经济内生动力有所增强

2016年，山东省固定资产投资平稳较快增长，重点领域和薄弱环节得到加强；对外开放进一步扩大，新业态持续发力；居民消费呈现新变化，为山东省经济发展注入新活力。

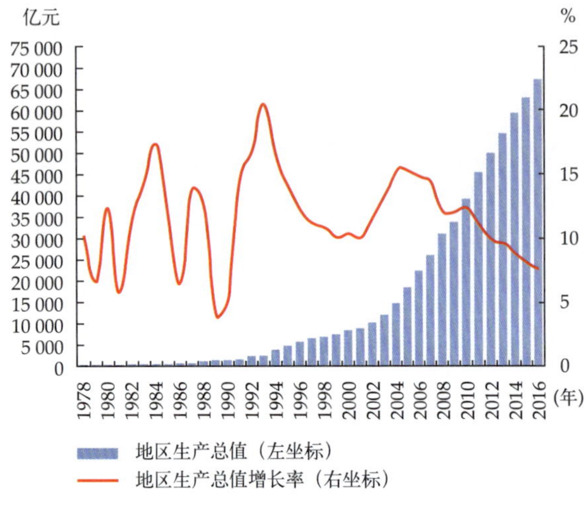

数据来源：山东省统计局。

图6 1978～2016年山东省地区生产总值及其增长率

1. 投资结构持续优化，基础设施投资发挥重要支撑。2016年，山东省固定资产投资增长10.5%，增速连续七年回落，但仍高于全国投资增速2.4个百分点，固定资产投资额居全国首位；产能过剩行业投资增速放缓，同比回落0.1个百分点。受经济下行导致市场需求疲弱、产业转型升级相对缓慢、深化简政放权及优化服务改革政策落实不到位等多种因素影响，民间投资增速放缓，比上年回落6.8个百分点。但随着一系列鼓励民间投资政策措施出台，民间投资增速逐季回升，占全部投资比重较全国高17.4个百分点。基础设施投资发挥重要支撑作用，对全部投资增长的贡献率比上年提高13.2个百分点。内涵型投资较快发展，工业技改投资1.5万亿元，居全国第1位；技改投资增速稳步提升，占工业投资的比重达到57.7%。

2. 居民收入稳定增长，消费结构稳步升级。2016年，山东省居民人均可支配收入比全国平均水平高864元，农村居民人均可支配收入增速快于城镇居民0.1个百分点。山东省社会消费品零售总额增速逐季加快，城乡市场消费协调发展，增速差距由1.1个百分点缩小至0.8个百分点。消费结构不断优化，人均教育文化娱乐支出、人均医疗保健支出增速分别高于人均消费支出增速3.5个百分点和4.3个百分点。新兴业态快速发展，限额以上商贸流通企业网上零售额增速高于限额以上社会消费品零售额37.9个百分点。

3. 外贸增速领先全国，国际经济合作步伐加快。2016年，山东省相继出台促进外贸回稳向好实施意见、加强自主国际品牌建设、促进加工贸易创新发展、减免吊装移位仓储费用等政策措施，进出口增速回升至3.5%，居全国前十大外贸省市首位。实际开展出口业务企业新增7 833家，创造出口544.3亿元。一般贸易出口比重提高到63.1%。全年实际利用外资168.3亿美元，世界500

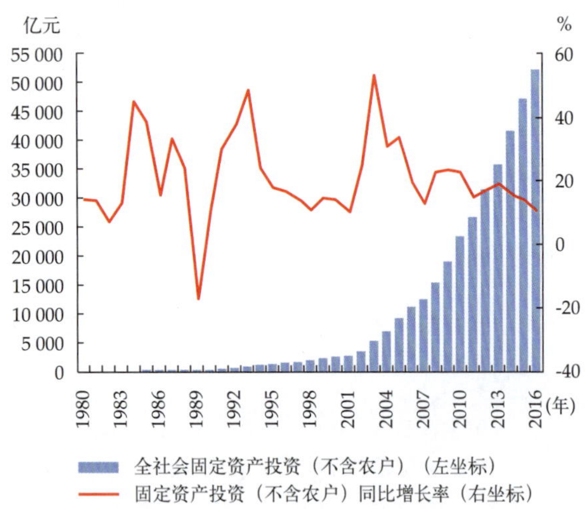

数据来源：山东省统计局。

图7 1980～2016年山东省固定资产投资（不含农户）及其增长率

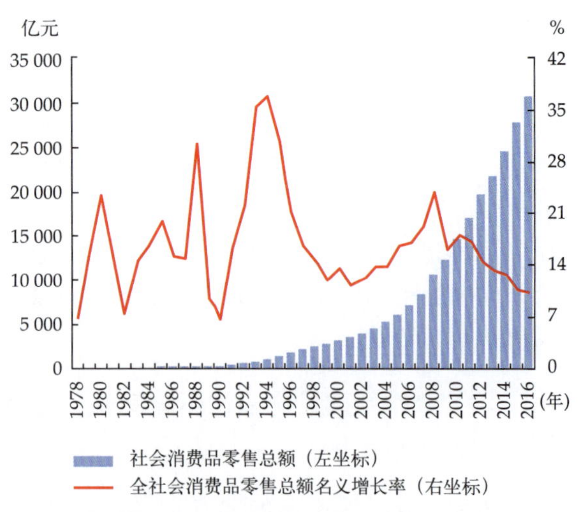

数据来源：山东省统计局。

图8 1978～2016年山东省社会消费品零售总额及其增长率

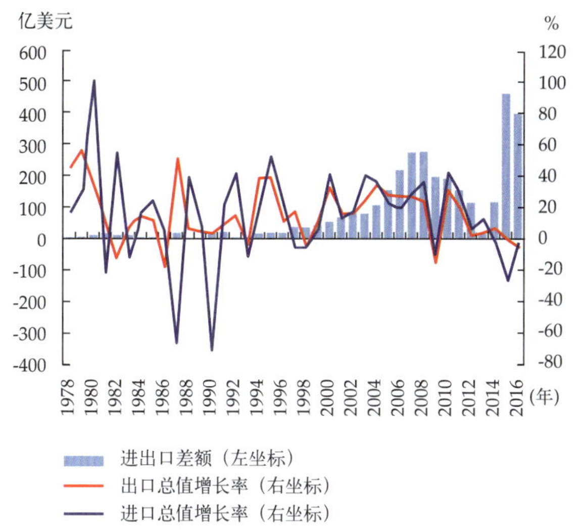

数据来源：山东省统计局。

图9　1978～2016年山东省外贸进出口变动情况

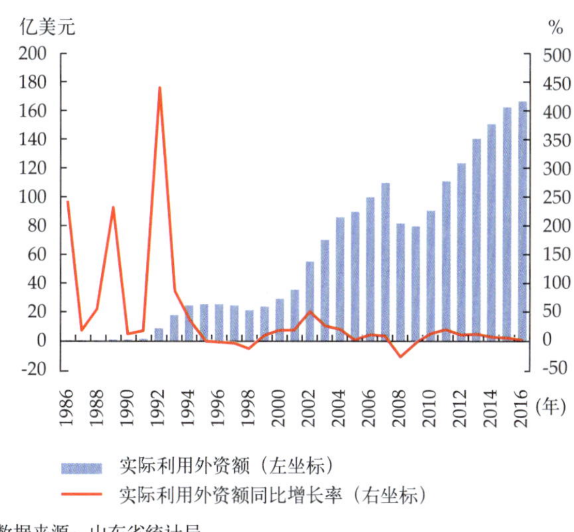

数据来源：山东省统计局。

图10　1986～2016年山东省实际利用外资额及其增长率

强企业投资项目新增63个。实际对外投资增长1.4倍，其中境外并购中方投资额增长2.8倍。

（二）第三产业比重超过第二产业，结构调整加快推进

2016年，山东省持续推进“敲开核桃、一业一策”，加速推动服务业转型升级，三次产业比例由上年的7.9：46.8：45.3调整为7.3：45.4：47.3，实现了由“二三一”向“三二一”的历史性转变。

1. 农业基础地位进一步巩固，农业领域改革取得新突破。2016年，山东省粮食总产量940.1亿斤，为历史第二高产年份。46个农业转型升级方案出台实施，农业“新六产”[①]带动三次产业融合发展。建成京东县级服务站99个、阿里淘宝县62个、村淘服务站2 800个。农村土地承包经营权确权颁证工作基本完成，土地经营规模化率达到40%以上，供销社综合改革试点全国领先。

2. 工业生产企稳向好，新动能较快成长。2016年，山东省规模以上工业增加值增长6.8%，高于全国0.8个百分点，规模以上工业利润、利税由上年负增长转为正增长。工业产销率比全国高1.0个百分点，全员劳动生产率比上年增加3.2万元。新动能发展壮大，高新技术产业产值占规模以上工业总产值比重比上年提高1.2个百分点，国家企业技术中心新增13家，新能源汽车、微波终端机、智能电视、工业机器人、光缆、服务器等高端智能产品产量分别增长100%、71.1%、58.8%、49.1%、24.6%和19.7%。

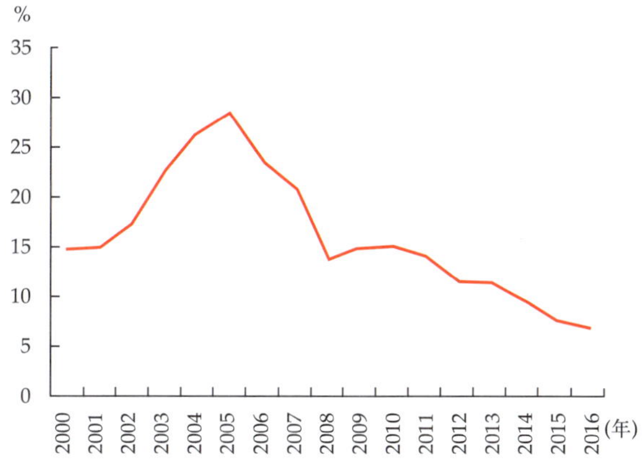

数据来源：山东省统计局。

图11　2000～2016年山东省规模以上工业增加值同比增长率

① “新六产”即一产的一份收入，经过二产加工增值为两份收入，再通过三产的营销服务形成三倍收益，综合起来是六份收入，产生乘数效益。

3. 服务业贡献率稳步扩大，运行质量和效益不断提高。2016年，山东省服务业对经济增长的贡献率达55.7%，拉动经济增长4.2个百分点，成为经济发展的主引擎。规模以上服务业营业收入增速比全国平均增速高0.4个百分点，营业利润由下降转为增长2%。行业增长面比上年提高9.6个百分点。互联网信息技术等新兴服务业活力凸显，营业收入增速比上年提高5.0个百分点。民生行业表现突出，居民服务业、卫生行业、文化艺术业等营业收入增速分别比山东省规模以上服务业高10.1个百分点、1.3个百分点和9.7个百分点。

（三）居民消费价格温和上涨，重点行业生产价格回升

2016年以来，在供给侧结构性改革、适度扩大总需求等政策作用下，生产和市场需求稳定增长，供需关系逐步改善，山东省物价水平总体保持平稳。

1. 居民消费价格涨势总体温和，食品价格涨幅较大。2016年，山东省CPI上涨2.1%，比上年扩大0.9个百分点。城市价格高于农村价格0.4个百分点。八大类商品价格“七升一降”。受猪肉和鲜菜价格攀升影响，食品烟酒类价格上涨3.6%，拉动居民消费价格总水平上升1.1个百分点。

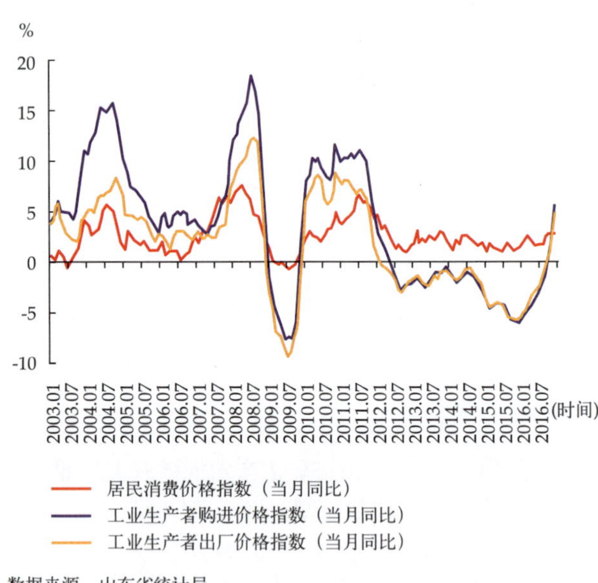

数据来源：山东省统计局。

图12 2003～2016年山东省居民消费价格和工业生产者价格变动趋势

2. 工业生产者价格降幅收窄，重点行业生产价格回升。2016年，在大宗商品价格上涨和部分行业供求关系改善的带动下，山东省工业生产者出厂价格和购进价格降幅分别比上年收窄3.3个百分点和3个百分点，工业生产者出厂价格月度同比指数自10月份开始持续回升。

3. 就业形势总体稳定，居民养老金标准提高。2016年，山东省城镇新增就业121万人，完成年度计划的110%；城镇登记失业率为3.46%，低于4%的全年调控目标。转移就业贫困人口20.1万人，带动实现脱贫35万人。机关事业单位和企业退休人员基本养老金平均增加6.5%以上。

4. 资源性产品价格改革继续推进。实现山东省农业、一般工商业和大工业用电同价，非居民用气门站价格下调，企业用气负担减轻。农业水价改革及区域水价改革稳步推进。煤热价格联动机制和供热计量收费改革深入推进。

（四）财政收支增速回落，政府引导基金加快发展

2016年，山东省公共财政预算收入增速比上年回落1.5个百分点，税收收入占财政收入的比重比上年下降4.1个百分点。“营改增”政策红利不断释放，累计减税超过百亿元。全省财政支出增速同比回落8.9个百分点。民生支出占财政支出的78.9%，“三公”等一般性支出减少。受经济增速

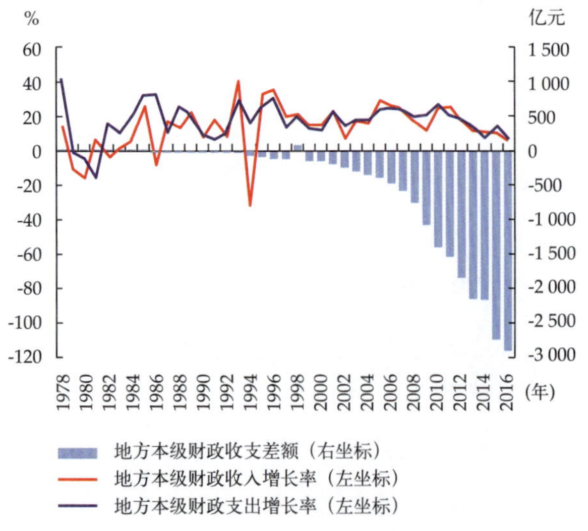

数据来源：山东省统计局。

图13 1978～2016年山东省财政收支状况

放缓、结构性减税政策和刚性支出增多影响，财政赤字同比增长6.2%。发行地方政府债券和置换债券4 279.2亿元，居全国前列。设立19个方向的省级政府引导基金，参股设立51只子基金，基金总规模超过1 400亿元。

（五）供给侧结构性改革稳步推进，“三去一降一补”取得实效

在做好国家公布的钢铁、水泥、平板玻璃、电解铝、船舶等5个产能过剩行业的基础上，山东省主动增加炼油、轮胎、化工、煤炭等4个行业的过剩产能化解，完成270万吨生铁、270万吨粗钢、1 960万吨煤炭去产能任务，处置125户国有“僵尸企业”。库存水平趋于合理，商品房待售面积比上年减少98.7万平方米，去化周期降至14个月。企业杠杆率下降，规模以上工业企业资产负债率较上年年末下降2.1个百分点。落实减税降费政策，一般工商业用电价格平均下调4.2分，养老社会保险单位缴费率降至18%。短板领域投入加大，济青高速扩容、“外电入鲁”等重点项目进展顺利。151.2万贫困人口实现脱贫，青岛、淄博、东营、威海4市基本完成脱贫任务。98.1%的承包耕地完成确权，16.2%的村完成农村集体产权制度改革。

（六）房地产去库存效果明显，装备制造强劲发展

1. 房地产市场活跃度上升，房地产贷款快速增长。2016年，随着一系列化解房地产库存的政策措施效果显现，山东省商品房库存首次扭转六连增，价格整体上涨，局部区域房价过快增长势头在差异化的调控政策影响下得到有效遏制，金融对房地产去库存的支持力度加大，房地产市场总体稳定。

房地产投资稳步增长，企业资金回笼加快。2016年，房地产开发投资增长7.3%，较上年高6个百分点。随着销售向好，开发企业到位资金增速快于投资增速9.8个百分点。其中，定金及预收款和个人按揭贷款资金同比分别增长35.9%和47.9%。

房地产供给大幅增加，保障性住房建设力度继续加大。在销售快速增长、市场活跃度上升背景下，土地购置面积和新开工面积同比分别增长17.7%和10.4%。保障性住房加快推进，新开工各类保障性安居工程54.7万套，连续7年超额完成国家下达任务，其中棚户区改造开工53.4万套，货币化安置率达55.9%。

销售快速增长，重点城市成交活跃。2016年，商品房销售面积、销售额双双达到历史最高水平，增速分别比上年提高15.2个百分点和16.8个百分点。济南、青岛成交量保持大幅增长态势，新建商品住房销售面积同比分别增长19.6%和42.5%。

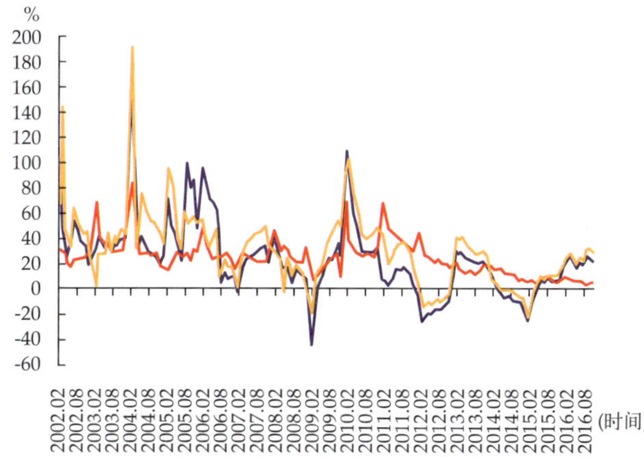

数据来源：山东省统计局。

图14　2002～2016年山东省商品房施工和销售变动趋势

房价城市间分化明显，调控政策效果初显。2016年12月，山东省17个地市主城区新建住房均价同比增长3.1%，济南、青岛同比分别增长19.4%、13.4%，其他城市房价增速均较为温和。8月、9月，济南、青岛主城区重点区域出现房价过快增长现象，10月两城市先后采取一系列“控房价、防风险、稳市场”措施，到12月，分别结束了16个月和12个月的连涨势头。

房地产贷款保持高速增长。年末房地产贷款余额14 929.9亿元，同比增长29.6%，增速较上年同期高7.6个百分点；全年房地产贷款增量占各项贷款增量的55.2%。其中，房地产开发贷款同比多增183.2亿元，保障性住房开发贷款增量占全部房地产开发贷款增量的117.1%。个人购房贷款余额同比增长30.7%。

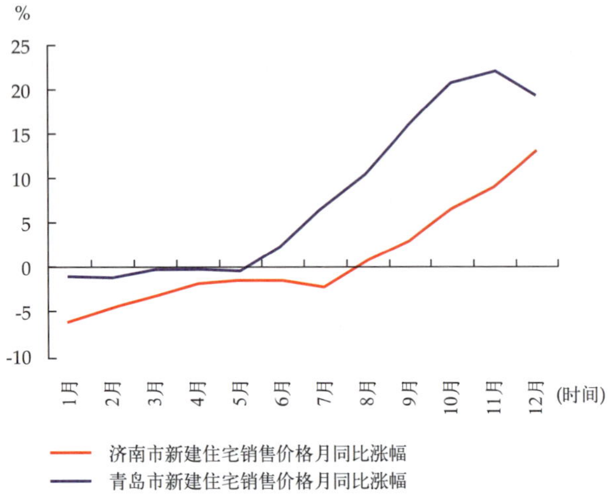

数据来源：国家统计局。

图15　2016年山东省主要城市新建住宅销售价格变动趋势

2. 装备制造业全面提速，优势领域显著发展。2016年，随着扩大总需求各项政策措施落地，山东省装备制造业增加值增速比规模以上工业高0.8个百分点。装备制造业增加值占规模以上工业的比重达29.4%。装备制造业技改投资占工业技改投资的33.8%。其中，汽车、通用设备、专用设备等行业增加值增速比上年分别提高5.1个百分点、4.5个百分点和0.6个百分点。通信设备制造、计算机制造、电子及电工机械专用设备制造等高端装备制造业均实现9%以上的增速。在重点装备骨干行业实施的贷款贴息政策和在装备制造业领域开展的首台（套）技术装备及关键核心零部件保险补偿等政策措施取得积极效果。

（七）“两区一圈一带”发展深入推进，战略效应集中释放

2016年，“两区一圈一带”积极对接“一带一路”发展战略，供给侧结构性改革与区域协同创新持续推进，德州、聊城、东营、滨州加快融入京津冀一体化战略。山东半岛蓝色经济区启动国家自主创新示范区建设，现代海洋产业体系基本成形。黄河三角洲高效生态经济区积极建设国家农业高新技术产业示范区，加快融入环渤海一体化发展，“飞地经济”模式探索取得新突破。省会城市群经济圈各市融合互动发展，济莱两市同城化和产业协同发展步伐加快。西部经济隆起带已成邻边经济新高地，东中西部差距不断缩小。2016年，“两区一圈一带”新增贷款分别占山东省新增贷款的51.5%、45.2%和21%。

专栏2　全国首单社会效应债券发行　金融扶贫再添新渠道

2016年12月，全国首单社会效应债券——山东省沂南县扶贫社会效应债券在银行间市场成功发行并募集资金5亿元，期限10年，主要投向扶贫特色产业项目、扶贫就业点、扶贫光伏电站、扶贫公共服务和基础设施配套等“六个一”扶贫工程。

社会效应债券2010年起源于英国剑桥郡，是一种将募集资金用于社会公共服务领域的债券，具有减轻财政支出压力、促进资源配置效率提升、以较低成本推动社会总体福利增进等优势。目前在全球仅发行60余单，募集资金2.16亿美元，其发行一般涉及政府、筹资方、服务提供方、投资方和评估方5个主体。筹资方与政府约定公共服务给付标准，同时作为发行主体募集资金，将资金交付服务提供方使用，并监督服务提供方按照政府标准提供服务。评估方作为独立第三方机构，对服务提供方的服务进行评估并反馈给政府。政府作为公共服务购买方，根据评估结果，确定向筹资方偿付的债券回报水平。

沂南县扶贫社会效应债券在发行主体、投资主体等方面作出较大改进，沂南县城乡建设发展有限公司作为债券发行方和项目管理方，青岛银行和中国农业银行作为主承销商，沂南县“六个一”扶贫工程具体实施部门作为服务提供方，中国农业发展银行、青岛银行、齐鲁银行、临商银行、青岛农商行5家机构作为定向投资人，中国扶贫协会作为债券募集资金扶

贫效果评估方，沂南县政府依法与债券发行方签订“六个一”扶贫工程政府购买服务协议，在存续期内定期向债券发行方采购扶贫服务。在收益结构上，采用“本金保证+收益浮动”的方式，根据募集资金扶贫效果第三方评估结果实行阶梯定价，债券收益率总体在3.25%~3.95%之间浮动。

沂南县扶贫社会效应债券的成功发行不仅在扶贫领域具有重要意义，也是中国金融市场产品的重大创新，带来以下积极影响：一是债券收益率明显低于当前普通债务融资工具利率水平，有效降低了财政支出成本。二是将地方政府、债券发行人、金融机构利益“捆绑”在一起，形成多方监督机制，有利于提升资金使用效果。三是克服以单个项目、单个农户为核心提供贷款支持的局限，拓宽了社会资本扶贫渠道，使当地125个村、22 077人受益，金融扶贫工作效率大大提高。四是开拓银行间市场作为社会效益融资平台的新功能，为追求经济和社会双重效益的市场投资主体履行社会责任、支持社会事业发展提供了便利渠道，起到良好的示范带动作用。未来，多领域社会效应债券发行有望步入快车道。

三、预测与展望

2017年，山东省经济发展将延续新常态，总体呈现“上有压力，下有支撑”的态势。随着供给侧结构性改革深入推进，产业结构加快调整，新旧动能加速转换，“两区一圈一带”战略带动作用进一步提升，国企、财税、金融、社保等关键性领域改革快速推进，改革红利的释放将对稳增长形成一定支撑。2017年，预计山东省地区生产总值全年增长7.5%左右。

投资增速将保持平稳，预计全年增长10.5%左右。政策调控下，房地产投资走弱增大投资下行压力。基建投资仍将是稳增长主力，对冲地产投资的总体格局不变，随着高速铁路、高速公路、城际轨道交通等建设项目加速落地，基建投资仍将维持高位，为投资平稳增长提供支撑。随着去产能效应显现和企业利润的逐步改善，制造业投资将呈现低位企稳，装备制造、智能制造等高端制造业成为企业转型升级方向。

消费增速将稳中略升，预计全年保持10.5%左右的增速。传统消费增速将进一步放缓，新型消费期待突破，汽车、住房类消费回落将对消费产生不利影响，但网络、通信等新型消费热点的带动作用将进一步显现。

外贸形势将维持基本平稳。在全球经济逐步复苏的背景下，全省贸易结构持续优化，民营企业外贸主力军作用进一步加强，其中跨境电商、市场采购贸易、外贸综合服务企业等新型业态将成为新的外贸增长点。同时，“一带一路”发展战略的带动作用逐步显现，新兴市场不断开拓，将加快推动外贸投资的双向互动。

从物价走势看，经济下行压力不减，需求继续走弱，产能过剩问题依然存在，国际大宗商品价格、工业品价格上涨动力不足将对价格形成压制，猪肉等农产品价格对消费价格的推动作用开始减弱，价格机制改革持续推进，但非食品因素对价格影响相对有限。综合来看，预计2017年全年物价总体稳定。

金融方面，2017年，中国人民银行济南分行将深入贯彻落实全国金融工作会议精神，实施好稳健中性的货币政策，综合运用多种货币政策工具，维护流动性基本稳定；进一步改善和优化融资结构和信贷结构，畅通货币政策传导渠道和机制，提高金融服务实体经济的效率和水平，牢牢守住不发生系统性金融风险的底线。预计山东省货币信贷及社会融资规模将保持合理增长，为全省结构性改革营造中性适度的货币金融环境。

中国人民银行济南分行货币政策分析小组
总　纂：金鹏辉　刘　健
统　稿：刁云涛　李　瑞　李　伟　郑玉坤　王俊豪　刘旭强
执　笔：孙　健　程晋鲁　孙欣华　刘爱鹏　孙　蕾　楚晓光　尹　楠　王　斌　王　彦
提供材料的还有：刘　震　单琳琳　祁文婷　孙　毅　郑　蕾　庞念伟　刘亚迪　张　芳　王　馨
王　冲　陈宝贵　许　轩

附录

（一）2016年山东省经济金融大事记

2月1日，跨境人民币借款业务试点政策发布会在济南召开，中韩五项金融合作首项成果正式在山东落地。

2月18日，青岛银行在全国率先开展实名单电子现金业务。

3月30日，山东省十二届人大常委会第二十次会议表决通过《山东省地方金融条例》，并于7月1日正式实施。

6月4日，2016青岛·中国财富论坛开幕。

7月22日，印发《人民银行济南分行“金融服务企业百日行”活动方案》。

10月9日，山东省金融精准扶贫管理信息系统上线运行。

12月1日，山东省融资服务网络平台上线运行。

12月23日，全国首单社会效应债券——山东省沂南县扶贫社会效应债券在银行间市场交易商协会完成注册并募资发行。

（二）2016年山东省主要经济金融指标

表1　2016年山东省主要存贷款指标

		1月	2月	3月	4月	5月	6月	7月	8月	9月	10月	11月	12月
本外币	金融机构各项存款余额（亿元）	78 223.2	78 681.3	81 521.7	81 803.9	82 513.1	83 642.6	83 124.1	83 715.1	84 384.2	85 180.1	85 530.8	85 683.5
	其中：住户存款	38 236.1	39 607.6	40 309.1	39 610.6	39 801.6	40 556.0	40 521.6	40 766.9	41 401.2	41 167.1	41 314.8	41 754.9
	非金融企业存款	24 996.9	24 280.0	26 024.0	26 134.3	26 460.8	26 950.1	26 311.2	26 700.0	26 739.3	27 080.7	27 423.7	28 060.4
	各项存款余额比上月增加（亿元）	640.3	1 371.5	701.5	-698.6	191.0	754.4	-34.4	245.3	634.3	-234.1	147.7	440.1
	金融机构各项存款同比增长（%）	9.5	10.0	10.7	11.9	11.8	10.1	9.4	9.4	9.1	10.6	11.4	11.6
	金融机构各项贷款余额（亿元）	60 384.6	60 970.6	61 340.2	61 519.4	62 062.2	63 072.3	63 416.4	63 615.9	63 770.0	64 013.0	64 316.0	65 243.5
	其中：短期	28 578.9	28 814.5	29 099.3	28 857.2	28 778.0	28 843.3	28 666.2	28 522.1	28 403.0	28 238.8	27 973.0	28 035.5
	中长期	26 944.6	27 237.5	27 446.3	27 724.4	28 220.2	28 821.7	29 229.9	29 350.0	29 507.1	29 735.1	30 290.8	31 272.2
	票据融资	2 877.7	2 916.3	2 856.6	2 979.0	3 035.9	3 058.5	3 166.4	3 367.3	3 508.3	3 650.0	3 609.0	3 576.5
	各项贷款余额比上月增加（亿元）	1 321.4	586.0	369.6	179.2	542.8	1 010.1	344.1	199.5	154.1	243.0	303.0	927.6
	其中：短期	339.7	235.6	284.8	-242.1	-79.2	65.3	-177.1	-144.1	-119.1	-164.2	-265.8	62.5
	中长期	822.4	292.9	208.8	278.2	495.8	601.5	408.2	120.1	157.1	228.0	555.7	981.4
	票据融资	130.1	38.6	-59.7	122.3	56.9	22.6	108.0	200.8	141.0	141.7	-40.9	-32.5
	金融机构各项贷款同比增长（%）	10.8	10.8	10.3	10.2	10.7	11.0	10.6	10.1	9.6	9.4	9.1	10.5
	其中：短期	4.7	4.4	4.3	3.3	3.1	2.2	2.1	1.0	0.2	0.1	-0.7	-0.6
	中长期	15.9	15.7	15.3	15.4	16.6	17.8	18.4	17.9	17.1	16.9	17.2	19.5
	票据融资	37.6	40.4	37.7	45.7	42.0	28.1	26.1	30.3	33.3	30.8	23.7	30.2
	建筑业贷款余额（亿元）	2 042.8	2 079.9	2 117.4	2 104.7	2 109.3	2 138.1	2 155.8	2 184.2	2 235.2	2 225.8	2 231.1	2 245.9
	房地产业贷款余额（亿元）	2 445.6	2 485.2	2 488.6	2 495.9	2 524.4	2 504.6	2 461.6	2 464.7	2 434.3	2 398.5	2 389.6	2 380.8
	建筑业贷款同比增长（%）	8.5	6.9	8.2	6.7	7.1	7.2	8.0	9.5	10.0	10.3	11.3	12.7
	房地产业贷款同比增长（%）	12.8	12.2	10.4	9.8	11.5	9.1	8.9	8.7	5.1	1.9	-0.3	0.7
人民币	金融机构各项存款余额（亿元）	75 760.4	76 304.0	79 185.4	79 504.1	80 106.4	81 358.1	80 876.1	81 511.6	82 188.5	82 927.5	83 215.4	83 414.9
	其中：住户存款	37 931.5	39 296.4	39 994.3	39 295.7	39 481.8	40 229.7	40 189.2	40 435.5	41 067.4	40 811.8	40 936.1	41 350.9
	非金融企业存款	23 469.1	22 749.7	24 541.1	24 675.2	25 049.0	25 534.6	24 946.4	25 376.3	25 383.6	25 683.3	26 012.9	26 654.7
	各项存款余额比上月增加（亿元）	1 233.3	543.5	2 881.5	318.7	602.2	1 251.7	-482.0	635.5	676.9	739.0	287.9	199.5
	其中：住户存款	611.5	1 364.8	697.9	-698.6	186.1	747.9	-40.5	246.3	631.9	-255.6	124.4	414.8
	非金融企业存款	766.7	-719.3	1791.4	134.1	373.8	485.7	-588.2	429.9	7.3	299.7	329.6	641.8
	各项存款同比增长（%）	9.6	10.3	11.2	12.4	12.3	10.7	10.1	10.3	9.8	11.2	11.7	11.9
	其中：住户存款	9.7	8.7	8.4	8.8	9.8	9.5	9.8	10.1	10.3	10.5	10.9	10.8
	非金融企业存款	10.2	12.3	17.1	17.0	16.7	16.5	15.2	14.7	14.5	15.1	16.0	17.3
	金融机构各项贷款余额（亿元）	56 778.4	57 344.2	57 740.7	57 956.9	58 452.9	59 152.0	59 565.5	59 782.5	60 081.5	60 346.7	60 660.9	61 726.9
	其中：个人消费贷款	9 803.8	9 819.2	10 050.7	10 203.9	10 443.6	10 723.0	10 946.9	11 234.6	11 509.9	11 704.7	12 005.7	12 227.2
	票据融资	2 877.6	2 916.2	2 856.5	2 978.9	3 035.7	3 058.3	3 166.3	3 367.2	3 508.2	3 649.8	3 608.9	3 576.4
	各项贷款余额比上月增加（亿元）	1 341.4	565.8	396.5	216.2	496.0	699.2	413.4	217.1	298.9	265.3	314.2	1 066.0
	其中：个人消费贷款	232.4	15.4	231.4	153.3	239.7	279.4	223.9	287.8	275.3	194.8	301.1	221.5
	票据融资	130.1	38.6	-59.7	122.3	56.9	22.6	108.0	200.8	141.0	141.6	-40.9	-32.5
	金融机构各项贷款同比增长（%）	11.7	11.6	11.2	11.0	11.4	11.1	11.4	11.1	10.5	10.3	9.9	11.4
	其中：个人消费贷款	18.6	17.7	19.3	19.8	21.3	22.0	22.9	24.3	25.1	25.9	26.8	27.7
	票据融资	37.6	40.4	37.7	45.7	42.0	28.1	26.1	30.3	33.3	30.8	23.7	30.2
外币	金融机构外币存款余额（亿美元）	375.9	363.2	361.6	356.1	365.8	344.5	338.0	329.3	328.8	333.0	336.2	327.0
	金融机构外币存款同比增长（%）	-0.3	-4.9	-8.9	-9.2	-7.6	-14.0	-18.3	-20.0	-15.7	-13.4	-5.9	-6.5
	金融机构外币贷款余额（亿美元）	550.4	554.1	557.1	551.6	548.6	591.2	579.0	572.9	552.4	542.0	530.8	506.9
	金融机构外币贷款同比增长（%）	-8.5	-6.6	-7.3	-6.9	-5.9	0.3	-8.8	-7.4	-8.7	-9.2	-9.8	-9.2

数据来源：中国人民银行济南分行。

表2　2001～2016年山东省各类价格指数

单位：%

年/月	居民消费价格指数		农业生产资料价格指数		工业生产者购进价格指数		工业生产者出厂价格指数	
	当月同比	累计同比	当月同比	累计同比	当月同比	累计同比	当月同比	累计同比
2001	—	0.0	—	—	—	—	—	—
2002	—	-0.7	—	0.3	—	-1.3	—	-1.2
2003	—	1.1	—	2.4	—	5.7	—	3.5
2004	—	3.6	—	10.2	—	13.4	—	6.4
2005	—	1.7	—	6.2	—	5.9	—	3.7
2006	—	1.0	—	3.0	—	4.3	—	2.3
2007	—	4.4	—	7.1	—	4.8	—	3.3
2008	—	5.3	—	19.3	—	13.1	—	8.6
2009	—	0.0	—	-3.7	—	-4.5	—	-5.9
2010	—	2.9	—	3.0	—	9.3	—	7.2
2011	—	5.0	—	11.1	—	9.2	—	6.0
2012	—	2.1	—	5.9	—	-0.8	—	-1.6
2013	—	2.2	—	1.2	—	-1.6	—	-1.6
2014	—	1.9	—	-0.5	—	-1.8	—	-1.6
2015	—	1.2	—	-0.7	—	-5.0	—	-6.1
2016	—	2.1	—	-1.1	—	-2.0	—	-1.5
2015　1	0.9	0.9	0.6	0.6	-4.0	-4.0	-3.9	-4.0
2	1.7	1.3	-0.1	0.2	-4.6	-4.3	-4.5	-4.6
3	1.2	1.2	-0.1	0.1	-4.3	-4.3	-4.3	-4.3
4	1.3	1.3	-0.5	0.0	-4.2	-4.3	-4.1	-4.2
5	0.9	1.2	-0.9	-0.2	-4.2	-4.3	-4.1	-4.2
6	0.9	1.1	-0.3	-0.2	-4.3	-4.3	-4.3	-4.3
7	1.2	1.2	-0.3	-0.2	-4.7	-4.3	-4.9	-4.3
8	1.8	1.2	-1.2	-0.3	-5.3	-4.6	-5.4	-5.3
9	1.3	1.2	-1.6	-0.5	-5.8	-4.5	-5.6	-5.8
10	1.0	1.2	-1.4	-0.6	-6.0	-4.7	-5.6	-6.0
11	1.3	1.2	-1.3	-0.6	-6.0	-4.8	-5.8	-6.0
12	1.3	1.2	-1.6	-0.7	-6.1	-5.0	-5.5	-6.1
2016　1	1.7	1.7	-1.8	-1.8	-5.6	-5.6	-4.9	-4.9
2	2.0	1.8	-1.9	-1.9	-5.3	-5.4	-4.9	-4.9
3	2.5	2.1	-2.0	-1.9	-5.0	-5.3	-4.2	-4.7
4	2.1	2.1	-1.7	-1.9	-4.4	-5.1	-3.5	-4.4
5	1.6	2.0	-0.3	-1.5	-4.0	-4.9	-3.0	-4.1
6	1.5	1.9	0.3	-1.2	-3.4	-4.6	-2.8	-3.9
7	1.7	1.9	-0.5	-1.1	-2.7	-4.3	-1.9	-3.6
8	1.6	1.8	-1.5	-1.2	-1.7	-4.0	-1.0	-3.3
9	2.5	1.9	-1.6	-1.2	-0.7	-3.6	-0.2	-3.0
10	2.6	2.0	-1.7	-1.3	0.8	-3.2	0.8	-2.6
11	2.6	2.0	-0.8	-1.2	3.0	-2.7	3.1	-2.1
12	2.6	2.1	0.0	-1.1	5.5	-2.0	4.8	-1.5

数据来源：山东省统计局、《中国经济景气月报》。

表3　2016年山东省主要经济指标

	1月	2月	3月	4月	5月	6月	7月	8月	9月	10月	11月	12月
绝对值（自年初累计）												
地区生产总值（亿元）	—	—	14 914.8	—	—	31 688.3	—	—	48 703.8	—	—	67 008.2
第一产业	—	—	668.2	—	—	2 333.3	—	—	3 517.2	—	—	4 929.1
第二产业	—	—	6 852.3	—	—	14 178.9	—	—	21 970.5	—	—	30 410.0
第三产业	—	—	7 394.2	—	—	15 176.2	—	—	23 216.1	—	—	31 669.0
工业增加值（亿元）	—	—	—	—	—	—	—	—	—	—	—	—
固定资产投资（亿元）	—	2 743.0	7 407.7	11 771.6	16 808.8	22 311.3	27 823.4	32 258.4	36 860.8	42 147.5	47 029.5	52 364.5
房地产开发投资	—	527.1	1 059.3	1 601.1	2 176.8	2 904.1	3 449.9	3 970.3	4 582.5	5 129.7	5 698.8	6 323.4
社会消费品零售总额（亿元）	—	4 859.4	7 107.2	9 391.0	11 840.0	14 291.4	16 739.9	19 253.5	21 853.7	24 835.7	27 683.5	30 645.8
外贸进出口总额（亿元）	1 105.1	2 042.2	3 270.5	4 465.5	5 814.1	7 137.9	8 445.8	9 891.2	11 286.5	12 476.6	13 931.7	15 466.5
进口	448.0	818.8	1 351.8	1 890.0	2 404.8	2 960.0	3 483.4	4 062.9	4 648.4	5 120.8	5 753.6	6 414.3
出口	657.1	1 223.4	1 918.7	2 575.5	3 409.3	4 177.9	4 962.4	5 828.3	6 638.1	7 355.8	8 178.1	9 052.2
进出口差额(出口－进口)	209.1	404.6	566.9	685.5	1 004.5	1 217.9	1 479.0	1 765.4	1 989.7	2 235.0	2 424.5	2 637.9
实际利用外资（亿美元）	13.8	21.9	42.0	53.0	66.0	93.8	99.9	115.2	126.7	—	—	168.3
地方财政收支差额（亿元）	146.8	-19.8	-233.6	-388.1	-661.8	-995.0	-1 242.5	-1 583.4	-2 028.8	-2 112.1	-2 622.6	-2 889.8
地方财政收入	612.6	945.6	1 488.1	2 115.7	2 625.4	3 288.1	3 722.2	4 090.1	4 504.2	5 034.2	5 405.9	5 860.2
地方财政支出	465.8	965.4	1 721.7	2 503.8	3 287.2	4 283.1	4 964.7	5 673.5	6 533.0	7 146.3	8 028.5	8 750.0
城镇登记失业率(%)(季度)	—	—	3.3	—	—	3.5	—	—	3.5	—	—	3.5
同比累计增长率（%）												
地区生产总值	—	—	7.3	—	—	7.3	—	—	7.5	—	—	7.6
第一产业	—	—	3.2	—	—	3.7	—	—	4.1	—	—	3.9
第二产业	—	—	6.3	—	—	6.3	—	—	6.4	—	—	6.5
第三产业	—	—	8.6	—	—	8.9	—	—	9.2	—	—	9.3
工业增加值	—	6.5	6.7	6.5	6.6	6.6	6.5	6.5	6.7	6.8	6.8	6.8
固定资产投资	—	10.6	10.6	10.8	10.7	10.6	10.5	10.6	10.7	10.5	10.5	10.5
房地产开发投资	—	5.8	7.0	9.6	8.6	9.4	8.0	6.9	7.9	8.3	7.5	7.3
社会消费品零售总额	—	9.7	9.8	9.6	9.8	9.9	10.0	10.1	10.2	10.2	10.3	10.4
外贸进出口总额	-8.0	-8.2	-0.2	-1.0	1.3	2.4	2.5	4.9	5.6	4.4	4.7	3.5
进口	-6.4	-8.2	-3.0	-2.0	0.1	2.0	1.2	3.7	4.4	4.3	6.5	6.8
出口	-9.0	-8.3	1.9	-0.3	2.1	2.7	3.4	5.7	6.4	4.5	3.4	1.2
实际利用外资	9.4	6.1	6.6	8.4	8.6	8.1	3.6	2.9	3.1	—	—	3.2
地方财政收入	7.7	7.3	8.5	12.7	12.0	9.2	6.0	6.8	9.2	8.9	8.8	8.5
地方财政支出	16.8	12.5	10.4	11.8	13.4	10.8	42.8	13.6	14.4	7.5	9.5	6.1

数据来源：山东省统计局、《中国经济景气月报》。

河南省金融运行报告（2017）

中国人民银行郑州中心支行货币政策分析小组

[内容摘要] 2016年，河南省经济保持总体平稳、稳中有进的运行态势，三大需求不同程度回升，结构调整取得积极进展，供给侧结构性改革成效初显，财政收支总体运行平稳，重点及民生领域的支出保障较好。全年全省生产总值40 160亿元，比上年增长8.1%。第一季度、上半年、前三季度全省生产总值分别增长8.2%、8.0%和8.1%，保持了平稳增长态势。

2016年，河南省金融运行总体平稳，存贷款保持较快增长，融资结构加快调整，融资成本下行，金融改革创新力度加大，风险抵御能力增强，金融支持实体经济重点突出，房地产、基础设施成为信贷投放的主要领域；多层次资本市场建设持续推进，融资功能日益增强；保险市场较快发展，可持续发展水平稳步提升。

2016年，河南省经济实现了“十三五”良好开局，为2017年的发展奠定了坚实的基础。2017年全省经济发展机遇与挑战并存，河南省将继续坚持稳中求进的工作总基调。同时，中国人民银行郑州中心支行将认真贯彻落实稳健中性货币政策，加强预期引导，预计2017年全省经济金融将平稳健康发展。

一、金融运行情况

2016年，全省金融运行总体平稳，存贷款保持较快增长，融资结构加快调整，融资成本下行，金融改革创新力度加大，风险抵御能力增强，金融对实体经济支持的重点突出，房地产、基础设施成为信贷投放的主要领域。

（一）银行业保持较快发展，金融改革创新取得新突破

1. 银行业金融机构盈利能力下滑，法人机构风险补偿能力提高。银行业金融机构利差趋于收窄，银行加大不良贷款核销力度。2016年，全省银行业机构累计实现盈利668.8亿元，比上年同期减少12.7亿元，同比下降1.9%。其中，法人机构资本利润率15.3%，较年初下降0.5个百分点。

2016年，全省农信社系统加快推进改革进程，资本实力进一步增强。2016年年末，全省法人银行业金融机构资本充足率12.0%，较年初上升0.4个百分点；拨备覆盖率为119.1%，较上年同期上升31个百分点，其中农合机构拨备覆盖率97.7%，较年初上升27.6个百分点。

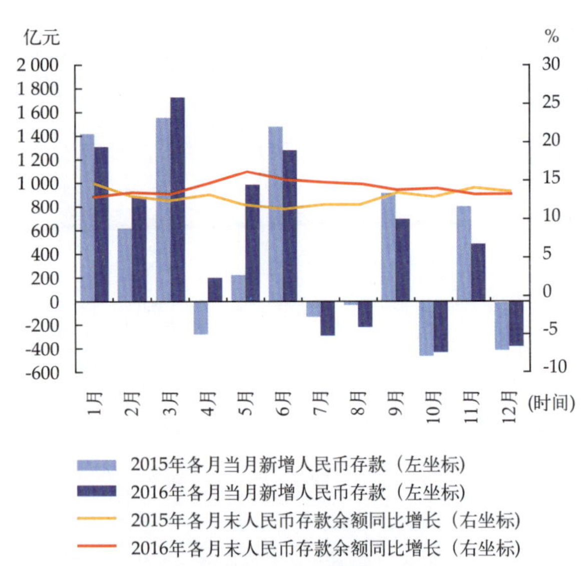

数据来源：中国人民银行郑州中心支行调查统计部门。

图1　2015～2016年河南省金融机构人民币存款增长变化

2. 各项存款继续增长，增速呈现前高后低态势。2016年，住户存款、广义政府存款拉动全省银行业金融机构存款继续保持增长态势，截至2016年年末，金融机构本外币各项存款余额为54 979.7亿元，同比增长13.9%，增速较上年同期提高0.3

个百分点。前9个月，存款保持加速增长，第四季度，受非银行业金融机构存款大量减少的影响，增速有所回落。

3.贷款同比多增，保持较快增长态势。2016年，房地产以及稳增长措施推动全省贷款继续保持较快增长，12月末，金融机构本外币各项贷款余额为37 139.6亿元，同比增长16.8%，增速较上年同期提高1.5个百分点；较年初增加5 341亿元，同比多增1 128.9亿元。从贷款投向看，主要投向个人住房消费以及政府背景的基础设施领域，个人中长期消费贷款、非金融企业及机关团体贷款分别同比多增1 159亿元和258亿元。

4. 推动普惠金融改革创新，金融助推精准扶贫力度加大。全国首个普惠金融改革试验区——兰考普惠金融改革试验区获国务院批准，建立主办银行制度，促进政银企对接，大力推动普惠金融改革创新。同时，结合河南贫困人口大省、农民工大省实际，确立了服务“四农”（农业、农村、农民、农民工），分类施策、两端发力的金融精准扶贫思路，推出“百亿扶贫再贷款计划”，构建“中国人民银行扶贫再贷款+地方法人机构扶贫贷款+担保基金+财政贴息+建档立卡贫困户/扶贫龙头企业”的“五位一体”金融扶贫新模式，取得较好效果。截至12月末，全省精准扶贫贷款余额791亿元，其中，已脱贫人口贷款余额77.3亿元，支持带动159.6万建档立卡贫困人口，占全省建档立卡贫困人口的37.2%。

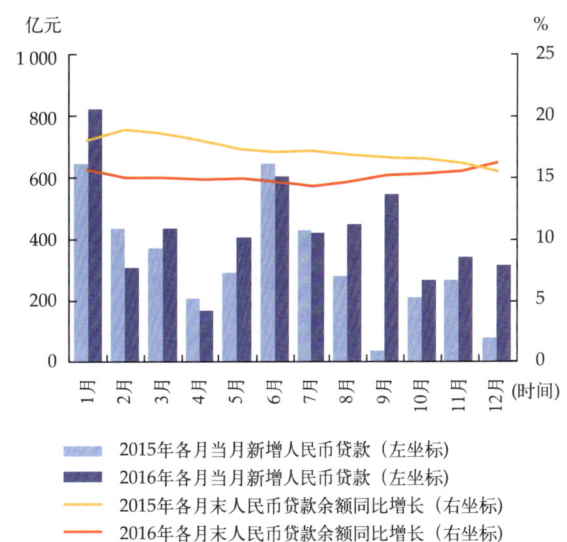

数据来源：中国人民银行郑州中心支行调查统计部门。

图2 2015~2016年河南省金融机构人民币贷款增长变化

专栏1 普惠金融之兰考探索

兰考是国家级贫困县、传统农业县，兰考具有微缩河南、微缩中国的典型特征，金融对弱势群体、弱势领域的服务不足，制约经济发展。兰考问题解决了，其他县域问题也基本有了解决之道。中国人民银行郑州中心支行立足兰考实际，突出“普惠、特惠、县域”三大主题，围绕“农业、农村、农民、农民工”四大领域，积极探索建设中国特色兼顾公平和效率目标的现代金融体系，努力找出一条金融扶贫、金融普惠、金融支持贫困县域的可持续、可复制推广的新路子。

一、兰考试验区的前期探索

（一）突出“普惠”，着力解决金融对弱势群体的覆盖率低、满意度低、可得性低的“三低”问题。一是打造新型信用信息体系。建立与“三农”、小微企业融资相匹配的、与人民银行征信系统相补充的新型信用体系。中国人民银行郑州中心支行协调兰考县政府统一领导，整合各方资源，并叠加社会管理职能，县乡村三级联动，着力打造“企业非银行信息系统+农户信用信息系统”。目前采集农户信息已基本覆盖有一定创业意愿和资金需求的农户。同时依托农户信用信息系统，推出无抵押、无担保的产业发展信用贷，率先对脱贫户开展“三类评级”，撬动发放贷款3 090万元。二是研发“普惠金融一网通”平台。河南县域已实现“乡镇ATM机具、行政村域POS机具和惠农支付服务点三个全覆盖”。在兰考研发推出“普惠金融一网通”平台，以手机终端为依托，以微信公众号为载体，整合人行、金融机构、支付、银联等金融资源，为城乡居民提供支付、查询、金融宣传、农技推广等一揽子综合服务。该平台得到了河南省委省政府的充分肯定，自2016年8月试点运行以来，用户已达13万人。三是完善县域公共金融服务。在中国人民银行兰考县支行建立全省首个公共金融服务大厅，提供国库、外汇、征信查询等业务，设立全省首个县级再贷款（再贴现）业务窗口，恢复设立兰考人民币发行库。

（二）突出"特惠"，倾斜更多金融资源和优惠政策，精准支持如期脱贫。实施"百亿再贷款支农计划"，协调政府设立风险补偿金，先后推出"三位一体"（政府+银行+企业）、"四位一体"（政府+银行+企业+保险）、"五位一体"（扶贫再贷款+地方法人金融机构贷款+担保基金+财政贴息+建档立卡贫困户/扶贫龙头企业）等金融扶贫模式，相关模式在全国农行系统推广。依托扶贫信息系统，在兰考建立"一户一档"精准扶贫金融服务档案。稳妥推动全国农民住房财产权抵押贷款试点，复制推广"惠民扶贫贴息小额担保贷款"。推出"脱贫路上零风险"保险项目，为全县贫困户提供一揽子保险服务。兰考贫困发生率已降至0.5%，将于近期宣布脱贫摘帽。

（三）突出"县域"，两端发力解决"农业、农村、农民、农民工"问题。一端向新型城镇化发力，支持农民工市民化；另一端向农村发力，解决农田水利等农业农村基础设施建设中长期资金不足问题，支持"三农"现代化。出台金融支持农民工市民化意见，按照"接得住、用得好、还得上"的思路，协调兰考组建城投、农投等9家融资平台，强化兰考承接金融的能力。同时，引导国开行、农发行等11家省级金融机构与兰考签署中长期合作框架协议，主动对接兰考投融资主体，加大对扶贫攻坚、城乡基础设施、棚户区改造的信贷支持，实现融资53亿元。支持PPP中心入库农业农村基础设施项目12个，总投资102.4亿元。

二、实践中遇到的突出困难和问题

（一）从传统金融机构看，发展普惠金融缺机制。兰考多层次的金融机构体系已比较健全，但这些机构体系特别是非法人机构基层分支机构的内部管理机制的设计不适应普惠金融的发展要求。一是缺乏激励机制，二是基层机构缺乏创新机制，在机构设置、内部授权、资源配置、绩效考核等方面都缺乏对普惠金融发展的长效机制，导致县域金融机构难以有针对性地开展普惠金融服务。

（二）从基础配套看，发展普惠金融缺配套保障体系。一是缺强有力的风险分散体系。县域财力有限，涉农资金分散、有效整合不足，县域财政性担保、补贴、风险补偿等能力不足，加之国家和省级担保基金仍未设立，影响金融机构的积极性。二是缺有效抵押资产体系。因确权颁证进度慢、评估等机制不完善等，农村资源产权要素未真正盘活，农房、土地等农村资产要素对接金融资源的能力仍然较弱。配套保障体系的缺乏，减少了金融体系对普惠金融的供给，也使县域、农村金融市场竞争性不足。

三、破解思路与工作打算

破解普惠金融发展中的难题和体制机制障碍，最根本的是要牢固树立和贯彻落实新发展理念，深化供给侧结构性改革，充分发挥市场在金融资源配置中的决定性作用，强化政府引导，创造好的金融生态环境、好的公共服务环境、好的公平竞争环境。结合兰考的实际情况，中国人民银行郑州中心支行拟从以下几个方面发力：

一是健全机制，激发各类主体发展普惠金融的积极性。制定并推动省政府加快出台省级实施方案，充分运用再贷款、担保、贴息、保险、财政奖补等激励政策，引导金融机构在审批权限、资源配置、风险容忍度、尽职免责等方面出台专项政策，提升基层金融从业人员积极性。

二是搭建平台，提升公共服务水平。着力打造7个平台和载体：信用信息中心（“信用+信贷”）、普惠金融一网通（移动便民金融服务平台）、数字普惠金融小镇（开展数字普惠金融服务模式探索和推广）、政府融资平台（推进城镇化和建设农村现代文明）、普惠金融服务中心（金融一站式服务和限时办结）、农村产权交易中心（农村产权融资）、乡村普惠金融服务站（惠农支付等综合服务），突出“普”与“惠”，实现金融服务对农村乡镇、农村产业和农民家庭的全覆盖。

三是发展数字普惠金融，丰富金融竞争主体。抢抓试验区批复和河南国家级大数据试验区的有利时机，学习沿海先进经验，探索数字普惠金融服务新机制、新方式，引导金融机构利用数字技术拓展金融业务，服务好传统金融无法或不愿企及的领域、人群。同时，强化对弱势群体的能力培育，缩小“数字鸿沟”，注重融资和融智、线上和线下相结合，帮助弱势群体提升自我发展能力，实现可持续发展。

5. 金融机构债券、股权投资高速增长。2016年，银行广义信贷中的债券投资、股权及其他投资持续增加。12月末，金融机构债券投资余额同比增长45.4%，股权及其他投资余额同比增长75.2%。

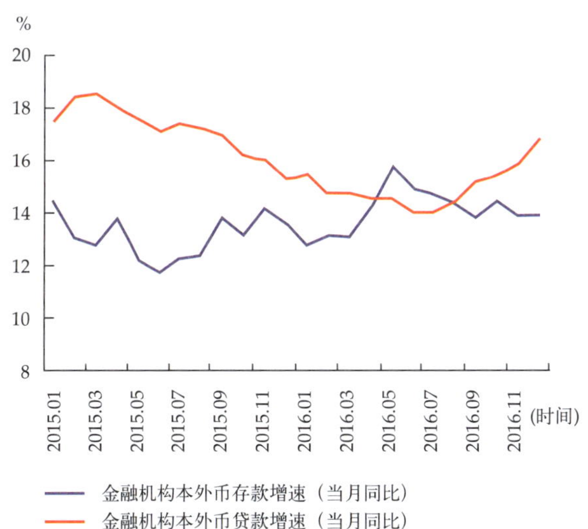

数据来源：中国人民银行郑州中心支行调查统计部门。

图3　2015～2016年河南省金融机构本外币存、贷款增速变化

表1　2016年河南省金融机构人民币贷款各利率区间占比

单位：%

月份		1月	2月	3月	4月	5月	6月
	合计	100.0	100.0	100.0	100.0	100.0	100.0
	下浮	11.5	16.2	13.3	12.4	13.4	12.9
	基准	13.3	12.5	15.0	13.6	12.1	17.1
上浮	小计	75.2	71.3	71.7	74.1	74.5	70.0
	(1.0，1.1]	14.2	13.0	13.9	14.4	13.4	14.7
	(1.1，1.3]	16.3	16.0	14.2	14.3	13.5	14.1
	(1.3，1.5]	9.8	9.7	9.8	9.0	9.2	7.5
	(1.5，2.0]	12.3	10.4	10.4	10.8	12.7	11.5
	2.0以上	22.6	22.3	23.4	25.7	25.8	22.2
月份		7月	8月	9月	10月	11月	12月
	合计	100.0	100.0	100.0	100.0	100.0	100.0
	下浮	12.6	12.0	10.3	12.7	15.0	18.1
	基准	20.4	19.3	16.7	14.6	15.8	17.2
上浮	小计	67.0	68.8	73.0	72.7	69.2	64.7
	(1.0，1.1]	11.4	10.0	13.8	12.3	12.3	11.5
	(1.1，1.3]	12.9	12.9	16.2	13.0	14.1	12.6
	(1.3，1.5]	7.5	7.6	9.2	8.2	8.1	7.1
	(1.5，2.0]	11.6	12.3	10.9	13.4	12.0	10.9
	2.0以上	23.6	25.9	22.9	25.8	22.8	22.6

数据来源：中国人民银行郑州中心支行调查统计部门。

6.利率水平趋于平稳，货币政策工具的引导作用显现。随着基准利率下调效应的逐步释放，2016年河南省金融机构整体利率水平趋于稳定，存款上浮幅度基本在基准利率的1.3倍之内，总体贷款利率水平同比略有提高，作为支农、支小主力军的地方法人机构，其贷款利率同比下降，表明再贷款等政策工具引导降低薄弱环节融资成本的作用显现，2016年，全省贫困县累计发放扶贫和支农再贷款100.2亿元，金融机构使用扶贫再贷款资金发放的贷款加权平均利率为4.2%，低于同期使用自有资金发放贷款利率5.8个百分点。

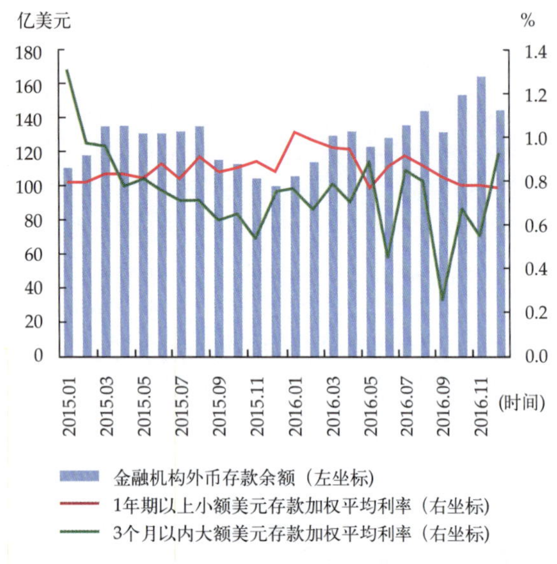

数据来源：中国人民银行郑州中心支行调查统计部门、货币信贷部门。

图4 2015～2016年河南省金融机构外币存款余额及外币存款利率

7. 不良资产处置力度加大，不良贷款增速有所放缓。截至2016年年末，全省银行业金融机构不良贷款余额1 065.5亿元，不良率2.9%，比上年年末下降0.2个百分点。银行业金融机构采取清收、资产转让、核销等多种手段加大不良贷款处置力度，全年全省主要银行机构处置不良贷款720.8亿元，比上年增加339.8亿元。

8. 涉外收支实现净流入，跨境人民币业务双向均衡发展。2016年，受世界经济复苏乏力等因素影响，河南省进出口规模有所下降，富士康集团出口延期收汇增多，全省涉外收支下降。河南省采取加大跨境融资政策宣传及外汇资金的真实性审核等各种措施，促进涉外资金全年实现净流入60.4亿美元。同时，跨境人民币业务双向均衡发展，创新业务持续推进，2016年，全省跨境人民币收支金额合计785.6亿元，净流入金额139.6亿元，人民币跨境收支占全部本外币收支比重达到14.8%；全年办理跨境人民币贷款、人民币贸易融资资产跨境转让两项创新业务12笔、5.3亿元。另外，为辖内22家跨国企业集团进行了跨境双向人民币资金池业务备案，资金净流入额上限达531.3亿元，有力推动了外向型经济发展。

（二）多层次资本市场建设持续推进，融资功能日益增强

2016年，河南省继续推进多层次资本市场建设，证券市场融资功能日益增强，资本市场服务实体经济的能力进一步提升。证券期货基金规范运作意识和创新能力逐步提升，市场竞争力明显增强。市场秩序进一步规范，防范和化解市场风险的能力得到加强。

1. 多层次资本市场规模不断提升，资本市场服务实体经济能力进一步提升。2016年，河南省境内上市公司、新三板挂牌公司、中原股权交易中心交易板挂牌企业、展示板企业、证券期货基金继续增加，各类企业通过资本市场实现直接融资1 035.5亿元，其中IPO融资6.1亿元；75家新三板挂牌公司通过定向增发实现融资29.6亿元；非上市挂牌企业发行公司债实现融资560.4亿元；中原股权交易中心33家企业新增融资2.6亿元；22家上市公司完成并购重组再融资。

表2 2016年河南省证券业基本情况

项目	数量
总部设在辖内的证券公司数（家）	1
总部设在辖内的基金公司数（家）	0
总部设在辖内的期货公司数（家）	2
年末国内上市公司数（家）	74
当年国内股票（A股）筹资（亿元）	413
当年发行H股筹资（亿元）	0
当年国内债券筹资（亿元）	1 226
其中：短期融资券筹资额（亿元）	404
中期票据筹资额（亿元）	186

数据来源：河南证监局。

2. 证券期货基金规范运作意识和创新能力逐步提升，市场竞争力明显增强。中原证券完成A股发行，并在上海证券交易所上市交易。华信万达期货完成增资扩股，中原期货完成股份制改造，九鼎德盛咨询公司持续推进业务转型，证券期货法人机构综合竞争力明显增强。全年新设4家铝交割库，实现有色品种交割库零的突破。

3. 市场秩序进一步规范，积极推进投资者权益保护。2016年，证券监管部门加大了市场风险防控力度，坚持风险分类监管，加强风险监测和预研预判，对新三板挂牌公司和公开发行公司债券的发行人分类监管，强化稽查执法工作，对各类违法违规行为保持严打高压态势。同时，加强投资者权益保护，探索将“12386”热线投诉直转市场主体，落实市场经营主体投诉处理首要责任，加强沟通协调，多渠道加强投资者教育，建成中原投资者教育基地，建立常态化的投资者意见征集机制，切实维护投资者知情权、参与权、收益权等核心权益，2016年上市公司中期分红达34.3亿元。

（三）保险市场较快发展，可持续发展水平稳步提升

2016年，河南省保险业整体保持较快发展，行业发展质量持续改善，行业风险防范总体可控，互联网保险风险得到整治，市场秩序进一步规范。

1. 保险业整体保持较快发展。全年全省保费收入达到1 555.2亿元，同比增长24.5%；赔付支出548亿元，同比增长22.4%。保险资产总额3 248.4亿元，同比增长21.6%。市场主体从72家增加到77家，从业人员达到63万人。

2. 结构调整继续深化，行业可持续发展水平稳步提升。财产险方面，非车险业务发展迅速，占比不断提高，非车险保费收入同比增长32.7%，比上年同期提高11.8个百分点，占比比上年同期提高2.3个百分点。人身险方面，新单业务快速发展，实现新单保费收入710.4亿元，同比增长31.3%，对人身险保费增长贡献度达67.6%。规范中短存续期产品政策出台后，银邮渠道业务价值转型特征显现，10年期及以上新单期交业务143.2亿元，增长46.0%，增速较上年加快8.5个百分点。

3. 行业风险防范总体可控。市场风险得到较好防范，尤其是退保和满期给付风险，2016年，河南人身险公司退保率7.2%，比上年同期减少0.7个百分点；满期给付金额267.6亿元，满期给付增速已由年初的70.7%回落至25.6%，增幅持续收窄。

表3　2016年河南省保险业基本情况

项目	数量
总部设在辖内的保险公司数（家）	1
其中：财产险经营主体（家）	1
人身险经营主体（家）	0
保险公司分支机构（家）	6 259
其中：财产险公司分支机构（家）	2 341
人身险公司分支机构（家）	3 841
保费收入（中外资，亿元）	1 555
其中：财产险保费收入（中外资，亿元）	373
人身险保费收入（中外资，亿元）	1 182
各类赔款给付（中外资，亿元）	548
保险密度（元/人）	1 640
保险深度（%）	4

数据来源：河南保监局。

（四）社会融资规模适度增长

2016年，河南省社会融资规模累计新增6 823.6亿元，较上年同期多增1 067.8亿元。表外融资合计增加562.9亿元，较上年同期减少12.5亿元。受监管新政及金融机构内部加强管理影响，委托贷款和未贴现银行承兑汇票有所下降，其中，委托贷款增加484.2亿元，比2015年减少75亿元；未贴现银行承兑汇票减少142.7亿元，比2015年多减116.4亿元。

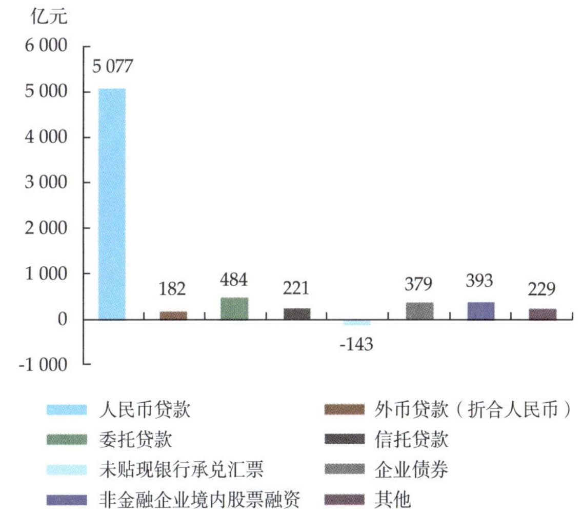

数据来源：中国人民银行郑州中心支行调查统计部门。

图5　2016年河南省社会融资规模分布结构

（五）金融生态环境建设持续优化

有效整合中国人民银行、商业银行、非银行机构等多方服务资源，创新开发“普惠金融一网通”移动金融公共服务平台，将支付、理财、授信、金融消费维权及惠农政策、金融政策等纳入平台，打造了“一站式”服务。开展金融消费权益保护、金融消费者投诉分类标准试点工作。银行结算账户网上申报服务系统上线运行，以新乡为试点，在全国较早实现惠农支付服务点缴纳城乡居民养老保险费，电子商业汇票系统实现河南省人民银行各分支机构全覆盖。开展“云”化工程试点，优化虚拟化平台资源管理，移动金融和金融IC卡应用的便利性和普及率进一步提升。

二、经济运行情况

2016年，河南省经济保持总体平稳、稳中有进的运行态势，结构调整取得积极进展，实现了“十三五”良好开局。全年全省生产总值40 160亿元，比上年增长8.1%。第一季度、上半年、前三季度全省生产总值分别增长8.2%、8.0%和8.1%，保持了平稳增长态势。

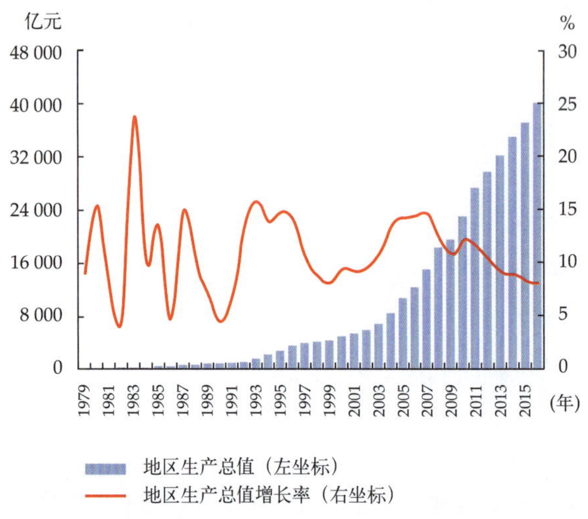

数据来源：河南省统计局。

图6　1979～2016年河南省地区生产总值及其增长率

（一）三大需求不同程度回升

1. 固定资产投资稳中趋升，投资结构持续优化。2016年全省固定资产投资39 753.9亿元，增长13.7%，增速连续4个月加快。分产业看，第一、第二、第三产业投资增速分别为31.1%、9.0%和17.1%。全省服务业投资增长17.1%，分别高于全省固定资产投资、工业投资增速3.4个百分点、8.2个百分点，占全省投资比重同比提高1.4个百分点。工业投资中，装备制造业投资增速高于制造业投资增速3.6个百分点，占制造业投资比重同比提高0.8个百分点。

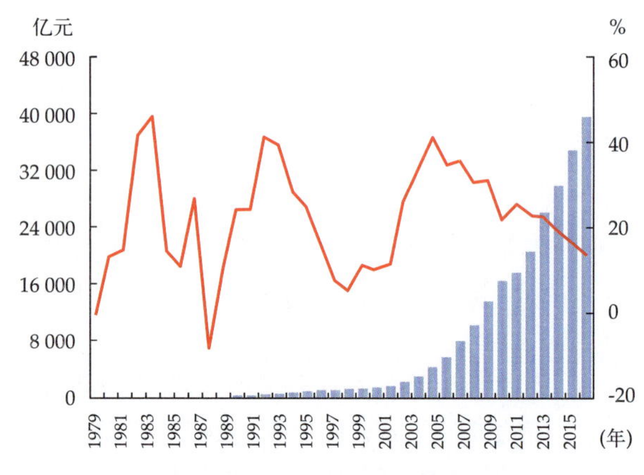

数据来源：河南省统计局。

图7　1979～2016年河南省固定资产投资（不含农户）及其增长率

2.消费升级类商品增长较快。2016年，全省社会消费品零售总额17 618.4亿元，增长11.9%（扣除价格因素实际增长11.6%）。乡村消费快速增长，增速高于城镇消费品零售额增速。全省限额以上商品零售额中计算机及其配套产品增长49.2%，体育娱乐用品类增长37.3%，电子出版物及音像制品类增长32%，均远高于限额以上企业（单位）消费品零售额增速。

3.对外贸易逆势增长，引进外资质量提高。2016年，在全国货物贸易下降的大背景下，河南省狠抓外贸政策落实，外贸逐步回稳向好，货物

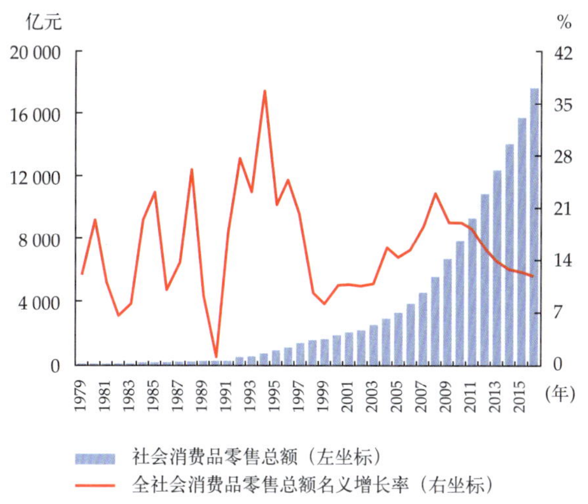

数据来源：河南省统计局。

图8　1979～2016年河南省社会消费品零售总额及其增长率

贸易自6月起，增幅逐月回升，全年达到4 714.7亿元，以手机为代表的电子信息产业成为外贸支柱产业。全年全省新批外资项目196个，实际吸收外资169.9亿美元，战略投资者投资继续扩大，投资项目集中在电子信息、新能源、融资租赁、仓储物流和文化产业等领域。

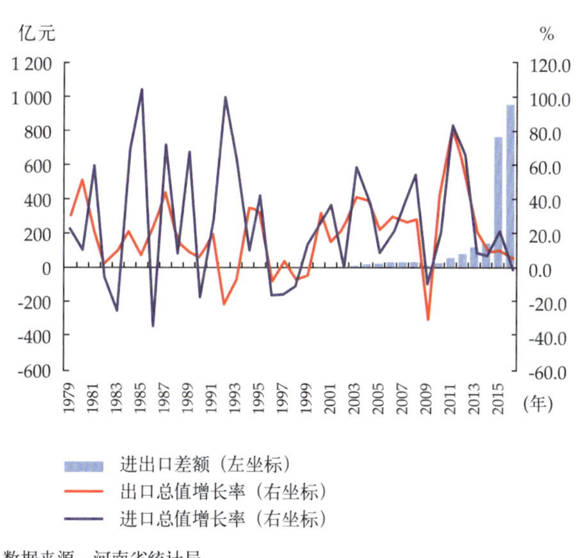

数据来源：河南省统计局。

图9　1979～2016年河南省外贸进出口变动情况

（二）供给结构继续优化，去降补成效初显

1. 供给结构优化。从产业结构看，服务业占比和贡献提高，全省服务业增加值占GDP比重同比提高1.7个百分点，对GDP增长贡献率同比提高11.4个百分点，是全省经济增长的主要拉动力量；装备制造业较快增长、占比提高，工业发展继续向中高端迈进，全省装备制造业增速高于全省工业增速4.7个百分点，占全省工业比重同比提高0.6个百分点；传统产业产品结构向质量更优、技术含量更高的方向调整，转型升级成效继续显现；节能降耗形势良好，全年全省单位工业增加值能耗降低率11%。

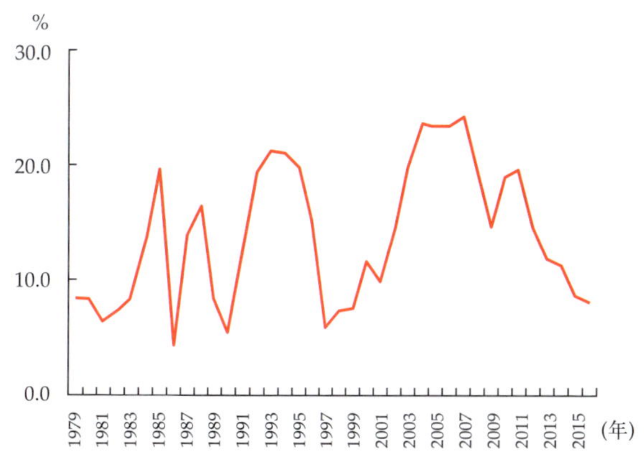

数据来源：河南省统计局。

图10　1979～2016年河南省规模以上工业增加值同比增长率

2.“三去一降一补”成效初显。去产能力度加大，2016年全省生铁、水泥、电解铝产量分别下降0.7%、4.5%和4.7%；去库存成效明显，商品房库存减少，工业企业产成品库存连续下降；去杠杆积极推进，全省规模以上工业企业资产负债率持续下降；补短板力度较大，2016年，全省基础设施投资高于全省投资增速15.3个百分点，电力热力生产和供应业投资、公共设施管理业、生态保护和环境治理业高速增长。

（三）居民消费价格温和上涨，工业生产者价格降幅收窄

2016年，全省居民消费价格比上年上涨1.9%，分城乡看，城镇上涨1.9%、乡村上涨2.0%。七大类消费品及服务项目中，食品烟酒上涨3.2%、衣着上涨0.7%、居住上涨2.2%、生活用品及服务上涨0.2%、交通和通信价格下降1.7%、教育文化和娱乐上涨2.4%、医疗保健上涨2.8%。在食品价格中，粮食上涨0.1%、畜肉上涨12.8%、蛋类下降4.4%、鲜菜上涨11.3%。全年工业生产者出厂价格比上年下降1.0%，工业生产者购进价格下降0.8%，2016年以来呈逐月收窄态势。

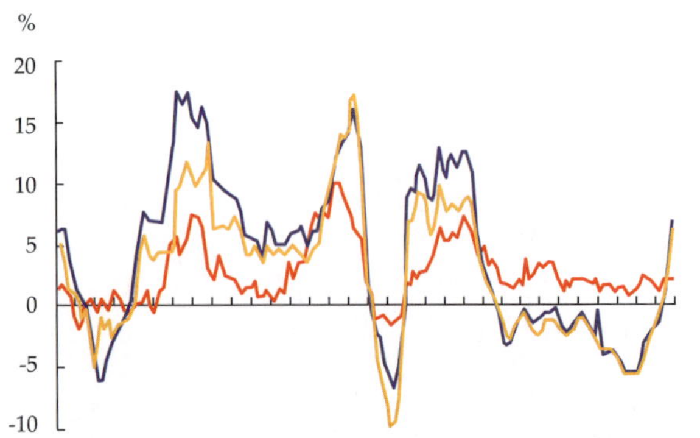

数据来源：河南省统计局。

图11　2001～2016年河南省居民消费价格和生产者价格变动趋势

（四）财政收入增速回落，财政支出较快增长

2016年，全省财政收支总体运行平稳，但受经济下行压力和“营改增”减税效应逐步显现影响，工业相关税收持续低位运行，财政收入持续增长面临较大压力。与此同时，财政支出保持较快增长，对公共安全、教育、科技、社保、医疗以及节能环保等重点及民生领域的支出保障较好。

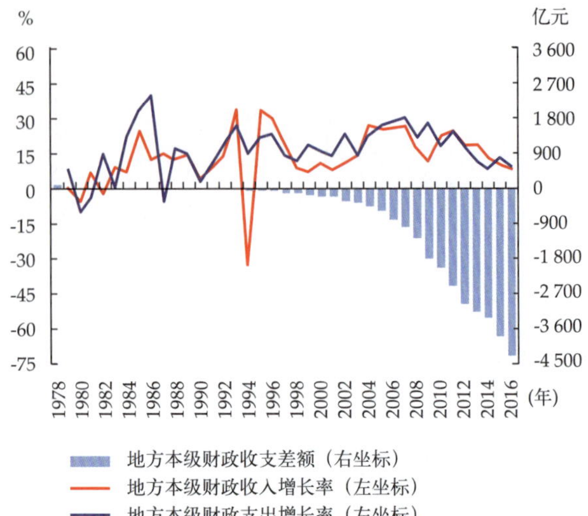

数据来源：河南省统计局。

图12　1978～2016年河南省财政收支状况

（五）房地产市场加快发展，房地产金融稳定运行

2016年，河南省房地产市场加快发展，开发投资增幅扩大，房屋销售快速增长，库存周期缩短，价格有涨有落，企业资金状况改善。受调控因素影响，省会郑州市房地产市场下半年出现过热势头，年末得到初步控制。房地产金融稳定运行，新增信贷集中投向个人住房贷款，房贷利率维持在较低水平，房地产开发贷款增速持续放缓。

1. 房地产开发投资加速增长。2016年，全省房地产开发投资6 179.1亿元，同比名义增长28.2%（扣除价格因素实际增长29.2%），增速比1~11月加快0.8个百分点，住宅投资占房地产开发投资的比重为73.8%。房地产开发企业房屋施工面积平稳增长，房屋新开工面积增速回落，房屋竣工面积增速加快，开发企业土地购置面积1 108万平方米，同比增长16.5%，增速比1～11月加快0.1个百分点。

2. 商品房投放量减少，省会郑州市下半年住宅投放量快速增长。全年全省共批准商品房预售面积9 669万平方米，同比减少8.0%，其中住宅7 735万平方米，同比减少7.6%。省会郑州市上半年商品房投放量同比大幅下降，下半年投放量大幅增长。

3. 商品房销售快速增长。全年全省经备案的商品房成交面积12 076万平方米，同比增长32.2%。分省辖市看，13个地市成交面积同比增长，其中郑州、平顶山等8市增速超过39%，增幅最大的平顶山市增长74%。从县（市）的情况看，全省有78个县（市）商品房成交面积同比增长，其中增幅超过全省平均水平（32.2%）的县（市）有46个，有28个县（市）商品房成交面积同比减少。

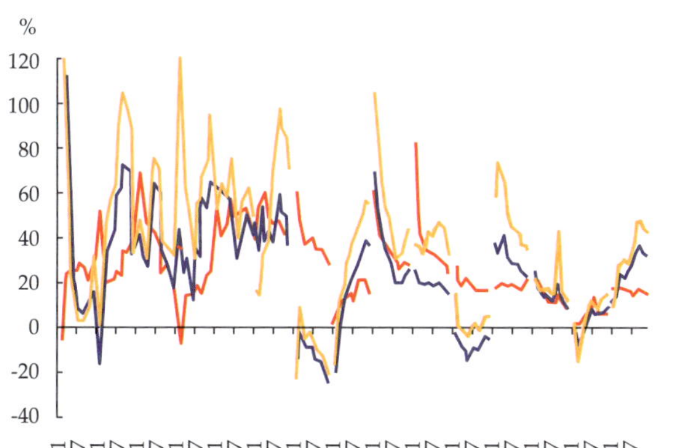

数据来源：河南省统计局。

图13　2002～2016年河南省商品房施工和销售变动趋势

4. 库存压力初步缓解，市区和住宅去库存效果明显。12月末，全省商品房累计可售面积11 600万平方米，同比减少9.5%，去库存周期为11个月，比2015年年末缩短了10个月。其中，省辖市和县域商品房累计可售面积分别较上年同期下降14.1%和4.4%，全省库存压力得到一定缓解。从结构看，市区和住宅去库存力度较大。

5. 房价上涨走势较明显，重点城市涨幅较快。全年全省商品房平均销售价格5 231元/平方米，同比上涨8.2%，其中住宅价格同比上涨11.5%，二手住宅价格同比上涨23.3%。省内不

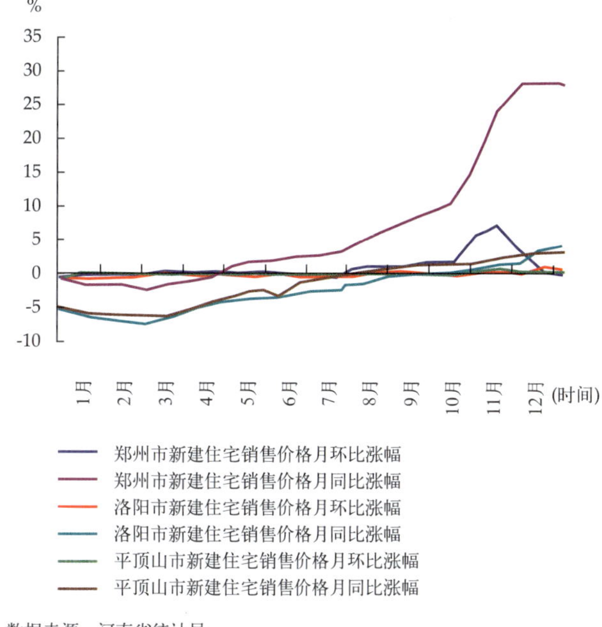

数据来源：河南省统计局。

图14　2016年河南省主要城市新建住宅销售价格变动趋势

同地区之间房价走势分化较为明显，升降不一。全省16个城市商品住宅均价上涨，其中郑州、开封、新乡、洛阳等重点地区受河南自贸区、郑洛新国家自主创新示范区等区域战略规划的影响，涨幅较高。

6. 房地产贷款快速增长。2016年第二季度以来房地产销售快速增长，带动河南省房地产贷款快速增长。12月末，河南省房地产贷款余额10 036亿元，同比增长38.5%，增速较上年年末提高7.2个百分点。其中，省会郑州12月末房地产贷款余额5 491亿元，同比增长48.6%，增速较上年年末提高13.1个百分点。受房地产销售升温和经济下行影响，银行信贷集中投向个人住房贷款，利率维持在较低水平，推动房地产贷款快速增长，但受三四线城市房地产开发投资意愿低迷影响，开发贷款增速持续放缓。2016年以来，河南省继续创新保障房融资模式，支持保障性安居工程建设，金融支持保障性安居工程建设力度加大，融资渠道多样化。

专栏2　适时开展调控　促进房地产市场平稳发展

2016年第二季度以来，郑州市房地产市场持续升温，市场主体对房地产后期走势普遍乐观，8月社会资金开始通过多种渠道加速流入房地产领域，加剧了房地产市场的不稳定性。郑州市人民政府、中国人民银行郑州中心支行根据省委、省政府的决策部署，立足防风险大局，适时适度开展房地产调控，政策调控取得初步成效。

一、资金多渠道流入房地产市场

（一）银行信贷渠道。一是直接信贷渠道，即商业银行对符合条件的房地产企业提供银行贷款，也就是表内银行贷款。商业银行对房地产企业的授信条件实行名单制，总行名单内的企业均是在全国排名靠前、有国企背景的房地产企业。因此，此种渠道流入房地产企业的资金较为稳定。二是间接信贷渠道，即银行通过支持居民住房消费带动开发商资金回笼，居民存款间接进入房地产市场。2016年1～8月，郑州市个人住房贷款新增807亿元，占郑州市全部新增人民币贷款的41%。其中，8月个人住房贷款新增163亿元，占全部新增人民币贷款的78%。

（二）银行理财渠道。相对于银行信贷渠道，这是银行资金流入房地产企业的新型渠道。具体操作模式是：银行将募集的理财资金经由信托公司、证券、基金等通道间接流向房地产企业。相对于银行信贷渠道，此种渠道可以在土地购置环节为开发商提供土地融资，在提款、用款方面受到的监管约束较少。鉴于此，此种渠道日益成为房地产企业从银行融资的主流渠道。

（三）委托贷款渠道。即由委托人提供合法来源的资金，委托金融机构根据确定的金额、期限、利率等代为发放给房地产开发商，并由金融机构监督开发商使用和协助收回。经调查，河南省这种通道流入房地产企业的资金量总体不大。

（四）直接融资。一是境外直接融资，如知名房企通过发行人民币熊猫债融通资金，资金成本相对较低。二是境内资本市场或银行间市场直接融资，如发行公司债、中期票据等。在流动性充裕资金面下，市场利率低位运行，房地产企业债券融资成本降低。

（五）资产证券化（ABS）。资产证券化给房地产企业提供了多元融资的另一种渠道，河南省属知名企业开始利用资产证券化募集资金。

二、适时出台调控政策，抑制房地产市场波动

2016年以来，郑州市土地交易量显著增长，房价一度领涨全国，住宅库存显著低于合理区间。年中开始，资金多渠道流入房地产企业，又加剧了市场不稳定性，加剧了恐慌性购房行为，当房价脱离基本面阶段性快速上涨时，一部分刚性合理住房需求退出市场，房地产的居住本质受到抑制。同时，市场主体普遍对后期房地产市场走势预期盲目乐观。鉴于此，河南省委、省政府及时作出稳定郑州市住房价格、做好房地产调控的决策部署。从9月开始，郑州市人民政府、中国人民银行郑州中心支行等部门认真落实省委、省政府要求，及时出台房地产市场调控措施，调整住房信贷政策，并同步做好舆论引导和政策解读，督促金融机构落实调控政策，合理把握住房贷款投放节奏，做好房地产市场秩序专项检查。

多措并举之下，郑州市住房销售和价格逐步趋于平稳，12月，郑州市新建商品住宅价格环比下降0.1%，政策调控取得初步成效。

三、预测与展望

总体来看，2016年河南省经济保持良好发展态势，中原崛起河南振兴富民强省取得新进展，实现了“十三五”良好开局，为2017年的发展奠定了坚实的基础。下一步，河南省将继续坚持稳中求进的工作总基调，把稳增长、保态势作为事关全局的突出任务，强化供给侧结构性改革，扩大有效投资，预计2017年全省经济将持续平稳健康发展。

同时，中国人民银行郑州中心支行将认真贯彻落实稳健中性的货币政策，加强预期引导，全面做好稳增长、促改革、调结构、惠民生、防风险各项工作，促进经济金融平稳健康发展。

中国人民银行郑州中心支行货币政策分析小组
总　纂：徐诺金　庞贞燕　崔晓芙
统　稿：赵继鸿　武松会
执　笔：许艳霞　郭　磊　李玉欣
提供材料的还有：宋　杨　乔　斐　陈晓燕　郑　方　刘详谦　周永锋　沈志宏　谢　森　王　莎
马琳琳　王　晗　郭琳诤　宋鹏飞　武宵宇　尤江波　茹芳芳　董博文

附录

（一）2016年河南省经济金融大事记

1月6日，中国（郑州）跨境电子商务综合试验区进入国家综合试点。

4月11日，国务院正式批复同意在河南省郑州、洛阳、新乡3个国家高新技术产业开发区（统称郑洛新国家高新区）建设国家自主创新示范区。

4月17日，中国人民银行郑州中心支行被省委、省政府评为“2015年度全省经济社会改革发展全局性重大任务攻坚突出贡献单位”。

8月31日，新华社发布消息，党中央、国务院决定在河南等7省市设立7个新的自由贸易试验区，河南省正式获批建设自由贸易试验区。

9月10日，郑徐高铁首趟列车发车运行，历经3年半建设，郑徐高铁正式开通运营。

10月21日至29日，米字形高速铁路网连接郑州至太原铁路河南段及郑州至濮阳段开工建设。

12月25日，国家发展改革委在京举办专题新闻发布会，邀请郑州航空港经济综合实验区等六家示范基地向与会媒体介绍国家“双创示范基地”建设情况。

12月26日，经国务院同意，中国人民银行总行会同国家发展改革委、财政部、农业部、银监会、证监会、保监会和河南省人民政府联合印发《河南省兰考县普惠金融改革试验区总体方案》，兰考县普惠金融改革试验区成功获批。

12月28日，国务院正式批复《中原城市群发展规划》，明确提出支持郑州建设国家中心城市。

（二）2016年河南省主要经济金融指标

表1　2016年河南省主要存贷款指标

		1月	2月	3月	4月	5月	6月	7月	8月	9月	10月	11月	12月
本外币	金融机构各项存款余额（亿元）	49 645	50 591	52 415	52 647	53 600	54 922	54 688	54 534	55 158	54 898	55 477	54 980
	其中：住户存款	26 818	28 332	28 887	28 329	28 276	29 005	28 926	29 116	29 449	29 209	29 303	29 579
	非金融企业存款	14 277	13 762	14 458	14 504	14 451	15 100	14 877	15 188	15 439	15 263	15 578	15 656
	各项存款余额比上月增加（亿元）	1 363	947	1 823	233	953	1 323	-234	-154	623	-260	579	-497
	金融机构各项存款同比增长（%）	13	13	13	14	16	15	15	14	14	14	14	14
	金融机构各项贷款余额（亿元）	32 610	32 943	33 394	33 594	33 966	34 602	35 087	35 592	36 103	36 382	36 789	37 140
	其中：短期	14 160	14 314	14 544	14 471	14 461	14 641	14 729	14 759	14 762	14 685	14 756	14 706
	中长期	16 945	17 177	17 466	17 589	17 848	18 318	18 641	18 983	19 395	19 690	20 112	20 645
	票据融资	1 336	1 275	1 208	1 333	1 455	1 416	1 472	1 575	1 654	1 700	1 591	1 452
	各项贷款余额比上月增加（亿元）	811	334	451	200	372	636	485	505	512	278	408	350
	其中：短期	133	153	230	-73	-10	180	88	30	3	-76	71	-50
	中长期	475	233	288	123	260	470	323	342	412	295	423	533
	票据融资	188	-62	-67	126	122	-39	55	104	23	46	-109	-139
	金融机构各项贷款同比增长（%）	15	15	15	14	15	14	14	14	15	15	16	17
	其中：短期	7	7	8	7	7	5	5	5	5	5	5	5
	中长期	20	19	19	18	18	19	20	20	21	22	23	25
	票据融资	59	60	53	64	60	40	35	46	57	50	33	26
	建筑业贷款余额（亿元）	1 021	1 060	1 091	1 083	1 079	1 093	1 087	1 107	1 084	1 075	1 076	1 093
	房地产业贷款余额（亿元）	1 299	1 367	1 393	1 364	1 366	1 408	1 397	1 435	1 458	1 447	1 461	1 516
	建筑业贷款同比增长（%）	22	27	27	25	23	23	21	21	12	10	9	11
	房地产业贷款同比增长（%）	12	13	13	11	10	13	13	14	13	13	15	19
人民币	金融机构各项存款余额（亿元）	48 945	49 842	51 573	51 788	52 789	54 071	53 788	53 570	54 278	53 853	54 350	53 978
	其中：住户存款	26 702	28 216	28 769	28 212	28 156	28 883	28 801	28 991	29 323	29 073	29 156	29 421
	非金融企业存款	13 718	13 157	13 775	13 802	13 800	14 411	14 133	14 378	14 716	14 386	14 630	14 845
	各项存款余额比上月增加（亿元）	1 316	896	1 731	215	1 001	1 282	-283	-218	708	-425	497	-373
	其中：住户存款	654	1 513	553	-557	-55	727	-83	191	332	-250	83	265
	非金融企业存款	424	-561	618	27	-2	611	-278	245	338	-330	244	215
	各项存款同比增长（%）	13	13	13	15	16	15	15	14	14	14	13	13
	其中：住户存款	14	12	13	13	13	14	13	13	13	12	13	13
	非金融企业存款	13	14	13	12	12	12	12	15	16	15	13	12
	金融机构各项贷款余额（亿元）	32254	32560	32995	33156	33565	34173	34592	35038	35584	35850	36189	36501
	其中：个人消费贷款	6172	6207	7742	6536	6727	6919	7177	7441	7719	7931	8184	8377
	票据融资	1336	1275	1208	1333	1455	1416	1472	1575	1654	1699	1591	1452
	各项贷款余额比上月增加（亿元）	821	307	435	161	409	608	419	446	546	266	339	312
	其中：个人消费贷款	210	35	212	141	190	242	208	265	278	212	254	193
	票据融资	188	-62	-67	126	122	-39	55	104	78	46	-109	-139
	金融机构各项贷款同比增长（%）	16	15	15	15	15	15	14	15	15	15	15	16
	其中：个人消费贷款	28	27	55	28	30	30	32	34	37	38	40	41
	票据融资	59	60	53	64	60	40	35	46	57	50	33	26
外币	金融机构外币存款余额（亿美元）	107	115	130	133	123	128	135	144	132	154	164	145
	金融机构外币存款同比增长（%）	-4	-3	-4	-2	-7	-2	2	6	13	37	57	44
	金融机构外币贷款余额（亿美元）	54	59	62	68	61	65	74	83	78	79	87	92
	金融机构外币贷款同比增长（%）	-4	-7	-8	-2	-18	-21	-12	-8	4	21	43	63

数据来源：中国人民银行郑州中心支行调查统计部门。

表2　2001～2016年河南省各类价格指数

单位：%

年/月		居民消费价格指数		农业生产资料价格指数		工业生产者购进价格指数		工业生产者出厂价格指数	
		当月同比	累计同比	当月同比	累计同比	当月同比	累计同比	当月同比	累计同比
2001		—	0.7	—	-0.9	—	1.9	—	0.5
2002		—	0.1	—	0.9	—	-2.4	—	-1.4
2003		—	1.6	—	1.9	—	7.8	—	5.0
2004		—	5.4	—	11.4	—	15.7	—	10.2
2005		—	2.1	—	7.9	—	8.3	—	6.1
2006		—	1.3	—	1.2	—	5.3	—	4.3
2007		—	5.4	—	6.1	—	6.4	—	5.2
2008		—	7.0	—	20.9	—	11.9	—	12.1
2009		—	-0.6	—	-1.9	—	-2.9	—	-5.1
2010		—	3.5	—	3.1	—	10.2	—	7.8
2011		—	5.6	—	11.1	—	10.1	—	7.2
2012		—	2.5	—	5.4	—	-0.8	—	-0.6
2013		—	2.9	—	1.3	—	-0.7	—	-1.5
2014		—	1.9	—	-2.1	—	-1.6	—	-2.9
2015		—	1.3	—	0.3	—	-4.6	—	-4.6
2016		—	1.9	—	-2.1	—	-1.6	—	-2.9
2015	1	1.2	1.2	-1.0	-1.0	-3.6	-3.6	-3.6	-3.6
	2	1.8	1.5	-1.0	-1.0	-4.2	-3.9	-3.8	-3.7
	3	1.6	1.5	-0.2	-0.7	-4.0	-3.9	-3.8	-3.7
	4	1.7	1.6	0.7	-0.4	-3.8	-3.9	-3.5	-3.7
	5	1.2	1.5	0.8	-0.1	-3.8	-3.9	-4.0	-3.7
	6	1.1	1.4	1.3	0.1	-4.2	-3.9	-4.3	-3.8
	7	1.4	1.4	1.8	0.3	-4.4	-4	-4.9	-4
	8	1.6	1.5	1.4	0.5	-5.1	-4.1	-5.5	-4.2
	9	1.2	1.4	0.3	0.5	-5.5	-4.3	-5.6	-4.3
	10	0.7	1.3	0.2	0.4	-5.5	-4.4	-5.5	-4.4
	11	1	1.3	-0.3	0.4	-5.6	-4.5	-5.7	-4.6
	12	1.1	1.3	-0.1	0.3	-5.7	-4.6	-5.7	-4.6
2016	1	1.5	1.5	1.1	1.1	-5.1	-5.1	-5.4	-5.4
	2	2.2	1.8	1.8	1.4	-4.1	-4.6	-5.1	-5.3
	3	2.4	2.0	1.8	1.6	-2.9	-4.0	-4.4	-5.0
	4	2.3	2.1	1.3	1.5	-2.6	-3.7	-3.6	-4.6
	5	1.9	2.1	1.5	1.5	-2.1	-3.3	-2.4	-4.2
	6	1.9	2	1.6	1.5	-1.9	-3.1	-1.9	-3.8
	7	1.5	2	0.8	1.4	-1.8	-2.9	-1.1	-3.4
	8	1.3	1.9	0.5	1.3	-1.2	-2.7	-0.1	-3
	9	1.9	1.9	0.5	1.2	-0.1	-2.4	0.6	-2.6
	10	2.1	1.9	-0.3	1.1	1.8	-2	1.8	-2.2
	11	2.1	1.9	-0.2	0.9	4.4	-1.4	4.4	-1.6
	12	2	1.9	-0.1	0.8	6.7	-0.8	6.3	-1

数据来源：河南省统计局、《中国经济景气月报》。

表3　2016年河南省主要经济指标

	1月	2月	3月	4月	5月	6月	7月	8月	9月	10月	11月	12月
绝对值（自年初累计）												
地区生产总值（亿元）	—	—	8 284	—	—	17 955	—	—	28 841	—	—	40 160
第一产业	—	—	672	—	—	1 920	—	—	3 606	—	—	4 286
第二产业	—	—	4 177	—	—	8 435	—	—	13 302	—	—	19 055
第三产业	—	—	3 435	—	—	7 599	—	—	11 933	—	—	16 818
工业增加值（亿元）	—	—	—	—	—	—	—	—		—	—	16 831
固定资产投资（亿元）	—	2 005	4 910	8 562	12 558	17 137	20 621	23 984	27 823	31 497	35 672	39 754
房地产开发投资	—	513	1 205	1 950	2 714	3 701	4 499	5 304	6 139	6 952	7 904	8 949
社会消费品零售总额（亿元）	—	2928	4 246	5 595	6 956	8 353	9 725	11 166	12 615	14 228	15 910	17 618
外贸进出口总额（亿元）	361	621	918	1 189	1 491	1 799	2 115	2 462	3 012	3 609	4 175	4 715
进口	153	250	361	473	593	728	870	1 057	1 277	1 481	1 686	1 879
出口	208	371	556	716	898	1 071	1 245	1 406	1 735	2 128	2 488	2 835
进出口差额(出口－进口)	55	121	195	242	305	342	374	349	458	647	802	956
实际利用外资（亿美元）	9	15	31	45	63	89	94	102	115	138	154	170
地方财政收支差额（亿元）	-87	-293	-809	-968	-1 225	-2 076	-2 317	-2 627	-3 416	-3 598	-3 976	-4 303
地方财政收入	294	474	787	1 104	1 375	1 684	1 917	2 099	2 363	2 623	2 859	3 153
地方财政支出	381	766	1 596	2 072	2 600	3 760	4 234	4 726	5 779	6 221	6 835	7 457
城镇登记失业率(%)(季度)	—	—	2.92	—	—	2.96	—	—	2.95	—	—	3
同比累计增长率（%）												
地区生产总值	—	—	8.2	—	—	8	—	—	8.1	—	—	8.1
第一产业	—	—	3.2	—	—	3.3	—	—	4.1	—	—	4.2
第二产业	—	—	7.2	—	—	7.6	—	—	7.6	—	—	7.5
第三产业	—	—	10.5	—	—	9.7	—	—	10.1	—	—	9.9
工业增加值	—	7.5	7.7	7.8	7.8	8	8	8	8	8	8	8
固定资产投资	—	13.3	13.5	13.6	12.8	12.6	12.8	12.8	13	13.3	13.4	13.7
房地产开发投资	—	10	15	14.8	12.4	11.6	13	14.9	15	14.9	15.6	17.7
社会消费品零售总额	—	11.4	11.5	11.5	11.4	11.5	11.5	11.6	11.7	11.7	11.8	11.9
外贸进出口总额	-12.5	-10.5	-8.8	-12.9	-12.9	-11.4	-8.9	-5.1	-2.6	-2.5	-0.6	2.6
进口	-3.6	-2.7	-6	-15.1	-17.1	-15.9	-11.8	-5.2	-3.9	-6.3	-5.5	-1.8
出口	-18.1	-15.1	-10.5	-11.3	-9.9	-8.1	-6.8	-5.1	-1.6	0.2	3	5.7
实际利用外资	76.4	16	26.6	25	18.8	28.6	20.4	24.3	15.4	19.5	10.8	5.6
地方财政收入	8.9	10	13.1	20	18	12.5	12.1	10.4	10.6	11	10	8
地方财政支出	27.7	16.2	35.1	17.6	18.3	18.2	15.6	14.9	19.5	16.6	14.1	9.4

数据来源：河南省统计局。

湖北省金融运行报告（2017）

中国人民银行武汉分行货币政策分析小组

[内容摘要] 2016年，面对复杂的国内外形势和较大的经济下行压力，湖北省主动适应引领新常态，统筹推进稳增长、促改革、调结构、惠民生、防风险等各项工作，经济运行呈现“总体平稳、稳中有进、质效提升”的良好态势。

湖北省金融运行总体平稳。信贷总量平稳适度增长，结构继续优化；金融改革创新加快推进，金融发展活力不断增强；金融市场体系进一步健全，功能更趋完善，为全省经济提质增效升级创造了良好的金融环境。

2017年，湖北省将围绕五大发展理念和供给侧结构性改革要求，坚持促发展与防风险并重，大力发展科技金融、绿色金融、普惠金融、县域金融和平安金融，抓住中部崛起、“一带一路”、长江经济带、自贸试验区等一批国家战略汇聚的有利机遇，做好金融对接和金融服务工作，全力支持湖北经济社会全面健康可持续发展。

一、金融运行情况

2016年，湖北省金融业运行总体稳健，货币信贷和社会融资规模平稳适度增长，金融改革创新持续推进，多层次资本市场发展成效显著，保险保障功能进一步发挥，有力支持湖北省实体经济发展和供给侧结构性改革。

（一）银行业平稳较快发展，服务实体经济能力不断提升

1. 资产规模持续增长，组织体系更加完善。2016年，湖北省银行业金融机构资产总额同比增长15.4%，较上年提高0.5个百分点。受资管业务扩张影响，债券、股权投资等非信贷资产占比上升。武汉区域金融中心地位进一步显现，武汉众邦银行获批筹建，实现湖北省民营银行零的突破；航天科工金融租赁公司、三环财务公司获批筹建；恒丰银行武汉分行成为第12家入驻湖北的全国性股份制银行。湖北省新型农村金融机构达到143家（含批筹），村镇银行实现县域全覆盖。但受资产收益水平下滑、减值计提增多等因素影响，全省银行业金融机构净利润同比仅增长0.4%。

表1　2016年湖北省银行业金融机构情况

机构类别	营业网点			法人机构（个）
	机构个数（个）	从业人数（人）	资产总额（亿元）	
一、大型商业银行	2 869	63 910	22 932	0
二、国家开发银行和政策性银行	95	2 542	8 199	0
三、股份制商业银行	422	11 498	8 305	0
四、城市商业银行	332	7 362	3 974	2
五、小型农村金融机构	2 151	30 703	9 099	78
六、财务公司	11	719	1 485	7
七、信托公司	2	483	134	2
八、邮政储蓄银行	1 642	7 936	4 422	0
九、外资银行	14	311	173	2
十、新型农村金融机构	145	2 771	288	68
十一、其他	7	611	763	3
合　计	7 690	128 846	59 773	162

注：营业网点不包括国家开发银行和政策性银行、大型商业银行、股份制商业银行等金融机构总部数据；大型商业银行包括中国工商银行、中国农业银行、中国银行、中国建设银行和交通银行；小型农村金融机构包括农村商业银行、农村信用社、农村合作银行；新型农村金融机构包括村镇银行、贷款公司和农村资金互助社；其他包含金融租赁公司、汽车金融公司、货币经纪公司、消费金融公司等。
数据来源：湖北银监局。

2. 存款增长总体平稳，活期化趋势明显。2016年年末，湖北省本外币各项存款余额4.7万亿元，同比增长14.4%（见图3），较上年提高2.1个百分点。上半年存款增速因低基数影响有所回

升，7月以后保持平稳增长态势。从期限结构看，受实体项目投资收益率偏低企业持币观望以及理财产品收益率下行等因素影响，企业和住户存款活期化趋势明显，全年同比多增1 163.8亿元。随着金融机构表外及同业业务监管趋严，非银行业金融机构存款由上年度增加429.2亿元转为减少376.4亿元。受美元升值预期影响，居民外汇存款同比多增4.3亿美元，但企业外汇存款因派生存款下降同比少增15.0亿美元。

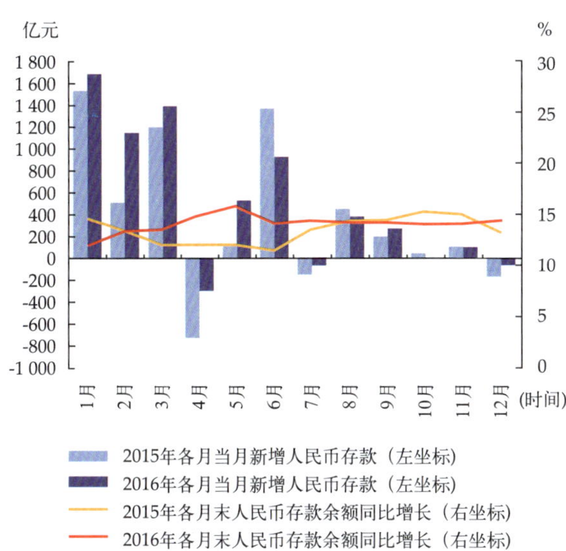

数据来源：中国人民银行武汉分行。

图1　2015～2016年湖北省金融机构人民币存款增长变化

3. 贷款增速先升后降，信贷支持重点突出。2016年年末，湖北省本外币各项贷款余额3.5万亿元，同比增长17.0%（见图3），较上年提高0.3个百分点，全年新增5 016亿元。货币政策工具信贷投向引导成效明显，信贷资金积极向小微企业、“三农”、科技创新、绿色发展、扶贫开发等重点领域和薄弱环节倾斜，有力支持“稳增长、调结构、惠民生”。全省小微企业、涉农贷款余额同比分别增长25.1%和17.2%，连续六年高于各项贷款平均增速。绿色金融持续发展，绿色信贷余额2 751.0亿元，同比增长26.3%，全年新增573.0亿元。投贷联动业务积极进行，全省各类投贷联动贷款余额3.4亿元，同比增长52.2%，对应投资总额达21.7亿元。汉口银行、国家开发银行、中国银行等3家试点银行与32家内外部投资机构开展合作，支持科技创新企业65户。“两权”抵押贷款试点稳步开展，全省12个试点县（市、区）“两权”抵押贷款余额达9.5亿元，同比增长305.9%。金融精准扶贫工作成效显著，全省金融精准扶贫贷款余额达1 216.4亿元，同比增长38.6%。其中，建档立卡贫困人口贷款余额70.6亿元，同比增长97.5%，惠及11.1万建档立卡贫困人

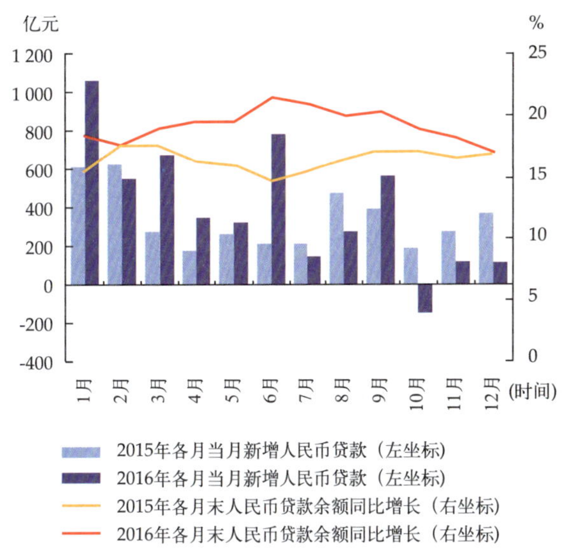

数据来源：中国人民银行武汉分行。

图2　2015～2016年湖北省金融机构人民币贷款增长变化

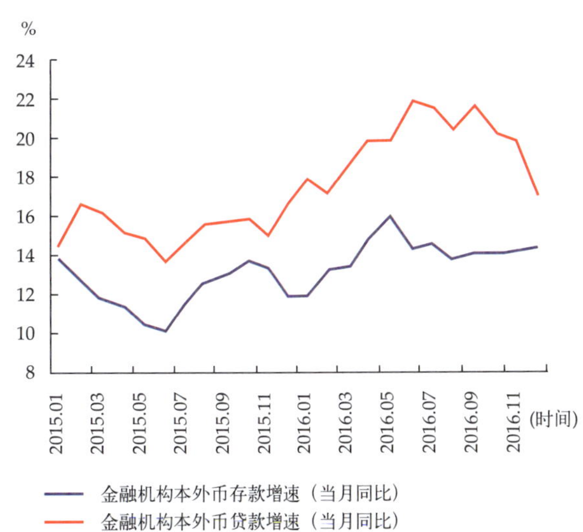

数据来源：中国人民银行武汉分行。

图3　2015～2016年湖北省金融机构本外币存、贷款增速变化

口；易地扶贫搬迁贷款余额171.8亿元，支持搬迁82.3万贫困人口。

4. 表外理财大幅增长，表外融资同比下降。2016年，湖北省金融机构发行表外理财、代理代销和资产托管业务分别达到1.1万亿元、1.1万亿元和1.3万亿元，增速远高于同期信贷业务。受规范同业业务政策措施的影响，银信合作等通道业务和非标业务受到压缩，加之经济下行压力增大背景下金融机构授信趋紧，表外融资同比下降，其中委托贷款同比少增374.3亿元，未贴现银行承兑汇票同比多降85.9亿元。

5. 贷款利率水平保持下降，金融机构定价能力提升。2016年，金融机构人民币贷款利率延续下降趋势，执行上浮利率的人民币贷款占比总体有所下降，全年企业一般贷款加权平均利率为6.56%，同比下降1.02个百分点。小微企业贷款利率有所下降，12月小微企业贷款利率同比下降0.28个百分点。省市两级市场利率定价自律机制进一步完善，常备借贷便利（SLF）有效发挥利率走廊上限的作用，金融机构存款利率呈现分层有序、差异化竞争格局，人民币存款利率水平总体平稳运行。民间借贷利率持续下行，监测样本年度加权平均利率同比下降2.3个百分点。美元存款利率因国际金融市场利率变动、境内资金供求变化等因素波动上行（见图4）。地方法人金融机构切实提升自主定价能力，强化主动负债意识，分别有28家和14家机构达到全国自律机制基础成员和观察成员标准，全年累计发行同业存单962.0亿元、大额存单40.9亿元。

表2　2016年湖北省金融机构人民币贷款各利率区间占比

单位：%

月份		1月	2月	3月	4月	5月	6月
合计		100.0	100.0	100.0	100.0	100.0	100.0
下浮		14.9	16.0	26.6	28.6	24.4	23.8
基准		18.1	19.9	15.6	18.7	15.5	21.4
上浮	小计	67.1	64.1	57.8	52.7	60.2	54.7
	(1.0，1.1]	24.1	22.9	22.4	17.9	23.5	17.2
	(1.1，1.3]	18.2	18.2	16.0	14.4	17.1	16.8
	(1.3，1.5]	10.3	9.9	7.4	8.3	8.6	7.8
	(1.5，2.0]	11.9	9.9	10.3	10.4	9.4	11.2
	2.0以上	2.6	3.3	1.7	1.7	1.5	1.8
月份		7月	8月	9月	10月	11月	12月
合计		100.0	100.0	100.0	100.0	100.0	100.0
下浮		19.1	20.6	25.0	26.1	22.9	28.7
基准		25.9	17.3	31.3	23.9	23.6	22.1
上浮	小计	54.9	62.1	43.7	49.9	53.5	49.3
	(1.0，1.1]	17.3	19.0	12.9	13.9	18.1	15.9
	(1.1，1.3]	16.7	17.0	11.9	14.9	13.6	14.9
	(1.3，1.5]	8.0	9.7	8.5	8.2	10.2	8.8
	(1.5，2.0]	11.2	13.7	9.3	11.1	10.5	8.4
	2.0以上	1.8	2.7	1.1	1.7	1.1	1.2

数据来源：中国人民银行武汉分行。

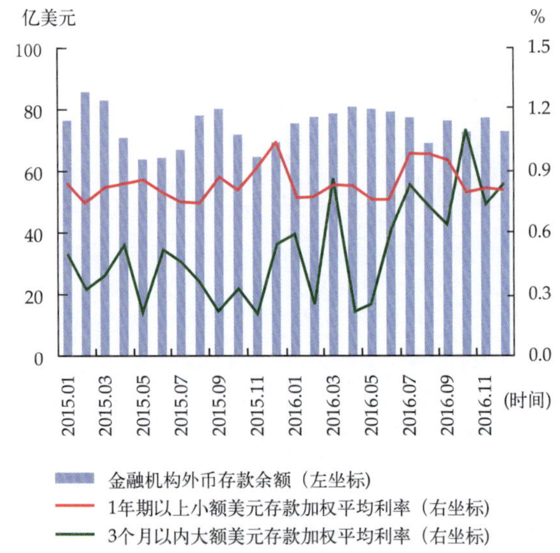

数据来源：中国人民银行武汉分行。

图4　2015～2016年湖北省金融机构外币存款余额及外币存款利率

6. 不良贷款反弹压力较大，风险抵补能力保持稳定。2016年年末，湖北省银行业金融机构不良贷款率1.67%，同比下降0.02个百分点，低于全国平均水平。但不良贷款余额同比增长17.8%,若剔除不良资产处置的递减效应，不良贷款率将超过2%，而且关注类贷款余额同比增长达24.5%。风险抵补能力总体稳定，全省法人机构资本充足率、拨备覆盖率和流动性比率均符合监管要求。债委会组建和运行依法合规、有序开展，全省共成立债委会68家，涉及银行业债权663亿元。建设银行和武钢集团共同设立总规模240亿元的武汉武钢转型发展基金，积极探索利用债转股模式支持企业市场化“去杠杆”。

7.金融改革创新深入推进，服务实体经济能力不断提升。农村金融改革稳步推进。湖北省77家农村合作金融机构全部改制为农村商业银行，共建成营业网点1 904个，实现营业网点的乡镇全覆盖；农村合作金融创新试点地区增至11个县（市、区），积极探索“农合联（农民合作社联合会）+金融”服务模式，为破解涉农融资难题探路。科技金融改革创新积极推进，武汉东湖自主创新示范区和汉口银行获批全国首批投贷联动试点地区和试点银行；汉口银行科技金融服务中心获得金融许可证，成为湖北省首家持牌经营的主要从事科创企业投贷联动相关信贷业务的科技金融专营机构。金融精准扶贫深入开展，全省31个贫困县、394个乡镇建成银行网点392个，金融精准扶贫工作站覆盖全部建档立卡贫困村，惠农金融服务联系站基本实现乡镇全覆盖。县域金融工程持续深入，全省县域贷存比自2012年以来实现五连增。

专栏1　湖北构建“三纵三横”金融精准扶贫模式取得积极成效

一、构建省、市、县三级金融机构“纵向”联动机制

一是中国人民银行武汉分行、湖北省扶贫办、财政厅等六部门印发湖北省金融扶贫“十三五”规划和“2016年行动方案”，制定湖北省金融扶贫工作的路线图和时间表，明确到2019年建立起覆盖贫困地区和贫困人口的普惠金融体系。二是各省级金融机构制定本系统金融扶贫政策，明确优先安排扶贫项目信贷额度，建立绿色通道，对贫困地区分支机构给予倾斜。三是各市县级金融机构制订具体实施方案、意见，层层压实责任、下沉服务重心，落实工作要求。在各级金融机构努力下，湖北省金融精准扶贫贷款增长迅速。2016年年末，全省金融精准扶贫贷款余额1 216亿元，增长39%，高于全部贷款增速22个百分点。

二、构建政府、金融管理部门、金融机构“横向”联动机制

2016年，中国人民银行武汉分行积极对接湖北省扶贫办、发展改革委、财政厅及其他金融管理部门，努力形成合力，共同推进金融精准扶贫工作。一是推动湖北省政府组织召开多场金融精准扶贫工作现场推进会和金融精准扶贫工作经验交流会，安排部署金融精准扶贫工作。二是建立定期工作交流机制，强化信息共享，开展联合考核。三是出台《湖北省易地扶贫搬迁贷款资金管理办法》，指导国开行、农发行省分行利用专项金融债资金，发放易地扶贫搬迁贴息贷款92亿元，有效对接易地扶贫搬迁融资需求。四是切实推进扶贫财政资金整合工作，累计设立6.3亿元扶贫小额信贷风险补偿金。

三、构建金融精准扶贫县、村、户“纵向”示范创建机制

进一步完善金融精准扶贫示范区创建机制，印发《关于开展湖北省“金融扶贫示范村”创建活动的通知》，召开湖北省创建工作现场会，全面构建金融精准扶贫县、村、户三级示范创建机制。目前，湖北省共有金融精准扶贫示范县20个、示范村12个、示范户15户。同时，认真做好扶贫定点帮扶工作，为扶贫联系点——襄阳市南漳县斑竹坪村引入香菇、有机稻种植等5个主导产业，努力种好产业扶贫“试验田”。

四、构建金融精准扶贫工作站三方“横向”共建机制

全面整合贫困村村委会、驻村工作队、金融机构资源，积极推广建设“金融精准扶贫工作站”，为建档立卡贫困户提供信用评级、扶贫小额信贷发放、支付结算、产业咨询等服务，实现扶贫政策、金融政策与贫困户金融需求的精准对接。在“插花式”贫困地区建设“惠农金融服务站”，改善金融服务不足问题。2016年年末，湖北省建立4 795个金融精准扶贫工作站，覆盖全部建档立卡贫困村；建立惠农金融服务站974家，实现乡镇全覆盖；完成贫困户信用评价39.1万户，授信27.0万户，金额达83.7亿元。

五、构建“新型农业经营主体+主办行+建档立卡贫困户”的“纵向”产业带动机制

大力实施“新型农业经营主体主办行制度”及“新型农业经营主体+建档立卡贫困户扶贫小额信贷管理办法”，通过主办行对带动贫困户脱贫的新型农业经营主体发放扶贫小额信贷，并享受贴息及风险补偿政策，鼓励新型农业经营主体通过多种方式与建档立卡贫困户建立订单、就业、土地流转和资金入股的“四个利益联结机制”，带动贫困户增收脱贫。2016年年末，湖北省累计发放“新型农业经营主体+建档立卡贫困户”扶贫小额信贷41.4亿元，带动8.8万户贫困户增收。

六、构建“财政+央行+保险+信贷”四位一体的“横向”资金投入机制

综合利用政府财政资金、央行政策性资金及保险资金，充分发挥其在融资增信、风险补偿、降低成本等方面的积极作用，引导金融机构加大扶贫信贷投入。一是推动湖北省37个贫困县整合财政资金，建立总额达18.1亿元的扶贫贷款担保及风险补偿基金，撬动银行扶贫贷款90余亿元。二是运用扶贫再贷款、支农再贷款工具，引导银行降低贷款定价。2016年年末，湖北省扶贫再贷款余额15.8亿元，直接撬动金融机构发放扶贫贷款63亿元，利率低于同类贷款近1个百分点。三是大力开展小额贷款保证保险，为湖北省贫困户融资近2亿元。

（二）证券业资本实力增强，多层次资本市场不断完善

1. 证券期货机构体系进一步完善。2016年年末，湖北省有法人证券公司2家，证券分支机构346家，较上年增加47家；法人期货公司2家，期货分支机构54家，较上年增加4家（见表3）。法人机构资本实力和国际化水平增强。长江证券定向增发融资83.1亿元，其子公司长江证券控股（香港）有限公司积极申请香港联交所上市。天风证券通过债券市场融资40.8亿元，完成对香港证星国际财富管理有限公司的收购。但受股票市场波动和交易手续费率下降等因素影响，经营效益有所下降。全省累计证券交易量同比下降11.0%，法人证券机构营业收入和净利润同比分别下降39.9%和45.9%。

2. 多层次资本市场建设取得新进展。IPO公司数量创历史新高，2016年年末，湖北省上市公司总数达96家，位居中部第一、全国第九，新增13家上市公司，其中境内上市9家，超过“十二五”时期新增数量总和。新三板挂牌企业总数达347家，新增144家，全年实现再融资23.0亿元。区域性股权交易市场快速发展，武汉股权托管交易中心新增托管登记企业1 055家，新增股权挂牌交易企业1 418家，实现股权融资388.7亿元，同比增长2.7倍。

表3　2016年湖北省证券业基本情况

项目	数量
总部设在辖内的证券公司数（家）	2
总部设在辖内的基金公司数（家）	0
总部设在辖内的期货公司数（家）	2
年末国内上市公司数（家）	96
当年国内股票（A股）筹资（亿元）	435
当年发行H股筹资（亿元）	0
当年国内债券筹资（亿元）	829
其中：短期融资券筹资额（亿元）	135
中期票据筹资额（亿元）	365

数据来源：中国人民银行武汉分行、湖北证监局。

3. 私募基金管理规模持续扩大。通过设立各类政府引导基金、开展登记备案等措施，湖北省私募投资基金快速发展，2016年年末已完成登记备案的私募基金（包括证券投资基金、创业投资基金和股权投资基金）管理机构达220家，管理基金444只，规模达1 330.0亿元，产品涵盖国内外债券、股票、期货、股权等多种基础资产。

（三）保险业发展势头良好，保障功能不断增强

1. 保险行业整体实力增强。2016年年末，湖北省共有各级各类保险机构4 023家，保险业总资产2 457.2亿元，同比增长22.8%，保险从业人员52.4万人，同比增长56.9%。保费收入首次突破千亿元大关，达到1 051.8亿元，同比增长24.7%。保险业支付各类赔款及给付372.4亿元，同比增长31.4%，高于保费增幅6.8个百分点。全省保险深度3.26%，同比上升0.41个百分点；保险密度1 787.19元/人，比上年增加345.46元/人（见表4）。

表4　2016年湖北省保险业基本情况

项目	数量
总部设在辖内的保险公司数（家）	2
其中：财产险经营主体（家）	1
人身险经营主体（家）	1
保险公司分支机构（家）	78
其中：财产险公司分支机构（家）	35
人身险公司分支机构（家）	43
保费收入（中外资，亿元）	1 052
其中：财产险保费收入（中外资，亿元）	263
人身险保费收入（中外资，亿元）	789
各类赔款给付（中外资，亿元）	372
保险密度（元/人）	1 787
保险深度（%）	3

数据来源：湖北保监局。

2. 服务经济社会发展能力不断提升。2016年年末，湖北省保险业服务保障功能持续发挥。助力小微企业融资，小额贷款保证保险累计支持3 526家次小微企业和个体经营户融资84.8亿元。服务科技创新，新增科技保险保额超过200亿元，科技保险保费收入2 234.1万元，为140家次科技型企业提供172.2亿元风险保障；科技型企业贷款保证保险为283家次科技型中小企业提供6.5亿元信用贷款风险保障。支持企业“走出去”，出口信用保险服务出口企业868家，承保对外贸易与投资总额46.7亿美元。服务社会治理，医疗责任保险已覆盖各市（州、区）基层医疗机构，共承保各级医疗机构4 582家，保额超过30亿元。

3. 产品创新和改革试点深入推进。2016年，湖北省保险业积极推进农业保险产品创新，在恩施芭蕉侗族乡试点茶叶天气指数保险和茶叶温室指数保险，在仙桃市试点黄鳝鱼养殖保险，在武汉市试点水产目标价格保险和蔬菜目标价格保险。大力开展税优健康险试点，全省共有18家保险机构获批税优健康险经营资质，累计承保2 180人。武汉保险示范区建设全面推进，出台促进保险业发展的财政补贴、税收优惠、机构和人才引进、保险资金落地等政策。太平保险资产管理公司与武汉市城市投资公司合作设立规模为100亿～200亿元的救灾基金。

（四）融资结构进一步优化，金融市场运行较为平稳

1. 社会融资规模适度增长，银行间市场融资取得新突破。湖北省新增社会融资规模5 911亿元（见图5），同比多增1 658亿元。从结构看，人民币贷款占比较上年同期回落15.5个百分点。直接融资方面，债券和股权融资分别同比多增519亿元和243亿元，占比分别较上年提高6.7个百分点和3.0个百分点。债务融资工具市场创新步伐不断加快，超短期融资券、永续票据等创新品种发展迅猛，绿色债券、项目收益票据、资产支持票据相继成功发行，创造了四项全国第一（全国首单公募项目收益票据、全国首单应收账款循环购买结构资产支持票据、全国首单“债贷基组合”债务

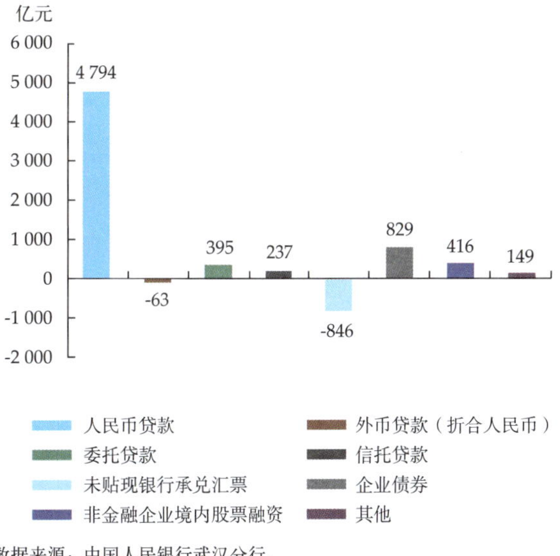

数据来源：中国人民银行武汉分行。

图5　2016年湖北省社会融资规模分布结构

融资工具和全国首单“绿色债贷基组合”中期票据）。全年银行间市场债务融资工具发行规模总计985.5亿元，同比增长1.8%。

2. 同业拆借交易量大幅增长，债券回购交易稳步增长。2016年，湖北省共有26家市场成员参与同业拆借交易，累计拆借金额5 571亿元，同比大幅增长116%，整体净融入资金4 679亿元。证券公司和财务公司拆入交易大幅增长推动拆借市场整体成交量走高。全省共有104家金融机构和非法人投资产品参与债券质押式回购交易，合计成交金额12.2万亿元，同比增长3.4%，整体净融入资金4.6万亿元，城商行和信托等非法人投资产品是主要的资金融出方，农村金融机构是主要的资金融入方。

3. 票据承兑业务有所萎缩，票据融资快速增长。2016年，湖北省累计签发商业汇票金额同比下降5.6%；商业汇票余额同比减少182.1亿元。金融机构累计贴现金额同比增长46.7%；贴现余额同比增长2.6倍。受中国人民银行再贴现利率下调、货币市场利率波动和票据市场供求变化等因素影响，票据市场利率总体呈持续下行走势（见表6）。

表5　2016年湖北省金融机构票据业务量统计

单位：亿元

季度	银行承兑汇票承兑		贴现			
			银行承兑汇票		商业承兑汇票	
	余额	累计发生额	余额	累计发生额	余额	累计发生额
1	3 212.0	1 801.9	952.5	9 827.2	75.9	96.4
2	2 978.0	1 522.4	1 381.4	7 565.6	69.7	62.3
3	2 751.2	1 705.9	1 473.7	7 454.7	73.1	155.1
4	2 924.8	1 884.6	1 377.7	16 160.8	69.6	263.1

数据来源：中国人民银行武汉分行。

表6　2016年湖北省金融机构票据贴现、转贴现利率

单位：%

季度	贴现		转贴现	
	银行承兑汇票	商业承兑汇票	票据买断	票据回购
1	3.41	4.38	3.35	3.27
2	3.37	4.19	3.26	3.07
3	3.04	4.42	2.67	2.66
4	3.20	4.54	2.82	2.74

数据来源：中国人民银行武汉分行。

（五）金融生态环境建设扎实推进，司法环境有所优化

2016年，通过完善金融信用市州县考评、金融生态建设联席工作会议等机制，湖北省继续加大金融生态环境建设力度。多层次信用主体创建进一步深化。湖北省共培植A级以上信用企业40 825家，同比增长12.0%；总计2 708个社区被评为信用社区，1 021个乡镇被评为信用乡镇，占比分别为61.0%和98.6%。农村信用体系建设与金融精准扶贫工作实现有机结合，“六看+五老”贫困户信用评级办法全面推广，着力缓解金融机构与贫困户的信息不对称问题。政府融资增信服务力度进一步增强，积极加大在企业融资的风险补偿、贷款贴息、续贷周转、担保等方面的财政资金投入，全年总投入373.7亿元，为实体经济提供了额外的信用补充。金融司法环境趋于优化。湖北省各级司法部门与金融部门积极配合，加大运用财产保全、强制执行等手段，支持金融机构依法清收债权57.4亿元。

二、经济运行情况

2016年，湖北省经济运行呈现“总体平稳、稳中有进、质效提升”的特点。湖北省实现地区生产总值32 297.9亿元，居全国第7位，同比增

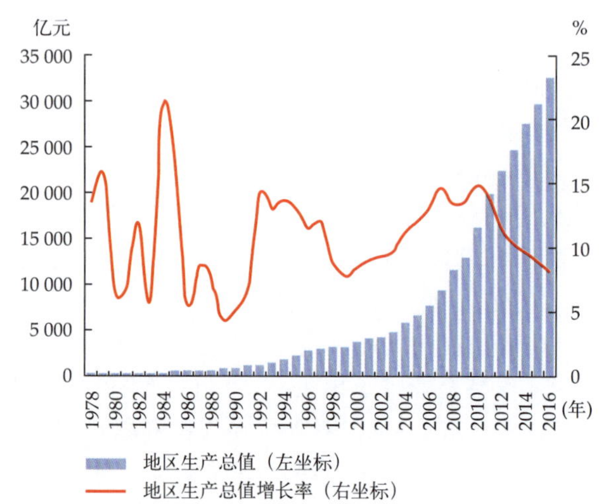

数据来源：湖北省统计局。

图6　1978~2016年湖北省地区生产总值及其增长率

长8.1%（见图6），高于全国平均水平1.4个百分点。三次产业结构由上年度的11.2：45.7：43.1调整为10.8：44.5：44.7。

（一）三大需求协调发展，经济在新常态下平稳运行

1. 投资增长高位回落，投资结构持续改善。2016年，湖北省固定资产投资29 504.0亿元，增长13.1%，较上年回落3.1个百分点（见图7）。基础设施、房地产和制造业三大领域投资增速“一升两降”。其中，房地产和制造业投资同比增长1.1%和6.4%，分别较上年回落5.6个百分点、5.5个百分点，而基建投资同比增长29.3%，较上年提高2.9个百分点。产业升级趋势明显，全省用于产业升级或新投建的高技术产业项目的投资同比增长18.4%。

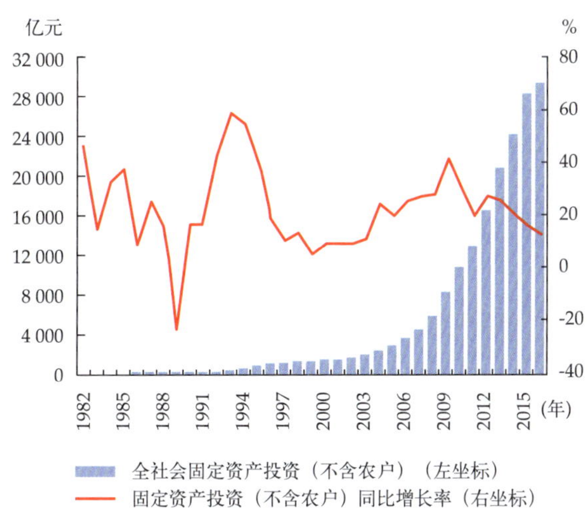

数据来源：湖北省统计局。

图7　1982～2016年湖北省固定资产投资（不含农户）及其增长率

2. 居民收入稳步增长，消费升级趋势明显。2016年，湖北省居民人均可支配收入21 787元，同比增长8.8%。其中，城镇居民人均可支配收入增长8.6%，农村居民人均可支配收入增长7.4%。全年实现社会消费品零售总额15 649.2亿元，同比增长11.8%（见图8）。服务消费逐渐升温，文化、体育、娱乐类零售额同比增长26.7%，其中电影票房收入再创新高，全年实现票房总收入22.4亿

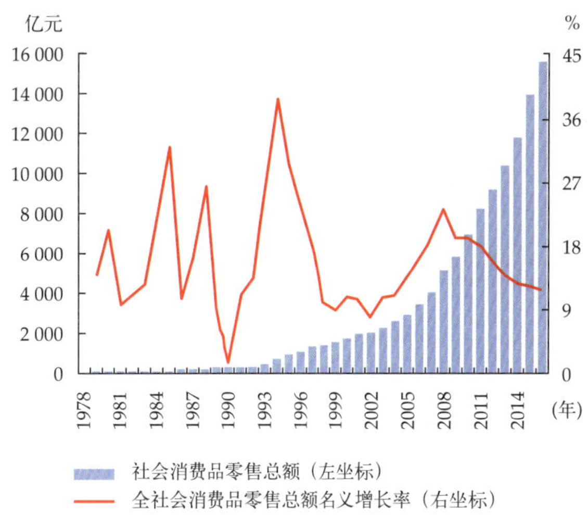

数据来源：湖北省统计局。

图8　1978～2016年湖北省社会消费品零售总额及其增长率

元。新型消费业态快速增长。网上零售保持快速增长，全省限额以上批零企业实现网上商品零售额456.9亿元，同比增长53.6%。

3. 进出口有所下降，对外开放水平提升。2016年，受全球贸易复苏乏力以及国内经济下行压力有所加大的影响，湖北省进出口规模同比下降8.3%。其中，出口下降5.3%，进口下降13.6%（见图9）。对外贸易结构趋于优化，一般贸易比

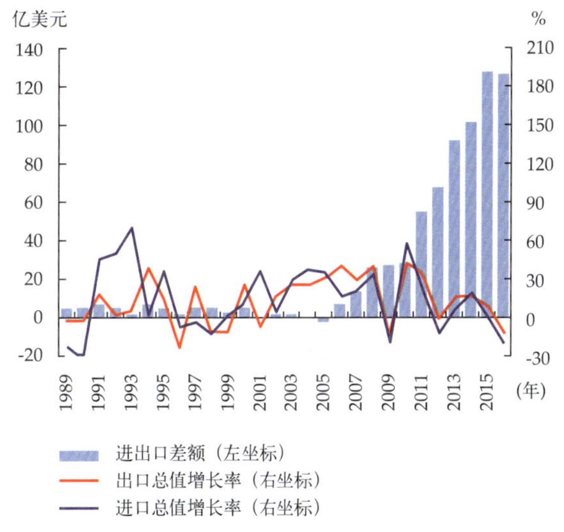

数据来源：湖北省统计局。

图9　1989～2016年湖北省外贸进出口变动情况

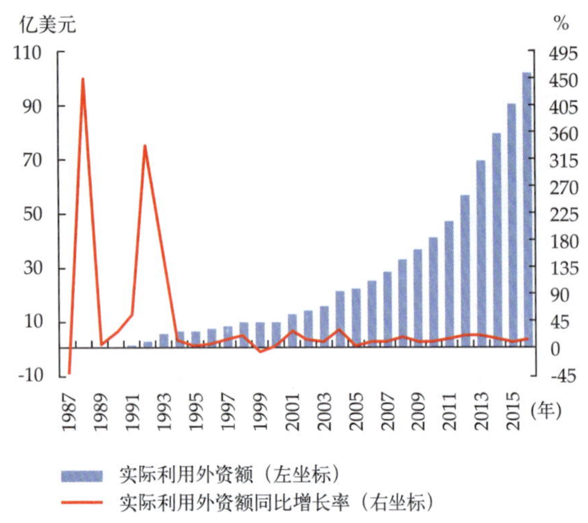

数据来源：湖北省统计局。

图10　1987～2016年湖北省实际利用外资额及其增长率

重上升至71.9%。“引进来”和“走出去”步伐加快。湖北省实际利用外资101.3亿美元，同比增长13.2%（见图10）；境外直接投资汇出11.3亿美元，同比增长1.3倍。

（二）产业结构调整深入推进，经济运行质量进一步提升

1. 农业保持稳步发展，农村改革有序推进。2016年，湖北省克服严重洪涝灾害影响，实现粮食总产量2 554.1万吨，同比下降5.5%，但仍居历史第四高位。农业产业化加快发展，农产品加工产值与农业产值之比达2.5：1。新型农业经营主体数量大幅增加，已注册农民合作社、家庭农场分别为7.1万家和2.6万个，同比分别增长16.1%和28.6%。农村土地承包经营权确权登记颁证工作基本完成，县、乡、村三级土地流转服务网络逐步完善，家庭承包耕地流转面积达1 780万亩，流转比例达39.5%。全省统一联网的农村产权流转交易市场体系初步建立，包括市、县两级农村产权交易市场54个，合计办理交易3.2万宗，交易额48.0亿元。

2. 工业生产企稳回升，转型升级稳步推进。2016年，湖北省工业增加值12 255.5亿元，同比增长7.8%，其中规模以上工业增加值增长8.0%，较上年下降0.6个百分点（见图11），但高于全国2.0个百分点。高技术制造业和装备制造业增加值

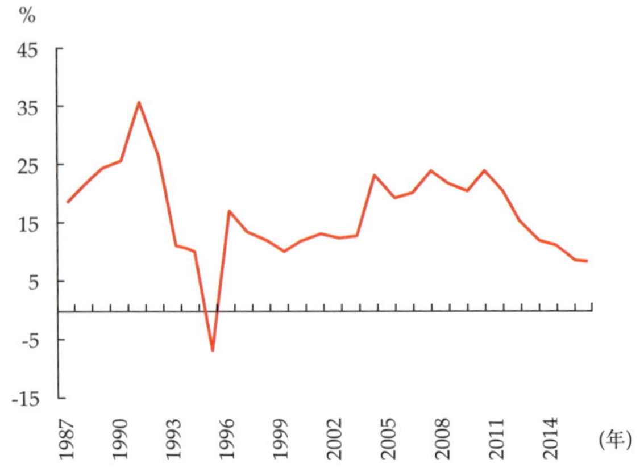

数据来源：湖北省统计局。

图11　1987～2016年湖北省规模以上工业增加值同比增长率

同比分别增长10.7%和11.1%，占规模以上工业增加值的比重分别为8.3%和30.3%，较上年分别提高0.4个百分点和1.2个百分点，对规模以上工业增长的贡献率分别为10.8%和41.0%，而六大高能耗产业增加值占比下降至26.9%。高新技术产业实现增加值同比增长13.9%，较上年提高3.0个百分点。

3. 服务业加快发展，产业结构更趋优化。2016年，湖北省第三产业实现增加值14 423.5亿元，同比增长9.5%，较第二产业快1.7个百分点。服务业占GDP的比重达44.7%，较上年提升1.6个百分点，继2004年以来首次超过第二产业。第三产业对经济增长的贡献率由47.9%提升到50.7%，较第二产业高6.8个百分点。

4. 供给侧结构性改革有效推进。2016年，湖北省深入推进“三去一降一补”。去产能方面，提前两年完成钢铁、煤炭行业去产能任务。去库存方面，规模以上工业企业产成品存货周转天数同比减少0.9天，商品住房库存去化周期大于16个月的县市同比减少29个。去杠杆方面，工业企业资产负债率同比下降1.0个百分点。降成本方面，制定出台降成本政策措施，开展降低企业成本“大督查、大跟踪、大监督”行动，全年降低企业综合成本800亿元。补短板方面，着力培育商务经济新动能，补齐开放发展短板，全年实际使用外资首次突破百亿美元大关，来湖北投资的世界500强新增13家，累计达254家，居中部首位。

（三）物价水平温和上涨，居民收入平稳增长

1. 居民消费价格温和上行。2016年，湖北省CPI同比上涨2.2%（见图12），涨幅比上年提高0.7百分点，其中城市CPI同比上涨2.1%，高于农村0.1个百分点。从构成来看，八大类商品和服务价格“七升一降”，除交通和通信类以外，其他各类价格均有所上升，其中食品类价格上涨4.0%，成为推动消费价格指数上涨的主要因素。

2. 生产者价格降幅收窄。2016年，湖北省工业生产者出厂价格指数同比下降1.0%，降幅比上年缩小2.3个百分点；工业生产者购进价格指数同比下降1.7%，降幅比上年缩小5.5个百分点。

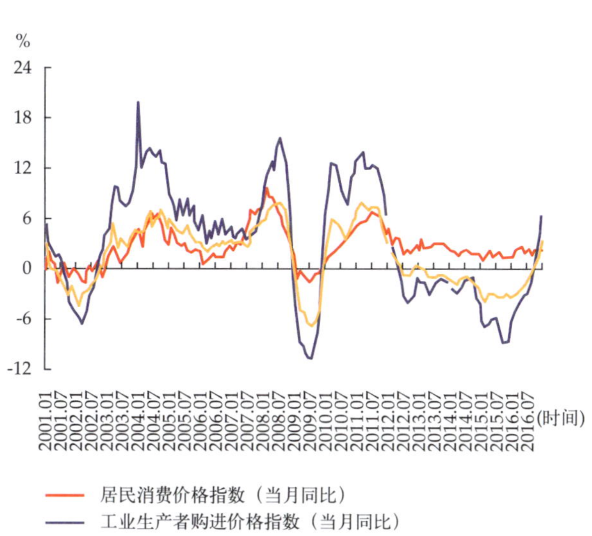

数据来源：湖北省统计局。

图12　2001～2016年湖北省居民消费价格和生产者价格变动趋势

3. 居民收入稳定增长。2016年，湖北省城镇新增就业90.6万人，同比增长4.6%。城镇登记失业率为2.4%，控制在目标范围之内。城镇和农村常住居民人均可支配收入分别达29 386元和12 725元，同比分别增长8.6%和7.4%，与经济增长基本同步。企业社保缴费费率阶段性降低，自2016年5月1日起两年内，全省企业职工基本养老保险单位缴费比例由20%降至19%，失业保险总费率由2%降至1%。

（四）财政收入增幅有所下滑，财政支出结构持续优化

2016年，湖北省地方财政总收入同比增长5.7%，较上年下降9.2个百分点，其中地方公共财政预算收入同比增长3.2%，较上年下降13.9个百分点。从构成来看，地方税收收入增幅较上年下降9.6个百分点，尤其是全面实施“营改增”以来，扩围的四大行业（建筑业、房地产业、金融业和生活服务业）入库增值税与上年同期入库营业税相比，累计减收168亿元。非税收入增幅则因减少涉企收费较上年下降26.0个百分点。地方公共预算支出同比增长5.9%，较上年下降17.6个百分点，但民生支出同比增长8.5%，占一般公共预算支出的比重持续保持在75%以上。2016年年末，湖北省发行地方政府债券2 644.0亿元，其中置换债券为2 088.0亿元，地方政府负有偿还责任的债务余额升至5 253.5亿元，债务支出1 129.1亿元，同比增长2.2倍。

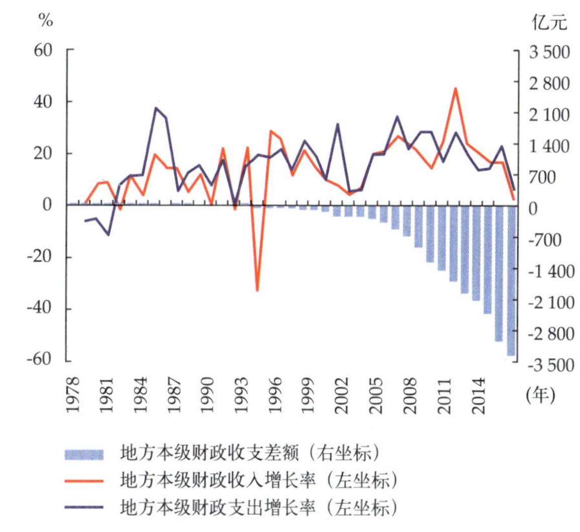

数据来源：湖北省统计局。

图13　1978～2016年湖北省财政收支状况

（五）节能环保工作取得实效，生态文明建设扎实推进

2016年，湖北省在空气质量改善、环境执法和生态创建三个方面取得了重大突破。湖北省环境空气质量改善成效明显，国家下达的空

气质量改善目标全面超额完成，其中纳入国家“十三五”空气质量考核的13个城市PM2.5平均浓度同比下降16.7%。全省各级环保部门使用新《环保法》及配套办法移送涉嫌环境污染犯罪案件795件，同比增长150%，改变了湖北环境保护执法薄弱的形象。京山县成功创建成全国生态文明示范县，实现湖北全国生态县零的突破，全省生态乡镇、生态村及其他各种省级以上的生态创建达到2 266个，创历史最高水平。森林城市建设再创佳绩，成功创建十堰国家森林城市及荆州等4个省级森林城市、46个省级森林城镇、1 316个绿色示范乡村，神农架获得“世界自然遗产地”称号。“绿满荆楚”行动持续推进，累计植树造林743万亩。

（六）房地产市场总体保持平稳，保障性安居工程建设加快推进

2016年，湖北省房地产市场运行总体平稳，区域差异化明显，武汉市商品房销售持续升温，个人住房贷款大幅上涨。金融支持保障性住房建设力度进一步提升。

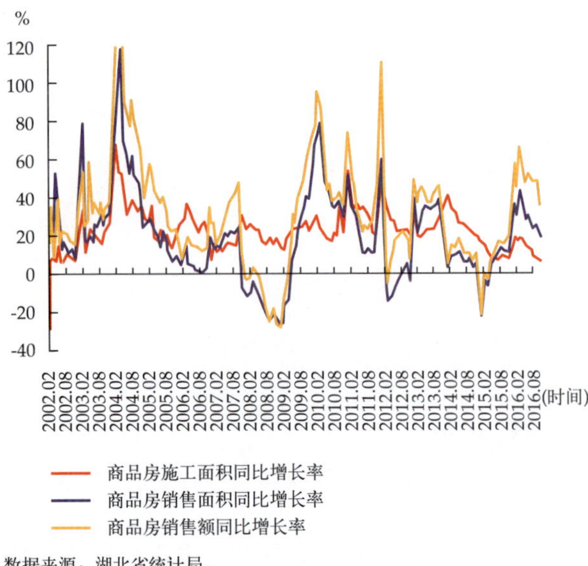

数据来源：湖北省统计局。

图14　2002～2016年湖北省商品房施工和销售变动趋势

1. 房地产开发投资增速趋缓。2016年，湖北省房地产开发投资增速波动下行。全年房地产开发投资累计完成4 296.4亿元，同比增长1.1%，较上年下降5.6个百分点。其中，住宅投资占房地产开发投资的比重为70.1%，武汉市房地产开发投资占全省的比重为58.6%。商品房施工面积同比增长5.6%（见图14），较上年下降1.9个百分点；商品房竣工面积同比增长12.3%，而上年同期为下降18.8%。

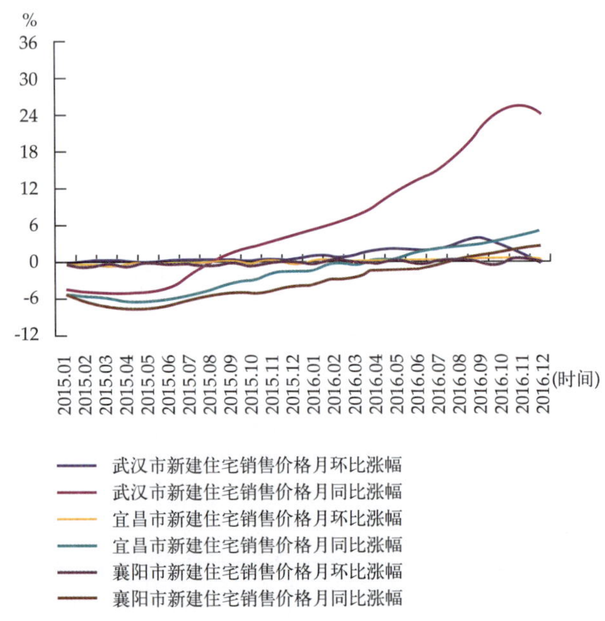

数据来源：湖北省统计局。

图15　2015～2016年湖北省主要城市新建住宅销售价格变动趋势

2. 商品房销售价格变动差异明显。2016年，作为全国16个房地产调控重点城市之一，武汉市商品住房价格在持续大幅上涨后有所回落，但省内其他城市商品住房价格总体保持平稳。2016年12月，武汉市新建住宅销售价格同比增长24.2%，环比下降0.2%，而宜昌市和襄阳市新建住宅销售价格同比增幅仅为5.1%和2.7%（见图15）。

3. 保障性安居工程目标全面完成。棚户区改造货币化安置加快推进。2016年，湖北省棚户区改造开工39.6万套，其中货币化安置20.8万户；基本建成和分配入住两项指标分别超目标任务50.1个百分点和25.3个百分点。金融支持棚户区改造力度加大，以政府购买棚改服务为主要方式的棚改项目融资全面推进，中国人民银行抵押补充贷款(PSL)较好地满足了棚户区改造项目资金需求，

年末棚户区改造贷款余额1 711.6亿元，同比增长91.4%，全年新增817.1亿元。住房公积金支持住房消费力度加大，城镇稳定就业的农民工、个体工商户、自由职业人员被纳入制度范围，年末全省住房公积金平均个贷率达85.0%，同比提高6.0个百分点。

专栏2 武汉城市圈打造“六个专项”科技金融改革创新模式

自《武汉城市圈科技金融改革创新专项方案》获批以来，通过政府主导、部门联动、分层推进、主动创新等方式，形成了以“六个专项”为特点的科技金融改革创新模式，并在此基础上形成“东湖模式”。

一、设立科技金融专营机构

截至2016年年末，湖北省金融机构共设立9家科技分（支）行和18家科技特色支行，设立了13家主营科技担保的担保机构、15家主营科技贷款的小额贷款公司，各类科技金融中介服务机构达到200家。

二、建立科技金融专营机制

汉口银行率先建立了九项单独的科技金融专营机制，即独立的考核与约束机制、独立的科技型企业准入门槛、独立的信贷审批机制、独立的科技金融审贷会、独立的风险容忍度政策、独立的专项拨备机制、独立的科技金融服务团队、独立的风险定价机制和科技金融业务先试先行权。城市圈内其他金融机构也纷纷建立各具特色的科技金融专营机制。

三、推动科技金融专项产品创新和投贷联动试点

针对科技型企业“轻资产”特征，积极推广专利权、商标权、版权、股权、保单、仓单和订单等动产质押贷款，以及“纳税信用贷”“科技型企业小额贷款保证保险”等金融产品；针对科技型企业成长周期特征开发“萌芽贷”“三板贷”“上市贷”“并购贷”“补贴贷”等信贷产品。大力推进投贷联动试点。汉口银行、国家开发银行湖北省分行和中国银行湖北省分行等3家试点银行积极开展专营机构创设和机制流程建设，先后与32家内外部投资机构开展合作，支持科技型企业65户；各类投贷联动贷款余额3.4亿元，同比增长52.2%，对应的投资总额达21.7亿元。

四、搭建科技金融信用信息专业平台

一是搭建科技金融信用服务平台。建立“东湖企业信用信息数据库”和“光谷信用网”，为科技型中小企业搭建全方位信用服务和政银企沟通合作平台。二是建立大数据金融信息服务平台，为银行机构开展科技信贷业务和创新提供数据信息服务。三是建立科技金融创新创业服务平台，聚集各类金融机构、创投资本等资源为科技型企业提供综合金融服务。

五、制定科技型企业直接融资专项措施

一是推进湖北省创投引导基金、长江经济带产业基金和省级股权投资引导基金引导创业投资参与成果转化。鄂州、黄冈、咸宁、天门等市地方政府也先后设立创投引导基金，初步建成了较为完善的横向协同、纵向联动的政府引导基金体系。二是建立武汉城市圈银行间债券市场融资后备企业库，推动科技型企业在银行间债券市场融资。

六、制定科技金融统计监测措施和监管政策

一是建立科技金融统计监测监管平台，探索开发科技金融统计评估系统。二是发布“武汉科技金融指数”，对武汉市科技金融改革创新工作进行动态评价。三是探索建立科技金融监管激励约束机制，对科技金融市场准入开通“绿色通道”，对科技金融业务实施单独的风险计提、不良考核标准，建立创新容错（尽职免责）机制。

三、预测与展望

目前，尽管湖北经济运行中仍存在不少困难和挑战，尤其是经济结构性矛盾突出，新旧动能转换任务艰巨，实体经济困难较多，财政收支平衡难度加大等，但是，湖北经济增长换挡总体较好,主要经济指标均优于全国平均水平。具体而言，湖北省经济发展正面临着中部崛起、“一带一路”、长江经济带、自贸试验区等多项国家战略汇聚的有利时机。供给侧结构性改革全面推进，经济内生增长动力有望逐步增强。新增长动能加快形成，互联网与各行业加速融合，“双创”活动方兴未艾。传统产业活力增强，装备制造业、高新技术产业具备较强的竞争力。服务业占比提高，传统消费提质升级，对经济增长的贡献明显提高。预计2017年湖北省地区生产总值增长8%左右，居民消费价格涨幅在3.5%左右。

2017年是实施“十三五”规划的重要一年，是供给侧结构性改革的深化之年。湖北省金融机构将坚持稳中求进工作总基调，深入贯彻执行稳健中性的货币政策，围绕五大发展理念和供给侧结构性改革要求，积极把握中部崛起、“一带一路”、长江经济带、自贸试验区等多项国家战略汇聚的有利时机，坚持促发展与防风险并重，大力发展科技金融、绿色金融、普惠金融、县域金融和平安金融，切实提高金融服务实体经济的质量和效益，努力促进湖北经济社会持续平稳健康发展。

中国人民银行武汉分行货币政策分析小组
总　纂：杨立杰　赵　军　江成会
统　稿：向秋芳　吴楚平　阮红新　熊川伟　田湘龙　胡红菊
执　笔：熊艳春　王春元　邓　晓　李　倩　方　敏　吴　莹　王晓羽　胡　青　李作峰
提供材料的还有：杜蔚虹　胡小芳　刘　军　王　岗　胡云飞　曾　蕾　涂德君　高晓波　孙　妍
刘　丽　贾　晟　石　莉　李政为　熊　源

附录

（一）2016年湖北省经济金融大事记

2月25日，湖北省获批成为全国首个创建国土资源节约集约示范省。

4月15日，东湖高新区和汉口银行获批成为全国首批投贷联动试点地区和试点银行。

6月24日，国务院批复《武汉市系统推进全面创新改革试验方案》。

7月15日，湖北省政府发布《湖北省金融业发展“十三五”规划》。

8月31日，中国(湖北)自由贸易试验区获批设立，成为全国第三批7家自由贸易试验区之一。

9月11日，国务院发布《长江经济带发展规划纲要》，湖北全域被纳入该纲要。

11月22日，第九届中国·武汉金融博览会暨中国中部（湖北）创业投资大会在武汉开幕。

12月6日，武汉众邦银行获批筹建，成为湖北省首家民营银行。

12月8日，武汉获批成为创建“中国制造2025”试点示范城市。

12月20日，经国务院同意，国家发展改革委发布《促进中部地区崛起“十三五”规划》，首次明确支持武汉建设国家中心城市。

（二）2016年湖北省主要经济金融指标

表1 2016年湖北省主要存贷款指标

		1月	2月	3月	4月	5月	6月	7月	8月	9月	10月	11月	12月
本外币	金融机构各项存款余额（亿元）	43 064.5	44 213.0	45 594.1	45 298.1	45 816.6	46 728.2	46 625.3	46 955.9	47 268.7	47 259.4	47 375.9	47 285.0
	其中：住户存款	20 285.4	21 687.6	21 979.2	21 345.4	21 355.4	21 711.5	21 530.6	21 678.4	22 065.4	21 837.8	21 811.3	22 065.2
	非金融企业存款	13 198.2	12 550.6	13 589.4	13 646.0	14 206.1	14 939.1	14 618.8	14 855.4	14 858.6	14 780.0	14 943.1	15 229.0
	各项存款余额比上月增加（亿元）	1 718.6	1 148.6	1 381.1	-296.0	518.5	911.6	-102.8	330.6	312.8	-9.3	116.5	-90.9
	金融机构各项存款同比增长（%）	11.9	13.2	13.3	14.9	15.9	14.3	14.5	13.8	14.0	14.1	14.2	14.2
	金融机构各项贷款余额（亿元）	30 548.1	31 107.9	31 797.8	32 329.4	32 666.9	33 453.9	33 601.4	33 890.2	34 472.9	34 316.6	34 425.8	34 530.7
	其中：短期	9 074.0	9 140.0	9 114.8	9 065.3	9 077.6	9 098.4	9 037.2	8 946.3	8 842.6	8 664.8	8 623.1	8 505.6
	中长期	19 050.0	19 494.4	20 115.5	20 396.2	20 617.9	21 063.8	21 332.8	21 601.7	22 167.3	22 103.3	22 236.9	22 620.5
	票据融资	1 032.1	1 054.8	1 112.4	1 198.7	1 299.7	1 551.7	1 480.6	1 582.4	1 631.9	1 706.1	1 689.0	1 531.8
	各项贷款余额比上月增加（亿元）	1 033.5	559.8	689.9	531.6	337.5	787.0	147.5	288.8	582.7	-156.4	109.2	104.9
	其中：短期	165.8	66.0	-25.1	-49.5	11.3	21.8	-61.2	-90.9	-103.6	-177.8	-41.8	-117.5
	中长期	770.3	445.0	621.1	280.7	220.8	446.8	269.0	268.9	565.6	-64.0	133.6	383.7
	票据融资	77.1	22.6	57.6	86.35	100.0	253.1	-71.1	101.7	49.5	74.2	-17.1	-157.2
	金融机构各项贷款同比增长（%）	17.9	17.2	18.5	19.8	19.9	21.8	21.5	20.3	21.5	20.2	19.8	18.5
	其中：短期	4.9	3.0	2.8	2.4	2.9	3.5	4.5	2.8	0.9	-0.8	-1.5	-4.3
	中长期	19.1	19.4	21.1	21.6	21.5	24.2	23.9	23.4	25.0	23.4	23.3	23.8
	票据融资	119.3	93.0	129.5	136.0	118.7	87.7	62.5	54.8	73.2	78.2	70.1	60.4
	建筑业贷款余额（亿元）	1 616.8	1 692.5	1 701.7	1 649.1	1 633.3	1 640.2	1 623.9	1 599.9	1 607.6	1 597.9	1 634.4	1 609.6
	房地产业贷款余额（亿元）	2 744.4	2 828.2	2 916.5	2 878.9	2 903.8	2 932.2	2 917.2	2 893.7	2 960.2	2 816.0	2 878.4	2 889.8
	建筑业贷款同比增长（%）	25.5	23.3	22.6	19.6	17.9	15.7	12.0	8.8	5.3	5.0	4.6	2.5
	房地产业贷款同比增长（%）	20.5	20.5	22.6	21.2	17.5	15.1	13.8	11.1	13.5	7.6	10.7	10.8
人民币	金融机构各项存款余额（亿元）	42 570.4	43 705.0	45 084.7	44 774.3	45 290.4	46 201.7	46 116.7	46 495.9	46 762.2	46 766.7	46 849.5	46 779.6
	其中：住户存款	20 157.2	21 555.1	21 844.4	21 210.3	21 217.9	21 569.9	21 385.5	21 534.7	21 918.3	21 676.1	21 637.0	21 876.6
	非金融企业存款	12 856.1	12 196.7	13 236.2	13 276.2	13 836.9	14 576.7	14 276.2	14 558.6	14 552.0	14 469.5	14 607.0	14 926.7
	各项存款余额比上月增加（亿元）	1 673.9	1 134.6	1 379.7	-310.3	516.1	911.3	-85.0	379.2	266.2	4.6	82.8	-69.9
	其中：住户存款	591.1	1 397.9	289.3	-634.1	7.7	352.0	-184.4	149.2	383.6	-242.2	-39.0	239.5
	非金融企业存款	776.5	-659.5	1039.5	40.0	560.7	739.9	-300.6	282.4	-6.6	-82.5	137.4	319.8
	各项存款同比增长（%）	11.9	13.4	13.5	14.8	15.8	14.1	14.4	14.1	14.2	14.1	14.0	14.2
	其中：住户存款	11.8	10.0	9.4	10.0	11.3	11.3	11.4	12.0	11.8	12.6	12.5	11.8
	非金融企业存款	16.3	15.0	18.8	19.9	24.8	27.4	24.1	24.1	25.5	23.4	23.8	23.6
	金融机构各项贷款余额（亿元）	29 405.0	29 960.6	30 631.8	30 971.9	31 293.6	32 072.4	32 218.5	32 497.2	33 059.4	32 910.1	33 026.0	33 130.1
	其中：个人消费贷款	5 301.6	5 342.2	5 523.2	5 694.2	5 916.8	6 124.4	6 289.7	6 494.0	6 717.6	6 847.2	7 047.6	7 181.4
	票据融资	1 032.1	1 054.7	1 112.3	1 198.7	1 298.7	1 551.7	1 480.2	1 582.4	1 631.9	1 706.1	1 689.0	1 531.8
	各项贷款余额比上月增加（亿元）	1 066.1	555.5	671.3	340.1	321.7	778.8	146.2	278.7	562.2	-149.3	115.9	104.2
	其中：个人消费贷款	173.4	40.6	181.0	171.1	222.6	207.6	165.2	204.4	223.6	129.6	200.4	132.8
	票据融资	77.1	22.6	57.6	86.4	100.0	253.1	-71.6	102.2	49.5	74.2	-17.1	-157.2
	金融机构各项贷款同比增长（%）	18.3	17.5	18.9	19.4	19.4	21.4	20.9	19.8	20.2	18.8	18.1	18.4
	其中：个人消费贷款	27.1	25.9	28.4	30.2	33.0	34.6	36.0	37.6	39.4	39.8	40.3	40.1
	票据融资	119.3	93.0	129.5	136.1	118.7	87.7	62.4	54.8	73.2	78.3	70.1	60.4
外币	金融机构外币存款余额（亿美元）	75.4	77.6	78.8	81.1	80.0	79.4	76.5	68.7	75.9	72.8	76.4	72.9
	金融机构外币存款同比增长（%）	-1.2	-9.0	-5.3	15.6	25.5	23.6	14.3	-11.4	-4.7	2.1	18.0	5.3
	金融机构外币贷款余额（亿美元）	174.5	175.3	180.5	210.2	208.7	208.3	207.9	208.2	211.7	207.9	203.3	201.9
	金融机构外币贷款同比增长（%）	0.6	1.7	5.1	23.5	23.8	22.0	24.5	27.2	56.7	55.7	68.3	11.7

数据来源：中国人民银行武汉分行。

表2　2001～2016年湖北省各类价格指数

单位：%

年/月	居民消费价格指数		农业生产资料价格指数		工业生产者购进价格指数		工业生产者出厂价格指数	
	当月同比	累计同比	当月同比	累计同比	当月同比	累计同比	当月同比	累计同比
2001	—	0.3	—	-0.7	—	5.8	—	0.0
2002	—	-0.4	—	1.0	—	-4.8	—	-1.8
2003	—	2.2	—	0.8	—	8.2	—	3.5
2004	—	4.9	—	11.3	—	13.1	—	5.7
2005	—	2.9	—	15.1	—	7.0	—	4.5
2006	—	1.6	—	1.4	—	4.9	—	2.9
2007	—	4.8	—	8.0	—	4.5	—	3.9
2008	—	6.3	—	27.2	—	10.9	—	6.1
2009	—	-0.4	—	-4.7	—	-6.6	—	-4.4
2010	—	2.9	—	1.9	—	10.4	—	4.9
2011	—	5.8	—	13.5	—	11.5	—	6.6
2012	—	2.9	—	7.2	—	-1.1	—	0.3
2013	—	2.8	—	3.2	—	-1.8	—	-0.8
2014	—	2.0	—	-2.1	—	-1.6	—	-1.6
2015	—	1.5	—	0.4	—	-7.2	—	-3.3
2016	—	2.2	—	0.3	—	-1.7	—	1.0
2015　1	1.0	1.0	-2.5	-2.5	-3.5	-3.5	-3.5	-3.5
2	1.7	1.4	-2.2	-2.3	-6.7	-6.5	-3.6	-3.6
3	1.7	1.5	-1.2	-1.9	-6.6	-6.5	-3.3	-3.5
4	1.9	1.6	-0.4	-1.6	-6.5	-6.5	-3.1	-3.4
5	1.5	1.6	0.3	-1.2	-6.1	-6.4	-3.3	-3.4
6	1.8	1.6	0.8	-0.9	-5.9	-6.4	-3.1	-3.3
7	1.8	1.6	1.7	-0.5	-6.7	-6.4	-3.4	-3.3
8	1.9	1.7	1.8	-0.2	-7.6	-6.5	-3.4	-3.3
9	1.4	1.6	1.6	0.0	-8.7	-6.8	-3.5	-3.3
10	1.3	1.6	1.4	0.1	-8.7	-7.0	-3.3	-3.3
11	1.1	1.6	1.5	0.3	-8.7	-7.1	-3.1	-3.3
12	1.2	1.5	1.5	0.4	-8.6	-7.2	-3.4	-3.3
2016　1	1.3	1.3	-0.4	-0.4	-3.1	-3.1	-3.1	-3.1
2	2.3	1.8	-0.1	-0.2	-5.3	-5.3	-3.2	-3.2
3	2.3	2.0	-0.3	-0.3	-4.6	-5.1	-3.0	-3.1
4	2.6	2.1	-0.5	-0.3	-3.6	-4.7	-2.4	-2.9
5	2.3	2.2	0.1	-0.2	-3.2	-4.4	-2.0	-2.7
6	2.1	2.1	0.5	-0.1	-3.2	-4.2	-1.8	-2.6
7	2.3	2.2	-0.1	-0.1	-2.8	-4.0	-1.2	-2.4
8	1.8	2.1	-0.1	-0.1	-1.9	-3.8	-0.7	-2.2
9	2.3	2.1	0.1	-0.1	-0.7	-3.4	-0.2	-2.0
10	2.2	2.1	0.6	0.0	1.1	-3.0	0.5	-1.7
11	2.4	2.2	1.3	0.1	3.6	-2.4	1.6	-1.4
12	2.2	2.2	2.0	0.3	6.5	-1.7	3.3	-1.0

数据来源：《中国经济景气月报》。

表3　2016年湖北省主要经济指标

	1月	2月	3月	4月	5月	6月	7月	8月	9月	10月	11月	12月
	绝对值（自年初累计）											
地区生产总值（亿元）	—	—	6 456.2	—	—	14 114.8	—	—	22 198.4	—	—	32 297.9
第一产业	—	—	488.8	—	—	1 060.3	—	—	2 691.7	—	—	3 499.3
第二产业	—	—	2 944.0	—	—	6 538.4	—	—	9 660.2	—	—	14 375.1
第三产业	—	—	3 023.4	—	—	6 516.1	—	—	9 846.5	—	—	14 423.5
工业增加值（亿元）	—	—	—	—	—	—	—	—	—	—	—	—
固定资产投资（亿元）	—	1 594.9	4 731.2	7 149.6	9 751.7	14 135.4	16 184.6	18 352.2	21 133.2	23 251.4	25 773.8	29 503.9
房地产开发投资	—	324.6	698.2	1 009.3	1 356.2	1 959.7	2 359.0	2 752.1	3 175.0	3 517.0	3 895.9	4 296.4
社会消费品零售总额（亿元）	—	2251.9	3 678.5	4 829.7	6 075.8	7 355.0	8 603.0	9 858.7	11 142.8	12 631.0	14 102.8	15 649.2
外贸进出口总额（亿元）	—	354.7	548.1	743.9	963.5	1 190.9	1 452.4	1 695.1	1 943.0	2 123.6	2 365.5	2 600.1
进口	—	123.5	189.3	257.4	326.9	405.1	482.3	558.1	643.4	718.3	800.4	880.0
出口	—	231.2	358.8	486.5	636.6	785.8	970.1	1 137.0	1 299.7	1 405.3	1 565.1	1 720.1
进出口差额(出口－进口)	—	107.7	169.5	229.1	309.7	380.8	487.8	578.9	656.3	687.0	764.7	840.1
实际利用外资（亿美元）	—	13.6	26.0	34.7	43.0	53.2	59.3	67.4	77.9	85.2	95.0	101.3
地方财政收支差额（亿元）	—	106.7	7.6	8.7	-38.2	-598.5	-620.2	-728.1	-1 029.9	-953.7	-1 151.4	-1 479.1
地方财政收入	—	880.4	1 325.7	1 776.5	2 182.9	2 715.0	3 152.6	3 438.1	3 786.6	4 225.3	4 570.5	4 974.0
地方财政支出	—	773.7	1 318.1	1 767.9	2 221.2	3 313.5	3 772.9	4 166.2	4 816.5	5 179.1	5 722.0	6 453.1
城镇登记失业率(%)(季度)	—	—	—	—	—	—	—	—	—	—	—	2.4
	同比累计增长率（%）											
地区生产总值	—	—	8.1	—	—	8.2	—	—	8.1	—	—	8.1
第一产业	—	—	3.1	—	—	3.8	—	—	3.8	—	—	3.9
第二产业	—	—	7.2	—	—	7.7	—	—	7.8	—	—	7.8
第三产业	—	—	9.8	—	—	9.5	—	—	9.7	—	—	9.5
工业增加值	—	7.0	7.7	7.8	7.8	8.0	8.0	8.1	8.0	8.0	7.9	8.0
固定资产投资	—	13.4	13.6	13.8	13.7	13.3	13.2	13.3	13.4	13.5	13.4	13.1
房地产开发投资	—	2.7	6.3	8.7	7.7	4.3	6.7	8.0	7.6	4.6	2.1	1.1
社会消费品零售总额	—	11.6	11.7	11.5	11.3	11.4	11.3	11.3	11.4	11.4	11.5	11.8
外贸进出口总额	—	1.1	4.8	3.7	5.5	6.1	6.5	5.9	5.3	1.7	-2.5	-8.3
进口	—	1.6	-2.5	-1.1	0.7	1.7	-0.8	-0.6	0.0	-1.0	-8.0	-13.6
出口	—	0.8	9.1	6.5	8.1	8.5	10.6	9.4	8.1	3.2	0.5	-5.3
实际利用外资	—	8.3	15.9	18.0	18.4	17.4	12.9	13.3	13.7	12.1	12.7	13.2
地方财政收入	—	16.3	13.3	15.6	14.1	12.1	13.1	11.6	10.8	10.2	8.6	5.7
地方财政支出	—	24.5	17.5	0.5	4.3	24.1	19.6	17.4	18.1	10.2	8.8	5.0

数据来源：湖北省统计局。

湖南省金融运行报告（2017）

中国人民银行长沙中心支行货币政策分析小组

[内容摘要] 2016年，湖南省坚持稳中求进工作总基调，积极推进供给侧结构性改革，培育新兴动能，全省经济运行保持总体平稳、稳中有进。地区生产总值首超三万亿元，经济总量跨上新台阶，产业结构不断优化，民生保障水平不断提升，实现了“十三五”良好开局。

金融业总体运行平稳。银行业经营稳健，信贷投放合理增长，重点领域和薄弱环节得到有效支持；证券融资功能有效发挥，保险保障能力不断增强；融资结构持续优化，货币市场交易活跃；金融生态环境不断改善。

2017年，湖南省将继续统筹推进“五位一体”总体布局，协调推进“四个全面”战略布局，立足“一带一部”①定位，推进“三个着力”②，打造“五大基地”③，努力实现经济平稳健康发展。湖南金融部门将贯彻落实稳健中性的货币政策，保持信贷总量适度增长，进一步优化金融资源配置，助推经济提质增效升级。

一、金融运行情况

2016年，湖南省金融运行总体良好，信贷总量平稳增长，对供给侧结构性改革重点领域和薄弱环节的支持力度进一步加大，机构主体不断丰富，金融生态持续改善。

（一）银行业稳健发展，信贷增长合理适度

1. 资产负债不断扩大，营业网点个数持续增加。2016年年末，湖南省银行业金融机构总资产、总负债均突破5万亿元，分别为5.2万亿元和5万亿元，同比分别增长16.2%和15.9%。年末，全省营业网点个数达9 726个，同比增加194个，地方法人金融机构166家，从业人员13.3万人。

2. 存款同比多增，增速略有下滑。2016年年末，湖南省金融机构本外币存款余额4.2万亿元，同比增长15.9%，比上年下降1.7个百分点。全年新增存款5 776.1亿元，同比多增337.3亿元。分季度看，季度间增长不平衡，第一至第四季度

表1　2016年湖南省银行业金融机构情况

机构类别	营业网点			法人机构（个）
	机构个数（个）	从业人数（人）	资产总额（亿元）	
一、大型商业银行	2 482	51 868	18 552.79	0
二、国家开发银行和政策性银行	117	2 871	6 201.63	0
三、股份制商业银行	410	8 877	6 149.55	0
四、城市商业银行	455	10 672	7 072.06	3
五、城市信用社	0	0	0.00	0
六、小型农村金融机构	4 047	40 164	9 040.72	117
七、财务公司	5	142	330.75	4
八、信托公司	1	141	47.43	1
九、邮政储蓄银行	2 093	16 414	3 891.79	0
十、外资银行	5	157	69.59	0
十一、新型农村金融机构	110	1 748	454.93	40
十二、其他	1	47	96.59	1
合　计	9 726	133 101	51 907.83	166

注：营业网点不包括国家开发银行和政策性银行、大型商业银行、股份制商业银行等金融机构总部数据；大型商业银行包括中国工商银行、中国农业银行、中国银行、中国建设银行和交通银行；小型农村金融机构包括农村商业银行、农村合作银行和农村信用社；新型农村金融机构包括村镇银行、贷款公司、农村资金互助社；“其他”包含金融租赁公司、汽车金融公司、货币经纪公司、消费金融公司等。

数据来源：中国人民银行长沙中心支行、湖南银监局。

① “一带一部”：湖南省处在东部沿海地区和中西部地区的过渡带、长江开放经济带和沿海开放经济带结合部。

③ “三个着力”：着力推进供给侧结构性改革，着力加强保障和改善民生工作，着力推进农业现代化。

② “五大基地”：着力打造以长株潭国家资助创新示范区为核心的技术创新基地、以中国智能制造示范区为目标的现代制造业基地、以精细农业为特色的优质农副产品供应基地、以影视出版为重点的文化创意基地、以“锦绣湘江”为品牌的全域旅游基地。

新增存款的比重分别为50.4%、30.3%、5.5%和13.8%。分部门看，住户部门、非金融企业存款、政府存款同比多增较多，分别为396.1亿元、459.9亿元和185.8亿元，非银行金融机构存款负增长，同比少增687.3亿元。

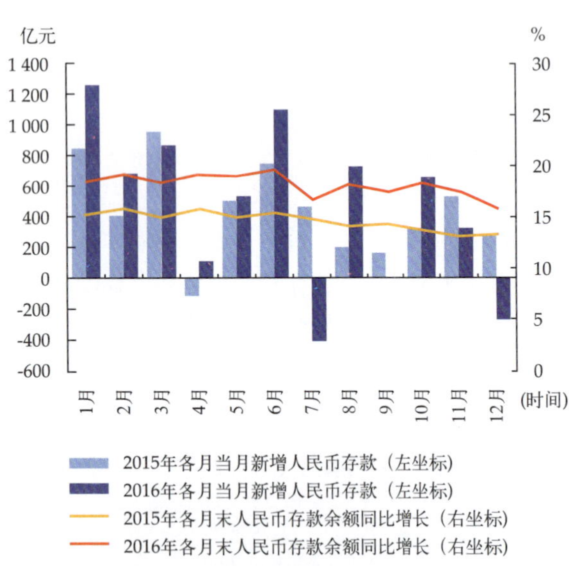

数据来源：中国人民银行长沙中心支行。

图1　2015～2016年湖南省金融机构人民币存款增长变化

3. 贷款增长合理适度，支持重点突出。2016年年末，湖南省金融机构本外币贷款余额2.8万亿元，同比增长13.7%，比上年年末低2.9个百分点，全年新增贷款3 310.4亿元，同比少增127.8亿元。分期限看，短期贷款增长乏力，增速比上年同期下降9.2个百分点，同比少增562.2亿元；全年新增中长期贷款2 978.3亿元，同比多增620.6亿元。分季度看，第一至第四季度新增贷款占全年新增贷款的比重分别为50.6%、24.2%、10.3%和15%，信贷投放节奏前移。

贷款投向符合供给侧结构性改革要求。2016年年末，湖南省“两高一剩”行业中长期贷款增速低于贷款平均增速9个百分点，其中煤炭、钢铁等重点去产能行业中长期贷款全年净下降18.1亿元，比上年多降9亿元；个人住房消费贷款同比增长33.5%，比上年提高12.8个百分点。中国人民银行长沙中心支行综合运用多项货币政策工具，全年累计发放再贷款、再贴现337亿元，同比多放97.8亿元，引导金融机构加大对薄弱环节信贷投放，涉农贷款、小微贷款余额同比分别增长14.8%和24.6%，分别高于全部贷款增速1.1个百分点和10.9个百分点；全省40个国家级贫困县贷款同比增长18.6%，高于全部贷款增速4.9个百分点。

4. 表外业务增长分化，金融资产服务和承诺类业务增速较快。2016年年末，湖南省银行业金融

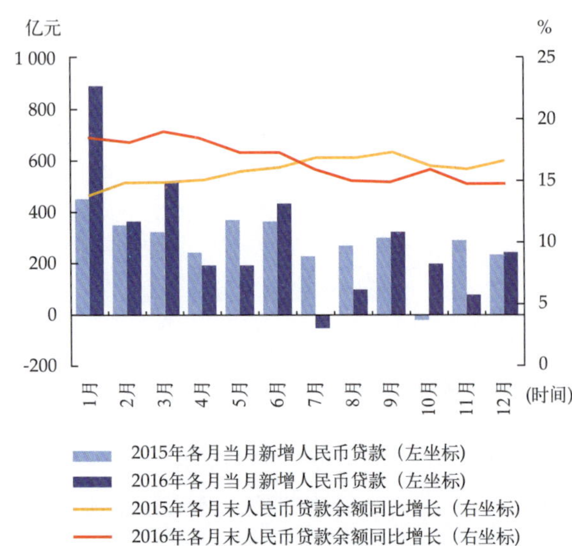

数据来源：中国人民银行长沙中心支行。

图2　2015～2016年湖南省金融机构人民币贷款增长变化

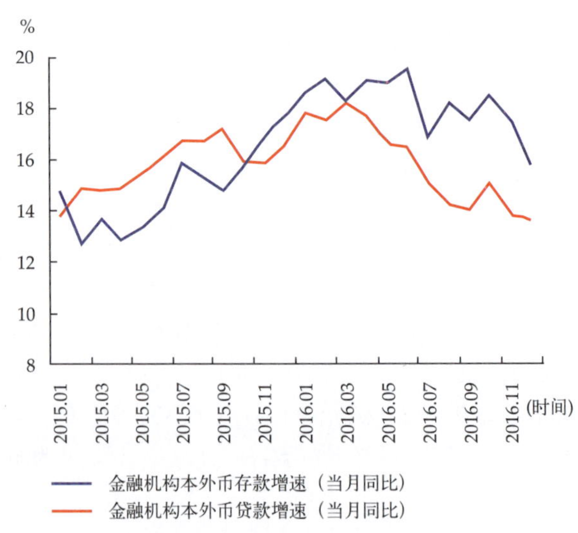

数据来源：中国人民银行长沙中心支行。

图3　2015～2016年湖南省金融机构本外币存、贷款增速变化

机构担保类、承诺类、金融资产服务类、金融衍生品等四类表外业务余额15 722.5亿元，同比增长17%。其中，担保类业务同比下降21%，以资产托管、代客理财、委托贷款等为主的金融资产服务类业务及承诺类业务同比分别增长27%和46.3%。

表2　2016年湖南省金融机构人民币贷款各利率区间占比

单位：%

月份		1月	2月	3月	4月	5月	6月
合计		100.00	100.00	100.00	100.00	100.00	100.00
下浮		13.54	10.50	11.45	10.16	12.23	14.27
基准		19.51	18.81	19.12	14.19	14.46	18.05
上浮	小计	66.95	70.69	69.43	75.65	73.31	67.68
	(1.0，1.1]	18.05	16.98	13.87	18.42	21.76	13.04
	(1.1，1.3]	14.58	16.07	16.00	19.42	14.15	15.72
	(1.3，1.5]	13.36	13.36	12.25	11.51	10.21	11.00
	(1.5，2.0]	13.59	16.75	17.66	14.95	16.01	17.15
	2.0以上	7.37	7.53	9.65	11.35	11.18	10.77
月份		7月	8月	9月	10月	11月	12月
合计		100.00	100.00	100.00	100.00	100.00	100.00
下浮		16.60	13.27	16.50	14.47	19.08	21.85
基准		18.65	14.45	16.74	18.32	18.66	18.60
上浮	小计	64.75	72.28	66.76	67.21	62.26	59.55
	(1.0，1.1]	12.34	16.74	17.00	16.77	16.23	14.20
	(1.1，1.3]	16.23	17.39	14.35	15.69	13.25	14.46
	(1.3，1.5]	11.75	11.22	11.80	11.46	9.76	8.97
	(1.5，2.0]	14.17	16.07	14.48	14.02	13.19	14.37
	2.0以上	10.26	10.86	9.13	9.27	9.83	7.55

数据来源：中国人民银行长沙中心支行。

5. 存贷款利率步入下行通道，利率市场化改革稳步推进。2016年年末，湖南省法人金融机构活期、定期存款加权平均利率分别为0.34%和1.99%，分别较上年下降1个基点和14个基点。全年新放一般贷款加权平均利率为6.06%，较上年下降77个基点，第四季度金融机构执行下浮利率的贷款占比较第一季度增加6.27个百分点。2016年，省级市场利率定价自律机制进一步完善。全省67家法人金融机构自愿接受合格审慎评估，7家机构成为全国自律机制基础成员，44家机构成为观察成员，参评率和合格率稳步提高。2016年，全省共有9家金融机构备案发行同业存单，备案金额1 368亿元；2家机构备案发行大额存单，备案金额230亿元。

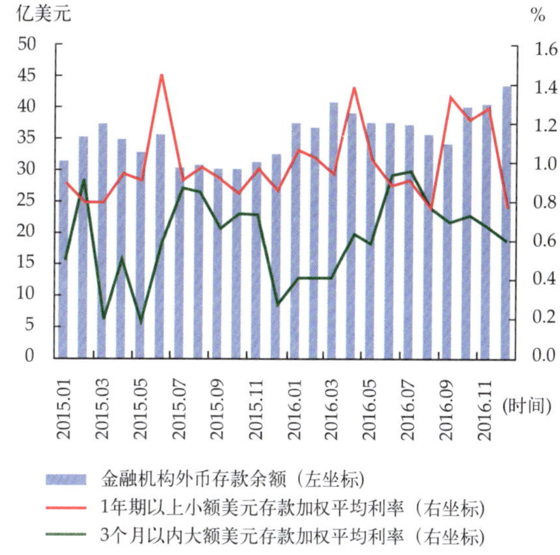

数据来源：中国人民银行长沙中心支行。

图4　2015～2016年湖南省金融机构外币存款余额及外币存款利率

6. 农村金融改革深入推进，市场主体不断丰富。2016年，湖南省33家农信社完成改制，累计挂牌农商行93家，占全部农合机构的90.3%。年内，引进恒丰银行在湘设立分支机构；省内首家民营银行——三湘银行正式开业；首家消费金融公司获批筹建；新增2家县域三农金融事业部，全省县域三农金融事业部数量达91家；新增9家村镇银行。

7. 金融机构不良贷款“双降”，法人金融机构流动性整体充裕。2016年年末，湖南省银行业机构不良贷款余额529.4亿元，较上年减少18.6亿元；不良率1.9%，较上年下降0.3个百分点。地方法人金融机构流动性比率为52.6%，高于监测要求27.6个百分点；法人金融机构整体杠杆率为6%，同比上升0.7个百分点。

8. 跨境人民币业务快速发展，服务涉外经济功能不断提升。2016年，湖南省共计办理跨境人民币业务891.2亿元，同比增长29.5%，占同期本外币跨境收支的31%，较上年提高2个百分点。其中，经常项下收付金额219.5亿元，同比减少37.3%；资本项下收付金额671.4亿元，同比增加98.6%。截至2016年年末，省内跨国企业集团已建立跨境双向人民币资金池9个，全年累计净流入额31.9亿元。

专栏1　湖南省金融扶贫工作取得阶段性成效

近年来，中国人民银行长沙中心支行紧紧围绕“精准扶贫、精准脱贫”这一中心目标，通过开展贫困村金融扶贫服务站建设、扶贫再贷款示范点创建等多项举措，引导湖南省金融系统切实加大对贫困地区金融资源投入，提升贫困地区和贫困群众金融服务水平，助力全省脱贫攻坚，取得了阶段性成效。

一、抓金融扶贫服务站建设，推动金融服务到村到户到人

2016年3月，中国人民银行长沙中心支行联合湖南省扶贫办在全省8 000个贫困村启动了金融扶贫服务站建设，解决金融服务到村入户“最后几步路”的问题。通过充分发挥村级组织的力量和金融机构的服务作用，为建档立卡贫困人口提供综合性金融服务，该项工作获国务院汪洋副总理的批示：“把村级组织用起来，是个好办法，互利双赢。”截至2016年年末，湖南省建站4 955家，已完成近七成的建站任务，共覆盖51.9万贫困户、168.2万贫困人口；通过服务站发放贷款25.9万笔、金额103亿元；服务站共为46.6万户贫困农户建立金融服务档案，为44.9万户贫困农户开展信用评级。

二、抓扶贫再贷款示范点创建，发挥政策工具的精准扶贫作用

在全省51个贫困县开展扶贫再贷款示范点创建工作，推动省内银行机构加大对贫困地区的信贷投放，降低贫困地区的融资成本。截至2016年年末，已创建扶贫再贷款示范点130余个，扶贫再贷款余额51.5亿元，已覆盖51个贫困县；2016年以来金融机构运用扶贫再贷款资金累计对8.8万户贫困户发放贷款38.5亿元，对新型农业经营主体发放贷款9.4亿元，直接带动3.2万户贫困户就业发展，贷款平均利率为基准利率4.35%。

三、抓“两权”抵押贷款试点，推进农村金融体制改革

一是做好试点制度安排。印发《关于开展农村承包土地的经营权和农民住房财产权抵押贷款试点的实施意见》，明确试点总体目标、基本原则、主要任务和实现路径。二是创新产品和服务方式。引导金融机构创新推出“银行+担保+土流网”“农地经营权抵押+担保公司”等信贷模式，改进贷款审批流程，提高发放效率，并在贷款期限、额度等方面予以适当倾斜。三是加强部门协调联动。联合省财政厅下发文件，安排专项财政资金对11个试点县（市）的担保机构、收储机构和流转平台每个补助20万元，为试点工作提供了及时雨和助推器。四是健全试点配套措施。通过完善价值评估体系、推进流转交易体系建设、完善抵押物处置机制、健全风险补偿和激励约束机制等方面，不断优化试点工作条件。五是强化评估监测及督导。建立“两权”抵押贷款专项统计制度，并组织开展试点中期评估，压紧压实工作责任链条。目前，试点工作起步良好，业务发展态势平稳。全省农地抵押贷款近两年累计投放超5亿元，2016年年末余额3.4亿元，同比增长60.5%；农房抵押贷款总量居全国前列，2016年年末余额46.2亿元，同比增长12.9%。

四、抓易地扶贫搬迁融资服务，助力贫困人口“挪穷窝”

多次通过召开座谈会等形式，与省发展改革委、省扶贫办、省财政厅沟通协调，推动国开行、农发行湖南省分行切实加快信贷资金与易地扶贫搬迁融资需求的衔接。目前，两行已完成对未来五年湖南省全部易地扶贫搬迁项目的整体授信，建立了贷款发放的常态化工作机制。同时，制定《湖南省易地扶贫搬迁信贷政策执行情况评估指引（试行）》（长银发〔2017〕2号），按季进行监测评估督导，切实推动银行信贷资金与各地易地扶贫项目的衔接与投放。2016年湖南省按时完成易地扶贫搬迁贷款40亿元的年度投放任务。

下一阶段，中国人民银行长沙中心支行将积极履行好金融扶贫牵头职责，围绕贫困村金融扶贫服务站建设、金融扶贫示范区等工作重点，进一步健全长效工作机制，积极提炼和升华湖南省金融精准扶贫工作成果，着力改善贫困地区和建档立卡贫困人口金融服务水平，切实助力湖南省脱贫攻坚。

（二）证券交易业务量萎缩，经营效益下滑

1. 机构网点数量增加，法人券商资产负债缩减。截至2016年年末，湖南省法人证券公司3家；证券分公司22家，较上年增加6家；证券营业部349家，较上年增加27家。法人证券公司总资产和总负债分别为1 703.6亿元和1 231.7亿元，同比分别下降10.4%和15.9%。

表3　2016年湖南省证券业基本情况

项目	数量
总部设在辖内的证券公司数（家）	3
总部设在辖内的基金公司数（家）	0
总部设在辖内的期货公司数（家）	3
年末国内上市公司数（家）	85
当年国内股票（A股）筹资（亿元）	249
当年发行H股筹资（亿元）	—
当年国内债券筹资（亿元）	1 922
其中：短期融资券筹资额（亿元）	237
中期票据筹资额（亿元）	449

注：当年国内股票（A股）筹资额是指非金融企业境内股票融资。
数据来源：中国人民银行长沙中心支行、湖南证监局。

2. 券商经营效益下滑，半数营业机构盈利。2016年，湖南省证券公司股票基金交易总额61 743.9亿元，股票基金手续费净收入36亿元，净利润15.5亿元，较上年分别下降50.4%、61.5%和76.7%。全省194家证券营业机构盈利，盈利面57.7%，较上年下降18.6个百分点。亏损的证券经营机构中，七成为2015~2016年新设机构。

3. 创新业务交易萎缩，业务收入下滑。2016年年末，湖南省有328家证券经营机构获得融资融券业务资格，受市场交投低迷影响，融资融券交易大幅下降，年末交易总额10 665.6亿元，同比下降52.3%。256家证券经营机构获得期货IB业务资格，累计产生收入3 297.3万元，同比下降49.7%，在总收入中占比仅为0.83%。已开展约定购回业务的证券经营机构累计产生收入仅251.2万元，同比下降105.6%。

（三）保险业发展提速，保险保障能力增强

1. 市场服务主体增多，业务快速增长。截至2016年年末，湖南省共有法人保险公司1家，省级保险分公司52家，较上年增加1家，保险专业中介法人机构36家，较上年增加2家。保险公司共实现保费收入886.5亿元，赔付支出339.9亿元，同比分别增长24.5%和32.2%，分别比上年提高3.4个百分点和14.8个百分点。2016年，保险深度2.8%，较上年下降0.03个百分点；保险密度1 309.8元/人，同比增长24.7%。

2. 保险保障能力增强，服务领域持续拓宽。2016年，湖南省产险业承担风险保障金额27.6万亿元，同比增长33%，赔款143.2亿元，同比增长14.6%，充分发挥了保险在支持小微企业、“三农”经济和外贸企业“走出去”等方面的积极作用。其中，种养两业农险为2 406.3万户次农户提供了1 039.3亿元的风险保障，115.8万户次获得15.6亿元的保险赔款。服务民生领域不断拓展，人身险公司期末有效保险金额17.7万亿元，赔付支出183.4亿元。其中，大病保险覆盖人口5 847.2万人，10.1万人（次）获得大病保险补偿，补偿金额合计6.4亿元，占保费收入的45.8%。

表4　2016年湖南省保险业基本情况

项目	数量
总部设在辖内的保险公司数（家）	1
其中：财产险经营主体（家）	0
人身险经营主体（家）	1
保险公司分支机构（家）	52
其中：财产险公司分支机构（家）	23
人身险公司分支机构（家）	29
保费收入（中外资，亿元）	886
其中：财产险保费收入（中外资，亿元）	273
人身险保费收入（中外资，亿元）	613
各类赔款给付（中外资，亿元）	340
保险密度（元/人）	1 310
保险深度（%）	3

数据来源：中国人民银行长沙中心支行、湖南保监局。

（四）社会融资规模不断扩大，货币市场交易活跃

1. 社会融资规模不断扩大，融资结构继续优化。2016年，湖南省社会融资规模总量4 436.7亿元，同比多增240.4亿元。其中，银行业贷款新增3 320亿元，同比少增46.5亿元，新增额占全省社会融资规模的74.8%，同比降低5.4个百分点。股票和债券融资新增1 476.8亿元，新增额占全省社会融资规模的33.3%，同比提高10.2个百分点。

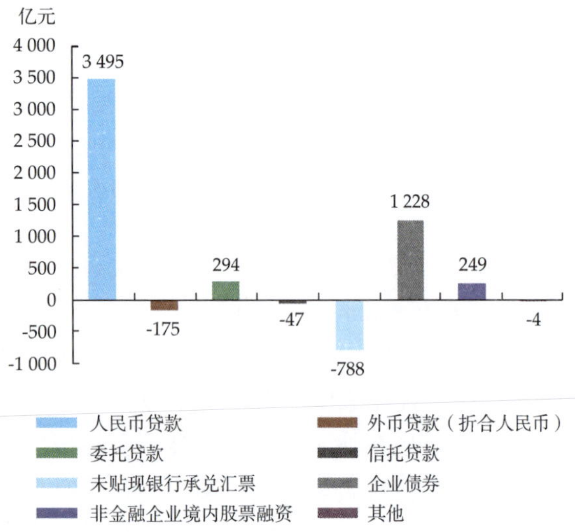

数据来源：中国人民银行长沙中心支行。

图5　2016年湖南省社会融资规模分布结构

2. 货币市场交易量快速增长，利率走势总体上行。2016年，湖南省法人金融机构参与银行间同业拆借交易9 699.4亿元，同比增长132.4%，较上年提高58.2个百分点；债券回购交易15.8万亿元，同比增长93.8%，较上年下降40.2个百分点。利率走势总体上涨，其中同业拆借、买断式回购加权平均利率同比分别提高17.1 个基点和21.6个基点，质押式回购平均利率同比降低24.3个基点。

3. 票据承兑余额大幅下降，融资利率低位运行。2016年，受经济下行压力加大、企业融资需求下降影响，全年票据承兑余额呈逐季下滑态势。截至2016年年末，湖南省票据承兑余额为1 330.9亿元，同比下降23.3%。全年票据融资利率总体保持低位平稳运行态势，第一至第四季度银行承兑汇票贴现利率分别为3.5%、3.34%、3.03%和3.27%。

表5　2016年湖南省金融机构票据业务量统计

单位：亿元

季度	银行承兑汇票承兑		贴现			
			银行承兑汇票		商业承兑汇票	
	余额	累计发生额	余额	累计发生额	余额	累计发生额
1	1 815.50	716.29	1 114.65	5 198.90	1.19	3.46
2	1 583.77	724.02	1 224.61	2 026.13	1.25	4.02
3	1 513.00	637.99	1 318.45	1 791.59	2.45	1.93
4	1 330.93	594.85	1 265.49	995.21	6.23	5.66

数据来源：中国人民银行长沙中心支行。

表6　2016年湖南省金融机构票据贴现、转贴现利率

单位：%

季度	贴现		转贴现	
	银行承兑汇票	商业承兑汇票	票据买断	票据回购
1	3.50	4.64	3.43	3.51
2	3.34	4.20	3.25	3.15
3	3.03	5.61	3.35	7.19
4	3.27	5.43	3.06	4.50

数据来源：中国人民银行长沙中心支行。

（五）信用体系建设纵深推进，金融基础设施不断完善

1. 征信体系建设纵深推进。2016年，金融信用信息基础数据库共对省内信息使用者提供个人信用报告查询808万次、企业信用报告查询44.5万次。实现了证券、融资租赁等新类型机构全面接入金融信用信息基础数据库，已接入机构增长至45家。围绕金融精准扶贫推进贫困地区农村信用体系建设，制定《湖南省建档立卡贫困农户信用评价指引》。新建诚信文化教育基地32个，实现了诚信文化教育进学校、进企业、进社区、进机关、进农村全覆盖。

2. 支付清算基础设施不断完善。2016年，湖南省农村支付环境进一步优化，至年末，已完成90%的助农取款商户信息导入湖南省农村支付综合服务平台；累计发展助农取款服务点4.8万个，贫困村覆盖率达99.5%。电子支付快速发展，全年移动电话支付业务笔数和金额同比分别增长126.6%和837.6%。中央银行会计核算数据集中系统（ACS）功能不断完善，综合前置、信息管理和档案管理三个子系统上线。电子商业汇票系统

快速推广，新增参与者158家，全年签发电票金额同比增长230%。金融IC卡公共服务业运营服务平台共上线运营公交项目39个、出租车项目2个，覆盖全省绝大部分城市，运营项目累计成交8 277万笔，新增交易2 924万笔。

3. 金融消费权益保护扎实开展。2016年，湖南省人民银行各分支机构积极受理、妥善处理咨询投诉，投诉办结率达99.5%，切实维护金融消费者权益。深化金融消费权益保护环境评估，充分发挥试点省份的引领作用。加强金融消费权益保护检查监督，开展金融机构消费权益保护工作评估，不断规范金融机构提供产品和服务的行为。积极开展“3·15金融消费者权益日”“金融知识普及月”宣传活动，提高消费者金融素养，推进普惠金融发展，金融消费权益保护环境进一步优化。

二、经济运行情况

2016年，面对经济下行压力加大的严峻形势，湖南省积极推进供给侧结构性改革，统筹稳增长、促改革、调结构、惠民生、防风险，经济运行保持总体平稳。全年实现地区生产总值31 244.7亿元，同比增长7.9%，人均地区生产总值达45 931元，同比增长7.3%。

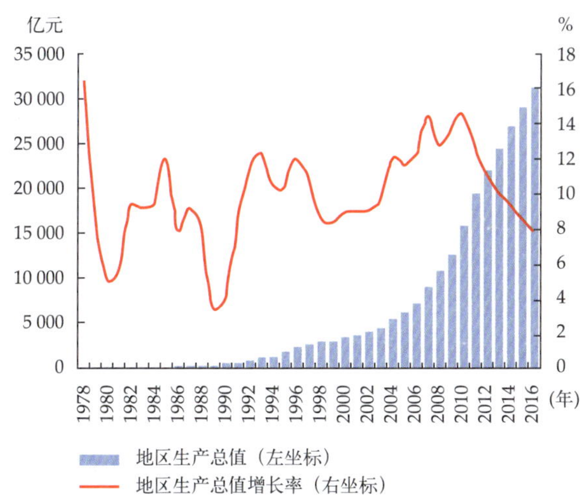

数据来源：湖南省统计局。

图6　1978～2016年湖南省地区生产总值及其增长率

（一）内需增长较为稳定，对外贸易降幅收窄

1. 投资增速适度放缓，结构调整步伐加快。2016年，湖南省完成固定资产投资27 688.5亿元，同比增长13.8%，较上年回落4.4个百分点。从投向看，民生投资、基础设施投资分别增长46.4%和26.2%，同比分别提高20.2个百分点和2.6个百分点；高新技术产业、战略性新兴产业投资继续保持快速增长，分别增长19.7%和17.5%；高耗能行业投资比上年下降0.3%。

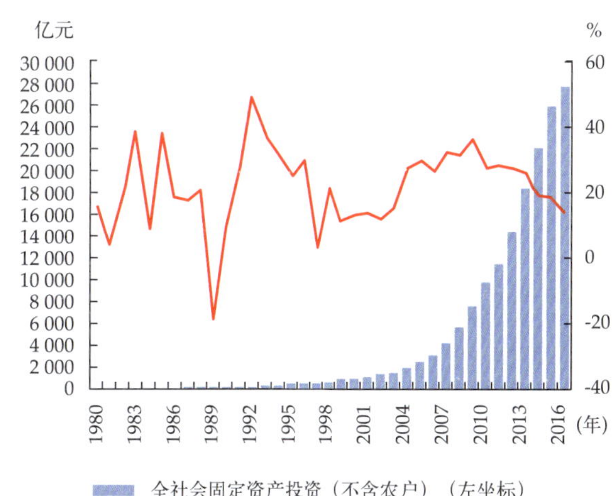

数据来源：湖南省统计局。

图7　1980～2016年湖南省固定资产投资（不含农户）及其增长率

2. 居民收入平稳增长，消费结构逐步升级。2016年，湖南省居民人均可支配收入21 115元，同比增长9.3%，比上年下降0.3个百分点，增速保持平稳，其中城镇、农村居民人均可支配收入均增长8.5%，城乡居民收入比为2.6：1，与上年持平。实现社会消费品零售总额13 436.5亿元，同比增长11.7%，比上年回落0 .4个百分点。家具类、建筑及装潢材料类商品零售额受房屋销售回升拉动明显，分别增长54.2%和37.3%。消费结构逐步升级，书报杂志类零售额增长64.8%，通信器材类增长20%，文化办公用品类增长19.2%。消费新业态来势较好，全年实现网上零售额723.4亿元，比上年增长11.3%。

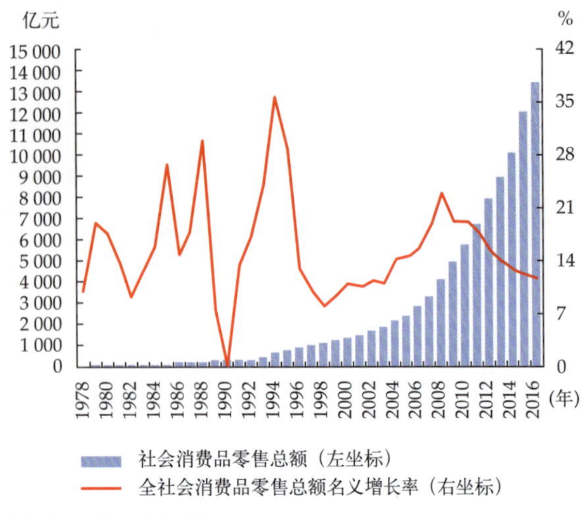

数据来源：湖南省统计局。

图8 1978～2016年湖南省社会消费品零售总额及其增长率

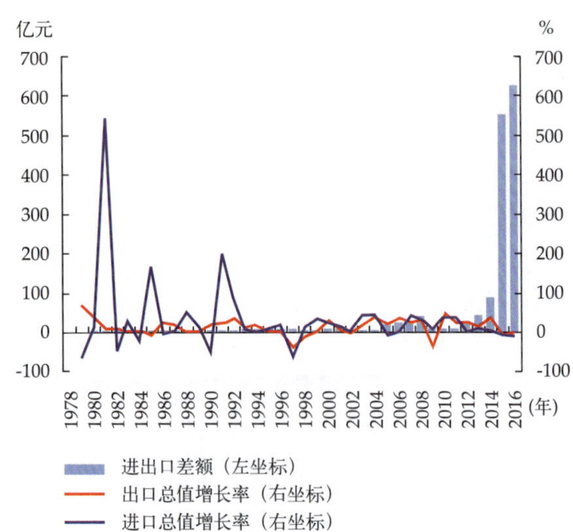

数据来源：湖南省统计局。

图9 1978～2016年湖南省外贸进出口变动情况

3. 对外贸易降幅收窄，外商投资持续增长。2016年，湖南省实现进出口总额1 782.2亿元，比上年下降2.1%，降幅同比收窄1.6个百分点。其中，出口1 205.3亿元，增长1.5%；进口577亿元，下降8.9%。分贸易方式看，一般贸易出口增长21.3%，加工贸易出口下降22.7%。重点产品中机电产品和高新技术产品出口同比分别减少8.9%和22%，进口同比分别减少15.2%和37.2%。全年实际利用外商直接投资128.5亿美元，同比增长

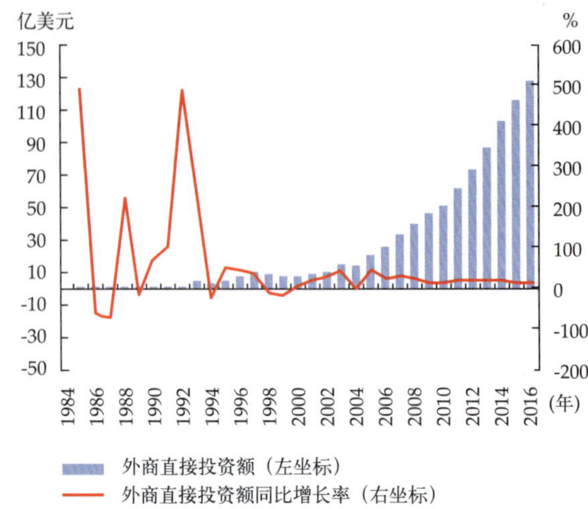

数据来源：湖南省统计局。

图10 1984～2016年湖南省外商直接投资额及其增长率

11.1%，其中第三产业实际利用外资53.7亿美元，增长41.5%。对外直接投资实际发生额16.5亿美元，增长11.5%。

（二）三大产业协调发展，供给侧结构性改革稳步推进

2016年，湖南省第一、第二及第三产业完成增加值比上年分别增长3.3%、6.6%和10.5%，三次产业结构由上年的11.5∶44.6∶43.9调整为11.5∶42.2∶46.3，产业结构更趋优化。

1. 农业生产保持稳定，农业现代化加快推进。2016年，第一产业增加值3 578.4亿元，同比增长3.3%，受粮食产量整体下降和生猪出栏持续下行等因素影响，增幅较上年下降0.3个百分点。其中，粮食总产量590.6亿斤，同比减少1.7%；猪肉产量下降3%；蔬菜、茶叶、水产品生产持续向好，分别增产5%、5.9%和4%。农业机械化水平稳步上升，全年水稻耕种收综合机械化水平达到70.1%，同比提高2.9个百分点。

2. 工业经济企稳回升，工业结构继续改善。2016年，湖南省规模以上工业增加值增长6.9%，其中第一季度、上半年及前三季度规模以上工业增加值同比分别增长6.2%、6.5%和6.6%，工业经济呈现企稳回升态势。工业加快向中高端迈进，高加工度工业和高技术制造业增加值分别增长10.6%和

11.4%，占规模以上工业增加值的比重分别为38.0%和11.2%，比上年分别提高0.8个百分点和0.7个百分点。工业集聚程度继续提高，省级及以上产业园区（含省级工业集中区）规模以上工业增加值增长9.4%，增幅比全省规模以上工业高2.5个百分点，增加值占全部规模以上工业的65.7%，比上年提升4.2个百分点。规模以上工业企业累计实现利润1 620.5亿元，同比增长4.5%，增幅较上年提升4.2个百分点，39个大类行业全部实现盈利。

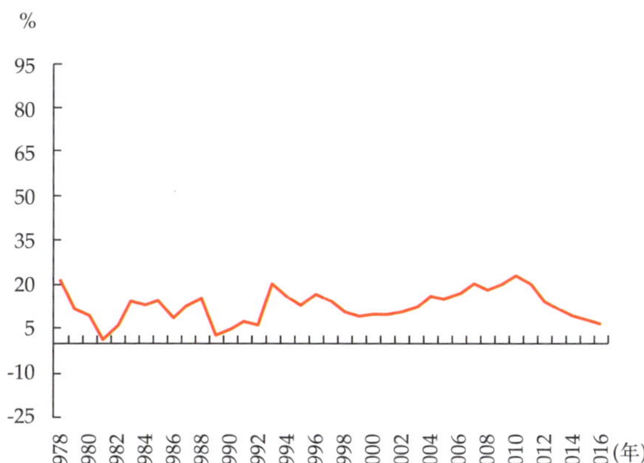

数据来源：湖南省统计局。

图11　1978～2016年湖南省规模以上工业增加值同比增长率

3. 服务业发展态势良好，占国民经济比重不断提升。2016年，湖南省第三产业增加值14 485.3亿元，同比增长10.5%，增速稳居三次产业之首，第三产业增加值占GDP的46.3%，同比提高2.9个百分点。其中，金融业运行平稳，全省金融业增加值增长8%，占GDP的比重为4.1%，同比提高0.1个百分点；营利性服务业发展态势良好，信息技术、租赁商务、文化娱乐等营利性服务业增加值增长18.9%，同比提高3.5个百分点。规模以上服务业实现营业收入2 577.2亿元，同比增长18.3%；实现利润总额243.5亿元，同比增长12.1%。

4. 供给侧结构性改革稳步推进，“三去一降一补”成效初显。2016年，湖南省出台供给侧结构性改革实施意见，实施去产能、去库存和降低实体经济成本等专项方案。截至年末，已全面完成钢铁去产能任务，超额完成煤炭去产能年度任务，规模工业原煤产量同比下降11%，粗钢产量仅增长0.9%；规模工业企业资产负债率有所下降；商品房待售面积同比下降12.3%；实体企业融资成本显著降低；环境保护、农林、水利和基础设施等薄弱环节的投资保持较快增长。

（三）消费价格温和上涨，工业价格前低后高

1. 消费价格指数温和上涨，食品类价格拉动明显。2016年，湖南省居民消费价格同比上涨1.9%，同比上涨0.5个百分点。八大类商品（及服务）价格指数“六涨一平一降”，其中食品类价格指数累计上涨4.3%，同比提高1.3个百分点，拉动总指数上涨1.46%，贡献率达77%，较上年上升3.5个百分点；交通和通信价格累计下降1.6%，降幅较上年同期收窄0.3个百分点。

2. 工业价格指数前低后高，农业生产资料价格逐步回落。2016年，湖南省工业生产者出厂价格指数、工业生产者购进价格指数分别累计下降1.1%和2%，降幅较上年分别收窄2.6个百分点和3.5个百分点。分月指数呈前低后高态势，年末加速上涨，12月，工业生产者出厂价格、工业生产者购进价格同比分别上涨5.1%和6.0%。农业生产资料价格指数累计上涨1.7%，同比降低2.4个百分点，年内走势前高后低；农产品生产者价格指数累计上涨4.7%，涨幅同比扩大0.6个百分点。

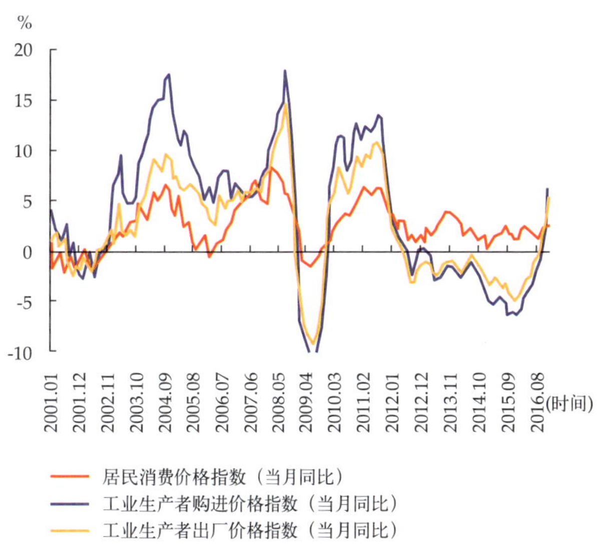

数据来源：湖南省统计局。

图12　2001～2016年湖南省居民消费价格和生产者价格变动趋势

3. 劳动力成本持续上涨。受劳动力数量下降、择业观念变化等因素影响，劳动力成本持续上涨，其中城镇居民人均工资性收入增长8.6%，农村居民人均工资性收入增长9.5%。2016年，湖南省最低工资标准目前维持2015年标准，最高档为1 390元/月。

（四）财政收支增速回落，民生重点支出保障有力

1. 财政收支增速回落，民生重点领域支出增长迅速。2016年，湖南省地方财政收入2 697.9亿元，同比增长7.3%，增速降低3.8个百分点；一般公共预算支出6 337亿元，同比增长10.6%，增速同比回落3.6个百分点。财政支出继续向民生领域倾斜，民生支出4 435.9亿元，同比增长11.5%，占一般公共预算支出的比重达70%。重点支出项目增长较快，其中扶贫、文化体育与传媒支出、城乡社区事务、社会保障和就业支出分别增长140%、38.7%、24.0%和13.2%。受“营改增”影响，全省国内增值税（含国内增值税、改征增值税）同比增长35.1%。

2. 地方政府债券发行与置换进展顺利。2016年，湖南省通过公开招标方式发行了六批共计3 488亿元地方债，同比增长150%，占年度预计发行额的89.7%。从期限看，3年、5年、7年和10年期债券分别发行1 039亿元、832亿元、907亿元和710亿元。从债券类型看，置换债券和新增债券分别为2 940亿元和548亿元，分别占实际发行额的84.3%和15.7%。

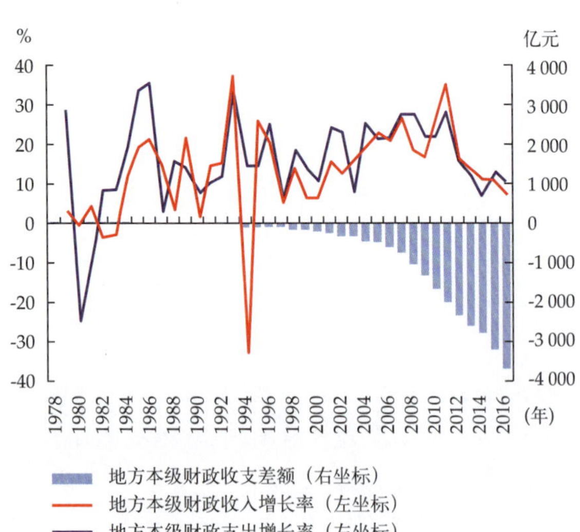

数据来源：湖南省统计局。

图13　1978～2016年湖南省财政收支状况

（五）房地产市场量价齐升，房地产贷款增长较快

1. 房地产开发投资快速回升。2016年，湖南省完成房地产开发投资2 957亿元，同比增长13.1%,增速比上年同期提高22.5百分点。房地产开发企业本年到位资金4 164.9亿元，同比增长16.1%。

2. 商品房施工面积增速扩大。2016年,湖南省商品房施工面积30 139.4万平方米，同比增长6.4%，增速比上年同期提高4.3个百分点。其中，本年新开工面积7 472.6万平方米，增长16.9%，增速比上年同期提高37.6个百分点。

3. 商品房销售增速高位运行。2016年，湖南省商品房销售面积8 085.4万平方米，同比增长27.1%，比上年同期提高10.1个百分点，各月基本保持25%以上的增速运行。

4. 商品住宅去库存效果明显。2016年年末，湖南省商品房待售面积2 901.5万平方米，同比下降12.3%。其中，住宅去库存效果最为显著，商品

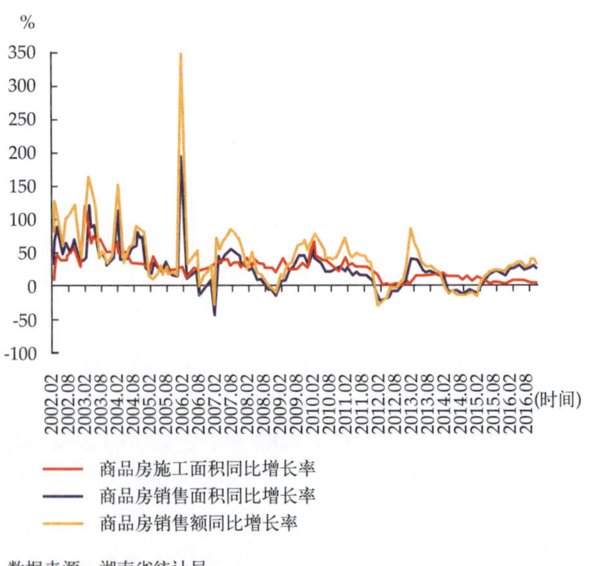

数据来源：湖南省统计局。

图14　2002～2016年湖南省商品房施工和销售变动趋势

住宅待售面积1 684.9万平方米，同比下降22.7%。商业营业用房待售面积增幅收窄，商业营业用房待售面积682.8万平方米，同比增长1.7%，比2015年年末增速回落26.9个百分点。

5. 房地产价格整体上涨，城市间分化明显。国家统计局70个大中城市住宅销售价格变动情况数据显示，12月，长沙市、岳阳市、常德市新建住宅价格指数同比分别上涨17.8%、5.1%和2.9%，长沙、常德环比分别上涨0.1%和0.3%，岳阳环比下跌0.2%。

6. 房地产贷款快速增长，金融支持保障性住房力度加大。2016年年末，湖南省房地产贷款余额7 077.9亿元，同比增长29.7%，高于全部贷款增速16个百分点，占全部贷款的比重为25.7%。分项目看，房地产开发贷款同比增长23.3%，其中，保障性住房开发贷款同比增长65.8%；个人住房贷款同比增长33.5%，比上年提高12.8个百分点。

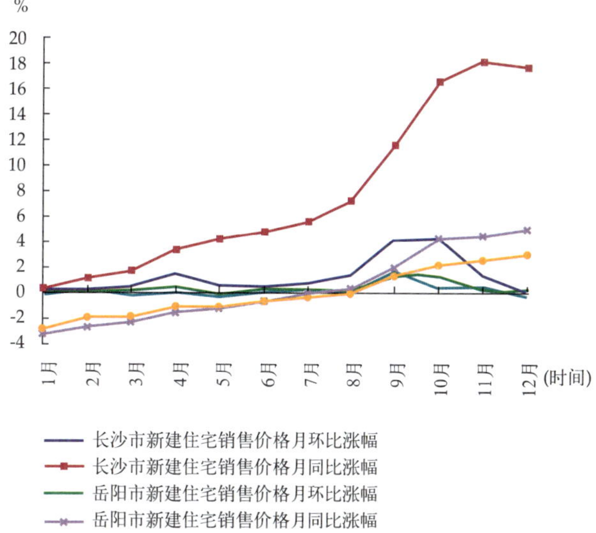

数据来源：湖南省统计局。

图15 2016年湖南省主要城市新建住宅销售价格变动趋势

（六）“两型”社会建设持续深入，部分建设目标提前完成

2016年9月，湖南省委深改组第二十二次会议审议通过《关于深化长株潭两型试验区改革加快推进生态文明建设的实施意见》，标志着“两型”试验区正式迈入第三阶段改革建设。2016年，长株潭地区实现地区生产总值13 681.9亿元，同比增长9.0%，对全省经济增长的贡献率达44.4%，拉动地区生产总值增长3.5个百分点；环长株潭城市群实现地区生产总值25 475.6亿元，增长8.4%，对全省经济增长的贡献率达77.9%，拉动地区生产总值增长6.2个百分点。

小康水平稳步提高。2016年，长株潭地区全面小康总实现程度为97.7%，比上年提高1.8个百分点，其中长沙、株洲和湘潭三市全面小康实现程度分别为97.2%、97.1%和96.6%，位于全省前三位。

集聚发展有效提升。长株潭城市群规模工业增速领先全省，其中长沙、株洲、湘潭的增速分列第一、第二和第四位，长株潭城市群规模工业增加值占全省的49.9%，比上年提高1.8个百分点。

部分建设目标提前完成。2016年底公布的数据显示，2015年长株潭试验区“两型”社会建设综合评价总指数为105.8，经济社会、资源节约和生态保护三个评价领域发展水平较上年均有提高；长株潭城市群规划10项指标中有5项指标已达到2020年规划目标。

专栏2 地方政府债务发行及置换对金融运行的影响

2016年，湖南省发行了六批共3 488亿元地方政府债，其中，置换债券和新增债券分别占84.3%和15.7%。

地方政府债券发行及债务置换对金融的影响主要有四个方面：一是对贷款的影响。导致广义信贷增加。无论是公开发行的新增债还是定向承销方式发行的置换债，都会导致广义信贷增加。据估算，2016年，发行地方政府债券或将带动湖南省银行机构广义信贷增长十余个百分点。使贷款投放节奏波动加大。由于债务置换短期内对银行贷款规模的冲击较大，为抵消这种短期冲击，银行倾向于在债务置换前或置换后扩大信贷投放，以弥补债务置换带来的短期信贷缺口。再加上财政部门债券发行、债务置换时间、置换项目类型等均不透明、不确定，导致银行业务经营较为被动。可能增加银行账面不良率。从短期看，债务置换使银行总体信贷规模有所收缩，加大了账面不良率的上升压力。从中长期看，考虑到当前经济处于“三期叠加”阶段，市场有效信贷需求不足，寻找安全且收益能与融资平台比肩的项目难度较大，未来不良贷款增加的风险也将加大。二是对流动性的影响。主要从流动性覆盖率（LCR）和净稳定资金比例（NSFR）两个指标来考察。在理论分析的基础上，运用湖南省地方法人金融机构的数据进行测算，发现地方政府债券发行及债务置换将导致银行机构LCR下降，而NSFR提高。三是对经营行为的影响。影响盈利，“以量补价”趋势明显。债务置换将高收益的贷款、信托等变为低收益的债券，银行收益水平将有一定程度的下降。为弥补盈利损失，商业银行正加快经营模式转型，从单一的利差收入模式转变为多元的形式。广义信贷扩张，资本补充压力加大。虽然债务置换将提高银行机构的资本充足率，但是提高幅度远远不及广义信贷扩张对资本充足率的要求。维护银政关系，亟待寻找新的突破口。银行机构除了要积极参与政府发债和发起的PPP项目外，提高自身对于地方政府的日常服务能力将变得更加重要。四是对金融调控的影响。影响货币供应量。一方面，以定向承销方式发行债券，仅体现为银行账面上的贷款置换成债券，不涉及资金划转，对货币供应量并无影响。另一方面，以公开招标方式发行债券，募集资金从国库划拨出去有两种模式，一种是从国库直接划拨至债务人账户，将造成单位活期存款增加推动M1、M2增大；另一种是从国库划拨至财政部门在银行设立的托管账户，计入“政府存款”中的“机关团体存款”，导致M1、M2增加。引导市场利率下行。地方政府债务置换可使扭曲的无风险利率得以纠正，政府信用和市场风险归位；同时，不断缩减城投债、信托等高收益资产的供给，避免资金向融资平台进一步汇集，引导无风险利率水平下行，为实体经济减负。维护区域金融稳定。债务置换既可以有效减轻地方政府债务的总体压力，有利于控制地方政府融资平台的风险，也有利于商业银行控制整体风险。从长期看，债务置换降低了地方政府违约甚至破产的可能性，实际上也降低了系统性金融风险。

后一阶段，为进一步做好地方政府债券发行及债务置换工作，银行机构应合理安排广义信贷增速、狭义贷款结构与节奏，努力加强流动性管理；政府部门应增强债券发行及债务置换信息的透明度、加快债务置换进度，提高债券定价的市场化程度；金融管理部门应调整优化MPA管理目标、增加短期流动性对冲操作、推动置换债的流通流转。

三、预测与展望

当前全球经济发展的不确定性因素依然较多，主要发达国家经济缓慢复苏，新兴市场国家经济增速有所放缓，贸易保护主义、逆全球化、民粹主义抬头，复杂性、不稳定性、不确定性进一步凸显；国内经济发展正面临速度换挡、结构调整、动力转换的关键节点。湖南省经济运行总体处于供给侧结构性改革的深化期，传统行业产能过剩与市场需求不足的矛盾短期内难以解决，加之新动能、新经济的规模偏小、支撑不足，湖南经济仍然面临较大压力。但与此同时，随着经济结构调整、供给侧结构性改革不断取得新的成效，湖南省制造强省五年计划的全力推进，大众创业、万众创新的蓬勃发展，新产业、新业态、新模式加快成长，经济稳中向好的积极因素不断增多。预计2017年湖南省经济仍将保持平稳较快增长。全省金融机构将坚持稳中求进工作总基调，认真贯彻落实稳健中性的货币政策，保持信贷总量平稳适度增长，进一步加大对供给侧结构性改革重点领域和薄弱环节的金融支持力度，提高金融服务实体经济的质量和效益，为湖南经济平稳较快发展营造适宜的货币金融环境。

中国人民银行长沙中心支行货币政策分析小组
总　纂： 马天禄　侯加林
统　稿： 廖鹤琳　赵遂彬　彭育贤　张　阳
执　笔： 钟芳芳　姜　超　丁锐夫　李志刚　向　柳　邹庆华　郭　卉　司马亚玺　李远航　吴　敏　曾得利　焦俊勇　伍圆恒
提供材料的还有： 易清华　李　杜　吴玉梅　周　琳　常　皓　彭于彪　梁宏梅　任中红　刘慧宜　李孟来　陈　昊

附录

（一）2016年湖南省经济金融大事记

3月4日，湖南省人民政府成立湖南省金融改革发展领导小组。

3月7日，湖南省人民政府与中国人民保险集团签署战略合作协议，发起设立“湖南（人保）中部崛起产业振兴基金”。

4月25日，《湖南省国民经济和社会发展第十三个五年规划纲要》发布。

5月12日，湖南湘江新区获批全国首批国家级“双创”示范基地。

6月2日，湖南省委、省政府出台《关于加快金融业改革发展的若干意见》。

8月10日，《湖南省金融精准扶贫规划（2016～2020）》出台。

8月30日，《湖南省推进供给侧结构性改革促进产业转型升级规划（2016～2020）》发布。

11月30日，国家工信部正式批复同意长株潭开展“中国制造2025”试点示范城市群创建。

12月26日，湖南省首家民营银行——三湘银行正式开业。

12月27日，湖南省首家消费金融公司——湖南五八消费金融股份有限公司获批筹建。

（二）2016年湖南省主要经济金融指标

表1　2016年湖南省主要存贷款指标

		1月	2月	3月	4月	5月	6月	7月	8月	9月	10月	11月	12月
本外币	金融机构各项存款余额（亿元）	37 533.7	38 226.0	39 130.4	39 235.4	39 777.2	40 883.3	40 485.9	41 210.7	41 202.2	41 907.1	42 241.9	41 996.7
	其中：住户存款	19 147.8	20 610.1	20 830.8	20 377.8	20 352.6	20 774.2	20 605.8	20 769.5	21 085.1	20 898.7	20 950.7	21 242.1
	非金融企业存款	10 870.6	10 421.3	11 085.2	11 193.4	11 300.1	11 688.3	11 710.3	11 890.5	11 933.6	11 941.1	11 974.0	12 280.9
	各项存款余额比上月增加（亿元）	1 313.1	692.3	904.4	105.1	541.7	1 106.1	-397.4	724.9	-8.6	704.9	334.8	-245.2
	金融机构各项存款同比增长（%）	18.6	19.2	18.4	19.1	19.0	19.6	16.9	18.2	17.6	18.5	17.6	15.9
	金融机构各项贷款余额（亿元）	25 010.6	25 359.6	25 897.8	26 081.6	26 271.3	26 697.4	26 628.4	26 738.1	27 037.2	27 241.3	27 304.3	27 532.3
	其中：短期	6 652.5	6 671.4	6 767.8	6 656.6	6 637.6	6 759.5	6 629.1	6 599.4	6 594.8	6 532.5	6 516.1	6 528.6
	中长期	17 219.8	17 560.2	17 892.0	18 124.3	18 327.1	18 597.7	18 642.1	18 699.6	19 003.7	19 218.9	19 334.2	19 647.5
	票据融资	1 023.4	1 004.2	1 115.8	1 180.3	1 185.4	1 225.9	1 240.1	1 321.7	1 320.9	1 368.6	1 333.2	1 271.7
	各项贷款余额比上月增加（亿元）	788.7	349.0	538.3	183.7	189.7	426.1	-69.0	109.8	299.0	204.2	63.0	228.0
	其中：短期	77.0	18.9	96.4	-111.2	-18.9	121.9	-130.5	-29.6	-4.6	-62.4	-16.4	12.6
	中长期	550.6	340.4	331.9	232.2	202.8	270.6	44.4	57.5	304.2	215.2	115.3	313.3
	票据融资	165.3	-19.2	111.6	64.4	5.1	40.5	14.3	81.6	-0.8	47.7	-35.4	-61.5
	金融机构各项贷款同比增长（%）	17.9	17.6	18.3	17.8	16.7	16.5	15.1	14.2	14.1	15.1	13.9	13.7
	其中：短期	8.7	8.1	8.4	5.8	5.0	4.8	2.9	1.7	1.1	1.6	0.8	-0.6
	中长期	17.4	17.5	17.9	18.2	17.8	17.8	17.3	16.4	16.8	18.6	17.8	17.8
	票据融资	182.3	177.0	181.0	162.8	116.7	99.1	69.0	65.8	60.2	45.7	33.8	48.2
	建筑业贷款余额（亿元）	773.7	804.2	821.2	815.5	787.0	809.0	801.3	805.4	825.4	810.7	796.3	765.5
	房地产业贷款余额（亿元）	1 497.8	1 523.9	1 550.3	1 549.0	1 530.0	1 531.9	1 495.7	1 480.5	1 486.7	1 486.4	1 457.7	1 477.7
	建筑业贷款同比增长（%）	20.3	25.1	21.0	17.4	9.6	9.8	8.6	13.3	12.4	14.5	11.5	3.8
	房地产业贷款同比增长（%）	32.6	34.9	29.9	24.6	18.1	11.5	9.6	8.0	7.4	6.5	3.7	2.4
人民币	金融机构各项存款余额（亿元）	37 285.8	37 985.4	38 865.7	38 983.4	39 528.3	40 633.4	40 237.4	40 971.6	40 972.4	41 634.7	41 961.8	41 694.5
	其中：住户存款	19 065.0	20 524.8	20 744.6	20 291.2	20 264.6	20 684.1	20 513.5	20 677.5	20 992.1	20 798.8	20 842.1	21 126.0
	非金融企业存款	10 735.1	10 292.4	10 929.3	11 050.8	11 161.4	11 548.5	11 570.6	11 755.6	11 809.4	11 788.3	11 819.3	12 111.5
	各项存款余额比上月增加（亿元）	1 276.7	699.6	880.4	117.7	544.9	1 105.2	-396.1	734.2	0.8	662.3	327.1	-267.2
	其中：住户存款	338.7	1 459.8	219.8	-453.4	-26.6	419.4	-170.6	164.0	314.7	-193.3	43.2	283.9
	非金融企业存款	998.6	-442.7	637.0	121.5	110.6	387.1	22.1	185.0	53.8	-21.0	31.0	292.2
	各项存款同比增长（%）	18.6	19.2	18.4	19.2	19.0	19.6	16.8	18.2	17.6	18.4	17.5	15.8
	其中：住户存款	13.1	11.7	11.4	11.7	12.7	13.3	12.8	13.0	13.0	13.1	13.3	12.8
	非金融企业存款	31.2	36.2	38.7	36.8	34.4	33.1	32.3	32.6	31.2	27.1	26.7	24.3
	金融机构各项贷款余额（亿元）	24 627.4	24 985.0	25 519.4	25 712.8	25 904.7	26 337.5	26 283.0	26 384.4	26 703.5	26 901.4	26 976.8	27 215.5
	其中：个人消费贷款	4 454.0	4 444.1	4 575.5	4 645.1	4 756.6	4 906.5	4 981.0	5 093.2	5 200.8	5 338.8	5 501.2	5 631.0
	票据融资	1 023.4	1 004.2	1 115.8	1 180.3	1 185.4	1 225.9	1 240.1	1 321.7	1 320.9	1 368.6	1 333.2	1 271.7
	各项贷款余额比上月增加（亿元）	888.9	357.6	534.4	193.4	192.0	432.7	-54.4	101.4	319.1	197.9	75.4	238.7
	其中：个人消费贷款	100.6	-10.0	131.4	69.6	111.5	150.0	74.5	112.2	107.6	138.0	162.4	129.8
	票据融资	165.3	-19.2	111.6	64.4	5.1	40.5	14.2	81.6	-0.8	47.7	-35.4	-61.5
	金融机构各项贷款同比增长（%）	18.4	18.2	18.9	18.5	17.4	17.4	16.0	15.1	14.9	15.9	14.8	14.6
	其中：个人消费贷款	20.1	18.9	20.7	20.8	21.7	22.5	23.0	23.8	24.4	27.1	28.4	29.3
	票据融资	182.2	161.8	181.0	162.8	116.7	99.1	69.0	65.8	60.2	45.7	33.8	48.2
外币	金融机构外币存款余额（亿美元）	37.8	36.8	41.0	39.0	37.8	37.7	37.4	35.7	34.4	40.3	40.7	43.6
	金融机构外币存款同比增长（%）	18.6	19.2	18.4	19.1	19.0	19.6	16.9	18.2	17.6	18.5	17.6	15.9
	金融机构外币贷款余额（亿美元）	58.5	57.2	58.6	57.1	55.7	54.3	51.9	52.9	50.0	50.3	47.6	45.7
	金融机构外币贷款同比增长（%）	17.9	17.6	18.3	17.8	16.7	16.5	15.1	14.2	14.1	15.1	13.9	13.7

数据来源：中国人民银行长沙中心支行。

表2　2001～2016年湖南省各类价格指数

单位：%

年/月		居民消费价格指数		农业生产资料价格指数		工业生产者购进价格指数		工业生产者出厂价格指数	
		当月同比	累计同比	当月同比	累计同比	当月同比	累计同比	当月同比	累计同比
2001		—	-0.9	—	-1.6	—	1.1	—	-0.2
2002		—	-0.5	—	-2.0	—	-0.7	—	-0.8
2003		—	2.4	—	2.6	—	6.7	—	2.6
2004		—	5.1	—	12.1	—	14.4	—	8.0
2005		—	2.3	—	11.2	—	9.4	—	6.0
2006		—	1.4	—	0.7	—	6.5	—	4.3
2007		—	5.6	—	13.0	—	6.1	—	6.1
2008		—	6.0	—	26.5	—	12.0	—	9.3
2009		—	-0.4	—	-5.0	—	-7.4	—	-5.7
2010		—	3.1	—	1.4	—	10.0	—	6.9
2011		—	5.5	—	10.9	—	10.8	—	8.5
2012		—	2.0	—	4.7	—	0.1	—	-0.9
2013		—	2.5	—	2.3	—	0.1	—	-1.5
2014		—	1.9	—	0.2	—	-2.1	—	-1.6
2015		—	1.4	—	4.1	—	-5.5	—	-3.7
2016		—	1.9	—	1.7	—	-2.0	—	-1.1
2015	1	0.4	0.4	-0.7	-0.7	-4.6	-4.6	-2.8	-2.8
	2	0.8	0.6	-0.6	-0.6	-5.2	-4.9	-3.3	-3.0
	3	1.1	0.8	-0.5	-0.6	-5.4	-5.1	-2.9	-3.0
	4	1.4	0.9	3.0	0.3	-5.0	-5.0	-2.8	-2.9
	5	1.4	1.0	4.2	1.1	-4.8	-5.0	-2.9	-2.9
	6	1.6	1.1	4.7	1.7	-4.7	-5.0	-3.2	-3.0
	7	1.9	1.2	5.8	2.3	-5.2	-5.0	-3.9	-3.1
	8	2.2	1.3	7.0	2.9	-5.1	-5.0	-3.2	-3.1
	9	1.7	1.4	6.9	3.3	-6.5	-5.3	-4.3	-3.4
	10	1.6	1.4	6.1	3.6	-6.5	-5.4	-4.5	-3.5
	11	1.3	1.4	6.3	3.8	-6.3	-5.5	-4.8	-3.6
	12	1.3	1.4	6.7	4.1	-6.5	-5.5	-4.8	-3.7
2016	1	1.1	1.1	3.6	3.6	-6.1	-6.1	-4.5	-4.5
	2	2.1	1.6	4.5	4.1	-5.6	-5.8	-3.9	-4.2
	3	2.2	1.8	4.4	4.2	-4.9	-5.5	-3.6	-4.0
	4	2.3	1.9	2.6	3.8	-4.4	-5.3	-3.0	-3.8
	5	1.9	1.9	1.5	3.3	-3.9	-5.0	-2.7	-3.6
	6	1.6	1.9	1.5	3.0	-3.7	-4.8	-2.4	-3.4
	7	1.6	1.8	0.5	2.6	-2.8	-4.5	-1.3	-3.1
	8	1.2	1.8	0.0	2.3	-1.8	-3.2	-0.6	-2.8
	9	1.7	1.7	0.1	2.1	-0.6	-3.8	0.0	-2.5
	10	2.1	1.8	0.2	1.9	0.7	-3.3	0.9	-2.1
	11	2.5	1.8	0.4	1.7	3.3	-2.8	2.9	-1.7
	12	2.3	1.9	1.2	1.7	6.0	-2.0	5.1	-1.1

数据来源：湖南省统计局。

表3　2016年湖南省主要经济指标

	1月	2月	3月	4月	5月	6月	7月	8月	9月	10月	11月	12月
绝对值（自年初累计）												
地区生产总值（亿元）	—	—	6 319.0	—	—	13 613.5	—	—	21 771.1	—	—	31 244.7
第一产业	—	—	490.9	—	—	1 244.9	—	—	2 386.5	—	—	3 578.4
第二产业	—	—	2 705.7	—	—	5 599.8	—	—	8 902.2	—	—	13 181.0
第三产业	—	—	3 122.4	—	—	6 768.9	—	—	10 482.3	—	—	14 485.3
工业增加值（亿元）	—	—	—	—	—	—	—	—	—	—	—	—
固定资产投资（亿元）	—	1 576.4	3 516.4	5 791.9	8 237.7	11 014.1	13 107.5	15 563.8	18 384.3	21 014.3	24 110.4	27 688.4
房地产开发投资	—	249.6	502.9	700.1	930.6	1 278.5	1 506.9	1 752.4	1 278.5	2 342.0	2 660.2	2 957.0
社会消费品零售总额（亿元）	—	2 095.9	3 027.2	3 954.0	5 046.2	6 164.8	7 271.0	8 353.7	9 475.5	10 797.2	12 087.8	13 436.5
外贸进出口总额（亿元）	113.1	187.6	291.0	403.5	514.4	641.1	771.0	916.5	1 102.9	1 282.6	1 499.9	1 782.2
进口	36.0	64.2	103.0	146.6	185.1	229.1	272.6	321.3	373.6	431.2	500.1	577.0
出口	77.1	123.4	187.9	256.8	329.3	412.0	498.4	595.2	729.2	851.4	999.8	1 205.3
进出口差额(出口－进口)	41.0	59.1	84.9	110.2	144.2	182.9	225.8	273.8	355.6	420.2	499.7	628.3
实际利用外资（亿美元）	7.7	17.9	29.2	40.6	52.6	66.8	74.7	85.4	97.4	107.5	119.6	128.5
地方财政收支差额（亿元）	-152.2	-441.7	-720.7	-805.9	-988.4	-1 524.9	-1 726.8	-2 049.4	-2 562.8	-2 696.0	-3 289.2	-3 639.1
地方财政收入	260.3	415.5	688.7	913.1	1 149.2	1 501.7	1 630.0	1 769.7	2 001.6	2 190.4	2 381.7	2 697.9
地方财政支出	412.5	857.2	1 409.3	1 719.0	2 137.6	3 026.6	3 356.8	3 819.1	4 564.4	4 886.5	5 670.9	6 337.0
城镇登记失业率(%)(季度)	—	—	—	—	—	—	—	—	—	—	—	4.05
同比累计增长率（%）												
地区生产总值	—	—	7.3	—	—	7.6	—	—	7.6	—	—	7.9
第一产业	—	—	2.3	—	—	3.0	—	—	3.2	—	—	3.3
第二产业	—	—	5.4	—	—	6.4	—	—	6.4	—	—	6.6
第三产业	—	—	10.0	—	—	9.5	—	—	10.0	—	—	10.5
工业增加值	—	6.0	6.2	6.3	6.4	6.5	6.7	6.7	6.6	6.7	6.8	6.9
固定资产投资	—	14.4	14.5	14.6	14.5	14.1	13.7	13.1	13.4	13.6	13.5	13.8
房地产开发投资	—	-9.4	2.9	4.7	5.4	7.8	8.1	9.5	7.8	12.1	13.6	13.1
社会消费品零售总额	—	11.0	11.2	11.3	11.4	11.4	11.5	11.6	11.6	11.6	11.6	11.7
外贸进出口总额	-22.0	-36.6	-31.4	-26.4	-23.1	-22.1	-21.1	-18.0	-12.9	-10.8	-7.8	-2.1
进口	-4.3	-4.9	0.1	2.1	1.9	-3.3	-9.1	-7.5	-8.2	-10.6	-10.1	-8.9
出口	-28.2	-46.0	-41.5	-36.5	-32.4	-29.7	-26.5	-22.7	-15.2	-10.9	-6.7	1.5
实际利用外资	-13.6	8.3	9.2	8.4	10.6	9.7	9.1	10.7	11.6	11.3	11.7	11.1
地方财政收入	16.1	10.2	10.3	15.6	15.6	11.6	8.5	7.8	6.2	6.6	7.1	7.3
地方财政支出	32.5	10.2	18.5	15.8	16.4	17.9	14.8	17.1	18.8	17.6	18.3	10.6

数据来源：湖南省统计局。

广东省金融运行报告（2017）

中国人民银行广州分行货币政策分析小组

[内容摘要] 2016年，广东省主动适应、把握和引领经济发展新常态，统筹推进去产能、去杠杆、去库存、降成本、补短板五大工作，经济保持稳中向好发展态势。产业结构继续优化，需求结构不断改善，发展质量效益提高，生态文明建设取得新进展。金融运行总体平稳，市场交易活跃，融资规模扩大、结构改善、成本下降，金融改革创新取得积极成效，对重点领域和薄弱环节的支持力度进一步加大。

2017年，广东省将坚持稳中求进工作总基调，牢固树立和贯彻落实新发展理念，坚持以推进供给侧结构性改革为主线，着力构建创新型经济格局，提升开放型经济水平，振兴实体经济。金融业将认真贯彻落实稳健中性的货币政策，深化金融改革创新，提高金融运行效率，严守金融风险底线，为经济结构调整和转型升级营造适宜的货币金融环境。

一、金融运行情况

2016年，广东省金融运行整体向好，市场交易活跃，融资结构改善，融资成本下行，金融生态环境建设深入推进，金融支持供给侧结构性改革取得明显成效。

（一）银行业运行总体稳健，对经济转型升级支持力度加大

1. 银行业规模扩大，市场主体增加。2016年，广东省银行业资产总额同比增长13.0%，营业网点和从业人员分别增加337个和减少6 134人。金融组织体系进一步完善，财务公司和村镇银行分别增至21家和54家（见表1），海晟金融租赁公司开业运营。银行不良贷款余额上升速度放缓，不良率由升趋稳。2016年，银行业利润保持增长，增速较2015年回升6.6个百分点。

2. 存款平稳增长，非金融企业存款成为增长主力。2016年年末，广东省本外币存款余额18万亿元，同比增长12.1%（见图1）。分部门看，2016年非金融企业存款增加1.4万亿元，占全部新增存款的73.2%，同比多增6 868亿元。从变化趋势看，非金融企业存款增速自2015年7月到2016年10月，连续16个月环比上升，最高达到31.3%，反映企业资金总体较为充裕。2016年11月后，随着宏观经济企稳向好和大宗商品价格回升，企业存货支出开始增加，存款增速有所回落。

3. 贷款较快增长，有力支持了供给侧结构性改革。2016年年末，广东省本外币贷款余额1.1万亿元，同比增长16.0%（见图3）。分币种看，人

表1　2016年广东省银行业金融机构情况

机构类别	营业网点			法人机构（个）
	机构个数（个）	从业人数（人）	资产总额（亿元）	
一、大型商业银行	6 192	143 383	85 709	0
二、国家开发银行和政策性银行	82	2 416	9 110	0
三、股份制商业银行	2 400	98 602	90 961	3
四、城市商业银行	607	18 112	16 726	5
五、小型农村金融机构	5 973	75 117	28 790	109
六、财务公司	22	951	3 219	21
七、信托公司	5	1 691	564	3
八、邮政储蓄银行	2 078	17 169	5 574	0
九、外资银行	265	9 811	5 640	5
十、新型农村金融机构	241	4 026	747	54
十一、其他	14	3 715	2 845	8
合　计	17 322	347 647	221 128	208

注：营业网点不包括国家开发银行和政策性银行、大型商业银行、股份制商业银行等金融机构总部数据；大型商业银行包括中国工商银行、中国农业银行、中国银行、中国建设银行和交通银行；小型农村金融机构包括农村商业银行、农村合作银行和农村信用社；新型农村金融机构包括村镇银行、贷款公司、农村资金互助社和小额贷款公司；"其他"包含金融租赁公司、汽车金融公司、货币经纪公司、消费金融公司等。
数据来源：广东银监局、深圳银监局。

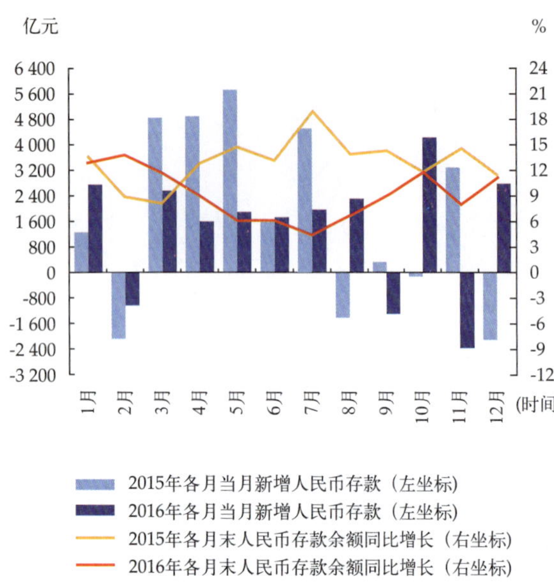

数据来源：中国人民银行广州分行。

图1　2015～2016年广东省金融机构人民币存款增长变化

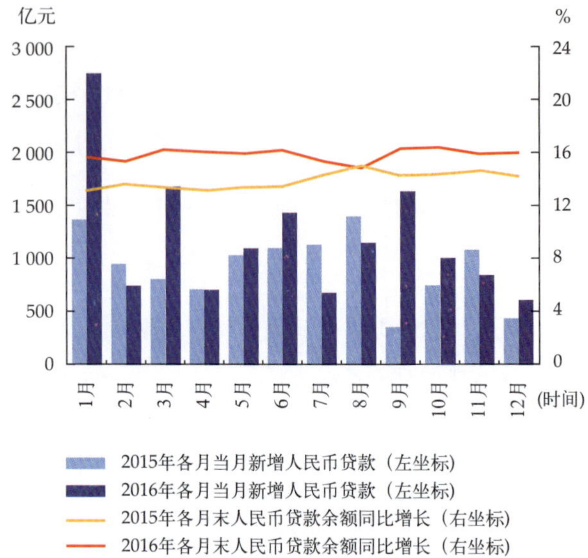

数据来源：中国人民银行广州分行。

图2　2015～2016年广东省金融机构人民币贷款增长变化

民币贷款增长平稳，第一至第四季度新增贷款之比为36：23：24：17，外币贷款呈下跌态势。个人住房贷款是拉动贷款增长的主要力量，2016年新增占全部贷款增量的55.4%。

货币信贷政策支持结构调整效应明显。2016年累计投放再贴现资金155亿元，其中，投向涉农和小微企业占比分别为23%和75%；分别累计发放支农、支小再贷款50亿元和24亿元。在政策带动下，小微企业贷款占全部企业贷款的比重同比提高2.3个百分点，战略性新兴产业贷款、创业小额贷款、县域贷款、涉农贷款均保持较快增长。产能过剩行业贷款实现压降。2016年年末，广东钢铁行业余额同比减少45%。

4. 贷款利率下降，金融机构定价能力提升。2016年，广东省金融机构新发放贷款加权平均利率为5.6%，同比下降0.8个百分点，利率下浮贷款占比上升（见表2）。外币存款利率水平总体平稳（见图4）。广东利率定价自律机制积极发挥作用，切实维护市场竞争秩序,金融机构差异化、精细化定价能力显著提高。地方法人金融机构积极进行负债业务创新，2016年累计发行同业存单4 381亿元、大额存单835亿元。

5. 改革创新成效明显，服务能力不断提升。2016年，广东省政策性、开发性金融机构落实机构改革，加大政策性资金运用力度；国有商业银行分支行经营管理机制改革继续深化。农村信用社改制进展顺利，2016年共有5家农村信用社启动组建农商行工作。银行业机构加强组织、产品和服务创新，通过设立科技支行、参与地方产业基金、新设针对性产品等，不断加大对广东实体经济的支持力度。

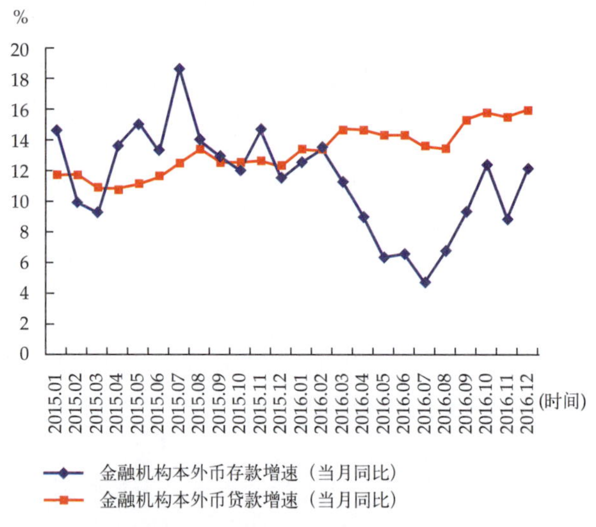

数据来源：中国人民银行广州分行。

图3　2015～2016年广东省金融机构本外币存、贷款增速变化

表2 2016年广东省金融机构人民币贷款各利率区间占比

单位：%

月份		1月	2月	3月	4月	5月	6月
合计		100.0	100.0	100.0	100.0	100.0	100.0
下浮		20.6	22.0	25.6	17.5	39.1	22.0
基准		13.6	9.7	11.5	11.8	6.5	17.2
上浮	小计	65.9	68.3	62.9	70.6	54.4	60.8
	(1.0，1.1]	18.3	21.2	14.1	16.4	7.3	12.8
	(1.1，1.3]	22.4	21.9	24.1	25.3	30.4	22.8
	(1.3，1.5]	14.5	11.5	12.7	14.6	9.2	13.9
	(1.5，2.0]	7.2	8.1	7.6	9.3	4.9	7.9
	2.0以上	3.4	5.7	4.4	5.0	2.6	3.6
月份		7月	8月	9月	10月	11月	12月
合计		100.0	100.0	100.0	100.0	100.0	100.0
下浮		19.6	29.1	29.2	25.3	30.4	31.9
基准		12.3	12.0	13.6	13.6	13.2	15.0
上浮	小计	68.1	59.0	57.2	61.1	56.4	53.1
	(1.0，1.1]	12.1	11.0	12.1	12.8	12.7	11.8
	(1.1，1.3]	25.1	21.0	14.0	21.4	19.5	18.3
	(1.3，1.5]	17.3	14.6	15.1	13.7	12.8	11.2
	(1.5，2.0]	8.8	7.6	10.4	7.8	7.4	7.8
	2.0以上	4.8	4.6	5.6	5.4	4.1	4.1

数据来源：中国人民银行广州分行。

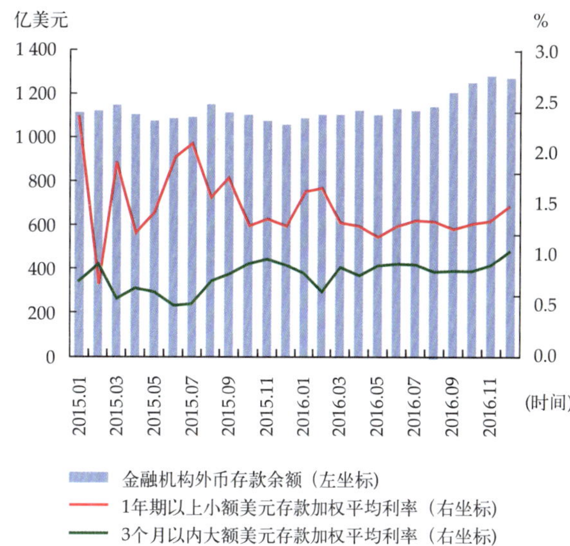

数据来源：中国人民银行广州分行。

图4 2015~2016年广东省金融机构外币存款余额及外币存款利率

6. 金融风险有所上升，防范工作扎实推进。2016年，广东省内实体经济困难较多，结构性矛盾依然突出，地方法人银行的不良率仍在上升，票据业务风险等金融风险有所抬头，年末不良贷款率虽同比略有下降，但不良贷款上迁、收回、处置核销的力度加大，潜在的不良风险仍然存在。中国人民银行广州分行积极加强和有关部门协作，加强对市场风险的监测、评估与处置，广东整体金融稳定状况保持在较好水平。

7. 跨境人民币业务创新发展。2016年，广东省共办理跨境人民币结算业务2.7万亿元，占全国结算量的27.4%。依托广东省自贸区平台，广东积极推动创新业务发展，成效显著。共设立跨境双向人民币资金池297个，累计结算额2 667亿元；25家支付机构办理跨境人民币业务金额923亿元；办理全口径跨境融资融入人民币金额60亿元。

专栏1 广东自贸试验区金融开放发展取得阶段性成效

一、跨境人民币业务创新发展，跨境投融资便利化水平持续提高

稳步推进跨境人民币贷款，扩大境外人民币贷款业务，开展跨境双向人民币资金池业务，支持企业赴港发行人民币债券。截至2016年年末，广州自贸试验区共有226家企业办理了跨境人民币贷款业务，汇入贷款金额408.0亿元；共发放境外人民币贷款37笔，金额合计122.4亿元；备案30个人民币资金池，累计收付359.7亿元；珠海大横琴有限公司在香港发行15亿元人民币债券，募集的资金50%调回区内，用于市政基础设施建设。

二、外汇管理改革稳步推进，贸易投资便利化水平明显提升

简化经常项目外汇收支手续，开展本外币一体化的全口径跨境融资宏观审慎管理，进一步简化跨国公司外汇资金集中运营管理。截至2016年年末，广东自贸试验区企业共通过全口径跨境融资宏观审慎管理试点新政在境内借款10笔，金额累计3.3亿美元；已有11家企业开展跨国公司外汇资金集中运营管理业务，集中外债额度12.6亿美元，集中对外放款额度27.4亿美元。

三、跨境金融服务不断完善，金融支持粤港澳融合发展成效明显

率先启动粤港电子支票联合结算试点，推动金融IC卡在跨境交通领域的使用，在横琴片区开展跨境住房按揭试点。截至2016年年末，累计发生粤港电子支票联合结算业务113笔；莲花大桥穿梭巴士以闪付方式收取车费311.7万笔，金额1 139.7万元；通过跨境住房按揭，自贸试验区横琴片区累计收汇6.6亿美元。

四、金融管理和服务流程不断优化，中外资金融机构和企业办事、创业更加便利

在国内率先实现开立银行基本存款账户与企业设立登记一站式办理，便利新设企业注册登记、开立账户。在珠海横琴组织发放国内第一批“电子证照银行卡”，在国内率先实现了证照户卡（电子证照、银行结算账户、银行卡）的整合。在广东自贸试验区南沙片区上线退税无纸化系统，退税业务办理时间由原来最短半天缩短至目前只要半小时左右。

五、中外资金融机构和新型金融组织聚集发展，创新型、国际化金融组织体系框架开始形成

2016年9月，恒生前海基金管理公司开业，是CEPA框架下内地首家由港资控股的合资基金管理公司。2016年3月，久隆财产保险公司在珠海横琴开业，是国内第一家基于物联网的、专注于装备制造业的专业保险公司。6月，众惠财产相互保险社获中国保监会批准筹建，是国内第一批获准筹建的相互保险组织。截至2016年年末，广东自贸试验区有银行业机构93家、证券业机构105家、保险业机构79家、融资租赁公司2 407家。

下一步，金融部门将强化金融开放发展与粤港澳大湾区城市群建设规划的联动，营造国际化、市场化、法治化的金融服务环境，支持、引领广东省以至于全国新一轮金融改革和对外开放。

（二）证券业平稳发展，上市公司数量和融资额大幅增加

1. 证券机构总体平稳发展。2016年年末，广东省法人证券公司、基金公司分别为26家和33家，同比分别增加1家、5家；期货公司21家，同比持平。证券业总资产16 848.4亿元，同比下降13.4%；基金规模30 955.2亿份，同比增长21.1%；期货公司总资产1 172.6亿元，同比增长12.3%。广州证券再次实施增资扩股，华泰期货、广发期货、广永期货等3家期货公司增加注册资本9.5亿元。

2. 上市公司数量和融资额大幅增加。受IPO常态化影响，上市公司数量和融资额大幅增加，2016年广东新增上市公司50家，总数达到474家（见表3）；上市公司融资额3 711.8亿元，同比增长73.1%。

3. 多层次资本市场建设取得新进展。2016年年末，广东新三板挂牌企业1 585家，占全国挂牌企业的15.6%，2016年做市转让249家，协议转让1 336家，均居全国前列；广州股权交易中心、广东金融高新区股权交易中心注册挂牌企业分别达2 995家和1 649家。

表3 2016年广东省证券业基本情况

项目	数量
总部设在辖内的证券公司数（家）	26
总部设在辖内的基金公司数（家）	29
总部设在辖内的期货公司数（家）	21
年末国内上市公司数（家）	474
当年国内股票（A股）筹资（亿元）	2 277
当年发行H股筹资（亿元）	—
当年国内债券筹资（亿元）	3 715
其中：短期融资券筹资额（亿元）	229
中期票据筹资额（亿元）	246

注：当年国内债券融资是指非金融企业的净债券融资额；当年国内股票（A股）筹资额是指非金融企业境内股票融资。

数据来源：广东证监局、深圳市证监局。

（三）保险业较快发展，保障能力不断提升

1. 保险机构经营效益改善，业务创新取得新进展。2016年年末，广东省保险公司年保费总收入达到3 820.5亿元，同比增长35.8%；承保利润达70.3亿元，同比增长12.1%。2016年，广州市“快撤理赔服务新系统”正式上线试运行；广州、阳江、湛江等7个地市陆续正式启动“税保合作”；江门、阳江两地正式启动食品安全责任保险试点工作。

表4　2016年广东省保险业基本情况

项目	数量
总部设在辖内的保险公司数（家）	30
其中：财产险经营主体（家）	18
人身险经营主体（家）	12
保险公司分支机构（家）	103
其中：财产险公司分支机构（家）	47
人身险公司分支机构（家）	56
保费收入（中外资，亿元）	3 821
其中：财产险保费收入（中外资，亿元）	1 001
人身险保费收入（中外资，亿元）	2 820
各类赔款给付（中外资，亿元）	1 163
保险密度（元/人）	2 752
保险深度（%）	3.76

注：保险公司分支机构家数为省级分公司以上保险公司。

数据来源：广东保监局、深圳市保监局。

2. 服务保障作用增强。2016年，广东省保险公司赔款和给付支出1 035亿元，同比增长17.4%。保险业大病保险服务网点覆盖所有大病保险项目县区，保障人数6 807.5万人，支付赔款12.9亿元，16.8万城乡居民获得了补偿。

（四）金融交易活跃，直接融资占比提高

1. 社会融资规模大幅增加，直接融资占比明显上升。2016年，广东省社会融资总规模21 155亿元，同比增长46.5%。在IPO加快推进等因素推动下，直接融资（企业债券、非金融企业境内股票融资）成为一大亮点，占比为28.5%，同比提高5.9个百分点。表外融资（委托贷款、信托贷款、未贴现银行承兑汇票）大幅下降，占比仅为0.04%，同比回落6.42个百分点（见图5）。

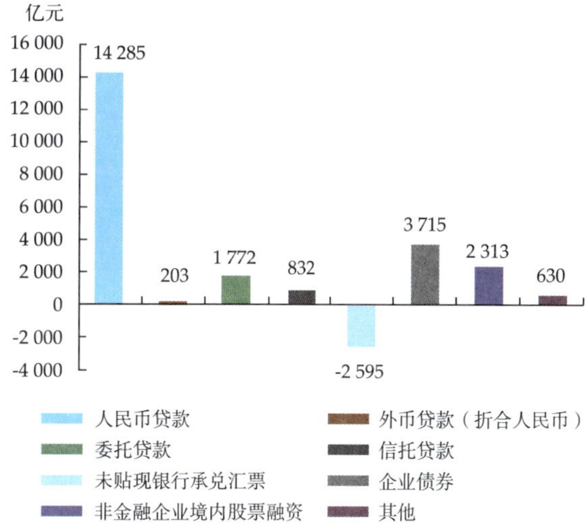

数据来源：中国人民银行广州分行。

图5　2016年广东省社会融资规模分布结构

2. 货币市场交易量大幅增加，利率先稳后升。2016年，广东省银行间市场成员同业拆借、债券回购和现券交易累计成交250.8万亿元，同比增长46.2%；累计净融入资金69.3万亿元，同比增长98.7%。全国性大型商业银行仍为净融出，城市商业银行和其他非银行机构多为净融入。同业拆借和回购利率在1～8月相对平稳，9月后，受去杠杆效应、MPA考核、跨季及年末资金需求等因素影响有所上升。

表5　2016年广东省金融机构票据业务量统计

单位：亿元

季度	银行承兑汇票承兑		贴现			
			银行承兑汇票		商业承兑汇票	
	余额	累计发生额	余额	累计发生额	余额	累计发生额
1	8 350.8	3 463.0	3 698.3	41 861.3	291.2	1 645.1
2	7 430.3	3 759.3	3 853.2	44 865.4	235.5	799.0
3	7 252.3	3 602.0	4 593.4	32 234.4	221.8	799.9
4	7 066.6	3 835.1	3 811.6	14 494.8	231.7	586.6

数据来源：中国人民银行广州分行。

3. 票据交易量大幅下降，利率水平处于低位。受票据市场风险事件、票据业务监管趋严及市场新增票源减少等因素影响，金融机构贴现发生额明显下降，累计发生额为76 238亿元，同比减少63 282亿元。市场流动性总体充裕，贴现、转贴现利率自年初以来一路走低，处于近年较低水平。

表6　2016年广东省金融机构票据贴现、转贴现利率

单位：%

季度	贴现		转贴现	
	银行承兑汇票	商业承兑汇票	票据买断	票据回购
1	3.44	4.71	3.35	3.25
2	3.39	3.92	2.98	3.13
3	3.05	4.51	2.86	2.89
4	3.19	4.74	3.09	3.26

数据来源：中国人民银行广州分行。

4. 外汇业务保持增长，黄金业务平稳发展。2016年，广东省银行间外汇市场成员交易金额同比增长12.2%，从交易品种看，外汇即期、远期、掉期交易分别占26.5%、1.3%和72.2%。黄金业务场外交易量同比增长103.4%，账户黄金业务是场外交易的主要品种；场内交易量较快增长，同比增长21.8%，代理黄金业务是场内交易的主要品种。

（五）金融生态环境建设取得新进展

2016年，广东省深入推进金融生态环境建设。一是建立了广东省中小微企业信用信息和融资对接平台，推动组建广东征信行业协会，与相关部门联合对失信企业实施跨部门协同监管和联合惩戒，开发全省统一的农户信用信息系统，采集了280万条农户数据。二是大力推广金融IC卡和移动支付在公共服务领域的应用，全省20个地区全部实现金融IC卡公共交通领域应用、14个地市实现校园应用、20个地市实现菜市场应用，金融机构“云闪付”用户已超过160万户。三是深入推进金融消费权益保护工作，推动广东省金融消费权益保护联合会、广州金融消费纠纷调处中心正规化建设，扎实开展金融知识普及教育活动。四是建立了辖区涉案账户紧急止付和快速冻结机制，推动电信网络新型违法犯罪交易风险事件管理平台在广东上线，积极参与广东非法集资风险排查工作，继续推进打击利用离岸公司和地下钱庄转移赃款专项行动，进一步夯实了防范和化解涉众型金融不稳定问题的基础。

表7　2015～2016年广东省支付体系建设情况

年份	支付系统直接参与方（个）	支付系统间接参与方（个）	支付清算系统覆盖率（%）	当年大额支付系统处理业务数（万笔）	同比增长（%）	当年大额支付系统业务金额（亿元）	同比增长（%）	当年小额支付系统处理业务数（万笔）	同比增长（%）	当年小额支付系统业务金额（亿元）	同比增长（%）
2015	38	7 046	—	15 938.5	13.5	3 210 503.4	21.7	38 196.7	24.5	43 955.2	16.3
2016	17	7 229	—	16 908.1	6.1	4 226 045.1	31.6	48 139.7	26.0	57 697.4	31.3

数据来源：中国人民银行广州分行。

二、经济运行情况

2016年，广东经济增长在中高速区间略有回落，但波幅收窄。2016年实现地区生产总值7.95万亿元，同比增长7.5%（见图6），其中，第一、第二、第三、第四季度分别增长7.3%、7.4%、7.3%和7.5%，呈现稳中有升态势。

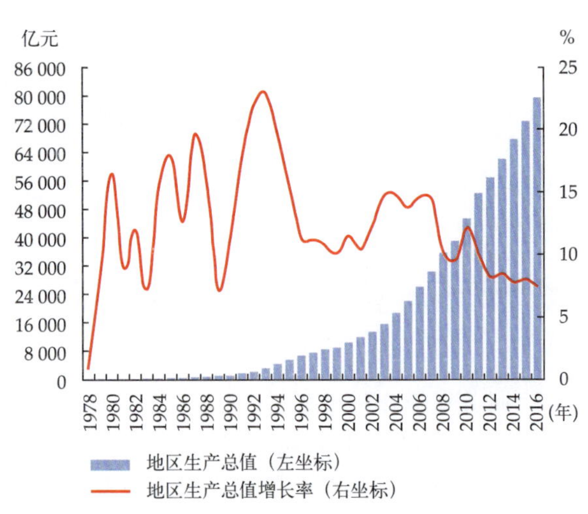

数据来源：广东省统计局。

图6　1978～2016年广东省地区生产总值及其增长率

（一）需求总体平稳，动力结构改善

1. 投资平稳增长，重点项目带动作用增强。2016年，广东省固定资产投资3.3万亿元，同比增长10%（见图7），高出全国水平1.9个百分点。从结构上看，房地产是稳定投资的主要动力，增速达20.7%，拉动投资增长5.9个百分点；民间投资增长13.5%，占比提高到62.1%，服务业投资增

长10.5%；先进制造业、装备制造业、高技术产业投资分别增长11%、17.9%和20.6%。重点项目完成投资6 018.8亿元，对经济增长带动作用增强。2016年新开工建设108个重点项目，新增高速公路通车里程655公里、铁路运营里程134公里，港珠澳大桥主体桥梁工程全线贯通。

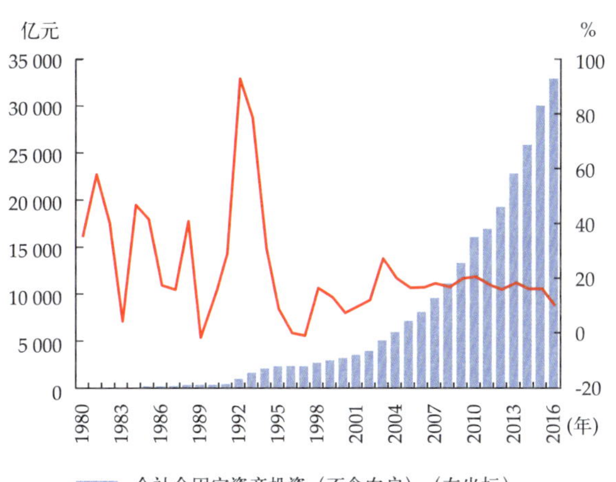

数据来源：广东省统计局。

图7　1980～2016年广东省固定资产投资（不含农户）及其增长率

2. 居民收入稳步增长，消费结构升级加快。2016年，广东省惠民生政策逐步落实，居民人均可支配收入30 296元，同比增长8.7%。在此背景下，消费潜力继续释放，2016年实现社会消费品零售总额3.47万亿元，同比增长10.2%（见图8）。信息等新消费热点持续升温，通信器材类消费增长19.8%，电信业务总量增长54.7%，汽车类消费增长11.8%。消费新业态蓬勃发展，互联网及相关服务业营业收入增长55.3%，移动支付业务金额增长超过1倍。

3. 外贸转型继续推进，对外开放水平提升。2016年，在一系列政策措施的作用下，广东省进出口总额（以美元计价，下同）同比下降6.6%，其中，出口同比下降6.9%，对"一带一路"沿线国家进出口保持较快增长，进口下降6%，较2015年收窄5.9个百分点（见图9）。外贸结构继续优化，一般贸易占比较加工贸易高4.6个百分点，服务贸易增长42.9%，跨境电子商务进出口增长53.8%。

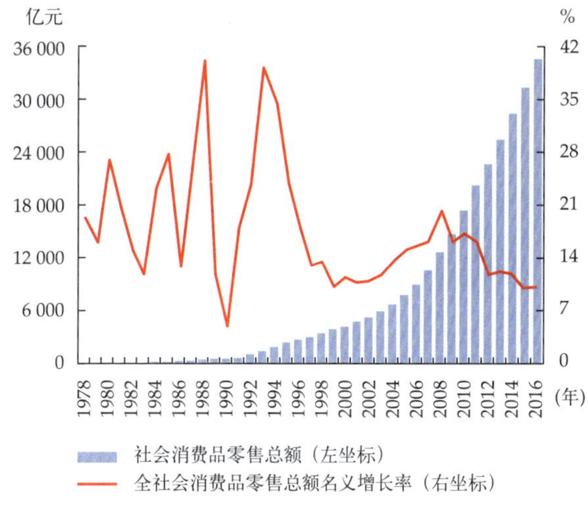

数据来源：广东省统计局。

图8　1978～2016年广东省社会消费品零售总额及其增长率

对外开放水平提升。2016年，广东省实际利用外资233.5亿美元（见图10），对外实际投资206.8亿美元。设立首期规模200亿元的广东丝路基金，支持企业赴"一带一路"沿线国家投资发展。粤港、粤澳合作框架协议中期目标基本实现，泛珠区域合作上升为国家战略。

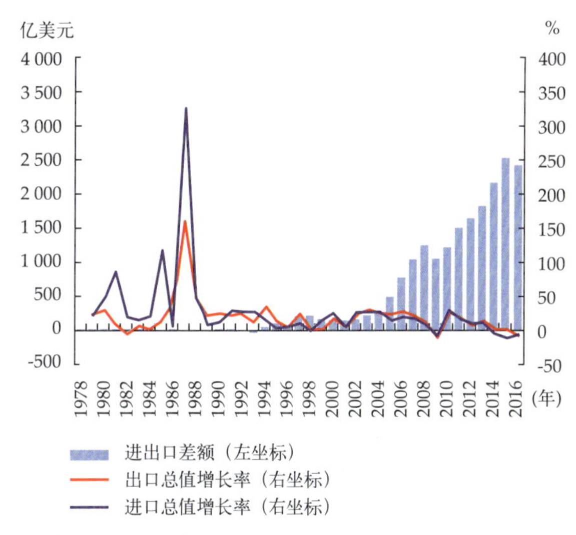

数据来源：广东省统计局。

图9　1978～2016年广东省外贸进出口变动情况

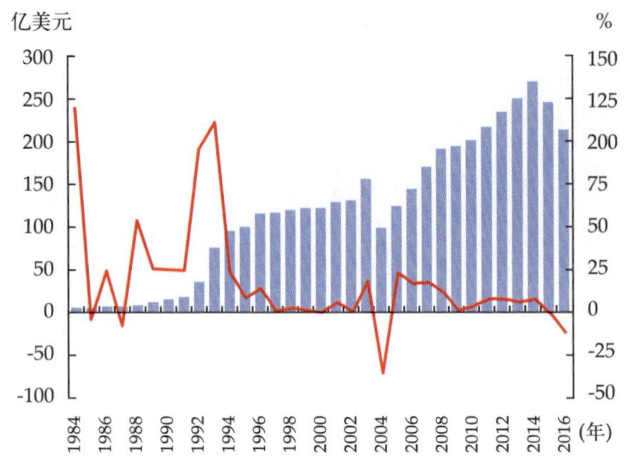

数据来源：广东省统计局。

图10　1984～2016年广东省实际利用外资额及其增长率

数据来源：广东省统计局。

图11　1992～2016年广东省规模以上工业增加值同比增长率

（二）产业结构优化，供给侧结构性改革成效显现

2016年，广东三次产业比重调整为4.6：43.3：52.1。其中，服务业占比提高1.5个百分点，成为拉动经济增长的主要动力。

1. 农业发展总体稳定。2016年，广东省农业增加值同比增长3.1%，粮食等主要农产品产量保持稳定。“三农”发展基础夯实，2016年累计建成高标准农田1 533.8万亩，完成新农村公路路面硬化5 000公里，新一轮农村电网升级改造投资105亿元。颁发农村土地承包经营权确权证书20.6万份。农村产权流转管理服务平台基本实现县镇村三级全覆盖。

2. 工业效益改善，创新驱动步伐加快。2016年，广东省规模以上工业企业增加值同比增长6.7%（见图11），主营业务收入和利润总额同比增速分别比2015年高5个百分点和2.8个百分点。其中，先进制造业、高新技术制造业、民营工业增加值占规模以上工业增加值比重同比分别提高0.8个百分点、0.6个百分点和3.3个百分点。研究与试验发展经费支出占地区生产总值的比重达2.58%，科技进步贡献率超过57%。

3. 服务业加快发展，内部结构明显改善。2016年，广东服务业增加值同比增长9.1%，对经济增长的贡献率达到61.3%，拉动地区生产总值增长4.6个百分点。其中，现代服务业比重达到61.7%，同比提高1.3个百分点。以新经济为代表的营利性服务业发展加快,对经济增长的贡献率达到19.4%。

4. “三去一降一补”取得积极成效。截至2016年年末，广东省压减钢铁落后和过剩产能307万吨；商品房待售面积同比减少135.48万平方米；规模以上工业企业资产负债率为56.0%，同比下降1.2个百分点；规模以上工业企业每百元主营业务收入中的成本同比减少0.18元。短板领域投资加快，2016年城市建设投资、水利管理业投资分别比2015年增长15.9%、18.4%。

5. 生态文明建设取得新进展。2016年，广东省单位地区生产总值能耗下降3.6%。各类污染物排放量超额完成国家减排目标，PM2.5年均浓度下降5.9%，全省城市空气质量达标天数比例为92.7%。新增污水处理能力83.8万吨，城市生活污水集中处理率达93.9%,城市生活垃圾无害化处理率达91.6%。建设生态景观林带1 658公里，森林覆盖率提高到59.0%。

（三）消费价格小幅增长，生产价格由负转正

1. 居民消费价格小幅上升。2016年，广东省居民消费价格上涨2.3%，同比提高0.8个百分点。

其中，鲜菜类价格上涨16.6%，畜肉类价格上涨11.3%，拉动食品价格上涨4.8%，推动消费价格小幅上涨。

2. 生产价格由负转正。受去产能和市场需求回升等因素的影响，2016年，广东省工业生产者购进价格和出厂价格扭转前几年持续负增长的态势，分别于10月和9月由负转正，并加快上涨，12月两者分别上涨3.6%和3.0%（见图12）。

数据来源：广东省统计局。

图12　2001～2016年广东省居民消费价格和生产者价格变动趋势

（四）财政收入增长趋缓，保障性支出刚性增加

2016年，受经济增速放缓、“营改增”政策减收效应影响，广东地方一般公共预算收入增长10.3%，增速同比回落1.7个百分点。受2015年清理库款高基数影响，一般公共预算支出增长5%，增速同比回落34.9个百分点（见图13）。从支出结构看，城乡社区事务、教育、一般公共服务、社会保障和就业支出分别增长11.4%、13.6%、14.9%和8.0%，投资性支出减少。

2016年，广东省发行政府债券3 499.7亿元，其中新增债券631.9亿元，置换债券2 867.8亿元。置换债券腾出的资金，优先用于高速公路、国铁干线和城际轨道项目地方资本金及其他民生领域。

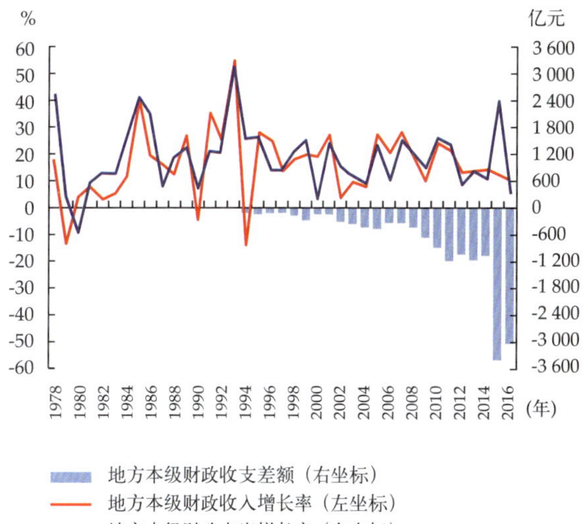

数据来源：广东省统计局。

图13　1978～2016年广东省财政收支状况

（五）房地产市场量价齐升，制造业转型升级加快推进

1. 房地产市场发展迅速，区域分化明显。

（1）房地产开发投资快速增长，到位资金先扬后抑。2016年，广东省房地产开发投资同比增长20.7%，较2015年提高8.9个百分点；房地产开发企业到位资金同比增长24.7%，较前三季度下降2.8个百分点，主要是受到9月、10月调控政策影响，企业销售资金回笼放缓，融资受到一定制约。

（2）土地市场交易明显升温，新开工面积加快增长。2016年，广东省房地产企业土地购置面积和成交价款同比分别增长18.4%和57.1%，增幅同比分别提高42.8个百分点和53.1个百分点。土地市场交易火爆进一步增强了市场主体的上涨预期。在此背景下，全省房屋新开工面积同比增长17.1%，增速同比提高22.4个百分点。

（3）销售面积快速增长，去库存成效明显。2016年，广东省新建商品住宅销售面积同比增长26.6%（见图14）。从进度看，受调控政策影响，第四季度增长有所放缓；从区域看，粤东西北地区去库存效果显现，新建商品住房销售面积占全省比重有所上升，达到31.4%。

（4）热点城市房价快速上涨，区域分化

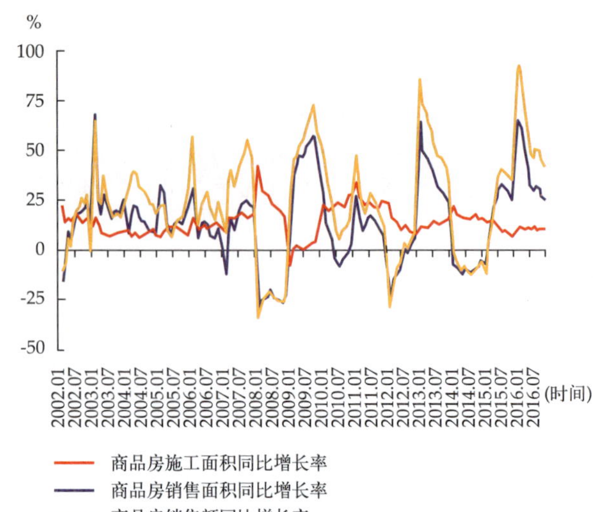

数据来源：广东省统计局。

图14　2002～2016年广东省商品房施工和销售变动趋势

明显。2016年，广东新建商品房价格同比增长10.7%。分区域看，核心城市广州、深圳的房价分别同比上涨10.2%和60.0%；东莞、珠海、惠州、中山、佛山五个热点城市房价增速分别达40.4%、29.2%、26.3%、26.8%和11.5%；粤东、粤西、粤北地区房价均价同比分别增长8.6%、5.6%和1.6%。2016年10月以来，广州、深圳、珠海、佛山、东莞、惠州等六市陆续出台调控政策，效果初步显现，房价增速有所放缓，但增速仍领跑全省。

（5）个人住房贷款快速攀升，保障性安居工程贷款增长加快。2016年年末，广东省房地产贷款余额同比增长33.5%，其中，个人住房贷款余额增长43.1%，开发贷款增长7.8%。从增量看，个人住房贷款新增占全部房地产各项贷款新增的比重达到91.8%。差别化住房信贷政策重点支持首套购房需求，在稳定市场方面发挥了效果。2016年执行首套房信贷政策的占比为93.5%，首套房交易中，平均首付比率为36%。

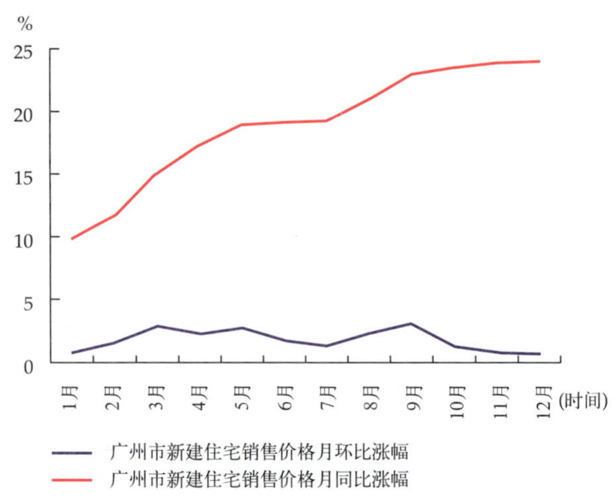

数据来源：广东省统计局。

图15　2016年广州市新建住宅销售价格变动趋势

对保障性住房的金融支持力度进一步加大。2016年，累计发放保障性安居工程贷款165.8亿元，同比增长21.0%。

2. 制造业转型升级加快推进，金融支持力度加大。制造业是实体经济的主体，是供给侧结构性改革的主攻领域。2016年，广东省深入贯彻落实“中国制造2025”，加快推进珠江西岸先进装备制造业和珠江东岸电子信息制造业发展，全年制造业累计完成增加值2.88万亿元，同比增长7.2%。高端化、智能化、服务化制造趋势日益明显，先进制造业和高技术制造业增加值占规模以上工业增加值比重分别达49.3%和27.6%，生产性服务业实现营业收入14 133.1亿元，增长13.7%。珠江西岸“六市一区”成为国家首批“中国制造2025”试点示范城市群。

金融支持制造业力度加大。2016年，广东制造业企业贷款余额1.2万亿元，比年初增长5.0%，同比提高0.3个百分点。其中，专用设备行业贷款增长29.4%，信息传输、软件和信息技术服务业贷款增长26.3%，有力地支持了制造业改造升级。

专栏2　佛山推动产业转型升级的主要做法

佛山是广东经济重镇，2016年生产总值8 630亿元，年末存款余额1.33万亿元，贷款余额8 718亿元，均居广东省第三位（前两位为广州、深圳）。近年来，佛山市大力实施创新驱动发展战略和金融科技产业融合发展战略，全面推进产业转型升级。

对内：以智能制造为主攻方向，加快制造业转型升级。一是狠抓高新技术企业培育。2016年新增高新技术企业671家，总数达1 388家，增长93.6%。二是实施“百企智能制造提升工程”。计划用3年时间引领全市超过20%的规模以上制造业企业开展智能化技术改造。2016年完成工业技术改造投资522亿元，增长35%。三是抢占智能装备制造制高点。全力打造以数控装备、3D打印和工业机器人为重点的智能装备产业。组织实施各类智能制造科技技术和核心技术、关键共性技术攻关，获得相关授权发明专利近500项。四是实施品牌带动战略。目前佛山授牌及获批创建的“全国知名品牌示范区”数量达7个，居全国地级市首位。建设国家商标战略实施示范城市，拥有中国驰名商标157件，居全国地级市首位。

对外：瞄准国际先进技术和市场，积极进行全球化布局。一是通过海外并购、参股控股等方式，快速掌控国际先进智能装备技术。美的集团、东方精工、伊之密等佛山企业跨国并购德国库卡、意大利Fosber、美国HPM等国际一流装备制造企业。二是以“一带一路”国家和地区为重点，探索建设佛山泛家居品牌海外体验馆，为企业搭建深度拓展国际市场的平台。2016年9月，首个体验馆在伊朗德黑兰成功启动，共吸引了格兰仕、美的、志高空调、佛山照明、东鹏陶瓷等135家知名泛家居企业共同参与。仅体验馆启动首日，企业就达成意向合作金额约2.6亿美元。

与此同时，佛山推动优质企业把生产环节布局到粤东西北，形成紧密协调的产业分工体系，推动广东区域协调发展。目前，佛山企业已将产业转移到阳江、云浮、清远、中山以及省外。如奔朗新材料是中国超硬材料制品行业的领先企业之一，总部位于佛山市顺德区，目前在广东江门和云浮、四川、山东、江西、福建及香港等地设有7家全资子公司，在印度设立的控股子公司“印度奔朗”也于2016年年底投入运营。

金融部门紧紧依托佛山实体经济发展基础，因地制宜创新金融组织、产品和服务方式，加大对转型升级的金融支持。设立“佛山市中小微企业小额票据贴现中心”，增强小微企业融资供给能力；上线“佛山市中小微企业信用信息和融资对接平台”，进一步提高中小微企业的融资对接效率；推进“应收账款融资服务平台推广示范区”建设，企业通过平台融资约200亿元。成立海晟金融租赁公司，开业半年以来，已投放33亿元的租赁项目支持装备制造业发展。设立4家科技支行，加强科技型企业专业化的金融服务水平。截至2016年年底，全市高新技术企业贷款余额339亿元，同比增长47.7%。在融资支持不断增强的同时，融资成本持续下降，2016年12月佛山企业贷款加权平均利率为5.04%，同比下降89个基点。

三、预测与展望

2017年，广东经济发展仍面临复杂的内外部环境和挑战，经济下行压力较大。但随着供给侧结构性改革的深入推进，经济有望保持平稳运行。

从供给侧看，随着广东全面改革创新试验区和珠三角自主创新示范区建设的加快推进，新技术、新产业、新业态、新模式将不断涌现，支撑广东产业向中高端迈进。从需求侧看，2017年广东重点项目计划总投资5 400亿元，将带动投资稳定增长；在“互联网+”及供给质量提升带动下，旅游、教育、健康、养老等领域消费有望保持较快增长；随着外部欧洲、美国、日本经济逐步复苏，内部外贸转型升级加快，净出口对经济增长的贡献将会有所提高。

物价方面，受石油等国际大宗商品价格回升、去产能和需求回升等因素影响，工业品价格将回升趋稳。在生产资料价格上涨、人工成本趋升的背景下，食品价格和服务类价格将会稳中略升。

从金融运行看，随着稳健中性货币政策的有效实施、金融改革创新的持续推进、有效信贷需求的稳步回升，资金将进一步流向实体经济，信贷投放的地区、行业结构将有所优化。在防风险系列政策措施作用下，辖区金融运行将继续保持平稳发展。

中国人民银行广州分行货币政策分析小组
总　纂：王景武　李思敏
统　稿：张志东　汤克明
执　笔：汤克明　胡逸闻　吴国兵
提供材料的还有：李　敏　陈志刚　韦婵娜　叶俊华　周俊英　何达之　袁鹏鹏　黄载良　马　柱
陈　宇　谢青华　崔国岳　陈　瑞　邱全山　戈志武　肖　曦

附录

（一）2016年广东省经济金融大事记

2月28日，广东省出台《广东省供给侧改革总体方案（2016～2018年）》及去产能、去库存、去杠杆、降成本、补短板五个行动工作计划。

3月18日，中国首家装备制造业专业保险公司——久隆财产保险有限公司在广东自贸区横琴片区开业。

3月22日，广东省出台《广东省农村承包土地的经营权和农民住房财产权抵押贷款试点实施方案》。

4月1日，广东省印发《珠三角国家自主创新示范区建设实施方案（2016～2020年）》。

4月20日，广东省出台《广东省国民经济和社会发展第十三个五年规划纲要》。

6月1日，中国人民银行广州分行发布《关于金融支持广东省供给侧结构性改革的实施意见》。

6月21日，广东省出台《广东省促进民营经济大发展若干政策措施》。

6月24日至26日，第五届中国（广州）国际金融交易·博览会在广州举行。

10月25日，中国人民银行广州分行、广东省经济和信息化委员会联合举办“广东省中小微企业融资推进会”。

12月5日，广东省环保厅、中国人民银行广州分行、广东省金融工作办公室联合召开“全省环保与金融融合促进绿色发展工作推进会”。

（二）2016年广东省主要经济金融指标

表1　2016年广东省主要存贷款指标

		1月	2月	3月	4月	5月	6月	7月	8月	9月	10月	11月	12月
本外币	金融机构各项存款余额（亿元）	163 447.6	162 563.0	165 038.0	166 743.5	168 705.9	170 737.7	172 673.0	175 173.5	174 321.5	178 997.1	176 989.1	179 829.2
	其中：住户存款	55 912.0	56 117.3	57 011.0	56 738.1	57 077.9	58 065.6	57 821.3	58 232.8	59 102.0	58 848.6	59 256.5	59 768.7
	非金融企业存款	50 354.0	49 403.5	52 043.4	52 404.6	53 371.6	55 141.0	54 783.0	57 820.6	59 512.2	61 107.9	62 031.6	63 509.9
	各项存款余额比上月增加（亿元）	3 059.4	-884.7	2 475.0	1 705.5	1 962.4	2 031.8	1 935.3	2 500.5	-852.0	4 675.6	-2 008.0	2 840.1
	金融机构各项存款同比增长（%）	12.52	13.51	11.32	9.04	6.44	6.56	4.76	6.73	9.28	12.37	8.93	12.12
	金融机构各项贷款余额（亿元）	98 474.0	99 356.2	101 130.6	101 839.9	102 821.7	104 249.0	104 966.8	106 612.5	108 299.1	109 247.0	110 232.6	110 928.4
	其中：短期	30 847.4	30 800.1	31 280.4	30 976.2	30 984.0	31 491.0	31 262.4	31 794.8	32 178.5	32 311.0	32 272.3	32 399.0
	中长期	59 678.2	60 555.5	61 623.3	62 552.2	63 066.2	64 320.3	64 912.5	65 254.9	66 355.0	67 214.5	68 456.6	69 172.1
	票据融资	4 084.7	4 180.8	4 454.0	4 466.2	5 019.6	4 692.1	5 028.1	5 495.3	5 646.6	5 615.6	5 076.0	4 883.5
	各项贷款余额比上月增加（亿元）	2 813.3	882.1	1 774.4	709.4	981.8	1 427.3	717.8	1645.7	1 686.6	947.9	985.5	695.8
	其中：短期	747.0	-47.3	480.3	-304.2	7.8	507.0	-228.6	532.4	383.7	132.4	-38.7	126.7
	中长期	1 678.8	877.3	1 067.8	928.9	514.0	1 254.1	592.2	342.3	1 100.1	859.5	1 242.1	715.5
	票据融资	336.1	96.1	273.2	12.2	553.4	-327.5	336.0	467.2	151.3	-31.1	-539.6	-192.5
	金融机构各项贷款同比增长（%）	13.39	13.35	14.77	14.68	14.36	14.30	13.61	13.45	15.31	15.72	15.60	15.96
	其中：短期	6.7	6.0	6.7	5.0	4.2	4.2	2.9	4.1	5.6	7.1	6.3	7.7
	中长期	14.4	14.6	16.2	17.2	16.9	18.2	17.7	16.9	17.7	18.4	19.4	19.2
	票据融资	52.4	56.3	65.6	67.4	70.7	44.5	45.2	49.2	58.9	44.4	25.9	30.3
	建筑业贷款余额（亿元）	2 638.5	2 640.4	2 643.3	2 601.3	2 581.6	2 613.8	2 602.3	2 600.4	2 638.4	2 580.8	2 572.4	2 522.5
	房地产业贷款余额（亿元）	7 569.3	7 716.9	7 854.3	7 818.6	7 707.8	7 739.4	7 572.0	7 428.0	7 450.8	7 506.7	7 757.6	7 759.6
	建筑业贷款同比增长（%）	10.46	6.96	6.14	4.72	3.36	5.00	1.63	1.15	2.43	0.27	-1.37	-2.58
	房地产业贷款同比增长（%）	3.71	4.00	5.16	4.35	2.70	8.41	1.42	0.23	1.07	2.71	5.55	5.41
人民币	金融机构各项存款余额（亿元）	156 341.1	155 326.4	157 907.5	159 530.9	161 459.1	163 232.0	165 240.7	167 579.9	166 287.9	170 552.8	168 194.9	171 024.5
	其中：住户存款	55 080.2	55 272.2	56 157.8	55 884.4	56 212.7	57 183.1	56 917.8	57 324.9	58 174.5	57 854.6	58 187.4	58 618.9
	非金融企业存款	44 798.6	43 754.3	46 510.1	46 771.0	47 687.1	49 312.0	49 115.0	52 114.3	53 398.6	54 717.4	55 443.2	57 079.0
	各项存款余额比上月增加（亿元）	2 789.3	-1 014.7	2 581.1	1 623.4	1 928.2	1 772.9	2 008.8	2 339.1	-1 292.0	4 264.9	-2 358.0	2 829.6
	其中：住户存款	841.9	191.9	885.6	-273.4	328.3	970.3	-265.3	407.1	849.6	-319.9	332.8	431.5
	非金融企业存款	800.3	-1 044.3	2 755.8	260.9	916.1	1 624.9	-197.0	2 999.3	1 284.3	1 318.7	725.9	1 635.8
	各项存款同比增长（%）	12.93	13.92	11.81	9.13	6.25	6.26	4.46	6.87	9.07	11.98	8.06	11.38
	其中：住户存款	5.0	5.1	5.1	6.4	7.7	7.0	6.6	7.0	6.3	7.0	7.9	8.1
	非金融企业存款	19.6	21.4	23.7	24.6	25.0	25.7	27.3	31.0	30.2	33.4	29.7	29.7
	金融机构各项贷款余额（亿元）	92 049.5	92 796.8	94 479.4	95 180.5	96 273.5	97 713.0	98 400.7	99 550.7	101 193.0	102 200.8	103 044.0	103 649.8
	其中：个人消费贷款	27 213.9	27 657.0	28 543.0	29 476.0	30 398.1	31 347.4	32 206.0	33 164.9	34 073.4	34 904.6	35 872.7	36 584.4
	票据融资	4 083.7	4 179.2	4 452.8	4 456.5	4 993.0	4 656.4	4 980.0	5 447.2	5 596.1	5 560.9	5 016.3	4 821.5
	各项贷款余额比上月增加（亿元）	2 760.3	747.2	1 682.7	701.0	1 093.1	1 439.4	687.7	1 150.1	1 642.3	1 007.8	843.3	605.7
	其中：个人消费贷款	1 014.1	443.1	886.0	933.0	922.1	949.3	858.6	958.9	908.5	831.2	968.1	711.7
	票据融资	336.1	95.5	273.6	3.8	536.5	-336.6	323.6	467.2	148.9	-35.1	-544.6	-194.9
	金融机构各项贷款同比增长（%）	15.80	15.36	16.27	16.11	15.98	16.17	15.44	14.89	16.32	16.46	15.99	16.08
	其中：个人消费贷款	34.4	34.4	36.9	38.7	39.5	39.9	39.4	39.1	40.0	40.1	40.3	39.6
	票据融资	52.4	56.2	65.6	67.1	69.8	43.5	43.9	47.9	57.5	43.0	24.4	28.7
外币	金融机构外币存款余额（亿美元）	1 084.7	1 105.6	1 103.6	1 116.7	1 101.5	1 131.9	1 117.4	1 134.9	1 203.0	1 248.4	1 277.0	1 269.2
	金融机构外币存款同比增长（%）	-2.41	-0.95	-3.54	1.24	3.12	4.67	2.90	-0.94	8.42	13.48	19.52	20.56
	金融机构外币贷款余额（亿美元）	980.6	1 002.2	1 029.4	1 031.0	995.3	985.6	987.2	1 055.5	1 064.1	1 041.7	1 043.9	1 049.2
	金融机构外币贷款同比增长（%）	-18.18	-14.55	-7.77	-7.70	-11.77	-15.10	-15.49	-7.98	-2.17	-0.54	2.48	6.93

数据来源：中国人民银行广州分行。

表2　2001～2016年广东省各类价格指数

单位：%

年/月		居民消费价格指数		农业生产资料价格指数		工业生产者购进价格指数		工业生产者出厂价格指数	
		当月同比	累计同比	当月同比	累计同比	当月同比	累计同比	当月同比	累计同比
2001		—	-0.7	—	-2.9	—	-0.9	—	-1.5
2002		—	-1.4	—	-1.6	—	-3.7	—	-3.5
2003		—	0.6	—	-0.4	—	4.1	—	-0.7
2004		—	3.0	—	9.4	—	10.6	—	1.7
2005		—	2.3	—	5.8	—	5.0	—	1.5
2006		—	1.8	—	2.6	—	3.6	—	1.4
2007		—	3.7	—	5.8	—	3.3	—	1.3
2008		—	5.6	—	14.5	—	7.9	—	3.1
2009		—	-2.3	—	-1.8	—	-6.2	—	-4.2
2010		—	3.1	—	1.7	—	7.3	—	3.2
2011		—	5.3	—	9.6	—	7.3	—	3.7
2012		—	2.8	—	4.0	—	-0.5	—	-0.5
2013		—	2.5	—	-0.3	—	-1.8	—	-1.2
2014		—	2.3	—	-0.1	—	-1.2	—	-1.1
2015		—	1.5	—	1.2	—	-4.7	—	-3.2
2016		—	2.3	—	2.0	—	-2.0	—	-0.6
2015	1	0.4	0.4	-0.6	-0.6	-3.5	-3.5	-2.9	-2.9
	2	1.5	1.0	-0.1	-0.4	-4.1	-3.8	-3.1	-3.0
	3	1.5	1.1	0.2	-0.2	-4.4	-4.0	-2.9	-3.0
	4	1.1	1.1	0.7	0.0	-4.2	-4.1	-3.1	-3.0
	5	1.1	1.1	1.2	0.3	-4.2	-4.1	-3.0	-3.0
	6	1.6	1.2	1.1	0.4	-4.3	-4.1	-3.0	-3.0
	7	1.7	1.3	1.7	0.6	-4.2	-4.2	-3.4	-3.0
	8	2.0	1.4	1.8	0.7	-5.0	-4.3	-3.7	-3.1
	9	1.8	1.4	1.6	0.8	-5.2	-4.4	-3.6	-3.2
	10	1.9	1.5	2.0	1.0	-5.5	-4.5	-3.4	-3.2
	11	1.8	1.5	2.3	1.1	-5.6	-4.6	-3.3	-3.2
	12	2.1	1.5	2.7	1.2	-5.3	-4.7	-3.1	-3.2
2016	1	2.0	2.0	2.0	2.0	-4.7	-4.7	-2.5	-2.5
	2	3.3	2.7	3.2	2.6	-4.4	-4.5	-2.4	-2.5
	3	2.4	2.6	3.4	2.9	-4.2	-4.4	-2.3	-2.4
	4	2.9	2.6	3.6	3.1	-3.9	-4.3	-2.0	-2.3
	5	2.2	2.6	3.4	3.1	-3.6	-4.2	-1.6	-2.2
	6	1.8	2.4	3.0	3.1	-3.2	-4.0	-1.3	-2.0
	7	1.9	2.4	1.5	2.9	-2.5	-3.8	-0.6	-1.8
	8	1.7	2.3	0.5	2.6	-1.8	-3.5	0.0	-1.6
	9	2.3	2.3	1.0	2.4	-1.1	-3.3	0.3	-1.4
	10	2.0	2.3	0.7	2.2	0.2	-2.9	0.7	-1.2
	11	2.7	2.3	0.5	2.1	2.0	-2.5	1.8	-0.9
	12	2.4	2.3	1.0	2.0	3.6	-2.0	3.0	-0.6

数据来源：广东省统计局。

表3　2016年广东省主要经济指标

	1月	2月	3月	4月	5月	6月	7月	8月	9月	10月	11月	12月
绝对值（自年初累计）												
地区生产总值（亿元）	—	—	17 272.2	—	—	37 357.6	—	—	57 061.2	—	—	79 512.1
第一产业	—	—	738.3	—	—	1 518.5	—	—	2 588.7	—	—	3 693.6
第二产业	—	—	7 368.6	—	—	16 382.4	—	—	24 497.3	—	—	34 372.5
第三产业	—	—	9 165.3	—	—	19 456.7	—	—	29 975.2	—	—	41 446.0
工业增加值（亿元）	—	3 976.8	6 480.2	8 895.6	11 270.7	14 222.7	16 880.0	19 615.8	22 677.1	25 470.4	28 526.2	31 917.4
固定资产投资（亿元）	—	2 567.1	5 039.2	7 220.5	9 855.1	13 605.3	16 038.2	18 876.3	22 307.1	25 424.0	28 729.7	33 008.9
房地产开发投资	—	991.9	1 764.6	2 473.3	3 357.5	4 513.0	5 311.7	6 198.9	7 222.6	8 215.8	9 177.2	10 307.8
社会消费品零售总额（亿元）	—	5 528.8	8 162.1	10 896.2	13 774.7	16 684.0	19 548.8	22 488.8	25 465.3	28 560.9	31 616.1	34 739.1
外贸进出口总额（亿元）	4 627.9	8 024.7	12 736.1	17 952.8	22 979.1	28 107.9	33 500.0	38 999.0	44 865.9	50 235.6	56 289.6	63 029.5
进口	1 537.7	2 846.3	4 702.8	6 592.3	8 418.6	10 338.9	12 300.0	14 272.5	16 467.1	18 485.6	20 905.2	23 574.4
出口	3 090.2	5 178.3	8 033.3	11 360.5	14 560.5	17 769.0	21 200.0	24 726.5	28 398.8	31 750.0	35 384.5	39 455.1
进出口差额(出口－进口)	1 552.5	2 332.0	3 330.5	4 768.2	6 141.9	7 430.1	8 900.0	10 454.0	11 931.7	13 264.4	14 479.4	15 880.7
实际利用外资（亿美元）	23.6	14.6	29.4	58.3	67.9	87.8	115.5	131.9	150.5	179.2	191.0	233.5
地方财政收支差额（亿元）	677.4	587.6	152.1	336.5	242.1	-327.1	-186.0	-373.1	-1 094.4	-1 628.5	-2 075.0	-3 057.1
地方财政收入	1 322.3	1 886.7	2 532.0	3 618.2	4 541.2	5 438.6	6 427.5	7 085.9	7 825.9	8 792.9	9 523.9	10 390.3
地方财政支出	644.9	1 299.2	2 380.0	3 281.6	4 299.1	5 765.7	6 613.5	7 458.9	8 920.4	10 421.4	11 598.9	13 447.4
城镇登记失业率(%)(季度)	—	—	—	—	—	—	—	—	—	—	—	—
同比累计增长率（%）												
地区生产总值	—	—	7.3	—	—	7.4	—	—	7.3	—	—	7.5
第一产业	—	—	2.9	—	—	3.0	—	—	3.1	—	—	3.1
第二产业	—	—	6.4	—	—	6.3	—	—	6.2	—	—	6.2
第三产业	—	—	8.5	—	—	8.7	—	—	8.6	—	—	9.1
工业增加值	—	6.4	6.9	6.7	6.7	6.7	6.6	6.6	6.7	6.7	6.6	6.7
固定资产投资	—	13.0	12.1	11.2	12.3	13.5	13.9	13.4	12.3	12.3	11.6	10.0
房地产开发投资	—	6.1	12.8	16.2	19.8	20.8	18.0	17.4	18.0	20.7	19.9	20.7
社会消费品零售总额	—	9.6	9.8	9.9	10.0	10.1	10.0	10.0	10.1	10.1	10.1	10.2
外贸进出口总额	-4.5	-9.8	-3.6	-0.9	-0.4	-0.9	-1.3	-0.9	-0.2	-0.1	-0.1	-0.8
进口	-13.3	-11.4	-7.1	-1.1	3.9	-3.1	-4.0	-2.7	-1.1	-0.1	0.6	0.0
出口	0.6	-8.9	-1.4	1.9	1.5	0.5	0.3	0.1	0.4	-0.1	-0.5	-1.3
实际利用外资	9.0	-12.9	-7.0	1.3	-10.3	-14.5	-15.7	-17.1	-17.0	-13.4	-15.7	-13.1
地方财政收入	28.0	20.6	16.8	21.0	23.6	17.1	14.7	15.5	14.0	12.9	12.3	10.3
地方财政支出	46.1	25.5	13.0	14.0	22.0	17.1	21.1	9.5	3.4	6.9	8.1	5.0

数据来源：广东省统计局。

深圳市金融运行报告（2017）

中国人民银行深圳市中心支行货币政策分析小组

[内容摘要] 2016年，国内外经济金融形势复杂严峻。从国际看，全球贸易保护主义倾向日益严重，反全球化思潮有所增长，民粹主义抬头，英国脱欧、特朗普胜选等黑天鹅事件增多；金融市场波动加剧，国际贸易持续低迷，经济仍处于危机后的调整阶段；反映在货币政策上，欧洲、日本等发达经济体仍然维持量化宽松，美联储加息姗姗来迟。从国内看，经济增长继续放缓，区域和行业走势分化，热点城市房地产市场快速升温，经济金融风险有所积累，稳健货币政策开始强调“降杠杆”“防风险”。在此背景下，2016年，深圳主要经济指标稳中走强，金融业整体发展良好：银行业机构资产和利润水平保持增长；存款增速先慢后快，与基数效应相关；信贷增速先快后慢，利率先升后降，主要受房地产市场调控影响；金融市场整体活跃；金融服务实体经济能力不断提高。

2017年，国内经济下行压力仍然存在，深圳经济预计仍将延续平稳增长趋势。深圳市金融业将根据稳健中性货币政策的各项要求，进一步加大对实体经济的支持力度，同时，切实加强宏观审慎管理，严防系统性金融风险。

一、金融运行情况

2016年，深圳市金融业认真贯彻稳健货币政策，银行体系流动性合理充裕，货币信贷和社会融资规模平稳较快增长，利率水平低位运行，金融市场整体活跃，服务实体经济的能力不断增强。截至2016年年末，深圳市银行、证券、保险业资产总额9.5万亿元，同比增长10.5%。2016年实现净利润1 976.6亿元，同比下降14.1%。

（一）银行业健康稳定发展

1. 银行业金融机构资产规模扩大,利润增长放缓。截至2016年年末，深圳市银行业金融机构营业网点1 849个，比年初增加64个；从业人数达到71 553人，比年初减少804人（见表1）；总资产7.8万亿元，同比增长14.7%；受存贷款利差缩减、手续费及佣金收入下滑等因素影响，全年净利润965亿元，同比增长0.94%,较上年低19.1个百分点。

表1　2016年深圳市银行业金融机构情况

机构类别	营业网点			法人机构（个）
	机构个数（个）	从业人数（人）	资产总额（亿元）	
一、大型商业银行	633	23 291	28 454	0
二、国家开发银行和政策性银行	3	309	4 662	0
三、股份制商业银行	557	27 346	28 755	2
四、城市商业银行	149	4 642	5 708	1
五、城市信用社				0
六、小型农村金融机构	199	3 024	2 341	1
七、财务公司	10	383	1 102	10
八、信托公司	2	1 284	452	2
九、邮政储蓄银行	141	1 718	693	0
十、外资银行	95	5 356	3 615	4
十一、新型农村金融机构	51	1 282	316	10
十二、其他	9	2 918	2 372	3
合　计	1 849	71 553	78 469	33

注：营业网点不包括国家开发银行和政策性银行、大型商业银行、股份制商业银行等金融机构总部数据；大型商业银行包括中国工商银行、中国农业银行、中国银行、中国建设银行和交通银行；小型农村金融机构包括农村商业银行、农村合作银行和农村信用社；新型农村金融机构包括村镇银行、贷款公司、农村资金互助社和小额贷款公司；“其他”包含金融租赁公司、汽车金融公司、货币经纪公司、消费金融公司等。

数据来源：中国人民银行深圳市中心支行。

2. 存款增长波动较大，主要受“基数效应”及房地产市场调控影响。截至2016年12月，深圳市金融机构本外币存款余额6.4万亿元，同比增长11.5%，比年初增加6 629亿元，同比少增1 269亿元。其中，人民币存款余额5.96万亿元，同比增长10.7%，比年初增加5 762亿元，同比少增1 297亿元；外币存款余额698.5亿美元，同比增长

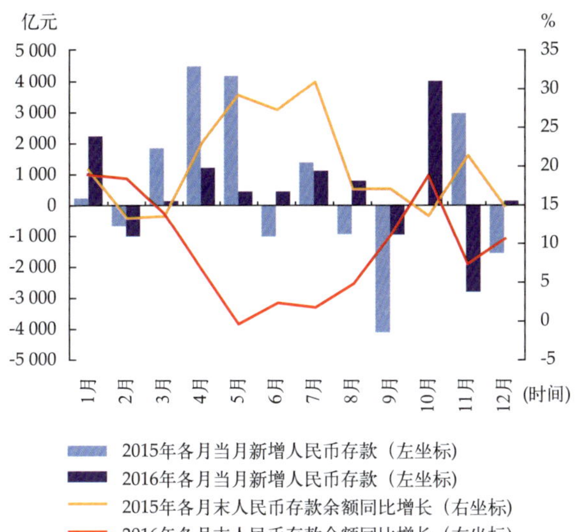

数据来源：中国人民银行深圳市中心支行。

图1　2015～2016年深圳市金融机构人民币存款增长变化

14.0%，比年初增加85.8亿美元，同比少增13.7亿美元。从趋势看，1～5月，存款增速明显趋缓，主要是上年同期股市火热，非银行金融机构存款大增，放大了比较基数。6～9月，“基数效应”逐渐消退，存款增速快速回升。第四季度，受房地产市场调控及资管严控等因素影响，存款增速收窄7个百分点。

3. 受房地产调控影响,贷款增速由升转降,但小微企业贷款增长较快。截至2016年12月，深圳金融机构本外币贷款余额4.1万亿元，同比增长24.9%，比年初增加8 078亿元，同比多增3 762亿元。其中，人民币贷款余额3.5万亿元，同比增长24.6%，比年初增加6 942亿元，同比多增2 574亿元。外币贷款余额772.9亿美元，同比增长18.8%，比年初增加122.2亿美元，同比多增170.5亿美元。分期限看，中长期多增，短期少增。12月末，本外币短期贷款余额11 701亿元，较年初增加2 233亿元，同比多增1 317亿元；中长期贷款余额23 873亿元，较年初增加5 061亿元，同比多增2 189亿元。分部门看，住户和企业部门贷款均实现大幅增长。12月末，本外币非金融企业贷款余额23 058亿元，较年初增加3 501亿元，同比多增2 307亿元；住户贷款余额15 135亿元，较年初增加4 194亿元，同比多增1 233亿元。整体来看，房地产贷款是各项贷款

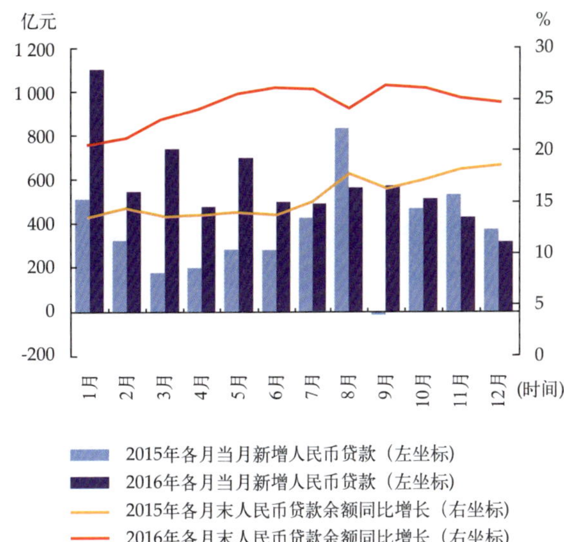

数据来源：中国人民银行深圳市中心支行。

图2　2015～2016年深圳市金融机构人民币贷款增长变化

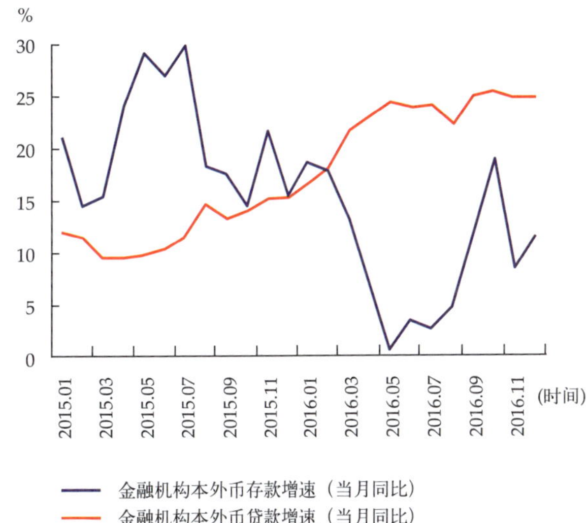

数据来源：中国人民银行深圳市中心支行。

图3　2015～2016年深圳市金融机构本外币存、贷款增速变化

快速增长的主要动力。2016年新增各项贷款中，房地产贷款占比49.6%，同比高0.5个百分点。由于房地产贷款是中长期贷款及住户贷款的主要组成部分，因此带动了二者的快速增长。2016年第四季度，受房地产市场调控影响，房地产贷款增速放缓，各项贷款增速随之下降。另外，小微企业贷款增长较快。2016年12月末，深圳市金融机

构大、中、小微企业人民币贷款余额分别为8 403亿元、5 892亿元和3 661亿元，同比分别增长13.0%、11.3%和28.3%。1~6月，深圳小微企业贷款增速持续下行，低于大、中型企业，但从7月开始，由于监管问责力度加大等原因，小微企业贷款增速“一跃”超过大、中型企业。

4. 表外业务规模萎缩。2016年，《关于规范金融机构同业业务的通知》（银发〔2104〕127号）等政策效果继续显现，深圳表外融资规模明显收缩。一是传统表外业务（委托贷款、信托贷款和未贴现银行承兑汇票）规模萎缩。二是同业业务规模总体下降。从深圳四家同业业务规模逾千亿元的地方法人银行（招商银行、平安银行、华商银行、深圳农村商业银行）情况看，2016年年末，同业资产余额为22 921.8亿元，在总资产中的占比从年初的28.8%降至25.5%；同业负债余额为18 626.6亿元，在总负债中的占比从年初的23.1%降至22.3%；同业资产负债率从年中的131.7%降至81.3%。2016年年末，四家银行主要同业业务规模如下：买入返售非标准化债权资产余额79亿元，较年初减少1 747亿元，场内拆借、买入返售标准化金融资产等标准化金融资产投资余额为7 755亿元，较年初增长35.4%；同业理财投资余额为26 835.8亿元，较年初增长50.9%；票据卖出回购的余额为1 185亿元，较年初增长8.0%；同业存单余额为4 255亿元，较年初增长10.0%。

5. 利率水平微幅震荡，市场利率定价自律机制进一步完善。一是存款利率低位运行。2016年12月，深圳市金融机构人民币活期存款加权平均利率为0.31%，与上年基本持平，定存整取加权平均利率为1.83%，较上年同期低0.3个百分点。二是贷款利率先升后降。2016年，深圳市金融机构新发放贷款加权平均利率为6.1%，同比提高0.5个百分点。其中：浮动利率贷款加权平均利率为5.5%，同比提高0.1个百分点；固定利率贷款加权平均利率为6.4%，同比提高0.6个百分点，主要是小微企业贷款及前海微众银行“微粒贷”增长较快，拉高了整体利率水平。分月看，前三个季度利率走高，第四季度下降，主要是受房地产调控影响，房贷需求由强转弱，银行信贷额度宽松导致。三是同业资金价格走高。2016年，货币市场

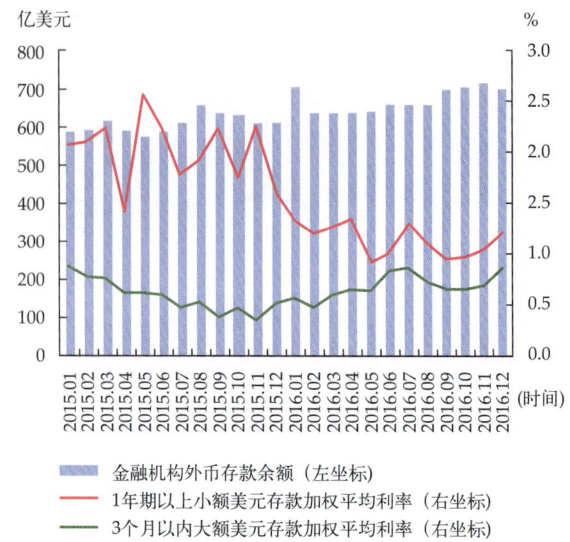

数据来源：中国人民银行深圳市中心支行。

图4　2015～2016年深圳市金融机构外币存款余额及外币存款利率

表2　2016年深圳市金融机构人民币贷款各利率区间占比

单位：%

月份		1月	2月	3月	4月	5月	6月
	合计	678.4	361.9	780.0	462.7	2 471.1	843.4
	下浮	117.515	68.7347	361.639	73.5882	1261.6406	52.6002
	基准	103.396	20.7326	46.1957	51.457	23.8891	246.294
上浮	小计	457.5	272.5	372.2	337.6	1 185.5	544.5
	(1.0，1.1]	199.067	136.648	111.942	110.761	100	151.154
	(1.1，1.3]	163.668	102.711	163.203	143.315	985.5297	263.467
	(1.3，1.5]	86.3498	29.8602	89.3641	77.2382	100	115.385
	(1.5，2.0]	6.9314	2.6981	5.7528	4.6722		12.6165
	2.0以上	1.5094	0.552	1.8922	1.6366		1.8958
月份		7月	8月	9月	10月	11月	12月
	合计	488.7	688.2	639.7	531.8	783.9	698.6
	下浮	74.5589	256.325	121.079	88.3923	185.7016	136.974
	基准	46.7366	43.9328	104.148	81.0995	156.5497	144.511
上浮	小计	367.4	387.9	414.5	362.3	441.7	417.1
	(1.0，1.1]	109.57	91.9422	153.621	107.62	193.0567	191.981
	(1.1，1.3]	143.194	191.717	161.923	162.887	171.3738	165.291
	(1.3，1.5]	103.903	92.1179	89.1302	63.558	71.1941	52.9324
	(1.5，2.0]	8.7643	8.7279	9.6434	14.6652	5.8634	6.7085
	2.0以上	1.975	3.4353	0.1353	13.5903	0.1764	0.2174

数据来源：中国人民银行深圳市中心支行。

流动性总体宽裕，但是进入第四季度，由于金融去杠杆、金融市场违约事件频发等因素影响，货币市场资金价格稳中有升，同业线下资金价格随

之大幅升高。2016年12月，深圳金融机构同业定期和活期存款的平均利率分别为4.03%和1.48%，比年初分别提高110个基点和12个基点。四是民间借贷利率下降，全年加权平均值为25.2%，同比降低0.8个百分点。此外，深圳市场利率定价自律机制进一步完善。主要是结合深圳各类型商业银行存款定价的实际情况，制订《人民币存款利率自律工作方案》；实行差别化的利率定价管理，允许各类型机构利率水平体现风险差异；提高利率水平透明度，将深圳银行机构主要利率水平在自律机制框架下发布；进一步完善自律机制组织架构，将所有存款类机构纳入自律机制等。

专栏1　金融机构资产负债多元化趋势及其风险分析

近期，中国人民银行深圳市中心支行行对辖内7家地方法人银行资产负债情况进行了调查。调查发现，各行顺应“大资管”时代的资产配置需求，积极探索业务转型升级，拓展了实体经济融资渠道，但另一方面也存在监管套利、产品多层嵌套导致风险加大等问题，对此应予充分关注。

一、各行资产负债结构及变化趋势

（一）负债结构及其变化趋势。一是各项负债平稳增长，呈多元化趋势。2016年12月末，7家法人机构表内负债余额为3 596.7亿元，同比增长15.4%，表外负债余额为157.7亿元，同比增长3.5%。表内负债中，各项存款余额2 954.0亿元，同比增长32.5%，占82.1%，较上年同期高10.6个百分点；同业负债余额598.3亿元，同比减少6.9%，占16.6%，较上年同期低4个百分点；存单发行余额47.6亿元，同比减少67.0%，占1.3%，较上年同期低3.3个百分点。二是各项负债呈现一定的多元化趋势，主要表现为2014年同业存单始发、2015年大额存单始发及2014年以来卖出回购的激增。三是主要负债期限缩短。定期存款加权平均期限由4年前的1.62年降至1.32年，表外负债由5年前的0.88年降至0.53年。四是负债利率下降。由于近年来连续降息，存款加权平均利率由2014年的1.7%降至1.5%，同业存单加权平均利率由4.4%降至2.9%，表外负债加权平均收益率由5.61%下降至3.65%。

（二）资产结构及其变化趋势。一是各项资产平稳增长，亦呈多元化趋势。2016年年末，7家法人机构表内资产余额为3 916.2亿元，同比增长16.1%，表外理财资产余额160亿元，同比增长3.6%。表内资产中，各项贷款余额1 743.6亿元，同比增长16.9%，占44.5%，较上年同期微增0.3个百分点；债券投资余额601.7亿元，同比增长16.9%，占15.4%，与上年同期基本持平；存放非存款类金融机构款项余额294.3亿元，同比增长0.4%，占7.5%，较上年同期低1.3个百分点；股权及其他投资余额263.5亿元，同比减少16.3%，占6.7%，较上年同期低2.6个百分点。表外理财资产中，境内资金信托及资管计划投资占比近九成。二是2014年以来增加了同业存单投资等业务品种，资产类型进一步丰富。三是主要资产期限延长。贷款期限由2012年的5.41年逐年延长至6.35年，存单投资由2013年的0.25年逐年延长至0.47年，债券投资由2012年的2.43年逐年延长至3.36年，表外理财资产由2012年的0.7年逐年缩短至0.43年。四是表内外资产收益率全线下降。表内资产收益率由2012年的1.6%降至1.2%，表外资产利率由6.2%降至3.8%。

二、资产负债多元化趋势的影响

资产负债结构多元化趋势有助于改善金融机构盈利能力、流动性管理，推动金融创新及促进金融市场发展，但是同时也面临一些风险和挑战：

一是资产负债错配问题仍然突出。2016年年末，7家法人机构表内贷款加权平均期限为6.35年，有延长之势，而作为主要资金来源的各项存款加权平均期限为1.32年，有缩短之势，同业存单加权平均期限则不足半年，尤其是外资银行，主要以短期同业资金对接中长期贷款，显示资产负债期限错配情况仍然突出，加大了流动性管理的难度。

二是房地产领域占用大量资金。表外理财资产中，近九成为资管计划及信托计划投资，其中多数流入房地产领域。此外，近四年来，住户贷款增速始终高于各项贷款增速，已成为各项贷款增长的主要动力，而住房贷款是住户贷款的主要构成部分。

三是表外理财监管有待完善。比如银行理财嵌套基金专户，对银行理财而言可以通过专户投资银行理财无法投资的部分资本市场产品，而专户可以通过上层架设银行理财规避200人上限及合格投资者约束。此外，中证登自2015年8月起要求，券商资管和基金专户投资人如果为银行，需要提供银行自有资金证明，因此目前普遍做法是银行理财需要嵌套2层通道间接投资资本市场，加大了监管难度。

三、政策建议

一是督促商业银行加强流动性管理，严防期限错配风险。二是加强信贷政策引导作用，对于符合供给侧结构性改革要求特别是服务消费升级，以“去库存”、扶贫贷款为代表的零售贷款给予倾斜性政策。对于国家重点项目、绿色信贷、“中国制造2025”等国家战略性项目和工程适度差别化对待。对于房地产贷款适度从严考核。三是加强理财市场监管，防止有关政策受到规避。

（二）证券期货业净利润大幅下滑

2016年年末，深圳证券期货业经营机构表内总资产1.4万亿元。其中，20家法人证券公司总资产1.3万亿元，25家法人公募基金管理公司总资产351.1亿元，13家法人期货公司总资产712.3亿元。受市场行情影响，深圳证券期货经营机构净利润大幅下降，法人证券公司、公募基金、期货公司全年实现净利润分别为271.4亿元、49.0亿元和9.0亿元，同比分别下降51.0%、11.5%和3.8%。2016年年末，深圳证券期货业资产管理总规模达13.9万亿元（含券商资管、期货资管、公募基金非公募业务和私募机构资管业务），同比增长约三成；在中国证券投资基金业协会完成登记的深圳私募基金管理人为3 544家，管理规模1.2万亿元。

表3　2016年深圳市证券业基本情况

项目	数量
总部设在辖内的证券公司数（家）	20
总部设在辖内的基金公司数（家）	25
总部设在辖内的期货公司数（家）	13
年末国内上市公司数（家）	233
当年国内股票（A股）筹资（亿元）	1 102
当年发行H股筹资（亿元）	—
当年国内债券筹资（亿元）	1 261
其中：短期融资券筹资额（亿元）	79
中期票据筹资额（亿元）	479

数据来源：深圳市证监局。

（三）保险公司业务结构优化

2016年年末，深圳辖内72家非法人保险公司资产总额合计2 850.1亿元，同比下降16.8%；全年累计实现保费收入834.5亿元，同比增长28.9%。险种结构优化，人身险保费大涨近四成；缴费期限结构向好，新单期缴业务增速显著上升。深圳25家法人保险机构年末总资产3.6万亿元，同比增长22.0%；净利润682.2亿元，同比下降6.2%。综合偿付能力充足率均超过100%。辖区退保金支出76.96亿元，退保率为4.0%。

表4　2016年深圳市保险业基本情况

项目	数量
总部设在辖内的保险公司数（家）	25
其中：财产险经营主体（家）	15
人身险经营主体（家）	10
保险公司分支机构（家）	72
其中：财产险公司分支机构（家）	33
人身险公司分支机构（家）	37
保费收入（中外资，亿元）	834
其中：财产险保费收入（中外资，亿元）	257
人身险保费收入（中外资，亿元）	578
各类赔款给付（中外资，亿元）	219
保险密度（元/人）	5 700
保险深度（%）	4

数据来源：深圳市保监局。

（四）金融市场整体活跃

1. 表外融资表内化趋势明显，直接融资占比较为稳定。2016年，深圳社会融资规模10 369.2亿元，同比多增3 297.6亿元，增幅达46.6%。其中，本外币贷款7 478.2亿元，占72.1%，较上年高15.8个百分点；表外融资（委托贷款、信托投资、未贴现银行承兑汇票）558.3亿元，占5.4%，较上年低15.6个百分点，表外融资表内化的趋势明显；直接融资（企业债券及非金融企业境内股票融资）2 038.7亿元，占19.7%，较上年高0.3个百分点，主要是股票IPO发行提速所致。

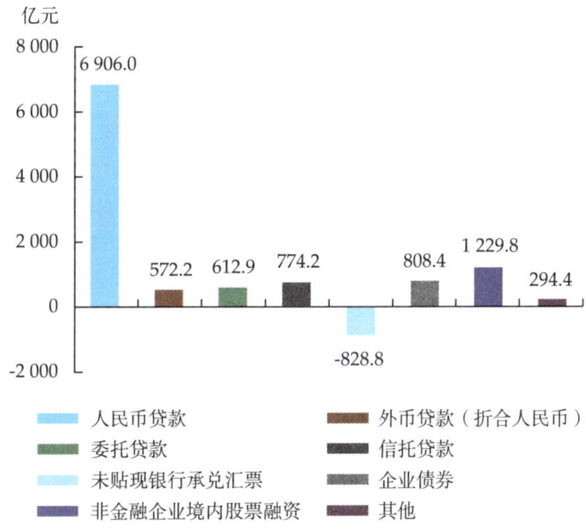

数据来源：中国人民银行深圳市中心支行。

图5　2016年深圳市社会融资规模分布结构

2. 货币市场交易量大幅增长。2016年，市场流动性总体宽裕，资金利率长时间低位运行，带动货币市场成交显著增长。1~12月，合计成交94.4万亿元，同比增长48.8%，延续了上年的大幅增长趋势。其中，信用拆借合计成交18.2万亿元，同比增长101.5%；质押式回购合计成交69.8万亿元，同比增长34.6%；买断式回购合计成交6.4万亿元，同比增长152.7%。从交易期限上看，短期限品种交易量占比较大，隔夜和7天期限品种交易量占比超过90%。

3. 票据承兑、贴现及再贴现量各有增减，利率趋于下行。2016年，国内经济仍面临下行压力，加之票据案件频发，企业签发银行承兑汇票量有所减少。截至12月末，银行承兑汇票余额为2 765亿元，同比下降13.6%，其中，制造业及批发零售业约占签发总额八成；企业票据贴现余额为1 237亿元，同比增长44.5%；全年共有16家金融机构办理票据再贴现67.2亿元，余额13.2亿元，同比下降38.3%。由于市场流动性充裕，贴现利率趋于下行。

表5　2016年深圳市金融机构票据业务量统计

单位：亿元

季度	银行承兑汇票承兑		贴现			
			银行承兑汇票		商业承兑汇票	
	余额	累计发生额	余额	累计发生额	余额	累计发生额
1	3 086	1 290.7	1 192	18 435.4	108.4	214.8
2	2 931	2 629.3	1210	42 473.2	87	603.6
3	2 744	3 873.5	1424	53 782.4	77.7	838.4
4	2 765	5 241.8	1 237	60 166.2	107	1 186.9

数据来源：中国人民银行深圳市中心支行。

表6　2016年深圳市金融机构票据贴现、转贴现利率

单位：%

季度	贴现		转贴现	
	银行承兑汇票	商业承兑汇票	票据买断	票据回购
1	3.43	4.57	3.33	2.98
2	3.54	3.74	2.87	3.14
3	2.97	4.79	2.81	2.91
4	3.28	4.92	3.08	3.11

数据来源：中国人民银行深圳市中心支行。

4. 证券市场成交大幅下降，深港通平稳启动。2016年，受金融降杠杆、公司价值重估和熔断机制实施等因素影响，证券市场剧烈波动，深证综指年末报收于1 969.1点，较年初下跌14.7%。深交所全年累计股票成交金额77.6万亿元，同比减少36.7%。12月5日，深港通正式上线启动，深股通、港股通每日额度分别为130亿元、105亿元人民币，当月的日均额度使用率分别为7.3%和3.8%，跨境资金流向呈“北多南少”特点。

5. 黄金交割量降幅较大。2016年，上海黄金交易所深圳会员黄金交易量11 159吨，同比增长72.3%，深圳会员占金交所全部会员黄金交易量的20.0%，占比上升3.1个百分点。金融类会员黄金交易量1.0万吨，同比增长88.5%，占深圳全部会员黄金交易量的93.1%。黄金交割库出库量1 327吨，同比下降28.7%，占金交所黄金出库量的66.4%，占比同比下降5.3个百分点，主要是黄金消费量下降导致。

（五）区域金融改革迈上新台阶

2016年，深圳积极推进金融改革。一是大力推进前海蛇口自贸区金融创新。制定前海蛇口自贸区跨境人民币业务创新发展方案、外汇管理实施细则；扩大跨境人民币贷款境外参与机构范围，将跨境人民币借款方由仅限香港机构拓展至港澳及国外机构；进一步放宽自贸区企业办理跨境人民币、外汇资金池的准入条件；稳妥推进前海外债宏观审慎管理改革试点，扩大企业跨境融资便利。二是完善存款保险制度。正式对全市19家法人投保机构进行评级，顺利完成保费基础和保费金额的核定与上报工作。三是大力推动资本项目可兑换。在全市积极推进全口径跨境融资宏观审慎管理试点，简化直接投资外汇登记，外汇资本金实施意愿结汇。四是不断推进外汇管理体制改革。全国首家推行货物贸易跨境收支审核影像资料，逐步实现单证无纸化；企业联机接口服务推广工作走在全国前列；允许进料加工企业采用境外轧差方式结算贸易资金，减少企业资金占用成本；扩大跨境电子商务外汇支付试点，支持外贸新业态发展。此外，跨境人民币业务创新及利率定价自律机制建设取得新进展。

（六）金融生态环境建设进一步优化

2016年，深圳金融生态环境进一步优化。一是完善征信管理。扩大征信系统覆盖面，将深圳供电局、住建局的有关行政处罚信息加载至征信系统，不断丰富非银行信用信息；拓展查询渠道，已形成柜面查询、自助查询设备查询、互联网查询、网银查询等多渠道并行的局面；深化社会征信机构管理，稳妥做好深圳地区企业征信机构备案工作；多措并举，加强协作，积极推进深圳市社会信用体系建设。二是推进支付结算系统建设及市场秩序整顿。开办深港支票联合结算受理香港电子支票托收业务，实现香港电子支票在深圳的跨境使用和清算，大大加快了深港之间资金结算速度；切实做好ACS各项基础工作，提高金融服务水平；开展银行结算账户专项检查，整肃市场秩序，从源头上防范网络电信诈骗和银行票据案件；推动支付机构兼并重组，实现资源优化组合。三是做好消费者权益保护。开展“金融知识普及月”活动，通过全市1 500多个金融机构网点及电台直播方式答疑解惑；进行金融消费权益保护专项检查，提出针对性监管意见；正式启用金融消费权益保护信息管理系统，增加金融消费者投诉处理渠道，投诉办结率达95%以上。

二、经济运行情况

2016年，深圳有效应对外部经济下行压力，主动适应和引领经济发展新常态，全力推动有质量的稳定增长和可持续的全面发展，主要经济指标稳中走强。初步核算，全年实现地区生产总值19 492.6亿元，同比增长9.0%。三次产业比重为0.0：39.5：60.5，产业结构进一步优化。

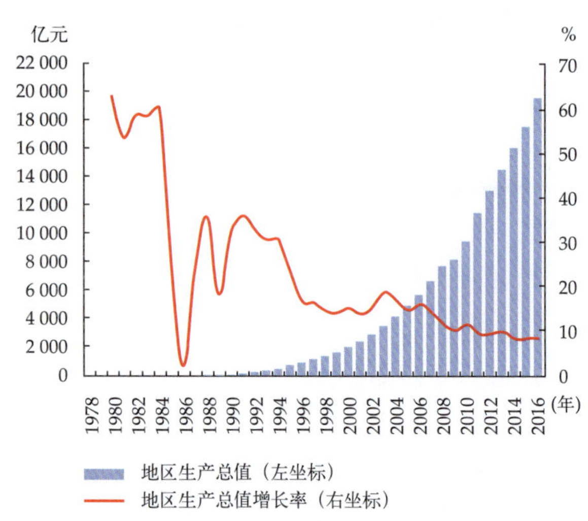

数据来源：深圳市统计局。

图6　1978～2016年深圳市地区生产总值及其增长率

（一）投资增速创新高

1. 固定资产投资增速创新高。2016年，深圳完成固定资产投资4 078.2亿元，同比增长23.6%，增速创1994年以来新高。其中，基础设施投资865.0亿元，同比增长21.2%，占固定资产投资比重为21.2%；城市更新改造投资682.9亿元，同比

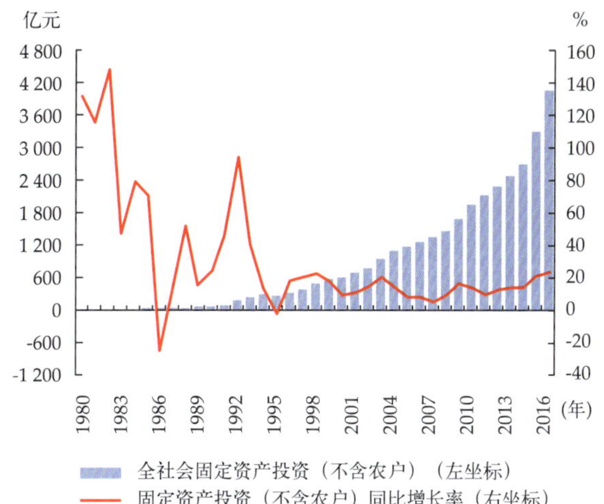

数据来源：深圳市统计局。

图7　1980～2016年深圳市固定资产投资（不含农户）及其增长率

增长19.2%，占固定资产投资比重为16.7%；建安工程投资2 550.1亿元，同比增长19.8%，占固定资产投资比重为62.5%。

2. 商品销售平稳增长。2016年，深圳市社会消费品零售总额累计完成5 512.8亿元，同比增长8.1%，商品销售总额24 860.2亿元，同比增长5.8%。从消费类别看，食品饮料烟酒类增长17.5%，日用品类增长15.1 %，汽车类增长12.7%，通信器材类增长4.9%，服装鞋帽针织类和体育娱乐用品类均增长4.1%。

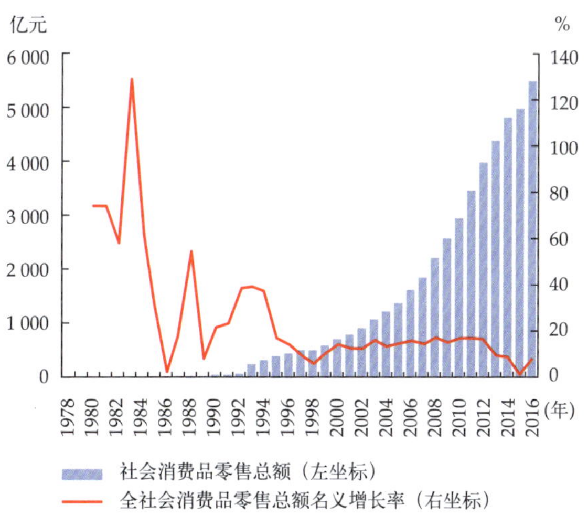

数据来源：深圳市统计局。

图8　1978～2016年深圳市社会消费品零售总额及其增长率

3. 外贸进出口降幅有所收窄。2016年，同比深圳进出口贸易总额累计完成26 307.0亿元，下降4.4%，较上年收窄3.8个百分点。其中，出口总额15 680.4亿元，同比下降4.5%，较上年收窄1.5个百分点，出口规模连续24年居全国内地城市首位；进口总额10 626.6亿元，同比下降4.2%，较上年收窄6.9个百分点。

2016年，深圳市实际利用外资67.32亿美元，增长3.6%。

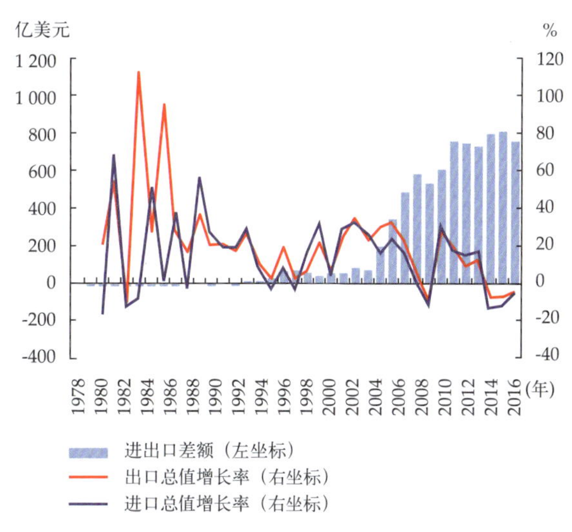

数据来源：深圳市统计局。

图9　1978～2016年深圳市外贸进出口变动情况

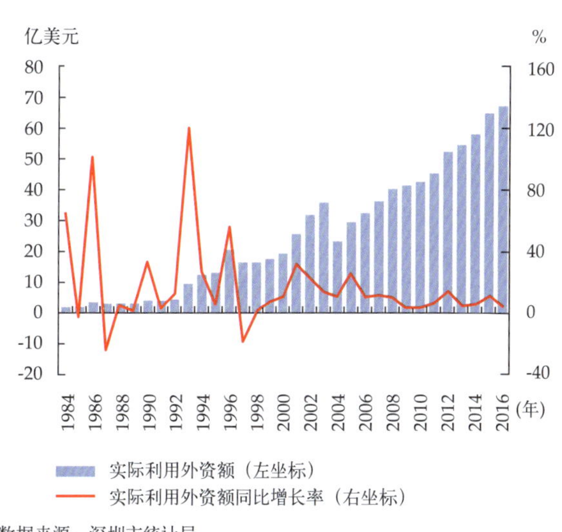

数据来源：深圳市统计局。

图10　1984～2016年深圳市实际利用外资额及其增长率

（二）工业生产及服务业平稳增长

1. 工业高端化发展态势良好。2016年，深圳市规模以上工业增加值7 199.5亿元，同比增长7.0%，分别高出全国和全省1.0个百分点和0.3个百分点。全市先进制造业增加值5 428.4亿元，同比增长8.5%，增速高于全市规模以上工业1.5个百分点，占规模以上工业增加值比重为75.4%；高技术制造业增加值4 762.9亿元，同比增长9.8%，增速高于全市规模以上工业2.8个百分点，占全市规模以上工业增加值比重达到66.2%。同期，规模以上工业企业经济效益总体向好。全年实现利润总额1 734.3亿元，同比增长7.0%，主营业务收入增长4.6%，财务费用下降10.7%，工业经济效益综合指数达到244.3%，同比提高21.0个百分点。

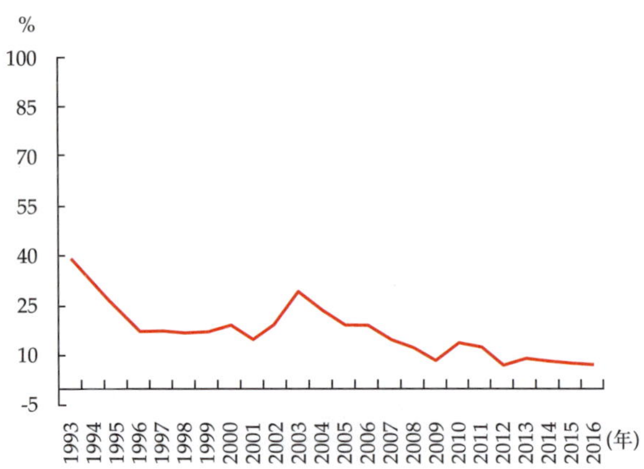

数据来源：深圳市统计局。

图11　1993～2016 年深圳市规模以上工业增加值同比增长率

2. 服务行业平稳增长。2016年，深圳货运量、货运周转量、客运量、旅客周转量分别增长0.6%、-0.9%、5.5%和9.1%。深圳机场旅客吞吐量4 197.52万人次，同比增长5.7%。深圳港口集装箱吞吐量2 397.93万TEU，同比增长-0.9%。

3. 供给侧结构性改革精准发力。2016年，深圳市继续从质量引领、创新驱动、转型升级等方面发力供给侧，制订实施供给侧结构性改革总体方案和专项行动计划，进一步在提高供给质量上下工夫，在增强供给能力上出实招，不断增创供给侧新优势。深圳全年工业技改投资增长15.3%，民间投资增长61.5%；新增商事主体56万户，增长26.2%，累计达265万户。与此同时，深圳积极开展降低实体经济成本行动，实施“营改增”、调整“五险一金”、取消15项涉企行政事业性收费等政策措施，全年为企业减负超过1 200亿元，比上年多减负500亿元。

4. 构建综合创新生态体系的效应不断显现。2016年，深圳建设科技、产业创新中心的定位纳入国家“十三五”规划，创新能力加快提升。全社会研发投入超过800亿元，占GDP比重提高至4.1%，新增国家省市级重点实验室、工程实验室、工程研究中心、企业技术中心等创新载体210家，累计达1 493家。PCT国际专利申请量增长约50%，占全国一半。绿色发展质量进一步提升，宜居宜业的环境优势不断彰显。全年空气优良天数提高至354天，居内地城市最优水平。绿色建筑面积增长61%，总量达5 320万平方米。碳交易扩大至交通领域，管控企业增加至824家。治水提质效果初显，全年投入111亿元，启动461个治水项目，15条主要河流中有10条水质改善，建成区黑臭水体减少35.6%，整治83公里河道和142个内涝点。

（三）物价指数运行平稳

2016年1~12月，物价指数运行平稳。深圳市全年居民消费价格（CPI）上涨2.4%，涨幅较上年提升0.2个百分点。其中，食品烟酒类上涨4.4%，

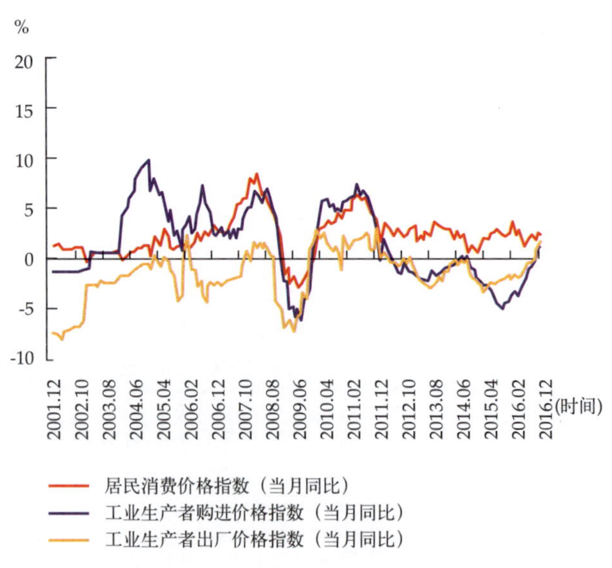

数据来源：深圳市统计局。

图12　2001～2016年深圳市居民消费价格和生产者价格变动趋势

衣着类上涨2.7%，生活用品及服务类上涨0.8%，医疗保健类上涨3.8%，交通和通信类下降2.6%，教育文化和娱乐类上涨1.2%，居住类上涨2.9%，其他用品和服务类上涨3.3%。2016年12月，深圳市工业生产者出厂价格(PPI)上涨1.8%，工业生产者购进价格上涨1.9%，连续3个月保持正增长。

（四）财政收入持续增长

2016年，深圳财政收入保持增长。在全面落实各项税费减免政策的基础上，一般公共预算收入3 136.4亿元，同比增长15.0%；一般公共预算支出4 178.0亿元，同比增长18.6%。

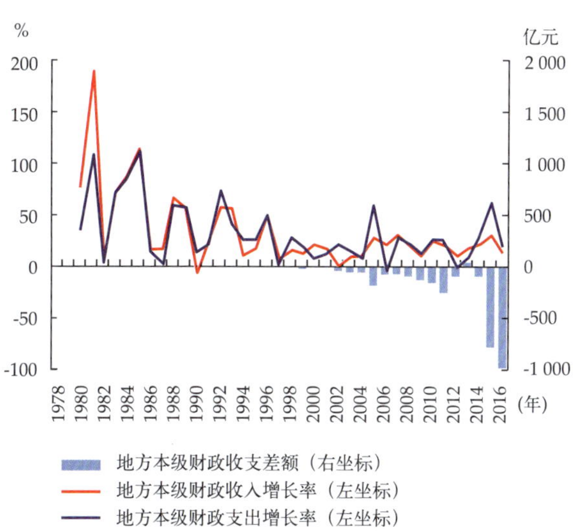

数据来源：深圳市统计局。

图13　1978～2016年深圳市财政收支状况

（五）房地产市场显著降温

1. 房地产开发投资大幅增长。2016年，深圳完成房地产投资1 756.5亿元，同比增长32.0%，较上年同期提高7.5个百分点。其中，住宅投资1 044.5亿元，增长16.4%，较上年同期下降6.4个百分点，住宅投资占房地产开发投资的比重为59.5%。

2. 土地供应大增，住宅供应下降近四成。2016年，深圳土地市场较为活跃，共推出各类用地59宗，其中住宅用地5宗，推出土地面积为21.0万平方米，同比增长60%。商业用地推出21宗，推出土地面积为109.6万平方米，同比增长103%。全年成交各类用地47宗，共计218.7万平方米，同比增长24.8%。其中住宅用地4宗，土地面积为18.7万平方米，同比增长40%，整体溢价率121.6%。成交商业用地16宗，共计82.3万平方米，同比增长14.6%，整体溢价率7.7%。2016年推出商品住宅面积441.0万平方米，同比下跌38.4%。

3. 住房销售大幅减少。2016年，深圳商品住宅成交40 443套，共计417.9万平方米，成交面积同比下跌37.2%。其中，第一季度延续2015年年末火爆态势，成交量达全年小高峰；第二季度受“3·25”房地产调控新政影响，成交量逐步下降，市场暂短修整；9月楼市明显回暖，第四季度受“10·4”房地产调控政策影响，成交持续下降，12月降至全年最低位，仅成交21.8万平方米。

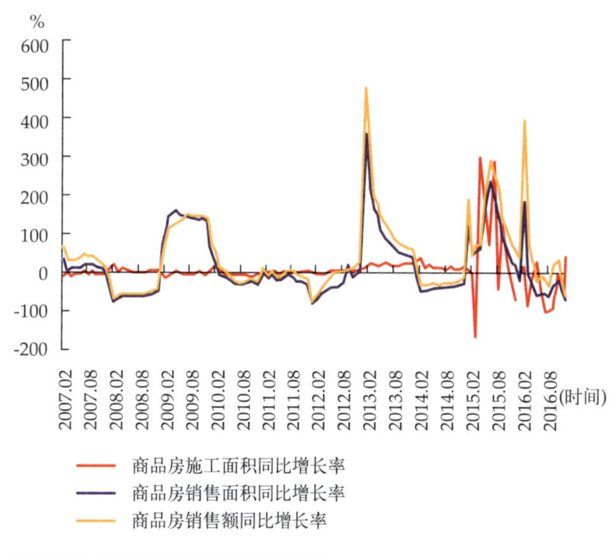

数据来源：深圳市规划和国土资源委员会。

图14　2007～2016年深圳市商品房施工和销售变动趋势

4. 住房价格大幅增长后稍有回落。2016年，深圳新建商品住房成交均价为53 454.8元/平方米，同比大幅增长六成。分月看，住房销售价格自年初一路上扬，至6月达全年最高峰，为61 756元/平方米。7月调整后继续维持小幅增长。“10·4”新政后，价格有所回落。

5. 房地产贷款增长放缓。2016年年末，深圳人民币房地产贷款余额为13 360.3亿元，同比增

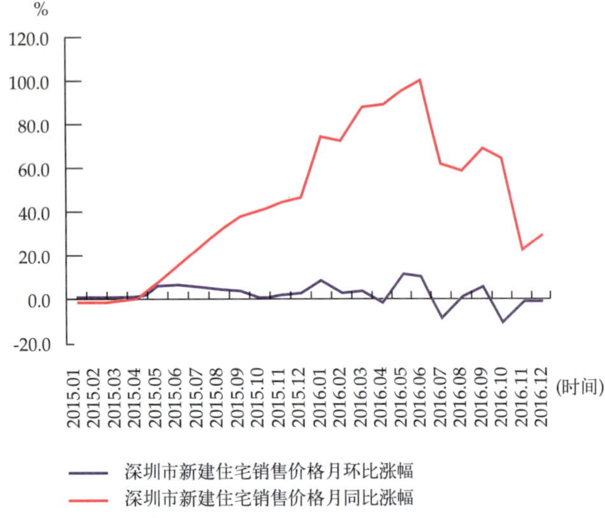

数据来源：深圳市规划和国土资源委员会。

图15 2015～2016年深圳市新建住宅销售价格变动趋势

长28.0%，较上年增速低1.9个百分点；占各项人民币贷款余额的46.4%，较上年占比低2.7个百分点。其中，房地产开发贷款余额为2 276.1亿元，占房地产贷款余额的17.0%，较上年占比低2.2个百分点；同比增长15.2%，较上年增速高12.3个百分点。个人住房贷款余额为9 923.6亿元，占房地产贷款余额的74.3%，较上年占比高0.2个百分点；同比增长33.7%，较上年增速低4.4个百分点，自2016年6月开始逐月下降，并带动房地产贷款增速整体下降；全年新增2 503.6亿元，占人民币各项贷款增量的36.1%，较2015年下降12.5个百分点。

6. 房地产贷款质量略有下降，但仍较为良好。2016年12月，深圳房地产贷款不良率为0.27%，较年初高0.05个百分点。其中，房地产开发贷款不良率为0.45%，较年初高0.34个百分点；个人住房贷款不良率为0.16%，较年初高0.04个百分点。

专栏2 深圳市互联网金融概况、问题及建议

一、深圳市互联网金融概况

一是传统金融互联网化趋势明显。随着互联网技术的发展，深圳各传统金融机构纷纷顺应国家“互联网+”战略的要求，布局互联网金融，积极实现实体到网络、线下到线上的转变，加快推进业务互联网化发展。二是新兴互联网金融快速发展。P2P网贷行业方面，2016年网贷成交额4 566.0亿元，同比增长72.8%，年末余额1 520.1亿元，全国排名第三。众筹行业方面，2016年成交48.9亿元，同比增长33.5%；众筹平台183家，占全国的13.9%。从其他互联网金融行业看，深圳拥有第三方支付机构法人机构19家，不乏财付通等知名机构，交易规模均居全国前列。此外，深圳拥有国内首家民营银行和互联网银行——微众银行。该行于2015年5月上线首款“微粒贷”产品，截至12月末，客户已超过6 000万户，余额已达252.4亿元，一年之内增长将近20倍。

二、深圳市引导、支持和规范互联网金融情况

一是出台政策支持互联网金融发展。2014年3月15日，深圳在全国范围内率先发布了《深圳市人民政府关于支持互联网金融创新发展的指导意见》。二是进行互联网金融风险专项整治。根据国家互联网金融风险专项整治工作部署，深圳积极推进专项整治工作，全年共完成928家P2P网贷企业、139家股权众筹企业、195家互联网保险及分支机构、72家类第三方支付企业、65家通过互联网开展资产管理及跨界从事金融业务企业的风险排查，通过整改，有效规范了互联网金融秩序。

三、深圳市互联网金融存在的问题

P2P方面，借款项目普遍超过规定限额，相关企业面临较大的整改压力，将被迫放弃大额借款业务，转向信用贷、车辆抵押贷等小额借款业务，转型失败的企业将被直接淘汰，转

型成功的企业则将面临更加剧烈的同质化竞争压力；存在大量将借款项目期限进行拆分的违规行为，监管压力下，相关企业不得不延长项目投资期限，获客成本增加，不少企业因此失去存量客户，生存压力增大；仅有25家P2P平台按要求完成银行资金存管，实力较弱的平台将由于银行资金存管门槛较高遭到淘汰。种种压力之下，预计部分P2P中小平台将从市场中良性退出、倒闭甚至跑路，从而影响到投资者利益。

校园网贷方面，审核门槛较低，大部分未落实第二还款来源，个别甚至仅凭身份证就可贷款；不少校园网贷对外只公布月息、服务费，但收取高额的逾期费、催收费，一旦逾期，学生将背负巨大还贷压力；部分校园网贷催收手段违法违规，严重干扰了学生及其家庭的正常生活。

另外，随着互联网金融的兴起，部分不法分子开始以“互联网金融”名义开展各种非法金融活动，“互助社区”“养老项目”“商品返利”“二元期货”等名目不一而足，涉嫌传销、非法集资等，加之隐蔽性高，为监管带来较大困难，违约风险因此加大。

四、推进互联网金融健康发展的建议

一是切实推进互联网金融风险专项整治工作。责令违规P2P网贷、校园网贷企业在完成整改前不得新增网络贷款余额，存量违规业务必须逐月降低并限期结清；充分考虑违规P2P企业存在的流动性风险，给予其必要的整改期限，分阶段化解存量风险；树立标杆企业，发挥示范作用，引导行业企业积极向合规标杆企业靠拢。

二是加强类金融企业名称和经营范围管理。当前互联网金融等类金融企业名称和经营范围滥用现象较严重，为监管带来较大困难，也使不法分子有机可乘，脱离监管范围，进行非法金融活动。有必要针对新增企业，制定明确的名称和经营范围注册登记规范办法，以实现统一、规范的管理。

三是建立互联网金融健康发展的长效机制。加快出台促进互联网金融行业健康可持续发展的细则；建设地方金融风险监测预警系统，实现公安部门、开户银行、市场监管部门、企业等信息系统的对接，以非现场监管和现场检查的形式，对企业人员、业务、资金等进行全面的监督管理，并运用大数据、云计算等技术手段，对互联网金融风险进行监测预警，将非法金融活动扼杀在萌芽阶段；改进征信系统，将互联网金融相关信息纳入征信管理；做好行业舆论引导；建立金融风险教育长效机制，将金融风险教育纳入小学和初中课本，通过各种媒体普及金融风险知识等。

三、预测与展望

2017年是深圳市实施“十三五”规划的重要一年，是供给侧结构性改革的深化之年，也是率先全面建成小康社会的攻坚之年。深圳将全面贯彻落实党的十八大，十八届三中、四中、五中、六中全会和习近平总书记系列重要讲话及对深圳工作的重要批示精神，统筹推进“五位一体”总体布局和协调推进“四个全面”战略布局，牢固树立和贯彻落实新发展理念，坚持以供给侧结构性改革为主线，坚定不移打造深圳质量、深圳标准，扎实开展“城市质量提升年”工作，着力扩大有效需求，持续推进转型升级，加快培育发展新动能，大力振兴实体经济，切实保障和改善民生，统筹推动经济社会实现更高质量、更有效益、更可持续的发展。

金融方面，中国人民银行深圳市中心支行将认真贯彻落实稳健中性货币政策要求，保持深圳信贷总量、社会融资规模平稳增长，引导信贷结构优化，进一步加大对实体经济的支持力度。配合总行继续深化金融改革，疏通货币政策传导机制，提高金融运行效率和服务实体经济能力。切实加强宏观审慎管理，做好风险研判与预警，维护金融稳定，为深圳市经济健康发展创造适宜的货币金融环境。

中国人民银行深圳市中心支行货币政策分析小组
总　纂：邢毓静　黄　富
统　稿：张春光　赖纪云　王建党
执　笔：王建党　孟　浩　盖　鹏　黄海涛　钟俊芳
提供材料的还有：黄　练　赵勇惠　陈　易　宋洁章　李海川　李伟珍　高　洁　谢文芳

附录

（一）2016年深圳市经济金融大事记

1月27日，由深圳市互联网金融协会主办的“2015互联网金融行业规范化发展研讨会”在深召开。国务院参事室、深圳市金融办、中国人民银行深圳市中心支行等参会，并发布了全国首部多地联盟的《地方互联网金融协会自律联盟公约》。

3月11日，玉山银行大陆子行及深圳分行在前海顺利举行开幕仪式，该银行是深圳市首家台资法人银行，也是首家将总部设在前海的外资法人银行。

3月25日，深圳市人民政府办公厅发布《关于完善住房保障体系促进房地产市场平稳健康发展的意见》，加强房地产市场调控。

5月26日，招商银行“和萃2016年第一期不良资产支持证券”在银行间债券市场成功发行。这是我国不良资产证券化时隔8年重启后的首单发行，也是全球首单信用卡不良资产证券化产品，开启了中国零售不良资产证券化的先河。

7月11日，国银金融租赁股份有限公司在香港联交所正式挂牌交易。这是国内首家上市的金融租赁公司。

7月18日，经由中国银行业监督管理委员会批准，原华侨银行(中国)有限公司和原永亨银行在华全资子公司永亨银行(中国)有限公司通过吸收合并的方式成立“华侨永亨银行(中国)有限公司”。

10月4日，深圳市人民政府办公厅转发了深圳规划国土委等七部门《关于进一步促进我市房地产市场平稳健康发展的若干措施》的通知，进一步加强房地产市场调控。

12月5日，深港通正式开通，这是继沪港通之后，中国资本市场对外开放又一次新的尝试。

（二）2016年深圳市主要经济金融指标

表1　2016年深圳市主要存贷款指标

		1月	2月	3月	4月	5月	6月	7月	8月	9月	10月	11月	12月
本外币	金融机构各项存款余额（亿元）	60 149.1	59 171.2	59 210.4	60 412.1	60 992.4	61 609.1	62 764.6	63 585.9	62 894.6	67 053.8	64 381.2	64 407.8
	其中：住户存款	9 988.6	9 938.4	10 056.0	10 102.3	10 191.5	10 459.4	10 338.9	10 399.5	10 532.7	10 464.6	10 592.7	10 755.7
	非金融企业存款	21 660.9	21 280.7	22 281.9	22 952.8	23 265.7	23 873.9	24 169.0	25 760.5	26 326.3	27 504.7	27 859.7	28 237.2
	各项存款余额比上月增加（亿元）	2 370.2	-977.9	39.2	1 201.7	580.3	616.7	1 155.6	821.3	-691.3	4 159.2	-2 672.7	26.7
	金融机构各项存款同比增长（%）	18.7	18.2	13.8	7.1	0.9	3.4	2.7	4.8	11.6	18.9	8.6	11.5
	金融机构各项贷款余额（亿元）	33 619.7	34 337.4	35 225.0	35 697.8	36 416.5	36 857.9	37 436.8	38 167.2	38 829.8	39 471.2	39 953.3	40 526.9
	其中：短期	9 825.1	9 951.9	10 276.5	10 280.0	10 340.4	10 547.9	10 667.6	10 916.6	11 245.8	11 349.0	11 505.2	11 701.3
	中长期	19 499.6	19 943.6	20 397.0	20 966.2	21 370.6	21 878.4	22 042.2	22 463.2	22 778.7	23 129.9	23 608.2	23 873.3
	票据融资	1 299.5	1 426.0	1 560.4	1 492.7	1 737.2	1 537.8	1 756.2	1 842.1	1 774.0	1 815.9	1 570.4	1 583.0
	各项贷款余额比上月增加（亿元）	1 170.6	717.7	887.6	472.9	718.6	441.4	578.9	730.4	662.7	641.4	482.1	573.6
	其中：短期	357.1	126.8	324.6	3.5	60.4	207.5	119.7	249.0	329.2	103.2	156.1	196.2
	中长期	687.0	444.0	453.4	569.2	404.4	507.8	163.9	421.0	315.5	351.2	478.3	265.1
	票据融资	109.0	126.5	41.6	-67.7	244.5	-199.4	218.3	86.0	-68.1	41.8	-245.5	12.7
	金融机构各项贷款同比增长（%）	18.7	18.2	13.8	7.1	0.9	3.4	2.7	4.8	11.6	18.9	8.6	11.5
	其中：短期	9.9	12.1	15.0	14.3	14.4	14.3	14.5	16.0	19.0	21.0	21.0	23.8
	中长期	20.2	21.5	24.6	27.4	28.2	30.4	28.7	27.6	27.7	27.9	28.6	26.8
	票据融资	41.0	47.9	77.6	78.3	105.7	57.8	75.6	64.9	75.4	42.9	17.7	33.0
	建筑业贷款余额（亿元）	923.2	923.9	925.3	919.9	925.4	937.9	938.7	961.5	991.4	972.1	981.3	957.6
	房地产业贷款余额（亿元）	2 971.2	3 049.8	3 056.1	3 088.9	3 105.0	3 097.8	3 043.9	3 029.0	3 020.7	3 089.6	3 204.8	3 223.9
	建筑业贷款同比增长（%）	13.5	9.7	9.4	10.5	10.7	11.3	10.5	11.7	15.1	10.5	10.6	7.3
	房地产业贷款同比增长（%）	6.5	8.1	6.8	9.3	10.0	12.0	10.5	9.7	8.9	13.6	15.0	12.9
人民币	金融机构各项存款余额（亿元）	56 012.0	55 011.8	55 123.6	56 304.2	56 774.5	57 237.1	58 388.3	59 183.1	58 259.4	62 285.0	59 451.4	59 562.2
	其中：住户存款	9 749.7	9 694.1	9 807.5	9 852.5	9 937.8	10 197.9	10 068.9	10 129.8	10 254.3	10 147.3	10 259.8	10 391.1
	非金融企业存款	18 187.4	17 775.7	18 867.9	19 511.3	19 705.4	20 191.0	20 496.6	22 083.4	22 400.1	23 475.8	23 754.1	24 206.3
	各项存款余额比上月增加（亿元）	2 211.9	-1 000.2	111.8	1 180.6	470.3	462.6	1 151.2	794.9	-923.8	4 025.6	-2 833.5	110.8
	其中：住户存款	281.1	-55.6	113.4	45.0	85.2	260.2	-129.1	60.9	124.5	-107.0	112.5	131.4
	非金融企业存款	716.4	-411.6	1 092.2	643.4	194.1	485.5	305.7	1 586.8	316.7	1 075.7	278.3	452.2
	各项存款同比增长（%）	19.0	18.5	14.2	6.7	-0.3	2.3	1.8	4.9	11.3	18.9	7.4	10.7
	其中：住户存款	8.1	7.9	8.5	9.8	12.2	11.2	7.1	7.5	7.1	7.5	9.1	9.7
	非金融企业存款	32.1	33.1	36.0	37.8	39.2	40.5	41.2	44.7	42.7	49.0	43.9	38.6
	金融机构各项贷款余额（亿元）	29 327.8	29 864.8	30 604.0	31 084.5	31 783.5	32 282.3	32 768.8	33 332.2	33 903.7	34 421.1	34 849.4	35 165.5
	其中：个人消费贷款	1 169.6	1 194.1	1 251.2	1 307.9	1 406.0	1 522.8	1 633.2	1 754.0	1 867.3	1 963.4	2 083.0	2 174.7
	票据融资	1 298.4	1 424.9	1 560.0	1 491.9	1 726.4	1 520.4	1 730.6	1 816.4	1 745.8	1 783.9	1 536.0	973.4
	各项贷款余额比上月增加（亿元）	1 104.1	537.0	739.1	480.5	699.0	498.7	486.6	563.4	571.5	517.4	428.3	316.1
	其中：个人消费贷款	78.8	24.6	57.1	56.7	98.1	116.8	110.4	120.8	113.3	96.1	119.6	234.3
	票据融资	109.0	126.5	135.1	-68.1	234.5	-206.0	210.2	85.8	-70.6	38.1	-247.9	129.8
	金融机构各项贷款同比增长（%）	20.5	21.0	23.1	24.1	25.5	26.1	25.8	24.0	26.2	26.0	25.1	24.6
	其中：个人消费贷款	60.5	62.3	65.4	66.6	69.8	70.3	76.2	86.7	94.5	98.4	98.9	99.4
	票据融资	40.9	47.8	77.7	78.4	104.7	56.2	73.2	62.7	72.8	40.5	15.2	-18.2
外币	金融机构外币存款余额（亿美元）	705.0	635.5	632.5	636.0	641.1	659.3	658.0	658.0	694.1	705.0	715.9	698.5
	金融机构外币存款同比增长（%）	19.7	7.4	3.1	7.7	12.0	12.3	7.8	-0.2	9.6	12.2	17.6	14.0
	金融机构外币贷款余额（亿美元）	746.6	683.3	715.2	714.3	704.2	690.0	701.8	722.6	737.7	746.6	741.2	772.9
	金融机构外币贷款同比增长（%）	2.3	-3.3	8.0	10.9	8.8	3.2	4.4	7.2	12.4	14.7	14.8	18.8

数据来源：中国人民银行深圳市中心支行。

表2　2001～2016年深圳市各类价格指数

单位：%

年/月	居民消费价格指数		农业生产资料价格指数		工业生产者购进价格指数		工业生产者出厂价格指数	
	当月同比	累计同比	当月同比	累计同比	当月同比	累计同比	当月同比	累计同比
2001	—	97.8	—	—	—	–	—	96.3
2002	—	101.2	—	—	—	99.0	—	93.8
2003	—	100.7	—	—	—	100.5	—	97.7
2004	—	101.3	—	—	—	109.7	—	99.5
2005	—	101.6	—	—	—	105.1	—	98.7
2006	—	102.2	—	—	—	104.2	—	98.2
2007	—	104.1	—	—	—	102.9	—	98.4
2008	—	105.9	—	—	—	105.3	—	99.6
2009	—	98.7	—	—	—	96.3	—	95.3
2010	—	103.5	—	—	—	104.7	—	101.6
2011	—	105.4	—	—	—	105.9	—	101.8
2012	—	102.8	—	—	—	100.0	—	99.9
2013	—	102.7	—	—	—	98.3	—	98.0
2014	—	102.0	—	—	—	99.6	—	99.1
2015	—	102.2	—	—	—	96.5	—	97.6
2016	—	102.4	—	—	—	98.3	—	99.3
2015　1	—	—	—	—	—	—	—	—
2	101.5	101.0	—	—	97.8	97.7	97.4	97.5
3	102.1	101.4	—	—	97.1	97.5	96.8	97.3
4	101.8	101.5	—	—	97.4	97.5	97.1	97.2
5	102.1	101.6	—	—	96.9	97.4	97.4	97.3
6	102.7	101.8	—	—	96.9	97.3	97.7	97.3
7	102.7	101.9	—	—	96.2	97.1	97.4	97.3
8	103.0	102.0	—	—	95.7	96.9	97.6	97.4
9	102.6	102.1	—	—	95.5	96.8	97.8	97.4
10	102.4	102.1	—	—	95.1	96.6	98.0	97.5
11	102.3	102.1	—	—	95.7	96.5	98.1	97.8
12	102.4	102.2	—	—	95.9	96.5	98.3	97.6
2016　1	102.8	102.8	—	—	96.1	96.1	98.0	98.0
2	103.8	103.1	—	—	96.5	96.3	98.3	98.1
3	102.4	103.0	—	—	96.7	96.4	98.3	98.2
4	103.0	103.0	—	—	96.3	96.4	98.2	98.2
5	102.1	102.8	—	—	97.3	96.6	98.4	98.2
6	101.3	102.6	—	—	97.6	96.7	98.7	98.3
7	102.1	102.5	—	—	98.5	97	99.6	98.5
8	101.9	102.4	—	—	99.4	97.3	99.5	98.6
9	102.4	102.4	—	—	99.3	97.5	99.7	98.7
10	101.9	102.4	—	—	100	97.7	100	98.9
11	102.6	102.4	—	—	100.7	98	101.1	99.1
12	102.3	102.4	—	—	101.9	98.3	101.8	99.3

数据来源：深圳市统计局。

表3　2016年深圳市主要经济指标

	1月	2月	3月	4月	5月	6月	7月	8月	9月	10月	11月	12月
绝对值（自年初累计）												
地区生产总值（亿元）	—	—	3 887.90	—	—	8 608.88	—	—	13 768.36	—	—	19 492.60
第一产业	—	—	1.10	—	—	2.81	—	—	4.76	—	—	6.29
第二产业	—	—	1 557.21	—	—	3 352.61	—	—	5 312.18	—	—	7 700.43
第三产业	—	—	2 329.59	—	—	5 253.46	—	—	8 451.41	—	—	11 785.88
工业增加值（亿元）	—	916.49	1 479.18	1 962.17	2 472.11	3 138.20	3 709.99	4 290.51	4 986.52	5 593.40	6 287.79	7 199.47
固定资产投资（亿元）	—	335.54	568.00	848.67	1 166.60	1 609.55	1 949.05	2 255.44	2 670.26	3 130.18	3 578.72	4 078.16
房地产开发投资	—	160.72	266.96	387.57	554.67	754.22	909.73	1 046.29	1 210.45	1 398.95	1 561.42	1 756.52
社会消费品零售总额（亿元）	—	824.82	1 193.51	1 609.22	2 073.91	2 536.28	3 004.88	3 493.23	3 979.10	4 472.27	4 973.96	5 512.76
外贸进出口总额（万美元）	—	519.99	828.79	1 169.38	1 496.40	1 826.74	2 162.31	2 494.25	2 849.69	3 175.61	3 544.73	3 984.39
进口	—	198.61	330.57	466.22	596.59	731.01	859.77	990.83	1 137.91	1 269.33	1 422.02	1 608.92
出口	—	321.38	498.22	703.16	899.81	1 095.73	1 302.54	1 503.42	1 711.78	1 906.28	2 122.71	2 375.47
进出口差额(出口－进口)	—	122.77	167.65	236.94	303.22	364.72	442.77	512.59	573.87	636.95	700.69	766.55
实际利用外资（亿美元）	22 703.00	47 041.00	109 188.00	153 744.00	206 296.00	291 339.00	371 162.00	431 456.00	508 082.00	571 422.00	624 058.00	673 227.00
地方财政收支差额（亿元）	—	622.18	591.48	693.23	646.69	370.17	468.31	357.87	69.48	-154.60	-568.65	-1 067.89
地方财政收入	—	723.61	890.49	1 225.00	1499.95	1 753.98	2 124.51	2 327.85	2 518.14	2 772.74	2 974.10	3 136.42
地方财政支出	—	101.43	299.01	531.77	853.26	1 383.81	1 656.20	1 969.98	2 448.66	2 927.34	3 542.75	4 204.31
城镇登记失业率 (%)(季度)	—	—	2.40	—	—	2.40	—	—	2.30	—	—	2.30
同比累计增长率（%）												
地区生产总值	—	—	8.40	—	—	8.60	—	—	8.70	—	—	9.00
第一产业	—	—	-35.20	—	—	-18.90	—	—	2.80	—	—	-3.70
第二产业	—	—	7.50	—	—	7.30	—	—	6.20	—	—	7.00
第三产业	—	—	9.10	—	—	9.50	—	—	10.50	—	—	10.40
工业增加值	—	7.00	7.60	7.50	7.10	7.50	7.10	6.70	6.60	6.50	6.50	7.00
固定资产投资	—	29.40	23.40	24.50	22.20	24.30	23.10	21.40	20.80	23.00	22.80	23.60
房地产开发投资	—	35.40	28.60	31.40	36.90	38.00	34.30	29.70	29.60	29.70	28.60	32.00
社会消费品零售总额	—	8.80	8.80	8.30	8.20	8.10	8.20	8.00	7.80	7.61	7.90	8.10
外贸进出口总额	—	-18.10	-11.80	-8.70	-7.50	-7.10	-6.90	-7.00	-6.40	-6.60	-7.90	-9.90
进口	—	-19.03	-12.76	-10.32	-8.42	-7.45	-7.47	-7.18	-5.52	-5.35	-7.10	-9.90
出口	—	-17.40	-11.20	-7.60	-7.00	-6.90	-6.50	-6.90	-7.00	-7.40	-8.40	-10.00
实际利用外资	10.86	-9.40	0.30	-8.50	-12.90	-10.80	-0.70	0.80	-2.40	0.20	3.40	3.60
地方财政收入	—	44.60	29.60	30.10	32.40	24.40	22.70	22.80	20.10	16.40	16.30	15.00
地方财政支出	—	-29.10	-40.40	-21.08	13.28	48.09	51.87	7.93	4.43	5.53	18.79	19.44

数据来源：深圳市统计局。

广西壮族自治区金融运行报告（2017）

中国人民银行南宁中心支行货币政策分析小组

[内容摘要] 2016年，广西壮族自治区坚持稳中求进的工作总基调，统筹稳增长和推进供给侧结构性改革，强化创新开放发展，经济运行缓中趋稳、稳中向好，产业结构进一步优化，规模以上工业利润增速居全国前列，物价水平涨势温和，区域经济协调发展。金融业认真落实稳健的货币政策，金融总量持续增长，融资结构不断优化，金融改革成效显著，民生金融工作深入推进，金融生态环境建设取得成效。

2017年，广西将深入实施四大战①，全面推进三大攻坚战②，争取经济筑底企稳。金融业将落实第五次全国金融工作会议精神，贯彻落实稳健中性的货币政策，进一步优化融资结构，深化金融改革创新，维护区域金融稳定，做好民生领域各项金融工作，扩大金融开放合作，切实提高金融支持实体经济的效率。

一、金融运行情况

2016年，广西各金融机构认真贯彻落实稳健的货币政策，社会融资规模合理增长，融资结构不断优化，融资成本持续下降。银行、证券、保险业协调发展，金融生态环境持续优化。

（一）银行业保持稳健，信贷投放平稳回升

1. 机构规模持续扩张，主体不断丰富。2016年年末，广西银行业金融机构资产总额33 075.5亿元，同比增长9%；负债总额31 920.1亿元，同比增长9%；实现税后净利润312.7亿元，同比增长7.2%（不含小额贷款公司）。广西银行业非法人金融机构21家，广发银行落户广西；银行业法人金融机构136家，小额贷款公司372家。

2. 存款增长波动较大。2016年年末，广西本外币各项存款余额2.5万亿元，同比增长11.8%，增速同比基本持平。全年各项存款新增2 684.3亿元，同比多增277.4亿元，分部门看，住户存款和非金融企业存款同比分别多增249.1亿元和282.4亿元，而广义政府存款同比少增168.5亿元。第一至第四季度各项存款分别新增1 492.6亿元、754.8亿元、273.6亿元和163.3亿元，总体呈现逐季递减的走势（见图1）。

表1　2016年广西壮族自治区银行业金融机构情况

机构类别	营业网点			法人机构（个）
	机构个数（个）	从业人数（人）	资产总额（亿元）	
一、大型商业银行	1 992	39 275	11 805.7	0
二、国家开发银行和政策性银行	65	1 713	4 803.7	0
三、股份制商业银行	198	4 249	2 814.3	0
四、城市商业银行	388	7 432	4 221.5	3
五、城市信用社	0	0	0	0
六、小型农村金融机构	2 383	24 699	7 245.8	91
七、财务公司	2	53	136.3	1
八、信托公司	0	0	0	0
九、邮政储蓄银行	979	10 776	1 665.8	0
十、外资银行	4	93	40.7	0
十一、新型农村金融机构	594	7 864	919.9	411
十二、其他	1	40	25.8	1
合　计	6 606	96 194	33 679.5	507

注：营业网点不包括国家开发银行和政策性银行、大型商业银行、股份制商业银行等金融机构总部数据；大型商业银行包括中国工商银行、中国农业银行、中国银行、中国建设银行和交通银行；小型农村金融机构包括农村商业银行、农村合作银行和农村信用社；新型农村金融机构包括村镇银行、贷款公司、农村资金互助社和小额贷款公司；“其他”包含金融租赁公司、汽车金融公司、货币经纪公司、消费金融公司等。

数据来源：广西银监局、中国人民银行南宁中心支行、广西金融办。

①四大战略：创新驱动、开放带动、双核驱动和绿色展。

② 三大攻坚战：基础设施建设、产业转型升级、脱贫。

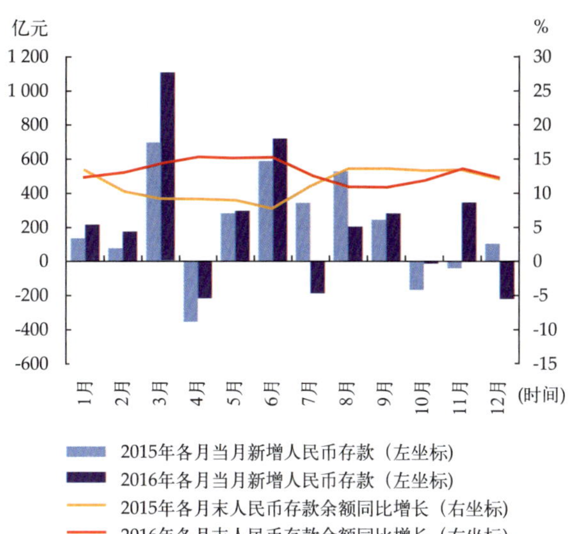

数据来源：中国人民银行南宁中心支行。

图1　2015～2016年广西壮族自治区金融机构人民币存款增长变化

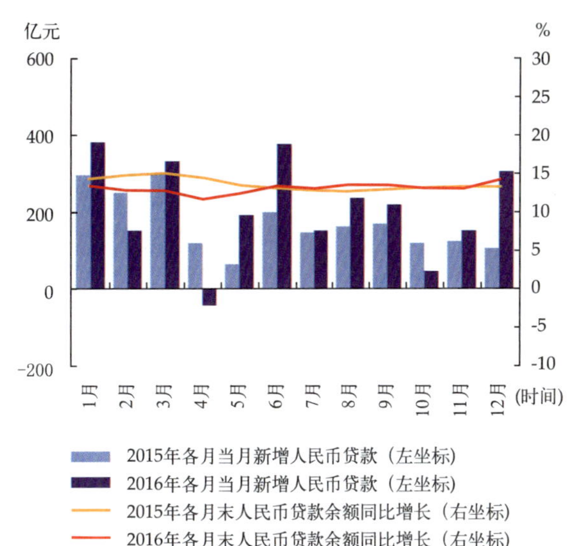

数据来源：中国人民银行南宁中心支行。

图2　2015～2016年广西壮族自治区金融机构人民币贷款增长变化

3. 贷款增长回升，支持实体力度加大。2016年，广西本外币各项贷款增速由4月10.9%的低谷逐步回升（见图3），7月扭转连续12个月低于全国的局面,年末贷款余额2.1万亿元，同比增长13.9%，增速同比提高1.2个百分点，全年新增2 521.2亿元，同比多增472.8亿元。新增的各项贷款中，92%为中长期贷款，48%为房地产领域贷款；新增的企业贷款中，79%为基础设施建设贷款，110%为国有企业贷款，但民营企业贷款呈现负增长。广西人民银行各分支机构全年累计办理再贷款、再贴现281亿元，同比增加60亿元，引导小微企业贷款和涉农贷款同比分别多增193.2亿元和294亿元；金融机构累计使用中国人民银行抵押补充贷款705亿元，促进扶贫贷款累计发放917亿元。

4. 表外业务呈快速发展态势。2016年年末，金融资产服务类业务余额11 155.3亿元，同比增长109.0%，其中委托投资和资产托管类业务同比分别增长83.4%和71.2%；金融衍生品类业务余额226.7亿元，同比增长111.3%；承诺类表外业务余额2 206.7亿元，同比增长12.5%；担保类业务呈下降态势，承兑汇票同比下降20.8%。

5. 存贷款利率明显下降。2016年，广西存款加权平均利率0.95%，同比下降36个基点；一般企业贷款加权平均利率5.49%，同比下降78个基点。

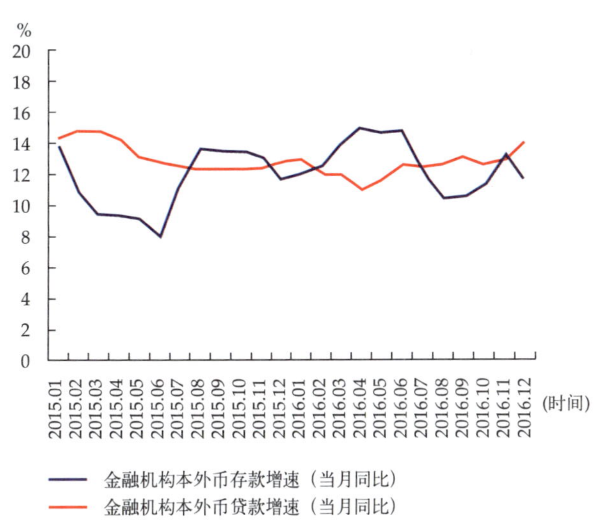

数据来源：中国人民银行南宁中心支行。

图3　2015～2016年广西壮族自治区金融机构本外币存、贷款增速变化

小微企业贷款加权平均利率5.55%，同比下降74个基点；涉农贷款加权平均利率5.85%，同比下降34个基点。民间借贷利率27.22%，同比下降22个基点。2016年，广西金融机构运用支农再贷款、支小再贷款、再贴现工具支持的广西涉农、小微企业贷款加权平均利率分别低于金融机构运用自有资金发放的相应贷款加权平均利率1.8个百分点、0.96个百分点、0.2个百分点。

表2　2016年广西壮族自治区金融机构人民币贷款各利率区间占比

单位：%

月份		1月	2月	3月	4月	5月	6月
合计		100.0	100.0	100.0	100.0	100.0	100.0
下浮		18.7	15.5	13.2	25.9	30.8	25.9
基准		17.1	21.8	25.7	14.4	14.1	21.7
上浮	小计	64.3	62.7	61.2	59.7	55.1	52.4
	(1.0，1.1]	13.1	18.2	14.9	12.1	11.6	11.4
	(1.1，1.3]	16.9	14.4	15.2	13.5	13.2	12.8
	(1.3，1.5]	18.2	15.0	15.9	17.2	14.6	14.1
	(1.5，2.0]	13.9	12.6	13.2	14.3	13.4	11.9
	2.0以上	2.2	2.5	1.9	2.5	2.3	2.2
月份		7月	8月	9月	10月	11月	12月
合计		100.0	100.0	100.0	100.0	100.0	100.0
下浮		22.2	18.8	15.6	25.6	19.9	17.1
基准		21.4	30.5	26.0	23.5	23.4	39.2
上浮	小计	56.4	50.7	58.3	51.0	56.7	43.7
	(1.0，1.1]	9.8	7.6	12.6	8.2	10.4	8.6
	(1.1，1.3]	14.9	14.0	15.9	11.5	14.9	23.1
	(1.3，1.5]	15.7	14.8	15.3	15.4	16.3	8.0
	(1.5，2.0]	13.4	11.8	12.2	13.4	12.6	2.9
	2.0以上	2.5	2.5	2.3	2.5	2.6	1.0

数据来源：中国人民银行南宁中心支行。

广西共有68家地方法人金融机构获得发行同业存单的资格。2016年，累计发行同业存单664.9亿元，为2015年同期的4.9倍。

6. 银行业资产质量管控压力较大。2016年，广西银行业不良贷款增加9.2亿元，年末不良贷款率1.91%。关注类贷款比年初增加213.5亿元，逾期90天以上贷款比年初增加233.4亿元，不良贷款偏离度为175.5%，比年初提高56.3个百分点。法人金融机构流动性比例比年初下降2.8个百分点，但仍高于25%的监管下限；资本充足率和核心一级资本充足率分别比年初提高0.24个百分点和0.04个百分点。广西人民银行各分支机构重点关注涉企金融风险及“僵尸企业”处置情况；协调地方政府、相关监管机构，及时妥善处理有色债券违约和国海证券代持事件，维护地方金融生态环境。

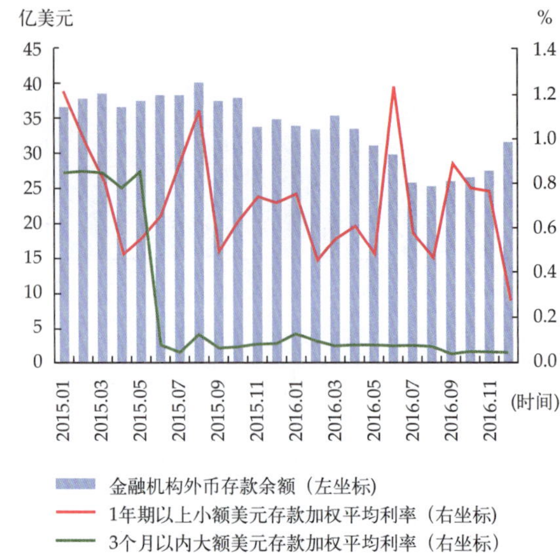

数据来源：中国人民银行南宁中心支行。

图4　2015～2016年广西壮族自治区金融机构外币存款余额及外币存款利率

7. 银行业改革稳步推进，农村金融服务水平不断提高。中国农业银行广西区分行进一步完善“三农金融事业部”职能，对“三农”和县域贷款增量计划实行下限管理，不断加大“三农”重点领域贷款投放力度。广西农村合作金融机构因地制宜开展县级农商行达标组建工作。2016年年末，已组建26家农村商业银行、16家农村合作银行、49家农村信用社。

稳步推进农村“两权”抵押贷款试点工作，指导广西8个全国试点县（市、区）开展业务。推进70%以上的乡镇开展农村土地承包经营权确权登记颁证，全区颁证率达60%。2016年年末，试点地区“两权”抵押贷款余额超过3亿元。

8. 跨境人民币业务稳步发展。2016年，广西跨境人民币结算量1 709.7亿元，人民币跨境收支占本外币跨境收支的55.3%，占比较2015年上升2.2个百分点，人民币连续三年成为广西第一大跨境支付货币。从试点开始至2016年年末，广西跨境人民币累计结算量达7 163.7亿元，涉及2 390家企业及境外99个国家和地区。

专栏1　多措并举　切实应对广西银行业涉企金融风险

近年来，受宏观经济下行探底、部分行业不景气以及企业经营管理不善等多方面因素影响，广西涉企金融风险呈多发态势。广西银行业机构遵循分类施策、区别对待的原则，综合应用贷款承接、资产重组、不良贷款核销等手段化解风险。

一、支持涉险企业重组

对具备还款意愿，出现暂时性困难，但仍有发展前景的涉险企业，采用叙做授信业务、无还本续贷等方式维持信贷政策的稳定性，在不扩大风险的前提下，引入实力雄厚的企业进行重组，帮助企业维持或恢复持续经营。

二、政府、企业、银行协同救助

对于涉及多家金融机构，社会影响面较广的涉险企业，紧密依托各级地方政府，形成政府牵头协调、监管部门加强指导、涉险企业积极自救、银行共同帮扶的多方救助机制。实践中，组建金融债权人委员会，多重整少清算，增发银团贷款，最大程度减少银行损失，取得化解风险的主动权。

三、第三方代偿

对有有效担保的企业，推动担保人履行担保责任，采用第三方代偿等方式实现现金清收。结合企业资产、负债、利润及现金流等情况，整体评估实际风险，不简单抽贷、断贷，使涉险企业和担保人正常经营。

四、核销不良贷款

遵循国家及上级行核销政策，对涉险企业不良贷款进行核销，为发展新业务腾挪空间。

五、其他应对措施

对于存在恶意逃废债行为的企业及企业主，依法清收维权；对于管理水平、产品技术落后，不适应市场经济形势的企业逐步妥善退出；对于抵押物比较充实，或其他清收方式难以取得进展的客户，处置抵押物清收；变更贷款主体进行贷款承接；向外转让债权等。

（二）证券业较快发展，多层次资本市场体系日益完善

1. 证券期货市场主体稳步增加。2016年年末，广西共有36家境内上市公司，60家新三板挂牌公司，2 337家广西区域股权市场挂牌企业，1家证券公司，1家基金管理公司，19家证券分公司，184家证券营业部，2家期货分公司，32家期货营业部。

2. 市场交易量显著下降。2016年，广西证券交易总额3.5万亿元，同比下降33.9%；期货成交量4 843.6万手，同比增长12.1%，期货成交金额2.2万亿元，同比下降51.1%。

3. 多层次资本市场体系日益完善。2016年，共有7家上市公司实现增发融资134亿元；共有15家公司通过股权增发募资8.9亿元，全年新增29家挂牌公司；新增1 337家挂牌企业，累计实现私募融资0.4亿元。

表3　2016年广西壮族自治区证券业基本情况

项目	数量
总部设在辖内的证券公司数（家）	1
总部设在辖内的基金公司数（家）	1
总部设在辖内的期货公司数（家）	0
年末国内上市公司数（家）	36
当年国内股票（A股）筹资（亿元）	148
当年发行H股筹资（亿元）	0
当年国内债券筹资（亿元）	890
其中：短期融资券筹资额（亿元）	306
中期票据筹资额（亿元）	225

注：当年国内股票（A股）筹资额是指非金融企业境内股票融资。
数据来源：广西证监局。

（三）保险业平稳发展，市场体系不断完善

1. 机构主体日趋完善。2016年年末，广西共有保险经营主体39家，同比增加2家，其中法人保

险机构1家、省级分公司38家。保险公司各级分支机构2 082家，同比增加55家，专业保险中介机构304家，同比增长151家。保险从业人员数量达到18.7万人，同比增长5.1万人。

2. 保险业务平稳较快增长。2016年年末，广西累计实现原保险保费收入469.2亿元，同比增长21.6%，其中，财产险保费收入165.7亿元，人身险保费收入303.5亿元。保险密度为969.8元/人，保险深度为2.6%，保险业总资产938.5亿元，同比增长21.3%。

3. 保险功能较好发挥。2016年，广西保险业共为广西提供财产和人身保险保障32万亿元，同比增长85.1%，广西保险赔付支出159亿元，同比增长19.7%，其中，财产险赔付支出76亿元；人身险赔付支出83亿元（见表4）。

表4　2016年广西壮族自治区保险业基本情况

项目	数量
总部设在辖内的保险公司数（家）	1
其中：财产险经营主体（家）	1
人身险经营主体（家）	0
保险公司分支机构（家）	38
其中：财产险公司分支机构（家）	22
人身险公司分支机构（家）	16
保费收入（中外资，亿元）	469
其中：财产险保费收入（中外资，亿元）	166
人身险保费收入（中外资，亿元）	303
各类赔款给付（中外资，亿元）	159
保险密度（元/人）	970
保险深度（%）	3

数据来源：广西保监局。

（四）融资规模平稳增长，金融市场较快发展

1. 社会融资平稳增长，直接融资占比有所下降。2016年，广西社会融资规模新增2 616.9亿元，同比少增120.4亿元，其中直接融资占13.2%，占比同比下降6.1个百分点。全年累计发行非金融企业债务融资工具534.1亿元，同比少发行130.6亿元。

2. 货币市场交易量保持快速增长。2016年，广西银行间债券市场成员累计发生债券回购6万亿元，同比增长57.4%，累计净融入资金1.1万亿元；累计发生现券买卖3.1万亿元，同比增长1.7倍。广西银行间同业拆借市场成员交易金额同比增长44.3%。

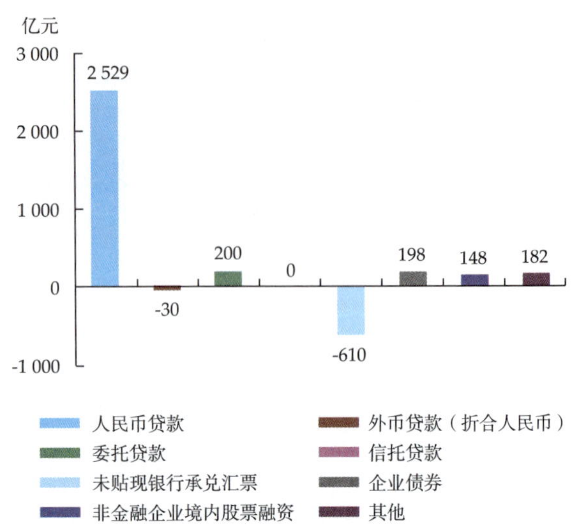

数据来源：中国人民银行南宁中心支行。

图5　2016年广西壮族自治区社会融资规模分布结构

3. 票据贴现量增价降，票据签发和转贴现大幅回落。2016年，广西累计签发银行承兑汇票1 794.0亿元，同比减少447.4亿元；累计办理票据贴现1 088.8亿元，同比增加158.9亿元；累计发生票据转贴现15 708.3亿元，同比减少22 150.3亿元。票据贴现和转贴现加权平均利率分别为3.25%和2.93%，同比分别下降89个基点和99个基点。

4. 外汇交易市场供不应求，全球资产配置需求增加。2016年，广西银行代客结售汇总规模

表5　2016年广西壮族自治区金融机构票据业务量统计

单位：亿元

季度	银行承兑汇票承兑		贴现			
			银行承兑汇票		商业承兑汇票	
	余额	累计发生额	余额	累计发生额	余额	累计发生额
1	1066.3	432.1	241.2	250.4	2.6	6.0
2	980.4	439.4	245.1	223.8	4.2	4.9
3	903.1	417.9	297.9	260.3	13.5	12.0
4	909.8	504.6	420.6	326.3	7.0	5.2

数据来源：中国人民银行南宁中心支行。

表6 2016年广西壮族自治区金融机构票据贴现、转贴现利率

单位：%

季度	贴现		转贴现	
	银行承兑汇票	商业承兑汇票	票据买断	票据回购
1	3.3828	5.1902	3.0158	2.8897
2	3.2600	5.3260	2.8777	3.0723
3	2.9651	5.2005	2.7075	2.7613
4	3.2278	5.4477	2.8808	2.9477

数据来源：中国人民银行南宁中心支行。

181.1亿美元，同比下降13.1%。其中，结汇金额56.3亿美元，同比下降22.4%；售汇金额124.8亿美元，同比下降8.2%。全年结售汇逆差68.5亿美元，同比增长8.2%。受人民币兑美元双边汇率弹性增强和政策影响，2016年广西远期结汇合同履约额1.5亿美元，同比大幅下降74.4%；远期售汇合同履约额15.5亿美元，同比下降32.3%；远期净售汇14亿美元，同比下降18.3%。

5. 黄金市场业务进一步增长。2016年，广西黄金市场管理进一步规范，正规黄金市场活跃度进一步提升,广西金融机构各类黄金市场业务累计成交金额850.5亿元，同比增长2.3倍。其中代理上海黄金交易所业务占比超过八成。

（五）沿边金融综合改革试验区建设取得新突破

1. 本外币一体化全口径跨境融资宏观审慎管理在广西顺利落地。广西中资企业首笔直贷式境外融资业务和首笔公募境外美元债业务的办理，标志着广西非试点地区中资企业向境外跨境融资渠道已顺利打通。2016年，广西共办理全口径跨境融资业务17笔，累计融入本外币资金5.4亿美元，其中人民币签约金额1.3亿元，人民币提款金额1.1亿元。

2. 人民币与越南盾特许兑换业务不断扩大。2016年，广西边境地区特许机构共有5家（东兴市4家、凭祥市1家），月均人民币与越南盾特许兑换规模近1 000万元人民币。

3. 开展经常项目跨境外汇资金轧差净额结算试点。2016年，广西共有5家轧差结算试点企业发生业务，涉及93笔合计12 643.7万美元的跨境外汇应收付款，轧差结算后实际结算48笔，金额947万美元。企业通过轧差结算减少了92.5%的资金汇兑量，极大地降低了汇兑成本。

4. 与东盟国家金融合作取得新突破。广西首次组织金融访问团赴老挝、柬埔寨、越南三国访问，拜会三国央行、证券交易所和主要金融机构，初步建立广西金融管理部门与三国央行的常态化联系机制。

（六）金融生态环境建设深入推进

1. 广西社会信用体系建设稳步推进。钦州、北海、防城港建成信用信息数据库。广西金融机构月均查询金融信用信息基础数据库逾53万次，广西人民银行各分支机构对外服务窗口受理个人信用报告查询81.3万笔，同比增长39.9%。广西创建诚信园（商）区28个，金融机构向与银行未建立信贷关系的2.7万户企业累计发放贷款2 729亿元；全区55个县建立农户信用信息系统，金融机构向信用农户累计发放贷款1 890亿元，农户贷款满足率超过90%。16所地方高校开设《现代征信学》选修课，创建130个“诚信文化教育基地”。

2. 支付体系不断完善。重拳整治违规乱象，协助打击防范电信网络新型违法犯罪，促进支付服务市场健康发展；支付服务覆盖广西全部行政村；大力推广网上支付、移动支付，助推城乡金融服务均衡发展；完成ACS信息管理、档案管理子系统推广，强化支付系统监管，优化支付系统服务；加强账户风险防范，全面落实账户实名制和个人账户分类管理改革。

3. 金融消费权益保护工作稳步推进。大力开展2016年度“3·15金融消费者权益日”和“9月金融知识普及月”活动，增强消费者的风险意识和为自己决策承担责任的意识。启动消费者金融素养问卷调查制度，了解当前广西金融消费者教育领域中存在的薄弱环节。加强“12363”投诉电话的属地管理，提升服务水平，2016年，广西人民银行各分支机构受理金融消费者投诉209件、咨询1 136件，有效维护了金融消费者合法权益。在柳州、北海、钦州市试点向社会发布《金融消费权益保护环境评估报告》，通过评估结果的公示促进金融消费链条各方行为的优化。

二、经济运行情况

2016年，面对复杂严峻的国内外经济环境和持续较大的经济下行压力，广西经济运行呈现缓中趋稳的态势。全年实现地区生产总值18 245.1亿元，同比增长7.3%（见图6），增速同比回落0.8个百分点，但年内走势基本平稳，处于L形底部盘整态势。人均地区生产总值37 876元，同比增加2 686元。三次产业对经济增长的贡献率分别为7.2%、47.0%和45.8%。

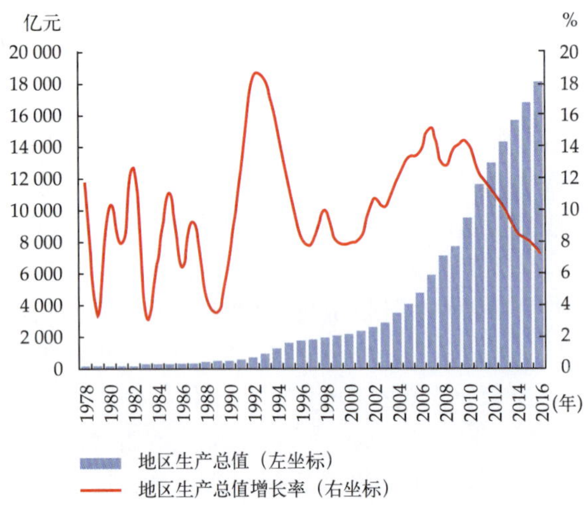

数据来源：广西壮族自治区统计局。

图6 1978～2016年广西壮族自治区地区生产总值及其增长率

（一）投资和对外贸易缓中趋稳，消费增速稳中有升

1. 投资增速回落明显，民间投资持续低迷。2016年，广西固定资产投资17 653.0亿元，同比增长12.8%（见图7），增速同比下降5个百分点，高于全国增速4.7个百分点，排全国第9位、西部第5位。其中，占固定资产投资比重61.6%的民间投资同比增长7.5%，占固定资产投资比重33.5%的基础设施建设投资同比增长20.9%。

2. 主要消费品消费回升，城乡消费增速提高。2016年，广西社会消费品零售总额7 027.3亿元，同比增长10.7%（见图8），增速同比提高0.7个百分点。城镇、乡村分别实现消费品零售额6 193.5亿元和833.8亿元。消费增速的加快，主要受汽车

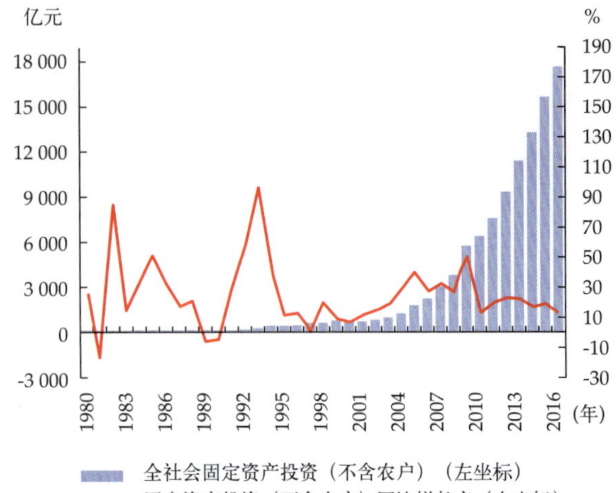

数据来源：广西壮族自治区统计局。

图7 1980～2016年广西壮族自治区固定资产投资（不含农户）及其增长率

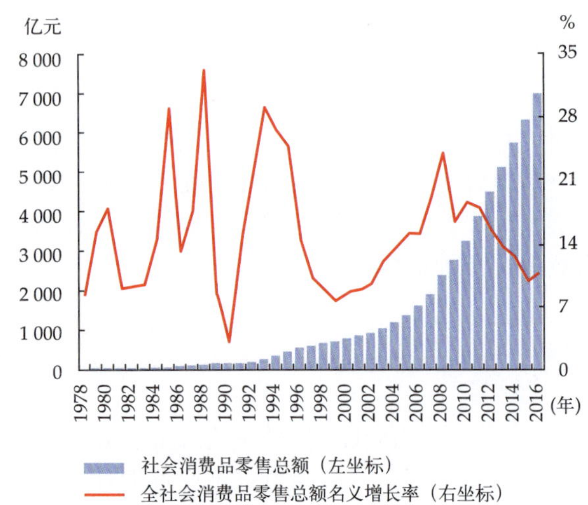

数据来源：广西壮族自治区统计局。

图8 1978～2016年广西壮族自治区社会消费品零售总额及其增长率

和药品等权重商品销售额增长的拉动，限额以上批发零售业中的汽车和中西药品类分别同比增长13.9%和15.1%。

3. 外贸结构发生逆转，对外投资持续深化。2016年，广西进出口总值478.3亿美元，同比下降6.4%。其中出口下降17.8%，进口增长7.4%，贸易逆差19.1亿美元，这是广西多年来首次出现贸易逆差格局（见图9）。

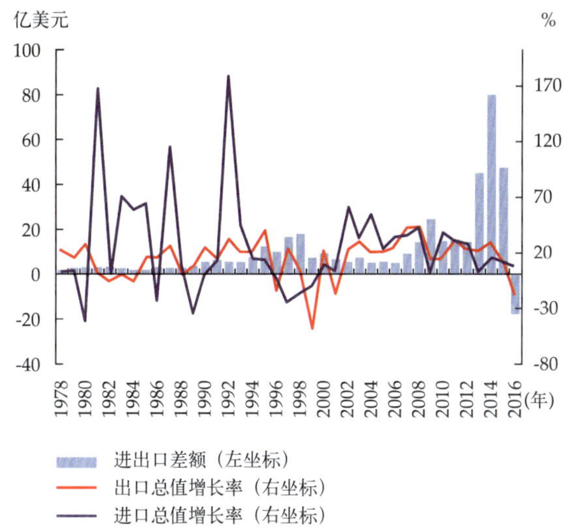

数据来源：广西壮族自治区统计局。

图9　1978～2016年广西壮族自治区外贸进出口变动情况

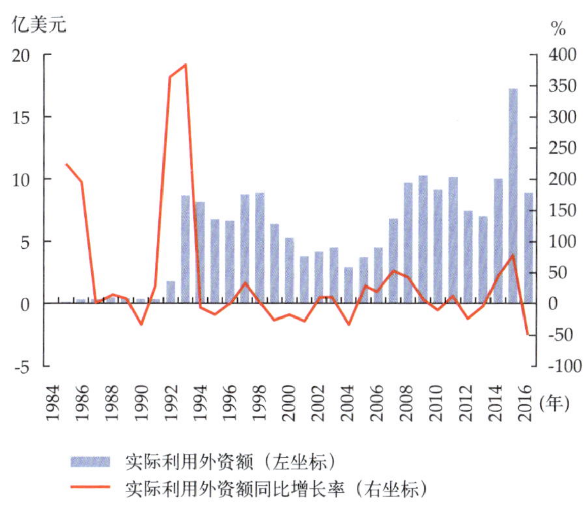

数据来源：广西壮族自治区统计局。

图10　1984～2016年广西壮族自治区实际利用外资额及其增长率

2016年，广西实际利用外资8.9亿美元，同比下降48.4%（见图10）。外资流入广西规模最大的行业是制造业，占比46%，其次是交通运输、仓储和邮政业。外资主要来源地仍以香港为主，其资金占比41%。广西对外协议总投资额16.3亿美元，同比增长1.7%。其中，对东盟国家及“一带一路”国家协议总投资额均为8.5亿美元。对外投资行业涉及制造、农林渔牧、房地产、服务、批发零售等。

（二）三次产业增速回落，服务业贡献度增强

2016年，广西三次产业增速分别为3.4%、7.4%和8.6%，同比分别回落0.6个百分点、0.7个百分点和1.1个百分点。三次产业占地区生产总值的比重分别为15.3%、45.1%和39.6%。第三产业对经济增长的贡献明显增强，经济结构持续优化。

1. 粮食生产基本平稳，畜牧业增速持续下降。2016年，广西农业、林业、渔业分别增长4.7%、5.9%和4.4%，受成本上升和环保要求影响，牧业持续负增长，同比下降1.3%。粮食总产量1 521.3万吨，猪牛羊禽肉产量402.8万吨，水产品产量363.5万吨。

2. 工业生产筑底企稳，企业效益较快增长。2016年，广西规模以上工业同比增长7.5%，增速同比下降0.4个百分点（见图11），高于全国1.5个百分点，排全国第12位，西部第5位。2016年，广西工业用电量下降1.3%。

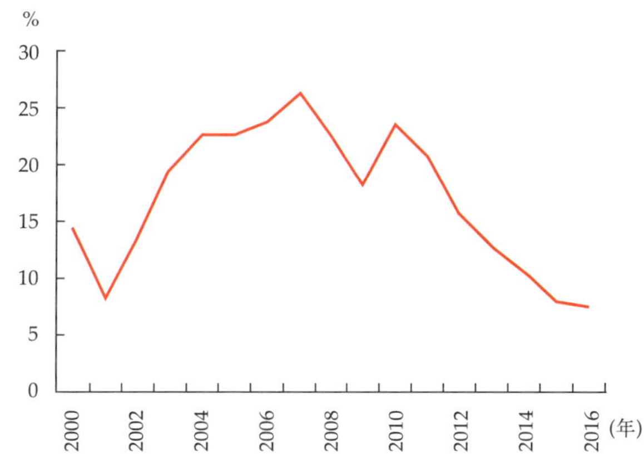

数据来源：广西壮族自治区统计局。

图11　2000～2016年广西壮族自治区规模以上工业增加值同比增长率

3. 产销持续向好，企业效益好转。2016年，广西规模以上工业产品销售率达95.9%，同比提高0.9个百分点。食糖、螺纹钢、电解铝等主要工业品价格回升较快，带动企业效益持续好转。全年规模以上工业企业利润1 287.7亿元，同比增长8.9%。

4. 第三产业经济增长贡献率提高，新兴服务

业发展动能增强。2016年，广西第三产业对经济增长的贡献率同比提高3.9个百分点。金融业继续领涨第三产业，全年增加值1 135.5亿元，同比增长10.9%。软件和信息技术服务业、文化艺术业、互联网和相关服务业营业收入分别同比增长66.5%、37.7%和34.3%。

5. 扎实推进供给侧结构性改革。2016年，广西区政府出台了降成本41条，从电力、融资、税费等方面为企业减负约300亿元。出台《中国制造2025广西实施意见》，推进糖、铝等产业二次创业，完成国家下达的去产能任务，高技术产业动力增加，高耗能行业占比回落。采取支持农民工购房、住房公积金异地贷款、棚户区改造货币化安置、因城施策的差别化住房信贷政策等措施，促进商品房库存消化周期降至12.6个月。加强债务管理，实体经济杠杆总体低于全国平均水平，规模以上工业资产负债率同比下降。加大力度补短板，统筹安排财政资金187.8亿元支持脱贫攻坚战、180多亿元支持基础设施建设攻坚战、685亿元实施自治区为民办实事工程。

6. 生态环境质量稳步提升，水、大气、土壤环境保持优良。2016年，万元地区生产总值能耗下降3.6%，万元工业增加值能耗下降5.5%，万元地区生产总值电耗下降5.1%，美丽广西乡村建设和宜居城市建设成效显著，城乡人居环境进一步改善。

（三）消费价格涨势温和，生产价格由降转升，居民收入较快上涨

1. 居民消费价格涨势温和。2016年，广西居民消费价格指数同比上涨1.6%，涨幅同比回落0.1个百分点，较全国低0.4个百分点。其中，医疗保健类价格上涨3.7%，食品烟酒类价格上涨3.4%，涨幅位居前列，生活用品及服务类、交通和通信类价格略微下降。

2. 生产价格由降转升。2016年，广西工业品出厂价格同比下降0.9%，降幅同比收窄2.1个百分点。从月度看，自9月结束55个月同比下降后涨幅不断扩大，其中12月同比上涨7.6%。全年工业生产者购进价格同比下降1.7%，其中12月同比上涨4.5%。

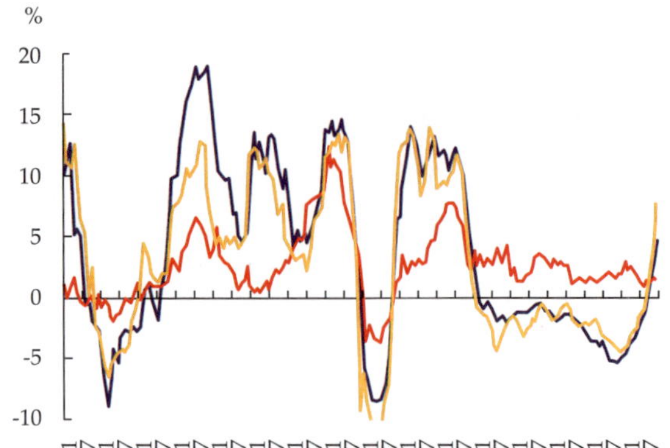

数据来源：广西壮族自治区统计局。

图12　2001～2016年广西壮族自治区居民消费价格和生产者价格变动趋势

3. 劳动力成本持续上涨。2016年，广西居民人均可支配收入18 305元，扣除价格因素同比增长6.8%，高于全国平均水平。从分类看，城镇居民人均可支配收入28 324元，同比增长5.5%，其中工资性收入16 493元；农村居民人均可支配收入首次突破万元大关，达到10 359元，同比增长7.6%，其中工资性收入2 848元。

（四）财政收入增速放缓，财政支出保障民生

2016年，广西公共预算收入1 556.2亿元，同比增长2.7%，增速连续5年下降。其中，受“营改增”、落实结构性减税政策等因素影响，增值税、消费税回落较快，广西税收收入1 036.2亿元，同比增长0.4%；非税收入520亿元，同比增长7.6%。公共预算支出4 472.5亿元，同比增长10%（见图13）。其中民生支出3 529.4亿元，占公共预算支出的78.9%。2016年，广西发行1 439.6亿元地方政府债券，同比增长56.1%。其中置换债1 112.8亿元，占发行额的77.3%；新增债326.8亿元，占发行额的22.7%，加权平均利率为2.89%。

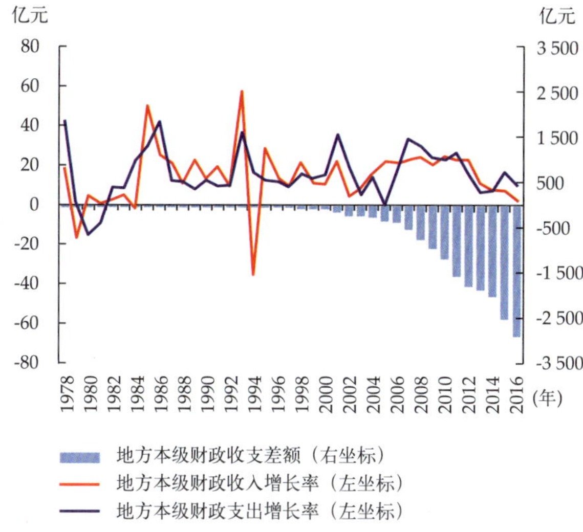

数据来源：广西壮族自治区统计局。

图13　1978～2016年广西壮族自治区财政收支状况

（五）房地产市场交易活跃，制糖业逐步回暖

1. 房地产市场交易快速增长，整体进入去库存阶段。

（1）开发投资稳步增长，资金到位速度加快。2016年，全区房地产开发投资额2 398亿元，同比增长25.6%，增速同比上升21.8个百分点。从资金来源看，非银行贷款资金同比增长2.3倍。

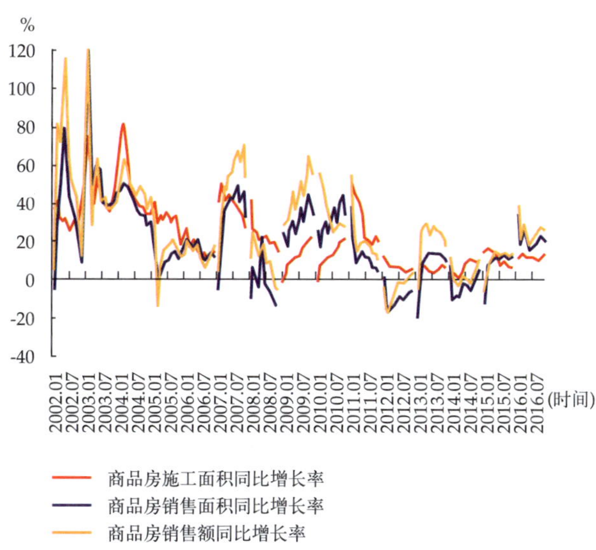

数据来源：广西壮族自治区统计局。

图14　2002～2016年广西壮族自治区商品房施工和销售变动趋势

（2）土地市场活跃度提高，住房供给增加。2016年，全区购置土地面积639.1万平方米，同比增长53.6%，增速同比上升85.4个百分点；房屋竣工面积1 735.1万平方米，同比增长3.6%，增速同比上升13.8个百分点。

（3）住房销售量快速增长，房价平稳上涨。2016年，全区商品房销售面积4 215.4万平方米，同比增长19.6%，增速同比提高8个百分点（见图14）。12月，全区商品住房价格同比上涨5.6%，涨幅同比回落3.4个百分点。其中，南宁和北海等热点城市新建商品住房价格同比分别上涨11.2%（见图15）和3.9%。

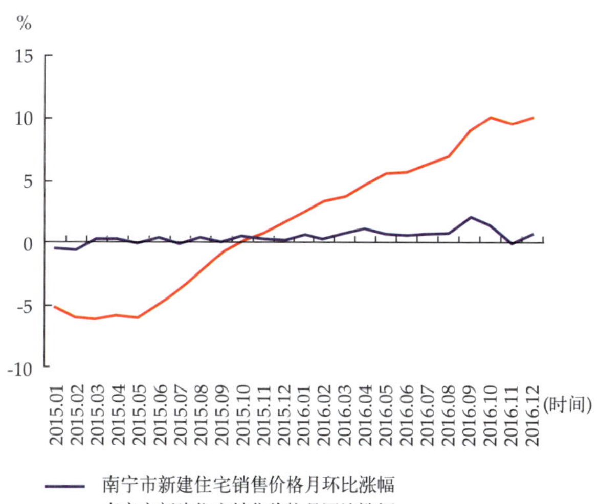

数据来源：国家统计局。

图15　2015～2016年南宁市新建住宅销售价格变动趋势

（4）房地产信贷政策调控效果良好，住房贷款需求得到有效满足。2016年，广西房地产各项贷款余额5 608.6亿元，同比增长27.6%，增速同比上升5.8个百分点。其中，个人住房贷款余额同比增长27%；房地产开发贷款余额同比增长28.2%，保障性住房开发贷款余额同比增长50.6%。与此同时，广西因城施策执行差异化信贷政策，2016年，首套房首付比例28.2%，同比下降5.5个百分点，合理支持个人住房消费。

2. 糖企整体扭亏为盈，制糖行业走出低谷。2016年，国内糖价从年初的5 200元/吨回升到约

7 000元/吨，原料蔗进厂价由上榨季的440元/吨上升到500元/吨，糖料蔗种植面积同比增长4.6%。广西糖企结束了近三年产糖量下降40%、亏损50多亿元的局面，2016/2017榨季实现日榨产能64万吨、产糖量530万吨，占全国份额的60%。全面完成“双高”基地“四化”建设106万亩，平均亩产超过7.2吨，糖分达15.44%，良种率达82.3%。一些新品种如桂糖42号、桂糖46号、桂柳05136等的种植面积进一步扩大，自育品种比例上升到全部种植面积的30%，同比提高了10个百分点。新植蔗耕作全部实现机械化，每亩可降成本350元以上。

广西金融机构支持糖业发展的意愿持续增强，2016年累计投放糖业贷款287.2亿元，年末广西糖业贷款余额322.2亿元。响应国家食糖收储政策，支持糖业企业临时储糖，共涉及贷款资金227亿元。支持糖业企业到银行间市场发债融资，积极为糖业企业办理跨境人民币结算业务，有效规避进出口结算风险。

目前，仍有一些制约甘蔗产业链发展的问题。制糖工艺和设备落后，制糖业综合利用水平低，未能形成跨区域成规模的产业集群；蔗糖产品以白砂糖为主，绵白糖、精制糖占比小；部分糖业企业债务风险和信贷风险事件相继发生，“双高”基地建设融资主体分散，不利于银行信贷资金投入。

（六）“两区一带”统筹发展

2016年，广西继续统筹推进“两区一带”（北部湾经济区、桂西资源富集区和西江经济带）区域经济发展。北部湾经济区引领带动区域经济发展，地区生产总值同比增长7.8%。已实现银行资金汇划、服务收费标准等六方面同城化，北部湾港新建成10万吨级以上泊位4个，港口总吞吐能力达2.4亿吨，产值超亿元企业突破500家。西江经济带集聚了全区51%的经济总量，西江航道扩能升级，粤桂合作特别试验区等跨省合作园区加快建设，地区生产总值同比增长7.3%。桂西资源富集区汇聚全区70%以上矿产和水能资源，地区生产总值同比增长7.6%。通过加快资源二次创业，创建工业园区37个，建成或在建6座梯级电站，年发电量超过390亿千瓦·时。

专栏2 开拓创新 精准施策 广西金融扶贫取得积极成效

2016年，中国人民银行南宁中心支行多措并举，积极引导金融机构着力加强金融精准扶贫工作，金融在扶贫开发工作中的“造血”功能得到充分发挥，并取得阶段性的积极成效。

一、金融精准扶贫工作措施

（一）创新建立广西金融扶贫大数据管理平台。中国人民银行南宁中心支行自主开发建设广西金融扶贫大数据管理平台，实现精准对接、精准采集和精准评估三大功能，有效解决金融扶贫“扶持谁、扶持得怎么样”等全国性难题，获得全国推广应用，新闻联播宣传报道。2016年9月，全国金融精准扶贫信息系统正式上线运行，2016年年末，全区金融精准扶贫贷款余额1 581亿元，同比增长51%，全年累计投放扶贫贷款912亿元。

（二）强化金融扶贫工作部署和落实。中国人民银行南宁中心支行组织召开了全区金融助推扶贫攻坚电视电话会议，成立金融扶贫工作小组，确保完成自治区脱贫攻坚任务。在全区安排扶贫再贷款限额合计56亿元，实现对全区49个贫困县的全覆盖。2016年年末，广西人民银行各分支机构已发放扶贫再贷款29亿元。

（三）各金融机构加大信贷产品创新力度，满足扶贫对象多元化融资需求。国家开发银行和中国农业发展银行广西区分行推出的易地扶贫搬迁贷款产品，平均利率比基准利率下浮超过10%，广西农村合作金融机构和中国邮政储蓄银行广西区分行分别推出了“致富贷”和“惠农易贷”，进一步满足扶贫对象多元化融资需求。

（四）全面开展金融扶贫政策宣传。通过主流媒体加大对金融扶贫政策、工作成效的宣传报道力度，积极宣传国家和自治区的金融扶贫政策，依托贫困村、扶贫龙头企业等创建金融扶贫示范点114个，为金融扶贫工作开展营造良好的氛围。

二、金融精准扶贫工作成效

（一）个人精准扶贫贷款支持贫困户生产经营。广西金融机构围绕广西推进扶贫小额信贷工程的部署，高效完成了全部108万户贫困户的评级授信，授信金额435亿元。2016年年末，广西个人精准扶贫贷款余额242亿元，同比增长3.8倍；全年累计投放217亿元，支持和带动建档立卡贫困人口50余万人。

（二）产业精准扶贫贷款带动贫困户脱贫增收。广西金融机构积极推行“银行+龙头企业+贫困户”的产业扶贫模式，支持一批龙头企业和新型经营主体，帮助贫困户获得长期稳定收入。2016年年末，广西产业精准扶贫贷款余额248亿元，同比增长15.2%；全年累计投放229亿元，带动和服务建档立卡贫困人口23万人。

（三）项目精准扶贫贷款拉动贫困户搬迁致富。国家开发银行、中国农业发展银行广西区分行充分运用扶贫搬迁专项金融债等资金来源，加大移民搬迁项目贷款投放。2016年年末，广西项目精准扶贫贷款余额1 091亿元，同比增长39.5%；全年累计投放466亿元，惠及搬迁的建档立卡贫困人口54万人。

三、预测与展望

2017年是实施“十三五”规划的重要一年，也是结构性改革的深化之年，但国内外经济金融形势复杂性、不稳定性、不确定性将进一步凸显，国际金融市场存在较多风险隐患，全国经济金融稳定运行的基础还不牢固。广西经济运行将面临“总体向好、走势分化、两难增多”的局面：国家政策的支持、双核驱动①及三区统筹②持续发力，对经济运行的企稳提供了强大的支撑；区域、产业之间发展仍不平衡；去产能和稳增长、去库存和抑房价、去杠杆和融资难、降成本和保民生等政策目标之间协调兼顾难度较大。2017年，广西将着力解决“稳、活、调”三大关键问题,争取经济筑底企稳。新兴产业培育、传统产业改造等项目的深入推进，将加快产业转型升级步伐；“两路、两电、两水、两保”等基础设施建设持续推进，将不断提升经济发展的承载能力；一批自治区重大项目的大力推进，将增加有效投资；“一带一路”建设的加快融入，将促进开放型经济进一步拓展；实施第二轮“加工贸易倍增计划”，有利于促进外贸回升向好。持续优化消费市场环境，保持居民消费价格指数温和上涨。

2017年，广西金融业工作将全方位落实第五次全国金融工作会议精神，进一步提高金融服务实体经济的效率和水平，切实落实稳健中性的货币政策，维护流动性基本稳定，引导货币信贷及社会融资规模合理增长，灵活运用货币政策工具引导信贷结构优化，为稳增长调结构营造中性适度的货币金融环境。按照深化供给侧结构性改革的要求，积极支持新旧动能转换，实现贷款与项目精准对接，加大对铝、糖等传统产业二次创业，以及电子信息、海洋产业、新能源汽车等新兴产业的金融支持；积极扩大直接融资占比，提升金融供给效率；完善差别化住房信贷政策，有效促进房地产领域去杠杆、去库存；全力做好金融精准扶贫工作，切实增强脱贫实效，稳妥推进农村“两权”抵押贷款试点，助力农业供给侧结构性改革。继续用好沿边金融综合改革各项先行先试政策，促进更多金融资源支持广西发展。加强金融风险监测体系建设，从源头防控金融风险。

① 双核驱动：北部湾经济区、珠江—西江经济带。

②三区统筹：北部湾经济区、珠江—西江经济带、左右江革命老区。

中国人民银行南宁中心支行货币政策分析小组
总　纂：崔　瑜　苏　阳
统　稿：谢　艳　刘俊成　罗树昭
执　笔：邓蒂妮　陈少敏　王　涛　潘　玉　梁峰华　胡欢欢
提供材料的还有：罗顺兴　安立波　刘广伟　周　全　余永波　姚林华　黎肖园　夏梦迪　郑　静
吕永安　江东阳　钱　琳　黄　莉　韦诗婷　刘晓鸣

附录

（一）2016年广西壮族自治区经济金融大事记

2月22日，《广西壮族自治区国民经济和社会发展第十三个五年规划纲要》正式发布。

2月25日，云南、广西两省区签署滇桂沿边金融综合改革试验区建设合作备忘录及合作协议。

3月，中国人民银行南宁中心支行在全国率先创建具有精准对接、精准采集、精准监测评估及考核等核心功能的金融扶贫大数据管理平台。

3月22日，北部湾经济区成立十周年。10年以来，广西深入实施北部湾经济区发展战略，经济综合实力显著增强。

4月25日，自治区政府印发实施《关于降低实体经济企业成本若干措施的意见》，推出七大类41条主要政策措施，切实帮助企业降本增效。

6月23日至7月2日，广西金融代表团赴老挝、柬埔寨、越南三国开展金融合作交流访问。

9月12日至13日，第八届中国—东盟金融合作与发展领袖论坛在南宁召开。

9月14日，广西壮族自治区银行外汇业务和跨境人民币业务自律机制成立大会暨签约仪式在南宁举行。

11月10日，中国人民银行南宁中心支行、国家外汇管理局广西区分局在南宁成功举办广西跨境金融服务暨全口径跨境融资宏观审慎管理政策推介会。

11月29日，中国人民银行南宁中心支行举办广西金融市场投融资者教育主题宣传活动暨广西黄金二级交易系统上线启动仪式。广西金融电子结算服务中心正式上线黄金二级交易系统。

（二）2016年广西壮族自治区主要经济金融指标

表1　2016年广西壮族自治区主要存贷款指标

		1月	2月	3月	4月	5月	6月	7月	8月	9月	10月	11月	12月
本外币	金融机构各项存款余额（亿元）	23 006.3	23 175.5	24 286.1	24 057.5	24 333.5	25 040.9	24 831.1	25 028.9	25 314.5	25 314.6	25 666.4	25 477.8
	其中：住户存款	11 487.0	11 943.2	12 132.2	11 913.2	11 921.3	12 128.4	12 107.1	12 207.8	12 405.9	12 343.8	12 431.8	12 606.6
	非金融企业存款	6 490.8	6 219.3	6 755.6	6 629.4	6 808.8	7 086.3	6 895.5	6 996.2	7 033.1	7 042.9	7 224.9	7 496.9
	各项存款余额比上月增加（亿元）	212.8	169.2	1 110.6	-228.7	276.0	707.5	-209.8	197.8	285.6	0.1	351.8	-188.6
	金融机构各项存款同比增长（%）	12.1	12.5	14.0	14.9	14.7	14.8	12.1	10.3	10.5	11.3	13.2	11.8
	金融机构各项贷款余额（亿元）	18 465.2	18 622.5	18 949.0	18 893.9	19 072.6	19 448.3	19 600.7	19 840.9	20 057.3	20 108.5	20 283.1	20 640.5
	其中：短期	4 717.8	4 724.7	4 725.7	4 625.4	4 608.1	4 675.6	4 631.8	4 654.1	4 630.0	4 558.4	4 526.0	4 593.9
	中长期	12 805.9	12 963.0	13 239.2	13 194.4	13 384.3	13 707.7	13 872.9	13 983.7	14 159.3	14 239.6	14 409.5	14 719.5
	票据融资	615.7	605.0	657.1	750.1	766.9	738.6	787.0	897.0	961.6	994.4	1 025.8	981.8
	各项贷款余额比上月增加（亿元）	345.8	157.3	326.4	-55.1	178.7	375.7	152.4	240.2	216.5	51.1	174.6	357.5
	其中：短期	-52.6	6.9	1.0	-100.2	-17.3	67.5	-43.8	22.3	-24.1	-71.6	-32.4	67.9
	中长期	396.2	157.1	276.2	-44.8	189.9	323.4	165.2	110.8	175.6	80.3	169.9	310.0
	票据融资	3.2	-10.7	52.1	93.0	16.8	-28.3	48.4	110.0	64.6	32.8	31.4	-44.0
	金融机构各项贷款同比增长（%）	12.8	12.1	11.9	10.9	11.6	12.5	12.4	12.6	13.0	12.6	12.8	13.9
	其中：短期	-0.6	-2.1	-3.6	-5.9	-5.8	-4.7	-4.6	-4.9	-5.3	-5.3	-5.2	-3.8
	中长期	16.2	16.0	16.2	15.1	15.8	17.3	17.7	17.2	17.1	17.1	17.5	18.7
	票据融资	89.5	80.6	97.3	110.7	135.4	95.3	65.3	92.4	113.3	76.9	68.8	60.3
	建筑业贷款余额（亿元）	390.8	395.2	395.2	390.4	389.9	382.4	383.9	376.3	393.4	386.4	383.1	362.7
	房地产业贷款余额（亿元）	706.5	709.6	741.7	706.3	722.0	727.8	707.4	689.6	709.0	701.5	713.6	723.8
	建筑业贷款同比增长（%）	19.9	17.8	15.1	12.4	5.5	2.9	5.0	0.8	3.8	-0.6	0.1	-6.8
	房地产业贷款同比增长（%）	2.9	2.3	3.1	0.7	4.3	4.6	2.9	-2.0	-0.8	-0.9	-1.9	0.1
人民币	金融机构各项存款余额（亿元）	22 782.8	22 955.6	24 057.3	23 840.9	24 129.8	24 843.6	24 658.7	24 858.5	25 140.1	25 134.5	25 476.4	25 257.6
	其中：住户存款	11 441.5	11 897.0	12 085.7	11 867.4	11 874.5	12 081.1	12 058.6	12 158.9	12 356.8	12 292.0	12 376.9	12 548.6
	非金融企业存款	6 329.2	6 060.3	6 588.1	6 474.1	6 667.6	6 951.8	6 786.5	6 890.3	6 918.7	6 925.9	7 099.9	7 346.0
	各项存款余额比上月增加（亿元）	215.8	172.8	1 101.8	-216.4	288.9	713.8	-184.9	199.8	281.6	-5.6	342.0	-218.9
	其中：住户存款	49.3	455.5	188.7	-218.3	7.1	206.6	-22.5	100.3	197.9	-64.7	84.8	171.8
	非金融企业存款	120.3	-268.8	527.8	-114.0	193.5	284.2	-165.3	103.7	28.4	7.2	174.1	246.0
	各项存款同比增长（%）	12.2	12.7	14.2	15.1	15.0	15.2	12.6	10.8	10.9	11.7	13.4	11.9
	其中：住户存款	10.1	9.0	7.8	8.8	9.5	9.0	9.0	7.8	9.4	10.4	10.8	10.2
	非金融企业存款	16.6	17.9	23.4	24.9	24.3	24.0	22.1	18.8	19.8	20.2	21.1	18.1
	金融机构各项贷款余额（亿元）	18 038.2	18 191.9	18 528.3	18 487.6	18 676.0	19 054.9	19 209.5	19 446.8	19 666.3	19 714.1	19 868.9	20 175.8
	其中：个人消费贷款	3 884.9	3 901.5	3 973.1	4 017.7	4 085.8	4 165.6	4 235.2	4 307.5	4 387.6	4 455.0	4 580.9	4 691.5
	票据融资	615.6	604.9	657.0	750.0	766.8	738.5	787.0	897.0	961.6	994.4	1 025.8	981.8
	各项贷款余额比上月增加（亿元）	381.3	153.7	336.4	-40.7	188.4	378.9	154.6	237.3	219.5	47.8	154.8	306.9
	其中：个人消费贷款	73.1	16.6	71.6	44.6	68.1	79.8	69.6	72.3	80.1	67.4	125.9	110.6
	票据融资	3.2	-10.7	52.1	93.0	16.8	-28.3	48.5	110.1	64.6	32.8	31.4	-44.0
	金融机构各项贷款同比增长（%）	13.6	12.8	12.8	11.7	12.4	13.3	13.2	13.5	13.6	13.1	13.2	14.3
	其中：个人消费贷款	19.1	18.1	18.6	18.7	19.3	19.3	19.7	20.2	20.6	21.5	22.2	23.1
	票据融资	89.5	80.6	97.2	110.7	135.4	95.2	65.3	92.4	113.3	76.9	68.8	60.4
外币	金融机构外币存款余额（亿美元）	34.1	33.6	35.4	33.5	31.0	29.8	25.9	25.5	26.1	26.6	27.6	31.8
	金融机构外币存款同比增长（%）	-7.6	-11.7	-8.5	-9.0	-17.3	-22.8	-32.4	-36.3	-30.3	-30.0	-18.3	-9.0
	金融机构外币贷款余额（亿美元）	65.2	65.8	65.1	62.9	60.3	59.3	58.8	58.9	58.6	58.3	60.1	67.0
	金融机构外币贷款同比增长（%）	-17.9	-17.3	-19.7	-21.6	-21.6	-22.6	-23.1	-22.5	-17.5	-15.4	-11.3	-5.9

数据来源：中国人民银行南宁中心支行。

表2　2001～2016年广西壮族自治区各类价格指数

单位：%

年/月	居民消费价格指数		农业生产资料价格指数		工业生产者购进价格指数		工业生产者出厂价格指数	
	当月同比	累计同比	当月同比	累计同比	当月同比	累计同比	当月同比	累计同比
2001	—	0.6	—	-2.3	—	3.7	—	6.3
2002	—	-0.9	—	-1.8	—	-4.4	—	-4.4
2003	—	1.1	—	2.4	—	1.2	—	2.8
2004	—	4.4	—	15.3	—	16.3	—	9.7
2005	—	2.4	—	10.5	—	8.2	—	4.9
2006	—	1.3	—	1.0	—	11.4	—	9.6
2007	—	6.1	—	14.4	—	6.1	—	4.5
2008	—	7.8	—	24.0	—	10.6	—	9.0
2009	—	-2.1	—	-5.8	—	-4.9	—	-6.5
2010	—	3.0	—	1.9	—	11.2	—	12.0
2011	—	5.9	—	12.2	—	10.0	—	8.5
2012	—	3.2	—	3.9	—	-0.8	—	-2.2
2013	—	2.2	—	-0.1	—	-1.1	—	-1.8
2014	—	2.1	—	-1.1	—	-1.8	—	-1.6
2015	—	1.5	—	0.9	—	-4.3	—	-3.0
2016	—	1.6	—	0.7	—	-1.6	—	-0.8
2015　1	1.0	1.0	-1.0	-1.0	-3.1	-3.1	-2.2	-2.2
2	1.5	1.3	-0.8	-0.9	-3.3	-3.2	-2.4	-2.4
3	1.5	1.3	0.6	-0.4	-3.7	-3.4	-2.1	-2.3
4	1.3	1.3	1.2	0.0	-3.7	-3.4	-1.9	-2.2
5	1.2	1.3	1.6	0.3	-4.0	-3.5	-2.2	-2.2
6	1.5	1.3	0.8	0.4	-4.2	-3.7	-2.7	-2.3
7	1.5	1.3	1.3	0.5	-3.7	-3.7	-3.2	-2.4
8	1.9	1.4	1.9	0.7	-4.6	-3.8	-3.4	-2.5
9	1.8	1.5	2.4	0.9	-5.1	-3.9	-3.7	-2.7
10	1.7	1.5	1.7	1.0	-5.1	-4.0	-3.6	-2.8
11	1.4	1.5	0.3	0.9	-5.5	-4.2	-4.3	-2.9
12	1.9	1.5	0.4	0.9	-5.5	-4.3	-4.5	-3.0
2016　1	1.7	1.7	0.1	0.1	-5.0	-5.0	-4.6	-4.6
2	2.7	2.2	0.6	0.4	-4.9	-4.9	-4.2	-4.4
3	2.2	2.2	0.6	0.4	-4.1	-4.6	-3.9	-4.3
4	2.3	2.2	0.6	0.5	-3.6	-4.4	-3.1	-4.0
5	1.8	2.2	1.1	0.6	-3.4	-4.2	-2.9	-3.8
6	1.6	2.1	1.4	0.7	-2.9	-4.0	-2.6	-3.6
7	1.3	2.0	1.0	0.8	-2.2	-3.7	-1.7	-3.3
8	0.9	1.8	0.6	0.7	-1.4	-3.4	-1.0	-3.0
9	1.2	1.7	0.3	0.7	-0.4	-3.1	0.3	-2.6
10	0.9	1.7	0.0	0.6	0.9	-2.7	1.6	-2.2
11	1.4	1.6	0.0	0.6	2.7	-2.2	4.4	-1.6
12	1.2	1.6	1.7	0.7	4.5	-1.7	7.6	-0.9

数据来源：国家统计局广西调查总队。

表3 2016年广西壮族自治区主要经济指标

	1月	2月	3月	4月	5月	6月	7月	8月	9月	10月	11月	12月
绝对值（自年初累计）												
地区生产总值（亿元）	—	—	3 480.3	—	—	7 311.6	—	—	11 345.5	—	—	18 245.1
第一产业	—	—	366.6	—	—	769.9	—	—	1 504.6	—	—	2 798.6
第二产业	—	—	1 747.0	—	—	3 606.9	—	—	5 473.7	—	—	8 219.9
第三产业	—	—	1 366.7	—	—	2 934.8	—	—	4 367.3	—	—	7 226.6
工业增加值（亿元）	—	—	—	—	—	—	—	—	—	—	—	—
固定资产投资（亿元）	—	1 146.1	2 801.3	4 009.8	5568.2	8 351.9	9 332.1	10 671.5	12 165.5	13 715.8	15 547.1	17 653.0
房地产开发投资	—	171.1	351.8	508.2	669.1	941.7	1 104.3	1 266.7	1 455.8	1 694.4	2 025.9	2 398.0
社会消费品零售总额（亿元）	—	—	1 601.2	—	—	3 252.8	—	—	5 009.4	—	—	7 027.3
外贸进出口总额（亿元）	260.2	396.7	654.5	884.4	1125.3	1 383.0	1 622.2	1 893.5	2 165.5	2 455.1	2 808.9	3 170.4
进口	139.2	216.6	326.8	440.5	567.2	701.6	819.4	969.6	1 117.4	1 276.5	1 462.5	1 646.6
出口	121.0	180.1	327.8	443.9	558.0	681.4	802.8	923.9	1 048.1	1 178.6	1 346.5	1 523.8
进出口差额(出口－进口)	—	-36.4	1.0	3.4	-9.2	-20.3	-16.6	-45.8	-69.3	-97.9	-116.0	-122.8
实际利用外资（亿美元）	—	2.8	3.9	3.9	6.4	7.3	7.5	7.8	7.8	8.2	8.5	8.9
地方财政收支差额（亿元）	—	-211.7	-488.7	-578.3	-782.7	-1 212.4	-1 339.4	-1 526.7	-1 959.0	-2 074.4	-2 422.3	-2 916.2
地方财政收入	—	240.4	380.6	519.4	656.0	837.5	940.6	1 020.2	1 139.0	1 267.4	1 385.5	1 556.2
地方财政支出	—	452.0	869.3	1 097.7	1438.6	2 049.9	2 279.9	2 546.9	3 098.0	3 341.8	3 807.9	4 472.5
城镇登记失业率(%)(季度)	—	—	3.0	—	—	3.0	—	—	3.0	—	—	2.9
同比累计增长率（%）												
地区生产总值	—	—	7.0	—	—	7.2	—	—	7.0	—	—	7.3
第一产业	—	—	2.0	—	—	3.1	—	—	3.3	—	—	3.4
第二产业	—	—	7.5	—	—	7.6	—	—	7.6	—	—	7.4
第三产业	—	—	7.6	—	—	7.8	—	—	7.4	—	—	8.6
工业增加值	—	7.0	7.3	7.3	7.4	7.6	7.6	7.6	7.6	7.7	7.6	7.5
固定资产投资	—	15.2	14.1	12.9	13.4	13.7	12.7	12.4	13.7	13.2	12.7	12.8
房地产开发投资	—	5.4	14.5	19.6	18.6	17.6	17.5	18.3	18.7	22.4	23.9	25.6
社会消费品零售总额	—	—	9.9	—	—	9.8	—	—	10.2	—	—	10.7
外贸进出口总额	-15.7	-17.3	-10.8	-7.4	-4.4	-3.9	-3.5	-2.2	-3.4	-2.4	-0.7	-0.5
进口	2.2	-0.9	1.6	1.6	1.9	1.4	0.4	2.2	3.3	7.6	10.5	13.9
出口	-29.8	-30.9	-20.5	-14.9	-10.0	-8.7	-7.2	-6.4	-9.6	-11.3	-10.4	-12.4
实际利用外资	—	41.9	69.7	-9.3	20.0	-5.3	-6.5	-10.3	-10.9	-9.6	-24.5	-48.4
地方财政收入	—	10.2	10.0	13.9	12.9	8.5	5.8	4.2	4.7	4.1	3.5	2.7
地方财政支出	—	13.1	14.3	10.1	10.9	14.1	10.6	9.0	13.7	14.2	15.6	10.0

数据来源：广西壮族自治区统计局。

海南省金融运行报告（2017）

中国人民银行海口中心支行货币政策分析小组

[内容摘要] 2016年，海南省贯彻落实中央各项决策部署，扎实推进稳增长、促改革、调结构、惠民生、防风险各项工作，经济社会发展总体呈现增速平稳、结构优化、效益提升的良好态势。海南省金融运行总体平稳，组织体系逐步健全，社会融资规模稳步增长，直接融资占比提高，金融生态环境进一步改善，金融服务地方经济发展的能力继续提升。

2017年是“十三五”规划承上启下的一年，海南省将坚持稳中求进工作总基调，按照“创新、协调、绿色、开放、共享”五大发展理念，深入推进供给侧结构性改革，调优做强绿色特色实体经济，着力提高经济社会发展质量和效益。海南省金融机构将认真贯彻稳健中性的货币政策，保持总量合理适度增长，优化金融资源配置，切实防范化解金融风险，不断加大重点领域和薄弱环节的金融支持力度，为海南省经济社会发展提供有力的金融支持。

一、金融运行情况

2016年，海南省金融业认真贯彻落实稳健的货币政策，保持健康发展态势。银行业规模稳步扩大，证券业和保险业发展良好，金融市场运行平稳，金融业改革继续深化。

（一）银行业运行总体稳健，信贷投放重点突出

1. 银行业规模持续扩大，经营状况明显改善。2016年年末，海南省银行业金融机构网点、从业人员和资产总额同比分别增长2.6%、2.7%和23.0%。银行业经营状况明显改善，全省银行业金融机构实现利润同比增长26.1%，增速高于上年同期30.3个百分点。

2. 存款增长加快，活期占比较高。2016年年末，海南省本外币各项存款余额9 120.2亿元，同比增长19.4%，省内经济体资金面较为宽裕。从期限看，全省住户存款和非金融企业存款中，活期存款占比54.2%，高于定期存款。从各月存款波动情况看，除7月全省存款余额出现下降外，其余月份存款均有不同幅度增加（见图1）。

3.贷款平稳增长，投向重点突出。2016年年末，全省金融机构本外币贷款余额7 687.7亿元，同比增长15.6%，增速低于上年同期7.8个百分点（见图3）。

表1　2016年海南省银行业金融机构情况

机构类别	营业网点			法人机构(个)
	机构个数(个)	从业人数(人)	资产总额(亿元)	
一、大型商业银行	525	11 864	4 794.2	0
二、国家开发银行和政策性银行	21	637	3 866.7	0
三、股份制商业银行	118	2 390	1 956.9	0
四、城市商业银行	3	355	311.0	1
五、城市信用社	0	0	0.0	0
六、小型农村金融机构	460	6 022	2 464.8	21
七、财务公司	3	170	166.5	2
八、信托公司	0	0	0.0	0
九、邮政储蓄银行	353	1593	586.1	0
十、外资银行	1	31	45.7	0
十一、新型农村金融机构	33	538	50.1	17
十二、其他	0	0	0.0	0
合　计	1 517	23 600	14 242.1	41

注：营业网点不包括国家开发银行和政策性银行、大型商业银行、股份制商业银行等金融机构总部数据；大型商业银行包括中国工商银行、中国农业银行、中国银行、中国建设银行和交通银行；小型农村金融机构包括农村商业银行、农村合作银行和农村信用社；新型农村金融机构包括村镇银行、贷款公司、农村资金互助社；“其他”包含金融租赁公司、汽车金融公司、货币经纪公司、消费金融公司等。
数据来源：海南银监局。

全年信贷投放主要有以下特点：一是支持产业结构调整。2016年，全省三次产业新增贷款中，第三产业贷款占比87.4%。二是支持重点领域发展。2016年，全省新增基础设施类贷款占各

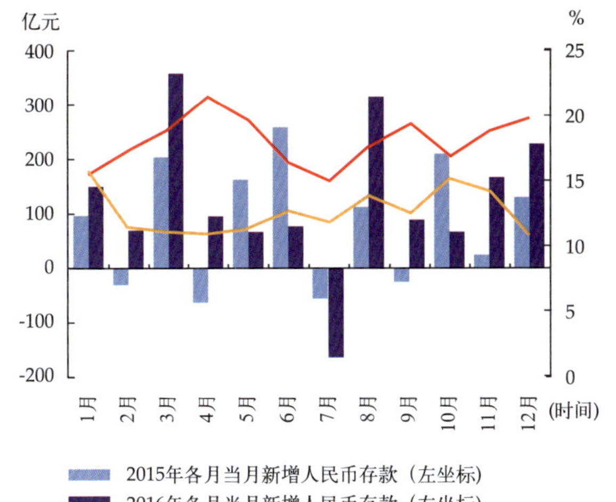

数据来源：中国人民银行海口中心支行。

图1 2015～2016年海南省金融机构人民币存款增长变化

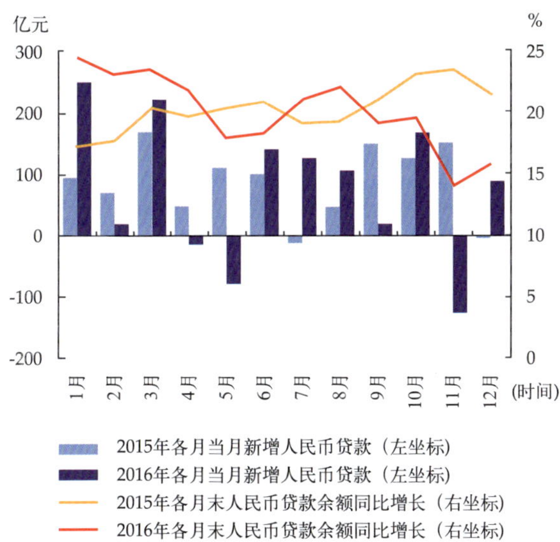

数据来源：中国人民银行海口中心支行。

图2 2015～2016年海南省金融机构人民币贷款增长变化

行业新增贷款的33.7%。三是支持棚户区改造等民生工程。2016年，国家开发银行海南省分行和中国农业发展银行海南省分行利用抵押补充贷款资金发放棚户区改造贷款321.3亿元，有力地支持了海口市、三亚市的棚户区改造项目。四是支持精准扶贫。2016年年末，全省扶贫贷款余额171.2亿元，同比增长38.0%。

4. 表外业务规模增长较快。2016年年末，海南省银行机构表外业务规模同比增长40.7%。其中，委托贷款、表外理财和保函业务规模合计占比达69.9%，同比增长66.0%，是拉动表外业务规模增长的主要原因。

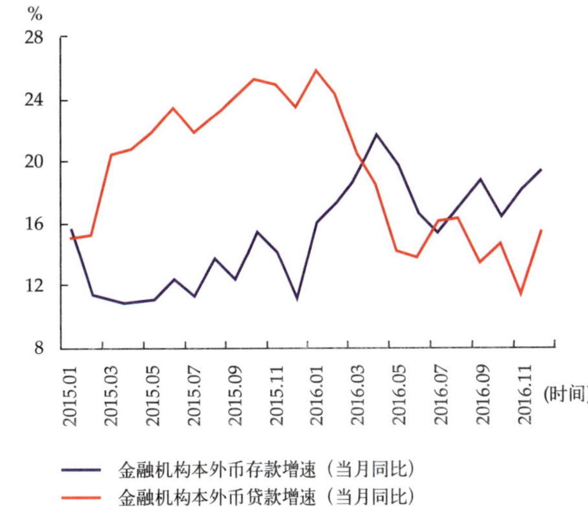

数据来源：中国人民银行海口中心支行。

图3 2015～2016年海南省金融机构本外币存、贷款增速变化

表2 2016年海南省金融机构人民币贷款各利率区间占比

单位：%

月份		1月	2月	3月	4月	5月	6月
合计		100.0	100.0	100.0	100.0	100.0	100.0
下浮		17.5	11.8	32.6	22.2	12.6	29.0
基准		12.3	9.6	25.5	9.6	40.8	22.0
上浮	小计	70.2	78.6	41.9	68.2	46.6	49.0
	(1.0，1.1]	21.8	10.7	12.4	19.2	13.0	19.8
	(1.1，1.3]	16.3	39.0	13.9	7.1	10.2	11.0
	(1.3，1.5]	7.3	12.0	2.9	6.5	5.1	3.5
	(1.5，2.0]	16.4	8.0	7.2	26.5	8.4	9.1
	2.0以上	8.4	8.9	5.5	8.9	9.9	5.6

月份		7月	8月	9月	10月	11月	12月
合计		100.0	100.0	100.0	100.0	100.0	100.0
下浮		32.9	30.8	14.9	29.7	20.4	12.0
基准		25.4	7.6	37.7	23.0	31.1	36.3
上浮	小计	41.7	61.6	47.4	47.3	48.5	51.7
	(1.0，1.1]	12.7	8.6	12.6	13.0	6.3	11.5
	(1.1，1.3]	8.5	16.4	10.4	10.8	11.2	12.2
	(1.3，1.5]	4.9	12.0	4.6	6.4	7.0	6.3
	(1.5，2.0]	7.9	11.5	10.8	8.0	14.8	15.9
	2.0以上	7.7	13.1	9.0	9.1	9.2	5.8

数据来源：中国人民银行海口中心支行。

5. 贷款利率持续下行，金融机构自主定价能力提升。2016年，海南省金融机构人民币一般贷款加权平均利率持续下降，从1月的6.14%降至12月的5.82%，下降了0.32个百分点。海南省利率市场化进程不断推进，辖内金融机构利率定价规范有序，同业存单发行稳步开展，金融机构自主定价能力逐步提升。2016年，全省共发行同业存单44亿元。6月，海口市农村信用联社被吸收为全国利率定价自律机制观察成员。

6. 地方金融机构经营稳健。2016年年末，全省银行业金融机构不良贷款率为1.4%，关注类贷款率为5.2%，均低于上年，住宿餐饮业和批发零售业不良贷款占比相对较高。地方金融机构经营总体稳健。2016年年末，全省地方法人银行业金融机构资产总额和负债总额同比分别增长29.2%和31.4%，各项存款余额和各项贷款余额同比分别增长27.1%和23.6%，全年利润同比增长27.5%，整体资本充足率高于上年同期0.04个百分点，不良贷款率低于上年同期1.5个百分点。

7. 银行业金融机构改革持续推进，服务体系不断健全。2016年，海南省共新设22家银行业分支机构。农信社改革进一步深入，白沙农村合作银行成功改制为白沙农村商业银行；4家村镇银行正式开业，实现村镇银行市县全覆盖。中国农业银行海南省分行完善三农金融事业部工作机制，强化服务“三农”激励约束。海南省开发性、政策性金融改革继续推进，国家开发银行海南省分行成立扶贫金融事业部，中国农业发展银行海南省分行构建起符合海南实际的运营管控机制。

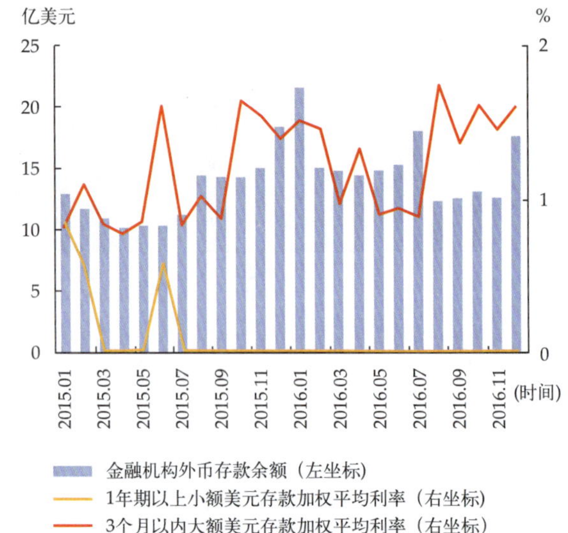

数据来源：中国人民银行海口中心支行。

图4　2015～2016年海南省金融机构外币存款余额及外币存款利率

8. 跨境人民币业务稳步发展。2016年，海南省跨境人民币结算额231.9亿元。人民币跨境担保履约和全口径跨境融资实现突破，完成海南省内首家跨境人民币结算网络支付机构业务备案。境外新增5个国家与海南省开展跨境人民币结算，办理跨境人民币业务的银行与企业分别新增1家和148家。服务高端旅游产业能力稳步提升，旅游相关产业跨境贸易人民币结算额同比增长11.5%，其中，会展、免税品采购等高端旅游产业结算额同比增长30.1%。

专栏1　改善支付服务环境　助推三沙经济发展

三沙市是中国地理位置最南、陆地面积最小，人口最少的地级市，政府驻地位于西沙永兴岛。2012年设市以来，中国人民银行海口中心支行结合实际情况，不断加强三沙市支付服务环境建设，提高支付服务水平，为推动三沙经济发展发挥了重要作用。

一、鼓励银行机构开设物理网点

在中国人民银行海口中心支行的引导下，2016年年末，已有中国工商银行、中国银行两家银行机构在三沙市设立网点，两家机构均可向岛上军民提供与其他地区无差别的日常支付结算服务。此外，海南省农村信用联社于2013年2月在三沙市永兴村委会设立了首个银行卡助农取款服务点，并于2013年4月在永兴岛上设立了首个以存取款一体机为主体的自助银行，为岛上军民存取款、转账提供了便利。

二、推动金融机构开通大小额支付系统

三沙市设立之初，中国工商银行三沙市支行主要依赖部队提供的专线运行其业务系统，岛上军民难以进行跨行转账业务。在中国人民银行海口中心支行的积极协调下，2012年7月，中国工商银行三沙市支行开通了大、小额支付系统，并开通了网上支付跨行清算系统；2016年，中国银行三沙市支行开通了大、小额支付系统。2016年年末，三沙市已全面实现全国同行、跨行转账汇款资金实时到账。

三、创新账户服务方式

中国人民银行在三沙市未设立分支机构，办理核准类单位银行结算账户的开立、变更等业务，需银行机构工作人员乘坐三沙市政府的补给船，将资料交至中国人民银行三亚市中心支行核准，业务办理周期较长。为改善账户服务方式，2012年9月，中国人民银行海口中心支行创新采用结算账户远程核准审批方式，要求中国人民银行三亚市中心支行根据三沙市银行机构传真的相关资料办理核准类业务，核实后将“行政许可决定书”等文书传真回三沙市银行机构，并以此为依据为客户办理业务，事后银行机构再将相关资料补送至中国人民银行三亚市中心支行存档，有效缩短了业务办理时长。

四、推广新兴支付方式的应用

在推广现有银行卡应用的基础上，中国人民银行海口中心支行引导银联商务海南分公司在三沙市超市、宾馆等场所布放多功能POS机具，并协调银联商务海南分公司与其他机构合作，成功将“全民付—助军威金融自助终端”布放到三沙市某军营，使驻岛官兵足不出营就可以完成现金取款、转账汇款、手机充值等操作，满足了驻岛官兵的日常金融支付需求。此外，中国人民银行海口中心支行还引导银行机构加大对手机近场支付、扫码支付和微信支付的推广，提高了资金使用的安全性和便利性。

（二）证券市场交易量下降，融资渠道不断拓宽

1. 证券期货交易量下降，机构业绩下滑。2016年年末，海南省共有2家法人证券公司、14家证券分公司和54家证券营业部，2家法人期货公司、1家期货分公司和12家期货营业部。受证券市场低迷行情影响，2016年证券营业部证券交易金额同比下降50.8%，管理客户资产余额同比下降14.2%，净利润同比下降75.3%。

2. 股票筹资同比上升，多层次资本市场发展稳中有进。2016年，海南省有1家公司实现首发上市。全省28家境内上市公司总市值3 878.8亿元，同比增长9.2%。海南省企业全年在沪深证券交易所累计融资932.2亿元。企业融资渠道不断拓宽。2016年，全省共有30家企业挂牌新三板，比上年增加14家，总股本31.6亿股，同比增长85.1%。其中9家挂牌公司定向发行股票，融资44.5亿元。海南股权交易中心累计挂牌企业1 058家，其中交易板挂牌企业54家。

表3　2016年海南省证券业基本情况

项目	数量
总部设在辖内的证券公司数（家）	2
总部设在辖内的基金公司数（家）	0
总部设在辖内的期货公司数（家）	2
年末国内上市公司数（家）	28
当年国内股票（A股）筹资（亿元）	649
当年发行H股筹资（亿元）	0
当年国内债券筹资（亿元）	424
其中：短期融资券筹资额（亿元）	23
中期票据筹资额（亿元）	45

注：国内债券筹资数据含地方法人金融机构筹资额。
数据来源：海南证监局、中国人民银行海口中心支行。

（三）保险市场运行良好，产品创新能力有所增强

2016年，海南保险业整体发展稳健，保险业务规模增长较快，市场秩序整体情况良好。全省保险公司资产总额和保费收入分别同比增长29.8%和16.6%，赔付支出同比增长26.7%，保险密度同

表4　2016年海南省保险业基本情况

项目	数量
总部设在辖内的保险公司数（家）	1
其中：财产险经营主体（家）	0
人身险经营主体（家）	1
保险公司分支机构（家）	24
其中：财产险公司分支机构（家）	12
人身险公司分支机构（家）	12
保费收入（中外资，亿元）	133
其中：财产险保费收入（中外资，亿元）	50
人身险保费收入（中外资，亿元）	83
各类赔款给付（中外资，亿元）	49
保险密度（元/人）	1 452
保险深度（%）	3

数据来源：海南保监局。

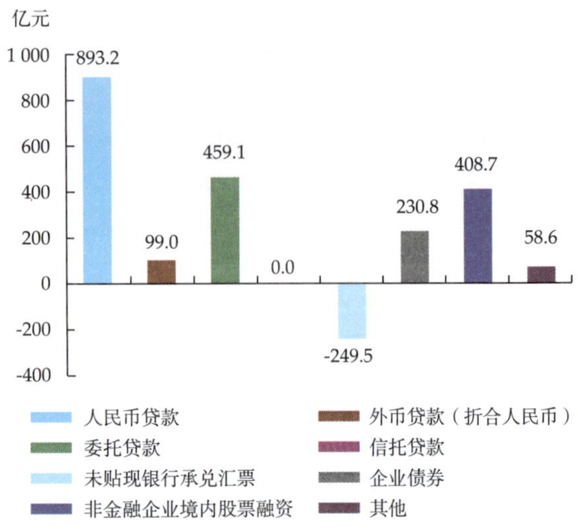

数据来源：中国人民银行海口中心支行。

图5　2016年海南省社会融资规模分布结构

比增加198.5元/人，保险深度同比提高0.2个百分点。农业保险服务作用持续发挥，产品创新能力有所增强。2016年，海南农业保险累计为69.2万户农户提供风险保障资金，农业保险风险保障范围从传统的自然风险向市场风险延伸，荔枝价格指数保险和槟榔价格指数保险产品开始承保。

（四）社会融资规模稳步增长，直接融资占比较快提升

2016年，海南省社会融资规模1 900.0亿元，同比增长29.4%。受地方政府发行置换债影响，银行表内信贷在社会融资规模中的占比降为52.2%，低于上年同期26.6个百分点。直接融资占比33.7%，高于上年同期24.4个百分点，有效拓宽了实体经济的资金来源。全年在银行间债券市场新增直接债务融资工具注册规模151亿元，同比增长54.1%；累计发行直接债务融资工具68亿元。

（五）金融生态环境持续改善

2016年，海南省继续加强金融生态环境建设。一是不断优化地方信用环境。中国人民银行海口中心支行与海南省政府金融工作办公室协同制定了《海南省“十三五”社会信用体系建设规划》，明确了重点领域的信用体系建设，于2016年10月正式印发实施；积极引导信用信息和信用报告在政府行政履职中的应用，推动省政府出台《海南省人民政府办公厅关于在行政管理事项中应用信用记录和信用报告的实施意见》。二是积极推广综合性惠农支付服务。引导涉农金融机构开展助农取款点标准化升级改造，全面开通支付终端跨行支付功能，增加转账汇款、现金汇款、代理缴费服务；鼓励银行机构和非银行支付机构面向农村地区提供安全、可靠的网上支付、手机支付等服务，支持农信社开通“支付宝”快捷支付和利用“农信通”终端开展“一小通顺贷”业务。三是探索电子化支付支持农村电子商务发展。发挥电子化支付在推动农村普惠金融方面的独特优势，推动农村支付，促进农村电商发展。指导中国建设银行海南省分行通过“善融商务”、海南省农村信用联社通过“银商伙伴”商务平台，着力构建“支付+电商+融资”服务链，为辖区农村电商提供全方位金融服务。

二、经济运行情况

2016年，海南省经济运行总体保持平稳，呈现出稳中趋好、稳中提质的良好态势。全年实现地区生产总值4 044.5亿元，同比增长7.5%（见图6），人均地区生产总值44 252元，同比增长6.7%。

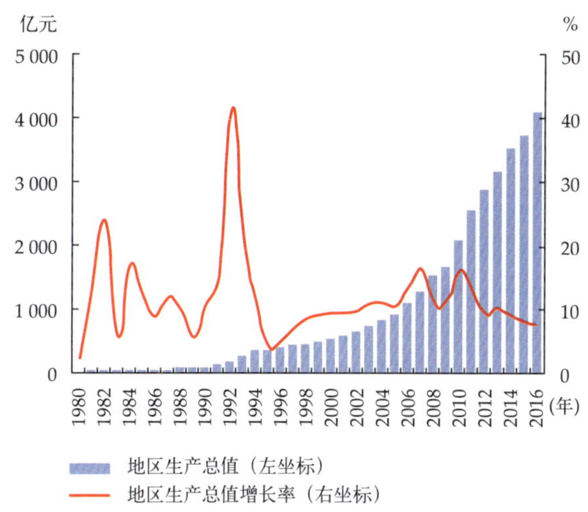

数据来源：海南省统计局。

图6　1980～2016年海南省地区生产总值及其增长率

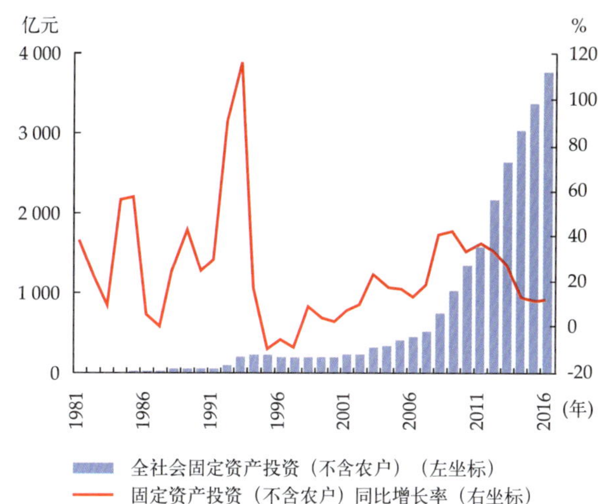

数据来源：海南省统计局。

图7　1981～2016年海南省固定资产投资（不含农户）及其增长率

（一）需求稳步增长，结构趋于优化

2016年，海南省投资、消费较快增长，进出口结构逐步优化，经济增长内生动力持续增强。

1. 投资较快增长，非房地产项目是支撑投资增长的主要动力。2016年，海南省固定资产投资同比增长11.7%（见图7）。其中，非房地产项目投资增长18.7%，对全部投资增长的贡献率达78.7%。全省继续加快推进“五网”[①]基础设施建设，全年基础设施建设投资完成978.17亿元，增长25.1%，对全部投资增长的贡献率为50.1%。省重点项目全力推进，421个省重点项目全年完成投资2 136.7亿元，实现年度计划的117%，比上年增长11.5%。

2. 消费品市场稳中有升。全年社会消费品零售总额同比增长9.7%，比上年加快1.5个百分点（见图8）。从消费形态看，全省大众餐饮企业快速增长，全年餐饮收入增长10.9%，增速快于全部消费1.2个百分点。生活消费结构升级，全年汽车类零售额增长17.0%，免税品零售额增长11.3%，分别比社会消费品零售总额增速快7.3个百分点和1.6个百分点。海口日月广场、新城吾悦广场、万达广场等5家商业综合体开业，带动零售市场加快

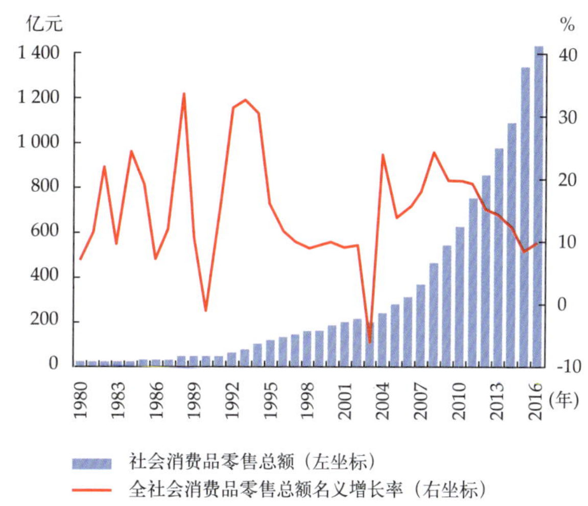

数据来源：海南省统计局。

图8　1980～2016年海南省社会消费品零售总额及其增长率

增长，全年商品零售增长9.5%，比上年加快2.0个百分点。

3. 对外贸易同比下降，新兴贸易业态增长较快。2016年，海南省外贸进出口总额748.1亿元，同比下降13.9%（见图9）。新型贸易业态逆势增长，租赁贸易和免税品贸易方式同比分别增长50.5%和125.5%。2016年，受国外借款和合资企业业

① “五网”指路网、光网、电网、气网、水网。

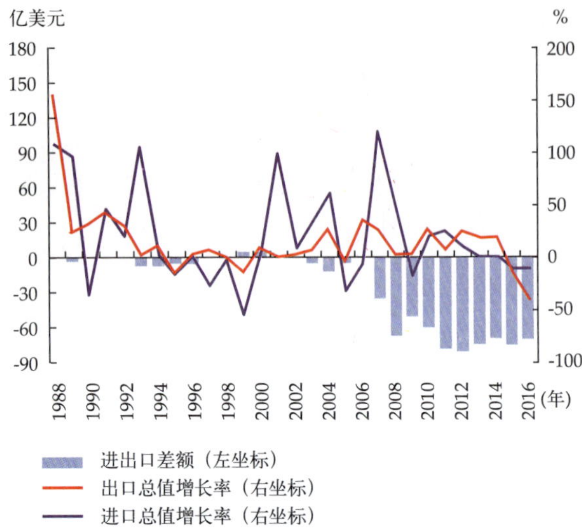

数据来源：《中国经济景气月报》、中国人民银行工作人员计算。

图9　1988～2016年海南省外贸进出口变动情况

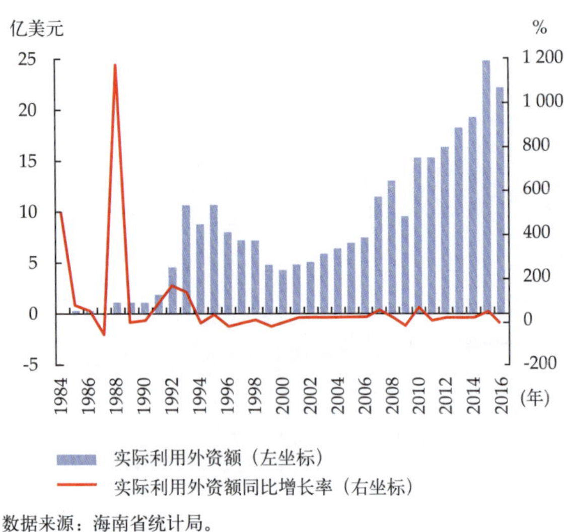

数据来源：海南省统计局。

图10　1984～2016年海南省实际利用外资额及其增长率

投资下降影响，海南省实际利用外资较上年下降10.1%（见图10）。

（二）第三产业增长较快，结构调整成效明显

2016年，海南省产业结构持续优化，三次产业结构为24.0：22.3：53.7。新兴服务业发展迅速，促进产业转型升级，服务业占全省地区生产总值比重为53.7%，比上年提高0.4个百分点，对整体经济增长的贡献率达71.4%，比上年提高10.0个百分点。

1. 农业生产平稳增长。2016年，农林牧渔业增加值同比增长4.2%。种植业为稳定农业经济增长奠定了坚实的基础，花卉、中草药材等特色种植业蓬勃发展，全年收获面积分别增长13.0%和6.3%。猪、牲畜的产品价格全年平均分别上涨15.3%和13.6%，有效调动了养殖户的生产积极性。远洋捕捞与近海养殖能力大幅提升，新建深水网箱1 323口，已建成投产大型钢制海洋捕捞渔船102艘，全年水产品产量增长3.5%。积极推动农业结构向优质高效产业转变，全年调减甘蔗种植面积15.2万亩，调减低产橡胶种植面积8万亩。

2. 工业经济实现增长，企业盈利能力提升。2016年，海南省规模以上工业增加值同比增长2.6%（见图11）。其中，化学行业增加值同比增长7.7%，医药制造业增加值同比增长7.2%，是拉动工业增长的主要行业。全省规模以上工业企业累计完成销售产值同比下降2.4%，降幅比上年收窄2.3个百分点；产销率为95.8%，比上年下降1.8个百分点。2016年，全省规模以上工业企业利润同比增长13.3%，增幅较上年同期提高13.7个百分点。

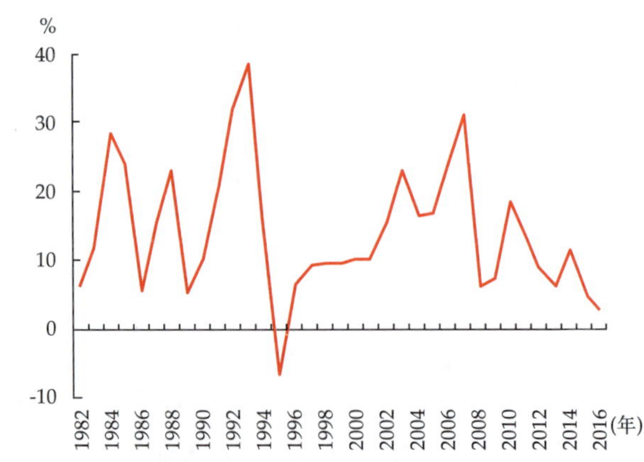

数据来源：海南省统计局。

图11　1982～2016年海南省规模以上工业增加值同比增长率

3. 服务业保持快速增长，旅游市场发展良好。服务业增加值比上年增长10.1%。房地产业快速发展，全年房屋销售面积增长43.4%，房地产业对经济增长贡献率为14.3%。金融业运行总体稳健，对经济增长贡献率为13.7%。其他营利性服务业保持较快增长势头，营业收入同比增长9.7%。

酷秀、凯迪和腾讯网络、易建科技、港澳资讯等一批企业分别带动规模以上互联网和相关服务业、软件和信息技术服务业营业收入增长28.7%和15.2%。全域旅游建设逐步推开，自驾游、自助游带动一日游较快增长，旅游市场发展态势良好。全年接待游客总人数突破6 000万人次关口，达到6 023.59万人次，比上年增长12.9%，增速高于年初预期目标。

4. 供给侧结构性改革进入全面推进期。一是去产能。海南省政府国有资产监督管理委员会加快推进“清理退出一批”工作，推进国有“僵尸企业”分类处置，在精准识别的基础上分类，有针对性地采取兼并重组、关闭破产等不同方式进行精准处置，同时加快处置盘活沉淀资产和资金。二是去杠杆。相关部门大力支持企业用好、用活资本市场，积极推动企业通过多层次资本市场直接融资，降低企业融资杠杆率。三是去库存。“两个暂停”[①]等一揽子调控政策发挥积极作用，有效引导了市场预期，商品房库存压力得到有效缓解。2016年年末，全省商品房库存去化期降低到23个月，比2015年年末减少了22个月。四是降成本。全面推进“营改增”改革，企业营业税金和应交增值税税金总量双下降，下调企业四项社会保险费率，免征、停征行政事业性收费125项，停征和整合政府性基金9项，企业减负明显。五是补短板。人才方面，出台海南省12个重点产业[②]人才培养五年行动计划，实施“好校长、好教师”“好院长、好医生”引进工程等举措，培育、吸引各类急需人才。医疗方面，全面提升医疗服务水平，加快建设海南省儿童医院、传染病医院等专科医院和儋州西部中心医院等区域重点公共医疗项目。县级公立医院综合改革实现全面覆盖，实现了村村有卫生室的目标。教育方面，多举措促进教育公平，加快实施“全面改薄大提速”转型行动，启动“一县两校一园”优质基础教育资源引进工程，全省义务教育阶段进城务工人员随迁子女公办学校就读比例提高到82.9%。

（三）物价水平总体平稳，劳动力成本持续提升

2016年，海南省居民消费价格走势平稳，生产类价格降幅收窄，劳动力成本有所上升。

1. 居民消费价格温和上涨。2016年，全省居民消费价格累计上涨2.8%，涨幅高于上年1.8个百分点，高于全国平均水平0.8个百分点。从CPI构成的八大类指数来看，食品烟酒类价格涨幅较大，累计上涨5.1%；衣着、交通和通信类价格出现下跌，累计分别下跌2.1%和1.5%。

2. 工业生产类价格跌幅收窄。2016年，全省农业生产资料价格指数累计上涨0.1%。工业生产者购进价格指数累计下跌5.2%，跌幅比上年同期收窄6.3个百分点。工业生产者出厂价格指数累计下跌4.0%，跌幅比上年同期收窄6.2个百分点。

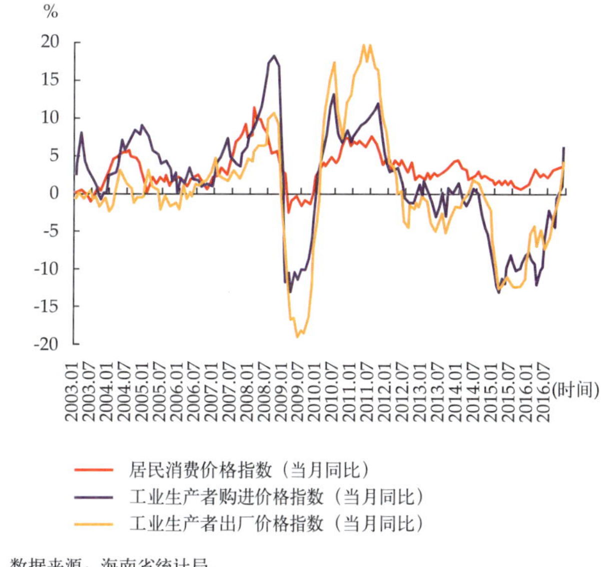

数据来源：海南省统计局。

图12　2003～2016年海南省居民消费价格和生产者价格变动趋势

① “两个暂停”指对商品住宅库存消化期超过全省平均水平的市县，暂停办理新增商品住宅（含酒店式公寓，下同）及产权式酒店用地审批（包括农用地转用及土地征收审批、土地供应审批、已供应的非商品住宅用地改为商品住宅用地审批、商品住宅用地容积率提高审批），暂停新建商品住宅项目规划报建审批。

② 根据《海南省国民经济和社会发展第十三个五年规划纲要》，12个重点产业指旅游产业，热带特色高效农业，互联网产业，医疗健康产业，现代金融服务业，会展业，现代物流业，油气产业，医药产业，低碳制造业，房地产业，高新技术、教育、文化体育产业。

3. 全省劳动力成本持续上升。2016年，城镇非私营单位在岗职工平均工资同比增长9.6%；外出农民工人均月收入同比增长7.4%；本地农民工人均月收入2 489元，比上年小幅增长0.5%。全省继续提高最低工资标准，在2015年最低工资基础上提高160元。调整后，海口市、三亚市、洋浦三地月最低工资标准提高了12.6%。

（四）财政收入平稳增长，民生支出力度有所加大

2016年，全省地方公共财政收入同比增长8.8%（见图13），高于上年0.1个百分点。其中，税收收入同比增长7.9%，高于上年0.9个百分点。全省地方公共财政支出同比增长10.7%。2016年，海南省财政支出继续向民生倾斜，全年民生支出增长11.6%，占全省地方公共财政支出的76%，高于上年0.4个百分点。

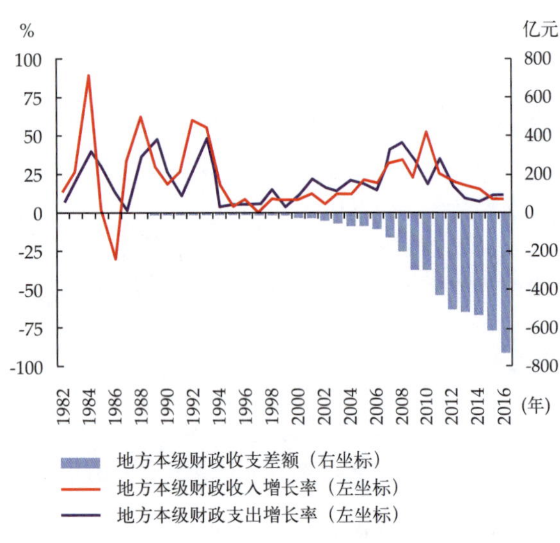

数据来源：海南省统计局。

图13　1982～2016年海南省财政收支状况

（五）房地产市场稳健运行，金融支持力度加大

1. 房地产市场销售快速增长，去库存成效明显。2016年，海南省委、省政府按照中央经济工作会议的部署，积极推动“多规合一”改革，大力实施“两个暂停”的房地产调控政策，有效带动了岛内外房地产市场需求的稳步释放，全年房地产市场销售保持快速增长态势，房地产去库存取得较好成效。2016年，全省房屋销售面积1 508.5万平方米，同比增长43.8%，房屋销售额1 490.2亿元，同比增长51.6%（见图14）。2016年，全省住宅待售面积1 029.6万平方米，同比减少77.8万平方米。

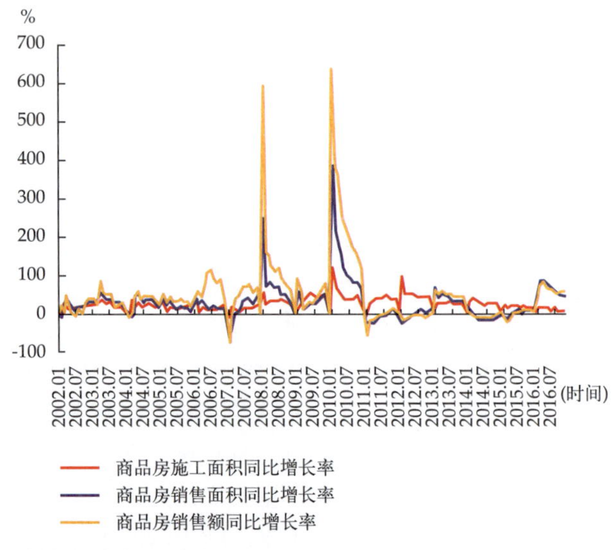

数据来源：海南省统计局。

图14　2002～2016年海南省商品房施工和销售变动趋势

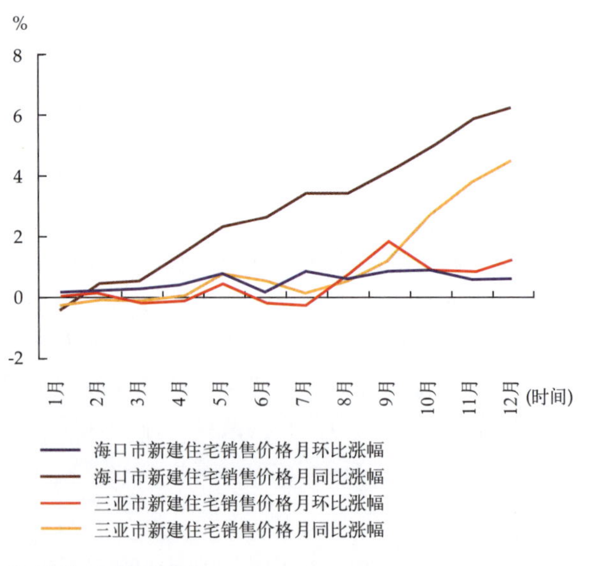

数据来源：海南省统计局。

图15　2016年海南省主要城市新建住宅销售价格变动趋势

2. 房地产开发投资有所下降，投资结构进一步优化。2016年，随着省内房地产“两个暂停”政策的逐步实施，全省房地产开发投资增速和占比均出现回落。2016年，全省房地产开发投资同比增长4.9%，增速比上年回落14.1个百分点；投资占比47.7%，同比下降3.1个百分点。全省房地产投资结构优化，经营性房地产投资比重不断提高，2016年，商业营业用房投资占比比上年提高了1.8个百分点。

3. 保障性住房开发贷款和个人住房贷款快速增长，房地产贷款风险总体可控。2016年，国家开发银行海南省分行和中国农业发展银行海南省分行积极加强与省直有关部门、地方政府的协调配合，充分利用抵押补充贷款资金，着力加大对全省城镇棚户区改造项目的信贷投放力度，全年保障性住房开发贷款同比增长1.4倍，增速比上年同期高74.2个百分点。同时，受益于中央、省委省政府出台一系列房地产去库存政策和中国人民银行出台的“房地产新政”，全省个人住房贷款呈现快速增长势头，2016年年末，个人住房贷款余额同比增长58.0%，比上年同期高23.7个百分点。银行机构加大了对房地产不良贷款的清收力度，全省房地产不良贷款率比年初下降0.7个百分点。

专栏2　加强政策引导　助推绿色金融发展

海南省绿色金融发展起步相对较晚，但发展速度较快。2016年以来，中国人民银行海口中心支行通过加大绿色金融政策引导、强化绿色金融窗口指导等方式，引导辖区绿色金融稳步发展。

一、加大绿色金融政策引导，探索布局绿色金融业态

中国人民银行海口中心支行在起草的《海南省金融业“十三五”发展规划（草案）》中明确提出要加快绿色金融创新，制定“绿色信贷”目录指引、项目环保标准和环境风险评级标准，利用海南生态发展优势，率先布局绿色金融业态。同时，出台绿色信贷相关扶持政策，建立对绿色信贷的贴息机制；构建对绿色项目的担保机制，保证在不良率可控的情况下，降低绿色贷款的融资成本；设立有政府参与的绿色产业基金；通过发行绿色债券为当地中长期、有稳定现金流的项目提供融资。

二、加强窗口指导，夯实绿色信贷体系基础

中国人民银行海口中心支行引导辖区市县支行将发展绿色金融理念融入窗口指导，为绿色信贷体系的健全与发展奠定基础。例如，部分市县支行通过制定辖内信贷指导意见，召开金融工作会议、政银企对接会及银行机构信贷座谈会等方式，积极引导商业银行将践行绿色信贷作为长期发展战略，加强绿色金融产品和服务的创新，持续支持辖内绿色经济发展。

三、加快创新步伐，推动绿色金融业务发展

辖区法人银行机构积极储备绿色项目，逐步展开绿色金融债发行前期准备工作。一是主动适应经济发展新形势，提升绿色信贷服务水平。部分法人银行机构拟组建专职部门负责绿色信贷业务，建立绿色贷款授信、风险控制、信贷营销等制度规定，为发行绿色金融债券夯实基础。二是强化绿色经营理念，不断提升自身发债资质。法人银行机构积极转变经营策略，树立可持续发展的理念，不断加强人才队伍建设，积极对接绿色项目和服务小微企业，合理把控信贷增长节奏，加大不良贷款清收和风险防控力度，提高经营及风控能力，力争达到发行绿色债券的监管要求。

四、加快建立绿色金融合作机制，提高政银企协调合作水平

一是建立绿色金融信息共享机制。各级政府牵头搭建制度化的信息交流平台，为金融部门提供更多的绿色产业项目。二是推动地方金融监管部门制定地方层面的“绿色金融（信贷、债券发行、保险）”目录指引、项目环保标准和环境风险评级标准，放宽绿色信贷（债券发行）规模控制，实施有差别的监管政策，为金融机构开展绿色金融创造宽松的外部环境。三是引导金融机构与区域绿色战略对接，加大绿色信贷项目储备力度。

五、完善利益补偿机制，保障绿色金融健康持续发展

一是针对绿色信贷量身定做政策性保险业务，探索建立并完善绿色金融风险分担机制，引导担保公司开展绿色信贷担保业务。二是推动成立专门基金，用于绿色贷款、保险的补贴激励，如根据节能、减排改造的环境贡献设定不同的贴息比例，环境贡献越大，补贴比例越高。三是拓宽担保增信渠道。允许项目收益无法在债券或贷款存续期内覆盖总投资的发行人或贷款企业仅就项目收益部分与债券本息规模差额部分提供担保。

六、加强宣传和培训，树立绿色金融理念

一是加大政策宣传与释疑。中国人民银行海口中心支行针对市县支行进行定期或不定期的业务培训，对当前绿色金融政策进行解读与释疑，提高基层央行对政策的把握度，提升履职效能。同时，及时召开金融机构座谈会，向金融机构积极传达相关政策，推动绿色金融业务的有序发展。二是积极营造全社会践行绿色经济、绿色金融的氛围，提高对发展绿色金融战略意义的认识。通过窗口指导，引导各类金融机构通过践行绿色金融引导社会资金从“两高一剩”行业逐步退出，推动海南绿色金融与绿色经济协调发展。

三、预测与展望

2017年，世界经济仍处于缓慢复苏过程中，贸易保护主义抬头，国际贸易和投资低迷，国际形势的复杂性、不确定性进一步显现。中国经济发展结构性矛盾突出，经济增长内生动力仍然不强，实体经济面临的困难较多。海南省的新产业、新动能尚未成形成势，产业结构转型升级任务艰巨，经济仍面临较多的困难和挑战。但随着供给侧结构性改革的持续推进，海南省独特的生态环境、经济特区、国际旅游岛三大优势，省域“多规合一”改革、服务贸易创新发展试点、全域旅游示范省创建、空域精细化管理改革、农垦改革等政策叠加优势，正加速转化为发展优势，2017年，海南省经济发展空间依然较大。中国人民银行海口中心支行将综合运用宏观审慎评估、信贷政策导向评估等多项政策工具，加强信贷政策指引，引导金融机构合理把握信贷投放节奏，优化信贷结构，加大对传统薄弱领域和重点产业、行业的支持力度；引导金融机构加强风险防范，促进海南省社会融资平稳增长，为海南省经济持续健康发展创造稳定的货币金融环境，推动全省经济持续健康发展。

中国人民银行海口中心支行货币政策分析小组
总　纂：吴盼文　张华强
统　稿：王江波　石海峰　陈修灿　潘　琪
执　笔：邱彦华　金为华　郭　雁　林　昕　邓　昕　王振兴　林明恒　王晓勃　邓启峰　王　宇
陈太玉　符瑞武　于　明　陈国权　江　凯　张璟霖　张东东　徐文德
提供材料的还有：陈　颖　罗　琎　邢诒俊

附录

（一）2016年海南省经济金融大事记

3月，海南白沙长江村镇银行股份有限公司、海南琼中长江村镇银行股份有限公司、海南屯昌长江村镇银行股份有限公司和海南昌江长江村镇银行股份有限公司挂牌成立。

4月8日，中俄金融联盟合作创新论坛在海口举行。

5月28日，海南省银行业普及金融知识万里行宣传活动正式启动。

6月3日，2016年首届海南互联网金融论坛在海口召开。

7月12日，2016年海上丝绸之路金融高峰论坛暨海南省金融博览展在海口开幕。

8月22日，《海南省金融精准扶贫工作措施》印发实施。

11月21日，经中国人民银行总行批准同意，中国人民银行儋州市中心支行挂牌成立。

12月12日，第十九届中国（海南）国际热带农产品冬季交易会农业投资项目招商暨农业金融服务推介会在海口举行。

（二）2016年海南省主要经济金融指标

表1 2016年海南省主要存贷款指标

		1月	2月	3月	4月	5月	6月	7月	8月	9月	10月	11月	12月
本外币	金融机构各项存款余额（亿元）	7 804.2	7 830.1	8 180.3	8 267.9	8336.4	8 416.9	8 266.4	8 538.9	8 627.1	8 697.9	8 858.6	9 120.2
	其中：住户存款	3 038.3	3 142.2	3 184.3	3 162.8	3 168.4	3 223.1	3 210.0	3 235.4	3 309.6	3 312.0	3 342.4	3 417.2
	非金融企业存款	2 506.8	2 394.8	2 588.0	2 557.4	2 563.7	2 664.5	2 585.5	2 801.9	2 757.9	2 819.2	2 892.4	3 213.1
	各项存款余额比上月增加（亿元）	166.9	25.9	350.2	87.6	68.5	80.5	-150.4	272.4	88.3	70.8	160.7	261.5
	金融机构各项存款同比增长（%）	16.2	17.3	19.1	21.7	19.8	16.7	15.6	17.2	18.9	16.6	18.4	19.4
	金融机构各项贷款余额（亿元）	6 895.7	6 886.3	7 085.9	7 058.0	6 974.3	7 096.3	7 224.0	7 334.7	7 310.5	7 477.8	7 394.9	7 687.7
	其中：短期	1 056.5	1 027.2	1 066.3	1 047.8	1 028.2	1 017.1	1 029.5	1 053.4	1 012.7	1 025.0	1 071.7	1 166.0
	中长期	5 500.2	5 570.4	5 706.2	5 715.5	5 667.2	5 797.5	5 889.7	5 934.4	5 960.5	6 019.4	5 923.8	6 210.3
	票据融资	337.6	286.6	310.6	294.1	278.3	281.2	304.0	345.3	336.2	432.6	398.6	310.9
	各项贷款余额比上月增加（亿元）	6895.7	6 886.3	7 085.9	7 058.0	6 974.3	7 096.3	7 224.0	7 334.7	7 310.5	7 477.8	7 394.9	7 687.7
	其中：短期	-0.2	-29.3	39.1	-18.4	-19.6	-11.1	12.4	23.9	-40.7	12.3	46.7	94.3
	中长期	124.6	70.2	135.8	9.3	-48.3	130.3	92.2	44.7	26.1	58.9	-95.6	286.5
	票据融资	119.9	-50.9	23.9	-16.5	-15.8	2.9	22.8	41.3	-9.2	96.4	-34.0	-87.7
	金融机构各项贷款同比增长（%）	25.8	24.3	20.7	18.4	14.2	13.7	16.1	16.3	13.4	14.6	11.4	15.6
	其中：短期	38.2	32.7	28.5	16.7	7.1	1.5	5.1	5.5	-0.4	1.1	6.0	10.3
	中长期	20.9	20.3	16.1	15.9	13.7	15.0	16.4	15.9	13.8	14.0	10.9	15.6
	票据融资	104.4	118.1	149.0	124.5	70.6	43.9	70.4	81.5	74.3	91.9	43.5	42.8
	建筑业贷款余额（亿元）	143.7	143.1	130.3	118.4	114.5	113.1	123.4	122.8	123.4	123.1	123.4	135.5
	房地产业贷款余额（亿元）	977.2	997.5	1 015.1	994.4	972.1	959.2	967.0	970.1	980.0	1 002.2	998.1	-4.0
	建筑业贷款同比增长（%）	37.8	30.5	7.7	-2.5	-8.8	-8.5	6.4	7.3	-1.0	-1.4	-6.5	1 090.3
	房地产业贷款同比增长（%）	22.2	21.6	21.6	19.1	10.7	9.8	10.1	8.0	7.1	4.2	2.0	13.2
人民币	金融机构各项存款余额（亿元）	7 663.4	7 732.1	8 085.5	8 174.6	8 239.1	8 316.7	8 147.6	8 457.7	8 544.2	8 610.7	8 772.4	8 998.6
	其中：住户存款	3 016.2	3 119.5	3 161.7	3 140.2	3 145.5	3 199.9	3 186.2	3 211.6	3 285.6	3 286.7	3 315.3	3 388.3
	非金融企业存款	2 390.3	2 321.8	2 519.3	2 489.0	2 493.9	2 596.7	2 498.1	2 755.6	2 711.1	2 765.0	2 844.3	3 131.4
	各项存款余额比上月增加（亿元）	189.9	68.7	353.5	89.1	64.6	77.6	-169.2	310.2	86.5	66.4	161.7	226.2
	其中：住户存款	3016.2	3119.5	3161.7	3140.2	3145.5	3199.9	3186.2	3211.6	3285.6	3286.7	3315.3	3388.3
	非金融企业存款	2390.3	2321.8	2519.3	2489.0	2493.9	2596.7	2498.1	2755.6	2711.1	2765.0	2844.3	3131.4
	各项存款同比增长（%）	15.4	17.1	18.8	21.4	19.5	16.3	15.0	17.6	19.2	16.8	18.7	19.7
	其中：住户存款	9.3	8.8	9.2	10.2	11.3	12.2	12.2	13.5	13.9	15.4	15.4	13.9
	非金融企业存款	25.7	32.5	36.0	31.0	22.9	20.1	21.7	32.1	29.5	30.4	30.5	29.6
	金融机构各项贷款余额（亿元）	5 938.4	5 952.6	6 171.6	6 153.2	6 073.0	6 211.1	6 334.9	6 437.9	6 455.0	6 619.1	6 491.6	6 579.5
	其中：个人消费贷款	55.0	52.5	53.5	54.4	55.3	57.2	58.4	60.9	61.8	62.7	65.3	68.6
	票据融资	337.6	286.6	310.6	294.1	278.3	281.2	304.0	345.3	336.2	432.6	398.6	310.9
	各项贷款余额比上月增加（亿元）	249.3	14.2	219.0	-18.4	-80.2	138.0	123.8	103.0	17.1	164.1	-127.6	87.9
	其中：个人消费贷款	2.8	-2.5	1.0	0.9	0.9	1.9	1.2	2.6	0.9	1.0	2.6	3.3
	票据融资	119.9	-50.9	23.9	-16.5	-15.8	2.9	22.8	41.3	-9.2	96.4	-34.0	-87.7
	金融机构各项贷款同比增长（%）	24.4	23.0	23.3	21.9	17.8	18.2	20.9	22.0	19.0	19.3	14.0	15.7
	其中：个人消费贷款	31.4	25.8	29.1	24.3	24.5	18.6	23.4	27.0	26.2	25.2	27.0	31.4
	票据融资	104.4	118.1	149.0	124.5	70.6	43.9	70.4	81.5	74.3	91.9	43.5	42.8
外币	金融机构外币存款余额（亿美元）	21.5	15.0	14.7	14.4	14.8	15.1	17.9	12.1	12.4	12.9	12.5	17.5
	金融机构外币存款同比增长（%）	66.8	29.4	35.6	43.7	44.3	46.3	60.9	-15.7	-12.9	-9.5	-15.8	-4.0
	金融机构外币贷款余额（亿美元）	146.1	142.7	141.5	140.1	137.0	133.5	133.7	134.0	128.1	126.9	131.2	159.7
	金融机构外币贷款同比增长（%）	26.4	25.5	0.2	-6.3	-12.2	-17.2	-16.8	-16.9	-20.2	-17.5	-11.3	7.9

数据来源：中国人民银行海口中心支行。

表2　2001～2016年海南省各类价格指数

单位：%

年/月	居民消费价格指数		农业生产资料价格指数		工业生产者购进价格指数		工业生产者出厂价格指数	
	当月同比	累计同比	当月同比	累计同比	当月同比	累计同比	当月同比	累计同比
2001	—	-1.5	—	-0.5	—	—	—	—
2002	—	-0.5	—	1.7	—	5.0	—	0.4
2003	—	0.1	—	4.8	—	2.2	—	-0.5
2004	—	4.4	—	11.3	—	5.9	—	0.0
2005	—	1.5	—	8.9	—	4.2	—	-0.5
2006	—	1.5	—	0.7	—	1.5	—	0.8
2007	—	5.0	—	7.1	—	5.0	—	2.7
2008	—	6.9	—	14.8	—	11.6	—	4.5
2009	—	-0.7	—	-6.0	—	-14.7	—	-9.4
2010	—	4.8	—	7.3	—	10.3	—	7.7
2011	—	6.1	—	15.6	—	15.3	—	8.8
2012	—	3.2	—	4.3	—	-0.4	—	0.8
2013	—	2.8	—	1.0	—	-3.0	—	-0.5
2014	—	2.4	—	5.3	—	-1.0	—	-2.4
2015	—	1.0	—	1.6	—	-11.5	—	-10.2
2016	—	2.8	—	0.1	—	-5.2	—	-4.0
2015　1	1.1	1.1	7.9	7.9	-10.0	-10.0	-12.0	-12.0
2	1.5	1.3	5.9	6.9	-12.4	-11.2	-13.1	-12.6
3	1.1	1.3	4.3	6.0	-12.4	-11.6	-11.3	-12.1
4	1.5	1.3	4.3	5.6	-11.7	-11.6	-12.1	-12.1
5	1.3	1.3	2.2	4.9	-11.3	-11.6	-9.6	-11.6
6	1.6	1.4	2.1	4.4	-11.8	-11.6	-8.5	-11.1
7	0.8	1.3	1.0	3.9	-12.4	-11.7	-9.1	-10.8
8	0.9	1.2	-0.2	3.4	-12.3	-11.8	-10.4	-10.8
9	0.4	1.1	-1.0	2.9	-12.3	-11.9	-10.0	-10.7
10	0.6	1.1	-1.8	2.4	-12.2	-11.9	-9.7	-10.6
11	0.7	1.0	-2.3	2.0	-11.1	-11.8	-8.5	-10.4
12	0.9	1.0	-2.6	1.6	-7.7	-11.5	-7.9	-10.2
2016　1	1.8	1.8	-1.2	-1.2	-8.9	-8.9	-5.6	-5.6
2	3.2	2.5	-0.9	-1.1	-9.5	-9.2	-4.5	-5.1
3	2.5	2.5	-1.3	-1.1	-12.2	-10.2	-7.2	-5.8
4	2.3	2.5	-0.9	-1.1	-10.1	-10.2	-5.1	-5.6
5	2.5	2.5	1.1	-0.7	-10.4	-10.2	-7.1	-5.9
6	2.3	2.4	1.1	-0.4	-6.1	-9.5	-7.4	-6.2
7	2.3	2.4	1.3	-0.1	-2.4	-8.5	-6.5	-6.2
8	2.7	2.5	0.8	0.0	-3.1	-7.8	-4.4	-6.0
9	3.2	2.6	0.2	0.0	-4.5	-7.5	-3.1	-5.7
10	3.2	2.6	-0.2	0.0	-1.1	-6.9	-1.8	-5.3
11	3.6	2.7	0.2	0.0	0.6	-6.2	0.9	-4.7
12	3.8	2.8	1.7	0.1	6.2	-5.2	4.2	-4.0

数据来源：国家统计局和海南省统计局。

表3　2016年海南省主要经济指标

	1月	2月	3月	4月	5月	6月	7月	8月	9月	10月	11月	12月
绝对值（自年初累计）												
地区生产总值（亿元）	—	—	944.6	—	—	2009.0	—	—	2880.9	—	—	4044.5
第一产业	—	—	238.7	—	—	493.7	—	—	684.0	—	—	970.9
第二产业	—	—	167.3	—	—	411.3	—	—	635.8	—	—	901.7
第三产业	—	—	538.6	—	—	1103.9	—	—	1561.1	—	—	2171.9
工业增加值（亿元）	—	70.9	91.1	122.8	156.1	194.1	229.4	261.3	296.4	338.7	383.7	441.8
固定资产投资（亿元）	—	364.1	621.0	882.5	1200.2	1583.1	1873.3	2176.0	2509.1	2810.0	3264.5	3747.0
房地产开发投资	—	177.8	313.4	441.7	611.8	809.6	958.9	1097.6	1268.3	1412.6	1582.4	1787.6
社会消费品零售总额（亿元）	—	255.7	363.1	478.1	599.1	705.7	818.8	935.2	1051.1	1183.2	1314.2	1453.7
外贸进出口总额（亿元）	66.9	130.0	176.4	229.3	273.4	348.9	405.6	477.1	561.7	595.7	656.1	748.1
进口	55.6	112.2	145.9	184.5	218.6	285.1	331.9	393.8	465.5	489.9	539.4	607.7
出口	11.3	17.7	30.5	44.8	54.8	63.7	73.7	83.4	96.2	105.8	116.8	140.3
进出口差额(出口－进口)	-44.3	-94.5	-115.4	-139.8	-163.8	-221.4	-258.2	-310.4	-369.3	-384.2	-422.6	-467.4
实际利用外资（亿美元）	—	3.5	5.6	6.4	7.7	9.6	11.3	14.3	15.7	17.0	19.6	22.2
地方财政收支差额（亿元）	—	-58.5	-120.9	-143.4	-185.5	-281.6	-330.4	-387.5	-486.8	-504.4	-629.7	-740.9
地方财政收入	—	121.8	179.7	246.4	311.3	355.3	403.4	444.6	479.4	543.2	586.8	637.5
地方财政支出	—	180.3	300.5	389.7	496.8	636.8	733.8	832.0	966.2	1047.6	1216.5	1378.4
城镇登记失业率(%)(季度)	—	—	2.3	—	—	2.3	—	—	2.3	—	—	2.4
同比累计增长率（%）												
地区生产总值	—	—	9.7	—	—	8.1	—	—	7.4	—	—	7.5
第一产业	—	—	4.0	—	—	3.9	—	—	4.0	—	—	4.1
第二产业	—	—	5.1	—	—	5.9	—	—	5.4	—	—	5.1
第三产业	—	—	13.8	—	—	10.7	—	—	9.7	—	—	10.1
工业增加值	—	0.2	3.5	3.3	3.3	4.2	4.4	3.9	2.9	2.7	2.7	2.6
固定资产投资	—	11.6	11.7	11.3	11.0	9.1	7.7	8.7	8.4	9.0	9.5	11.7
房地产开发投资	—	10.0	15.7	11.8	12.2	10.1	6.7	5.3	3.4	4.2	2.8	4.9
社会消费品零售总额	—	8.2	8.0	8.4	8.6	8.7	8.8	9.0	9.2	9.4	9.4	9.7
外贸进出口总额	1.8	6.8	-9.1	-12.7	-15.4	-11.3	-11.8	-8.8	-8.7	-12.7	-14.0	-13.9
进口	21.2	26.5	4.2	-3.2	-6.1	2.6	2.3	5.4	3.8	-0.4	-2.1	-4.5
出口	-43.1	-46.2	-43.5	-38.0	-39.5	-44.8	-45.6	-44.2	-42.3	-44.5	-45.0	-39.6
实际利用外资	—	30.2	56.7	50.0	51.0	24.6	4.8	5.4	5.5	8.4	8.0	-10.1
地方财政收入	—	11.6	10.7	10.7	13.1	7.0	9.5	9.0	7.1	7.5	8.7	8.8
地方财政支出	—	21.9	32.5	16.4	18.3	19.0	18.0	17.5	16.3	13.6	17.7	10.7

注：地方财政收入指地方财政一般预算收入，地方财政支出指地方财政一般预算支出。

数据来源：《中国经济景气月报》、海南省统计局。

重庆市金融运行报告（2017）

中国人民银行重庆营业管理部货币政策分析小组

[内容摘要] 2016年，重庆市务实推进供给侧结构性改革，加快培育发展新动能，经济保持平稳较快增长。投资增长总体稳健，消费转型步伐加快，工业创新驱动发展深入推进，“三去一降一补”取得实效，内陆开放平台建设更趋深化，民营经济表现出较强韧性，经济发展的质量和效益进一步提升。

金融业围绕经济发展和转型要求，扎实推进金融改革，银行业、证券业、保险业发展稳中向好。信贷投向调整优化，支持减少无效供给，增加有效供给；融资方式更趋多元，新型渠道持续活跃；利率定价秩序平稳，融资成本继续降低；金融风险防范和处置力度加大，金融生态环境持续优化。

2017年，重庆市将继续以供给侧结构性改革为主线，加快经济结构调整和动力转换，深入实施创新驱动发展战略，积极推进中新（重庆）战略性互联互通示范项目和自贸区建设，促进经济平稳健康发展。金融业将认真落实稳健中性的货币政策，保持信贷适度增长，继续提升对实体经济服务的有效性，加快推进金融改革创新试点，防范化解各类金融风险，为经济结构调整和转型升级营造适宜的货币金融环境。

一、金融运行情况

2016年，重庆市金融业继续深化改革创新，着力加大金融对全市供给侧结构性改革的支持力度，防控化解金融风险，有力保障了全市经济持续健康发展。

（一）银行业稳健运行，信贷投向符合结构调整要求

2016年，重庆银行业认真落实稳健的货币政策，信贷增长合理适度，信贷投向有力支持结构调整，利率定价秩序平稳，改革创新深入推进。

1. 资产规模稳步扩张，机构数量持续增加。2016年，重庆市银行业资产总额同比增长9.9%，“泛资管”背景下，债券、股权投资等非信贷资产占比上升。受息差收窄、投资收益率下降、减值准备增多等因素影响，银行业盈利压力有所增大。全年新增3家村镇银行，西部首家民营银行富民银行开业运营，渤海银行重庆分行获批筹建，股份制商业银行均在渝设立分支机构。

2. 存款增速回落，结构变化明显。2016年年

表1　2016年重庆市银行业金融机构情况

机构类别	营业网点			法人机构（个）
	机构个数（个）	从业人数（人）	资产总额（亿元）	
一、大型商业银行	1 366	27 781	12 642	0
二、国家开发银行和政策性银行	39	1 184	4 390	0
三、股份制商业银行	280	9 365	7 513	0
四、城市商业银行	266	8 065	6 363	2
五、城市信用社	0	0	0	0
六、小型农村金融机构	1 774	16 140	7 862	1
七、财务公司	4	110	247	4
八、信托公司	2	374	337	2
九、邮政储蓄银行	244	4 316	2 430	0
十、外资银行	28	652	226	0
十一、新型农村金融机构	107	2 165	293	38
十二、其他	4	1 211	856	4
合　计	4 114	71 363	43 160	51

注：营业网点不包括国家开发银行和政策性银行、大型商业银行、股份制商业银行等金融机构总部数据；大型商业银行包括中国工商银行、中国农业银行、中国银行、中国建设银行和交通银行；小型农村金融机构包括农村商业银行、农村合作银行、农村信用社；新型农村金融机构包括村镇银行、贷款公司和农村资金互助社；“其他”包含金融租赁公司、汽车金融公司、货币经纪公司、消费金融公司等。

数据来源：重庆银监局、中国人民银行重庆营业管理部。

末，全市本外币存款增长11.8%，低于上年年末0.8个百分点（见图3）。从结构看，财政收入放缓叠加支出力度加大导致政府存款增速回落。在资本市场趋稳背景下，非银行业金融机构存款在上年高速增长后回归常态。受销售货款回笼好转带动，企业存款增速在下半年企稳回升。住户存款增长总体平稳，全年增速保持在11%左右。外汇存款增速较快，主要由上年基数偏低以及贸易融资回升导致保证金存款增加所致。

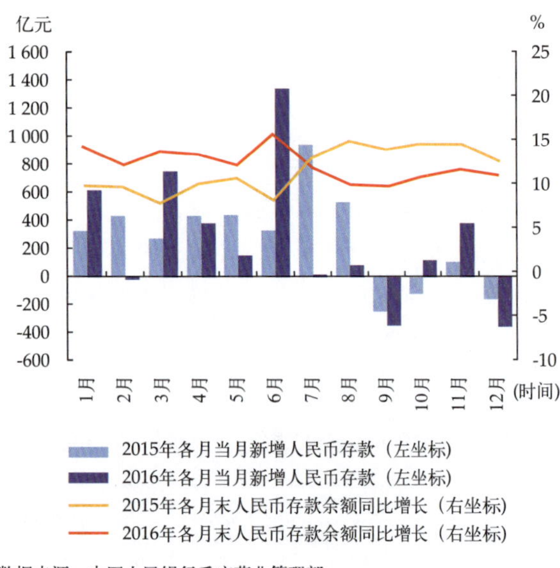

数据来源：中国人民银行重庆营业管理部。

图1　2015～2016年重庆市金融机构人民币存款增长变化

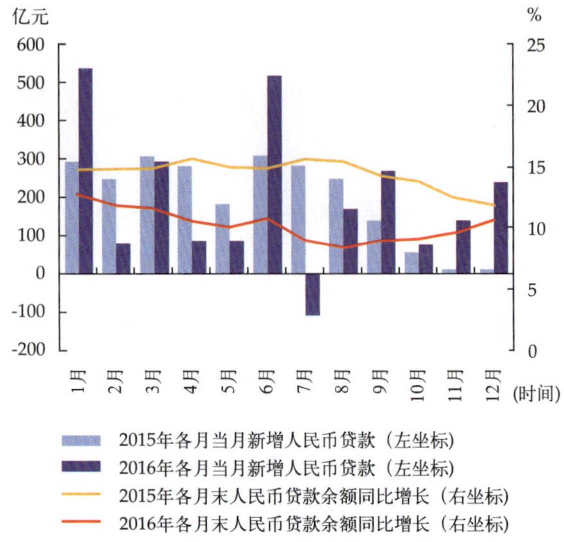

数据来源：中国人民银行重庆营业管理部。

图2　2015～2016年重庆市金融机构人民币贷款增长变化

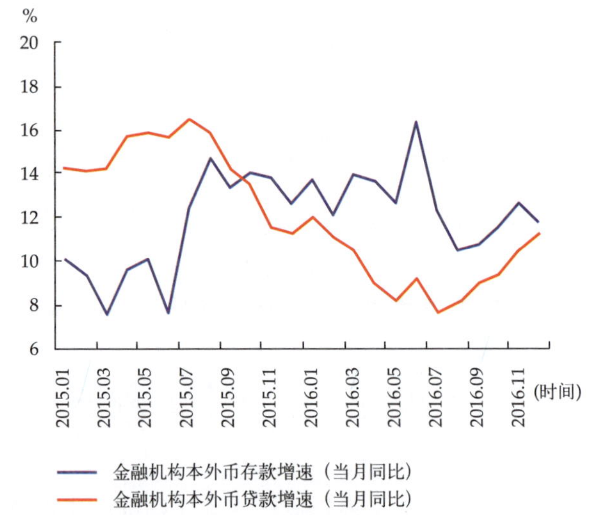

数据来源：中国人民银行重庆营业管理部。

图3　2015～2016年重庆市金融机构本外币存、贷款增速变化

3. 贷款增速先抑后扬，信贷投向符合结构调整要求。在工业经济回暖、民间投资企稳的背景下，贷款增速在阶段性放缓后有所回升，年末全市本外币贷款增速为11.2%，与上年年末基本持平（见图3）。受境外融资成本上升影响，外汇贷款余额呈现快速上涨。

信贷投向有力支持供给侧结构性改革。煤炭、钢铁行业贷款余额一降一升，既支持了压缩过剩产能，又保障了企业转型升级资金需求。绿色信贷投放同比多增，渝东南、渝东北两大生态发展区贷款增速高于全市平均。在各类结构性货币政策工具引导下，小微企业贷款增速高于全市平均近10个百分点，棚户区改造贷款成倍增长，贫困区县贷款增速领先全市6.3个百分点。汽车和电子信息产业两大支柱产业贷款增速高于全市平均，科技型企业贷款增速同比提高约5个百分点，创业担保贷款发放额增长超过七成。

专栏1　重庆市金融精准扶贫助推脱贫攻坚成效显著

2016年，重庆市金融系统以建档贫困人口为目标，创新实施金融精准扶贫系列工作举措，成效明显。截至年末，全市金融精准扶贫贷款余额达735亿元，累计惠及70万建档立卡贫困人口。

一是构建大金融扶贫工作格局。出台《重庆金融业贯彻落实“精准扶贫、精准脱贫”行动方案》，40多家金融机构制订具体实施方案，相关政府部门主动衔接并加强政策整合联动，基本形成人民银行统筹协调与相关政府部门、金融机构等共同参与的大金融扶贫格局。

二是开展金融精准扶贫“四大行动”。实施金融扶贫主办行行动，5家涉农或地方法人银行对18个贫困区县进行划片包干，承担对口贫困区县金融扶贫的“大数据、主推进、全服务、总托底”职能。开展金融扶贫示范点创建，主办行在对口贫困区县至少创建3个金融扶贫示范户或者示范村，非主办行至少创建3个示范企业或者示范项目，截至年末已经成功创建54个市级金融扶贫示范点。打造“一行一品”金融服务体系，全市金融机构已推出30多个金融扶贫“拳头”产品。建立金融精准扶贫专项统计制度，并在辖内搭建金融精准扶贫信息系统电子化平台，客观、高效衡量金融精准扶贫成效。

三是优化政策性金融扶贫“五大产品”。向贫困地区村镇银行投放扶贫再贷款4.01亿元，安排9亿元的再贴现额度对贫困区县的扶贫开发相关企业票据优先给予再贴现支持。发展免抵押、免担保、3年期的扶贫小额信贷产品，累计投放约12亿元。加大易地扶贫搬迁贷款投放，全年累计向贫困区县投入42亿元。开展生源地补充助学贷款，针对建档立卡贫困户家庭学生给予额外1 000～8 000元的贷款额度，全年发放贷款44万元，惠及73户建档贫困学生家庭。优化创业担保贷款政策，将政策覆盖面扩大至建档贫困人口以及招聘贫困人口就业的小微企业。

四是改善金融精准扶贫政策的“五大环境”。建立财政金融政策联动扶贫，对金融机构向14个国定贫困区县投放贷款、布设机具等实施财政奖补，全年累计发放奖补资金约1 700万元。依托农村金融改革政策支持金融扶贫，将7个贫困区县作为重庆市“两权”抵押贷款试点区县，7区县“两权”抵押贷款同比增长17.1%。拓宽贫困区县企业的融资渠道，全年累计支持贫困区县企业通过发行短期融资券、定向工具、企业债、公司债等实现债务融资258亿元；对贫困区县企业首次公开发行、新三板挂牌等开辟绿色通道，已有7家企业上市、3家企业在新三板挂牌。夯实贫困户的风险保障，全市农业保险品种险增至33个，对贫困户参加政策性农业保险给予总保费5%的优惠补助；在9个贫困区县开展贫困户农村住房保险试点，惠及22万户建档贫困户；农村小额保险实现贫困户全覆盖，开展贫困户大病医疗补充保险试点和大病救助保障试点。加大对基础金融服务的支持力度。贫困区县村镇银行实现全覆盖，贫困村或贫困村所在乡镇金融服务点达到4 400多个，农村基础金融服务覆盖率达到97.05%。

4. 理财业务快速增长，投资标的趋同。2016年年末，全市银行理财产品余额同比增长32.6%。在低利率市场环境下，法人银行发行理财产品加权平均预期收益率同比下降1.16个百分点。受投资渠道约束和风险偏好降低影响，法人银行理财产品投资标的趋同，九成以上为债券及货币市场工具类产品。

表2　2016年重庆市金融机构人民币贷款各利率区间占比

单位：%

月份		1月	2月	3月	4月	5月	6月
合计		100.0	100.0	100.0	100.0	100.0	100.0
下浮		12.8	15.4	15.6	20.4	23.7	16.0
基准		24.7	25.7	24.7	19.7	20.6	28.6
上浮	小计	62.5	58.9	59.7	59.9	55.7	55.4
	(1.0，1.1]	17.5	15.7	16.9	16.3	14.2	14.8
	(1.1，1.3]	20.8	17.3	19.0	17.7	16.2	18.5
	(1.3，1.5]	11.6	14.0	10.8	11.8	11.5	9.9
	(1.5，2.0]	9.4	8.6	9.0	10.5	9.3	8.6
	2.0以上	3.2	3.3	4.0	3.6	4.5	3.6
月份		7月	8月	9月	10月	11月	12月
合计		100.0	100.0	100.0	100.0	100.0	100.0
下浮		20.1	22.5	17.4	9.5	25.3	24.4
基准		18.5	21.7	24.7	25.1	18.5	21.2
上浮	小计	61.4	55.8	57.9	65.4	57.2	54.4
	(1.0，1.1]	12.7	15.2	15.3	13.7	15.4	13.1
	(1.1，1.3]	19.8	17.8	16.6	19.4	16.6	17.9
	(1.3，1.5]	12.8	10.4	12.6	17.6	13.0	10.3
	(1.5，2.0]	11.8	9.3	10.4	10.4	8.6	7.3
	2.0以上	4.3	3.1	3.0	4.3	3.6	5.8

数据来源：中国人民银行重庆营业管理部。

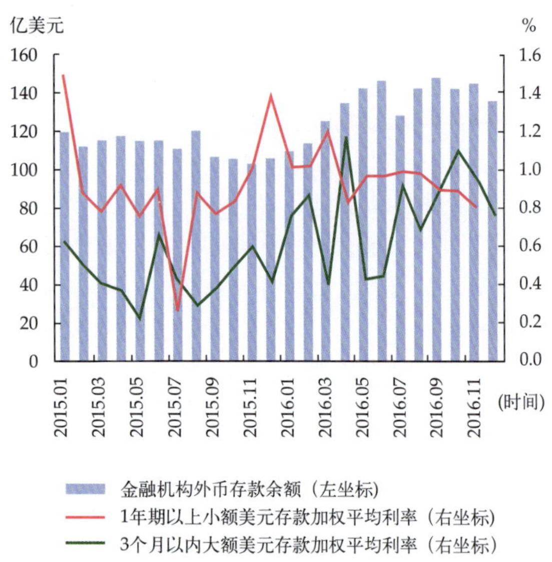

数据来源：中国人民银行重庆营业管理部。

图4　2015～2016年重庆市金融机构外币存款余额及外币存款利率

5. 利率定价秩序平稳，企业融资成本降低。结合公开市场操作利率信号和2015年降息政策，银行机构通过合理定价、主动让利，促进企业融资成本逐步下降。在负债端，银行积极加强主动负债管理，同业存单、大额存单发行额快速增长，有效稳定了负债成本。在资产端，得益于重庆市场利率定价自律机制的引导和负债成本的稳定，贷款利率保持下行。12月，全市人民币一般贷款加权平均利率为5.55%，同比下降0.33个百分点，全年累计为企业节约融资成本超过150亿元。

6. 银行业创新深入推进，综合经营能力不断增强。受资本约束、盈利压力和竞争趋紧等影响，银行机构积极拓展“泛资管”业务，运用自营或受托资金对接信托、资管计划等产品，业务扩张较为迅速。法人银行综合化经营步伐加快，重庆农商行获批银行间市场B类主承销商资格，重庆银行发起设立　渝金融租赁公司。

7. 信贷资产质量下降，不良资产处置力度加大。2016年年末，全市银行业不良贷款率为1.28%，较年初上升0.29个百分点，仍低于全国平均水平0.46个百分点。银行业全年核销坏账逾130亿元。四大资产管理公司重庆分公司收购不良资产超过100亿元，重庆地方资产管理公司渝康公司发起设立500亿元债转股专项基金。

8. 跨境人民币业务稳步发展。2016年，全市实现跨境人民币实际收付结算额1 140.4亿元，结算量继续居中西部前列，涉及企业约1 200家，创历史新高。依托中新（重庆）战略性互联互通示范项目，3项跨境人民币创新业务试点稳步推进。5家企业赴新加坡发行人民币债券共计29亿元并全额回流。

（二）证券业发展向好，市场交易回归平稳

2016年，重庆证券市场交易活跃度向常态回归。市场参与主体迅速增加，融资总量大幅增长。证券机构平稳发展，综合服务能力不断增强。

1. 市场交易趋于稳健，证券期货机构创新发展。2016年，股票市场交易在历经上年波动后向常态回归，全年代理证券和期货交易额均同比下降。年末，证券业机构数达248家，较年初新增29家。法人机构服务能力增强，基金公司产品类型更趋多元，期货公司资产管理、投资咨询业务步入正轨，西南证券获准上市公司股权激励行权融资业务试点。

2. 市场主体积极利用证券市场发展壮大。全市境内上市公司数量达44家，全年新增1家；在新三板挂牌企业增至115家，增长近2倍；在OTC市场挂牌企业数累计达341家。全年证券市场直接融资额近2 500亿元，较上年增长2.6倍。多家企业通过定向增发、并购重组等方式实现资源整合，有效提高产业集中度和市场竞争力。

表3　2016年重庆市证券业基本情况

项目	数量
总部设在辖内的证券公司数（家）	1
总部设在辖内的基金公司数（家）	1
总部设在辖内的期货公司数（家）	4
年末国内上市公司数（家）	44
当年国内股票（A股）筹资（亿元）	196.9
当年发行H股筹资（亿元）	0.0
当年国内债券筹资（亿元）	1 179.7
其中：短期融资券筹资额（亿元）	-187.0
中期票据筹资额（亿元）	489.6

注：当年国内股票（A股）筹资额是指非金融企业境内股票融资。
数据来源：重庆证监局、中国人民银行重庆营业管理部。

（三）保险业快速发展，民生保障功能有效发挥

2016年，全市保险业各项业务发展加快，经济补偿和民生保障功能增强。保险机构改革持续深入，服务能力和质量有效提升。

1. 保险业务快速发展，市场体系不断完善。2016年，全市保费收入同比增长16.9%，保费规模居西部第3位。保险密度同比提高15.7%，保险深度高于上年 0.16个百分点。全国首家信用保证保险公司阳光渝融开业运营，成为落户重庆的第4家保险总公司，市级保险分公司新增6家，保险专业中介机构数量增长67%。

2. 保险保障能力增强，“保险业姓保”发展理念彰显。2016年，全市保险赔款与给付250.2亿元，同比增长13.6%；保险金额29.5万亿元，同比增长27.6%。法人机构偿付能力充足。民生保险加快发展，产品责任险、医疗责任险和农产品收益保险保费规模快速增长，城乡居民大病保险和城镇职工大额医保实现全覆盖。

3. 保险机构稳健运行。产险公司综合成本率低于全国2.8个百分点，人身险公司普通寿险、健康险保费收入占比提升至62.6%。保险公司深入运用互联网新技术提高服务质量，消费者保险消费满意度显著提高。

表4　2016年重庆市保险业基本情况

项目	数量
总部设在辖内的保险公司数（家）	4
其中：财产险经营主体（家）	3
人身险经营主体（家）	1
保险公司分支机构（家）	58
其中：财产险公司分支机构（家）	32
人身险公司分支机构（家）	26
保费收入（中外资，亿元）	602
其中：财产险保费收入（中外资，亿元）	189
人身保费收入（中外资，亿元）	413
各类赔款给付（中外资，亿元）	250
保险密度（元/人）	1 974
保险深度（%）	3

数据来源：重庆保监局。

（四）融资总量增长较快，融资渠道更趋多元

2016年，重庆市融资总量持续较快增长，直接融资占比继续提升，新型融资渠道活跃。金融市场发展向好，功能性金融中心建设取得进展。

1. 社会融资规模同比多增，直接融资占比上升。2016年，全市社会融资规模增量为3 410.5亿元，同比增长14.9%。在银行间市场债务融资平稳发展、公司债放量增长的推动下，直接融资在社会融资规模中占比提升至40.4%。新型融资渠道蓬勃发展，全市通过银行投资投行业务、专项金融债、产业投资基金等获得资金逾750亿元。

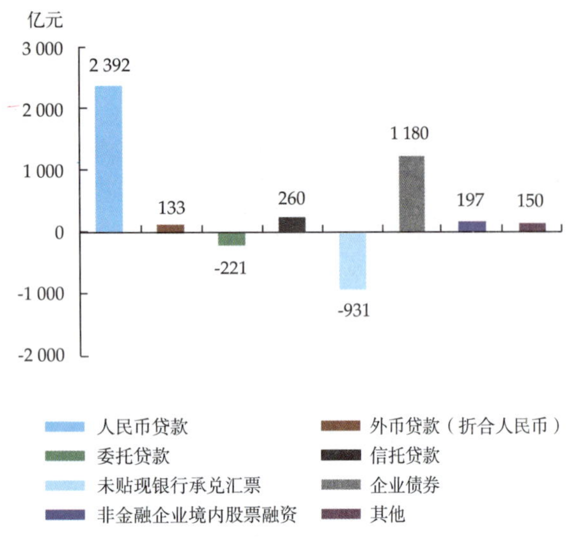

数据来源：中国人民银行重庆营业管理部。

图5　2016年重庆市社会融资规模分布结构

2. 货币市场成交额大幅增长，第四季度市场利率有所上升。2016年，全市同业拆借、债券质押式回购和买断式回购成交额分别增长24.6%、43.8%和92.4%。金融机构对低风险、收益稳定、流动性强的资产配置需求上升带动债券现券交易增长2.6倍。第四季度以来，货币市场利率中枢自低位上行，12月全市同业拆借、债券质押式回购和买断式回购加权平均利率分别较上年同期上升0.7个百分点、0.43个百分点和0.6个百分点。

3. 票据承贴业务减少，贴现利率低位回升。受企业开票需求下降、银行风控增强和监管趋严影响，全市票据承兑余额同比下降22.1%，票据贴现发生额同比减少47.8%。票据贴现利率自第四季度逐步回升，12月全市票据直贴和转贴现利率分别较上年同期提高0.24个百分点和0.46个百分点。

表5　2016年重庆市金融机构票据业务量统计

单位：亿元

季度	银行承兑汇票承兑		贴现			
			银行承兑汇票		商业承兑汇票	
	余额	累计发生额	余额	累计发生额	余额	累计发生额
1	3 068.4	1 350.4	959.4	18 390.7	45.1	551.9
2	2 840.8	1 287.7	1 345.4	13 001.5	45.3	464.9
3	2 641.7	1 028.2	1 424.2	10 823.3	37.0	254.4
4	2 454.6	1 067.2	1 162.7	7 238.8	22.7	184.5

数据来源：中国人民银行重庆营业管理部。

表6　2016年重庆市金融机构票据贴现、转贴现利率

单位：%

季度	贴现		转贴现	
	银行承兑汇票	商业承兑汇票	票据买断	票据回购
1	3.53	5.44	3.31	3.18
2	3.34	4.97	3.19	3.26
3	3.04	4.89	2.88	2.86
4	3.36	5.16	3.06	3.27

数据来源：中国人民银行重庆营业管理部。

4. 银行结售汇逆差转顺差，黄金交易量同比下降。受涉外经济放缓、境内外汇率与利率变化等影响，全市银行结售汇总量下降。涉外收支双向流动趋于平衡，带动结售汇逆差转为顺差。外汇交易大幅增加，美元交易稳居主导地位。全球经济形势预期不明朗背景下，黄金投资者远期业务交易下降，导致全市黄金交易量同比减少。

5. 功能性金融中心建设稳步推进。2016年，重庆市金融业增加值增长10.3%，占地区生产总值比重提升至9.4%。全市离岸金融结算达900亿美元，惠普公司累计结算量超4 000亿美元，跨境电商结算同比增长56%，增速居中西部前列。中新示范项目吸引带动下，6家银行在渝设立跨境结算、离岸业务等区域性或全国性功能总部。全年新增保险资产交易所、石油天然气交易所两大国家级要素市场，全市要素市场增至14家，年交易额同比增长约六成。在西部首家与上海黄金交易所开展战略合作。

（五）防风险，强普惠，金融生态环境持续优化

2016年，重庆市地方金融监管协作机制进一步完善，新型金融机构行为负面清单管理制度落地实施。互联网金融风险摸底排查完成。产能过剩行业金融服务与金融风险监测机制建立，多家金融机构联合成立债权人委员会。助农取款跨行通用实现区县（除主城区外）全覆盖。金融IC卡发行量居全国第二。全辖通用的农村信用信息基础数据库启动开发，金融信用信息基础数据库实现证券、保险、融资租赁等机构接入零突破。金融知识与金融法治知识宣传站建成近千个。

二、经济运行情况

2016年，重庆市深入推进供给侧结构性改革，着力培育经济发展新动能，经济实现持续稳定增长，地区生产总值增长10.7%（见图6），人均生产总值达到8 717美元。经济增长的需求与供给结构更趋优化，内生增长动力有所增强，生态环境持续改善，发展的质量和效益同步提升。

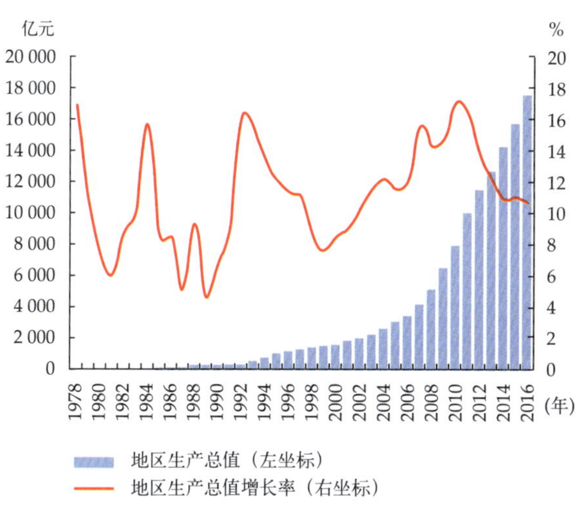

数据来源：重庆市统计局。

图6　1978～2016年重庆市地区生产总值及其增长率

（一）三大需求稳中向好，内生增长动力有所增强

2016年，重庆市投资增速保持平稳，消费形势持续向好，对外贸易趋于回升，发展动力有序释放。

1. 投资增长保持平稳，投资效率持续提高。2016年，重庆市固定资产投资同比增长12.1%（见图7）。轨道交通、城市路网等基建项目投资稳健增长。围绕先进制造业基地建设和产业转型升级需求，工业投资增长稳中向好。电子信息、化医等支柱产业投资增速超过30%。电子核心基础部件、机器人及智能装备等战略性新兴制造业投资占工业投资比重达两成。全市工业技术改造投资增速高于全国7.6个百分点。

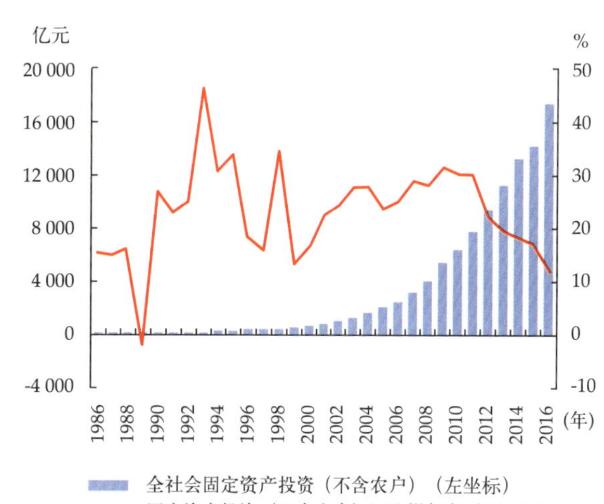

数据来源：重庆市统计局。

图7　1986～2016年重庆市固定资产投资（不含农户）及其增长率

专栏2　重庆市推动民间投资平稳增长的经验和实践

2016年，重庆市坚持问题导向，重点针对民间投资的薄弱环节，从营商环境、投资渠道、政府服务等方面综合施策，促进民间投资继续保持稳健增长，对支持全市经济平稳、可持续发展发挥了积极作用。

一是营造良好发展环境，激发民间投资活力。严格落实同等国民待遇，对享受政策的企业不设置限制性或歧视性条款。对国有和民营资本土地供应一视同仁，不设置任何排斥民营资本的前置条件。实施民营经济财税扶持政策，对符合条件的民营企业按一定标准给予税收返还、优惠和减免。发挥民营经济发展专项资金和工业振兴专项资金作用，加大民间投资补助力度。

二是扩大市场准入范围，释放民间投资潜能。结合不同领域特点，分类制定措施办法，解决民间投资准入门槛高、困难多等问题。在基础设施方面，鼓励民间资本参与高速公路投资建设或收费公路权益转让；吸引社会资本建设电动汽车充（换）电站和公共停产场；开放散货码头、油码头和危化品码头，民营主体在港口经营中占2/3。在农业农村方面，引导民间资本投入小型农田水利、山坪塘整治、高效节水等工程建设。在社会事业方面，支持民办教育和社会办医，各类民办学校占全市学校总数约40%，社会办医院总数占比超过六成。在国防科技方面，力推民营企业进入生产配套领域。

三是加大市场化支持力度，增强民间投资动力。发挥各类产业基金市场化运作优势，有针对性地解决民营主体的融资难题，六大产业引导基金投资民营项目金额占比接近八成，战略性新兴产业股权投资基金支持企业中民营企业占比超过七成。推动PPP投融资改革，撬动民间资本进入重大基础设施、公共服务项目，全市已累计开工PPP项目35个，完成投资2 374亿元，其中社会资本投资占比超过70%。推进国有重点企业改革，调整绩效考核导向，降低国有企业规模扩张激励，为民间资本腾出投资发展空间。

四是推进审批简政放权，提高民间投资落地效率。在"简"方面，累计取消与民间投资密切相关的审批事项近100项和中介服务逾80项，累计取消银行贷款承诺、资金信用证明等18类前置事项。在"放"方面，将与民间投资直接相关的300余项行政审批事项下放区县，同时对下放审批事项逐项明确追责条款，加强事中事后监管。在"优"方面，除事关公共安全、建筑质量、环境保护和金融安全等事项外，其余审批事项承诺办理时间在法定时限基础上提速三分之一；建立网上行政审批服务大厅，除涉密和国家部委系统尚未开放的行政审批事项外，所有事项均实现网上运行管理。

得益于多项举措的支持，2016年重庆市民间投资同比增长11%，高于全国平均水平7.8个百分点；民间投资对全市投资贡献度为59.9%，高于上年7.9个百分点。重庆市民营经济继续保持蓬勃发展态势，全年增加值同比增长12.1%，对全市经济增长的贡献率达51.7%，2016年12家企业进入中国民营企业500强，连续多年位居西部前列。

2. 消费市场稳健增长，转型升级步伐加快。2016年，在特色消费平台蓬勃发展、新兴消费领域不断拓宽的带动下，重庆市社会消费品零售总额同比增长13.2%（见图8），高于全国2.8个百分点。"吃穿用"等消费平稳增长，汽车和住房相关类消费增势较快。电子商务交易额增速超过40%，会展业拉动消费约900亿元。购物中心、百货店等加快向体验中心、生活中心、社交平台转变。

3. 进出口降幅有所收窄，开放型经济发展向好。2016年，全市货物进出口总值同比下降10.8%，较上年收窄10个百分点。进出口产品结构有所改善，高技术产品出口占比超过六成；依托整车进口口岸，汽车整车进口数量增长3.4倍，居近两年全国新批口岸第一。总部贸易和转口贸易起步良好，服务贸易总额占全市外贸总额超过

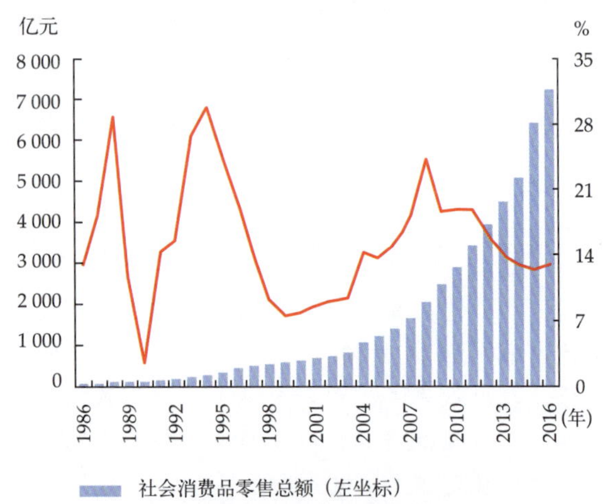

数据来源：重庆市统计局。

图8　1986～2016年重庆市社会消费品零售总额及其增长率

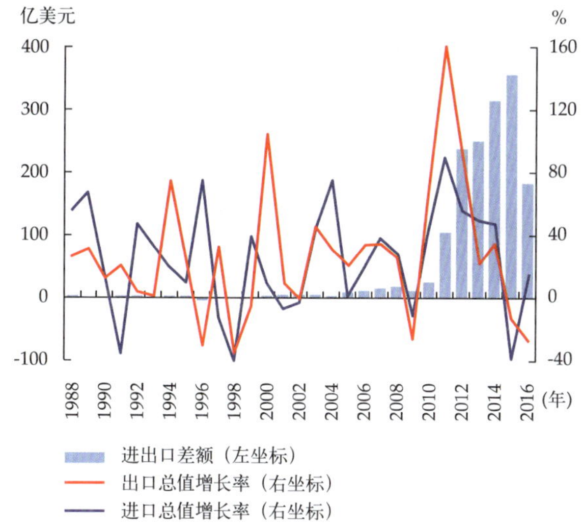

数据来源：重庆市统计局。

图9 1988～2016年重庆市外贸进出口变动情况

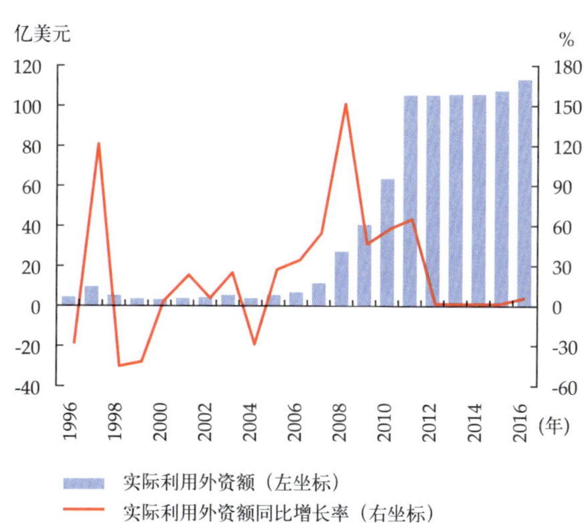

数据来源：重庆市统计局。

图10 1996～2016年重庆市实际利用外资额及其增长率

两成。中新示范项目框架下，金融服务、航空、交通物流、信息通信技术等领域合作全面开启，带动全市实际利用外资再度超过百亿美元。中国（重庆）自由贸易试验区获准设立，投资贸易便利化、金融创新、事中事后监管等领域改革探索加快。

（二）产业结构更趋优化，供给侧结构性改革成效初显

2016年，重庆市三次产业结构为7.4：44.2：48.4，第三产业增加值占比较上年提升0.7个百分点，对经济增长的贡献度进一步提高。

1. 农业生产平稳增长，供给侧改革起步良好。2016年，全市农业增加值同比增长4.6%。七大特色产业链[①]综合产值增长15%，农产品电商销售额增长103%，荣昌生猪交易市场成为全国最大的生猪现货电子交易市场。国家级农业品牌达近百个。新型农业经营主体新增1.8万个。土地适度规模经营占比、耕种机械化水平分别提高至42.1%、45%。

2. 工业经济稳中有进，创新发展动力不断凝聚。2016年，全市规模以上工业增加值增长10.3%（见图11），高于全国4.3个百分点。工业研发支出增长20%，研发投入强度突破1%，居西部首位。全年新增2家国家级企业技术中心，新成立汽车电子、大数据、液晶面板等产业技术创新联盟。全市工业新产品产值率达23%。

工业多点支撑的格局有效夯实。汽车产业龙头企业中期改款产品产销两旺，带动全市汽车产量首次突破300万辆。电子信息产业产品重心向智

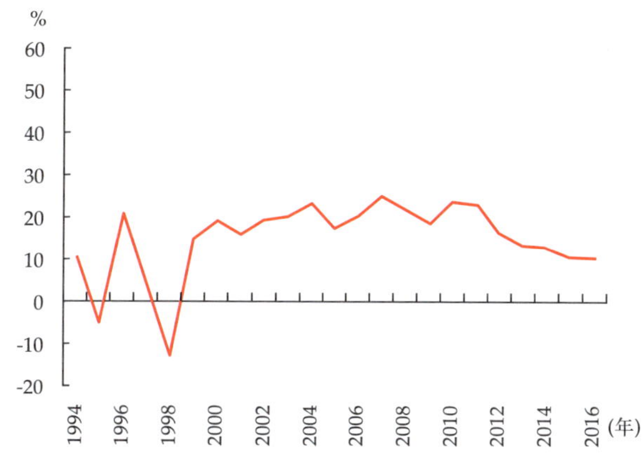

数据来源：重庆市统计局。

图11 1994～2016年重庆市规模以上工业增加值同比增长率

①包含柑橘、生态渔业、草食牲畜、茶叶、榨菜、中药材、调味品等特色农业产业链。

能手机转移，全年手机产量增长58.7%，智能手机占2/3。全年汽车和电子信息产业对工业增长贡献率达55%。装备产业通用机械及下游产品国际市场占有率提升。食用油、钟表等消费品工业集群初具规模。材料、化工、能源产业绿色发展步伐加快。战略性新兴制造业产值增长50%。

3. 现代服务业稳步发展。2016年，全市服务业增加值同比增长11%。养老机构全年新增床位6 700张，智能化老年服务体系在全国率先建立。2016世界旅游城市联合会重庆香山旅游峰会成功举办，3家旅行社进入全国百强，数量居西部第一。物流业“网订店取（送）”配送模式推开，分别累计建成城市末端公共取送点、智能自提取柜和农村电商综合服务站（点）约600个、2 000个和2 000个。“渝新欧”国际班列运输时间缩短5～6天，全程新增2个口岸，对中东地区的辐射能力增强。

4. “三去一降一补”深入推进。全年分别去除粗钢、水泥和煤炭产能517万吨、160万吨和2 084万吨。规模以上工业企业存货增速低于上年7.1个百分点。市属国有非金融企业资产负债率低于全国平均3个百分点，规模以上工业企业资产负债率较上年下降0.3个百分点。依托财税、价格等政策支持，企业各类成本降低500亿元以上。改造棚户区630万平方米，实现56.9万人脱贫，14个国定贫困区县农村常住居民人均可支配收入绝对额和增速均居全国同类地区第一。

（三）物价指数温和回升，居民收入增速较快

1. 居民消费价格温和上涨。全市居民消费价格指数（CPI）同比上涨1.8%，较上年提高0.5个百分点。食品烟酒类价格较快上涨，是拉动CPI上升的主要力量。居住类价格温和上升。教育文化和娱乐类价格同比有所下降。

2. 生产价格企稳回升。随着去产能、去库存政策效果的显现，工业原材料产品价格于下半年筑底回升。全年工业生产者出厂价格指数和购进价格指数分别下跌1.4%和1.6%，降幅分别较上年收窄2.3个百分点和1.3个百分点。

3. 就业保持稳定，创业氛围持续向好。城镇登记失业率保持平稳，第三产业从业人员比重提高。高校毕业生初次就业率保持在85%以上，引导返乡农民工就业创业32万人，分流安置“去产能”企业职工3万人。创业孵化基地累计孵化小微企业、个体工商户1万余家，带动就业12万余人。城镇常住居民人均可支配收入平稳增长，农村常住居民人均可支配收入增速位居全国第三。

4. 资源性产品价格改革稳步实施。售电侧和输配电价格改革试点有序推进，用电大户直接交易推开，上网电价和公益性以外销售电价定价逐步放开。主城区居民生活用水实行阶梯价格制度。

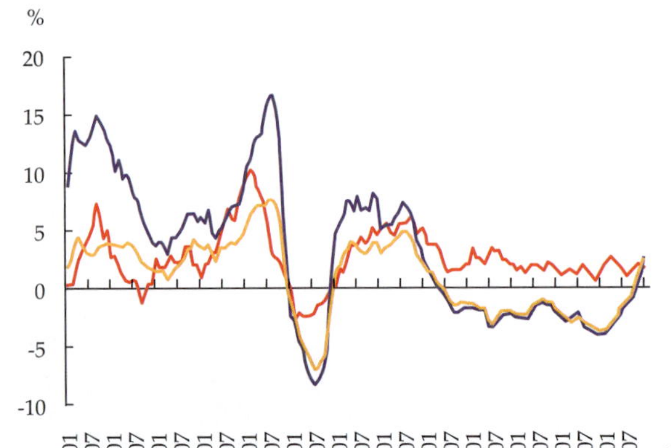

数据来源：重庆市统计局。

图12　2004～2016年重庆市居民消费价格和生产者价格变动趋势

（四）财政收入增长放缓，地方债置换优化政府债务结构

1. 财政收入增长放缓，财政支出有力支持经济社会发展。2016年，全市一般公共预算收入增长7.1%（见图13），增速较上年有所下降。税收对财政收入的贡献度保持在五成以上。个人所得税、城镇土地使用税是支撑税收增长的主要力量，工业税收对税收增收的作用明显。“营改增”全面推开后，累计减税逾60亿元。民生支出占比52.5%。对促进产业转型升级、支持创新驱动的投入加大。

2. 地方债发行和置换有序推进。2016年，重庆市分五期累计发行政府债券1 570亿元，其中置换债券发行1 164亿元，新增债券发行406亿元。全市政府债务余额中高利率债务全部置换完毕。

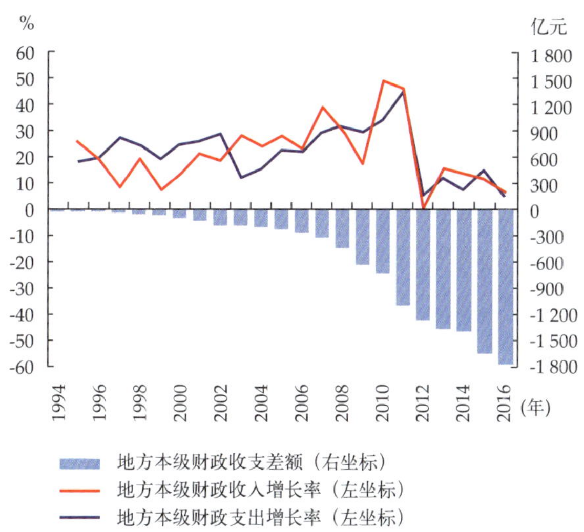

数据来源：重庆市统计局。

图13 1994～2016年重庆市财政收支状况

（五）生态环境持续改善，环保模式创新增效

2016年，全市单位生产总值能耗和二氧化碳排放量均下降6%。主城区空气质量优良天数增至301天。长江干流水质为优、支流水质总体良好。全市森林覆盖率、建成区绿化覆盖率分别达到45%和40.1%。资源与环境交易所完成污水、垃圾、废气排污权指标交易超2亿元。以PPP模式新建成乡镇污水处理设施355座，农村生活污水处理率达55.6%。市场化的生态环境监测网络启动建设。成为全国7个横向生态补偿机制试点省市之一。

（六）主要行业分析

1. 房地产市场平稳运行，去库存成效显著。在供给端上，房地产开发持续回落。受土地供应量减少和房地产企业投资更趋谨慎影响，2016年全市房地产开发投资同比下降0.7%，其中用于办公楼的开发投资同比下降18.4%。商品房新开工面积同比下降16.1%。房地产开发贷款增速较上年回落25.2个百分点。

在需求端上，在税收、户籍、信贷等多项政策作用下，个人购房需求有序释放，市场交易量增价稳。2016年，全市商品房销售面积同比增长16.3%，价格涨幅总体平稳，处在全国低位。金融机构个人住房贷款投放增长22.3%，个人首套及改善性住房贷款占比高达94.9%。12月全市个人住房贷款加权平均利率为4.33%，降至历史低位。金融机构执行首套房贷款（含改善性）的平均首付款

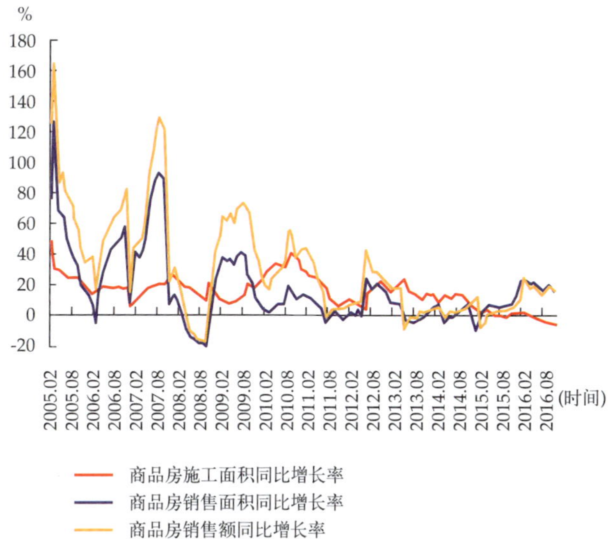

数据来源：重庆市统计局。

图14 2005～2016年重庆市商品房施工和销售变动趋势

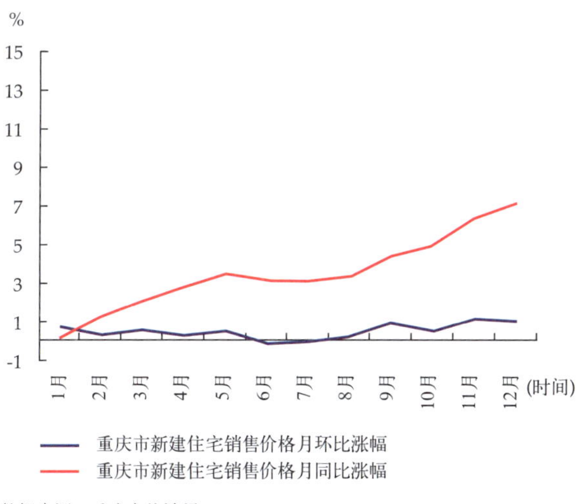

数据来源：重庆市统计局。

图15 2016年重庆市新建住宅销售价格变动趋势

比例下降，由1月的35.5%下调为12月的30.9%。全年住房金融累计支持化解库存40余万套。

2. 高技术产业快速增长，科技金融服务提质增效。2016年，重庆规模以上高技术产业实现产值5 095.6亿元，同比增长20.1%，高于全部规模以上工业产值增速9.9个百分点。

产业发展势头向好。新型显示全产业链成形，全年液晶面板产量增长4.6倍。集成电路初步建成IC设计—晶圆制造—封装测试全流程体系，全年产量增长40%。全市首家消费级无人机企业投产，全国首个油动多旋翼变螺距无人机研发生产基地项目落户重庆。生物医药基本形成四大产业集聚区。“工业云平台+工业云推进联盟+工业云体验中心”信息技术服务体系初步成形，仙桃数据谷生态圈八大平台建设加快推进。

金融高效对接高技术产业融资需求。成立创业种子投资、天使投资、风险投资三只引导基金，支持种子期、初创期、成长期的中小微科技企业。完善科技企业拟上市资源的筛选机制，培育成熟期的大中型高技术企业上市融资。丰富担保融资方式，打造“知识产权质押贷”支持轻资产、无抵押、技术先进的高技术企业发展；推出“订单贷”“应收账款质押贷”“出口退税账户监管贷”等产业链融资支持有稳定销售渠道、回款优良的高技术企业。建立政银合作平台，打造“入围企业推荐名单式”管理合作模式，支持高技术产业集群发展。2016年，全市高技术产业企业在银行间市场实现债务融资143亿元；贷款余额同比增长43.1%，高于全市贷款增速31.9个百分点。

三、预测与展望

2017年，全球经济仍将处于徘徊复苏、深度调整之中。国内经济有望继续保持中高速增长，但下行压力仍然存在。以供给侧结构性改革为主线，“三去一降一补”将触及深水区和关键点，稳增长与防风险仍是工作重点。重庆市紧抓国家重大发展战略机遇，在新旧动能转化过程中不断培育形成新的比较优势，经济增长的潜力仍然较大。

在投资方面，制造业投资企稳回升、基建项目投资持续增长以及PPP模式继续推行，有利于扩大有效投资，但也面临宏观调控背景下房地产投资动力偏弱等不确定因素。在消费方面，文化、健康、信息消费等新兴消费将持续扩大，但居民收入增速放缓仍是制约消费增长的主要因素。在外贸进出口方面，“自贸区+中新项目”的互动融合将带动外贸环境进一步优化，新型贸易业态不断发展将对进出口形成有力支撑，但错综复杂的国际经济形势仍将为外贸发展带来不确定性。

预计物价上涨压力总体温和。虽然受国际大宗商品价格上涨以及国内“去产能”政策影响，生产者物价指数有所上升，但由于市场需求总体偏弱，供给端价格上行带来的传导效应有限，预计物价上涨压力总体大于上年，但仍将保持温和。

2017年，重庆市金融业将认真贯彻落实稳健中性的货币政策，为全市经济结构调整和转型升级营造适宜的货币金融环境；继续加大金融改革创新推进力度，落实“自贸区+中新项目”各项创新试点政策，推动在跨境贸易及投融资便利化等领域取得更大突破；继续提升服务实体经济的有效性，大力发展科技金融、绿色金融和普惠金融，支持区域供给侧结构性改革取得更大进展；更加重视维护区域金融稳定，促进本外币跨境资金平稳有序流动，切实防范化解各类金融风险。

中国人民银行重庆营业管理部货币政策分析小组
总　纂：戴季宁　宋　军
统　稿：古　旻　王　红　刘松涛
执　笔：吴恒宇　李　响　董晓亮　郝　杨　王　芳　刘科星　刘　林　吴尽晓　李高亮　孔文佳
韩　静　廖　旭　谭　朋　杨妮妮
提供材料的还有：卜醉瑶　黎　齐　罗　杰　岑　露　蒲于滨　韩淑媛　段　端　傅　宏

附录

（一）2016年重庆市经济金融大事记

1月，习近平总书记视察重庆，提出“重庆要发挥西部大开发重要战略支点作用，积极融入‘一带一路’建设和长江经济带发展，在全面建成小康社会、加快推进社会主义现代化中再创新的辉煌”的希望，为重庆实现新的发展指明方向。

5月，国务院批复重庆两江新区入选全国首批双创示范基地。7月，重庆高新技术产业开发区获批建设国家自主创新示范区。

6月，重庆市政府与上海黄金交易所签署战略合作备忘录，就共同推进黄金市场发展达成合作共识。

8月，中国（重庆）自由贸易试验区获准设立。

9月，重庆市银行外汇业务和跨境人民币业务自律机制成立。

9月，中共重庆市委四届九次会议通过《关于深化改革扩大开放加快实施创新驱动发展战略的意见》，引导加快创新型经济建设。

2016年，重庆市非金融企业在银行间市场发行债务融资工具140只，融资额连续两年超千亿元。

2016年，重庆市实施金融精准扶贫四大行动，扶贫贷款余额超700亿元，惠及70余万建档贫困人口。

2016年，重庆市制订落实供给侧结构性改革“1+4+X”工作方案，围绕去过剩产能、去“僵尸企业”空壳公司、去金融杠杆、去房地产库存等领域精准施策，切实矫正供需结构错位和资源要素错配。

（二）2016年重庆市主要经济金融指标

表1　2016年重庆市主要存贷款指标

		1月	2月	3月	4月	5月	6月	7月	8月	9月	10月	11月	12月
本外币	金融机构各项存款余额（亿元）	29 428.4	29 448.6	30 258.5	30 701.8	30 921.9	32 297.8	32 188.0	32 366.9	32 059.4	32 157.1	32 568.1	32 160.1
	其中：住户存款	12 532.2	13 255.2	13 241.8	13 053.6	13 011.9	13 159.1	13 122.7	13 268.4	13 409.8	13 305.0	13 385.5	13 480.8
	非金融企业存款	10 921.6	10 448.4	10 986.6	11 193.4	11 305.7	11 770.6	11 421.4	11 945.4	11 838.4	11 608.8	12 108.3	12 063.7
	各项存款余额比上月增加（亿元）	642.7	20.2	809.9	443.4	220.0	1 375.9	-109.8	178.9	-307.5	97.7	411.0	-408.0
	金融机构各项存款同比增长（%）	13.7	12.1	13.9	13.6	12.7	16.3	12.2	10.5	10.7	11.6	12.6	11.8
	金融机构各项贷款余额（亿元）	23 469.2	23 557.9	23 843.8	23 905.2	24 028.6	24 609.6	24 564.8	24 852.1	25 105.4	25 181.3	25 333.6	25 524.2
	其中：短期	5 920.3	5 933.4	5 982.9	5 895.2	5 858.4	6 011.1	5 951.6	6 118.1	6 112.9	6 085.4	6 048.3	5 981.5
	中长期	15 902.5	16 079.5	16 284.0	16 440.0	16 419.3	16 661.3	16 742.3	16 711.4	16 970.7	17 066.8	17 418.1	17 787.7
	票据融资	1 008.5	898.6	917.2	919.7	1 102.6	1 299.5	1 222.6	1 378.7	1 339.9	1 355.9	1 198.1	1 108.7
	各项贷款余额比上月增加（亿元）	513.4	88.7	285.9	61.4	123.4	581.0	-44.8	287.3	253.3	76.0	152.2	190.6
	其中：短期	-39.7	13.0	49.5	-87.6	-36.8	152.6	-59.4	166.5	-5.2	-27.5	-37.0	-66.9
	中长期	377.9	177.0	204.5	156.1	-20.7	242.0	81.0	-30.9	259.3	96.0	351.4	369.6
	票据融资	155.7	-109.8	18.5	2.6	182.9	196.9	-76.9	156.1	-38.8	15.9	-157.8	-89.3
	金融机构各项贷款同比增长（%）	12.0	11.1	10.5	8.8	8.2	9.2	7.6	8.0	9.0	9.3	10.5	11.2
	其中：短期	0.0	-0.9	-1.7	-4.9	-6.3	-5.2	-5.8	-1.8	0.0	1.4	1.8	0.4
	中长期	13.9	13.8	13.9	13.9	12.4	12.3	12.2	10.9	11.1	11.6	13.0	14.6
	票据融资	67.0	47.7	30.7	10.5	30.7	54.7	15.7	17.0	18.9	12.7	14.4	30.0
	建筑业贷款余额（亿元）	1 225.7	1 236.1	1 246.6	1 272.1	1 245.4	1 271.7	1 264.9	1 246.9	1 257.3	1 277.7	1 260.3	1 276.5
	房地产业贷款余额（亿元）	1 944.9	1 988.7	2 014.0	1 982.9	1 941.5	1 931.9	1 885.8	1 923.7	1 925.2	1 913.0	1 902.4	1 893.4
	建筑业贷款同比增长（%）	0.9	0.4	2.3	3.1	2.8	1.7	1.8	-0.2	-0.6	2.2	2.1	4.1
	房地产业贷款同比增长（%）	17.8	17.8	15.9	12.2	7.7	6.3	2.7	5.3	4.2	2.7	2.1	0.7
人民币	金融机构各项存款余额（亿元）	28 714.4	28 701.7	29 450.8	29 830.1	29 982.6	31 327.6	31 336.2	31 417.6	31 073.8	31 194.1	31 571.0	31 216.5
	其中：住户存款	12 477.8	13 198.6	13 184.5	12 996.2	12 953.2	13 098.3	13 060.0	13 206.3	13 346.3	13 236.1	13 310.5	13 399.4
	非金融企业存款	10 274.3	9 771.0	10 246.5	10 385.3	10 435.4	10 871.4	10 642.8	11 071.1	10 933.3	10 730.5	11 205.9	11 214.6
	各项存款余额比上月增加（亿元）	620.1	-12.8	749.2	379.3	152.5	1 345.0	8.6	81.3	-343.8	120.3	376.9	-354.6
	其中：住户存款	270.5	720.7	-14.1	-188.3	-42.9	145.1	-38.4	146.3	140.1	-110.3	74.5	88.9
	非金融企业存款	275.4	-503.3	475.5	138.8	50.1	436.0	-228.6	428.3	-137.8	-202.9	475.5	8.6
	各项存款同比增长（%）	14.2	12.2	13.9	13.4	12.1	15.8	11.9	10.1	9.9	10.8	11.8	11.1
	其中：住户存款	12.8	10.1	10.6	10.9	11.1	10.6	10.2	10.6	10.7	10.6	11.1	9.8
	非金融企业存款	10.1	9.5	12.0	8.8	6.8	9.1	7.1	10.3	10.6	9.1	12.2	12.2
	金融机构各项贷款余额（亿元）	22 931.0	23 011.0	23 303.1	23 389.8	23 478.9	23 998.1	23 893.1	24 062.2	24 331.5	24 410.3	24 548.4	24 785.2
	其中：个人消费贷款	5 880.1	5 855.2	5 923.1	5 985.9	6 078.9	6 184.1	6 227.0	6 297.2	6 380.0	6 433.3	6 566.2	6 721.6
	票据融资	1 008.5	898.6	917.2	919.7	1 102.6	1 299.5	1 222.6	1 378.7	1 339.9	1 355.9	1 198.1	1 108.7
	各项贷款余额比上月增加（亿元）	536.5	80.0	292.1	86.7	89.1	519.2	-105.0	169.1	269.3	78.9	138.0	236.8
	其中：个人消费贷款	52.1	-24.9	67.9	62.8	92.9	105.2	42.9	70.2	82.8	53.3	132.9	155.5
	票据融资	155.7	-109.8	18.5	2.6	182.9	196.9	-76.9	156.1	-38.8	15.9	-157.8	-89.3
	金融机构各项贷款同比增长（%）	12.9	11.9	11.7	10.6	10.0	10.9	9.0	8.5	9.0	9.1	9.7	10.7
	其中：个人消费贷款	14.1	12.6	12.9	12.5	12.9	13.1	12.7	12.8	12.6	13.0	13.8	15.3
	票据融资	67.0	47.7	30.7	10.5	30.7	54.7	15.7	17.0	18.9	12.7	14.4	30.0
外币	金融机构外币存款余额（亿美元）	109.0	114.1	125.0	135.0	142.8	146.3	128.1	141.9	147.6	142.4	144.8	136.0
	金融机构外币存款同比增长（%）	-9.2	1.4	8.5	14.7	24.2	26.9	15.3	17.7	38.4	34.5	39.0	29.1
	金融机构外币贷款余额（亿美元）	82.1	83.6	83.7	79.8	83.6	92.2	101.0	118.1	115.9	114.0	114.0	106.5
	金融机构外币贷款同比增长（%）	-22.0	-20.3	-28.5	-40.1	-41.8	-36.5	-30.9	-8.5	1.7	10.4	32.9	23.2

数据来源：中国人民银行重庆营业管理部。

表2　2001～2016年重庆市各类价格指数

单位：%

年/月	居民消费价格指数		农业生产资料价格指数		工业生产者购进价格指数		工业生产者出厂价格指数	
	当月同比	累计同比	当月同比	累计同比	当月同比	累计同比	当月同比	累计同比
2001	—	1.7	—	—	—	—	—	-1.9
2002	—	-0.4	—	—	—	-0.9	—	-2.4
2003	—	0.6	—	—	—	4.9	—	0.6
2004	—	3.7	—	—	—	12.9	—	3.9
2005	—	0.8	—	—	—	8.2	—	3.0
2006	—	2.4	—	—	—	4.8	—	2.2
2007	—	4.7	—	—	—	6.2	—	3.5
2008	—	5.6	—	—	—	12.2	—	5.8
2009	—	-1.6	—	—	—	-5.0	—	-4.5
2010	—	3.2	—	—	—	6.9	—	3.1
2011	—	5.3	—	—	—	5.7	—	3.8
2012	—	2.6	—	—	—	-0.5	—	-0.1
2013	—	2.7	—	—	—	-2.4	—	-2.0
2014	—	1.8	—	—	—	-1.9	—	-1.7
2015	—	1.3	—	—	—	-2.9	—	-2.8
2016	—	1.8	—	—	—	-1.6	—	-1.4
2015　1	—	—	—	—	—	—	—	—
2	1.2	1.1	—	—	-2.4	-2.3	-2.2	-2.1
3	1.4	1.2	—	—	-2.7	-2.5	-2.4	-2.2
4	1.5	1.3	—	—	-2.6	-2.5	-2.6	-2.3
5	1.4	1.3	—	—	-2.6	-2.5	-2.8	-2.4
6	1.3	1.3	—	—	-2.5	-2.5	-2.6	-2.4
7	1.6	1.3	—	—	-2.7	-2.5	-2.7	-2.5
8	1.8	1.4	—	—	-3.2	-2.6	-3.0	-2.5
9	1.3	1.4	—	—	-3.3	-2.7	-3.2	-2.6
10	1.0	1.3	—	—	-3.5	-2.8	-3.4	-2.7
11	0.8	1.3	—	—	-3.7	-2.8	-3.6	-2.8
12	1.0	1.3	—	—	-3.8	-2.9	-3.7	-2.8
2016　1	—	—	—	—	—	—	—	—
2	2.1	1.7	—	—	-3.8	-3.8	-3.7	-3.7
3	2.6	2.0	—	—	-3.3	-3.6	-3.2	-3.5
4	2.7	2.2	—	—	-3.0	-3.4	-2.8	-3.4
5	2.1	2.2	—	—	-2.6	-3.3	-2.4	-3.2
6	1.8	2.1	—	—	-2.1	-3.1	-1.8	-2.9
7	1.2	2.0	—	—	-1.8	-2.9	-1.3	-2.7
8	1.0	1.9	—	—	-1.4	-2.7	-1.0	-2.5
9	1.3	1.8	—	—	-1.1	-2.5	-0.6	-2.3
10	1.7	1.8	—	—	-0.3	-2.3	0.2	-2.0
11	2.0	1.8	—	—	0.9	-2.0	1.1	-1.8
12	1.7	1.8	—	—	2.5	-1.6	2.4	-1.4

数据来源：重庆市统计局。

表3　2016年重庆市主要经济指标

	1月	2月	3月	4月	5月	6月	7月	8月	9月	10月	11月	12月
绝对值（自年初累计）												
地区生产总值（亿元）	—	—	3 772.7	—	—	8 000.8	—	—	12 505.1	—	—	17 558.8
第一产业	—	—	145.8	—	—	367.0	—	—	853.2	—	—	1 303.2
第二产业	—	—	1 631.8	—	—	3 588.5	—	—	5 454.9	—	—	7 755.2
第三产业	—	—	1 995.2	—	—	4 045.4	—	—	6 197.1	—	—	8 500.4
工业增加值（亿元）	—	—	—	—	—	—	—	—	—	—	—	—
固定资产投资（亿元）	—	1 250.2	2 639.2	3 878.6	5 385.1	7 089.3	8 524.5	10 043.3	11 865.0	13 549.1	15 409.1	15 931.8
房地产开发投资	—	400.3	746.8	1 012.2	1 324.9	1 724.1	1 993.0	2 282.4	2 679.1	2 964.0	3 314.2	3 725.9
社会消费品零售总额（亿元）	—	1 208.2	1 765.3	2 288.1	2 898.5	3 504.9	4 084.6	4 676.3	5 274.6	5 931.6	6 598.7	7 271.4
外贸进出口总额（亿元）	—	967.5	1 390.6	1 718.3	2 072.3	2 280.3	2 552.3	2 824.1	3 153.7	3 488.1	3 733.4	4 115.1
进口	—	163.6	269.2	365.1	469.4	588.6	718.4	850.9	995.2	1 124.7	1 293.2	1 462.4
出口	—	803.8	1 121.4	1 353.2	1 602.9	1 691.8	1 833.8	1 973.3	2 158.5	2 363.4	2 440.2	2 652.7
进出口差额(出口－进口)	—	640.2	852.2	988.0	1 133.5	1 103.2	1 115.4	1 122.4	1 163.3	1 238.7	1 147.0	1 190.4
实际利用外资（亿美元）	—	5.2	23.7	24.8	27.7	43.5	45.7	47.4	67.9	71.3	82.3	113.4
地方财政收支差额（亿元）	—	-73.1	-237.6	-255.6	-359.8	-739.1	-785.3	-941.0	-1 364.8	-1 344.4	-1 587.3	-1 774.0
地方财政收入	—	369.0	531.7	790.1	977.0	1 226.3	1 389.1	1 516.9	1 674.1	1 859.8	2 002.4	2 227.9
地方财政支出	—	442.1	769.3	1 045.7	1 336.8	1 965.4	2 174.4	2 457.9	3 038.9	3 204.2	3 589.7	4 001.9
城镇登记失业率(%)(季度)	—	—	3.6	—	—	3.7	—	—	3.7	—	—	3.7
同比累计增长率（%）												
地区生产总值	—	—	10.7	—	—	10.6	—	—	10.7	—	—	10.7
第一产业	—	—	3.8	—	—	3.9	—	—	4.3	—	—	4.6
第二产业	—	—	11.2	—	—	11.2	—	—	11.3	—	—	11.3
第三产业	—	—	10.7	—	—	10.7	—	—	11.0	—	—	11.0
工业增加值	—	10.2	10.2	10.1	10.1	10.2	10.3	10.4	10.4	10.4	10.3	10.3
固定资产投资	—	10.1	12.0	12.5	12.7	12.5	12.2	12.2	12.2	11.9	12.0	12.1
房地产开发投资	—	-8.0	-2.0	0.5	-1.7	0.5	-1.0	-2.5	-1.3	-0.8	-1.3	-0.7
社会消费品零售总额	—	12.9	13.0	13.0	12.9	12.9	13.0	13.0	13.1	13.1	13.2	13.2
外贸进出口总额	—	-4.9	-0.6	-7.0	-6.7	-10.2	-11.8	-11.3	-12.6	-11.6	-12.7	-10.8
进口	—	-10.2	-5.9	-5.7	-0.4	0.7	5.0	10.4	12.2	15.3	18.6	22.1
出口	—	-3.7	0.7	-7.3	-8.5	-13.4	-17.0	-18.3	-20.7	-20.4	-23.5	-22.4
实际利用外资	—	-49.4	9.4	13.5	9.2	2.1	1.9	3.2	3.5	6.9	11.6	5.4
地方财政收入	—	12.4	11.2	11.4	11.0	11.1	10.0	10.2	10.6	10.2	8.7	7.1
地方财政支出	—	17.1	20.3	19.2	9.1	17.2	14.9	13.1	15.5	10.3	11.4	4.9

数据来源：重庆市统计局。

四川省金融运行报告（2017）

中国人民银行成都分行货币政策分析小组

[内容摘要] 2016年，面对国内外严峻复杂的经济金融形势，四川省坚持稳中求进工作总基调，主动把握供给侧结构性改革新机遇，实施一系列稳增长、调结构政策措施，经济运行总体平稳、稳中向好，实现了“十三五”良好开局。四川金融业认真贯彻落实稳健货币政策，金融运行总体稳健，货币信贷和社会融资规模合理适度增长，为区域经济发展和供给侧结构性改革营造了适宜的货币金融环境。信贷结构持续优化，重点领域和薄弱环节融资保障加强，融资成本继续降低，金融服务实体经济的能力和效率持续提升。证券和保险业健康发展，整体质量进一步提高。各项金融改革稳步推进，金融生态环境更趋优化，经济金融良性互动。

2017年是供给侧结构性改革深化之年，四川将坚持新发展理念，主动把握“一带一路”、长江经济带、自由贸易区等重要战略机遇，以推进供给侧结构性改革为主线，全面做好稳增长、促改革、调结构、惠民生、防风险各项工作，经济仍将运行在合理区间。四川金融业将认真贯彻全国金融工作会议精神，紧紧围绕服务实体经济、防控金融风险、深化金融改革三项任务，落实稳健中性货币政策，加大对实体经济和供给侧结构性改革的支持力度，将更多的金融资源配置到经济社会发展的重点领域和薄弱环节，积极稳妥推进各项金融改革，不断提升金融服务水平和效率，促进经济提质增效和转型升级，着力防范和化解重点领域金融风险，牢牢守住区域金融稳定底线。

一、金融运行情况

2016年，四川金融业运行总体平稳，货币信贷和社会融资规模合理适度增长，信贷结构进一步优化，各项改革深入推进，多层次资本市场稳步发展，金融生态环境更趋优化，金融支持实体经济力度不断加大。

（一）银行业稳健运行，货币信贷平稳增长

四川银行业认真贯彻落实稳健货币政策，对实体经济的服务能力和效率进一步提高。

1. 银行业资产规模持续扩张，营运压力有所增加。2016年年末，四川银行业金融机构资产总额8.5万亿元（见表1），同比增长12.0%，增速提高2.2个百分点。受经济增长放缓、净息差收窄、信用成本上升等影响，近年来银行业盈利能力呈放缓趋势。2016年，四川银行业资产利润率0.9%，同比下降0.05个百分点。

表1　2016年四川省银行业金融机构情况

机构类别	营业网点			法人机构（个）
	机构个数（个）	从业人数（人）	资产总额（亿元）	
一、大型商业银行	3 361	92 921	31 074.6	0
二、国家开发银行和政策性银行	114	4 041	7 325.6	0
三、股份制商业银行	574	11 861	8 970.2	0
四、城市商业银行	869	18 920	13 375.7	14
五、城市信用社	0	0	0.0	0
六、小型农村金融机构	5 869	67 892	17 628.1	109
七、财务公司	8	351	669.1	4
八、信托公司	2	1 317	180.3	2
九、邮政储蓄银行	3 112	27 108	4 778.7	0
十、外资银行	28	916	343.8	0
十一、新型农村金融机构	242	3 506	690.1	54
十二、其他	4	243	24.2	2
合　计	14 183	229 076	85 060	185

注：大型商业银行包括中国工商银行、中国农业银行、中国银行、中国建设银行和交通银行；小型农村金融机构包括农村商业银行、农村合作银行和农村信用社；新型农村金融机构包括村镇银行、贷款公司、农村资金互助社；“其他”包含金融租赁公司、汽车金融公司、货币经纪公司、消费金融公司等。

数据来源：四川银监局。

2. 各项存款平稳增长，存款活期化趋势较为明显。2016年年末，四川省金融机构本外币各项存款余额6.7万亿元，同比增长11.3%，增速比2015年提高0.8个百分点（见图3）。本外币各项存款比年初增加6 774.7亿元，同比多增979.3亿元。4月以来，在经济有所企稳、房地产市场交易活跃度上升等因素带动下，企业活期存款增长较快。2016年年末，非金融企业活期存款余额同比增长25.7%，增速比2015年提高9.9个百分点。受美联储加息预期、人民币汇率波动等影响，居民和企业持汇意愿增强。2016年年末，外币各项存款余额为180.8亿美元，同比大幅增长25.8%。

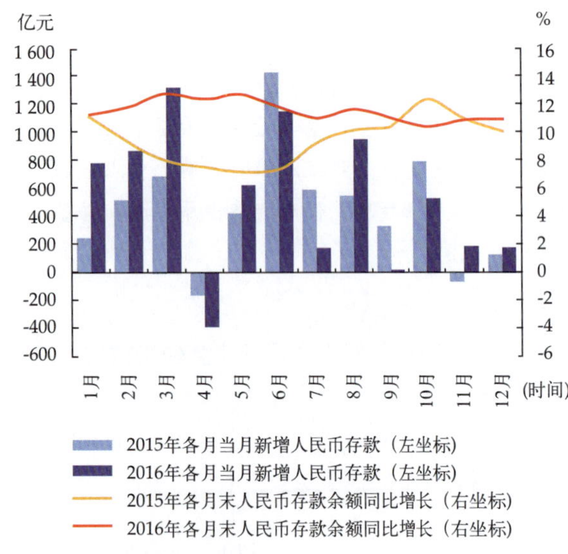

数据来源：中国人民银行成都分行。

图1　2015～2016年四川省金融机构人民币存款增长变化

3. 各项贷款合理适度增长，信贷结构进一步优化。2016年年末，四川省金融机构本外币各项贷款余额4.4万亿元，同比增长12.5%，增速比2015年提高1.2个百分点（见图3）。本外币各项贷款比年初增加4 839.0亿元，同比多增838.6亿元。重点领域和薄弱环节的融资保障进一步增强。2016年，500个重点项目新增贷款1 089亿元，617户重点战略新型产业项目新增融资17.9亿元。小微企业贷款余额同比增长18.6%，高于各项贷款平均增速6.1个百分点。重点培育的1.5万户“万家千亿”诚信小微企业中，融资获得率达78.7%。涉农

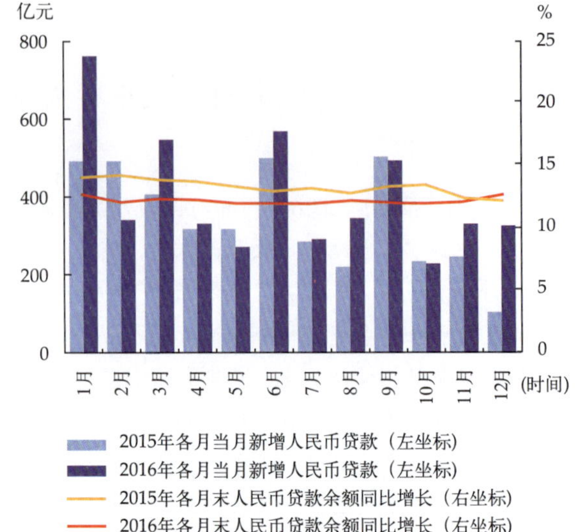

数据来源：中国人民银行成都分行。

图2　2015～2016年四川省金融机构人民币贷款增长变化

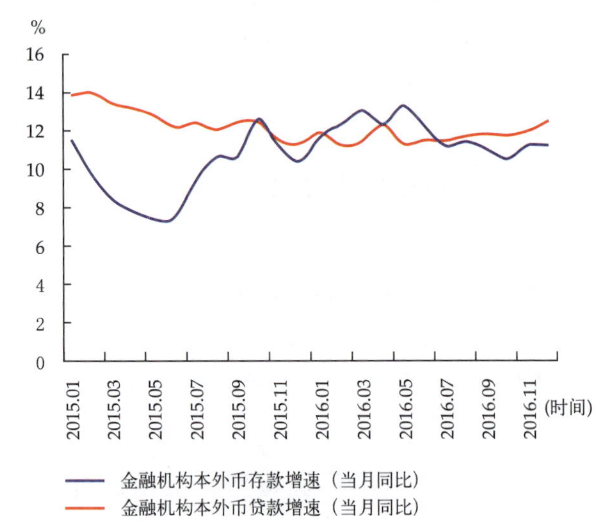

数据来源：中国人民银行成都分行。

图3　2015～2016年四川省金融机构本外币存、贷款增速变化

贷款余额同比增长10.1%，增势基本稳定。全年累计发放藏区、彝区牧民定居专项贷款10.4亿元，惠及牧民4.8万户。金融助推脱贫攻坚取得积极成效。2016年年末，四川省金融精准扶贫贷款余额2 562亿元，同比增长46.8%，高于各项贷款增速34.3个百分点；累计发放扶贫小额信贷96亿元，惠及建档立卡贫困户35万户。

专栏1　金融精准扶贫取得积极成效

2016年，四川金融业全面贯彻落实中央和四川省委、省政府扶贫开发决策部署，创新金融扶贫体制机制，拓宽贫困地区融资渠道，金融扶贫取得积极成效。

一、精准对接产业发展需求，强化扶贫再贷款引导作用

中国人民银行成都分行探索出“扶贫再贷款+产业带动贷款”支持扶贫主体带动贫困户模式。向地方法人金融机构提供低利率扶贫再贷款资金，金融机构配套部分自筹资金，用于支持脱贫带动作用明显的企业和新型农业经营主体发展。同时，积极开展扶贫再贷款支持扶贫示范基地创建，较好地支持了一批具有典型示范作用的特色扶贫产业发展。2016年年末，四川88个贫困县扶贫再贷款基本实现全覆盖，创建脱贫攻坚示范基地127个。

二、精准对接建档立卡贫困户需求，创新组织开展扶贫小额信贷

针对建档立卡贫困户脱困发展需要，创新开展扶贫小额信贷业务。贷款免担保、免抵押，额度不超过5万元，期限不超过3年，执行中国人民银行基准利率。财政对贫困户按不超过5%的标准给予贴息，对金融机构按1%的比例给予费用补贴，160个有扶贫任务的县（市、区）全部建立了分险基金，将扶贫小额信贷纳入对贫困县党委政府脱贫攻坚工作考核。积极推广“扶贫再贷款+扶贫小额信贷”金融精准扶贫到村、到户模式，按照“分片包干、整村推进”的总体思路，推动扶贫小额信贷快速增长。2016年年末，四川省个人精准扶贫贷款余额281.7亿元，同比增长108.8%。全省近三分之一有生产能力的建档立卡贫困户获得了扶贫小额信贷支持。

三、精准对接易地扶贫搬迁户资金需求，加快推动易地扶贫搬迁信贷资金衔接投放

建立易地扶贫搬迁项目审批绿色通道，加快完善相关审批手续。2016年，四川省共发放易地扶贫搬迁贷款94.39亿元，贷款利率在5年期贷款基准利率基础上下浮10%，支持7.3万户、25万贫困人口易地搬迁。

四、精准对接重点项目和重点地区金融服务需求，扩大普惠金融覆盖面

一是着力推进贫困地区金融精准扶贫基础设施、支付环境建设。2016年年末，四川省88个贫困县中具备通电、用电条件的贫困村实现了基础金融服务全覆盖。二是推动农村信用体系建设与金融精准扶贫有效对接。2016年年末，四川农村信用信息数据库为573万户农户、2 429户农村新型经营主体建立信用档案，采集信用信息849万条。三是贫困地区融资对接不断深化。2016年，人民银行四川各级分支机构共组织金融机构与贫困市（州）和县（市、区）开展融资对接活动90余次，其中，在四川省金融精准扶贫融资对接电视会议上共签订贷款协议、贷款授信和贷款合同分别达568亿元、384亿元和405亿元。

4. 表外业务小幅下降，跨市场交叉性金融业务快速发展。2016年年末，四川银行业金融机构表外业务余额14 571.5亿元，同比下降2.1%。近年来，随着同业竞争加剧以及市场主体金融服务需求日趋多元化，金融机构理财产品、信托计划及资管计划等跨市场交叉性金融产品快速增长，2016年年末，四川银行业机构自主发行理财产品余额2 085.2亿元，信托计划余额6 647.6亿元，分别同比增长80.4%、24.8%。中国人民银行成都分行监测显示，部分银行机构同业业务、资管计划等非信贷投资业务扩张过快、占比过高，是导致宏观审慎评估（MPA）结果较差的重要原因。

5. 存贷款利率稳中趋降，金融机构自主定价能力增强。2016年12月，四川省人民币一般贷款加权平均利率为5.68%，比年初下降44个基点。其中，企业一般贷款加权平均利率5.41%，同比降低29个基点。金融精准扶贫贷款加权平均利率5.31%，低于各项贷款加权平均利率37个基点。12月，一般贷款中执行上浮、下浮利率的贷款占比分别为62.2%和21.4%，比年初分别下降9.1个百分

表2　2016年四川省金融机构人民币贷款各利率区间占比

单位：%

月份		1月	2月	3月	4月	5月	6月
合计		100.0	100.0	100.0	100.0	100.0	100.0
下浮		14.6	17.1	13.4	15.5	14.1	14.9
基准		15.9	14.1	17.4	15.4	13.7	14.5
上浮	小计	69.5	68.8	69.2	69.2	72.1	70.7
	(1.0，1.1]	10.8	10.8	11.4	12.0	12.6	11.8
	(1.1，1.3]	15.9	12.3	14.6	15.4	15.3	16.9
	(1.3，1.5]	17.2	14.2	14.2	16.0	17.4	17.9
	(1.5，2.0]	18.1	22.6	21.7	20.2	21.6	19.5
	2.0以上	7.5	8.8	7.3	5.6	5.2	4.6
月份		7月	8月	9月	10月	11月	12月
合计		100.0	100.0	100.0	100.0	100.0	100.0
下浮		15.7	19.3	16.6	18.1	17.9	21.4
基准		11.5	11.5	14.4	13.5	15.8	16.4
上浮	小计	72.8	69.3	69.0	68.4	66.3	62.2
	(1.0，1.1]	10.0	9.2	10.7	11.6	11.3	10.6
	(1.1，1.3]	15.1	15.4	15.7	15.3	16.0	19.2
	(1.3，1.5]	19.2	18.0	18.6	18.8	14.6	12.9
	(1.5，2.0]	23.3	21.6	19.9	18.5	20.3	15.9
	2.0以上	5.1	5.0	4.2	4.2	4.2	3.6

数据来源：中国人民银行成都分行。

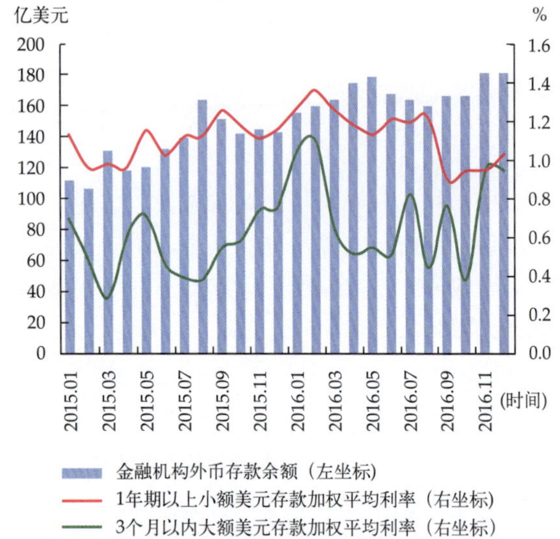

数据来源：中国人民银行成都分行。

图4　2015～2016年四川省金融机构外币存款余额及外币存款利率

点和上升11.8个百分点。四川省市场利率定价自律机制运行良好，分层有序、差异化竞争的利率定价格局初步形成。各金融机构人民币存款挂牌利率上浮比例总体上未超过基准利率的30%。2016年年末，四川省已有73家金融机构成为全国性自律机制基础成员或观察成员，全年发行同业存单2 861.7亿元；10家法人机构取得大额存单发行资格，全年发行大额存单280.3亿元。

6. 银行业改革有序推进。国家开发银行、中国进出口银行和中国农业银行在川分支机构继续落实开发性、政策性金融改革方案。中国农业发展银行"三农金融事业部"、交通银行、中国邮政储蓄银行、出口信用保险公司、资产管理公司等重点机构在川分支机构继续深化商业化、市场化改革。城市商业银行进一步完善法人治理机制，不断充实资本实力。四川银行筹建工作稳步推进，四川首家民营银行——新网银行、首家金融租赁公司——天府金融租赁开业运营。农村信用社改革有序推进，全年14家机构改制为农村商业银行。

7. 不良贷款暴露放缓，风险防控压力仍不容忽视。2016年年末，四川银行业金融机构不良贷款余额1 102.2亿元，较年初增加150.2亿元，同比少增197.4亿元；不良贷款率2.5%，较年初上升0.1个百分点，升幅同比缩小。年初以来，四川银行业普遍加大了不良资产处置力度，全年累计核销和向非银行机构转让贷款额分别为2015年的2.7倍和1.6倍。2016年年末，关注类贷款余额同比增长15.8%，表外垫款余额同比增长14.2%。未来随着"三去一降一补"工作和供给侧结构性改革的持续深入推进，关注类贷款下迁、表外垫款转化都可能对银行业金融机构资产质量形成压力。

8. 跨境人民币业务规模下降，但业务结构改善、覆盖面持续扩大。2016年，四川省跨境人民币结算金额1 121.4亿元，同比下降32.4%，人民币跨境收支在四川本外币国际收支中的比重达22%。资本项下跨境人民币业务取得新进展，人民币对外直接投资及跨境融资结算额同比分别增长2.8倍和28.3%，跨境双向人民币资金池增至14个。2016年年末，跨境人民币业务覆盖3 248户企业，同比增加726户；交易对手涉及134个境外国家和地区，同比增加5个。

专栏2　灵活运用货币政策工具　助推经济结构转型升级

中国人民银行成都分行积极贯彻落实稳健货币政策，灵活运用多种货币政策工具，在保持总量基本稳定的同时，加大对重点领域和薄弱环节的支持力度，为经济结构转型升级营造适宜的货币金融环境。

一是加强存款准备金管理，发挥政策激励作用。2016年，普遍下调金融机构人民币存款准备金率0.5个百分点，保持银行体系流动性合理适度。组织中国农业银行“三农金融事业部”考核，对67家考核达标的机构执行比农业银行低2个百分点的存款准备金率。对69家达标县域法人金融机构执行优惠1个百分点的存款准备金率。做好定向降准动态考核调整工作，对达标的城商行和非县域农商行通过定向降准释放资金约148.6亿元。

二是运用信贷政策支持再贷款，强化“投向+利率”双重引导。推行支小再贷款“名单制”管理，推进支农再贷款“基地化”运用，推广“扶贫再贷款+扶贫小额信贷”“扶贫再贷款+产业带动贷款”模式，金融机构借用再贷款资金发放的贷款利率严格执行加点幅度规定。2016年年末，四川省金融机构已与4 327户新型农业经营主体建立主办行关系，贷款余额215亿元，同比增长30.8%。小微企业贷款增速比同期大型和中型企业贷款增速分别高8.5个百分点、10.2个百分点。金融机构借用支农和支小再贷款发放贷款的加权平均利率分别比运用其他资金发放的同类型贷款利率低2.6个百分点、1.13个百分点，运用扶贫再贷款发放的贷款加权平均利率比运用其他资金发放的涉农贷款利率低3.89个百分点。

三是推进再贴现业务，有效满足票据融资需求。持续推进“央行小微票据通”“央行科票通”业务，结合“小微企业金融服务提升工程”，遴选一批科技型、战略性新兴行业小微企业，以及新型农村经营主体纳入再贴现定向扶优重点。全年累计办理再贴现业务1 132笔、金额42.5亿元。

四是运用抵押补充贷款，加大特定领域支持力度。指导政策性银行在川分支机构运用抵押补充贷款（PSL）资金，加大对棚户区改造、基础设施建设、水利工程以及“一带一路”等领域的支持。2016年年末，开发性、政策性金融运用PSL资金发放棚户区改造、基础设施建设、水利工程等特定领域贷款余额1 038亿元，利率均不超过4.15%，相当于基准利率下浮15.4%。

（二）证券业稳步发展，市场融资较快增长

2016年，四川多层次资本市场建设成效逐步显现，市场规模稳步扩大。

1. 市场组织进一步健全。2016年年末，四川证券期货机构460家，全年新增46家，其中法人证券公司4家、法人期货公司3家。法人证券公司合规经营水平进一步提升，华西证券、国金证券分别获证监会分类评价AA级。成都（川藏）股权交易中心在服务小微企业方面作用明显，挂牌企业837家，全年新增452家。A股上市企业111家，全年新增9家，总数居全国第七，继续保持中西部前列。

2. 资本市场融资规模保持较快增长。2016年，辖内企业实现资本市场直接融资971.8亿元，同比增长24.2%。股票市场融资总体规模保持平稳，9家企业实现A股首发融资40.1亿元；16家次上市企业通过增发、配股等方式实现再融资336.5亿元；84家次新三板挂牌企业实现股权融资20.0亿元。企业债券融资规模增长显著，全年共实现交易所债券融资570.6亿元，同比增长46.9%。其中，8家次上市企业在证券交易所实现债券融资78.0亿元，同比增长437.9%；51家次非上市企业

在证券交易所实现债券融资457.6亿元，同比增长80.2%；3家次证券公司在交易所发行公司债券，实现融资35亿元。

3. 资本市场创新金融扶贫模式。2016年9月，华西证券与国开证券承销的30亿元“易地搬迁项目收益债”首期5亿元顺利发行，这是国内企业债券市场上首次进行政策债尝试。资本市场积极加强业务创新，为脱贫攻坚注入了新活力。

表3　2016年四川省证券业基本情况

项目	数量
总部设在辖内的证券公司数（家）	4
总部设在辖内的基金公司数（家）	0
总部设在辖内的期货公司数（家）	3
年末国内上市公司数（家）	111
当年国内股票（A股）筹资（亿元）	376.6
当年发行H股筹资（亿元）	—
当年国内债券筹资（亿元）	570.6
其中：短期融资券筹资额（亿元）	—
中期票据筹资额（亿元）	—

注：当年国内股票（A股）筹资额是指非金融企业境内股票融资。国内债券筹资指交易所市场债券筹资额。

数据来源：四川证监局。

（三）保险业快速发展，风险保障功能增强

1. 市场主体不断增加。2016年年末，四川省已开业保险公司87家，各级保险分支机构4 948家。其中，保险公司法人机构3家。按业务性质分，财产险公司38家、人身险公司49家（含养老险公司4家和健康险公司2家）。

2. 保费收入快速增长。2016年，四川省共实现原保险保费收入1 712.1亿元，同比增长35.1%，高于全国平均水平7.6个百分点，保费收入及增速居全国前5位。保险密度为2 087元/人，保险深度5.2%，分别比2015年增加690元/人和1个百分点。赔付支出554.4亿元，同比增长22.1%；提供风险保障54.7万亿元，同比增长49.8%。

3. 保险业积极转型发展，助力供给侧结构性改革。2016年，四川省特殊风险保险保费收入同比增长142.6%，成为增长最快的险种。住房地震保险和大病保险深入推进。信用保险深度融入

表4　2016年四川省保险业基本情况

项目	数量
总部设在辖内的保险公司数（家）	3
其中：财产险经营主体（家）	2
人身险经营主体（家）	1
保险公司分支机构（家）	4 948
其中：财产险公司分支机构（家）	—
人身险公司分支机构（家）	—
保费收入（中外资，亿元）	1 712.1
其中：财产险保费收入（中外资，亿元）	457.2
人身险保费收入（中外资，亿元）	1 254.9
各类赔款给付（中外资，亿元）	554.4
保险密度（元/人）	2 087
保险深度（%）	5.2

数据来源：四川保监局。

“一带一路”建设，积极服务企业“走出去”，全年保费收入同比增长31.6%。

（四）金融市场平稳运行，直接债务融资较快发展

2016年，四川金融市场运行平稳，交易活跃，银行间市场债务融资快速发展。

1. 社会融资规模平稳增长，贷款仍是主体。2016年，四川省社会融资规模新增6 651.5亿元，同比多增839.5亿元。其中，本外币各项贷款占社会融资规模比重达到71.2%，同比提升4.4个百分点，贷款占比逐年回升。直接融资增量（债券融资和企业股票融资）达768亿元，较2015年有所回落。委托贷款、信托贷款和未贴现银行承兑汇票等表外融资新增611.9亿元，占比9.2%，同比小幅上升0.9个百分点。

2. 银行间市场债务融资连续两年突破千亿元。2016年，四川省共有52家非金融企业在银行间债券市场发行113只债务融资工具，金额共计1 158.9亿元。重点领域企业直接债务融资较快增长。城建、交通、电力等行业企业在银行间市场融资629.9亿元；医药、环保等新兴行业共融资30亿元；遂宁富源实业有限公司发行10亿元非公开定向债务融资工具，募集资金用于保障性住房建设；雅安发展投资有限公司发行10.6亿元中期票据募集资金用于灾后重建项目。

3. 货币市场运行平稳，债券回购交易活跃。2016年，四川辖内货币市场成员累计成交48.8万亿元，同比增长45.6%。其中，同业拆借市场累计成交10万亿元，同比增长45.6%；银行间市场债券回购累计成交47.8万亿元，同比增长45.5%。2016年，货币市场净融入金额5.3万亿元，较2015年减少4万亿元。市场利率整体呈现震荡下行趋势，12月辖内市场成员同业拆借加权平均利率为2.5%，较2015年同期下降37个基点。

表5　2016年四川省金融机构票据业务量统计

单位：亿元

季度	银行承兑汇票承兑		贴现			
			银行承兑汇票		商业承兑汇票	
	余额	累计发生额	余额	累计发生额	余额	累计发生额
1	3 257	1 381.4	1 028	3 615.5	77.3	208.8
2	3 374	2 735.1	1 211	6 418.0	91.8	310.8
3	3 353	3 862.4	1 340	9 061.9	77.8	356.7
4	3 154	4 893.6	1 298	11 317.1	93.8	514.9

数据来源：中国人民银行成都分行。

4. 票据业务有所回落，市场利率继续下行。2016年，四川银行业累计签发银行承兑汇票4 893.6亿元，同比减少1 714.3亿元；商业承兑汇票累计签发75.2亿元，同比减少111.1亿元。办理银行承兑汇票贴现11 317.1亿元，同比减少6 362.7亿元；办理商业承兑汇票贴现514.9亿元，同比减少343.5亿元。受流动性相对充裕影响，票据贴现利率持续下行。12月金融机构贴现加权平均利率为2.4%，同比下降110个基点。

表6　2016年四川省金融机构票据贴现、转贴现利率

单位：%

季度	贴现		转贴现	
	银行承兑汇票	商业承兑汇票	票据买断	票据回购
1	3.5	5.8	3.3	3.1
2	3.4	5.6	3.2	2.9
3	3.2	5.0	2.9	2.9
4	2.6	5.4	3.3	3.2

数据来源：中国人民银行成都分行。

（五）金融改革发展稳步推进

1. 全面创新改革试验有序展开。四川省取得国务院授权先行先试改革举措30项。设立100亿元军民融合产业发展基金，军民融合产业规模达2 870亿元，同比增长7.9%。成都市郫都区、四川大学、四川电信“双创”示范基地建设稳步推进。“创业四川”行动成效显著，全年新增各类市场主体74万户，建成各类孵化器近600家。

2. 农村产权制度改革试点稳妥推进。2016年年末，四川省12个“两权”抵押贷款试点县均建立了贷款风险补偿基金，为试点工作创造了良好条件，累计发放农村“两权”抵押贷款23.9亿元。农村土地流转收益保证贷款试点在全省推广。2016年年末，四川省15个市（州）累计发放农村土地流转收益保证贷款7.6亿元。全国首家农村产权收储公司在成都市挂牌，并办理首笔1 500万元涉农不良债权收储。成都农村产权交易所开业运营，实现农村产权交易1.3万宗、536亿元。

3. 存款保险为地方法人银行金融机构改革提供了有力的制度保障。2016年，中国人民银行成都分行对174家地方法人银行业金融机构开展风险评级，全面、准确把握机构经营和风险状况，差别化核定投保机构适用费率；组织开展存款保险现场核查，建立存款保险风险监测机制，探索风险的早期识别和早期纠正，促进地方法人银行业金融机构改革深化和稳健经营。

4. 宏观审慎管理政策有效落地。四川银行业金融机构认真贯彻落实宏观审慎评估（MPA）要求，积极改善经营指标，自我约束、稳健经营理念进一步增强，A档机构由第一季度的10家上升到第四季度的31家，C档机构数量有所下降。中国人民银行成都分行和国家外汇管理局四川分局积极加强跨境融资宏观审慎管理，运用逆周期调控措施引导跨境融资的期限和币种结构优化。搭建四川省银行业外汇和跨境人民币自律机制，审议通过《四川省外汇和跨境人民币自律机制展业工作指引》。

（六）金融生态环境建设不断深化，金融基础设施持续完善

1. 社会信用体系建设持续推进。四川省18个市（州）成立了信用信息中心，搭建融资对接和信用信息共享平台，5 960家企业在线注册，通过平台实现融资549.7亿元。开展“银税互动”，1 957户纳税诚信中小企业获得银行融资86.6亿元。对178个县（区、市）开展金融生态环境评价。实施应收账款融资“甘泉行动计划”，全年通过中征应收账款融资服务平台促成融资905笔，金额744.7亿元。金融信用信息基础数据库为135.6万户企业和6 139.6万个自然人建立了信用档案，全年向银行和社会公众提供个人信用报告查询1 006.3万次、企业信用报告查询90余万次。

2. 支付体系更加健全。2016年年末，四川省第二代支付系统直接参与者15家，间接参与者5 154家。2016年，四川辖内支付系统发生业务2.2亿笔，金额162.6万亿元，同比分别增长17.3%和26.2%。非现金支付环境持续改善，省内多地开展电子商业汇票业务试点，创建银行卡刷卡无障碍省级示范区38个、市级示范区28个、县级示范区9个，农村地区支付环境进一步改善。

3. 金融科技快速发展。截至2016年年末，四川金融IC卡累计发行1.6亿张，多个市州城区公交开通金融IC卡应用，多家银行网点可使用金融IC卡办理交通违法罚分罚款业务，在全国率先测试开通金融IC卡闪付高速公路（成灌）通行费，14个旅游景区建设了金融IC卡闪付通道。基于大数据、云计算、人工智能、金融IC卡等新技术的金融服务创新，如云闪付、二维码支付、生物识别、智慧柜员机等快速发展。

4. 扎实推进金融消费权益保护工作。2016年，人民银行四川各级机构严格落实“12363”咨询投诉电话管理制度，全年共受理咨询5 363件，受理消费者投诉1 104件，投诉办结率99.4%。成都、绵阳、德阳等地探索完善金融消费纠纷非诉讼解决机制。各地积极开展“金融消费者权益日”和“金融知识普及月”宣传活动，扩大宣传覆盖面。

二、经济运行情况

2016年，四川省主要经济指标企稳回升，好于预期。全年实现地区生产总值3.3万亿元，同比增长7.7%，增速比2015年回落0.2个百分点（见图5），高于全国平均水平1个百分点。总需求稳步扩张，供给结构进一步优化，新经济、新动能加快发展。

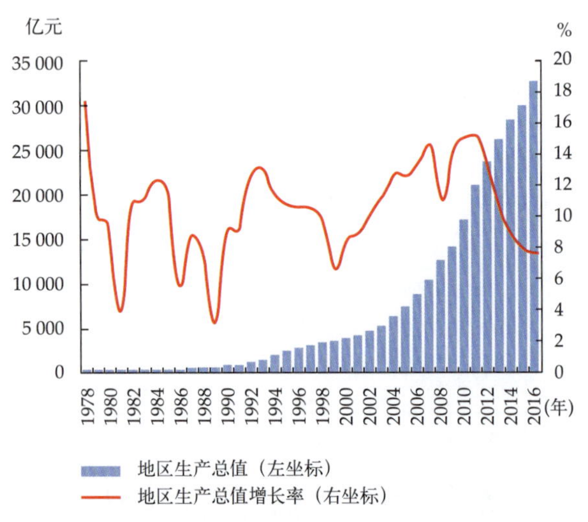

数据来源：四川省统计局。

图5　1978～2016年四川省地区生产总值及其增长率

（一）总需求稳步扩张，投资支撑作用较强

2016年，在一系列稳增长措施带动下，四川省工业、投资、消费、进出口等主要经济指标增速均有所回升，经济企稳回升特征更加明显。

1. 固定资产投资增速加快，基建成为拉动投资主要动力。2016年，四川省完成固定资产投资（不含农户）2.8万亿元，同比增长13.1%，较2015年回升2.9个百分点（见图6）。受“项目年”活动带动，投资需求陆续释放，成都天府国际机场等一批重特大项目陆续开工建设，全年基础设施建设投资增长19.1%，成为投资增长的主要动力；民间投资有所回升，但仍然较为低迷，全年民间投资同比增长4.9%，较年初回升3.1个百分点，下半年回升势头放缓，增速趋于稳定。

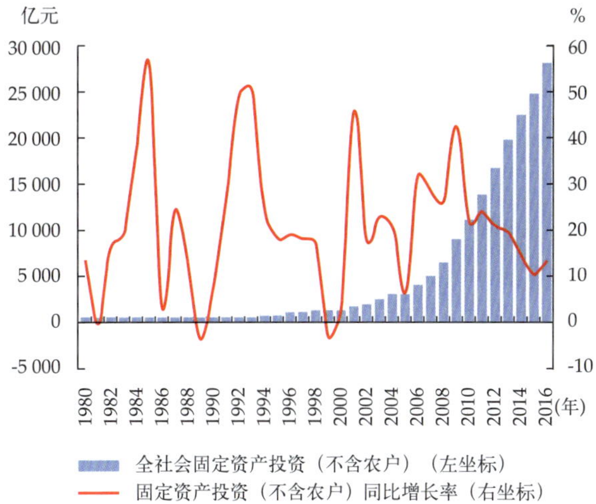

数据来源：四川省统计局。

图6　1980～2016年四川省固定资产投资（不含农户）及其增长率

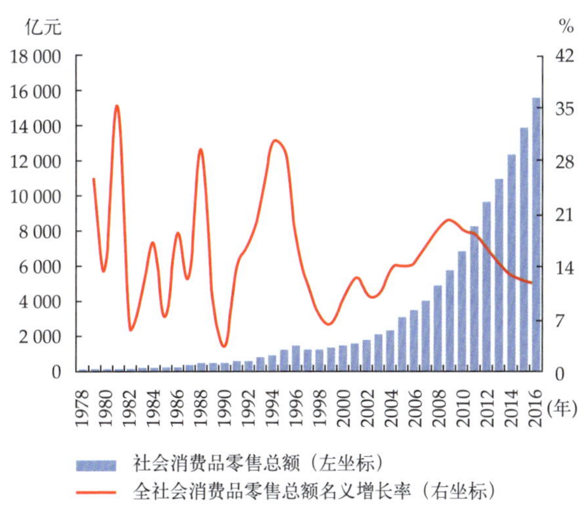

数据来源：四川省统计局。

图7　1978～2016年四川省社会消费品零售总额及其增长率

2. 社会消费稳定增长，最终消费对经济增长贡献率过半。2016年，四川省实现消费品零售总额1.6万亿元，同比增长11.7%，增幅较2015年回落0.3个百分点（见图7），高于全国平均水平1.3个百分点。“四川造”产品实现销售超过8 000亿元，最终消费对经济增长的贡献率达到51.5%。新兴消费业态快速发展，限额以上企业（单位）通过互联网实现的商品零售额442.5亿元，同比增长29.8%。房地产市场回暖带动相关消费快速增长，家具、建筑装潢、家用电器类商品分别增长22.2%、16%和12.8%，部分家电企业经营状况显著改善。

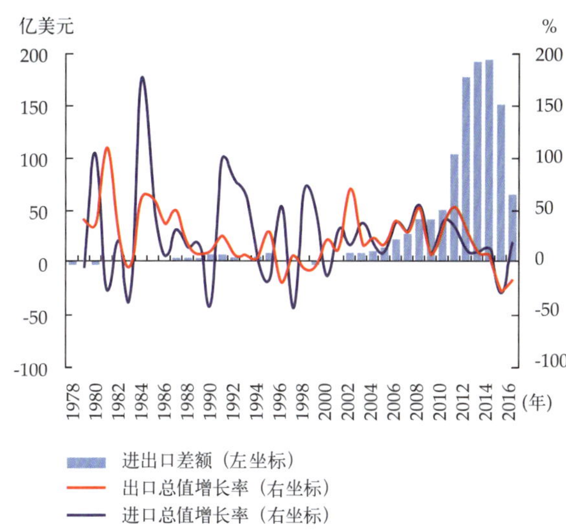

数据来源：四川省统计局。

图8　1978～2016年四川省外贸进出口变动情况

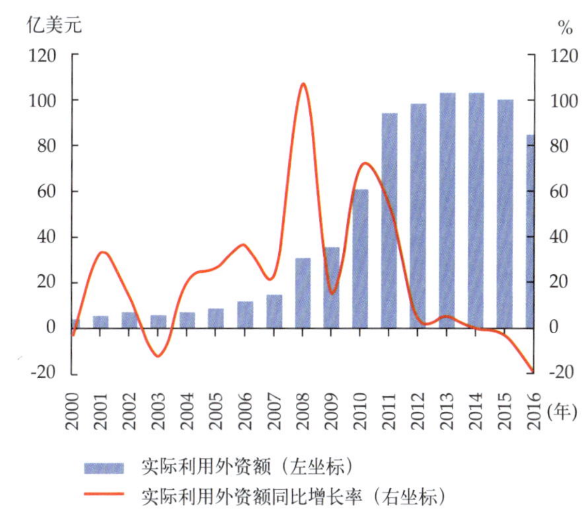

数据来源：四川省统计局。

图9　2000～2016年四川省实际利用外资额及其增长率

3. 对外贸易止滑回稳，结构进一步优化。2016年，四川省对外贸易进出口总额3 263亿元人民币，同比增长2.8%。其中，出口1 847.5亿元，同比下降9.8%，降幅比全国平均水平高7.8个百分点。进口1 415.5亿元，同比增长25.9%，大幅高于同期全国0.6%的增长水平。进出口结构进一步优化，全年实现服务进出口近1 000亿元，占对外贸易总额的22.2%，机电、高新技术产品进出口占比分别达到74.8%和61%。全年实际利用外资80.3亿美元，同比下降20.2%。对外直接投资较快增长，全年新增对外投资项目243个，中方协议投资总额42.8亿美元。

（二）第三产业贡献过半，供给结构持续优化

2016年，四川产业结构更加优化，三次产业结构从12.2：44.1：43.7调整为12：42.6：45.4，对经济增长的贡献率分别为6%、42.5%和51.5%，第三产业贡献率显著提升，首次超过第二产业。

1. 农业生产基本稳定。四川省粮食产量3 483.5万吨，增长1.2%；油料产量311.3万吨，增长2%。生猪出栏数减少4.3%，牛出栏数增长3.3%，羊出栏数增长3.4%，家禽出栏数增长2.5%。

2. 工业生产增势平稳，企业效益有所好转。2016年，四川省规模以上工业增加值同比增长7.9%，增幅与2015年持平，高于全国平均水平1.9个百分点。传统支柱行业是工业经济回升的主要动力，酒、饮料和精制茶制造业，石油和天然气开采业，汽车制造业分别增长11.9%、21.1%和14.2%。高新技术产业总产值突破1.6万亿元，增长10%；战略性新兴产业总产值达到6 900亿元，占工业比重达17%，同比提高0.8个百分点。工业经济效益有所恢复。2016年，四川规模以上企业亏损面9.6%，同比减少1.1个百分点；利润总额2 176亿元，同比增长5.4%，其中七大优势产业利润占比达71.9%。

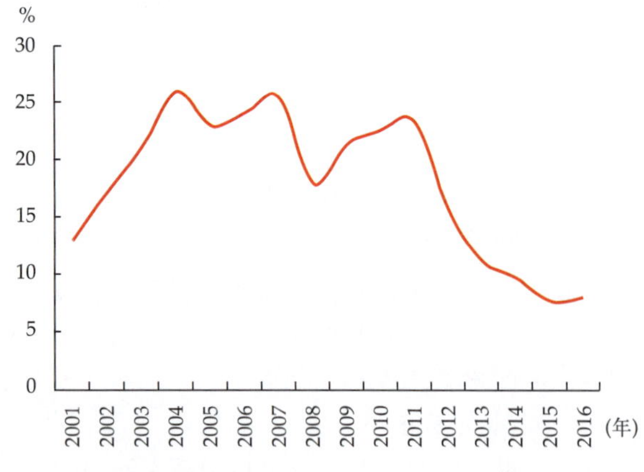

数据来源：四川省统计局。

图10　2001～2016年四川省规模以上工业增加值同比增长率

3. 服务业加快发展，对经济增长贡献度大幅提升。2016 年，第三产业实现增加值14 831.7亿元，同比增长9.1%，下降0.5 个百分点；第三产业贡献度达51.5%，提高10.4个百分点。随着居民收入增长和消费结构升级，旅游、康养等需求持续增加，新业态、新模式等带动服务业供给提质增效。其中，“大旅游”发展格局加快形成，全年实现旅游总收入7 705.5亿元，增长24.1%。

（三）物价水平温和上涨，就业市场总体稳定

1. 居民消费价格温和上涨。2016年，四川居民消费价格指数同比上涨1.9%，涨幅同比提高0.4个百分点。食品价格涨幅最高，同比上涨4.1%，其中，畜肉价格上涨13.4%；交通和通信类价格同比下降1.4%；居住类价格上涨1.2%，教育文化和娱乐类上涨2.5%。

2. 生产价格降幅收窄。2016年，工业生产者出厂价格指数同比下降1.1%，降幅较2015年收窄

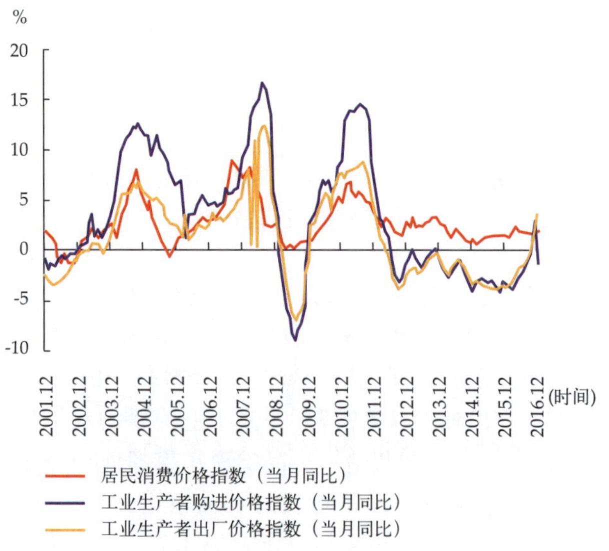

数据来源：四川省统计局。

图11　2001～2016年四川省居民消费价格和生产者价格变动趋势

2.5个百分点。10月以来，四川省PPI结束了连续53个月的负增长，且增幅不断扩大。全年工业生产者购进价格指数同比下降1.2%，降幅较2015年收窄2.4个百分点。

3. 就业形势总体稳定。2016年，新增城镇就业104.1万人，比2015年增加2.1万人。城镇登记失业率4.2%，与2015年基本持平。全年居民人均可支配收入18 808元，同比增长9.2%，高于全国平均水平0.8个百分点。

（四）财政收入稳定增长，支出结构不断优化

1. 财政收入平稳增长。四川省主动适应经济发展新常态，积极应对经济下行和减税降费等因素影响，实现地方一般公共预算收入3 389.4亿元，完成预算的102%，增长8.3%。其中，税收收入2 329.2亿元，非税收入1 060.2亿元。

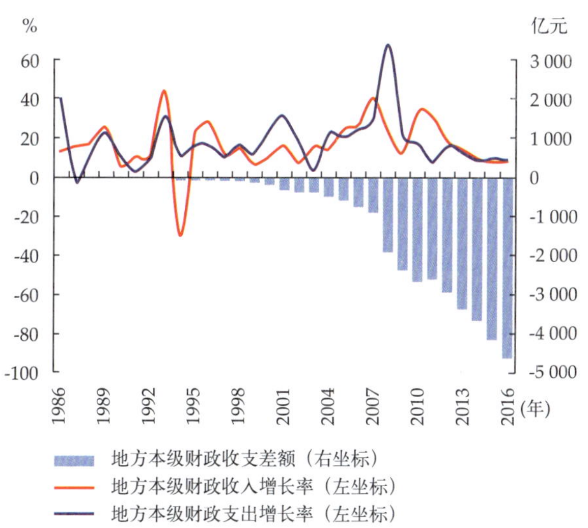

数据来源：四川省统计局。

图12　1986～2016年四川省财政收支状况

2. 支出结构不断优化。2016年，四川省一般公共预算支出达8 011.9亿元，完成预算的95.4%，增长9.8%。保民生方面支出占比为65%，与2015年持平；支持发展方面支出占比为19.7%，同比提高0.2个百分点；保运转方面支出占比为15.3%，持续下降。

3. 严格实施债务限额管理。2016年年末，四川省地方政府债务余额低于地方政府债务限额。全年发行使用地方政府置换债券2 307亿元，有序推进存量债务置换，每年节约利息超过100亿元。

（五）供给侧结构性改革稳步推进

2016年，四川省以供给侧结构性改革为主线，着力推进“三去一降一补”五大任务取得实效。

1. 钢铁煤炭行业去产能有序展开，企业积极谋求转型升级。2016年，四川省全年计划压减生铁产能160万吨，粗钢产能420万吨。列入淘汰计划的水泥产能80万吨，停产水泥产能超过1 000万吨。截至2016年年末，四川省钢铁去产能目标任务提前完成；关闭煤矿169处，退出产能2 303万吨，超额完成目标任务。其中，达钢集团淘汰产能140万吨，占其总产能的40%。在去产能过程中，部分企业积极谋求转型升级和优化结构，如攀钢集团集中精力发展钒钛产业和精品钢铁，依托“互联网+”积极拓展新领域，成立“积微物联”电商平台，上线半年已发展成为西南地区最大的钢铁电商。受供给收缩及基建投资需求拉动等影响，钢价持续走强，行业经营情况整体有所好转。

2. 房地产去库存取得积极进展。2016年，四川省房地产市场在一系列去库存政策推动和国内部分热点城市销售快速增长的带动下，商品房交易持续活跃。全年商品房销售面积9 300.5万平方米，同比增长21.2%；年末商品住房待售面积为6 756万平方米，消化周期8.7个月，同比缩短3.7个月，住房库存已回归至行业10～12个月的合理消化周期内，但部分市（州）住房及商业用房仍面临一定的去库存压力。

3. 非金融企业杠杆率有所下降。四川企业通过补充资本、直接融资、剥离资产、市场化债转股等方式降低杠杆率，缩减财务成本。2016年年末，四川省规模以上工业企业资产负债率平均为58.8%，同比回落1.5个百分点。采矿业、制造业等高负债行业贷款余额同比下降4.8%、3.6%。多家银行机构与二重集团以“现金受偿+保留债务+以股抵债”方式实施债务重组，公司资产负债率大幅下降，同时通过降本增效、创新驱动等措施，2016财年，二重集团实现近四年来首次盈利。

4. 企业经营成本进一步降低。2016年12月，四川省人民币一般贷款加权平均利率为5.68%，分别比2015年和2014年同期下降44个基点、202个基点，融资成本持续下行。生产要素成本有所下降，一般工商业用电价格每千瓦时降低0.6分，国网直供区直购电、留存电量等特殊电价每千瓦时降低2分；非居民用天然气价格每立方米降低0.7元；对产成品、原材料铁路运输实行运价下浮政策，清理规范大件特种运输企业道路损失补偿费。进一步完善税费制度改革，规范涉企收费行为，降低企业税费成本和交易成本。截至2016年年末，四川"营改增"累计实现减税292.5亿元，5月1日后新纳入的建筑业、房地产业、金融业和生活服务业等四个行业平均税赋下降8.4%。

5. 民生和社会事业等短板领域明显改善。四川省脱贫攻坚首战告捷，2016年，完成对25万贫困人口易地扶贫搬迁任务，5个贫困县摘帽、2 437个贫困村退出、107.8万贫困人口脱贫。大力促进教育公平，免除义务教育阶段学生学杂费和书本费，向125.9万名经济困难寄宿生发放生活补助；累计投入150.7亿元，改善贫困地区义务教育薄弱学校基本办学条件。不断提高各级医疗卫生服务水平，三级医院达133家。生态建设和节能减排稳步推进，单位地区生产总值能耗下降3.5%以上，单位地区生产总值二氧化碳排放下降4.5%以上。开展大气、水、土壤污染防治，集中开工432个污染治理项目，21个市（州）政府所在地城市环境空气质量达标率78.9%。

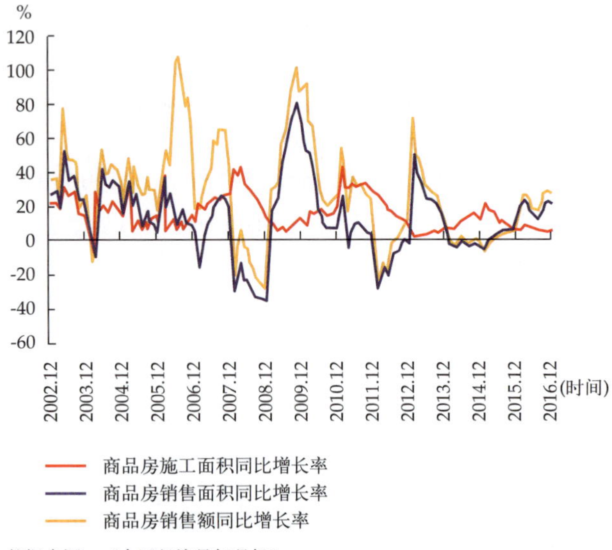

数据来源：《中国经济景气月报》。

图13　2002～2016年四川省商品房施工和销售变动趋势

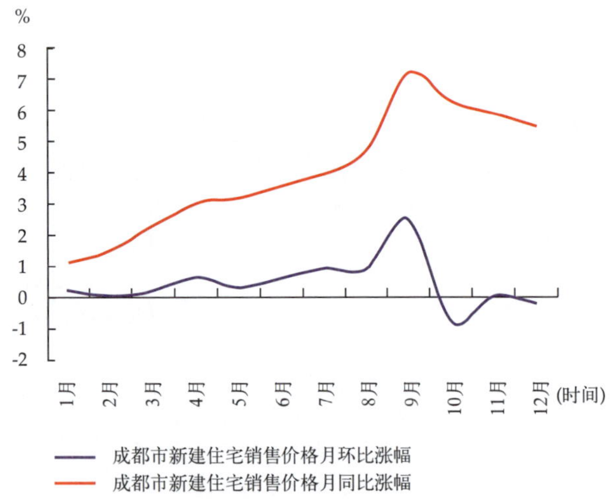

数据来源：四川省统计局。

图14　2016年成都市新建住宅销售价格变动趋势

（六）房地产市场交易活跃，住房金融服务进一步加强

2016年，四川省房地产市场总体呈现回暖趋势。进入8月，成都市部分区域房地产市场活跃度大幅上升，价格一度较快上涨，随后在限购和差异化住房信贷政策作用下，市场趋于稳定。

1. 房地产开发投资略有回落。2016年，四川省房地产开发完成投资5 282.6亿元，同比增长9.8%，低于2015年0.1个百分点，涨幅比全国水平高2.9个百分点。

2. 房地产市场供应扩大，销售快速增长。2016年，四川省房屋新开工面积10 825.2万平方米，同比增长12.9%，增幅比2015年高28.3个百分点，高于全国水平4.8个百分点。2016年，四川省商品房销售面积9 300.5万平方米，同比增长21.2%，高于2015年13.8个百分点。其中，商品住房销售面积7 884.1万平方米，同比增长21.4%，比2015年高16.2个百分点。

3.商品房销售价格平稳上涨。2016年12月，四川省新建商品住房成交均价5 631元/平方米，同比增长8.5%。从3个列入国家重点监控的大中城市看，成都市新建商品住房成交均价7 392元/平方米，同比增长6.8%，其中，中心城区12月新建商品住房成交均价11 240元/平方米，同比增长14.3%。泸州市、南充市新建商品住宅价格指数同比分别上涨3.7%、1.7%。

4. 房地产贷款较快增长。2016年年末，四川省房地产贷款余额同比增长20.4%，高于各项贷款余额同比增速7.9个百分点。其中，棚户区改造带动保障性住房开发贷款增长51.2%。个人住房贷款余额同比增长21.9%，较年初增加1 391.8亿元。12月，四川省个人住房贷款加权平均利率较年内高点下降37个基点，执行基准利率下浮的贷款占比为91.2%，较年初提高30.4个百分点。

三、预测与展望

2017年是实施“十三五”规划的重要一年，是全面建成小康社会的关键之年，也是供给侧结构性改革的深化之年。四川经济发展仍然具备有利条件和积极因素。一是面临融入“一带一路”、长江经济带建设、西部大开发等国家战略和国家系统推进全面创新改革试验、获批设立自由贸易试验区、天府新区获批成为国家级新区、加大脱贫攻坚支持力度等一系列政策机遇。二是工业化和新型城镇化加速推进，产业结构出现积极变化，新兴和高端产业发展态势良好，服务业对经济贡献度大幅提升；在“项目年”活动的持续引导下，工业稳增长、消费升级、民营经济提升预期较强。三是区域间协调发展空间很大，多点多极发展战略深入推进，天府新区、成都国家自主创新示范区、绵阳科技城等支撑引领作用持续增强。同时也要看到，国际经济环境依然复杂多变，国内经济社会发展还存在不少困难和问题，四川经济长期积累的结构性矛盾尚未根本好转，一些领域产能过剩依然严重，经济内生增长动力有待增强，金融供给与金融需求结构矛盾仍然突出，部分领域潜在金融风险不容忽视。

2017年，面对新的发展机遇和挑战，四川经济仍有望保持平稳较快发展。四川金融业将认真贯彻全国金融工作会议精神，紧紧围绕服务实体经济、防控金融风险、深化金融改革三项任务，落实好稳健中性的货币政策，保持货币信贷合理适度增长，进一步重组存量、优化增量，为供给侧结构性改革营造中性适度的货币金融环境。进一步深化区域金融改革，持续优化金融生态环境，不断提升金融运行效率和服务实体经济的能力。着力防范和化解重点领域金融风险，牢牢守住区域金融稳定底线。

中国人民银行成都分行货币政策分析小组

总　纂：周晓强　李　铀

统　稿：刘本定　黄小平　曾　好　熊万良

执　笔：王鲁滨　苟于国　王　辉　饶　丽　樊敏霞　卿山岭　高　琦　王大波　陈　倩

提供材料的还有：王越子　龙阅新　李华伟　胡荣兴　许　蓓　李敏敏　蒋先明　朱丹卉　姚　艳　赵　波

附录

（一）2016年四川省经济金融大事记

1月4日，四川首笔信贷资产质押再贷款在乐山市落地。

5月28日，四川省人民政府印发《四川省农村承包土地的经营权和农民住房财产权抵押贷款试点实施方案》。

7月23日至24日，2016年第三次G20财长和央行行长会议在成都举行。

9月末，四川省小微企业贷款余额突破万亿元；金融精准扶贫贷款余额2 686亿元，居全国前列。

10月25日，全国首家以“农村产权收储”冠名的市场主体——成都市农村产权收储有限公司正式挂牌成立。

11月16日，中西部地区唯一一家从事银行业纠纷调解的非营利性社会服务组织——四川银行业纠纷调解中心在成都成立。

12月8日，人民银行成都中行代理发行库开业启动会议在中国人民银行成都分行营业管理部召开，标志着西南首家省级银行金融机构代理人民币发行库业务正式运行。

12月9日，四川省人民政府印发《四川省金融业“十三五”发展规划》。

12月12日，四川首家金融租赁公司——四川天府金融租赁有限公司开业。

12月27日，中西部首家互联网银行、四川首家民营银行——四川新网银行开业。

（二）2016年四川省主要经济金融指标

表1　2016年四川省主要存贷款指标

		1月	2月	3月	4月	5月	6月	7月	8月	9月	10月	11月	12月
本外币	金融机构各项存款余额（亿元）	60 994.3	61 897.2	63 233.9	62 916.1	63 594.1	64 681.6	64 844.7	65 778.5	65 843.5	66 390.7	66 712.1	66 892.4
	其中：住户存款	29 366.6	31 044.4	31 245.4	30 728.7	30 838.4	31 193.7	31 212.1	31 518.2	31 958.4	31 692.6	31 803.4	32 184.3
	非金融企业存款	16 158.9	15 542.3	16 097.0	16 311.6	16 780.7	17 389.5	17 220.3	17 643.1	17 848.3	17 859.7	18 029.2	18 425.7
	各项存款余额比上月增加（亿元）	876.5	902.9	1 336.8	-317.9	678.0	1 087.6	163.0	933.8	65.0	547.3	321.4	180.3
	金融机构各项存款同比增长（%）	11.7	12.4	13.0	13.0	13.3	12.2	11.3	11.4	11.1	10.6	11.2	11.3
	金融机构各项贷款余额（亿元）	39 411.9	39 723.3	40 248.1	40 584.2	40 886.0	41 480.7	41 778.7	42 125.0	42 669.1	42 891.1	43 244.5	43 543.0
	其中：短期	10 940.5	10 936.0	10 975.6	10 888.0	10 871.5	10 798.0	10 704.7	10 633.6	10 615.9	10 624.4	10 652.6	10 469.2
	中长期	26 870.0	27 165.8	27 626.2	27 944.2	28 186.1	28 842.8	29 110.0	29 536.7	29 968.7	30 167.0	30 452.6	31 080.3
	票据融资	1 386.5	1 386.4	1 424.5	1 519.0	1 587.1	1 598.5	1 683.5	1 692.5	1 807.9	1 790.7	1 830.0	1 715.0
	各项贷款余额比上月增加（亿元）	708.0	311.4	524.8	336.1	301.8	594.7	298.0	346.3	544.1	222.0	353.4	298.5
	其中：短期	21.3	-4.5	39.6	-87.5	-16.5	-73.5	-93.3	-71.0	-17.8	8.5	28.2	-183.3
	中长期	605.2	295.7	460.4	318.0	242.0	656.7	267.1	426.7	432.0	198.2	285.7	627.7
	票据融资	83.5	-0.1	38.1	94.6	68.1	11.4	85.0	9.0	115.4	-17.3	39.4	-115.0
	金融机构各项贷款同比增长（%）	11.9	11.3	11.5	11.5	11.3	11.5	11.5	11.7	11.8	11.8	12.0	12.5
	其中：短期	-0.5	-1.4	-1.2	-2.4	-3.1	-4.7	-5.1	-5.4	-5.1	-4.5	-3.5	-4.0
	中长期	15.0	14.7	15.2	15.8	15.8	17.0	16.8	17.4	17.0	16.9	17.1	18.3
	票据融资	103.2	96.9	78.6	76.8	76.7	63.7	66.3	63.3	63.3	51.2	41.7	31.6
	建筑业贷款余额（亿元）	1 466.5	1 500.6	1 538.4	1 588.8	1 591.6	1 584.9	1 594.5	1 604.4	1 608.4	1 622.7	1 632.3	1 608.9
	房地产业贷款余额（亿元）	2 401.6	2 487.2	2 536.6	2 568.3	2 605.5	2 621.4	2 586.8	2 588.1	2 603.1	2 604.0	2 580.7	2 722.6
	建筑业贷款同比增长（%）	6.3	6.8	9.5	10.6	10.1	9.2	10.9	10.3	11.3	13.1	14.7	13.7
	房地产业贷款同比增长（%）	37.1	29.3	30.7	30.1	28.3	26.6	22.5	20.2	16.5	15.3	15.2	20.0
人民币	金融机构各项存款余额（亿元）	59 973.6	60 848.6	62 174.0	61 786.8	62 422.4	63 568.4	63 755.5	64 714.8	64 730.4	65 265.5	65 463.5	65 638.4
	其中：住户存款	29 212.0	30 883.3	31 082.1	30 564.4	30 670.3	31 020.6	31 033.2	31 340.0	31 776.8	31 493.7	31 587.1	31 950.4
	非金融企业存款	15 328.1	14 689.7	15 234.2	15 382.1	15 813.4	16 485.2	16 344.4	16 776.7	16 934.5	16 953.3	17 017.9	17 429.2
	各项存款余额比上月增加（亿元）	788.7	875.1	1 325.4	-387.2	635.6	1 146.0	187.2	959.3	15.6	535.1	198.0	175.0
	其中：住户存款	636.2	1 671.4	198.8	-517.7	105.9	350.3	12.6	306.8	436.8	-283.1	93.4	363.3
	非金融企业存款	-193.3	-638.3	544.5	147.9	431.3	671.8	-140.8	432.3	157.8	18.8	64.6	411.2
	各项存款同比增长（%）	11.2	11.8	12.8	12.4	12.7	11.9	11.0	11.6	11.0	10.4	10.9	10.9
	其中：住户存款	12.8	11.0	11.1	11.2	12.4	11.8	11.6	12.0	11.9	11.9	12.1	11.8
	非金融企业存款	6.5	8.8	12.8	12.3	13.9	16.5	14.2	16.7	16.5	16.9	15.3	12.3
	金融机构各项贷款余额（亿元）	38 770.6	39 112.1	39 657.0	39 985.7	40 254.3	40 822.9	41 112.4	41 456.4	41 945.8	42 173.3	42 504.0	42 828.1
	其中：个人消费贷款	7 814.2	7 818.9	7 992.3	8 090.8	8 219.6	8 380.0	8 513.4	8 656.8	8 826.6	8 940.8	9 117.2	9 246.9
	票据融资	1 386.5	1 386.4	1 424.5	1 519.0	1 587.1	1 598.2	1 682.9	1 692.5	1 807.9	1 790.7	1 830.0	1 712.8
	各项贷款余额比上月增加（亿元）	758.8	341.5	545.0	328.7	268.6	568.6	289.5	344.0	489.4	227.4	330.7	324.2
	其中：个人消费贷款	112.4	4.7	173.4	98.5	128.9	160.4	133.4	143.3	169.8	114.2	176.5	129.6
	票据融资	83.5	-0.1	38.1	94.6	68.1	11.0	84.7	9.6	115.4	-17.3	39.4	-117.2
	金融机构各项贷款同比增长（%）	12.7	12.1	12.4	12.3	12.0	12.0	12.0	12.2	12.1	12.0	12.1	12.7
	其中：个人消费贷款	14.4	11.9	14.3	14.4	14.9	15.5	16.2	17.1	17.6	18.5	19.3	20.1
	票据融资	103.2	96.9	78.6	76.8	76.7	63.7	66.2	63.3	63.3	51.2	41.7	31.5
外币	金融机构外币存款余额（亿美元）	155.8	160.2	164.0	174.5	178.1	167.9	163.8	159.0	166.7	166.4	181.3	180.8
	金融机构外币存款同比增长（%）	39.5	50.8	24.7	47.2	48.1	26.2	17.1	-3.3	9.9	16.7	25.3	25.8
	金融机构外币贷款余额（亿美元）	97.9	93.4	91.5	92.7	96.0	99.2	100.2	99.9	108.3	106.1	107.5	103.1
	金融机构外币贷款同比增长（%）	-27.2	-29.5	-31.1	-27.6	-25.5	-20.9	-19.1	-18.4	-5.1	-5.9	-3.6	-3.3

数据来源：中国人民银行成都分行。

表2　2001～2016年四川省各类价格指数

单位：%

年/月	居民消费价格指数		农业生产资料价格指数		工业生产者购进价格指数		工业生产者出厂价格指数	
	当月同比	累计同比	当月同比	累计同比	当月同比	累计同比	当月同比	累计同比
2001	—	2.1	—	-2.2	—	—	—	-1.5
2002	—	-0.3	—	4.1	—	-0.8	—	-2.3
2003	—	1.7	—	0.8	—	1.8	—	0.4
2004	—	4.9	—	10.9	—	10.3	—	5.4
2005	—	1.7	—	7.2	—	9.3	—	4
2006	—	2.3	—	3.3	—	4.5	—	1.9
2007	—	5.9	—	9.0	—	5.7	—	3.9
2008	—	5.1	—	16.6	—	12.4	—	9.3
2009	—	0.8	—	1.2	—	-4.7	—	-3.5
2010	—	3.2	—	3.6	—	6.1	—	5.0
2011	—	5.3	—	12.4	—	12.6	—	7.3
2012	—	2.5	—	4.7	—	0.0	—	-1.4
2013	—	2.8	—	1.5	—	-0.8	—	-1.4
2014	—	1.6	—	-0.9	—	-2.2	—	-1.9
2015	—	1.5	—	1.5	—	-3.3	—	-3.6
2016	—	1.9	—	3.7	—	-1.2	—	-1.1
2015　1	0.6	0.6	-2.5	-2.5	-3.0	-3.0	-3.0	-3.0
2	1.3	1	-2.0	-2.2	-3.3	-3.0	-3.2	-3.2
3	1.3	1.1	-0.2	-1.6	-3.0	-2.7	-3.1	-3.4
4	1.7	1.2	1.2	-0.9	-2.7	-2.8	-3.0	-3.4
5	1.5	1.3	1.9	-0.3	-2.8	-2.9	-3.0	-3.7
6	1.5	1.3	2.4	0.1	-2.9	-3.3	-3.0	-3.6
7	1.7	1.4	2.9	0.5	-3.3	-3.1	-3.0	-3.8
8	2.2	1.5	3.5	0.9	-3.1	-3.6	-3.1	-3.9
9	1.8	1.5	2.7	1.1	-3.6	-3.7	-3.2	-3.8
10	1.4	1.5	3.0	1.3	-3.7	-4.2	-3.3	-3.9
11	1.2	1.5	2.8	1.4	-4.2	-3.3	-3.9	-3.5
12	1.2	1.5	2.78	1.54	-4.2	-3.6	-4	-3.6
2016　1	1.4	1.4	2.7	2.7	-3.8	-3.5	-3.5	-3.8
2	2.2	1.8	2.8	2.7	-3.6	-3.7	-3.4	-3.4
3	2.3	2.0	3.6	3.0	-3.8	-3.7	-2.9	-3.3
4	2.3	2.1	3.6	3.2	-3.2	-3.6	-2.3	-3.0
5	1.9	2.0	3.5	3.2	-2.8	-3.4	-1.7	-2.8
6	1.7	2.0	4.4	3.4	-2.4	-3.3	-1.5	-2.6
7	1.4	1.9	4.3	3.5	-2.0	-3.1	-1.5	-2.4
8	0.9	1.8	3.3	3.5	-1.4	-2.9	-1.0	-2.2
9	1.8	1.8	4.2	3.6	-0.6	-2.6	-0.5	-2.0
10	2.0	1.8	3.2	3.6	0.8	-2.3	0.2	-1.8
11	2.5	1.8	3.6	3.6	2.0	-1.8	2.0	-1.5
12	2.5	1.9	4.8	3.7	5.9	-1.2	3.6	-1.1

数据来源：四川省统计局。

表3 2016年四川省主要经济指标

	1月	2月	3月	4月	5月	6月	7月	8月	9月	10月	11月	12月
绝对值（自年初累计）												
地区生产总值（亿元）	—	—	6 703.7	—	—	14 222.3	—	—	23 793.6	—	—	32 680.5
第一产业	—	—	590.7	—	—	1 466.7	—	—	3 011.4	—	—	3 924.1
第二产业	—	—	3 478.7	—	—	6 695.0	—	—	10 280.3	—	—	13 924.7
第三产业	—	—	2 634.3	—	—	6 060.7	—	—	10 501.9	—	—	14 831.7
工业增加值（亿元）	—	—	3 013.5	—	—	5 628.1	—	—	8 728.4	—	—	11 569.8
固定资产投资（亿元）	—	3 150.1	6 084.7	8 225.6	10 947.5	14 013.2	16 161.1	19 225.9	21 404.2	23 688.6	26 095.5	28 229.8
房地产开发投资	—	604.4	1 168.7	1 563.2	2 088.4	2 622.6	3 033.0	3 502.0	4 047.6	4 493.7	4 918.8	5 282.6
社会消费品零售总额（亿元）	1 066.4	2 338.1	3 555.0	4 760.0	6 049.7	7 309.3	8 579.8	9 829.2	11 108.9	12 560.0	13 985.1	15 601.9
外贸进出口总额（亿元）	31.2	58.9	99.9	136.9	172.4	208.6	249.8	291.1	344.9	395.7	440.9	493.2
进口	12.6	25.4	43.8	59.6	76.7	91.8	108.2	127.3	147.7	166.8	190.1	213.9
出口	18.7	33.4	56.1	77.3	95.7	116.8	141.5	163.8	197.3	228.9	250.9	279.3
进出口差额(出口－进口)	6.1	8.0	12.3	17.7	19.0	25.0	33.3	36.4	49.6	62.1	60.8	65.5
实际利用外资（亿美元）	—	11.7	25.0	28.8	34.7	48.2	52.2	56.6	65.4	70.6	76.3	85.5
地方财政收支差额（亿元）	—	-227.1	-621.4	-866.6	-1 311.5	-1 972.6	-2 226.5	-2 688.5	-3 275.2	-3 483.2	-3 991.3	-4 622.5
地方财政收入	—	519.2	950.3	1 235.6	1 544.5	1 893.1	2 091.1	2 244.2	2 514.5	2 750.3	3 010.5	3 389.4
地方财政支出	—	746.3	1 571.7	2 102.1	2 856.0	3 865.7	4 317.5	4 932.7	5 789.6	6 233.5	7 001.8	8 011.9
城镇登记失业率(%)(季度)	—	—	—	—	—		—	—	—	—	—	—
同比累计增长率（%）												
地区生产总值	—	—	7.4	—	—	7.5	—	—	7.5	—	—	7.7
第一产业	—	—	2.9	—	—	3.2	—	—	3.7	—	—	3.8
第二产业	—	—	7.2	—	—	7.4	—	—	7.5	—	—	7.5
第三产业	—	—	8.6	—	—	8.6	—	—	8.7	—	—	9.1
工业增加值	—	—	7.2	—	—	7.5	—	—	7.6	—	—	7.6
固定资产投资	—	10.2	10.7	10.5	13.2	12.9	11.7	11.6	12.8	13.2	13.5	13.1
房地产开发投资	—	12.9	14.4	12.9	13.6	10.7	9.5	8.8	10.4	10.7	9.8	9.8
社会消费品零售总额	—	11.8	11.8	11.6	11.5	11.5	11.5	11.5	11.5	11.6	11.6	11.7
外贸进出口总额	-54.8	-49.9	-36.8	-29.9	-26.5	-23.5	-20.8	-18.3	-13.1	-8.6	-6.9	-3.6
进口	-17.7	-8.9	3.5	7.6	11.6	9.9	6.4	9.1	10.4	12.5	15.7	18.2
出口	-65.4	-62.7	-51.5	-44.7	-42.2	-38.3	-33.7	-31.7	-25.0	-19.6	-18.9	-15.6
实际利用外资	—	11.7	-9.2	-15.9	-17.0	-12.7	-13.8	-11.3	-14.0	-17.3	-16.9	-18.1
地方财政收入	—	9.9	8.2	9.5	10.7	10.1	8.7	8.5	8.6	8.1	8.0	8.3
地方财政支出	—	10.1	10.8	11.7	12.7	11.0	11.3	12.6	14.1	13.1	12.0	9.8

数据来源：《中国统计摘要》、四川省统计局。

贵州省金融运行报告（2017）

中国人民银行贵阳中心支行货币政策分析小组

[内容摘要] 2016年，贵州省经济发展逐月逐季向好，农业实现增产丰收，工业经济稳中趋好，服务业稳中有升，新兴产业迅速成长，固定资产投资保持快速增长，消费市场持续活跃，居民消费价格总体稳定，工业品价格降幅收窄，居民收入持续增加。

金融业保持快速增长，是服务业中增长较快的行业。稳健货币政策有效落实，信贷结构持续优化，银行业金融机构改革稳步推进。证券行业快速发展，多层次资本市场建设成效明显。保险业务快速增长，业务结构不断优化。社会融资规模持续扩大，地方法人金融机构的金融市场参与度持续提升。金融生态环境建设工作持续推进，金融基础设施服务能力进一步增强。

2017年，贵州省经济将继续保持平稳增长。金融机构将贯彻落实好稳健中性的货币政策，积极做好重点领域和薄弱环节的金融服务工作，扎实推进金融精准扶贫，大力支持供给侧结构性改革，进一步优化信贷结构和融资结构，努力助推贵州经济实现平稳健康较快发展。

一、金融运行情况

2016年，贵州省金融业保持快速发展态势，是服务业中增长较快的行业。稳健货币政策有效落实，融资总量不断扩大，多层次资本市场建设成效明显，保险业务快速增长，金融市场运行平稳，金融生态环境建设持续推进。

（一）银行业运行稳健，组织体系进一步完善

银行业金融机构持续增多，存款增长较快，贷款平稳增加，信贷结构持续优化，贷款利率持续回落，机构改革稳步推进，跨境人民币业务平稳发展，但银行业经营压力加大。

1. 银行业金融机构呈现稳健运行的良好态势。银行业组织体系进一步完善，机构个数和从业人员稳步增加，年末机构网点总数同比增长3.9%；法人银行业金融机构数量同比增长3.6%。银行业金融机构资产规模超过3万亿元（见表1），同比增长23%，经营总体稳健。

表1　2016年贵州省银行业金融机构情况

机构类别	营业网点			法人机构（个）
	机构个数（个）	从业人数（人）	资产总额（亿元）	
一、大型商业银行	1 094	23 568	9 153.9	0
二、国家开发银行和政策性银行	69	1 407	4 310.8	0
三、股份制商业银行	118	2 555	1 849.3	0
四、城市商业银行	513	9 948	6 131.4	2
五、城市信用社	0	0	0.0	0
六、小型农村金融机构	2 333	27 726	7 013.0	84
七、财务公司	5	88	748.2	3
八、信托公司	1	336	146.6	1
九、邮政储蓄银行	954	2 536	1 050.9	0
十、外资银行	1	26	3.0	0
十一、新型农村金融机构	167	2 757	332.5	53
十二、其他	4	194	70.2	1
合　计	5 259	71 141	30 810.0	144

注：大型商业银行包括中国工商银行、中国农业银行、中国银行、中国建设银行和交通银行；小型农村金融机构包括农村商业银行、农村合作银行和农村信用社；新型农村金融机构包括村镇银行、贷款公司、农村资金互助社；"其他"包含金融租赁公司。

数据来源：贵州银监局、中国人民银行贵阳中心支行。

2. 存款较快增长。在地方政府债券、金融机构同业存单发行等因素的带动下，本外币、人民币存款余额增速均超过22%，但受上年同期基数逐季加速增加的影响，存款增速在季度间总体呈逐步回落的态势，年末增速较上年同期有所下降（见图1、图3）。其中，企业存款增长较快，年末非金融企业本外币存款增速为35.8%，高出上年同期2.5个百分点。

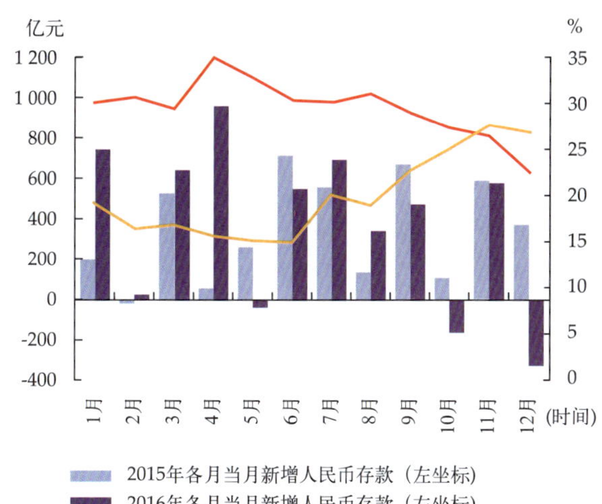

数据来源：中国人民银行贵阳中心支行。

图1　2015～2016年贵州省金融机构人民币存款增长变化

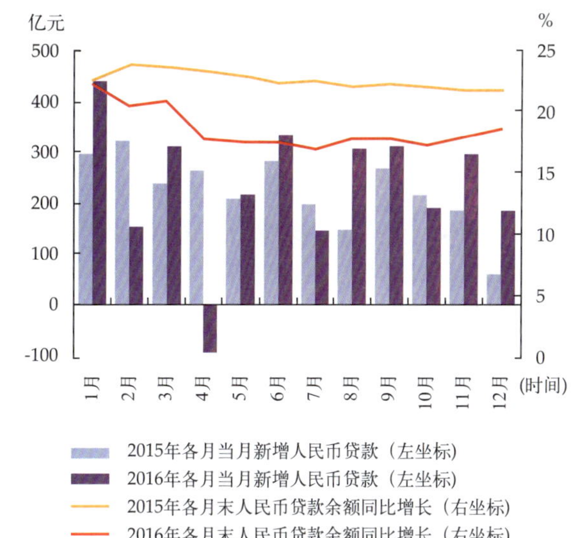

数据来源：中国人民银行贵阳中心支行。

图2　2015～2016年贵州省金融机构人民币贷款增长变化

3. 贷款保持稳定增长。全年贷款增长总体平稳，第一季度贷款增长超过20%，受4月地方政府债券置换大量存量贷款的影响，贷款增速在第二、第三、第四季度出现明显下滑，年末金融机构本外币、人民币贷款余额分别增长18.8%、18.6%，均低于上年同期（见图2、图3）。其中，个人中长期消费信贷保持稳定增加，非金融企业中长期贷款余额超过1万亿元；贫困地区、涉农、小微企业和保障性住房开发等民生领域的贷款保持较快增长，增速分别为22.0%、20.9%、27.7%和43.5%；交通运输、租赁商务、水利环境等行业新增贷款量位居行业的前三位，“5个100工程”①、重大工程、重点项目等重点领域的信贷支持力度继续加大。

4. 表外业务占比持续下降。2016年，全省金融机构表外业务（含委托贷款、信托贷款和未贴现银行承兑汇票）规模较上年新增526.2亿元，占社会融资规模增量比重为12.2%，较上年下降6.7个百分点，连续三年下降。2016年，地方法人金融机构累计发行封闭式理财产品募集资金1 755.1亿元，同比增长5.4%。

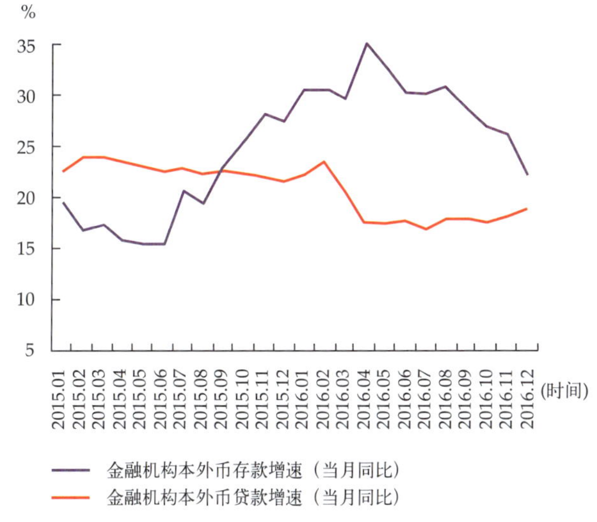

数据来源：中国人民银行贵阳中心支行。

图3　2015～2016年贵州省金融机构本外币存、贷款增速变化

5. 利率市场化改革持续推进。省内地方法人金融机构利率定价能力逐步提高，定价行为较为理性，形成分层定价、差异化竞争格局。绝大多数地方法人金融机构存款利率上浮不超过基准利

① “5个100工程”是指贵州省重点打造的100个产业园区、100个高效农业示范园区、100个旅游景区、100个示范小城镇、100个城市综合体。

率的1.4倍，部分村镇银行上浮1.5倍。2016年，全省一般贷款加权平均利率为6.68%，较上年下降78个基点，小微企业一般贷款加权平均利率和个人住房一般贷款加权平均利率分别较上年下降161个基点和78个基点。全年各类政策措施推动融资成本下降约140亿元，其中，货币政策工具直接带动融资成本下降约28亿元。全省共有市场利率定价自律机制成员42家，其中13家基础成员，29家观察成员。2016年，全省5家地方法人金融机构发行同业存单1 336.5亿元，是上年同期的3倍；2家地方法人金融机构发行大额存单24.5亿元。

表2　2016年贵州省金融机构人民币贷款各利率区间占比

单位：%

月份		1月	2月	3月	4月	5月	6月
合计		100.0	100.0	100.0	100.0	100.0	100.0
下浮		11.1	8.2	5.4	8.3	9.6	12.1
基准		12.5	15.0	14.5	14.9	12.2	17.4
上浮	小计	76.5	76.8	80.2	76.8	78.1	70.5
	(1.0，1.1]	13.1	12.1	12.6	14.4	13.3	12.6
	(1.1，1.3]	17.1	13.4	13.8	11.3	13.3	13.8
	(1.3，1.5]	8.9	5.0	8.3	10.3	12.9	11.3
	(1.5，2.0]	20.5	23.6	23.0	22.5	21.8	18.5
	2.0以上	16.9	22.6	22.5	18.3	16.9	14.4
月份		7月	8月	9月	10月	11月	12月
合计		100.0	100.0	100.0	100.0	100.0	100.0
下浮		7.8	9.9	7.8	8.9	10.9	15.1
基准		9.6	22.9	17.4	12.9	16.3	20.1
上浮	小计	82.6	67.2	74.9	78.3	72.8	64.8
	(1.0，1.1]	14.8	13.1	14.9	12.4	17.1	16.7
	(1.1，1.3]	9.9	12.2	16.7	11.9	13.4	12.3
	(1.3，1.5]	11.3	7.0	15.0	13.5	8.9	10.2
	(1.5，2.0]	26.7	18.8	14.2	21.7	16.6	13.7
	2.0以上	19.9	16.0	14.0	18.7	16.7	11.9

数据来源：中国人民银行贵阳中心支行。

6. 银行业金融机构经营压力继续加大。地方法人机构的贷款在资金运用中的占比呈下降趋势，广义信贷季末波动加大，存款在资金来源中的占比呈下降趋势，主动负债能力增强，流动性指标较为稳定，整体上表现为资金净融出。银行业机构盈利水平有所下降，不同机构盈利能力呈现差异化特征。全年不良贷款和不良率总体仍然延续“双升”

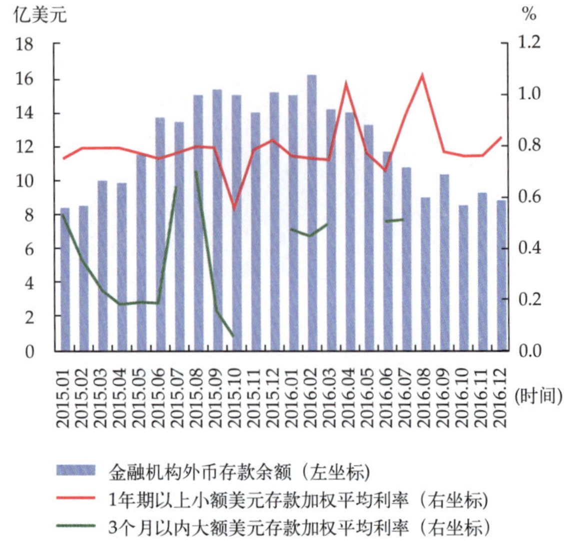

数据来源：中国人民银行贵阳中心支行。

图4　2015～2016年贵州省金融机构外币存款余额及外币存款利率

态势，批发零售、采矿、制造、个人贷款和农林牧渔业等行业不良贷款较为集中，风险持续暴露。逾期90天以上贷款比年初增长53.7%，逾期90天以上贷款与不良贷款比例为134.4%，比年初上升18.3个百分点。流动性管理压力较大，市场风险上升，担保圈风险逐渐显现，投资理财业务风险防控难度加大。宏观审慎管理在防范系统性金融风险方面的作用得到有效发挥。

7. 银行业金融机构改革稳步推进。首家地方法人金融机构成功上市，首家地方金融租赁公司挂牌成立，首家民营银行即将进入会商阶段，华夏银行、平安银行在贵阳设立分行。全省5家农村信用社改制为农村商业银行，开业、批筹村镇银行15家，贵州银行、贵阳银行实现县域分支机构全覆盖。全省有34家农业银行县级三农金融事业部考核达标，执行差别化存款准备金率。

8. 跨境人民币业务稳步发展。2016年，全省跨境人民币结算总额达311亿元，同比下降14.1%。跨境人民币业务覆盖面进一步扩大。开办跨境人民币业务的银行达17家，较上年增加1家。受益主体（包括企业、机关、团体等）增加到594家，较上年年末新增205家。跨境双向人民币资金池业务结算量实现零的突破。

专栏1 贵州创新运用扶贫再贷款推动精准扶贫成效明显

2016年以来，中国人民银行贵阳中心支行坚持把金融扶贫作为工作的重中之重，创新扶贫再贷款运作与管理机制，推动扶贫再贷款与脱贫攻坚金融需求的精准对接，有效发挥了货币政策工具在扶贫脱困中的重要作用。

一、优化扶贫再贷款政策运行环境，确保政策精准落地

一是营造扶贫再贷款落地环境。创建“扶贫再贷款+财政扶贫资金+银行信贷”的扶贫信贷品种“特惠贷”，扶贫再贷款对“特惠贷”精准对接，“特惠贷”利率按照基准利率执行，扶贫资金对全部“特惠贷”进行贴息；建立扶贫再贷款示范基地，推动扶贫再贷款政策进村入户，畅通扶贫再贷款与贫困户间的信息渠道，向45个再贷款示范基地提供13.7亿元再贷款资金支持。二是精准对接市场主体需求。推动农村合作金融机构对建档立卡贫困户评级授信，以“产业带动”助推贫困户增资增信，拓宽扶贫再贷款支持对象，引导金融机构使用扶贫再贷款加大对农业龙头企业、农民专业合作社、第一书记、种养殖大户、青年致富带头人、家庭农场的支持，在扶贫再贷款政策的引导下，贵州省涉农金融机构推出了“致富通”“精扶贷”等30余种金融扶贫信贷产品，精准对接企业和贫困农户生产生活需求。三是完善再贷款保障体系，将扶贫再贷款资金与财政风险补偿资金有机结合，推动建立高比例金融扶贫风险补偿机制；将扶贫再贷款资金与贷款保证保险有机结合，重点发展贫困户贷款保证保险及扶贫经济组织贷款保证保险，并鼓励使用扶贫再贷款资金支持以上贷款保险对象，实现“以保促贷，降低风险”的目的。

二、创新再贷款资金管理模式，提升再贷款使用效率

一是实行“核定额度、随借随还”授信模式，提高扶贫再贷款审批发放效率。结合金融机构扶贫再贷款需求和政策效果评估情况，实行“核定额度、随借随还”的再贷款授信管理模式，授信额度内金融机构按需“随借随还”，“一次授信，多笔发放”减少了每笔再贷款的审批环节，提高再贷款资金的使用效率。同时，根据借款人再贷款资金使用效率，建立再贷款单笔授信和最高额授信两种模式。二是建立“循环资金池”，提高扶贫再贷款限额管理效率。以市州中支为单位，建立“县（市）支行自留限额+地市中支统管限额‘循环资金池’”的管理模式，提高限额调配速度，避免了限额闲置，全省支农（扶贫）再贷款限额使用率高达96.5%。

三、推动出台相关配套措施，发挥政策杠杆撬动效应

一是注重发挥好再贷款政策的杠杆作用。创新推出“扶贫再贷款+金融机构自有信贷资金+地方政策配套”的杠杆化运作模式，并在全辖推广。杠杆化模式下，人民银行贵州省各分支机构积极引导金融机构制定扶贫开发倾斜信贷政策，并规定金融机构按不低于1：0.5的比例匹配自有资金，以比同类同档次贷款利率下浮至少0.5个百分点的优惠利率发放贷款。全省103家金融机构均按杠杆化运作要求匹配自有信贷资金，其中最高的匹配比例达1：3，利率最大下浮点数较同类同档次利率下浮4个百分点，全年为涉农经济主体节约利息支出约13.8亿元。二是注重发挥好地方配套政策的杠杆作用。积极协调当地财政、扶贫部门，围绕扶贫再贷款建立配套奖励政策，提升金融机构借用扶贫再贷款意愿，撬动金融机构扶贫信贷投入。三是建立金融对接扶贫项目名录库。通过建立扶贫产业发展融资项目库，摸清当地贫困农户、扶贫龙头企业和农民专业合作社的融资需求，金融机构主动对接扶贫项目名录，定向跟进管理，及时对符合贷款条件的主体提供资金支持。利用扶贫再贷款围绕产业发展打造信贷服务模式，形成“产业带动、金融推动、企农互动”的金融支持精准扶贫新格局，促进贫困地区茶叶、烟草、核桃、畜牧养殖业等十大扶贫特色优势产业发展。全省涉农法人金融机构向带动贫困户就业的企业及各类组织发放贷款46.6亿元，同比增加9.4亿元，增长25.3%，共带动贫困户约7.9万户。

（二）证券行业快速发展，多层次资本市场建设成效明显

证券业机构大力拓展投资银行、资产管理、私募投融资等业务，上市公司整体经营状况良好，融资规模呈扩大趋势。

1. 证券期货基金经营机构业务蓬勃发展。2016年，贵州省新增1家法人证券公司，年末全省证券公司资产总额303.8亿元，同比增长0.5%；负债总额140.6亿元，同比下降0.1%。法人证券公司2016年实现营业收入15.2亿元，其中，经纪业务收入5亿元，证券发行收入5.7亿元，全年实现净利润3亿元。

表3　2016年贵州省证券业基本情况

项目	数量
总部设在辖内的证券公司数（家）	2
总部设在辖内的基金公司数（家）	0
总部设在辖内的期货公司数（家）	0
年末国内上市公司数（家）	23
当年国内股票（A股）筹资（亿元）	92.0
当年发行H股筹资（亿元）	0
当年国内债券筹资（亿元）	814.4
其中：短期融资券筹资额（亿元）	-82.0
中期票据筹资额（亿元）	60.0

注：当年国内股票（A股）筹资额是指非金融企业境内股票融资。
数据来源：中国人民银行贵阳中心支行、贵州证监局、贵州省发展改革委。

2. 企业借助多层次资本市场融资的能力进一步增强。2016年，贵州省23家上市公司中，有3家公司首次在国内A股市场公开发行，均在主板市场上市，融资63.2亿元；4家上市公司通过非公开发行股份募集资金71.4亿元；2家上市公司通过发行股份购买资产方式注入资产37.7亿元；2家上市公司通过发行公司债券直接融资123.4亿元。在新三板挂牌公司51家，融资6.2亿元。运用公司债券融资方式，发行债券81只，融入资金888.5亿元。在贵州股权金融资产交易中心共有挂牌企业836家，通过私募债等方式实现融资146.7亿元。

（三）保险业服务能力持续增强，业务结构不断优化

保险业发展形势总体较好，机构稳步增加，业务结构不断优化，服务能力进一步增强。

1. 保险机构平稳发展。2016年，贵州省省级保险分公司增加2家，均为财产险公司。首家法人保险公司正在积极申筹。

表4　2016年贵州省保险业基本情况

项目	数量
总部设在辖内的保险公司数（家）	0
其中：财产险经营主体（家）	0
人身险经营主体（家）	0
保险公司分支机构（家）	29
其中：财产险公司分支机构（家）	18
人身险公司分支机构（家）	11
保费收入（中外资，亿元）	321.3
其中：财产险保费收入（中外资，亿元）	153.2
人身险保费收入（中外资，亿元）	168.1
各类赔款给付（中外资，亿元）	131.5
保险密度（元/人）	903.7
保险深度（%）	2.8

数据来源：贵州保监局。

2. 保险业务快速增长。2016年，贵州省保费收入增长24.6%，增速较上年提高3.6个百分点，为2009年以来最快增速。其中，财产险业务、人身险业务同比分别增长14.3%、35.8%。财产险市场运行总体平稳，主要监管指标表现较好，综合赔付率、平均应收保费率、业务及管理费用率和综合费用率等指标均优于全国平均水平。全年满期给付25.4亿元，较上年增长24.1%。退保率4.2%，较上年下降1.3个百分点，低于全国1.4个百分点。满期给付和退保风险总体可控。保险密度、保险深度均较上年有所提高。

3. 保险业务结构不断优化。2016年，贵州省人身险期缴业务好于全国平均水平。其中，人身险新单期缴率50.7%，高于全国平均水平17.7个百

分点；新单折标率达42.1%，高于全国平均水平20.7个百分点。人身险的渠道发展更加均衡，个险、银邮双双高速增长，保费收入同比分别增长41.5%、36.9%。非车险业务占财产险的比例不断提升。

（四）直接融资占比提升，金融市场平稳运行

直接融资规模大幅增长，占社会融资规模比重有所提高，金融机构货币市场交易量大幅增长，票据市场融资规模下降，地方法人金融机构的金融市场参与度大幅提升。

1. 直接融资占比提升。2016年，贵州省社会融资规模增量同比多增237.7亿元。其中，信贷融资（含人民币贷款、外币贷款）占比较上年下降0.6个百分点。全省企业债、公司债发行规模扩大，直接融资（含企业债券、非金融企业境内股票融资）占比较上年提高7个百分点。

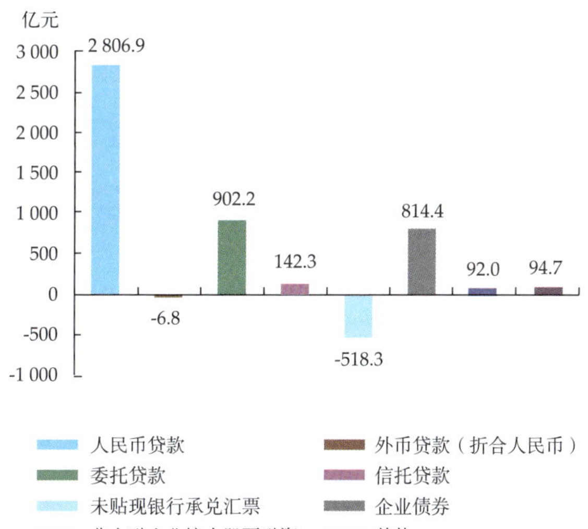

数据来源：中国人民银行贵阳中心支行、贵州省发展改革委、贵州证监局、贵州保监局。

图5　2016年贵州省社会融资规模分布结构

2. 金融机构在货币市场的交易量大幅增长。2016年，贵州省银行间市场成员债券回购累计成交9.4万亿元，同比增长75.5%；资金净融出1.5万亿元，交易产品以隔夜为主，交易规模占比达80.5%；现券交易1.1万亿元，同比增长155.4%，非金融企业信用类债券占比53%，风险偏好较上年有所下降。全年信用拆借规模1 967.3亿元，是上年同期的2.7倍，其中隔夜拆借规模占比达77.6%。

3. 票据市场融资规模下降。2016年，贵州省银行承兑汇票累计签发量为1 829.8亿元（见表5），同比下降36.8%。贴现累计发生额为713亿元，同比下降54.7%。再贴现年累计发生额为95.5亿元，同比下降9.7%。票据市场银行承兑汇票贴现利率全年运行平稳。商业承兑汇票贴现利率在第二季度出现较大幅度下行，下半年有所回升；票据转贴现利率自年初以来逐季回落（见表6）。

表5　2016年贵州省金融机构票据业务量统计

单位：亿元

季度	银行承兑汇票承兑		贴现			
			银行承兑汇票		商业承兑汇票	
	余额	累计发生额	余额	累计发生额	余额	累计发生额
1	1 140.1	474.9	153.6	132.3	9.9	56.8
2	983.4	501.9	152.3	161.5	4.1	40.7
3	916.8	407.5	183.8	191.0	2.7	22.0
4	892.3	445.6	138.8	83.2	4.8	25.5

数据来源：中国人民银行贵阳中心支行。

表6　2016年贵州省金融机构票据贴现、转贴现利率

单位：%

季度	贴现		转贴现	
	银行承兑汇票	商业承兑汇票	票据买断	票据回购
1	3.6307	6.0755	3.1911	3.1545
2	3.4934	4.9471	3.1613	3.1278
3	3.0388	5.1122	2.7248	2.9779
4	3.3138	5.0031	2.7932	—

数据来源：中国人民银行贵阳中心支行。

4. 地方法人金融机构的金融市场参与度大幅提升。贵阳银行、仁怀茅台农村商业银行在全国银行间债券市场分别成功发行全省首只小微企业金融专项债券、“三农”金融专项债券，贵阳银行和贵州银行积极筹备绿色金融债券的发行工作。

（五）金融创新有序推进，金融服务效率有效提升

贵州特色金融大扶贫新模式的探索和推广取得实效，贵州省百名人民银行基层行行长对村帮扶金融扶贫“五个一行动”[①]创新开展，金融服务的精准度大幅提升。“两权”抵押贷款试点工作有序推进，试点县的配套政策进一步完善。金融在支持供给侧结构性改革中的作用得到有效发挥，《金融促进工业稳增长调结构增效益的若干措施》印发实施。贵安新区申建绿色金融改革创新试验区的有关工作有序推进。4家村镇银行获批短期外债资金结汇支持扶贫开发。首笔境外债券融资2.5亿美元成功落地。联网办理现金支取业务试点成功，并在全国推广。

（六）金融生态环境建设工作持续推进，金融基础设施进一步完善

金融生态环境测评工作有序开展，各涉农金融机构不断深入推进信用农户、信用村组和信用乡镇建设，持续推进小微企业信用体系建设，组织搭建全省统一的中小企业及农村信用服务平台。《征信业管理条例》有效落实，企业征信业务与第三方信用评级业务不断规范。金融信用信息基础数据库进一步完善，数据库覆盖面进一步扩大，2016年年末，该数据库已收录贵州省11.6万户企业组织和2 241万个自然人的信用信息。为全省信息主体和信息使用者提供企业信用报告查询25.7万次，个人信用报告查询567.9万次。大小额支付系统清算业务量稳步增长。全省88个县级及以上城市中，已形成规模化公交运营的74个城市均可刷金融IC卡乘公交车，实现了金融IC卡全省公交一卡通。贵州农村支付综合服务平台成功建立，支付受理终端实现贫困地区全覆盖。金融消费权益保护工作高效推动，2016年人民银行贵州省各分支机构共受理与处理金融消费者投诉172件、咨询1 678件；“蒲公英”金融志愿服务队组建，打通金融消费维权和金融知识精准普及的最后一公里。

二、经济运行情况

2016年，贵州省经济社会发展呈现出速度加快、结构优化、效益提升、民生改善的良好态势。地区生产总值实现1.2万亿元，较上年增长10.5%（见图6）。供给侧结构性改革取得实效，新兴产业、新型业态、新商业模式加快成长，结构布局持续优化，发展方式加快转变，全面深化改革工作稳步推进。

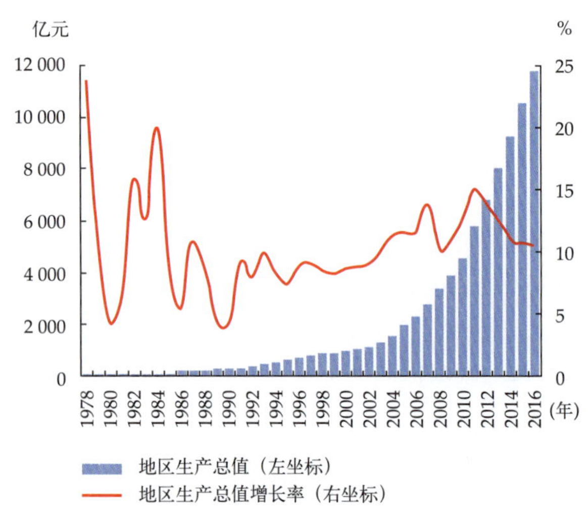

数据来源：《中国经济景气月报》、贵州省统计局。

图6 1978～2016年贵州省地区生产总值及其增长率

（一）投资、消费较快增长，对外贸易下滑

投资、消费、对外贸易增速较上年同期均不同程度回落，但投资、消费的增速仍保持在较高水平，对外贸易下滑明显。

1. 固定资产投资较快增长。2016年，贵州省固定资产投资实现12 929.2亿元，比上年增长21.1%（见图7）。本年新开工项目占全部施工项目的比重达79.5%。基础设施投资占全省投资的比重为41.3%，比上年提高2.5个百分点；扶贫攻坚投资力度持续加大，全年全省移民搬迁项目完成投资比上年增长4.2倍。教育医疗事业、高新技术

① “五个一行动”是指中国人民银行贵阳中心支行在全省范围内启动的贵州省百名人民银行基层行行长对村帮扶金融服务，分别为：找准一项金融支持贫困村发展的帮扶项目、打通一条贫困农户增收致富的利益联结路径、探索一种金融扶贫产品和服务创新、协调解决一批金融扶贫实际问题、开展一系列金融扶贫政策宣传解释。

产业、科学研究和技术服务业等新兴领域投资快速增长；高耗能行业投资逐步减少；房地产开发投资继续下降。贵州省出台促进民间投资的52条政策措施，2016年民间投资5 395.5亿元，比上年增长11.9%。

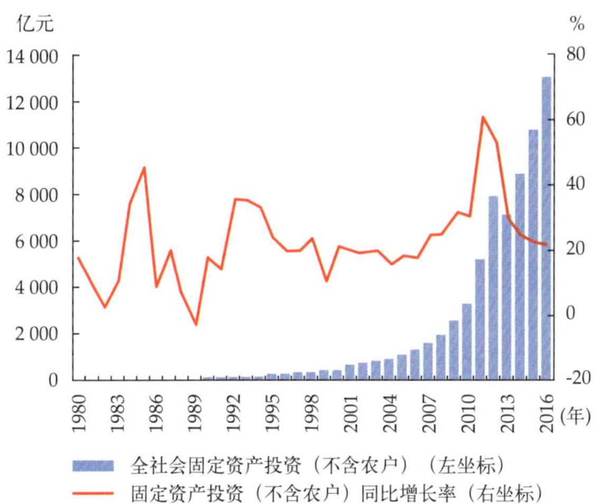

注：因2013年统计口径发生变化，只统计计划总投资500万元及以上的固定资产项目投资和房地产开发项目投资，因此与2012年数据不具有可比性。

数据来源：《中国经济景气月报》、贵州省统计局。

图7　1980～2016年贵州省固定资产投资（不含农户）及其增长率

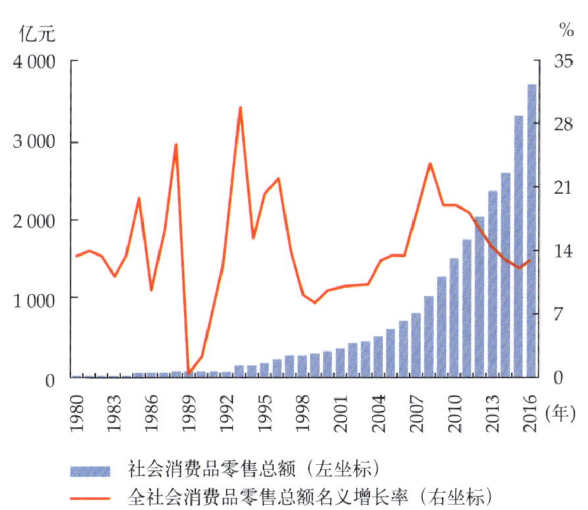

数据来源：《中国经济景气月报》、贵州省统计局。

图8　1980～2016年贵州省社会消费品零售总额及其增长率

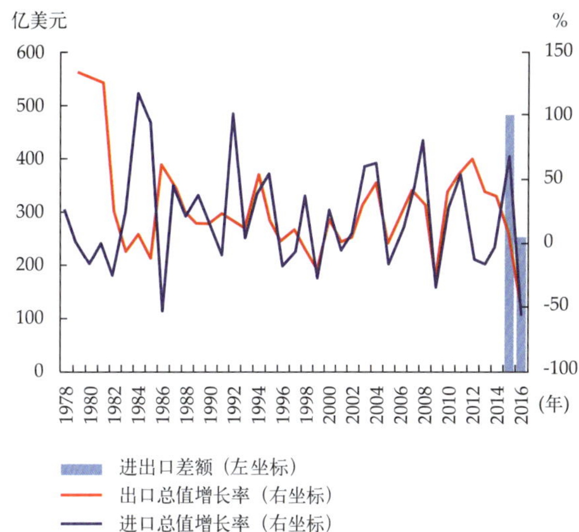

注：因从2015年起贵州省统计局公布的对外贸易的数据为人民币口径，因此上表中的进出口差额的数据为2015年以来的数据。

数据来源：《中国经济景气月报》、贵州省统计局。

图9　1978～2016年贵州省外贸进出口变动情况

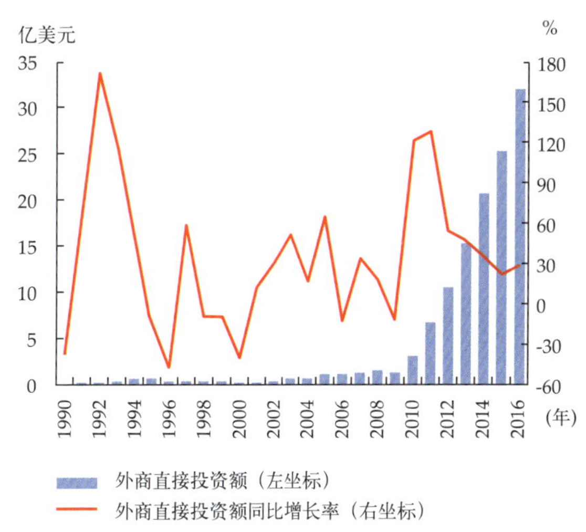

数据来源：《中国经济景气月报》、贵州省统计局。

图10　1990～2016年贵州省外商直接投资额及其增长率

2. 社会消费品市场平稳发展。2016年，贵州省实现社会消费品零售总额3 709.0亿元，较上年增长13.0%（见图8），增速比上年提高1.2个百分点。城乡居民收入较快增长，消费支出继续增加，农村居民人均可支配收入、人均消费支出增速分别比城镇居民高0.7个百分点、低0.1个百分点。大众消费升级，汽车消费和石油及制品类消费成为推动市场消费的主打商品。家具类、体育及娱乐用品类、烟酒类消费快速增长。

3. 对外贸易明显回落，实际利用外资保持增长。2016年，贵州省进出口总额375.2亿元，较上年大幅下降50.7%，其中进口额、出口额分别下降55.7%和49.6%（见图9）。货物贸易资金流动主要集中在机电、高新技术产品等行业，贸易方式仍以一般贸易为主。2016年，贵州省外商直接投资持续增长，总额达32.2亿美元，较上年增长27.4%（见图10）。

（二）经济运行稳中向好，产业结构持续优化

贵州省三次产业结构为15.8：39.5：44.7，供给侧结构性改革取得积极进展，特色农业发展较快，工业结构调整成效明显，服务业拉动能力明显增强。

1. 农业生产实现增产丰收。粮食总产量实现“四连增”，达到改革开放以来最高水平，粮食内部结构和经济作物结构进一步优化。畜牧业呈恢复性增长，林业、渔业稳步增长。建设新农村环境综合治理省级示范点105个，建设绿色防控示范区44个。

2. 工业结构调整成效明显。2016年，贵州省规模以上工业增加值超过4 000亿元，较上年增长9.9%。产品覆盖面进一步拓宽，新兴产业发展迅速，工业结构持续优化。19个重点监测的行业中，电子、汽车、酒、食品等12个行业保持两位数增长。传统支柱行业煤、烟占比下降，电子、汽车、医药等新兴产业比重提升。轻工业占据第一支柱产业位置。

3. 服务业对经济拉动增强。2016年，贵州省服务业增加值对经济增长的贡献率为49%，拉动经济增长5.1个百分点。交通运输业增长步伐加快，全年基础设施投资较上年增长29.1%，交通基础设施网络体系进一步完善，交通助推经济发展的格局凸显。电信业务总量较上年增长62.4%，其他盈利性服务业收入增长32.1%，对营利性服务业形成有力支撑。

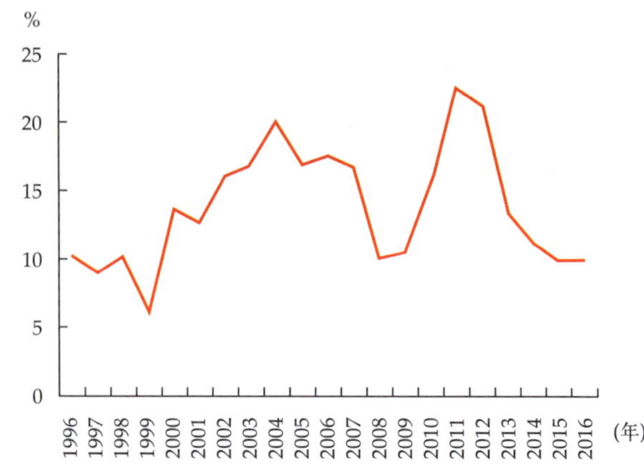

注：2013年以后的数据口径为规模以上工业统计口径为全部年主营业务收入2 000万元及以上的工业企业，之前年度为500万元及以上口径。
数据来源：《中国经济景气月报》、贵州省统计局。

图11　1996～2016年贵州省规模以上工业增加值同比增长率

4. 供给侧结构性改革取得积极进展。贵州以降成本为突破口，特别是把降低用电成本作为“牛鼻子”，为企业降低各类成本700亿元。实施“千企改造”工程，用降成本政策倒逼企业转型升级。压减粗钢产能220万吨，关闭煤矿121处。高新技术产业产值达到3 200亿元，发明专利授权量增长40%，科技进步贡献率提高到46.4%。开展质量品牌提升行动，颁发首届“省长质量奖”，驰名商标达到54件。

5. 生态文明建设稳步推进。贵州获批建设国家生态文明试验区。城市污水处理率达90.5%，生活垃圾无害化处理率达87.3%，空气质量优良天数比例达96.6%，单位生产总值能耗下降6.5%。完成退耕还林130万亩，森林覆盖率提高到52%。新增16个县纳入国家重点生态功能区。绿色经济“四型”产业[①]占生产总值的比重达到33%。

（三）居民消费价格总体稳定，工业品价格降幅收窄

2016年全年物价水平保持稳定，全年居民消

① “四型”产业是指生态利用型产业、循环高效型产业、低碳清洁型产业、环境治理型产业。

费价格同比增长1.4%，工业生产者出厂价格持续负增长，农业生产资料价格总体回升。

1. 居民消费价格保持总体稳定。全年各月居民消费价格同比涨幅总体在1%～1.8%之间平稳波动，只有8月为0.7%，全年涨幅较上年回落0.4个百分点（见图12）。其中，消费品价格指数、服务项目价格分别较上年同期上涨1.3%、1.4%，食品烟酒类价格较上年同期上涨3.6%，衣着、生活用品及服务、交通和通信类价格较上年同期下降。

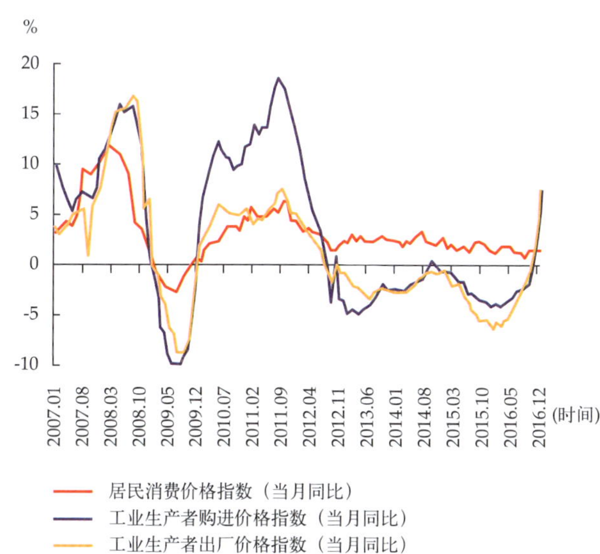

数据来源：《中国经济景气月报》、贵州省统计局。

图12　2007～2016年贵州省居民消费价格和生产者价格变动趋势

2. 工业生产者价格降幅收窄。工业生产者出厂价格指数1～9月保持在0.7%～6%之间的负增长，10月开始由负增长转为正增长，全年总体较上年下降2.1%，降幅比上年减少1.8个百分点（见图12）。工业生产者购进价格指数逐月回升，1～9月保持在1.9%～4.2%之间的负增长，10月开始转为正增长，全年总体较上年下降1.5个百分点，降幅比上年减少1个百分点。农业生产价格指数与上年基本持平，农业生产资料价格从1月同比上涨1.2%大幅回升至6月的4.4%，7月以后逐月下降至12月的2.2%，全年总体较上年上涨3%，涨幅比上年下降0.1个百分点。

3. 劳动力成本有所上升。机关事业单位养老保险制度改革启动。城乡居民基本医保财政补助标准提高到420元。机关事业单位工作人员基本工资标准调整,机关事业单位离退休人员待遇、城乡低保标准和困难残疾人生活补贴、重度残疾人护理补贴标准提高。2016年实现城镇新增就业75.8万人，农村劳动力返乡创业就业90.7万人。

4. 资源性产品价格改革稳步推进。“营改增”全面实施,资源税从价计征改革深入推进。电力体制改革走在全国前列，率先开展输配电价改革，输配电价下降。加快电力市场化交易进程，成立全国首个省级公司制电力交易中心，全国首创电力交易指数，推动贵安新区组建股份制配售电公司，注册登记配售电公司59家、参与市场化交易电力用户943家，直接交易电量400多亿千瓦时，减少工业企业和居民用户电费支出近50.6亿元。

（四）财政收支增速回落，民生支出力度持续加大

2016年，贵州省财政总收入较上年增长4.4%。公共预算收入呈前高后低走势，全年同比增长8.1%，较上年回落2.8个百分点。公共预算支出同比增长7.9%，较上年回落13.2个百分点。财政支出着力保障重点领域特别是民生支出需要，民生支出同比增长10.5%，占公共预算支出的比重较上年提高1.7个百分点。地方政府债务置换工作稳步推进，全年发行地方政府债券4 939.7亿元。

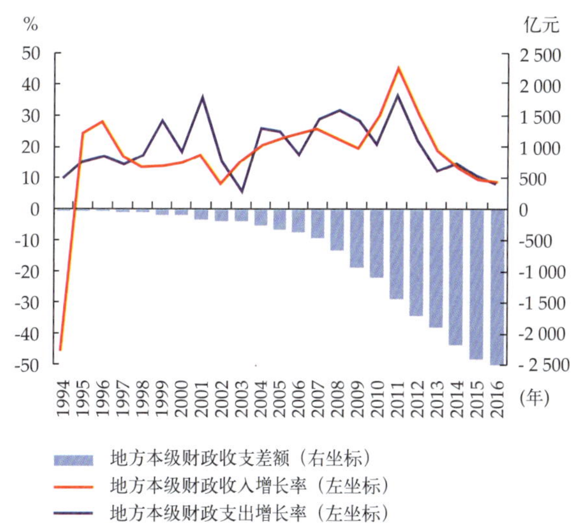

数据来源：《中国经济景气月报》、贵州省统计局。

图13　1994～2016年贵州省财政收支状况

（五）房地产投资继续下行但销售持续回暖，旅游业快速发展

1. 房地产投资继续下行，库存可控。2016年，全省房地产开发投资完成额为2 149亿元，同比下降2.5%。与上年相比，除5月小幅正增长外，其余均同比下降。土地购置面积、房屋新开工面积已连续三年下降。

商品房销售面积持续增长。随着促进个人住房消费的信贷、公积金等政策逐步落实到位，全省商品房销售出现明显回暖（见图14）。2016年，全省商品房销售面积4 156.9万平方米，同比增长16.8%，高于上年同期4.8个百分点。从商品房销售面积构成情况看，住宅、办公楼、商业营业房销售面积均实现较快增长，增速分别为16.4%、9.8%和19.8%。其中，办公楼销售面积增速上升，商业营业用房销售面积增速下降。

数据来源：《中国经济景气月报》、贵州省统计局。

图14　2011～2016年贵州省商品房施工和销售变动趋势

商品房销售平均价格整体小幅回落。2016年，在贵州房地产市场去库存主基调下，商品房销售量和销售价格的增速呈现反向关系，销售面积增加、销售价格下降。2016年，贵州省商品房销售价格从结构上看，住宅、办公楼销售价格较上年小幅增长，商业营业用房价格大幅下滑。

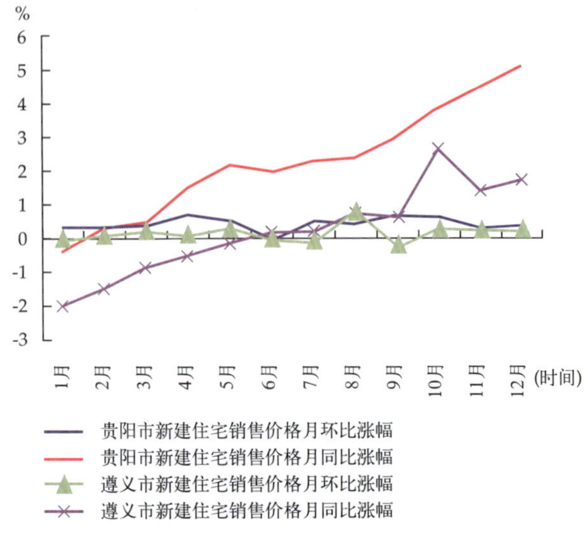

数据来源：《中国经济景气月报》、贵州省统计局。

图15　2016年贵州省主要城市新建住宅销售价格变动趋势

贵阳市、遵义市扭转了上年同比、环比下降的趋势，2016年年均价格明显回升（见图15）。

房地产市场库存面积总体可控。在棚改货币化安置、信贷等政策的共同作用下，全省商品房可售面积同比下降。

房地产贷款增速回落。2016年年末，全省房地产贷款余额、当年新增贷款占贷款余额和新增贷款的比例分别为21.9%、19.1%，贷款增速与各项贷款增速之间的差距明显收窄，且从高于各

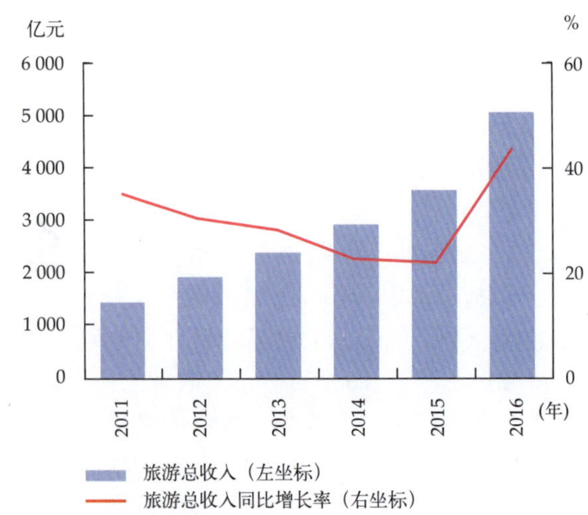

数据来源：贵州省统计局。

图16　2011～2016年贵州省旅游总收入及其增长率

项贷款增速转为与各项贷款增速持平或略低。其中，地产、房产两类开发贷款增速逐步回落，个人住房贷款规模恢复性增长，再交易房贷款增长明显。

2. 旅游业快速发展。2016年，贵州提出“十三五”期间做强大数据、大旅游、大生态“三块长板”，要把旅游业培育壮大成为新的重要支柱产业。通过将旅游业与贵州山地特色结合，加强立体交通网的建设和与互联网的融合，同时促进旅游服务规范化、旅游服务品牌化、旅游服务智能化。组织10万人、历时8个月在全国率先开展旅游资源大普查活动，普查登记旅游资源8万多处、新发现5万多处。通过在海内外举行旅游文化推介活动和促销展会，积极打造“山地公园省·多彩贵州风”的旅游品牌。2016年，贵州省接待游客超过5亿人次，旅游总收入突破5 000亿元，同比分别增长41.2%、43.1%（见图16）。游客平均每人逗留1.5天,比上年增加0.03天。年末客房数55.7万间，比上年增长42%；客房床位数98.5万张，增长40.7%。年末5A级景区4个，与上年持平；4A级景区70个，比上年增加10个。全国重点文物保护单位71个，与上年持平。旅游业呈现高位运行、总量扩张、结构优化、提质增效的良好态势，“十三五”旅游发展实现开门红。金融支持旅游业发展的力度持续加大，2016年年末住宿和餐饮业贷款余额同比增长17.0%。

专栏2　贵州百名人民银行基层行行长对村帮扶“五个一行动”引领金融聚力支持脱贫攻坚

为发挥央行领导干部示范引领、典型带动的积极作用，2016年年初，中国人民银行贵阳中心支行决定，在全省启动百名人民银行基层行行长对村帮扶金融服务“五个一行动”计划，引领金融聚力脱贫攻坚取得积极成效。

行动一：找准一项金融支持贫困村发展的帮扶项目

开展金融精准扶贫，首先要精准识别贫困地区和贫困农户的金融服务需求。全省8个市州、229名基层行行长每人组建了一支5～6人的工作队，联合扶贫、农委、金融机构一起蹲点驻村、座谈走访、开展调查，认真听取村支两委、贫困农户对金融扶贫工作的意见和建议。在此基础上，仅用一个月的时间，全省工作队就对首批帮扶贫困村形成了金融服务档案，明确了229个具体帮扶项目，其中融资类185个，金融服务类44个，内容涵盖基础设施建设、产业发展、易地扶贫搬迁、贫困农户信用档案、小额取现五个大类，精准识别金融扶贫多元化需求。

行动二：打通一条贫困农户增收致富的利益联结路径

发展产业是提高贫困地区自我发展能力的根本举措，也是对村帮扶行动的重头戏。金融精准扶贫应引导贫困村、贫困农户和新型农业生产经营主体之间依托特色产业建立一套稳定持久的利益联结机制，切实增加贫困农户收入。通过帮扶实践，全省初步摸索了三种较为典型的利益联结模式，即“扶贫再贷款+银行自有资金+订单合同”模式、“小额信贷+股份合作”模式和“信贷资金+财政贴息+能人带动”模式。

行动三：探索一种金融扶贫产品和服务创新

金融助力脱贫攻坚，发力点在产品和服务的创新。帮扶行动要求基层行行长当好金融扶贫政策与贫困村之间的桥梁和纽带，引导金融机构通过信贷管理流程再造，放宽准入条件，灵活担保方式，叠加配套政策，降低融资成本，让金融产品和服务到村到户。截至2016年年末，全省207个帮扶村获得银行信贷支持，贷款余额达30.2亿元，覆盖554家企业或合作社，带动3.6万户农户生产就业。“特惠贷”“精扶贷”“美丽乡村惠农贷”“电商信用贷”等成为贵州第一批“接地气”的金融扶贫产品。其中，“5万元（含）以下、3年期以内、免担保抵押、扶贫贴息支持、县级风险补偿”的“特惠贷”受到贫困农户的普遍欢迎。

行动四：协调解决一批金融扶贫实际问题

帮扶工作努力做到每一个问题都有一个回应。每名行长组建一支金融扶贫工作队，队员都是信贷政策、支付结算、征信管理、反假币宣传、金融消费者权益保护等方面的行家里手，通过帮扶行动，工作队将一系列的民生金融服务延伸至田间地头。通过该项行动，帮助贫困村解决146个具体的金融问题，受益农户达5.5万人次。例如，针对银行反馈的扶贫信贷风险分担机制缺失问题，帮扶队积极向政府部门反馈，推动全省86个县建立了风险补偿基金；针对镇宁县城关镇民族村等3个贫困村小额取现难的问题，帮扶行动推动开展了“现金流通综合服务平台进村”活动，在实现小额取现服务的基础上，增加零钞兑换、残损币回收功能，使村民足不出村即可享受到便利的基础金融服务。

行动五：开展一系列金融扶贫政策宣传解释

帮扶行动要求定期利用中国人民银行贵阳中心支行金融知识普及的“3个1行动”“金惠工程”农村金融教育等工作平台增进贫困地区和贫困人口对精准扶贫金融服务政策的了解。遵义市、毕节市、铜仁市、黔西南州组建蒲公英金融知识宣传队伍，突出“双语”宣传，让当地仡佬族、苗族、布依族等贫困群众知晓金融扶贫政策。全省金融机构积极响应，“金融夜校”、农民工金融服务中心、农村金融服务站等响亮的金融服务品牌不断增多，据统计，帮扶行动已开展了2 464次金融知识宣传活动，受益群众达10.88万人次，贫困群众学金融、懂金融、用金融，金融素养和风险防范意识明显提升。

三、预测与展望

2017年是实施“十三五”规划的重要一年和推进供给侧结构性改革的深化之年，是全省扶贫工作承上启下、全面突破的关键之年，贵州省正处于工业化、城镇化加速发展期，正进入弯道取直、后发赶超的最关键时期，正处在脱贫攻坚、同步小康的决战决胜时期。

贵州省2017年经济发展的主要预期目标是：地区生产总值增长10%，减少农村贫困人口100万人以上，20个贫困县、90个贫困乡镇摘帽，2 300个贫困村退出。受2016年贷款余额基数较大、产业投资基金和地方政府债务置换对信贷资金替代等因素影响，预计2017年贷款余额增速较2016年将有所下降。

2017年，贵州金融业将充分发挥金融在资源配置中的重要作用，严格贯彻落实好稳健中性的货币政策，推动货币信贷合理增长，优化信贷结构和融资结构，扎实推进金融精准扶贫，积极支持供给侧结构性改革，持续提高对贵州省重点领域和薄弱环节的金融服务水平，努力提升金融服务实体经济的效率。

中国人民银行贵阳中心支行货币政策分析小组

总　纂：张瑞怀　谭　林

统　稿：王凯明　李家鸽　封明川

执　笔：李晶彦　杨　丽　刘　爽　叶　茜　苏　抒

提供材料的还有：向传敏　娄　燚　岳晶晶　路　音　孙学栋　王乾飞　李雪华　李　茜　薛　飞
张　龙　孙　怡　易莞姣　袁　绪　赵　鑫

附录

（一）2016年贵州省经济金融大事记

1月31日，贵州省本外币各项存款余额超过2万亿元,达20 276.4亿元。

2月25日，贵州获批建设国家大数据（贵州）综合试验区，这也是首个国家级大数据综合试验区。

4月19日，贵州省政府办公厅印发《支持我省地方金融机构“五个全覆盖”工程实施方案》,引导贵州银行、贵阳银行、政策性融资担保机构实现县域全覆盖；贵州股交中心实现市州全覆盖。

5月25日至29日，中国大数据产业峰会暨中国电子商务创新发展峰会在贵阳举办。

8月，贵州先后获批建设内陆开放型经济试验区、首批国家生态文明试验区。

8月16日，贵阳银行成功上市，成为贵州省首家上市金融企业，也是中西部第一家在A股上市的银行。

9月25日，国家重大科技基础设施500米口径球面射电望远镜（FAST）落成启用仪式在黔南自治州平塘县举行。

10月30日，贵州设立全国首个省级脱贫攻坚投资基金，总规模达3 000亿元。

11月25日，贵州省召开金融精准扶贫暨“两权”抵押贷款试点工作推进电视电话会。

12月31日，贵州省全年减少贫困人口120.8万人，对45.8万农村人口实施搬迁, 6个贫困县、60个贫困乡镇摘帽，1 500个贫困村退出。

（二）2016年贵州省主要经济金融指标

表1　2016年贵州省主要存贷款指标

		1月	2月	3月	4月	5月	6月	7月	8月	9月	10月	11月	12月
本外币	金融机构各项存款余额（亿元）	20 276.4	20 309.0	20 812.6	21 772.5	21 730.6	22 259.8	22 938.9	23 262.4	23 752.2	23 582.1	24 165.8	23 831.4
	其中：住户存款	7 585.0	8 095.4	8 127.2	7 981.8	7 988.6	8 138.7	8 176.5	8 262.6	8 415.5	8 319.4	8 364.4	8 556.6
	非金融企业存款	7 239.7	6 997.0	7 367.2	7 507.8	7 678.5	7 985.6	8 286.6	8 693.6	9 098.0	9 065.8	9 162.3	9 334.6
	各项存款余额比上月增加（亿元）	739.2	32.7	503.6	960.0	-41.9	529.2	679.1	323.5	489.8	-170.2	583.7	-334.5
	金融机构各项存款同比增长（%）	30.4	30.8	29.6	35.2	32.7	30.2	30.0	30.8	28.7	27.0	26.2	22.0
	金融机构各项贷款余额（亿元）	15 562.7	15 715.7	16 019.8	15 934.1	16 151.1	16 521.4	16 664.6	16 974.1	17 280.4	17 471.1	17 774.0	17 961.0
	其中：短期	3 242.1	3 270.0	3 333.7	3 353.8	3 385.6	3 451.5	3 428.9	3 486.3	3 475.6	3 458.9	3 533.4	3 439.3
	中长期	11 993.3	12 127.4	12 366.4	12 223.6	12 412.1	12 697.1	12 833.4	13 054.4	13 431.6	13 556.2	13 753.9	14 116.3
	票据融资	242.3	227.8	234.8	268.1	265.2	245.0	272.1	303.7	248.6	258.6	279.4	210.7
	各项贷款余额比上月增加（亿元）	441.7	153.0	304.2	-85.8	217.0	370.3	143.2	309.5	306.3	190.7	302.9	187.0
	其中：短期	78.1	27.9	63.7	20.1	31.9	65.9	-22.6	57.5	-10.8	-16.7	74.5	-94.1
	中长期	314.0	134.1	239.1	-142.8	188.5	285.0	136.3	220.9	377.3	124.6	197.6	362.4
	票据融资	46.0	-14.5	7.0	33.3	-2.9	-20.2	27.2	31.5	-55.0	10.0	20.8	-68.7
	金融机构各项贷款同比增长（%）	22.2	20.4	20.5	17.6	17.4	17.6	17.0	17.9	17.9	17.5	18.0	18.8
	其中：短期	13.1	11.2	11.0	10.6	11.1	11.3	9.3	10.8	8.6	9.7	10.1	8.7
	中长期	24.6	22.9	22.7	18.5	18.2	18.3	18.0	18.6	20.0	18.6	19.2	20.9
	票据融资	45.2	37.7	79.6	106.3	123.5	101.6	94.1	103.0	44.8	40.7	36.0	7.3
	建筑业贷款余额（亿元）	819.2	836.6	853.4	833.8	868.3	933.1	926.6	764.7	807.1	805.4	778.3	802.4
	房地产业贷款余额（亿元）	755.0	770.3	771.9	737.9	736.1	755.5	766.1	761.8	834.8	878.9	882.3	910.8
	建筑业贷款同比增长（%）	35.3	34.4	38.7	32.6	34.4	39.5	40.2	15.6	17.6	13.4	8.7	7.7
	房地产业贷款同比增长（%）	28.5	22.6	18.8	8.9	7.9	4.3	3.2	2.3	12.0	18.4	18.9	24.3
人民币	金融机构各项存款余额（亿元）	20 178.4	20 203.6	20 721.8	21 682.4	21 643.9	22 182.2	22 867.7	23 201.9	23 683.4	23 525.3	24 101.8	23 770.9
	其中：住户存款	7 567.3	8 077.2	8 108.8	7 963.4	7 969.7	8 119.1	8 156.2	8 242.4	8 395.5	8 298.1	8 341.5	8 531.8
	非金融企业存款	7 161.2	6 911.3	7 298.2	7 437.4	7 613.9	7 930.9	8 237.1	8 654.6	9 052.5	9 031.6	9 126.1	9 301.3
	各项存款余额比上月增加（亿元）	739.7	25.2	518.2	960.6	-38.5	538.3	685.5	334.3	481.4	-158.1	576.5	-330.9
	其中：住户存款	171.3	509.9	31.6	-145.3	6.3	149.4	37.1	86.2	153.1	-97.4	43.3	190.4
	非金融企业存款	381.5	-249.9	386.9	139.2	176.5	317.1	306.1	417.5	397.9	-20.9	94.5	175.3
	各项存款同比增长（%）	30.2	30.5	29.5	35.1	32.7	30.4	30.2	31.1	29.0	27.4	26.4	22.3
	其中：住户存款	12.6	10.0	10.4	10.7	11.7	12.2	12.9	13.6	14.3	14.8	15.7	15.4
	非金融企业存款	36.6	42.2	45.8	43.3	43.5	41.9	47.7	51.1	53.3	48.1	46.6	36.9
	金融机构各项贷款余额（亿元）	15 492.0	15 648.4	15 958.1	15 870.1	16 085.3	16 421.9	16 567.0	16 872.6	17 182.1	17 372.2	17 671.2	17 857.8
	其中：个人消费贷款	2 555.9	2 556.1	2 610.0	2 639.0	2 674.7	2 715.1	2 749.0	2 794.6	2 847.0	2 874.9	2 955.5	2 994.9
	票据融资	242.3	227.8	234.8	268.1	265.2	245.0	272.1	303.7	248.6	258.6	279.4	210.7
	各项贷款余额比上月增加（亿元）	440.1	156.4	309.7	-88.0	215.2	336.6	145.1	305.6	309.5	190.1	299.0	186.6
	其中：个人消费贷款	42.1	0.2	53.9	29.0	35.6	40.4	33.8	45.6	52.4	27.8	80.7	39.3
	票据融资	46.0	-14.5	7.0	33.3	-2.9	-20.2	27.2	31.5	-55.0	10.0	20.8	-68.7
	金融机构各项贷款同比增长（%）	22.3	20.5	20.7	17.7	17.4	17.5	16.9	17.8	17.8	17.3	17.9	18.6
	其中：个人消费贷款	17.4	16.2	17.2	16.7	16.6	16.4	16.6	17.2	17.7	18.0	19.0	19.1
	票据融资	45.2	37.7	79.6	106.3	123.5	101.6	94.1	103.0	44.8	40.7	36.0	7.3
外币	金融机构外币存款余额（亿美元）	15.0	16.1	14.1	14.0	13.2	11.7	10.7	9.0	10.3	8.4	9.3	8.7
	金融机构外币存款同比增长（%）	80.8	89.7	41.3	41.6	15.7	-13.7	-20.2	-39.1	-32.4	-43.7	-33.6	-42.6
	金融机构外币贷款余额（亿美元）	10.8	10.3	9.6	9.9	10.0	15.0	14.7	15.2	14.7	14.6	14.9	14.9
	金融机构外币贷款同比增长（%）	-4.6	-0.2	-8.2	-3.6	7.1	28.9	29.2	29.5	30.1	35.2	41.5	40.0

数据来源：中国人民银行贵阳中心支行。

表2　2001～2016年贵州省各类价格指数

单位：%

年/月	居民消费价格指数		农业生产资料价格指数		工业生产者购进价格指数		工业生产者出厂价格指数	
	当月同比	累计同比	当月同比	累计同比	当月同比	累计同比	当月同比	累计同比
2001	—	1.8	—	-0.6	—	0.2	—	2.2
2002	—	-1.0	—	0.6	—	-2.4	—	-1.1
2003	—	1.2	—	4.1	—	6.0	—	3.4
2004	—	4.0	—	9.0	—	12.0	—	8.0
2005	—	1.0	—	10.2	—	7.4	—	7.2
2006	—	1.7	—	5.4	—	7.3	—	4.3
2007	—	6.4	—	5.1	—	7.5	—	5.0
2008	—	7.6	—	13.4	—	12.5	—	12.4
2009	—	-1.3	—	-3.8	—	-6.5	—	-4.9
2010	—	2.9	—	1.1	—	9.8	—	4.7
2011	—	5.1	—	11.1	—	15.0	—	5.4
2012	—	2.7	—	0.7	—	2.3	—	1.0
2013	—	2.5	—	-1.0	—	-3.6	—	-2.6
2014	—	2.4	—	-1.0	—	-1.4	—	-1.7
2015	—	1.8	—	3.1	—	-2.5	—	-3.9
2016	—	1.4	—	3.0	—	-1.5	—	-2.1
2015　1	1.7	1.7	-2.4	-2.4	-0.7	-0.7	-1.4	-1.4
2	2.0	1.9	-2.3	-2.4	-0.9	-0.8	-2.1	-1.7
3	1.6	1.8	-1.8	-2.2	-1.2	-0.9	-2.0	-1.8
4	1.8	1.8	-0.3	-1.7	-1.7	-1.1	-2.0	-1.9
5	1.8	1.8	2.3	-0.9	-1.8	-1.2	-3.1	-2.1
6	1.6	1.8	3.7	-0.1	-2.9	-1.5	-3.8	-2.4
7	1.6	1.7	4.7	0.5	-2.9	-1.7	-4.5	-2.7
8	2.4	1.8	6.4	1.3	-3.2	-1.9	-4.9	-3.0
9	2.3	1.9	6.3	1.8	-3.5	-2.1	-5.6	-3.3
10	2.1	1.9	6.5	2.3	-3.6	-2.2	-5.5	-3.5
11	1.5	1.9	7.3	2.7	-3.9	-2.4	-5.6	-3.7
12	1.4	1.8	7.8	3.1	-4.1	-2.5	-6.2	-3.9
2016　1	1.2	1.2	1.2	1.2	-4.0	-4.0	-5.8	-5.8
2	1.8	1.5	1.7	1.5	-4.2	-4.1	-6.0	-5.9
3	1.8	1.6	3.3	2.1	-4.0	-4.1	-5.7	-5.8
4	1.8	1.7	3.5	2.4	-3.5	-3.9	-5.5	-5.7
5	1.2	1.6	3.8	2.7	-3.3	-3.8	-4.2	-5.4
6	1.2	1.5	4.4	3.0	-2.5	-3.6	-3.4	-5.1
7	1.0	1.4	4.3	3.2	-2.6	-4.8	-2.6	-3.4
8	0.7	1.3	3.2	3.2	-2.4	-3.3	-1.9	-4.4
9	1.2	1.3	2.9	3.2	-1.9	-3.2	-0.7	-4.0
10	1.3	1.3	2.9	3.1	0.2	-2.8	0.6	-3.5
11	1.5	1.3	2.5	3.1	3.4	-2.3	3.8	-2.9
12	1.5	1.4	2.2	3.0	7.2	-1.5	7.3	-2.1

数据来源：《中国经济景气月报》、贵州省统计局。

表3 2016年贵州省主要经济指标

	1月	2月	3月	4月	5月	6月	7月	8月	9月	10月	11月	12月
绝对值（自年初累计）												
地区生产总值（亿元）	—	—	2 103.0	—	—	4 936.6	—	—	8 135.4	—	—	11 734.4
第一产业	—	—	319.2	—	—	712.7	—	—	1 354.7	—	—	1 846.5
第二产业	—	—	984.9	—	—	2 052.2	—	—	3 137.1	—	—	4 636.7
第三产业	—	—	798.9	—	—	2 171.7	—	—	3 643.7	—	—	5 251.2
工业增加值（亿元）	—	582.4	903.0	1 217.5	1 570.5	1 940.9	2 271.1	2 612.2	2 979.6	3 314.8	3 700.0	4 032.1
固定资产投资（亿元）	—	938.0	1 830.1	2 623.6	3 320.1	4 723.0	5 712.6	6 550.1	7 918.4	9 103.4	10 547.7	12 929.2
房地产开发投资	—	210.4	427.4	608.1	808.9	1 071.6	1 234.8	1 405.7	1 597.8	1 770.5	2 000.1	2 149.0
社会消费品零售总额（亿元）	—	—	848.4	—	—	1 691.7	—	—	2 613.1	—	—	3 709.0
外贸进出口总额（亿元）	65.6	112.7	146.7	198.1	228.9	219.2	254.5	288.4	323.9	316.9	347.1	375.2
进口	4.6	8.2	13.6	19.0	25.7	33.6	37.5	42.1	46.2	49.8	55.8	63.2
出口	61.0	104.5	133.1	179.1	203.3	185.6	217.0	246.3	277.7	267.1	291.4	312.1
进出口差额(出口－进口)	56.3	96.4	119.5	160.1	177.6	152.1	179.6	204.2	231.5	217.3	235.6	248.9
实际利用外资（亿美元）	2.8	4.6	8.0	9.6	12.9	16.8	18.0	19.3	24.2	26.7	30.5	32.2
地方财政收支差额（亿元）	-123.3	-289.8	-481.0	-533.6	-819.7	-1 276.9	-1 422.8	-1 652.1	-2 035.8	-2 159.6	-2 443.0	-2 700.4
地方财政收入	127.8	209.8	425.1	565.3	668.8	853.3	938.6	1 011.7	1 133.6	1 252.4	1 397.5	1 561.3
地方财政支出	251.1	499.7	906.1	1 098.9	1 488.5	2 130.2	2 361.5	2 663.8	3 169.3	3 412.0	3 840.5	4 261.7
城镇登记失业率 (%)(季度)	—	—	3.3	—	—	3.3	—	—	3.3	—	—	3.2
同比累计增长率（%）												
地区生产总值	—	—	10.3	—	—	10.5	—	—	10.5	—	—	10.5
第一产业	—	—	5.6	—	—	6.0	—	—	16.6	—	—	6.0
第二产业	—	—	10.5	—	—	10.7	—	—	38.6	—	—	11.1
第三产业	—	—	11.3	—	—	11.5	—	—	44.8	—	—	11.5
工业增加值	—	9.4	9.5	9.6	9.6	9.7	9.7	9.8	9.9	9.9	9.9	9.9
固定资产投资	—	21.1	21.1	21.1	21.0	21.5	21.4	21.5	21.7	21.6	21.4	21.1
房地产开发投资	—	-15.1	-7.6	-0.9	0.3	-0.1	-1.1	-1.5	-1.5	-1.9	-1.6	-2.5
社会消费品零售总额	—	—	12.6	—	—	12.5	—	—	12.8	—	—	13.0
外贸进出口总额	147.1	150.8	106.3	106.3	16.2	-36.0	-31.3	-29.1	-30.6	-45.1	-47.6	-50.7
进口	-27.3	-33.4	-22.2	-18.9	-11.6	-21.9	-20.6	-19.6	-29.2	-33.7	-42.4	-55.7
出口	202.1	220.0	148.1	146.6	21.0	-38.0	-32.9	-30.5	-30.8	-46.8	-48.5	-49.6
实际利用外资	10.9	13.3	31.5	15.4	30.8	33.6	28.9	25.2	33.5	30.5	29.4	27.4
地方财政收入	11.5	9.0	11.1	20.8	18.2	13.5	14.1	13.0	10.4	9.3	7.9	8.1
地方财政支出	29.5	14.7	15.9	10.4	20.3	17.8	9.6	11.6	15.6	15.8	14.7	7.9

数据来源：《中国经济景气月报》、贵州省统计局。

云南省金融运行报告（2017）

中国人民银行昆明中心支行货币政策分析小组

[内容摘要] 2016年，面对错综复杂的经济形势，云南省深化改革、扩大开放，采取一系列有效措施，全力以赴稳增长，有序推进供给侧结构性改革。全省经济保持总体平稳、稳中有进的发展态势，实现了“十三五”良好开局。经济增速处于合理区间，结构调整取得积极进展，改革开放步伐明显加快，就业形势保持整体稳定，人民生活水平不断改善，生态文明建设取得新进展。

围绕经济稳增长和供给侧结构性改革的金融需求，全省金融部门认真贯彻落实稳健货币政策，支持实体经济发展。金融运行总体平稳，货币信贷和社会融资规模合理适度，金融产品和服务方式创新步伐有所加快，对重点领域和薄弱环节的支持力度不断加大，不良贷款和贷款不良率持续“双升”但风险总体可控。

2017年，云南省发展面临的机遇大于挑战，经济平稳发展的可能性依然很大。金融部门将坚持稳中求进工作总基调，贯彻落实好稳健中性货币政策和各项信贷政策，改善金融服务，加强风险防控，提高金融运行效率和服务实体经济的能力，为深化供给侧结构性改革营造适宜的金融环境。

一、金融运行情况

2016年，云南省金融业运行平稳，金融服务进一步改善，金融改革取得新突破，金融创新有所加快，金融生态整体稳定,为经济稳增长和供给侧结构性改革营造了适宜的金融环境。

（一）银行业稳健发展，货币信贷适度增长

1. 综合实力稳步提升，服务体系日趋完善。2016年年末，云南省银行业金融机构资产总额同比增长10.5%，增速较上年年末回落3.4个百分点。其中，开发性政策性金融机构、地方法人金融机构资产增长相对较快。受利率市场化改革、降成本政策效应释放等因素影响，银行业金融机构净息差较上年收窄0.8个百分点，但成本控制有所增强，盈利能力基本稳定，资产利润率为2.0%。金融服务覆盖面稳步扩大，法人机构数、从业人数分别比上年年末增加15个、1 688人，年内新设村镇银行15家。

表1　2016年云南省银行业金融机构情况

机构类别	营业网点			法人机构（个）
	机构个数（个）	从业人数（人）	资产总额（亿元）	
一、大型商业银行	1 601	35 444	12 437	0
二、国家开发银行和政策性银行	88	2 041	5 213	0
三、股份制商业银行	436	8 275	5 047	0
四、城市商业银行	216	4 890	2 881	3
五、小型农村金融机构	2 338	21 691	9 184	133
六、财务公司	5	119	248	4
七、信托公司	1	212	24	1
八、邮政储蓄银行	853	3 120	973	0
九、外资银行	6	110	52	0
十、新型农村金融机构	102	2 457	325	64
十一、其他	1	75	458	1
合　计	5 647	78 434	36 842	206

注：营业网点不包括国家开发银行和政策性银行、大型商业银行、股份制商业银行金融机构总部数据；大型商业银行包括中国工商银行、中国农业银行、中国银行、中国建设银行和交通银行；小型农村金融机构包括农村商业银行、农村合作银行和农村信用社；新型农村金融机构仅有村镇银行；“其他”仅有金融租赁公司。

数据来源：云南银监局。

2. 各项存款平稳增长，活期化特征明显。2016年年末，云南省银行业金融机构本外币存款余额27 921.5亿元，同比增长10.8%（见图3），增速比上年年末低0.5个百分点，比年初增加2 717.7亿

元，同比多增106.4亿元。随着经济企稳回升，住户存款、非金融企业存款增速明显改善，年末余额同比分别增长11.4%、16.0%，增速比上年年末分别高3.1个百分点、8.7个百分点。存款活期化特征明显，全年住户、非金融企业存款增量中活期存款占比87.9%。在稳增长和供给侧结构性改革的背景下，财政支出力度不断加大，广义政府存款少增较多，少增576.4亿元。非银行业金融机构存款增长放缓，年末余额同比下降14.8%。外币存款余额同比增长16.7%，增速比上年年末高38.3个百分点。

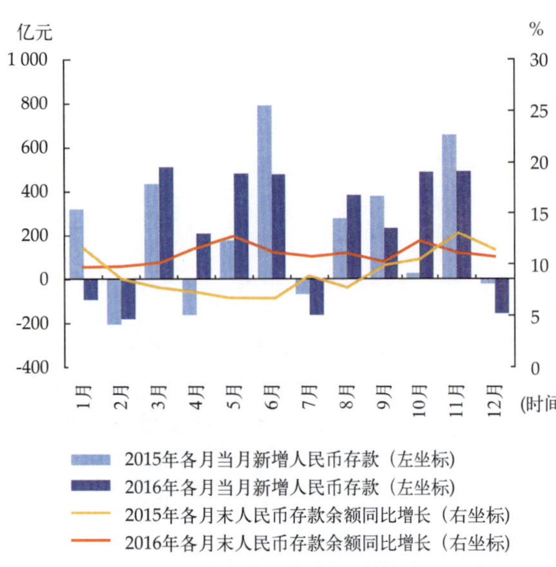

数据来源：中国人民银行昆明中心支行。

图1　2015～2016年云南省金融机构人民币存款增长变化

3. 各项贷款适度增长，信贷支持重点突出。2016年末，云南省银行业金融机构本外币贷款余额23 491.4亿元，同比增长10.6%（见图3），增速比上年年末低5.1个百分点，比年初增加2 248.8亿元，同比少增349.5亿元。贷款增长放缓主要是受地方政府债务置换较多、不良资产核销处置力度较大、融资渠道日趋多元化等因素影响。银行业金融机构坚持重点领域和薄弱环节并重，盘活存量、优化增量，强化供给侧结构性改革和实体经济发展的金融支持。年末，中长期固定资产贷款余额比年初增加1 304.1亿元，增量是上年的1.4倍，对“五网”[①]基础设施建设项目、“四个一百”重点项目[②]等的支持力度较大；支农支小金

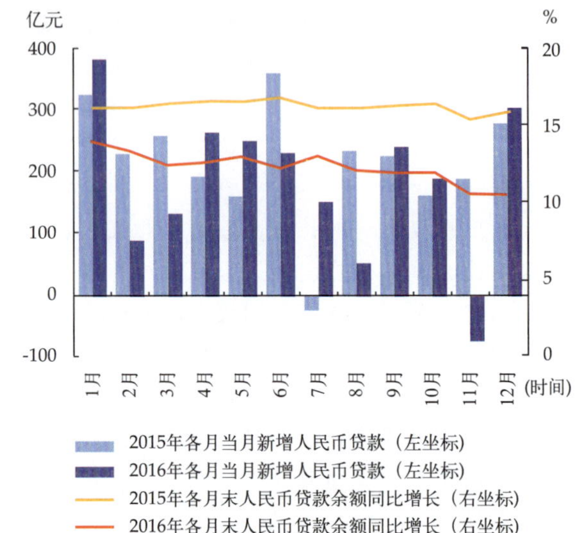

数据来源：中国人民银行昆明中心支行。

图2　2015～2016年云南省金融机构人民币贷款增长变化

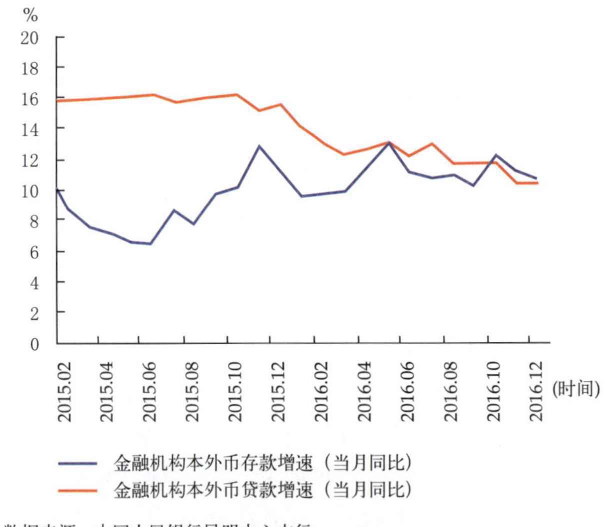

数据来源：中国人民银行昆明中心支行。

图3　2015～2016年云南省金融机构本外币存、贷款增速变化

① “五网”，即路网、航空网、能源保障网、水网、互联网。

② “四个一百”重点项目，即100个竣工投产项目、100个在建项目、100个新开工项目、100个重点前期工作项目。

融服务不断改善，涉农贷款、小微企业贷款增速分别比各项贷款平均增速高1.7个百分点、4.1个百分点，“两权”抵押贷款试点有序推进，小微企业贷款增量在全部企业贷款中占比30.7%；金融扶贫精准度明显提高，全省精准扶贫贷款余额同比增长23.3%；全年创业担保贷款累计发放金额再创历史新高，达141.9亿元；六大高耗能行业[①]中长期贷款同比仅增长1.9%。中国人民银行昆明中心支行加强再贷款、再贴现工具的运用，合理引导信贷资金投向，降低融资成本。全年全省累计发放再贷款（含支农、支小、扶贫再贷款）60.5亿元，累计办理再贴现207.2亿元。

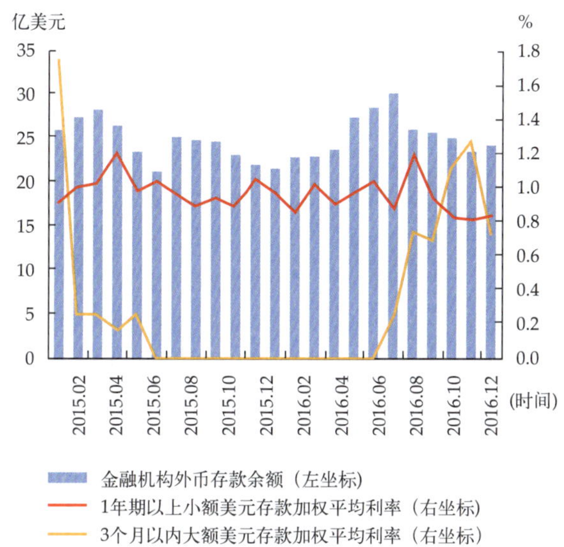

数据来源：中国人民银行昆明中心支行。

图4　2015～2016年云南省金融机构外币存款余额及外币存款利率

4. 表外业务发展迅速。2016年年末，云南省银行业金融机构表外理财资金余额2 365.4亿元，同比增长26.4%。部分银行业金融机构表外业务增量超过表内贷款。上海浦东发展银行在云南发起设立总规模1 152亿元的全国首只省级扶贫发展基金，年内投放资金699.7亿元。

表2　2016年云南省金融机构人民币贷款各利率区间占比

单位：%

月份		1月	2月	3月	4月	5月	6月
合计		100.0	100.0	100.0	100.0	100.0	100.0
下浮		11.7	9.3	13.9	18.4	14.4	15.3
基准		25.1	21.1	18.9	18.5	22.7	21.2
上浮	小计	63.2	69.6	67.3	63.2	62.8	63.6
	(1.0，1.1]	14.2	11.5	10.0	14.1	12.3	10.5
	(1.1，1.3]	15.4	17.1	17.6	14.4	16.1	18.0
	(1.3，1.5]	12.3	14.1	15.4	13.2	13.2	13.4
	(1.5，2.0]	16.7	21.4	19.0	16.6	16.9	16.9
	2.0以上	4.5	5.5	5.3	4.9	4.4	4.8
月份		7月	8月	9月	10月	11月	12月
合计		100.0	100.0	100.0	100.0	100.0	100.0
下浮		15.1	27.7	23.2	13.9	16.5	22.5
基准		17.2	17.2	20.5	26.8	20.9	24.1
上浮	小计	67.8	55.1	56.4	59.3	62.6	53.4
	(1.0，1.1]	15.2	9.2	14.4	10.2	12.7	13.1
	(1.1，1.3]	14.2	13.5	11.7	14.9	14.4	13.5
	(1.3，1.5]	14.4	11.7	11.9	13.2	12.3	10.3
	(1.5，2.0]	19.1	16.9	14.9	16.7	19.0	13.4
	2.0以上	5.0	3.8	3.5	4.3	4.2	3.0

数据来源：中国人民银行昆明中心支行。

5. 自主合理定价能力不断提高，贷款利率总体回落。2016年，云南省银行业金融机构积极适应利率市场化改革带来的挑战和机遇，着力提高自主合理定价能力。省级市场利率定价自律机制作用逐步显现，行业自律意识有所增强，存款定价秩序整体良好。地方法人金融机构不断完善定价机制建设，67家机构成为全国市场利率定价自律机制成员，全年累计发行同业存单174.9亿元、大额存单146.0亿元，负债结构多元化。良好的存款定价秩序为降低贷款利率营造了适宜的环境。全省贷款利率总体下行，执行下浮和基准利率的贷款占比明显提高（见表2）。

①六大高耗能行业，即非金属矿物制造业、化学原料和化学制品制造业、电力热力生产和供应业、黑色金属冶炼和压延加工业、有色金属冶炼和压延加工业、石油加工炼焦和核燃料加工业。

专栏1 加强金融创新 “两权”抵押贷款试点取得阶段性成效

2015年年末，经全国人大常委会授权，全国“两权”抵押贷款试点正式启动。云南省开远、砚山、剑川、鲁甸、景谷、富民等6个县（市）被列为农村承包土地的经营权（以下简称农地）抵押贷款试点，大理、丘北、武定等3个县（市）被列为农民住房财产权（以下简称农房）抵押贷款试点。试点以来，试点地区各级人民政府强化主体责任，有关部门加强协调配合，金融机构积极探索实践，试点工作取得阶段性成效，积累了较为丰富的经验。

一是试点运行环境不断优化。省级和试点县（市）政府分别成立两个层面的工作小组。以省级和县（市）政府名义印发两级实施方案，明确配套工作的时间表和任务目标。省委、省政府将试点工作列入2016年农村综合改革重大事项、农村“三项重点改革”工作实施方案，并作为重要工作督查内容，进一步强化落实各方责任。政府主体责任的发挥是试点工作的重要保障。

二是试点配套措施有序跟进。2016年年末，6个农地抵押贷款试点县（市）中，3个县（市）的确权率接近完成，1个超过70%；3个农房抵押贷款试点县（市）中，2个县（市）的宅基地使用权及住房所有权确权率超九成。各试点县（市）探索建立了不同形式的农村产权流转交易平台，其中3个县（市）建立县乡联动农村产权交易平台，4个县（市）建立县级平台，1个县（市）建立乡镇级平台。8个试点县（市）共建立风险补偿基金5 393万元。配套措施的跟进既是基础，也是关键。

三是信贷管理体系渐趋完善。云南省农村信用联社、富滇银行及试点地区20个银行分支机构制定了贷款管理办法或细则，在绩效评价、抵押评估、贷款管理等方面出台了一系列专项制度安排。目前14个银行分支机构开办试点业务。信贷管理体系的完善夯实了业务的制度性基础。

四是金融产品和服务方式加快创新。如鲁甸县围绕“四个环节”建立农地抵押贷款试点工作“双通道”制度安排；砚山县探索出“一贷四保障”农地抵押贷款模式；大理市“四结合”推动农房抵押贷款试点；景谷县、鲁甸县等成立农村土地承包经营权价值评估专家库。创新是试点工作有序推进的驱动力。

五是化解贷款风险机制有益探索。如开远市农信社通过申请启动政府风险补偿机制，获得贷款风险补偿金400万元，通过核销等方式处置农地抵押不良贷款1 220万元，该社农地抵押贷款不良率由2015年年末的44.4%下降至2016年年末的21.8%；大理市农合行通过合理确定抵押率、严格履行尽职调查、加强农户信用信息档案建设等措施，积极强化风险控制，2016年年末该行农房抵押贷款不良率为0.9%，较全部贷款不良率低0.6个百分点。加强风控机制建设有利于试点业务的健康稳定发展。

“两权”抵押贷款试点在支农惠农方面的政策效应逐步显现。2016年年末，6个试点县（市）农地抵押贷款余额2.1亿元，比年初增加0.9亿元；全年累计发放贷款1 963笔，累计贷款金额1.9亿元；3个试点县（市）农房抵押贷款余额17.5亿元，比年初增加2.8亿元；全年累计发放贷款9 119笔，累计贷款金额14.5亿元。9个试点县（市）中，3个县（市）“两权”抵押贷款利率在基准利率1.5倍以下的贷款占比达100%，3个县（市）达到60%以上。

下一步，云南省试点地区人民银行各级分支机构将继续加强与地方相关部门的配合，积极推动确权颁证、产权交易平台建设、抵押物处置和风险分担等试点配套措施的落实，并在评估总结的基础上，推广相关经验模式，引导银行业金融机构丰富完善信贷产品，推动试点业务增量扩面。

6. 金融改革有序推进，服务实体质效稳步提升。沿边金融综合改革试验区建设扎实推进，探索建立的区域性人民币兑缅币“瑞丽指数”、人民币对越南盾“YD指数”的影响力逐步扩大；“跨境反假货币工作（昆明）中心”挂牌成立；云南省黄金交易投资有限责任公司开业筹备进展顺利；中国建设银行“泛亚跨境金融中心”落户云南；人民币保持云南第二大涉外交易结算货币和第一大对东盟跨境结算货币的地位。中国农业银行云南省分行“三农金融事业部”改革深化，考核达标机构数量有所增多。地方法人金融机构改革步伐加快，原玉溪市商业银行更名为云南红塔银行，资本实力明显增强；农村信用社改制取得重大进展，全年20家农村商业银行挂牌成立。

7. 不良贷款和贷款不良率持续“双升”，金融风险总体可控。2016年年末，云南省银行业金融机构不良贷款余额、不良贷款率分别比上年年末增加228.8亿元、提高0.77个百分点。银行业金融机构风险抵御能力整体较强，防控和化解不良风险的措施积极有效。年末，银行业金融机构拨备覆盖率134.3%；贷款拨备率3.9%，较上年提高0.6个百分点。地方法人金融机构资本充足率小幅回落。

8. 跨境人民币业务稳步发展，辐射面持续扩大。2016年，云南省银行业金融机构共办理跨境人民币结算657.4亿元，同比下降12.7%，在同期本外币跨境收支中的比重为38.1%，比上年略降0.8个百分点。其中，货物贸易跨境人民币结算428.1亿元，同比下降21.9%，占全省外贸总额的32.4%，比上年下降3.7个百分点；直接投资跨境人民币结算84.7亿元，同比增长9.5%。自试点以来，全省跨境人民币累计结算额达3 506.1亿元。跨境业务辐射面进一步扩大，参与跨境人民币结算的银行分支机构490家，涉及企业2 308家，境外地域覆盖面扩大至75个国家和地区。

（二）证券业改革创新稳步推进，融资功能有效发挥

1. 机构经营总体稳健，服务功能进一步完善。2016年，云南省新增证券分公司11家、证券营业部15家、期货营业部3家。证券经营机构财务指标总体稳健，两家法人证券公司净资本负债率143.0%，较上年年末下降28.0个百分点。受股票市场成交额下降较多影响，证券经营机构盈利水平明显下滑。年末，两家法人证券公司营业收入24.0亿元，同比下降45.0%。其中，经纪业务手续费收入同比下降63.0%，利息、证券发行收入同比分别增长20.0%和201.0%。期货市场价格发现和风险管理功能有效发挥，铁合金、锡、镍等云南优势资源类期货品种交易活跃。年末，两家法人期货经营机构营业收入、净利润同比分别下降0.3%和3.3%。

表3　2016年云南省证券业基本情况

项目	数量
总部设在辖内的证券公司数（家）	2
总部设在辖内的基金公司数（家）	0
总部设在辖内的期货公司数（家）	2
年末国内上市公司数（家）	32
当年国内股票（A股）筹资（亿元）	171
当年发行H股筹资（亿元）	0
当年国内债券筹资（亿元）	1 013
其中：短期融资券筹资额（亿元）	436
中期票据筹资额（亿元）	297

数据来源：中国人民银行昆明中心支行、云南证监局。

2. 融资规模持续扩大，为实体经济提供有力支持。2016年，云南省2家企业成功上市，境内上市企业数量增至32家。全年境内股票募集资金170.8亿元（见表3），同比增长54.5%，其中首次公开募股（IPO）融资10.2亿元。年内6家上市公司开展并购重组实现转型升级，交易金额52.6亿元。交易所市场融资方式更趋多元，全年通过公司债、资产支持证券等累计募集资金523.9亿元，同比增长19.0%。

3. 多层次资本市场建设取得积极进展，新三板挂牌企业明显增多。2016年，云南省新增27家企业在新三板挂牌，挂牌企业数量增至82家，其中11家挂牌企业进入创新层。全年24家次挂牌企业累计融资8.4亿元，同比增长112.4%。

（三）保险业保持良好发展势头，保障服务功能不断增强

1. 保险市场体系不断健全，行业实力明显增

强。2016年，云南省新增省级保险分公司4家、中支及以下分支机构79家。保险市场延续良好发展态势，全年实现保费总收入529.4亿元，同比增长21.8%；年末保险公司资产总额808.7亿元，同比增长22.3%。

2. 保险功能有效发挥，银保合作取得积极进展。2016年，云南省保险密度1 116.3元/人，同比增长21.8%；保险深度3.6%，较上年提高0.4个百分点。全年保险赔付支出206.1亿元，同比增长19.0%。其中，财产险赔付增长11.6%，人身险赔付增长28.9%。大理州政策性农房地震保障作用显著，“5·18”云龙地震赔付金额占地震直接经济损失的14.3%。大力发展出口信用保险支持对外贸易，全年助力企业获得融资51.0亿元。

表4　2016年云南省保险业基本情况

项目	数量
总部设在辖内的保险公司数（家）	1
其中：财产险经营主体（家）	1
人身险经营主体（家）	0
保险公司分支机构（家）	39
其中：财产险公司分支机构（家）	24
人身险公司分支机构（家）	15
保费收入（中外资，亿元）	529
其中：财产险保费收入（中外资，亿元）	244
人身险保费收入（中外资，亿元）	285
各类赔款给付（中外资，亿元）	206
保险密度（元/人）	1 116
保险深度（%）	4

数据来源：云南保监局。

3. 产品结构基本稳定，产品品种不断丰富。2016年，云南省财产险、人身险保费收入占比分别为46.2%、53.8%，比重与上年基本持平。涉保范围稳步扩大，全年新增农险险种8个，开发出多种支持脱贫攻坚的特色保险产品及服务模式。

（四）融资结构变化明显，金融市场交易增速减缓

1. 社会融资增量下降，融资结构变化明显。2016年，云南省社会融资规模增量1 823.6亿元，同比少增1 010.2亿元。受社会融资规模缩量的影响，新增贷款占同期社会融资规模增量的比重达121.7%。企业债券融资大幅少增514.1亿元，但发行品种更加丰富，年内成功发行国内首只“债贷组合”中期票据和首单绿色非公开定向债务融资工具。受债券融资增长放缓的影响，全年全省非金融企业境内债券和股票合计融资占同期社会融资规模增量的比重为14.1%，较上年下降12.1个百分点。其中，股票融资占比5.6%，较上年提高3.0个百分点。委托贷款明显增加，同比多增32.1亿元。信托贷款和未贴现银行承兑汇票延续收缩态势（见图5）。全年全省累计发行地方政府债券2 065.7亿元，其中置换银行贷款739.6亿元，如果还原该因素，全省社会融资总量不低。

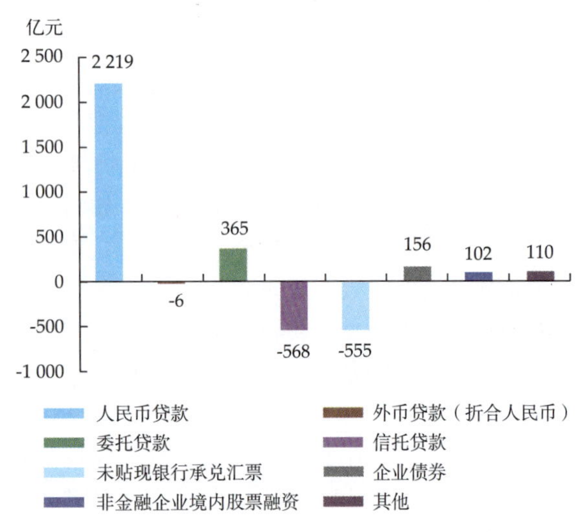

数据来源：中国人民银行昆明中心支行。

图5　2016年云南省社会融资规模分布结构

2. 货币市场交易量增速减缓，市场利率有所上升。2016年，云南省法人金融机构拆借、回购、现券买卖累计成交金额同比增长9.0%，增速比上年低92.0个百分点。法人金融机构流动性整体充裕，全年净融出资金额同比增长58.7%。1～7月，债券市场利率水平总体平稳，8月以来有所上升。全年债券回购加权平均利率2.19%，比上年提高0.22个百分点。

3. 票据融资增长较快，利率水平总体回落。2016年年末，全省银行承兑汇票余额同比下降25.0%，其中中小企业签发的银行承兑汇票余额占比65.2%。票据融资增长较快，年末余额同比增长37.6%，在各项贷款中的比重为4.8%，较上年

表5　2016年云南省金融机构票据业务量统计

单位：亿元

季度	银行承兑汇票承兑		贴现			
			银行承兑汇票		商业承兑汇票	
	余额	累计发生额	余额	累计发生额	余额	累计发生额
1	1 011.6	379.7	854.3	2 684.0	77.9	86.7
2	916.1	360.1	959.6	3 148.4	80.1	19.7
3	879.9	370.9	1 077.4	3 300.7	69.4	59.3
4	817.1	273.9	1 086.0	4 138.4	42.9	50.0

数据来源：中国人民银行昆明中心支行。

表6　2016年云南省金融机构票据贴现、转贴现利率

单位：%

季度	贴现		转贴现	
	银行承兑汇票	商业承兑汇票	票据买断	票据回购
1	3.4488	5.1905	3.2155	3.1019
2	3.3183	4.4493	3.0889	2.9070
3	2.9943	5.1960	2.7300	2.7799
4	3.2920	4.9634	2.9772	3.5201

数据来源：中国人民银行昆明中心支行。

年末提高0.9个百分点。在人民银行再贴现工具引导，以及货币市场利率和票据市场供求变化等因素共同作用下，票据市场利率总体回落，9月以来小幅震荡（见表6）。全年票据直贴加权平均利率3.54%，较上年回落0.8个百分点。

（五）金融基础设施建设稳步推进，服务水平持续提高

1. 社会信用环境进一步优化。印发《云南省贯彻落实建立完善守信联合激励和失信联合惩戒制度加快推进社会诚信建设实施方案》，将安全生产不良记录“黑名单”、欠税、电费欠费等信息纳入金融信用信息基础数据库。利用现代信息科技手段，建立可视化征信业务非现场监管机制，切实维护个人征信信息安全。应收账款融资服务平台使用效率不断提升，全年实现融资1 515.6亿元。开展“信用云南行”等活动，建立“政府+金融+学校/企业/村委”征信及诚信宣传教育基地，提升社会守信意识。

2. 支付系统建设取得突破。在全国先行先试规范境外边民人民币个人账户管理。NRA账户办理现金业务试点有序开展，累计办理现金业务1.2亿元。农村支付环境建设深入推进，有支付需求的行政村实现惠农支付点全覆盖并向自然村延伸，全省累计建成县域刷卡无障碍示范街（区）109条。建设并运行非税收入电子化收缴系统，方便民众生活缴费。风险事件管理平台成功上线，实现电信网络新型违法犯罪涉案账户紧急止付和快速冻结。联合开展非法买卖银行卡信息专项整治行动。

3. 消费者权益保护成效明显。继续举办“金融知识普及月”等活动，开展“金融消费教育进老年大学”“一个大学、一个中学、一个小学”等行动，增强群众金融维权意识和安全防范意识。全年通过“12363”电话受理投诉573起、咨询2 682起。

专栏2　云南省积极推广应收账款融资服务平台　改善中小企业金融服务

2007年《物权法》实施以来，我国应收账款融资业务从无到有，稳步发展，已经成为中小企业融资的重要途径。为盘活中小企业的应收账款存量，提高市场融资效率，促进大众创业、万众创新，云南省积极推广应收账款融资服务平台应用，为应收账款的债权人、债务人和金融机构等提供信息合作服务，大力发展应收账款融资业务，缓解中小企业融资难、融资贵问题。

周密部署、狠抓落实，积极推广应收账款融资服务平台应用。一是建立工作领导机制，做好工作部署。印发《云南省中征应收账款融资服务平台推广应用工作方案》，人民银行和金融机构云南省分支机构成立平台推广领导小组，明确工作目标、任务要求和保障措施，确保目标清晰、措施可行、责任到人。二是完善金融机构对接机制，畅通沟通渠道。建立联络员制度，加强人民银行与金融机构的日常协

调联动，主动了解金融机构业务推广中的顾虑以及遇到的困难、问题，及时研究反馈解决办法，提高业务指导效果。三是强化对工作过程的控制管理，主动掌控工作局面。完善工作推进经验动态交流机制，及时掌握工作进度，由人民银行对金融机构的业务推广情况按月通报和跟踪考核，重点宣传典型经验和成功案例，并对工作推广进展较慢的单位进行重点督促，指导其拿出切实可行的工作措施，充分发挥推动指导和鞭策激励作用。四是加强政府部门间协调互动，形成工作合力。由人民银行向省国资委、财政厅、工信委等部门进行宣传和沟通，争取政策支持和配合。结合云南省国有资本运营体制改革的契机，提高省属国企上下游企业应收账款融资能力，在全国率先探索省属国企应收账款融资管理模式创新。

应收账款融资服务平台推广成效显现，中小企业融资环境得到改善。一是平台注册用户大幅增长，融资金额列全国第三。2016年年末，云南省在平台共注册用户2 546个，开通用户2 169个。其中，作为中小企业融资方的各类金融机构开通用户930户，包含商业银行、融资担保公司、信托公司、财务公司和小额贷款公司等各类金融机构；债权债务企业开通1 150户，覆盖制造业、批发零售业、建筑业等行业。截至2016年年末，累计通过平台促成应收账款融资1 636笔，融资金额2 416亿元。二是企业融资环境得到改善，银企实现互利共赢。企业对照各家金融机构在平台上发布的贷款条件和产品，按照自身应收账款的特点，对比多家银行的融资意向反馈，选择融资成本最低、条件最优惠的金融机构开展合作，增强企业的议价能力，有效打破了“银行单方说了算”的局面，企业融资的自主性和有效性得到一定改善。同时，金融机构逐步意识到应收账款融资业务的巨大发展空间和风险可控性，转变传统营销理念，充分利用“互联网+”思维，落实客户经理在平台上筛选和发现优质合作企业，以此降低贷前调查的人力和时间成本，提高了放贷的精准性，实现互利共赢。三是金融机构探索创新应收账款融资产品，有效支持扶贫开发。依托平台，农业发展银行、农村信用社等机构，紧盯建档立卡贫困人口，积极向红河、迪庆、昭通等贫困地区企业发放应收账款质押贷款20笔共125亿元，较好地支持了国家精准扶贫政策的实施。

二、经济运行情况

2016年，云南省经济保持总体平稳、稳中有进的发展态势，实现了“十三五”良好开局。全年全省地区生产总值14 869.9亿元，同比增长8.7%（见图6），人均生产总值31 358元，比上年增加2 343元。

（一）内需增速稳中有升，外需下滑态势明显

1. 投资增速持续较快，投资结构进一步优化。2016年，云南省深化投融资体制改革，大力推进“五网”基础设施等重点领域和薄弱环节投资建设。全年全省完成固定资产投资（不含农户）15 662.5亿元，同比增长19.8%，增速比上年高1.8个百分点（见图7）。投资结构进一步优化，民生领域投资增长较快。全年第三产业投资比重

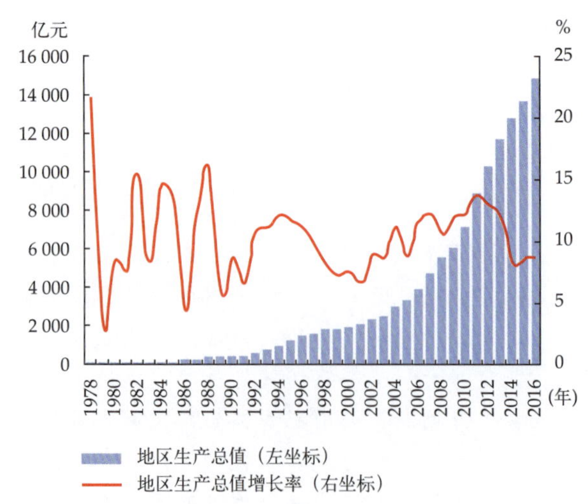

数据来源：云南省统计局。

图6　1978～2016年云南省地区生产总值及其增长率

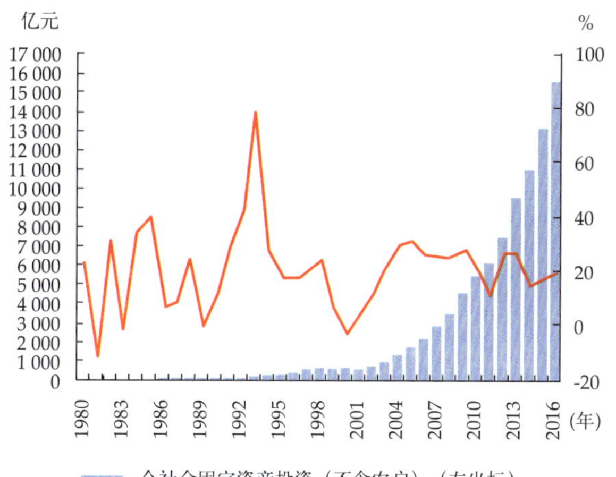

数据来源：云南省统计局。

图7　1980～2016年云南省固定资产投资（不含农户）及其增长率

77.8%，较第二产业高59.6个百分点，环境和公共设施管理业、教育、卫生和社会工作投资增速分别较固定资产投资增速高19.3个百分点、27.8个百分点和34.9个百分点。民间投资总体不振，全年民间投资完成额同比下降4.1%。

2. 居民收入增长与经济发展同步，消费平稳增长。2016年，云南省全体居民人均可支配收入同比增长9.8%，比地区生产总值增速高1.1个百分点。其中，农村居民人均可支配收入增速高于城镇居民0.9个百分点。全年全省社会消费品零售总额5 722.9亿元，同比增长12.1%（见图8），增速比上年高1.9个百分点。消费结构继续优化，乡村市场消费增速较城镇市场高0.6个百分点，体育和娱乐用品类、家具类、通信器材类等消费升级类商品销售额分别增长29.6%、26.3%和24.0%。

3. 对外贸易降幅扩大，外商直接投资下滑明显。2016年，云南省实现外贸进出口总额198.9亿美元，同比下降18.8%，降幅较上年扩大1.6个百分点。其中，出口下降30.9%，进口增长6.7%，外

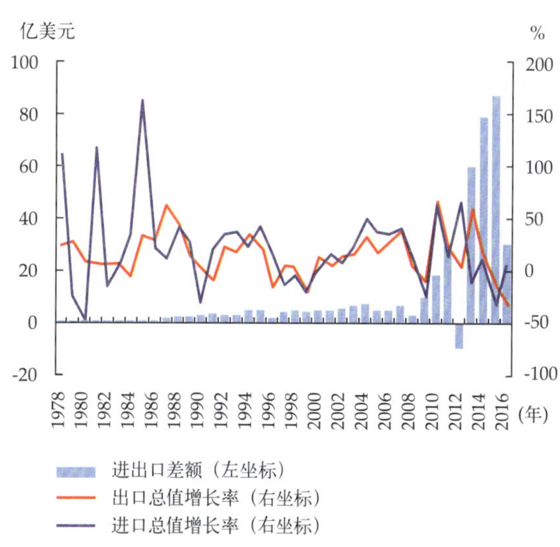

数据来源：云南省统计局、云南省商务厅。

图9　1978～2016年云南省外贸进出口变动情况

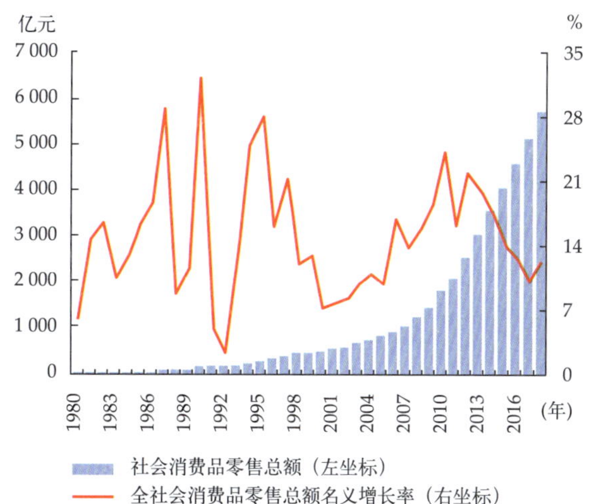

数据来源：云南省统计局。

图8　1980～2016年云南省社会消费品零售总额及其增长率

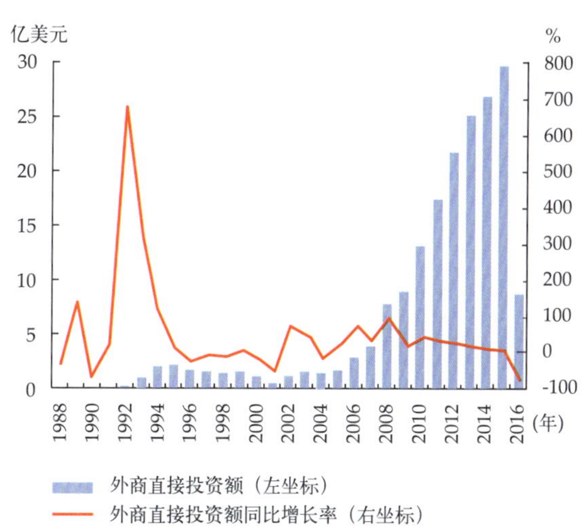

数据来源：云南省统计局、云南省商务厅。

图10　1988～2016年云南省外商直接投资额及其增长率

贸顺差30.7亿美元（见图9），较上年少56.6亿美元。出口商品以农产品、机电产品、化工产品为主，金额占比分别为34.0%、24.4%和14.7%，农产品占比较上年高15.7个百分点。

外商直接投资下滑明显，对外直接投资增长较快。2016年，云南省实际利用外商直接投资8.7亿美元，同比下降71.0%（见图10）。企业“走出去”步伐明显加快，全年全省新批境外投资企业86家，实际对外直接投资16.1亿美元，同比增长33.0%。

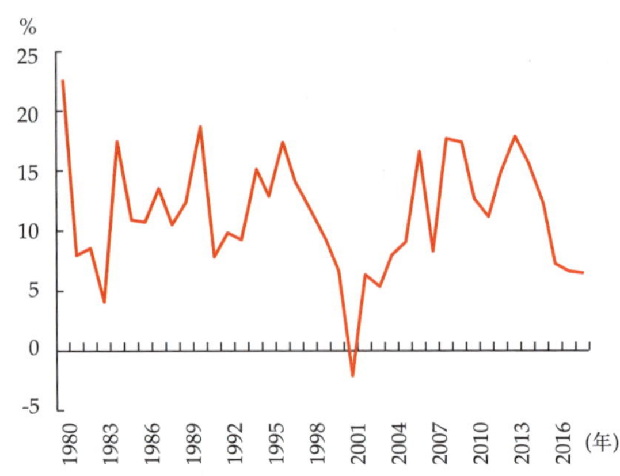

数据来源：云南省统计局。

图11　1980～2016年云南省规模以上工业增加值同比增长率

（二）生产形势有所改善，结构调整步伐加快

2016年，云南省三次产业结构为14.8∶39.0∶46.2，第三产业比重较上年提升1.1个百分点。

1. 高原特色农业提质增效，产业化程度稳步提高。2016年，云南省农业完成增加值2 242.2亿元，同比增长5.7%。粮食生产连续14年增长，综合平均单产较上年增长1.6%。高原特色农业稳中向好，烟叶、咖啡、核桃面积和产量继续保持全国第一，蔬菜、茶叶、油料、水产品实现较快增长，产业化、科技化程度稳步提高。全年全省农产品加工总产值2 431.0亿元，同比增长10.6%；农业龙头企业销售收入增速基本稳定，为10.1%；农产品线上销售额突破100亿元。

2. 工业增长前低后高，企业经营依然困难。2016年，云南省规模以上工业增加值3 668.3亿元，同比增长6.5%（见图11），较年内最低增速高6.3个百分点。其中，采矿业，制造业，电力、热力、燃气及水生产和供应业增加值分别增长17.3%、5.6%和4.9%。工业调结构取得积极变化，非烟工业增加值占比67.7%，较上年提高3.6个百分点，铁路机械业、汽车制造业、酒饮料和制茶业、农副食品制造业、医药制造业等行业增长较快。受市场需求不足、产品价格总体不振等因素影响，工业企业经营效益尚未根本性好转，年末规模以上工业企业亏损面为26.4%。

3. 服务业加快发展。2016年，云南省加快服务业转型升级，物流、会展、文化体育、养老健康等行业较快发展。全年全省第三产业完成增加值6 875.6亿元，同比增长9.5%，增速较第二产业高0.6个百分点。

4. 供给侧结构性改革扎实推进，政策成效初步显现。2016年，云南省去生铁产能125万吨、粗钢产能376万吨、煤炭产能1 896万吨，超额完成目标任务。商品住宅待售面积下降6.4%。规模以上工业企业资产负债率较上年年末回落0.9个百分点，中国建设银行与云南锡业集团（控股）有限责任公司签订全国首个地方国企债转股项目协议。一系列降成本措施积极落实，全年为实体经济直接减负800亿元左右。脱贫攻坚、基础设施建设、产业发展等补短板措施强力推进，出台《云南省产业发展规划（2016～2025年）》，着力发展八大重点产业①培育经济新动能；全年有望实现12个国家级贫困县脱贫摘帽、120万贫困人口脱贫；云南省迈入高铁时代。

（三）居民消费价格温和上涨，就业形势保持稳定

1. 居民消费价格温和上涨，食品烟酒类、医疗保健类价格上涨较快。2016年，云南省居民消费价格累计上涨1.5%（见图12），涨幅比上年回

①八大重点产业：生物医药和大健康产业、旅游文化产业、信息产业、现代物流产业、高原特色现代农业产业、新材料产业、先进装备制造业、食品与消费品制造业。

落0.4个百分点。八大类商品及服务项目价格“六涨一平一降”，其中食品烟酒类、医疗保健类价格分别上涨3.5%和2.4%，生活用品及服务价格持平，交通和通信类价格下降0.7%。

2. 工业生产价格涨幅由负转正，农产品价格涨幅回落。2016年，云南省工业生产者出厂价格（PPI）同比下降2.4%，降幅比上年收窄2.7个百分点。随着供给侧结构性改革效应初显及国际大宗商品价格总体上涨，PPI同比涨幅自2016年10月起由负转正，涨幅逐月扩大，12月为4.2%。其中，生活资料价格涨幅相对稳定，生产资料价格涨幅快速上升。工业生产者购进价格同比涨幅自2016年11月起由负转正，有色金属、黑色金属和燃料动力类价格上涨较快。全年工业生产者购进价格同比下降4.1%，其中12月同比上涨5.4%。2016年第三季度以来，受生猪价格趋稳影响，农产品价格涨幅明显回落。全年农产品生产者价格同比上涨3.9%，涨幅较上半年回落11.3个百分点，但比同期农业生产资料价格涨幅高1.1个百分点。

3. 劳动力成本上升，就业形势保持稳定。2016年，云南省本地农民工非务农工月均收入同比增长14.6%，增速比上年高6.9个百分点。积极的就业政策措施扎实有效，全年全省城镇新增就业44.8万人，比上年多增3.9万人，城镇登记失业率3.6%。

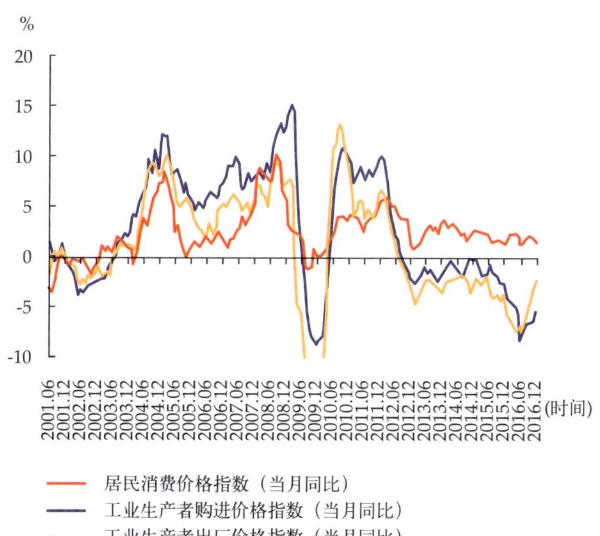

数据来源：国家统计局云南调查总队。

图12　2001～2016年云南省居民消费价格和工业生产者价格变动趋势

4. 资源型产品价格改革成效显现。2016年，云南省在全国率先出台电力体制改革试点方案，组建昆明电力交易中心，全年市场化交易电量590亿千瓦时，累计减少企业电费支出90.3亿元。实施城乡居民用电电能替代价格政策。天然气、水等领域价格改革加快推进。

（四）财政收支平稳运行，公共财政职能不断强化

2016年，云南省一般公共财政收入同比增长5.1%（见图13），增速比上年低1.4个百分点。其中，税收收入同比增长1.5%，非税收入同比增长12.5%。全省一般公共财政支出同比增长6.5%。收支相抵，财政支大于收3 207.3亿元，比上年多302.5亿元。财政支出结构进一步优化，民生支出金额占比73.8%。全年全省拨付政府和社会资本合作（PPP）项目奖补资金1.9亿元。

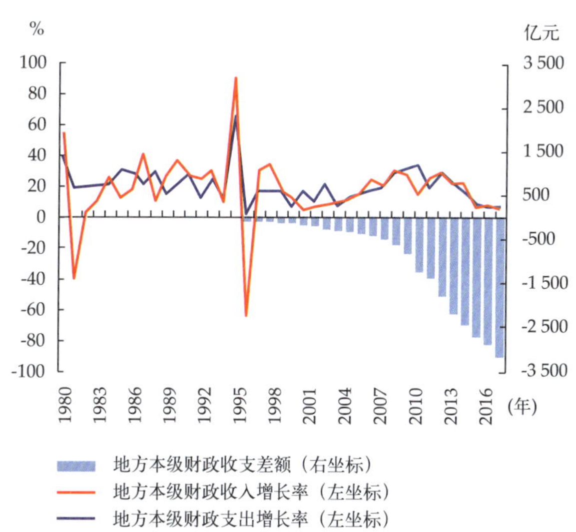

数据来源：云南省统计局、云南省财政厅。

图13　1980～2016年云南省财政收支状况

（五）环境质量有效改善，生态云南建设深入推进

2016年，制定出台《云南省生态文明建设排头兵规划（2016～2020年）》。21个县（市、区）新增纳入国家重点生态功能区。普洱市国家

绿色经济试验示范区建设加快推进。迪庆州、大理州洱源县、西双版纳州勐海县、文山州广南县列为全国生态保护与建设示范区。滇池、洱海、抚仙湖等高原湖泊治理与保护取得积极进展。低碳试点省建设扎实推进，建立碳排放总量控制制度和分解落实机制，昆明呈贡新区成为国家8个低碳城镇试点之一。全年全省单位生产总值能耗降低4.6%。实施退耕还林还草160万亩，治理水土流失面积4 720平方公里。

（六）房地产整体表现温和，医药工业稳中向好

1. 房地产市场有序去库存，房地产金融增长放缓。2016年，云南省商品房供应放缓，销售改善，重点城市房价温和上涨。房地产贷款增速放缓，重点支持住房消费和保障性住房建设。

（1）房地产开发投资小幅增长，比重下降。2016年，全省房地产开发投资完成2 688.3亿元，同比增长0.7%，在固定资产投资中的比重较上年下降3.3个百分点。开发企业资金链依然紧张，投资态度较为谨慎，全年资金来源同比下降9.1%，其中自筹资金、国内贷款增速回落较快。全年土地购置面积同比下降37.3%，未来房地产投资增长面临较大压力。

（2）商品房供应放缓，保障性住房建设目标超额完成。2016年，云南省商品房新开工面积、施工面积、竣工面积同比分别下降10.1%、0.6%和16.9%。其中，住宅新开工面积、施工面积、竣工面积同比分别下降12.6%、3.9%和24.4%。保障性住房建设扎实推进，全年建成城镇保障性安居工程23.2万套，超额完成国家下达目标数，棚户区改造货币化安置8.7万套。

（3）商品房销售较快增长，待售面积有所下降。2016年，云南省商品房销售面积、销售额同比分别增长15.7%、15.1%，增速比上年分别高17.2个百分点、10.7个百分点。其中，住宅销售面积、销售额同比分别增长13.8%、14.1%（见图14）。伴随商品房供求形势的结构性变化，去库存取得积极成效。年末全省商品房待售面积同比下降0.2%，其中住宅待售面积同比下降6.4%。

（4）重点城市房价涨幅温和。2016年第二季度以来，云南省重点城市房价波动上涨，涨幅总体温和。12月，昆明市、大理市新建住宅销售价格同比分别上涨4.2%、3.1%。（见图15）。

（5）房地产贷款增速放缓，重点支持住房消费和保障性住房建设。2016年年末，全省房地产贷款余额同比增长12.9%，增速比上年年末低7.7个百分点；增量在各项贷款中占比22.2%，较上年

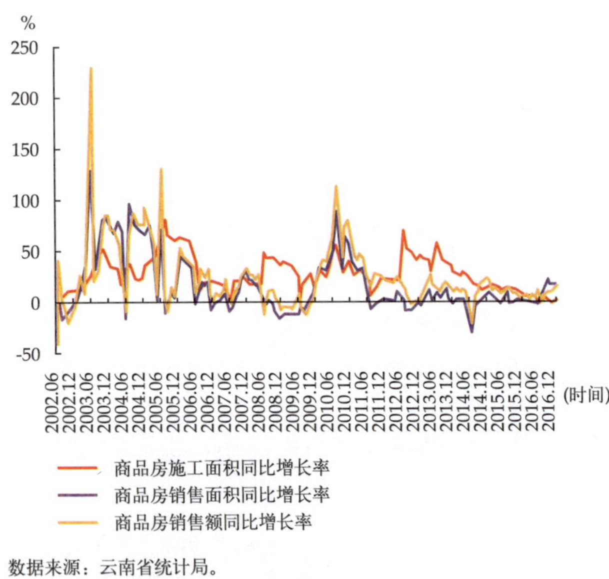

数据来源：云南省统计局。

图14　2002～2016年云南省商品房施工和销售变动趋势

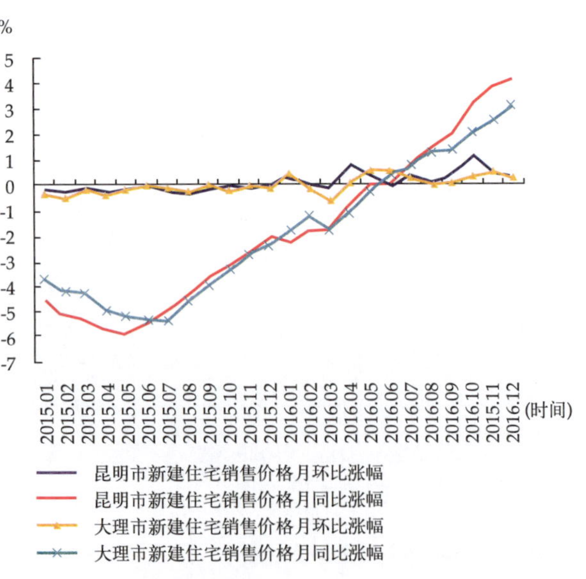

数据来源：《中国经济景气月报》。

图15　2015～2016年云南省主要城市新建住宅销售价格变动趋势

低3.4个百分点。其中，个人住房贷款、保障性住房开发贷款同比分别增长16.4%、31.6%。银行业金融机构积极落实差别化住房信贷政策，个人住房贷款价值比（LTV）63.7%，较上年提高5.1个百分点；首套房贷款笔数占比89.8%。

2. 医药工业稳中向好，创新能力明显增强。云南省是三七、灯盏花等大宗原料药主产区，医药行业资源禀赋优势突出。2016年，随着结构调整、提质增效工作的推进，云南省医药工业稳中向好，主要指标增速较快。全年全省规模以上医药工业增加值同比增长16.9%，企业主营业务收入同比增长12.9%，增速分别高于规模以上工业10.4个百分点、8.2个百分点；医药工业固定资产投资同比增长28.8%。企业改革创新发展的意识和能力不断提高，全年全省制药企业开展仿制药一致性评价超过45个品种，云南白药系列、血塞通系列、灯盏花系列逐渐成为国际竞争拳头产品；云南白药控股有限公司混合所有制改革取得突破。金融对医药工业的支持力度总体稳定。但云南省医药工业体量尚小，占规模以上工业增加值的比重仅为3.1%。2016年，云南省将生物医药和大健康产业列为八大重点产业之一，医药工业快速发展壮大的政策扶持体系建立健全。

三、预测与展望

2017年，云南省经济发展面临的形势依然复杂严峻，深层次体制性结构性矛盾没有根本缓解，新旧增长动力转换尚在形成过程中，经济下行压力仍然较大。但云南省经济长期向好的基本面没有改变，经济增长具备较多的支撑因素。一是随着国家“一带一路”、长江经济带等重大发展战略和一系列重大政策的实施，云南省将逐步从内陆边缘地区向中国面向南亚东南亚辐射中心发展，区位优势逐步显现；二是随着供给侧结构性改革、简政放权和创新驱动战略不断深化实施，以及基础设施、产业发展、脱贫攻坚、生态环保、科技创新、教育卫生等领域“补短板”协同推进，有效需求逐渐释放，供给体系质量不断提高，经济内生增长动力有望逐步增强；三是“五网”基础设施建设加快，一批重大项目完工运营，减税降费、电力市场化交易等力度加大，有利于减轻经济运行成本；四是国家强力推进脱贫攻坚，云南省面临较好的政策环境。

2017年，是实施“十三五”规划的重要一年，是供给侧结构性改革的深化之年。云南省金融机构将坚持稳中求进工作总基调，贯彻全国金融工作会议精神，落实稳健中性货币政策和各项信贷政策，聚焦稳增长和供给侧结构性改革，盘活存量、优化增量，大力发展直接融资，扩大对外开放，提高金融运行效率和服务实体经济的能力。继续支持“五网”基础设施建设，持续改善对八大重点产业、工业攻坚战、脱贫攻坚战、房地产去库存等的金融服务，进一步加大对“三农”、小微企业、创业促就业等薄弱环节和民生领域的金融支持，把防控金融风险放到更加重要的位置，守住不发生系统性金融风险的底线，为经济结构调整和转型升级营造适宜的金融环境。

中国人民银行昆明中心支行货币政策分析小组

总　纂：杨小平　王建东

统　稿：雷一忠　杨　杰　金艳昭

执　笔：金艳昭

提供材料的还有：宇　军　丁彩伦　李红艳　杨信信　王　勤　巴晶铝　摆　晔

附录

（一）2016年云南省经济金融大事记

2月20日，云南省人民政府召开金融工作调研座谈会。

2月26日，《云南省金融支持脱贫攻坚实施方案》印发实施。

3月21日，中国平安集团与云南省人民政府在昆明签署《支持云南“十三五”发展战略合作框架协议》。

4月18日，云南省人民政府召开全省互联网金融风险专项整治第一次领导小组会议，正式启动云南省互联网金融风险专项整治工作。

6月28日，云南省人民政府与上海黄金交易所签署战略合作备忘录，正式启动组建云南省黄金交易投资有限公司。

8月24日，云南省人民政府召开金融服务实体经济座谈会。

8月29日，云南省人民政府召开全省金融精准扶贫电视电话会议。

10月16日，中国建设银行与云南锡业集团（控股）有限责任公司签订市场化债转股协议。

11月1日，云南省人民政府印发《关于建设面向南亚东南亚金融服务中心的实施意见》《关于提升金融创新能力建设面向南亚东南亚金融服务中心等5个实施方案的通知》。

12月27日，云南省20家县级联社改制成农村商业银行股份有限公司统一对外挂牌开业。

（二）2016年云南省主要经济金融指标

表1　2016年云南省主要存贷款指标

		1月	2月	3月	4月	5月	6月	7月	8月	9月	10月	11月	12月
本外币	金融机构各项存款余额（亿元）	25 121.4	24 939.5	25 447.0	25 682.3	26 178.4	26 666.0	26 476.3	26 852.7	27 083.2	27 571.7	28 070.9	27 921.5
	其中：住户存款	10 732.9	11 058.7	11 148.5	11 067.5	11 123.8	11 323.8	11 300.3	11 390.9	11 785.2	11 708.5	11 836.9	12 012.5
	非金融企业存款	6 909.9	6 589.2	6 828.7	7 028.4	7 148.1	7 465.8	7 378.4	7 467.5	7 420.3	7 800.5	8 021.2	8 073.0
	各项存款余额比上月增加（亿元）	-83.2	-181.8	507.5	235.2	496.2	487.6	-189.7	376.4	230.6	488.5	499.2	-149.3
	金融机构各项存款同比增长（%）	9.6	9.8	9.9	11.7	13.0	11.4	10.8	11.1	10.3	12.3	11.3	10.8
	金融机构各项贷款余额（亿元）	21 634.6	21 727.1	21 850.2	22 123.7	22 378.7	22 613.8	22 753.3	22 801.8	23 047.2	23 241.1	23 178.5	23 491.4
	其中：短期	6 220.8	6 218.4	6 260.2	6 277.5	6 235.9	6 214.1	6 147.4	6 129.6	6 154.4	6 096.0	6 024.4	6 099.1
	中长期	13 794.6	13 877.0	13 907.9	14 087.7	14 341.3	14 561.6	14 670.8	14 698.7	14 947.5	15 150.2	15 157.9	15 449.7
	票据融资	901.9	885.1	932.2	974.8	997.3	1 039.7	1 133.9	1 170.4	1 146.8	1 190.4	1 178.0	1 128.9
	各项贷款余额比上月增加（亿元）	392.0	92.5	123.1	273.5	255.0	235.1	139.6	48.5	245.4	193.9	-62.7	312.9
	其中：短期	-2.0	-2.4	41.8	17.3	-41.6	-21.8	-66.7	-17.8	24.8	-58.5	-71.5	74.7
	中长期	306.2	82.4	30.9	179.8	253.6	220.2	109.3	27.9	248.7	202.7	7.8	291.8
	票据融资	81.1	-16.7	47.1	42.6	22.5	42.4	94.2	36.6	-23.6	43.6	-12.4	-49.1
	金融机构各项贷款同比增长（%）	14.1	13.2	12.4	12.7	13.1	12.2	13.0	11.8	11.7	11.8	10.5	10.6
	其中：短期	6.3	4.9	4.0	2.8	2.2	1.1	-0.1	-0.5	-0.8	-1.0	-2.6	-2.0
	中长期	13.7	13.3	12.5	13.3	14.2	14.0	15.4	14.2	14.8	14.3	13.6	14.6
	票据融资	116.6	109.6	115.1	113.7	111.1	82.4	87.2	76.0	63.0	76.1	61.4	37.6
	建筑业贷款余额（亿元）	910.3	897.9	909.9	934.2	971.4	973.8	965.9	965.7	965.4	987.6	976.6	976.7
	房地产业贷款余额（亿元）	1 035.1	1 048.4	1 053.4	1 053.6	1 074.2	1 077.2	1 062.9	1 017.8	1 021.0	1 045.2	1 058.7	1 066.6
	建筑业贷款同比增长（%）	2.1	-1.5	0.3	2.7	7.2	6.0	5.9	6.5	4.6	9.1	10.8	12.1
	房地产业贷款同比增长（%）	20.0	17.0	14.4	13.0	11.9	8.5	8.0	1.2	-0.9	3.1	4.9	3.7
人民币	金融机构各项存款余额（亿元）	24 972.2	24 788.4	25 295.7	25 504.6	25 991.5	26 466.1	26 302.2	26 682.3	26 915.2	27 410.9	27 905.6	27 746.7
	其中：住户存款	10 677.0	11 001.5	11 091.2	11 010.1	11 065.5	11 264.4	11 239.4	11 329.9	11 723.6	11 642.3	11 766.0	11 936.2
	非金融企业存款	6 832.7	6 511.9	6 752.0	6 923.8	7 038.6	7 344.0	7 284.1	7 382.1	7 338.6	7 725.3	7 948.0	8 001.2
	各项存款余额比上月增加（亿元）	-92.0	-183.9	507.3	208.9	486.9	474.6	-163.9	380.0	233.0	495.6	494.7	-159.0
	其中：住户存款	-60.6	324.5	89.6	-81.0	55.3	199.0	-25.1	90.5	393.7	-81.3	123.7	170.2
	非金融企业存款	-56.3	-320.8	240.2	171.8	114.8	305.4	-59.9	98.0	-43.5	386.8	222.7	53.2
	各项存款同比增长（%）	9.8	9.9	10.0	11.7	12.9	11.2	10.8	11.1	10.3	12.3	11.3	10.7
	其中：住户存款	9.3	8.3	8.2	8.7	9.8	9.3	10.1	10.7	11.4	12.3	13.2	11.2
	非金融企业存款	4.7	7.2	9.5	12.3	12.6	12.2	13.2	12.5	13.1	16.7	16.2	16.2
	金融机构各项贷款余额（亿元）	21 262.8	21 353.6	21 486.2	21 750.2	22 001.1	22 232.3	22 382.7	22 433.6	22 674.2	22 862.7	22 790.5	23 089.3
	其中：个人消费贷款	3 228.6	3 221.2	3 257.2	3 288.6	3 328.9	3 375.5	3 401.3	3 437.5	3 474.8	3 505.9	3 573.4	3 611.0
	票据融资	901.9	885.1	932.2	974.8	997.3	1 039.7	1 133.9	1 170.4	1 146.8	1 190.4	1 178.0	1 128.9
	各项贷款余额比上月增加（亿元）	383.8	90.7	132.6	264.0	250.9	231.3	150.4	50.9	240.5	188.5	-72.1	298.8
	其中：个人消费贷款	42.6	-7.4	36.0	31.4	40.3	46.6	25.8	36.2	37.3	31.1	67.5	37.6
	票据融资	81.1	-16.7	47.1	42.6	22.5	42.4	94.2	36.6	-23.6	43.6	-12.4	-49.1
	金融机构各项贷款同比增长（%）	14.3	13.3	12.5	12.7	13.1	12.2	13.1	12.1	12.0	12.0	10.6	10.6
	其中：个人消费贷款	14.6	13.5	13.6	13.2	13.4	13.3	13.0	13.0	13.0	13.5	14.0	13.3
	票据融资	116.6	109.6	115.1	113.7	111.1	82.4	87.2	76.0	63.0	76.1	61.4	37.6
外币	金融机构外币存款余额（亿美元）	22.8	23.1	23.4	27.5	28.4	30.2	26.2	25.5	25.2	23.8	24.0	25.2
	金融机构外币存款同比增长（%）	-12.7	-15.9	-17.1	3.4	20.9	40.1	3.7	2.2	2.6	3.5	9.7	16.7
	金融机构外币贷款余额（亿美元）	56.7	57.1	56.3	57.8	57.4	57.5	55.7	55.0	55.9	56.0	56.3	58.0
	金融机构外币贷款同比增长（%）	0.3	-0.1	3.0	3.3	4.0	2.2	-2.2	-4.7	-7.2	-6.5	-3.9	3.4

数据来源：中国人民银行昆明中心支行。

表2　2001～2016年云南省各类价格指数

单位：%

年/月	居民消费价格指数		农业生产资料价格指数		工业生产者购进价格指数		工业生产者出厂价格指数	
	当月同比	累计同比	当月同比	累计同比	当月同比	累计同比	当月同比	累计同比
2001	—	-0.9	—	-3.4	—	-0.6	—	-0.1
2002	—	-0.2	—	0.4	—	-2.4	—	-1.8
2003	—	1.2	—	1.9	—	2.7	—	1.4
2004	—	6	—	6.3	—	9.6	—	8.8
2005	—	1.4	—	5.9	—	6.5	—	4.5
2006	—	1.9	—	2.8	—	7.6	—	4.6
2007	—	5.9	—	7.0	—	8.2	—	5.7
2008	—	5.7	—	16.6	—	11.6	—	5.8
2009	—	0.4	—	-0.7	—	-5.0	—	-8.5
2010	—	3.7	—	1.4	—	9.0	—	8.8
2011	—	4.9	—	8.3	—	8.0	—	4.7
2012	—	2.7	—	4.6	—	-0.7	—	-2.1
2013	—	3.1	—	0.1	—	-1.2	—	-2.5
2014	—	2.4	—	-1.6	—	-1.0	—	-2.2
2015	—	1.9	—	1.1	—	-3.1	—	-5.1
2016	—	1.5	—	2.8	—	-4.1	—	-2.4
2015　1	1.6	1.6	-1.2	-1.2	-0.7	-0.7	-3.4	-3.4
2	1.7	1.7	-0.5	-0.8	-1.5	-1.1	-4.0	-3.7
3	1.6	1.6	-0.1	-0.6	-1.7	-1.3	-4.0	-3.8
4	1.8	1.7	0.3	-0.4	-2.0	-1.5	-3.7	-3.8
5	1.8	1.7	0.9	-0.1	-2.4	-1.7	-4.3	-3.9
6	1.5	1.7	1.5	0.1	-2.5	-1.8	-3.8	-3.9
7	1.3	1.6	1.7	0.4	-2.8	-1.9	-5.1	-4.1
8	2.3	1.7	1.7	0.5	-4.4	-2.2	-6	-4.3
9	2.4	1.8	2.2	0.7	-4.3	-2.5	-6.2	-4.5
10	2.4	1.8	2.3	0.9	-4.6	-2.7	-6.6	-4.7
11	2.3	1.9	2.1	1	-5	-2.9	-7.4	-4.9
12	2	1.9	2	1.1	-5.5	-3.1	-7	-5.1
2016　1	1.3	1.3	1.2	1.2	-8.0	-8.0	-7.1	-7.1
2	1.8	1.6	1.3	1.3	-7.0	-7.5	-6.7	-6.9
3	1.9	1.7	2.1	1.6	-6.6	-7.2	-5.8	-6.5
4	2.2	1.8	3.3	2.0	-6.6	-7.1	-4.9	-6.1
5	1.9	1.8	3.8	2.4	-6.2	-6.9	-3.5	-5.6
6	1.8	1.8	3.8	2.6	-6.4	-6.8	-2.9	-5.2
7	1.6	1.8	3.7	2.8	-5.2	-6.6	-2.2	-4.7
8	1.0	1.7	3.3	2.8	-3.9	-6.3	-1.2	-4.3
9	1.0	1.6	3.0	2.9	-3.2	-5.9	-0.5	-3.9
10	1.0	1.6	0.1	2.9	-1.8	-5.5	0.4	-3.5
11	1.3	1.5	2.5	2.8	1.4	-4.9	2.6	-3.0
12	1.2	1.5	2.7	2.8	5.4	-4.1	4.2	-2.4

数据来源：国家统计局云南调查总队。

表3　2016年云南省主要经济指标

	1月	2月	3月	4月	5月	6月	7月	8月	9月	10月	11月	12月
绝对值（自年初累计）												
地区生产总值（亿元）	—	—	2 764.9	—	—	5 806.6	—	—	9 536.9	—	—	14 869.9
第一产业	—	—	250.0	—	—	590.6	—	—	1 218.3	—	—	2 195.0
第二产业	—	—	1 224.0	—	—	2 373.0	—	—	3 727.2	—	—	5 799.3
第三产业	—	—	1 290.9	—	—	2 843.0	—	—	4 591.5	—	—	6 875.6
工业增加值（亿元）	—	562.7	863.7	1 136.2	1 396.7	1 747.4	1 873.9	2 174.0	2 465.6	2 786.6	3 158.4	3 668.3
固定资产投资（亿元）	—	978.5	2 278.1	3 436.0	4 716.4	6 417.0	7 762.9	9 033.4	10 653.7	12 446.8	14 118.7	15 662.5
房地产开发投资	—	240.5	485.4	695.9	892.5	1 255.1	1 480.4	1 670.1	1 917.9	2 128.5	2 438.3	2 688.3
社会消费品零售总额（亿元）	—	845.3	1 292.5	1 730.7	2 174.0	2 658.6	3 134.5	3 619.3	4 127.8	4 651.9	5 182.1	5 722.9
外贸进出口总额（亿元）	—	226.0	346.1	442.1	538.2	613.9	720.3	849.8	941.6	1 066.5	1 172.2	1 323.2
进口	—	79.4	132.3	180.0	226.4	264.7	300.6	345.7	384.0	427.7	496.3	556.8
出口	—	146.6	213.8	262.1	311.9	349.2	419.7	504.1	557.7	638.8	675.9	766.4
进出口差额(出口－进口)	—	67.2	81.5	82.1	85.5	84.5	119.1	158.4	173.7	211.1	179.6	209.6
实际利用外资（亿美元）	3.4	3.6	4.3	4.9	5.0	5.0	5.2	5.8	6.2	8.4	8.5	8.7
地方财政收支差额（亿元）	—	-207.9	-559.9	-669.8	-949.5	-1 625.8	-1 877.5	-2 181.5	-2 525.0	-2 673.8	-2 978.5	-3 207.3
地方财政收入	—	247.4	404.1	570.7	698.1	868.5	995.3	1 101.7	1 263.1	1 434.9	1 590.0	1 812.3
地方财政支出	—	455.3	964.0	1 240.5	1 647.6	2 494.3	2 872.8	3 283.2	3 788.1	4 108.7	4 568.5	5 019.6
城镇登记失业率 (%)(季度)	—	—	4.0	—	—	4.0	—	—	3.6	—	—	3.6
同比累计增长率（%）												
地区生产总值	—	—	6.6	—	—	6.6	—	—	7.6	—	—	8.7
第一产业	—	—	4.5	—	—	4.9	—	—	5.1	—	—	5.6
第二产业	—	—	4.5	—	—	4.7	—	—	6.6	—	—	8.9
第三产业	—	—	9.3	—	—	8.8	—	—	9.2	—	—	9.5
工业增加值	—	0.2	2.1	1.7	1.5	1.5	1.4	2.7	3.8	4.4	5.4	6.5
固定资产投资	—	9.7	17.0	17.8	17.6	18.3	18.3	18.5	19.2	19.5	19.7	19.8
房地产开发投资	—	0.4	1.5	4.4	2.8	2.2	4.2	1.7	1.5	1.1	0.4	0.7
社会消费品零售总额	—	11.7	12.0	11.8	11.8	11.9	11.9	12.0	12.0	12.0	12.0	12.1
外贸进出口总额	—	-22.3	-11.1	-8.4	-9.4	-10.2	-9.3	-12.4	-15.6	-14.1	-14.2	-13.0
进口	—	16.5	25.6	21.3	21.0	15.4	9.7	12.2	10.6	11.6	16.2	13.4
出口	—	-34.2	-24.8	-21.6	-23.4	-23.2	-19.3	-23.8	-27.4	-25.6	-28.0	-25.6
实际利用外资	37.5	45.3	1.5	-33.0	-45.3	-57.4	-58.7	-57.5	-61.5	-58.0	-66.5	-71.0
地方财政收入	—	3.8	4.0	8.7	10.9	3.9	3.6	3.7	4.8	4.4	4.8	5.1
地方财政支出	—	8.1	11.3	9.7	13.0	16.2	19.4	23.3	15.5	15.0	14.8	6.5

数据来源：云南省统计局、云南省商务厅。

西藏自治区金融运行报告（2017）

中国人民银行拉萨中心支行货币政策分析小组

[内容摘要] 2016年，西藏自治区经济运行总体平稳，主要经济指标增幅保持在合理区间和预期目标之内，全年实现地区生产总值1 150亿元，同比增长10%。金融运行平稳，社会融资规模和信贷投放合理适度增长，信贷结构持续优化，金融服务实体经济的能力进一步提升。

2017年，世界经济仍将延续疲弱复苏态势，国内外经济金融形势仍错综复杂，但中国经济金融运行总体平稳。中央、自治区经济工作会议和中国人民银行工作会议提出了大量的政策措施，指明了下一步工作方向，西藏经济有望保持平稳向好态势。西藏自治区金融业将继续坚持稳中求进的总基调，以加快推动转变经济发展方式为主线，继续贯彻实施稳健中性的货币政策，有效防范系统性金融风险，提升金融服务和管理水平，处理好经济增长、调整结构、防范风险之间的关系，促进经济持续健康发展。

一、金融运行情况

2016年，西藏金融运行平稳，融资结构持续改善，各项改革深入推进，呈现出"三稳、一高、一快"的特点，即社会融资规模稳定增长，证券市场、保险市场稳步发展，存贷款快速增长。金融体系日趋完善，金融生态环境继续优化，为全区经济平稳较快发展创造了良好的金融环境。

（一）银行业稳健运行，信贷资源配置进一步优化

2016年，西藏银行业金融机构积极贯彻落实稳健货币政策，各项贷款平稳增长，信贷结构持续优化，信贷总量创历史新高，金融对实体经济的支持作用进一步增强。

1. 银行业组织体系不断完善，经营效益稳步提升。2016年，辖区银行业金融机构数量不断增加，组织体系日趋完善，市场集中度有所下降，竞争程度进一步提高。截至2016年年末，辖区银行业金融机构营业网点686个，从业人员9 244人。西藏银行业金融机构全年实现净利润89.1亿元，比上年同期增加9.9亿元，增长12.5%。

2. 各项存款稳步增长，企业存款增长迅速。2016年，西藏金融机构本外币各项存款余额4 379.7亿元，同比增长19.3%，高于全国增速8个百分点。

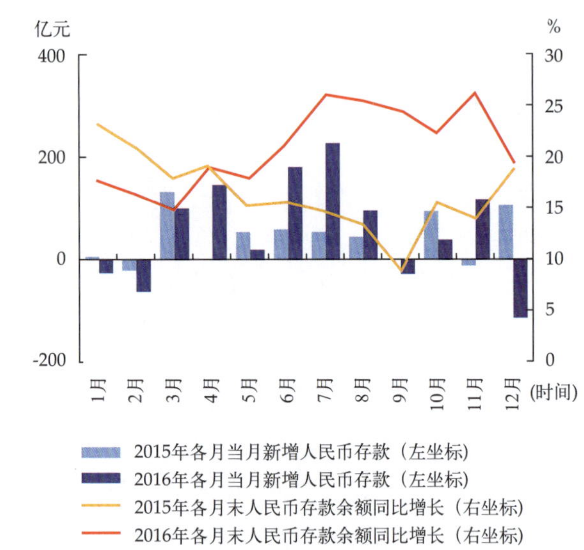

数据来源：中国人民银行拉萨中心支行《西藏自治区金融统计月报》。

图1 2015～2016年西藏自治区金融机构人民币存款增长变化

其中，企业存款余额为979.2亿元，同比增加343.1亿元，增长54%。西藏存款活期化趋势较为明显。截至2016年年末，住户及企业活期存款余额1 267.3亿元，同比增加479.4亿元，增长60.9%。活期存款增速较上年同期提高36.1个百分点，较同期定期存款增速高出60.1个百分点。

3. 各项贷款高速增长，结构进一步优化。截至2016年年末，西藏金融机构本外币各项贷款余额3 048.6亿元，同比增长43.5%，高于全国增速

30.7个百分点（见图2）。其中，中长期贷款增长迅速，余额2 462.2亿元，同比增长52%。信贷投向重点突出，信贷结构进一步优化，支持实体经济发展的能力进一步增强。小微企业贷款余额765.1亿元，同比增长1.4倍；涉农贷款余额859.8亿元，同比增长1.1倍。

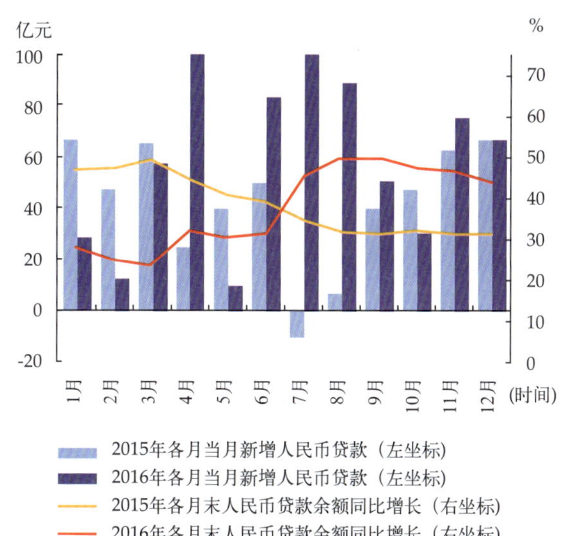

数据来源：中国人民银行拉萨中心支行《西藏自治区金融统计月报》。

图2　2015～2016年西藏自治区金融机构人民币贷款增长变化

4. 表外业务大幅萎缩，融资结构持续优化。2016年，西藏委托贷款、信托贷款、未贴现银行承兑汇票合计减少19.1亿元，同比少增270亿元，同比降低107.6%。受监管机构加强表外业务监管的影响，大量表外业务转移表内，表外业务出现大幅萎缩。这种结构性调整在一定程度上有助于缩短融资链条，降低企业融资成本，优化融资结构，将有利于金融机构的稳健运行，增强金融机构对实体经济的资金支持能力。

5. 继续执行贷款优惠利率政策，利率水平保持相对平稳。2016年，西藏金融机构继续执行中央赋予西藏的特殊优惠货币政策。西藏金融机构贷款利率以西藏优惠贷款利率为上限实行上限管制；存款利率政策与全国保持同步，实现了人民币存款利率市场化。西藏银行及林芝村镇银行各类存款上浮幅度均不超过中国人民银行基准利率的1.5倍，其他在藏银行业金融机构存款利率均按

表1　2016年西藏自治区金融机构人民币贷款各利率区间占比

单位：%

月份		1月	2月	3月	4月	5月	6月
合计		100.0	100.0	100.0	100.0	100.0	100.0
下浮		0.1	0.0	0.0	0.0	0.0	0.0
基准		99.9	100.00	100.0	100.00	100.0	100.0
上浮	小计	0.0	0.0	0.0	0.0	0.0	0.0
	(1.0，1.1]	0.0	0.0	0.0	0.0	0.0	0.0
	(1.1，1.3]	0.0	0.0	0.0	0.0	0.0	0.0
	(1.3，1.5]	0.0	0.0	0.0	0.0	0.0	0.0
	(1.5，2.0]	0.0	0.0	0.0	0.0	0.0	0.0
	2.0以上	0.0	0.0	0.0	0.0	0.0	0.0
月份		7月	8月	9月	10月	11月	12月
合计		100.0	100.0	100.0	100.0	100.0	100.0
下浮		0.1	0.0	0.0	0.1	0.0	0.0
基准		99.9	100.0	100.0	99.9	100.0	100.0
上浮	小计	0.0	0.0	0.0	0.0	0.0	0.0
	(1.0，1.1]	0.0	0.0	0.0	0.0	0.0	0.0
	(1.1，1.3]	0.0	0.0	0.0	0.0	0.0	0.0
	(1.3，1.5]	0.0	0.0	0.0	0.0	0.0	0.0
	(1.5，2.0]	0.0	0.0	0.0	0.0	0.0	0.0
	2.0以上	0.0	0.0	0.0	0.0	0.0	0.0

数据来源：中国人民银行拉萨中心支行。

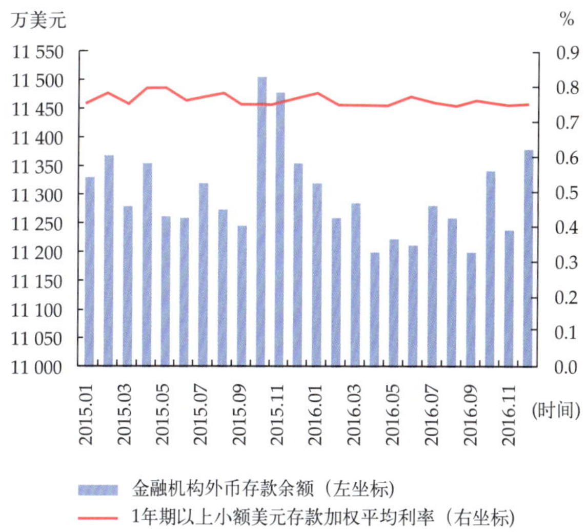

数据来源：中国人民银行拉萨中心支行。

图3　2015～2016年西藏自治区金融机构外币存款余额及外币存款利率

各自总行要求的浮动水平执行。在个人住房贷款方面，对有2套以上住房且未结清相应购房贷款、

又申请贷款购买住房的家庭，辖区部分商业银行的贷款利率为西藏优惠贷款利率的1.1倍。

2016年，西藏民间借贷利率波动幅度较小，处于9%～10%区间，加权平均利率为9.48%，较上年度下降0.54个百分点，利率走势总体平稳。

6. 金融体制改革不断推进，金融服务覆盖面不断拓展。2016年，各分支机构网点建设有序推进，新开业的机构有浦发银行拉萨分行、中信银行信用卡中心拉萨分中心、民生银行拉萨分行首家社区支行，基本形成了与全国框架一致、体制衔接的银行业机构体系格局。

7. 资产负债规模稳步扩大，资产质量总体向好。2016年，西藏银行业金融机构总资产5 233.3亿元，比年初增长29.2%；总负债5 056.5亿元，比年初增长29%。其中，西藏4家地方法人银行业机构资产总额684.4亿元，同比增长45.1%；负债总额575.2亿元，同比增长45.3%。2016年，西藏银行业不良贷款余额9.8亿元，比年初增长25.7%；不良贷款率0.3%，比年初下降0.1个百分点。

8. 跨境人民币业务稳步推进。2016年，全区累计办理跨境人民币业务1亿元。其中，货物贸易人民币结算金额0.01亿元，跨境服务贸易及其他经常项目结算金额0.6亿元。办理外商直接投资人民币结算业务金额0.4亿元。截至2016年年末，辖区代理行为境外参加行开立4个人民币同业往来账户，账户余额0.02亿元。境外企业在辖区开立人民币结算账户28个，账户余额15.9亿元。办理跨境人民币结算业务的西藏企业达162家，业务往来的境外国家和地区已拓展到意大利、德国、日本、美国、韩国等26个国家和地区。

专栏1　西藏扎实推进“两权”抵押贷款试点工作取得积极成效

2015年12月，经全国人大授权，曲水县成为西藏唯一同时获得农村承包土地经营权抵押贷款试点县以及农民住房财产权抵押贷款试点县的区县，米林县成为农村承包土地经营权抵押贷款试点县。试点以来，两试点县从加快农村土地的确权颁证、建设农村土地流转服务中心、设立“两权”抵押贷款增信基金、加大对“两权”抵押贷款产品的宣传等各项试点配套工作入手，加强与当地金融机构的合作，成功实现了“两权”抵押贷款的发放。

一、“两权”抵押贷款试点工作进展情况

西藏自治区高度重视，成立领导小组，于2012年6月启动农村土地承包经营权确权登记颁证工作，截至2016年年末，已全面完成全县五乡一镇17个行政村133个村民小组、7 201户86 314亩农村土地承包经营权颁证工作。目前，曲水县宅基地使用权、住房所有权确权率100%，宅基地使用权、住房所有权颁证率达100%。米林县宅基地使用权、住房所有权确权率100%，宅基地使用权、住房所有权颁证率达0.8%。

二、“两权”抵押贷款工作成效

“两权”抵押贷款工作稳步推进，取得了初步成效。2016年3月29日，西藏首批农民住房财产权抵押贷款在拉萨市曲水县农村改革试验区发放，共为19户农户发放农民住房财产权抵押贷款263万元。

三、“两权”抵押贷款试点工作遇到的困难和问题

一是米林县推动农村承包土地经营权贷款难度较大。农村土地承包经营权颁证率过低，“两权”抵押贷款的基础条件还不成熟，大范围推广土地承包经营权抵押贷款的基础条件尚有待改善。同时，农村“两权”产权登记综合信息系统尚未建设，也制约了“两权”抵押贷款的发放。

二是农村承包土地的经营权抵押贷款作用有待进一步发挥。目前西藏辖区尚未发放针对流转土地的专业大户、农业企业等农业经营主体的农村承包土地的经营权贷款。“两权”抵押贷款对农牧业产业化发展的带动作用有待进一步发挥。

四、推动辖区“两权”抵押贷款试点工作的政策建议

一是稳步推进农民住房财产权抵押贷款工作。曲水县作为农民住房财产权抵押贷款试点县，目前已在聂当乡5个村开展了农民住房财产权抵押贷款试点。在不断积累经验的基础和风险可控的前提下，建议将中国农业银行曲水县支行发放农民住房财产权抵押贷款的经验进行复制，逐步向曲水全县有序推广，有助于解决农牧民较大额的资金需求，促进农牧民增收致富。

二是进一步推动农村承包土地的经营权抵押贷款工作。按照所有权、承包权、经营权三权分置和经营权流转的有关要求，建议中国农业银行曲水县支行与曲水县县委、农改办等机构加强合作，在曲水县内选取有一定经济实力、农业生产经营较好的农业企业开展试点。建议米林县县委加大工作力度，尽快推动米林县农村承包土地的经营权贷款试点工作取得新进展。

（二）证券业稳步发展，融资功能不断提升

2016年，西藏证券市场主体增多，经营效益提高。上市公司利润进一步提高，经营状况保持良好。

1. 证券市场主体日益增多。截至2016年年末，西藏有2家法人证券公司，3家证券公司分公司，14家证券公司营业部；1家期货公司营业部；1家公募基金管理机构，177家登记备案的私募基金管理机构。截至2016年年末，有14家A股上市公司，1家H股上市公司，13家新三板挂牌公司，10家拟上市公司，1家拟挂牌企业，22家后备企业。

2. 证券机构稳健经营。截至2016年年末，2家法人证券机构资产总额309.6亿元，同比增长7.3%；负债总额216.4亿元，同比下降11.8%。截至2016年年末，客户交易结算资金余额128.4亿元，同比上升0.6%。截至2016年年末，辖区17家证券分支机构合格资金账户数1 239 550户，代理买卖证券款45.7亿元，客户资产503.6亿元。2016年，辖区各证券分支机构证券交易量16 954.9亿元，营业收入6.2亿元，净利润4亿元。

3. 基金管理机构经营状况良好。截至2016年年末，泓德基金管理有限公司管理公募基金产品15只，管理规模179.6亿元；管理专户产品13只，管理规模134亿元。已在中国证券投资基金业协会进行登记备案的各类私募基金管理机构177家，管理基金674只，管理基金规模1 997.3亿元。

4. 上市公司经营状况较好，利润进一步提高。2016年，华钰矿业挂牌上市，首发融资3.7亿元，西藏高争民爆股份有限公司、西藏易明西雅医药科技股份有限公司也于12月挂牌上市。2016年年末，辖内A股上市公司总资产合计541.13亿元，同比增长5.13%，平均总资产38.65亿元；上市公司净资产合计295.18亿元，同比增长15.78%，平均净资产21.08亿元；平均资产负债率为35.2%，同比下降2.28个百分点；实现营业总收入242.23亿元，平均营业收入17.3亿元，同比增长5.41%；实现净利润33.99亿元，平均净利润2.43亿元，同比增长62.31%。

（三）保险业健康发展，保费收入和赔付支出快速增长

1. 保险业机构有所增加，总体实力进一步增强。2016年，西藏分别新增财产险公司和人身险公司各1家。截至2016年年末，共有各级保险机构63家，其中，法人保险公司1家，省级分公司8家。截至2016年年末，西藏保险业总资产6.5亿元，同比增长15.3%。其中，财产险公司资产总额为4.5亿元，同比增长10%；人身险公司资产总额为2亿元，同比增长29.4%。保险公司资产总额快速增长，保险业总体实力和服务能力进一步增强。

2. 保费收入明显提升。2016年年末，西藏保险市场实现原保险保费收入22.3亿元，同比增长28.2%。其中，财产险业务13.9亿元，同比增长24.8%；人身险业务8.4亿元，同比增长34.2%。累计赔付支出10.1亿元，同比增长25.3%。其中，人

身险业务赔款支出3.1亿元，同比增长39.7%；财产险业务赔款支出7亿元，同比增长19.8%。

（四）社会融资规模继续扩大，金融市场运行较为平稳

2016年，西藏金融市场稳步发展，社会融资规模快速增长，市场融资结构仍以间接融资为主。

1. 贷款快速增长。2016年，西藏社会融资规模增量为935.2亿元，创历史同期新高，较上年增加141.3亿元，同比增长17.8%。分项目看，人民币贷款新增925.4亿元，同比增长84.5%；委托贷款新增42.7亿元，同比增长95.8%；未贴现银行承兑汇票新增29.9亿元，同比增长970.3%；保险公司赔偿新增16.1亿元，同比增长100%；信托贷款减少91.7亿元，同比减少139.5%；企业债券融资减少2亿元，同比减少116.7%；非金融企业境内股票新增融资13.7亿元，同比减少20.5%（见图4）。

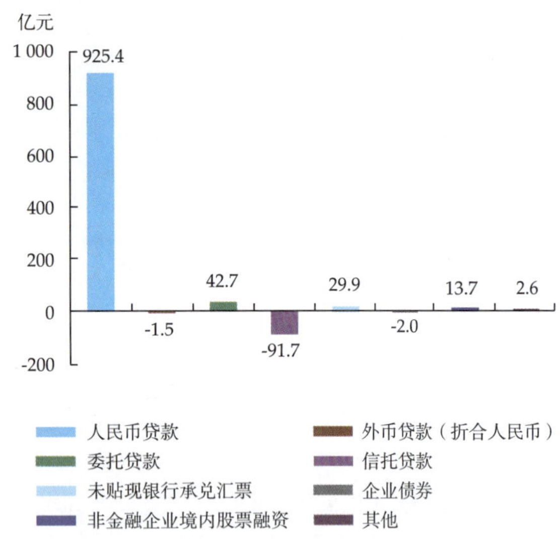

数据来源：中国人民银行拉萨中心支行。

图4　2016年西藏自治区社会融资规模分布结构

2.货币市场稳步发展。2016年，西藏辖内法人金融机构货币市场成交量共计73.7亿元，较上年增加23.3亿元，涨幅高达216.3%。其中，同业拆借成交62.5亿元，同比增长168.2%，加权平均利率为3.4%；质押式回购成交10.6亿元，加权平均利率为3.1%；买断式回购成交0.6亿元，加权平均利率为4.7%。

表2　2016年西藏自治区金融机构票据业务量统计

单位：亿元

季度	银行承兑汇票承兑		贴现			
			银行承兑汇票		商业承兑汇票	
	余额	累计发生额	余额	累计发生额	余额	累计发生额
1	9.2	1.7	0.03	0.03	0	0
2	7.4	3.8	0.00	0.03	0	0
3	5.6	7.0	0.00	0.03	0	0
4	11.0	14.3	0.01	0.04	0	0

数据来源：中国人民银行拉萨中心支行。

表3　2016年西藏自治区金融机构票据贴现、转贴现利率

单位：%

季度	贴现		转贴现	
	银行承兑汇票	商业承兑汇票	票据买断	票据回购
1	0	0	3.12	0
2	0	0	2.88	0
3	0	0	2.47	0
4	0	0	3.25	0

数据来源：中国人民银行拉萨中心支行。

3. 票据市场交易小幅下降。2016年，西藏票据融资余额118.8亿元，比上年减少9.7亿元，下降7.5%，以票据转贴现业务为主。

4. 涉外收支额和结售汇额“一降一升”。2016年，全区涉外收支总额为3.5亿美元，同比下降71.5%；涉外收支逆差额为2.6亿美元，上年同期为顺差3.6亿美元。银行代客结售汇总额大幅增长，由顺差转为逆差。2016年，辖区银行结售汇总额为4.4亿美元，同比增长63.9%；银行结售汇逆差额为3.4亿美元，上年同期为顺差1.1亿美元。

（五）金融改革稳步推进

继续加强金融组织体系建设。2016年设立了首家社区银行；推进浦发银行拉萨分行和中信银行信用卡中心开业运营；推动西藏银行筹建那曲分行，支持其跨区经营。积极推动中国农业银行和国家开发银行西藏分行内设机构改革，强化中国农业银行西藏分行“三农金融事业部”运行机制建设，推动国家开发银行西藏分行住宅金融事业部改革。推进利率市场化改革。健全市场利率

形成和传导机制，发挥利率定价自律机制作用，允许贷款利率在合理区间下浮，推动西藏银行成为全国性市场利率定价自律机制基础成员。完善农村承包土地经营权抵押贷款及农民住房财产权抵押贷款工作机制，并扎实推进试点工作。林权抵押贷款实现新突破，中国农业银行山南分行在扎囊县发放首笔800万元林权抵押贷款。全面实施存款保险制度，建立存款保险风险评级框架，开展对存款保险投保机构风险评价，落实投保机构保费缴纳。实施国库集中支付改革，财政资金拨付由“层层转”变为“直通车”。加快社会信用体系建设，推进证券公司接入征信系统，启动第二批农村信用体系建设工作，推动小额贷款公司和融资性担保公司信用评级工作，推广应收账款融资服务平台。全面整治互联网金融，彻底排查互联网金融风险。

（六）金融基础建设逐步完善，生态环境不断优化

一是社会信用体系建设工作全面推进。截至2016年年末，企业征信系统共收录全区企事业单位及其他经济组织8 113户，同比增长3.6%；个人征信系统收录全区自然人约132.9万人，同比增加4.9%。全面启动第二批农村信用建设工作，大力开展信息采集和信用创建工作。截至2016年年末，全区农牧区信用信息基础数据库采集户数达67 807户。二是农牧区支付服务环境显著改善。截至2016年年末，西藏全区累计设立助农取款服务点5 388个，填补金融服务空白行政村3 701个，目前全区剩余金融空白行政村995个。三是金融维权环境持续向好。2016年，辖区人民银行系统共受理咨询投诉102起，其中，投诉85起、咨询17起，投诉办结率100%；通过回访，办结满意81起，办结满意率95.3%。四是反洗钱履职水平继续提升。2016年，辖区人民银行系统对23家金融机构进行了现场检查，共接收重点可疑交易报告47份，对其中2笔重点可疑交易经进一步分析研判后，上报反洗钱监测分析中心。加强与海关、税务、公安等部门之间的联系与沟通，积极配合有关职能部门开展洗钱等案件协查17份，配合山南市公安局禁毒支队成功破获了“12・10”特大运输毒品案，有力保障了人民群众财产安全，维护了辖区金融秩序的安全稳定。

二、经济运行情况

2016年，西藏统筹推进“五位一体”总体布局和协调推进“四个全面”战略布局，坚持稳中求进工作总基调，坚持新发展理念，主动适应经济发展新常态，狠抓稳增长、调结构、强支撑、促改革、惠民生、防风险，经济继续保持了持续快速健康发展，全年地区生产总值达到1 150亿元，同比增长10%。

（一）总需求持续扩大，投资消费平稳增长

2016年，西藏加大基础设施建设力度，投资规模实现较快增长，消费市场活跃，需求平稳增长，经济实现了又好又快发展。

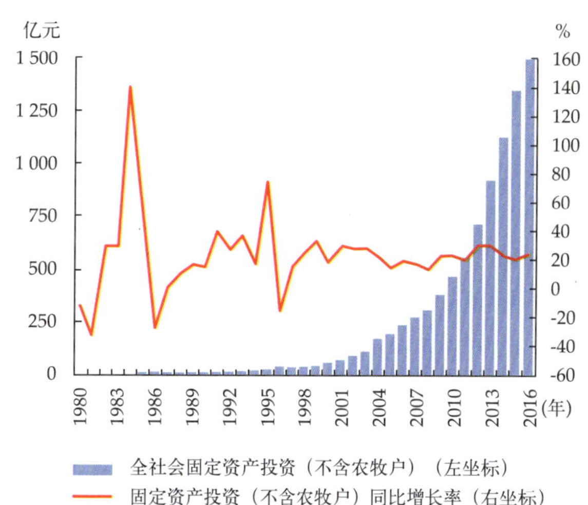

数据来源：西藏自治区统计局。

图5　1980～2016年西藏自治区固定资产投资（不含农牧户）及其增长率

1. 投资规模增长较快，基础设施继续改善。2016年，西藏不断优化投资环境，努力拓宽投资渠道，累计完成固定资产投资1 655.5亿元，同比增长23.3%（见图5），增速比上年上升3.4个百分点。从投资主体看，政府投资比例有所增加，全年完成1 387.1亿元，占投资总额的83.8%，同比提高7.6个百分点。全年完成援藏投资项目433个，落

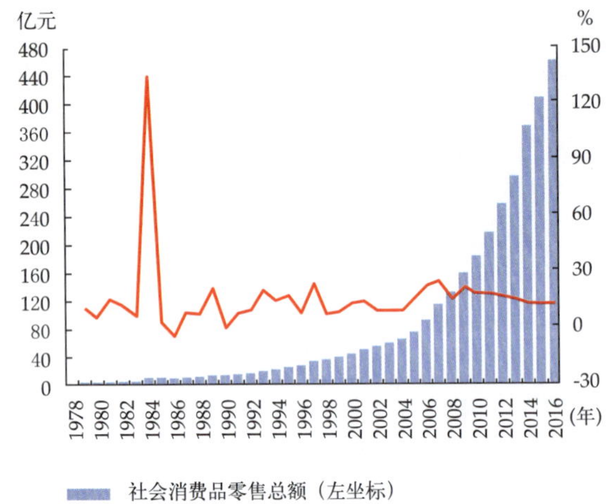

数据来源：西藏自治区统计局。

图6　1978～2016年西藏自治区社会消费品零售总额及其增长率

实援藏资金28亿元。“十三五”规划的189个项目已开工90个。

2. 消费市场活跃，消费需求平稳增长。2016年，全区消费市场活跃，社会消费品零售总额达到459.4亿元，同比增长12.5%（见图6）。其中，城镇和乡村社会商品零售总额分别达到383.7亿元、75.7亿元，同比分别增长12.7%、11.4%，城镇市场增速领先于乡村市场1.3个百分点。

3. 外贸总量继续下滑，降幅明显收窄。2016年，全区进出口贸易总额完成51.7亿元人民币，同比下降8.6%，增速较上年同期下降50.6个百分点，降幅明显放缓，但仍远高于全国0.9%的平均降幅水平。其中，出口31.2亿元，同比下降13.8%；进口20.4亿元，同比增长0.6%。进出口相抵，实现顺差10.8亿元。

4. 招商引资不断加强。招商引资主要涉及旅游服务业、特色产品加工、新能源、矿产开发、水电开发、商贸物流等领域。2016年，辖区外商投资企业户数为236户，同比增长6.8%，注册资本17.4亿元，同比增长9.5%。

（二）三次产业继续稳步发展，产业结构进一步优化

2016年，西藏三次产业稳步发展，生产总值分别为105亿元、429.9亿元和615.2亿元，同比分别增长4.0%、12.1%和9.6%。与上年相比，第一产业比重上升0.1个百分点，第二产业下降3.6个百分点，第三产业上升0.7个百分点，产业结构进一步优化。

1. 农牧业生产形势良好，农业基础设施建设。取得新进展。2016年，西藏严格落实粮食生产，完成粮食播种面积386.9万亩，同比增加7.3万亩。农牧业综合生产能力稳步提高。2016年，实现农林牧渔总产值160.9亿元，同比增长4.5%。推广“藏青2000”等农作物新品种177万亩，畜种改良39.7万头。粮食产量达102.7万吨，蔬菜产量87.3万吨，肉奶产量68.3万吨。农业基础设施建设进一步改善。全区农牧民专业合作组织6 076家，同比增长34.9%，农畜产品加工企业总产值33.3亿元，同比增长47.4%；农牧业产业化经营率达42%，综合生产能力显著增强；强力推动公路交通建设，米林至巴宜高等级公路建成，拉萨至林芝、日喀则机场至桑珠孜区、贡嘎机场至泽当高等级公路即将建成；行政村移动信号全覆盖，通宽带率83.8%；建成拉萨中央级救灾物资储备库，西藏防灾抗灾能力显著提升；全面启动23个西藏自治区级特色小镇建设，有效破解了长期制约发展的基础设施瓶颈，综合保障能力显著增强。

2. 工业生产平稳增长。2016年，在中国原材。料价格高位波动、劳动力成本持续上升、电力生产不足的大背景下，西藏工业生产继续保持较快增长态势。规模以上工业实现增加值75.3亿

数据来源：西藏自治区统计局。

图7　2001～2016年西藏自治区规模以上工业增加值同比增长率

元，同比增长12.7%，增速较上年同期下降1.9个百分点，较同期全国平均水平高出6.7个百分点（见图7）。

3. 旅游业不断升温，经济效益不断提高。2016年，旅游业继续保持快速发展态势，接待国内外游客2 315.9万人次，同比增长14.8%，增速较上年同期下降15.1个百分点；旅游总收入330.8亿元，同比增长17.3%，增速较上年同期下降20.9个百分点。年初以来陆续出台的房地产新政带动了全区房地产贷款增长，12月末全区房地产开发贷款、购房贷款较上年同期分别增加14.9亿元、21.2亿元，分别增长30.1%和41.8%。

（三）物价总水平保持稳定，居民消费价格高于全国平均水平

2016年，西藏物价总水平保持稳定，受输入性因素影响，居民消费价格高于全国平均水平。

1. 居民消费价格高于全国平均水平。2016年，西藏居民消费价格指数同比上涨2.5%（见图8），较2016年全国平均水平高0.5个百分点。居民消费八大类商品价格除交通和通信外同比均有所上涨，其中食品烟酒是推动CPI上涨的首要因素，全年上涨4.9%，其次是衣着，全年上涨3.2%。西藏服务项目价格上涨1.0%；商品零售价格上涨2.1%，基本与上年持平。

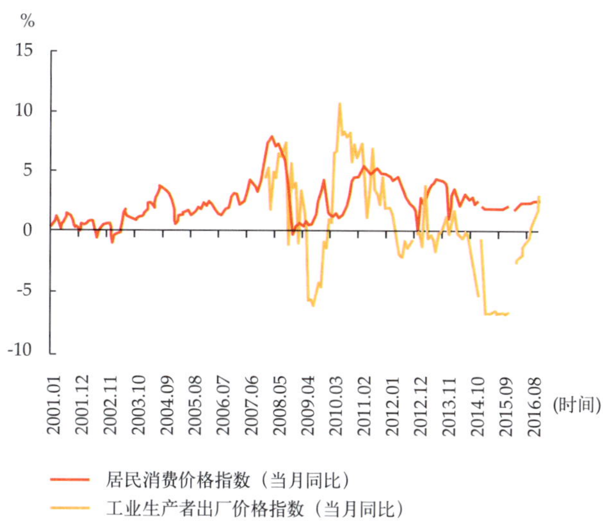

数据来源：西藏自治区统计局。

图8　2001～2016年西藏自治区居民消费价格和生产者价格变动趋势

2. 生产价格水平基本稳定。2016年，农业生产资料价格同比上涨0.4%，较上年同期提高0.7个百分点；2016年，工业生产者出厂价格同比上涨2.9%，比全国高4.3个百分点。

3. 劳动力报酬继续提高。2016年，西藏城镇居民人均可支配收入为27 802元，同比增长9.2%；农村居民人均可支配收入为9 094元，同比增长10.3%，增速高于城镇居民增速1.1个百分点。

（四）财政收支规模扩大，民生领域支出不断增加

2016年，西藏财政收入快速增长，财政支出略有下降。2016年，全区实现公共财政预算收入155.6亿元，同比增长13.5%（见图9）。公共财政预算支出1 585.5亿元，财政支出向惠民生和交通基础设施建设等方面倾斜，投向社会保障和就业支出、农林水事务、城乡社区事务和交通运输方面的财政支出大幅增长，累计同比分别增加76.3亿元、51亿元、51.4亿元和33.6亿元，分别增长73.1%、26.4%、62.9%和19.3%。

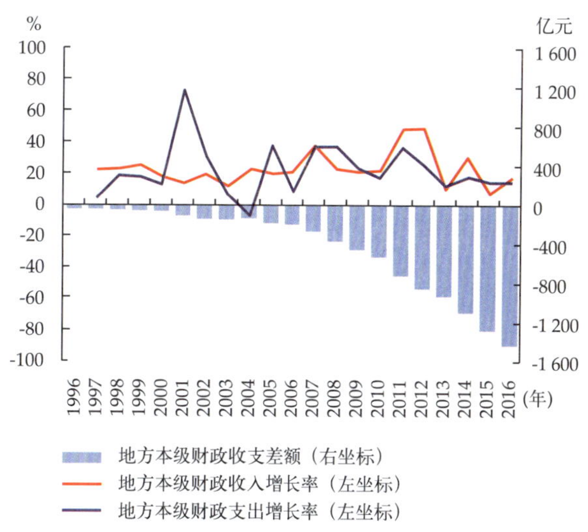

数据来源：西藏自治区统计局。

图9　1996～2016年西藏自治区财政收支状况

（五）供给侧结构性改革取得新进展

1. 去杠杆，防范化解金融风险。加强全方位监管，规范各类融资行为，抓紧开展金融风险专

项整治，坚决遏制非法集资蔓延势头，加强风险监测预警，妥善处理风险案件，坚决守住不发生系统性和区域性风险的底线。

2. 降成本，帮助企业降低成本。开展降低实体经济企业成本行动，包括降低制度性交易成本，转变政府职能、简政放权，进一步清理规范中介服务等。

3. 补短板，扩大有效供给。在补齐软硬基础设施短板的基础上，提高投资有效性和精准性，推动形成市场化、可持续的投入机制和运营机制。

（六）房地产市场运行平稳

2016年，西藏房地产投资规模略有下降，销售面积增长较快，房地产销售价格同比回升，市场规模依然较小。

1. 房地产开发投资规模略有下降，住宅投资占全区房地产开发比重较大。2016年，全区房地产开发投资累计完成额48.5亿元，同比下降3.0%。其中，住宅投资完成39.1亿元，占房地产开发投资的80.6%，同比减少0.6亿元，同比下降1.2%；商业营业用房投资完成5.4亿元，占房地产开发投资的11.1%，同比增加0.9亿元，同比增长20.1%。

2. 房屋新开工面积有所下降。2016年，全区房屋新开工面积为57万平方米，同比减少62.9万平方米，同比降低52.4%。

3. 新建商品房销售面积大幅上升，销售价格有所下降。2016年，全区新建商品房销售面积达74.6万平方米，同比增加23.3万平方米，同比增长45.5%。新建商品房销售额为38.1亿元，市场规模依然较小。

4.房地产贷款总量增速较快。2016年，全区房地产贷款余额139.9亿元，同比增加39亿元，增长38.9%。其中，房地产开发贷款64.22亿元，较上年增加14.87亿元，同比增长30.13%；个人住房贷款60.9亿元，较上年增加41.1亿元，同比增长48.2%。

专栏2 西藏农村信用体系建设情况

近年来，西藏自治区积极探索，着力开展以“征信体系为载体，以信用评价为手段，以构建激励惩戒机制为重点，以落实各项支农惠农政策为抓手”的农村信用体系建设，引导地方政府及各金融机构加大对“三农”投入，不断改善农村信用环境，促进农村经济发展。

一、西藏农牧区信用体系建设工作现状

2014年，在山南市琼结县开展农村信用体系试验区建设，开发农户信用信息数据库，搭建信息平台，构建了含经济、金融、环保、维稳、爱国主义教育及双联户管理等内容的西藏特色指标体系，并在全县开展信用乡镇、信用村、信用农户的评定，取得了较好的效果。2016年，山南市琼结县被西藏自治区社会信用体系建设领导小组评为西藏首个信用县。同时，中国农业银行也相应加大了对信用县的优惠政策力度。截至2016年年末，中国农业银行琼结县支行授信54 289万元，较年初增加8 936万元，增长19.7%。全区农牧区信用信息基础数据库已采集67 807户农户信息，为下一步信用创建奠定了坚实的基础。

二、西藏农牧区信用体系建设存在的问题

一是政府主导作用尚未充分发挥。当前由于基层政府部门对农村信用体系建设工作认识不足、重视不够，特别是基层乡镇主动参与性不强、配合意识淡薄、沟通协调困难，政府主导作用没有充分体现，农村信用体系建设协助合力模式尚未落地。

二是信用信息数据采集与更新的长效机制尚未建立。目前，试验区已完成信息集中采集工作，全区参与第二批农村信用体系建设的县区正在积极开展信息采集录入工作，但由于未形成长期采集规划，难以确保信息采集工作的连续性及采集质量。同时，基层各部门配合的积极性不够，联动机制作用不明显，加之信息电子化建设落后，加大了全面完整采集农户信用信息工作的难度。

三是信用中介机构和风险防控政策缺失。

西藏自治区担保机构资本结构单一、规模小、市场化运作程度低、业务品种稀少、专业化水平低。同时，县域担保公司缺位，基层担保体系不健全，借款人无法运用外部担保方式进行融资，银行也无法利用担保来分散信贷风险。加之政府风险补偿基金等风险防控政策制度难以落地，配套优惠扶持政策出台比较艰难，影响了信用担保机构的发展和金融产品的创新。

三、西藏农牧区信用体系建设的政策建议

一是强化政府主导，推进形成多层次全方位西藏农村信用体系建设整体格局。农村信用体系建设工作是一项政府主导的惠农支农民生工程，政府是社会信用体系的主体，也是社会信用体系建设的重要推动力量。推动此项工作需要政府利用行政手段，充分发挥组织、引导和督促作用，建立顺畅的协调机制和完善的考核机制，整合力量，整体推进，避免中国人民银行唱“独角戏”，实现齐抓共管。

二是加强沟通协作，建立信息采集共享的长效机制。地方政府部门应加大力度推动行政管理、社会管理和公共服务部门信息的依法公开，出台制度措施明确信息采集事宜，规范信息应用，加快信用信息的电子化建设。同时加大宣传协调力度，使基层各部门认识到农村信用体系建设工作的重要性，共同建立信息采集共享的长效机制。

三是加快出台政策，完善基层金融服务体系。地方政府应加快落实、健全完善基层信用担保体系，安排专项资金支持引进和培育担保等金融中介服务机构。同时建立风险补偿基金，解决担保公司的抗风险问题。深入开展土地等农村产权制度改革，引导各涉农金融机构在房产、土地、森林、草场等方面探索多元化抵押担保模式，不断扩大涉农信贷规模。同时积极引导保险机构参与农村信用贷款保证保险，增强农民抗风险能力，分散信用风险。

三、预测与展望

2017年，是实施“十三五”规划的重要一年和推进供给侧结构性改革的深化之年。西藏经济连续24年保持两位数增长，发展势头强劲，产业结构进一步优化，项目建设加快推进，特色产业加速培育，经济发展环境不断向好，但也存在经济增长主要依赖国家投资、经济结构总体较为单一、消费内生动力不足等问题。总体来看，2017年西藏经济发展机遇大于挑战，经济将继续保持快速增长的良好势头。预计2017年西藏地区生产总值增长11%以上，全社会固定资产投资增长20%以上，地方财政收入增长12%以上，社会消费品零售总额增长12%以上，居民消费价格涨幅控制在4%以内，城乡居民人均可支配收入分别增长10%和13%以上。

2017年，西藏金融机构将全面贯彻党的十八大、中央和自治区经济工作会议、中央第六次西藏工作座谈会、金融支持西藏经济社会发展座谈会和第五次全国金融工作会议等精神，坚持稳中求进的总基调，主动适应经济发展新常态，坚持以提高发展质量和效益为中心，坚持以推进供给侧结构性改革为主线，保持货币政策稳健中性，全面落实中央赋予西藏的特殊优惠金融政策，继续实施金融撬动战略，引导信贷合理适度增长，持续优化信贷结构，继续强化民生领域和经济发展薄弱环节金融服务，促进西藏经济金融平稳健康发展。

中国人民银行拉萨中心支行货币政策分析小组
总　纂：郭振海　李玉福
统　稿：索　珍　贾蜀苇　德　吉
执　笔：达瓦萨珍　孙小丽　杨新标
提供材料的还有：泽仁央宗　蒋建军　曾茂娟　彭志坚　杨富彬　邓丽姬　李成全　孟凡春　扎西坚才
丹　永　王茂昌　德吉央宗　洛桑尼玛　唐　超

附录

（一）2016年西藏自治区经济金融大事记

2月1日，西藏自治区经济工作会议在拉萨召开。

4月12日，民生银行拉萨分行首家社区支行开业。

5月24日，珠峰财产保险股份有限公司开业，填补了西藏地方法人保险机构的空白。

6月2日，中国人民银行拉萨中心支行授权林芝中心支行向林芝民生村镇银行发放全区首笔扶贫再贷款2 000万元，专项用于林芝市发展特色产业和贫困人口就业创业。

6月29日，中信银行信用卡中心拉萨分中心获准开业。

7月7日，西藏自治区交通厅委托西藏交通建设投资有限公司与中国农业发展银行西藏分行签订总额度228.93亿元的抵押补充贷款（PSL）协议。

7月15日，中国农业银行山南市分行向山南边久园林绿化建设有限公司发放了首笔800万元一年期的林权抵押贷款，实现了西藏林权抵押贷款零的突破。

9月12日，浦发银行拉萨分行开业。

11月14日，中国银行那曲地区支行获准开业。

11月24日，西藏银行那曲分行开业。

（二）2016年西藏自治区主要经济金融指标

表1　2016年西藏自治区主要存贷款指标

		1月	2月	3月	4月	5月	6月	7月	8月	9月	10月	11月	12月
本外币	金融机构各项存款余额（亿元）	3 644.60	3 580.18	3 680.95	3 827.87	3 846.35	4 032.85	4 265.89	4 360.64	4 333.59	4 374.67	4 493.00	4 379.66
	其中：住户存款	663.81	643.48	660.74	653.08	654.07	664.20	680.51	699.00	720.40	713.28	748.20	786.55
	非金融企业存款	602.5	541.3	601.4	749.4	678.8	768.0	987.1	940.5	946.6	960.4	1 010.5	979.2
	各项存款余额比上月增加（亿元）	-26.6	-64.4	100.8	146.9	18.5	186.5	233.0	94.7	-27.0	41.1	118.1	-113.1
	金融机构各项存款同比增长（%）	17.6	16.3	14.7	19.2	17.9	21.3	26.1	25.4	24.5	22.3	26.1	19.3
	金融机构各项贷款余额（亿元）	2 152.70	2 164.87	2 222.22	2 413.55	2 423.03	2 505.95	2 769.18	2 858.28	2 908.59	2 938.64	3 013.61	3 048.64
	其中：短期	335.5	332.9	347.1	334.9	328.4	320.3	324.7	348.0	328.6	322.5	313.0	322.8
	中长期	1 650.43	1 666.03	1 694.13	1 875.72	1 906.08	1 995.74	2 257.56	2 307.98	2 348.31	2 376.58	2 443.91	2 460.38
	票据融资	120.7	114.1	115.2	124.5	97.4	93.6	88.3	87.3	84.6	94.3	101.4	118.8
	各项贷款余额比上月增加（亿元）	28.2	12.2	57.3	191.3	9.5	82.9	263.2	89.1	50.3	30.0	75.0	35.0
	其中：短期	9.7	-2.6	14.2	-12.2	-6.5	-8.1	4.4	23.3	-19.4	-6.1	-9.5	9.8
	中长期	16.7	15.6	28.1	181.6	30.4	89.7	261.8	50.4	40.3	28.3	67.3	16.5
	票据融资	-7.8	-6.6	1.1	9.3	-27.1	-3.8	-5.3	-0.9	-2.7	9.6	7.1	17.4
	金融机构各项贷款同比增长（%）	27.7	24.9	23.5	32.4	30.1	31.1	45.6	49.8	49.4	47.2	46.4	43.5
	其中：短期	12.6	6.4	5.9	2.4	-3.2	-9.2	-5.7	9.8	7.3	-2.2	-3.6	-3.2
	中长期	31.9	27.6	26.1	38.3	36.9	40.1	56.8	57.1	56.4	54.2	54.1	51.9
	票据融资	-11.0	-0.6	-9.6	-11.1	-24.9	-30.7	-25.5	-28.4	-23.2	-1.3	-7.6	-7.5
	建筑业贷款余额（亿元）	512.3	516.0	516.5	525.3	545.4	567.6	587.9	624.4	632.6	638.1	652.3	631.4
	房地产业贷款余额（亿元）	83.3	102.5	105.9	105.0	105.6	111.3	111.3	114.4	113.6	115.2	135.0	137.0
	建筑业贷款同比增长（%）	42.4	37.0	33.6	35.9	41.1	40.8	41.4	46.9	39.2	35.4	32.6	28.2
	房地产业贷款同比增长（%）	26.4	50.8	52.7	39.3	40.1	38.6	36.1	36.7	31.3	23.7	36.9	35.8
人民币	金融机构各项存款余额（亿元）	3 637.24	3 572.89	3 673.67	3 820.71	3 839.12	4 025.58	4 258.58	4 353.29	4 325.65	4 366.56	4 484.40	4 371.55
	其中：住户存款	663.3	643.0	660.2	652.6	653.6	663.7	680.0	698.5	719.9	712.7	747.6	785.9
	非金融企业存款	595.8	534.6	594.8	742.9	672.2	761.3	980.4	933.8	939.3	952.9	1001.9	971.9
	各项存款余额比上月增加（亿元）	-26.6	-64.3	100.8	147.0	18.4	186.5	233.0	94.7	-27.6	40.9	117.8	-112.8
	其中：住户存款	9.6	-20.3	17.2	-7.6	1.0	10.1	16.3	18.5	21.4	-7.2	34.8	38.3
	非金融企业存款	-33.6	-61.2	60.1	148.1	-70.7	89.1	219.1	-46.7	5.6	13.6	49.0	-30.1
	各项存款同比增长（%）	17.6	16.3	14.7	19.2	17.9	21.3	26.1	25.4	24.5	22.4	26.1	19.3
	其中：住户存款	17.3	15.4	17.9	15.9	17.6	14.6	13.6	15.8	14.5	15.1	19.7	20.2
	非金融企业存款	14.3	11.4	25.2	46.3	41.4	50.4	112.1	88.6	88.6	71.1	61.9	54.4
	金融机构各项贷款余额（亿元）	2 148.5	2 160.68	2 218.09	2 409.42	2 419.16	2 502.70	2 765.93	2 855.01	2 905.33	2 935.33	3 010.76	3 045.77
	其中：个人消费贷款	132.5	133.2	137.9	140.9	146.1	152.3	157.1	162.1	165.3	167.9	171.6	174.7
	票据融资	120.7	114.1	115.2	124.7	97.4	93.6	88.3	87.3	84.6	94.3	101.4	118.8
	各项贷款余额比上月增加（亿元）	28.2	12.2	57.4	191.3	9.7	83.5	263.2	89.1	50.3	30.0	75.4	35.0
	其中：个人消费贷款	3.1	0.7	4.7	3.0	5.2	6.3	4.8	5.0	3.2	2.6	3.7	3.1
	票据融资	-7.8	-6.6	1.1	9.6	-27.4	-3.8	-5.3	-0.9	-2.7	9.6	7.1	17.4
	金融机构各项贷款同比增长（%）	27.5	24.7	23.4	32.2	30.0	31.0	45.6	49.8	49.4	47.3	46.6	43.6
	其中：个人消费贷款	27.9	27.1	29.6	28.8	33.5	32.0	31.6	34.1	35.2	37.4	37.0	37.8
	票据融资	-11.0	-0.6	-9.6	-10.9	-24.9	-30.7	-25.5	-28.4	-23.2	-1.3	-7.6	-7.5
外币	金融机构外币存款余额（亿美元）	1.12	1.11	1.13	1.11	1.10	1.10	1.10	1.10	1.19	1.19	1.21	1.17
	金融机构外币存款同比增长（%）	-0.9	-2.6	0.0	-2.6	-2.7	-2.7	-2.7	-2.7	6.2	3.5	5.2	2.6
	金融机构外币贷款余额（亿美元）	0.64	0.64	0.64	0.64	0.59	0.49	0.49	0.49	0.49	0.49	0.41	0.41
	金融机构外币贷款同比增长（%）	326.7	326.7	326.7	326.7	145.8	104.2	25.6	11.4	11.4	-19.7	-35.9	-35.9

数据来源：中国人民银行拉萨中心支行。

表2　2001～2016年西藏自治区各类价格指数

单位：%

年/月	居民消费价格指数		农业生产资料价格指数		工业生产者购进价格指数		工业生产者出厂价格指数	
	当月同比	累计同比	当月同比	累计同比	当月同比	累计同比	当月同比	累计同比
2001	—	0.2	—	—	—	—	—	—
2002	—	0.4	—	—	—	—	—	—
2003	—	0.9	—	2.8	—	—	—	—
2004	—	2.7	—	1.3	—	—	—	—
2005	—	1.5	—	1.0	—	—	—	—
2006	—	2.0	—	0.4	—	—	—	—
2007	—	3.4	—	1.1	—	—	—	—
2008	—	5.7	—	3.2	—	—	—	5.6
2009	—	1.4	—	-0.9	—	—	—	-1.8
2010	—	2.2	—	0.6	—	—	—	5.8
2011	—	5.0	—	2.6	—	—	—	4.3
2012	—	3.5	—	1.6	—	—	—	-0.3
2013	—	3.6	—	1.8	—	—	—	-0.2
2014	—	2.9	—	0.9	—	—	—	-0.1
2015	—	2.0	—	-0.3	—	—	—	-6.8
2016	—	2.5	—	0.4	—	—	—	2.9
2015　1	—	—	—	—	—	—	—	—
2	2.0	2.1	-0.3	-0.3	—	—	-0.7	-0.6
3	1.6	1.9	-0.2	-0.3	—	—	-7.8	-6.7
4	1.6	1.9	-1.2	-0.3	—	—	-7.3	-6.8
5	2.0	1.9	-0.2	-0.2	—	—	-6.2	-6.7
6	1.9	1.9	-0.1	-0.2	—	—	-5.9	-6.6
7	1.8	1.9	-0.1	-0.2	—	—	-7.0	-6.6
8	2.1	1.9	-0.2	-0.2	—	—	-7.4	-6.7
9	2.1	1.9	-0.2	-0.2	—	—	-7.4	-6.8
10	2.0	1.9	-0.4	-0.2	—	—	-6.9	-6.8
11	2.4	2.0	-0.5	-0.2	—	—	-7.3	-6.9
12	2.3	2.0	-0.3	-0.3	—	—	-6.3	-6.8
2016　1	—	—	—	—	—	—	—	—
2	—	—	—	—	—	—	—	—
3	2.1	1.7	0.1	-0.1	—	—	-3.2	-2.7
4	3.0	2.1	-0.1	-0.1	—	—	-1.5	-2.4
5	2.9	2.2	0.2	-0.1	—	—	-0.8	-2.1
6	3.0	2.3	0.2	0.0	—	—	0.0	-1.3
7	2.7	2.4	0.3	0.0	—	—	2.4	-1.1
8	2.4	2.4	0.2	0.1	—	—	3.6	-0.6
9	2.7	2.4	0.4	0.1	—	—	5.0	0.1
10	2.7	2.5	0.6	0.1	—	—	7.1	0.8
11	2.9	2.5	0.8	0.2	—	—	11.8	1.7
12	3.0	2.5	1.9	0.4	—	—	16.2	2.9

数据来源：西藏自治区统计局。

表3 2016年西藏自治区主要经济指标

	1月	2月	3月	4月	5月	6月	7月	8月	9月	10月	11月	12月
绝对值（自年初累计）												
地区生产总值（亿元）	—	—	238.5	—	—	472	—	—	829.2	—	—	1 150.1
第一产业	—	—	13.9	—	—	38.4	—	—	70.8	—	—	105
第二产业	—	—	28	—	—	140.4	—	—	280.3	—	—	429.9
第三产业	—	—	196.6	—	—	293.2	—	—	478.1	—	—	615.2
工业增加值（亿元）	—	—	9.1	13.9	21.4	27.7	34	40.8	48.7	56.5	65.9	75.3
固定资产投资（亿元）	—	—	81.2	189.9	315.7	544.7	763.9	958.7	1 192.7	1 425.1	1 590.3	1 655.5
房地产开发投资	—	—	2.1	5.8	10.3	17.4	24.4	34.3	40.1	44.3	46.1	48.5
社会消费品零售总额（亿元）	—	—	103.6	135.5	173	210.2	249.6	291.6	334	380.9	418.1	459.4
外贸进出口总额（万美元）	—	—	8.1	11.1	15.9	18.9	29.2	34.1	38.7	43.1	47.6	51.7
进口	—	—	3.6	4.1	5.2	6.4	14.3	15.5	16.9	18	19	20.4
出口	—	—	4.5	7	10.6	12.5	14.9	18.6	21.9	25.1	28.5	31.2
进出口差额(出口－进口)	—	—	0.8	2.9	5.4	6.1	0.5	3.1	5	7.1	9.5	10.8
外商实际直接投资（万美元）	—	—	—	—	—	—	—	—	—	—	—	—
地方财政收支差额（亿元）	—	—	-249.0	-385.8	-454.5	-604	-836.4	-975.2	-1 068.2	-1 149.3	-1 234.3	-1 434.6
地方财政收入	—	—	32.9	50.5	65.4	79.2	94.7	110	127.3	148.3	161.5	206.4
地方财政支出	—	—	281.9	436.3	519.9	683.2	931.1	1 085.2	1 195.5	1 297.6	1 395.7	1641
城镇登记失业率 (%)(季度)	—	—		—	—		—	—		—	—	—
同比累计增长率（%）												
地区生产总值	—	—	10.7	—	—	10.6	—	—	10.7	—	—	10
第一产业	—	—	2.5	—	—	3.7	—	—	4.2	—	—	4
第二产业	—	—	14.1	—	—	13.6	—	—	12.9	—	—	12.1
第三产业	—	—	10.8	—	—	10.1	—	—	10.5	—	—	9.6
工业增加值	—	—	11.9	12.3	12.1	12	11.1	11.2	12	12.3	12.4	12.7
固定资产投资	—	—	22.3	22.9	18.8	19.9	16.1	19.9	19.8	23.2	23.4	23.3
房地产开发投资	—	—	177.1	20.5	27.1	20.6	19.9	19.1	2.5	1.7	-6.5	-3
社会消费品零售总额	—	—	12.5	12.4	12.4	12.2	11.8	11.6	12	12.3	12.4	12.5
外贸进出口总额	—	—	-64.1	-61.3	-50.7	-43.3	-23.9	-14.7	-7.9	-11.6	-4.5	-8.6
进口	—	—	5.7	-7.6	-33.2	-24.3	48.5	44.6	43.5	1.8	3	0.6
出口	—	—	-76.6	-71.1	-56.3	-49.8	-48.3	-36.5	-27.9	-19.3	-8.9	-13.8
外商实际直接投资	—	—	—	—	—	—	—	—	—	—	—	—
地方财政收入	—	—	12.1	29.2	27.2	21.5	22.5	29.1	25.7	24.4	18.2	17.4
地方财政支出	—	—	25.5	50.1	42.7	41.7	70.1	76.8	33.9	17.2	10.3	15

数据来源：西藏自治区统计局。

陕西省金融运行报告（2017）

中国人民银行西安分行货币政策分析小组

[内容摘要] 2016年，面对复杂的内外部环境和经济下行压力，陕西省坚持稳中求进的工作总基调，不断强化“追赶超越”发展定位，着力提高经济发展的质量和效益，经济运行呈现总体平稳、稳中有进、稳中向好的发展态势，实现了“十三五”稳健开局、良好起步。

陕西省金融业认真贯彻落实稳健的货币政策，以“四强一促”①为工作主线，加快金融改革创新步伐，努力提升金融服务实体经济的能力和水平，积极助推供给侧结构性改革。货币信贷和社会融资规模平稳适度增长，信贷结构持续优化，金融市场稳步发展，为陕西省实现“追赶超越”目标提供了稳定坚实的金融支持。

2017年，陕西省经济发展面临的机遇大于挑战，中国（陕西）自由贸易试验区成立，进一步拓展了全省经济发展和对外开放的空间，国家持续推进“三大战略”和“四大板块”发展，深入实施西部大开发和“一带一路”建设，对于放大陕西省区位优势、释放科技创新潜力、优化产业结构、加快新型城镇化进程、加强生态保护修复带来了难得的机遇。陕西省金融业将坚持稳中求进工作总基调和振兴实体经济的基本原则，认真贯彻落实稳健中性的货币政策，紧扣“两推一防”②工作主线，保持货币信贷和社会融资规模稳定增长，加大金融改革创新力度，强化金融风险研判和防控，提升金融服务水平，为全省实体经济发展营造良好的货币金融环境。

一、金融运行情况

2016年，陕西省金融业运行稳健，银行业规模持续扩大，证券业融资功能不断增强，保险补偿作用有效发挥，金融服务水平稳步提升，金融生态建设成效显著。

（一）银行业经营稳健，信贷结构继续优化

2016年，陕西省金融业认真落实稳健的货币政策，不断提升金融服务水平，有效防范金融风险，扎实推进金融改革，为全省经济转型升级和平稳发展创造了良好的货币金融环境。

1. 银行业稳健运行，盈利水平小幅下降。至2016年年末，陕西省银行业金融机构资产总额4.5万亿元（见表1），同比增长10.2%；实现净利润383.6亿元，同比减少49.6亿元。银行资产质量小幅下降，风险防控压力依然较大。至2016年年末，陕西省银行业金融机构不良贷款率较年初上升0.53个百分点。面对不良贷款持续增加的状况，全省银行业金融机构积极采取清收、核销、打包处置等多种措施化解不良贷款，不良贷款处置力度持续加大。至2016年年末，地方法人机构资本充足率为12.5%，拨备覆盖率121.3%，法人机构整体风险可控。

2. 各项存款增速放缓，活期化趋势明显。至2016年年末，陕西省金融机构（含外资）人民币各项存款余额35 255.5亿元，同比增长8.8%（见图1），低于上年4.7个百分点，较年初增加2 783.9亿元，同比少增1 213.1亿元。受银行理财和其他金融产品对存款分流的影响，持币待投现象增多，存款活期化趋势较为明显。至2016年年末，全省金融机构人民币活期存款余额12 838.9亿元，比年初新增1 712.9亿元，同比多增108.8亿元，新

① “四强一促”：强化审慎管理，强化金融支撑，强化金融扶贫，强化改革创新，促推陕西追赶超越。
② “两推一防”：助推供给侧结构性改革不断深化，助推陕西追赶超越发展，防控区域性金融风险。

表1　2016年陕西省银行业金融机构情况

机构类别	营业网点			法人机构（个）
	机构个数（个）	从业人数（人）	资产总额（亿元）	
一、大型商业银行	1 912	43 144	15 680.2	0
二、国家开发银行和政策性银行	82	2 144	4 985	0
三、股份制商业银行	423	9 645	7 307.9	0
四、城市商业银行	488	9 171	5 350.9	2
五、小型农村金融机构	2 841	25 584	8 001.1	103
六、财务公司	3	286	685.4	3
七、信托公司	0	1 172	254.8	3
八、邮政储蓄银行	1 254	9 082	2 638.7	0
九、外资银行	13	342	166.1	0
十、新型农村金融机构	18	912	80.9	27
十一、其他	0	242	50	2
合　计	7 034	101 724	45 201	140

注：营业网点不包括国家开发银行和政策性银行、大型商业银行、股份制商业银行等金融机构总部数据；大型商业银行包括中国工商银行、中国农业银行、中国银行、中国建设银行和交通银行；小型农村金融机构包括农村商业银行、农村合作银行和农村信用社；新型农村金融机构仅包括村镇银行；“其他”包括比亚迪汽车金融公司和长银消费金融公司。

数据来源：陕西银监局。

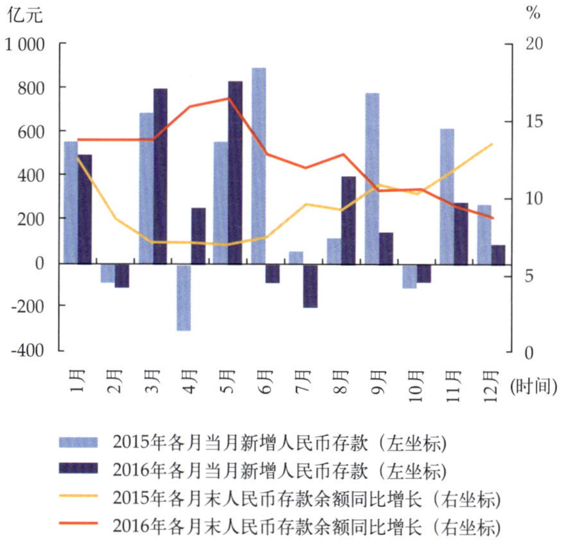

数据来源：中国人民银行西安分行。

图1　2015～2016年陕西省金融机构人民币存款增长变化

增占比较上年上升21.4个百分点，尤其是单位活期存款，增速达19.3%。定期存款由于利率较低吸引力下降，增长放缓，至年末定期存款同比少增122.8亿元，增速仅为2.5%。比较而言，其他高收益的新型存款品种增长较快，大额存单和非金融企业协定存款较年初分别增加579.4亿元和355.9亿元，同比分别多增359.4亿元和303.7亿元。

3. 各项贷款增速放缓，重点领域信贷保障有力。至2016年年末，陕西省金融机构人民币各项贷款余额23 921.8亿元，同比增长9.9%（见图2），较上年放缓5.6个百分点，各项贷款较年初新增2 161.1亿元，同比少增752.1亿元。陕西省政府债务置换力度较大、进出口银行贷款业务剥离以

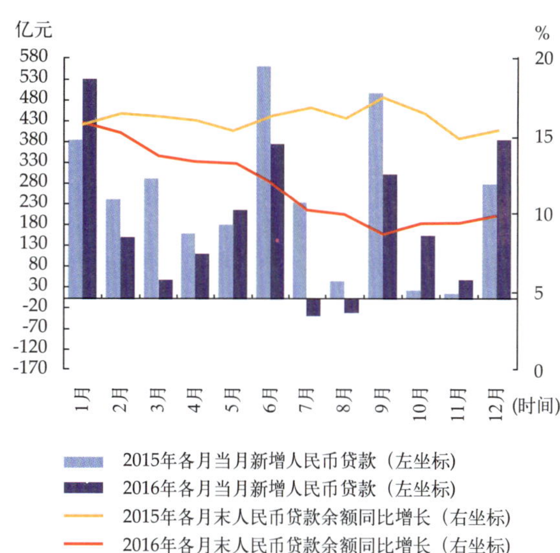

数据来源：中国人民银行西安分行。

图2　2015～2016年陕西省金融机构人民币贷款增长变化

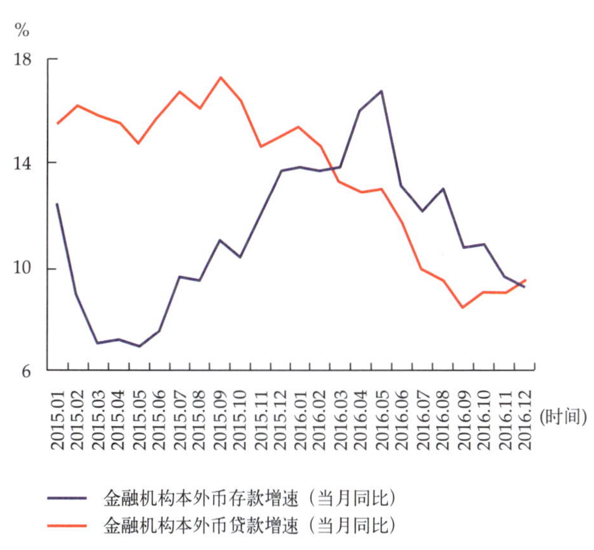

数据来源：中国人民银行西安分行。

图3　2015～2016年陕西省金融机构本外币存、贷款增速变化

及直接融资对间接融资的替代、银行资产端结构调整下多元资金供给渠道对传统信贷业务的挤出效应等因素对信贷增速放缓产生了较大影响。

信贷资金持续投向重点领域和薄弱环节。2016年，五大行业本外币新增贷款占比为99.8%，高于上年21个百分点，主要分布于基础建设、主导产业等“稳增长”重点领域。全省保障性住房开发贷款余额同比增长73.6%，远高于同期各项贷款增速。小微企业贷款与涉农贷款分别较年初新增449.6亿元和400.1亿元。金融精准扶贫体制机制更为完善、参与主体更为丰富、产品服务更为多样、资金投入更为充裕，金融助推脱贫攻坚工作取得阶段性成效。

专栏1　人民银行西安分行“六个坚持”助推陕西脱贫攻坚

2016年，按照总行部署，中国人民银行西安分行立足“六个坚持”，积极探索符合金融运行特质、发挥央行履职特点、体现陕西地域特色的金融扶贫新模式。

一是坚持重点突破，找准金融扶贫主攻方向。秉持金融扶贫要充分利用市场化手段、尊重市场规律、体现金融运行的基本特质，引导形成金融机构自主自愿、贫困对象自立自强，具有商业可持续性的工作格局。把支持产业扶贫和易地扶贫搬迁作为金融扶贫主战场，出台金融支持陕西省脱贫攻坚、支持新型农业主体等十余项窗口指导意见，引导金融机构加大投入力度。至2016年年末，陕西省56个国定贫困县贷款余额2 542亿元，比年初增加296亿元。全省7万余户新型农业经营主体贷款余额超200亿元，增速达15%以上；国开行陕西省分行完成“十三五”易地扶贫搬迁项目贷款整体授信438亿元，农发行陕西省分行完成授信131.5亿元。

二是坚持扶贫先扶信，培育合格市场主体。引导金融机构建立对贫困户的贷款流程再造制度，对有一定生产经营能力和致富愿望，但因历史原因存在不良记录而被隔离在金融服务之外的贫困户，适当实施豁免性政策，进行信用重建和信用救济，重塑贫困户的市场主体地位，再造贫困户获取金融服务的有效通道。大力推动信用体系建设，指导金融机构为60余万户建档立卡贫困户建立信用档案，建档率达80%以上，贫困户作为合格市场主体自主参与金融资源配置的能力持续提升。

三是坚持政策协同，发挥“1+1>2”的合力。推动陕西省政府建立人民银行牵头的金融扶贫工作联动机制，联合省金融办等部门制定的金融支持脱贫攻坚意见与陕西省脱贫攻坚“1+17”方案印发全省实施。推广“扶贫再贷款+”模式，创新推出“扶贫再贷款+银行信贷+财政贴息”“扶贫再贷款+龙头企业+带动贫困户”等一批新型产品。至2016年年末，全省累计发放扶贫再贷款57.9亿元。发挥财政资金的杠杆撬动作用，推动全省辖内贫困县财政部门专门切块拿出资金，建立扶贫贷款风险担保补偿基金。

四是坚持创新引领，探索投贷联动新模式。把握陕西省深化供销社改革试点契机，在供销社以增资扩股、购买股权等方式对带动贫困户就业的农业企业或合作社进行股权投资的同时，探索引入银行信贷，搭建“政府（供销社）+龙头企业+合作社+贫困户+银行信贷”的投贷联动产业扶贫新模式。至2016年年末，陕西省供销合作总社通过股权形式向安康市10家企业股权投资2亿元。

五是坚持示范带动，探索推广金融扶贫鲜活经验。因地制宜，开展不同层次、不同领域、不同工作重点的金融扶贫试验示范，力争形成一批可复制、可推广的扶贫实践经验。配合总行做好定点扶贫工作，以宜君县被确定为全国唯一农村普惠金融综合示范试点地区为契机，通过健全定点扶贫工作机制、完善规划及目标责任制、拓宽资金筹集渠道等举措，统筹普惠金融、定点扶贫工作，初步形成“定点+普惠”的帮扶模式。创建安康金融精准扶贫示范区，全面提升金融扶贫能力水平。创建金融扶贫主办行机制，确保主办银行扶贫贷款“两个不低于”。创建岚皋县“电商+金融”扶贫示范点，成立电子商务孵化中心，由中国县域电商孵化联盟和县财政共同出资设立担保基金，县农商行按照不超过1：10的比例向加入孵化中心的涉农科技型小微企业及新型农业经营主体贷款，企业签订认领带动扶贫协议作为贷款合同附件，以此带动贫困户脱贫致富。

六是坚持分类施策，推动信贷政策产品化。引导金融机构分类施策，按需创新，通过信贷政策产品化提升金融效率，规范贷款流程，提高贫困户对信贷产品的认知度和接受度。针对贫困户资金需求小额高频的特点，推出“精准脱贫贷”；针对移民搬迁“建、住、创”三个阶段资金需求特点，推出“移民搬迁贷”；针对吸纳带动贫困户就业发展的企业特点，推出“产业脱贫贷”。2016年，陕西省辖内金融机构共推出50多种金融扶贫信贷产品，其名称通俗易懂，程序简便高效，标准统一规范，受到广大贫困户和扶贫企业的广泛欢迎。

4. 表外融资占比有所上升，未贴现银行承兑汇票呈现负增长。2016年，陕西省表外融资新增864.6亿元，同比少增61.2亿元，占社会融资规模的24.6%，同比上升4.2个百分点，高于全国18.4个百分点。其中，在存贷息差收窄、不良率上升的双重压力下，商业银行传统信贷业务不断收缩，而委托贷款则大幅增加，同比多增500.4亿元；在票据业务监管趋严、市场有效需求萎缩及银行承兑票据利率与贷款利差缩小背景下，全省未贴现银行承兑汇票减少344亿元，同比多减90.5亿元；在去库存背景下，房地产企业贷款需求不足，信托贷款大幅减少，全年陕西省信托贷款同比少增471.1亿元。

表2　2016年陕西省金融机构人民币贷款各利率区间占比

单位：%

月份		1月	2月	3月	4月	5月	6月
合计		100.0	100.0	100.0	100.0	100.0	100.0
下浮		25.8	24.5	20.0	26.3	30.9	34.6
基准		14.8	18.0	25.3	19.7	19.6	18.0
上浮	小计	59.4	57.5	54.7	54.0	49.5	47.4
	(1.0，1.1]	15.0	16.3	10.3	8.1	8.8	12.3
	(1.1，1.3]	14.3	10.7	13.5	10.6	9.9	10.7
	(1.3，1.5]	7.4	7.4	7.4	6.8	5.0	5.4
	(1.5，2.0]	10.3	10.0	9.2	10.6	9.7	7.8
	2.0以上	12.5	13.1	14.3	17.9	16.1	11.2
月份		7月	8月	9月	10月	11月	12月
合计		100.0	100.0	100.0	100.0	100.0	100.0
下浮		20.9	26.0	20.0	26.6	30.3	37.1
基准		21.6	15.8	25.3	15.1	17.4	20.3
上浮	小计	57.5	58.2	54.7	58.3	52.3	42.6
	(1.0，1.1]	15.3	19.9	10.3	14.0	14.0	9.4
	(1.1，1.3]	10.1	11.1	13.5	11.3	10.6	10.9
	(1.3，1.5]	6.7	4.9	7.4	7.8	5.9	5.5
	(1.5，2.0]	9.8	9.4	9.2	10.7	9.3	7.2
	2.0以上	15.7	13.0	14.3	14.5	12.5	9.7

数据来源：中国人民银行西安分行。

5. 贷款利率稳步下降，金融机构定价能力进一步提升。2016年，陕西省金融机构人民币贷款（不包括贴现、个人住房贷款、信用卡透支和各项垫款）加权平均利率为5.79%，低于上年0.76个百分点，月度加权平均利率呈波动下行趋势（见表2）。全省企业贷款加权平均利率为5.04%，较

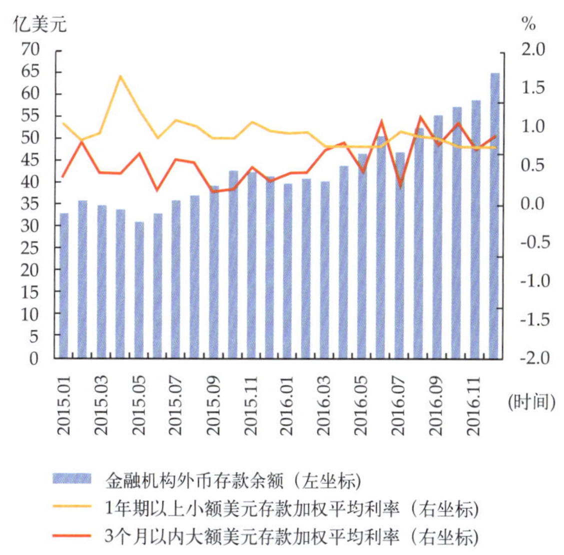

数据来源：中国人民银行西安分行。

图4　2015～2016年陕西省金融机构外币存款余额及外币存款利率

上年下降0.39个百分点。金融机构存贷款利率定价逐渐由利差管理向风险管理模式转变，对资金成本和收益的精细化核算程度逐步提升，定价更趋理性，市场竞争有序。同业存单和大额存单等涉及市场基准利率的金融产品发行工作稳步推进，2016年，全省地方法人金融机构同业存单累计发行1 123亿元，大额存单累计发行129.7亿元，同比分别增加413.9亿元和120.4亿元。2016年，美元存款利率总体波幅趋缓（见图4）。

6. 地方法人机构类型不断增多，服务地方经济的能力进一步增强。地方法人机构总数达136家，较上年年末增加11家。西安银行进入主板上市排队序列。农村合作金融机构改制稳步推进，12家农村合作金融机构完成改制工作，全省改制机构大体近半。村镇银行快速发展，全年新设立村镇银行10家，覆盖省内10个地市。新型金融组织建设取得突破，西北首家消费金融公司——陕西长银消费金融有限公司开业，首家省级金融资产管理公司——陕西金融资产管理公司正式运营。

7. 跨境人民币业务发展稳中有进，跨境流动总体双向平衡。2016年，陕西省跨境人民币业务结算金额同比增长3.9%，收支相抵实现净流入10.8亿元。其中，货物贸易人民币结算同比下降33%，服务贸易及其他经常项目人民币结算同比增长32.8%；资本项目人民币跨境投融资结算同比增长118%。跨境人民币业务覆盖面更广，全省共有2 300余家境内企业办理跨境人民币业务，比上年增加960余家。

（二）证券业稳步发展，融资功能显著增强

2016年，陕西省证券期货机构业务创新稳步推进，经营总体稳健。在全国市场交易活跃度有所下降，但区域股权市场快速发展，行业组织体系不断健全。

1. 盈利能力有所下降，业务范围有所拓宽。至2016年年末，陕西省共有法人证券公司、期货公司各3家（见表3），证券分公司31家，证券营业部245家（含筹建29家）。3家法人证券公司总资产610.1亿元，同比下降5.1%；实现营业收入44.3亿元、净利润14.2亿元，同比分别下降34.2%和41.7%。3家法人期货公司总资产71.5亿元，同比下降10.1%，实现营业收入2.6亿元，同比下降1.5%。相关机构积极创新产品种类，业务范围不断拓宽。西部证券新增50交易型开放式指数基金期权合约品种一般做市商、银行间利率互换、综合业务平台副主承销商等5项业务资格；开源证券新增转融通业务和新三板推荐业务资格；中邮证券新增保荐业务、新三板经纪业务和做市业务资格；迈科期货获批在新三板挂牌，成为辖区首家获批挂牌的期货公司。

2. 市场交易活跃度下降，上市公司市值回落。2016年，陕西省累计代理证券交易额42 928.2亿元，同比下降41.7%。至2016年年末，陕西省内上市公司45家，市价总值6 437.8亿元，同比下降7.3%。2家公司在深证A股实现首次公开募股，分别为环球印务和晨曦航空。

表3　2016年陕西省证券业基本情况

项目	数量
总部设在辖内的证券公司数（家）	3
总部设在辖内的基金公司数（家）	0
总部设在辖内的期货公司数（家）	3
年末国内上市公司数（家）	45
当年国内股票（A股）筹资（亿元）	377.2
当年发行H股筹资（亿元）	0.0
当年国内债券筹资（亿元）	1 651.0
其中：短期融资券筹资额（亿元）	974.5
中期票据筹资额（亿元）	260.6

注：当年国内股票（A股）筹资额是指非金融企业境内股票融资。
数据来源：陕西证监局、中国人民银行西安分行、陕西省发展改革委。

（三）保险业加快创新，服务功能不断提升

2016年，陕西省保险业发展呈现总体稳中有进的态势，结构调整持续优化，服务经济社会功能积极发挥，行业风险总体可控。

1. 保险市场规模持续扩大，机构实力有所增强。2016年，陕西省拥有法人保险业机构1家，省级分公司55家（见表4），同比增加3家。保险行业总资产1 552.3亿元，同比增长20.5%。全年实现保费收入714.7亿元，同比增长24.9%。全省保

险业共提供各类风险保障21.8万亿元，支付赔款238.5亿元，同比增长22.9%，经济补偿功能得到有效发挥。

2. 保险产品不断创新，风险保障功能持续强化。大力发展科技保险、专利保险等新型业务，首台（套）重大技术装备综合保险累计为西电集团等8家重点装备制造企业承担风险17亿元；积极开展出口信用保险，累计为全省出口企业提供风险保障突破100亿元；大病保险稳步发展，业务覆盖全省3 000多万群众，累计支付大病保险赔款18亿元，直接受益群众超过20万人次；推动农业保险扩面提标增品，省级财政补贴从1.5亿元增加到1.9亿元，首次设立1 000万元农险创新基金，用于试点开办茶叶和花椒气象指数保险，花椒、水果和肉牛价格指数保险等地方特色创新型农险产品；2016年全省农业保险保费收入6.5亿元，为477万户次提供风险保障637亿元，支付赔款3.3亿元，受益农户30万户次。

表4　2016年陕西省保险业基本情况

项目	数量
总部设在辖内的保险公司数（家）	1
其中：财产险经营主体（家）	1
人身险经营主体（家）	0
保险公司分支机构（家）	55
其中：财产险公司分支机构（家）	25
人身险公司分支机构（家）	30
保费收入（中外资，亿元）	714.7
其中：财产险保费收入（中外资，亿元）	191.4
人身险保费收入（中外资，亿元）	523.4
各类赔款给付（中外资，亿元）	238.4
保险密度（元/人）	1 875.0
保险深度（%）	3.7

数据来源：陕西保监局。

（四）融资结构更趋合理，金融市场平稳运行

2016年，陕西省社会融资规模增幅减缓，表外融资占比提升。金融市场整体运行平稳，货币市场交易活跃，票据市场量价齐降。非金融企业债务融资工具发行量稳步增长，发行主体更为丰富。

1. 社会融资规模增长有所放缓。2016年，陕西省社会融资规模新增3 515.7亿元，同比少增1 023.9亿元。受地方政府债务置换、不良资产处置以及进出口银行省外贷款业务剥离等因素影响，表内信贷同比少增788.5亿元，占社会融资规模的比重较上年下降3.9个百分点；表外融资中委托贷款大幅增加，带动表外融资占比较上年提升4.2 个百分点；直接融资因债券集中兑付较多导致增量有限，占比与上年基本持平。

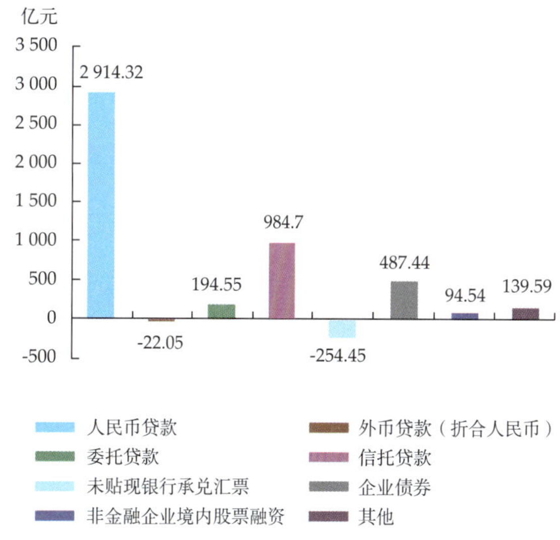

数据来源：中国人民银行西安分行。

图5　2016年陕西省社会融资规模分布结构

2. 非金融企业债务融资工具市场持续扩容。2016年，陕西省共有24家企业通过银行间债券市场累计发行75期非金融企业债务融资工具，共募集金额1 435.9亿元；加权平均利率为3.68%，较上年下降102个基点。陕西省金融控股集团有限公司、西安迈科金属国际集团有限公司等6家企业首次通过非金融企业债务融资工具筹集资金。西部证券发行承销全国首只交易所挂牌的发行人及资产均在境外的熊猫债；西安城市基础设施建设投资集团有限公司在新加坡市场发行陕西省首只境外债券。

3. 货币市场交易活跃。2016年，陕西省金融机构通过全国银行间同业拆借市场累计成交4 916.1亿元，同比增长374.9%，净融入资金4 668.4亿元。从利率走势看，全年整体波动较为平缓，进入11月之后，受市场资金面影响，利率持续走高。债

券回购成交金额12.1万亿元，同比增长38.6%，净融出资金3 749.5亿元；加权平均利率走势与同业拆借市场利率走势基本一致，呈现窄幅震荡态势，整体处于历史较低水平。

4. 票据市场量价齐降。2016年，金融机构票据贴现和转贴现发生额较上年减少8 894.81亿元，加权平均利率为3.18%，较上年下降0.90个百分点。金融机构贴现发生额较上年少244.48亿元，加权平均利率为3.49%，下降0.68个百分点；转贴现发生额较上年少8 650.33亿元，加权平均利率为3.15%，下降0.92个百分点。

表5 2016年陕西省金融机构票据业务量统计

单位：亿元

季度	银行承兑汇票承兑		贴现			
			银行承兑汇票		商业承兑汇票	
	余额	累计发生额	余额	累计发生额	余额	累计发生额
1	1 570.5	670.3	1 377.5	346.9	58.0	22.3
2	1 463.2	1 448.7	1 246.3	768.0	51.4	71.4
3	1 594.1	2 283.5	1 566.3	1 106.3	41.3	97.3
4	1 747.4	3 087.0	1 586.0	1 509.4	40.7	135.6

数据来源：中国人民银行西安分行。

表6 2016年陕西省金融机构票据贴现、转贴现利率

单位：%

季度	贴现		转贴现	
	银行承兑汇票	商业承兑汇票	票据买断	票据回购
1	3.9588	5.2554	3.3348	3.8908
2	3.2127	4.7482	3.1260	3.3645
3	3.0423	5.5247	2.7643	3.2232
4	3.2119	5.3286	3.2780	3.4017

数据来源：中国人民银行西安分行。

（五）支付体系日趋完善，金融生态环境建设深入推进

2016年，陕西省进一步加大重要金融基础设施建设力度，有力改善了基础金融服务质量。全年共有31家银行机构上线会计核算数据集中系统综合前置子系统，全省支付系统覆盖率达到96%。金融业机构代码信息覆盖全省9 247家金融机构，新增9家机构接入金融城域网，金融IC卡交易占银行卡交易比重接近六成。

个人信用报告查询实现县域全覆盖。金融机构通过征信系统查询企业、个人信用报告分别达到46.1万次和578.2万次。中国人民银行西安分行研发的征信查询管理前置系统，有效防范了信用信息违规查询和泄露风险。金融消费权益保护力度加大，工商银行等多家机构成立专职部门开展金融消保工作，“一行三局”办结投诉5 342件，陕西金融消费纠纷调解中心成功调解纠纷26起，受到金融消费者的好评。

二、经济运行情况

2016年，陕西省经济运行总体平稳，全年实现生产总值增长7.6%（见图6），高于全国0.9个百分点。产业结构进一步优化，第三产业对经济的贡献度不断提升，城乡居民收入分别增长7.6%和8.1%。

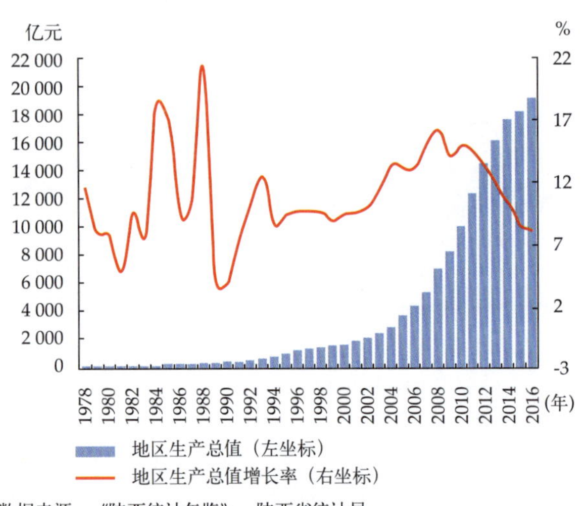

数据来源：《陕西统计年鉴》、陕西省统计局。

图6 1978～2016年陕西省地区生产总值及其增长率

（一）投资增速企稳回升，需求结构更趋合理

2016年，面对经济下行压力，陕西省紧扣“追赶超越”目标，落实新的发展理念，经济增速总体平稳，新兴产业投资快速增长，新动能日趋壮大。消费市场平稳向好，城乡消费差距逐步缩小，吃类、用类商品消费增长较快，网上消费快速增长。

1. 固定资产投资增速显著回升，民间投资增长乏力。2016年，全省固定资产投资（不含农户）增长12.3%，较上年提高4个百分点（见图7）。分产业看，第一、第二、第三产业分别增长14.2%、1.0%和17.5%。分行业看，基础设施、七大战略性新兴产业和文化产业投资高速增长，增速分别达31.9%、16.7%和55.1%。民间投资同比下降3.6%，增速比上年降低11.1个百分点，占固定资产投资的42.7%。

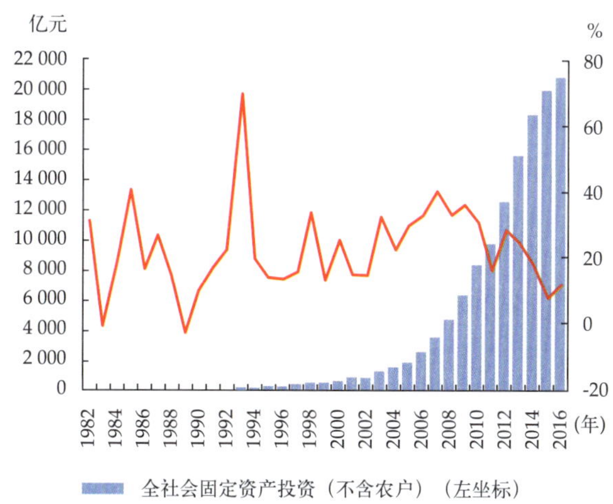

数据来源：《陕西统计年鉴》、陕西省统计局。

图7　1982～2016年陕西省固定资产投资（不含农户）及其增长率

2. 消费市场平稳向好，城乡消费差距缩小。2016年，全省社会消费品零售总额同比增长12%（见图8）。乡村零售额增长11.6%，高于城镇0.7个百分点。全省限额以上贸易企业商品零售额同比增长9.9%。具体呈现三个特点：一是吃类和用类商品消费增长加快。2016年吃类、用类零售额同比分别增长20.6%和8.8%，增速分别较上年提高3.8个百分点和2.6个百分点。二是大宗商品回升较快，2016年，汽车类、石油及制品类零售额同比分别增长6.8%和4.1%，增速分别较上年提高8.8个百分点和0.9个百分点。三是网上消费继续增长。2016年，全省网上零售额1 016.8亿元，比上年增长36.7%。

3. 对外贸易规模稳步扩大，外商直接投资结构更趋合理。2016年，全省进出口顺差114.4亿元

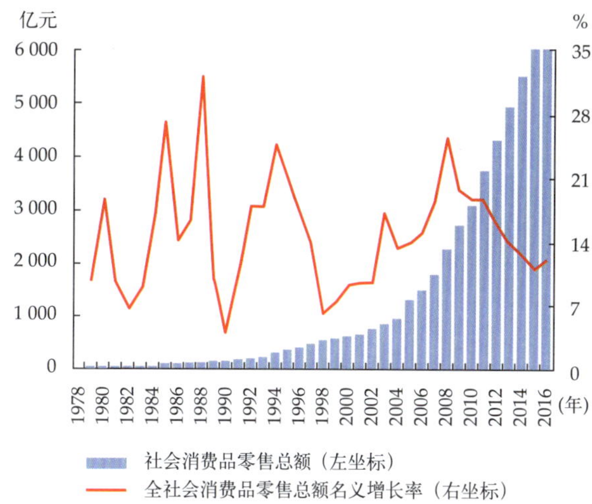

数据来源：《陕西统计年鉴》、陕西省统计局。

图8　1978～2016年陕西省社会消费品零售总额及其增长率

人民币，上年为逆差58.6亿元人民币。出口总值同比增长13.7%，进口总值同比下降4.8%（见图9）。外商直接投资50.1亿美元，同比增长8.5%（见图10）。第三产业实际利用外资19.6亿美元，同比增长160.9%，是拉动外资增长的主要因素。外商投资主要来自中国香港和韩国，占比分别为38.2%和33.2%。全省实际对外投资7.1亿美元，同比增长5.1%，主要分布在中国香港、吉尔吉斯斯坦、澳大利亚、美国等国家和地区。

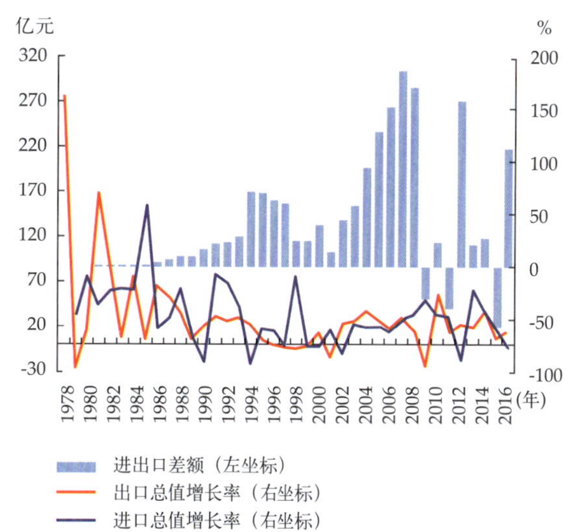

数据来源：《陕西统计年鉴》、陕西省统计局。

图9　1978～2016年陕西省外贸进出口变动情况

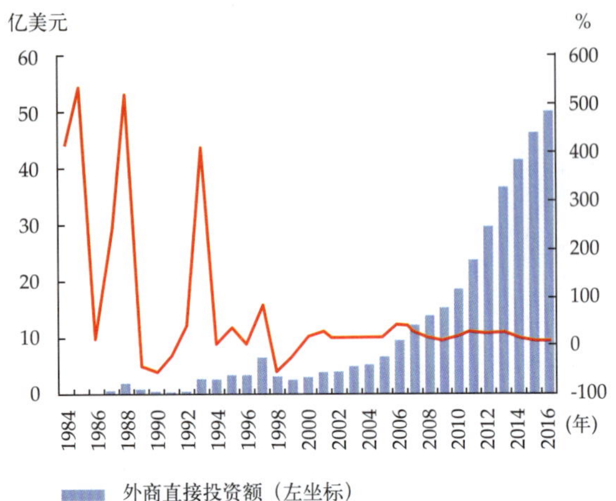

数据来源：《陕西统计年鉴》、陕西省统计局。

图10　1984～2016年陕西省外商直接投资额及其增长率

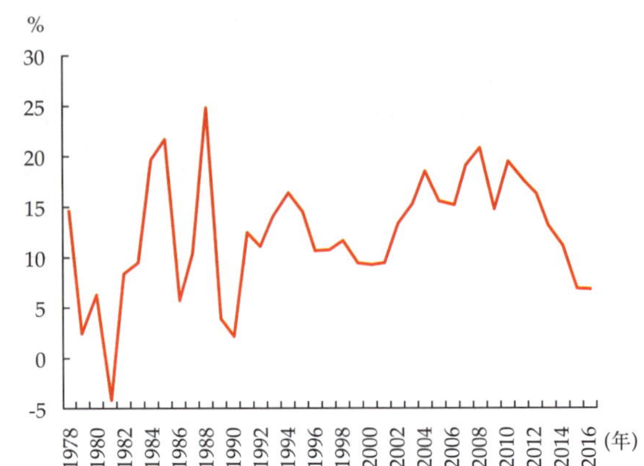

数据来源：《陕西统计年鉴》、陕西省统计局。

图11　1978～2016年陕西省规模以上工业增加值同比增长率

（二）产业结构持续优化，服务业快速增长

陕西省着力推进产业结构转型升级，积极促进第三产业加快发展。2016年，陕西省三次产业增速分别为4.0%、7.3%和8.7%。三次产业的比重为8.8：49.0：42.2，第三产业占比较上年提高1.4个百分点。

1. 农业生产形势稳定，规模效益加快提升。2016年，陕西省积极应对自然灾害，农业生产形势稳定。粮食产量居近十年来第3位。园林水果、茶叶产量同比分别增长5.1%和15.1%。农业规模经营和效益加快提升，全省省级现代农业园区达到362个，带动建设各级各类园区2 495个。

2. 工业生产平稳运行，工业结构持续优化。2016年，陕西省规模以上工业增加值同比增长6.9%，保持平稳运行（见图11）。非能源工业增长较快，全省规模以上非能源工业增加值同比增长13.1%。重工业增加值同比增长6.4%，轻重工业增加值结构优化至19.7：80.3，轻工业占比提高0.9个百分点。

3. 服务业占比继续提高，现代服务业快速增长。2016年，全省服务业呈现加快发展势头，全年服务业增加值同比增长8.7%，占GDP的比重为42.2%，较上年提高1.4个百分点。从构成看，以金融、信息服务、科学研究等为代表的现代服务业发展迅速。全年全省金融业实现增加值1 176.6亿元，同比增长10.9%；战略性新兴服务业、高技术服务业和科技服务业营业收入同比分别增长12.4%、10.1%和10.8%。

4. 供给侧结构性改革持续推进，改革成效初步显现。2016年，陕西省先后出台了工业稳增长促投资21条、供给侧结构性改革降成本行动计划、供给侧结构性改革补短板行动计划和房地产去库存优结构若干意见等政策措施，持续推进改革不断深化，并取得初步成效。工业增长动力加速转化，以新产业、新技术、新商业模式、新产品、新服务为代表的经济增长新动能不断积蓄，“三去一降一补”工作取得积极成效。

专栏2　2016年陕西省“三去一降一补”工作取得积极成效

一是“去产能”成效显著。2016年，涉及去产能行业的主要工业产品产量均持续下降。全年原煤产量持续下降，增速为下降2.8%，较上年减少1 494.6万吨；水泥下降11.8%，减少1 024.2万吨；粗钢下降10%，减少102.6万吨；钢材下降25.5%，减少421.8万吨。

二是“去库存”稳步推进。工业去存货，全省规模以上工业企业产成品存货829.2亿元，

同比增长3.9%，增速较上年回落1.1个百分点；产成品存货周转天数为9.3天，同比缩短0.4天。房地产去库存，至2016年年末，全省商品房销售面积增幅较上年提高13.2个百分点，商品房销售额增速较上年提高11.8个百分点，商品房待售面积增速较年初回落13.7个百分点。

三是"去杠杆"力度加大。全省工业产成品资金占用率8.3%，较上年下降0.6个百分点；应收账款占流动资金比重为20.7%，下降1.5个百分点；资产负债率55.4%，下降0.7个百分点。

四是"降成本"效果显现。全省规模以上工业企业主营业务成本同比增长8.8%，增速较年初回落1.1个百分点。每百元主营业务收入中的成本为81.5元，降低0.76元。规模以上工业企业利润增速从9月开始结束了24个月以来持续下降的局面，企业效益好转。

五是"补短板"力度不减。基础设施不断完善，至2016年年末，全省高速公路通车里程达到5 181公里，继续位居全国前列，全年完成基础设施投资6 022.3亿元，增长31.9%；文化产业投资高速增长，增速达55.1%，带动陕西向文化产业强省迈进；新能源、新材料等新兴产业投资高速增长，增速分别为46.5%和44.2%；"四上"企业[①]数量增速居全国第二，全年新增"四上"企业2 443家；外贸发展加速，县域经济规模持续扩大，城乡居民收入增速高于全国平均水平，补短板取得一定成效。

（三）物价走势稳中有升，社保水平明显提高

2016年，陕西省价格平稳运行。食品烟酒、医疗保健、居住等价格上涨，拉高居民消费价格水平。供给侧结构性改革成效显现，生产价格降幅收窄。社保支出增加，重点群体就业稳定。资源性产品价格改革继续稳步推进。

1. 居民消费价格运行平稳，物价涨幅低于全国。2016年，陕西省居民消费价格总水平比上年上涨1.3%，涨幅低于全国0.7个百分点。分类别看，八大类商品及服务价格呈"五升两降一平"态势。其中，食品烟酒价格上涨3.1%，医疗保健价格上涨2.4%，其他用品和服务价格上涨2.2%，衣着价格上涨1.1%，居住价格上涨0.9%；生活用品及服务价格下降0.5%，交通和通信价格下降1.7%；教育文化和娱乐价格与上年持平。

2. 供给侧结构性改革成效初显，生产价格降幅有所收窄。2016年，随着煤炭、钢铁等行业去产能政策的落实，全省生产价格尤其是出厂价格同比降幅总体逐月收窄。全年工业生产者出厂价格和购进价格同比分别下降2.4%和4.1%，降幅分别比上年收窄6.8个百分点和0.7个百分点（见图12）。

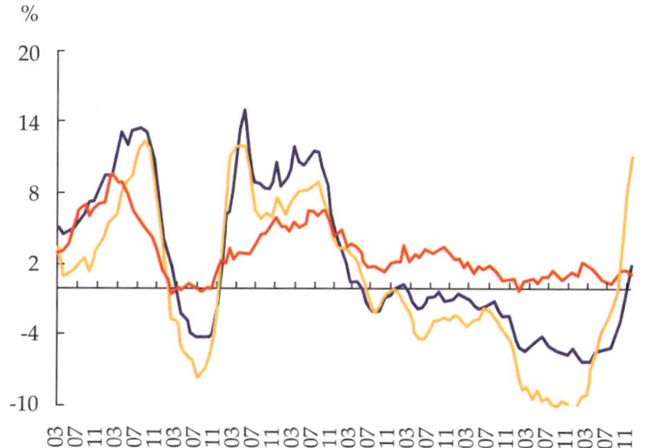

数据来源：《陕西统计年鉴》、陕西省统计局。

图12　2007～2016年陕西省居民消费价格和生产者价格变动趋势

① "四上"企业是统计工作中对达到一定规模、资质、限额及以上企业的统称，具体包括规模以上工业企业、资质等级建筑业企业、限额以上批零住餐企业、规模以上服务业企业。

3. 社会保障水平有效改善，就业吸纳能力保持稳定。2016年，陕西省城乡低保标准分别达到月最高590元和年3 015元，城乡居民医保政府补助标准由400元提高到440元。全省新增城镇就业44.5万人，农村劳动力转移就业694万人，妥善安置去产能分流职工4.2万人，高校毕业生初次就业率达到88.8%。

（四）财政收入增速回落，重点支出保障有力

2016年，全省地方财政收入1 833.9亿元，同比增长6%，增速较上年回落6.1个百分点。其中，税收收入1 204.3亿元，同比下降6.7%，降幅较上年扩大3.3个百分点，影响税收增长的主要原因是企业盈利水平下降、能源产品量价齐跌、“营改增”政策全面推行、土地市场成交下降以及房地产减税政策等。非税收入629.6亿元，同比下降18.2%，占地方财政收入的34.3%，占比较上年下降3.1个百分点。

2016年，陕西省财政支出4 390.6亿元，同比增长6.5%。其中，民生支出3 595.5亿元，占财政支出的81.9%，有力保障了农业、教育、社会保障、医疗卫生、移民搬迁、环境保护等民生支出的需要。

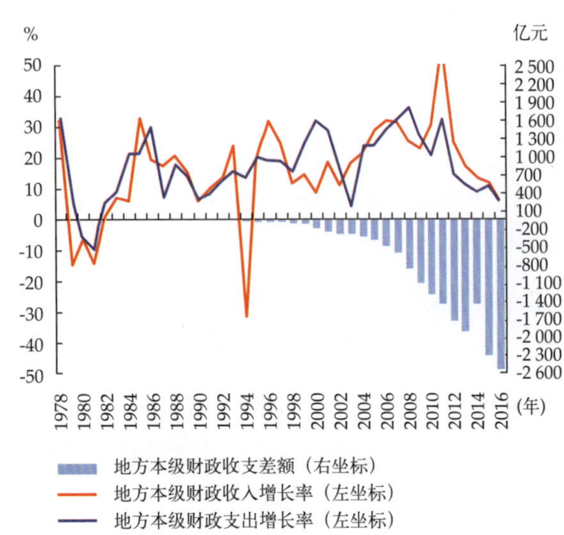

数据来源：《陕西统计年鉴》、陕西省统计局。

图13 1978～2016年陕西省财政收支状况

（五）房地产市场保持平稳，现代制造业高速发展

1. 房地产市场显著回暖，去库存压力有所缓解。2016年，陕西省房地产开发企业完成投资2 736.8亿元，同比增长9.7%，房屋施工面积同比增长7.4%，房屋新开工面积同比增长13.1%，增速较上年提高12.6个百分点。商品房销售面积同比增长9.5%，增幅较上年提高13.2个百分点；商品房销售额同比增长11.8%，增速较上年提高11.8个百分点（见图14）。

西安市是房地产二线城市，2016年以来，在市政配套持续落实、落户政策大幅放宽、民生工程稳步推进、投资环境不断改善、城市地铁交通陆续开工等一系列利好政策带动下，全市商品房销售升温明显。从住宅价格看，2016年12月西安市新建住宅价格环比上涨0.7%，同比上涨7.2%（见图15）。

2016年年末，全省房地产贷款余额同比增长18.1%，其中：房地产开发贷款余额同比增长22.5%；个人住房贷款余额3 426.2 亿元，同比增长18.7%，增速为近年来新高。

2. 现代制造业高速发展，金融支持力度不断加大。2016年，陕西省按照“稳能源、促化工、

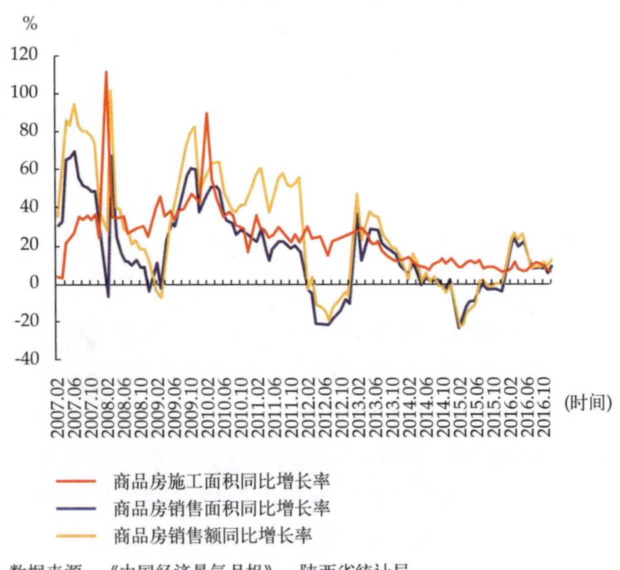

数据来源：《中国经济景气月报》、陕西省统计局。

图14 2007～2016年陕西省商品房施工和销售变动趋势

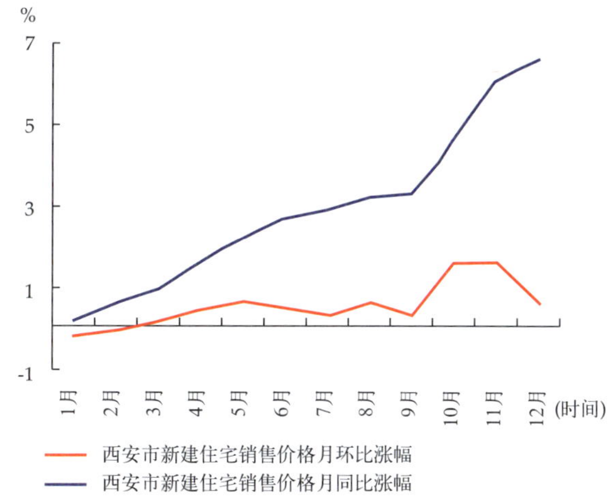

数据来源：《中国经济景气月报》、陕西省统计局。

图15 2016年西安市新建住宅销售价格变动趋势

兴电子、强制造、扩新兴、优传统”的总体战略，统筹推进工业稳增长与调结构，着力打造支撑“追赶超越”的现代工业体系。发布《〈中国制造2025〉陕西实施意见》，成立7个工作推进小组和专家咨询委员会，分产业出台“五年行动计划”，制定重大科技创新、工业强基等八大工程实施方案，为推动制造强省建设提供了有力支撑。2016年，陕西省规模以上制造业总产值同比增长10.6%，高于规模以上工业增速3.2个百分点，占工业比重同比提高1.9个百分点；现代化工、新材料、节能与新能源汽车、航空装备等14个重点产业完成总产值同比增长22.7%，占工业比重提高4个百分点；先进高端制造业产品产量增长迅速，工业产品结构逐步向以中间产品和终端产品为主转变；2016年陕西省制造业实现利润增速达到28.7%。

2016年，中国人民银行西安分行加大窗口指导力度，制定出台《关于金融支持陕西省工业稳增长调结构增效益的指导意见》，引导和督促金融机构加大金融产品和服务创新，以支持两化融合为主线，以支持智能制造为主攻方向，以满足工业领域金融需求为目标，为陕西省工业提供综合化、差异化、国际化的金融服务，推动陕西省工业向创新驱动、产业高端、集成服务转变。各金融机构积极支持制造业发展，在信贷政策、企业授信等方面向制造业特别是高端制造业和新兴制造业倾斜；把握制造业行业特点，针对不同企业特定需求，研发推出创新金融产品，满足制造业在研究创新、转型升级方面的资金需求。除利用传统信贷投放、债券融资等资金融通业务支持制造业外，各金融机构还针对制造业多元融资需求，推出了“商行+投行”、本外币一体化、产业链融资等服务措施，借助租赁、信托、产业基金等多种形式为制造业提供金融支持，同时通过内保外贷、境外人民币业务等为制造业企业“走出去”提供融资。至2016年年末，陕西省制造业贷款余额2 145.2亿元；7家企业上市、定向增发融资76.9亿元，141家企业在新三板挂牌；全省组建7只制造业领域产业基金，总规模410亿元。

三、预测与展望

2017年是中国实施“十三五”规划的重要一年，也是供给侧结构性改革的深化之年。陕西省将坚持稳中求进的工作总基调，牢固树立和贯彻落实新发展理念，统筹推进“五位一体”总体布局和协调推进“四个全面”的战略布局，紧扣“追赶超越”定位，适应和把握引领经济发展新常态，通过深化供给侧结构性改革、促进有效投资和消费升级、深入实施创新驱动战略、高起点建设陕西自由贸易试验区、推进区域城乡协调发展、加强环境保护和节能减排、扎实推进脱贫攻坚等重点任务，促进陕西经济平稳健康发展与社会和谐稳定。预计2017年陕西省生产总值增长8%左右，固定资产投资增长10%左右，社会消费品零售总额增长10%左右，进出口总值增长7%以上，CPI涨幅控制在3%左右。

2017年，陕西省将深化供给侧结构性改革，大力振兴实体经济。扎实推进“三去一降一补”五大任务落实。深化第一、第二、第三产业等供给侧结构性改革，加快培育陕西农业农村发展新动能；推动工业发展，加快产业转型升级步伐。确保传统支柱产业优势，推动文化旅游等现代服务业提质增效，积极构建适合陕西特色的现代产业体系。

有效适度扩大总需求，促进有效投资和消费

升级。用好国家支持西部加强基础设施建设政策，保持基础设施投资力度，加大招商引资，积极推动项目落地。实施质量强省战略和商标战略，开展增品种、提品质、创品牌行动，增加高质量产品有效供给，扩大终端产品消费。积极培育健康、养老、家政等新的消费增长点，推进消费结构加快升级。

深入实施创新驱动战略，加快新旧动能接续转换。加快推进创新型省份、西安全面创新改革试验区、西安高新区国家自主创新示范区、西咸新区双创示范基地等国家创新试点示范建设，推进各类开发区差异化、特色化、品牌化发展，深化科技资源统筹改革，形成具有陕西特色和优势的创新驱动发展格局。发挥天使投资、风险投资、科技成果转化引导基金作用，促进科技与金融紧密结合，推动大众创业、万众创新。

抓住中国（陕西）自由贸易试验区建设重大机遇，深度融入“一带一路”大格局。高起点建设陕西自由贸易试验区，加快推进“大西安”建设，突出制度创新，创造具有陕西特色的实践经验。持续抓好“一带一路”交通物流、科技创新、产业合作、文化旅游和金融合作五大中心建设，设立产业海外发展基金，支持优势企业参与国际产能和现代农业合作，加快建设设立在国外的经贸合作园区，全方位推进对外开放。

2017年，陕西省金融业将以提高发展质量和效益为中心，以推进供给侧结构性改革为抓手，统筹做好稳增长、促改革、调结构、惠民生、防风险各项工作。深入贯彻稳健中性的货币政策，紧扣“两推一防”的工作主线，加强金融风险研判及防控，加大金融改革创新力度，做好金融管理服务工作，不断提高金融体系运行效率，为全省实体经济发展营造良好的货币金融环境。

中国人民银行西安分行货币政策分析小组

总　纂：白鹤祥　袁庆春　王晓红

统　稿：刘　迪　师树松　刘　崴

执　笔：刘　崴　李　超　陈　涛　王　宇　潘亚柳　刘社芳　雷梦菲　孙　姣　张胜荣　刘佳珍　陈炅炜　王　玮　连太平　骆昭东　冯　伟

提供材料的还有：付俊文　马　悦　黄无忌　王　青　郝俊香　包　琼　孙炎炜　关　伟　郝　嵘

附录

（一）2016年陕西省经济金融大事记

1月27日，星展银行西安分行挂牌并对外营业。

4月27日，陕西铜川宜君县被中国人民银行确定为全国首个农村普惠金融综合示范区试点县。

8月18日，陕西金融资产管理股份有限公司开业揭牌暨合作协议签约仪式在西安举行。该公司与包括16家银行在内的23家机构签订合作协议，获得共计2 330亿元的综合授信额度和全方位的业务支持。

10月26日，中国人民银行西安分行与陕西省发展改革委联合举办陕西省个人信用报告查询县域全覆盖集中开通仪式，38家金融机构个人信用报告自助查询点开通，陕西省个人信用报告查询实现县域全覆盖。

11月5日至9日，第二十三届中国杨凌农业高新科技成果博览会在杨凌示范区举行。本届“农高会”的主题是落实发展新理念，加快农业现代化。

11月8日，渤海银行西安分行挂牌并对外营业。

11月23日，全国第16家、西北首家持金融牌照的消费金融公司——陕西长银消费金融公司开业。长银消费金融公司由长安银行作为主发起人，联合汇通信诚融资租赁有限公司、北京意德辰翔投资有限公司共同发起设立，注册资本金3.6亿元，其中长安银行持股51%。

2016年，陕西省政府分别与农业银行、中国银行、建设银行、光大集团、泰康保险、中国兵器工业集团、中国东方航空集团公司签署战略合作协议。

2016年，中国人民银行西安分行、陕西银监局、陕西证监局、陕西保监局联合开展“金融消费者权益日”和“金融知识普及月”活动。

2016年，陕西省政府出台《关于促进全省融资担保行业加快发展的实施意见》（陕政发〔2016〕4号）、《关于大力推进大众创业万众创新工作的实施意见》（陕政发〔2016〕10号）、《关于房地产去库存优结构的若干意见》（陕政发〔2016〕19号）、《关于印发工业稳增长促投资21条措施的通知》（陕政发〔2016〕36号）、《关于进一步促进民间投资健康发展的若干意见》（陕政发〔2016〕37号）、《陕西省供给侧结构性改革降成本行动计划》（陕政发〔2016〕38号）、《供给侧结构性改革补短板行动计划》（陕政发〔2016〕41号）、《关于转发省金融办等部门金融精准扶贫二十条措施的通知》（陕政办发〔2016〕67号）和《陕西省“十三五”金融业发展规划》（省金融办、发展改革委联合印发，陕金融发〔2016〕7号）。

（二）2016年陕西省主要经济金融指标

表1　2016年陕西省主要存贷款指标

		1月	2月	3月	4月	5月	6月	7月	8月	9月	10月	11月	12月
本外币	金融机构各项存款余额（亿元）	33 222.2	33 118.7	33 910.0	34 191.2	35 037.6	34 974.8	34 753.3	35 190.5	35 351.4	35 286.2	35 575.6	35 707.4
	其中：住户存款	15 749.1	16 224.3	16 497.8	16 133.8	16 177.3	16 541.9	16 473.3	16 594.3	16 929.6	16 809.7	16 939.0	17 212.8
	非金融企业存款	10 062.6	9 712.8	10 188.9	10 044.9	10 277.9	10 554.1	10 392.2	10 553.6	10 628.5	10 648.4	10 967.5	11 282.8
	各项存款余额比上月增加（亿元）	480.5	-103.4	791.2	281.2	846.5	-62.9	-221.5	437.2	160.9	-65.2	289.4	131.8
	金融机构各项存款同比增长（%）	13.9	13.8	13.9	16.0	16.8	13.2	12.2	13.1	10.8	11.0	9.8	9.3
	金融机构各项贷款余额（亿元）	22 601.3	22 743.4	22 785.4	22 891.6	23 110.5	23 492.5	23 363.0	23 360.0	23 645.1	23 801.1	23 812.8	24 224.4
	其中：短期	5 533.0	5 509.7	5 543.8	5 435.7	5 406.9	5 435.6	5 359.4	5 403.5	5 421.7	5 374.3	5 340.5	5 270.8
	中长期	15 718.9	15 910.8	15 793.7	15 942.4	16 149.2	16 492.3	16 567.2	16 366.4	16 561.8	16 745.7	16 815.7	17 235.4
	票据融资	1 306.4	1 279.5	1 399.6	1 464.4	1 503.4	1 508.1	1 376.8	1 530.2	1 613.1	1 631.7	1 606.1	1 667.9
	各项贷款余额比上月增加（亿元）	504.5	142.1	42.0	106.1	219.0	382.0	-129.5	-2.9	285.0	156.0	11.7	411.6
	其中：短期	46.6	-23.3	34.1	-108.1	-28.8	28.7	-76.2	44.1	18.2	-47.4	-33.8	-69.7
	中长期	369.2	191.9	-117.1	148.8	206.7	343.1	74.9	-200.8	195.4	183.8	70.0	419.7
	票据融资	88.3	-26.9	120.1	64.8	39.0	4.7	-131.3	153.4	82.9	18.7	-25.7	61.8
	金融机构各项贷款同比增长（%）	15.4	14.8	13.3	12.9	13.1	11.8	10.0	9.5	8.5	9.1	9.1	9.6
	其中：短期	7.2	5.7	3.9	2.2	2.3	0.7	-0.4	0.2	-1.8	-2.5	-2.5	-3.8
	中长期	16.6	16.0	13.8	14.3	14.4	14.0	13.5	12.3	11.3	11.9	11.7	12.2
	票据融资	44.1	49.1	60.2	51.6	51.8	36.1	11.4	15.9	19.7	26.5	27.6	36.9
	建筑业贷款余额（亿元）	760.5	748.4	739.0	729.2	721.8	758.6	755.4	769.2	788.9	791.7	770.6	792.4
	房地产业贷款余额（亿元）	1 370.2	1 399.3	1 396.0	1 449.1	1 470.2	1 531.9	1 550.4	1 552.7	1 575.6	1 589.3	1 614.1	1 610.8
	建筑业贷款同比增长（%）	21.4	15.6	11.0	8.9	3.0	9.3	6.0	6.6	9.3	9.1	7.0	14.7
	房地产业贷款同比增长（%）	37.9	35.0	31.0	34.5	31.8	26.6	24.7	24.4	21.4	22.7	29.1	23.5
人民币	金融机构各项存款余额（亿元）	32 959.2	32 849.4	33 648.1	33 904.2	34 731.3	34 637.1	34 439.1	34 836.1	34 980.6	34 893.6	35 169.1	35 255.5
	其中：住户存款	15 656.3	16 129.2	16 401.8	16 037.3	16 079.8	16 441.1	16 370.4	16 491.4	16 825.8	16 698.7	16 820.4	17 084.5
	非金融企业存款	9 924.2	9 569.4	10 058.5	9 888.5	10 104.1	10 351.8	10 215.5	10 342.5	10 401.1	10 406.9	10 720.1	11 000.3
	各项存款余额比上月增加（亿元）	487.6	-109.8	798.7	256.1	827.1	-94.3	-198.0	397.0	144.5	-87.0	275.5	86.3
	其中：住户存款	205.5	472.9	272.6	-364.5	42.5	361.3	-70.7	121.0	334.4	-127.1	121.6	264.2
	非金融企业存款	168.9	-354.7	489.0	-170.0	215.5	247.8	-136.3	127.0	58.5	5.8	313.2	280.3
	各项存款同比增长（%）	13.8	13.7	13.8	15.9	16.5	12.8	12.0	12.8	10.5	10.7	9.4	8.8
	其中：住户存款	10.6	9.2	9.5	9.3	10.3	9.9	10.5	10.8	10.5	11.5	12.0	10.8
	非金融企业存款	16.8	17.7	20.0	18.6	16.5	16.9	16.9	15.0	15.3	15.2	13.7	13.0
	金融机构各项贷款余额（亿元）	22 289.1	22 441.4	22 488.2	22 598.9	22 814.2	23 190.7	23 061.4	23 030.9	23 333.2	23 488.4	23 534.4	23 921.7
	其中：个人消费贷款	3 401.5	3 399.2	3 448.7	3 487.5	3 543.4	3 613.6	3 646.0	3 683.1	3 731.6	3 781.1	3 859.8	3 923.0
	票据融资	1 306.4	1 279.5	1 399.6	1 464.4	1 503.4	1 508.1	1 376.8	1 530.2	1 613.1	1 631.7	1 606.1	1 667.9
	各项贷款余额比上月增加（亿元）	528.5	152.3	46.8	110.6	215.4	376.5	-129.3	-30.5	302.2	155.2	46.1	387.3
	其中：个人消费贷款	56.8	-2.3	49.6	38.8	55.9	70.2	32.4	37.2	48.4	49.5	78.7	63.2
	票据融资	88.3	-26.9	120.1	64.8	39.0	4.7	-131.3	153.4	82.9	18.7	-25.7	61.8
	金融机构各项贷款同比增长（%）	15.9	15.2	13.7	13.4	13.5	12.2	10.3	9.9	8.8	9.4	9.5	9.9
	其中：个人消费贷款	13.9	12.9	13.7	13.7	14.2	14.8	14.9	15.2	15.1	16.0	16.6	17.3
	票据融资	44.1	49.1	60.2	51.6	51.8	36.1	11.4	15.9	19.7	26.5	27.6	36.9
外币	金融机构外币存款余额（亿美元）	40.1	41.2	40.5	44.4	46.6	50.9	47.2	53.0	55.5	58.0	59.0	65.1
	金融机构外币存款同比增长（%）	21.6	24.7	16.7	31.0	48.9	53.8	30.7	41.2	41.1	35.2	39.2	56.6
	金融机构外币贷款余额（亿美元）	47.7	46.1	46.0	45.3	45.0	45.5	45.3	49.2	46.7	46.2	40.4	43.6
	金融机构外币贷款同比增长（%）	-14.9	15.7	-18.7	-19.4	-16.5	-19.5	-19.8	-16.7	-13.9	-14.3	-25.6	-15.8

数据来源：中国人民银行西安分行。

表2　2001～2016年陕西省各类价格指数

单位：%

年/月	居民消费价格指数		农业生产资料价格指数		工业生产者购进价格指数		工业生产者出厂价格指数	
	当月同比	累计同比	当月同比	累计同比	当月同比	累计同比	当月同比	累计同比
2001	—	1.0	—	1.9	—	0.5	—	0.4
2002	—	-1.1	—	0.8	—	-1.2	—	0.7
2003	—	1.7	—	2.3	—	4.8	—	5.7
2004	—	3.1	—	11.6	—	10.4	—	7.3
2005	—	1.2	—	7.2	—	7.5	—	10.4
2006	—	1.5	—	0.7	—	6.7	—	9.6
2007	—	5.1	—	8.3	—	6.3	—	2.9
2008	—	6.4	—	22.0	—	11.2	—	8.4
2009	—	0.5	—	-4.2	—	-1.6	—	-3.9
2010	—	4.0	—	5.3	—	9.7	—	8.7
2011	—	5.7	—	10.3	—	9.6	—	7.2
2012	—	2.8	—	5.4	—	0.0	—	0.7
2013	—	3.0	—	2.6	—	-0.7	—	-2.7
2014	—	1.6	—	0.9	—	-1.5	—	-2.9
2015	—	1.0	—	0.6	—	-4.8	—	-9.2
2016	—	1.3	—	-0.3	—	-4.1	—	-2.4
2015　1	-0.1	-0.1	-0.2	-0.2	-4.7	-4.7	-7.5	-7.5
2	0.7	0.3	-0.4	-0.3	-5.2	-4.9	-8.5	-8.0
3	0.7	0.4	0.1	-0.2	-5.1	-5.0	-8.2	-8.1
4	1.0	0.6	0.8	0.1	-4.6	-4.9	-9.2	-8.4
5	0.6	0.6	0.5	0.2	-4.3	-4.8	-8.5	-8.4
6	1.2	0.7	1.2	0.3	-4.1	-4.6	-9.4	-8.6
7	1.2	0.8	1.4	0.5	-4.6	-4.6	-9.2	-8.6
8	1.7	0.9	1.2	0.6	-5.0	-4.7	-9.9	-8.8
9	1.1	0.9	0.7	0.6	-5.1	-4.7	-9.9	-8.9
10	0.8	0.9	0.5	0.6	-5.3	-4.8	-9.4	-9.0
11	1.2	0.9	0.6	0.6	-5.5	-4.8	-9.6	-9.0
12	1.4	1.0	0.1	0.6	-4.9	-4.8	-11.1	-9.2
2016　1	1.2	1.2	0.3	0.3	-5.6	-5.6	-9.8	-9.8
2	2.1	1.6	1.0	0.6	-6.1	-5.9	-9.3	-9.5
3	2.0	1.8	0.5	0.6	-6.3	-6.0	-9.1	-9.4
4	1.7	1.7	0.1	0.5	-6.2	-6.1	-6.6	-8.7
5	1.2	1.6	0.3	0.4	-5.4	-5.9	-5.6	-8.1
6	0.8	1.5	-0.5	0.3	-5.4	-5.8	-3.8	-7.4
7	0.5	1.4	-1.3	0.1	-5.1	-5.7	-2.9	-6.8
8	0.3	1.2	-1.6	-0.2	-5.1	-5.6	-2.1	-6.2
9	1.1	1.2	-1.6	-0.3	-3.8	-5.4	-0.5	-5.6
10	1.5	1.2	-1.7	-0.5	-2.2	-5.1	3.3	-4.7
11	1.5	1.3	-0.2	-0.4	-0.2	-4.7	8.6	-3.5
12	1.2	1.3	0.6	-0.3	2.1	-4.1	11.1	-2.4

数据来源：《中国经济景气月报》、陕西省物价局、国家统计局陕西调查总队。

表3　2016年陕西省主要经济指标

	1月	2月	3月	4月	5月	6月	7月	8月	9月	10月	11月	12月
绝对值（自年初累计）												
地区生产总值(亿元)	—	—	3 849.2	—	—	8 207.9	—	—	12 880.0	—	—	19 165.4
第一产业	—	—	154.1	—	—	442.3	—	—	816.0	—	—	1 693.8
第二产业	—	—	1 768.9	—	—	3 936.7	—	—	6 243.9	—	—	9 390.9
第三产业	—	—	1 926.3	—	—	3 828.9	—	—	5 820.0	—	—	8 080.7
固定资产投资(亿元)	—	828.0	2 143.6	3 499.7	5260.3	8 156.6	10 035.8	11 999.5	14 551.1	16 496.7	18 525.0	20 825.3
房地产开发投资	—	166.3	340.2	503.5	713.8	1 170.6	1 433.1	1 721.4	1 997.2	2 204.0	2 459.3	2 736.8
社会消费品零售总额(亿元)	—	—	1 746.4	—	—	3 399.9	—	—	5 176.4	—	—	7 367.6
外贸进出口总额（亿元）	—	287.2	462.0	639.6	787.3	947.5	1 125.0	1 289.8	1 442.7	1 605.5	1 793.3	1 974.8
进口	—	135.7	223.2	316.3	387.5	465.7	540.2	616.5	690.9	763.3	851.4	930.2
出口	—	151.5	238.8	323.3	399.8	481.8	584.8	673.3	751.8	842.2	941.9	1 044.6
进出口差额(出口−进口)	—	15.8	15.6	7.0	12.3	16.1	44.6	56.8	60.8	78.8	90.5	114.4
外商实际直接投资(亿美元)	—	2.9	13.1	13.5	14.0	25.2	25.4	25.6	37.6	40.7	41.4	50.1
地方财政收支差额(亿元)	—	-184.3	-414.3	-435.1	-708.9	-1 170.6	-1 320.0	-1 481.3	-1 835.9	-1 928.6	-2 427.5	-2 556.6
地方财政收入	—	285.1	461.6	675.7	841.4	1 007.2	1 127.4	1 230.6	1 388.3	1 541.5	1 675.1	1 833.9
地方财政支出	—	469.4	875.9	1 110.8	1 550.3	2 177.8	2 447.4	2 711.9	3 224.2	3 470.1	4 102.6	4 390.5
城镇登记失业率(%)（季度）	—	—	3.3	—	—	3.3	—	—	3.3	—	—	3.3
同比累计增长率（%）												
地区生产总值	—	—	7.6	—	—	7.2	—	—	7.3	—	—	7.6
第一产业	—	—	2.8	—	—	2.9	—	—	3.0	—	—	4.0
第二产业	—	—	7.1	—	—	6.9	—	—	7.2	—	—	7.3
第三产业	—	—	8.4	—	—	8.2	—	—	8.0	—	—	8.7
工业增加值	—	7.5	7.7	7.4	6.8	6.7	6.5	6.6	6.8	6.8	6.8	6.9
固定资产投资	—	8.8	11.8	9.5	4.5	9.3	8.8	9.7	11.3	11.0	11.5	12.1
房地产开发投资	—	-7.9	3.5	-3.8	-6.5	7.0	9.3	12.0	11.9	8.6	8.2	9.7
社会消费品零售总额	—	—	10.7	—	—	10.2	—	—	10.6	—	—	12.0
外贸进出口总额	—	1.2	7.4	12.2	11.3	11.7	10.2	5.9	2.4	1.5	3.5	4.2
进口	—	1.9	3.7	10.6	8.7	9.7	1.8	-2.9	-7.1	-8.1	-5.8	-4.8
出口	—	0.6	11.0	13.8	13.9	13.8	19.6	15.6	13.1	12.1	13.7	13.7
外商实际直接投资	—	-24.1	5.7	0.6	2.1	9.0	7.6	7.5	55.5	63.7	15.8	8.5
地方财政收入	—	6.0	5.0	10.4	10.1	5.6	5.1	5.1	5.3	4.7	5.7	6.0
地方财政支出	—	13.3	6.5	6.5	7.4	5.6	6.8	4.0	5.7	4.7	12.5	6.5

数据来源：陕西省统计局《经济要情》、陕西省商务厅。

甘肃省金融运行报告（2017）

中国人民银行兰州中心支行货币政策分析小组

[内容摘要] 2016年，甘肃省认真贯彻落实中央决策部署，牢牢把握经济进入新常态的大逻辑和稳中求进的工作总基调，以新发展理念为引领，以推进供给侧结构性改革为主线，突出深化改革和创新发展，甘肃省经济呈现缓中趋稳、稳中有进、进中向好的特点。甘肃省金融机构有效落实稳健的货币政策，信贷投放稳步增长，结构进一步优化，利率水平稳中有降，直接融资实现新突破，金融生态环境建设深入推进，金融支持实体经济成效显著。

2017年，甘肃省将牢牢抓住国家“西部大开发”“一带一路”建设的发展机遇，结合“三去一降一补”，继续深化供给侧结构性改革，促进经济平稳健康发展。甘肃省金融机构将认真执行稳健中性的货币政策，保持货币信贷合理适度增长，深入实施“普惠金融”“金融支持对外开放”和“金融风险防范”三大工程，持续加大对薄弱环节和重点领域的支持力度，切实提高金融资源配置效率和服务实体经济的能力。

一、金融运行情况

2016年，甘肃省金融业运行总体平稳，货币信贷稳定增长，融资成本持续降低，信贷结构逐步优化，金融服务不断提升，有力促进了甘肃省供给侧结构性改革和经济转型发展。

（一）银行业稳健运行，货币信贷均衡增长

1. 金融机构整体实力持续提升。甘肃省银行业金融机构资产规模不断扩大，年末资产总额同比增长9.7%。机构个数和从业人数稳步增加，年末营业网点个数达5 810个，从业人员64 118人（见表 1）。甘肃电投财务公司、兰银金融租赁公司、中国进出口银行甘肃省分行三家机构先后开业，金融支持实体经济发展实力不断增强。

表1　2016年甘肃省银行业金融机构情况

机构类别	营业网点			法人机构（个）
	机构个数（个）	从业人数（人）	资产总额（亿元）	
一、大型商业银行	364	8 425	6 790	0
二、国家开发银行和政策性银行	61	1 619	3 902	0
三、股份制商业银行	1 724	22 665	2 115	0
四、城市商业银行	332	7 696	5 013	2
五、城市信用社	0	0	0	0
六、小型农村金融机构	2 312	19 053	5 057	84
七、财务公司	3	76	177	3
八、信托公司	1	270	50	1
九、邮政储蓄银行	605	2 868	780	0
十、外资银行	0	0	0	0
十一、新型农村金融机构	407	1 338	300	356
十二、其他	1	108	453	1
合　计	5 810	64 118	24 637	447

注：营业网点不包括国家开发银行和政策性银行、大型商业银行、股份制商业银行等金融机构总部数据；大型商业银行包括中国工商银行、中国农业银行、中国银行、中国建设银行和交通银行；小型农村金融机构包括农村商业银行、农村合作银行和农村信用社等；新型农村金融机构包括村镇银行、贷款公司、农村资金互助社和小额贷款公司；“其他”包含金融租赁公司、汽车金融公司、货币经纪公司、消费金融公司等。
数据来源：甘肃银监局。

2. 存款增长有所放缓。2016年，受经济下行、产业结构不合理、企业效益下降等因素制约，以及表外理财快速发展、互联网金融分流、债券及贷款增势趋缓、票据业务规模缩小、财政体制改革等因素影响，甘肃省存款增长动力有所减弱。年末，甘肃省金融机构本外币各项存款余额17 515.7亿元，同比增长7.5%（见图 3），同比回落9.1个百分点，全年新增存款1 216.2亿元。

3. 贷款投向结构不断优化。2016年，受有效信贷需求放缓、政府债务置换、多元化融资替代等因素影响，甘肃省贷款增速有所回落，但投向结构更趋合理。年末，甘肃省金融机构本外币各项贷款余额15 926.4亿元，同比增长16%（见图

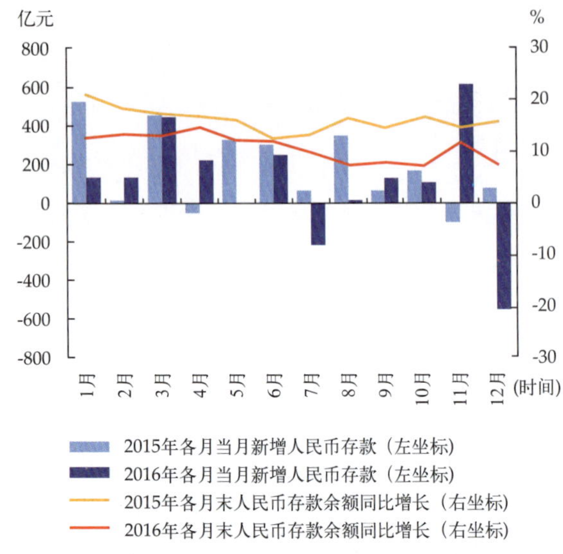

数据来源：中国人民银行兰州中心支行。

图1 2015～2016年甘肃省金融机构人民币存款增长变化

3），较上年年末回落7.9个百分点，全年新增各项贷款2 197.5亿元。从投向结构看，金融支持重点更加突出。基础设施建设领域贷款增长较快，全年新增基础设施贷款601亿元。民生领域金融支持力度进一步加大。年末，甘肃省涉农贷款、小微企业贷款、保障性住房开发贷款余额同比分别增长18.8%、26.8%和89.8%，均高于各项贷款增速。

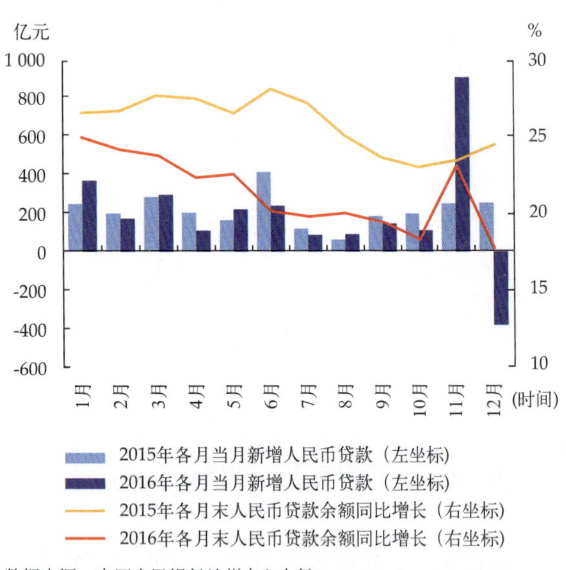

数据来源：中国人民银行兰州中心支行。

图2 2015～2016年甘肃省金融机构人民币贷款增长变化

4. 表外业务保持平稳增长。2016年，甘肃省表外业务增速超过10%。表外业务出现分化，担保类业务规模缩小，表外理财快速增长。全年甘肃省担保类表外业务减少近400亿元。表外理财年末余额1 840.6亿元，同比增长34.4%

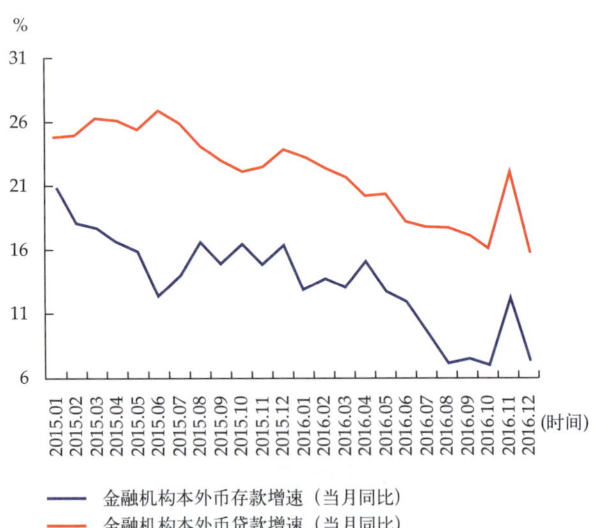

数据来源：中国人民银行兰州中心支行。

图3 2015～2016年甘肃省金融机构本外币存、贷款增速变化

5. 存贷款利率水平稳中趋降。2016年，甘肃省金融机构存款定价更加理性审慎，全年活期存款和定期存款加权平均利率分别为0.36%和2.03%，同比分别下降5个基点和73个基点。贷款利率在6.1%～6.7%区间震荡变化，全年加权平均利率为6.26%，同比下降62个基点，其中企业贷款加权平均利率同比下降165个基点,企业融资成本下降明显。2016年2家地方法人金融机构通过合格审慎评估成为观察成员，7家年检机构均达标。全年法人金融机构共计发行同业存单和大额存单分别达386亿元和27.5亿元。

6. 银行资产质量有所下滑。2016年年末，甘肃省银行业金融机构不良贷款余额323.2亿元，较上年年末增加78.6亿元；不良贷款率2%，较上年年末上升0.3个百分点。甘肃省法人金融机构关注类贷款余额214.3亿元，较上年年末增加98亿元；关注类贷款占全部贷款的比例为3.5%，较上年年末上升1.2个百分点。

7. 金融机构改革稳步推进。2016年年末，甘

表2　2016年甘肃省金融机构人民币贷款各利率区间占比

单位：%

月份		1月	2月	3月	4月	5月	6月
合计		100.0	100.0	100.0	100 .0	100 .0	100 .0
下浮		25.9	18.5	23.0	27.3	22.6	22.3
基准		11.6	13.3	14.2	14.0	25.5	15.2
上浮	小计	62.5	68.2	62.8	58.7	51.9	62.5
	(1.0，1.1]	5.0	5.0	5.3	4.5	6.3	6.5
	(1.1，1.3]	10.6	9.2	9.3	7.4	5.1	8.1
	(1.3，1.5]	8.9	10.6	10.9	7.4	6.1	7.8
	(1.5，2.0]	25.0	23.8	22.3	24.0	21.5	27.1
	2.0以上	13.0	19.6	15.0	15.4	12.9	13.0
月份		7月	8月	9月	10月	11月	12月
合计		100.0	100.0	100.0	100.0	100.0	100.0
下浮		15.3	15.5	19.5	23.2	14.0	15.7
基准		12.8	12.8	21.0	13.7	55.3	23.0
上浮	小计	71.9	71.7	59.5	63.1	30.7	61.3
	(1.0，1.1]	6.1	7.3	10.2	8.8	2.8	6.8
	(1.1，1.3]	8.0	6.1	10.1	8.6	5.0	7.8
	(1.3，1.5]	11.9	9.2	8.0	6.9	4.0	8.8
	(1.5，2.0]	29.9	35.3	22.0	26.3	13.1	24.0
	2.0以上	16.0	13.8	9.2	12.5	5.8	13.9

数据来源：中国人民银行兰州中心支行。

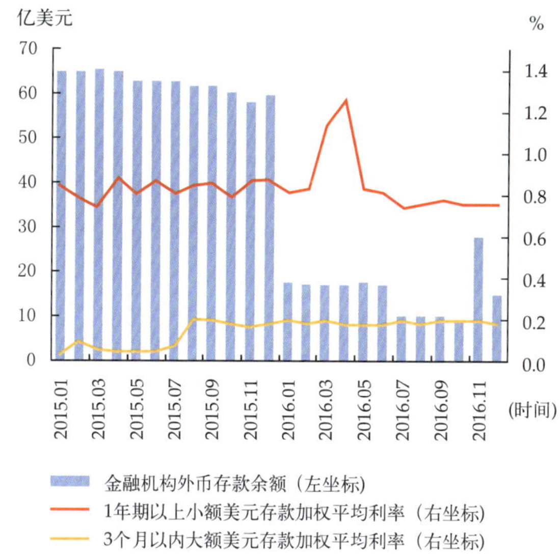

数据来源：中国人民银行兰州中心支行。

图4　2015～2016年甘肃省金融机构外币存款余额及外币存款利率

肃省70家县级“三农金融事业部”涉农贷款余额495.9亿元，同比增长6.9%；农户贷款余额249.1亿元，同比增长13.6%；涉农贷款占比达81.2%。农村合作金融机构改革工作持续推进，甘肃省农村商业银行总数达到23家。成功组建甘肃省金融控股集团，成立地方资产管理公司，金融服务体系不断健全。

8. 跨境人民币业务健康有序开展。2016年，甘肃省跨境人民币实际收付242亿元，占本外币全部跨境收付的比例为32.1%。甘肃省跨境人民币收支整体呈现下降态势，甘肃省共办理经常项下跨境人民币结算208.9亿元，同比下降42.9%；资本项下跨境人民币结算33.1亿元，同比增长50.6%。

专栏1　甘肃省绿色金融发展现状和思路

甘肃处于丝绸之路经济带黄金段，是我国循环经济示范区、国家新能源综合示范区、祁连山生态补偿示范区。落实好甘肃“十三五”规划提出的打造转型升级大环境、清洁能源大基地、生态安全大屏障等任务，需要大力发展绿色金融。

一、甘肃省绿色金融发展现状

绿色信贷是当前绿色金融的主体。据调查，截至2016年年末，甘肃省银行业金融机构投放绿色信贷余额1 103.4亿元，较上年增加277.8亿元，增长33.7%，高于甘肃省各项贷款增速17.6个百分点，占甘肃省各项贷款余额的6.9%。当前，在绿色金融的推广上面临诸多问题。一是绿色债券发展滞后。省内仅有两家法人金融机构申请发行绿色债券，拟发行总额40亿元。二是绿色上市企业数量少。符合绿色企业标准的省内上市企业仅有1家。三是绿色保险规模小。2016年甘肃省仅有247家企业投保环境责任险，全年实现保费收入712万元，提供风险保障4.5亿元。四是绿色金融项目不多。甘肃省尚未设立绿色发展基金、绿色担保基金，碳金融产品及其他衍生品交易尚未开展。

二、甘肃省绿色金融发展思路

一是明确一个目标，下决心打造国家绿色金融示范省。把发展绿色金融提升到战略层面，以打造国家绿色金融示范省为抓手，更好地聚集资金、技术、人才等各类生产要素，利用后发优势，延长产业链，打造增长极，为甘肃省经济社会转型发展注入强劲动力，为全国提供可复制可推广的经验。

二是建立三大机制，形成政策合力。建立绿色金融信息甄别机制。可由环保、发改、工信等部门进行绿色项目评级，确定绿色项目清单，对列入清单的企业和项目优先予以金融支持。建立绿色金融激励机制。扩大绿色贷款贴息资金占绿色产业发展财政支出比例，加大对绿色信贷的财政贴息力度。健全财政奖补配套措施，对经济效益和环境效益好的项目及承贷银行给予一定的风险补偿或奖励。鼓励和支持有条件的地方建立专业化绿色担保机制，设立绿色发展基金、风险缓释基金，引导和撬动各类社会资本参与绿色投资与绿色产业领域。建立绿色金融监督机制。对重点环保企业实行强制性信息披露制度，由环保部门定期发布企业环境违法违规信息，并将其纳入企业征信系统，增加环保违法违规的企业在贷款、税收等方面的成本。

三是打造五项工程，搭建绿色金融发展框架。发展绿色信贷，不断提升其在贷款总量中的比重；发展绿色债券，为甘肃省绿色企业、绿色项目拓宽融资渠道、降低融资成本；发展绿色证券，在甘肃省探索上市企业环境信息披露机制；发展绿色保险，依托甘肃省重化工业突出、环境保护任务重、农牧业有优势的特点，大力推进特色绿色险种；完善绿色金融市场体系构建，建立和完善甘肃省排污权、节能量(用能权)、水权等环境权益交易市场，推动排污权和节能量交易试点，参与全国碳排放权交易。

（二）证券交易活跃度有所下降，市场融资功能进一步增强

1. 证券交易规模明显下滑。2016年年末，甘肃省有1家法人证券公司，15家证券分公司，91家证券营业部，较上年增加3家证券分公司和4家证券营业部。受证券市场行情影响，证券经营机构业务量下滑，全年甘肃省证券经营机构累计实现证券交易额11 591.1亿元，同比下降50.9%；股票交易额9 930.4亿元，同比下降54%；实现营业收入12.2亿元，同比下降62.4%；实现净利润5.3亿元，同比下降73.1%。

2. 资本市场支持实体经济发展能力不断提升。2016年年末，甘肃省共有A股上市公司30家，较上年增加3家，总市值2 767.9亿元。全年甘肃省A股上市公司募集资金134.4亿元，同比增长13.2%，其中首发融资10.6亿元，非公开发行融资88.8亿元，发行公司债券融资35亿元。甘肃省拟上市公司共12家，1家首发申请获得通过，3家企业报送申请材料，8家企业处于辅导期，上市公司后备资源有所扩充。

表3　2016年甘肃省证券业基本情况

项目	数量
总部设在辖内的证券公司数（家）	1
总部设在辖内的基金公司数（家）	0
总部设在辖内的期货公司数（家）	1
年末国内上市公司数（家）	30
当年国内股票（A股）筹资（亿元）	99
当年发行H股筹资（亿元）	0
当年国内债券筹资（亿元）	302
其中：短期融资券筹资额（亿元）	39
中期票据筹资额（亿元）	76

注：当年国内股票（A股）筹资额是指非金融企业境内股票融资。
数据来源：甘肃证监局。

3. 期货交易规模下降。2016年年末，甘肃省有1家法人期货公司（见表3），8家期货营业部，1家境外期货持证企业。2016年，甘肃省期货经营机构累计实现期货交易额6 510.1亿元，同比下降56.8%；实现营业收入6 586.5万元，同比增长13.1%；实现净利润2 692.6万元，同比增长32.1%。

（三）保险业快速增长，保障程度显著提升

1. 保险业实力不断增强。2016年年末，甘肃省共有省级保险分公司25家，较上年增加1家，其中财产险公司13家，人身险公司12家（见表4）。资产总额689.4亿元，同比增长18.4%。黄河财产保险股份有限公司获批筹建，甘肃法人保险机构实现零的突破。

2. 保险业务发展质量稳步提高。2016年，甘肃省产险市场综合成本率93%，承保利润率7%。与国计民生和社会治理密切相关的农业保险、责任保险和保证保险快速增长，增速分别为9.8%、13%和19.5%。普通人身险实现保费收入86.3亿元，同比增长40.2%，占人身险业务的51.4%，较上年同期提高5个百分点。

3. 保险业保障程度显著提升。2016年，甘肃省保险业为地方经济发展、企业经营和居民生活提供的风险保障程度不断提高，全年提供各类风险保障达28.8万亿元，同比增长165.5%。甘肃省健康险实现保费收入29亿元，同比增长11.9%。全国首创“两保一孤”特困人群保险试点覆盖97.2万贫困人口，提供风险保障超295亿元，累计有421人次享受到674.6万元的保险补偿。

表4　2016年甘肃省保险业基本情况

项目	数量
总部设在辖内的保险公司数（家）	0
其中：财产险经营主体（家）	0
人身险经营主体（家）	0
保险公司分支机构（家）	25
其中：财产险公司分支机构（家）	13
人身险公司分支机构（家）	12
保费收入（中外资，亿元）	308
其中：财产险保费收入（中外资，亿元）	109
人身险保费收入（中外资，亿元）	198
各类赔款给付（中外资，亿元）	109
保险密度（元/人）	1 183
保险深度（%）	4

数据来源：甘肃保监局。

（四）融资结构更趋多元化，市场运行总体平稳

1. 融资结构呈现多元化态势。2016年，甘肃省社会融资规模为2 720.3亿元。其中，委托贷款、信托贷款保持快速增长，两项合计占比达到35.9%，同比提高21.6个百分点。股权融资保持平稳增长，非金融企业境内股票融资增加100.4亿元，与2015年基本持平。企业债券融资规模明显下降，全年共有9家企业在银行间债券市场发行各类债券221.6亿元，同比下降47%。非银行金融机构债券、境外债券、项目收益票据等融资工具实现新突破。

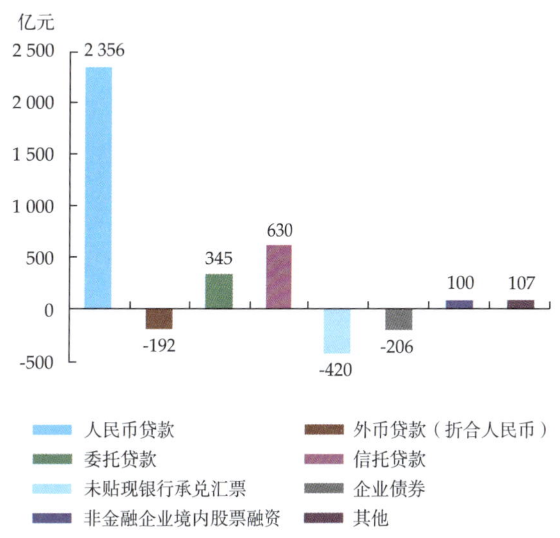

数据来源：中国人民银行兰州中心支行。

图5　2016年甘肃省社会融资规模分布结构

2. 同业拆借市场交易大幅增加。2016年，甘肃省同业拆借市场成员累计发生同业拆借297笔，成交金额679.6亿元，同比增长374.2%。从拆借利率看，同业拆借市场成员同业拆借利率持续下行，全年各品种加权平均利率为2.5%，同比下降60个基点。

3. 债券市场成员交易量回落明显。2016年，甘肃省银行间债券市场成员债券交易累计成交60 381笔，成交额98 591亿元，同比下降4.8%。从交易结构看，回购交易累计成交43 758笔，成交额66 545.5亿元，同比下降9.3%；现券交易累计成交16 623笔，成交额27 045.4亿元，同比增长8.4%。

4. 票据业务总体萎缩。2016年，甘肃省银行业金融机构累计签发银行承兑汇票1 354.7亿元，同比下降44.8%；银行承兑汇票余额628.1亿元，同比下降32.5%；票据贴现余额517.3亿元，同比下降12.9%。甘肃省票据贴现利率继续回落，全年票据贴现加权平均利率3.3%，较上年同期下降84个基点；票据转贴现加权平均利率3.1%，较上年同期下降108个基点。

表5　2016年甘肃省金融机构票据业务量统计

单位：亿元

季度	银行承兑汇票承兑		贴现			
			银行承兑汇票		商业承兑汇票	
	余额	累计发生额	余额	累计发生额	余额	累计发生额
1	862.9	389.1	457.3	1 033.4	99.8	52.0
2	727.1	387.9	419.3	677.1	83.4	79.9
3	464.0	346.3	410.4	552.1	165.0	26.3
4	614.5	242.6	389.3	281.4	128.0	85.4

数据来源：中国人民银行兰州中心支行。

表6　2016年甘肃省金融机构票据贴现、转贴现利率

单位：%

季度	贴现		转贴现	
	银行承兑汇票	商业承兑汇票	票据买断	票据回购
1	3.5	4.5	3.3	3.4
2	3.4	3.8	3.1	2.5
3	2.7	4.1	2.6	—
4	3.5	—	3.2	4.0

数据来源：中国人民银行兰州中心支行。

（五）金融生态环境持续优化，金融服务水平显著提升

1. 信用体系建设不断强化。制定《甘肃省“十三五”社会信用体系建设规划》，出台守信联合激励和失信联合惩戒制度，对省内3家农商行个人信息泄露事件进行严肃查处。研发个人信用报告查询前置系统并在甘肃省推广使用。深入开展农村信用体系及中小企业信用体系试验区建设。

2. 支付服务能力稳步提升。推进中央银行会计核算数据集中系统（ACS）综合前置子系统在农信社系统和部分村镇银行上线运行，实现与国库会计数据集中系统（TCBS）国库存款利息的自动结转。2016年年末，甘肃省手机银行和网上银行用户数量分别达到1 923.4万户和1 343.5万户，金融服务便捷性进一步提高。

3. IC卡应用范围持续扩展。中国人民银行兰州中心支行、商业银行、支付机构共同签订《甘肃省金融IC卡与移动金融公共服务领域应用联网通用建设公约》。甘肃省金融IC卡累计发卡5 200余万张，金融IC卡在公共交通、教育、医疗等行业的应用范围不断扩展，移动金融和金融IC卡融合持续发展。

4. 金融消费权益保护进一步完善。中国人民银行兰州中心支行组织开展了“金融消费者权益保护日”活动，对16家金融机构的71个网点开展了金融消费权益保护专项检查，进一步提升金融机构保护消费者权益的积极性。2016年，甘肃省人民银行各分支机构共受理金融消费者咨询1 079件，受理投诉195件，办结率均为100%。

二、经济运行情况

2016年，甘肃省经济保持平稳增长，实现地区生产总值7 152亿元，同比增长7.6%（见图6）。产业结构更加优化，三次产业增加值比例为13.6：34.8：51.6。

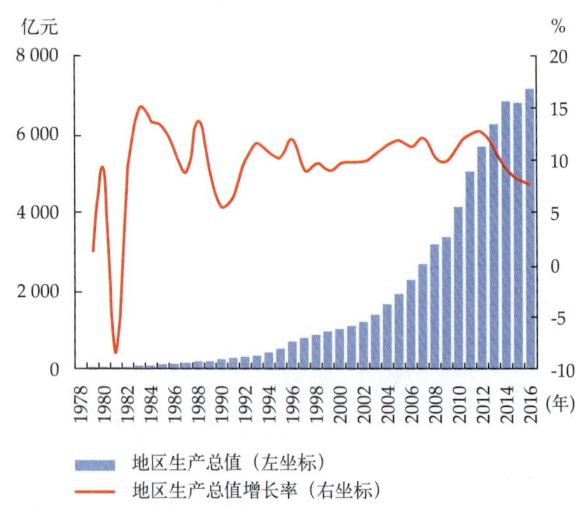

数据来源：甘肃省统计局。

图6　1978~2016年甘肃省地区生产总值及其增长率

（一）投资、消费稳定增长，对外贸易持续低迷

1. 投资增长平稳，民间投资和第二产业投资增长乏力。2016年，甘肃省完成固定资产投资9 534.1亿元，同比增长10.5%（见图 7）。民间投资和第二产业投资持续下降，成为影响甘肃省固定资产投资增长的重要因素，全年民间投资4 290亿元，同比下降2.1%，占全部投资的比重为45%；第二产业投资3 221亿元，同比下降6.2%。

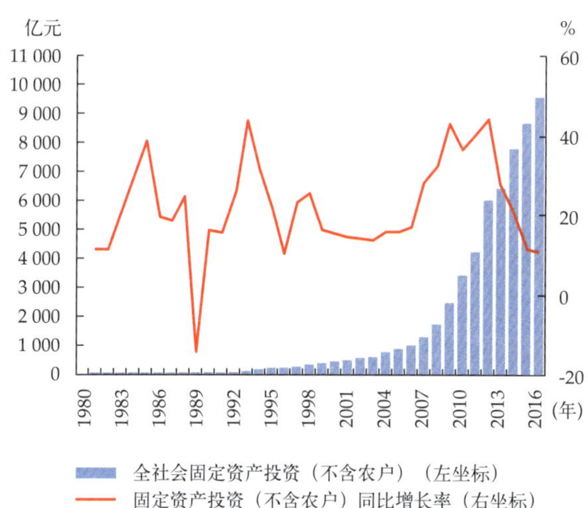

数据来源：甘肃省统计局。

图7　1980～2016年甘肃省固定资产投资（不含农户）及其增长率

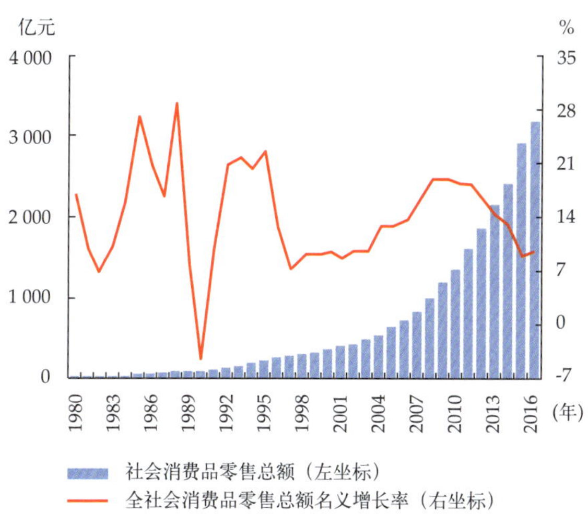

数据来源：甘肃省统计局。

图8　1980～2016年甘肃省社会消费品零售总额及其增长率

2. 城乡居民持续增收，消费品市场稳定增长。2016年，甘肃省城镇居民可支配收入25 693.5元，同比增长8.1%；农村居民人均可支配收入7 456.9元，同比增长7.5%。甘肃省社会消费品零售总额3 184.4亿元，同比增长9.5%（见图 8）。限额以上单位商品零售类中，消费升级类商品增势较好，其中建筑及装潢材料类同比增长36.0%，中西药类增长21.9%，文化办公用品类增长12.6%。

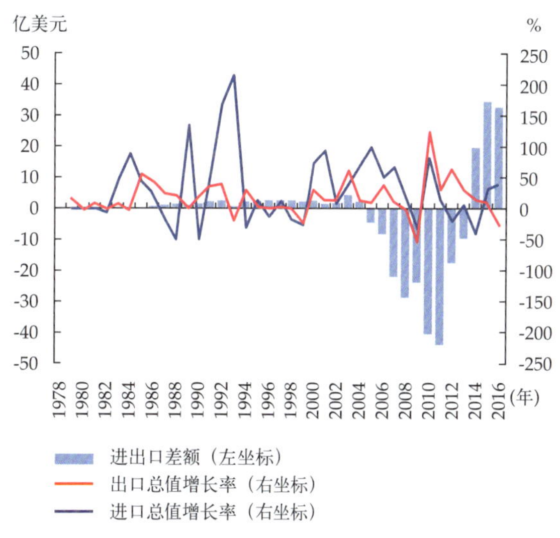

数据来源：甘肃省统计局。

图9　1978～2016年甘肃省外贸进出口变动情况

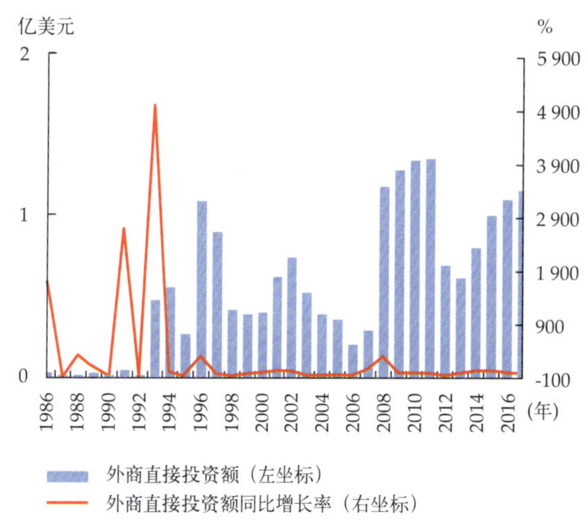

数据来源：甘肃省统计局。

图10　1986～2016年甘肃省外商直接投资额及其增长率

3. 进出口总额下降，与“一带一路”沿线国家贸易快速增长。受国际需求低迷、省内重点企业出口产品价格下降等因素影响，甘肃省进出口额出现下滑。2016年，甘肃省进出口总值453.2亿元，同比下降8.3%。其中进口总值185亿元，增长39.3%；出口总值268.2亿元，下降25.7%（见图 9）。在进出口下降背景下，甘肃省抓住“一带一路”建设机遇，积极打造向西开放新高地，与“一带一路”沿线国家的贸易额突破百亿元，同比增长10%。全年外商直接投资合同项目30个，外商直接投资实际使用金额1.2亿美元，同比增长5%（见图 10）。

（二）三次产业协调发展，结构调整稳步推进

1. 农业生产形势良好，粮食生产十三连丰。全年甘肃省粮食总产量1 140.6万吨，比上年下降2.6%，但产量仍保持在1 100万吨以上，连续13年丰收。油料产量76万吨，增长6.2%；蔬菜产量1 951.5万吨，增长7%；园林水果产量506.4万吨，增长9.7%。

2. 工业经济稳步回升，转型升级扎实推进。2016年，甘肃省规模以上工业增加值1 565.4亿元，同比增长6.2%（见图 11）。战略性新兴产业完成增加值936.9亿元，同比增长12.2%，占地区生产总值的比重提高到13.1%；规模以上高技术工业增加值增长11.3%，增速比规模以上工业高5.1个百分点；规模以上非公有制工业增加值占规模以上工业的26.5%，同比提高2.5个百分点。

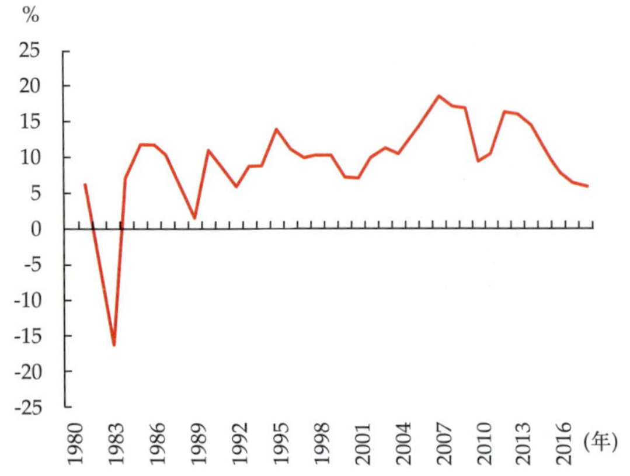

数据来源：甘肃省统计局。

图11　1980～2016年甘肃省规模以上工业增加值同比增长率

3. 第三产业占比不断上升，对经济的贡献度大幅提高。2016年，甘肃省第三产业增加值3 687亿元，同比增长8.9%，占地区生产总值的比重同比提高2.4个百分点，达到51.6%，首次超过50%。

4.供给侧结构性改革稳步推进，生态环境不断改善。全年甘肃省钢材产量同比下降21.5%，原煤产量下降2.8%，钢铁煤炭行业圆满完成全年去产能任务。甘肃省规模以上工业企业产成品存货持续保持负增长，商品住宅去库存周期大幅缩短，工业企业经营成本有所下降。全年甘肃省基础设施投资同比增长24.6%，一定程度上缓解了基础设施瓶颈制约。加快推进生态安全屏障综合试验区建设进度，加大水、大气、土壤等污染治理力度，生态环境进一步改善。

（三）居民消费价格稳中有升，生产者价格降幅收窄

1. 居民消费价格涨幅温和，食品烟酒类涨幅居首位。全年甘肃省居民消费价格上涨1.3%(见图12)。其中，城市上涨1.2%，农村上涨1.5%。八大类商品及服务价格“六升一平一降”，食品烟酒类上涨3.2%，教育文化和娱乐类持平，交通和通信类下降1.0%。

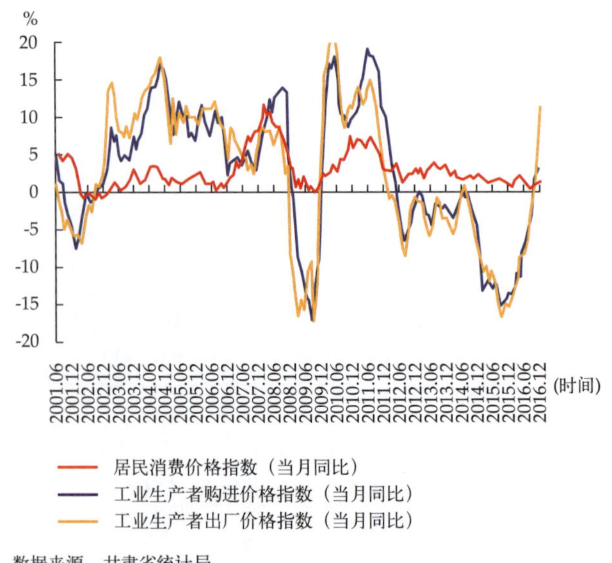

数据来源：甘肃省统计局。

图12　2001～2016年甘肃省居民消费价格和生产者价格变动趋势

2. 工业生产者价格低位运行，降幅持续收窄。全年甘肃省工业生产者出厂价格下降5.1%，购进价格下降5.4%，降幅分别比前三季度收窄3.4个百分点和3.0个百分点(见图 12)。石油和天然气开采业、煤炭开采和洗选业、有色金属冶炼及压延加工业、石油加工及炼焦业、化学原料及化学制品业五大行业共影响工业生产者出厂价格总指数下行4.5个百分点。

3. 就业持续增长。甘肃省就业形势良好，求人倍率持续保持较高水平，全年新增城镇就业43.8万人，转移农村富余劳动力超过500万人。

（四）财政收入增长趋缓，支出向民生领域倾斜

2016年，甘肃省一般公共预算收入786.8亿元，同比增长8.8%。受投资增速放缓、重点税收企业效益持续下滑影响，税收收入增幅不断回落，全年甘肃省税收收入526亿元，增长3.5%。全年一般公共预算支出3 152.7亿元，增长6.6%(见图 13)，重点向民生领域倾斜。其中，教育支出548.6亿元，增长10.1%；社会保障和就业支出468.4亿元，增长11.2%；一般公共服务支出295.5亿元，增长8.6%；医疗卫生与计划生育支出274.1亿元，增长9.6%。

（五）主要行业分析

1.房地产市场总体稳定。

（1）房地产市场持续活跃。2016年，甘肃省房地产开发贷款与购房贷款余额双双突破千亿元大关，推动甘肃省商品房销售面积、销售额均创历史新高。全年甘肃省新建商品住房实现销售1 585.5万平方米，同比增长21.3%(见图 14)。

（2）重点城市房价稳步上涨。2016年，甘肃省14个市州政府所在地房价总体温和上涨。以兰州市为例，市郊五区新建商品住宅均价达7 322元/平方米，同比上涨6.3%，但局部核心区域同比涨幅接近10%。

（3）房地产去库存取得初步成效。2016年，甘肃省房地产开发投资达850亿元，同比增长10.7%。新投入的资金主要用于历年结转项目，施工面积同比仅增长4%，一定程度上反映了商品房开发意愿的下降。年末，甘肃省商品住宅去库存周期为17个月，较2015年缩短9个月，房地产库存有所下降，但总体仍处于较高水平。

（4）差别化个人住房信贷政策执行情况良好。2016年年末，甘肃省个人住房贷款余额954.2亿元，同比增长32.2%，保持了较快增速。甘肃省金融机构发放的个人住房贷款平均首付比例是

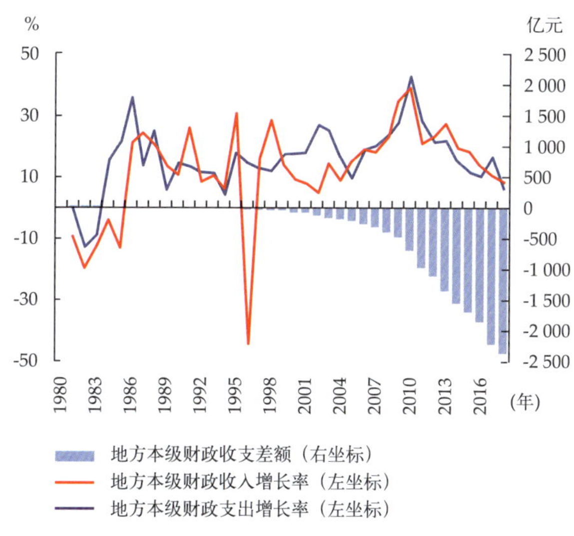

数据来源：甘肃省统计局。

图13　1980～2016年甘肃省财政收支状况

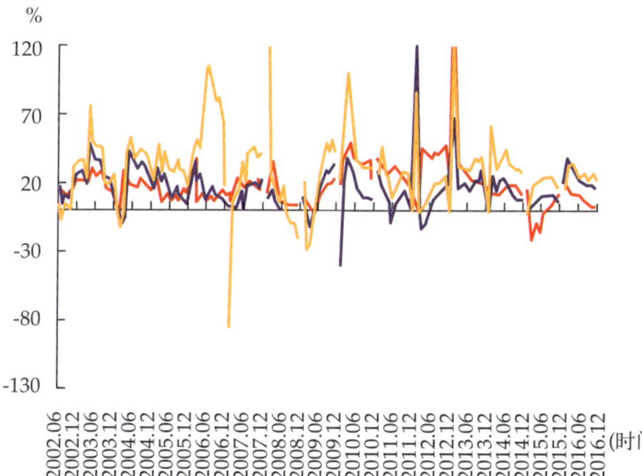

数据来源：甘肃省统计局。

图14　2002～2016年甘肃省商品房施工和销售变动趋势

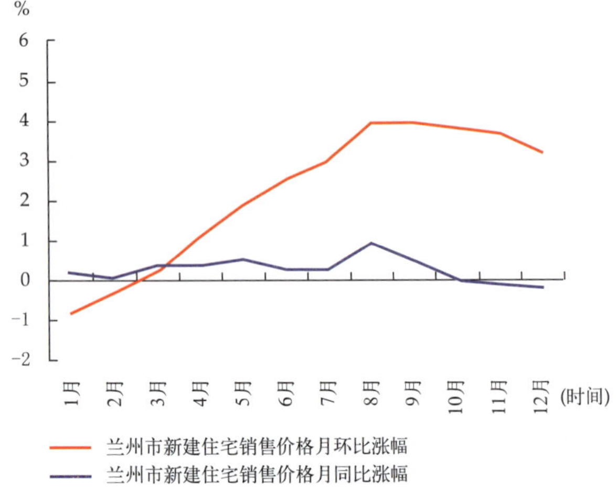

数据来源：甘肃省统计局。

图15　2016年兰州市新建住宅销售价格变动趋势

30.2%，平均利率水平为基准利率的1.04倍，差别化住房信贷政策得到严格落实。

2. 文化旅游产业加速发展。甘肃旅游资源丰富，历史文化厚重，自然景观多样，是国家华夏文明传承创新示范区，拥有世界文化遗产7处，国家4A级以上景区86个。近年来，甘肃省主动适应经济发展新常态和大众旅游时代新形势，通过实施“11361”文化旅游产业发展战略，以全域旅游为导向，以大景区建设为重点，不断完善文化旅游要素，打造品牌、延伸产业链，优化市场环境，推动文化旅游产业持续高速增长。2016年，甘肃省接待游客1.9亿人次，实现旅游综合收入1 220亿元，同比分别增长22.1%和25.1%。

金融机构积极创新担保方式和信贷产品，通过发放景区经营权、收费权等新型贷款为文化旅游企业提供资金支持。2016年年末，甘肃省文化旅游产业贷款余额超过150亿元，增速近40%。2016年，为支持“敦煌文博会”建设，银行业金融机构累计为42个重点项目投放贷款及项目股权融资41亿元，信贷投入占项目总投资的近40%，满足了文博会前期项目建设85%的资金需求。同时，文化旅游企业通过银行间债券市场、新三板、股权市场等渠道融资，不断拓宽多元化融资渠道。截至2016年年末，甘肃省文化旅游企业累计发行中期票据、短期融资券、定向工具等各类债券融资491亿元，占甘肃省债券融资比例接近25%。

专栏2　努力探索甘肃金融扶贫新路径

甘肃是全国典型的贫困省份，脱贫攻坚任务十分艰巨。近年来，中国人民银行兰州中心支行立足甘肃贫困实际，组织引领甘肃省金融机构创新思路举措，精准施策发力，探索出了金融扶贫的甘肃模式和甘肃经验。

一是坚持精准目标，探索金融扶贫新路子。近年来，中国人民银行兰州中心支行加强对甘肃省金融精准扶贫工作的顶层设计，组织实施金融扶贫攻坚行动和“1384”金融精准扶贫工程，研究制定六盘山、秦巴山、四省藏区和革命老区扶贫开发金融支持政策，推动金融机构因地施策、因行施策，形成了较为完整的金融扶贫政策体系。充分运用人民银行各项货币政策工具，创建金融扶贫示范区14个、支农再贷款示范区75个，将甘肃省90%的支农、扶贫再贷款投向了贫困地区。推进农户基础信用信息与建档立卡贫困户信息的共享和对接，为80%以上的贫困农户建立信用档案，着力加强贫困地区金融生态建设。

二是贴近扶贫需求，创新金融扶贫新模式。坚持产业扶贫和普惠发展理念，创新推出以贫困户为主要支持对象的“双联”惠农贷款、“牛羊蔬菜”产业贷款等扶贫贴息贷款产品十多种，确保信贷资金精准对接特色产业和农户需求。“十二五”以来，甘肃省金融机构累计发放各类扶贫贴息贷款1 300多亿元，惠及近200万户农户。推出的总规模435亿元精准扶贫专项贷款工程，为甘肃省建档立卡贫困户量身定做了每户5万元、期限3年、免抵押担保、财政全额贴息的扶贫小额贷款，受到贫困农户的普遍欢迎。

三是打造部门合力，构建金融扶贫新机

制。不断创新金融参与扶贫开发模式，探索出“财政资金撬动、政府责任联动、保险保障推动”的联动机制，成为甘肃金融精准扶贫工作的最重要经验。地方政府在财政十分困难的情况下，筹措近30亿元资金为每个贫困县区建立政策性融资担保机构。省县两级财政出资7亿元建立贷款风险补偿基金，解决贫困地区农户和企业贷款担保难题。强化银政企合作，多家金融机构与各级政府签订扶贫战略合作协议，深入参与贫困地区开发建设。强化保险保障工作，探索农业保险“精准滴灌”扶贫模式，积极开发特色险种，帮助贫困农户增强风险承受能力，巩固扶贫成果。

四是创新普惠服务，拓展金融扶贫新内涵。按照精准、普惠发展理念，着力构建全方位、多层次、广覆盖的金融精准扶贫组织体系、产品体系和服务体系。探索建立“金融扶贫主办行”制度，100多家金融机构与3 000多个新型农业经营主体签订主办行合作协议，通过支持新型农业经营主体发展带动贫困农户增收。金融机构通过增设物理网点、流动服务等便民措施，将金融服务延伸到所有通电、通网络的行政村，有效解决了贫困地区金融服务“最后一公里”问题。

总体上看，甘肃金融扶贫取得了良好效果。2016年年末，甘肃省75个贫困县区各项贷款余额6 969.2亿元，占甘肃省贷款总量的43.8%，较2010年提高近10个百分点。甘肃省贫困人口由842万减少到227万，年均减贫超过百万人；贫困发生率由40.3%降至10.9%，下降了29.4个百分点。

三、预测与展望

当前，甘肃经济既面临机遇叠加、形势向好的有利局面，也面临各种风险的挑战，但从总体上看，经济稳中有进的趋势没有改变。“三去一降一补”和农业供给侧结构性改革的持续推进，重点领域和关键环节的深化改革，产业结构的不断优化，新旧动能的有效转换，都将为甘肃经济稳步发展注入强大活力。2017年，甘肃省经济将保持平稳运行，预计经济增速保持在7.5%左右，物价水平维持在3%以内。

2017年，甘肃省金融运行将继续保持平稳态势。甘肃省金融机构将认真执行稳健中性的货币政策，深入实施“普惠金融”、“金融支持对外开放”和“金融风险防范”三大工程，不断拓展金融服务的广度和深度，持续提升金融服务水平，努力为供给侧结构性改革营造良好的货币金融环境。

中国人民银行兰州中心支行货币政策分析小组

总　纂：姜再勇　李文瑞

统　稿：许朝阳　聂　蕾　常　晔

执　笔：于加鹏　杨召举　王　昊　王文婷

提供材料的还有：魏长江　李　静　弓　晶　谢晓娜　陈　涛　任墨香　贾修斌　陈之鑫　冯　丽　田震坤　王　峰　陈之鑫　王　琼　杨　柳　杨晓晟　解　静　王　璐

附录

（一）2016年甘肃省经济金融大事记

4月11日，甘肃省召开“两权”抵押贷款试点工作启动会。

4月19日，甘肃省金融工作会议召开。

6月29日至30日，中国人民银行在甘肃兰州召开全国金融精准扶贫现场会议。

7月8日至11日，甘肃省成功举办“兰洽会”。

7～12月，甘肃电投集团财务有限公司、甘肃资产管理有限公司、中国进出口银行甘肃省分行、甘肃兰银金融租赁股份有限公司先后成立。

9月5日至9日，甘肃省成功举办“丝绸之路（敦煌）国际文化博览会”。

9月23日，甘肃省外汇市场自律机制成立大会举行。

9月25日至26日，国务院扶贫办在陇南成县召开全国电商精准扶贫现场会。

11月19日，第三届中国西北金融高峰论坛成功举办。

12月25日至27日，省委十二届十九次全会暨省委经济工作会议在兰州召开。

（二）2016年甘肃省主要经济金融指标

表1　2016年甘肃省主要存贷款指标

		1月	2月	3月	4月	5月	6月	7月	8月	9月	10月	11月	12月
本外币	金融机构各项存款余额（亿元）	16 394.5	16 525.2	17 006.3	17 224.4	17 218.1	17 460.7	17 198.8	17 199.0	17 323.3	17 418.1	18 156.2	17 515.7
	其中：住户存款	7 868.9	8 082.6	8 210.4	8 107.5	8 132.9	8 282.3	8 267.9	8 306.8	8 417.3	8 328.8	8 400.6	8 530.6
	非金融企业存款	5 241.3	5 175.4	5 430.9	5 476.0	5 504.8	5 650.2	5 469.1	5 422.0	5 506.3	5 489.7	6 082.4	5 553.9
	各项存款余额比上月增加（亿元）	95.0	130.6	481.1	218.0	-6.3	242.7	-261.9	-352.1	124.2	94.8	738.1	-640.5
	金融机构各项存款同比增长（%）	13.0	13.8	13.3	15.3	12.8	12.1	9.7	7.3	7.6	7.2	12.4	7.5
	金融机构各项贷款余额（亿元）	13 989.0	14 145.6	14 422.5	14 521.1	14 734.8	14 956.8	15 039.4	15 130.2	15 268.1	15 362.1	16 406.8	15 926.4
	其中：短期	4 654.8	4 725.7	4 824.5	4 846.8	4 891.7	4 949.5	4 923.2	4 893.3	4 856.1	4 842.7	5 503.2	4 841.3
	中长期	8 203.7	8 273.4	8 491.7	8 553.2	8 775.8	8 978.0	9 118.7	9 233.3	9 311.0	9 433.1	9 842.7	9 993.1
	票据融资	582.3	597.0	557.1	582.0	525.9	502.8	487.0	496.5	575.4	554.7	493.4	517.8
	各项贷款余额比上月增加（亿元）	260.1	156.6	277.0	98.5	213.8	222.0	82.6	90.2	137.9	94.0	1 044.7	-480.4
	其中：短期	-10.6	70.9	98.8	22.3	44.9	57.8	-26.4	-29.9	-37.2	-13.3	658.9	-661.9
	中长期	140.3	69.7	218.3	61.5	222.6	202.2	140.7	114.6	77.7	122.1	368.1	150.4
	票据融资	124.1	14.7	-39.9	24.9	-56.1	-23.1	-15.8	9.5	78.9	-20.7	-61.2	24.4
	金融机构各项贷款同比增长（%）	23.5	22.6	21.9	20.4	20.5	18.3	17.9	17.9	17.2	16.2	22.2	16.0
	其中：短期	17.3	17.0	16.3	15.0	13.8	11.4	10.3	8.7	7.2	6.2	25.2	3.8
	中长期	23.9	22.4	23.2	22.1	23.8	24.6	25.0	24.7	23.3	22.2	27.7	23.9
	票据融资	96.7	98.4	55.5	50.7	31.4	-3.3	-3.6	19.3	42.5	42.0	14.7	13.0
	建筑业贷款余额（亿元）	434.6	450.8	471.8	473.0	486.4	506.6	508.1	515.3	541.9	543.5	625.9	635.1
	房地产业贷款余额（亿元）	616.5	629.4	668.6	660.0	692.6	719.6	743.5	742.3	714.9	727.2	753.3	761.4
	建筑业贷款同比增长（%）	14.2	13.4	15.0	15.5	19.2	21.2	21.4	22.6	29.2	29.4	48.3	49.0
	房地产业贷款同比增长（%）	66.1	66.3	66.7	56.6	58.6	51.2	52.0	49.6	35.0	32.0	33.3	29.6
人民币	金融机构各项存款余额（亿元）	16 276.3	16 410.0	16 892.4	17 110.6	17 099.3	17 344.9	17 128.1	17 129.4	17 254.7	17 352.3	17 963.1	17 411.7
	其中：住户存款	7 839.8	8 053.5	8 180.9	8 078.7	8 103.1	8 252.2	8 237.0	8 275.9	8 386.4	8 295.9	8 365.3	8 492.9
	非金融企业存款	5 156.9	5 094.1	5 350.8	5 395.5	5 420.1	5 569.4	5 433.9	5 389.0	5 472.9	5 462.5	5 928.9	5 492.9
	各项存款余额比上月增加（亿元）	135.1	133.7	482.4	218.2	-11.2	245.5	-216.7	1.3	125.3	97.6	610.8	-551.4
	其中：住户存款	63.0	213.6	127.5	-102.2	24.4	149.0	-15.2	38.9	110.6	-90.5	69.3	127.6
	非金融企业存款	-6.1	-62.8	256.6	44.7	24.6	149.3	-135.5	-44.9	83.9	-10.4	466.3	-435.9
	各项存款同比增长（%）	12.6	13.5	13.0	14.9	12.4	11.8	9.9	7.5	7.8	7.4	11.8	7.9
	其中：住户存款	12.8	11.5	11.5	11.3	12.0	11.5	11.3	11.1	10.7	9.9	10.2	9.2
	非金融企业存款	12.4	15.5	16.1	17.3	13.4	14.5	13.2	9.5	11.2	7.4	17.4	6.4
	金融机构各项贷款余额（亿元）	13 663.0	13 834.9	14 132.7	14 241.5	14 464.9	14 697.5	14 787.4	14 879.2	15 029.7	15 130.7	16 035.6	15 650.5
	其中：个人消费贷款	1 114.1	1 136.3	1 168.9	1 182.0	1 209.6	1 246.7	1 257.8	1 283.5	1 310.6	1 326.1	1 345.8	1 385.1
	票据融资	582.3	597.0	557.1	582.0	525.9	502.8	487.0	496.5	575.4	554.7	493.4	517.8
	各项贷款余额比上月增加（亿元）	370.8	171.8	297.8	108.8	223.4	232.6	90.0	91.7	150.5	101.1	904.8	-385.1
	其中：个人消费贷款	7.9	22.2	32.7	13.0	27.6	37.1	11.2	25.7	27.1	15.5	19.7	39.3
	票据融资	124.1	14.7	-39.9	24.9	-56.1	-23.1	-15.8	9.5	78.9	-20.7	-61.2	24.4
	金融机构各项贷款同比增长（%）	24.9	24.1	23.6	22.3	22.5	20.2	19.8	19.9	19.4	18.3	23.0	17.7
	其中：个人消费贷款	22.1	24.1	25.0	24.1	25.3	25.7	26.9	25.1	25.1	25.4	24.5	25.2
	票据融资	93.7	98.4	55.5	50.7	31.4	-3.3	-3.6	19.3	42.5	42.0	14.7	13.0
外币	金融机构外币存款余额（亿美元）	18.1	17.6	17.6	17.6	18.1	17.5	10.6	10.4	10.3	9.7	28.0	15.0
	金融机构外币存款同比增长（%）	88.0	84.2	71.1	140.2	112.5	69.8	-32.4	-32.9	-31.6	-34.2	91.9	-38.5
	金融机构外币贷款余额（亿美元）	49.8	47.5	44.9	43.3	41.0	39.1	37.9	37.5	35.7	34.2	53.9	39.8
	金融机构外币贷款同比增长（%）	29.1	-26.2	-31.8	-34.4	-39.9	-42.7	-43.1	-44.2	-48.2	-49.9	-12.4	-40.9

数据来源：中国人民银行兰州中心支行。

表2 2001～2016年甘肃省各类价格指数

单位：%

年/月	居民消费价格指数		农业生产资料价格指数		工业生产者购进价格指数		工业生产者出厂价格指数	
	当月同比	累计同比	当月同比	累计同比	当月同比	累计同比	当月同比	累计同比
2001	—	4.0	—	-1.4	—	1.4	—	-1.5
2002	—	0.0	—	0.4	—	-1.6	—	-2.1
2003	—	1.1	—	1.8	—	5.6	—	10.0
2004	—	2.3	—	7.4	—	12.5	—	14.3
2005	—	1.7	—	9.0	—	9.9	—	9.6
2006	—	1.3	—	4.4	—	8.8	—	9.5
2007	—	5.5	—	7.1	—	4.3	—	5.5
2008	—	8.2	—	14.7	—	10.2	—	4.9
2009	—	1.3	—	-1.0	—	-8.9	—	-9.0
2010	—	4.1	—	1.7	—	14.4	—	15.0
2011	—	5.9	—	7.6	—	15.1	—	11.0
2012	—	2.7	—	5.2	—	-1.3	—	-3.2
2013	—	3.3	—	2.4	—	-2.0	—	-3.0
2014	—	2.1	—	2.5	—	2.4	—	3.3
2015	—	1.6	—	-1.4	—	-13.0	—	-13.0
2016	—	1.3	—	-0.1	—	-5.4	—	-5.1
2015 1	—	—	—	—	—	—	—	—
2	1.7	1.5	-2.7	-2.6	-12.9	-11.2	-10.9	-10.4
3	1.5	1.5	-2.1	-2.5	-12.7	-11.7	-10.1	-10.3
4	1.5	1.5	-1.7	-2.3	-11.5	-11.7	-12.0	-10.7
5	1.5	1.5	-1.3	-2.1	-11.7	-11.7	-10.9	-10.7
6	1.6	1.5	-0.5	-1.8	-12.6	-11.8	-11.7	-10.9
7	1.6	1.6	-0.8	-1.7	-12.5	-11.9	-13.3	-11.2
8	1.8	1.6	-1.1	-1.6	-15.1	-12.3	-15.8	-11.8
9	1.6	1.6	-1.2	-1.5	-15.2	-12.6	-16.6	-12.3
10	1.5	1.6	-1.3	-1.5	-14.7	-12.8	-15.3	-12.6
11	1.5	1.6	-0.9	-1.5	-14.4	-13.0	-14.8	-12.8
12	1.5	1.6	-0.7	-1.4	-13.6	-13.0	-15.2	-13.0
2016 1	—	—	—	—	—	—	—	—
2	1.7	1.2	-0.6	-0.6	-11.9	-13.4	-12.6	-13.3
3	1.9	1.5	-1.1	-0.8	-10.9	-12.5	-12.2	-13.0
4	2.1	1.6	0.1	-0.6	-11.2	-12.2	-8.6	-11.9
5	1.6	1.6	0.0	-0.4	-8.5	-11.5	-8.8	-11.3
6	1.2	1.5	0.4	-0.3	-7.0	-10.7	-8.3	-10.8
7	0.9	1.5	0.4	-0.2	-6.2	-10.1	-6.0	-10.1
8	0.6	1.4	0.0	-0.2	-4.2	-9.4	-3.6	-9.3
9	0.9	1.3	-0.1	-0.2	-0.7	-8.4	-1.2	-8.5
10	1.1	1.3	-0.2	0.2	1.7	-7.5	1.0	-7.6
11	1.2	1.3	0.2	-0.1	3.3	-6.5	5.5	-6.4
12	1.2	1.3	0.9	-0.1	4.4	-5.4	11.4	-5.1

数据来源：《中国经济景气月报》、甘肃省统计局。

表3　2016年甘肃省主要经济指标

	1月	2月	3月	4月	5月	6月	7月	8月	9月	10月	11月	12月
绝对值（自年初累计）												
地区生产总值（亿元）	—	—	1 236.0	—	—	2 721.0	—	—	4 769.5	—	—	7 152.0
第一产业	—	—	109.1	—	—	225.5	—	—	748.2	—	—	973.5
第二产业	—	—	467.6	—	—	1 032.5	—	—	1 813.6	—	—	2 491.5
第三产业	—	—	659.3	—	—	1 463.0	—	—	2 207.7	—	—	3 687.0
规模以上工业增加值（亿元）	—	208.9	323.3	433.9	539.8	703.3	837.6	966.9	1 120.7	1 254.9	1 408.2	1 729.0
固定资产投资（亿元）	—	164.4	718.9	1 561.8	2 656.9	4 416.8	5 308.8	6 323.4	7 445.8	8 395.4	8 967.7	9 534.1
房地产开发投资	—	19.7	68.2	130.3	222.6	350.4	436.4	525.7	625.0	725.9	795.4	850.0
社会消费品零售总额（亿元）	—	495.0	733.5	970.5	1 235.0	1 503.3	1 758.2	2 020.5	2 295.2	2 583.1	2 882.8	3 184.4
外贸进出口总额（亿元）	—	74.9	111.4	151.4	225.6	297.0	326.0	333.6	353.7	375.0	408.4	453.2
进口	—	17.8	31.7	42.7	58.9	72.8	85.0	98.2	111.6	128.0	153.0	185.0
出口	—	57.1	79.7	108.7	166.7	224.2	241.0	235.4	242.1	247.0	255.4	268.2
进出口差额(出口－进口)	—	39.3	48.0	66.0	107.8	151.4	156.0	137.2	130.5	119.0	102.4	83.2
实际利用外资（亿美元）	—	—	—	—	—	—	—	—	—	—	—	1.2
地方财政收支差额（亿元）	—	-231.7	-470.6	-632.0	-820.6	0.0	-1 244.1	-1 408.7	-1 741.1	-1 838.6	-2 081.7	-2 365.9
地方财政收入	—	127.6	195.4	284.8	355.3	419.4	469.8	514.6	567.2	624.7	690.8	786.8
地方财政支出	—	359.3	666.0	916.8	1 176.0	419.4	1 713.8	1 923.3	2 308.2	2 463.2	2 772.5	3 152.7
城镇登记失业率(%)(季度)	—	—	—	—	—	—	—	—	—	—	—	2.2
同比累计增长率（%）												
地区生产总值	—	—	7.3	—	—	7.8	—	—	7.5	—	—	7.6
第一产业	—	—	4.5	—	—	5.0	—	—	5.3	—	—	5.5
第二产业	—	—	6.3	—	—	6.7	—	—	6.9	—	—	6.8
第三产业	—	—	8.6	—	—	9.1	—	—	8.8	—	—	8.9
规模以上工业增加值	—	4.7	5.1	5.2	5.2	5.5	5.6	5.8	5.9	6.0	6.1	6.4
固定资产投资	—	3.9	10.5	11.5	11.2	13.3	11.4	11.2	11.1	10.9	11.0	10.5
房地产开发投资	—	26.9	29.0	25.3	18.7	18.3	15.4	13.6	10.9	10.9	10.3	10.7
社会消费品零售总额	—	7.8	8.6	8.2	8.5	9.3	8.9	8.8	8.9	9.1	9.2	9.5
外贸进出口总额	—	-47.0	-32.5	-20.0	-7.9	10.0	12.4	7.9	2.8	0.7	-4.6	-8.3
进口	—	20.0	-7.5	-9.6	0.0	5.0	4.0	8.7	8.0	12.8	25.1	39.3
出口	—	-52.0	-39.0	-23.4	-10.4	11.7	15.7	7.6	0.6	-4.6	-16.5	-25.7
实际利用外资	—	—	—	—	—	—	—	—	—	—	—	5.0
地方财政收入	—	5.3	12.7	22.2	18.2	11.2	8.0	7.3	7.5	6.3	7.8	8.8
地方财政支出	—	27.4	21.9	20.9	15.1	13.4	9.6	8.1	10.6	8.1	10.1	6.6

数据来源：甘肃省统计局。

青海省金融运行报告（2017）

中国人民银行西宁中心支行货币政策分析小组

[内容摘要] 2016年，青海省坚持稳中求进总基调，扎实推进改革发展稳定各项工作，经济结构持续优化、基础设施持续加强、协调发展持续提升、生态环境持续向好。金融业认真贯彻落实稳健货币政策，金融服务实体经济效能显著提升，普惠金融综合示范区试点工作扎实推进，金融改革创新工作持续深化。

2017年，青海省将认真落实“扎扎实实推进经济持续健康发展，扎扎实实推进生态环境保护，扎扎实实保障和改善民生、加强社会治理，扎扎实实加强和规范党内政治生活”重大要求，进一步深化供给侧结构性改革，深入实施创新驱动发展战略，促进绿色发展扎实有效，努力实现从经济小省向生态大省、生态强省转变，不断开创全省经济社会发展的新局面。全省金融部门将认真落实稳健中性的货币政策，大力推进金融改革创新，进一步提高金融管理和服务效率，加强金融风险防控，促进青海经济金融持续健康发展。

一、金融运行情况

2016年，青海省金融改革稳步推进，多层次资本市场加快发展，金融生态和基础建设持续推进，金融服务经济发展和转型升级的水平和质量不断提升。

（一）银行业稳健经营

1. 银行业金融机构资产规模持续扩容。2016年年末，青海省银行业金融机构资产总额8 453.5亿元（见表1），同比增长9.3%。全省银行业金融机构个数和从业人数稳步增加，全年新设2家股份制商业银行分支机构，民生银行西宁分行、光大银行西宁分行正式开业，华夏银行西宁分行获准筹建。

2. 企业存款增长乏力。2016年年末，青海省金融机构本外币存款余额同比增长6.9%，增速下降7.9个百分点（见图3）。受经济下行压力影响，工业企业资金周转速度放缓，存款增长乏力，全省非金融企业存款1 649.5亿元，同比增长0.5%，增速下降29.4个百分点。

3. 贷款向调结构、惠民生倾斜。2016年年末，青海省金融机构本外币贷款余额同比增长11.6%，增速下降7.5个百分点（见图3）。其中，第一、第二、第三产业贷款较上年分别增长22.7%、3.0%和9.0%，涉农贷款余额占各项贷款余额的35.7%，扶贫贴息贷款、小型企业贷款、下岗失业人员小额担保贷款同比分别增长34.8%、21.5%和62.6%。

表1　2016年青海省银行业金融机构情况

机构类别	营业网点			法人机构（个）
	机构个数（个）	从业人数（人）	资产总额（亿元）	
一、大型商业银行	426	9 504	3 030	
二、国家开发银行和政策性银行	27	548	2 178	
三、股份制商业银行	26	919	589	
四、城市商业银行	81	1 561	1 083	1
五、城市信用社				
六、小型农村金融机构	376	4 344	1 031	31
七、财务公司	1	29	95	1
八、信托公司	1	304	72	1
九、邮政储蓄银行	181	961	300	
十、外资银行				
十一、新型农村金融机构	96	1 175	75	96
十二、其他				
合　计	1 215	19 345	8 453	130

注：营业网点不包括国家开发银行和政策性银行、大型商业银行、股份制商业银行等金融机构总部数据；大型商业银行包括中国工商银行、中国农业银行、中国银行、中国建设银行和交通银行；小型农村金融机构包括农村商业银行、农村合作银行和农村信用社；新型农村金融机构包括村镇银行、贷款公司、农村资金互助社和小额贷款公司；“其他”包含金融租赁公司、汽车金融公司、货币经纪公司、消费金融公司等。

数据来源：青海银监局。

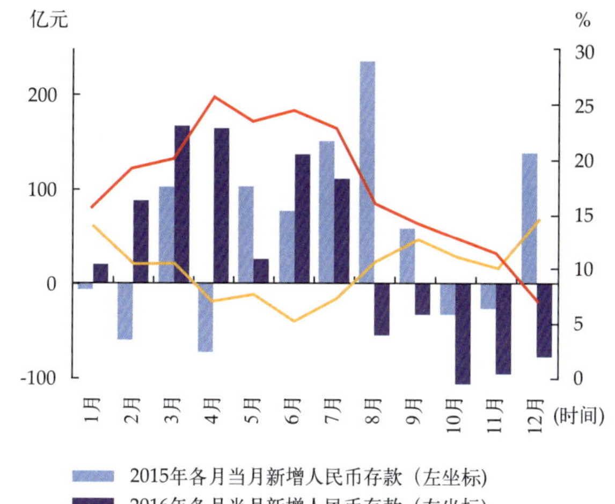

数据来源：中国人民银行西宁中心支行。

图1　2015～2016年青海省金融机构人民币存款增长变化

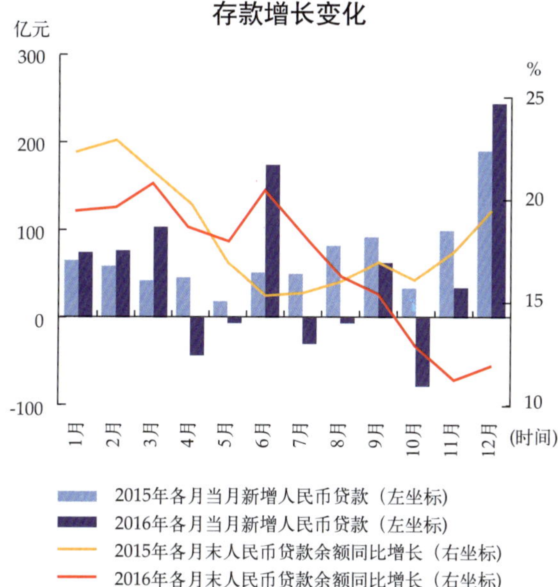

数据来源：中国人民银行西宁中心支行。

图2　2015～2016年青海省金融机构人民币贷款增长变化

4. 表外业务快速增长。2016年年末，青海省银行业金融机构表外业务余额2 227.5亿元，同比增长44.2%。其中：金融资产服务类余额1 701.9亿元，同比增加793.3亿元，增长87.3%；担保类余额176.4亿元，同比减少98.6亿元，下降35.8%。

5. 贷款利率稳中有降。2016年，青海省金融机构各期限贷款加权平均利率同比下降0.65个

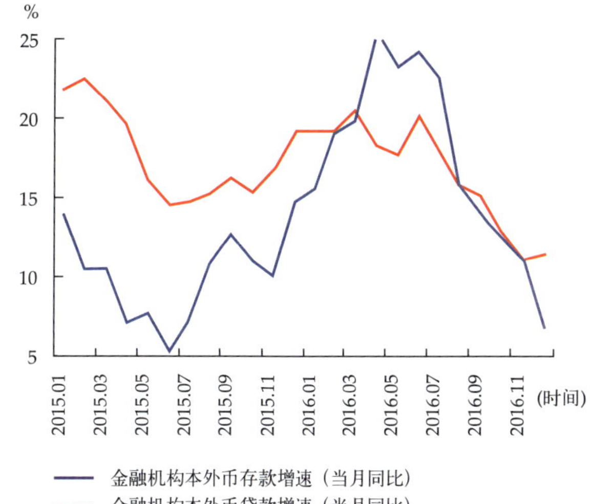

数据来源：中国人民银行西宁中心支行。

图3　2015～2016年青海省金融机构本外币存、贷款增速变化

表2　2016年青海省金融机构人民币贷款各利率区间占比

单位：%

月份		1月	2月	3月	4月	5月	6月
合计		100.0	100.0	100.0	100.0	100.0	100.0
下浮		8.5	4.3	15.4	32.5	16.2	20.7
基准		60.4	70.7	41.3	14.3	25.6	28.9
上浮	小计	31.1	25.1	43.3	53.2	58.2	50.5
	(1.0，1.1]	6.0	9.1	14.5	11.3	15.0	22.5
	(1.1，1.3]	15.5	11.7	17.1	23.7	23.5	19.1
	(1.3，1.5]	7.2	2.7	6.8	9.7	10.7	5.6
	(1.5，2.0]	2.3	1.6	4.5	7.4	7.8	2.8
	2.0以上	0.2	0.1	0.4	1.1	1.3	0.5
月份		7月	8月	9月	10月	11月	12月
合计		100.0	100.0	100.0	100.0	100.0	100.0
下浮		23.9	18.5	27.3	11.1	25.2	27.9
基准		11.9	20.2	24.1	50.5	26.8	35.0
上浮	小计	64.2	61.4	48.6	38.5	48.0	37.1
	(1.0，1.1]	11.4	9.8	8.5	9.3	15.4	10.7
	(1.1，1.3]	33.4	29.2	22.9	14.3	17.1	15.1
	(1.3，1.5]	11.6	13.2	10.8	8.9	8.5	6.1
	(1.5，2.0]	6.9	8.3	5.8	5.2	6.4	4.6
	2.0以上	1.0	0.8	0.6	0.8	0.6	0.5

数据来源：中国人民银行西宁中心支行。

百分点。分机构看，国有股份制商业银行、政策性金融机构、地方法人金融机构、区域股份制商业银行各期限贷款加权平均利率分别为4.69%、

4.75%、5.87%和4.94%，同比分别下降0.82个百分点、0.47个百分点、0.69个百分点和0.56个百分点，总体上呈现“大行低、小行高”的格局。从企业看，大型企业贷款中基准利率、下浮利率贷款占比达73.5%，同比上升1个百分点；中小微型企业贷款中上浮利率贷款占比均在60%以下，最大降幅达37个百分点。

6. 金融机构改革稳步推进。2016年，农村信用社改制转型工作深入推进，2家农村信用社改制农商行，5家农商行获批筹建。青海首家地方资产管理公司开业运营，首家消费金融公司设立工作稳步推进。青海银行第四次增资扩股方案获得省政府批复，拟增发不少于12亿股，并引进战略投资者。随着机构的不断增加，青海省金融组织体系和服务体系逐步完善。

7. 银行业资产质量有所回落。2016年年末，青海省银行业金融机构不良贷款余额118.9亿元，比年初增加47.7亿元；不良贷款率2.1%，比年初上升0.7个百分点，高出全国平均水平0.2个百分点。关注类贷款余额265.9亿元，同比增长23.3%。

8. 跨境人民币资金流动结构趋于均衡。2016年，全省跨境人民币收付总额52.0亿元，同比下降39.5%，资本项下人民币结算额占跨境人民币结算总额的31.5%，比上年同期高29.8个百分点。跨境人民币资金池和境外项目人民币贷款业务取得突破，不断拓宽境内外人民币资金流通渠道，进一步促进人民币资金跨境流动双向平衡。

专栏1　持续完善“六个一”工作机制　实施靶向精准扶贫金融服务

2016年，青海省创新机制，完善制度，持续提升精准扶贫金融服务水平，在十个方面取得新进展：

制定脱贫攻坚规划确定工作目标。按照青海省脱贫攻坚总体规划和中国人民银行金融支持精准扶贫脱贫攻坚工作要求，金融机构依据自身特点，全部制定了5年工作规划和2016年工作计划，目标明确、措施得力，工作推进稳健扎实。

深入推进“六个一”金融精准扶贫工作机制。2015年，青海省建立“扶贫联络员、主办银行服务员、村委会协调员、一份金融档案、一个特殊信用证”的“五个一”金融精准扶贫机制，2016年在此基础上，又将第一书记作为指导员，形成了“六个一”工作机制，为推动金融精准扶贫工作打下坚实基础。同时，全面发挥人民银行扶贫“三级联动”机制作用，将金融扶贫工作包片包村、落地到户、责任到人。

扩大主办银行范围并实现县级全覆盖。将金融扶贫主办银行范围从原来的农信社、邮储银行2家扩展到了8家，全省39个县每个县都有1家以上的主办行。在全省贫困地区设立了5.4亿元的扶贫贷款风险防控资金和各类担保资金，用于扶贫贷款风险补偿和贴息。主办银行为全省全部13万户建档立卡贫困户建立了金融服务档案，并在每个县形成了具有地方特色的扶贫信贷模式。

针对性地推进贫困户信用评定工作。修订完善贫困户信用评级办法，重新制定了专门针对贫困户的特殊信用评定标准和办法。按照新办法对全省13.7万户建档立卡贫困户全部开展了信用评定工作，其中9.9万户贫困户被评为信用户。推广“530”小额贷款工程，被评为信用户的贫困户可享受免抵押、免担保，5万元以下、3年期以内财政全额贴息的信用贷款,其余贫困户也可享受贴息贷款和产业带动扶贫金融扶持政策。

构建贫困地区基层金融服务网络。在贫困地区设立了“12363”金融精准扶贫热线电话，发放820个热线宣传牌，由专人负责解决金融扶贫问题，设立了39个精准扶贫金融服务室。在全省设立了4 808个惠农金融服务点，打造了90个惠农综合服务中心、服务站和特色化服务超市，金融服务村级覆盖率达100%，形成了贴近一线的基层金融服务网络。

开展金融精准扶贫示范区建设。在全省遴

选一个州、五个县作为金融精准扶贫示范区，在加大精准扶贫金融产品创新力度的同时，积极探索可持续、可复制、可推广的精准扶贫金融服务模式，发挥带动示范效应。据初步统计，全省扶贫信贷产品达67种。

利用保险资金建立贫困户增信机制。联合青海保监局，全力推进开展精准扶贫小额贷款保证保险业务，引导保险机构积极参与金融精准扶贫工作，提高贫困地区建档立卡贫困户小额扶贫贷款可获得性。

依托“金惠工程”开展特色金融政策宣传。梳理出台的金融支持精准扶贫各类政策文件，通过文件系统化、宣传双语化、形式多样化、渠道多元化的方式加大对藏区金融扶贫政策宣传力度和金融知识及政策的培训。在全省中小学推广汉藏双语《金融知识普及读本》，试点开设诚信教育课程；为全省39个贫困县制作金融政策宣传栏，印制了金融扶贫政策文件汇编和金融扶贫信贷产品速查手册；先后发放各类金融扶贫宣传资料25万份。

深化四省藏区金融扶贫合作机制。以四省藏区扶贫开发金融服务联动协调机制为平台，召开会议，加强工作交流和研讨，完善数据和贷款定价共享机制，签订了四省藏区贷款利率监测协议，形成彼此促进、互相借鉴的合作模式。

联合相关部门加强工作督导。联合省扶贫局、财政厅、农牧厅、保监局等部门组成三个督导组，连续三个季度对全省金融精准扶贫和“两权”抵押贷款试点工作多次开展全面督导工作，极大地促进了工作推进力度和政策的落地生效。

（二）证券业健康发展

1. 证券经营机构业务持续增长。2016年年末，青海省法人证券公司1家（见表 3），全年累计代理交易额4 307.33亿元。营业范围由单一的证券经纪业务向证券资产管理、证券承销与保荐、融资融券、代销金融产品等多元化、综合性业务转变。

2. 上市公司运行良好。2016年年末，青海省上市公司总股本129.6亿股，同比增长35.3%；总市值1 657.2亿元，同比增长17.6%。融资规模显著增长，全年共完成7项融资，融资规模206.2亿元，同比增长93%。

3. 期货业发展放缓。2016年，法人期货公司1家，累计期货代理交易额3 288.4亿元，同比下降39.5%；客户保证金余额38.0亿元，与上年基本持平。

4. 多层次资本市场体系建设稳步发展。2016年年末，青海股权交易中心累计挂牌企业323家，同比增加72家；登记托管金额153.5亿元，累计为24家企业融资5.4亿元。全年新增2家上市公司，上市公司数量达到12家；2家公司在新三板成功挂牌，挂牌公司达到5家。年末，晶珠藏药在新三板定向增发成功，实现了青海省新三板挂牌企业融资零的突破。

表3　2016年青海省证券业基本情况

项目	数量
总部设在辖内的证券公司数（家）	1
总部设在辖内的基金公司数（家）	0
总部设在辖内的期货公司数（家）	1
年末国内上市公司数（家）	12
当年国内股票（A股）筹资（亿元）	53
当年发行H股筹资（亿元）	0
当年国内债券筹资（亿元）	-59
其中：短期融资券筹资额（亿元）	-38
中期票据筹资额（亿元）	-19

注：当年国内股票（A股）筹资额是指非金融企业境内股票融资。
数据来源：青海证监局。

（三）保险业稳步发展

1.保险市场运行平稳。2016年，青海省保险市场累计实现原保险保费收入68.7亿元，同比增长22.1%。其中：财产险保费收入32亿元，同比增长13.5%；人身险保费收入37亿元，同比增长29.5%。各项赔付支出27.4亿元，同比增长34.7%。

2.保险保障功能有效发挥。2016年，青海省农业保险品种增加至20个，森林保险计划投保面积2 367万亩，同比增长10.2%，藏系羊、牦牛保险承保区域扩展至6个县。大病保险不断推进，全年大病保险保费收入2.3亿元，报付金额2.3亿元，报付金额占患者总医疗费用的16.4%，同比提高1.1个百分点。责任险领域进一步拓宽，环境污染强制责任保险、见义勇为救助责任险等险种稳步发展。

表4 2016年青海省保险业基本情况

项目	数量
总部设在辖内的保险公司数（家）	0
其中：财产险经营主体（家）	0
人身险经营主体（家）	0
保险公司分支机构（家）	16
其中：财产险公司分支机构（家）	8
人身险公司分支机构（家）	8
保费收入（中外资，亿元）	69
其中：财产险保费收入（中外资，亿元）	32
人身险保费收入（中外资，亿元）	37
各类赔款给付（中外资，亿元）	27
保险密度（元/人）	1 159
保险深度（%）	3

数据来源：青海保监局。

（四）金融市场运行平稳

1. 融资总量同比下降。2016年，青海省社会融资规模608.5亿元，同比下降45.3%，本外币各项贷款占社会融资规模的96.7%。全省非金融企业通过银行间市场累计发行各类债务融资工具150亿元，地方法人金融机构成功发行小微企业金融债、二级资本债，市场参与度逐步加深。

2. 货币市场交易活跃。2016年，青海省地方法人金融机构货币市场成交量共计21 816.1亿元，同比增长3.4倍。其中，同业拆借307.9亿元，增长60.4%；质押式回购15 444.4亿元，增长297.9%；现券交易累计成交2 620.8亿元，增长3.4倍；买断式回购3 443.1亿元。同业拆借及现券买卖加权平均利率较上年均有所下降。

3. 票据市场交易减少。2016年年末，青海省银行承兑汇票业务余额较上年下降33.3亿元，中小企业签发的银行承兑汇票占比超过70%。票据融资同比增长63%，占各项贷款的比重由上年年末的8.9%提高至12.9%。票据直贴、转贴现年加权平均利率分别下降0.1个百分点和0.3个百分点。

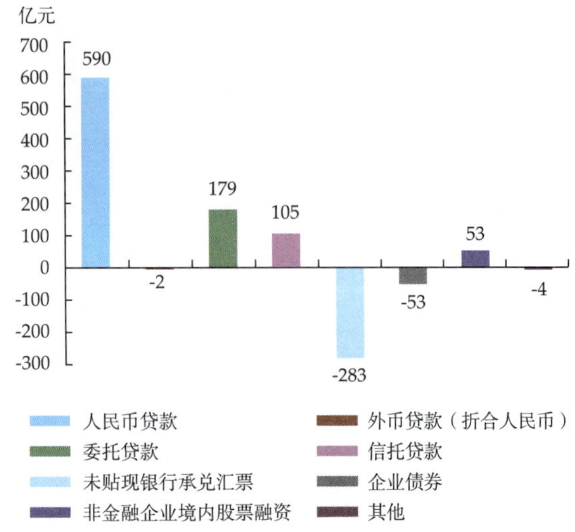

数据来源：中国人民银行西宁中心支行。

图4 2016年青海省社会融资规模分布结构

表5 2016年青海省金融机构票据业务量统计

单位：亿元

季度	银行承兑汇票承兑		贴现			
			银行承兑汇票		商业承兑汇票	
	余额	累计发生额	余额	累计发生额	余额	累计发生额
1	107.8	39.9	377.9	103.4	0	0
2	97.7	47.7	503.5	131.3	0	0
3	86.1	37.4	553.3	168.2	0	0
4	91.0	53.8	655.6	145.8	0	0

数据来源：中国人民银行西宁中心支行。

表6 2016年青海省金融机构票据贴现、转贴现利率

单位：%

季度	贴现		转贴现	
	银行承兑汇票	商业承兑汇票	票据买断	票据回购
1	3.4	3.57	3.06	3.07
2	3.19	4.5	3.01	2.85
3	2.86	3.58	2.66	-
4	3.23	4.36	2.95	3.55

数据来源：中国人民银行西宁中心支行。

（五）金融生态环境持续优化

1. 征信体系建设扎实推进。2016年，青海省建立“对象、识别、创评”三精准的贫困户信用评定机制，完成13.7万户贫困户信用档案建档，评定贫困信用户9.9万户，发放贫困信用户小额信用贷款6.5亿元。累计建立农户信用档案75万份，同比增长21.2%；评定信用县、信用乡、信用村、信用户数分别占县域、乡（镇）、行政村和农户总数的9.5%、40.6%、41.7%和42.8%。累计为8 120户中小企业建立信用档案，其中1 304户取得授信意向，同比增长11.4%。

2. 支付服务质量持续提高。2016年，青海省在惠农金融服务点推广“助农取款点+农村电商”模式，搭建外销土特产增收致富平台，农牧区支付环境继续改善。2016年年末，实现服务点全省有条件村级全覆盖，其中海拔4 000米以上服务点90个，使偏远地区农牧民享受到了安全、便捷的现代金融服务。

3. 金融IC卡持续推广运用。2016年，青海省ETC卡实现了金融IC卡高速公路不停车电子收费功能；银医卡实现了通过金融IC卡自助挂号缴费；青海湖建立了“闪付和云闪付”旅游商业圈；金融机构和校园合作，开展金融IC卡就餐项目等。

4. 金融消费权益保护工作有序开展。2016年，青海省推进“12363”金融消费权益保护咨询投诉电话规范运行，全年共受理金融消费者投诉99起，办结率达100%。依托“金融知识普及月”等平台，开展内容丰富、形式多样的宣传活动。

二、经济运行情况

2016年，面对错综复杂的经济运行环境及各种挑战，青海省坚决贯彻落实党中央、国务院决策部署，牢固树立新发展理念，主动适应经济发展新常态，坚持稳中求进工作总基调，经济总体稳中向好。全年全省实现地区生产总值2572.5亿元，同比增长8%（见图 5）。

（一）内需稳固提升

1. 固定资产投资稳定增长。2016年，青海省

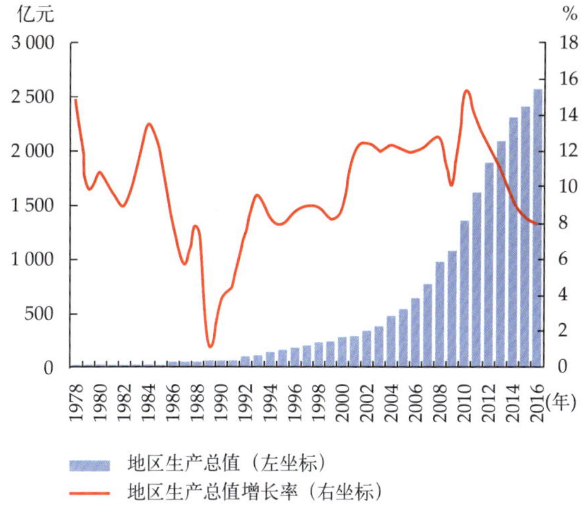

亿元 %

地区生产总值（左坐标）
地区生产总值增长率（右坐标）

数据来源：青海省统计局。

图5　1978～2016年青海省地区生产总值及其增长率

完成全社会固定资产投资3 533.2亿元，比上年增长10.9%（见图6），其中民间投资1 212.1亿元，增长9.4%。按产业分，第一产业投资159.6亿元，增长7.4%；第二产业投资1 302.7亿元，下降10.9%；第三产业投资2 071.0亿元，增长31.5%。在50万元及以上工业项目固定资产投资中，新能源、新材料、盐湖化工和生物产业投资分别增长19.7%、12.3%、15.3%和56.7%。

2. 消费品市场平稳增长。2016年，全省社会消费品零售总额767.3亿元，比上年增长11.0%

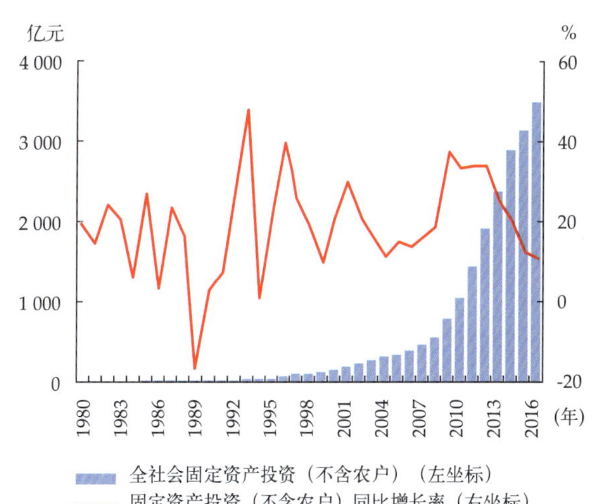

数据来源：青海省统计局。

图6　1980～2016年青海省固定资产投资（不含农户）及其增长率

（见图 7）。按经营地分，城镇消费品零售额666.3亿元，增长11.0%；乡村消费品零售额101.0亿元，增长11.3%。按消费形态分，商品零售705.3亿元，增长11.1%；餐饮收入62.0亿元，增长9.9%。在限额以上批发零售企业商品零售额中，增长较快的主要有：粮油、食品类零售额增长14.5%，汽车类增长20.7%，饮料类增长18.7%。

3. 外贸进出口呈下降态势。2016年，全省货物进出口总额100.8亿元，比上年下降15.9%。其中，出口额90.3亿元，下降11.2%；进口额10.5亿元，下降42.1%（见图 8）。

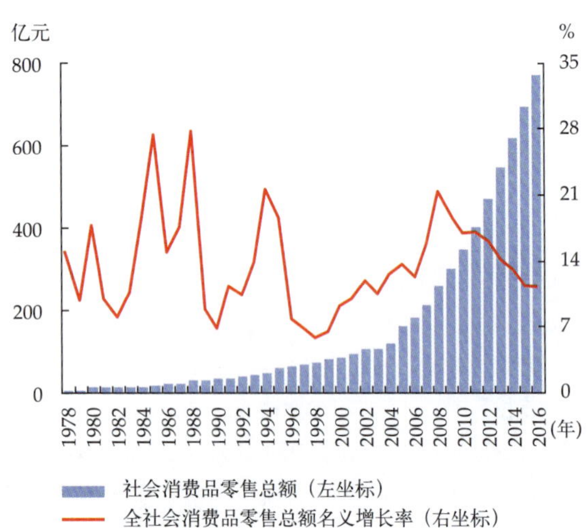

数据来源：青海省统计局。

图7　1978～2016年青海省社会消费品零售总额及其增长率

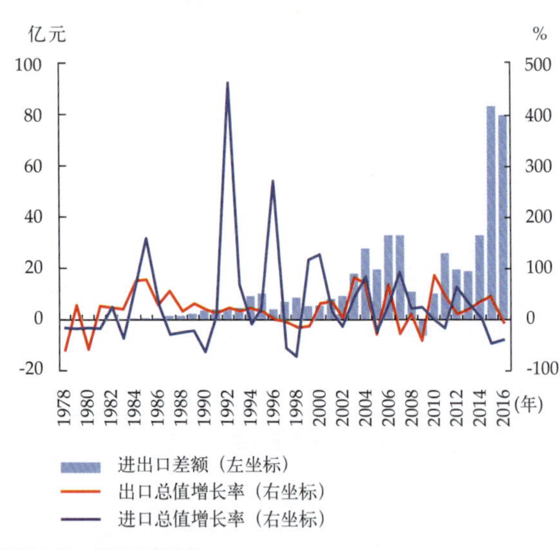

数据来源：青海省统计局。

图8　1978～2016年青海省外贸进出口变动情况

全年新批外资项目6个。合同使用外商直接投资金额1.0亿美元，实际使用外商直接投资金额0.2亿美元（见图 9）。全年对外承包工程业务完成营业额3.1亿美元，对外劳务合作派出各类劳务人员713人。

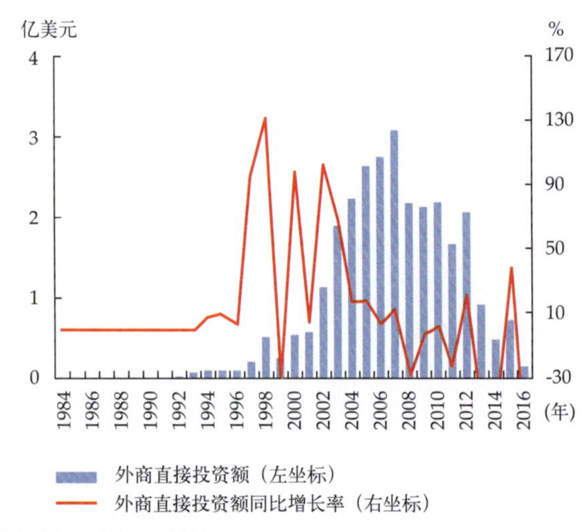

数据来源：青海省统计局。

图9　1984～2016年青海省外商直接投资额及其增长率

（二）经济结构持续向好

2016年，三次产业对全省地区生产总值的贡献率分别为8.6%、 48.6%和42.8%。服务业发展加快，贡献率逐年提高。

1. 农牧业向特色化、优质化发展。农业全年农作物总播种面积561.3千公顷，比上年增加2.9千公顷。粮食作物播种面积281.1千公顷，比上年增加4.0千公顷。经济作物播种面积177.4千公顷，比上年增加0.4千公顷。全年粮食产量103.5万吨，同比增长0.7%。全年全省猪牛羊肉产量34.7万吨，增长3.9%。

2. 工业结构持续优化。2016年，青海省全部工业增加值901.7亿元，同比增长7.4%。规模以上工业增加值同比增长7.5%（见图 10）。在规模以上工业中，轻工业增长13.6%，占规模以上工业增加值的19.1%，占比较上年提高1.7个百分点；重工业增长6.2%，占80.9%。工业优势产业向规模化、集群化发展，新材料产业增长14.8%、盐湖化

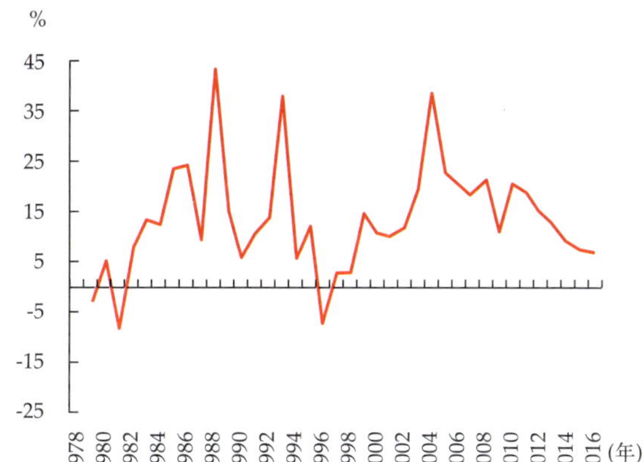

数据来源：青海省统计局。

图10　1978～2016年青海省规模以上工业增加值同比增长率

工产业增长11.8%、装备制造业增长35.1%、高技术产业增长16.0%。全年规模以上工业企业实现利润76.9亿元，比上年增长8.1%。

3. 服务领域持续扩大。2016年年末，青海省铁路营运里程2 274公里，其中高速铁路218公里；公路通车里程78 579公里，比上年增加2 986公里；民航通航里程120 057公里，增加27 368公里。年末全省民用汽车保有量89.6万辆，同比增长12.8%；邮电业务总量155.2亿元，同比增长46.7%；电信业务量150.4亿元，同比增长47.3%。全年接待国内外游客2 876.9万人次，同比增长24.3%；实现旅游总收入310.3亿元，同比增长25.1%。

4. 供给侧改革初见成效。2016年，全省化解59万吨钢铁、煤炭过剩产能，商品住房库存面积下降25.6%。全省处置“僵尸企业”31家。其中，关停出清18家，兼并重组9家，技术改造4家。在处置“僵尸企业”过程中，收回“僵尸企业”贷款6.4亿元。没有因处置“僵尸企业”形成新的不良贷款。重点企业债务风险得到有效化解。落实减税降费政策，累计降低企业各类成本近60亿元。服务业向专业化、新型化发展，新业态不断涌现，对经济增长贡献率首次超过工业。

（三）价格在合理区间小幅波动

1. 居民消费价格小幅上涨。2016年，青海省物价涨幅得到有效控制，居民消费价格涨幅控制在1.8%，涨幅较上年下降0.8个百分点，为近十年来最低。其中，城市和农村均上涨1.8%。八大类商品和服务中，食品类上涨2.3%，衣着类上涨1.2%，娱乐教育文化用品及服务类上涨0.6%，居住类上涨5.2%，医疗保健和个人用品类上涨2.6%，交通和通信类下降2.7%。

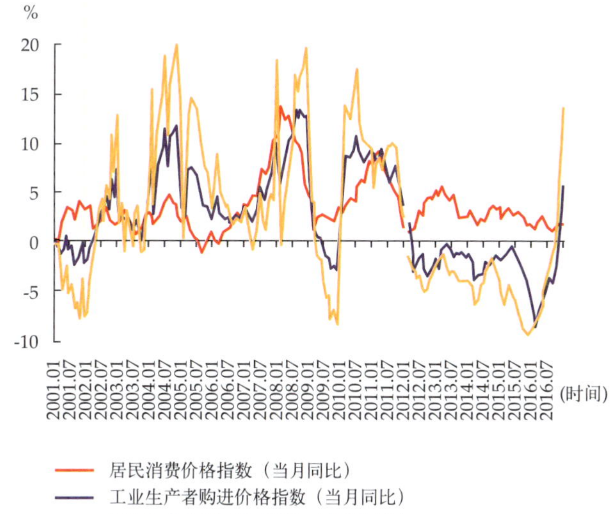

数据来源：青海省统计局。

图11　2001～2015年青海省居民消费价格和生产者价格变动趋势

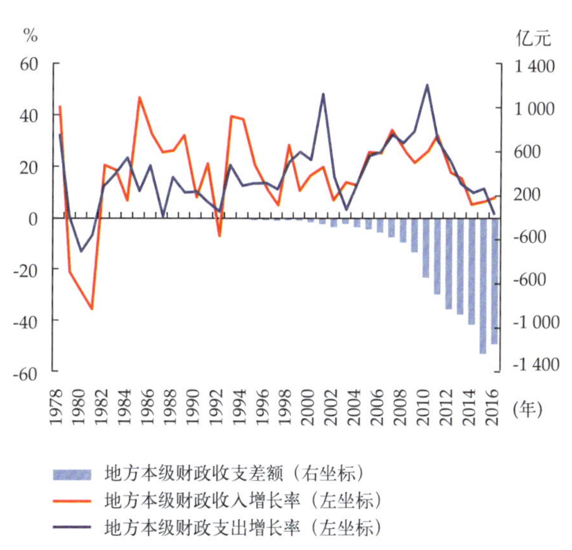

数据来源：青海省统计局。

图12　1978～2016年青海省财政收支状况

2. 工业生产者价格回升。2016年，青海省工业生产者出厂价格和购进价格同比分别下降1.5%和3.8%。农业生产资料价格比上年上涨1.5%。固定资产投资价格下降0.4%。西宁市新建商品住宅销售价格下降0.2%，二手住宅销售价格下降0.5%。

（四）财政收支稳定增长

2016年，青海省公共财政预算收入360.0亿元，比上年增长7.7%。全省公共财政预算支出1 522.6亿元，同比增长0.5%（见图12）。2016年年末，青海省改征增值税收入40.5亿元。其中，最后纳入试点的建筑、金融、房地产及生活服务业改征增值税收入24.9亿元。“营改增”实现所有行业全覆盖。

专栏2 运用“四则运算”推进工业领域供给侧改革

2016年，青海省金融系统运用加、减、乘、除“四则运算”，加大金融产品和融资方式创新力度，开发符合创新需求的金融服务，为工业供给侧改革营造良好的金融环境。

一是运用“加法”加大对实体经济信贷投放力度。2016年以来，青海省金融系统认真贯彻落实供给侧改革相关规定，加强金融业全方位服务，扩大有效和中高端供给，加大对战略性新兴产业、传统产业技术改造和转型升级等领域的贷款投放力度，如盐化工业、新能源、新材料、特色生物医药产业；运用信贷杠杆推动成长型、科技型中小微企业发展；通过信贷政策倾斜，带动新技术、新业态、新模式、新产业经济发展，使贷款投向与经济转型方向保持高度一致。2016年，沿青藏铁路发展轴线的盐化、新能源等特色企业贷款同比增长11.6%，湟水河沿线的新材料、特色生物医药等新型企业贷款同比增长13.2%。

二是运用“减法”积极稳妥去产能。2016年年初，青海省政府批转《关于金融支持供给侧结构性改革促进企业稳增长调结构增效益的意见》，推动工业企业积极稳妥化解产能过剩。各金融机构积极落实差别化信贷支持政策，区别对待、有扶有控、进退有序，对已确定的重大节能示范项目、重大节能技术和装备，优先给予信贷支持；严格控制对高耗能、高污染行业的信贷投入，加快对落后产能和工艺的信贷退出步伐，为发展先进产能腾出资金空间。2016年，全省钢铁行业贷款余额33.2亿元，与同期持平；煤炭行业贷款余额42.7亿元，同比下降23.0%。省内15家省级金融机构所支持的钢铁、煤炭行业企业未出现实质性风险，未有此类行业的贷款企业进行债务重组及债务处置。

三是运用“乘法”转换发展动力。中国人民银行发挥政策导向作用，引导金融机构加大对工业增效升级、重点项目、薄弱环节、民生领域、绿色发展方面的贷款投入；积极稳妥推动信贷资产证券化试点，鼓励金融机构将通过信贷资产证券化业务腾挪出的信贷资金支持企业发展；支持有条件的企业发行短期融资券、中期票据、私募债等工具，探索项目收益票据、资产支持票据等新工具的应用，切实拓宽企业融资渠道。通过多种融资模式的“乘法”效应，实现发展动力的转换，提高经济增长的质量与效益。2016年引导地方法人金融机构发行金融债30亿元，专项用于支持小微企业；累计发行同业存单57期，融入资金274.3亿元；累计发行大额存单6 290亿元。通过银行间债务融资工具融资150亿元，通过融资租赁、理财融资等业务投入资金8.5亿元。金融市场累计实现市场交易21 816.1亿元，同比增长337%，全年累计净融入资金7 919.3亿元。金融机构通过信贷以外的各种方式投入资金546.7亿元，有力支持了供给侧结构性改革和地方经济社会持续健康发展。

四是运用“除法”缓解企业融资负担。2016年，金融机构把传统融资模式与新型融资工具相结合，探索构建基金投资与银行贷款的联动机制。运用银行贷款与投资基金的对接融合，为资本金不足的优质项目提供一揽子解决方案和一站式服务；对兼并重组企业实施综合授信，解决企业的金融债务重组问题；对符合条件的企业通过发行优先股、可转换债券等方式筹集兼并重组资金；运用多种方式有效降低其债务负担和杠杆率。同时，认真落实差别化利率政策，合理确定企业贷款利率，降低企业融资成本。在有效管控风险的前提下，落实好无还本续贷、循环贷款等小微企业流动资金贷款还款方式创新，降低小微企业"过桥"融资成本；对具备清偿能力和市场竞争力的大中型企业，通过调整贷款期限、还款方式等贷款重组，缓解企业债务压力。2016年，各金融机构通过各类基金为企业提供资金228.3亿元，完成债务置换147.3亿元；完成不良贷款核销12.6亿元；小微企业贷款利率与上年同期相比下降0.5个百分点；金融机构运用支农再贷款发放涉农贷款加权平均利率低于金融机构自有资金发放贷款利率1.2个百分点。

（五）房地产市场企稳回升

2016年，青海省房地产开发投资、新开工、交易量和市场前景预期都明显好转，商品住房价格持续增长，库存量有所消化。房地产信贷各项指标保持小幅平稳增长，保障房开发贷款稳步增长。

1. 房地产投资回暖。2016年，青海省房地产开发投资完成额396.9亿元，同比增长18.1%，增速较上年提高11.1个百分点，占全省固定资产投资的12%，其中商品住宅投资完成额227.8亿元，同比增长13.1%，占房地产开发投资额的58%。

2. 新开工房屋面积企稳回升。2016年，全省新开工房屋面积870.1万平方米，同比增长10.8%，增速较上年下降2.9个百分点。其中，商品住宅新开工面积524.8万平方米，占比61%，同比增长6.3%，商业用房新开工占比22%。

3. 房屋待售面积下降。2016年，青海省房屋待售面积222.2万平方米，同比下降15.9%，待售面积较年初减少42万平方米，其中住宅待售面积149.1万平方米，同比下降21.3%，较年初减少40.3万平方米。

4. 商品房销售价格持续上升。房产部门网签数据显示，12月西宁市新建住房销售均价为5050元/平方米，同比增长8%。2016年以来，西宁商品住房销售均价逐月上升，12月小幅回落（见图14）。

5. 房地产贷款平稳增长。2016年，青海省房地产贷款余额714.0亿元，同比增长10.0%。房地产开发贷款余额473.3亿元，同比增长7.1%，保障性住房开发贷款354.6亿元，同比增长39.7%，占房产开发贷款的83%。个人住房贷款余额182.9亿元，同比增长17.3%。

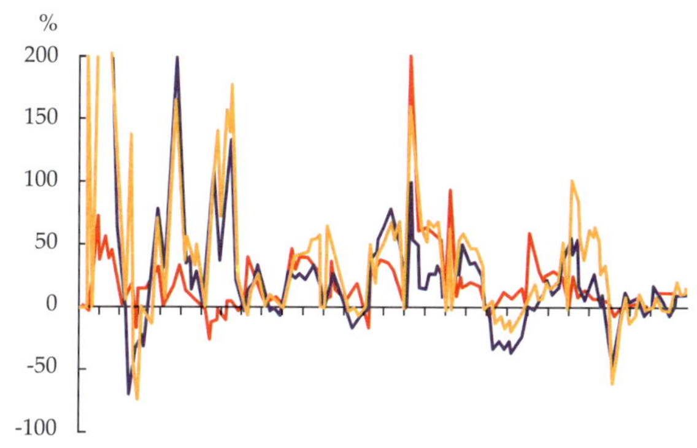

数据来源：青海省统计局。

图13　2002～2016年青海省商品房施工和销售变动趋势

（六）区域城市群协调发展持续提升

2016年，青海省坚持城乡一体、区域协同，因地制宜、分类指导，推动协调发展。城镇化水平继续提高，户籍制度改革深入推进，城乡一体化进程提速升级，县域经济向多极化方向发展。

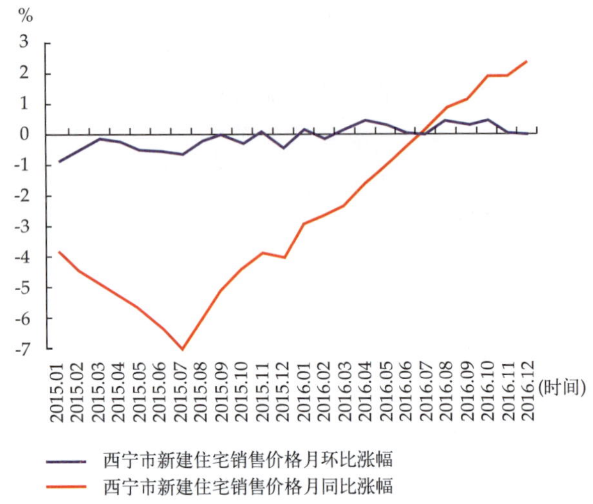

数据来源：青海省统计局。

图14 2015~2016年西宁市新建住宅销售价格变动趋势

16个美丽城镇、300个高原美丽乡村建设年度任务全面完成，群科镇、茶卡镇入选首批中国特色小镇。城乡发展更趋协调，新建改建农村公路7 000公里。农村饮水安全巩固提升工程全面启动，39.4万名群众饮水标准显著提高。率先在全国推行城乡居民基本医疗保险省级统筹。完成151个村基层综合性文化服务中心建设。区域格局不断优化，东部城市群龙头带动作用持续增强，海绵城市、地下综合管廊试点顺利推进。支持海西转型发展40条举措落地见效。环湖、青南地区生态产业加快发展，平安与振兴工程持续推进。优势互补、彰显特色、竞相发展的城乡区域格局正在形成。

三、预测与展望

2017年，青海省经济社会发展的主要预期目标是：生产总值增长7.5%左右，全社会固定资产投资增长10%，社会消费品零售总额增长10%以上，地方公共财政收入同口径增长8%，进出口总值增长5%，旅游总收入增长20%以上，城乡居民人均可支配收入增长9%，新增城镇就业6万人，农牧区劳动力转移就业105万人次，物价涨幅控制在3%以内，全省空气质量优良天数比例达到84%，节能减排控制在国家规定目标以内。

金融业将执行稳健中性的货币政策，在宏观审慎管理框架下，灵活运用各类货币政策工具，保持货币信贷和社会融资规模平稳适度增长。加强窗口指导，优化信贷结构，降低融资成本，防范金融风险，为实体经济提供优质的金融服务。

中国人民银行西宁中心支行货币政策分析小组

总　纂： 林建华

统　稿： 贡伟宏　贾丽均

执　笔： 邵　辉　江雯雯　邸小宁　马启军　刘文苗

提供材料的还有： 王小军　张文娟　吴金昌　龚剑锋　李新鹏　李　卿　周　娜　常洪昌　许　琳　莫　彬　李坤鹏　杨　措　陈　翔　张　新　尹　明　李生海　吴俊成　汪金祥　刘　涛　韩永春　刘　丹　韩志宏　何　从　闫永晶　唐娟娟　程　丹　韩媛媛

附录

（一）2016年青海省经济金融大事记

4月1日，青海省人民政府批转出台《关于金融支持企业供给侧结构性改革促进工业稳增长调结构增效益的意见》（青政办〔2016〕48号）。

6月7日，第二届中国(青海)“一带一路”金融发展论坛在青海举行，林毅夫、吴晓灵、汤敏等国内著名经济金融专家出席。

6月20日，第十八届中国青洽会在西宁开幕，以“开放合作、绿色发展”为主题，把生态保护优化的理念和绿色低碳循环发展的要求贯穿始终。

6月29日，青海成功获批成为继浙江宁波市和陕西宜君县之后第三个获批开展普惠金融综合试点的地区。青海省普惠金融综合示范区建设启动暨推进工作会于8月17日在西宁召开。

8月17日，“一带一路”跨境人民币业务国际合作研讨会在青海省西宁市成功举办。

8月22日，中共中央总书记、国家主席、中央军委主席习近平赴青海进行为期3天的调研考察，提出“四个扎扎实实”重大要求。

9月5日，正平路桥建设股份有限公司在上海证券交易所上市，9月26日，晶珠藏药股份有限公司在新三板成功挂牌，格尔木藏格钾肥股份有限公司于7月完成借壳上市,青海资本市场实现新突破。

9月7日，青海省银行业外汇及跨境人民币业务展业自律机制成立大会暨公约签约仪式在中国银行青海省分行成功举行，标志着青海省银行业外汇及跨境人民币业务展业自律机制正式成立。

（二）2016年青海省主要经济金融指标

表1　2016年青海省主要存贷款指标

		1月	2月	3月	4月	5月	6月	7月	8月	9月	10月	11月	12月
本外币	金融机构各项存款余额（亿元）	5 251.28	5 338.73	5 505.66	5 671.67	5 698.34	5 836.42	5 947.28	5 893.31	5 865.12	5 758.96	5 661.92	5 586.18
	其中：住户存款	1 862.19	1 861.43	1 852.99	1 830.52	1 832.51	1 861.32	1 859.67	1 881.68	1 934.02	1 898.21	1 942.64	2 010.33
	非金融企业存款	1 572.78	1 603.57	1 673.53	1 698.54	1 599.36	1 649.52	1 652.59	1 618.51	1 613.91	1 618.38	1 614.6	1 649.48
	各项存款余额比上月增加（亿元）	23.22	87.46	166.93	166	26.67	138.08	110.86	-53.97	-28.19	-106.15	-94.04	-75.74
	金融机构各项存款同比增长（%）	15.52	19.04	19.88	25.52	23.26	24.19	22.56	15.84	13.96	12.64	11.3	6.85
	金融机构各项贷款余额（亿元）	5 199.35	5 275.89	5 378.64	5 334.59	5 326.02	5 497.87	5 466.79	5461.3	5 528.53	5 453.92	5 480.91	5 717.16
	其中：短期	906.65	946.34	950.09	918.81	933.38	955.57	926.25	913.64	887.36	872.07	893.77	987.73
	中长期	3 775.03	3847.6	3 916.02	3 916.99	3 866.84	3 902.89	3 899.62	3 901.7	3 947.37	3 872.65	3 860.09	3 939.25
	票据融资	383.82	348.04	377.88	363.96	389.99	503.54	506.18	509.91	553.29	564.94	586.92	655.55
	各项贷款余额比上月增加（亿元）	75.26	76.54	102.75	-44.05	-8.57	171.86	-31.09	-5.48	67.23	-74.61	26.99	236.25
	其中：短期	-22.37	39.99	3.7	-32.28	14.57	22.19	-29.32	-12.61	-26.28	-15.29	21.7	93.96
	中长期	116.93	72.59	68.42	0.96	-50.15	36.06	-3.27	2.09	45.66	-74.71	-12.56	79.15
	票据融资	-22.49	-35.78	29.84	-13.92	26.04	113.55	2.64	3.72	43.38	11.64	21.99	68.63
	金融机构各项贷款同比增长（%）	19.09	19.25	20.49	18.29	17.67	20.14	18.22	15.93	15.19	12.96	11.23	11.57
	其中：短期	1.24	2.58	2.19	-0.65	1.24	2.1	-0.28	-4.8	-7.48	-8.43	-3.21	5.95
	中长期	22.22	23.09	23.66	22.09	20.25	21.61	20.26	19.11	17.68	13.8	10.84	7.66
	票据融资	48.65	31.06	54.27	45.41	48.41	64.42	53.43	46.78	53.28	61.58	48.47	63
	建筑业贷款余额（亿元）	88.54	111.48	112.9	111.8	119.04	130.39	128.45	127.54	125.81	123	120.05	116.93
	房地产业贷款余额（亿元）	174.4	176.89	184.81	188.36	172.57	168.81	167.64	167.75	179.18	179.38	177.29	188.55
	建筑业贷款同比增长（%）	-9.42	16.49	17.67	16.59	23.65	26.9	29.79	29.09	28.67	26.57	24.92	29.68
	房地产业贷款同比增长（%）	-1.04	-0.56	3.32	3.61	-1.53	-1.42	-2.31	-3.36	1.41	3.81	7.05	12.02
人民币	金融机构各项存款余额（亿元）	5 234.94	5 324.94	5 491.66	5 657.43	5 684.23	5 822.57	5 933.68	5 880.98	5 849.27	5 741.02	5 645.9	5 570.17
	其中：住户存款	1 856	1 855.21	1 846.61	1 824.42	1 826.08	1 855.09	1 853.22	1 875.16	1 927.48	1 891.29	1 935.23	2 002.42
	非金融企业存款	1 563.4	1 596.7	1 666.62	1 691.28	1 592.49	1 642.85	1 646.31	1 613.55	1 605.41	1 608.18	1 606.81	1 642.42
	各项存款余额比上月增加（亿元）	22.04	89.99	166.72	165.77	26.81	138.34	111.11	-52.7	-31.71	-108.25	-95.12	-75.73
	其中：住户存款	39.14	-0.78	-8.6	-22.19	1.65	29.01	-1.87	21.94	52.32	-36.19	43.94	67.19
	非金融企业存款	-59.18	33.3	69.92	24.66	-98.79	50.35	3.46	-32.76	-8.14	2.77	-1.37	35.61
	各项存款同比增长（%）	15.49	19.03	19.95	25.56	23.31	24.29	22.7	15.96	14.01	12.6	11.29	6.86
	其中：住户存款	9.25	7.26	7.87	8.86	8.92	9.52	8.49	9.35	9.49	8.83	9.87	10.22
	非金融企业存款	35.98	49	47.63	50.36	32.55	30.38	33.79	18.37	20.96	17.68	13.34	0.59
	金融机构各项贷款余额（亿元）	5 061.32	5 137.67	5 240.16	5 195.42	5 186.99	5 360.24	5 328.97	5 321.72	5 384.6	5 305.38	5 337.03	5 579.76
	其中：个人消费贷款	237.28	229.97	236.95	243.32	247.81	253.96	256.4	261.1	265.28	267.29	273.3	277.67
	票据融资	383.82	348.04	377.88	363.96	389.99	503.54	506.18	509.91	553.29	564.94	586.9	655.55
	各项贷款余额比上月增加（亿元）	73.3	76.36	102.48	-44.74	-8.44	173.25	-31.27	-7.25	62.88	-79.22	31.65	242.73
	其中：个人消费贷款	1.03	-4.32	6.98	6.37	4.5	6.15	2.44	4.69	4.18	2.01	6.01	4.37
	票据融资	-22.49	-35.78	29.84	-13.92	26.04	113.55	2.64	3.72	43.38	11.64	21.99	68.63
	金融机构各项贷款同比增长（%）	22.35	19.63	20.87	18.63	17.96	20.5	18.49	16.25	15.35	12.9	11.21	11.86
	其中：个人消费贷款	21.83	17.94	19.28	18.94	18.83	18.86	18.88	19.57	19.37	19.16	19.18	19.04
	票据融资	48.65	38.06	54.27	45.41	48.41	64.42	53.43	46.78	53.29	61.16	48.47	63
外币	金融机构外币存款余额（亿美元）	2.49	2.11	2.17	2.21	2.14	2.09	2.04	1.84	2.37	2.65	2.33	2.31
	金融机构外币存款同比增长（%）	17.45	12.83	-7.26	4.74	-1.83	-12.92	-24.44	-25.2	-5.95	21.56	6.39	-0.86
	金融机构外币贷款余额（亿美元）	21.07	21.12	21.43	21.55	21.13	20.76	20.72	20.86	21.55	21.96	20.89	19.81
	金融机构外币贷款同比增长（%）	0.19	0.14	2.44	1.13	0.19	-0.62	0.1	0.19	4.31	8.12	3.88	-5.49

数据来源：中国人民银行西宁中心支行。

表2　2001～2016年青海省各类价格指数

单位：%

年/月	居民消费价格指数		农业生产资料价格指数		工业生产者购进价格指数		工业生产者出厂价格指数	
	当月同比	累计同比	当月同比	累计同比	当月同比	累计同比	当月同比	累计同比
2001	—	2.6	—	-0.4	—	-0.9	—	-6.3
2002	—	2.3	—	-0.2	—	2.7	—	-2.4
2003	—	2	—	1.1	—	1.8	—	5.5
2004	—	3.2	—	9.2	—	8.5	—	11.2
2005	—	0.8	—	6.5	—	5.3	—	10.2
2006	—	1.6	—	2.1	—	2.8	—	9.5
2007	—	6.6	—	8.1	—	4.4	—	4.2
2008	—	9.9	—	24.2	—	10.4	—	7.6
2009	—	2.6	—	0.4	—	-0.2	—	-8.7
2010	—	5.4	—	3.5	—	8.6	—	9.4
2011	—	6.1	—	12.4	—	7.0	—	7.4
2012	—	3.1	—	8.7	—	-1.4	—	-3.1
2013	—	3.9	—	4.3	—	-1.2	—	-3.0
2014	—	2.8	—	-0.2	—	-2.4	—	-3.9
2015	—	2.6	—	0.8	—	-2.3	—	-6.9
2016	—	1.8	—	1.5	—	-3.8	—	-1.5
2015　1	2.5	2.5	-1.9	-1.9	-1.8	-1.8	-5.2	-5.2
2	3.2	2.9	-2.0	-2.1	-1.6	-1.7	-6.3	-5.8
3	2.9	2.9	0.7	-1.1	-1.0	-1.5	-5.1	-5.5
4	3.4	3.0	1.5	1.2	-0.9	-1.3	-4.1	-5.2
5	2.8	3.0	1.6	1.1	-0.2	-1.1	-5.5	-5.2
6	2.8	2.9	1.7	0.3	-1.1	-1.1	-5.6	-5.3
7	3.0	2.9	1.6	0.5	-1.7	-1.2	-6.8	-5.5
8	2.9	2.9	0.8	0.5	-2.0	-1.3	-7.8	-5.8
9	2.5	2.9	1.0	0.6	-3.0	-1.5	-8.7	-6.1
10	1.8	2.8	1.3	0.6	-3.6	-1.7	-9.2	-6.4
11	2.0	2.7	1.1	0.7	-4.4	-1.9	-9.3	-6.7
12	1.6	2.6	1.6	2.5	-5.8	-2.3	-8.9	-6.9
2016　1	1.3	1.3	0.1	0.1	-7.6	-7.6	-8.5	-8.5
2	1.8	1.5	-0.5	-0.2	-8.6	-8.1	-8.4	-8.5
3	2.3	1.8	-0.3	-0.2	-7.1	-7.8	-7.3	-8.1
4	2.6	2.0	0.5	-0.1	-6.6	-7.5	-6.7	-7.7
5	2.3	2.1	1.0	0.2	-5.6	-7.1	-4.4	-7.1
6	1.6	2	1.8	0.4	-4.2	-6.6	-3.6	-6.5
7	1.3	1.9	1.6	0.6	-3.7	-6.2	-2.1	-5.9
8	1	1.8	2.0	0.8	-4.1	-6	-1	-5.3
9	1.7	1.8	2.1	0.9	-3.3	-5.7	-0.3	-4.7
10	2.1	1.8	2.5	1.1	-1.2	-5.2	3.8	-3.9
11	2	1.8	3.4	1.3	1.1	-4.7	8.8	-2.8
12	1.9	1.8	4.2	1.5	5.8	-3.8	13.7	-1.5

数据来源：青海省统计局。

表3 2016年青海省主要经济指标

	1月	2月	3月	4月	5月	6月	7月	8月	9月	10月	11月	12月
绝对值（自年初累计）												
地区生产总值（亿元）	—	—	456.51	—	—	1 068.98	—	—	1 741.38	—	—	2 572.49
第一产业	—	—	16.7	—	—	34.86	—	—	119.49	—	—	221.19
第二产业	—	—	194.24	—	—	554.43	—	—	904.82	—	—	1 249.98
第三产业	—	—	245.57	—	—	479.69	—	—	717.07	—	—	1 101.32
工业增加值（亿元）	—	—	175.19	—	—	397.69	—	—	664.05	—	—	901.68
固定资产投资（亿元）	—	38.30	199.88	492.16	899.78	1 409.20	1 813.49	2 267.20	2 754.75	3 197.56	3 459.04	3 533.19
房地产开发投资	—	2.61	14.43	50.54	91.58	151.58	203.15	250.16	294.38	350.55	392.11	396.92
社会消费品零售总额（亿元）	—	108.93	164.06	215.84	278.60	337.34	402.85	471.70	544.82	620.99	687.85	767.30
外贸进出口总额（亿元）	—	5.77	7.59	20.70	12.15	41.49	52.02	64.08	77.70	77.70	98.44	100.78
进口	—	2.12	2.47	2.88	3.57	4.06	5.43	7.07	7.41	7.41	9.55	10.49
出口	—	3.65	5.12	17.82	8.58	37.42	46.59	57.01	70.28	70.28	88.89	90.29
进出口差额(出口－进口)	—	1.53	2.65	14.94	5.01	33.36	41.16	56.53	62.87	62.87	79.34	79.80
实际利用外资（亿美元）	—	—	—	—	—	—	—	—	—	—	—	0.15
地方财政收支差额（亿元）	—	-99.62	-188.50	-291.07	-376.15	-537.17	-618.53	-740.74	-878.15	-967.54	-1 048.29	-1 162.59
地方财政收入	—	53.23	84.25	119.21	164.06	189.50	228.40	253.42	277.85	309.35	348.40	359.96
地方财政支出	—	152.85	272.75	410.28	540.21	726.67	846.93	994.15	1 156.00	1 276.88	1 396.68	1 522.55
城镇登记失业率(%)(季度)	—	—	3.20	—	—	3.10	—	—	3.10	—	—	3.10
同比累计增长率（%）												
地区生产总值	—	—	8.3	—	—	8.3	—	—	8.2	—	—	8
第一产业	—	—	4.3	—	—	4.4	—	—	5	—	—	5.4
第二产业	—	—	8.1	—	—	8.4	—	—	8.7	—	—	8.5
第三产业	—	—	8.8	—	—	8.6	—	—	8	—	—	8
工业增加值	—	—	7.4	—	—	7.5	—	—	7.6	—	—	7.5
固定资产投资	—	12.33	12.80	12.50	12.61	12.01	10.78	11.60	12.50	10.45	11.04	10.93
房地产开发投资	—	13.43	13.90	11.65	10.83	16.09	16.38	18.00	18.63	18.12	16.91	18.13
社会消费品零售总额	—	9.10	10.80	10.45	10.13	10.66	10.60	10.90	11.20	10.96	10.96	11.05
外贸进出口总额	—	-51.75	-68.50	-37.47	-66.56	-11.42	-5.90	-21.85	-13.37	-13.37	-13.60	-15.87
进口	—	-53.50	-63.50	-66.23	-62.92	-61.94	-53.40	-47.16	-50.10	-50.10	-42.70	-42.07
出口	—	-50.67	-70.50	-27.49	-67.87	3.48	6.80	-16.91	-6.09	-6.09	-8.60	-11.21
实际利用外资	—	—	—	—	—	—	—	—	—	—	—	-78.87
地方财政收入	—	0.24	2.82	4.25	12.54	9.01	11.52	12.60	11.30	12.18	12.15	7.71
地方财政支出	—	8.79	7.70	10.32	12.12	13.89	13.79	10.20	11.00	6.87	5.54	0.49

数据来源：青海省统计局。

宁夏回族自治区金融运行报告（2017）

中国人民银行银川中心支行货币政策分析小组

[内容摘要] 2016年，宁夏牢固树立新发展理念，坚持稳中求进工作总基调，通过推进供给侧结构性改革和“6+4”工作机制，积极应对经济下行压力与结构性矛盾的挑战，努力化解经济运行中突出问题，经济运行稳中有升、稳中有进、稳中向好，实现了“十三五”良好开局。

金融业运行稳健，社会融资结构改善，货币信贷保持合理增长，信贷结构继续优化；证券业平稳发展，多层次资本市场加快建设；保险业较快发展，服务功能持续增强；金融市场交易活跃，金融生态环境继续改善，金融服务实体经济的能力进一步提升。

2017年，宁夏将继续践行新发展理念，坚持稳中求进工作总基调，深化供给侧结构性改革，大力实施创新驱动战略、脱贫富民战略、生态立区战略，统筹推进稳增长、促改革、调结构、惠民生、防风险各项工作，促进经济社会平稳健康发展。金融业将认真贯彻全国金融工作会议精神，紧紧围绕服务实体经济、防控金融风险、深化金融改革三项任务，落实稳健中性的货币政策，为经济社会发展和供给侧结构性改革营造适宜的货币金融环境。

一、金融运行情况

2016年，宁夏金融业资产规模稳步扩大，货币信贷适度增长，证券业平稳发展，保险业保障服务功能增强，金融生态环境继续改善，金融服务实体经济的能力进一步提升。

（一）银行业稳健运行，信贷平稳适度增长

2016年，宁夏银行业金融机构贯彻落实稳健的货币政策，存贷款增长适度，信贷结构持续优化，金融改革创新继续推进。

1. 资产规模稳步扩大，市场主体不断增加。2016年，宁夏银行业金融机构资产和负债总额比上年分别增长9.5%和9.3%，实现利润同比增长2.6%。银行业组织体系逐步健全，新增11家股份制商业银行分支行、18家城市商业银行分支行、3家村镇银行和1家法人财务公司。

2. 存款平稳增长，活期化特征明显。2016年末，宁夏银行业金融机构本外币各项存款余额5 460亿元，同比增长13.2%。其中，人民币各项存款余额5 442亿元，同比增长12.5%。全年新增人民币存款606亿元，同比少增27亿元。

3. 贷款适度增长，信贷结构持续优化。2016年年末，宁夏银行业金融机构本外币各项贷款余额5 696亿元，同比增长10.6%。其中，人民币各项贷款余额5 668亿元，同比增长10.8%。全年新增人民币贷款550亿元，同比多增11亿元。第三产业信贷增长较快，同比增长12.5%，高于第二产业6.9个百分点。中长期贷款增速加快，同比增长13.7%，同比提高3.2个百分点。

表1　2016年宁夏回族自治区银行业金融机构情况

机构类别	营业网点			法人机构（个）
	机构个数（个）	从业人数（人）	资产总额（亿元）	
一、大型商业银行	510	10 738	2 577	0
二、国家开发银行和政策性银行	16	537	1 632	0
三、股份制商业银行	31	1 146	474	0
四、城市商业银行	133	3 131	1 821	2
五、小型农村金融机构	388	5 796	1 423	20
六、财务公司	1	25	40	1
七、邮政储蓄银行	202	1 130	202	0
八、新型农村金融机构	52	963	140	15
合　计	1 333	23 466	8 309	38

注：营业网点不包括国家开发银行和政策性银行、大型商业银行、股份制商业银行等金融机构总部数据；大型商业银行包括中国工商银行、中国农业银行、中国银行、中国建设银行和交通银行；小型农村金融机构包括农村商业银行和农村信用社；新型农村金融机构包括村镇银行。

数据来源：中国人民银行银川中心支行、宁夏银监局。

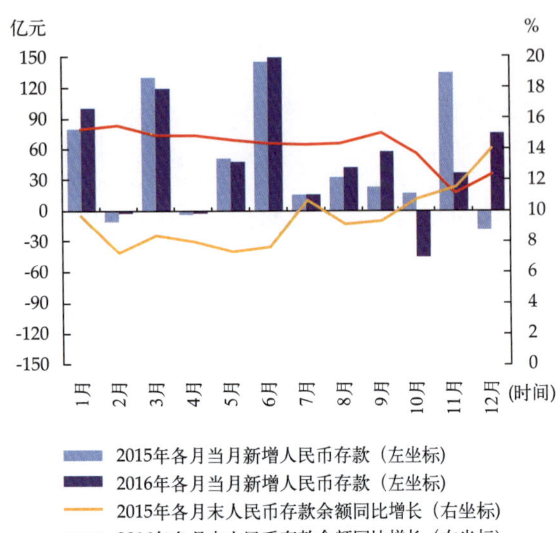

数据来源：中国人民银行银川中心支行。

图1 2015～2016年宁夏回族自治区金融机构人民币存款增长变化

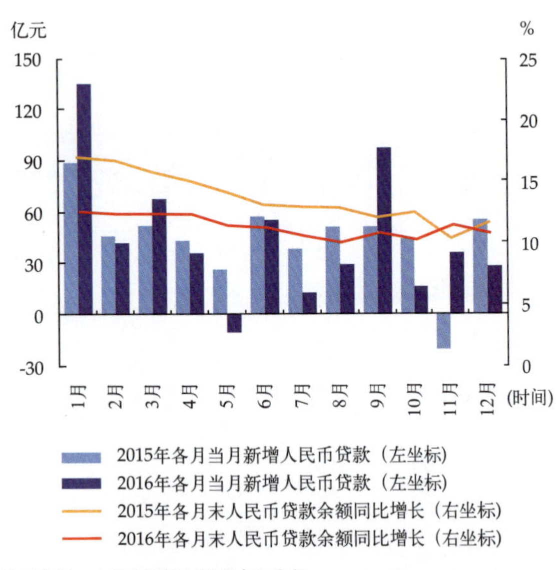

数据来源：中国人民银行银川中心支行。

图2 2015～2016年宁夏回族自治区金融机构人民币贷款增长变化

4. 货币政策工具精准发力，引导作用不断增强。中国人民银行银川中心支行组织实施宏观审慎评估，促进地方法人金融机构稳健经营；落实降准措施，增加地方法人金融机构可用资金8.8亿元；适时开展常备借贷便利操作，满足地方法人金融机构短期流动性需求。充分发挥信贷政策支持再贷款、再贴现、抵押补充贷款等货币政策

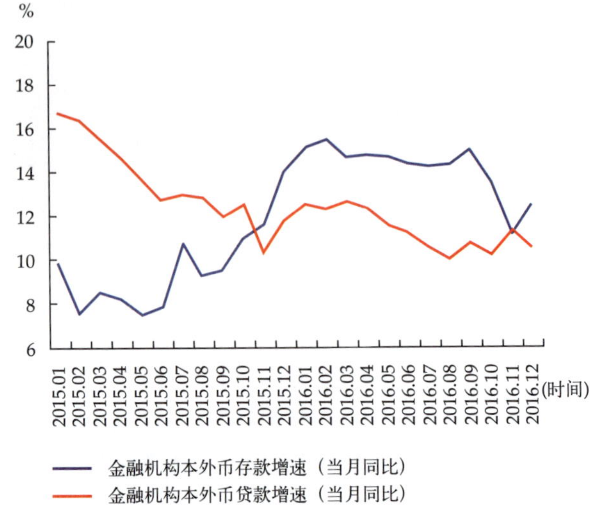

数据来源：中国人民银行银川中心支行。

图3 2015～2016年宁夏回族自治区金融机构本外币存、贷款增速变化

表2 2016年宁夏回族自治区金融机构人民币贷款各利率区间占比

单位：%

月份		1月	2月	3月	4月	5月	6月
合计		100.0	100.0	100.0	100.0	100.0	100.0
下浮		27.0	14.2	17.0	8.9	21.2	18.5
基准		15.0	21.5	14.0	20.3	15.3	18.0
上浮	小计	58.0	64.3	69.0	70.8	63.5	63.5
	(1.0，1.1]	5.2	10.5	6.0	3.4	6.1	8.9
	(1.1，1.3]	9.2	10.0	14.4	16.5	12.7	12.4
	(1.3，1.5]	11.0	11.2	11.0	12.8	10.3	9.8
	(1.5，2.0]	18.0	21.3	25.8	27.7	23.1	20.4
	2.0以上	14.6	11.3	11.8	10.4	11.3	12.0
月份		7月	8月	9月	10月	11月	12月
合计		100.0	100.0	100.0	100.0	100.0	100.0
下浮		12.6	12.9	15.7	21.2	17.0	17.0
基准		14.2	14.4	12.2	17.6	18.2	18.4
上浮	小计	73.2	72.7	72.1	61.2	64.8	64.6
	(1.0，1.1]	6.5	10.2	14.4	6.8	9.4	3.4
	(1.1，1.3]	14.3	15.5	13.6	11.0	18.1	20.4
	(1.3，1.5]	13.6	11.8	13.2	13.4	11.8	14.7
	(1.5，2.0]	28.0	26.6	20.9	21.8	17.6	17.5
	2.0以上	10.8	8.6	10.0	8.2	7.9	8.6

数据来源：中国人民银行银川中心支行。

工具导向功能，引导金融机构加大对国民经济重点领域和薄弱环节的支持力度。2016年年末，宁夏涉农、小微企业贷款余额同比分别增长7.8%和

17.9%，增速同比分别提高4.0个百分点和7.7个百分点；集中连片特困地区各项贷款余额同比增速高于各项人民币贷款增速17.7个百分点。全年通过抵押补充贷款累计发放棚改贷款139.2亿元。

5. 小微企业贷款利率稳中下行，利率定价自律机制功能不断完善。2016年12月，宁夏一般贷款加权平均利率为6.04%，同比持平；小微企业贷款加权平均利率为5.99%，同比下降0.28个百分点。宁夏市场利率定价自律机制作用有效发挥，维护了公平有序的区域定价秩序。

6. 信贷资产质量总体稳定，风险防控压力依然较大。2016年，宁夏银行业金融机构加大不良贷款处置力度，不良贷款"双升"局面有所改善。2016年年末，宁夏银行业金融机构不良贷款率比年初提高0.29个百分点，但比第三季度末下降0.05个百分点；不良贷款余额比年初增加25.1亿元，但比第三季度末减少0.8亿元。

7. 跨境人民币业务规范发展，业务类型不断丰富。落实全口径跨境融资宏观审慎管理政策，强化人民币跨境资金流动的双向平衡管理，支持企业从境外融入人民币资金7 866万元。全年累计办理跨境人民币结算业务63亿元。业务覆盖的国家（地区）增至54个，涉及企业增至293家。

专栏1　宁夏首创"扶贫保"　构筑脱贫攻坚保险防线

2016年，宁夏率先探索创新保险精准扶贫有效方式和途径，推出"扶贫保"专项扶贫保险产品，着力解决因意外事故、因病因灾致贫返贫问题，为脱贫攻坚构筑保险防线。汪洋副总理对宁夏"扶贫保"给予了高度评价，中央全面深化改革领导小组办公室向全国介绍"扶贫保"经验做法，"扶贫保"被人民日报社《民生周刊》等媒体评为2016年全国民生示范工程。

一、精准对接建档立卡贫困户，广泛覆盖致贫返贫风险

"扶贫保"包括家庭意外伤害保险、大病补充医疗保险、借款人意外伤害保险和优势特色产业保险四大类产品，以宁夏15万户建档立卡贫困户、58万建档立卡贫困人口为服务对象，以县级统筹模式进行保费补贴。同时，鼓励农户合理分担保险费用，原则上政府补助承担保费金额的80%，贫困户个人承担保费金额的20%，既兜住因病因灾返贫底线，又严防过度保险。

一是"扶贫保"家庭意外伤害保险。参保人员因意外伤害导致的身故、伤残（含烧烫伤）、意外伤害住院医疗，保险公司按照人均保险金额进行赔付，意外伤害身故、意外伤害伤残保险金额为90 000元/户，意外伤害医疗9 000元/户，保费金额均为100元/户。

二是"扶贫保"大病补充医疗保险。参保人员因住院发生的医疗费用在基本医保、大病保险等其他保险机构报销且大病保险报销后不为零的个人自付费用，在扣除大病补充医疗不合规费用后的金额按照一定比例给予再次赔付。累计最高赔付限额8万元，保费金额45元/人。

三是"扶贫保"借款人意外伤害保险。以发起借款的建档立卡贫困户为保障对象，承担主借款人日常生活工作中发生意外伤害身故、伤残保障责任，以借款金额的1.8‰作为保费。

四是"扶贫保"优势特色产业保险。以发展特色种植、养殖的建档立卡贫困农户为保障对象，优势特色产业因价格下跌或者产量降低导致销售收入低于保险合同约定的预期收益，或者对"5·30"养殖计划的牛羊因自然灾害、意外事故、疾病造成死亡的，在各项责任对应保险金额内进行赔偿。

二、充分体现特惠支持，"扶贫保"扶贫成效显著

一是实施低保费优惠支持。"扶贫保"系列产品的保险费率较现行通用费率有较大幅度下调。如基础母牛养殖保险费率从6%下调到3.5%，降幅达41.7%；家庭成员意外伤害保险费率从2.5‰下调到0.88‰，降幅达65%；意外医疗补偿保险费率从2.5%下调到0.22%，降幅达92%；大病补充医疗保险费率从7.2‰下调到0.56‰，降幅达93%；借款人意外伤害保险费率从2.5‰～3‰下调到1.8‰，降幅达28%～40%。

二是拓宽保险保障范围。突破一般险种承保和理赔范围限制，适度拓宽建档立卡贫困户保险保障范围。如家庭意外伤害保险承保对象取消以往65 岁以上不承保限制，意外伤害医疗费用保险对象放宽至乡级卫生院产生的医疗费用，对所有年龄段贫困农户实行全覆盖、全兜底。

三是保险保障更加充分。建档立卡贫困户基础母牛养殖保险保额由传统的2 500元提高到7 000元，涨幅达180%。意外伤害保险金额从6万元/户增加至9万元/户，涨幅达33.3%。

截至2016年年末，"扶贫保"大病补充医疗保险、家庭意外伤害保险分别承保42.04万人、11.75万户，马铃薯小杂粮产量保险、玉米收入保险、黄花菜种植保险等特色种植险承保作物7.63万亩，羊肉价格保险、基础母羊养殖险等特色养殖险承保牲畜17.64万只。"扶贫保"借款人意外险已为1 756户建档立卡贫困户增信，贷款支持1.7亿元。"扶贫保"四大类产品已覆盖全区86%的建档立卡户和92%的建档立卡人口，累计提供风险保障456.4亿元，支付赔款1 122.4万元，3 000多个因灾、因病、因意外而雪上加霜的贫困家庭得到了点对点的保险补偿。

（二）证券业稳步发展，多层次资本市场加快建设

1. 企业上市梯次格局形成，区域股权市场规模扩大。企业上市培育工作有序推进，30余家企业进入主板上市企业后备资源库。新三板挂牌企业数量增加较快，挂牌企业数量比年初增加20家。447家企业在区域股权市场挂牌交易，比年初增加374家。

2. 证券期货经营机构增加，市场交易大幅下降。2016年，宁夏证券公司分公司增至9家，证券营业部增至38家，期货营业部3家。受资本市场交易波动影响，全年各证券经营机构代理交易额同比下降42.3%，期货市场累计成交额同比下降53.8%；各证券经营机构实现主营业务收入同比下降61.3%，营业利润同比下降77.3%。

表3　2016年宁夏回族自治区证券业基本情况

项目	数量
总部设在辖内的证券公司数（家）	0
总部设在辖内的基金公司数（家）	0
总部设在辖内的期货公司数（家）	0
年末国内上市公司数（家）	12
当年国内股票（A股）筹资（亿元）	91
当年发行H股筹资（亿元）	0
当年国内债券筹资（亿元）	86
其中：短期融资券筹资额（亿元）	16
中期票据筹资额（亿元）	19

数据来源：宁夏证监局。

（三）保险业加快发展，服务能力进一步提升

1. 保费收入快速增长，市场体系不断完善。2016年，宁夏保险业保费收入同比增长29.6%，全年累计赔付支出同比增长25.20%，保险密度和深度进一步提高。宁夏各级保险公司分支机构480

表4　2016年宁夏回族自治区保险业基本情况

项目	数量
总部设在辖内的保险公司数（家）	1
其中：财产险经营主体（家）	1
人身险经营主体（家）	0
保险公司分支机构（家）	20
其中：财产险公司分支机构（家）	8
人身险公司分支机构（家）	12
保费收入（中外资，亿元）	134
其中：财产险保费收入（中外资，亿元）	46
人身险保费收入（中外资，亿元）	88
各类赔款给付（中外资，亿元）	43
保险密度（元/人）	1 985
保险深度（%）	4

数据来源：宁夏保监局。

家，年内新增32家。建信财产保险有限公司正式成立，填补了宁夏地方法人保险机构的空白。

2. 创新产品不断增加，重点领域险种稳步发展。首创针对建档立卡贫困户的“扶贫保”专项产品，增强贫困人口抗风险能力。农业保险继续快速发展，全年涉农保费支出3.75亿元，受益农户17.3万户。城乡居民大病保险实现全区覆盖，医疗责任险全面推进，安全生产责任险、环境污染责任保险等业务相继试点推广。

（四）金融市场平稳运行，直接融资占比提高

1. 社会融资规模适度增长，融资结构进一步优化。2016年，宁夏社会融资规模增量同比多增27亿元。其中，新增人民币贷款占社会融资规模的103.8%，同比下降3.7个百分点；直接融资占比明显提高，非金融企业境内股票、债券融资等占社会融资规模的比重同比提高7.8个百分点。

2. 货币市场交易活跃,成交利率小幅上涨。2016年，宁夏银行间市场成员同业拆借和债券回购累计成交量大幅增长，同比增长56.5%，全年净融入资金8 118亿元，同比下降53.5%。同业拆借、债券回购加权平均利率同比分别上涨0.26个百分点和0.16个百分点。

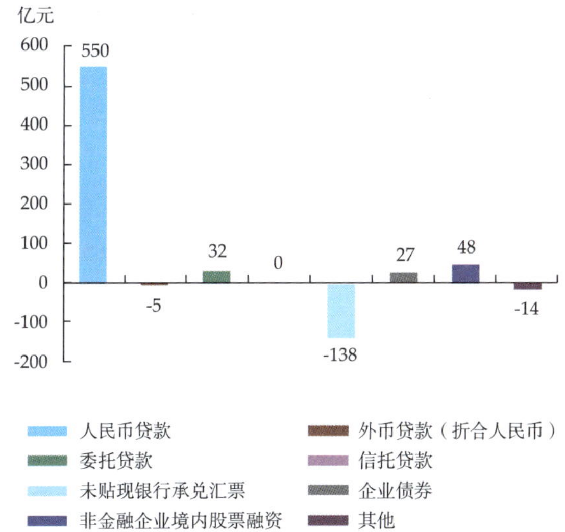

数据来源：中国人民银行银川中心支行。

图4　2016年宁夏回族自治区社会融资规模分布情况

3. 票据市场业务平稳发展，票据贴现利率逐步回升。2016年，宁夏银行业金融机构承兑汇票累计签发量下降17.5%，票据贴现量累计同比增长33.5%，年末票据融资余额增长33.5%。票据市场利率逐步回升。2016年12月，贴现加权平均利率同比提高0.8个百分点。

4. 银行间外汇市场业务平稳发展，黄金市场交易活跃。2016年，宁夏银行间外汇市场交易额与上年持平，交易币种以美元为主。受黄金价格上涨影响，黄金交易大幅增长，商业银行实物黄金交易量同比增长28.4%，以人民币计价的账户金交易量同比增长65.6%。

表5　2016年宁夏回族自治区金融机构票据业务量统计

单位：亿元

季度	银行承兑汇票承兑		贴现			
			银行承兑汇票		商业承兑汇票	
	余额	累计发生额	余额	累计发生额	余额	累计发生额
1	358.7	149.4	396.9	843.4	0.0	0.0
2	323.3	301.7	402.8	1 623.5	0.0	0.0
3	286.1	446.5	384.3	2 411.2	0.0	0.0
4	306.0	626.3	392.0	3 092.4	0.0	0.0

数据来源：中国人民银行银川中心支行。

表6　2016年宁夏回族自治区金融机构票据贴现、转贴现利率

单位：%

季度	贴现		转贴现	
	银行承兑汇票	商业承兑汇票	票据买断	票据回购
1	3.6738	0	2.9149	3.2130
2	3.5068	0	2.6093	3.0365
3	3.2042	0	2.6317	2.6466
4	3.5673	0	2.8996	2.9479

数据来源：中国人民银行银川中心支行。

（五）区域金融改革稳步推进，区域金融创新保持活力

宁夏政府组建5家投资运营集团公司，进一步增强了宁夏投融资平台功能。宁夏金融改革小组确立的农村金融改革试点扩大至7个县（区），扶贫小贷、互助资金、盐池惠民微贷等6种试点模式全区推广。村级互助担保基金试点扩大到6个县

（区），通过19家村级互助担保基金，相关金融机构向农户发放贷款1 900万元。8家民间借贷登记机构提供融资支持13.8亿元。

（六）金融生态环境不断改善，金融基础设施继续完善

1. 信用体系建设步伐加快。继续推动社会信用体系、农村和中小企业信用体系建设，完善农村和中小企业信用信息服务平台。2016年年末，征信系统收录宁夏企业、自然人等数量同比增长6.0%。推动小额贷款公司、融资性担保公司等机构接入征信系统，全年新增接入机构12家。加强应收账款融资服务平台推广应用，全年融资261笔，金额77亿元。

2. 支付体系日益完善。2016年，宁夏支付系统共处理各类支付业务笔数同比增长46.2%。2016年年末，宁夏助农取款笔数和金额同比分别增长6.8倍和4.7倍；移动支付的笔数和金额占电子支付笔数和金额的比重同比分别提高5.7个百分点和5.3个百分点；金融IC卡发卡数量占宁夏金融机构银行卡发卡数量的55.3%，同比提高19.3个百分点；支持金融IC卡闪付及手机云闪付的POS终端占全部POS终端的92.1%。

3. 国库信息化水平进一步提升。宁夏财税库银横向联网覆盖面稳步扩大，通过财税库银横向联网办理的预算收入业务量占比首次突破90%。配合财税部门完成了“营改增”试点。在全国率先实现了行政事业单位职业年金直接缴入国库。

4. 金融消费者权益保护力度加大。探索开展金融素养问卷调查，举办农民金融技能培训班，设立农村金融知识流动宣传车，着力提升贫困地区金融知识普及的针对性和有效性。扎实开展个人金融信息保护检查，对宁夏41家银行业金融机构进行全面评估。健全金融消费纠纷处理机制，及时高效处理金融消费者投诉及咨询。

二、经济运行情况

2016年，宁夏坚持稳中求进总基调，积极应对困难挑战，经济运行企稳回升、逐月向好，发展质量逐步提升。初步核算，全年实现地区生产

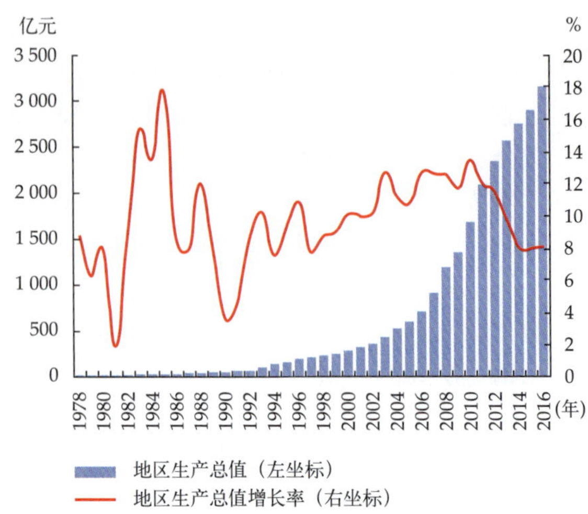

数据来源：《宁夏统计年鉴》《宁夏回族自治区2016年国民经济和社会发展统计公报》。

图5　1978～2016年宁夏回族自治区地区生产总值及其增长率

总值3 150亿元，同比增长8.1%。三次产业协调发展，第三产业比重稳步提高。

（一）内需平稳增长，外需弱势回升

2016年，宁夏投资增长平稳，消费增速稳中趋升，出口增速在外需低迷的背景下持续回落。

1. 投资增速趋缓，结构持续优化。2016年，宁夏全社会固定资产投资同比增长8.6%（见图6），较上年低1.8个百分点。投资结构进一步优

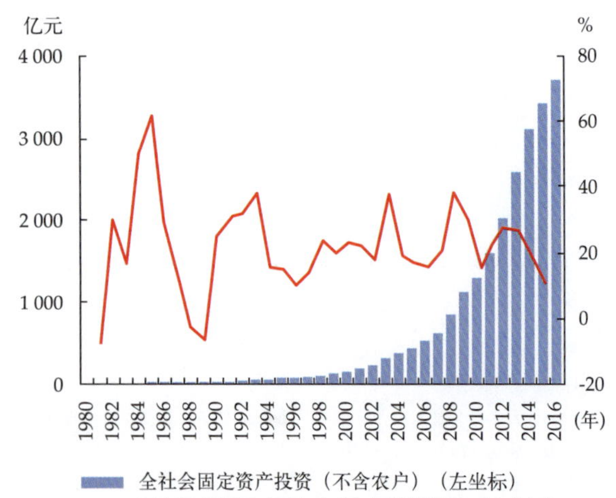

数据来源：《宁夏统计年鉴》《中国统计摘要2017》。

图6　1980～2016年宁夏回族自治区固定资产投资（不含农户）及其增长率

化，服务业投资占比较上年提高4.8个百分点。民间投资同比增长13.8%，比固定资产投资高5.2个百分点。

2. 居民收入稳定增长，消费需求稳步回升。2016年，宁夏城镇常住居民、农村常住居民人均可支配收入同比分别名义增长7.8%和8.0%，城乡居民收入比与2015年持平。实现社会消费品零售总额同比增长7.7%，比上年提高0.6个百分点（见图7）。

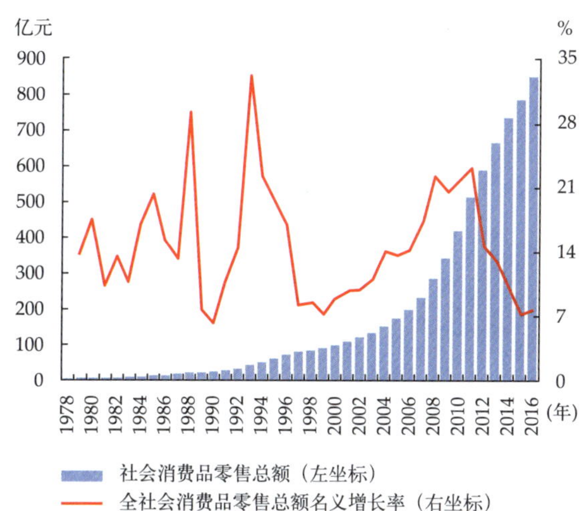

数据来源：《宁夏统计年鉴》《宁夏回族自治区2016年国民经济和社会发展统计公报》。

图7　1978～2016年宁夏回族自治区社会消费品零售总额及其增长率

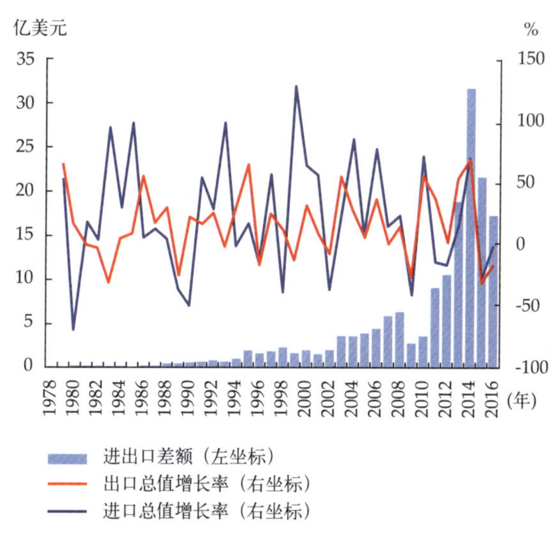

数据来源：《宁夏统计年鉴》、宁夏回族自治区统计局。

图8　1978～2016年宁夏回族自治区外贸进出口变动情况

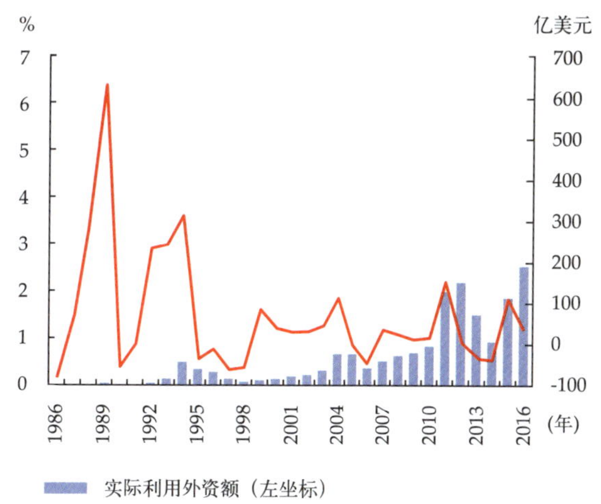

数据来源：《宁夏统计年鉴》《宁夏回族自治区2016年国民经济和社会发展统计公报》。

图9　1986～2016年宁夏回族自治区实际利用外资额及其增长率

3. 对外贸易降势放缓，利用外资大幅增长。2016年，宁夏实现外贸进出口总额32.7亿美元，同比下降12.6%，同比回升17.7个百分点。其中，出口同比下降15.7%，进口同比下降0.6%（见图8）。全年实际利用外资金额同比增长36.1%（见图9）。

（二）三次产业协调发展，产业结构继续优化

2016年，宁夏加快推进经济转型升级，三大产业协调合理发展。三次产业比例调整为7.6：46.8：45.6，第二产业比重下降0.6个百分点，第三产业比重提高1.2个百分点。

1. 特色农业加快发展，现代化水平不断提高。2016，宁夏紧紧围绕发展现代农业，重点推进特色优势产业，不断优化结构、提升质量，农产品供给能力进一步增强。粮食总产量达370.6万吨，实现十三连丰；特色优势农业产值占比达86.5%，农业机械化综合水平、农产品加工转化率分别达71%和62%。

2. 工业经济平稳增长，转型升级步伐加快。2016年，宁夏规模以上工业实现增加值同比增长7.5%（见图10），比全国高1.5个百分点。轻重工业增幅差比上年缩小2.4个百分点。非公有工业增

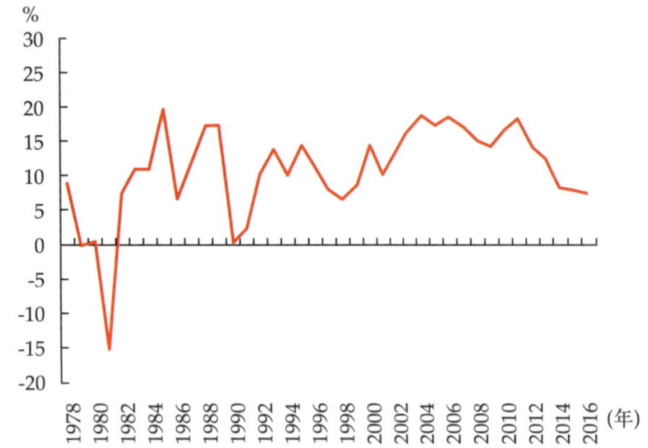

数据来源：《宁夏统计年鉴》、宁夏回族自治区统计局。

图10　1978～2016年宁夏回族自治区规模以上工业增加值同比增长率

加值同比增长11.7%，比全区平均水平高4.2个百分点。全球单套投资规模和装置最大的400万吨煤制油项目投产，《中国制造2025宁夏行动纲要》发布，智能制造示范工程实施，吴忠市成为“中国制造2025”试点示范城市之一。

3. 服务业快速发展，结构进一步优化。2016年，宁夏实现服务业增加值同比增长6.9%，增速较上年提高2.2个百分点。旅游业快速发展，宁夏成为全国第二个省级全域旅游示范区，游客数量同比增长14.4%，旅游收入同比增长28%。中卫云基地、银川大数据中心加快建设，三大运营商直通北京、西安的4×100G骨干网络建成使用；电商网上交易额突破130亿元。

4. 供给侧结构性改革稳步推进，结构调整成效明显。2016年，宁夏煤炭、钢铁行业共淘汰化解落后和过剩产能544万吨。推进棚户区改造货币化安置，消化商品房库存150多万平方米，去库存周期较上年减少2.3个月。加强关联行业、上下游企业合作，建立销售联动、价格会商机制，规模以上工业企业产品库存低位运行。积极推动直接融资。2016年，宁夏非金融企业累计直接融资143亿元，同比增长26.6%。出台了降低实体经济企业成本实施意见和园区低成本改造方案，工业企业每百元主营业务收入中的成本同比下降1.91元，比全国低1.18元。启动“十三五”首批9个重大科技项目，补齐短板。信息传输、软件和信息技术服务业、科学研究和技术服务业投资分别增长29.4%、60.7%；实施13项脱贫攻坚行动计划，脱贫销号249个贫困村，减贫19.3万人。

（三）物价指数小幅上涨，就业形势总体稳定

2016年，宁夏居民消费价格温和上涨，工业生产者价格回升，劳动者报酬持续提高。

1. 居民消费价格温和上涨，同比涨幅起伏波动。2016年，宁夏居民消费价格同比上涨1.5%，比上年提高0.4个百分点；1～12月同比涨幅在0.3%～2.5%，起伏波动较大。八大类商品“七涨一降”，其中，医疗保健价格涨幅最高，同比上涨2.9%。

2. 工业生产者价格降幅持续收窄，年末由负转正。2016年，宁夏工业生产者出厂价格和购进价格同比分别下降0.9%和3.1%，较上年分别收窄5.4个百分点和4.8个百分点。12月，宁夏工业生产者出厂价格和购进价格同比分别上涨10%和12.1%。

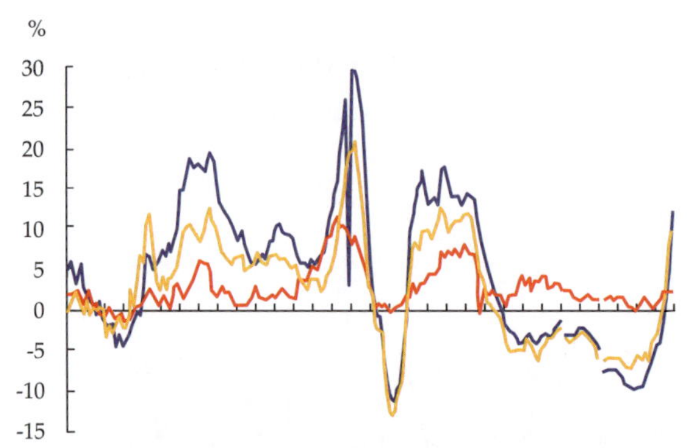

数据来源：《宁夏统计年鉴》，国家统计局宁夏调查总队。

图11　2001～2016年宁夏回族自治区居民消费价格和生产者价格变动趋势

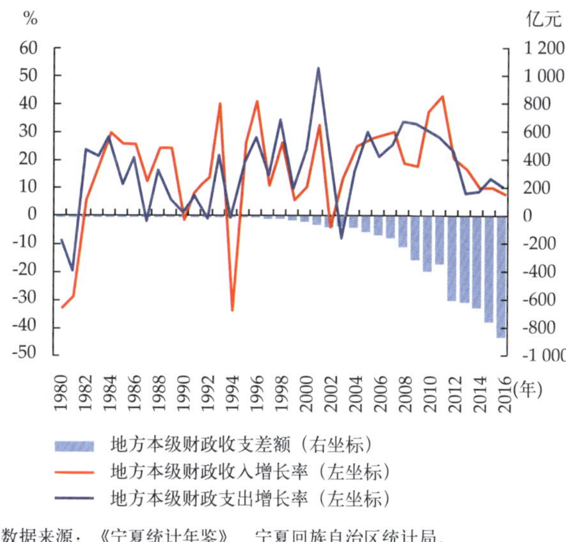

数据来源：《宁夏统计年鉴》、宁夏回族自治区统计局。

图12　1980～2016年宁夏回族自治区财政收支状况

（四）财政收入稳步增长，民生支出持续增加

2016年，宁夏一般公共预算总收入643亿元，同比增长5.3%，较上年回落2.7个百分点。其中，一般地方公共预算收入388亿元，同口径增长8.0%。一般公共预算支出1 258亿元，同比增长10.2%。其中，教育、社会保障和就业、医疗卫生与计划生育支出分别同比增长8.9%、17.2%和11.9%。健全地方政府债务管理制度，做好存量债务置换工作，全年共发行地方政府置换债券 265.9亿元，同比增长28.5%。

专栏2　宁夏积极推动绿色金融发展

推进绿色发展离不开金融的支持。宁夏以绿色发展理念转变引领发展方式转变，积极推动绿色金融发展，取得了初步成效。

一、主要举措

（一）出台区域性绿色信贷政策措施。研究制定《中国人民银行银川中心支行关于推进绿色金融发展的意见》（宁银发〔2016〕153号），按照“环保达标、产品畅销”的绿色金融原则，综合运用货币政策工具，建立绿色信贷政策导向效果评估制度，引导金融机构通过专设绿色金融网点机构、创新金融产品、改进绿色信贷管理、完善激励约束机制等措施，加大对绿色产业信贷支持。支持金融机构发展基于碳排放权、排污权、节能量（用能权）等各类环境权益的融资工具，创新环境权益回购、保理、托管等金融产品。

（二）加强直接融资工具宣传。宁夏证监局联合自治区金融局、宁夏上市公司协会等单位举办公司债券和资产证券化业务培训班，进一步提高企业资本市场融资能力；多方调研，结合宁夏实际提出了推动宁夏资产证券化业务发展的可行路径，为今后资产证券化业务的开展提供了政策储备。

（三）开展环境责任保险试点业务。宁夏保监局和宁夏环保厅联合印发《宁夏回族自治区环境污染责任保险试点工作实施意见》，经过公开招标，选定英大保险公司为经纪服务公司，选定平安保险公司担任主承保，人保、大地两家保险公司共保，确定宁夏华夏电源有限公司、宁夏多维药业等53家重点企业为先行试点单位，由承保公司对保险期内投保企业发生的环境污染事故责任进行有限理赔。

（四）实施绿色金融示范行制度。选择发展绿色金融业务意愿强烈、信贷结构转型具有一定基础、管理机制灵活的1家城市商业银行作为绿色金融示范行，确定绿色信贷支持行业、企业，综合运用支小再贷款、再贴现等货币政策工具，引导该行在防范金融风险的前提下，加大对绿色产业、企业的信贷支持。

二、初步成效

（一）绿色信贷平稳增加。宁夏银行业金融机构健全绿色金融组织体系，完善绿色信贷业务流程，加大绿色信贷考核激励力度，加快绿色金融产品创新步伐，积极对接政府风险补偿基金，增加绿色信贷投放。截至2016年年末，宁夏绿色信贷余额占各项贷款余额的

31.2%，贷款不良率1.37%，低于全区贷款不良率0.5个百分点。

（二）绿色项目资产支持证券成功发行。2016年7月，1家新能源开发有限公司成功发行国内首单风电电费收益权资产证券化产品，该产品融资规模5亿元，共发行一至三年期三个品种，票面平均利率为3.99%。该产品的发行为宁夏绿色项目合理利用资本市场融资功能、拓宽融资渠道积累了经验。

（三）环境责任保险试点顺利。2016年12月，宁夏首例环境污染责任险理赔案成功支付，由承保公司向1家水务有限公司支付环境污染责任保险金40.6万元。

目前，宁夏绿色金融发展仍处于起步阶段，还存在一些制约因素，如缺乏专项绿色产业指导目录，绿色产业和绿色金融资本回报率较低，民间资本投入绿色产业的渠道不畅，绿色金融配套政策支持体系不完善等。下一步，中国人民银行银川中心支行将继续加强与相关部门的沟通协作，形成合力，共同推动绿色金融发展。

（五）房地产市场平稳运行，现代煤化工加快发展

1. 房地产市场平稳运行。2016年，宁夏房地产开发投资增长明显回升，新开工面积保持平稳，销售面积加快增长，住房价格窄幅波动；房地产贷款平稳增长，个人住房贷款增速持续回落；房地产去库存压力较大。

（1）房地产开发投资增速明显回升。2016年，宁夏房地产开发投资完成额同比增长14.9%，同比加快18.1个百分点。其中，住宅开发投资增长9.8%。开发企业购置土地面积下降31%，同比回落0.3个百分点。房屋新开工面积增速同比加快32.3个百分点，房屋竣工面积增速同比加快13.6个百分点。全年新开工建设保障性安居工程6.4万套，开工率100%，基本建成6万套。

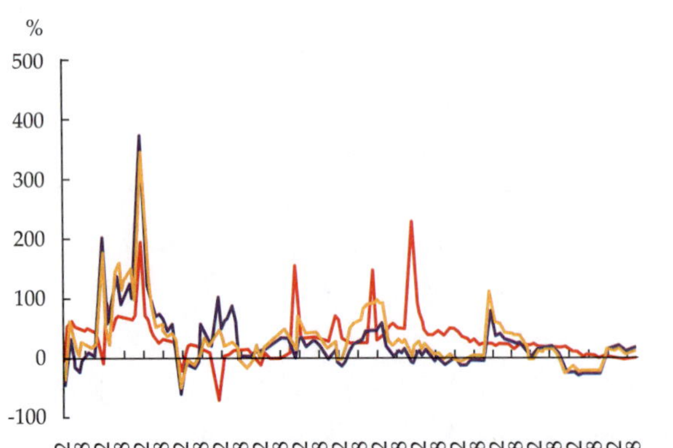

数据来源：《宁夏统计年鉴》、宁夏回族自治区统计局。

图13　2002～2016年宁夏回族自治区商品房施工和销售变动趋势

（2）施工面积保持平稳，商品房待售面积增速大幅回落。2016年，宁夏房屋施工面积增长0.9%，同比加快0.5个百分点。空置面积增长3.3%，增速同比回落21.5个百分点。

（3）销售面积增速明显加快，住房价格小幅上涨。2016年，宁夏新建商品房销售面积增长15.1%，同比加快40.8个百分点；销售额增长10.6%，同比加快31.0个百分点。全年住房销售价格窄幅震荡上行。

（4）保障性安居工程贷款带动房地产贷款平稳增长。2016年年末，宁夏房地产贷款余额同比增长16.0%，同比回落12.2个百分点。分类别看，开发贷款、购房贷款增速分别为18.2%和13.9%，开发贷款中保障性安居工程贷款增长41.9%。

（5）个人住房贷款增长持续回落，差别化信贷政策效应明显。2016年年末，宁夏个人住房贷款同比增长12.6%，同比回落2.9个百分点。监测数据显示，2016年，宁夏发放个人商业住房贷款中执行首套住房贷款笔数占比94.9%，执行首套住房贷款政策贷款最低首付款比例20%，平均首付款比例36.4%，同比下降2.9个百分点。

2. 现代煤化工加快发展。近年来，宁夏积极推进现代煤化工产业发展，2016年出台了《宁夏回族自治区石油和化学工业“十三五”发展规

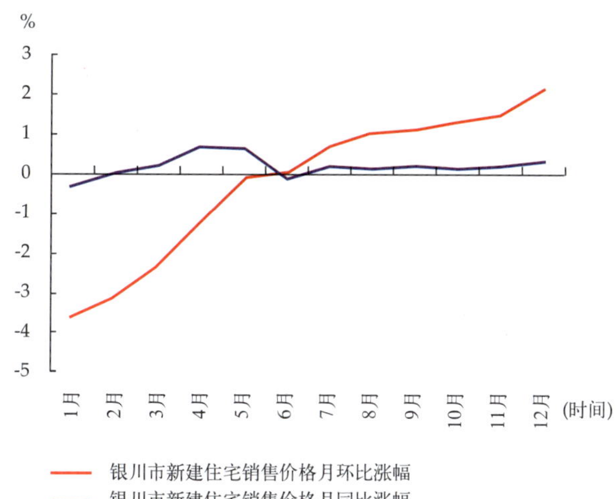

数据来源：银川市统计调查总队。

图14　2016年银川市新建住宅销售价格变动趋势

划》，大力发展新型煤化工产业，取得突破性进展。2016年12月，世界最大煤制油项目——神华宁煤集团400万吨/年煤炭间接液化示范项目在宁夏建成投产。项目总投资550亿元，承担37项重大技术、装备及材料的国产化任务，项目国产化率达到98.5%，项目建成投产对我国开发出煤制油成套大型工艺技术，攻克工程化及大型装备制造、成套设备集成技术难题，打破煤制油化工核心技术、装备及材料的国外垄断，探索出符合我国国情的煤炭深加工产业发展模式具有重大意义。目前，宁夏已建成宁东煤化工资源循环利用工程实验室及轻烃深加工技术研究中心等国家级地方联合工程实验室；多家能源企业均设有企业技术中心，部分成果达到国际国内先进水平。2016年年末，宁夏已形成产能煤制油400万吨，煤制烯烃160万吨，煤制甲醇500万吨，全年实现产值254亿元，同比增长10%。

三、预测与展望

2017年，是实施“十三五”规划的重要一年，是供给侧结构性改革的深化之年。宁夏将继续坚持稳中求进工作总基调，深化供给侧结构性改革，大力实施创新驱动战略、脱贫富民战略、生态立区战略，保持经济平衡较快发展。着力推进产业转型升级，实施工业传统产业提升工程，实施农业特色产业品牌工程，实施新兴产业提速工程，实施现代服务业提挡工程。着力推进创新驱动发展，构建区域城乡协调发展的新格局。大力实施脱贫攻坚和富民工程，深入推进绿色发展。预计宁夏经济运行总体将保持平稳增长、稳中向好的态势，地区生产总值增长8%左右。

2017年，宁夏金融业将认真贯彻全国金融工作会议精神，紧紧围绕服务实体经济、防控金融风险、深化金融改革三项任务，落实稳健中性的货币政策，保持货币信贷适度增长，继续优化信贷结构，加大对重大项目、工业转型升级、特色农业、现代服务业等重点领域和薄弱环节的支持力度，不断提高服务实体经济的能力。围绕金融扶贫示范区建设，全力推进宁夏金融精准扶贫示范区创建，稳步推进“两权”抵押贷款试点。继续加大金融风险监测、预警和处置力度，加强对重点领域、跨市场金融风险的监测分析，严守金融风险底线，有效维护地区金融安全稳定。

中国人民银行银川中心支行货币政策分析小组
总　纂：高　波　束　华
统　稿：马建斌　王　龙　徐　涛
执　笔：王银昆　刘江帆　祁永忠　马明霞　马俊鹏　李　鹏　倪全学　周金东　韩银莹　付　静
提供材料的还有：王立军　李海洋　王　谦　陈　飞　冯爱华　周　豹　刘晋宁　孙世全　欧小山　金泽芬　马　康　刘　力　葛军红　唐秀艳　夏　勇　王进会　庄淑霞　王永舵　李秀娟　刘　军

附录

（一）2016年宁夏回族自治区经济金融大事记

1月27日，宁夏出台《关于推进区域性股权市场建设的若干意见》，发挥区域性股权市场配置资源、服务实体经济的功能和作用。

2月19日，宁夏正式启动“两权”抵押贷款试点工作，积极深化农村金融改革创新。

3月28日，中国—阿曼（杜古姆）产业园和中国—沙特吉赞产业园被纳入全国20个国际产能合作示范区，标志着宁夏境外产业园区建设上升到国家高度。

6月23日，《宁夏金融业发展“十三五”规划》正式发布，计划到2020年，宁夏金融业增加值年均增长12%以上，金融业增加值占地区生产总值比重保持在10%以上。

7月18日至20日，习近平总书记来宁夏视察指导工作，主持召开东西部扶贫协作“银川会议”。

8月10日，中国民生银行银川分行正式开业，为宁夏金融业发展增添新的力量。

9月9日至10日，中美旅游高层对话在宁夏开幕，宁夏成为全国第二个省级全域旅游示范区。

10月18日，建信财产保险有限公司正式成立，成为宁夏第一家全国性法人财产保险公司。

11月7日，宁夏组建成立建设投资集团、交通投资集团、旅游投资集团、农业投资集团和国有资产控股投资集团5家区属国有投资运营集团公司，深化国有企业改革迈出实质性步伐。

12月28日，习近平总书记发来贺电，祝贺全球单套规模最大的煤制油项目——神华宁煤集团400万吨/年煤炭间接液化示范项目成功投产。

（二）2016年宁夏回族自治区主要经济金融指标

表1　2016年宁夏回族自治区主要存贷款指标

		1月	2月	3月	4月	5月	6月	7月	8月	9月	10月	11月	12月
本外币	金融机构各项存款余额（亿元）	4 955.3	4 956.0	5 074.0	5 076.1	5 127.1	5 282.7	5 297.0	5 337.7	5 394.0	5 347.7	5 384.0	5 460.6
	其中：住户存款	2 408.5	2 448.4	2 434.4	2 389.9	2 366.7	2 411.7	2 414.0	2 439.0	2 531.5	2 500.8	2 537.0	2 562.2
	非金融企业存款	1 225.8	1 219.1	1 236.0	1 312.3	1 313.0	1 385.2	1 370.0	1 372.9	1 376.4	1 368.5	1 373.3	1 493.7
	各项存款余额比上月增加（亿元）	102.1	0.7	118.0	2.1	51.0	155.6	14.3	40.8	56.3	-46.3	36.3	76.6
	金融机构各项存款同比增长（%）	15.1	15.5	14.7	14.8	14.7	14.4	14.3	14.4	15.0	13.6	11.2	12.5
	金融机构各项贷款余额（亿元）	5 286.4	5 327.6	5 394.7	5 429.8	5 420.2	5 475.7	5 489.2	5 519.1	5 616.8	5 632.7	5 670.0	5 696.0
	其中：短期	1 801.1	1 808.3	1 831.9	1 824.5	1 824.4	1 835.6	1 813.1	1 828.5	1 847.6	1 846.3	1 866.4	1 854.8
	中长期	3 088.9	3 107.7	3 146.4	3 175.0	3 164.8	3 218.7	3 270.6	3 310.9	3 365.7	3 381.6	3 388.8	3 433.2
	票据融资	376.9	391.6	397.0	410.4	411.2	402.9	387.5	362.3	384.5	386.1	395.2	392.1
	各项贷款余额比上月增加（亿元）	136.0	41.2	67.1	35.1	-9.6	55.5	13.5	29.9	97.8	15.9	37.3	25.9
	其中：短期	-6.4	7.2	23.6	-6.4	-0.1	11.3	-22.6	15.5	19.1	-1.3	20.1	-11.6
	中长期	70.1	18.8	38.6	28.6	-10.2	53.9	51.9	40.4	54.8	15.9	7.2	44.4
	票据融资	71.6	14.8	5.4	13.3	0.8	-8.3	-15.5	-25.2	22.3	1.6	9.2	-3.2
	金融机构各项贷款同比增长（%）	12.5	12.3	12.6	12.3	11.5	11.2	10.6	10.0	10.8	10.2	11.3	10.6
	其中：短期	6.6	6.4	6.7	6.0	5.5	2.8	2.3	3.3	2.8	2.1	5.1	3.0
	中长期	11.0	10.6	11.1	10.6	9.2	10.4	12.1	12.1	13.0	13.4	13.5	13.5
	票据融资	85.5	83.3	77.4	83.5	93.8	99.2	53.7	33.9	43.4	29.8	27.2	28.4
	建筑业贷款余额（亿元）	96.2	97.8	98.1	97.6	94.3	88.4	87.0	86.9	90.8	88.7	87.9	80.6
	房地产业贷款余额（亿元）	461.9	466.1	480.3	493.8	492.0	506.9	505.9	503.3	506.5	510.3	505.8	516.4
	建筑业贷款同比增长（%）	6.3	6.1	7.0	14.2	6.2	-7.0	-8.3	-6.1	-2.1	-5.5	-4.3	-12.4
	房地产业贷款同比增长（%）	59.5	57.0	45.9	47.2	42.2	33.9	32.2	26.3	24.8	24.6	23.5	23.4
人民币	金融机构各项存款余额（亿元）	4 935.9	4 936.9	5 056.6	5 058.0	5 106.3	5 258.2	5 273.3	5 316.5	5 373.5	5 328.4	5 365.3	5 441.5
	其中：住户存款	2 398.9	2 438.5	2 424.5	2 380.1	2 356.8	2 401.5	2 403.5	2 428.6	2 521.3	2 490.0	2 525.4	2 550.0
	非金融企业存款	1 217.5	1 211.2	1 229.0	1 304.5	1 302.9	1 371.9	1 357.9	1 363.2	1 367.1	1 360.9	1 367.0	1 487.9
	各项存款余额比上月增加（亿元）	100.4	1.0	119.7	1.5	48.2	151.9	15.2	43.2	57.0	-45.1	36.8	76.3
	其中：住户存款	41.1	39.7	-14.0	-44.4	-23.3	44.7	2.0	25.1	92.7	-31.3	35.4	24.6
	非金融企业存款	-27.2	-6.3	17.8	75.5	-1.6	69.0	-14.0	5.3	3.9	-6.2	6.1	121.0
	各项存款同比增长（%）	15.3	15.6	14.9	14.9	14.7	14.4	14.3	14.4	15.1	13.7	11.2	12.5
	其中：住户存款	9.9	8.2	7.6	7.5	8.2	8.4	7.9	8.8	10.2	9.9	10.9	8.2
	非金融企业存款	17.3	22.2	17.7	23.6	19.9	21.5	21.5	18.8	23.4	16.7	17.2	19.5
	金融机构各项贷款余额（亿元）	5 254.2	5 296.5	5 364.4	5 400.6	5 390.5	5 446.2	5 458.8	5 488.7	5 586.6	5 603.3	5 639.7	5 667.9
	其中：个人消费贷款	584.1	579.4	589.7	597.8	604.6	616.4	620.7	630.3	635.6	638.4	650.5	656.9
	票据融资	376.8	391.6	396.9	410.3	411.1	402.8	387.3	362.1	384.3	386.0	395.1	392.0
	各项贷款余额比上月增加（亿元）	136.4	42.3	67.9	36.2	-10.1	55.7	12.6	29.9	97.9	16.7	36.4	28.2
	其中：个人消费贷款	8.5	-4.7	10.3	8.1	6.8	11.8	4.3	9.6	5.3	2.8	12.1	6.4
	票据融资	71.6	14.8	5.4	13.3	0.9	-8.4	-15.5	-25.3	22.3	1.6	9.2	-3.1
	金融机构各项贷款同比增长（%）	12.6	12.4	12.5	12.3	11.4	11.3	10.6	10.1	10.9	10.3	11.4	10.8
	其中：个人消费贷款	15.6	14.4	14.7	14.2	14.0	14.3	14.2	14.4	14.1	13.7	13.3	14.1
	票据融资	85.6	83.4	77.5	83.6	93.9	99.3	53.7	33.9	43.4	29.8	27.2	28.4
外币	金融机构外币存款余额（亿美元）	3.0	2.9	2.7	2.8	3.2	3.7	3.6	3.2	3.1	2.9	2.7	2.8
	金融机构外币存款同比增长（%）	-15.3	-12.8	-19.2	-20.7	-1.3	15.4	16.8	2.1	-9.6	-9.8	0.1	0.4
	金融机构外币贷款余额（亿美元）	4.9	4.8	4.7	4.5	4.5	4.4	4.6	4.5	4.5	4.4	4.4	4.1
	金融机构外币贷款同比增长（%）	1.4	0.5	8.8	4.0	10.5	-10.4	-5.8	-8.3	-5.6	-9.8	-8.5	-19.1

数据来源：中国人民银行银川中心支行。

表2　2001～2016年宁夏回族自治区各类价格指数

单位：%

年/月	居民消费价格指数		农业生产资料价格指数		工业生产者购进价格指数		工业生产者出厂价格指数	
	当月同比	累计同比	当月同比	累计同比	当月同比	累计同比	当月同比	累计同比
2001	—	1.6	—	2	—	2.5	—	0.3
2002	—	-0.6	—	3.5	—	-2.2	—	-0.3
2003	—	1.7	—	-0.6	—	6.8	—	5.6
2004	—	3.7	—	13.5	—	17.3	—	11.2
2005	—	1.5	—	9.3	—	9.7	—	6.2
2006	—	1.9	—	0.8	—	8.5	—	6.2
2007	—	5.4	—	12.2	—	7.1	—	3.7
2008	—	8.5	—	26.2	—	21.8	—	12.9
2009	—	0.7	—	-3.7	—	-5.3	—	-6.1
2010	—	4.1	—	4.4	—	14.1	—	9.1
2011	—	6.3	—	14.0	—	12.8	—	9.5
2012	—	2.0	—	7.6	—	-0.5	—	-2.6
2013	—	3.4	—	1.6	—	-3.0	—	-4.0
2014	—	1.9	—	-3.1	—	-3.0	—	-3.7
2015	—	1.1	—	-1.3	—	-7.9	—	-6.3
2016	—	1.5	—	-1.7	—	-3.1	—	-0.9
2015　1	—	—	—	—	—	—	—	—
2	1.4	1.3	-4.0	-3.6	-7.4	-7.1	-6.2	-6.4
3	1.2	1.3	-3.4	-3.5	-7.4	-7.2	-5.7	-6.2
4	1.7	1.4	-3.4	-3.5	-7.2	-7.2	-5.7	-6.0
5	1.4	1.4	-2.7	-3.4	-7.1	-7.2	-5.6	-6.0
6	1.7	1.4	-1.8	-3.1	-7.1	-7.2	-5.8	-5.9
7	1.5	1.5	-0.6	-2.7	-7.5	-7.2	-6.0	-5.9
8	1.7	1.5	0.9	-2.3	-8.2	-7.3	-6.4	-6.0
9	1.1	1.4	0.9	-1.9	-9.2	-8.4	-6.9	-6.1
10	0.4	1.3	1.1	-1.6	-9.2	-7.6	-6.8	-6.2
11	0.3	1.2	0.5	-1.5	-9.5	-7.8	-7.0	-6.3
12	0.1	1.1	0.7	-1.3	-9.6	-7.9	-6.1	-6.3
2016　1	–	–	–	–	–	–	–	–
2	1.5	0.9	-2.6	-2.7	-9.3	-9.3	-5.7	-5.6
3	1.6	1.1	-2.9	-2.8	-8.7	-9.1	-5.1	-5.4
4	0.9	1.1	-1.6	-2.5	-7.2	-8.6	-4.2	-5.1
5	0.7	1.0	-1.7	-2.3	-6.0	-8.1	-3.8	-4.9
6	0.5	0.9	-1.5	-2.2	-5.6	-7.7	-3.7	-4.7
7	1.1	1.0	-1.5	-2.1	-4.1	-7.2	-2.8	-4.4
8	1.4	1.0	-1.9	-2.1	-3.9	-6.8	-1.5	-4.1
9	2.3	1.1	-2.5	-2.1	-2.1	-6.3	0.1	-3.6
10	2.4	1.3	-2.0	-2.1	1.6	-5.5	3.9	-2.9
11	2.3	1.4	-0.6	-2.0	7.3	-4.4	8.2	-1.9
12	2.5	1.5	1.5	-1.7	12.1	-3.1	10.0	-0.9

数据来源：《中国经济景气月报》、国家统计局宁夏调查总队。

表3　2016年宁夏回族自治区主要经济指标

	1月	2月	3月	4月	5月	6月	7月	8月	9月	10月	11月	12月
绝对值（自年初累计）												
地区生产总值（亿元）	—	—	508.1	—	—	1 203.7	—	—	2 120.3	—	—	3 150.1
第一产业	—	—	27.7	—	—	41.5	—	—	150.6	—	—	240.0
第二产业	—	—	232.7	—	—	605.2	—	—	1 031.2	—	—	1 475.5
第三产业	—	—	247.8	—	—	557.1	—	—	938.5	—	—	1 434.6
工业增加值（亿元）	—	114.0	203.3	288.2	366.2	455.8	538.9	625.7	722.5	821.6	931.4	1 041.4
固定资产投资（亿元）	—	58.4	269.1	532.1	930.9	1 441.8	1 767.2	2 261.2	2 710.1	3 068.2	3 402.5	3 835.5
房地产开发投资	—	3.8	49.2	99.4	163.3	248.8	311.8	428.1	533.1	607.4	668.0	728.2
社会消费品零售总额（亿元）	—	—	202.9	—	—	390.3	—	—	613.1	—	—	850.1
外贸进出口总额（亿元）	—	38.4	63.0	68.3	81.9	97.9	109.7	111.6	149.5	171.2	198.7	216.3
进口	—	10.2	13.1	15.5	20.9	28.4	32.0	34.4	38.4	41.4	47.0	50.8
出口	—	28.2	49.9	52.8	61.0	69.5	77.7	77.3	111.2	129.8	151.6	165.5
进出口差额(出口－进口)	—	18.0	36.8	37.4	40.1	41.1	45.8	42.9	72.8	88.5	104.6	114.6
实际利用外资（亿美元）	—	1.7	2.2	2.2	2.2	2.2	2.2	2.2	2.2	2.4	2.5	2.5
地方财政收支差额（亿元）	—	-55.9	-138.0	-204.6	-244.5	-370.0	-401.1	-497.8	-677.5	-704.3	-759.2	-870.0
地方财政收入	—	61.8	96.1	133.5	161.6	196.2	226.9	251.5	281.1	313.6	342.6	387.7
地方财政支出	—	117.6	234.1	338.1	406.1	566.1	628.1	749.3	958.7	1 017.9	1 101.8	1 257.7
城镇登记失业率(%)(季度)	—	—	4.0	—	—	4.0	—	—	4.0	—	—	3.9
同比累计增长率（%）												
地区生产总值	—	—	6.9	—	—	7.9	—	—	8.0	—	—	8.1
第一产业	—	—	3.7	—	—	4.1	—	—	4.4	—	—	4.5
第二产业	—	—	2.9	—	—	7.3	—	—	7.6	—	—	7.8
第三产业	—	—	11.4	—	—	9.0	—	—	9.0	—	—	9.1
工业增加值	—	-4.7	2.0	6.2	7.0	7.4	7.3	7.4	7.5	7.5	7.5	7.3
固定资产投资	—	4.9	11.6	10.8	15.8	13.8	9.8	12.5	10.8	9.0	9.2	8.6
房地产开发投资	—	6.1	26.3	13.7	15.2	17.7	8.0	18.8	26.0	23.0	16.3	14.9
社会消费品零售总额	—	—	7.3	—	—	7.0	—	—	7.2	—	—	7.7
外贸进出口总额	—	2.0	22.2	11.7	9.3	4.5	-17.2	-29.2	-16.6	-11.8	-7.4	-6.4
进口	—	46.0	20.1	17.0	27.4	43.9	39.8	30.9	28.4	22.3	10.8	6.2
出口	—	-8.0	22.7	10.2	4.3	-6.0	-29.1	-41.2	-25.6	-18.9	-11.8	-9.7
实际利用外资	—	28.9	67.7	67.7	61.5	40.7	30.7	30.8	30.8	40.7	38.4	36.1
地方财政收入	—	-1.3	6.9	9.7	11.1	7.9	6.7	7.0	8.3	8.0	8.0	8.0
地方财政支出	—	13.3	35.2	16.2	16.7	11.5	9.1	10.0	12.2	11.4	9.9	10.2

数据来源：宁夏回族自治区统计局、宁夏回族自治区人力资源和社会保障厅。

新疆维吾尔自治区金融运行报告（2017）

中国人民银行乌鲁木齐中心支行货币政策分析小组

[内容摘要] 2016年，新疆围绕社会稳定和长治久安总目标，统筹推进稳增长、促改革、调结构、防风险、惠民生、补短板工作，经济运行保持在合理区间，呈现“缓中趋稳，稳中向好”的态势。全区供给侧结构性改革稳步推进，经济结构持续优化；农业生产稳定增长，钢铁、水泥、电力等行业深度调整，第三产业支持经济增长作用增强；丝绸之路经济带核心区建设加快，民生事业大幅改善，脱贫攻坚实现良好开局。

金融业认真执行稳健的货币政策，以推进供给侧结构性改革为主线，积极服务实体经济。金融运行总体平稳，融资总量合理增长，融资结构持续优化，融资成本总体下行。金融改革和生态环境建设不断推进，金融风险有效防范，为地方经济发展营造了稳定适宜的金融环境。

2017年，随着中央支持新疆经济社会发展政策效应持续显现、固定资产投资的关键性带动作用发挥以及各项改革的深入，新疆经济有望保持稳步增长态势。但经济增速下行和结构调整压力依然较大，金融业将着力优化信贷结构，积极拓宽融资渠道，有效防范金融风险，不断提升对实体经济的支持。

一、金融运行情况

2016年，新疆金融运行稳健。银行业规模稳步扩大，融资总量合理增长，结构持续优化。证券业保持平稳，保险业较快发展，金融改革和生态环境建设不断推进，为供给侧结构性改革提供了稳定适宜的金融环境。

（一）银行业经营稳健，货币信贷平稳运行

1. 银行业规模持续增长，组织体系更趋完备。年末，新疆银行业金融机构总资产2.7万亿元，增长11.9%，高于上年同期3.2个百分点。机构体系进一步完善，新疆第一家省级区域性城市商业银行新疆银行顺利开业，新疆首家外资银行总部巴基斯坦哈比银行乌鲁木齐分行筹备工作基本完成，新设4家村镇银行。银行业金融机构共有网点3 596个，法人金融机构119个。整体盈利有所增加，银行业净利润增长3.7%，资产利润率为1.2%。

2. 存款波幅增大，增势分化明显。年末，新疆本外币各项存款余额1.9万亿元，同比增长

表1　2016年新疆维吾尔自治区银行业金融机构情况

机构类别	营业网点			法人机构（个）
	机构个数（个）	从业人数（人）	资产总额（亿元）	
一、大型商业银行	1 255	30 086	9 981	—
二、国家开发银行和政策性银行	75	2 317	4 218	—
三、股份制商业银行	116	2 938	1 821	—
四、城市商业银行	228	5 891	4 816	6
五、城市信用社	—	—	—	—
六、小型农村金融机构	1 149	13 299	4 146	84
七、财务公司	—	16	7	—
八、信托公司	—	439	108	2
九、邮政储蓄银行	646	3 430	862	—
十、外资银行	3	64	14	—
十一、新型农村金融机构	124	1 902	33	26
十二、其他	—	248	537	1
合　计	3 596	60 630	26 544	119

注：营业网点不包括国家开发银行和政策性银行、大型商业银行、股份制商业银行等金融机构总部数据；大型商业银行包括中国工商银行、中国农业银行、中国银行、中国建设银行和交通银行；小型农村金融机构包括农村商业银行、农村合作银行和农村信用社；新型农村金融机构包括村镇银行、贷款公司、农村资金互助社；“其他”包含金融租赁公司、汽车金融公司、货币经纪公司、消费金融公司等。

数据来源：新疆银监局。

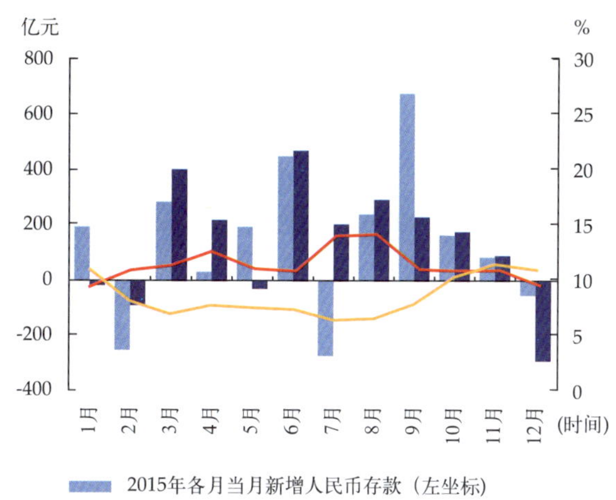

数据来源：中国人民银行乌鲁木齐中心支行。

图1　2015～2016年新疆维吾尔自治区金融机构人民币存款增长变化

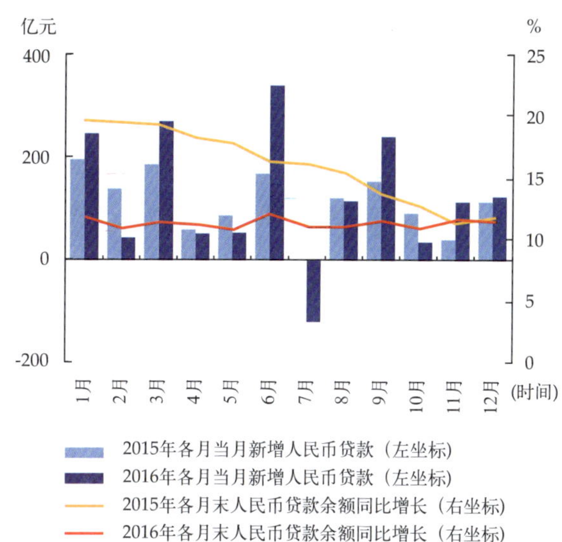

数据来源：中国人民银行乌鲁木齐中心支行。

图2　2015～2016年新疆维吾尔自治区金融机构人民币贷款增长变化

8.3%，较上年同期下降2.7个百分点，月度波动幅度大于上年同期，前两季呈现“季末冲高”、后两季呈现“季末回落”特征，全年增量同比减少302.8亿元。其中，住户存款增速加快，企业存款增长放缓，政府存款增长平稳。

3.贷款平稳适度增长，支持实体经济力度加大。年末，新疆本外币各项贷款余额1.5万亿元，增长11.3%，月度增速持续在11%左右窄幅波动，呈现平稳增长态势。其中，中长期贷款增长12.6%，保持较好增势，短期贷款仅增长1.9%。金融积极助力供给侧结构性改革，钢铁、水泥等高耗能行业贷款明显收缩，重点及民生领域贷款较快增长，基础设施建设贷款增量占比过半，纺织服装业贷款高速增长63.4%；小微企业贷款增速高出新疆贷款平均增速9.6个百分点；金融精准扶贫深入推进，涉农贷款增速高于上年同期2.4个百分点，“两免”小额贷款户数及金额满足率分别达到82.3%、81.9%；“两权”抵押贷款余额居全国前列；金融支持去库存力度加大，购房贷款增长16.7%，高于上年同期1.4个百分点。

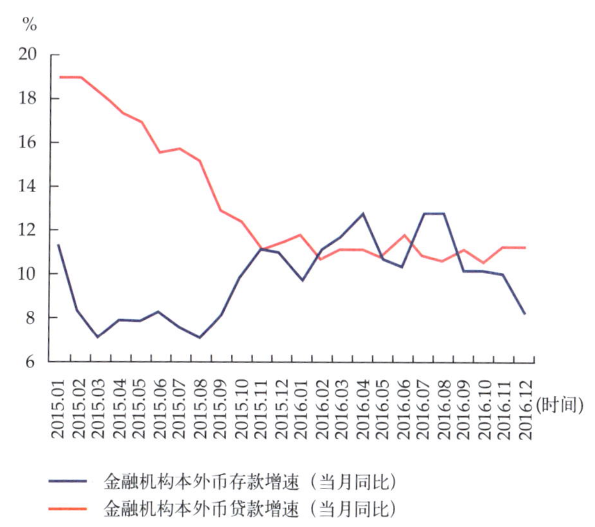

数据来源：中国人民银行乌鲁木齐中心支行。

图3　2015～2016年新疆维吾尔自治区金融机构本外币存、贷款增速变化

专栏1　积极推进扶贫小额信贷工作　新疆金融精准扶贫见实效

新疆是全国5个贫困发生率超过15%的省区之一，贫困程度深、扶贫成本高、脱贫难度大，脱贫攻坚任务艰巨。近年来，新疆金融扶贫工作在精准施策上出实招、在精准推进上下实功、在精准落地上见实效，通过加强部门联动，强化政策引导，创新工作思路，以建档立卡贫困户为重点，全力推进扶贫小额信贷工作，取得了一定成效。

一、完善政策框架，推动金融扶贫工作顺利开展

自治区、地州（市）、贫困县分别成立了人民银行牵头的金融支持脱贫攻坚工作领导小组，形成自上而下三级协调联动的金融扶贫领导机制，为工作开展提供组织保障；结合新疆实际，出台金融支持脱贫攻坚“十三五”规划及2016年工作计划，明确金融扶贫工作的目标及具体措施。充分发挥货币政策工具作用，切实落实扶贫再贷款政策，加大对35个贫困县扶贫再贷款限额倾斜力度；推动阿克苏地区六县一市纳入连片特困地区金融扶贫政策支持范围，有效扩大扶贫政策受益面。

二、加强制度保障，切实提高金融机构放贷责任心和积极性

推动出台自治区扶贫小额信贷贴息资金及风险补偿金管理办法、金融机构分县承担及损失分担方案等，建立工作推进督查制度。新疆县级财政已投入8.5亿元用于支持35个贫困县设立平均不低于1 000万元的扶贫小额信贷风险补偿金，并视风险情况适时予以追加，各县级人民政府与金融机构按照8：2的比例共担扶贫贷款风险；农行和邮储银行新疆分行以及自治区农村信用社分区域承担扶贫小额信贷的发放工作。

三、打造标准化产品，实现建档立卡贫困户信贷工作尽快见效

结合地区实际，打造标准化“两免”扶贫小额信贷产品，向建档立卡贫困户发放5万元以下、3年以内、免抵押、免担保、基准利率、财政全额贴息的信用贷款。创新推出“贫困户（联户干部）+村委会（‘访惠聚’驻村工作队）+乡（镇）政府+县扶贫领导小组”的“两免”扶贫小额信贷县乡集中审核、整县打包申请新模式，借用政府“有形手”协助金融机构的“无形手”，加强贷前信息核实、贷中监督、贷后催收工作，把每个贫困户的精准方案与脱贫产业链捆绑结合，推动新疆“两免”贷款较快增长。2016年年末，累计向17.3万户建档立卡贫困户发放“两免”扶贫小额信贷58.9亿元，户均贷款3.4万元，贷款发放户数满足率及金额满足率分别达82.3%、81.9%，扶贫小额信贷品牌效应初步显现。

4. 表外业务增长较快，业务分布较为集中。年末，新疆银行业表外业务同比增长25.1%，主要集中在政策性、国有及股份制商业银行。其中金融衍生品业务增长了5倍，承诺类、金融服务类业务增速均超过20%，担保类业务下降12.8%。同业投资业务总量不大，90%以上为非标准化同业投资业务。

5. 贷款利率稳步下行，利率定价自律机制不断完善。全年人民币一般贷款加权平均利率为5.80%，较上年下降0.5个百分点。信贷政策支持再贷款有效引导“三农”、小微企业融资成本不断降低，2016年第四季度，金融机构借用支农再贷款发放涉农贷款的加权平均利率低于金融机构同期同档次自有资金发放涉农贷款平均利率3.1个百分点。全年小微企业贷款加权平均利率较上年下降0.4个百分点。市场利率定价自律机制进一步完善，存款市场秩序良好，利率稳步下降，全年人民币定期存款加权平均利率为1.69%，较上年下降0.55个百分点。

6. 银行业运营稳健，资产质量总体较好。年末，新疆银行业不良贷款余额和不良贷款率较上年分别增加47.5亿元和上升0.2个百分点，不良率低于全国平均水平。其中法人银行不良贷款余额先升后降。法人银行核心资本充足率为15.7%，流动性比例、贷款损失准备充足率、拨备覆盖率整体保持较好水平。个别农村法人银行流动性比例偏低，资产负债期限不匹配，风险值得关注。

表2　2016年新疆维吾尔自治区金融机构人民币贷款各利率区间占比

单位：%

月份		1月	2月	3月	4月	5月	6月
合计		100.0	100.0	100.0	100.0	100.0	100.0
下浮		7.61	8.82	9.74	8.85	10.09	27.12
基准		29.45	25.24	25.75	27.03	29.55	28.73
上浮	小计	62.94	65.94	64.51	64.11	60.36	44.15
	(1.0，1.1]	19.20	14.45	17.63	16.39	17.77	15.23
	(1.1，1.3]	10.26	10.25	9.61	6.75	10.85	8.30
	(1.3，1.5]	6.53	6.91	6.51	6.95	7.47	5.26
	(1.5，2.0]	12.60	16.90	16.46	19.05	15.39	9.70
	2.0以上	14.34	17.44	14.30	14.98	8.88	5.65
月份		7月	8月	9月	10月	11月	12月
合计		100.0	100.0	100.0	100.0	100.0	100.0
下浮		14.42	13.71	11.71	9.76	12.09	17.78
基准		30.31	37.06	24.04	41.03	37.56	32.67
上浮	小计	55.26	49.23	64.25	49.21	50.34	49.55
	(1.0，1.1]	16.49	13.58	28.62	14.46	11.96	12.24
	(1.1，1.3]	9.40	8.64	8.74	6.47	5.73	6.41
	(1.3，1.5]	6.84	5.90	5.76	4.65	4.38	4.73
	(1.5，2.0]	14.84	13.16	13.33	11.58	14.15	12.20
	2.0以上	7.68	7.96	7.80	12.05	14.13	13.98

数据来源：中国人民银行乌鲁木齐中心支行。

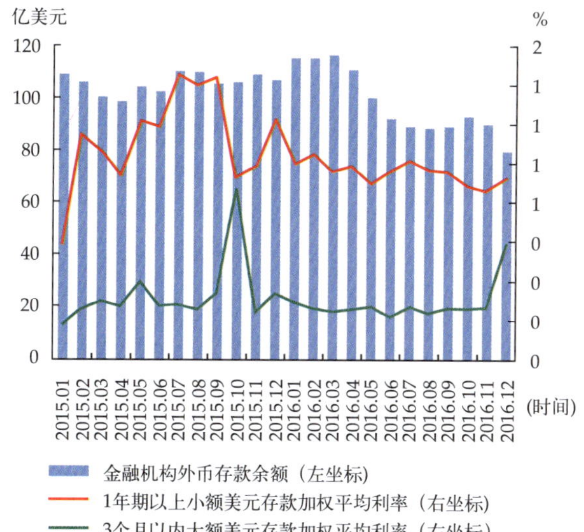

数据来源：中国人民银行乌鲁木齐中心支行。

图4　2015~2016年新疆维吾尔自治区金融机构外币存款余额及外币存款利率

7. 银行业金融机构改革稳步推进。农行、兵团农行“三农金融事业部”管理体制不断健全，两家行114家县域支行实现“三农金融事业部”挂牌。邮储银行采取流动服务车和固化网点等方式填补金融服务空白乡镇，服务“三农”能力和水平明显提升。农村信用社改制工作持续推进，2家农村信用社改制为农商行，农村信用社支农主力军作用不断增强。

8. 跨境人民币业务有所收缩。2016年，新疆对外贸易和涉外收支整体下滑，全年跨境人民币结算量258.4亿元，同比下降35%。人民币资金跨境流动保持双向平衡，其中跨国集团企业办理跨境人民币双向资金池业务额同比增长50.8%。中哈霍尔果斯国际边境合作中心跨境人民币创新业务健康有序发展，年末，合作中心试点银行各类贷款业务余额达245.7亿元。

（二）证券业平稳发展，融资功能有效发挥

1. 证券机构稳步增加。年末，新疆证券业主体机构达到30家，较上年增加2家，国海证券、西南证券落户乌鲁木齐。全年证券交易1.6万亿元，较上年下降55.6%。214万户投资者开户，客户数量再创新高。

2. 资本市场融资创新高。年末，新疆A股上市公司数量达到47家，位居西部五省区第一。全年累计融资427.4亿元，同比增长8%，创上市公司历年融资新高。汇嘉时代、天顺股份、新天然气、贝肯能源4家企业成功上市。新三板上市企业新增34家，累计达到97家，实现融资5.0亿元。区域股

表3　2016年新疆维吾尔自治区证券业基本情况

项目	数量
总部设在辖内的证券公司数（家）	2
总部设在辖内的基金公司数（家）	0
总部设在辖内的期货公司数（家）	2
年末国内上市公司数（家）	47
当年国内股票（A股）筹资（亿元）	274
当年发行H股筹资（亿元）	0
当年国内债券筹资（亿元）	856
其中：短期融资券筹资额（亿元）	333
中期票据筹资额（亿元）	144

注：当年国内股票（A股）筹资额是指非金融企业境内股票融资。

数据来源：新疆证监局。

权市场挂牌企业新增40家，累计达到592家，实现股权融资1.3亿元、债券融资4.4亿元，分别较上年增长173%、18%。

3. 期货市场交易下降。年末，新疆期货机构6家，与上年持平。受全国期货市场低迷大局影响，期货市场交易额萎缩，全年期货交易量、交易额同比分别下降5.3%、40.6%，交易额创2010年以来新低。

（三）保险业稳健经营，保险保障功能增强

1. 保险体系逐步完善，行业实力不断增强。年末，新疆有保险主体机构31家，较上年增加1家，前海财险注册设立，成为新疆第二家法人财产保险公司。分支机构1 834个，增加53个。保险从业人员增长16%，保险业资产总额增长18.7%，增速同比提高3个百分点。保险密度和保险深度较上年分别增加307.09元/人、上升0.63个百分点。

2. 保险业务稳步增长，保障功能持续增强。2016年，实现保费收入439.9亿元，同比增长19.7%，增加额、增速均创历史新高，业务规模居西北五省区第二位。其中人身险保费收入同比增长27.6%，增速创2009年以来新高。保险业赔款与给付支出155亿元，增长13.2%。保险保障能力进一步提升。

3. 保险业加快改革转型，有效助力民生经济发展。2016年，新疆保险业全面实施城乡居民大病保险和人身意外伤害保险普惠政策，大力推进精准扶贫保险、涉农环境污染责任保险、重大技术装备保险，提供绿色保险服务，助力地方经济结构调整转型。农业保险改革试点持续推进，在昌吉、哈密、巴州、阿克苏4个地州开展改革试点，农业保险保费规模连续三年位居全国第一。商业车险改革试点全面实施，保险覆盖面上升5个百分点。

表4　2016年新疆维吾尔自治区保险业基本情况

项目	数量
总部设在辖内的保险公司数（家）	0
其中：财产险经营主体（家）	0
人身险经营主体（家）	0
保险公司分支机构（家）	31
其中：财产险公司分支机构（家）	18
人身险公司分支机构（家）	13
保费收入（中外资，亿元）	440
其中：财产险保费收入（中外资，亿元）	153
人身险保费收入（中外资，亿元）	287
各类赔款给付（中外资，亿元）	155
保险密度（元/人）	1 864
保险深度（%）	5

数据来源：新疆保监局。

（四）金融市场交易平稳，融资结构持续优化

1. 社会融资规模稳步增长，直接融资占比持续上升。年末，新疆社会融资规模存量突破2万亿元大关，同比增长8.5%。全年新增1 685.4亿元，其中表外融资减少445.2亿元；直接融资新增525.2亿元，同比多增95.3亿元，占社会融资规模增量的31.2%，高于上年同期7.8个百分点。

2.货币市场成交量增长较快，债券交易活跃。全年新疆银行间市场债券交易额7.3万亿元，同比增长32.4%，其中质押式债券回购占比超七成，资金呈净流入态势。同业拆借交易量同比下降35.6%，交易波动较大，资金拆入高于拆出112.7亿元。

3. 票据贴现较快增长，转贴现有所收缩。随着企业信用风险上升，银行融资呈现短期化趋势，票据融资全年发生额611.8亿元，较上年增加108.6亿元。随着票据监管趋严以及市场规范力度加大，转贴现交易更趋谨慎，全年转贴现发生额6 872.3亿元，较上年减少8 781.8亿元。

表5　2016年新疆维吾尔自治区金融机构票据业务量统计

单位：亿元

季度	银行承兑汇票承兑		贴现			
			银行承兑汇票		商业承兑汇票	
	余额	累计发生额	余额	累计发生额	余额	累计发生额
1	852.9	511.7	928.1	3 050.8	72.4	91.1
2	762.1	1044.0	1 029.2	4 687.2	56.8	178.5
3	736.2	1 405.3	1 029.7	5 948.3	41.3	249.9
4	770.8	1 890.5	1 049.3	7 197.4	50.3	321.3

数据来源：中国人民银行乌鲁木齐中心支行。

表6　2016年新疆维吾尔自治区金融机构票据贴现、转贴现利率

单位：%

季度	贴现		转贴现	
	银行承兑汇票	商业承兑汇票	票据买断	票据回购
1	3.52	6.12	3.29	3.17
2	3.35	5.32	3.21	3.08
3	3.14	5.73	2.94	2.85
4	3.41	5.41	3.22	3.30

数据来源：中国人民银行乌鲁木齐中心支行。

4. 黄金交易稳中有升。受股市震荡、黄金价格上涨、全球经济不确定性增强及市场避险情绪上升等因素影响，市场投资黄金意愿持续回升。2016年，新疆金融机构黄金累计交易量同比增长16.8%，高于上年同期10.8个百分点。

（五）金融基础设施不断完善，金融生态环境持续改善

社会信用体系建设稳步推进。金融信用信息基础数据库平稳运行，为新疆17.4万户企业和1 184.7万个自然人建立了信用档案。克拉玛依市、昌吉州、喀什地区、乌鲁木齐经济技术开发区、霍尔果斯经济开发区被确定为自治区社会信用体系建设综合试验区。积极推进农村和小微企业信用体系建设，累计建立318万户农户及3.1万户中小企业信用档案，有效拓宽了农户和中小企业融资渠道。

支付系统基础设施日趋完善。第二代支付系统、中央银行会计核算数据系统（ACS）等支付清算系统继续保持安全、平稳、高效运行。全年使用票据、银行卡、结算方式等非现金支付工具办理业务笔数同比增长37.3%。移动支付业务金额增长1.8倍。支付系统网络不断向农村地区延伸。

金融IC卡应用范围不断扩大。移动金融和金融IC卡实现了在交通、建筑、菜市场、停车场、医院、学校等领域应用的突破和推广，其中乌鲁木齐机场停车场金融IC卡日均交易达1 000笔以上。

金融消费权益保护工作稳步推进。金融消费权益保护信息管理系统运行平稳，消费者投诉分类标准应用试点工作顺利开展，试点地方金融机构已完成系统研发进入试运行阶段。

二、经济运行情况

2016年，新疆经济运行平稳，实现地区生产总值9 617.2亿元，增长7.6%，连续三个季度增长7.5%以上。呈现一产平稳、二产回落、三产上升的发展态势，第三产业增长9.7%，对经济增长的贡献率57.3%。

（一）三大需求增长不一，结构调整优化

1. 固定资产投资下降，结构持续优化。全年

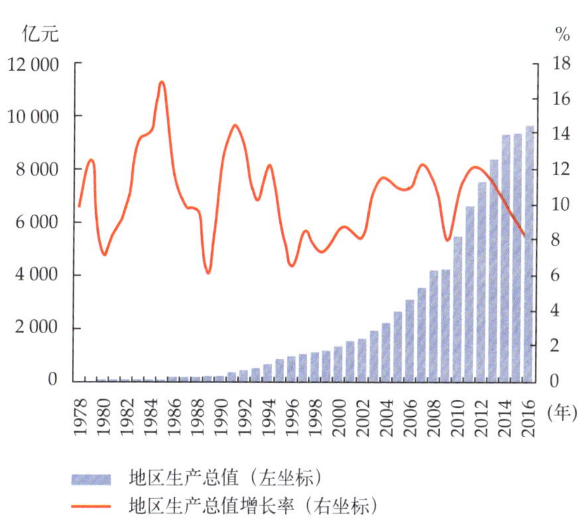

数据来源：新疆维吾尔自治区统计局。

图5　1978～2016年新疆维吾尔自治区地区生产总值及其增长率

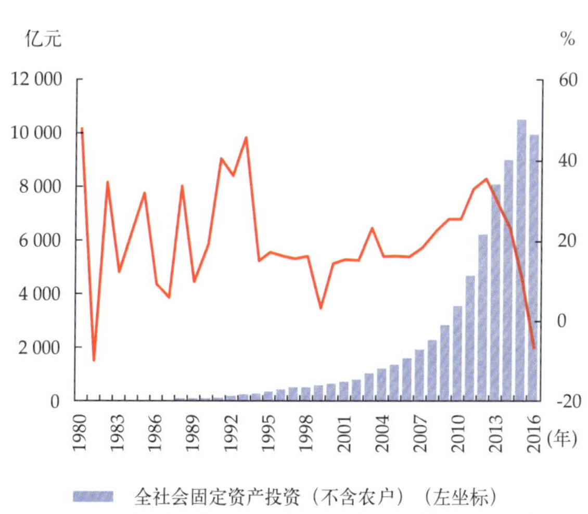

数据来源：新疆维吾尔自治区统计局。

图6　1980～2016年新疆维吾尔自治区固定资产投资（不含农户）及其增长率

完成固定资产投资9 983.9亿元，同比下降6.9%，比上年同期回落17.0个百分点，第二产业投资大幅下降，民间投资增长乏力。重点项目和民生领域投资扎实推进，基础设施投资占全疆固定资产投资的38.2%，水利、能源、交通等重点项目建设取得突破；政策红利助推纺织业投资快速增长50.9%。

2. 消费有所回暖，支出结构不断升级。全年实现社会消费品零售总额2 825.9亿元，同比增长8.4%，较上年提高1.4个百分点，对经济增长的拉动能力不断提高。其中城镇、乡村消费品零售额分别增长8.2%、10.6%。发展和享受型消费支出呈上升态势，家具、建筑装潢、中西药类、汽车类等与居民消费质量提升和品质改善相关的行业销售良好。

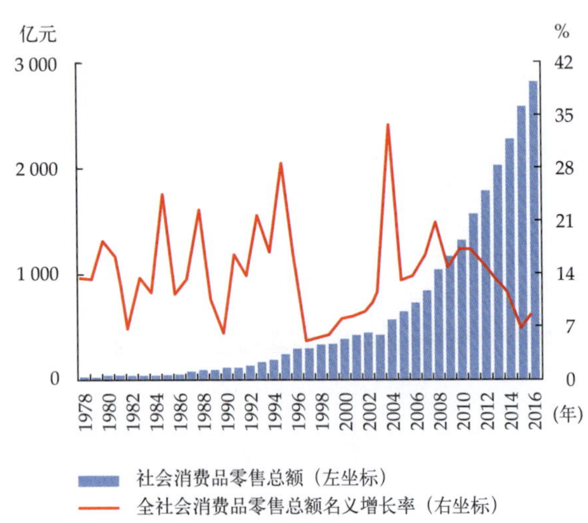

数据来源：新疆维吾尔自治区统计局。

图7　1978～2016年新疆维吾尔自治区社会消费品零售总额及其增长率

3. 外贸进出口降幅收窄，实际利用外资小幅回落。受外需市场疲软乏力、周边国家货币贬值影响，外贸形势较为严峻。全年完成进出口总额176.6亿美元，同比下降10.2%，降幅比上年收窄10个百分点。其中，出口、进口分别下降10.8%、5.5%，贸易顺差135.6亿美元。积极与周边国家开展国际产能合作，支持优质企业“走出去”。积极引导企业利用外资，落实国家备案境外融资项

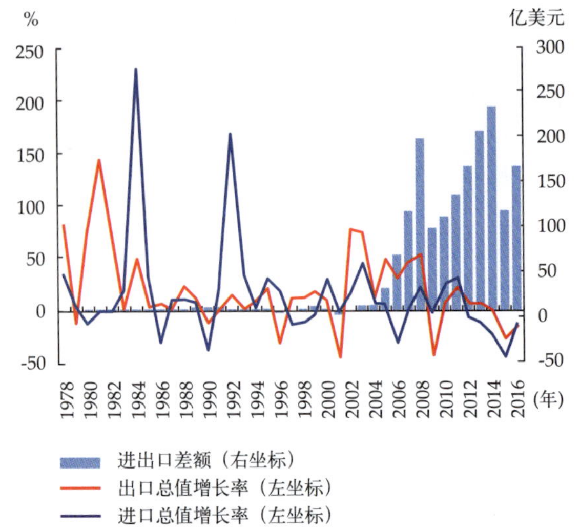

数据来源：新疆维吾尔自治区统计局。

图8　1978～2016年新疆维吾尔自治区外贸进出口变动情况

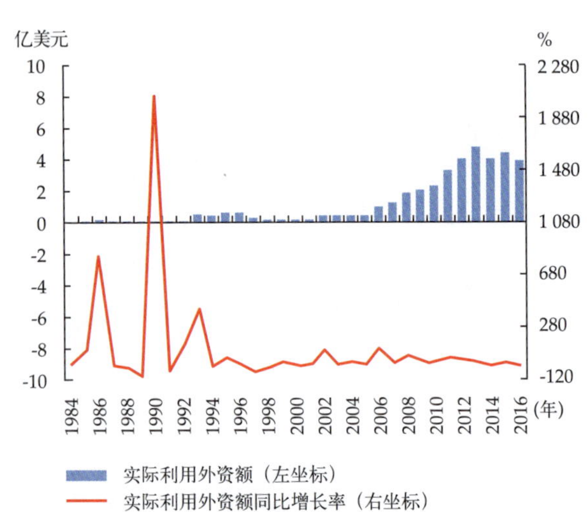

数据来源：新疆维吾尔自治区统计局。

图9　1984～2016年新疆维吾尔自治区实际利用外资额及其增长率

目8 400万美元。全年实际利用外资4.0亿美元，同比小幅回落，主要投向服务业、制造业、农业等行业。

（二）三次产业协同发展，供给侧结构性改革稳步推进

2016年，新疆三次产业比例为17.1∶37.3∶45.6，第三产业高于第二产业8.3个百分点。产业结构向更加合理、协调、可持续方向调整。

1. 农业经济形势良好。农业产业结构不断优化升级，农业综合生产能力稳步提高，现代农业产业体系基本形成。2016年，农林牧渔业总产值2 969.7亿元，同比增长6.0%。深入推进粮、棉、果、畜生产基地建设，粮食生产实现九连增，产量1 512.3万吨；棉花种植向优势产区集中，产量增长2.6%；主要畜禽饲养规模扩大，猪牛羊肉及禽蛋产量分别增长4.4%、10.7%。

2. 工业生产低速运行，盈利降幅收窄。规模以上工业企业增加值同比增长3.7%，比上年回落1.5个百分点。其中，轻工业增长11.7%，高于重工业9.2个百分点。经济活力增强，非公有制经济、地方企业发挥支撑作用，分别增长13.4%和10.6%。超六成规模以上工业企业产量实现增长，工业产品产销率98.1%，比上年提高0.7个百分点。规模以上工业企业主营业务收入同比增长0.8%，增速由负转正；利润下降4.8%，降幅同比收窄45.3个百分点。

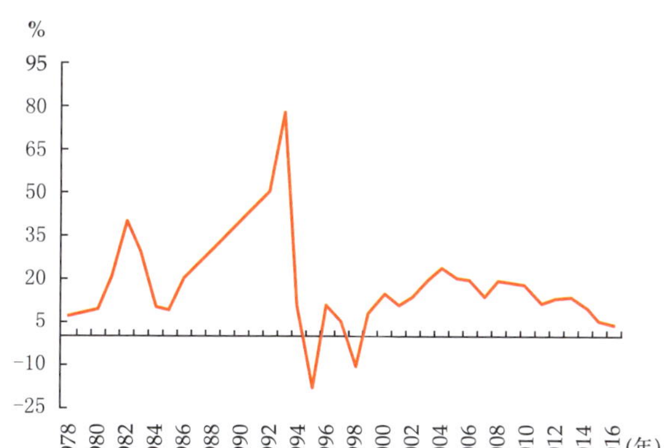

数据来源：新疆维吾尔自治区统计局。

图10 1978～2016年新疆维吾尔自治区规模以上工业增加值同比增长率

3. 第三产业较快发展，支撑作用不断增强。第三产业增加值增长9.7%，对经济增长的贡献率为57.3%。社会维稳成效陆续释放，促进住宿、餐饮、旅游等生活性服务业快速增长。全年接待国内外游客和旅游总消费增幅超过20%。现代服务业加速推进，金融、物流等生产性服务业发展迅速，网购、养老家政、医疗健康、文化体育、软件和信息等新业态发展势头良好。

4. 供给侧结构性改革力度加大，“三去一降一补”取得成效。从去产能看，完成钢铁90万吨去产能任务，原煤产量增速比上年回落3.3个百分点，实行水泥错峰生产，水泥产量下降5.7%，减亏80%；煤炭、钢铁、水泥行业投资下降幅度超过30%。从去库存看，规模以上工业企业产成品存货连续14个月同比下降，原煤库存量比年初下降14.9%。从降成本看，自治区实施低电价、降低物流成本政策，累计减轻企业用电和物流成本51.6亿元；清理规范涉企收费清单，减轻企业负担20亿元；降低融资成本，规模以上工业企业利息支出下降3.9%。从补短板来看，实施“中国制造2025”新疆行动方案，加快制造业创新发展；加大基础设施、精准脱贫、民生建设等重点及薄弱环节领域投资力度。

5. 生态保护不断加强，节能减排预期目标全面完成。加强环境监管、建立洁净美丽新疆，17个县（市）新纳入国家重点生态功能示范区。严格环境执法，整治违法排污企业，清理整顿环保违法违规建设项目。节能降耗成效显著，单位地区生产总值能耗和二氧化碳排放强度分别下降了2.4%和2.5%。实施工业节能和绿色发展项目，工业产品单位增加值能耗同比下降0.5%。积极发展绿色金融，促进产业结构调整和转型升级。

专栏2 新疆大力推动绿色金融发展 助推经济转型升级

党的十八届五中全会提出创新、协调、绿色、开放、共享的五大发展理念，习近平总书记提出“建设美丽新疆、共圆祖国梦想”的要求，新疆积极实施“洁净新疆”战略，坚持绿色发展理念，将发展绿色金融作为调整新疆经济结构、实现可持续发展的重要抓手，按照“一个核心、双轮驱动、三大布局[①]”的绿色化改造思路，运用“新金融、大金融、全方

① “一个核心”指绿色低碳技术，“双轮驱动”指直接融资和间接融资，“三大布局 ”指城市化地区、农产品主产区以及重点生态功能区。

位”的工作理念设计融资方案，完善绿色金融发债融资的长效机制，推动试点地区绿色金融发展，积极助推新疆经济转型升级。

一、完善绿色金融发债融资长效推进机制

制订《新疆绿色金融工作推动方案》《新疆地区绿色金融产品推介方案》，加快新疆经济绿色化改造步伐。加大宣介培育和政策引导的力度。2016年，组织举办6场面向全疆政府职能部门、金融机构、企业的融资政策宣讲，参训人员达4 000人，邀请中国社会科学院等十余位专家开展涵盖绿色信贷、绿色股票、绿色债券、绿色保险和绿色基金等领域相关政策解读、具体业务操作和成功案例分析的视频培训。创新建立了绿色金融统计监测指标，准确反映新疆绿色金融实施成效。

二、推动绿色金融试点

新疆积极向国家申请将新疆哈密市、昌吉州、克拉玛依市纳入全国首批绿色金融改革试验区建设试点地区，了解试点三地市开展“十三五”期间绿色项目筛选情况、经济绿色化改造需求、当前已实施的经济绿色化改造措施和绿色项目融资需求等情况，建立新疆绿色发展指数分析体系，实施绿色化改造成本收益分析，通过在三地区开展先行先试，为经济绿色化改造探索成功经验和先进模式，以更好地实现新疆产业转型升级和经济结构优化调整。

三、构建“双轮驱动”的多元化融资模式

探索绿色股票、绿色产业基金、绿色保险等共同推进的模式，助推绿色化改造，培育新的经济增长点，在实现产融高度契合、共赢发展的同时，促进各类金融资产高效配置。2016年，新疆绿色金融累放额696.3亿元，年末融资余额2 040.1亿元，同比增长25%，主要用于工业节能节水环保项目、可再生能源及清洁能源项目、绿色交通运输项目等。其中，新疆金风科技股份有限公司在银行间市场成功发行国内首单10亿元绿色永续债券，实现新疆绿色债务融资工具零突破；着力引导地方法人金融机构参与绿色金融债券发行，推动乌鲁木齐银行成功发行西北五省区首单5亿元绿色金融债券。

（三）物价平稳上涨，工资水平持续提高

1. 居民消费价格温和上涨。居民消费价格较上年上涨1.4%，涨幅低于全国0.6个百分点，连续10个月保持在1.1%～1.4%之间。八大类商品①和服务项目“七升一降”。其中，食品烟酒价格上涨是带动价格上涨的主要因素。城市居民消费价格涨幅高于农村，两者分别为1.4%和1.3%。

2. 生产价格指数降幅收窄。受国际初级大宗商品价格反弹影响，工业生产者出厂价格指数下降5.5%，降幅同比缩小12.1个百分点。其中，轻工业上涨1.8%，重工业下降6.6%。工业生产者购进价格下降4.5%，降幅同比收窄11.2个百分点。

3. 劳动力报酬逐步提高。随着自治区工资收入的调整和农村富余劳动力转移力度的加大，城乡居民收入保持平稳增长。2016年，新疆城镇居

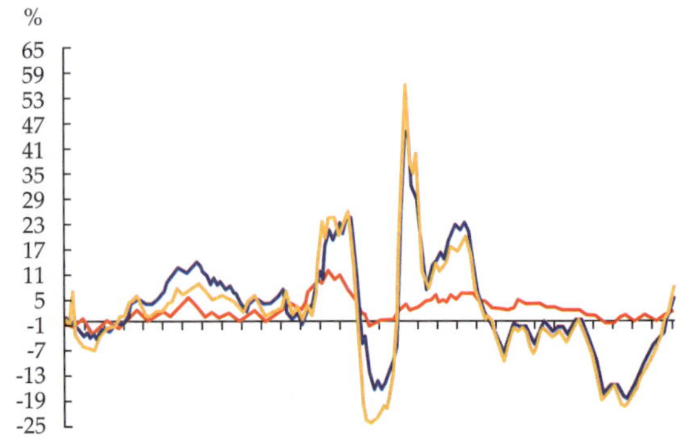

数据来源：新疆维吾尔自治区统计局。

图11　2001～2016年新疆维吾尔自治区居民消费价格和生产者价格变动趋势

①按照统计局的规定，八大类商品是指食品烟酒、衣着、居住、生活用品及服务、交通和通信、教育文化和娱乐、医疗保健、其他用品和服务。

民人均可支配收入同比增长8.3%，其中工资性收入对收入增长的贡献率为56.2%。农村居民人均可支配收入首次突破万元大关，同比增长8.0%，其中工资性收入对农村收入增长的贡献率为52.2%。

4. 扎实推进价格改革。自治区印发《关于推进价格机制改革的实施意见》，启动输配电改革试点工作，对电解铝、水泥生产企业用电实行阶梯电价；提高化工、钢铁、电解铝等行业水资源费标准；推进棉花目标价格改革试点，并开展试点评估；研究自治区农业水价综合改革实施意见，调整自治区直属流域供水价格；加快推进排污权有偿使用和交易试点，提出排污权有偿使用标准。

（四）财政收入增速放缓，支出结构持续优化

财政收入增速放缓，收支矛盾凸显。受经济下行压力较大，企业效益不景气及税收政策调整等影响，新疆重要产业石油天然气开采业税收大幅下降，建筑业、电力生产和供应业税收呈下降趋势。全年实现一般公共预算收入1 299亿元，同比下降2.4%。一般公共预算支出4 140.7亿元，同比增长8.8%，“保民生、保稳定”等刚性支出持续增长，其中教育、社会保障与就业、医疗卫生与计划生育支出分别增长10.8%、63.1%和15.5%。

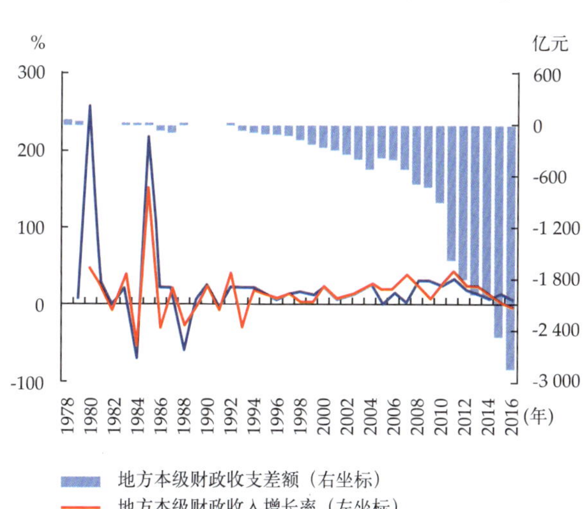

数据来源：新疆维吾尔自治区统计局。

图12　1978～2016年新疆维吾尔自治区财政收支状况

（五）房地产运行平稳，旅游业快速发展

1. 房地产开发投资先升后降，住宅施工、竣工面积双降。在减免税费、放宽公积金贷款政策等利好刺激下，1～5月新疆房地产开发投资增长10.6%，下半年重回下降趋势。全年房地产开发投资923.4亿元，同比下降7.6%，降幅较上年扩大6个百分点。住宅施工、竣工面积分别下降3.7%、4.4%。

商品房销售增速回落，商品住宅价格小幅下滑。2016年，商品房销售面积增长0.2%；商品房销售额下降0.3%。新建住宅价格小幅下滑，其中乌鲁木齐市新建住宅价格下降1.3%，二手住宅价格下降3.7%。

保障房建设加快推进，金融支持力度不断加大。2016年，完成城镇保障性安居工程项目投资410.3亿元，新开工住房14.7万套。累计发放保障性住房建设贷款172.4亿元，是上年的1.2倍。

房地产贷款较快增长，利率及首付比例均有所降低。2016年年末，新疆房地产贷款增长19.8%，增速较上年年末提高10.2个百分点。其中个人住房贷款增长16.1%。全年累计发放个人住房贷款10.2万笔，平均利率为基准利率的1.1倍，较上年小幅下降；平均首付款比例为30%，较上年下降5个百分点。

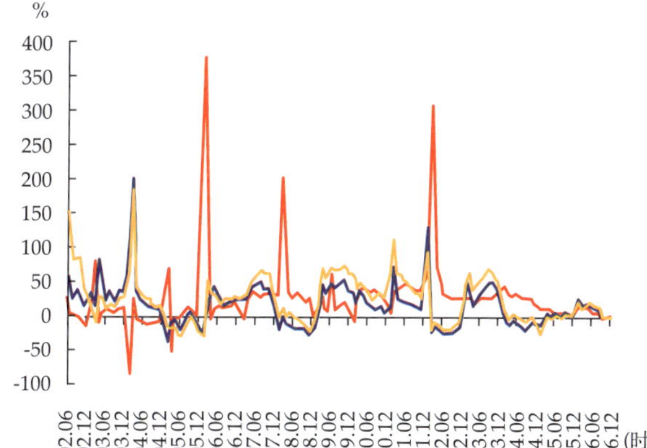

数据来源：中国人民银行乌鲁木齐中心支行。

图13　2002～2016年新疆维吾尔自治区商品房施工和销售变动趋势

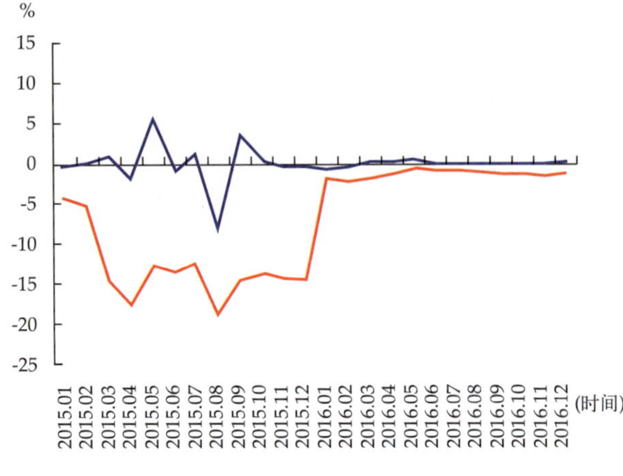

数据来源：新疆维吾尔自治区统计局。

图14　2015~2016年乌鲁木齐市新建住宅销售价格变动趋势

2. 旅游业快速发展。新疆具有独特的自然资源和民族文化优势，第二次中央新疆工作座谈会提出把新疆建成丝绸之路经济带旅游集散中心，把南疆建成丝路文化和民族风情旅游目的地的目标。2016年，新疆旅游业快速发展，有力带动了经济增长。

旅游业知名度和影响力持续增强。2016年，新疆共接待国内外游客8 102万人次，旅游总消费1 401亿元，增速超过20%，位居全国第一。精品景区集群格局基本形成，国家A级景区300余家，5A级景区11家，位居西部第一。举办中国西部冰雪旅游节暨新疆冬季旅游产业交易博览会，与周边国家国际旅游通道建设取得突破。

新兴业态蓬勃兴起，企业实力不断壮大。“旅游+”模式迅速发展，涉及自驾、康养、文化主题、温泉度假、沙漠探险等20类旅游新业态。家庭宾馆、乡村客栈、汽车旅馆和旅游宿营地等蓬勃兴起。3家旅游企业成功挂牌上市，资本化运作取得突破。国内一批知名企业旅游投资项目落户新疆。

旅游扶贫与富民效应显著。以乡村旅游为突破口，先后创建国家级休闲农业与乡村旅游示范县5个、国家级休闲农业与乡村旅游示范点13个、中国乡村旅游模范村27个，累计发展农家乐6 000户，带动30万人脱贫，启动南疆四地州80个村级旅游扶贫重点项目。金融业通过差异化信贷政策和创新特色旅游信贷产品，加大信贷支持力度，住宿餐饮、交通运输等相关行业贷款较快增长。

三、预测与展望

面对经济进入新常态，经济和社会两个“三期叠加”，新旧增长动能转换相持，经济下行压力仍然较大的局面，2017年，自治区党委、人民政府确定了固定资产投资1.5万亿元、增长50%以上的目标。动员全社会力量，通过固定资产的超常规增长，弥补基础设施建设的短板，进一步深化供给侧结构性改革，扩大有效需求、化解过剩产能，有望通过投资实现对经济增长的关键性带动作用，实现地区生产总值增长7%以上的目标。物价方面，受不利天气推升粮价，前期牛羊肉价格下跌后反弹，春、冬蔬菜价格季节性上涨因素影响，食品类价格将形成一定的涨价因素。新疆原油、钢材、水泥、有色等大宗产品生产资料价格与国际同步反弹，实现恢复上涨。同时，结构性价格改革深入推进也将对CPI产生正向推进作用。预计2017年新疆物价将温和上涨。

新疆金融业将认真执行稳健中性货币政策，落实新发展理念，加强流动性管理，强化金融风险防范，保持社会融资规模合理适度增长。围绕供给侧结构性调整主线，积极优化融资结构，降低融资成本，为经济社会发展营造适宜的金融环境。

中国人民银行乌鲁木齐中心支行货币政策分析小组
总　纂：郭建伟　李寿龙
统　稿：王　勇　张志超
执　笔：谢　鹍　毕燕茹　赵　燕　韩　莹　买金星
提供材料的还有：马　杰　汪　雨　张求斌　杨长伟　李宏林　王　炜　孔　婷　李文全　刘琦平
耿玉壁　吴　芳　张　雯　靳　燕　王彦飞　高　兴　郭　海　谢　仪　郭燕芸
蒋晓春　梁非坤　王书娇　马　红

附录

（一）2016年新疆维吾尔自治区经济金融大事记

3月，新疆银行业例行新闻发布会在北京举行，进一步加大对银行业支持核心区建设的宣传力度。

3月，新疆呼图壁县、沙湾县、博乐市、阿克苏市、克拉玛依市克拉玛依区纳入全国农村承包土地的经营权抵押贷款试点，伊宁市纳入全国农民住房财产权抵押贷款试点。

4月，中国人民银行乌鲁木齐中心支行出台《金融支持新疆脱贫攻坚“十三五”规划（2016~2020年）》，积极推动新疆金融支持脱贫攻坚工作全面开展。

5月，新疆金风科技股份有限公司成功发行国内首单10亿元绿色永续债。

8月，中国证监会召集证券公司与新疆上市公司代表在乌鲁木齐召开“资本市场支持新疆发展座谈会”，证监会党委书记、主席刘士余与时任新疆自治区党委书记张春贤和自治区政府主席雪克来提˙扎克尔会谈。

8月，新疆110家地方法人金融机构完成首次存款保险评级工作。

9月，第五届中国—亚欧博览会丝绸之路金融论坛成功举办，自治区政府与上海黄金交易所成功签署了《自治区政府与上海黄金交易所战略合作备忘录》。

9月，新疆互联网金融风险专项整治工作启动，对互联网支付、网络借贷等六个分领域开展风险排查，初步掌握了互联网金融风险底数。

11月，中国保监会与自治区党委、政府联合召开“保险业服务新疆工作总目标——支持新疆经济社会发展 助推脱贫攻坚座谈会”。

12月，新疆新设成立的第一家区域性股份制商业银行——新疆银行正式开业。

（二）2016年新疆维吾尔自治区主要经济金融指标

表1　2016年新疆维吾尔自治区主要存贷款指标

		1月	2月	3月	4月	5月	6月	7月	8月	9月	10月	11月	12月
本外币	金融机构各项存款余额（亿元）	17 857.2	17 764.5	18 159	18 340.2	18 246.9	18 666.5	18 853.3	19 142.5	19 375	19 581.7	19 659.3	19 300.1
	其中：住户存款	6 903.2	6 959.9	7 019	6 902.2	6 883.1	6 946	6 920.1	6 981.3	7 172.4	7 218	7 337.2	7 543.1
	非金融企业存款	5 114.2	4 961.5	5 164.4	5 230.9	5 410.9	5 613.7	5 603.1	5 803.2	5 835.3	6 007.9	5 997.3	5 831.5
	各项存款余额比上月增加（亿元）	35.1	-92.7	394.5	181.2	-93.3	419.6	186.7	289.2	232.5	206.7	77.6	-359.2
	金融机构各项存款同比增长（%）	9.7	11	11.8	12.8	10.7	10.3	12.9	12.8	10.1	10.2	9.9	8.3
	金融机构各项贷款余额（亿元）	13 883.2	13 919.3	14 184	14 226	14 285.7	14 640.2	14 525.8	14 647.7	14 869.3	14 906.2	15 035.6	15 196
	其中：短期	4 124.7	4 140.6	4 235.2	4 205.6	4 175.6	4 297.2	4 223.7	4 228.1	4 309.4	4 255.5	4 162.8	4 169.4
	中长期	7 760.9	7 804.9	7 877.5	7 909	7 956.2	8 127.7	8 188.7	8 282.3	8 404.3	8 428.9	8 537.8	8 619.5
	票据融资	1072	1 053.8	1 149.8	1 177.8	1 197.3	1 252.1	1 149	1 157.7	1 183.5	1 246.3	1 339.5	1 343.7
	各项贷款余额比上月增加（亿元）	232.2	36.1	264.7	42	59.7	354.6	-114.5	122	221.6	36.8	129.5	160.4
	其中：短期	33.9	15.9	94.6	-29.6	-30	121.6	-73.6	4.4	81.3	-53.9	-92.7	6.6
	中长期	108.1	44	72.6	31.5	47.2	171.5	61	93.6	122	24.6	108.9	81.7
	票据融资	71.3	-18.2	96	28	19.5	54.8	-103.1	8.7	25.9	62.7	93.2	4.2
	金融机构各项贷款同比增长（%）	11.7	10.7	11.2	11.1	10.8	11.8	10.8	10.5	11.1	10.7	11.3	11.3
	其中：短期	3.3	1.6	1.2	-0.7	-1	1.5	0.7	1.2	1.8	1	2.1	1.9
	中长期	11	10.5	10.6	10.7	10.8	11.2	12.2	12.6	13.3	12.4	12.8	12.6
	票据融资	80.4	81.2	98.4	104.8	91.7	86.4	57.2	45.2	46.5	50.8	46.3	34.3
	建筑业贷款余额（亿元）	360	357.3	366.2	358.9	361	373.2	384.3	386.6	393.8	390.1	382.7	372.4
	房地产业贷款余额（亿元）	291.6	299.5	322	318.5	316.1	323.4	333.9	329.4	336.1	336.8	339.4	352.3
	建筑业贷款同比增长（%）	23.7	17	18.5	13.4	10.5	11.6	14.1	14.8	16.5	12.9	8.3	5.7
	房地产业贷款同比增长（%）	17.1	19.2	30.1	31.5	29.1	33.3	39.5	34.3	37	38.8	32.6	25.7
人民币	金融机构各项存款余额（亿元）	17 102.7	17 008	17 406.5	17 622.9	17 586.3	18 056.6	18 257.5	18 549.1	18 779.4	18 949.8	19 039.2	18 747.6
	其中：住户存款	6 868.4	6 924.4	6 983.4	6 867.1	6 847.3	6 909.9	6 882.8	6 944.2	7 135.5	7 178.8	7 294.9	7 498.3
	非金融企业存款	5 058.3	4 901.3	5 105.5	5 168.6	5 349.6	5 531.3	5 517.5	5 724.4	5 757	5 929.9	5 909.5	5 742.3
	各项存款余额比上月增加（亿元）	-21.3	-94.6	398.5	216.4	-36.6	470.2	201	291.6	230.3	170.4	89.5	-291.6
	其中：住户存款	76.8	56	58.9	-116.2	-19.9	62.6	-27.1	61.4	191.3	43.3	116.1	203.4
	非金融企业存款	-258.6	-157	204.2	63.1	181	181.7	-13.8	206.9	32.7	172.9	-20.4	-167.2
	各项存款同比增长（%）	9.6	10.8	11.4	12.6	11	10.8	13.9	14.1	10.9	10.8	10.8	9.5
	其中：住户存款	8.8	7.2	7.8	8.8	9.3	9.6	9.2	9.8	10.5	10.9	11.4	10.4
	非金融企业存款	12.1	16	16.7	15.8	15	15.6	19.3	21.5	20.7	19.2	15.2	8
	金融机构各项贷款余额（亿元）	13 286.8	13 328.9	13 595.3	13 644	13 696.9	14 036.1	13 918.7	14 035.7	14 274.5	14 310.1	14 426.3	14 552.7
	其中：个人消费贷款	1 581	1 577.5	1 598.7	1 618.7	1 647.7	1 680.3	1 704.2	1 731.6	1 760.1	1 780.3	1 804.6	1 819.2
	票据融资	1 072	1 053.8	1 149.8	1 177.8	1 197.3	1 252.1	1 149	1 157.7	1 183.5	1 246.3	1 339.5	1 343.7
	各项贷款余额比上月增加（亿元）	245.8	42.1	266.4	48.7	52.9	339.2	-117.4	117	238.7	35.6	116.2	126.4
	其中：个人消费贷款	20.7	-3.5	21.2	20	29	32.6	23.9	27.4	28.5	20.2	24.3	14.6
	票据融资	71.3	-18.2	96	28	19.5	54.8	-103.1	8.7	25.9	62.7	93.2	4.2
	金融机构各项贷款同比增长（%）	11.9	11	11.4	11.3	10.9	12.2	11.2	11.1	11.6	11	11.6	11.6
	其中：个人消费贷款	13.7	12.4	13.2	13.2	14.1	14.5	14.8	15.2	16.1	16.5	16.6	16.7
	票据融资	80.4	81.2	98.4	104.8	91.7	86.4	57.2	45.2	46.5	50.8	46.3	34.3
外币	金融机构外币存款余额（亿美元）	115.2	115.6	116.5	111.1	100.4	92	89.6	88.7	89.2	93.4	90	79.6
	金融机构外币存款同比增长（%）	5.4	8.4	15.5	12.4	-4.2	-9.9	-18.8	-19.4	-15.5	-12.3	-17.8	-25.9
	金融机构外币贷款余额（亿美元）	91	90.2	91.1	90.1	89.5	91.1	91.3	91.5	89.1	88.1	88.5	92.7
	金融机构外币贷款同比增长（%）	1.2	-1.9	1.4	-0.1	-0.7	-4.6	-7.1	-6.7	-5.2	-3.8	-2.7	-1.3

数据来源：中国人民银行乌鲁木齐中心支行。

表2　2001～2016年新疆维吾尔自治区各类价格指数

单位：%

年/月	居民消费价格指数		农业生产资料价格指数		工业生产者购进价格指数		工业生产者出厂价格指数	
	当月同比	累计同比	当月同比	累计同比	当月同比	累计同比	当月同比	累计同比
2001	—	4.0	—	3.0	—	0.0	—	-3.7
2002	—	-0.6	—	-0.4	—	-1.6	—	-2.7
2003	—	0.4	—	1.1	—	5.1	—	15.1
2004	—	2.7	—	7.3	—	12.1	—	16.4
2005	—	0.7	—	5.3	—	8.1	—	16.6
2006	—	1.3	—	2.5	—	5.1	—	14.4
2007	—	5.5	—	6.2	—	3.8	—	6.3
2008	—	8.1	—	12.3	—	17.7	—	16.4
2009	—	0.7	—	-0.5	—	-9.4	—	-14.5
2010	—	4.3	—	3.1	—	23.9	—	25.3
2011	—	5.9	—	6.6	—	18.0	—	14.8
2012	—	3.8	—	6.2	—	-2.1	—	-3.1
2013	—	3.9	—	2.6	—	-2.2	—	-3.5
2014	—	2.1	—	-2.3	—	-2.5	—	-3.8
2015	—	0.6	—	-1.4	—	-15.7	—	-17.6
2016	—	1.4	—	-1.8	—	-4.5	—	-5.5
2015　1	0.5	0.5	-3.9	-3.9	-11.7	-11.7	-14.8	-14.8
2	0.4	0.5	-4.4	-4.2	-15.8	-13.7	-19.1	-17.0
3	0.1	0.3	-3.9	-4.1	-17.0	-14.8	-17.8	-17.2
4	0.2	0.3	-2.3	-3.6	-15.9	-15.1	-17.3	-17.3
5	0.0	0.2	-0.6	-3.0	-15.2	-15.1	-16.1	-17.0
6	0.1	0.2	-0.5	-2.6	-15.3	-15.1	-15.3	-16.7
7	0.6	0.3	-0.1	-2.2	-15.1	-15.1	-17.3	-16.8
8	1.4	0.4	0.0	-2.0	-16.8	-15.4	-19.3	-17.1
9	1.4	0.5	-0.1	-1.8	-17.7	-15.6	-20.2	-17.5
10	0.9	0.6	-0.3	-1.6	-17.4	-15.8	-19.3	-17.6
11	0.6	0.6	-0.3	-1.5	-15.9	-15.8	-17.7	-17.6
12	0.7	0.6	-0.3	-1.4	-14.5	-15.7	-17.0	-17.6
2016　1	0.7	0.7	0.0	0.0	-13.1	-13.1	-16.1	-16.1
2	1.4	1.1	0.1	0.1	-11.4	-12.3	-12.9	-14.6
3	1.7	1.3	-1.3	-0.4	-9.2	-11.3	-12.4	-13.9
4	1.4	1.3	-2.2	-0.8	-8.0	-10.5	-10.2	-12.9
5	1.0	1.2	-2.0	-1.1	-6.6	-9.7	-8.5	-12.0
6	0.8	1.2	-1.8	-1.2	-5.1	-8.9	-7.9	-11.3
7	0.7	1.1	-2.5	-1.4	-4.4	-8.3	-5.4	-10.5
8	0.7	1.1	-2.4	-1.5	-3.7	-7.7	-3.9	-9.7
9	1.5	1.1	-2.5	-1.6	-1.6	-7.1	-0.2	-8.7
10	1.9	1.2	-2.3	-1.7	1.4	-6.3	1.8	-7.7
11	2.4	1.3	-2.6	-1.8	3.3	-5.4	4.6	-6.6
12	2.3	1.4	-1.9	-1.8	6.3	-4.5	8.7	-5.5

数据来源：新疆维吾尔自治区统计局。

表3　2016年新疆维吾尔自治区主要经济指标

	1月	2月	3月	4月	5月	6月	7月	8月	9月	10月	11月	12月
	绝对值（自年初累计）											
地区生产总值（亿元）	—	—	1 546.2	—	—	3 820.0	—	—	6 717.8	—	—	9 617.2
第一产业	—	—	104.7	—	—	322.3	—	—	1 089.3	—	—	1 649.0
第二产业	—	—	544.3	—	—	1 409.8	—	—	2 459.1	—	—	3 585.2
第三产业	—	—	897.1	—	—	2 087.9	—	—	3 169.4	—	—	4 383.0
工业增加值（亿元）	157.8	296.1	480.1	662.3	875.2	1 097.1	1 295.9	1509.9	1 737.4	1 960.5	2 202.7	2 440.9
固定资产投资（亿元）	—	107.9	462.3	1 115.8	2 122.6	3 635.5	4 959.4	6302.4	7 922.8	8 856.8	9 540.4	9 983.9
房地产开发投资	—	11.6	22.4	193.1	219.6	333.6	470.2	598.3	724.0	822.3	900.1	923.4
社会消费品零售总额（亿元）	—		624.2			1 296.2			1 986.0			2 825.9
外贸进出口总额（亿元）	11.7	19.4	31.0	49.1	61.3	73.3	88.2	101.3	124.2	138.0	158.2	176.6
进口	1.5	2.6	4.2	6.4	8.2	9.8	11.4	13.4	14.9	16.5	18.6	20.5
出口	10.3	16.8	26.8	42.7	53.2	63.4	76.8	87.9	109.3	121.6	139.7	156.1
进出口差额(出口－进口)	8.8	14.2	22.6	36.3	45.0	53.6	65.5	74.5	94.4	105.1	121.1	135.6
实际利用外资（亿美元）	1.0	1.4	1.5	1.7	2.1	3.0	3.3	3.7	3.7	3.9	3.9	4.0
地方财政收支差额（亿元）	63.5	170.8	378.5	592.6	1 078.6	1 326.4	1 565.5	1987.2	2 248.5	2 396.4	2 582.7	-2 841.8
地方财政收入	124.3	185.6	273.0	408.0	525.8	661.7	760.7	870.6	991.4	1 147.4	1 304.8	1 299.0
地方财政支出	187.7	356.3	651.5	1 000.5	1 604.3	1 988.1	2 326.1	2857.8	3 240.0	3 543.8	3 887.4	4 140.7
城镇登记失业率(%)(季度)	—	—	4.0	—	—	4.1	—	—	4.0	—	—	4.0
	同比累计增长率（%）											
地区生产总值	—	—	6.9	—	—	8	—	—	7.9	—	—	7.6
第一产业	—	—	4.6	—	—	5.6	—	—	5.7	—	—	5.8
第二产业	—	—	4	—	—	7.3	—	—	6.3	—	—	5.9
第三产业	—	—	9.4	—	—	8.9	—	—	10.1	—	—	9.7
工业增加值	—	2.7	3.2	6	5.4	6	5.2	4.5	4.4	1.8	3.7	3.7
固定资产投资	—	-4.4	1.1	3.1	6.5	7.4	7.5	7.3	7.4	4.2	0.9	-6.9
房地产开发投资	—	44.1	15.1	18.1	10.6	-0.6	-0.9	-0.5	-4.3	-8.6	-7.2	-7.6
社会消费品零售总额	—		7.9			8.3			8			8.4
外贸进出口总额	1.6	-9.5	5.1	10.5	6.8	3.9	-2.1	-7.6	-13.9	-16	-13.8	-10.2
进口	-0.9	-2.8	1.4	6	-1.3	-4.4	-11.9	-11	-10.2	-9.4	-6.3	-5.5
出口	1.9	-10.4	5.7	11.2	8.2	5.3	-0.5	-7	-14.4	-16.8	-14.7	-10.8
实际利用外资	78.6	140	61.5	24.2	-3.8	2.2	7.3	0.5	0.1	1.6	-3.9	-11.7
地方财政收入	4.9	-0.2	2.4	6.2	8.9	7.2	3.6	4	0.8	-2	-3.9	-2.4
地方财政支出	49.9	-3.4	0.5	-10.7	3	7.3	6.3	15	14.7	11.8	10.8	8.8

数据来源：新疆维吾尔自治区统计局、商务厅、人力资源和社会保障厅。